Hans-Joachim Musielak
Grundkurs BGB

GRUNDKURS BGB

Eine Darstellung zur Vermittlung von Grundlagenwissen
im bürgerlichen Recht mit Fällen und Fragen zur
Lern- und Verständniskontrolle sowie mit Übungsklausuren

von

Dr. iur. Hans-Joachim Musielak

o. Professor an der Universität Passau

2., neubearbeitete Auflage

C. H. BECK'SCHE VERLAGSBUCHHANDLUNG
MÜNCHEN 1989

CIP-Titelaufnahme der Deutschen Bibliothek

Musielak, Hans-Joachim
Grundkurs BGB : eine Darstellung zur Vermittlung von
Grundlagenwissen im bürgerlichen Recht mit Fällen und
Fragen zur Lern- und Verständniskontrolle sowie mit
Übungsklausuren / von Hans-Joachim Musielak. –
2., neubearb. Aufl. – München : Beck, 1989
    ISBN 3 406 33947 6

ISBN 3 406 33947 6

Satz und Druck: C. H. Beck'sche Buchdruckerei Nördlingen

Vorwort zur 2. Auflage

Die neue Auflage, die infolge der guten Aufnahme dieser Schrift notwendig geworden ist, gibt mir die Möglichkeit, die Zitate von Schrifttum und Rechtsprechung zu aktualisieren sowie manches zu ändern und zu ergänzen, was mir bei der Arbeit mit dem Buch verbesserungsfähig erschienen ist. Konzeption und Zwecksetzung, zu denen im Vorwort zur 1. Auflage einiges gesagt wurde, bleiben unverändert; häufige Gespräche mit Studierenden, die mit diesem Buch arbeiten, haben mich darin bestärkt.

Passau, im März 1989 *Hans-Joachim Musielak*

Aus dem Vorwort zur 1. Auflage (1986)

Diese Schrift soll Grundlagenwissen im bürgerlichen Recht vermitteln. Dabei werden die didaktischen Vorteile genutzt, die viele juristische Fakultäten bewogen haben, für Studienanfänger einen Grundkurs BGB anzubieten, der meist noch mit einer Anfängerübung und jetzt auch mit den neu geschaffenen studienbegleitenden Leistungskontrollen – häufig als „Zwischenprüfung" bezeichnet – verbunden wird. Diese Vorteile bestehen vornehmlich darin, sachlich Zusammenhängendes über die äußeren Grenzen der einzelnen Bücher, in die das BGB gegliedert ist, darzustellen und die vermittelten Kenntnisse sogleich bei einer Fallbearbeitung anwenden und erproben zu können. Dementsprechend wird auch in der vorliegenden Schrift der Technik der Fallbearbeitung besondere Aufmerksamkeit geschenkt. Dies geschieht nicht nur in einer einführenden Darstellung dieser Technik und bei den Vorschlägen für die Lösung der Übungsklausuren, die bearbeitet werden sollen, sondern auch bei der Erörterung vieler Beispielsfälle im Text und bei den Lösungshinweisen für die Fälle und Fragen, die der Lern- und Verständniskontrolle, aber auch der Wiederholung dienen. Daß mit diesem Buch gearbeitet werden muß, damit es seinen Zweck erfüllen kann, sollte sich von selbst verstehen. Hinweise für diese Arbeit finden sich auf den folgenden Seiten.

Inhaltsverzeichnis

Abkürzungen XV
Einige Hinweise für die Arbeit mit diesem Buch XIX

§ 1 Einführung in die juristische Arbeitsmethode

	RdNr.	Seite
I. Die juristische Aufgabe	1	1
a) In der Berufstätigkeit	1	1
b) Im Studium	3	2
II. Die Lösung eines Falles als Beispiel juristischer Arbeitsweise	7	4
a) Beschränkung auf eine bestimmte Fragestellung	7	4
b) Aufgabentext	8	5
c) Die einzelnen Arbeitsschritte	9	5
d) Muster einer Fallösung	22	11

§ 2 Zum Begriff des Rechtsgeschäfts

I. Einleitender Überblick	29	14
a) Eintritt von Rechtsfolgen	29	14
b) Einseitige und mehrseitige Rechtsgeschäfte	33	16
II. Willenserklärung	35	17
a) Der äußere Tatbestand	36	17
b) Die Form	40	20
c) Der innere Tatbestand	45	22
d) Die Abgabe	54	27
e) Der Zugang	62	29
Fälle und Fragen		34

§ 3 Das Zustandekommen von Verträgen

I. Allgemeines	71	36
a) Zum Begriff des Vertrages	71	36
b) Vertragsarten	76	37
c) Vertragsfreiheit	82	40
II. Der Vertragsschluß	85	41
a) Auslegung der Erklärungen	85	41
b) Antrag	91	45
c) Annahme	104	49
d) Willensübereinstimmung	111	52
e) Vertragsschluß aufgrund sozialtypischen Verhaltens	120	57
III. Vertragsschluß unter Einbeziehung von Allgemeinen Geschäftsbedingungen (AGB)	124	60
a) Bedeutung und Funktion	124	60
b) Zur gesetzlichen Regelung	125	61
c) Einbeziehung der AGB in den einzelnen Vertrag	126	61
d) Prüfungsschema	129	64
Fälle und Fragen		65

§ 4 Das Schuldverhältnis

	RdNr.	Seite
I. Überblick über das Recht der Schuldverhältnisse	130	67
a) Zum Begriff	130	67
b) Gesetzliche Regelung	132	68
c) Entstehungsgründe	134	68
d) Arten	137	69
II. Inhalt des Schuldverhältnisses	140	70
a) Forderungsrecht und Leistungspflicht	140	70
b) Die geschuldete Leistung	146	72
1. Stückschuld und Gattungsschuld	147	73
Einschub: Verschulden	162	78
2. Wahlschuld und Ersetzungsbefugnis	166	80
III. Erlöschen des Schuldverhältnisses	170	81
a) Einleitende Bemerkungen	170	81
b) Erfüllung	174	84
c) Hinterlegung und Selbsthilfeverkauf	189	90
d) Aufrechnung	192	91
e) Rücktritt	204	95
f) Kündigung	217	100
g) Weitere Erlöschensgründe	223	101
1. Erlaßvertrag	223	101
Einschub: Verpflichtungs- und Verfügungsgeschäft	224	102
2. Aufhebungs- und Änderungsvertrag	232	105
3. Novation	234	105
4. Konfusion	236	106
5. Anfechtung	237	106
Fälle und Fragen		106

§ 5 Unwirksame und mangelhafte Willenserklärungen

	RdNr.	Seite
I. Überblick	238	109
a) Wirksamkeitsvoraussetzungen für Willenserklärungen	238	109
b) Unwirksamkeit und Anfechtbarkeit	239	109
1. Nichtigkeit	239	109
2. Bestätigung eines nichtigen Rechtsgeschäfts	240	110
3. Teilnichtigkeit	241	110
4. Umdeutung	243	111
5. Schwebende Unwirksamkeit	245	111
6. Relative Unwirksamkeit	246	112
7. Anfechtbare Rechtsgeschäfte	247	112
II. Rechtsfähigkeit	249	113
III. Geschäftsfähigkeit	253	114
a) Allgemeines	253	114
b) Geschäftsunfähigkeit	255	115
c) Beschränkte Geschäftsfähigkeit	260	117
IV. Nichtigkeit von Willenserklärungen	278	126
a) Geheimer Vorbehalt	278	126
b) Scheingeschäft	279	126
c) Fehlende Ernstlichkeit	281	127

	RdNr.	Seite
V. Anfechtung wegen Irrtums	284	128
a) Die gesetzliche Regelung	284	128
b) Inhalts- und Erklärungsirrtum	290	131
c) Eigenschaftsirrtum	296	136
d) Übermittlungsirrtum	306	141
e) Die Anfechtungserklärung und ihre Rechtsfolgen	308	143
VI. Das Fehlen oder der Wegfall der Geschäftsgrundlage und die damit zusammenhängenden Fragen	313	146
a) Problembeschreibung	313	146
b) Ergänzende Vertragsauslegung	314	147
c) Die Lehre von der Geschäftsgrundlage	317	149
VII. Anfechtung wegen Täuschung und Drohung	325	153
a) Arglistige Täuschung	325	153
1. Tatbestand	325	153
2. Person des Täuschenden	331	155
b) Widerrechtliche Drohung	334	157
c) Die Anfechtungserklärung und ihre Rechtsfolgen	339	158
VIII. Anfechtung und Erfüllungsgeschäft	340	159
1. Übungsklausur		160
Fälle und Fragen		161

§ 6 Störungen im Schuldverhältnis

	RdNr.	Seite
I. Vorbemerkung	342	165
a) Überblick über die verschiedenen Störungsarten	342	165
b) Rechtsgrundlagen	343	166
II. Unmöglichkeit	344	166
a) Arten	344	166
b) Nachträgliche Unmöglichkeit	347	168
1. Die gesetzliche Regelung	347	168
2. Vom Schuldner nicht zu vertretende Unmöglichkeit	348	168
3. Vom Schuldner zu vertretende Unmöglichkeit	352	170
4. Unmöglichkeit bei synallagmatischen Verträgen	356	172
aa) Die weder vom Gläubiger noch vom Schuldner zu vertretende Unmöglichkeit	357	172
bb) Die vom Gläubiger zu vertretende Unmöglichkeit	362	175
cc) Die vom Schuldner zu vertretende Unmöglichkeit	366	177
c) Anfängliche Unmöglichkeit	372	180
1. Objektive Unmöglichkeit	372	180
2. Unvermögen	376	181
3. Unmöglichkeit bei höchstpersönlichen Leistungen	380	184
III. Schuldnerverzug	381	185
a) Voraussetzungen	381	185
1. Möglichkeit der Leistung	382	185
2. Durchsetzbarkeit der Forderung	384	187
3. Fälligkeit	386	188
4. Mahnung	388	188
5. Vertretenmüssen der Verspätung	392	190
b) Rechtsfolgen	396	192
c) Schuldnerverzug bei gegenseitigen Verträgen – Zur Vorschrift des § 326	400	194
1. Die Rechte des Gläubigers	400	194
2. Verzug des Schuldners	401	194

	RdNr.	Seite
3. Setzung einer Nachfrist	407	197
4. Rechtsfolgen	410	199
IV. Gläubigerverzug	413	200
a) Vorbemerkung	413	200
b) Voraussetzungen	414	200
1. Möglichkeit der Leistung	415	201
2. Angebot der Leistung durch den leistungsberechtigten Schuldner	417	203
3. Nichtannahme der Leistung durch den Gläubiger	419	205
c) Rechtsfolgen	421	206
V. Positive Forderungsverletzung	425	208
a) Rechtsgrundlage und Anwendungsbereich	425	208
b) Tatbestand	429	210
1. Die einzelnen Merkmale	429	210
Einschub: Kausalität und Schadenszurechnung	431	211
2. Fallgruppen	438	215
aa) Schlechte Erfüllung einer Hauptleistungspflicht	439	215
bb) Verletzung von Verhaltenspflichten	440	216
cc) Erfüllungsverweigerung (Vertragsaufsage)	441	216
c) Rechtsfolgen	442	217
VI. Leistungsstörungen beim Sukzessivlieferungsvertrag	443	217
Anhang: Haftung für culpa in contrahendo	448	221
a) Allgemeines	448	221
b) Haftungsvoraussetzungen	449	222
1. Gesetzliches Schuldverhältnis	450	222
2. Verhaltenspflichten	451	222
1. Fallgruppe: Schutz- und Fürsorgepflichten für Leben, Gesundheit und Eigentum des anderen	452	223
2. Fallgruppe: Informations-, Hinweis- und Aufklärungspflichten	453	223
3. Fallgruppe: Pflicht zur Vermeidung von Schäden infolge des Abbruchs von Vertragsverhandlungen	455	225
3. Sonstige Haftungsvoraussetzungen	457	226
c) Rechtsfolgen	458	227
2. Übungsklausur		227
Fälle und Fragen		228

§ 7 Einzelne Vertragsschuldverhältnisse

	RdNr.	Seite
I. Vorbemerkung	459	232
II. Kauf	460	232
a) Wesen und Inhalt des Kaufvertrages	460	232
b) Pflichten der Vertragspartner	463	234
Einschub: Übereignung	468	237
1. Bewegliche Sachen	470	237
aa) Grundtatbestand	470	237
bb) Die übrigen Übertragungstatbestände	473	240
cc) Gutgläubiger Erwerb	478	242
2. Grundstücke	481	243
c) Nichterfüllung der Verkäuferpflichten	485	244
d) Sachmängelhaftung	490	247

Inhaltsverzeichnis

	RdNr.	Seite
1. Überblick über die Rechte des Käufers	490	247
2. Voraussetzungen für Wandlung und Minderung	494	249
aa) Fehler	495	249
bb) Fehlen einer zugesicherten Eigenschaft	504	255
cc) Sonstige Voraussetzungen	507	257
3. Die Rechte des Käufers beim Stückkauf	509	258
aa) Wandlung	509	258
bb) Minderung	518	264
cc) Schadensersatz wegen Nichterfüllung	519	264
4. Die Rechte des Käufers beim Gattungskauf	524	268
5. Ausschluß der Gewährleistung, Verjährung	527	271
6. Verhältnis der Gewährleistungsrechte zu anderen Rechten	531	272
aa) Anfechtung	532	273
bb) Ansprüche aus §§ 320 ff.	533	273
cc) Culpa in contrahendo	536	275
dd) Positive Forderungsverletzung	538	277
ee) Unerlaubte Handlung	542	279
e) Kauf unter Eigentumsvorbehalt	543	280
Einschub: Sicherungseigentum	550	286
f) Sonderformen	552	287
III. Miete	555	288
IV. Dienstvertrag	563	292
V. Werkvertrag	567	294
VI. Auftrag	579	300
3. Übungsklausur		302
Fälle und Fragen		303

§ 8 Einzelne gesetzliche Schuldverhältnisse

	RdNr.	Seite
I. Vorbemerkung	586	307
II. Geschäftsführung ohne Auftrag	587	307
a) Einführender Überblick	587	307
b) Voraussetzungen der berechtigten Geschäftsführung ohne Auftrag	589	309
c) Rechtsfolgen einer berechtigten Geschäftsführung ohne Auftrag	604	315
d) Unberechtigte Geschäftsführung ohne Auftrag	610	317
III. Ungerechtfertigte Bereicherung	613	320
a) Die einzelnen Tatbestände	613	320
1. Leistungskondiktion	614	320
2. Nichtleistungskondiktion	624	328
b) Umfang des Bereicherungsanspruchs	634	334
IV. Unerlaubte Handlungen	648	343
a) Zur gesetzlichen Regelung	648	343
b) Die Grundtatbestände	649	343
1. § 823 Abs. 1	649	343
aa) Handlung	650	344
bb) Geschützte Rechtsgüter und Rechte	652	346
cc) Vom Schutzbereich umfaßter Schaden	660	350
Einschub: Der Begriff des Schadens	661	351
dd) Rechtswidrigkeit	673	357
ee) Verschulden und Billigkeitshaftung	680	362

	RdNr.	Seite
2. § 823 Abs. 2	682	363
3. § 826	685	365
c) Haftung mehrerer Schädiger	688	366
1. Mittäter und Teilnehmer	688	366
2. Beteiligte nach § 830 Abs. 1 S. 2	692	368
3. Haftung gegenüber dem Geschädigten	694	370
4. Ausgleich im Innenverhältnis	696	370
4. Übungsklausur		372
Fälle und Fragen		373

§ 9 Dritte in Schuldverhältnissen

	RdNr.	Seite
I. Vorbemerkung	701	377
II. Stellvertretung	702	377
a) Begriff und Voraussetzungen	702	377
1. Abgabe oder Empfang einer Willenserklärung	705	378
2. Handeln im fremden Namen	708	380
3. Vertretungsmacht	713	383
aa) Rechtsgrundlagen	713	383
bb) Erteilung und Umfang einer Vollmacht	714	383
cc) Untervollmacht	718	385
dd) Konkludent erteilte Vollmacht und Duldungsvollmacht	719	387
ee) Anscheinsvollmacht	721	389
ff) Willensmängel bei Erteilung einer Vollmacht	725	391
gg) Erlöschen der Vollmacht	728	394
hh) Mißbrauch der Vertretungsmacht	730	395
ii) Einschränkung der Vertretungsmacht durch § 181	731	396
4. Zulässigkeit der Vertretung	734	397
b) Wirkungen einer Vertretung	735	398
c) Vertretung ohne Vertretungsmacht	741	400
III. Erfüllungs- und Verrichtungsgehilfe	746	403
a) Vergleich der in § 278 und in § 831 getroffenen Regelungen	746	403
b) Die Voraussetzungen des § 278 im einzelnen	751	405
1. Erfüllungsgehilfen	751	405
2. Handeln bei Erfüllung	755	406
3. Verschulden	758	408
c) Haftung für den gesetzlichen Vertreter	761	409
d) Haftung nach § 831	763	409
1. Grund und Voraussetzungen der Haftung	763	409
2. Verrichtungsgehilfe	764	410
3. Widerrechtliche Schädigung eines Dritten	765	410
4. Handeln in Ausführung der Verrichtung	766	411
5. Ausschluß einer Ersatzpflicht (§ 831 Abs. 1 S. 2)	767	412
IV. Vertrag zugunsten Dritter	771	414
a) Arten	771	414
b) Die Beteiligten und ihre Rechtsbeziehungen	773	415
c) Rechtsstellung des Dritten	778	416
V. Vertrag mit Schutzwirkungen für Dritte	783	419
a) Begriff und Voraussetzungen	783	419
b) Abgrenzung von der Drittschadensliquidation	789	422

	RdNr.	Seite
VI. Übergang von Rechten und Pflichten auf Dritte	792	424
a) Überblick	792	424
b) Forderungsabtretung	793	424
1. Begriff und Voraussetzungen	793	424
2. Wirkungen	799	427
3. Schuldnerschutz	802	428
4. Sonderformen	810	433
c) Schuldübernahme	814	435
1. Begriff und Zustandekommen	814	435
2. Rechtsstellung der Beteiligten	815	436
3. Abgrenzung zu anderen Rechtsinstituten	819	437
aa) Schuldbeitritt	819	437
bb) Vertragsübernahme	821	438
Anhang: Bürgschaft	823	439
a) Bürgschaftsvertrag	824	440
b) Bürgenverpflichtung und Hauptverbindlichkeit	828	441
c) Rechte des Bürgen	830	442
1. Einreden	830	442
2. Rückgriff und Befreiungsanspruch	834	444
d) Abgrenzung zu anderen Rechtsinstituten	839	446
5. Übungsklausur		447
Fälle und Fragen		448
Lösungshinweise für die Fälle und Fragen		452
Lösungshinweise für die Übungsklausuren		496
Paragraphenregister		509
Stichwortverzeichnis		517

Abkürzungen

aA (AA)	andere Ansicht
aaO	am angegebenen Ort
abl.	ablehnend
Abs.	Absatz
abw.	abweichend
AbzG	Gesetz betreffend die Abzahlungsgeschäfte
AcP	Archiv für die civilistische Praxis (Zeitschrift)
a. E.	am Ende
AG	Amtsgericht, Aktiengesellschaft
AGBG, AGB-Gesetz	Gesetz zur Regelung des Rechts der allgemeinen Geschäftsbedingungen
AktG	Aktiengesetz
allg. M.	allgemeine Meinung
Alt.	Alternative
aM	andere Meinung
AnfG	Anfechtungsgesetz
Anm.	Anmerkung
Art.	Artikel
BB	Der Betriebs-Berater (Zeitschrift)
bestr.	bestritten
BeurkG	Beurkundungsgesetz
BGB	Bürgerliches Gesetzbuch
BGH	Bundesgerichtshof
BGHZ	Amtliche Sammlung der Entscheidungen des Bundesgerichtshofs in Zivilsachen
Brox, AT	Brox, Hans: Allgemeiner Teil des Bügerlichen Gesetzbuchs, 12. Auflage 1988
Brox, AS	Brox, Hans: Allgemeines Schuldrecht, 16. Auflage 1988
Brox, BS	Brox, Hans: Besonderes Schuldrecht, 15. Auflage 1989
BVerfG	Bundesverfassungsgericht
BVerfGE	Amtliche Sammlung der Entscheidungen des Bundesverfassungsgerichts
BZRG	Bundeszentralregistergesetz
DB	Der Betrieb (Zeitschrift)
ders.	derselbe
Diederichsen, AT	Diederichsen, Uwe: Der Allgemeine Teil des BGB für Studienanfänger, 5. Auflage 1984
EBVO	Eisenbahn-Verkehrsordnung
EGBGB	Einführungsgesetz zum Bürgerlichen Gesetzbuche
EheG	Ehegesetz
EnWG	Gesetz zur Förderung der Energiewirtschaft (Energiewirtschaftsgesetz)
Erman/Bearbeiter	Erman, Walter: Handkommentar zum Bürgerlichen Gesetzbuch mit Einführungsgesetz in zwei Bänden, 7. Auflage 1981
Esser/Schmidt, SchuldR I	Esser, Josef/Schmidt, Eike: Schuldrecht. Erster Band: Allgemeiner Teil, 6. Auflage 1984

Esser/Weyers,
SchuldR II . . . . Esser, Josef/Weyers, Hans-Leo: Schuldrecht. Zweiter Band: Besonderer Teil, 6. Auflage 1984
f. (ff.) . . . . folgende
Fikentscher, SchuldR . . Fikentscher, Wolfgang: Schuldrecht, 7. Auflage 1985
Flume . . . . Flume, Werner: Allgemeiner Teil des Bürgerlichen Rechts. Zweiter Band: Das Rechtsgeschäft, 3. Auflage 1979
Fn. . . . . Fußnote
GBO . . . . Grundbuchordnung
GG . . . . Grundgesetz für die Bundesrepublik Deutschland
GmbH . . . . Gesellschaft mit beschränkter Haftung
GmbHG . . . . Gesetz betreffend die Gesellschaften mit beschränkter Haftung
GVG . . . . Gerichtsverfassungsgesetz
GWB . . . . Gesetz gegen Wettbewerbsbeschränkungen
HGB . . . . Handelsgesetzbuch
HinterlO . . . . Hinterlegungsordnung
hM (HM) . . . . herrschende Meinung
HS . . . . Halbsatz
Hübner . . . . Hübner, Heinz: Allgemeiner Teil des Bürgerlichen Gesetzbuches, 1985
iSd, iSv. . . . . im Sinne des, von
iVm. . . . . in Verbindung mit
JA . . . . Juristische Arbeitsblätter (Zeitschrift)
JArbSchG . . . . Gesetz zum Schutze der arbeitenden Jugend
Jauernig/Bearbeiter . . . Jauernig, Othmar/Schlechtriem, Peter/Stürner, Rolf/Teichmann, Arndt/Vollkommer, Max: Bürgerliches Gesetzbuch mit Gesetz zur Regelung des Rechts der Allgemeinen Geschäftsbedingungen, 4. Auflage 1987
JR . . . . Juristische Rundschau (Zeitschrift)
Jura . . . . Juristische Ausbildung (Zeitschrift)
JuS . . . . Juristische Schulung (Zeitschrift)
JW . . . . Juristische Wochenschrift (Zeitschrift)
JZ . . . . Juristenzeitung (Zeitschrift)
KG . . . . Kommanditgesellschaft
Köhler, AT . . . . Köhler, Helmut: BGB. Allgemeiner Teil, 19. Auflage 1986
Köhler, PdW-AT . . . . Köhler, Helmut: Prüfe dein Wissen: BGB. Allgemeiner Teil, 15. Auflage 1989
Köhler, PdW-SchuldR I Köhler, Helmut: Prüfe dein Wissen: Recht der Schuldverhältnisse I. Allgemeiner Teil, 12. Auflage 1986
Köhler, PdW-SchuldR II Köhler, Helmut: Prüfe dein Wissen: Recht der Schuldverhältnisse II. Einzelne Schuldverhältnisse, 11. Auflage 1987
Larenz, AT . . . . Larenz, Karl: Allgemeiner Teil des deutschen Bürgerlichen Rechts. Ein Lehrbuch, 7. Auflage 1989
Larenz, SchuldR I . . . . Larenz, Karl: Lehrbuch des Schuldrechts. Band I: Allgemeiner Teil, 14. Auflage 1987
Larenz, SchuldR II . . . Larenz, Karl: Lehrbuch des Schuldrechts. Band II: Besonderer Teil, 12. Auflage 1981
Larenz, SchuldR II 1 . . Larenz, Karl, Lehrbuch des Schuldrechts, II. Band: Besonderer Teil, 1. Halbband, 13. Auflage 1986
LG . . . . Landgericht
LM . . . . Lindenmaier-Möhring, Nachschlagewerk des BGH

Abkürzungen

MDR	Monatsschrift für Deutsches Recht (Zeitschrift)
Medicus, AT	Medicus, Dieter: Allgemeiner Teil des BGB, 3. Auflage 1988
Medicus, BR	Medicus, Dieter: Bürgerliches Recht. Eine nach Anspruchsgrundlagen geordnete Darstellung zur Examensvorbereitung, 14. Auflage 1989
Medicus, SchuldR I	Medicus, Dieter: Schuldrecht. Band I: Allgemeiner Teil, 4. Auflage 1988
Medicus, SchuldR II	Medicus, Dieter: Schuldrecht. Band II: Besonderer Teil, 3. Auflage 1987
Mot.	Motive zum Entwurf eines BGB
MünchKomm/ Bearbeiter	Münchner Kommentar zum Bürgerlichen Gesetzbuch in 9 Bänden, hrsg. von Rebmann, Kurt und Säcker, Franz Jürgen
	Band 1: Allgemeiner Teil (§§ 1–240), AGB-Gesetz, 2. Auflage 1984
	Band 2: Schuldrecht, Allgemeiner Teil (§§ 241–432), 2. Auflage 1985
	Band 3: Schuldrecht, Besonderer Teil. Halbband 1: (§§ 433–656), Abzahlungsgesetz, Gesetz über den Widerruf von Haustürgeschäften und ähnlichen Geschäften. Gesetz zur Regelung der Miethöhe, 2. Auflage 1988
	Band 3: Schuldrecht, Besonderer Teil. Halbband 2: (§§ 657–853), 2. Auflage 1986
	Band 5: Familienrecht. Halbband 2 (§§ 1297–1588), Ehegesetz, 2. Auflage 1989
m. (weit.) Nachw.	mit (weiteren) Nachweisen
NJW	Neue Juristische Wochenschrift (Zeitschrift)
NJW-RR	NJW-Rechtsprechungsreport (Zeitschrift)
o.	oben
OHG	offene Handelsgesellschaft
OLG	Oberlandesgericht
Palandt/Bearbeiter	Palandt, Otto: Bürgerliches Gesetzbuch, 48. Auflage 1989
PBefG	Personenbeförderungsgesetz
Prot.	Protokolle der Reichstagsberatungen zum BGB
RdNr.	Randnummer
RG	Reichsgericht
RGZ	Amtliche Sammlung der Entscheidungen des Reichsgerichts in Zivilsachen
Rspr.	Rechtsprechung
Rüthers	Rüthers, Bernd: Allgemeiner Teil des BGB, 6. Auflage 1986
RVO	Reichsversicherungsordnung
s.	siehe
S.	Seite, Satz (bei Rechtsnormen)
Schwab	Schwab, Dieter, Einführung in das Zivilrecht, 8. Auflage 1989
SeuffA	Seufferts Archiv (Zeitschrift)
SGB	Sozialgesetzbuch
Soergel/Bearbeiter	Soergel, Hs. Th.: Bürgerliches Gesetzbuch mit Einführungsgesetz und Nebengesetzen, Band 1: Allgemeiner Teil (§§ 1–240), HaustürWiderrufG, 12. Auflage 1988
sog.	sogenannte(r)

Staudinger/Bearbeiter	v. Staudinger, Julius: Kommentar zum Bürgerlichen Gesetzbuch mit Einführungsgesetz und Nebengesetzen, Erstes Buch: Allgemeiner Teil §§ 90–240, 12. Auflage 1979 Zweites Buch: Recht der Schuldverhältnisse: §§ 255–327, 12. Auflage 1979 Zweites Buch: Recht der Schuldverhältnisse: §§ 433–580a, 12. Auflage 1978
StGB	Strafgesetzbuch
str.	streitig
StudK BGB	Beuthien, Volker/Hadding, Walther/Lüderitz, Alexander/Medicus, Dieter/Wolf, Manfred: Studienkommentar zum BGB, 1.–3. Buch (§§ 1–1296), 2. Auflage 1979
StVG	Straßenverkehrsgesetz
StVO	Straßenverkehrsordnung
teilw.	teilweise
u.	unten
umstr.	umstritten
unstr.	unstreitig
UWG	Gesetz gegen den unlauteren Wettbewerb
VersR	Zeitschrift für Versicherungsrecht
vgl.	vergleiche
Werner, Probleme	Werner, Olaf: 20 Probleme aus dem BGB – Allgemeiner Teil (Examenswichtige Klausurprobleme – Band 1), 5. Auflage 1987
WM	Wertpapier-Mitteilungen (Zeitschrift)
ZPO	Zivilprozeßordnung
z. T.	zum Teil
zust.	zustimmend
ZVG	Gesetz über die Zwangsversteigerung und die Zwangsverwaltung

Einige Hinweise für die Arbeit mit diesem Buch

1. Dieser Grundkurs ist in erster Linie für Studierende bestimmt, die das Studium der Rechtswissenschaft beginnen. Dementsprechend werden keine Rechtskenntnisse vorausgesetzt und die Ausführungen sollten aus sich heraus verständlich sein. Dennoch wird es vorkommen, daß der mit diesem Buch Arbeitende trotz intensiven Nachdenkens (das selbstverständlich stets unverzichtbar ist) **das eine oder andere nicht recht versteht.** In einem solchen Fall sollte die sich stellende Frage schriftlich festgehalten und die Arbeit fortgesetzt werden. Nach dem ersten Durcharbeiten der Schrift sind dann die offengebliebenen Fragen erneut aufzugreifen. Sie werden dann regelmäßig ohne weiteres zu beantworten sein. Entsprechendes gilt für Begriffe, die im Text zunächst ohne nähere Erläuterung verwendet werden und die Verständigungsschwierigkeiten bereiten.

2. Die **Fälle und Fragen,** die (ab § 2) jedem Paragraphen angefügt sind, erfüllen eine wichtige Funktion im didaktischen Konzept dieser Schrift. Sie dienen der Wiederholung der wichtigsten Punkte sowie der Verständnis- und Lernkontrolle. Dieser Zweck kann selbstverständlich nur erreicht werden, wenn alle Fälle und Fragen schriftlich beantwortet werden, um erst dann das selbst Erarbeitete mit den Lösungshinweisen zu vergleichen. Es ist offensichtlich, daß für diese Arbeitsweise Energie und Selbstdisziplin aufgewendet werden müssen. Wer aber meint, er könnte den dafür erforderlichen Aufwand sparen, sich z. B. mit einer „gedanklichen Befassung" begnügen, der täuscht und schadet sich selbst.

3. Das gleiche gilt für die **Übungsklausuren.** Sie sind nur mit Hilfe des Gesetzestextes in der jeweils angegebenen Zeit schriftlich zu bearbeiten. Erst dann darf die eigene Lösung mit dem Lösungsvorschlag verglichen werden, wobei es nicht darauf ankommt, daß eine möglichst weitgehende Übereinstimmung festgestellt werden kann. Entscheidend ist vielmehr, daß die Kernfragen des Falles richtig erkannt werden.

4. Der **Gesetzestext** ist das unverzichtbare Handwerkszeug des Juristen. Mit ihm muß er arbeiten. Deshalb ist es zwingend geboten, stets die bei Darstellung einzelner Fragen im Text angegebenen Rechtsvorschriften genau zu lesen. Auch hierfür ist Selbstdisziplin erforderlich. Es ist viel bequemer, sich darauf zu verlassen, daß man die zitierte Vorschrift kennt. Lesen Sie sie dennoch! Sie werden sehr oft feststellen, daß Sie dabei wichtige Erkenntnisse gewinnen, die sonst verlorengehen.

5. Mit diesem Buch muß gearbeitet werden. Das bloße „Durchlesen" bringt keinen Erfolg. Empfehlenswert ist, nach dem **Durcharbeiten** ein-

zelner Problembereiche zu versuchen, mit eigenen Worten schriftlich die wichtigsten Punkte darzustellen und dann diese Ausarbeitung mit den Ausführungen im Buch zu vergleichen. Die Diskussion mit anderen Studierenden über einzelne Fragen in selbst geschaffenen Arbeitsgruppen ist ein weiteres bewährtes Mittel, um die geistige Auseinandersetzung mit juristischen Problemen anzuregen, die mündliche Ausdrucksfähigkeit im Rechtsgespräch zu fördern und der eigenen (selbständigen) Arbeit, die durch nichts zu ersetzen ist, neue Impulse zu geben.

6. Die Schrift muß mehrmals durchgearbeitet werden, wobei es sich empfiehlt, die einzelnen Wiederholungen nicht unmittelbar aufeinander folgen zu lassen. Nach einem zeitlichen Abstand von mehreren Monaten läßt sich am besten feststellen, ob ein bestimmter Stoff richtig erfaßt und im Gedächtnis sicher gespeichert ist. Bei der **Wiederholung** kann auch der Einstieg über eine Bearbeitung der Fälle und Fragen gewählt werden, um auf diesem Weg Lücken in den Kenntnissen zu ermitteln und zu schließen.

7. Nehmen Sie sich die **erforderliche Zeit** für die Arbeit mit dieser Schrift! Denken Sie gründlich über die Ausführungen im Buch nach, insbesondere auch über mitgeteilte Lösungsvorschläge, und versuchen Sie, Querverbindungen zu parallelen Fragen und angrenzenden Problemen herzustellen. So empfehlenswert eine Leistungskontrolle auch hinsichtlich des jeweils bewältigten Quantums erscheint, so darf sie doch nicht dadurch pervertiert werden, daß man Bücher „frißt" und stolz verkündet, man habe wieder hundert Seiten am Tag geschafft. Zehn Seiten, richtig durchgearbeitet und inhaltlich erfaßt, sind demgegenüber viel mehr.

8. Diese Schrift weicht aus didaktischen Gründen häufig von dem üblichen Aufbau entsprechender Lehrbücher ab. Um das **Auffinden bestimmter Punkte** zu erleichtern, sind ein ausführliches Stichwortverzeichnis und ein Paragraphenregister erstellt worden. Werden aber im Text bestimmte Fragen nur angesprochen, jedoch nicht behandelt, sondern ihre Erörterung mit dem Hinweis „dazu später" oder „Einzelheiten später" hinausgeschoben, dann sollte dies hingenommen und nicht die entsprechenden Ausführungen vorher gesucht und gelesen werden.

9. Betrachten Sie bitte den **engzeilig gedruckten Text** nicht als weniger wichtig als den anderen. Durch das unterschiedliche Schriftbild soll nicht eine Abstufung in der Wichtigkeit vorgenommen werden; vielmehr ist damit bezweckt, zum Ausdruck zu bringen, was dem Inhalt nach zusammengehört und was als ergänzender, manchmal auch erläuternder Gedanke hinzutritt.

10. Da diese Schrift unverzichtbares Grundwissen im bürgerlichen Recht vermittelt, kann sie auch zur Wiederholung vor Beginn der Fortgeschrittenenübung im BGB oder vor dem Referendarexamen benutzt

werden, selbstverständlich dann zusammen mit anderen Werken, die Einzelfragen eingehender und umfassender darstellen, als dies in einem Grundkurs zu geschehen hat. Dem **im Studium Fortgeschrittenen** kann ebenfalls empfohlen werden, mit den Fällen und Fragen zu beginnen, um festzustellen, wo sich Lücken in den Kenntnissen finden, um diese dann mit Hilfe der entsprechenden Ausführungen in der Schrift zu schließen.

§ 1 Einführung in die juristische Arbeitsmethode

I. Die juristische Aufgabe

a) In der Berufstätigkeit

Die Aufgabe des Juristen besteht – ganz allgemein und vergröbert **1** beschrieben – in der **rechtlichen Bewertung** von Geschehnissen im Leben der Menschen, kurz: **von Lebenssachverhalten.** Der zu beurteilende Lebenssachverhalt kann sich bereits in der Wirklichkeit ereignet haben. Dann hat der Jurist die sich daraus ergebenden Rechtsfolgen festzustellen.

Beispiel: Zwei Kraftfahrer stoßen mit ihren Fahrzeugen an einer Straßenkreuzung zusammen. Die Fahrzeuge werden dabei beschädigt. Beide Beteiligten meinen, der andere sei verpflichtet, den am fremden Auto entstandenen Schaden zu ersetzen und den Schaden am eigenen Kraftfahrzeug selbst zu tragen.
Jeder von ihnen kann einen Rechtsanwalt aufsuchen, um sich juristischen Rat zu holen und um die Erfolgsaussichten eines möglichen Rechtsstreits einschätzen zu können. Der Rechtsanwalt wird hierbei beratend tätig und muß dazu den Lebenssachverhalt – den Verkehrsunfall – rechtlich prüfen.
Gelingt eine außergerichtliche Einigung nicht und kommt es zu einem Zivilprozeß, dann muß der Richter ebenfalls für die Streitentscheidung den Lebenssachverhalt rechtlich würdigen.

Der zu untersuchende Lebenssachverhalt kann aber auch erst in der **2** Zukunft liegen. Beispielsweise wird der Jurist um eine Stellungnahme zu der Frage gebeten, welche rechtlichen Folgerungen sich aus einem vom Ratsuchenden beabsichtigten Verhalten, z. B. aus dem Abschluß eines bestimmten Vertrages, ergeben, wobei es der Ratsuchende vom Ergebnis der rechtlichen Prüfung abhängig machen will, wie er sich verhält, ob er also den Vertrag schließt oder nicht. Auch in diesem Fall hat der Jurist die bei Verwirklichung des Sachverhalts eintretenden Rechtsfolgen zu ermitteln. Die Arbeitsmethode ist dabei die gleiche wie bei der rechtlichen Beurteilung bereits eingetretener Ereignisse. Allerdings kann bei einer Prüfung nur geplanter Vorgänge die gestellte Aufgabe umfassender ausfallen und sich zugleich auf die Klärung der Frage beziehen, welches Verhalten dem Ratsuchenden aus rechtlicher Sicht zu empfehlen ist. Solche Empfehlungen werden beispielsweise vom Juristen erwartet, wenn er an der Abfassung von Texten, wie Verträgen, Allgemeinen Geschäftsbedingungen,[1] Testamenten, mitwirkt, also Aufgaben zu erfüllen hat,

---

[1] Zum Fragenkomplex „Allgemeine Geschäftsbedingungen" (= AGB) Einzelheiten später.

wie sie sich insbesondere für Rechtsanwälte, für Notare und für die in Rechtsabteilungen von Behörden, Verbänden und Wirtschaftsunternehmen tätigen Juristen ergeben.

b) Im Studium

3   Entsprechend dieser im späteren Beruf zu leistenden Arbeit ist die Ausbildung in der Universität zu gestalten. Folglich muß im Studium die rechtliche Bewertung von Lebenssachverhalten geübt werden. Diese Lebenssachverhalte werden entweder frei erfunden oder tatsächlich geschehenen nachgebildet und als sog. **„Fall"** zur Bearbeitung gestellt. Während in der Berufstätigkeit der Jurist zunächst aus einer Vielzahl von Fakten die rechtlich erheblichen Tatsachen von den rechtlich unerheblichen zu scheiden hat und auf diese Weise zunächst den zu beurteilenden Sachverhalt erarbeiten muß, bekommt der Student einen Fall, der in aller Regel bereits auf den rechtlich erheblichen Tatsachenstoff reduziert ist. Hieraus ergibt sich die wichtige Erkenntnis, daß der Bearbeiter des Falles jeder Einzelheit in der Fallerzählung besondere Aufmerksamkeit zu widmen hat, weil er davon ausgehen muß, daß vom Aufgabensteller die Auswahl der mitgeteilten Tatsachen im Hinblick auf bestimmte vom Bearbeiter zu erkennende und zu behandelnde Rechtsfragen vorgenommen wurde. Das Außerachtlassen bestimmter im Sachverhalt zu findenden Angaben ist also meist verfehlt, weil textliche Ausschmückungen ohne rechtliche Relevanz in juristischen Fällen nicht oft vorkommen. Welche Folgerungen sich hieraus für die vom Studierenden anzuwendende Arbeitstechnik ergeben, wird noch später darzustellen sein.[2]

4   Für die rechtliche Bewertung von Fällen (= simulierten Lebenssachverhalten) sind selbstverständlich **Rechtskenntnisse** erforderlich. Diese Rechtskenntnisse werden in der Ausbildung erworben und müssen ständig im späteren Berufsleben ergänzt und erweitert werden. Häufig meint der Studienanfänger, es käme auf die genaue Kenntnis des Gesetzestextes an, auf die möglichst wörtliche „Speicherung" der einzelnen Rechtsvorschriften in seinem Gedächtnis. Aber eine solche Kenntnis ist einerseits zu viel, andererseits zu wenig. Wer sein Gedächtnis mit dem genauen Wortlaut des Gesetzes belastet, tut etwas Überflüssiges, weil er diesen Wortlaut dem Gesetz selbst entnehmen kann. Selbst wenn er meint, daß er die exakte Fassung der einzelnen Vorschriften kennt, sollte er in Fällen, in denen es auf den genauen Wortlaut ankommt, seinem Gedächtnis mißtrauen und im Gesetz nachlesen. Häufig stellt er dabei fest, daß dort wichtige Details enthalten sind, die er nicht mehr in Erinnerung hatte.

---

[2] Es gibt zwar auch den „geschwätzigen" Sachverhalt, der die rechtlich relevanten Angaben in einem Wust von Nebensächlichkeiten verpackt; er ist aber seltene Ausnahme.

I. Die juristische Aufgabe

Das anzuwendende Gesetz muß also der Jurist bei seiner Arbeit als zwingend notwendiges Handwerkszeug betrachten und es deshalb auch stets zur Hand haben.³ Andererseits kann man jedoch in den meisten Fällen allein aufgrund des Gesetzeswortlautes keine rechtliche Entscheidung treffen. Es kommt vielmehr auf das **richtige Verständnis** der anzuwendenden Rechtsvorschriften an. Hierfür ist zunächst einmal wichtig, die im Gesetz verwendeten **Begriffe** richtig zu verstehen. Denn diese Begriffe können durchaus einen anderen Sinn als in der Umgangssprache haben.

Beispiel: Im juristischen Sprachgebrauch und somit auch in der Terminologie des BGB wird als Eigentümer derjenige bezeichnet, dem eine Sache⁴ gehört. Besitzer ist dagegen derjenige, der die tatsächliche Gewalt über die Sache ausübt, der sie rein tatsächlich innehat. Im allgemeinen Sprachgebrauch wird aber von dem Hausbesitzer gesprochen, wenn man denjenigen meint, dem das Haus gehört. Der Jurist verwendet hierfür die Bezeichnung „Hauseigentümer", während er von dem „Hausbesitzer" spricht, wenn er denjenigen meint, der die tatsächliche Gewalt über das Haus hat, der in ihm wohnt, die Schlüssel besitzt und auf diese Weise andere, wenn er will, fernhalten kann. Der Mieter eines Einfamilienhauses ist also der „Hausbesitzer", nicht der Hauseigentümer. Der Eigentümer eines Einfamilienhauses, der selbst in dem Haus wohnt, ist gleichzeitig Hauseigentümer und Hausbesitzer.⁵

Es kommt ferner für die Rechtsanwendung darauf an, **Zusammenhänge** zwischen verschiedenen Vorschriften im Gesetz zu kennen und zu berücksichtigen.

Beispiel: Max verkauft seinen gebrauchten Pkw Moritz und vereinbart, den Pkw am 01. 04. vormittags zu der Wohnung des Moritz zu bringen. Moritz wartet den ganzen Tag vergeblich auf Max. Er fragt, welche Rechtsfolgen sich aus dem „Wortbruch" des Max ergeben.
§ 284 Abs. 1 S. 1⁶ bestimmt: „Leistet der Schuldner auf eine Mahnung des Gläubigers nicht, die nach dem Eintritte der Fälligkeit erfolgt, so kommt er durch die Mahnung in Verzug." Zu dieser Vorschrift tritt ergänzend § 284 Abs. 2 S. 1 hinzu, der lautet: „Ist für die Leistung eine Zeit nach dem Kalender bestimmt, so kommt

---

³ Es empfiehlt sich, schon im ersten Semester eine alle wichtigen Gesetze umfassende Textsammlung zu beschaffen, wie z. B. Schönfelder, Deutsche Gesetze, Loseblattsammlung. Die häufig bei Anfängern zu beobachtende Neigung, sich zunächst mit dem Text einzelner Gesetze in Form einer Taschenbuchausgabe zu begnügen, kann allenfalls eine Übergangslösung bis zur Anschaffung einer umfassenden Textsammlung sein, um die man doch nicht herumkommt.
⁴ Auch der Begriff „Sache" hat eine eigene juristische Bedeutung. Im BGB ist dieser Begriff in § 90 definiert (gesetzliche Definition = Legaldefinition). Diese Vorschrift lautet: „Sachen im Sinne des Gesetzes (= BGB) sind nur körperliche Gegenstände". Die Elektrizität ist folglich keine Sache, da sie keinen körperlichen Gegenstand darstellt.
⁵ Auf die Begriffe „Eigentum" und „Besitz" wird später noch näher eingegangen werden. Hier genügen die getroffenen Feststellungen.
⁶ Wenn hier oder im folgenden Vorschriften ohne nähere Bezeichnung zitiert werden, dann handelt es sich stets um solche des BGB.

der Schuldner ohne Mahnung in Verzug, wenn er nicht zu der bestimmten Zeit leistet". Hier ist eine Zeit nach dem Kalender bestimmt, nämlich der 01. 04. Man könnte also jetzt aus der in § 284 getroffenen Regelung ableiten, daß sich Max in Verzug befindet. Diese Feststellung kann wichtig sein, weil sich an den Verzug bestimmte Rechtsfolgen knüpfen, so z. B. ein Anspruch auf Ersatz des durch den Verzug entstehenden Schadens (vgl. § 286 Abs. 1). Wollte man nun allein aufgrund des § 284 einen Verzug bejahen, dann würde man einen Fehler begehen. Denn § 284 darf nicht isoliert betrachtet werden, sondern es muß auch § 285 beachtet werden, der anordnet: „Der Schuldner kommt nicht in Verzug, solange die Leistung infolge eines Umstandes unterbleibt, den er nicht zu vertreten hat." Was der Schuldner „zu vertreten hat", ist wiederum den §§ 276 bis 279 zu entnehmen. Insbesondere hat der Schuldner eigenen Vorsatz und eigene Fahrlässigkeit zu vertreten (§ 276 Abs. 1). Ist die Lieferung des Kfz unterblieben, weil Max am Morgen des 01. 04. verunglückte und ins Krankenhaus eingeliefert wurde, ohne einen anderen mit der Überführung des Pkw beauftragen zu können, dann hat er nicht zu vertreten, daß die Leistung zum vereinbarten Termin unterblieb, und er kommt nicht in Verzug.

Um den Zusammenhang zwischen den einzelnen bei Darstellung der Rechtslage zitierten Vorschriften zu erkennen, sind also Rechtskenntnisse erforderlich. Dies sollte das angeführte Beispiel zeigen.

6 Für die Anwendung eines Rechtssatzes ist also mehr notwendig als die bloße Kenntnis seines Wortlauts. Diese Feststellung soll hier genügen. Wie das Recht angewendet wird und welcher Methoden sich dabei der Jurist bedient, ist ein wesentlicher Gegenstand des juristischen Studiums; hierauf wird im Laufe der folgenden Ausführungen immer wieder einzugehen sein.

II. Die Lösung eines Falles als Beispiel juristischer Arbeitsweise

a) Beschränkung auf eine bestimmte Fragestellung

7 In den vorstehenden Ausführungen ist dargelegt worden, worauf es bei der juristischen Lösung eines Falles ankommt, um seine rechtliche Bewertung. Allerdings kann man einen Fall aus der Sicht der verschiedenen **Rechtsgebiete** (Privatrecht, Strafrecht, öffentliches Recht)[7] unterschiedlich bewerten. Wenn es beispielsweise darum geht, juristisch zu

---

[7] Während das öffentliche Recht die Beziehungen von Staat und Bürger betrifft und durch das Verhältnis der Über- und Unterordnung gekennzeichnet wird, umfaßt das Privatrecht die Rechtsbeziehungen Gleichgeordneter. Bei dieser Unterscheidung ist das Strafrecht zum öffentlichen Recht zu rechnen, wenn es auch gewöhnlich als dritte Rechtsmaterie selbständig neben die beiden anderen gestellt wird. Kernbereich des Privatrechts ist das bürgerliche Recht (= Zivilrecht), das im wesentlichen im BGB geregelt ist. Daneben gibt es Sonderprivatrechte, wie z. B. das Handelsrecht und das Wirtschaftsrecht. Zu Einzelheiten vgl. *Baumann*, Einführung in die Rechtswissenschaft, 8. Aufl. 1989, S. 29 ff.

II. Die Lösung eines Falles als Beispiel juristischer Arbeitsweise

einem Verkehrsunfall Stellung zu nehmen, kann dies auf der Grundlage des Strafrechts geschehen und die Frage erörtert werden, ob und wie sich die Beteiligten strafbar gemacht haben. Die privatrechtliche Erörterung ist darauf gerichtet, ob wegen des durch den Unfall verursachten Schadens die Beteiligten Ansprüche gegeneinander oder gegen Dritte geltend machen können. Auch öffentlich-rechtliche (verwaltungsrechtliche) Probleme können sich stellen, etwa wenn zu entscheiden ist, ob sich ein Beteiligter durch sein Verhalten beim Unfall als ungeeignet zur Führung eines Kraftfahrzeugs gezeigt hat und deshalb die Verwaltungsbehörde ihm die Fahrerlaubnis entziehen muß. Welche Antwort im Einzelfall interessiert, ist dem Juristen in seiner Berufstätigkeit selbstverständlich von vornherein klar. Im Universitätsstudium ergibt sich aus der Aufgabe und nicht zuletzt auch aus der Art der Lehrveranstaltung, in der die Aufgabe gestellt wird, aus welcher rechtlichen Sicht eine Erörterung des Falles vorzunehmen ist. In der vorliegenden Schrift, deren Thema die Grundlagen des bürgerlichen Rechts bilden, sind die Ausführungen ausschließlich diesem Rechtsgebiet gewidmet.

b) Aufgabentext

Folgender Fall soll behandelt werden:

Der 17jährige Max (M) erhält von seinen Eltern ein monatliches Taschengeld von 100,– DM. Die Eltern kontrollieren die Verwendung des Geldes nicht. M ist sehr sparsam und hat sich von diesem Taschengeld im Laufe der Zeit 300,– DM gespart. Als sein 18jähriger Freund Fritz (F) ein Mofa zum Preise von 600,– DM verkaufen will, erklärt ihm Max, er wolle dieses Mofa haben; den Kaufpreis werde er zur Hälfte aus seinen Ersparnissen sofort zahlen, den Rest werde er in 10 Monatsraten zu je 30,– DM begleichen. Dieses Geld könne er ohne Schwierigkeiten von seinem Taschengeld abzweigen. Fritz stimmt zu und übergibt Max das Mofa. Als Max nach Hause kommt, sagen ihm seine Eltern, sie seien keinesfalls mit der Anschaffung des Fahrzeuges einverstanden. Max solle das Mofa sofort zurückbringen. Als dies Max tut, weigert sich Fritz, das Mofa zurückzunehmen, und beruft sich darauf, er habe das Mofa an Max verkauft und dieser müsse den vereinbarten Kaufpreis zahlen. Wie ist die Rechtslage?

c) Die einzelnen Arbeitsschritte

Häufig bereitet es dem Studienanfänger – und nicht nur ihm – erhebliche Schwierigkeiten, sein erlerntes Wissen richtig bei der rechtlichen Beurteilung von Sachverhalten umzusetzen. Was der Könner routinemäßig anwendet, das muß der Anfänger erst lernen: die richtige Methode zur Lösung juristischer Fälle. Hierbei kann ihm das folgende **Lösungsschema** behilflich sein, in dem einzelne Arbeitsschritte der Fallbearbeitung zusammengefaßt sind:

1. Schritt: Genaue Erfassung des Sachverhalts
2. Schritt: Konkretisierung der Fallfrage
3. Schritt: Sammlung erster Gedanken zur Lösung
4. Schritt: Aufsuchen der entscheidungserheblichen Rechtsvorschriften
5. Schritt: Anwendung der Rechtsvorschriften auf den Sachverhalt und Feststellung der Rechtsfolgen (in Form einer Lösungsskizze)
6. Schritt: Ausformulierung der Fallösung.

10 Zu diesen Arbeitsschritten ist folgendes zu bemerken: Der erste Arbeitsschritt muß stets die genaue **Erfassung des** rechtlich zu beurteilenden **Sachverhalts** sein. Denn selbstverständlich kann nur dann eine richtige rechtliche Stellungnahme abgegeben werden, wenn der zu bewertende Tatsachenstoff zutreffend verstanden und in allen seinen wesentlichen Einzelheiten erfaßt ist. Mit dem sorgfältigen, mehrmaligen Lesen des Sachverhalts beginnt jede Fallbearbeitung. Hierbei ist jedem Detail in der Fallerzählung Aufmerksamkeit zu widmen, weil der mitgeteilte Sachverhalt in aller Regel von dem Aufgabensteller auf die für die Bearbeitung erheblichen Tatsachen beschränkt ist. Erscheinen dem Bearbeiter bestimmte Angaben überflüssig, so sollte ihm das zur (erneuten) Prüfung Anlaß geben, ob der von ihm gewählte Lösungsweg richtig ist. Die gedankliche Erfassung des Sachverhalts wird durch eine **graphische Darstellung** erleichtert, in der die beteiligten Personen und die Beziehungen, in denen sie zueinander stehen, zeichnerisch festgehalten und mitgeteilte Daten aufgeschrieben werden können. Bei umfangreichen, verwickelten Sachverhalten sollte stets eine solche graphische Darstellung angefertigt werden; aber auch bei einfachen Fallerzählungen können kleine Zeichnungen helfen, die Gedanken zu ordnen. Bei den dann folgenden, die Lösung des Falles vorbereitenden Arbeiten, insbesondere während des dritten und vierten Arbeitsschritts, kann dann die graphische Darstellung durch die Angabe von Rechtsvorschriften, die für die Beziehungen der Beteiligten eine Rolle spielen, ergänzt werden.

Bestimmte Symbole können die rechtlichen Beziehungen der Beteiligten angeben. So läßt sich zeichnerisch ein Anspruch durch einen Pfeil zwischen dem Anspruchsteller und dem in Anspruch Genommenen wiedergeben. Andere rechtliche Beziehungen können durch eine Verbindungslinie beschrieben werden. Als Beispiel soll die folgende Skizze dienen, die sich auf den zu bearbeitenden Fall bezieht[8]:

---

[8] Die Zahlen bezeichnen die einschlägigen Vorschriften des BGB, die beim 3. und 4. Arbeitsschritt in die Skizze eingefügt werden (römische Ziffern nennen die Absätze). Zur Bedeutung dieser Vorschriften für die Fallösung vgl. u. RdNr. 22 ff. Hinzuweisen ist noch darauf, daß die Skizze lediglich den Zahlungsanspruch des F gegen M berücksichtigt (vgl. dazu u. RdNr. 27); sie ist also unvollständig.

II. Die Lösung eines Falles als Beispiel juristischer Arbeitsweise

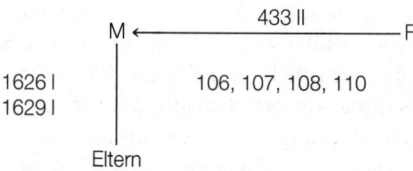

Als nächstes ist die **Fallfrage** zu **konkretisieren.** Die Bearbeitung des Falles kann selbstverständlich erst sinnvoll beginnen, wenn der Bearbeiter weiß, was die im Fall genannten Personen wollen. Die vom Aufgabensteller formulierte Fallfrage kann bereits so konkret gefaßt sein, daß eine weitere Präzisierung nicht mehr nötig wird. Lautet beispielsweise in dem oben mitgeteilten Aufgabentext die Fallfrage „Kann Fritz von Max den Kaufpreis fordern?", dann ist klar, daß der Bearbeiter nur zu prüfen hat, ob ein Zahlungsanspruch des Fritz gegen Max besteht. Die Fallfrage kann aber auch ganz allgemein – wie in unserem Beispielsfall – dahin gehen, wie die Rechtslage beschaffen ist. Eine solche allgemein gefaßte Fallfrage muß der Bearbeiter näher aufschlüsseln, damit er sinnvolle Antworten geben kann und nicht zu Punkten Stellung nimmt, die niemanden interessieren. 11

Die Präzisierung der Fallfrage geschieht aufgrund des mitgeteilten Sachverhalts. So wäre es verfehlt, wegen der allgemeinen Fragestellung sämtliche Rechtsbeziehungen, die zwischen den im Fall handelnden Personen bestehen, zu untersuchen. Im Beispielsfall interessiert das Rechtsverhältnis zwischen Max und seinen Eltern nur insoweit, als es Einfluß auf die Rechtsbeziehungen zwischen Max und Fritz insbesondere auf das Recht des Fritz hat, von Max Zahlung des vereinbarten Kaufpreises zu fordern.

Geht es bei dem zu bearbeitenden Fall um Ansprüche, deren Berechtigung zu prüfen ist, dann hat sich der Bearbeiter auch bei einer allgemeinen Aufgabenstellung die Frage vorzulegen, wer was von wem verlangt. Aufgrund dieser konkreten Frage sind die beteiligten Personen einander in **„Anspruchsverhältnisse"** gegenüberzustellen (wer von wem?). Eine solche Ordnung ist insbesondere wichtig, wenn mehrere Personen Ansprüche geltend machen. 12

Beispiel: Der Fußgänger F betritt die Fahrbahn, ohne auf den Verkehr zu achten. Der Autofahrer A muß, um F nicht zu überfahren, eine Vollbremsung vornehmen. Es kommt deshalb zu einem Kettenauffahrunfall, in den A, B, C und D verwickelt werden. Will man sich in diesem Fall schlüssig darüber werden, wer von wem etwas zu verlangen hat, dann muß man in der gutachtlichen Stellungnahme nacheinander die Ansprüche des A gegen F, B, C und D, dann die Ansprüche des B gegen F, A, C und D und so fort prüfen.

Abgesehen davon, daß eine derartige Gliederung die Übersichtlichkeit der Darstellung erleichtert, erklärt sie sich auch daraus, daß der Jurist seine gutachtliche Stellungnahme auf den „Ernstfall", auf den möglichen Rechtsstreit, zu beziehen hat. Im Rechtsstreit stehen sich aber im Regel- 13 fall⁹ zwei Personen gegenüber, Kläger und Beklagter, und der Richter hat in seinem Urteil darüber zu befinden, ob die vom Kläger behaupteten Rechte (z. B. der Anspruch des Fritz auf Zahlung des Kaufpreises für das Mofa) bestehen und ob der Beklagte deshalb zu einem bestimmten Verhalten (z. B. zur Zahlung einer Geldsumme) zu verurteilen ist. Die sich im Prozeß ergebende „Zweierbeziehung" Kläger-Beklagter entspricht dem „Anspruchsverhältnis" Gläubiger-Schuldner in dem Rechtsgutachten, das der Fallbearbeiter anfertigen muß.

14 Der dritte Arbeitsschritt, die Sammlung erster Gedanken zur Lösung des Falles, wird sich häufig mit anderen Arbeitsschritten überschneiden. Denn bereits bei der Lektüre des Sachverhalts und bei der Konkretisierung der Fallfrage, aber auch beim Aufsuchen der entscheidungserheblichen Rechtsvorschriften werden dem Bearbeiter häufig spontan erste Erwägungen in den Sinn kommen, die er auf einem **Merkzettel** festhalten sollte. Bei der weiteren Fallbearbeitung kann dann der Bearbeiter auf diese vorläufigen Reflexionen, die sich aus seiner Intuition und seinem Rechtsgefühl ergeben, eingehen und ihre Richtigkeit überprüfen. Auch wenn sich dabei erweisen sollte, daß die ersten Erwägungen nicht zutreffen, können sich doch aus der gedanklichen Auseinandersetzung mit ihnen wichtige Hinweise für die Fallbearbeitung ergeben. Deshalb liegt in der **gedanklichen Vorbeurteilung** nach dem Rechtsgefühl ein wichtiger Teil der Auseinandersetzung mit dem Fall. Die empfohlene Aufzeichnung der ersten Gedanken auf einem Merkzettel stellt sicher, daß der Bearbeiter die spontan angestellten Erwägungen nicht später in der „Hitze des Gefechts" wieder vergißt.

15 Mit dem **Aufsuchen der** entscheidungserheblichen **Rechtsvorschriften** beginnt die rechtliche Bewertung des Falles. Hierbei muß sich der Bearbeiter an der (erforderlichenfalls von ihm konkretisierten) Fallfrage orientieren. Denn die Fallfrage begrenzt den Umfang der vorzunehmenden Untersuchung und sagt dem Bearbeiter, auf welche Antworten es ankommt. Die (konkretisierte) Fallfrage des hier zu bearbeitenden Sachverhalts geht zunächst dahin, ob Fritz von Max den vereinbarten Kaufpreis fordern kann. Es muß deshalb eine Rechtsvorschrift gesucht werden, die dieses Begehren stützt. Ist diese Vorschrift gefunden, dann hat der Bearbeiter zu prüfen, ob der Tatbestand, von dessen Verwirklichung die Rechtsfolge abhängig gemacht ist, aufgrund des mitgeteilten Sachverhalts zu bejahen ist.

Auch bei der Suche nach den entscheidungserheblichen Vorschriften hat der Bearbeiter schrittweise vorzugehen. An der Spitze steht die **Anspruchsgrundlage**; dies ist die Rechtsvorschrift, die den gestellten Anspruch¹⁰ zu rechtfertigen vermag, wenn

---

⁹ Zwar läßt die Zivilprozeßordnung (ZPO) unter bestimmten Voraussetzungen zu, daß auf der Kläger- oder Beklagtenseite mehrere Personen stehen, jedoch handelt es sich dabei um eine Besonderheit, die hier vernachlässigt werden kann.
¹⁰ Eine gesetzliche Definition des Begriffs „Anspruch" findet sich in § 194 Abs. 1;

II. Die Lösung eines Falles als Beispiel juristischer Arbeitsweise

ihre Voraussetzungen im konkreten Fall erfüllt werden. Zu dieser Rechtsvorschrift können andere hinzutreten, die für die Bejahung der einzelnen Merkmale der Anspruchsgrundlage bedeutsam sind. Wie dieses Ineinandergreifen verschiedener Rechtsvorschriften im einzelnen aussieht, wird bei der Erörterung von Fällen in den folgenden Ausführungen noch häufig gezeigt werden. Beispielhaft soll hier der Ansatz für die Lösung des zu bearbeitenden Falles beschrieben werden:

Anspruchsgrundlage für die Kaufpreisforderung des Verkäufers gegen den Käufer bildet § 433 Abs. 2. Hiernach ist der Käufer verpflichtet, dem Verkäufer den vereinbarten Kaufpreis zu zahlen. Die Begriffe „Käufer" und „Verkäufer" und der Hinweis auf den „vereinbarten Kaufpreis" sowie der enge Zusammenhang mit Absatz 1, in dem die korrespondierenden Pflichten des Verkäufers von einem Kaufvertrag abhängig gemacht werden, lassen deutlich sein, daß diese Vorschrift den Abschluß eines gültigen Kaufvertrages voraussetzt. Für die Frage der Gültigkeit des zwischen Fritz und Max geschlossenen Kaufvertrages ist die Minderjährigkeit des Max von Bedeutung. § 107 bestimmt nämlich, daß ein Minderjähriger zu einer Willenserklärung, durch die er nicht lediglich einen rechtlichen Vorteil erlangt, der Einwilligung seines gesetzlichen Vertreters bedarf. Der Wortlaut des § 107 enthält eine Reihe von Begriffen, auf die der Bearbeiter bei der gutachtlichen Stellungnahme einzugehen hat. So ist die Feststellung, daß Max minderjährig ist, näher zu begründen.[11] Der Bearbeiter hat auch darauf einzugehen, in welchem Zusammenhang der Begriff „Willenserklärung", von dem in § 107 die Rede ist, zum Vertrag steht, auf dessen Gültigkeit es für den Anspruch aus § 433 Abs. 2 ankommt. Da es hier nur darum geht, beispielhaft die Methode zu beschreiben, die beim Aufsuchen der rechtserheblichen Vorschriften anzuwenden ist, braucht diesen Fragen hier nicht weiter nachgegangen zu werden.

Es liegt auf der Hand, daß für das Aufsuchen der entscheidungserheblichen Vorschriften Rechtskenntnisse erforderlich sind. Häufig stellt es – nicht nur für den Studienanfänger – die schwierigste Aufgabe dar, den richtigen Einstieg in den Fall zu finden und die Rechtsvorschrift zu ermitteln, auf die es für die Entscheidung des Falles ankommt. Zu berücksichtigen ist auch, daß es nicht genügt, lediglich eine Anspruchsgrundlage zu erörtern, wenn das in der Fallfrage beschriebene Begehren auch auf weitere Anspruchsgrundlagen gestützt werden kann. Der Bearbeiter hat dann vielmehr die verschiedenen in Betracht kommenden Rechtsnormen, die den erhobenen Anspruch möglicherweise rechtfertigen, nacheinander zu prüfen, weil er ein umfassendes Rechtsgutachten anzufertigen hat, in dem alle rechtlich bedeutsamen Fragen behandelt werden müssen. Für die Reihenfolge dieser Prüfung gibt es bestimmte Kunstregeln, auf die hier nicht eingegangen werden kann; Hinweise finden sich in Schriften zur Klausurtechnik (vgl. u. RdNr. 21).

Die vorstehenden Ausführungen haben bereits ergeben, daß der fünfte Arbeitsschritt, die **Anwendung der Rechtsvorschriften** auf den Sachverhalt und die Feststellung der Rechtsfolgen, eng mit den vorhergehen-

---

danach ist ein Anspruch das Recht, von einem anderen ein Tun oder Unterlassen zu verlangen. Ein Kaufpreisanspruch ist folglich das Recht, von einem anderen, dem Käufer, Zahlung des Kaufpreises (= ein Tun) zu fordern.

[11] Der Bearbeiter hat dafür u. a. auf § 2 hinzuweisen, wonach die Volljährigkeit mit der Vollendung des 18. Lebensjahres eintritt (vgl. dazu u. RdNr. 24).

den Arbeitsschritten verbunden ist. Das Aufsuchen der entscheidungserheblichen Rechtsvorschriften und ihre Anwendung auf den Sachverhalt lassen sich nur in der theoretischen Betrachtung voneinander abgrenzen; praktisch werden sie zu einer einheitlichen Arbeitsphase miteinander verwoben. Das Ergebnis der bisher durchgeführten Untersuchung ist dann in Stichworten zu skizzieren, wobei es von dem persönlichen Arbeitsstil des einzelnen abhängt, wie detailliert eine solche Skizze der Lösung ausgeführt wird. Durch ständiges Üben muß jeder das richtige Maß finden.

18 Den letzten Arbeitsschritt bildet die **Ausformulierung der Fallösung.** Aufgrund der zuvor vollzogenen Arbeitsschritte steht das Gerippe der Lösung schon fest. Aufbaufragen sind also bereits vorher zu beantworten gewesen. Im letzten Arbeitsschritt kommt es darauf an, daß der Bearbeiter seine Gedanken zur Lösung präzis formuliert und ihnen soviel Raum gibt, wie dies zu einer überzeugenden Darstellung der entscheidungserheblichen Punkte erforderlich ist. Nebensächlichkeiten sind hierbei – wenn überhaupt – nur zu streifen und die eigentlichen Probleme des Falles in den Mittelpunkt der Erörterung zu stellen. Eine angemessene Schwerpunktbildung beweist, daß der Verfasser in der Lage ist, die sich stellenden Rechtsprobleme richtig zu beurteilen, und ist somit ein Ausweis für eine gelungene Fallbearbeitung. Bei der Darstellung der Lösung hat sich der Student des „Gutachtenstils" zu bedienen. Dieser Gutachtenstil zeichnet sich dadurch aus, daß an die Spitze der Ausführungen die zu erörternde Frage gestellt wird, und die Antwort auf diese Frage den Schluß bildet, nachdem alle für die Beantwortung der Frage rechtserheblichen Punkte erörtert worden sind.[12]

19 Die **Sprache** ist für den Juristen das Mittel, um seine Gedanken zu äußern. Es ist offensichtlich, daß die Qualität des Gedankenträgers „Sprache" einen wesentlichen Anteil daran hat, ob es dem Bearbeiter gelingt, den Leser von der Richtigkeit seiner Lösung zu überzeugen. Bildhaft läßt sich sagen, daß die Sprache die Verpackung der Gedanken darstellt und daß der Wert des Inhalts auch nach der Gediegenheit der sprachlichen Hülle beurteilt wird.

> Immer wieder ist die Erfahrung zu machen, daß Arbeiten, die sich durch einen flüssigen Stil und gute Formulierungen auszeichnen, auch in der rechtlichen Bewertung überzeugen, während umgekehrt sprachlich mangelhafte Ausführungen fast nie die richtige Lösung des Falles enthalten. Wer stilistisch schlampt, der tut dies auch in der rechtlichen Beurteilung.

20 Eine Selbstverständlichkeit sollte für jeden jungen Juristen die Beachtung der Regeln der Rechtschreibung, der Grammatik und der Zeichensetzung sein. Schließlich sollte sich der Bearbeiter auch darüber im klaren sein, daß die äußere Gestaltung der Arbeit, ihr Aussehen, eine nicht

---

[12] Vgl. dazu das Muster einer Fallösung (u. RdNr. 22 ff.).

II. Die Lösung eines Falles als Beispiel juristischer Arbeitsweise

zu unterschätzende Bedeutung für die Beurteilung hat. Zu Recht meint Diederichsen in seiner Schrift „Die BGB-Klausur" (vgl. u. RdNr. 21), S. 97: „Wer mag schon unter eine saubere Arbeit, bei deren Abfassung sich der Bearbeiter offensichtlich Mühe gemacht hat, eine schlechte Note setzen? Bei der unordentlichen tut es einem nicht leid."

Die vorstehenden Ausführungen zu den einzelnen von dem Bearbeiter eines juristischen Falles zu vollziehenden Arbeitsschritten dienen lediglich dem Zweck, dem Studienanfänger erste Hinweise für die vom Juristen zu praktizierende Arbeitstechnik zu geben. Eine vertiefende Befassung mit diesem Fragenbereich ist jedem dringend zu empfehlen. Hierzu gibt es ausgezeichnete Anleitungen, z. B. Diederichsen, Die BGB-Klausur, 7. Auflage 1987; Köbler, Anfängerübung im bürgerlichen Recht, Strafrecht und öffentlichen Recht, 4. Auflage 1983; Tettinger, Einführung in die juristische Arbeitstechnik, 1982, S. 65 ff.; Velte, Jura 1980, 193 ff.

d) Muster einer Fallösung

Die folgende Darstellung ist als Beispiel für den Aufbau und die Sprache eines juristischen Gutachtens gedacht, wie es z. B. von den Studenten bei einer Aufsichtsarbeit (Klausur) anzufertigen ist. Die zu erörternden Rechtsfragen werden nur in der Breite behandelt, wie dies für die Fallösung geboten ist. Dies kann zu Verständnisschwierigkeiten bei dem Leser führen, die ihn jedoch nicht beunruhigen sollten, weil es hier im wesentlichen um technische Fragen geht; auf die angesprochenen Rechtsfragen wird später noch näher einzugehen sein. Die engzeiligen Einfügungen stellen lediglich Erläuterungen dar und gehören nicht zur Fallösung.

F kann von M nach § 433 Abs. 2 Zahlung des Kaufpreises in der vereinbarten Höhe und zu dem vereinbarten Zeitpunkt verlangen, wenn zwischen beiden ein wirksamer Kaufvertrag zustandegekommen ist.

Die allgemeine Fallfrage nach der Rechtslage ist also hier dahingehend konkretisiert worden, ob ein Zahlungsanspruch des F besteht; das ist die Frage, die bei dem gegebenen Fall in erster Linie interessiert. Nur wenn diese Frage verneint werden sollte, kann es noch auf den Anspruch des M auf Rückzahlung der 300,– DM und auf dessen Verpflichtung ankommen, das Mofa an F zurückzugeben.

Ausgangspunkt der Prüfung ist die Vorschrift, die das Begehren des F rechtfertigen könnte (Anspruchsgrundlage). Die konkrete Fallfrage (wer hat von wem was zu beanspruchen) wird auf diese Weise um ein viertes Element ergänzt, so daß zu Beginn der rechtlichen Bearbeitung einer Anspruchsklausur[13] stets die Frage zu stehen hat: Wer hat von wem aufgrund welcher Rechtsvorschrift was zu beanspruchen? oder kürzer: Wer von wem was woraus (**4 W-Frage**).

Warum es nach § 433 Abs. 2 auf den Abschluß eines wirksamen Kaufvertrages ankommt, war bereits ausgeführt worden (vgl. o. RdNr. 15).

---

[13] Es gibt verschiedene Klausurtypen; die häufigste ist die Anspruchsklausur, bei der zu prüfen ist, ob die Beteiligten Ansprüche gegeneinander geltend machen können.

23 M und F haben sich über den wesentlichen Inhalt des Kaufvertrages, über den Kaufgegenstand und den Kaufpreis, geeinigt.

Durch diese Feststellung wird darauf hingewiesen, daß ein Vertrag nur zustande kommt, wenn zwischen den Vertragsparteien Übereinstimmung über den Inhalt des Vertrages besteht.[14]

24 Der Vertrag kann aber nach § 108 Abs. 1 iVm. § 107 unwirksam sein, weil M als Minderjähriger (vgl. § 2) ohne Einwilligung der Eltern, die seine gesetzlichen Vertreter sind (vgl. § 1626 Abs. 1, § 1629 Abs. 1), den Vertrag geschlossen hat und weil die Eltern die Genehmigung des Vertrages ablehnen.

Ein Minderjähriger (eine Person, die noch nicht das 18. Lebensjahr vollendet hat; vgl. § 2) über 7 Jahre ist nach § 106 in seiner Geschäftsfähigkeit beschränkt. Dies bedeutet, daß er grundsätzlich (zu den Ausnahmen später) allein keine wirksamen Verträge abschließen kann. Vielmehr hängt die Wirksamkeit eines von ihm geschlossenen Vertrages von der Zustimmung[15] des gesetzlichen Vertreters ab.

25 Für die Frage, ob die von § 107 für lediglich rechtlich vorteilhafte Willenserklärungen gemachte Ausnahme von der Zustimmungsbedürftigkeit hier zutrifft, kommt es darauf an, ob sich aus dem vom Minderjährigen geschlossenen Vertrag (auch) rechtliche Verpflichtungen ergeben. Ist dies zu bejahen, dann bleibt es bei der Zustimmungsbedürftigkeit. Der wirtschaftliche Nutzen, den der Minderjährige aus dem Geschäft ziehen könnte, ist hierfür – wie bereits der Wortlaut der Vorschrift („rechtlicher Vorteil") verdeutlicht – unerheblich. M wird durch den Vertrag u. a. zur Zahlung des Kaufpreises verpflichtet, und deshalb ist die Zustimmung der Eltern für die Gültigkeit des Vertrages erforderlich. Etwas anderes würde jedoch gelten, wenn die als „Taschengeldparagraph" bezeichnete Ausnahmeregelung des § 110 eingreift, nach der ein Vertrag auch ohne Zustimmung des gesetzlichen Vertreters wirksam ist, wenn der Minderjährige die vertragsmäßige Leistung mit Mitteln bewirkt, die ihm zu diesem Zweck oder zur freien Verfügung von seinen Eltern überlassen worden sind. Bewirkt ist eine Leistung im Sinne dieser Vorschrift aber nur, wenn der Minderjährige den Anspruch des Vertragspartners vollständig befriedigt hat. Dies ist hier nicht der Fall, da M nur die Hälfte des Kaufpreises zahlt, und somit die vollständige Leistung nicht von ihm „bewirkt" worden ist.

26 Die Wirksamkeit des Kaufvertrages hängt somit von der Genehmigung der Eltern des M ab (§ 108 Abs. 1). Nach § 182 Abs. 1 kann die Genehmigung[15] sowohl gegenüber dem Minderjährigen als auch gegen-

---

[14] Warum dies so ist, wird später erklärt werden.
[15] Der Begriff „Zustimmung" ist ein Oberbegriff; die vorherige Zustimmung wird Einwilligung (vgl. § 183 S. 1) und die nachträgliche Zustimmung Genehmigung (vgl. § 184 Abs. 1) genannt.

II. Die Lösung eines Falles als Beispiel juristischer Arbeitsweise

über dem Vertragspartner erklärt werden. Da die Eltern ihrem Sohn die Genehmigung verweigerten, ist der Vertrag endgültig unwirksam.

Auf die Frage, ob sich an dieser Unwirksamkeit noch etwas dadurch ändern könnte, daß F die Eltern seinerseits auffordert, ihm mitzuteilen, ob sie den Vertrag genehmigten und dann nach § 108 Abs. 2 die entsprechende Erklärung nur ihm gegenüber vorgenommen werden kann, ist hier nicht einzugehen, weil sich aus dem Sachverhalt ergibt, daß F eine solche Aufforderung nicht an die Eltern des M gerichtet hat.

Somit steht fest, daß F keine Ansprüche aus dem Kaufvertrag mit M herleiten kann und insbesondere nicht von ihm Zahlung des Kaufpreises zu fordern hat.

Für den beabsichtigten Zweck, ein Beispiel für die schriftliche Abfassung einer Fallbearbeitung zu geben, genügen die vorstehenden Ausführungen. Es wird deshalb davon abgesehen, die Prüfung – wie dies bei einer vollständigen Fallösung erforderlich wäre – auch auf die Ansprüche des F auf Rückgabe des Mofas und des M auf Rückzahlung der 300,– DM zu erstrecken, zumal in diesem Zusammenhang einige zum Teil nicht ganz einfach zu verstehende Rechtsfragen angesprochen werden müßten. Es wird Gelegenheit sein, auf diese Fragen später noch einzugehen.

Nur ein erster Einblick in die Technik juristischer Fallösung konnte und sollte bisher gegeben werden. Das für die Beherrschung dieser Technik notwendige Wissen muß noch erheblich vervollständigt und vertieft werden. Die beste Methode hierfür ist das ständige Üben. Es sollte jede Gelegenheit genutzt werden, um Fälle zu lösen, weil nur auf diese Weise die Sicherheit erworben wird, die den Könner auszeichnet. Eine Möglichkeit dazu bieten auch die Übungsklausuren, die in dieser Schrift enthalten sind; sie sollten in der angegebenen Zeit nur mit Hilfe des Gesetzestextes bearbeitet werden. Dabei können nicht nur die Rechtskenntnisse, sondern auch die Beherrschung der Fallösungstechnik überprüft werden.

§ 2 Zum Begriff des Rechtsgeschäfts

I. Einleitender Überblick

a) Eintritt von Rechtsfolgen

29 In der einleitenden Beschreibung der juristischen Aufgabe ist davon gesprochen worden, daß der Jurist die sich aus einem Lebenssachverhalt ergebenden Rechtsfolgen festzustellen hat. Diese Aussage muß noch präzisiert werden. Die festzustellenden Rechtsfolgen ergeben sich aus Rechtssätzen, die auf den zu bewertenden Lebenssachverhalt zutreffen, genauer: durch ihn in ihrem Tatbestand verwirklicht werden.

Beispiel: Schussel ist beim Einparken unachtsam und beschädigt deshalb das Auto des Eich. Durch dieses tatsächliche Geschehen (= Lebenssachverhalt) wird der Tatbestand des § 823 Abs. 1 verwirklicht. Denn Schussel hat fahrlässig (vgl. § 276 Abs. 1 S. 2!) das Eigentum eines anderen (= das Auto des Eich) widerrechtlich (= rechtswidrig = im Widerspruch zur Rechtsordnung stehend) verletzt. Aus dieser Tatbestandsverwirklichung ergibt sich als Rechtsfolge die Verpflichtung, dem anderen den ihm daraus entstehenden Schaden zu ersetzen.

30 Es muß also zwischen dem (Lebens)Sachverhalt, dem Tatbestand (als Summe der Merkmale, von deren Verwirklichung eine bestimmte Rechtsfolge abhängig gemacht ist) und der Rechtsfolge selbst unterschieden werden. Ein Rechtssatz besteht regelmäßig[1] aus Tatbestand und Anordnung der Rechtsfolge. Der Jurist prüft, ob der (konkrete) Lebenssachverhalt den Tatbestand der (von ihm aufgrund seiner Rechtskenntnisse ausgewählten, weil in Betracht zu ziehenden) Rechtsvorschrift verwirklicht, d. h., ob alle in der Rechtsvorschrift genannten Voraussetzungen für den Eintritt der Rechtsfolge erfüllt werden. Bei einem positiven Ergebnis dieser Prüfung kommt er dann zu dem Schluß, daß die in der Rechtsvorschrift genannte Rechtsfolge (im Beispielsfall die Verpflich-

---

[1] Ein Gesetz besteht aus vielen Sätzen, die nicht alle (vollständige) Rechtssätze in dem hier gemeinten Sinn sind. Manche sind auch unvollständig, treten ergänzend zu anderen und bilden erst zusammen mit diesen einen vollständigen Rechtssatz. So dienen manche dazu, einzelne Tatbestandsmerkmale einer anderen Rechtsvorschrift zu erläutern (= erläuternde Rechtssätze – Beispiel: § 90, dazu o. § 1 Fn. 4), manche schränken den zu weit gefaßten Tatbestand eines anderen Rechtssatzes ein (einschränkende Rechtssätze – Beispiel: § 935, der die Vorschriften über den gutgläubigen Erwerb des Eigentums an beweglichen Sachen von Nichtberechtigten (§§ 932 bis 934) einschränkt, s. dazu u. RdNr. 480), andere wiederum verweisen auf vollständige Rechtssätze (verweisende Rechtssätze – Beispiel: § 823 Abs. 2, der auf Absatz 1 dieser Vorschrift verweist, vgl. dazu u. RdNr. 682 ff.). Hier können die dargestellten Besonderheiten vernachlässigt und nur vollständige Rechtssätze berücksichtigt werden.

I. Einleitender Überblick

tung, den entstandenen Schaden zu ersetzen) eingetreten ist. Diese Unterordnung eines (bestimmten) Sachverhalts unter den Tatbestand einer Rechtsnorm (= Rechtsvorschrift, Rechtssatz) heißt „**Subsumtion**".

Rechtsfolgen können unabhängig von dem Willen der beteiligten Personen eintreten. **31**

> Im Beispielsfall wollte Schussel sicher nicht die Rechtsfolge (= Verpflichtung zum Schadensersatz) auslösen.

Rechtsfolgen können aber auch willentlich herbeigeführt werden.

> Wenn Max dem Fritz erklärt, er wolle dessen Mofa kaufen, dann will er die sich aus einem Kaufvertrag ergebenden Rechtsfolgen (vgl. § 433!).

Der Rechtsakt, der eine gewollte Rechtsfolge hervorbringt, wird „**Rechtsgeschäft**" genannt. In den Motiven zum BGB, der Begründung des ersten Entwurfs eines Bürgerlichen Gesetzbuches für das Deutsche Reich,[2] findet sich in Band 1, S. 126 folgende Begriffsbeschreibung: „Rechtsgeschäft im Sinne des Entwurfs ist eine Privat-Willenserklärung, gerichtet auf die Hervorbringung eines rechtlichen Erfolges, der nach der Rechtsordnung deswegen eintritt, weil er gewollt ist." Diese Begriffsbeschreibung führt einen weiteren Begriff ein, nämlich den der „Willenserklärung".[3] Hier soll zunächst noch eine vorläufige, ergänzungsbedürftige Definition genügen, die später vervollständigt wird: Willenserklärung bedeutet die Kundgabe (= Erklärung) des (rechtlich bedeutsamen) Willens. Der Begriff des Rechtsgeschäfts ist also weiter als der der Willenserklärung, weil es für ihn auch auf den rechtlichen Erfolg ankommt. Hängt dieser rechtliche Erfolg einseitig vom Willen des Erklärenden ab, dann decken sich Rechtsgeschäft und Willenserklärung. Vermag er allein nicht zu erreichen, daß die gewollte Rechtsfolge eintritt, sondern ist hierfür auch der Wille anderer Personen erforderlich, dann ist die Willenserklärung zwar ein wichtiges, aber nicht das einzige Element des Rechtsgeschäfts. Zur Erläuterung dieser Feststellung folgende Beispiele. **32**

---

[2] Sie sind veröffentlicht und in jeder Universitätsbibliothek erhältlich. Für den Studienanfänger ist zunächst nur wichtig zu wissen, daß es sie gibt. Als Fortgeschrittener wird er sie heranziehen, um sich Aufschluß über die Absichten des Gesetzgebers zu verschaffen. Das gleiche gilt für die Protokolle der Kommission für die zweite Lesung des Entwurfs des BGB. Eine kurze (lesenswerte) Übersicht über die Entstehungsgeschichte des BGB (mit weiteren Nachweisen) gibt *Säcker* im Münchener Kommentar (einem Großkommentar zum BGB), Bd. 1, Allgemeiner Teil, 2. Aufl. 1984, Einleitung RdNr. 6 ff.

[3] Es geht im Bereich des Zivilrechts durchweg um private Willenserklärungen im Unterschied zur Willensäußerung auf dem Gebiet des öffentlichen Rechts; deshalb braucht dies hier nicht durch den Zusatz „Privat-Willenserklärung", wie dies in den Motiven geschehen ist, betont zu werden.

Beispiele: Der Student S findet ein besseres Zimmer; er mietet es zum nächsten Ersten und kündigt daraufhin zum selben Termin sein bisheriges Zimmer. Als Mitglied eines Schwimmvereins stimmt S in der Mitgliederversammlung einer Satzungsänderung zu.

Die von S gewünschte Beendigung des bisherigen Mietverhältnisses, der gewollte rechtliche Erfolg, tritt ein, wenn S einseitig dem Vermieter gegenüber die Kündigung rechtzeitig erklärt (vgl. § 564 Abs. 2 iVm. § 565 Abs. 3 Nr. 3). Dagegen kann allein durch die Willenserklärung des S das neue Mietverhältnis nicht begründet werden; hierfür bedarf es des einverständlichen Zusammenwirkens von Mieter und Vermieter. Für das Wirksamwerden der Satzungsänderung ist die Übereinstimmung mehrerer Personen, nämlich der Mehrheit von drei Viertel der in der Mitgliederversammlung erschienenen Mitglieder erforderlich (§ 33 Abs. 1 S. 1).

b) Einseitige und mehrseitige Rechtsgeschäfte

33   Je nachdem, ob für die Herbeiführung des rechtlichen Erfolges die Willenserklärung eines einzelnen ausreicht oder ob mehrere Willenserklärungen dafür erforderlich sind, kann man bei den Rechtsgeschäften zwischen einseitigen und mehrseitigen unterscheiden. Die Kündigung ist ein einseitiges Rechtsgeschäft, und zwar – da der entsprechende Wille dem anderen mitgeteilt werden muß, es also erst wirksam wird, wenn die Erklärung dem anderen zugeht – ein empfangsbedürftiges (= empfangsbedürftige Willenserklärung). Auch das Testament ist ein einseitiges Rechtsgeschäft; um den dadurch bezweckten rechtlichen Erfolg, die Regelung des Nachlasses, herbeizuführen, genügt eine eigenhändig geschriebene und unterschriebene Erklärung (vgl. § 2247 Abs. 1). Das Testament ist folglich ein einseitiges, nicht empfangsbedürftiges Rechtsgeschäft (= nicht empfangsbedürftige Willenserklärung). Das wichtigste mehrseitige (meist zweiseitige) Rechtsgeschäft ist der Vertrag.

34   Danach läßt sich folgende Einteilung der Rechtsgeschäfte vornehmen:

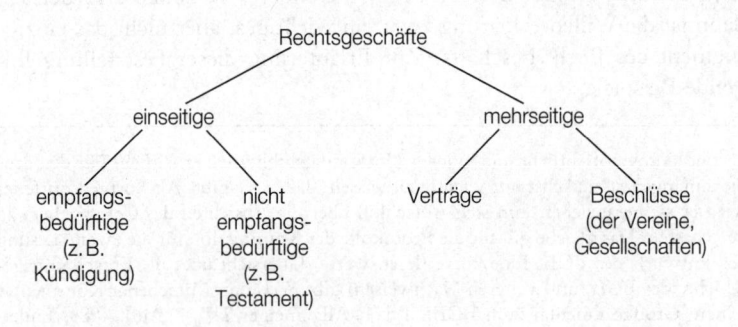

```
                          Rechtsgeschäfte
                         /               \
                  einseitige           mehrseitige
                  /        \           /          \
           empfangs-     nicht      Verträge    Beschlüsse
           bedürftige    empfangs-              (der Vereine,
           (z. B.        bedürftige             Gesellschaften)
           Kündigung)    (z. B.
                         Testament)
```

Die Rechtsgeschäfte lassen sich auch noch nach anderen Gesichtspunkten ordnen und einteilen; dazu später.

II. Willenserklärung

Wir haben mit dem Begriff „Willenserklärung" ein **Grundelement**, 35
einen Baustein, kennengelernt, aus dem das Rechtsgeschäft geschaffen
wird, und zwar in dem Sinn, daß ein einseitiges Rechtsgeschäft aus
einem solchen Element besteht, während mehrseitige Rechtsgeschäfte
sich aus mehreren dieser Elemente zusammensetzen. Auf der Grundlage
der bisher gegebenen Begriffsbeschreibung – Willenserklärung als
Kundgabe des rechtlich bedeutsamen Willens – sollen noch einige notwendige Präzisierungen und Ergänzungen zum Inhalt dieses Begriffs
vorgenommen werden.

a) Der äußere Tatbestand

Bereits das Wort „Willens-Erklärung" läßt deutlich sein, daß zwischen 36
dem äußeren (objektiven) Tatbestand, der Erklärung, der Kundgabe,
und dem inneren (subjektiven) Tatbestand, dem Inhalt der Erklärung,
dem Willen, zu unterscheiden ist. Der äußere Tatbestand der Willenserklärung besteht in einem Verhalten, das sich aus der Sicht eines objektiven Betrachters als Äußerung eines auf die Herbeiführung einer bestimmten Rechtsfolge gerichteten Willens darstellt (**Erklärungstatbestand**). Der „objektive Betrachter"[4] orientiert sich bei seiner Bewertung
an der üblichen Bedeutung des Verhaltens (z. B. des gesprochenen Wortes), an Sitten und Gebräuchen, aber auch an den Besonderheiten des
Einzelfalles, z. B. an Absprachen der Beteiligten. Es kommt also darauf
an, ob ein bestimmtes Verhalten nach den äußeren Umständen, unter
denen es vorgenommen wird, als Kundgabe eines rechtlich relevanten
Willens aufzufassen ist. Die Entscheidung dieser Frage ist bei Zweifeln
im Wege der Auslegung des jeweiligen Verhaltens zu treffen (vgl. u.
RdNr. 86). Danach kann sogar dem Schweigen die Bedeutung einer
bestimmten Erklärung zukommen (vgl. u. RdNr. 88ff.).

Beispiele: A ist Eigentümer eines Ringes. Er fragt B, ob dieser den Ring für 200,–
DM kaufen wolle. B nickt. Der Auktionator A bietet in einer Versteigerung ein

---

[4] Mit der Bezugnahme auf die Figur des „objektiven Betrachters" wird die nicht nur
in der Rechtswissenschaft verwendete Denkform des „Typus" praktiziert. Durch diese
Denkform lassen sich in manchen Fällen Lebenserscheinungen und Sinnzusammenhänge anschaulicher und konkreter beschreiben als durch abstrakte Begriffe. Auf Einzelheiten kann und muß hier nicht eingegangen werden. Wer sich dafür interessiert,
der sei auf *Larenz*, Methodenlehre der Rechtswissenschaft, 5. Aufl. 1983, S. 443ff.
verwiesen. Hier genügt der Hinweis, daß der objektive Betrachter als Leitbild benutzt
wird, um zum Ausdruck zu bringen, daß es für die Bewertung auf regelmäßige
(normale) Denk- und Verhaltensweisen ankommt.

Bild für 1000,– DM an. B hebt die Hand. An allen Auktionen des A nimmt C teil, von dem A weiß, daß er solange mitbieten will, wie er den Versteigerungskatalog für A sichtbar senkrecht in der rechten Hand hält.

In allen drei Fällen ist der Erklärungstatbestand einer Willenserklärung zu bejahen, und zwar aufgrund des vom Erklärenden gezeigten Verhaltens (Erklärung durch schlüssiges = **konkludentes Verhalten**). Im ersten Fall ist dies ganz offenkundig; denn nach allgemeinem Brauch bedeutet ein Nicken Zustimmung. Nach der bei Versteigerungen geltenden Übung ist in dem Aufheben der Hand die Abgabe eines Gebots zu sehen. Wir haben es hier mit einer Verkehrssitte, d. h. mit einer sozialtypischen Verhaltensweise zu tun, die von allen oder doch von bestimmten Kreisen im Geschäftsverkehr gewöhnlich geübt wird.[5] Schließlich ist aufgrund der (möglicherweise stillschweigend) getroffenen Absprache zwischen A und C das Halten des Katalogs als Abgabe eines Gebots aufzufassen.

37 Es muß sich um die Äußerung eines auf eine Rechtsfolge gerichteten Willens handeln. Im natürlichen Sinn des Begriffs ist jede Kundgabe eines Willens eine Willenserklärung. Wenn ich meinem Freund mitteile, daß ich mich entschlossen habe, morgen nicht zum Schwimmen zu gehen, sondern zu Hause bleiben werde, erkläre ich meinen entsprechenden Willen. Dennoch handelt es sich im rechtlichen Sinn nicht um eine Willenserklärung, da mein Entschluß, schwimmen zu gehen oder zu Hause zu bleiben, keine rechtlichen Konsequenzen hat und mich nicht bindet, also rechtlich irrelevant ist. Der juristische Begriff der Willenserklärung ist enger und betrifft nur rechtlich erhebliche Willensäußerungen. Auch für die Entscheidung der Frage, ob eine **Willensbekundung im rechtlich unverbindlichen Bereich** bleibt oder rechtliche Bedeutung erlangt, entscheiden objektive Gesichtspunkte mit und nicht allein die Auffassung des Erklärenden oder des Erklärungsempfängers.

Beispiel: Verabrede ich mich mit einem Bekannten zum Skilaufen und sage ihm zu, ihn mit meinem Auto mitzunehmen, dann schließe ich damit nicht etwa einen (rechtlich verbindlichen) Beförderungsvertrag, sondern spreche nur eine (mich rechtlich nicht bindende) gesellschaftliche Einladung aus. Diese Bewertung entspricht der allgemeinen Verkehrsanschauung, d. h. der üblichen und regelmäßigen Auffassung der beteiligten Kreise. Eine derartige Gefälligkeit kann aber aufgrund besonderer Umstände nach allgemeiner Verkehrsanschauung rechtliche Verbindlichkeit erlangen. Ich weiß, daß ein Bekannter zu einem bestimmten Zeitpunkt in München sein muß, um sich dort als Bewerber um eine Stelle vorzustellen. Verspreche ich bei dieser Sachlage, ihn in meinem Auto mitzunehmen, dann gehe ich auch die rechtliche Verpflichtung ein, ihn in meinem Auto nach München zu befördern, wenn ich – wie geplant – die Fahrt durchführe und keine zwingenden Gründe eintreten, die eine Mitnahme ausschließen. Außerdem bin ich verpflichtet, ihn rechtzeitig zu benachrichtigen, wenn ich ihn nicht absprachegemäß nach München bringen kann. Die besondere Bedeutung, die für meinen Bekannten die Anwesenheit in München und demgemäß die Mitnahme in meinem Auto hat, hebt meine Zusage aus dem Bereich des Unverbindlichen heraus und verleiht ihr rechtliche Verbindlichkeit.

---

[5] Die Verkehrssitte spielt bei der Auslegung von Rechtsgeschäften eine besondere Rolle; vgl. § 157 und u. RdNr. 86.

II. Willenserklärung

Das angeführte Beispiel zeigt, daß die **Abgrenzung unverbindlicher** 38 **Gefälligkeiten des gesellschaftlichen Bereichs** und durch eine Willenserklärung herbeigeführter rechtlicher Bindungen Schwierigkeiten bereiten kann. Wesentliches Merkmal einer unverbindlichen Gefälligkeit ist ihre Unentgeltlichkeit. Deshalb ist es niemals als rechtlich unverbindlich zu werten, wenn für eine „Gefälligkeit" ein Entgelt gezahlt wird. In den somit allein relevanten (unentgeltlichen) Fällen kann die Abgrenzung nicht allein nach subjektiven Merkmalen vorgenommen werden. Denn die Frage, ob rechtliche Bindungen gewollt sind, wird sich sehr oft nachträglich nicht mehr klären lassen, zumal sich die Beteiligten häufig zunächst keine Gedanken über die rechtliche Relevanz ihres Verhaltens machen und zu einem späteren Zeitpunkt geneigt sein werden, es jeweils in einer Weise zu interpretieren, die ihnen günstig ist. Deshalb müssen objektive Kriterien gefunden werden, um entscheiden zu können, ob eine Rechtsbindung und dementsprechend ein darauf gerichteter Wille der Beteiligten anzunehmen ist. Der BGH[6] hat in einer Grundsatzentscheidung[7] dargelegt, welche objektiven Merkmale insoweit maßgebend sein können; er nennt die Art der Gefälligkeit, ihren Grund und Zweck, ihre wirtschaftliche und rechtliche Bedeutung insbesondere für den Empfänger, die Umstände, unter denen sie erwiesen wird, und die dabei bestehenden Interessenlagen der Beteiligten, den Wert einer anvertrauten Sache, die dem Leistenden erkennbare Gefahr, in die der Empfänger durch eine fehlerhafte Leistung geraten kann.

Alle diese Kriterien können allerdings nur Anhaltspunkte abgeben, um eine Entscheidung im Einzelfall zu treffen. Gelangt man auf dieser Grundlage zu dem Ergebnis, daß ein Verhalten nicht mehr dem Bereich der Gefälligkeit des täglichen Lebens und des gesellschaftlichen Verkehrs zuzurechnen ist, sondern ihm rechtliche Verbindlichkeit zuerkannt werden muß, dann kann sich niemand darauf berufen, daß er lediglich eine Gefälligkeit ohne rechtliche Bindung erbringen wollte. „Ob ein Rechtsbindungswille vorhanden ist, ist nicht nach dem nicht in Erscheinung getretenen inneren Willen des Leistenden zu beurteilen, sondern danach, ob der Leistungsempfänger aus dem Handeln des Leistenden unter den gegebenen Umständen nach Treu und Glauben mit Rücksicht auf die Verkehrssitte auf einen solchen Willen schließen muß. Es

---

[6] BGHZ 21, 102 = NJW 1956, 1313 – dieses Zitat bedeutet, daß die Entscheidung in der amtlichen Sammlung der Bundesgerichtshof-Entscheidungen in Band 21 auf Seite 102 ff. wiedergegeben wird und auch in der Neuen Juristischen Wochenschrift, Jahrgang 1956, Seite 1313 ff. abgedruckt ist. Besorgen Sie sich bitte diese Entscheidung in der Universitätsbibliothek, damit sie auf diese Weise lernen, die zitierten Schriften zu benutzen, auf die Sie im weiteren Studium ständig zurückgreifen müssen.

[7] Die „Grundsatzentscheidung" unterscheidet sich von anderen dadurch, daß der in ihr geäußerten Rechtsauffassung über den entschiedenen Fall hinaus allgemeine, richtungsweisende Bedeutung zukommt. Das Gericht legt damit seine auch in Zukunft maßgebende Rechtsansicht in einem bedeutsamen Punkt fest. Daß es sich um eine Grundsatzentscheidung handelt, ergibt sich nach den genannten Kriterien aus den Entscheidungsgründen und wird nicht etwa vom Gericht ausdrücklich festgestellt.

kommt also darauf an, wie sich dem objektiven Beobachter das Handeln des Leistenden darstellt".[8]

39 In den oben (RdNr. 37) genannten Beispielen der Einladung zur Mitfahrt im Auto macht es den entscheidenden Unterschied, welche Folgen sich aus der Nichteinhaltung der Zusage ergeben. Im Fall der geplanten Fahrt zum Skilaufen geht es lediglich um ein Freizeitvergnügen; dagegen kommt der Einhaltung des verabredeten Vorstellungstermins erhebliche Bedeutung zu. Hier stehen erkennbar wirtschaftliche und rechtliche Interessen auf dem Spiel; dies nimmt der Angelegenheit den Charakter einer unverbindlichen Gefälligkeit und verleiht dem Versprechen der Mitnahme rechtliche Verbindlichkeit.

b) Die Form

40 Im Regelfall ist es gleichgültig, auf welche Weise eine Willenserklärung abgegeben wird, ob mündlich oder schriftlich, ob ausdrücklich oder durch schlüssiges Verhalten (vgl. o. RdNr. 36). Es gilt im BGB der **Grundsatz der Formfreiheit**. Es gibt aber eine Reihe von Fällen, in denen das Gesetz die Beachtung einer bestimmten Form vorschreibt.

> **Beispiele:** Der Kaufvertrag über ein Grundstück bedarf nach § 313 S. 1 der Beurkundung durch einen Notar. Nach § 518 Abs. 1 ist das Versprechen, jemand anderem etwas zu schenken, ebenfalls in notarieller Form abzugeben. Ein Testament muß im Regelfall entweder zur Niederschrift eines Notars errichtet oder eigenhändig vom Erblasser geschrieben und unterschrieben werden (§ 2231).

Neben den beiden genannten Formen der notariellen Beurkundung (§ 128, vgl. aber auch § 127a) und der Schriftform (§ 126) gibt es noch die Form der öffentlichen Beglaubigung (vgl. § 129).

41 Der durch Gesetz angeordnete **Formzwang** erfüllt verschiedene Zwecke. So soll in manchen Fällen die vorgeschriebene Form sicherstellen, daß der Inhalt des Geschäfts genau festgehalten und beweisbar wird (Beweisfunktion). Der Formzwang kann auch dazu dienen, den Erklärenden auf die rechtliche Bedeutung seines Verhaltens hinzuweisen und vor Übereilung zu warnen (Warnfunktion). Durch die vorgeschriebene Beurkundung durch einen Notar wird gewährleistet, daß ein sachkundiger und neutraler Dritter mitwirkt, der die Beteiligten beraten und rechtlich belehren kann (Beratungsfunktion). Schließlich kann auch der Formzwang geschaffen sein, um eine Kontrolle des Rechtsgeschäfts zum Schutz übergeordneter öffentlicher Interessen zu ermöglichen (Kontrollfunktion).[9] Die einzelne Formvorschrift kann gleichzeitig verschiedene

---

[8] BGHZ 21, 102, 106 = NJW 1956, 1313.
[9] Als Beispiel sei § 34 des Gesetzes gegen Wettbewerbsbeschränkungen (GWB) genannt, nach dem u. a. Kartellverträge schriftlich abzufassen sind, damit Behörden und Gerichte den Inhalt dieser Verträge überprüfen können.

dieser Zwecke erfüllen; so wird durch § 313 S. 1, der die notarielle Beurkundung für Verträge über die Verpflichtung zum Erwerb oder zur Übertragung von Grundstückseigentum anordnet, sowohl der Beweisfunktion als auch der Warnfunktion und der Beratungsfunktion genügt.

Die Ermittlung des Zwecks einer Formvorschrift geschieht keineswegs (nur) aus rechtstheoretischen Gründen, sondern hilft dabei, eine Lösung in Zweifelsfällen zu finden. **42**

> **Beispiel:** A und B schließen einen Vorvertrag über die Vermietung eines Hauses für die Dauer von fünf Jahren. Gleichzeitig vereinbaren sie, daß beide nach Ablauf dieser Zeit einen Kaufvertrag über dieses Grundstück schließen werden. Beide wollen jetzt wissen, ob ihre mündlich getroffenen Vereinbarungen gültig und verbindlich sind.

Der **Vorvertrag** ist ein Vertrag, durch den die Verpflichtung begründet wird, einen weiteren Vertrag, den sog. Hauptvertrag, zu schließen. Sinnvoll ist dieses Vorgehen, wenn die Parteien aus rechtlichen oder tatsächlichen Gründen noch am Abschluß des Hauptvertrages gehindert sind, aber bereits eine Bindung schaffen wollen. Der Vorvertrag ist gesetzlich nicht ausdrücklich geregelt. Seine Zulässigkeit ergibt sich aus dem Grundsatz der Vertragsfreiheit (Freiheit zur inhaltlichen Gestaltung von Verträgen, vgl. u. RdNr. 82). Ob im Einzelfall bereits ein Vorvertrag zustandegekommen ist oder lediglich Vertragsverhandlungen geführt worden sind, muß durch Auslegung der abgegebenen Erklärungen (vgl. u. RdNr. 86) ermittelt werden. Ein gültiger Vorvertrag setzt voraus, daß der wesentliche Inhalt des Hauptvertrages zumindest im Wege der Auslegung aus dem Vorvertrag abgeleitet werden kann, weil nur dann der Inhalt der durch den Vorvertrag eingegangenen Verpflichtung genügend konkretisiert ist.

§ 313 S. 1 soll – wie bemerkt – die Vertragschließenden auch vor einem übereilten Eingehen vertraglicher Bindungen schützen; diese Warnfunktion läßt es erforderlich sein, bereits den eine solche Bindung schaffenden Vorvertrag dem Formzwang zu unterstellen. Wird dagegen mit der Formvorschrift nur bezweckt, den Inhalt des (endgültigen) Vertrages festzuhalten, dann genügt es, daß dieser formgemäß abgeschlossen wird. Demgemäß bedarf ein Mietvorvertrag, durch den die schuldrechtliche Verpflichtung zum Abschluß eines (formgültigen) Mietvertrages geschaffen wird, nicht der Schriftform, die für längerfristige Mietverträge über Grundstücke und Räume (vgl. § 580) durch § 566 vorgeschrieben ist.

Wird die gesetzlich angeordnete **Form nicht eingehalten,** dann ist das **43** Rechtsgeschäft endgültig nichtig (§ 125 S. 1). Von diesem Grundsatz kennt das Gesetz aber Ausnahmen; in manchen Fällen wird die Heilung des formnichtigen Geschäfts durch Erfüllung zugelassen (vgl. § 313 S. 2, § 518 Abs. 2, § 766 S. 2). Daneben werden von der Rechtsprechung noch Ausnahmen in Fällen gemacht, in denen die Beachtung der Formvorschrift und die daraus resultierende Nichtigkeit des Geschäfts zu schlechthin untragbaren Ergebnissen führen würden.

> Die Berechtigung zu diesem Vorgehen wird aus dem das gesamte Recht beherrschenden Grundsatz von Treu und Glauben (§ 242) abgeleitet. Die Schwierigkeiten,

die sich hierbei ergeben, sind nicht zu übersehen. Einerseits ordnet § 125 S. 1 die Nichtigkeit an, andererseits kann eine starre Anwendung dieser Regel zu grob ungerechten Ergebnissen führen, etwa in dem Fall, daß ein Rechtskundiger die Unkenntnis eines Unerfahrenen zum eigenen Vorteil ausnutzt und ihm vorspiegelt, es gebe keine Formvorschrift. Die sich in diesem Zusammenhang stellenden Probleme überfordern einen Studienanfänger; für ihn genügt das Problembewußtsein, die Lösung muß einem Fortgeschrittenen vorbehalten werden.[10]

44 Schließlich ist noch darauf hinzuweisen, daß auch durch Vereinbarung der Beteiligten ein Formzwang geschaffen werden kann (sog. gewillkürte Form; vgl. dazu § 127).

c) Der innere Tatbestand

45 Regelmäßig ist der äußere Tatbestand einer Willenserklärung von einem entsprechenden Willen des Erklärenden getragen. Dieser Wille, der innere (subjektive) Tatbestand einer Willenserklärung, soll im folgenden näher betrachtet werden. Zur Erleichterung des Verständnisses dienen die folgenden

Beispielsfälle: Wander unternimmt eine mehrtägige Wanderung und übernachtet in einer Jugendherberge. Am Abend unterhält er sich mit seinem Bettnachbarn Vogel. Über das Gespräch schläft er ein, ohne daß dies Vogel bemerkt. Als ihn Vogel fragt, ob er bereit sei, dessen Armbanduhr für 50,– DM zu kaufen, antwortet Wander im Schlaf mit „Ja".

Lustig mietet eine Hochseejacht, um mit einigen Freunden mehrere Tage vor der Küste zu kreuzen. Am letzten Tag wird ein Abschiedsfest gefeiert. In feuchtfröhlicher Stimmung schießt Lustig eine Rakete in den Himmel, die er an Bord gefunden hat. Er weiß nicht, daß das Raketensignal bedeutet, man wolle in den Hafen geschleppt werden. Aufgrund dieses Signals läuft Stark mit seinem Schlepper aus, um die Jacht in den Hafen zu bringen.

Zornig will seinem Angestellten Anton kündigen und diktiert seiner Sekretärin Berta einen Kündigungsbrief. Berta, die mit Anton eng befreundet ist, legt Zornig ein Schreiben zur Unterschrift vor, in dem Anton wegen angeblicher guter Leistungen eine Gehaltserhöhung mitgeteilt wird. Zornig unterschreibt in der Annahme, es handle sich um die Kündigung, ohne das Schreiben zu lesen.

46 In allen drei Fällen stellt sich die Frage, ob der Erklärende eine wirksame Willenserklärung abgegeben hat. Die Zweifel, die insoweit bestehen können, ergeben sich nicht, weil es an dem äußeren Tatbestand, der Kundgabe einer Erklärung, fehlt, sondern weil die Erklärenden eine Erklärung überhaupt nicht oder nicht mit diesem Inhalt abgeben wollten. Um eine Antwort auf die gestellten Fragen zu finden, muß erörtert werden, wie der innere Tatbestand einer Willenserklärung beschaffen sein muß. Im Normalfall wird der Erklärende wissen, daß er handelt,

---

[10] Weiterführend (für den Fortgeschrittenen): *Medicus,* BR, RdNr. 180 ff.; AT, RdNr. 628 ff.; *Giesen,* Jura 1981, 505, 512 f.

daß er spricht, schreibt oder sich durch Gesten äußert; er hat deshalb das Bewußtsein und den Willen zu handeln (**Handlungsbewußtsein, Handlungswille**). Regelmäßig weiß er auch, daß seiner Bekundung rechtliche Erheblichkeit zukommt, daß er also am Rechtsverkehr teilnimmt; er hat also das Bewußtsein und den Willen, eine rechtlich relevante Erklärung abzugeben (**Erklärungsbewußtsein, Erklärungswille**). Schließlich wird sein Wille auch darauf gerichtet sein, eine bestimmte Rechtsfolge herbeizuführen, z. B. einen bestimmten Vertrag zu schließen, zu kündigen oder einen Wechsel zu unterschreiben, also ein Geschäft mit einem bestimmten Inhalt zu tätigen (**Geschäftswille**).

Die Terminologie ist nicht immer einheitlich. So wird der Geschäftswille auch als *Rechtsfolgewille* bezeichnet, um damit zum Ausdruck zu bringen, daß der Wille des Erklärenden auf eine bestimmte Rechtsfolge gerichtet ist, und der Wille, sich durch dieses bestimmte Rechtsgeschäft zu binden, als *Rechtsbindungswillen*. Versteht man den Begriff des Rechtsbindungswillens in diesem Sinn, dann handelt es sich dabei um ein Element des Geschäftswillens (Rechtsfolgewillens).[11] Wird jedoch unter den Begriff des Rechtsbindungswillens nur der Wille des Erklärenden gefaßt, irgendeine rechtliche Bindung einzugehen, dann muß er als Teil des Erklärungswillens angesehen werden. Angesichts dieser Unklarheiten sollte auf den Begriff des Rechtsbindungswillen überhaupt verzichtet werden.

Der Tatbestand einer (wirksamen) Willenserklärung läßt sich danach in folgender Weise darstellen: **46a**

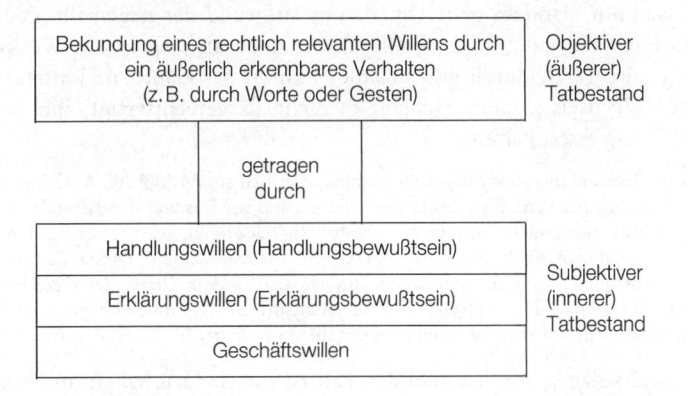

Bekundung eines rechtlich relevanten Willens durch ein äußerlich erkennbares Verhalten (z. B. durch Worte oder Gesten)	Objektiver (äußerer) Tatbestand

getragen durch

Handlungswillen (Handlungsbewußtsein)	Subjektiver (innerer) Tatbestand
Erklärungswillen (Erklärungsbewußtsein)	
Geschäftswillen	

Im ersten Beispielsfall fehlt dem schlafenden Wander sowohl der **46b** Handlungswille als auch der Erklärungswille. Im zweiten Fall weiß zwar Lustig, daß er handelt, als er die Rakete abschießt, aber er erkennt nicht, daß er damit eine rechtlich erhebliche Erklärung abgibt, also sich am Rechtsverkehr beteiligt; ihm fehlt folglich der Erklärungswille. Im dritten Fall ist Zornig bekannt, daß er eine Erklärung abgibt (Handlungswil-

---

[11] So Soergel-Hefermehl vor § 116 RdNr. 6.

le) und daß er mit dieser Erklärung auch am Rechtsverkehr teilnimmt, weil ihr rechtliche Bedeutung zukommt (Erklärungswille); er täuscht sich aber über den Inhalt seiner Erklärung, er will kündigen und nicht sein Einverständnis mit einer Gehaltserhöhung erklären; ihm fehlt folglich der Geschäftswille.

47 In allen drei Beispielsfällen vertraut der Erklärungsempfänger auf die Wirksamkeit der Erklärung; dies geschieht auch im dritten Fall, wenn man davon ausgeht, daß Anton von der Kündigungsabsicht seines Chefs und von der Täuschungshandlung der Berta keine Kenntnis hat und er deshalb hoch erfreut das an ihn gerichtete Schreiben liest. Es ergibt sich deshalb in solchen Fällen ein Konflikt zwischen den Interessen des Erklärenden, der sich darauf berufen wird, daß er eine Erklärung zumindest dieses Inhalts nicht abgeben wollte, und den Interessen des Empfängers, der darauf verweisen kann, daß man dem äußeren Tatbestand der Erklärung den fehlenden Willen des Erklärenden nicht anzusehen vermag. Um zu einer gerechten Lösung dieses Interessenkonfliktes zu gelangen, muß man die Frage entscheiden, wer von beiden schutzwürdiger ist, ob es gerechter ist, den Erklärenden an seiner (nicht gewollten) Erklärung festzuhalten oder das Vertrauen des Erklärungsempfängers zu enttäuschen. Bei dieser Entscheidung wird man zu differenzieren haben:

48 **Fehlt** dem Erklärenden der **Handlungswille,** spricht er im Schlaf – wie im ersten Beispielsfall Wander – oder in Hypnose oder wird er in einer Weise zum Handeln gebracht, daß er aufgrund der gegen ihn geübten absoluten Gewalt (= vis absoluta) nur noch als willenloses Werkzeug tätig wird (z. B. durch gewaltsames Führen der Hand zur Unterschrift eines Wechsels), dann erscheint es nicht als gerechtfertigt, ihn an der Erklärung festzuhalten.

Zur Begründung dieses Ergebnisses kann man sich auf die in § 105 Abs. 2 getroffene Regelung berufen. Eine Erklärung, die jemand im Zustand der Bewußtlosigkeit oder vorübergehenden Störung der Geistestätigkeit abgibt, ist nichtig; das Interesse des gutgläubigen Erklärungsempfängers wird nicht geschützt. Dieser Fall ist dem eines fehlenden Handlungswillens so ähnlich, daß es dem Gebot der Gerechtigkeit entspricht, beide Fälle gleich zu entscheiden (entsprechende Anwendung der im Gesetz ausdrücklich getroffenen Regelung auf den nicht geregelten Tatbestand = Analogie).[12]

49 Anders dagegen wird man den Fall zu entscheiden haben, in dem der Erklärende weiß, daß er eine rechtlich erhebliche Erklärung abgibt, sich aber über deren Inhalt irrt. In diesem **Fall des fehlenden Geschäftswillens** kann der Erklärende eher die Folgen tragen, die sich aus seiner Erklärung ergeben, als der Erklärungsempfänger. Man kann ihm entgegenhalten, er müsse eben besser aufpassen.

Auch diese Entscheidung läßt sich mit einer im BGB getroffenen Regelung begründen. Nach § 119 Abs. 1 kann derjenige, der bei Abgabe einer Willenserklärung über

---

[12] Zur Analogie Einzelheiten später (u. RdNr. 720).

deren Inhalt im Irrtum war oder eine Erklärung dieses Inhalts überhaupt nicht abgeben wollte, die Erklärung anfechten, wenn anzunehmen ist, daß er bei Kenntnis der wahren Sachlage und bei verständiger Würdigung des Falles die Erklärung nicht abgegeben haben würde. Die Anfechtung setzt aber voraus, daß die Willenserklärung wirksam ist. Hieraus läßt sich entnehmen, daß ein Irrtum über den Erklärungsinhalt der Wirksamkeit der Willenserklärung nicht entgegensteht. Zu beachten ist auch, daß bei einer Anfechtung der Anfechtende dem Erklärungsempfänger den Schaden ersetzen muß, den dieser dadurch erleidet, daß er auf die Gültigkeit der Erklärung vertraut (§ 122 Abs. 1).

Bleibt als problematischster und schon lange diskutierter Fall[13] das **Fehlen des Erklärungsbewußtseins**, am problematischsten deshalb, weil gute Gründe sowohl für als auch gegen die Wirksamkeit einer Willenserklärung sprechen, wenn nur ihr äußerer Tatbestand willentlich geschaffen wird, dem Erklärenden aber dabei das Bewußtsein fehlt, rechtlich relevant zu handeln, wie dies der Beispielsfall der abgefeuerten Rakete zeigt. Für das Erklärungsbewußtsein als unverzichtbarer Bestandteil der Willenserklärung und damit für eine Unwirksamkeit einer ohne Erklärungsbewußtsein abgegebenen Willenserklärung spricht folgende Erwägung: Die Rechtsordnung gibt mit der Willenserklärung der Selbstbestimmung des einzelnen Raum bei der Gestaltung von Rechtsverhältnissen. Diese Anerkennung der Selbstbestimmung und die mit dem Selbstbestimmungsrecht verbundene Verantwortung für den Inhalt der Erklärung verlangen dann aber auch das Bewußtsein, durch das eigene Verhalten Rechtsfolgen herbeizuführen. Ob derjenige, dem dieses Bewußtsein fehlt, einem auf die Wirksamkeit einer Erklärung Vertrauenden den Schaden zu ersetzen hat, der entsteht, weil dieses Vertrauen enttäuscht wird, ist eine völlig andere Frage und darf nicht mit dem Problem der Wirksamkeit der Erklärung vermengt werden.

Andererseits läßt sich durchaus die Auffassung vertreten, daß das Selbstbestimmungsrecht dort seine Grenzen finden muß, wo die anzuerkennenden Interessen anderer berührt werden. Weil dem einzelnen die Möglichkeit eingeräumt wird, durch sein Verhalten gestaltend am Rechtsleben teilzunehmen, muß er sich auch an einer Erklärung festhalten lassen, die entgegen dem äußeren Schein von seinem inneren Willen nicht getragen wird. Die empfangsbedürftige Willenserklärung ist an einen anderen gerichtet, der sie so verstehen darf, wie es der Verkehrssitte und den äußeren Umständen des Einzelfalles entspricht. Der Einwand, man habe das nicht erklären wollen, was man objektiv erklärt habe, ändert nichts an der Wirksamkeit der Willenserklärung, sondern kann nur zur Anfechtung mit der damit verbundenen Verpflichtung führen, dem anderen den Schaden zu ersetzen, den er dadurch erlitten hat, daß er auf die Gültigkeit der Erklärung vertraute (vgl. § 122).

---

[13] Es handelt sich dabei um eine Frage, die bereits vor Inkrafttreten des BGB kontrovers erörtert wurde; vgl. *Eisenhardt* JZ 1986, 875, 877 f.

Die (offene) Erörterung dieses Rechtsproblems – und dies war auch der Grund für die recht ausführliche Darstellung – sollte zeigen, daß es hier (wie bei vielen anderen Rechtsfragen auch) nicht die „einzige richtige Lösung" gibt, die es zu finden gilt, sondern daß vielmehr die Aufgabe darin besteht, verschiedene einander widersprechende Gründe gegeneinander abzuwägen und sich mit ihnen auseinanderzusetzen. In gleicher Weise, wie in diesem Fall die Interessen des Erklärenden, sein Recht auf Selbstbestimmung, und die Interessen des Erklärungsempfängers, sein zu schützendes Vertrauen, unterschiedlich bewertet werden können, lassen sich auch bei vielen anderen Rechtsfragen gegensätzliche Standpunkte einnehmen. Deshalb stehen sich häufig in der Rechtswissenschaft unterschiedliche Auffassungen und Theorien gegenüber, von denen der Student zumindest die wichtigsten kennen muß, um sich in seiner gutachtlichen Stellungnahme mit ihnen auseinanderzusetzen.

52 In der Frage nach der Bedeutung des Erklärungsbewußtseins für die Wirksamkeit einer Willenserklärung lassen sich insgesamt **drei Ansichten** unterscheiden, die man als subjektive, objektive und vermittelnde Theorie bezeichnen kann.

– Die subjektive Theorie, die früher ganz herrschend war und auch heute noch viele Anhänger hat, besteht darauf, daß das (subjektive) Bewußtsein des Erklärenden, mit seinem Verhalten Rechtsfolgen auszulösen, eine Gültigkeitsvoraussetzung bildet.

– Demgegenüber sieht die objektive Theorie allein auf den Erklärungstatbestand und bejaht eine wirksame Willenserklärung auch dann, wenn dem Erklärenden das Bewußtsein, rechtlich relevant zu handeln, gefehlt hat. Der Erklärende kann sich nach der objektiven Theorie nur durch Anfechtung nach § 119 Abs. 1 von seiner Erklärung lösen, muß dann aber nach § 122 den Schaden ersetzen, den ein anderer dadurch erleidet, daß er auf die Gültigkeit der Erklärung vertraut (auf die Anfechtung und ihre Rechtsfolgen wird später eingegangen werden).

– Die vermittelnde Ansicht, die insbesondere im neueren Schrifttum wohl überwiegend vertreten wird, will die Willenserklärung dem Erklärenden nur dann „zurechnen", wenn er zumindest hätte erkennen können, daß sein Verhalten von einem anderen als Willenserklärung aufzufassen ist. Es wird also danach gefragt, ob der Erklärende bei seinem Verhalten die im Verkehr gebotene Sorgfalt außer acht gelassen hat; nur wenn dies nicht der Fall ist, wird beim fehlenden Erklärungswillen die Wirksamkeit der Willenserklärung ausgeschlossen.[14]

53 In dem Beispielsfall der abgefeuerten Rakete würde also die subjektive Theorie eine gültige Willenserklärung verneinen, die objektive Theorie sie bejahen, während die vermittelnde Theorie dazu Stellung nehmen müßte, ob Lustig hätte erkennen müssen, daß das Abfeuern einer Rakete ein rechtlich relevantes Signal darstellte. Bei dem Führer einer Hochseejacht könnte man eine entsprechende Kenntnis erwarten, während eine „Erklärungsfahrlässigkeit" zu verneinen wäre, wenn nicht Lustig, son-

---

[14] Dieser Auffassung hat sich jetzt auch der BGH (BGHZ 91, 324 ff. = NJW 1984, 2279) angeschlossen.

dern einer mit den Gebräuchen der Seefahrt wenig vertrauter Gast die Rakete abgeschossen hätte.

Allerdings werden im praktischen Ergebnis diese zunächst sehr kraß wirkenden Unterschiede dadurch weitgehend aufgehoben, daß auch die vermittelnde Theorie (wie die objektive) die Möglichkeit der Anfechtung nach § 119 Abs. 1 mit der Folge des § 122 Abs. 1 bejaht, wenn trotz fehlenden Erklärungsbewußtseins aufgrund einer Erklärungsfahrlässigkeit eine Willenserklärung angenommen wird, und daß die subjektive Theorie den Erklärenden in analoger Anwendung des § 122 für verpflichtet hält, den Schaden zu ersetzen, den der auf die Gültigkeit der Erklärung Vertrauende erleidet. Eine Schadensersatzpflicht entfällt nach § 122 Abs. 2, wenn der Geschädigte das Fehlen des Erklärungsbewußtseins bei Beachtung der gebotenen Sorgfalt hätte erkennen können oder sogar erkannt hat. Diese Möglichkeit muß im Raktenfall jedoch ausgeschlossen werden.

d) Die Abgabe

In aller Regel wird die Frage, ob eine Willenserklärung wirksam abge- 54
geben worden ist, keine Schwierigkeiten bereiten. Wie ist aber der folgende Fall zu entscheiden?

A erhält vom Buchhändler B das schriftliche Angebot einer seltenen Erstausgabe. Da A das offerierte Buch schon lange sucht, schreibt er sofort auf einer Postkarte, daß er das Angebot annehme. Wegen des nicht unerheblichen Preises kommen A dann jedoch Bedenken. Er beschließt, sich die Sache noch einmal zu überlegen und auch mit seiner Frau zu sprechen, und läßt die Karte auf seinem Schreibtisch liegen. Als er abends nach Hause kommt, findet er die Karte nicht mehr. Es stellt sich heraus, daß sein Sohn die Karte auf dem Schreibtisch entdeckt und in der Annahme, sie sollte zur Post gegeben werden, in den Briefkasten geworfen hatte. Hat A eine Willenserklärung „abgegeben"?

Für die Beantwortung dieser Frage ist es bedeutsam, daß es sich hier 55
um eine Willenserklärung handelt, die einer anderen Person gegenüber abzugeben ist (sog. **empfangsbedürftige Willenserklärung,** vgl. o. RdNr. 33). Bei derartigen Willenserklärungen kommt es darauf an, daß ein anderer von dem Inhalt der Willenserklärung Kenntnis erhält.

Beispiele: Kündigung, Vertragsangebot.

Im Gegensatz dazu ist der rechtliche Erfolg einer **nicht empfangsbe-** 56
dürftigen Willenserklärung nicht davon abhängig, daß ein anderer von ihr erfährt und sich auf die dadurch geschaffene Rechtslage einstellt. In manchen Fällen ist es dem Erklärenden sogar unerwünscht, daß (zunächst) jemand von seiner Willensäußerung Kenntnis erlangt.

Beispiel: Testament. Bei ihm ist ein schutzwürdiges Interesse des Erblassers anzuerkennen, den Inhalt seines Testaments zu seinen Lebzeiten geheim zu halten; dementsprechend ist es keine Wirksamkeitsvoraussetzung, daß es anderen Personen bekanntgegeben wird.

Eine nicht empfangsbedürftige Willenserklärung ist abgegeben und 57
wird damit wirksam, wenn sie formuliert ist, eine schriftliche also, wenn

sie zu Papier gebracht worden ist. Dagegen muß der Erklärende bei einer empfangsbedürftigen Willenserklärung zur Abgabe das seinerseits Erforderliche tun, damit sie den Adressaten erreichen kann. Die Willenserklärung muß mit seinem Wissen und Willen in einer Weise „auf den Weg gebracht werden", daß sie ohne sein weiteres Zutun unter normalen Umständen zum Empfänger gelangt.

Dies bedeutet konkret, daß ein Brief frankiert in den Briefkasten eingeworfen oder einem Boten übergeben werden muß, damit dieser ihn zur Post befördert oder dem Adressaten überbringt.

58 In dem Beispielsfall hat A noch nicht alles getan, damit die Postkarte den Buchhändler erreichen kann. Solange diese Karte noch auf seinem Schreibtisch lag und von ihm nicht zur Post gegeben wurde, hatte er die darin verkörperte Willenserklärung noch nicht abgegeben. Daß sein Sohn die Karte in der irrigen Annahme, sie solle abgeschickt werden, in den Briefkasten steckte, ändert nichts daran, daß die Erklärung nicht von A abgegeben wurde und es sich folglich nicht um dessen Willenserklärung handelte (sog. **abhandengekommene Willenserklärung**). Ein Kaufvertrag ist somit nicht zwischen A und B geschlossen worden.

Die Ansicht entspricht der hM, ist aber nicht unbestritten. Manche wollen im Interesse des Empfängers, der nicht zu erkennen vermag, ob die Erklärung mit Wissen und Wollen ihres Urhebers „auf den Weg gebracht" wurde, die abhandengekommene Willenserklärung als wirksam behandeln, dem (scheinbar) Erklärenden aber die Möglichkeit einer Anfechtung in analoger Anwendung des § 119 Abs. 1 eröffnen. Dies führt dann zu einer Schadensersatzpflicht nach § 122 Abs. 1. Andere verneinen die Wirksamkeit der Erklärung, halten jedoch den (scheinbar) Erklärenden stets für verpflichtet, dem Empfänger den Schaden zu ersetzen, den dieser deshalb erlitten hat, weil er auf die Wirksamkeit der Erklärung vertraute (§ 122 analog). Schließlich wird auch die Auffassung vertreten, daß nur dann die Pflicht zum Schadensersatz bestehe, wenn dem (scheinbar) Erklärenden der Vorwurf zu machen sei, er habe nicht das Erforderliche getan, um zu verhindern, daß seine angebliche Erklärung den Adressaten erreicht. Die Frage des Schadensersatzes, die sich im Beispielsfall darauf richten kann, wer die Versand- und Verpackungskosten zu tragen hat, wenn der Buchhändler die Erstausgabe A durch die Post übersendet, soll hier nicht näher behandelt werden. Hier muß der Hinweis genügen, daß eine Haftung des (scheinbar) Erklärenden von einem sorgfaltswidrigen Verhalten abhängig gemacht werden sollte. Danach hätte also A diese Kosten zu tragen, wenn man ihm den Vorwurf machen könnte, daß er nicht sorgfältig genug mit der Karte umgegangen wäre. Dies richtet sich danach, ob es in der Familie des A üblich ist, daß der Sohn Karten und Briefe, die auf dem Schreibtisch seines Vaters liegen, zur Post gibt, oder ob es sich hierbei um eine außergewöhnliche Eigenmächtigkeit des Sohnes handelt, mit der A nicht rechnen konnte.

59 Eine weitere Frage, die ebenfalls die Abgabe einer Willenserkärung betrifft, soll aufgrund der folgenden Variante des Beispielsfalls erörtert werden:

A bittet seinen Sohn S, die Postkarte mit der Bestellung in den Briefkasten einzuwerfen. Nachdem S mit der Karte weggegangen ist, kommen A plötzlich Bedenken. Er stürzt zum Fenster und ruft dem auf der Straße befindlichen S nach, er solle die Karte nicht zur Post geben. S versteht aber seinen Vater falsch und glaubt, dieser wolle ihn nur noch einmal an die Karte erinnern. Erst am Abend klärt sich dieses Mißverständnis auf.

60 Im Gegensatz zum Ausgangsfall hat A mit der Beauftragung seines Sohnes, die Karte in den Briefkasten zu werfen, das seinerseits Erforderliche getan, damit der Adressat der Erklärung sie erhalten kann, denn er brauchte dafür nichts mehr zu unternehmen. In dem Zeitpunkt, in dem S die Karte an sich nahm, um sie zur Post zu geben, ist folglich die Willenserklärung des A abgegeben. Es bleibt aber die Frage, welchen Einfluß es auf die Wirksamkeit der Willenserklärung hat, daß es sich A anders überlegte und den Sohn anwies, die Karte nicht abzusenden.

61 Der Fall, daß der Erklärende **nach Abgabe** der Erklärung, aber vor Zugang beim Erklärungsempfänger seinen **Willen ändert** und nun nicht mehr möchte, daß seine Erklärung rechtliche Gültigkeit haben soll, ist im BGB nicht ausdrücklich geregelt; geregelt ist aber die Frage, welche Folgen es hat, wenn der Erklärende nach Abgabe der Willenserklärung stirbt. Nach § 130 Abs. 2 bleibt dies ohne Einfluß auf die Wirksamkeit der Willenserklärung. Hieraus ist zu schließen, daß es für die Wirksamkeit der Willenserklärung nicht darauf ankommt, daß der Erklärende an dem einmal gefaßten Willen festhält. Eine bloße Willensänderung des Erklärenden nach Abgabe der Willenserklärung berührt also ihre Gültigkeit nicht.

Nach § 130 Abs. 1 S. 2 wird eine empfangsbedürftige Willenserklärung nicht wirksam, wenn dem anderen, dem gegenüber sie abzugeben ist, vorher oder gleichzeitig ein Widerruf zugeht. A kann deshalb die Wirksamkeit seiner Bestellung und damit das Zustandekommen eines Kaufvertrages dadurch verhindern, daß er telegrafisch oder telefonisch die Bestellung dem Buchhändler gegenüber widerruft, wobei er darauf achten muß, daß der Widerruf B spätestens in dem Zeitpunkt erreicht, in dem die Post bei diesem eintrifft (vgl. dazu u. RdNr. 69). Die Frage, ob A in dem Fall, daß der rechtzeitige Widerruf mißlingt, wegen des Mißverständnisses zwischen ihm und seinem Sohn seine Erklärung anfechten kann, soll hier offengelassen werden, weil die damit zusammenhängenden Fragen später behandelt werden.

e) Der Zugang

62 Eine empfangsbedürftige Willenserklärung – sowohl eine schriftliche als auch eine mündliche – wird in dem Zeitpunkt wirksam, in dem sie demjenigen „zugeht", dem gegenüber sie abzugeben ist. Dies wird ausdrücklich in § 130 Abs. 1 S. 1 bestimmt, jedoch nur für den Fall, daß die Willenserklärung in **Abwesenheit** des Empfängers abgegeben wird. Für das Wirksamwerden der Erklärung an einen **Anwesenden** fehlt eine ausdrückliche gesetzliche Regelung. Grundsätzlich sind aber die Vorschriften über Erklärungen, die einem Abwesenden gegenüber abgegeben werden, entsprechend anzuwenden. In beiden Fällen kommt es auf den Zugang der Erklärung an.

Die Begriffe „Abwesenheit" und „Anwesenheit" sind entsprechend der Umgangssprache zu verstehen; abwesend ist der Empfänger der Willenserklärung, wenn er nicht zum Zeitpunkt der Abgabe dem Erklärenden gegenübersteht. Jedoch gelten telefonisch abgegebene Willenserklärungen als Erklärungen unter Anwesenden (vgl. auch § 147 Abs. 1 S. 2).

63   Die **schriftliche Erklärung** geht zu, wenn sie in verkehrsüblicher Weise so in den Machtbereich des Empfängers gelangt ist, daß er unter normalen Umständen von ihr Kenntnis nehmen kann, wenn sie also z. B. in den Hausbriefkasten oder in das Postschließfach eingeworfen oder – bei Erklärungen an Anwesende – dem Adressaten ausgehändigt wird; ob er sie dann auch liest, ist seine Sache. Es ist nicht die Kenntnisnahme selbst, sondern die Möglichkeit dazu entscheidend.

Auf die Möglichkeit zur Kenntnisnahme abzustellen, rechtfertigt sich dadurch, daß der Erklärende in vielen Fällen keinen Einfluß auf die tatsächliche Kenntnisnahme nehmen kann; er kann nur dafür sorgen, daß die Willenserklärung in den Machtbereich des Empfängers gelangt.

64   Erforderlich ist allerdings, daß die Willenserklärung in einer Weise in den Machtbereich des Empfängers gelangt, daß der Erklärende nach allgemeinen Gepflogenheiten und von dem Empfänger selbst getroffenen Vorkehrungen mit der Kenntnisnahme rechnen kann.

Beispiel: Schussel will Geschäftsräume kündigen, die er von Eich gemietet hat. Nach dem Mietvertrag muß die Kündigung bis zum 31. 3. ausgesprochen werden. An diesem Tage diktiert Schussel das Kündigungsschreiben, läßt es aber versehentlich liegen und erinnert sich erst wieder am späten Abend daran. Er bringt deshalb das Kündigungsschreiben persönlich zum Büro des Eich und steckt den Brief um 23.00 Uhr in den Geschäftsbriefkasten. Ist die Kündigung rechtzeitig vorgenommen worden?
Diese Frage ist zu verneinen. Unter normalen Verhältnissen, von denen hier auszugehen ist, werden nach Büroschluß eingegangene Briefe erst am nächsten Morgen gelesen. Die Möglichkeit, Kenntnis zu nehmen, ist also dem Eich nicht schon mit dem Einwurf des Briefes in seinen Briefkasten verschafft, sondern erst mit Beginn des Geschäftsbetriebs im Büro. Etwas anderes gilt nur, wenn Eich doch noch vor 24.00 Uhr sein Büro aufsucht und den Brief dort vorfindet. Dann ist (ausnahmsweise) für ihn die Möglichkeit der Kenntnisnahme schon vorher – also rechtzeitig – gegeben.

65   Eine schriftliche Willenserklärung geht dem Adressaten auch zu, wenn sie einer zum Empfang geeigneten und ermächtigten Person ausgehändigt wird **(Empfangsbote)**.

Beispiel: Schussel gibt am 31. 3. mittags die Kündigung dem vierjährigen Sohn des Eich. Das Kind wirft den Brief weg. In diesem Fall ist die Erklärung nicht zugegangen, weil ein Vierjähriger weder zum Empfang geeignet noch ermächtigt ist. Personen, die wegen fehlender Ermächtigung oder Eignung nicht als Empfangsboten anzusehen sind, gelten als Bote des Erklärenden **(Erklärungsbote)**, so daß inso-

II. Willenserklärung

weit das Risiko des Zugangs der Erklärende trägt. Welche Personen geeignet und ermächtigt sind, Empfangsbote zu sein, richtet sich bei Fehlen ausdrücklicher Anordnungen des Erklärungsempfängers nach der Verkehrsauffassung. Dies sind beispielsweise erwachsene Familienmitglieder, kaufmännische Angestellte im Betrieb oder Anwaltsgehilfen in einer Rechtsanwaltskanzlei, also Personen, von denen mit Recht anzunehmen ist, daß sie die Erklärung dem Empfänger aushändigen oder – bei mündlich übermittelten Erklärungen – richtig weitergeben werden.

Die **mündliche Willenserklärung** unter Anwesenden, wozu auch – wie bemerkt – die telefonische Übermittlung gehört, muß vom Empfänger richtig verstanden werden können. Versteht der Erklärungsempfänger wegen Taubheit oder Unkenntnis der Sprache die Erklärung nicht oder nicht richtig, so ist sie nicht zugegangen; das Risiko trägt insoweit der Erklärende (sog. **Vernehmungstheorie**). Streitig ist die Frage, ob im Interesse der Verkehrssicherheit von diesem Grundsatz eine Ausnahme zuzulassen ist. Dies bejaht eine im Schrifttum vertretene Auffassung für den Fall, daß für den Erklärenden kein begründeter Anlaß besteht, daran zu zweifeln, daß der Empfänger seine Worte richtig vernommen hat. Nach dieser Auffassung, die Zustimmung verdient, weil sie das Risiko des Zugangs angemessen verteilt, ist eine mündliche Erklärung auch dann zugegangen, wenn sie der Empfänger aufgrund besonderer für den Erklärenden nicht erkennbarer Wahrnehmungshindernisse nicht oder nicht richtig und vollständig zur Kenntnis genommen hat. 66

Beispiele: B kündigt seinem ausländischen Arbeitnehmer A. A, der sehr schlecht deutsch spricht, versteht B nicht, nickt aber.
B bestellt bei C telefonisch 200 t Weizen. C ist schwerhörig, was jedoch B nicht weiß, und versteht 100 t. Er sagt Lieferung zu.
Im ersten Fall mußte B damit rechnen, daß A ihn nicht versteht. Er hätte sich also durch Rückfrage versichern müssen, daß seine Kündigung von A zur Kenntnis genommen wurde. Die Kündigung ist also nicht zugegangen. Anders im 2. Fall; für B war die Schwerhörigkeit nicht erkennbar. Es wäre hier Sache des C gewesen, die bestellte Menge noch einmal zu wiederholen, um ein Mißverständnis infolge seiner Schwerhörigkeit auszuschließen. Die Vertragsofferte des B ist somit wirksam zugegangen und auch durch die Lieferungszusage angenommen worden (Einzelheiten zum Zustandekommen eines Vertrages später).

Auch eine mündliche Erklärung kann mittels **Boten** gegenüber einem Abwesenden abgegeben werden. Wird der Bote durch den Erklärenden, also als Erklärungsbote eingesetzt – 67

Groß trägt seinem 10jährigen Sohn auf, Klein zu sagen, daß er drei Kasten Bier geliefert haben möchte –,

dann geht die Erklärung zu, wenn der Bote sie dem Adressaten übermittelt. Eine verspätete oder unterlassene Übermittlung durch den Boten geht folglich zu Lasten des Erklärenden. Wird die Erklärung einer Person im Machtbereich des Empfängers zugesprochen –

Groß ruft bei Klein an, um das Bier zu bestellen, das Gespräch nimmt die Sekretärin des Klein entgegen –, dann bedeutet die Entgegennahme der Erklärung durch den (Empfangs-)-Boten bereits den Zugang. Das Risiko der rechtzeitigen und richtigen Weitergabe an den Adressaten trägt somit dieser. Wegen dieses Risikos muß deshalb der Erklärende besondere Rücksicht auf die Eignung des Empfangsboten zur Übermittlung nehmen (vgl. o. Rdnr. 65). Je komplizierter der Inhalt der weiterzugebenden Erklärung ist, desto größer werden die Anforderungen, die an die Eignung des Boten gestellt werden müssen. Im Beispiel ist für die Weitergabe der (einfachen) Bestellung die Sekretärin des Klein durchaus kompetent und nach ihrer Stellung im Betrieb auch zur Annahme ermächtigt; dagegen wären dies der Nachtwächter oder die Reinemachefrau nicht, weil es offensichtlich nicht zu ihren Aufgabenbereichen gehört, Bestellungen anzunehmen, und sie deshalb nicht als dazu ermächtigt angesehen werden können. Sie würden als Erklärungsboten des Groß anzusehen sein, so daß die Bestellung erst mit der Übermittlung an Klein oder an einen geeigneten Empfangsboten (Sekretärin) zuginge. Würden sie die Übermittlung vergessen, wirkte sich dies allein zu Lasten des Erklärenden aus.

68 Bei empfangsbedürftigen Willenserklärungen ist also das Risiko, daß sie den Empfänger auch tatsächlich erreichen, aufgeteilt. Bis zum Zugang trägt das Risiko der Erklärende; geht also die Erklärung auf dem Weg zum Empfänger verloren oder wird der Zugang verzögert, dann treffen die Nachteile ihn. Gelangt aber die Erklärung so in den Machtbereich des Empfängers, daß nach dem gewöhnlichen Verlauf der Dinge mit einer Kenntnisnahme zu rechnen ist, dann geht es zu Lasten des Erklärungsgegners, wenn er nicht Kenntnis erlangt. Der **Weg einer empfangsbedürftigen Willenserklärung** läßt sich graphisch in folgender Weise darstellen:

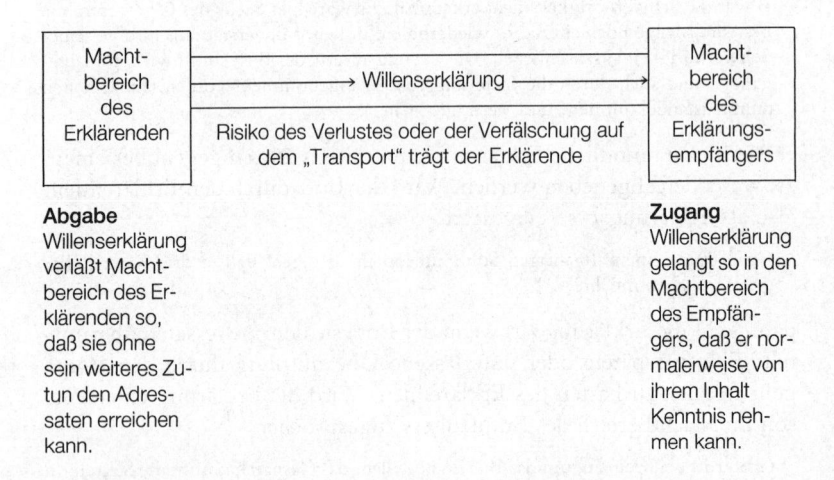

Machtbereich des Erklärenden	⟶ Willenserklärung ⟶	Machtbereich des Erklärungsempfängers
	Risiko des Verlustes oder der Verfälschung auf dem „Transport" trägt der Erklärende	

Abgabe
Willenserklärung verläßt Machtbereich des Erklärenden so, daß sie ohne sein weiteres Zutun den Adressaten erreichen kann.

Zugang
Willenserklärung gelangt so in den Machtbereich des Empfängers, daß er normalerweise von ihrem Inhalt Kenntnis nehmen kann.

II. Willenserklärung

Geht dem Adressaten einer Willenserklärung vor oder gleichzeitig mit ihrem Zugang ein **Widerruf** zu, dann wird die Willenserklärung nicht wirksam (§ 130 Abs. 1 S. 2). Ob ein Widerruf rechtzeitig erklärt wird, hängt ausschließlich vom Zeitpunkt seines Zugangs und des Zugangs der zu widerrufenden Willenserklärung ab. Erlangt der Adressat der Willenserklärung zunächst Kenntnis vom Widerruf und danach erst von der Willenserklärung, dann ist der Widerruf dennoch wirkungslos, da verspätet, wenn er erst nach der Willenserklärung zugegangen war.

Beispiel: Klein kauft bei Groß 500 Doppelzentner Weizen. Daraufhin bestellt Groß den Weizen telegrafisch am 5. 5. bei Handel. Am nächsten Tag erfährt Groß, daß über das Vermögen des Klein das Konkursverfahren eröffnet worden ist. Daraufhin telgrafiert er sofort an Handel, daß er vom Kauf des Weizens Abstand nehme. Handel, der am 5. 5. verreist war, findet am 6. 5. beide Telegramme ungeöffnet auf seinem Schreibtisch vor. Er liest zunächst den Widerruf, dann die Bestellung. Das erste Telegramm ist am 5. 5. in den Machtbereich des Handel gelangt, und er hätte unter normalen Umständen (wenn er nicht abwesend gewesen wäre) zu diesem Zeitpunkt Kenntnis von der Bestellung nehmen können. Damit ist ihm also die auf den Abschluß eines Kaufvertrages an ihn gerichtete Willenserklärung des Groß zugegangen (vgl. o. RdNr. 63). Dagegen ging das zweite Telegramm erst am 6. 5. zu; der Widerruf war somit verspätet und ändert nichts mehr an der Wirksamkeit der Bestellung.

Gegenüber diesem Ergebnis wird von einer im Schrifttum vertretenen Auffassung eingewandt, daß es unbillig sei, allein aufgrund des Wortlauts des Gesetzes einen Widerruf auch dann als verspätet anzusehen, der zwar später als die Willenserklärung zugegangen sei, von dem aber der Adressat gleichzeitig mit ihr Kenntnis erhalten hätte.[15] Dieser Auffassung ist jedoch nicht zu folgen. Die hM,[16] die einen solchen Widerruf als verspätet ansieht, ist nicht allein nur aufgrund des Gesetzeswortlautes zutreffend. Vielmehr muß in erster Linie die von der Gegenansicht behauptete Unbilligkeit dieses Ergebnisses in Abrede gestellt werden. Nach der in § 130 Abs. 1 getroffenen Regelung trägt der Erklärungsempfänger das Risiko rechtzeitiger Kenntnisnahme, weil es nur darauf ankommt, daß er unter normalen Umständen Kenntnis nehmen konnte, nicht daß er dies auch tat. Dann ist es aber auch nur folgerichtig, den mit dem Zugang verbundenen Vorteil, die Unwiderruflichkeit der Erklärung (vgl. § 145), dem Adressaten zu sichern. Andernfalls wäre die Zugangsregelung durchweg zu seinem Nachteil gestaltet; trotz fehlender Kenntnis ist eine in seinen Machtbereich gelangte Willenserklärung zugegangen, zugunsten des Erklärenden soll sie aber nach der Gegenansicht bis zur Kenntniserlangung widerruflich bleiben. Mit der hM ist dies abzulehnen.

---

[15] *Hübner* RdNr. 422.
[16] BGH NJW 1975, 382, 384 a. E.; *Soergel/Hefermehl* § 130 RdNr. 29 m. weit. Nachw.

Fälle und Fragen*)

1. Was ist ein Rechtsgeschäft und welche Arten von Rechtsgeschäften kennen Sie?
2. Welcher Unterschied besteht zwischen Willenserklärung und Rechtsgeschäft?
3. Woraus setzt sich der Tatbestand einer (fehlerfreien) Willenserklärung zusammen?
4. Nach welchen Gesichtspunkten ist zu beurteilen, ob eine Erklärung eine rechtliche Bindung erzeugt?
5. In welcher Form ist eine Willenserklärung abzugeben?
6. Was bedeutet „empfangsbedürftige", was „nicht empfangsbedürftige Willenserklärung"? Nennen Sie Beispiele für beide!
7. In welchem Zeitpunkt wird eine nicht empfangsbedürftige Willenserklärung wirksam, wann eine empfangsbedürftige?
8. A verbringt seinen Urlaub an der Mosel. Bei einem Besuch Triers betritt er eine Weinstube, in der eine Weinversteigerung stattfindet, was aber A nicht weiß. Als sich A gerade an den Tisch gesetzt hat, betritt seine Frau das Lokal, A winkt ihr zu. Der Auktionator deutet entsprechend der bei Weinversteigerungen gepflegten Übung, Gebote durch ein Handaufheben abzugeben, das Verhalten des A als Abgabe eines Gebotes und schlägt ihm, als niemand mehr höher bietet, ein Fuder Wein zu. A fällt aus allen Wolken, als ihm erklärt wird, er habe gerade ein Fuder Wein erstanden. Ist diese Feststellung richtig?
9. Generaldirektor A unterschreibt Geschäftspost, die ihm in einer Unterschriftenmappe vorgelegt worden ist. Da er es sehr eilig hat, beschränkt er sich jeweils auf einen kurzen Blick auf das Schreiben, bevor er es unterschreibt. Versehentlich ist ein Bestellschreiben an die Firma B in die Mappe geraten, das zwar A diktiert, dann aber durch eine Absage ersetzt hatte. In der Meinung, es handle sich um die Absage, unterschreibt A die Bestellung. Die Firma B liefert. A fragt, ob seine Bestellung wirksam gewesen ist.
10. A füllt die Bestellung eines Versandhauses über die Lieferung von Schonbezügen für seinen Pkw aus. Dann überlegt er sich die Sache anders und will die Karte in den Papierkorb werfen. Sie fällt aber daneben und wird dann von der Tochter des A gefunden, die glaubt, die Karte sei versehentlich vom Schreibtisch gefallen. Sie bringt die Karte zur Post. Als die Schonbezüge geliefert werden, fragt A, ob seine Bestellung wirksam gewesen ist.
11. K ruft bei V an, um drei Fernsehgeräte verschiedener Marken zu bestellen. Zur Zeit des Anrufs ist bei V bereits Büroschluß. Das Gespräch wird von einem Pförtner entgegengenommen, der die Bestellung sorgfältig aufnimmt, obwohl er dazu von V keinen Auftrag erhalten hat. Er legt den von ihm geschriebenen Zettel mit der Bestellung des K auf den Schreibtisch der Sekretärin des V. Dort findet die Sekretärin den Zettel, als sie um 8.00 Uhr ihren Dienst beginnt. Als V um 9.00 Uhr in das Büro kommt, übergibt ihm die Sekretärin die Bestellung des K. In welchem Zeitpunkt ist die Bestellung wirksam geworden?
12. A ruft den Weinhändler B an und bestellt bei diesem für eine Feier 30 Flaschen Wein. Kommt eine wirksame Bestellung zustande, wenn der schwerhörige B anstatt Wein Sekt versteht und daraufhin erklärt, er werde „die bestellte Ware" termingerecht liefern? Kommt es für die Entscheidung darauf an, ob A von der Schwerhörigkeit des B weiß?

---

* Vgl. dazu Nr. 2 der Hinweise für die Arbeit mit diesem Buch (S. XIX).

13. A schreibt B einen Brief, in dem er seine Briefmarkensammlung zum Preis von 10000,– DM anbietet. Als der Brief abgesandt worden ist, erfährt A, daß er den Wert einiger Marken viel zu niedrig eingeschätzt hat; ihn reut deshalb das Angebot. Er ruft daraufhin B an, noch bevor dieser den Brief erhalten hat, und sagt ihm, daß das Angebot nicht gelten solle. B, der großen Wert auf den Erwerb der Sammlung legt, möchte wissen, ob er A nicht doch an seinem Angebot festhalten könnte.

14. Wie wäre Frage 13 bei folgender Sachverhaltsänderung zu beantworten?

Im Zeitpunkt des Anrufs ist der Brief bereits bei B eingetroffen; er konnte ihn aber noch nicht lesen und hat deshalb noch keine Kenntnis von dem Angebot, als A mit ihm telefoniert.

§ 3 Das Zustandekommen von Verträgen

I. Allgemeines

a) Zum Begriff des Vertrages

71 Sie wissen bereits, daß Verträge mehrseitige Rechtsgeschäfte sind (vgl. o. RdNr. 33 f.); an ihrem Zustandekommen müssen also notwendigerweise mehrere Personen, meist zwei, beteiligt sein. Der rechtliche Erfolg, der durch den Vertrag bewirkt wird, tritt ein, weil ihn die Beteiligten, die Vertragspartner, wollen. Hängt aber der Rechtserfolg vom gemeinsamen Willen der Vertragsparteien ab, dann kann es nicht zweifelhaft sein, daß ihr Wille übereinstimmen muß; die von ihnen abgegebenen Willenserklärungen müssen also korrespondieren.

Beispiel: Max sagt zu Fritz: „Ich möchte dein Mofa für 600,– DM kaufen." Fritz antwortet: „Einverstanden!" Die Willenserklärung des Max und die Willenserklärung des Fritz stimmen überein, und es kommt zwischen ihnen ein wirksamer Vertrag zustande (wenn die Wirksamkeit nicht aus anderen Gründen – beispielsweise wegen der Minderjährigkeit eines Beteiligten – verneint werden muß).
Anders im folgenden Fall: Max erklärt: „Ich möchte dein Mofa für 600,– DM kaufen." Fritz antwortet: „Für 800,– DM verkaufe ich es dir." Hier besteht in einem wesentlichen Punkt, nämlich hinsichtlich der Höhe des Kaufpreises, keine Übereinstimmung. Ein Vertrag wird somit bei diesem Stand der Dinge nicht geschlossen.

72 Der Vertrag läßt sich folglich als die von den Vertragspartnern **einverständlich getroffene Regelung eines Rechtsverhältnisses** beschreiben; die Vertragschließenden stimmen in der Herbeiführung eines von ihnen gemeinsam gewollten rechtlichen Erfolgs überein.

Auch bei einem Beschluß, durch den Personenvereinigungen (Verein, Gesellschaft) ihren Willen bilden, handelt es sich um ein mehrseitiges Rechtsgeschäft (vgl. o. RdNr. 34). Im Unterschied zum Vertrag können durch ihn aber auch Personen gebunden werden, die ihm nicht zustimmten. Denn für Beschlüsse gilt im allgemeinen nicht der Grundsatz der Willensübereinstimmung, sondern das Mehrheitsprinzip.

Beispiel: Die Mitgliederversammlung eines Vereins bestellt mit der erforderlichen Mehrheit (vgl. § 32 Abs. 1 S. 3, § 40) einen Vorstand (vgl. § 27 Abs. 1). Dieser Beschluß bindet alle Vereinsmitglieder, auch diejenigen, die sich dagegen ausgesprochen haben.

73 Die gegebene Beschreibung des Vertragsbegriffs findet sich nicht im BGB, sondern wird von ihm, insbesondere in den §§ 145 bis 157, vorausgesetzt. Diesen Vorschriften ist zu entnehmen, daß für das Zustandekommen des Vertrages die **Unterscheidung zwischen Antrag** (Offerte) **und Annahme** des Antrags wichtig ist.

I. Allgemeines 37

In dem oben gebrachten Beispiel stellt die Erklärung des Max, er wolle das Mofa des Fritz kaufen, den Antrag und dessen Antwort, er sei damit einverstanden, die Annahme dieses Antrages dar. Betrachtet man den Inhalt beider Erklärungen rein formal, dann läßt er sich wie folgt beschreiben: Max erklärt: „Ich, Max, richte an dich, Fritz, den Antrag zum Abschluß eines Kaufvertrages über dein Mofa Marke X zum Preise von 600,– DM." Fritz erwidert: „Ich, Fritz, nehme deinen Antrag zum Abschluß des von dir gewollten Kaufvertrages an." Wir wissen, daß niemand so gekünstelt spricht. Mit den wesentlich schlichteren Worten der beiden Vertragspartner werden aber Erklärungen dieses rechtlichen Inhalts ausgetauscht.

Da die abgegebenen Willenserklärungen miteinander korrespondieren **74** müssen, ist es völlig klar, daß der Antrag nur so angenommen werden kann, wie er von dem anderen gemacht wurde. Erklärt der Empfänger des Antrages, er sei zwar grundsätzlich mit dem Zustandekommen des Vertrages einverstanden, wolle aber in einem Punkt eine Änderung, dann ist der Vertrag (noch) nicht geschlossen. Vielmehr muß erst der andere sein Einverständnis mit der gewollten Änderung erklären.

Antwortet Fritz auf das Kaufangebot des Max, er wolle nicht zu 600,– DM, sondern zu 800,– DM verkaufen, dann handelt es sich rechtlich um die Ablehnung des von Max gemachten Antrages, verbunden mit einem neuen Antrag des Fritz an Max (vgl. § 150 Abs. 2). Es hängt jetzt von der Erwiderung des Max ab, ob ein Kaufvertrag zu 800,– DM zustande kommt.

Nach den bisherigen Ausführungen dürfte nunmehr auch klar sein, **75** daß ein wirksamer Vertrag die **Einigung** der Vertragspartner **über alle regelungsbedürftigen Punkte** des betreffenden Rechtsgeschäfts voraussetzt. Welche Punkte in diesem Sinn regelungsbedürftig sind, ergibt sich aus dem jeweiligen Vertragstyp und den dafür im Gesetz getroffenen Bestimmungen (dazu Einzelheiten später). Insbesondere über solche Punkte, die der individuellen Vereinbarung vorbehalten sind, beim Kaufvertrag ist dies auf jeden Fall der Kaufgegenstand, müssen sich die Vertragschließenden verständigen.

Beispiel: Hat Fritz zwei Mofas, und zwar eines der Marke X und eines der Marke Y, und will Max das Mofa der Marke X kaufen, während Fritz glaubt, es solle ein Kaufvertrag über das andere Mofa abgeschlossen werden, dann kommt selbstverständlich wegen fehlender Willensübereinstimmung ein Kaufvertrag zwischen beiden nicht zustande.

b) Vertragsarten

Die bisher gebrachten Beispiele betreffen durchweg **schuldrechtliche** **76** Verträge. Schuldrechtliche Verträge zeichnen sich dadurch aus, daß durch sie Forderungsbeziehungen zwischen den Vertragspartnern geschaffen werden (vgl. § 241, der allerdings nicht nur für vertragliche Schuldverhältnisse gilt[1]). Inhalt dieser Forderungsbeziehung ist es, daß

---

[1] Schuldverhältnisse (iSv. Forderungsbeziehungen) können auch nichtwillentlich (d. h. also nicht durch Rechtsgeschäft, sondern durch ein tatsächliches Verhalten be-

§ 3 Das Zustandekommen von Verträgen

eine Person, der Gläubiger, gegen eine andere Person, den Schuldner, einen Anspruch erhält, d. h. das Recht, von ihm ein Tun oder ein Unterlassen zu verlangen (vgl. § 194 Abs. 1). Es können durch einen Schuldvertrag aber nicht nur ein Vertragspartner, sondern auch beide einen Anspruch erwerben.

Beispiele: Wenn Max und Fritz einen Kaufvertrag über das Mofa des Fritz schließen, dann bekommt Max als Käufer das Recht, die Übergabe, d. h. die Einräumung der tatsächlichen Sachherrschaft, und die Übereignung des Mofas von Fritz zu verlangen; Fritz als der Verkäufer erwirbt das Recht, die Zahlung des Kaufpreises von Max zu fordern (vgl. § 433 Abs. 1 und Abs. 2). Verspricht dagegen der reiche Onkel O seinem Neffen N die Schenkung eines Autos zum nächsten Geburtstag (wofür zur Wirksamkeit die notarielle Beurkundung dieses Versprechens erforderlich ist, vgl. § 518 Abs. 1 S. 1), dann wird durch den (nach Annahme des Versprechens) zustandegekommenen Schenkungsvertrag nur eine einseitige Verpflichtung, nämlich die des Onkels zu schenken, begründet.

77 Diesen Unterschieden wird durch die Einteilung in **einseitig verpflichtende und zweiseitig verpflichtende Verträge** Rechnung getragen. Nun kann man noch bei den zweiseitig verpflichtenden Verträgen danach differenzieren, ob die Pflichten beider Vertragspartner gleichwertig sind oder ob einer die Hauptlast trägt.

Beispiel: Max benötigt für die Anfertigung seiner Examensarbeit eine Schreibmaschine. Er fragt seinen Freund Fritz, ob dieser ihm seine Schreibmaschine zur Verfügung stellen würde. Fritz sagt dies zu. Zwischen den beiden Freunden kommt ein Leihvertrag zustande. Bei diesem Vertrag gibt es zwar für beide Vertragspartner Pflichten, aber diese treffen in der Hauptsache den Verleiher, hier also Fritz. Er ist verpflichtet, dem Entleiher den Gebrauch der Sache unentgeltlich zu gestatten (§ 598); er haftet – wenn auch nur bei Vorsatz und grober Fahrlässigkeit (§ 599) – für den Schaden, der dadurch verursacht wird, daß er sein Versprechen nicht hält; nach § 600 hat er bei arglistig verschwiegenen Mängeln den daraus entstehenden Schaden zu ersetzen. Dagegen sind die Pflichten des Entleihers recht eingeschränkt; er hat die Erhaltungskosten zu tragen, er darf nur den vertragsmäßig vereinbarten Gebrauch von der Sache machen, und er ist zur Rückgabe nach Ablauf der für die Leihe bestimmten Zeit verpflichtet (vgl. § 601, § 603, § 604).

78 Zweiseitig verpflichtende Verträge, die wie die Leihe nur einer Partei die den eigentlichen Inhalt des Vertrages bestimmenden Pflichten (sog. Haupt(leistungs)pflichten) auferlegen, werden unvollkommen zweiseitige Verträge genannt; andere Verträge, bei denen sich für beide Seiten in der rechtlichen Bedeutung gleichwertige und in Abhängigkeit zueinander stehende Pflichten ergeben, werden als vollkommen zweiseitige oder gegenseitige Verträge (**= synallagmatische Verträge**) bezeichnet.

Synallagma ist die Bezeichnung für ein Rechtsverhältnis, in dessen Rahmen gegenseitige Leistungen ausgetauscht werden. Die Leistung eines jeden Vertragspartners steht dabei in Abhängigkeit zur Gegenleistung. Das „do ut des" (= ich gebe, damit du

---

gründet werden, das einen bestimmten ein Forderungsrecht begründenden Tatbestand einer Rechtsnorm verwirklicht. Ein Beispiel haben wir bereits in der deliktischen Schädigung eines anderen kennengelernt (vgl. o. RdNr. 29). Auf diese Frage wird später noch zurückzukommen sein.

I. Allgemeines

gibst) stellt die Grundidee des gegenseitigen (synallagmatischen) Vertrages dar. Hätten in dem obigen Beispielsfall Max und Fritz vereinbart, daß Max ein Entgelt für die Überlassung der Schreibmaschine zahlen soll, dann handelte es sich um eine Miete (vgl. § 535; Unterschied: Entgeltlichkeit der Miete, Unentgeltlichkeit der Leihe). Bei der Miete trifft den Mieter mit der Verpflichtung zur Zahlung des vereinbarten Mietzinses auch eine Hauptpflicht. Deshalb ist die Miete im Gegensatz zur Leihe ein synallagmatischer Vertrag.

Diese Unterscheidung zwischen unvollkommen zweiseitigen und gegenseitigen (synallagmatischen) Verträgen dient keinesfalls einem Selbstzweck, sondern hat erhebliche praktische Bedeutung. Vor Anwendung von Vorschriften des BGB über Verträge muß nämlich die Frage beantwortet werden, ob sie nur für gegenseitige Verträge oder auch für andere gelten. Die §§ 320 bis 327 sind gerade im Hinblick auf die Abhängigkeit der Leistungen beider Vertragspartner voneinander formuliert und können deshalb nur für gegenseitige Verträge Anwendung finden. Dagegen gelten die §§ 145 bis 157 für alle Verträge. **79**

Rechtsgeschäfte in Form von Verträgen gibt es aber nicht nur im schuldrechtlichen Bereich zur Begründung von Forderungsbeziehungen, sondern auch auf anderen Gebieten des Bürgerlichen Rechts, im Sachenrecht, im Familienrecht und im Erbrecht. Welchem Bereich ein Vertrag angehört, richtet sich nach seinem Gegenstand. **80**

Die im Bereich des Sachenrechts vorkommenden dinglichen Verträge betreffen die Begründung oder Änderung dinglicher Rechte, d. h. Rechte an Sachen (wie z. B. des Eigentums). So ist die zur Übertragung des Eigentums an einem Grundstück erforderliche Einigung (vgl. § 873 Abs. 1) ein dinglicher Vertrag. Das gleiche gilt für die Einigung zwischen Eigentümer und Erwerber über die Übertragung des Eigentums an einer beweglichen Sache (vgl. § 929 S. 1). Als Beispiel für einen familienrechtlichen Vertrag sei das Verlöbnis angeführt[2]. Ein erbrechtlicher Vertrag ist der Erbverzicht (vgl. § 2346).

Die folgende Skizze soll den Überblick über die verschiedenen Verträge erleichtern: **81**

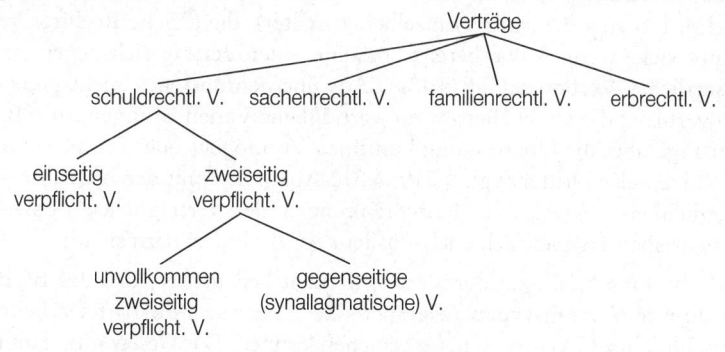

```
                            Verträge
        ┌──────────┬──────────────┬──────────┐
 schuldrechtl. V.  sachenrechtl. V.  familienrechtl. V.  erbrechtl. V.
   ┌────┴────┐
einseitig   zweiseitig
verpflicht. V.  verpflicht. V.
             ┌──────┴──────┐
       unvollkommen    gegenseitige
         zweiseitig    (synallagmatische) V.
        verpflicht. V.
```

---

[2] Die Auffassung des Verlöbnisses als Vertrag entspricht der hM, ist aber nicht unstreitig. Einzelheiten dazu in: *MünchKomm/Wacke*, § 1297 RdNr. 4 ff., *Strätz*, Jura 1984, 449, 450 ff.

Die folgenden Ausführungen über das Zustandekommen von Verträgen gelten für alle diese Arten.

c) Vertragsfreiheit

82 Der das BGB beherrschende Grundsatz der Vertragsfreiheit umfaßt einmal das Recht, frei zu bestimmen, ob und mit wem ein Vertrag geschlossen werden soll (**Abschlußfreiheit**), zum anderen das Recht, den Inhalt eines Vertrages frei zu gestalten (**Gestaltungsfreiheit**). Um den Grundsatz der Vertragsfreiheit vor Mißbrauch zu bewahren und höherrangige Interessen (z. B. solche, die sich aus den Prinzipien des Sozialstaates ergeben) zu schützen, müssen Einschränkungen vorgenommen werden. Ist zur Erfüllung lebensnotwendiger Bedürfnisse der Abschluß von Verträgen erforderlich, dann kann derjenige, der allein solche Leistungen anzubieten vermag, sich nicht auf den Grundsatz der Abschlußfreiheit berufen. Vielmehr ist ihm ein **Abschlußzwang** (Kontrahierungszwang) auferlegt. Dies gilt aufgrund spezieller gesetzlicher Regelungen für öffentliche Versorgungsunternehmen, Bahn und Post (vgl. § 3 Eisenbahnverkehrsordnung, § 22 Personenbeförderungsgesetz, § 6 Energiewirtschaftsgesetz). Über diese gesetzlich normierten Fälle hinaus wird ein Kontrahierungszwang auch noch in anderen Fällen bejaht.[3] Daneben gibt es auch **Abschlußverbote;** so dürfen Jugendliche nicht mit bestimmten gefährlichen oder gesundheitsschädlichen Arbeiten betraut werden (vgl. §§ 22 ff. Jugendarbeitsschutzgesetz), und Verträge, die entgegen diesem gesetzlichen Verbot geschlossen werden, sind nach § 134 nichtig.

83 Auch die Gestaltungsfreiheit findet dort eine Grenze, wo sie mißbraucht wird. So ist ein Vertrag, der gegen die guten Sitten verstößt, nach § 138 Abs. 1 nichtig (Einzelheiten später); die gleiche Rechtsfolge ergibt sich, wenn – wie bereits erwähnt – der Vertrag sich gegen ein gesetzliches Verbot richtet (§ 134). Aus übergeordneten Gesichtspunkten verbietet das Gesetz bestimmte vertragliche Vereinbarungen, so z. B. Verträge über die Übertragung künftigen Vermögens oder den Nachlaß noch lebender Dritter (vgl. § 310, § 312 Abs. 1 S. 1 mit der Ausnahmemöglichkeit des Abs. 2). Einschränkungen der vertraglichen Gestaltungsfreiheit ergeben sich auch aus dem AGB-Gesetz; dazu später.

84 Keine Einschränkung der Vertragsfreiheit bedeutet es, daß das BGB bestimmte **Vertragstypen** ausgestaltet hat, derer sich die Parteien beim Abschluß ihrer Rechtsgeschäfte bedienen können. Das Gesetz gibt damit

---

[3] Auf die sehr umstrittenen Einzelheiten ist hier nicht einzugehen. Wer sich dafür interessiert, sei auf *MünchKomm/Kramer,* vor § 145 RdNr. 13, und auf die dort Zitierten verwiesen.

II. Der Vertragsschluß

Hilfestellungen zu einer interessengemäßen Durchführung von Rechtsverhältnissen. Solche Vertragstypen sind im Bereich des Schuldrechts z. B. der Kauf (§§ 433ff.), die Miete (§§ 535ff.), die Pacht (§§ 581ff.), die Leihe (§§ 598ff.), das Darlehen (§§ 607ff.), der Dienstvertrag (§§ 611ff.) und der Werkvertrag (§§ 631ff.).

Auch hier begegnet uns wiederum die Denkform des Typus[4]. Es handelt sich deshalb um Typen und nicht um streng abgegrenzte Begriffe, weil zu dem einzelnen Schuldvertragstyp eine Reihe von Elementen zusammengefaßt sind, die nicht notwendigerweise alle oder mit dem vom Gesetz geregelten Inhalt von den Vertragsparteien aufgegriffen und ihren Rechtsbeziehungen zugrundegelegt werden müssen. Vielmehr steht es den Vertragspartnern im allgemeinen frei, ob sie von der im Gesetz getroffenen Regelung des einzelnen Vertragstyps abweichen und ihren Verträgen einen eigenständigen Inhalt geben wollen (dispositives = nachgiebiges Recht im Gegensatz zu zwingendem Recht)[5]. Die Vertragsparteien können deshalb auch Mischformen der im Gesetz geregelten Vertragstypen schaffen, so z. B. eine Verbindung von Kaufvertrag und Dienstvertrag herstellen, indem der Kaufpreis nicht in bar entrichtet wird, sondern durch Dienstleistungen des Käufers abzugelten ist. Solche Mischtypen von Verträgen sind in den heute herrschenden differenzierten Verhältnissen des Wirtschaftslebens immer häufiger anzutreffen. Später wird noch gezeigt werden, daß sich im Wirtschaftsleben auch Verträge herausgebildet haben, die im Gesetz überhaupt nicht geregelt sind.

II. Der Vertragsschluß

a) Auslegung der Erklärungen

Eine vertragliche Vereinbarung kommt – wie bereits bei Beschreibung 85 des Begriffs „Vertrag" ausgeführt wurde – dadurch zustande, daß ein Partner dem anderen den Abschluß eines bestimmten Vertrages anträgt und der andere diesen Antrag annimmt. In der theoretischen Betrachtung ist also eine sorgfältige Trennung zwischen Angebot und dessen Annahme geboten (vgl. schon o. RdNr. 73). Das Angebot muß den gesamten Vertragsinhalt umfassen und so formuliert sein, daß es mit einem bloßen „Ja" akzeptiert werden kann. Im täglichen Leben sieht aber ein Vertragsschluß meist ganz anders aus.

Beispiel: K sagt zu V: „Dein Auto wäre mir schon 2000,- DM wert." V antwortet: „Das gebe ich auf keinen Fall unter 3000,- DM ab." Darauf K: „2800,- DM, wenn du mir das Radio drin läßt." V erwidert: „2900,- DM." Darauf entgegnet K: „Also

---

[4] Vgl. dazu schon oben RdNr. 36 Fn. 4. Zu der Lehre von den Vertragstypen finden sich Einzelheiten bei *Larenz*, Methodenlehre der Rechtswissenschaft, 5. Auflage 1983, S. 288ff., sowie bei *Diederichsen*, AT, RdNr. 220.

[5] Welche Rechtsvorschriften verbindlich sind und nicht durch die Vertragsparteien abgeändert und durch eigene Regelungen ersetzt werden können, läßt sich nicht allgemein, sondern immer nur im Hinblick auf den einzelnen Rechtssatz sagen. Im Vertragsrecht überwiegt bei weitem das dispositive Recht. Vgl. dazu *Schwab* RdNr. 45ff.

gut, aber ich muß den Wagen von dir bereits morgen bekommen." Die Antwort des V lautet: „In Ordnung, aber nur gegen Barzahlung." K verabschiedet sich mit den Worten: „Also ich erwarte dich morgen um vier Uhr."
Wer hat nun hier eine Vertragsofferte abgegeben und wer die Annahme erklärt? Ist hier überhaupt ein Vertrag zustandegekommen und wenn ja mit welchem Inhalt?

86   In dem Beispielsfall geht es offenbar um den Abschluß eines Kaufvertrages über den Pkw des V. Dies ergibt sich aus den Erklärungen der Parteien, ohne daß es dafür erforderlich ist, daß sie den Begriff „Kauf" benutzen. Der Sinn und die Bedeutung einer Willenserklärung, um die es sich sowohl bei der Offerte als auch bei ihrer Annahme handelt, sind nicht nur aufgrund ihres Wortlautes, sondern auch nach den äußeren Umständen und nach dem Sachzusammenhang, in denen sie abgegeben werden, zu verstehen (vgl. o. RdNr. 36). Ist der Sinn einer Willenserklärung nicht eindeutig, dann muß durch Auslegung ermittelt werden, wie sie zu verstehen ist. Ziel der Auslegung ist die **Ermittlung des objektiven Erklärungswertes,** der objektiven Bedeutung einer mehrdeutigen und deshalb nach ihrem bloßen Wortlaut unklaren Willenserklärung. Maßgeblich kann bei empfangsbedürftigen Willenserklärungen (vgl. o. RdNr. 33, 55) weder allein sein, was der Erklärende mitteilen wollte, noch wie der Empfänger der Erklärung sie tatsächlich verstanden hat, sondern welcher Sinn der Erklärung nach den Verständnismöglichkeiten des Empfängers – nach den konkreten Umständen des Einzelfalles (den bisher geführten Verhandlungen, dem Ort der Erklärung und der Zeit, in der sie abgegeben wird) – aufgrund der **Verkehrssitte,** d. h. aufgrund der den Verkehr tatsächlich beherrschenden Übung, und den Grundsätzen von Treu und Glauben zukommt. Entscheidend ist somit, wie der Empfänger die Erklärung verstehen muß, wenn er alle diese Kriterien sorgfältig berücksichtigt (Auslegung nach dem Empfängerhorizont, allerdings auf objektiver Grundlage)[6].

Die Rechtsgrundlagen für diese an objektiven Merkmalen orientierte Auslegung von Willenserklärungen bilden die §§ 133 und 157. Nach dem Wortlaut dieser Vorschriften bezieht sich § 133 auf die Willenserklärung und § 157 auf den Vertrag. Danach müßte ein Vertrag zunächst wirksam zustandegekommen sein, ehe § 157 herangezogen werden dürfte. Die hM hat jedoch den Anwendungsbereich des § 157 über den zu engen Wortlaut hinaus auch auf die einzelne Willenserklärung und auf die Frage nach einem wirksamen Vertragsschluß erstreckt.

87   Bei Beachtung dieser Grundsätze der Auslegung und bei Berücksichtigung der Vorschrift des § 150 Abs. 2, nach der eine Annahme unter Erweiterungen, Einschränkungen oder sonstigen Änderungen als Ablehnung verbunden mit einem neuen Antrag gilt, ist es nunmehr nicht schwer, die von K und V abgegebenen Erklärungen rechtlich zu werten.

---

[6] Zur Auslegung eingehend *Diederichsen,* AT, RdNr. 226 ff.; *Schwab* RdNr. 480 ff.; *Brox,* AT, RdNr. 122 ff.

II. Der Vertragsschluß

Die Worte „In Ordnung, aber nur gegen Barzahlung" stellen die (endgültige) Offerte zum Abschluß eines Kaufvertrages dar, weil erst in diesem Stadium des Gesprächs mit der Forderung nach Barzahlung ein letzter (neuer) wesentlicher Punkt festgelegt wird. Vorher hatte jeder Partner in seiner Erwiderung jeweils zusätzliche Konditionen genannt, also das Angebot des anderen abgelehnt und einen neuen Antrag formuliert (§ 150 Abs. 2). Die Erklärung des V umfaßt nunmehr alle bereits ausgehandelten Punkte, so daß ihr objektiver Erklärungswert folgenden Inhalt hat: „Ich, V, biete dir, K, den Abschluß eines Kaufvertrages über meinen Pkw einschließlich Radio zum Preise von 2900,– DM, zahlbar bar morgen bei Ablieferung des Wagens an." Die Antwort des K ist dann in ihrem objektiven Erklärungswert als Annahme dieser Offerte aufzufassen. Die Zeitangabe des K für die Übergabe des Wagens (vier Uhr) drückt lediglich eine nicht verbindliche Erwartung aus, die selbst nicht Gegenstand des Vertrages wird. Denn es kann nicht angenommen werden, daß dem K dieser Zeitpunkt so wichtig ist, daß damit das Geschäft stehen und fallen soll. Verbindlich ist als Liefertermin nur der morgige Tag, so daß V auch noch um fünf Uhr oder sechs Uhr rechtzeitig erfüllt. Ergibt jedoch die Auslegung (wofür hier nichts spricht), daß es dem K entscheidend gerade auf die Lieferung des Wagens um vier Uhr ankommt und daß er diesen Zeitpunkt der Lieferung zu einer verbindlichen Vereinbarung im Vertrag machen will, dann handelt es sich bei der Erwiderung des K nicht um die Annahme der Offerte des V, sondern wegen der dann als neue Erweiterung des Vertragsinhalts aufzufassenden Zeitangabe um die Ablehnung der Offerte und um einen neuen Antrag (§ 150 Abs. 2!). Es stellt sich dann die Frage, wie das Schweigen des V auf diesen Antrag zu werten ist.

Schweigen eines Menschen hat für sich allein betrachtet keinen Erklärungswert; jedoch kann es – wie jedes andere Verhalten auch – aufgrund von Besonderheiten des Einzelfalles einen Erklärungswert erhalten. Insbesondere können die Beteiligten vereinbaren, daß das Schweigen einer Person einen bestimmten Sinn haben soll.

88

Beispiel: A sammelt alte Landkarten. Er vereinbart mit dem Händler B, daß dieser ihm von interessanten Angeboten Mitteilung machen und stets die Karten erwerben soll, wenn A nicht innerhalb einer Woche eine gegenteilige Weisung erteilt. In diesem Fall haben die Beteiligten einen Erklärungswert des Schweigens vereinbart; A muß ablehnen, wenn nicht sein Schweigen von B als Einverständnis gedeutet werden soll. Zu beachten ist aber, daß niemand einen anderen einseitig in der Deutung dessen Schweigens festlegen kann. So kann B nicht ohne eine entsprechende Abrede A dadurch zu einer Antwort zwingen, daß er ihm schreibt, er könne eine bestimmte (näher beschriebene) Karte zum Preis von 2000,– DM erwerben. Sollte ihm A nicht innerhalb von einer Woche mitteilen, daß er die Karte nicht haben wolle, werde er sie für ihn kaufen. Antwortet in diesem Fall A nicht, dann bedeutet dieses Schweigen nicht etwa Zustimmung, wie dies B einseitig festlegen möchte. Zu einer derartigen Festlegung fehlt B die Rechtsmacht. Andererseits kommt dem

Schweigen des A auch nicht die Bedeutung einer Ablehnung zu. Auch für eine derartige Interpretation fehlt die Grundlage. Vielmehr ist hier das Schweigen ohne jeden Erklärungswert.

89 In manchen Fällen bestimmt das Gesetz ausdrücklich, daß dem Schweigen ein bestimmter Erklärungswert zukommt (sog. normiertes Schweigen). Eine wichtige Regelung enthält § 362 Abs. 1 HGB. Nach dieser Vorschrift ist ein Kaufmann, dessen Gewerbebetrieb die Besorgung von Geschäften für einen anderen mit sich bringt, verpflichtet, auf einen Antrag über die Besorgung solcher Geschäfte zu antworten; sein Schweigen gilt als Annahme des Antrags.

Von Anfängern wird häufig der Ausnahmecharakter dieser Vorschrift verkannt und versucht, die hier vorgenommene Wertung des Schweigens über den Wortlaut der Vorschrift hinaus auch auf andere Fälle auszudehnen. Dies ist verfehlt. Vielmehr ist gerade umgekehrt aus der ausdrücklichen Regelung zu entnehmen, daß sonst – auch im Geschäftsverkehr zwischen Kaufleuten – das Schweigen nicht ohne weiteres einen Erklärungswert besitzt.

90 Einen weiteren Fall der gesetzlichen Deutung eines Schweigens enthält § 516 Abs. 2 S. 2. Eine Schenkung gilt auch ohne Erklärung des Beschenkten als angenommen, wenn der Beschenkte nicht innerhalb einer vom Zuwendenden bestimmten angemessenen Frist die Schenkung ablehnt. Durch § 108 Abs. 2 S. 2 HS 2, § 177 Abs. 2 S. 2 HS 2 und durch § 415 Abs. 2 S. 2 HS 2 wird dagegen dem Schweigen ein negativer Inhalt gegeben; in diesen Fällen gilt eine erforderliche Genehmigung als verweigert.

In dem oben (RdNr.85) angeführten Beispielsfall muß versucht werden, den objektiven Erklärungswert des Schweigens des V (wenn man aufgrund besonderer Umstände erst in der abschließenden Antwort des K die Vertragsofferte zu sehen hat) zu ermitteln. Danach gelangt man aufgrund der konkreten Umstände nach Treu und Glauben und der Verkehrssitte zu dem Ergebnis, daß dieses Schweigen als Zustimmung zur Offerte zu werten ist. Dieser Erklärungswert ergibt sich aufgrund der vorangegangenen Erörterungen des Vertragsinhalts zwischen den beiden Vertragschließenden. K konnte bei dieser Sachlage das Schweigen des V nur als Einverständnis mit der Vereinbarung eines genauen Lieferzeitpunkts verstehen, nach dem über alle anderen wichtigen Punkte, insbesondere über den Preis, Einigkeit bestand.[6a]

[6a] Es sei darauf hingewiesen, daß dem hier beschriebenen und aus §§ 145 ff. abzuleitenden Mechanismus eines Vertragsschlusses mittels Antrag und Annahme auch noch eine andere Abschlußtechnik gegenübergestellt werden kann, die darin besteht, zunächst gemeinsam den Inhalt des Vertrages zu erarbeiten und dann (einverständlich) über die Geltung des Vertrages zu entscheiden (so Leenen AcP 188 (1988), 381, 399ff.). Eine Auseinandersetzung mit einer solchen Differenzierung und insbesondere mit der Frage, ob zwischen beiden Abschlußtechniken ein grundlegender Unterschied besteht oder die zweite nur eine Spielart der ersten ist und sich auf sie zurückführen läßt, gehört nicht zum Programm eines Grundkurses.

b) Antrag

Mittel der Auslegung, insbesondere auch die Verkehrssitte, entscheiden im Zweifelsfall darüber, ob in einem Verhalten bereits die Offerte zum Abschluß eines Vertrages oder lediglich die Einladung an andere zu erblicken ist, solche Offerten abzugeben, sog. **invitatio ad offerendum.** So ist die Ausstellung von Waren in einem Schaufenster auch unter Angabe des Preises nicht bereits als bindender Antrag zum Abschluß eines Kaufvertrages aufzufassen, den ein Kunde lediglich annehmen müßte. Nicht selten werden Schaufenster in einer Weise dekoriert, daß ein erheblicher Aufwand erforderlich wäre, Waren aus dem Schaufenster zu entfernen und durch andere zu ersetzen. Dazu sind Ladeninhaber häufig nicht bereit. Demgemäß entspricht es der Verkehrssitte, Schaufensterauslagen lediglich als Einladung zur Abgabe von Offerten seitens potentieller Kunden aufzufassen. Berücksichtigt man dies, dann gibt es keine Schwierigkeiten mit der Entscheidung folgenden 91

> **Beispielsfalls:** Bei der Dekoration werden irrtümlich Preisschilder vertauscht, so daß ein wertvoller Nerzmantel mit einem Preis von 450,– DM ausgezeichnet ist. A entdeckt dies, betritt den Laden des L und erklärt diesem: „Ich kaufe den Mantel für 450,– DM."
> Die Frage, ob tatsächlich ein Kaufvertrag über den Nerzmantel zum Preis von 450,– DM zustande kommt, ist nach den vorstehenden Ausführungen offensichtlich zu verneinen. A gibt lediglich eine Offerte zum Abschluß des Kaufvertrages ab, die L bei dem genannten Preis keinesfalls annehmen wird. Daß sich Ladeninhaber in manchen Fällen darauf einlassen, Waren zum irrtümlich falsch ausgezeichneten Preis zu verkaufen, hat nichts mit einer entsprechenden Rechtspflicht zu tun, sondern geschieht aus anderen (kaufmännischen) Erwägungen.

Eine bloße Einladung zur Abgabe von Offerten, eine invitatio ad offerendum, liegt auch in der Übersendung von Katalogen und Preislisten, in Zeitungsinseraten und in der Ankündigung von Theatervorstellungen oder ähnlichen Veranstaltungen. In allen diesen Fällen ist schon deshalb eine Vertragsofferte auszuschließen, weil sonst die erhebliche Gefahr für den Anbieter bestünde, größere vertragliche Pflichten einzugehen, als er zu erfüllen in der Lage ist. Denn wäre z. B. der Katalog eines Versandhauses als Antrag zum Abschluß eines Kaufvertrages aufzufassen, könnten mehr Kunden dieses Angebot annehmen als Waren vorrätig sind. Das Versandhaus würde sich dann schadensersatzpflichtig machen, wenn es seine vertraglichen Pflichten nicht erfüllen könnte. Zu solchen unkontrollierbaren Risiken ist kein Kaufmann bereit. 92

Schwieriger ist dagegen zu entscheiden, in welchem Zeitpunkt in **Selbstbedienungsläden** ein Kaufvertrag zustande kommt. Dies richtet sich danach, ob man bereits in dem Aufstellen der Waren zur Selbstbedienung eine Offerte des Ladeninhabers sehen kann oder ob darin nur eine Einladung zur Abgabe derartiger Offerten durch die Kunden liegt. Die praktische Bedeutung dieser Frage ergibt folgender 93

Beispielsfall: Der Einzelhändler A wirbt regelmäßig mit seinem „Angebot der Woche", bei dem er bestimmte Waren zum Selbstkostenpreis abgibt und dabei auf Leistungsfähigkeit und Preisgünstigkeit seines Sortiments werbend hinweist. Als er das Waschmittel „Wisch-Wasch", das sonst pro 3-kg-Trommel 9,98 DM kostet, für 7,48 DM anbietet, erscheint B, der in der Nähe ebenfalls ein Einzelhandelsgeschäft betreibt, mit mehreren Mitarbeitern und packt alle im Verkaufsraum befindlichen Sonderangebote des Waschmittels zusammen und bringt sie zur Kasse. A weigert sich, B das gesamte Angebot zu überlassen, weil dann andere Kunden, die durch die Werbung auf das Angebot hingewiesen werden, nichts mehr erhalten. B stellt sich dagegen auf den Standpunkt, er hätte ein Recht darauf, das gesamte Sonderangebot zu erwerben.[7]

Liegt bereits in der Aufstellung der Waren die Offerte zum Abschluß eines Kaufvertrages, dann ist die Auffassung des B zutreffend. Er hat dann (spätestens) durch das Vorzeigen der Ware an der Kasse den Antrag des A zum Abschluß eines Kaufvertrages angenommen und damit einen Anspruch auf das zum Sonderpreis angebotene Waschmittel erhalten. Anders ist zu entscheiden, wenn der Kunde diese Offerte erst dadurch abgibt, daß er die Ware an der Kasse vorlegt. Da kein Kontrahierungszwang für A besteht, kann er diese Offerte zurückweisen, und ein Kaufvertrag kommt nicht zustande.

94 Daß der Kaufvertrag im Selbstbedienungsladen bereits in dem Zeitpunkt geschlossen wird, in dem der Kunde die Ware aus dem Regal herausnimmt, ist auszuschließen. Denn der Kunde kann nach der Verkehrssitte die Ware, solange er sie noch nicht an der Kasse bezahlt hat, zurückstellen und so von dem Kauf Abstand nehmen. Dies wäre jedoch nicht mehr möglich, wenn er bereits vorher vertraglich gebunden wäre. Frühestens kann also eine in der Aufstellung der Ware zu sehende Offerte durch das Vorzeigen an der Kasse angenommen werden. Aber auch in diesem Zeitpunkt ist es dem Kunden nach allgemeiner Übung immer noch gestattet, von dem Kauf Abstand zu nehmen, etwa weil er festgestellt hat, daß er nicht das erforderliche Geld bei sich hat. Sogar noch nach Registrierung des Warenpreises wird üblicherweise die Ware anstandslos zurückgenommen, wenn dies der Kunde wünscht. Stellt sich an der Kasse heraus, daß der Kunde nicht bar zahlen kann, dann will sich regelmäßig der Ladeninhaber die Entscheidung vorbehalten, ob er Kredit gewährt; dies mag bei Stammkunden zugelassen werden, bei anderen ist dies in aller Regel ausgeschlossen. Diesen verschiedenen Gesichtspunkten wird am besten dadurch Rechnung getragen, daß man das Zustandekommen eines Kaufvertrages im Selbstbedienungsladen erst in dem Zeitpunkt bejaht, in dem der Kunde den Warenpreis entrichtet. Dies setzt dann aber voraus, daß man in dem Vorzeigen der Ware und in dem Registrierenlassen des Preises durch den Kunden die Offerte und in der Entgegennahme des zu zahlenden Betrages an der Kasse die (schlüssige) Annahme dieser Offerte erblickt.

---

[7] Eine Beschränkung der Abgabemenge gegenüber Wiederverkäufer ist nach hM auch mit § 6d Abs. 1 Nr. 2 UWG vereinbar; OLG München NJW-RR 1988, 295; OLG Koblenz NJW-RR 1988, 296; Alt NJW 1988, 3189, 3190.

II. Der Vertragsschluß

Selbstverständlich sind auch andere rechtliche Konstruktionen möglich, um zu gleichen Ergebnissen zu gelangen. Wer in der Warenaufstellung eine Offerte sieht, wird ihren Erklärungswert dahingehend präzisieren, daß nur der Abschluß eines Barkaufs angeboten wird. Die vom Kunden gewünschte Rücknahme der Ware an der Kasse nach Registrierung des Preises kann rechtlich auch als ein Aufhebungsvertrag verstanden werden, durch den die Parteien die Rechtswirkungen des zustandegekommenen Kaufvertrages wieder rückgängig machen (sog. actus contrarius). Es liegt im Grundsatz der Vertragsfreiheit eingeschlossen, daß die Vertragsparteien von ihnen eingegangene vertragliche Verpflichtungen auch wieder einverständlich durch einen „Gegen-Vertrag" aufheben können. Schließlich kann dem Interesse des Ladeninhabers, die Abgabe von Sonderangeboten mengenmäßig zu steuern, auch dadurch Rechnung getragen werden, daß man zwischen Sonderangeboten und sonstigen Angeboten unterscheidet und im ersten Fall in der Aufstellung eine invitatio ad offerendum, im zweiten Fall eine verbindliche Offerte erblickt.

In der Tat wird über die Frage des Zustandekommens eines Kaufvertrages in Selbstbedienungsläden gestritten. Manche wollen bereits in der Warenaufstellung die Offerte sehen, andere werten die Warenaufstellung lediglich als Aufforderung zur Angebotsabgabe und meinen, die Offerte werde erst beim Vorzeigen der Waren an der Kasse vom Kunden abgegeben. Eine dritte Ansicht will danach unterscheiden, ob es sich um Sonderangebote handelt, bei denen sich der Kaufmann die Ablehnung von Angeboten vorbehalten wolle; sonst sei die Bereitstellung der Waren bereits das Vertragsangebot[8].

Das Angebot zum Abschluß eines Vertrages muß nicht an eine bestimmte Person, sondern kann auch an einen unbestimmten Personenkreis gerichtet werden (sog. Offerte ad incertas personas). So wird beispielsweise nach hM durch das Aufstellen eines **Warenautomaten** ein solches Vertragsangebot abgegeben, das auf den vorhandenen Warenvorrat beschränkt wird; ein weiteres Beispiel wäre das Aufstellen der Waren in Selbstbedienungsläden, wenn man es als Vertragsangebot auffaßt.

Das Vertragsangebot ist für den Erklärenden verbindlich, wenn er nicht die **Gebundenheit** ausschließt (vgl. § 145). Dies kann durch Klauseln wie „freibleibend", „unverbindlich", „ohne Obligo" geschehen. Solche Zusätze können allerdings auch dahingehend verstanden werden, daß der Erklärende überhaupt noch keine Offerte abgeben will, sondern nur den anderen zur Abgabe eines Angebots auffordert. Schließlich kann eine solche Klausel auch den Sinn haben, daß sich der Erklärende den Widerruf seiner Offerte bis zum Zugang der Annahmeerklärung oder auch noch unmittelbar danach vorbehalten will. Welche Deutung im Einzelfall zutrifft, muß durch Auslegung ermittelt werden.

Der **Antrag** erlischt, wenn er dem Antragenden gegenüber **abgelehnt** wird (§ 146). Überlegt sich der Adressat des Antrages die Sache anders und erklärt er nach zunächst ausgesprochener Ablehnung die Annahme, dann handelt es sich bei der zweiten Erklärung um ein neues Angebot

95

96

97

---

[8] Vgl. *Köhler*, PdW-AT, Nr. 96 (S. 133f.); *Medicus*, AT, RdNr. 363, jeweils m. Nachw.

zum Abschluß des Vertrages (mit dem im abgelehnten Antrag genannten Inhalt), so daß es nunmehr von demjenigen, der die erste (abgelehnte) Offerte gemacht hat, abhängt, ob er den neuen Antrag annimmt und damit den Vertrag zustande kommen läßt.

98 Der **Antrag** erlischt auch, wenn er **nicht rechtzeitig angenommen** wird (§ 146, 2. Alt.). Innerhalb welcher Frist der Antrag angenommen werden muß, bestimmen die §§ 147 bis 149. In erster Linie ist darauf zu sehen, ob der Antragende für die Annahme des Antrages eine Frist bestimmt hat; in diesem Fall kann die Annahme nur innerhalb dieser Frist erklärt werden (§ 148).

Die Annahme ist in gleicher Weise wie der Antrag (grundsätzlich) eine empfangsbedürftige Willenserklärung. Dies bedeutet, daß die Annahme dadurch vorgenommen wird, daß sie dem Antragenden gegenüber erklärt wird. Es ist also im Regelfall (zu den Ausnahmen vgl. unten RdNr. 105 ff.) erforderlich, daß die Annahmeerklärung dem Antragenden rechtzeitig zugeht.

99 Welche **Frist** der Antragende **für die Annahmeerklärung** setzen will, ist seinem Belieben überlassen. Denn es steht auch in seiner Entscheidung, ob er überhaupt eine Offerte abgeben will. Auf keinen Fall darf etwa eine von anderen (z. B. vom Richter) als zu kurz empfundene Frist verlängert werden, um das Zustandekommen eines Vertrages zu bejahen. Wie ist aber folgender Fall zu entscheiden?

Der Antiquitätenhändler A bietet durch Schreiben vom 1. 3. dem B ein bestimmtes Bild zum Preise von 10000,– DM zum Kauf an. Er fügt hinzu, daß er spätestens bis zum 15. 3. von B Nachricht erhalten müßte, ob dieser das Bild kaufe. Nach diesem Termin würde er das Bild zu einer Versteigerung geben. Das Schreiben des A trifft bei B am 3. 3. ein. B antwortet durch Schreiben vom 5. 3., er kaufe das Bild. Der am selben Tag zur Post gegebene Brief geht erst am 17. 3. A zu. Da dem A inzwischen ein anderer Interessent C für das Bild 12000,– DM geboten hat, ist dem A diese Verzögerung sehr lieb. Er verkauft das Bild dem C und teilt nach einigen Tagen dem B mit, das Bild sei leider inzwischen schon verkauft. B, der von C den wahren Sachverhalt erfahren hat, fragt, ob nicht ein Vertrag zwischen ihm und A über das Bild zustandegekommen sei.

100 A hatte für die Annahme seines Antrags eine Frist bestimmt; als die Annahme ihm gegenüber erklärt wurde (ihm zugegangen ist), war diese Frist bereits verstrichen. Folglich war die Annahme verspätet. Nach § 150 Abs. 1 gilt die verspätete Annahme eines Antrages als neuer Antrag. Auf der Grundlage dieser Voschrift käme man somit zu dem Ergebnis, daß A frei entscheiden könnte, ob er das Bild B oder C verkauft. Der in § 150 Abs. 1 genannte Grundsatz wird aber durch die Vorschrift des § 149 eingeschränkt und modifiziert. Eine verspätet zugegangene Annahmeerklärung, die so früh abgeschickt worden ist, daß sie bei regelmäßiger Beförderung noch rechtzeitig hätte zugehen müssen, ist zwar auch eine „verspätete Annahme eines Antrags" iSv. § 150 Abs. 1; kann aber der Antragende erkennen, daß es sich um eine irreguläre Verzögerung der Beförderung handelt, dann hat er die Verspätung dem Anneh-

menden unverzüglich, d. h. ohne schuldhaftes Zögern (vgl. die Legaldefinition des § 121 Abs. 1 S. 1), nach dem Empfange der Erklärung anzuzeigen. Tut er dies nicht, dann gilt nach § 149 S. 2 die Annahme als nicht verspätet. Folglich kommt dann ein Vertrag zustande. In dem Beispielsfall hat A ohne Grund mehrere Tage verstreichen lassen, bis er den B benachrichtigte. Folglich ist hier ein Kaufvertrag über das Bild zwischen A und B zustande gekommen. A hat somit zwei Kaufverträge über dasselbe Bild abgeschlossen. Welche Rechtswirkungen sich aus einem solchen Doppelverkauf ergeben, soll später erörtert werden.

Hat der Antragende **für** die **Annahme** des Antrages **keine Frist** gesetzt, dann bestimmt § 147, welche zeitlichen Bedingungen für den Antragenden bestehen. Der einem Anwesenden gemachte Antrag kann nur sofort angenommen werden (§ 147 Abs. 1). 101

Hat also A dem B in einem persönlichen Gespräch das Vertragsangebot gemacht, dann muß sich B sofort entscheiden, wenn nicht A ihm eine Überlegungsfrist einräumt (dann wiederum § 148).

Gleiches gilt auch bei einem **fernmündlich gemachten Antrag** „von Person zu Person", d. h. vom Antragenden zum Annehmenden (oder deren Vertreter). Ist am Telefon der Gesprächspartner des Antragenden eine andere Person, die nicht zum Abschluß des Vertrages mit Wirkung für denjenigen ermächtigt ist, für den der Antrag bestimmt ist, dann handelt es sich – je nach Eignung und Ermächtigung – um einen Empfangs- oder Erklärungsboten, so daß die Regelung des § 147 Abs. 2 (Antrag unter Abwesenden) zutrifft (vgl. das Beispiel o. RdNr. 67). 102

Der **einem Abwesenden gemachte Antrag** kann nur bis zu dem Zeitpunkt angenommen werden, in dem der Antragende den Eingang der Antwort unter regelmäßigen Umständen erwarten darf (§ 147 Abs. 2). Für die Dauer dieser Frist ist zu berücksichtigen, wie lange es bei normalen Verhältnissen dauert, bis das Angebot den anderen Teil erreicht und dessen Antwort beim Antragenden eingehen kann; außerdem muß dem Adressaten der Offerte auch eine angemessene Überlegungsfrist zugebilligt werden. Kennt der Antragende besondere Umstände in der Sphäre des Adressaten, die eine Annahme verzögern, so z. B. daß sich der Adressat der Offerte in Urlaub befindet oder nur zu bestimmten Zeiten in das Büro oder nach Hause kommt, dann hat er auch dies zu beachten. Erst wenn er unter Berücksichtigung aller dieser Gesichtspunkte mit Recht davon ausgehen kann, daß eine Antwort nicht mehr zu erwarten ist, erlischt seine Bindung an den Antrag. 103

c) Annahme

Wie bereits oben bemerkt, stellt die Annahme des Antrags regelmäßig eine **empfangsbedürftige Willenserklärung** dar, die mit dem Zugang 104

§ 3 Das Zustandekommen von Verträgen

beim Adressaten (= Antragenden) wirksam wird (§ 130 Abs. 1). In gleicher Weise wie jede andere Willenserklärung auch ist sie auslegungsfähig (vgl. dazu o. RdNr. 85 ff.). Das Verhalten des die Annahme Erklärenden (seine mündlich oder schriftlich geäußerte Erklärung, seine Gesten oder sein sonstiges Handeln) muß ergeben, daß er den an ihn gerichteten Antrag zum Abschluß eines Vertrages so annehmen will, wie er ihm unterbreitet worden ist, d. h. ohne Erweiterung, Einschränkung oder sonstige Änderung (vgl. § 150 Abs. 2).

105 In Fällen, in denen nach der Verkehrssitte nicht zu erwarten ist, daß die Annahme der Vertragsofferte dem Antragenden gegenüber erklärt wird, oder der Antragende auf diese Erklärung verzichtet hat, kommt ein Vertrag auch ohne diese Erklärung (nicht ohne Annahme des Angebots!) zustande (**§ 151**). Ein typischer von dieser Regelung erfaßter Fall ist die Bestellung von Hotelzimmern für einen kurzen Zeitraum.

Beispiel: A bestellt telegrafisch im Hotel des B für die Zeit vom 12. bis 14. 5. ein Doppelzimmer mit Bad. Die Bestellung wird von B in dem dafür bestimmten Buch eingetragen. Als A termingerecht im Hotel des B eintrifft, stellt sich heraus, daß das bestellte Zimmer irrtümlich anderweitig vergeben worden ist. A muß daraufhin in einem anderen Hotel ein Zimmer mieten, das insgesamt 100,– DM mehr kostet. Er fragt, ob er Ersatz dieser Mehrkosten von B verlangen kann.
Die Entscheidung dieser Frage hängt davon ab, ob ein wirksamer Vertrag zwischen A und B zustande gekommen ist, weil sich dann B schadensersatzpflichtig macht, wenn er seine vertraglichen Verpflichtungen nicht erfüllt (Einzelheiten dazu später). In dem Bestellschreiben des A liegt eine Offerte zum Abschluß eines entsprechenden Vertrages. Durch den Eintrag der Bestellung im Bestellbuch hat B (schlüssig) erklärt, daß er diese Offerte annimmt. Daß er die Annahme dem A gegenüber nicht mitgeteilt hat, ändert nach § 151 nichts an dem Zustandekommen des Vertrages. Nach der Verkehrssitte muß die Bestellung eines Hotelzimmers für einen kürzeren Zeitraum nicht ausdrücklich bestätigt werden, insbesondere wenn es sich um eine kurzfristige Bestellung (Telegramm!) handelt. In solchen Fällen ist eine Mitteilung an den Gast nur üblich, wenn die Bestellung nicht in Ordnung geht.

106 Eine andere Gruppe von Fällen, in denen nach § 151 die Vertragsofferte auch ohne Erklärung an den Antragenden angenommen und damit der Vertragsschluß vollzogen wird, bilden Bestellungen nach Katalogen oder Preisverzeichnissen. Wird z. B. bei einem Buchhändler nach einem von diesem übersandten Verzeichnis ein Buch bestellt, dann erwartet der Besteller nicht zunächst eine schriftliche Bestätigung, sondern geht davon aus, daß ihm das Buch mit Rechnung zugeschickt wird, wenn es noch erhältlich ist. Das gleiche gilt für eilige Bestellungen, bei denen in der Regel der Besteller auf eine nur Zeit kostende Mitteilung über das Zustandekommen des Vertrages verzichtet; werden also Waren telegrafisch bestellt, kommt der entsprechende Vertrag bereits in dem Zeitpunkt zustande, in dem der Annehmende seinem Annahmewillen durch Verpackung der Ware oder Absendung Ausdruck gibt. Ein stillschweigender Verzicht des Antragenden auf die Übermittlung einer Annahmeerklärung kann regelmäßig angenommen werden, wenn der angebotene Kaufgegenstand gleichzeitig mit der Offerte zum Abschluß des Kaufvertrages mitgeschickt wird oder in der Übersendung des Gegenstandes eine entsprechende Offerte zu erblicken ist. Werden z. B. unbestellt Waren übersandt, dann kommt ein Kaufvertrag durch Aneignungs- oder Gebrauchshandlungen des Kunden zustande.

Beispiel: A übersendet B unbestellt einen Terminkalender mit einer Rechnung. B trägt seinen Namen in den Terminkalender ein. Dieses Verhalten des B kann nur so verstanden werden, daß er den Terminkalender behalten will, also die in der Übersendung der Ware liegende Offerte zum Abschluß eines Kaufvertrages annimmt.

Zur Vermeidung eines Mißverständnisses soll noch einmal betont werden, was sich bereits aus den vorstehenden Ausführungen ergibt: Durch § 151 wird nicht etwa auf die Annahme des Antrages verzichtet, weil durch eine (einseitige) Offerte, die nicht angenommen wird, niemals ein Vertrag zustande kommen kann; durch § 151 wird auch nicht etwa einem Schweigen der Erklärungswert beigelegt, daß der Antrag angenommen werde; vielmehr geschieht in diesen Fällen die Annahme des Antrages durch ein Verhalten, das nach außen in Erscheinung tritt und den Annahmewillen erkennen läßt. In Betracht kommen Erfüllungshandlungen (Beispiele: Eintragung der Zimmerreservierung in das Bestellbuch des Hotels, Verpackung und Versendung bestellter Ware) und Aneignungs- und Gebrauchshandlungen (Beispiele: Eintragung des Namens in unbestellt zugesandte Bücher, Verzehr von Lebensmitteln, die unbestellt zum Kauf angeboten werden). Die Bedeutung des § 151 liegt also darin, daß die Annahme der Offerte dem Antragenden gegenüber nicht erklärt zu werden braucht, daß sie also ausnahmsweise eine nicht empfangsbedürftige Willenserklärung darstellt. **107**

Die **Dauer der Gebundenheit** an den Antrag in den Fällen des § 151 bestimmt Satz 2 dieser Vorschrift. Danach kann – wie sonst auch – der Antragende eine Annahmefrist setzen, bei deren Nichtbeachtung der Antrag nach § 146 erlischt. Sonst bestimmt sich die Frist nach dem aus den „Umständen" zu entnehmenden Willen des Antragenden. In aller Regel wird nur eine kurzfristige Bindung gewollt sein, weil niemand gern eine längere Ungewißheit darüber hinnehmen möchte, ob der Vertrag mit dem anderen zustande kommt oder nicht. **108**

Nach der Vorschrift des § 130 Abs. 2 bleibt es für die Wirksamkeit einer Vertragsofferte ohne Bedeutung, wenn der **Antragende** nach Abgabe, aber vor Zugang seiner Willenserklärung **stirbt oder geschäftsunfähig wird**. An diese Regelung knüpft § 153 an und bestimmt, daß in diesem Fall der Antrag auch wirksam angenommen werden kann; die Annahme muß dann gegenüber dem Erben des Verstorbenen oder dem gesetzlichen Vertreter des Geschäftsunfähigen erklärt werden, es sei denn, es handelt sich um einen Fall des § 151. § 153 macht ausdrücklich **109** eine Ausnahme von der Möglichkeit, auch noch nach dem Tod oder der Geschäftsunfähigkeit des Antragenden den Vertrag zustandezubringen, nämlich dann, wenn ein anderer Wille des Antragenden anzunehmen ist. Diese Annahme trifft insbesondere bei der Bestellung von Waren zum persönlichen Gebrauch des verstorbenen Bestellers zu.

110 Nicht ausdrücklich im BGB ist der Fall geregelt, daß der **Antragsempfänger** nach Zugang, aber vor Annahme der Offerte **stirbt oder geschäftsunfähig wird**. Die Frage, ob dann der Erbe oder der gesetzliche Vertreter die Offerte annehmen kann, muß aufgrund der Auslegung des Antrags beantwortet werden. Kommt es erkennbar für den Antragenden darauf an, gerade mit dem (eigentlichen) Adressaten der Erklärung einen Vertrag zu schließen, etwa wenn es sich um ein Kreditgeschäft handelt, dann erlischt mit dem Tod oder der Geschäftsunfähigkeit des Adressaten die Offerte. Das gleiche gilt, wenn Tod oder Geschäftsunfähigkeit des Adressaten bereits vor Zugang des Vertragsangebots eintreten.

d) Willensübereinstimmung

111 Aus der bisher gegebenen Beschreibung des Zustandekommens eines Vertrages durch Antrag und Annahme ergibt sich, daß mit dem Vertragsschluß die Einigung der Vertragspartner über den Inhalt des Vertrages herbeigeführt wird. Denn dieser Inhalt wird durch den Antrag festgelegt und mit der Annahme wird das uneingeschränkte, vorbehaltslose Einverständnis des anderen Vertragschließenden mit diesem Inhalt erklärt. Die Parteien müssen durch ihre Absprache alle **wesentlichen Punkte des Vertrages** (essentialia negotii) geregelt haben, weil nur dann die gewollte vertragliche Gestaltung erreicht wird (vgl. o. RdNr. 75). Wird ein solcher Punkt offengelassen, z. B. im Kaufvertrag der Kaufgegenstand, dann kann kein Vertrag zustande kommen, weil eine nicht zu schließende Lücke bleibt, die die gewünschte vertragliche Gestaltung unvollkommen und undurchführbar macht. Welche Punkte zu den essentialia negotii gehören, richtet sich nach dem jeweiligen Vertragstyp. Hiervon ist der Fall zu unterscheiden, daß die Parteien vereinbaren, der offengelassene Punkt solle durch einen Vertragspartner oder durch einen Dritten ausgefüllt werden. Im Gegensatz zu dem zuerst genannten Sachverhalt gibt es hier eine vertragliche Regelung für den betreffenden Punkt.

> **Beispiel:** Frau Alt begibt sich in ein Altersheim und löst ihre Wohnung auf. Einen wertvollen Barockschrank verkauft sie an Jung. Da sie den Marktwert des Schrankes nicht kennt, vereinbart sie mit Jung, daß der Preis des Schrankes durch den ihr bekannten Antiquitätenhändler Kundig bestimmt werden soll. In diesem Fall wird bereits vor der Bestimmung des Preises durch Kundig der Vertrag zwischen Jung und Alt geschlossen.
> Zu der Bestimmung der Leistung durch eine Partei oder durch Dritte vgl. §§ 315 bis 319.

II. Der Vertragsschluß

Die durch Antrag und Annahme herbeigeführte Einigung der Parteien 112
wird Konsens genannt; decken sich beide nicht, wird von Dissens gesprochen[9]. Je nachdem, ob die Parteien wissen oder nicht wissen, daß zwischen ihnen keine Einigkeit besteht, kann man zwischen dem offenen und dem versteckten Dissens unterscheiden. Zunächst zum **offenen Dissens** ein

> **Beispielsfall:** Pfiffig will Kunz seinen gebrauchten Pkw verkaufen. Über den Kaufpreis ist man sich rasch einig. Als Pfiffig erklärt, er wolle jede Gewährleistung wegen Sachmängel ausschließen (vgl. § 459 Abs. 1), meint Kunz, dies sei ihm zu riskant, dann wolle er den Wagen nicht kaufen. Daraufhin antwortet Pfiffig, Kunz solle den Wagen ruhig mitnehmen, über die Frage der Gewährleistung werde man sich sicher noch einigen können.

Bei der Frage, ob die fehlende Einigung über den Gewährleistungsaus- 113
schluß das Zustandekommen des Vertrages verhindert, ist die Auslegungsregel des § 154 Abs. 1 zu beachten; danach ist der Vertrag „im Zweifel" nicht geschlossen. Die Wendung „im Zweifel" besagt, daß die Parteien durchaus etwas anderes vereinbaren können; ein entsprechender Wille kann sich auch schlüssig aus dem sonstigen Verhalten der Parteien ergeben. Beginnen die Parteien mit der Durchführung des Vertrages, dann spricht dies dafür, daß sie den Vertrag trotz ihres Einigungsmangels als bestehend ansehen, sie also auf eine Regelung des zwischen ihnen offengebliebenen Punktes verzichten. Bleiben aber Zweifel daran bestehen, was die Parteien wirklich gewollt haben, dann greift die Auslegungsregel des § 154 Abs. 1 ein.

Bei den Auslegungsregeln ist zwischen formellen und materiellen zu unterscheiden. Die formellen Auslegungsregeln betreffen Methode und Verfahren der Auslegung, die Frage also, wie auszulegen ist. Formelle Auslegungsregeln sind die §§ 133, 157, die bestimmen, welche Gesichtspunkte bei der Auslegung beachtet werden müssen (vgl. o. RdNr. 86). Dagegen beziehen sich die materiellen Auslegungsregeln auf das Ergebnis der Auslegung; sie schreiben – wie § 154 Abs. 1 – dem Rechtsanwender (Richter) vor, in welchem Sinn er ein unklares Verhalten (§ 154 Abs. 1: „im Zweifel") zu deuten hat. Es ist also Voraussetzung für die Anwendung der Auslegungsregel des § 154 Abs. 1, daß Zweifel an dem wirklich Gewollten bestehen. Deshalb ist die Frage vorrangig, ob die Vertragsparteien trotz eines offengelassenen Punktes die vertragliche Bindung wollten. Gelangt man bei dieser Frage – gegebenenfalls im Wege der Auslegung des sonstigen Verhaltens der Parteien – zu einem eindeutigen Ergebnis, ist kein Raum für eine Auslegung nach § 154 Abs. 1. Im Beispielsfall hat Kunz zwar den Wagen bereits mitgenommen, aber er hat vorher klar zu erkennen gegeben, daß er sich auf einen Gewährleistungsausschluß nicht einlassen wolle. Da auch nicht anzunehmen ist, daß Pfiffig auf diesen Ausschluß verzichtet, geht also der Wille beider Parteien in diesem von ihnen als wichtig und regelungsbedürftig angesehenen Punkt auseinander; dies spricht gegen die Annahme eines Vertragsschlusses. Auf jeden Fall sind Zweifel an dem Willen beider Parteien angebracht, sich unabhängig von der Frage des Gewährleistungsausschlusses vertraglich zu binden, so daß nach der Regel des § 154 Abs. 1 ein Vertrag hier zu verneinen ist.

---

[9] Konsens kommt vom lat. consentire = übereinstimmen, Dissens vom lat. dissentire = verschiedener Meinung sein, widersprechen.

114 Die Frage, ob trotz eines (offenen) Dissenses entgegen der Auslegungsregel des § 154 Abs. 1 ein Vertrag geschlossen worden ist, wird sich regelmäßig auf **vertragliche Nebenpunkte** beziehen, also Vertragsbestandteile, deren Vereinbarung zum Abschluß eines wirksamen Vertrags des betreffenden Typs nicht unverzichtbar sind (accidentalia negotii). Betrifft der Dissens dagegen essentialia negotii, dann weist der Vertrag eine ausfüllungsbedürftige Lücke auf, ohne deren Schließung eine vertragliche Vereinbarung auch dann nicht zustande kommen kann, wenn dies die Parteien wünschen. § 154 Abs. 1 unterscheidet zwar nicht zwischen essentialia und accidentalia negotii, so daß – wie ausgeführt – auch die Nichteinigung über einen Nebenpunkt das Zustandekommen eines Vertrages hindern kann, jedoch ergibt sich dadurch ein bedeutsamer Unterschied, daß durch das Offenlassen von essentialia in jedem Fall eine notwendigerweise zu schließende Lücke bleibt (vgl. o. RdNr. 111), während bei accidentalia die Möglichkeit besteht, auf eine Regelung zu verzichten, weil der Vertrag auch ohne den offengebliebenen Punkt durchführbar ist.

Ein Vertrag kann allerdings auch zustande kommen, wenn ein wesentlicher (regelungsbedürftiger) Punkt offenbleibt. Voraussetzung ist dafür, daß die Parteien trotz der vertraglichen Lücke eine Bindung wünschen und daß nachträglich die Lücke ausgefüllt werden kann. Dazu ein Fall aus der Rechtsprechung:[10]
V verkauft K sein mit einem neu errichteten Einfamilienhaus bebautes Grundstück. V hat für das Haus, das er ursprünglich selbst bewohnen wollte, Möbel und Einbaugeräte erworben, die auf die Raumverhältnisse des Hauses zugeschnitten sind. V will das Grundstück nicht ohne diese Einrichtungsgegenstände verkaufen. K ist zur Übernahme bereit. Während der Kaufpreis für das Grundstück vereinbart wird, bleibt die Höhe des Entgeltes für die Einrichtungsgegenstände offen. Nachdem K das Haus bezogen und die Einrichtungsgegenstände auch benutzt hat, verlangt V von ihm 18 000,– DM, 90 Prozent des von ihm selbst gezahlten Preises. K will nur 2 000,– DM zahlen.
In diesem Fall ist ein Kaufvertrag über die Einrichtungsgegenstände geschlossen worden, obwohl der Kaufpreis nicht festgelegt worden ist (Offerte durch Überlassung der Möbel seitens des V, Annahme der Offerte durch Ingebrauchnahme seitens des K). Zu denken ist daran, daß in diesem Fall der Kaufpreis gemäß § 316 durch V bestimmt werden soll (vgl. o. RdNr. 111 a. E.). Das Gericht, das den Fall zu entscheiden hatte, stellte jedoch fest, daß sich die Vertragsparteien darauf nicht verständigt hätten, was für das Bestimmungsrecht einer Partei erforderlich ist. Deshalb muß die fehlende Vereinbarung des Kaufpreises auf andere Weise ersetzt werden, denn die von den Parteien insoweit gelassene Lücke muß geschlossen werden, damit der Vertrag durchführbar wird. Das Gericht ist den Weg der sog. ergänzenden Vertragsauslegung gegangen, bei der es darauf ankommt zu ermitteln, was die Parteien gewollt hätten, wenn sie als vernünftige und redlich handelnde Vertragspartner entschieden hätten (zur ergänzenden Vertragsauslegung Einzelheiten später). Dies führt dazu, daß vom Gericht der marktübliche Preis für entsprechende Möbel als angemessen festgesetzt wird, weil Gründe für eine abweichende Preisgestaltung nicht erkennbar sind.

---

[10] OLG Hamm NJW 1976, 1212.

II. Der Vertragsschluß

Zur Ausfüllung von Vertragslücken können auch Vorschriften eingreifen, die im Gesetz für den entsprechenden Vertragstyp enthalten sind (vgl. o. RdNr. 84) und die Anwendung finden, sofern die Parteien nichts anderes bestimmen. Solche Vorschriften können auch wesentliche Vertragspunkte betreffen (vgl. z. B. § 612).

Eine Auslegungsregel für den Fall, daß sich die Parteien über den Einigungsmangel nicht im klaren sind, also für den **versteckten Dissens,** enthält § 155. Nach dieser Regelung soll das zwischen den Parteien Vereinbarte gelten, sofern anzunehmen ist, daß der Vertrag auch ohne eine Vereinbarung des offengelassenen Punktes geschlossen worden wäre.

115

Beispiele: Bei den Verkaufsgesprächen hinsichtlich des Wagens des Pfiffig (o. RdNr. 112) wird zwar auch die Frage eines Gewährleistungsausschlusses ohne Ergebnis erörtert, aber da sehr eingehend über die ratenweise Entrichtung des Kaufpreises verhandelt wird, vergessen die Parteien, daß sie eine Vereinbarung über den Gewährleistungsausschluß, den Pfiffig will und Kunz ablehnt, nicht getroffen haben, und sind der Meinung, ein Einverständnis in allen Punkten erzielt zu haben.

Der Schweizer Bührli und der Franzose Dupont verhandeln auf der Hannover Messe (in deutscher Sprache) über die Lieferung von zehn Werkzeugbänken durch Bührli nach Frankreich. Der Preis wird in „Franken" angegeben, wobei Bührli Schweizer Franken, Dupont französische Francs meint. Das Mißverständnis wird erst entdeckt, als die Ware geliefert ist und der Kaufpreis gezahlt werden soll.

Kunz fragt Volz, ob dieser Walfischfleisch vorrätig hätte. Als dies Volz bejaht, bestellt Kunz bei ihm schriftlich eine bestimmte Menge „Haakjöringsköd". Beide Parteien gehen davon aus, daß dieses norwegische Wort Walfischfleisch bedeutet. Als die bestellte Menge ausgeliefert werden soll, weist ein norwegisch sprechender Angestellter des Volz diesen darauf hin, daß Haakjöringsköd „Haifischfleisch" heiße. Was muß Volz dem Kunz liefern?[11]

Im ersten Beispielsfall haben die Beteiligten geglaubt, sie hätten sich über alle Punkte, über die sie eine Vereinbarung treffen wollten, geeinigt, und dabei vergessen, daß die Frage des Gewährleistungsausschlusses offengeblieben war. Es handelt sich hier um einen Fall, für den die **Auslegungsregel des § 155** gilt. Danach ist die Frage, ob ein Vertrag ohne den offengebliebenen Punkt zustandegekommen ist, nach dem hypothetischen Parteiwillen zu beantworten (hätten die Parteien die vertragliche Bindung auch gewollt, wenn sie die Lückenhaftigkeit ihrer Vereinbarungen im Zeitpunkt der Beendigung der Verhandlungen erkannt hätten?). Um eine Antwort darauf zu finden, sind alle Umstände des Einzelfalles zu beachten. Gelangt man hierbei zu dem Ergebnis, daß die Parteien auch ohne eine Bestimmung über den offengelassenen Punkt das Zustandekommen des Vertrages gewollt hätten, ist davon auszugehen, daß der Vertrag gilt. Dies würde im Beispielsfall – wenn man diese Voraussetzung hier bejahen könnte – bedeuten, daß ein Ausschluß der Gewährleistung nicht vorgenommen wäre und es also bei der gesetzli-

116

---

[11] Nachgebildet dem Fall von RGZ 99, 147 – dieses Zitat bedeutet, daß sich das betreffende Urteil in der amtlichen Sammlung der Reichsgerichts-Entscheidungen, Band 99, Seite 147 findet. Diese Entscheidungssammlung erhalten Sie in jeder Universitätsbibliothek.

chen Regelung bliebe. Läßt sich aber nicht klären, ob beide Parteien die Verbindlichkeit der Vereinbarung auch ohne Regelung des offengelassenen Punktes wünschten, dann ist die Unwirksamkeit der getroffenen Absprache zu bejahen; erst recht gilt dies, wenn sogar der Wille einer Partei festgestellt werden kann, daß nur eine vollständige Regelung Gültigkeit haben soll. Im Beispielsfall kann nicht angenommen werden, daß sich Pfiffig auch ohne Gewährleistungsausschluß gebunden hätte; vielmehr spricht vieles dafür, daß er dann einen Vertrag abgelehnt hätte. Das Zustandekommen eines Kaufvertrages muß folglich verneint werden.

117 Aus den vorstehenden Ausführungen ergibt sich, daß es sich auch bei § 155 regelmäßig um einen Dissens in einem Nebenpunkt handeln wird. Denn betrifft die Einigungslücke essentialia negotii, dann führt die fehlende Einigung dazu, daß der Vertrag lückenhaft und ohne Ergänzung nicht durchführbar ist. Die Parteien werden jedoch in aller Regel nicht den Willen haben, sich vor einer Einigung über alle wesentlichen Punkte vertraglich zu binden, wobei ein anderer Wille der Parteien auch nur dann zu beachten ist, wenn die ausfüllungsbedürftige Lücke noch nachträglich geschlossen werden kann. Insoweit besteht also kein Unterschied zu § 154 Abs. 1 (vgl. dazu o. RdNr. 114). Diese Erkenntnis ist für die **Lösung des zweiten Beispielsfalles** bedeutsam. Hier **betrifft** der **Einigungsmangel** die Frage des Preises, bei einem Kaufvertrag also einen **Hauptpunkt**. Die Bezeichnung „Franken" ist objektiv mehrdeutig. Bei mehrdeutigen Begriffen muß aufgrund aller Umstände des Einzelfalles versucht werden, einen objektiven Erklärungswert zu ermitteln.

<small>Hätten die Verkaufsgespräche nicht in Deutschland, sondern in Frankreich stattgefunden, und wäre der Verkäufer nicht ein Schweizer, sondern ein Deutscher, dann wäre es völlig eindeutig (aufgrund der Umstände des Falles), daß unter „Franken" nur französische Francs zu verstehen sind. Schwieriger ist es schon, ein eindeutiges Ergebnis durch Auslegung zu ermitteln, wenn der Verkäufer Schweizer ist. Denn hier ist nicht auszuschließen, daß der Verkäufer den Preis in der Währung seines Heimatlandes angibt. Es müssen also noch zusätzliche Hinweise gesucht und gefunden werden, um einen eindeutigen objektiven Erklärungswert feststellen zu können.</small>

118 In dem Beispielsfall kann sich die Bezeichnung „Franken" sowohl auf die französische als auch auf die schweizerische Währung beziehen. Durch Auslegung läßt sich diese Mehrdeutigkeit nicht ausräumen. Es ist somit zwischen Bührli und Dupont kein Kaufvertrag über die Werkzeugbänke geschlossen worden. Der Unterschied zu dem Möbelkauffall (o. RdNr. 114) besteht darin, daß dort ein Vertrag von den Parteien gewollt war und deshalb die vertragliche Lücke geschlossen werden mußte, während hier ein solcher Wille der Parteien nicht angenommen werden kann, weil der Abschluß des Vertrages gerade davon abhängt, daß ein von beiden Parteien akzeptierter Preis vereinbart wird.

<small>Bührli würde sicher in diesem Fall wissen wollen, ob er den ihm durch den Dissens entstandenen Schaden (z. B. Transportkosten) alleine tragen müßte oder ob er zumin-</small>

II. Der Vertragsschluß

dest für einen Teil Ersatz von Dupont fordern könnte. Die Antwort auf diese Frage ist recht umstritten. Die dafür wesentlichen Gesichtspunkte werden später erörtert.

Der dritte Beispielsfall unterscheidet sich von den beiden anderen dadurch, daß hierbei keine Einigungslücke besteht, denn beide Parteien haben vertraglich alles das geregelt, was sie regeln wollten und mußten. Die Besonderheit dieses Falles besteht darin, daß nach dem objektiven Erklärungswert der Vertragsofferte und ihrer Annahme Haifischfleisch den Vertragsgegenstand bildet, beide Parteien aber Walfischfleisch meinten. In diesem Fall würde es auf eine Schulmeisterei hinauslaufen, wenn man sich über den Willen der Parteien hinwegsetzt und auf den objektiven Erklärungswert verweist. Die falsche Bezeichnung **(falsa demonstratio)** ändert nichts daran, daß die Parteien nicht Haifischfleisch, sondern Walfischfleisch verkaufen und kaufen wollen. Es gibt deshalb keinen triftigen Grund, das gültige Zustandekommen eines Kaufvertrages über Walfischfleisch zu verneinen. In Fällen der falsa demonstratio ist die vom Erklärenden gemeinte Bedeutung maßgebend, wenn der Erklärungsempfänger sie im gleichen Sinn versteht. Es gilt dann die Rechtsregel: falsa demonstratio non nocet (= die falsche Bezeichnung schadet nicht). 119

Anders ist es dagegen, wenn nur ein Beteiligter der objektiv eindeutigen Erklärung einen falschen Sinn beilegt. Hätte also in dem Beispielsfall nur Kunz geglaubt, Haakjöringsköd heiße Walfischfleisch, während Volz die Bezeichnung richtig aufgefaßt und auch nicht erkannt hätte, daß Kunz Walfischfleisch bestellen wollte, dann wäre ein Kaufvertrag über Haifischfleisch zustande gekommen. Diese Rechtsfolge ergäbe sich aufgrund des objektiven Erklärungswerts der Vertragsofferte, die Volz entsprechend verstanden und angenommen hätte. In diesem Fall könnte Kunz seine Willenserklärung nur wegen Irrtums anfechten (vgl. § 119 Abs. 1 – Einzelheiten dazu später). Der Unterschied in den Entscheidungen beider Fälle erklärt sich dadurch, daß niemand in seinem Vertrauen auf die richtige Verwendung von Begriffen und Bezeichnungen geschützt werden muß, wenn sie übereinstimmend in einem abweichenden Sinn gebraucht und verstanden werden, daß aber der Erklärende an dem objektiven Erklärungswert festzuhalten ist, wenn sich der Erklärungsempfänger auf den richtigen Gebrauch (d. h. entsprechend dem objektiven Erklärungswert) verläßt.

e) Vertragsschluß aufgrund sozialtypischen Verhaltens

Im modernen Massenverkehr werden vielfach Leistungen zu allgemein geltenden, häufig in behördlich genehmigten Regelungen enthaltenen Bedingungen angeboten, wie etwa die Beförderung in öffentlichen Verkehrsmitteln, die Vermietung von Parkplätzen, die Lieferung von Elektrizität, Gas und Wasser. Es fragt sich, ob allein durch die Inanspruchnahme solcher Leistungen ein Vertrag zwischen Anbieter und Konsumenten zustande kommt. Auf den ersten Blick scheint die Lösung kaum Schwierigkeiten zu bereiten: In der Zurverfügungstellung der Leistung ist nach dem objektiven Erklärungswert ein Antrag auf Abschluß eines entsprechenden Vertrages zu erblicken, und in der Inanspruchnahme der 120

§ 3 Das Zustandekommen von Verträgen

Leistung liegt die schlüssige Annahme dieser Offerte, wobei vom Antragenden auf die Erklärung der Annahme ihm gegenüber verzichtet wird (§ 151). Wie ist aber zu entscheiden, wenn der Konsument trotz Entgegennahme der Leistung keinen Vertrag schließen will und dies auch ausdrücklich erklärt? Diese Frage hat sich in dem vom Bundesgerichtshof entschiedenen berühmten **Hamburger Parkplatzfall** [12] gestellt, dessen Sachverhalt im folgenden (verkürzt) wiedergegeben werden soll:

> A war mit seinem Kraftfahrzeug auf den als gebührenpflichtig bezeichneten Parkplatz gefahren, der dem B von der Stadtgemeinde zur Bewachung gegen Entgelt zugewiesen worden war. A stellte sein Kfz ab und erklärte einem Parkwächter, er wünsche keine Bewachung und lehne eine Bezahlung ab, da er berechtigt sei, auf einem öffentlichen Platz zu parken. B verlangte von A das übliche Entgelt für die Bewachung; A verweigerte die Zahlung. Daraufhin verklagte B den A, und der Rechtsstreit mußte schließlich vom BGH entschieden werden.

121 Der BGH hat die Verpflichtung des A zur Zahlung eines Entgelts für die Bewachung bejaht und seine Entscheidung wie folgt begründet: In manchen Erscheinungen unserer modernen Gesellschaft könne nicht allein mehr mit den Rechtsgrundsätzen über das Zustandekommen von Verträgen gearbeitet werden. Im Rahmen der Massenversorgung, insbesondere bei der Lieferung von Strom, Wasser und Gas sowie bei der Benutzung von öffentlichen Nahverkehrsmitteln, könnte die Verpflichtung des Benutzers zur Leistung des üblichen Entgelts nicht allein mit Hilfe des Vertragsrechts begründet werden. An Stelle von Antrag und Annahme müßten das Zurverfügungstellen und das tatsächliche Inanspruchnehmen der Leistung treten, um eine Zahlungspflicht des Benutzers zu begründen. Wer während der Bewachungszeiten die besonders kenntlich gemachten Parkflächen zum Parken benutze, führe schon dadurch, daß er dies tue, ein vertragliches Rechtsverhältnis herbei, das ihn zur Zahlung eines Entgelts entsprechend dem Parkgeldtarif verpflichte. Auf seine etwaige abweichende innere Einstellung – mag sie auch von dem parklustigen Kraftfahrer bei Beginn des Parkens dem Ordner gegenüber zum Ausdruck gebracht werden – könne es nicht ankommen.

122 Der BGH bejaht also (zumindest in dieser aus dem Jahre 1956 stammenden Entscheidung) das Zustandekommen eines Vertrages aufgrund eines „sozialtypischen Verhaltens" auch in Fällen, in denen ein Vertragspartner erklärt, er wolle einen Vertrag nicht schließen. Das Bedenkliche an dieser Entscheidung ist nicht das Ergebnis, sondern die Begründung. Ist es wirklich erforderlich – wie der BGH meint – die allgemeinen Regeln des Vertragsrechts zu ignorieren? Darüber wird im juristischen Schrifttum heftig gestritten. Es werden drei unterschiedliche Meinungen geäußert:
– Ein Teil der Lehre vertritt die gleiche Auffassung wie der BGH, bejaht also das Zustandekommen eines Vertrages aufgrund sozialtypischen

---

[12] BGHZ 21, 319 = NJW 1956, 1475.

II. Der Vertragsschluß

Verhaltens ohne Rücksicht auf den Willen des die Leistung in Anspruch Nehmenden[13].

- Eine andere Meinung gelangt ebenfalls zu dem Ergebnis, daß eine vertragliche Bindung des Konsumenten eintritt, hält aber die Konstruktion über das sozialtypische Verhalten für überflüssig, weil die Inanspruchnahme der Leistung nach ihrem objektiven Erklärungswert als Vertragsannahme zu werten sei. Gegenüber diesem Verhalten sei die im Widerspruch dazu stehende ausdrückliche Erklärung unbeachtlich – protestatio facto contraria non valet (= eine Verwahrung gegen das entgegengesetzte Verhalten gilt nicht)[14].

- Eine dritte Ansicht lehnt schließlich die Lehre vom sozialtypischen Verhalten als unvereinbar mit dem Gesetz ab und verneint auch die Unbeachtlichkeit der protestatio facto contraria. Sie gelangt auf diese Weise zu dem Ergebnis, daß in diesen Fällen keine vertraglichen Beziehungen zwischen dem Anbieter und dem Konsumenten entstehen, sondern ein Ausgleich mit Hilfe des Deliktsrechts oder des Bereicherungsrechts herbeizuführen sei[15].

Es würde einen Studienanfänger überfordern, auf diesen Meinungsstreit im einzelnen einzugehen und sich mit den verschiedenen Argumenten auseinanderzusetzen. Für ihn genügt die Kenntnis des Problems und einige Hinweise zu seiner Lösung: Zunächst ist zu betonen, daß die Lehre vom sozialtypischen Verhalten nur bei dem Angebot gleicher (typisierter) Leistungen im modernen Massenverkehr Bedeutung haben kann. Dort, wo es auf individuelle Rechtsbeziehungen ankommt, muß es in jedem Fall bei den allgemeinen Regeln über das Zustandekommen eines Vertrages bleiben. Dementsprechend hat es der BGH auch abgelehnt, die Grundsätze über das sozialtypische Verhalten auf den Fall zu übertragen, daß jemand als blinder Passagier die Beförderung in einem Flugzeug erschlichen hatte[16]. Die Frage, ob die Lehre vom sozialtypischen Verhalten überhaupt erforderlich ist, um das gewünschte Ergebnis, das Zustandekommen eines Vertrages, bejahen zu können, hängt wesentlich auch davon ab, welche subjektiven Voraussetzungen für eine gültige Willenserklärung aufgestellt werden (vgl. o. RdNr. 45 ff.). Wer im Interesse des Rechtsverkehrs die Bedeutung der objektiven Elemente gegenüber den subjektiven betont, wird eher dazu neigen, einen Vertragsschluß nach der im BGB getroffenen Regelung zu bejahen, wenn jemand eine Leistung in Anspruch nimmt, die der Anbieter nur – wie allgemein bekannt ist – im Rahmen eines gültigen Vertragsverhältnisses

123

---

[13] Vgl. die Nachw. bei *Larenz*, AT, § 28 II (S. 534 ff.), der bis zur 6. Auflage seines Lehrbuchs ebenfalls diese Auffassung vertrat, sie jetzt jedoch aufgegeben hat.
[14] *Rüthers*, RdNr. 453 f.; *Soergel/Hefermehl* vor § 116 RnNr. 39.
[15] *Köhler*, AT, § 15 III 3 (S. 159 f.).
[16] BGHZ 55, 128 = NJW 1971, 609 = JuS 1971, 316.

erbringen will. Dieser Wertung würde dann auch nicht die entgegengesetzte Erklärung des Konsumenten widersprechen, weil tatsächliches Verhalten (Inanspruchnahme der Leistung) und Erklärung als Gesamtverhalten gewertet werden müssen und hierbei „unter dem Strich" als Ergebnis herauskommt, daß er durch die Inanspruchnahme der Leistung trotz seiner anderslautenden Erklärung die Vertragsofferte annimmt.

Die Auffassung, daß ein Vertrag aufgrund sozialtypischen Verhaltens zustande kommt, ist aus der Lehre von den „faktischen Vertragsverhältnissen" entwickelt worden, die von Haupt im Jahr 1941 begründet worden ist[17]. Haupt unterscheidet drei Gruppen faktischer Vertragsverhältnisse, aus sozialem Kontakt, aus tatsächlicher Einordnung in ein Gemeinschaftsverhältnis (faktische Gesellschaft, faktisches Arbeitsverhältnis) und kraft sozialer Leistungsverpflichtung. Aus der letzten Gruppe wurde dann insbesondere von Larenz der Gedanke der Vertragsannahme durch sozialtypisches Verhalten abgeleitet. Wegen dieser gedanklichen Beziehungen werden im Schrifttum auch Vertragsverhältnisse, die aufgrund sozialtypischen Verhaltens bejaht werden, als **„faktischer Vertrag"** bezeichnet.

III. Vertragsschluß unter Einbeziehung von Allgemeinen Geschäftsbedingungen (AGB)

a) Bedeutung und Funktion

124 Im heutigen Wirtschaftsleben spielen vorformulierte Vertragsbedingungen eine besondere Rolle, die eine Vertragspartei (Verwender) der anderen Vertragspartei beim Abschluß eines Vertrages stellt, ohne daß über den Inhalt dieser Bedingungen zwischen den Vertragsparteien verhandelt worden ist. Der Grund für die Verwendung solcher AGB besteht darin, daß die Vorschriften des BGB über die einzelnen Vertragstypen die Interessen der Vertragschließenden nur recht allgemein berücksichtigen können und daß häufig Sonderregeln im Hinblick auf die speziellen Interessen der Vertragspartner erforderlich sind. Die AGB enthalten diese Sonderregeln und werden formuliert, damit nicht jedesmal von neuem bei gleichen Verträgen umfangreiche und komplizierte Regelungen gesucht und ausgehandelt werden müssen. Neben diesem **Rationalisierungseffekt** kann der Aufsteller und Verwender von AGB eigene Interessen durch für ihn vorteilhafte Bestimmungen besonders schützen. Hierin liegt aber dann auch die Gefahr, daß AGB einseitig zum Vorteil des Verwenders formuliert sind und der andere Vertragspartner nicht in der Lage ist, ihre Änderung durchzusetzen, etwa wenn eine ganze Branche Leistungen nur nach gleichen AGB anbietet oder wenn es sich um ein marktbeherrschendes Unternehmen handelt. Die Rechtsprechung

---

[17] Vgl. *MünchKomm/Kramer,* Einleitung (vor § 241), RdNr. 56f., zur Lehre von faktischen Vertragsverhältnissen insgesamt: RdNr. 58 ff.

III. Vertragsschluß unter Einbeziehung der AGB

hat versucht, dieser **Gefahr des Mißbrauchs** von AGB dadurch entgegenzuwirken, daß sie unangemessene Regelungen für nichtig erklärte und die Einbeziehung der AGB in den Einzelvertrag von bestimmten Voraussetzungen abhängig machte. Diese Rechtsprechung ist dann durch das AGB-Gesetz von 1977 weitgehend übernommen und präzisiert worden.

b) Zur gesetzlichen Regelung

Eine Beschreibung des Begriffs der allgemeinen Geschäftsbedingungen enthält § 1 AGBG. In § 2 AGBG wird geregelt, wie AGB Bestandteil des einzelnen Vertrages werden können (vgl. u. RdNr. 126). § 3 AGBG verbietet sog. „überraschende Klauseln", d. h. Bestimmungen, die „so ungewöhnlich sind, daß der Vertragspartner des Verwenders mit ihnen nicht zu rechnen braucht" (Beispiel: In einen Kaufvertrag werden AGB einbezogen, die den Käufer verpflichten, den wartungsbedürftigen Kaufgegenstand nur von dem Verkäufer entgeltlich warten zu lassen). Bedeutsam ist auch die Unklarheitenregel des § 5 AGBG, wonach Zweifel bei der Auslegung von AGB zu Lasten des Verwenders gehen. Sind AGB ganz oder teilweise entgegen den Erwartungen der Parteien nicht Vertragsbestandteil geworden, so bleibt der Vertrag im übrigen wirksam, wenn nicht ein Festhalten an dem Vertrag eine unzumutbare Härte für eine Vertragspartei darstellen würde. Entsteht infolge der Nichtgeltung von AGB eine Vertragslücke, so ist sie durch die gesetzlichen Vorschriften zu schließen, die abbedungen werden sollten (vgl. § 6 AGBG). In den §§ 8 bis 11 AGBG werden die Voraussetzungen genannt, die zur Unwirksamkeit von AGB führen. § 9 AGBG enthält eine Generalklausel, nach der Bestimmungen in AGB, die den Vertragspartner des Verwenders entgegen den Geboten von Treu und Glauben unangemessen benachteiligen, unwirksam sind. In § 9 Abs. 2 AGBG wird näher beschrieben, wann eine „unangemessene Benachteiligung" angenommen werden muß. Die §§ 10 und 11 AGBG zählen solche AGB-Klauseln auf, die als nichtig anzusehen sind. Die §§ 10 und 11 wie auch die in § 2 getroffene Regelung der Einbeziehung der AGB in den einzelnen Vertrag finden nach § 24 S. 1 Nr. 1 AGBG keine Anwendung, wenn die AGB gegenüber einem Kaufmann verwendet werden und der Vertrag zum Betrieb seines Handelsgewerbes gehört.

c) Einbeziehung der AGB in den einzelnen Vertrag

Nach § 2 AGBG werden allgemeine Geschäftsbedingungen nur dann Bestandteil eines Vertrages, wenn der Verwender bei Vertragsschluß die andere Vertragspartei ausdrücklich oder durch deutlich sichtbaren Aushang am Ort des Vertragsschlusses auf die AGB hingewiesen und dem anderen Vertragspartner die Möglichkeit verschafft hat, in zumutbarer Weise von ihrem Inhalt Kenntnis zu nehmen; außerdem muß die andere Vertragspartei mit der Geltung der AGB einverstanden sein. § 2 AGBG schafft also gegenüber der nach dem BGB geltenden Regelung zusätzliche Voraussetzungen. So genügt z. B. nicht, daß sich der andere Vertragspartner mit der Geltung der (ihm unbekannten) AGB einverstanden erklärt, wenn er nicht in zumutbarer Weise Kenntnis nehmen konnte.

§ 2 AGBG gilt – wie bereits dargelegt – nicht, wenn die AGB gegenüber einem Kaufmann verwendet werden und der Vertrag zum Betrieb seines Handelsgewerbes gehört (vgl. §§ 1 ff., 344 Abs. 1 HGB), ferner nach § 23 Abs. 2 Nr. 1 und Abs. 3 AGBG nicht für bestimmte Bereiche, z. B. für die dort genannten Tarife der Eisenbahnen, Beförderungsbedingungen der Straßenbahnen und Obusse. In diesen Fällen kann aber der Verwender von AGB nicht etwa einseitig die Geltung durchsetzen; vielmehr sind die allgemeinen Grundsätze des Vertragsrechts zu beachten. Es kommt danach darauf an, ob sich die Einigung der Parteien über den Inhalt des Vertrages auch auf die Einbeziehung der AGB erstreckt; auf die Frage, welche Anforderungen insoweit zu stellen sind, kann hier nicht näher eingegangen werden.

127 Ein besonderes Problem ergibt sich, wenn beide Vertragsparteien **AGB** verwenden, die **einander widersprechen.** Dazu folgendes

> **Beispiel:** Handel, der Inhaber einer Supermarktkette, bestellt bei Groß, einem Textilgroßhändler, einen Posten Anoraks verschiedener Größen und weist in seinem Auftragsschreiben darauf hin, daß er die Ware spätestens am 1. 9. benötigt. In dem Bestellschreiben wird einleitend auf die beigefügten allgemeinen Einkaufsbedingungen des Handel verwiesen und die Geltung anderslautender Bedingungen des Lieferers unter den Vorbehalt schriftlicher Anerkennung gestellt. Die Einkaufsbedingungen enthalten eine Bestimmung, nach der bei verspäteter Lieferung eine Vertragsstrafe von 0,25% für jeden Kalendertag der Verspätung zu zahlen sei. Groß bedankt sich schriftlich für den Auftrag und verweist in seinem Antwortschreiben auf die beigefügten Verkaufs- und Lieferbedingungen, in denen u. a. alle Schadensersatzansprüche und Vertragsstrafen wegen verspäteter Lieferung ausdrücklich ausgeschlossen sind. Infolge von Fehldispositionen der Einkaufsabteilung des Groß werden die Anoraks mit einer Verspätung von 12 Tagen geliefert. Daraufhin zieht Handel unter Hinweis auf seine Einkaufsbedingungen vom Rechnungsbetrag 3% ab (= 12 × 0,25). Groß will diesen Abzug nicht gelten lassen und verlangt den vollen Rechnungsbetrag. Mit Recht?
> Ausgangspunkt für die Lösung der Fallfrage bildet die Vorschrift des § 433 Abs. 2, die eine Rechtsgrundlage für das Zahlungsbegehren des Groß bildete, wenn zwischen beiden ein wirksamer Kaufvertrag zustandegekommen ist. Daran können Zweifel bestehen, da beide Beteiligten jeweils zu ihren AGB abschließen wollten und sich diese AGB widersprechen. Handel hat eine Offerte zum Abschluß des Kaufvertrages abgegeben und dabei erklärt, daß seine Einkaufsbedingungen Vertragsbestandteil werden sollten. Groß hat geantwortet, daß er den Vertrag mit Handel schließen wolle, daß aber seine Lieferbedingungen in den Vertrag einbezogen werden sollten. Nach § 150 Abs. 2 gilt eine Annahme einer Offerte unter Änderungen als Ablehnung, verbunden mit einem neuen Antrag. Man könnte deshalb

III. Vertragsschluß unter Einbeziehung der AGB

erwägen, ob nicht das Verhalten des Handel (insbesondere die widerspruchslose Entgegennahme der Ware) dahingehend zu deuten ist, daß er die (neue) Offerte des Groß angenommen hat. Die ausdrückliche Erklärung der Annahme könnte dann nach § 151 entbehrlich sein. Gegen eine solche Auslegung spricht jedoch, daß Handel ausdrücklich in seinem Bestellschreiben erklärt hat, er sei grundsätzlich nicht mit der Geltung anderer AGB einverstanden, sondern nur dann, wenn er dies schriftlich anerkenne. Die Existenz einer derartigen **„Abwehrklausel"** verhindert also die Auslegung seines Verhaltens als Einverständnis mit den Lieferbedingungen des Groß. Somit ist festzuhalten, daß die Vertragsparteien sich nicht über alle wesentlichen Punkte des Vertrages geeinigt haben. Die Geltung der widersprechenden AGB ist offengeblieben.

Auch die Grundsätze über das **kaufmännische Bestätigungsschreiben** führen hier nicht zu einer anderen Beurteilung. Haben Kaufleute Verhandlungen über den Abschluß eines Vertrages geführt, und faßt der eine Teil deren wesentlichen Inhalt in einem „Bestätigungsschreiben" zusammen, ohne daß der andere Teil dem Schreiben unverzüglich nach Eingang widerspricht, so gilt dessen Inhalt kraft Handelsbrauch auch dann als vereinbart, wenn es nicht mit dem Ergebnis der Verhandlungen übereinstimmt. Voraussetzung ist allerdings, daß der Bestätigende nicht bewußt vom Abgesprochenen abweicht und die Abweichung nicht so erheblich ausfällt, daß ein Einverständnis damit ausgeschlossen werden muß[18]. Das Schreiben des Groß hat aber keineswegs ein Verhandlungsergebnis bestätigt, sondern lediglich abweichend auf die Offerte des Handel geantwortet.

128 Zu einem anderen Ergebnis gelangt die sog. „Theorie des letzten Wortes". Nach dieser Theorie, die insbesondere in der älteren Rechtsprechung vertreten worden ist, sollen bei widersprechenden AGB trotz Abwehrklausel die AGB derjenigen Partei Vertragsinhalt werden, die zuletzt auf sie verwiesen hat. Der Vollzug des Vertrages unter widerspruchsloser Hinnahme einer Erklärung des Vertragspartners, die nach § 150 Abs. 2 als geänderter Antrag aufgefaßt werden müßte, sei als stillschweigendes Einverständnis mit den AGB der anderen Vertragspartei anzusehen. Zustimmung verdient diese Theorie nur in ihrem Bestreben, den Vertrag, den die Parteien in aller Regel durchführen wollen, nicht deshalb für unwirksam zu erklären, weil sich die Vertragspartner über die Geltung ihrer widersprechenden AGB nicht einigen konnten und deshalb insoweit ein Dissens besteht. Nur ist die von der Theorie des letzten Wortes dafür angebotene Lösung nicht akzeptabel. Der BGH will in seiner neueren Rechtsprechung die Gültigkeit des Vertrages, den beide Parteien durchführen, dadurch begründen, daß er § 150 Abs. 2 als unter dem Grundsatz von Treu und Glauben stehend auffaßt und es ablehnt, die Berufung auf die Ungültigkeit des Vertrages einer Partei zu gestatten, die durch ihr Verhalten gezeigt habe, daß sie den Vertrag durchführen wolle[19]. Die herrschende Meinung im Schrifttum[20] will dagegen die

---

[18] Vgl. *Fikentscher,* SchuldR, § 26 VI 4 d (S. 115); *Soergel/M. Wolf* § 147 RdNr. 27 ff.
[19] Vgl. BGHZ 61, 282 = NJW 1973, 2106 = JuS 1974, 114.
[20] *MünchKomm/Kötz,* § 2 AGBG RdNr. 28 ff., 31; *Palandt/Heinrichs,* § 150 Anm. 2 c; § 2 AGBG Anm. 6 e, jeweils m. weit. Nachw.

Problematik der Kollision von AGB und die Frage der Gültigkeit des Vertrages nach den Grundsätzen des Dissenses lösen. Bei einem offenen Dissens, bei dem also die Parteien erkannt hätten, daß ihre AGB voneinander abwichen, sei entgegen der Auslegungsregel des § 154 Abs. 1 der Vertrag als wirksam zu behandeln, wenn die Parteien durch ihr späteres Verhalten übereinstimmend zu erkennen geben, daß der Vertrag durchgeführt werden soll (vgl. o. RdNr. 113). Hätten dagegen die Parteien nicht erkannt, daß ein Dissens bestehe, dann sei die gleiche Lösung aus § 155 abzuleiten (vgl. o. RdNr. 115).

In dem Beispielsfall ist eine Entscheidung zwischen diesen beiden Auffassungen nicht erforderlich, denn sie gelangen beide zu dem Ergebnis, daß ein Kaufvertrag zwischen Handel und Groß wirksam zustande gekommen ist. Da selbstverständlich nicht durch einseitige Erklärung einer Vertragspartei die eigenen AGB in den Vertrag einbezogen werden können, und eine Einigung über die AGB nicht stattgefunden hat, ist davon auszugehen, daß in dem hier wesentlichen Punkt der Vereinbarung oder des Ausschlusses einer Vertragsstrafe weder die Lieferbedingungen des Groß noch die Einkaufsbedingungen des Handel Bestandteil ihres Vertrages geworden sind. Dieses Ergebnis ist nicht durch § 2 AGBG zu begründen, denn diese Vorschrift gilt nach § 24 S. 1 Nr. 1 AGBG nicht, weil beide Vertragsparteien Kaufleute sind[21] und der Vertrag zum Betrieb ihres Handelsgewerbes gehört (vgl. § 344 Abs. 1 HGB). Vielmehr finden hier die allgemeinen Regeln des Vertragsrechts Anwendung, nach denen ein (hier zu verneinendes) Einverständnis beider Vertragsparteien mit der Einbeziehung der entsprechenden AGB in den Vertrag erforderlich ist. Welche Rechtsfolgen sich aus der verspäteten Lieferung ergeben, richtet sich also allein nach der im BGB getroffenen Regelung (§ 6 Abs. 2 AGBG). Hierauf soll in diesem Zusammenhang nicht eingegangen werden.

d) Prüfungsschema

129 Bei der Prüfung der Geltung und Wirksamkeit von AGB kann folgendes Prüfungsschema[22] zugrunde gelegt werden:

1. Frage: Handelt es sich um AGB?
 Vgl. die Begriffsbestimmung in § 1 AGBG.
2. Frage: Sind die AGB Vertragsbestandteil geworden?
 Vgl. § 2 AGBG und beachte den Ausschluß dieser Vorschrift durch § 23 Abs. 2 Nr. 1 und Abs. 3 sowie § 24 S. 1 Nr. 1 AGBG.
3. Frage: Ergeben sich Widersprüche zwischen den AGB und individuellen Vertragsabreden?
 Ist diese Frage zu bejahen, dann haben nach § 4 AGBG die individuellen Vertragsabreden Vorrang.
4. Frage: Bestehen Unklarheiten hinsichtlich einzelner AGB, die im Wege der Auslegung auszuräumen sind?
 Vgl. die Unklarheitenregel des § 5 AGBG.

---

[21] Die Frage nach der Kaufmannseigenschaft ist nach dem HGB zu entscheiden. Hier genügt der Hinweis, daß sich die oben getroffene Entscheidung aus § 1 Abs. 1 iVm. Abs. 2 Nr. 1 HGB ableitet, weil Handel und Groß ein Handelsgewerbe betreiben, das die Anschaffung und Weiterveräußerung von Waren zum Gegenstand hat.
[22] Vgl. dazu *Schlosser*, Jura 1980, 434, 443 ff.

5. Frage: Handelt es sich um eine überraschende Klausel?
Vgl. die Vorschrift des § 3 AGBG, nach der überraschende Klauseln nicht Vertragsbestandteil werden. Bei der Prüfung, ob eine Klausel als überraschend zu werten ist, muß gefragt werden, welche Vorstellungen und Erwartungen der Vertragspartner des Verwenders von AGB haben durfte, was Inhalt der AGB-Klausel ist und ob beides so voneinander abweicht, daß deshalb von einer überraschenden Klausel gesprochen werden muß.

6. Frage: Ergibt sich eine Unwirksamkeit der AGB im ganzen oder in Teilen aufgrund der §§ 10 und 11 AGBG?
Zunächst ist die Frage zu beantworten, ob die AGB von gesetzlichen Vorschriften abweichen oder sie ergänzen, weil nur dann die §§ 10, 11 AGBG gelten (§ 8 AGBG). Zu beachten ist auch die Einschränkung des sachlichen und persönlichen Anwendungsbereichs durch § 23 Abs. 2 Nr. 2 bis 6, § 24 S. 1 AGBG.

7. Frage: Ergibt sich eine Unwirksamkeit der gesamten AGB oder von Teilen aus § 9 AGBG?
Die Generalklausel des § 9 ist anders als die §§ 10 und 11 AGBG auch auf AGB anzuwenden, die gegenüber einem Kaufmann verwendet werden (vgl. § 24 S. 2 AGBG). Auch hierbei ist nach § 8 AGBG zunächst die Frage einer Abweichung von gesetzlichen Vorschriften oder ihrer Ergänzung durch die zu prüfenden AGB zu klären.

Fälle und Fragen

15. Geben Sie eine Beschreibung des Begriffs „Vertrag"!
16. A bietet B schriftlich eine bestimmte Münze zum Preise von 250,– DM an. B antwortet, er sei mit dem Angebot einverstanden, wolle aber nur 200,– DM zahlen. Auf das Schreiben des B reagiert A nicht mehr. Ist ein Vertrag zustande gekommen?
17. Worin besteht der Unterschied zwischen einseitig verpflichtenden und zweiseitig verpflichtenden Verträgen und wie lassen sich zweiseitig verpflichtende Verträge noch weiter unterteilen? Aus welchem Grund ist die Unterscheidung zwischen verschiedenen Arten von Verträgen bedeutsam?
18. Was bedeutet der Grundsatz der Vertragsfreiheit?
19. Nach welchen Gesichtspunkten sind empfangsbedürftige Willenserklärungen auszulegen?
20. Welchen Erklärungswert hat das Schweigen?
21. A annonciert in der Zeitung, daß er eine bestimmte Stereoanlage zum Preise von 200,– DM verkaufen wolle. Daraufhin schreibt ihm B: „Ich nehme hiermit ihr Vertragsangebot an und bitte um umgehende Übersendung der Anlage. Einen Verrechnungsscheck über 200,– DM füge ich bei." Ist ein Vertrag zwischen A und B zustande gekommen?
22. In welchem Zeitpunkt wird in einem Selbstbedienungsladen über die zum Kauf angebotenen Waren ein Kaufvertrag zwischen Ladeninhaber und Kunden geschlossen?
23. Muß sich das Angebot zum Abschluß eines Vertrages stets an eine bestimmte Person richten?
24. In welchem Zeitpunkt erlischt die Bindung an die Vertragsofferte?

5 Musielak, BGB 2. A.

25. Wie läßt sich der Inhalt der Annahme des Antrages zum Abschluß eines Vertrages beschreiben?
26. A bekommt unbestellt von Buchhändler B ein Buch mit Preisangabe zugeschickt. A beginnt das Buch zu lesen, schreibt Bemerkungen an den Rand und legt es nach einer Weile verärgert weg, weil es ihm überhaupt nicht gefällt. B verlangt von A den Kaufpreis für das Buch. Mit Recht?
27. Kann der Antrag zum Abschluß eines Vertrages auch noch angenommen werden, wenn der Antragende nach Absendung und vor Zugang der Offerte stirbt? Wie ist zu entscheiden, wenn der Antragsadressat vor Zugang der Offerte stirbt?
28. Volz bietet Kunz einen gebrauchten Pkw zum Kauf an. Über den Kaufpreis kann man sich nicht einigen. Daraufhin erklärt Volz: „Nehmen Sie ruhig einmal den Wagen mit nach Hause und fahren Sie ihn eine Weile. Wir werden uns über den Preis dann schon einig werden." Kommt ein Vertrag zustande, wenn Kunz den Wagen daraufhin mitnimmt?
29. Welche Vertragspunkte betreffen die Regelungen der §§ 154 und 155?
30. Durstig, ein Stammkunde des Einzelhändlers Handel, verwendet stets für deutschen Kornbranntwein die Bezeichnung „Wodka". Als er Handel anruft und ihn bittet, zwei Flaschen Wodka zu liefern, packt dieser zwei Flaschen deutschen Kornbranntwein ein und läßt sie dem Durstig bringen. Ist hier ein Vertrag (worüber?) zustande gekommen?
31. A parkt seinen Pkw, ohne die Schilder zu bemerken, die darauf hinweisen, daß es sich um einen bewachten, gebührenpflichtigen Parkplatz handelt. Als er zu seinem Fahrzeug zurückkehrt, wird von ihm die Zahlung von 2,– DM verlangt. Mit Recht? Ändert sich etwas an der Entscheidung, wenn A zwar die Schilder bemerkt, aber dem Parkwächter ausdrücklich erklärt hätte, er wollte keine Bewachung und würde auch nichts bezahlen?
32. Wie werden AGB Vertragsbestandteil?
33. Was versteht man unter einer „Abwehrklausel"?
34. A bestellt bei B Waren unter Hinweis auf seine Einkaufsbedingungen. B bedankt sich in einem Antwortschreiben für die Bestellung und erklärt, er werde die Bestellung prompt nach den beigefügten Lieferbedingungen ausführen. Wie ist die Rechtslage, wenn sich ein Teil der Einkaufs- und der Lieferbedingungen widersprechen?

§ 4 Das Schuldverhältnis

I. Überblick über das Recht der Schuldverhältnisse

a) Zum Begriff

Bei der Darstellung der verschiedenen Arten von Verträgen ist bereits **130** darüber gesprochen worden, daß schuldrechtliche Verträge zwischen den Vertragspartnern **Forderungsbeziehungen** entstehen lassen, die einen Anspruch des einen, des Gläubigers, gegen den anderen, den Schuldner, zum Inhalt haben (vgl. o. RdNr. 76). Sie wissen auch, daß als Anspruch das Recht bezeichnet wird, von einem anderen, dem Schuldner, ein Tun oder ein Unterlassen zu fordern (vgl. ebenfalls o. RdNr. 76).

Der Mieter kann aufgrund des Mietvertrages (vgl. § 535 S. 1) die Überlassung der Mietsache (z. B. der gemieteten Wohnung) und die Erhaltung der Mietsache in einem zu dem vertragsmäßigen Gebrauch geeigneten Zustand (vgl. § 536) vom Vermieter verlangen; hierzu gehört auch, daß der Vermieter jede Störung unterläßt, die den vertragsmäßigen Gebrauch der Mietsache beeinträchtigt. Der Vermieter ist seinerseits berechtigt, vom Mieter die Zahlung des vereinbarten Mietzinses zu fordern (vgl. § 535 S. 2). Es besteht also einmal eine Forderungsbeziehung zwischen Mieter und Vermieter, wie auch andererseits eine Forderungsbeziehung zwischen Vermieter und Mieter existiert. Jeder Vertragspartner ist also bei der Miete zugleich Gläubiger und Schuldner; das weist die Miete als zweiseitig verpflichtenden – und da die genannten Pflichten beider Vertragsparteien voneinander abhängige Hauptpflichten darstellen –, als synallagmatischen Vertrag aus (vgl. o. RdNr. 78).

Die Forderungsbeziehung zwischen Gläubiger und Schuldner wird im **131** BGB als „**Schuldverhältnis**" bezeichnet (vgl. § 241). Aber nicht nur in einem **engeren Sinn** als Recht auf Leistung[1] wird der Begriff des Schuldverhältnisses im BGB verwendet, sondern auch noch in einem **weiteren Sinn,** der das gesamte Rechtsverhältnis umfaßt, aus dem sich die einzelnen Forderungsbeziehungen zwischen den Beteiligten ergeben.

In diesem weiteren Sinn ist der Begriff in der Überschrift des zweiten Buches des BGB („Recht der Schuldverhältnisse") sowie auch in der Überschrift des siebten Abschnitts dieses zweiten Buches („Einzelne Schuldverhältnisse") gebraucht. Unter den „Einzelnen Schuldverhältnissen" im siebten Abschnitt findet sich u. a. auch die Miete (3. Titel). Dies zeigt deutlich, daß hier als „Schuldverhältnis" (im weiteren Sinn) das gesamte Vertragsverhältnis gemeint ist, aus dem sich wiederum einzelne Forderungs-

---

[1] Die vom Schuldner zu erbringende Leistung kann in einem positiven Tun (z. B. Überlassen der gemieteten Sache) oder – wie § 241 S. 2 ausdrücklich klarstellt – auch in einem Unterlassen (z. B. Unterlassen der Errichtung eines Gewerbebetriebes, der in Konkurrenz zu dem des Gläubigers tritt) bestehen.

beziehungen (Schuldverhältnisse im engeren Sinn) ableiten (dazu auch u. RdNr. 140 ff.).

b) Gesetzliche Regelung

132 Im zweiten Buch des BGB, das die §§ 241 bis 853 umfaßt, ist das „Recht der Schuldverhältnisse" enthalten. Das Verhältnis zwischen dem ersten Buch („Allgemeiner Teil") und dem zweiten Buch besteht darin, daß sich im ersten Buch allgemeine Regeln finden, die gleichsam „vor die Klammer gezogen" sind und grundsätzlich für alle anderen Bücher des BGB, also auch für das Schuldrecht gelten, während das zweite Buch spezielle Bestimmungen für Schuldverhältnisse zum Inhalt hat. Innerhalb des zweiten Buches ist wiederum ein „Allgemeiner Teil" des Schuldrechts vorangestellt, und zwar die §§ 241 bis 432, die in sechs Abschnitte gegliedert sind. Auf sie folgt der siebte Abschnitt über „Einzelne Schuldverhältnisse" (§§ 433 bis 853), in denen häufig vorkommende Schuldverhältnisse wie Kauf, Tausch, Schenkung, Miete, Pacht, Leihe, Darlehen, Dienstvertrag, Werkvertrag u. a. im einzelnen geregelt sind. Dementsprechend wird in der Rechtswissenschaft zwischen dem „Allgemeinen Teil" und dem „Besonderen Teil" des Schuldrechts unterschieden.[2]

133 Auch außerhalb des zweiten Buches des BGB gibt es Schuldverhältnisse; als Beispiele lassen sich die im Allgemeinen Teil bestimmte Haftung des Vertreters ohne Vertretungsmacht (vgl. § 179) und das im Sachenrecht vorkommende Schuldverhältnis zwischen dem Verlierer und Finder einer Sache (vgl. §§ 965 ff.) anführen. Auch für diese Schuldverhältnisse außerhalb des zweiten Buches gilt der Allgemeine Teil des Schuldrechts.

c) Entstehungsgründe

134 Ein **Schuldverhältnis** wird entweder **durch Rechtsgeschäft** oder kraft Gesetzes begründet. Der regelmäßige Entstehungsgrund für ein rechtsgeschäftliches Schuldverhältnis ist der Abschluß eines Vertrages; ausnahmsweise läßt das Gesetz auch die Begründung durch einseitiges Rechtsgeschäft zu (vgl. § 305).

Als Beispiel sei die Auslobung (vgl. § 657) genannt. Wer durch öffentliche Bekanntmachung eine Belohnung für die Vornahme einer Handlung aussetzt (z. B. Zeitungsinserat folgenden Inhalts: 100,- DM Belohnung für denjenigen, der meinen entflogenen Wellensittich zurückbringt), der ist verpflichtet, die Belohnung demjenigen zu gewähren, der die Handlung vorgenommen hat, auch wenn dieser nicht mit Rücksicht

---

[2] Verschaffen Sie sich dadurch einen Überblick über den Aufbau und die Gliederung des BGB, daß Sie eingehend die diesem Gesetz vorangestellte Übersicht betrachten!

I. Überblick über das Recht der Schuldverhältnisse

auf die Auslobung gehandelt hat. Die rechtliche Verpflichtung des Auslobenden zu einer Leistung, zur Entrichtung der Belohnung, wird also durch ein einseitiges Rechtsgeschäft begründet, das nicht empfangsbedürftig ist: Denn nur aufgrund der rein tatsächlichen Vornahme der in der Auslobung genannten Handlung und nicht etwa aufgrund einer rechtsgeschäftlichen Mitwirkung eines anderen (mittels Willenserklärung) entsteht der Belohnungsanspruch gegen den Auslobenden.

Schuldverhältnisse werden auch **kraft Gesetzes,** und zwar durch Verwirklichung des gesetzlichen Tatbestandes begründet, der die Verpflichtung des Schuldners zu einer bestimmten Leistung ausspricht. 135

Zur Erläuterung kann auf das oben (RdNr. 29) angeführte Beispiel der Beschädigung des Autos des Eich durch Schussel beim Einparken verwiesen werden. Durch das Verhalten des Schussel wird der Tatbestand des § 823 Abs. 1 verwirklicht, und es entsteht dadurch seine Verpflichtung, den von ihm verursachten Schaden zu ersetzen. Auf diese Weise wird also Eich Gläubiger einer gegen Schussel als Schuldner gerichteten Schadensersatzforderung.

Die praktisch wichtigsten gesetzlichen Schuldverhältnisse sind im zweiten Buch des BGB geregelt. Es handelt sich dabei um Tatbestände der unerlaubten Handlung (§§ 823ff.), der Geschäftsführung ohne Auftrag (§§ 677ff.) und der ungerechtfertigten Bereicherung (§§ 812ff.); Einzelheiten zu diesen gesetzlichen Schuldverhältnissen später. 136

d) Arten

Unter den einzelnen Arten von Schuldverhältnissen lassen sich Unterscheidungen nach verschiedenen Gesichtspunkten treffen: 137
– Die bereits oben (RdNr. 134) vorgenommene Trennung zwischen rechtsgeschäftlichen und gesetzlichen Schuldverhältnissen berücksichtigt den Entstehungsgrund.
– Nach der Dauer der Leistungspflichten kann man zwischen Dauerschuldverhältnissen[3] und sonstigen („einfachen") Schuldverhältnissen unterscheiden. Im Gegensatz zu anderen („einfachen") Schuldverhältnissen ist das **Dauerschuldverhältnis** auf einen längeren (befristeten oder unbefristeten) Zeitraum angelegt, während dessen die Vertragspartner einander Leistungen laufend zu gewähren haben.

Bei der Miete bleibt der Vermieter während der gesamten Dauer der Mietzeit zur Überlassung der vermieteten Sache verpflichtet (vgl. o. RdNr. 130); der Mieter hat in aller Regel einen in der Höhe von der Dauer der Mietzeit abhängigen Mietzins zu entrichten; ist der Mietzins durch laufende Geldleistungen zu erbringen, wie beispielsweise bei der Miete von Räumen, dann entsteht die Verpflichtung zur Zahlung im Zeitablauf ständig neu. Im Gegensatz dazu erfüllen die Vertragsparteien eines Kaufvertrages ihre vertraglichen Leistungspflichten regelmäßig auf einmal.

---

[3] Der Begriff „Dauerschuldverhältnis" kommt nicht im BGB, wohl aber im AGB-Gesetz (vgl. § 10 Nr. 3) vor.

Verkauft z. B. Volz dem Kunz eine Stereoanlage, dann erfüllt er als Verkäufer seine Vertragspflichten durch Übergabe und Übereignung der Kaufsache (vgl. § 433 Abs. 1 S. 1) sowie der Käufer Kunz durch Zahlung des vereinbarten Kaufpreises und der Abnahme des Apparats (§ 433 Abs. 2). Im Gegensatz zur Miete ist also der Kaufvertrag regelmäßig kein auf Dauer ausgerichtetes Schuldverhältnis.

138 Eine besondere Art der Dauerschuldverhältnisse bilden die **Sukzessivlieferungsverträge,** von denen es zwei Unterarten gibt, nämlich den Ratenlieferungsvertrag, bei dem eine von vornherein fest bestimmte Menge in Teilmengen (Raten) geliefert wird,

Beispiel: Verkauf von 30000 l Heizöl, lieferbar in drei Raten von je 10000 l zu bestimmten Zeitpunkten oder nach Abruf,

und den Dauerlieferungs- oder Bezugsvertrag, der auf unbestimmte oder zumindest auf längere Zeit abgeschlossen wird und bei dem die Leistungsmenge bei Vertragsschluß nicht feststeht, sondern sich nach dem Bedarf des Abnehmers richtet.

Beispiel: Lieferung von Bier durch eine Brauerei an einen Gastwirt entsprechend dem Bedarf in der Gastwirtschaft (Bierlieferungsvertrag).

139 Die Unterscheidung zwischen Dauerschuldverhältnissen und anderen ist insbesondere bedeutsam für die Rechtsfolgen, die sich beim vertragswidrigen Verhalten eines Partners ergeben. Bei Dauerschuldverhältnissen können sich hieraus nur Wirkungen für die Zukunft und nicht auch für die bereits in der Vergangenheit vertragsgerecht abgewickelten Teile ergeben; auf diese Fragen wird später zurückzukommen sein.

II. Inhalt des Schuldverhältnisses

a) Forderungsrecht und Leistungspflicht

140 Je nach der Betrachtungsweise kann man entweder von dem Recht des Gläubigers, eine Leistung (Tun oder Unterlassen) zu fordern, oder von der Pflicht des Schuldners, eine Leistung zu erbringen, sprechen; **Forderungsrecht des Gläubigers** und **Leistungspflicht des Schuldners** bezeichnen also die gleiche Erscheinung. Was der Gläubiger zu fordern und der Schuldner zu leisten hat, das richtet sich nach dem einzelnen Schuldverhältnis.

Beispiel: In dem bereits oben (RdNr. 137) gebrachten Beispielsfall des Kaufs einer Stereoanlage ist – wie bereits bemerkt – Volz als Verkäufer verpflichtet, Kunz die Anlage zu übergeben und das Eigentum daran zu verschaffen (§ 433 Abs. 1 S. 1). Kunz als Käufer hat somit eine entsprechende Forderung. Er ist seinerseits verpflichtet, dem Volz den vereinbarten Kaufpreis zu zahlen und die gekaufte Sache abzunehmen (§ 433 Abs. 2), und Volz ist dann Gläubiger entsprechender Forderungen.

II. Inhalt des Schuldverhältnisses

Kommt der Schuldner seiner sich aus dem Schuldverhältnis ergebenden Leistungspflicht nicht nach, dann können sich aus diesem Verhalten weitere Ansprüche des Gläubigers gegen ihn ergeben. **141**

> **Beispiel:** Volz hat dem Kunz verbindlich die Lieferung der Stereoanlage zum 01.03. zugesagt, weil an diesem Tag Kunz eine Diskothek eröffnen will und die Stereoanlage dort verwendet werden soll. Als Volz nicht rechtzeitig liefert, muß die Eröffnung der Diskothek um einige Tage hinausgeschoben werden. Dadurch entsteht Kunz ein Schaden. Diesen Verzugsschaden muß Volz dem Kunz nach § 286 Abs. 1 ersetzen; Einzelheiten dazu später.

Die Verpflichtung zur Lieferung der Stereoanlage ergibt sich unmittelbar aus dem Kaufvertrag, also aus der rechtsgeschäftlichen Vereinbarung selbst; diese Pflicht ist also eine **primäre Leistungspflicht**. Dagegen stellt sich die Pflicht zur Leistung von Schadensersatz als Folge der Verletzung der primären Leistungspflicht dar; man kann sie deshalb auch als **sekundäre Leistungspflicht** bezeichnen. Die sekundäre Leistungspflicht kann – wie im Beispielsfall – neben der primären bestehen, so daß der Schuldner beide (Pflicht zur Lieferung und Pflicht zur Leistung von Schadensersatz) zu erfüllen hat. Die sekundäre Pflicht kann aber auch an die Stelle der primären treten. **142**

> **Beispiel:** Volz liefert trotz Fristsetzung nicht, obwohl ihm Kunz androht, die Anlage später nicht mehr abzunehmen. Um die Diskothek eröffnen zu können und nicht noch einen größeren Schaden durch die Verzögerung zu erleiden, kauft Kunz eine andere Stereoanlage und installiert sie in seinem Lokal. Daraufhin lehnt er die Lieferung durch Volz ab und verlangt von ihm Schadensersatz u. a. auch dafür, daß er einen höheren Preis für die zweite Stereoanlage zahlen mußte (vgl. § 326).

Die Unterscheidung zwischen primären und sekundären Leistungspflichten ist schon deshalb wichtig, weil ihre Voraussetzungen unterschiedlich sind. Nur wenn man festgestellt hat, daß sich aus dem Schuldverhältnis eine bestimmte primäre Leistungspflicht ergibt, kann die Frage ihrer Verletzung und damit die Entstehung einer sekundären Leistungspflicht geprüft werden. In aller Regel hängt die Entstehung von Sekundärpflichten von einem Verschulden des Schuldners ab (dazu u. RdNr. 162 ff.). **143**

Kommt der Schuldner seiner Leistungspflicht nicht freiwillig nach, dann kann ihn in aller Regel der Gläubiger dazu zwingen. Allerdings ist grundsätzlich die Selbsthilfe verboten (Ausnahme: § 229) und der Gläubiger zur Durchsetzung seines Anspruchs auf den Rechtsweg verwiesen. Der Staat stellt seinen Bürgern mit den Gerichten Institutionen zur Verfügung, die dem einzelnen bei der Durchsetzung seiner Rechtsansprüche helfen. Der Gläubiger muß den Schuldner verklagen und kann aus dem Urteil, das die Leistungspflicht des Schuldners ausspricht, gegen diesen vollstrecken. Da das gesamte Vermögen des Schuldners (von Ausnahmen abgesehen, die hier nicht interessieren) dem Zugriff in der Zwangs- **144** vollstreckung unterliegt, kann davon gesprochen werden, daß der Schuldner mit seinem Vermögen für seine Schuld „haftet".

Die Bezeichnung „**Haftung**" wird in der Rechtssprache jedoch nicht nur in dieser Bedeutung des Unterworfenseins des Schuldners mit seinem Vermögen unter den Vollstreckungszugriff des Gläubigers verstanden, sondern auch noch in einem anderen Sinn verwendet. Wenn üblicherweise (wenn auch nicht vom Gesetz selbst) von der Haftung des Aufsichtspflichtigen (vgl. § 832) oder von der Haftung des Tierhalters (vgl. § 833) die Rede ist, dann wird dieser Begriff im Sinne eines Einstehenmüssens für verursachte Schäden gebraucht.

145 Regelmäßig ist also mit der Schuld die Haftung verbunden. Es gibt jedoch auch Fälle, in denen von einer **Schuld ohne Haftung** gesprochen werden kann, weil zwar der Schuldner erfüllen kann, aber nicht muß. So kann bei einer verjährten Forderung (vgl. §§ 194 ff.) der Schuldner zwar leisten und das Geleistete dann nicht zurückfordern (vgl. § 222 Abs. 2 S. 1), aber er kann jederzeit die Leistung verweigern (vgl. § 222 Abs. 1). Beruft er sich also auf die Verjährung, dann ist eine gegen ihn erhobene Klage wegen der verjährten Forderung abzuweisen. Spiel- und Wettschulden begründen überhaupt keine Verbindlichkeiten; aber auch hier kann das Geleistete nicht zurückgefordert werden (vgl. § 762 Abs. 1). Die häufig gehörte Bemerkung, daß Spiel- und Wettschulden Ehrenschulden seien, ist somit vollkommen zutreffend; sie sind es, weil es allein vom Ehrgefühl des Schuldners abhängt, ob er sie begleicht.

In solchen Fällen, in denen das Gesetz eine (rechtliche) Verbindlichkeit ausschließt, spricht man von einer „natürlichen" Verbindlichkeit **(Naturalobligation)**, um der Tatsache Rechnung zu tragen, daß die Forderung zwar nicht vom Gläubiger durchgesetzt, wohl aber vom Schuldner erfüllt werden kann.

b) Die geschuldete Leistung

146 Was die Parteien bei einem vertraglichen Schuldverhältnis[4] zum Gegenstand einer geschuldeten Leistung machen, ist ihnen überlassen. Sie müssen sich allerdings dabei an den Gesetzen und den guten Sitten orientieren und dürfen nicht verbotene oder sittenwidrige Leistungen vereinbaren (vgl. o. RdNr. 83).

Welche Rechtsfolgen eintreten, wenn ein Rechtsgeschäft gegen ein **gesetzliches Verbot** verstößt, muß von Fall zu Fall aufgrund der Verbotsnorm entschieden werden. Soweit nicht das Verbotsgesetz selbst die Rechtsfolge anordnet (z. B. § 1 GWB: Unwirksamkeit wettbewerbsbeschränkender Vereinbarungen), muß durch Auslegung des Verbotsgesetzes ermittelt werden, ob sich eine Nichtigkeit des verbotswidrigen Rechtsgeschäfts ergibt. § 134 stellt dies ausdrücklich klar, indem er die Nichtigkeitsfolge nur anordnet, „wenn sich nicht aus dem Gesetz ein anderes ergibt".[5]

---

[4] Die folgende Betrachtung ist zunächst auf das vertragliche Schuldverhältnis beschränkt. Soweit sich für gesetzliche Schuldverhältnisse Besonderheiten ergeben, werden sie bei Darstellung dieser Schuldverhältnisse behandelt.

II. Inhalt des Schuldverhältnisses

Nach § 138 Abs. 1 ist ein **Rechtsgeschäft, das gegen die guten Sitten verstößt**, nichtig. Mit dieser Vorschrift lernen wir eine Generalklausel kennen, die für ihre Anwendung konkretisiert und ausgefüllt werden muß. Was den „guten Sitten" entspricht und was gegen sie verstößt, darüber gehen die Meinungen im Laufe der Zeit, aber auch heute in unserer Gesellschaft auseinander. In vielen Fällen wird allerdings die Antwort auf die Frage, ob ein Rechtsgeschäft nach § 138 nichtig ist, keine Schwierigkeiten bereiten, etwa wenn die vom Vermieter erzwungene Vereinbarung zu beurteilen ist, daß Kinder in der Mietwohnung nicht wohnen dürfen und daß die Geburt eines Kindes ihn zur Auflösung des Mietverhältnisses berechtigen soll. In anderen Fällen fällt die Entscheidung häufig nicht so leicht. Die in Rechtsprechung und Schrifttum zur Erläuterung des Tatbestandes der Sittenwidrigkeit verwendeten Formeln helfen hierbei gerade in Zweifelsfällen nicht sehr viel weiter. Die Verweisung auf das „Anstandsgefühl aller billig und gerecht Denkenden",[6] auf „die der herrschenden Wirtschafts- und Sozialordnung immanente Rechtsethik"[7] oder die „Gesamtheit der Wertvorstellungen, die das Volk in einem bestimmten Zeitpunkt seiner geistig-kulturellen Entwicklung erreicht und in seiner Verfassung fixiert hat",[8] lassen die Aufgabe des Rechtsanwenders, einen bestimmten Tatbestand auf seine Vereinbarkeit mit den „guten Sitten" zu überprüfen, nicht wesentlich leichter sein. Die beste Orientierungshilfe bieten Fallgruppen, in denen insbesondere von der höchstrichterlichen Rechtsprechung entschiedene Fälle zusammengefaßt werden, für deren Entscheidung gleiche Kriterien maßgebend sind. Aus diesen einzelnen Fallgruppen lassen sich verallgemeinerungsfähige Merkmale ableiten und bei Erörterung des konkreten Falles verwenden.[9] Auf diese Fallgruppen kann hier im einzelnen nicht eingegangen werden. Beispielhaft seien hier genannt: sittenwidrige Einschränkungen der wirtschaftlichen Bewegungsfreiheit des Schuldners (Verbot, mit anderen Lieferanten oder Banken Geschäfte abzuschließen), Zuwendungen von Schmiergeldern, mißbräuchliche Ausnutzung einer Macht- oder Monopolstellung, Wucher (vgl. § 138 Abs. 2) und die Einschränkung der Entscheidungsfreiheit im sexuellen Bereich, insbesondere die rechtsgeschäftliche Verpflichtung zu einem bestimmten geschlechtlichen Verhalten.[10]

1. Stückschuld und Gattungsschuld

Der Gegenstand einer Leistung kann individuell oder aber auch nur der Gattung nach bestimmt sein.   **147**

Beispiele: Volz verkauft seinen gebrauchten Pkw an Kunz. Es handelt sich hierbei um eine bestimmte Sache, um eine sog. Spezies- oder Stückschuld.

---

[5] Einzelheiten dazu bei *Medicus*, AT, RdNr. 647 ff., und *Larenz*, AT, § 22 II (S. 417 ff.).

[6] Hierbei handelt es sich wohl um die häufigste Formel, die bereits in den Motiven Bd. II S. 727 (vgl. o. RdNr. 32 Fn. 2) zu finden ist.

[7] *MünchKomm/Mayer-Maly*, § 138 RdNr. 13 unter Hinweis auf LG Münster NJW 1975, 2070, 2073.

[8] Vgl. BVerfGE 7, 198, 206 = NJW 1958, 257.

[9] Die Bildung von Fallgruppen wird häufig dazu benutzt, um durch einleuchtende Beispiele den Inhalt unbestimmter und konkretisierungsbedürftiger Rechtsbegriffe zu erläutern und zu verdeutlichen. Durch Herausarbeitung der für die einzelne Gruppe maßgebenden Kriterien können auf diese Weise allgemeingültige Maßstäbe gewonnen werden (vgl. dazu auch *Larenz*, Methodenlehre der Rechtswissenschaft, 5. Auflage 1983, S. 276 ff., 279 ff.).

[10] Zu diesen und anderen Fallgruppen eingehend *MünchKomm/Mayer-Maly*, § 138 RdNr. 26 ff. m. weit. Nachw.

Der Einzelhändler Klein bestellt beim Großhändler Groß 10 Zentner Zucker. Hier ist die geschuldete Leistung nur nach Gattungsmerkmalen bestimmt; es wird eine bestimmte Menge „Zucker" schlechthin geschuldet. Deshalb geht es hier um eine Genus- oder Gattungsschuld.

148 Die **Unterscheidung** zwischen Stück- und Gattungsschuld hat weitreichende **Bedeutung für die Primär- und Sekundärpflichten** des Schuldners. Der Schuldner einer nur der Gattung nach bestimmten Sache ist nicht verpflichtet, einen bestimmten Gegenstand aus der Gattung zu liefern. Er hat vielmehr das Recht, aus der Gattung dasjenige auszuwählen, das er liefern will, und muß hierbei nur eine Sache mittlerer Art und Güte aussuchen (§ 243 Abs. 1), soweit die Vertragsparteien nicht eine andere Qualität vereinbart haben. Läßt also die von den Vertragsparteien vorgenommene Umschreibung der Gattung die Auswahl zwischen verschiedenen Qualitäten zu, dann hat der Schuldner Durchschnittsware zu liefern.

149 Bedeutsame Unterschiede bei Stück- und Gattungsschuld bestehen insbesondere hinsichtlich der Rechtsfolgen, die eintreten, wenn der Schuldner außerstande ist, die Leistung zu erbringen. Nach § 275 Abs. 1 wird der Schuldner von der Verpflichtung zur Leistung frei, soweit die Leistung nach Entstehung des Schuldverhältnisses infolge eines Umstandes unmöglich wird, den der Schuldner nicht zu vertreten hat (d. h. für den er nicht einstehen muß; vgl. §§ 276 ff. und u. RdNr. 161 ff.). Da also die Pflicht zur Leistung, die Primärpflicht, in diesem Fall erlischt, kann auch keine Pflicht zum Schadensersatz entstehen, weil die sekundäre Leistungspflicht – wie bemerkt (o. RdNr. 143) – die Verletzung und damit die Existenz der Primärpflicht voraussetzt. Absatz 2 des § 275 dehnt die in Absatz 1 dieser Vorschrift ausgesprochene Befreiung von der Leistungspflicht auch auf Fälle des nachträglichen (d. h. nach Entstehung des Schuldverhältnisses eintretenden) Unvermögens aus.

150 Mit den Begriffen der Unmöglichkeit und des Unvermögens wird vom Gesetz eine wichtige Unterscheidung hinsichtlich des Grundes getroffen, der für das Außerstandesein des Schuldners zur Leistung maßgebend ist. Der Begriff der **Unmöglichkeit** ist im objektiven Sinn zu verstehen; durch ihn wird zum Ausdruck gebracht, daß niemand imstande ist, die Leistung zu erbringen.

Der von Kunz gekaufte Pkw brennt vor Lieferung durch Volz völlig aus. Dieses Auto gibt es also nicht mehr; es kann folglich niemand die geschuldete Leistung (Übergabe und Übereignung dieses Pkw) erbringen.

151 **Unvermögen** bedeutet dagegen subjektive Unmöglichkeit; die Leistung ist nur dem Schuldner nicht möglich, ein anderer vermag sie dagegen zu bewirken.

Das dem Kunz verkaufte Kfz wird in der Nacht vor Lieferung an Kunz von einem Unbekannten gestohlen. Volz kann deshalb das Kfz nicht vertragsgemäß Kunz übergeben; wohl ist dies aber dem unbekannten Dieb möglich.

II. Inhalt des Schuldverhältnisses

Auf die Unmöglichkeit und das Unvermögen wird später noch genauer eingegangen werden; hier sollen diese Hinweise genügen, um die Unterschiede zwischen beiden bei der Stück- und der Gattungsschuld zu erklären. Bei der Stückschuld wird der Schuldner im Falle eines von ihm nicht zu vertretenden nachträglichen Unvermögens von der Leistung frei (§ 275 Abs. 2 iVm. Abs. 1), bei einer Gattungsschuld hat er dagegen für sein Unvermögen einzutreten, solange noch die Leistung aus der Gattung möglich ist (vgl. § 279).

152

Nachdem Groß Lieferung von 10 Zentner Zucker dem Klein zugesagt hat (und damit ein gültiger Kaufvertrag zwischen beiden zustande gekommen ist), brennt das Lagerhaus des Groß mit allen Warenbeständen ab. Groß kann sich nun nicht darauf berufen, daß er bei Abschluß des Vertrages davon ausgegangen sei, den Zucker seinen Beständen zu entnehmen; vielmehr muß er sich selbst dann anderweitig mit Zucker eindecken, um seiner Verpflichtung aus dem Kaufvertrag mit Klein nachzukommen, wenn der Zuckerpreis zwischenzeitlich gestiegen ist und er deshalb einen Verlust erleidet. Denn der Verkäufer einer Gattungssache muß dafür sorgen, daß er seine übernommene Leistungspflicht erfüllen kann. Besitzt er die Sache nicht, dann hat er sie sich folglich am Markt zu beschaffen. Die Gattungsschuld ist dann eine **Beschaffungsschuld**. Vermag er dieser Verpflichtung aus subjektiven Gründen nicht zu genügen, dann muß er für sein Unvermögen einstehen.

Dieses Ergebnis ist allerdings in Sonderfällen zu korrigieren:

- Hat Groß erklärt, daß er den Zucker nur aus seinen Beständen verkaufen wolle, dann handelt es sich um eine sog. **„beschränkte Gattungsschuld"** (auch Vorratsschuld genannt). Es wird hier nur so lange Leistung geschuldet, wie Erfüllung aus dem Vorrat möglich ist. Die zwischen den Vertragsparteien vereinbarte Beschränkung auf die Lagerbestände des Groß führt dazu, daß Groß im Falle der Vernichtung dieser Bestände frei wird.
- Ist die Beschaffung der verkauften Ware dem Schuldner nur zu unzumutbaren Konditionen möglich, so daß er dafür ein Opfer bringen müßte, das unverhältnismäßig hoch ausfällt und ihm deshalb nicht zugemutet werden kann, dann braucht er nicht zu leisten. Über die Begründung dieses Ergebnisses gehen allerdings die Meinungen auseinander. Die herrschende Meinung will hier das Rechtsinstitut vom Fehlen oder vom Wegfall der Geschäftsgrundlage anwenden (dazu später), während andere diese Fälle der **„wirtschaftlichen" Unmöglichkeit** zur Unmöglichkeit iS. des § 275 Abs. 1 rechnen[11] und deshalb zum Ergebnis kommen, daß der Schuldner frei wird, weil die Leistung aus der Gattung nicht möglich ist und somit die in § 279 gemachte Einschränkung greift. In jedem Fall tritt aber eine Befreiung des Schuldners nur dann ein, wenn ihm das zur Erfüllung seiner Leistungspflicht erforderliche Opfer schlechthin nicht zugemutet werden kann; gewisse Erschwernisse und auch Verluste muß er hinnehmen. Im Beispielsfall wird Groß nicht schon deshalb frei, weil der Zuckerpreis erheblich gestiegen ist und er anstelle des erwarteten Gewinns einen Verlust aus dem Geschäft mit Klein hinnehmen muß. Vielmehr muß das Opfer in keinem Verhältnis mehr zum Wert des Geschäfts für den Schuldner stehen. Wo die „Opfergrenze" im Einzelfall verläuft, ist unter Berücksichtigung aller Umstände, insbesondere der Interessen der Beteiligten, zu ermitteln.

---

[11] Vgl. *MünchKomm/Emmerich*, vor § 275 RdNr. 17 f., § 275 RdNr. 19 f.; *Larenz* SchuldR I § 21 I c (S. 318 ff.), jeweils m. weit. Nachw.

– Handelt es sich um Leistungshindernisse, die weder durch Einsatz finanzieller Mittel noch durch geeignete geschäftliche Maßnahmen beseitigt werden können, sondern wird die Unfähigkeit zur Leistung durch **Gründe** verursacht, die ein Gattungsschuldner nicht zu beeinflussen vermag **wie Krankheit** oder unverschuldete Freiheitsentziehung, dann muß er nicht haften. Diese Einschränkung seiner Haftung ergibt sich aus der Erwägung, daß dem Gattungsschuldner billigerweise eine Einstandspflicht für solche unvorhersehbaren und unveränderbaren Umstände nicht aufgebürdet werden kann und deshalb § 279 entsprechend eingeschränkt werden muß.

153 Die Abgrenzung zwischen Stückschuld und Gattungsschuld ist im Zweifelsfall aufgrund der von den Vertragsparteien getroffenen Absprachen vorzunehmen. Hierbei ist zu berücksichtigen, daß die Parteien durch zusätzliche Merkmale die Gattung immer stärker einschränken können.

Beispiel: Wein – Moselwein – Moselwein aus Brauneberg – Brauneberger Juffer – Brauneberger Juffer vom Winzer X. Auch wenn eine bestimmte Menge des vom Winzer X erzeugten Weines mit der Bezeichnung „Brauneberger Juffer" die geschuldete Leistung darstellt, handelt es sich um eine Gattungsschuld, allerdings um eine beschränkte Gattungsschuld, weil davon auszugehen ist, daß nur der vom Winzer selbst erzeugte Wein gemeint sein kann und deshalb eine stillschweigend vereinbarte Beschränkung angenommen werden muß. Werden also alle Vorräte des Winzers X aus einem von ihm nicht zu vertretenden Umstand vernichtet, dann wird er frei.

154 Einschränkende Merkmale lassen eine Schuld erst dann nicht mehr Gattungsschuld sein, sondern machen sie zur Stückschuld, wenn durch die Einschränkung erreicht wird, daß alle Stücke der Gattung geschuldet sind und der Schuldner folglich auch keine Auswahl aus einer Gattung treffen kann.

Beispiel: Verkauf der Jahresproduktion eines Unternehmens. Hier handelt es sich um eine Stückschuld, da sämtliche produzierten Sachen geschuldet sind. Anders dagegen ist zu entscheiden, wenn 80 Prozent der Jahresproduktion geliefert werden sollen (beschränkte Gattungsschuld).

155 Auch bei der Gattungsschuld können Gegenstand der vom Schuldner (konkret) zu erbringenden Leistung letztlich nur individuell bestimmte Stücke sein, die der Schuldner auswählt, um sie dann dem Gläubiger zu leisten. Mit dieser Auswahl wird ein Vorgang eingeleitet, der dazu führt, daß sich die Gattungsschuld in eine Stückschuld wandelt, daß also die zunächst noch nach ihrem Gegenstand unbestimmte Gattungsschuld zu einer (bestimmten) Stückschuld wird. Diesen Vorgang nennt man „**Konkretisierung**" oder „Konzentration" der Gattungsschuld.

Nicht mehr irgendwelche nur mit Gattungsmerkmalen bezeichnete 10 Zentner Zucker, sondern konkrete, ganz bestimmte 10 Zentner machen nunmehr die geschuldete Lieferung aus.

156 Hierfür ist erforderlich, daß „der Schuldner das zur Leistung einer solchen Sache seinerseits Erforderliche getan" hat (§ 243 Abs. 2). Zum einen muß der Schuldner aus der Gattung eine Sache der geschuldeten Qualität, also vorbehaltlich einer anderen Vereinbarung eine solche von

II. Inhalt des Schuldverhältnisses

mittlerer Art und Güte, auswählen, um sie zum Gegenstand seiner Leistung zu machen (§ 243 Abs. 1). Was auf seiten des Schuldners noch erforderlich ist, damit eine Konkretisierung der Gattungsschuld eintritt, richtet sich nach der Art der Schuld. Am obigen Beispiel des Kaufvertrages zwischen Groß und Klein über 10 Zentner Zucker sollen die verschiedenen Schuldtypen näher erläutert werden.

In diesem Zusammenhang ist allerdings darauf hinzuweisen, daß die Gattungsschuld nicht nur beim Kaufvertrag vorkommen kann, sondern bei jedem anderen Vertrag auch, der sich auf nach Gattungsmerkmalen bestimmte Gegenstände richtet; so z. B. bei einem Vertrag, nach dem ein Hotelier (von ihm auszuwählende) Zimmer in seinem Hotel vermietet (beschränkte Gattungsschuld).

157 Ist der Zucker von Klein in den Geschäftsräumen des Groß abzuholen, dann handelt es sich um eine sog. **Holschuld**. Bei ihr liegen der Leistungs- und Erfolgsort beim Schuldner.

Der **Leistungsort** ist derjenige Ort, an dem der Schuldner die Leistungshandlungen vorzunehmen hat. Leistungshandlungen sind diejenigen Handlungen, die auf seiten des Schuldners erforderlich sind, damit der mit dem Schuldverhältnis bezweckte Erfolg eintreten kann. Beim Kaufvertrag besteht der Erfolg der vom Verkäufer zu erbringenden Leistung in dem Erwerb des Besitzes und des Eigentums der Kaufsache durch den Käufer. Der Ort, an dem dieser Erfolg eintritt, ist der **Erfolgsort**.
Nach dem Gesetz (vgl. § 269 Abs. 1) ist die Holschuld der Regelfall; soweit nicht die Vertragspartner etwas anderes bestimmen oder sich aus den Umständen, insbesondere aus der Natur des Schuldverhältnisses etwas anders ergibt (Beispiel: Gegenstand der Leistung ist die Reparatur eines defekten Heizkessels, die selbstverständlich an Ort und Stelle vorzunehmen ist), muß die Leistung am Ort des Wohnsitzes oder der gewerblichen Niederlassung des Schuldners (vgl. § 269 Abs. 2) erbracht werden. Besonderheiten gelten für Geldschulden (vgl. § 270); dazu später.

158 Hat Groß es übernommen, den Zucker zum Geschäft des Klein zu bringen, dann handelt es sich um eine **Bringschuld**. Bei ihr fallen der Leistungs- und der Erfolgsort mit dem Wohnsitz oder – wenn die Forderung im Gewerbebetrieb des Gläubigers entstanden ist – mit dem Ort der gewerblichen Niederlassung des Gläubigers zusammen.

159 Geht schließlich die vertragliche Abrede zwischen Groß und Klein dahin, daß Groß den Zucker an Klein (z. B. mit der Bahn oder Post) versenden soll, dann handelt es sich um eine sog. **Schickschuld**. Bei ihr liegen der Leistungsort beim Schuldner, der Erfolgsort beim Gläubiger.

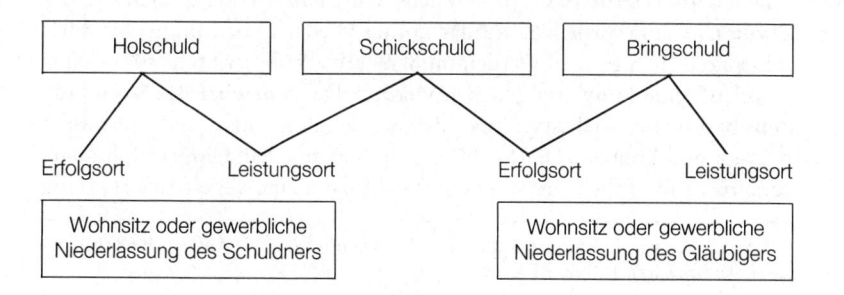

```
    Holschuld           Schickschuld          Bringschuld
   /       \           /            \        /          \
Erfolgsort  Leistungsort        Erfolgsort   Leistungsort
```

Wohnsitz oder gewerbliche Niederlassung des Schuldners	Wohnsitz oder gewerbliche Niederlassung des Gläubigers

160 Entsprechend diesen verschiedenen Schuldtypen treffen den Schuldner unterschiedliche Pflichten. Bei der Holschuld hat der Schuldner das seinerseits Erforderliche getan, wenn er den zu leistenden Gegenstand aussondert, d. h. eine Sache der geschuldeten Qualität aus der Gattung auswählt (vgl. o. RdNr. 156), und für den Gläubiger bereitstellt (man kann deshalb auch die Holschuld, wenn man auf die Verpflichtung des Schuldners sieht, als **Bereitstellungsschuld** bezeichnen[12]). Im Beispielsfall hat also Groß den Zucker in Säcke oder andere in Betracht kommende Verpackungen abzufüllen und sie für Klein bereitzuhalten. Bei der Bringschuld muß der Schuldner die Ware nicht nur aussondern, sondern sie dem Gläubiger an dessen Wohnort oder gewerblicher Niederlassung termingerecht (dazu u. RdNr. 417) anbieten. Bei der Schickschuld muß der Schuldner die ausgesonderten Stücke ordnungsgemäß versenden.

161 Mit der Konkretisierung (vgl. o. RdNr. 155) beschränkt sich das Schuldverhältnis auf die ausgewählten Gegenstände (§ 243 Abs. 2). Da also nur noch sie geschuldet werden, gilt für die Frage des Vertretenmüssens durch den Schuldner nicht mehr § 279, so daß er frei wird, wenn weder ihn (§ 276) noch einen Erfüllungsgehilfen (278) ein Verschulden an der Unmöglichkeit der Leistung trifft (§ 275).

Das **Merkmal des Vertretenmüssens,** von dem in § 275 das Freiwerden des Schuldners von seiner Leistungspflicht abhängig gemacht ist und das in anderen Vorschriften die Voraussetzung für die (sekundäre) Pflicht zur Schadensersatzleistung bildet (vgl. z. B. § 286 Abs. 1 iVm. § 285 sowie §§ 323 bis 325; dazu Einzelheiten später), wird in den §§ 276 bis 279 konkretisiert; diese Vorschriften beantworten die Frage, was der Schuldner zu vertreten hat, d. h., für was er einstehen muß. Grundsätzlich hat der Schuldner Vorsatz und Fahrlässigkeit zu vertreten, sofern nicht ein anderes bestimmt ist (§ 276 Abs. 1 S. 1). „Ein anderes" ist z. B. in § 279 bestimmt, nämlich – wie bereits dargelegt – eine verschuldensunabhängige Einstandspflicht für Gattungsschulden. Nach § 278 hat der Schuldner unter den in dieser Vorschrift genannten Voraussetzungen auch fremdes Verschulden zu verantworten (auch hierzu Einzelheiten später). Schließlich stellt § 277 klar, daß derjenige, der nur für die Sorgfalt einzustehen hat, die er in eigenen Angelegenheiten anzuwenden pflegt – wie dies z. B. in § 690 für den unentgeltlichen Verwahrer und in § 708 für den Gesellschafter angeordnet wird –, zumindest grobe Fahrlässigkeit zu vertreten hat.

Einschub: Verschulden

162 Mit dem Begriff des Verschuldens wird ein wichtiges Element des Zivilrechts angesprochen, auf das immer wieder in den folgenden Ausführungen eingegangen werden muß. Bereits an dieser Stelle sollen einige erläuternde Hinweise gegeben werden: Der **Vorwurf des Verschuldens** beruht auf der Feststellung, daß der Schuldner hätte anders handeln müssen und können. Der Schuldner muß anders handeln, weil ihn eine entsprechende Pflicht trifft. Diese Pflicht kann eine allgemeine sein, die

---

[12] So *Teichmann,* Leistungsstörungen und Gewährleistung, 3. Auflage 1988 (Juristischer Studienkurs), RdNr. 9 Fn. 16.

II. Inhalt des Schuldverhältnisses

jedem oder doch einer unbestimmten Zahl von Menschen auferlegt ist (z. B. das Leben, die Gesundheit und das Eigentum anderer nicht zu verletzen), die Pflicht kann jedoch auch individuell gestaltet sein und für den Schuldner aus einer Sonderbindung, die er eingegangen ist, erwachsen (z. B. die vertraglich übernommene Pflicht, eine bestimmte Leistung rechtzeitig zu erbringen). Ein Schuldvorwurf kann dem Schuldner jedoch nur gemacht werden, wenn er auch anders, nämlich entsprechend der ihm obliegenden Pflicht, handeln konnte, dies jedoch wissentlich und willentlich (= vorsätzlich) oder doch entgegen der im Verkehr gebotenen Sorgfalt (= fahrlässig; vgl. § 276 Abs. 1 S. 2) nicht tat. Vorsatz und Fahrlässigkeit sind also die beiden Formen der Schuld.

Was unter **Vorsatz** zu verstehen ist, wird im BGB nicht näher erläutert. Nach hM ist darunter das Wissen und Wollen der nach dem gesetzlichen Tatbestand maßgeblichen Umstände zu verstehen. Wenn also der Verkäufer einer Speziessache in Kenntnis der sich aus dem Kaufvertrag ergebenden Pflicht den Kaufgegenstand einem anderen übergibt und übereignet, macht er sich damit vorsätzlich die Erfüllung seiner Vertragspflicht unmöglich. Die Kenntnis der anderweitigen Vertragspflicht ist erforderlich, weil nach der herrschenden Vorsatztheorie zum Vorsatz auch das Bewußtsein der Pflichtwidrigkeit des Verhaltens gehört. Der Schuldner muß also wissen, daß er entgegen einer ihn treffenden gesetzlichen oder vertraglichen Pflicht handelt.

Der Begriff der **Fahrlässigkeit** ist im Gesetz definiert und wird in § 276 Abs. 1 S. 2 als das Außerachtlassen der im Verkehr erforderlichen Sorgfalt bezeichnet. Mit der Bezugnahme auf die „erforderliche" Sorgfalt wird einmal jedem „üblichen" Schlendrian eine Absage erteilt. Es kommt nicht darauf an, was üblich, sondern was erforderlich ist. Zugleich wird damit verdeutlicht, daß nicht auf die individuellen Fähigkeiten des einzelnen abzustellen ist. Der Fahrlässigkeitsmaßstab des Zivilrechts ist vielmehr objektiviert und typisiert. Es ist entscheidend, welche Fähigkeiten ein gewissenhafter Vertreter der Gruppe besitzt, zu der derjenige gehört, dessen Verhalten beurteilt werden soll. Die zu fordernde Sorgfalt wird an dem Verhalten gemessen, das von einem gedachten, über normale Eigenschaften verfügenden Gruppenvertreter erwartet werden kann. Es wird also danach gefragt, wie sich ein „normaler" Kaufmann, Kraftfahrer, Arzt oder Handwerker in einer Situation der zu entscheidenden Art verhalten hätte. Bei dieser Einteilung in Gruppen kann auch das Lebensalter beachtet werden, indem man die zu stellenden Anforderungen an den Standards mißt, die für jugendliche oder im hohen Alter stehende Personen gelten. Allerdings können sich solche Personen dem Vorwurf aussetzen, daß sie eine Tätigkeit übernommen haben, der sie nicht gewachsen sind (sog. Übernahmeverschulden). So gelten für Kraftfahrer aller Altersgruppen die gleichen Maßstäbe. Gelangt man bei dieser an dem Gruppenstandard orientierten Prüfung zu dem Ergebnis, daß der Schuldner nicht die erforderliche Sorgfalt beobachtet hat, dann ist seine Fahrlässigkeit zu bejahen. Rechtfertigen läßt sich diese die individuelle Fähigkeit des einzelnen weitgehend vernachlässigende Auffassung mit der Erwägung, daß sich jeder darauf verlassen können muß, der andere werde dem üblichen Standard genügen. Es gilt also die Grundsatz: Wer sich im Rechtsverkehr als Kaufmann, Arzt, Handwerker beteiligt, muß auch den „gewöhnlichen" Anforderungen genügen. Wollte man anders entscheiden, würde dies zu unhaltbaren Ergebnissen führen; man müßte dann z. B. hinnehmen, daß ein Kraftfahrer sein Verschulden an einem von ihm verursachten Unfall mit seiner geringen Fahrpraxis ausschließen könnte. Andererseits wird jedoch (gleichsam zu Lasten des Verantwortlichen) eine Korrektur hinsichtlich subjektiver Qualifikation dergestalt vorgenommen, daß erhöhte Fähigkeiten (z. B. Spezialkenntnisse) des Betreffenden beachtet werden.

In manchen Fällen (vgl. z. B. §§ 300 Abs. 1, 521, 599, 680) hat der Schuldner neben Vorsatz nur **grobe Fahrlässigkeit** zu vertreten. Als grobe Fahrlässigkeit (culpa lata) wird eine besonders schwere Verletzung des Sorgfaltsgebots angesehen, wenn also der Täter etwas nicht beachtet, was jedem unter den gegebenen Umständen einleuchten müßte.

Von einer „**bewußten Fahrlässigkeit**" spricht man, wenn der Täter mit der Möglichkeit einer Pflichtverletzung rechnet, aber in sorgfaltswidriger Weise darauf vertraut, daß sie sich vermeiden läßt (Formel: Es wird schon gutgehen). Dagegen handelt der Täter mit **bedingtem Vorsatz** (dolus eventualis), wenn er die Pflichtverletzung billigend in Kauf nimmt (Formel: Na wenn schon). „Vorsatz" im Sinne des Gesetzes ist auch der bedingte Vorsatz.

165 Der Vorwurf eines Verschuldens hängt davon ab, ob die betreffende Person **verschuldensfähig** ist. § 276 Abs. 1 S. 3 verweist insoweit auf die §§ 827 und 828. Diese Vorschriften, die sich in erster Linie auf das Deliktsrecht beziehen, werden durch diese Verweisung für rechtsgeschäftliche Schuldverhältnisse anwendbar. Danach sind verschuldensunfähig alle Personen vor Vollendung des 7. Lebensjahres (§ 828 Abs. 1) und diejenigen, die sich im Zustand der Bewußtlosigkeit oder in einem die freie Willensbestimmung ausschließenden Zustand krankhafter Störung der Geistestätigkeit befinden (§ 827 S. 1, vgl. aber auch S. 2). Bei Personen zwischen dem 7. und 18. Lebensjahr kommt es auf ihre Einsichtsfähigkeit an (vgl. § 828 Abs. 2). Schließlich kann durch einen **Entschuldigungsgrund** das Verschulden ausgeschlossen sein (dazu u. RdNr. 680).

2. Wahlschuld und Ersetzungsbefugnis

166 Bei rechtsgeschäftlichen Schuldverhältnissen legen die Parteien regelmäßig durch ihre vertragliche Absprache den Gegenstand der Leistung fest. Die Parteien können jedoch auch vereinbaren, daß von verschiedenen Einzelleistungen nach Wahl des Schuldners oder des Gläubigers nur eine zu erbringen ist **(Wahlschuld)**.

III. Erlöschen des Schuldverhältnisses

Beispiel: Vereinbarung einer Vollpension im Hotel mit der Absprache, daß der Gast mittags und abends das Menü nach der Karte unter verschiedenen Menüs wählen darf. Der Hotelier ist also nur verpflichtet, ein Menü zu servieren. Es bleibt aber zunächst offen, welches von den auf der Karte aufgeführten den Gegenstand der Leistung bilden soll. Durch die Wahl des Gastes wird dies bestimmt.

Bei der Wahlschuld besteht also eine Forderung mit einem alternativen Inhalt. Die zunächst bestehende Ungewißheit, welchen Inhalt die Forderung des Gläubigers aufweist, wird durch die vom Wahlberechtigten vorzunehmende Entscheidung unter den verschiedenen in Betracht kommenden Einzelleistungen beendet. Die §§ 262 bis 265 enthalten einige Regeln über die Wahlschuld, die aber zum Teil wenig praxisgerecht gestaltet sind und deshalb meist durch andere Parteivereinbarungen ersetzt werden. **167**

Dagegen gibt die **Ersetzungsbefugnis** (facultas alternativa), die sowohl dem Schuldner als auch dem Gläubiger zustehen kann, das Recht, an die Stelle der (allein) geschuldeten Leistung eine andere treten zu lassen. **168**

Beispiel: Die Vertragsparteien eines Grundstückskaufs vereinbaren, daß der Käufer berechtigt ist, den Kaufpreis in Höhe von 100 000 DM durch bestimmte, genau bezeichnete Wertpapiere zu begleichen. Geschuldet wird ein Geldbetrag in Höhe von 100 000 DM. Der Schuldner hat jedoch das Recht, anstelle dieses Betrages dem Gläubiger die Wertpapiere zu geben.

Die Ersetzungsbefugnis ist im BGB nicht allgemein geregelt; es gibt jedoch im Gesetz eine Reihe von Fällen, in denen einem Berechtigten eine Ersetzungsbefugnis eingeräumt ist. So wird beispielsweise in § 251 Abs. 2 dem Schuldner gestattet, den Gläubiger in Geld zu entschädigen, wenn die Herstellung des ursprünglichen Zustandes (vgl. § 249 S. 1) nur mit unverhältnismäßigen Aufwendungen möglich ist. Einen Fall der Ersetzungsbefugnis des Gläubigers enthält § 249 S. 2, der dem Geschädigten das Recht einräumt, statt der Herstellung den dafür erforderlichen Geldbetrag zu verlangen. **169**

III. Erlöschen des Schuldverhältnisses

a) Einleitende Bemerkungen

In § 362 Abs. 1 heißt es: „Das Schuldverhältnis erlischt, wenn die geschuldete Leistung an den Gläubiger bewirkt wird." Der hier verwendete Begriff des Schuldverhältnisses ist im engeren Sinn zu verstehen (vgl. o. RdNr. 131); die zwischen Gläubiger und Schuldner bestehende Forderungsbeziehung wird also dadurch zum Erlöschen gebracht, daß der Schuldner die geschuldete Leistung bewirkt, d. h. die gegen ihn ge- **170** richtete Forderung erfüllt. Was aber wird in diesem Fall mit dem Rechtsverhältnis, aus dem sich die einzelne Forderungsbeziehung ableitet, aus dem Schuldverhältnis im weiteren Sinn? Es würde ebenfalls erlöschen, wenn nach Erfüllung der sich aus ihm ergebenden Forderung keine Beziehungen mehr zwischen Gläubiger und Schuldner bestehen blieben, aus denen sich Rechte und Pflichten ableiten. Daß dies so sein kann, aber nicht sein muß, zeigen die folgenden

Beispiele: Reich „leiht"[13] seinem Freund Freundlich bis zum nächsten Ersten 500,– DM; Freundlich zahlt den Betrag termingerecht zurück.

Amsel ist in einer Kleinstadt der einzige Orthopäde. Er veräußert seine Praxis an Drossel. Einen Monat später eröffnet er in derselben Stadt eine neue Praxis.

Handel, der Inhaber eines Fotomarktes, kauft 20 Sofortbildkameras des Typs S 1 vom Hersteller Knipser. Nach sechs Monaten stellt Knipser die Produktion auf Sofortbildkameras des Typs S 2 um. Die Herstellung der für S 1 bestimmten Filme wird nicht mehr fortgeführt. Da die für S 2 angebotenen Filme für S 1 nicht verwendbar sind und andere auf dem Markt befindliche Filme darin nicht passen, werden die Kameras des Typs S 1 unbrauchbar.

Mit der Rückzahlung des Darlehens enden die sich aus dem Darlehensvertrag ergebenden Rechtsbeziehungen zwischen Reich und Freundlich. In diesem Fall wird durch die Rückzahlung der 500,– DM nicht nur der Rückerstattungsanspruch des Reich (vgl. § 607 Abs. 1), sondern das Schuldverhältnis im weiteren Sinne zum Erlöschen gebracht, weil der Vertragszweck erreicht ist und Rechte und Pflichten zwischen den Beteiligten nicht mehr bestehen bleiben.

Anders ist dagegen im 2. und 3. Beispielsfall zu entscheiden. Mit der Erfüllung der Leistungspflichten, der Übertragung der Arztpraxis, der Übereignung und Übergabe der Kameras und der Zahlung der Kaufpreise, sind nicht alle zwischen den Vertragspartnern bestehenden Rechte und Pflichten zum Erlöschen gebracht. Vielmehr bleibt im Fall des Praxisverkaufs Amsel verpflichtet, die Eröffnung einer neuen Praxis in derselben Stadt und den sich daraus ergebenden Wettbewerb zu unterlassen. Denn nicht nur die technische Einrichtung der Praxis bildet den Gegenstand des Vertrages, sondern auch die berechtigte Aussicht, die bisherigen Patienten zu behalten und sie weiterhin ärztlich betreuen zu können. Diese Aussicht darf Amsel nicht durch Eröffnung einer konkurrierenden Praxis gefährden. Ein Konkurrenzverbot ergibt sich deshalb auch ohne ausdrückliche Absprache aus einer nachwirkenden Treuepflicht. Im 3. Beispielsfall hat Handel ein berechtigtes Interesse daran, mit den zum Betrieb der Sofortbildkameras erforderlichen Filmen versorgt zu werden, damit die von Knipser gekauften Kameras weiterhin verwendbar sind; auch insoweit ist eine entsprechende nachwirkende Pflicht zu bejahen.

171 Die beiden letzten Beispielsfälle zeigen also, daß es neben den eigentlichen **Leistungspflichten** noch **weitere Pflichten** gibt, die in den speziellen Fällen darauf gerichtet sind, daß der mit dem Vertrag bezweckte Erfolg nicht nachträglich durch das Verhalten des Schuldners vereitelt wird. Aus dem Prinzip von Treu und Glauben (§ 242) ist nämlich die

---

[13] Auch hier treffen wir wieder auf einen Fall, in dem sich die Umgangssprache von der Rechtssprache unterscheidet. Die „Leihe" von Geld ist ein Darlehen. Das Darlehen (vgl. § 607 ff.) unterscheidet sich von der Leihe (§§ 598 ff.) insbesondere dadurch, daß nicht (wie bei der Leihe) dieselbe Sache zurückzugeben ist und daß (anders als bei der Leihe) die Sache dem Darlehensnehmer übereignet wird.

III. Erlöschen des Schuldverhältnisses

Verpflichtung jedes Vertragspartners abzuleiten, sich so zu verhalten, daß der Vertragszweck erreicht werden kann und nicht nachträglich gefährdet oder beeinträchtigt wird. So hat der Schuldner den Gegenstand der von ihm zu erbringenden Leistung vor der Übergabe sorgfältig aufzubewahren, ihn vor Schäden zu schützen und bei Versendung sorgfältig zu verpacken. Bei Verträgen, bei denen es wie bei Arbeits- und Gesellschaftsverträgen im besonderen Maße auf eine vertrauensvolle und gedeihliche Zusammenarbeit ankommt, sind die Vertragsparteien zu einer besonderen Rücksicht in ihren gegenseitigen Beziehungen verpflichtet, die dem persönlichen Einschlag solcher Verträge Rechnung trägt. Ähnliches gilt auch bei Miet- und Pachtverträgen.

Aber nicht nur solche die Hauptleistung vorbereitende, unterstützende **172** und sichernde (Neben-)Pflichten obliegen dem Schuldner, sondern darüberhinaus auch die Verpflichtung, den Gläubiger bei der Durchführung des Schuldverhältnisses vor Schäden an dessen Rechtsgütern zu schützen und zu bewahren. Der Verkäufer muß z. B. dafür Sorge tragen, daß der Käufer nicht durch Mängel in den Verkaufsräumen zu Schaden kommt; gleiche Verpflichtungen treffen den Vermieter von Räumen sowie den Hotelier und den Gastwirt. Auch derartige **Schutzpflichten** können nach Erfüllung der geschuldeten Leistung bestehen bleiben; als Beispiel für eine derartige Nachwirkung sei die Pflicht des Arbeitnehmers genannt, nach Kündigung des Arbeitsverhältnisses hinsichtlich der Betriebs- und Geschäftsgeheimnisse Verschwiegenheit zu wahren.

Die Bezeichnung dieser neben den eigentlichen Leistungspflichten bestehenden Pflichten ist nicht einheitlich. So wird von „Verhaltenspflichten", „Sorgfaltspflichten" oder „Nebenpflichten" gesprochen. Sie können wiederum danach unterteilt werden, ob es bei ihnen um die Sicherung des Vertragszwecks – „leistungssichernde Nebenpflichten" – oder um den Schutz der Rechtsgüter des Gläubigers – „Schutzpflichten" – geht. Nach dem Inhalt der einzelnen Pflicht läßt sich auch von Aufklärungs-, Obhuts- und Mitwirkungspflichten sprechen, je nachdem, zu welchem Verhalten der Schuldner im einzelnen verpflichtet ist. Im Interesse einer einheitlichen Terminologie wird im folgenden der Begriff der **Verhaltenspflicht** stets verwendet, wenn die neben den Leistungspflichten den Vertragspartnern obliegenden (Neben-)Pflichten gemeint sind, wobei wiederum innerhalb dieser Pflichten zwischen den „**leistungssichernden (Neben-)Pflichten**" und den „**Schutzpflichten**" unterschieden wird.[14] Die schuldhafte Verletzung der Verhaltenspflichten macht schadensersatzpflichtig. Auf die damit zusammenhängenden Fragen wird später eingegangen werden.

Aus den vorstehenden Ausführungen ergibt sich also, daß auch nach **173** Erfüllung der Hauptpflichten und damit nach Erlöschen des Schuldverhältnisses im engeren Sinn Verhaltenspflichten bestehen bleiben können; solange dies der Fall ist, existiert das Schuldverhältnis im weiteren Sinn

---

[14] Einzelheiten zu diesen Pflichtkategorien bei *Larenz*, SchuldR I, § 2 I (S. 6ff.); *MünchKomm/Roth*, § 242 RdNr. 106ff.

und erlischt erst, wenn diese Verhaltenspflichten – meist durch Zeitablauf – gegenstandslos geworden sind.

b) Erfüllung

174 Wie bereits bemerkt, erlischt das Schuldverhältnis, d. h. die Forderungsbeziehung zwischen Gläubiger und Schuldner, wenn die geschuldete Leistung an den Gläubiger „bewirkt" wird (§ 362 Abs. 1). Besteht die geschuldete Leistung nur in der Vornahme bestimmter Handlungen, dann kann es nicht zweifelhaft sein, daß mit der Vornahme dieser Handlungen die geschuldete Leistung „bewirkt" ist.

> **Beispiele:** A übernimmt es, während einer vierwöchigen Abwesenheit des B in dessen Garten „nach dem Rechten zu sehen" und insbesondere die Blumen zu gießen und den Rasen zu schneiden. Dafür zahlt ihm B 150,– DM. Es handelt sich dann um einen Dienstvertrag, den A durch die Ausführung der vereinbarten Tätigkeit erfüllt. Ein bestimmter Erfolg, etwa daß bei der Rückkehr des B der Garten besonders schön grünt und blüht, wird nicht geschuldet.
>
> Dagegen schuldet der Gärtner, der es vertraglich übernimmt, einen Garten anzulegen und für das Anwachsen der gepflanzten Bäume, Sträucher und Blumen zu sorgen, nicht nur die Vornahme der dafür erforderlichen Verrichtungen, sondern auch den Eintritt eines entsprechenden Erfolges. Deshalb ist die geschuldete Leistung im zweiten Fall auch erst bewirkt, wenn dieser Erfolg eingetreten ist. Im zweiten Fall handelt es sich um einen Werkvertrag, bei dem es um die Herstellung des versprochenen Werkes geht, die Unternehmerverpflichtung also erfolgsbezogen ist (vgl. § 631 Abs. 1). In dieser Erfolgsbezogenheit der zu erbringenden Leistung besteht der Unterschied zwischen Werk- und Dienstvertrag.

175 Diese Beispiele lassen deutlich sein, daß zwischen den **Leistungshandlungen** und dem **Leistungserfolg** unterschieden werden muß und daß immer dann, wenn der Eintritt eines bestimmten Erfolges geschuldet wird, die Leistung erst dann „bewirkt" ist, wenn dieser Leistungserfolg sich eingestellt hat.

> Diese Unterscheidung soll noch an einem weiteren **Beispiel** erläutert werden:
> Durch den Kaufvertrag wird der Verkäufer einer Sache verpflichtet, dem Käufer die Sache zu übergeben und das Eigentum an der Sache zu verschaffen (§ 433 Abs. 1 S. 1). Erst wenn der Käufer Eigentümer der Kaufsache geworden ist, tritt also der Leistungserfolg ein und hat der Verkäufer seine entsprechende Vertragspflicht erfüllt.

176 Im juristischen Schrifttum wird seit langem heftig darüber gestritten, ob für die Erfüllung tatsächliche Handlungen genügen oder ob hierfür noch ein Rechtsgeschäft, ein Erfüllungsvertrag, zwischen Gläubiger und Schuldner geschlossen werden muß. Insbesondere in Fällen, in denen der **Gläubiger minderjährig** ist und deshalb allein keinen wirksamen Vertrag zu schließen vermag, wird diese Frage diskutiert. Dazu folgendes

> **Beispiel:** Der 17jährige Jung verkauft mit Einwilligung seiner Eltern seine Briefmarkensammlung zum Preise von 500,– DM an Alt. Als sich zufällig beide auf der

III. Erlöschen des Schuldverhältnisses

Straße treffen, zahlt Alt dem Jung den Kaufpreis. Jung begibt sich sodann in ein Lokal, gerät dort in schlechte Gesellschaft und gibt das ganze Geld bei einem anschließenden „Zug durch die Gemeinde" aus. Die Eltern des Jung fordern von Alt nochmalige Bezahlung der 500,- DM. Mit Recht?

Die aus dem Kaufvertrag zwischen Jung und Alt entstandene Kaufpreisforderung erlischt, wenn die geschuldete Leistung an den Gläubiger bewirkt wird (§ 362 Abs. 1). Es ist deshalb auf die bereits oben gestellte Frage einzugehen, ob das Bewirken der Leistung iSv. § 362 Abs. 1 neben der Übertragung des Eigentums an den Geldscheinen, die – da lediglich für Jung rechtlich vorteilhaft – ohne Einwilligung seiner Eltern vollzogen werden kann (§ 107), noch den Abschluß eines Erfüllungsvertrages erforderlich macht.

Im Schrifttum werden zu dieser Frage folgende Theorien vertreten: **177**
– Die **Vertragstheorie** meint, daß neben dem tatsächlichen Bewirken der Leistung eine vertragliche Einigung zwischen Gläubiger und Schuldner erforderlich sei, die eine Absprache darüber zum Inhalt hätte, daß Zweck der Leistung die Erfüllung der darauf gerichteten Forderung sei. Diese selbstverständlich auch konkludent zu treffende Zweckvereinbarung sei ein Rechtsgeschäft, für dessen Gültigkeit alle dafür erforderlichen Voraussetzungen erfüllt werden müßten, also auch die der Geschäftsfähigkeit. Ein Minderjähriger kann nach dieser Theorie ohne Zustimmung seines gesetzlichen Vertreters nicht wirksam die Erfüllung einer Forderung herbeiführen, weil er durch das dafür erforderliche Rechtsgeschäft nicht lediglich einen rechtlichen Vorteil erlangt (§ 107), denn er verliert durch eine wirksame Erfüllung seine Forderung.
– Die **modifizierte (eingeschränkte) Vertragstheorie** verlangt nur in Fällen, in denen für die Herbeiführung des Leistungserfolges ein Rechtsgeschäft erforderlich ist, einen (zusätzlichen) Erfüllungsvertrag.

Bei einem Kaufvertrag tritt der vom Käufer herbeizuführende Leistungserfolg im Falle der Barzahlung erst durch Übereignung des Geldes ein. Da die Übereignung ein Rechtsgeschäft darstellt, ist auch nach der modifizierten Vertragstheorie ein zusätzlicher Vertrag erforderlich. Auch nach dieser Theorie wäre im Beispielsfall die Forderung des Jung nicht erloschen.

Dagegen würde nach der modifizierten Vertragstheorie die tatsächliche Bewirkung der Leistung beispielsweise bei Dienst- und Werkleistungen ausreichen, weil hierbei nur reale, keine rechtsgeschäftlichen Leistungshandlungen notwendig sind, um die geschuldete Leistung zu erbringen.

– Die **Theorie der finalen Leistungsbewirkung** verlangt neben dem rein tatsächlichen Akt der Leistungserbringung eine Leistungszweckbestimmung durch den Leistenden, durch die er seine Leistung auf eine bestimmte Schuld bezieht. Die (einseitige) Leistungszweckbestimmung wird als geschäftsähnliche Handlung aufgefaßt.

Geschäftsähnliche (genauer: rechtsgeschäftsähnliche) **Handlungen** sind Willensäußerungen, an die das Gesetz Rechtsfolgen knüpft. Sie unterscheiden sich von Willenserklärungen dadurch, daß die Rechtsfolgen nicht gewollt sein müssen. Auf geschäftsähnliche Handlungen sind die Vorschriften über Willenserklärungen entsprechend anzuwenden.

– Nach der herrschenden **Theorie der realen Leistungsbewirkung** genügt für die Erfüllung, daß die Leistung real bewirkt wird. Es werden also von dieser Auffassung keine zusätzlichen (rechtsgeschäftlichen) Erklärungen oder Handlungen verlangt.

178 Allerdings schaffen die beiden Theorien einseitiger Leistungsbewirkung zum Schutz von geschäftsunfähigen oder beschränkt geschäftsfähigen Personen eine zusätzliche Voraussetzung: Die Person, an die die Leistung bewirkt wird, muß zur Annahme der Leistung befugt sein. Diese Befugnis, **„Empfangszuständigkeit"** genannt, steht zwar grundsätzlich jedem Gläubiger zu, aber ausnahmsweise ist der minderjährige Gläubiger nicht zur Annahme der Leistung befugt, und es fehlt ihm deshalb auch die Empfangszuständigkeit, weil er nicht ohne seinen gesetzlichen Vertreter die Forderung durch Annahme der geschuldeten Leistung zum Erlöschen bringen darf.

Also auch nach den Theorien der realen und der finalen Leistungsbewirkung bleibt die Forderung des Jung trotz Zahlung der 500,– DM bestehen, und die Eltern können den Betrag noch einmal verlangen.

Alle Theorien gelangen somit im Falle der Minderjährigkeit zu dem gleichen Ergebnis, nur die rechtlichen Begründungen unterscheiden sich. In einer Klausur, in der diese Frage eine Rolle spielt, genügt also eine kurze Darstellung des Meinungsstreites und die Feststellung, daß eine Entscheidung dieses Streits in Fällen der Leistung an nichtgeschäftsfähige Personen nicht geboten sei, weil das Ergebnis nach allen Auffassungen das gleiche ist.[15]

179 Die geschuldete Leistung ist **„an den Gläubiger"** zu bewirken. Dies bedeutet, daß der Gläubiger das bekommen muß, was er nach der ihm zustehenden Forderung zu beanspruchen hat; das heißt dagegen nicht, daß auch stets an den Gläubiger in Person zu leisten ist. Es gibt geschuldete Leistungen, bei deren Erfüllung der Gläubiger der Natur der Sache nach überhaupt nicht unmittelbar beteiligt sein kann, so z. B. wenn Unterlassungen geschuldet sind. Sowohl auf seiten des Gläubigers als auch auf seiten des Schuldners können Gehilfen und Boten eingesetzt werden, um den Leistungserfolg herbeizuführen. Nehmen solche Personen die Leistung für den Gläubiger entgegen, dann ist Adressat der Leistung der Gläubiger. Dies unterscheidet solche Helfer von „Dritten", die nicht für den Gläubiger, sondern für sich selbst die Leistung empfangen. Da diese Personen nicht empfangszuständig sind, kann die Leistung an sie grundsätzlich nicht zum Erlöschen der Forderung des Gläubigers führen. Dies ist nach der in § 362 Abs. 2 getroffenen Regelung nur dann der Fall, wenn der Gläubiger vorher seine Zustimmung erteilt hat (§ 185 Abs. 1)

---

[15] Weiterführend zu dieser Frage *Wacke,* JuS 1978, 80 (vom Standpunkt der hM), und *Harder,* JuS 1977, 149; 1978, 84 (die hM ablehnend).

oder wenn später der Gläubiger die Leistung genehmigt oder wenn ein anderer der in § 185 Abs. 2 genannten Tatbestände verwirklicht wird.

In diesem Zusammenhang ist auf die Vorschrift des § 370 hinzuweisen. Danach gilt der Überbringer einer **Quittung** (d. h. eines schriftlichen Empfangsbekenntnisses des Gläubigers, vgl. § 368) als ermächtigt, die Leistung zu empfangen. Diese Regelung hat Bedeutung, wenn der Überbringer in Wirklichkeit nicht vom Gläubiger zum Inkasso ermächtigt worden ist. Durch die Vorlage der Quittung wird jedoch der Überbringer als empfangszuständig legitimiert, und der Schuldner wird frei, wenn er an den Überbringer der Quittung zahlt, es sei denn, daß er Umstände kennt, die der Annahme einer Ermächtigung durch den Gläubiger entgegenstehen. Wie der Überbringer die Quittung erlangt hat, ist gleichgültig. Auch wenn er sie dem Gläubiger entwendet hat, gilt nach hM § 370. Die Gegenauffassung, die in gleicher Weise wie in § 172 die Rechtsscheinhaftung von einer Aushändigung der Quittung an den Dritten abhängig machen will, ist mit dem Rechtsgedanken des § 370 unvereinbar. Dieser Rechtsgedanke geht dahin, daß ein Gläubiger, der schon vor Empfang der Leistung eine Quittung ausstellt, die Gefahr ihres Mißbrauchs auf sich zu nehmen hat und ein redlicher Schuldner, der im Vertrauen auf diese Quittung leistet, geschützt sein muß. Dementsprechend setzt § 370 eine echte Quittung voraus. Das Risiko einer Fälschung trägt der Schuldner.

Nur wenn der Schuldner verpflichtet ist, „in Person" zu leisten, kann **180** der Gläubiger darauf bestehen, daß der Schuldner selbst die gegen ihn gerichtete Forderung erfüllt. In anderen Fällen darf er die Leistung nur ablehnen, wenn der Schuldner der **Erfüllung durch einen Dritten** widerspricht (vgl. § 267).

Zahlt der reiche Onkel die rückständige Miete seines auswärts studierenden Neffen, um diesem eine Freude zu machen, dann erlischt in gleicher Weise die Mietforderung, als wenn der Neffe selbst bezahlte.
Die Verpflichtung zur persönlichen Leistung kann sich aus dem Gesetz ergeben (vgl. z. B. für den Dienstvertrag § 613 S. 1) oder auf einer entsprechenden vertraglichen Vereinbarung beruhen (Beispiel: Der berühmte Porträtist P übernimmt es, die Tochter des Reich zu malen. Hier ist Inhalt des Vertrages, daß das Porträt von P selbst gefertigt wird).

Hat ein Gläubiger gegen denselben Schuldner **mehrere Forderungen,** **181** dann kann sich die Frage stellen, welche von ihnen getilgt wird, wenn der Schuldner eine Leistung erbringt, die nicht zur Erfüllung aller Forderungen ausreicht.

Beispiel: Glaub hat gegen Schuld eine Forderung aus Darlehen in Höhe von 1000,– DM, für die sich Gütig verbürgt hat (vgl. § 765 Abs. 1; Einzelheiten zur Bürgschaft später). Außerdem schuldet Schuld dem Glaub aus Kaufvertrag 2000,– DM. Schuld überweist 500,– DM auf das Konto des Glaub und schreibt auf den Überweisungsträger: „a conto Zahlung für Darlehen". Glaub möchte dagegen lieber die Zahlung auf die Kaufpreisforderung verrechnen, weil die Darlehensforderung durch Bürgschaft gesichert ist.

Nach § 366 Abs. 1 ist der Schuldner berechtigt, bei der Leistung zu **182** bestimmen, welche von mehreren Schulden getilgt werden soll. Diese Bestimmung ist durch eine empfangsbedürftige Willenserklärung vorzunehmen, die auch – wie sonst – konkludent abgegeben werden kann. Nur wenn der Schuldner eine derartige Erklärung unterläßt, regelt das Gesetz in § 366 Abs. 2, wie die Anrechnung vorgenommen werden muß. § 366 wird durch die Vorschrift des § 367 Abs. 1 ergänzt, die das Bestimmungsrecht des Schuldners einschränkt (vgl. § 367 Abs. 2).

Die in § 366 getroffene Regelung läßt sich gegen die von den Vertragstheorien vertretene Auffassung anführen, daß ein Erfüllungsvertrag zur Herbeiführung der Erfüllungswirkung erforderlich ist; in den Fällen des § 366 Abs. 1 genügt eine einseitige Leistungsbestimmung des Schuldners, die sogar in den Fällen des Absatzes 2 entbehrlich ist. Dies ist unvereinbar mit der Annahme eines Erfüllungsvertrages.

183   In dem oben gebrachten Beispielsfall wurde davon gesprochen, daß der Schuldner seine Geldschuld durch **Überweisung auf das Bankkonto** des Gläubigers erfüllt. Diese Feststellung scheint völlig unproblematisch zu sein, ist doch heute nach allgemeiner Gepflogenheit die Erfüllung einer Geldschuld durch Barzahlung weitgehend auf Geschäfte des täglichen Lebens beschränkt, während sonst der bargeldlose Zahlungsverkehr üblich ist. Dennoch muß der Frage nachgegangen werden, ob und wie der Schuldner durch Überweisung des Forderungsbetrages auf das Konto des Gläubigers die Forderung erfüllt.

Wird eine Geldforderung bar berichtigt, dann tritt der für die Bewirkung der Leistung erforderliche Leistungserfolg mit Übertragung des Eigentums an den Geldscheinen und Münzen auf den Gläubiger ein. Bei Überweisung des entsprechenden Betrages auf das Konto des Gläubigers erwirbt dieser naturgemäß nicht das Eigentum an den Banknoten, sondern eine Forderung gegen das Kreditinstitut in Höhe des überwiesenen Betrages. Man könnte deshalb daran denken, daß die Forderung deshalb erlischt, weil der Gläubiger damit einverstanden ist, anstelle der an sich geschuldeten Leistung (= Bargeld) eine andere Leistung (= Erwerb der Forderung gegen die Bank) anzunehmen. Es handelte sich dann um einen Fall der Annahme an Erfüllungs Statt (vgl. § 364 Abs. 1; dazu u. RdNr. 186); dies ist der Standpunkt der wohl hM.

184   Das „**Buchgeld**" oder „**Giralgeld**" ist dem Bargeld völlig gleichwertig. Der bargeldlose Zahlungsverkehr hat heute im Wirtschaftsleben die Barzahlung in einer Weise ersetzt, daß es lebensfremd wäre, der „Zahlung" durch Überweisung auf das Konto des Gläubigers oder durch Übergabe eines „sicheren" Schecks (z. B. Euroscheck mit Scheckkarte) nicht die gleiche rechtliche Wirkung zuzuerkennen, wie der Erfüllung durch Barzahlung. Allerdings tritt diese Wirkung erst ein, wenn die Bank den Betrag auf das Konto des Gläubigers gutschreibt.[16] Nur wenn der Gläubiger aus triftigem Grund die bargeldlose Zahlung ausschließt, hat der Schuldner den geschuldeten Geldbetrag bar an ihn zu leisten.

185   Der Schuldner kann die Forderung unter bestimmten Voraussetzungen auch durch eine andere als die geschuldete Leistung erfüllen. Dies ist

---

[16] Einzelheiten zur Geldschuld bei *Medicus*, SchuldR I, § 18 (S. 79 ff.); JuS 1983, 897; *K. Schmidt*, JuS 1984, 737 ff.; *Fikentscher*, SchuldR, § 29 (S. 159 ff.); *v. Stebut*, Jura 1982, 561 ff.; 1983, 449 ff.

III. Erlöschen des Schuldverhältnisses

einmal der Fall, wenn er von einer ihm zustehenden Ersetzungsbefugnis Gebrauch macht (vgl. o. RdNr. 168 f.). Der Schuldner kann aber auch ohne eine solche Ersetzungsbefugnis in der Absicht, seine Schuld zu tilgen, dem Gläubiger einen anderen als den geschuldeten Gegenstand anbieten; es hängt dann von dem Gläubiger ab, ob er sich auf dieses Angebot einläßt und ob er den angebotenen Gegenstand „an Erfüllungs Statt" annimmt.

> **Beispiel:** Schuld, der dem Glaub aus Darlehen 1000,– DM schuldet, befindet sich in wirtschaftlichen Schwierigkeiten und bietet deshalb Glaub zur Tilgung seiner Schuld ein Ölgemälde an. Glaub erklärt sich mit dieser „Zahlung" einverstanden.

186 Nimmt der Gläubiger eine andere als die geschuldete **Leistung an Erfüllungs Statt** an, dann erlischt das Schuldverhältnis in gleicher Weise, wie wenn die geschuldete Leistung bewirkt worden wäre (§ 364 Abs. 1). Was geschieht aber, wenn ein an Erfüllungs Statt angenommener Gegenstand einem Dritten gehört oder wenn er mangelhaft ist? Kann dann der Gläubiger auf seinen ursprünglichen Anspruch gegen den Schuldner wieder zurückgreifen? Eine Antwort auf diese Fragen gibt § 365, der auf die Gewährleistungspflicht des Verkäufers verweist, die dieser bei Mängeln des Kaufgegenstandes hat.

> Gehörte also das von Glaub an Erfüllungs Statt angenommene Ölgemälde nicht dem Schuld, sondern war es Dritt gestohlen worden (Rechtsmangel, vgl. § 434) und muß Glaub es diesem herausgeben (§ 440 Abs. 2) oder weist es einen Fehler auf, der den Wert oder die Tauglichkeit des Bildes aufhebt oder mindert (Sachmangel; vgl. § 459), dann lebt die ursprüngliche Schuld nicht ohne weiteres wieder auf, sondern Glaub wird so gestellt, als habe er das Bild von Schuld gekauft. Auf die sich dann für den Käufer ergebenden Rechte soll hier nicht weiter eingegangen werden, weil dies im Zusammenhang mit dem Kaufrecht eingehend darzustellen sein wird.[17]

187 Nicht immer wird der Gläubiger damit einverstanden sein, eine andere als die geschuldete Leistung an Erfüllungs Statt anzunehmen; er kann aber bereit sein, wegen seiner Forderung aus dem angebotenen Gegenstand die Befriedigung zu suchen.

> In dem oben angeführten Beispielsfall erklärt Glaub, er wolle zwar das Ölgemälde selbst nicht behalten, kenne aber mehrere Leute, die Bilder der angebotenen Art sammelten. Er wolle deshalb versuchen, durch einen Verkauf des Bildes den zur Abdeckung seiner Forderung gegen Schuld erforderlichen Geldbetrag zu beschaffen.

188 Die Hingabe des anderen Gegenstandes geschieht dann „**erfüllungshalber**". Die ursprüngliche Forderung bleibt bestehen, der Gläubiger verpflichtet sich aber, zunächst den Versuch zu unternehmen, sich aus

---

[17] Im Zusammenhang mit der in § 365 getroffenen Regelung stellen sich verschiedene recht schwierige Fragen – beispielsweise ob der Gläubiger erreichen kann, daß eine Sicherheit für die ursprüngliche Forderung (z. B. eine Bürgschaft) wieder hergestellt wird –, über deren Beantwortung gestritten wird. Hierbei handelt es sich aber um Probleme, die Fortgeschrittenen vorzubehalten sind.

dem ihm erfüllungshalber überlassenen Gegenstand zu befriedigen. Gelingt dies nicht, kann er wieder auf die (bestehen gebliebene) Forderung zurückgreifen, zu deren Tilgung ihm der andere Gegenstand erfüllungshalber überlassen worden ist. Ob eine andere als die geschuldete Leistung an Erfüllungs Statt oder nur erfüllungshalber vom Gläubiger angenommen wird, muß aufgrund der zwischen den Parteien getroffenen Vereinbarungen ermittelt werden. § 364 Abs. 2 enthält für den Fall, daß der Schuldner zum Zwecke der Befriedigung des Gläubigers diesem gegenüber eine neue Verbindlichkeit übernimmt, eine Auslegungsregel, die für eine Leistung erfüllungshalber spricht. Unter diese Auslegungsregel fallen vor allem die Hingabe von Wechseln und Schecks, durch die neue Forderungen gegen den Schuldner begründet werden. Wie dies im einzelnen geschieht, muß dem Wechsel- und dem Scheckrecht entnommen werden, auf das hier nicht einzugehen ist.

Wenn also Schuld die Darlehensforderung mit einem Wechsel oder Scheck „zahlt", dann geschieht das (im Zweifel) erfüllungshalber, so daß die Darlehensforderung bestehen bleibt, Glaub aber zunächst verpflichtet ist, die Einlösung des Wechsels oder Schecks zu versuchen.

c) Hinterlegung und Selbsthilfeverkauf

189 Es gibt Fälle, in denen der Schuldner daran interessiert ist, die gegen ihn gerichtete Forderung zu erfüllen, daran aber gehindert wird, weil der Gläubiger die angebotene Leistung nicht annimmt oder der Schuldner nicht genau weiß, wer sein Gläubiger ist. Richtet sich die Forderung auf einen hinterlegungsfähigen Gegenstand, auf Geld, Wertpapiere, sonstige Urkunden (z. B. einen Hypothekenbrief) oder Kostbarkeiten (vgl. § 372), dann kann der Schuldner den Gegenstand bei einer dazu bestimmten öffentlichen Stelle hinterlegen.

Welche Stelle zuständig ist und welches Verfahren dabei beobachtet werden muß, ist in der Hinterlegungsordnung geregelt (abgedruckt im Schönfelder Nr. 121).

190 Erklärt der Schuldner der Hinterlegungsstelle, daß er auf das Recht zur Rücknahme verzichte (§ 376 Abs. 2 Nr. 1), dann hat die Hinterlegung die gleiche Wirkung wie die Leistung an den Gläubiger; der Erfüllungsanspruch erlischt (§ 378). Die Hinterlegung ist in diesem Fall ein Ersatz (= Surrogat) für die Erfüllung, kurz ein **„Erfüllungssurrogat"**.

Hat der Schuldner auf die Rücknahme nicht verzichtet und ist er deshalb zur Rücknahme berechtigt (§ 376 Abs. 1), dann gilt hinsichtlich der Wirkungen der Hinterlegung § 379. Nach Absatz 2 dieser Vorschrift geht die Preis- oder Vergütungsgefahr (dazu u. RdNr. 357) auf den Gläubiger über; dies bedeutet, daß der Schuldner nicht nur nach § 275 von seiner Leistungspflicht frei wird, wenn der hinterlegte Gegenstand durch Zufall untergeht, sondern er behält auch in diesem Fall seinen Anspruch auf Gegenleistung (im Falle des Verkaufs des hinterlegten Gegenstandes also den Kaufpreisanspruch).

III. Erlöschen des Schuldverhältnisses

Von welchen Voraussetzungen das Recht zur Hinterlegung abhängig ist, wird in § 372 im einzelnen geregelt. Handelt es sich nicht um eine hinterlegungsfähige Sache, dann kann der Schuldner in den in § 383 Abs. 1 genannten Fällen einen „Selbsthilfeverkauf" vornehmen und den Erlös (da Geld und deshalb hinterlegungsfähig) hinterlegen. Der Selbsthilfeverkauf wird entweder durch öffentliche Versteigerung nach §§ 383, 384 oder – wenn die Sache einen Börsen- oder Marktpreis hat – durch freihändigen Verkauf nach § 385 vollzogen. **191**

d) Aufrechnung

Wenn Blau dem Rot aus Kaufvertrag 500,– DM schuldet, selbst aber von Rot 400,– DM aus einem diesem gewährten Darlehen zu bekommen hat, dann wäre es recht umständlich, Rot erst die 500,– DM zu zahlen, um dann anschließend 400,– DM von diesem zu erhalten. Einfacher ist es, die Hin- und Herzahlerei zu vermeiden und lediglich den überschießenden Betrag von 100,– DM auszugleichen. Den Weg dazu eröffnet die Aufrechnung (§§ 387 ff.). Über die Erleichterung der Tilgung von Schulden hinaus bietet die Aufrechnung auch den Vorteil, daß man auf diesem Wege die Befriedigung einer eigenen Forderung gegen zahlungsunfähige oder zahlungsunwillige Schuldner ohne weiteres erreichen kann. Muß also Blau befürchten, daß er von Rot den Darlehensbetrag nicht erhält, wird er erst recht nicht bereit sein, an diesen 500,– DM zu zahlen, sondern den Weg der Aufrechnung gehen. Die Aufrechnung ist ein **Erfüllungssurrogat** (vgl. o. RdNr. 190). **192**

Die **Voraussetzungen** der Aufrechnung sind im § 387 im einzelnen aufgeführt: **193**
– Zwei Personen müssen einander etwas schulden, jeder muß gleichzeitig Gläubiger und Schuldner des anderen sein (sog. Gegenseitigkeit oder Wechselseitigkeit der Forderungen).

> Die gegen den Aufrechnenden gerichtete Forderung wird Hauptforderung genannt, seine eigene Gegenforderung.

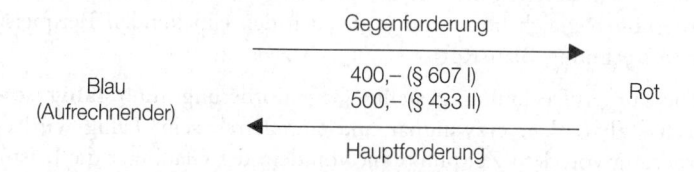

```
                         Gegenforderung
                    ──────────────────────▶
      Blau            400,– (§ 607 I)
  (Aufrechnender)     500,– (§ 433 II)          Rot
                    ◀──────────────────────
                         Hauptforderung
```

– Die einander geschuldeten Leistungen müssen gleichartig sein, also beide entweder auf Geld (Hauptanwendungsfall) oder auf die gleiche Gattungsschuld (z. B. Gemüse derselben Sorte und Handelsklasse) gerichtet sein (Gleichartigkeit).

- Der Aufrechnende muß die ihm gebührende Leistung fordern können (Fälligkeit und Durchsetzbarkeit der Gegenforderung).
- Der Aufrechnende muß die ihm obliegende Leistung bewirken können (Erfüllbarkeit der Hauptforderung).
- Außerdem darf kein Aufrechnungsverbot eingreifen.

194 Zu diesen Voraussetzungen ist im einzelnen zu bemerken: Von dem Erfordernis der **Gegenseitigkeit** von Haupt- und Gegenforderung gibt es zwei Ausnahmen:
- Im Fall einer Abtretung der Forderung (vgl. § 398) kann nach § 406 – vorbehaltlich der in dieser Vorschrift genannten Einschränkungen – der Schuldner mit einer ihm gegenüber dem bisherigen Gläubiger (der die Forderung an einen anderen abgetreten hat) zustehenden Forderung auch dem neuen Gläubiger gegenüber aufrechnen (Einzelheiten später).
- Nach § 268 Abs. 2 kann ein ablösungsberechtigter Dritter mit einer ihm gegen den die Zwangsvollstreckung betreibenden Gläubiger zustehenden Forderung gegen die Forderung, wegen der die Zwangsvollstreckung betrieben wird, aufrechnen.

§ 268 betrifft den Fall, daß einem Dritten infolge einer gegen einen anderen durchgeführten Zwangsvollstreckung ein Rechts- oder Besitzverlust droht.
Beispiel: S schuldet dem G aus Darlehen 10000,– DM. Da S nicht zahlt, erwirkt G ein Urteil gegen ihn und betreibt daraus die Zwangsvollstreckung (Einzelheiten dazu können und müssen hier nicht dargestellt werden). S ist Eigentümer eines Grundstücks, das er an D verpachtet hat. Wenn jetzt G dieses Grundstück zur Zwangsversteigerung bringt, dann besteht die Gefahr, daß der Ersteher das Pachtverhältnis mit D kündigt, wozu er nach dem Zwangsversteigerungsgesetz (§ 57a) berechtigt ist. Es besteht also die Gefahr, daß D infolge der Zwangsvollstreckung des G den Besitz an dem von ihm gepachteten Grundstück des S verliert. In diesem Fall gibt ihm § 268 Abs. 1 ein Ablösungsrecht, das er nach § 268 Abs. 2 auch durch Aufrechnung einer eigenen Forderung, deren Schuldner G ist, gegen die Hauptforderung des G gegen S wahrnehmen kann.

195 Die erforderliche **Gleichartigkeit** der zur Aufrechnung zu stellenden Forderungen (Geld gegen Geld; gleiche Gattung gegen gleiche Gattung) verlangt selbstverständlich nicht, daß die zur Aufrechnung gestellten Forderungen gleich hoch sind (vgl. auch den einleitenden Beispielsfall der Aufrechnung Blau/Rot).

196 Die zur Aufrechnung gestellte Gegenforderung muß **fällig sowie durchsetzbar**, d. h. erzwingbar und einredefrei, sein. Fällig wird eine Forderung von dem Zeitpunkt an, von dem der Gläubiger die Leistung vom Schuldner verlangen kann. Nach § 271 Abs. 1 kann der Gläubiger die Leistung sofort verlangen, wenn sich nicht aus einer Parteivereinbarung oder aus den Umständen des Einzelfalles etwas anderes ergibt. Erzwingbar sind nicht Naturalobligationen (vgl. o. RdNr. 145), so daß mit ihnen nicht aufgerechnet werden kann. Schließlich kann eine

III. Erlöschen des Schuldverhältnisses

Forderung, der eine Einrede entgegensteht, nicht zur Aufrechnung gestellt werden (§ 390 S. 1).

In der Terminologie des BGB bedeutet „**Einrede**" ein gegen den Anspruch des Gläubigers gerichtetes Gegenrecht des Schuldners, aufgrund dessen er die Durchsetzung des Anspruchs gegen ihn zu verhindern vermag. Kann G von S die Zahlung einer bestimmten Geldsumme fordern, dann ist seine Forderung einredebehaftet, wenn S ein Gegenrecht zusteht, kraft dessen er die Erfüllung der Forderung verweigern kann. Je nachdem, ob die Durchsetzung des Anspruchs auf Dauer oder nur zeitweilig durch das Gegenrecht ausgeschlossen wird, unterscheidet man zwischen dauernden oder peremptorischen und aufschiebenden oder dilatorischen Einreden. Die wichtigsten peremptorischen Einreden sind die Einrede der Verjährung (§ 222 Abs. 1), die Mängeleinrede (§ 478), die Einrede der Bereicherung (§ 821) und die Einrede der unerlaubten Handlung (§ 853).

Dilatorische Einreden sind insbesondere die Einrede der Stundung (vgl. dazu u. RdNr. 387), die Einrede des nichterfüllten Vertrages (§ 320), die Einrede des Notbedarfs des Schenkers (§ 519), die dem Bürgen zustehenden Einreden der Anfechtbarkeit (§ 770 Abs. 1), der Aufrechenbarkeit (§ 770 Abs. 2) und der Vorausklage (§ 771).

Hat Rot gegen Blau eine Kaufpreisforderung in Höhe von 500,– DM, die verjährt ist (vgl. § 196 Abs. 1 Nr. 1, Abs. 2), dann kann er also damit nicht gegen die Forderung des Blau gegen ihn auf Rückzahlung eines Darlehens aufrechnen; eine Ausnahme gilt aufgrund der Vorschrift des § 390 S. 2, wenn die verjährte Gegenforderung beim Eintritt der Aufrechnungslage – d. h. in dem Zeitpunkt, in dem sich beide Forderungen erstmals aufrechenbar gegenüberstanden (vgl. § 389) – noch nicht verjährt gewesen ist.

Die Vorschrift des § 390 S. 1 schließt nur eine Aufrechnung aus, wenn **197** die Gegenforderung einredebehaftet ist. Dagegen kann der Gläubiger einer einredefreien Forderung ohne weiteres gegen eine einredebehaftete Hauptforderung die Aufrechnung erklären, weil es ihm unbenommen ist, die Einrede nicht geltend zu machen und sich so zu verhalten, als gebe es den Tatbestand der Einrede nicht.

Blau kann also mit seiner Darlehensforderung gegen die verjährte Kaufpreisforderung des Rot aufrechnen.

Die Hauptforderung muß **erfüllbar** sein, weil ja die Aufrechnung die **198** gleiche Wirkung wie die Erfüllung hat. Ist z. B. für eine verzinsliche Darlehensforderung ein Rückzahlungstermin vereinbart worden, dann darf der Schuldner vor diesem Termin die Darlehensschuld wegen des Interesses des Gläubigers an den Zinsen nicht tilgen; diese Forderung ist also vorher nicht erfüllbar und somit auch nicht aufrechenbar.

Auch wenn alle Voraussetzungen für eine Aufrechnung (Gegenseitig- **199** keit und Gleichartigkeit beider Forderungen, Fälligkeit und Durchsetzbarkeit der Gegenforderung, Erfüllbarkeit der Hauptforderung) gegeben sind, kann die Aufrechnung durch Gesetz oder durch vertragliche Vereinbarung ausgeschlossen sein. Soweit ein Aufrechnungsverbot in AGB ausgesprochen wird, ist § 11 Nr. 3 AGBG zu beachten (vgl. aber auch § 24 AGBG). Ein gesetzliches **Aufrechnungsverbot** enthält § 393; danach kann gegen eine Forderung aus einer vorsätzlich begangenen unerlaubten Handlung nicht aufgerechnet werden.

> **Beispiel:** Grob gibt dem Leicht auf dessen Bitten ein Darlehen in Höhe von 1000,– DM. Als Leicht trotz mehrfacher Mahnungen das Darlehen nicht zurückzahlt, prügelt ihn Grob windelweich. Leicht kann daraufhin mehrere Tage nicht arbeiten und hat deshalb einen Verdienstausfall; außerdem entstehen ihm Kosten für ärztliche Behandlung. Als Leicht seine Forderung auf Schadensersatz in Höhe von 950,– DM gegen Grob geltend macht (vgl. § 823 Abs. 1), erklärt Grob, er rechne mit seiner Darlehensforderung gegen Leicht auf. Diese Aufrechnung ist nicht zulässig, weil ihr das Verbot des § 393 entgegensteht.

200 Der hinter dieser Regelung stehende Rechtsgedanke geht dahin, daß derjenige, der einen anderen vorsätzlich deliktisch schädigt, nicht dadurch bevorzugt werden soll, daß er auf dem leichten Wege der Aufrechnung – möglicherweise auch noch mit einer sonst nicht einbringlichen Forderung – seine Schuld tilgen kann. Dem Gläubiger, der vorsätzlich geschädigt worden ist, steht es dagegen frei, seinerseits aufzurechnen. Ob das Aufrechnungsverbot des § 393 auch dann gilt, wenn beide Forderungen aus vorsätzlichen unerlaubten Handlungen hervorgegangen sind (z. B. durch einen Raufhandel, bei dem beide Kontrahenten verletzt werden), ist streitig, aber angesichts des klaren Wortlauts und des Rechtsgedankens der Vorschrift zu bejahen.

201 Nach § 394 S. 1 darf gegen eine unpfändbare Forderung nicht aufgerechnet werden. Die Unpfändbarkeit (geregelt in den §§ 850ff. ZPO) ist vom Gesetzgeber angeordnet worden, um dem Vollstreckungsschuldner das zum Leben Notwendige zu belassen. Auch durch Aufrechnung soll dem Schuldner dieses Minimum nicht genommen werden.

> **Beispiel:** Der Handwerksmeister Fleißig leiht seinem Gesellen Emsig für einen privaten Transport nach Feierabend einen Pritschenwagen. Der Wagen wird bei der Fahrt infolge eines fahrlässigen Verhaltens des Emsig beschädigt. Daraufhin erklärt Fleißig, er werde im kommenden Monat Emsig keinen Lohn zahlen, weil er mit seiner Schadensersatzforderung gegen den Lohnanspruch des Emsig aufrechne. Dies erbost Emsig so sehr, daß er ein gerade von ihm fertiggestelltes Werkstück auf die Erde schleudert und dadurch zerstört. Daraufhin erklärt Fleißig, daß nunmehr Emsig eine weitere Woche keinen Lohn erhalten werde, weil er – Fleißig – auch noch mit seinem Schadensersatzanspruch wegen des zerstörten Werkstückes aufrechne.
> Eine Aufrechnung des Fleißig mit seiner Forderung auf Schadensersatz wegen der Beschädigung des Pritschenwagens (u. a. nach § 823 Abs. 1 iVm. § 249 S. 2) kommt nur insoweit in Betracht, als der zu zahlende Lohn die Pfändungsgrenzen übersteigt (§ 394 S. 1 BGB iVm. §§ 850, 850c ZPO). Nach dem Wortlaut des § 394 würde dies auch für die Schadensersatzforderung wegen der vorsätzlich vorgenommenen Zerstörung des Werkstückes gelten, doch wird demjenigen, der vorsätzlich eine unerlaubte Handlung begeht, die Berufung auf diese Vorschrift verwehrt, wenn unpfändbare Forderung und Schadensersatzforderung im Rahmen desselben Lebensverhältnisses entstanden sind. Diese unter dem Gesichtspunkt von Treu und Glauben (§ 242) vorzunehmende Einschränkung trifft hier zu, so daß Fleißig insoweit ohne Rücksicht auf § 394 S. 1 aufrechnen kann. Aus sozialen Erwägungen

wird man jedoch dem Schuldner soviel belassen müssen, wie er für seinen notwendigen Unterhalt und den seiner Familie benötigt.[18] Zur Orientierung kann die Vorschrift des § 850d ZPO dienen.

Die **Aufrechnung** wird durch empfangsbedürftige Willenserklärung 202 des Aufrechnenden **vorgenommen** (§ 388 S. 1). Die Aufrechnung **bewirkt** – soweit sich Haupt- und Gegenforderung decken –, daß beide erlöschen, und zwar zurückbezogen auf den Zeitpunkt, in dem sie sich „zur Aufrechnung geeignet einander gegenübergetreten sind" (§ 389). Selbstverständlich bleibt der Teil der Forderung, der nicht von der Gegenforderung abgedeckt wird, bestehen.

Hat Blau von Rot 400,– DM zu erhalten, der seinerseits eine Forderung von 500,– DM gegen Blau hat, und erklärt Blau die Aufrechnung, dann erlischt seine Forderung und die Forderung des Rot in Höhe von 400,– DM; dagegen bleibt die Restforderung des Rot in Höhe von 100,– DM bestehen.

Nicht nur durch eine einseitige Erklärung, sondern auch durch eine 203 vertragliche Vereinbarung, einen sog. **Aufrechnungsvertrag,** kann eine Aufrechnung vorgenommen werden. Der Vorteil eines solchen Vertrages liegt darin, daß bei ihm die verzichtbaren Voraussetzungen der (einseitigen) Aufrechnung nicht erfüllt zu sein brauchen. So müssen die Forderungen nicht gleichartig (vgl. o. RdNr. 195) und nicht fällig (vgl. o. RdNr. 196) sein. Auch können beliebig viele Personen einen Aufrechnungsvertrag schließen und eine Verrechnung von Forderungen vornehmen, ohne daß es dabei auf eine Gegenseitigkeit ankommt.

Beispiel: A schuldet B 500,– DM, B schuldet C den gleichen Betrag, der wiederum A 600,– DM zu zahlen hat. In diesem Fall können A, B und C einen Aufrechnungsvertrag schließen, der bewirkt, daß die Forderungen bis auf den Restbetrag von 100,– DM getilgt werden, der noch zwischen A und C ausgeglichen werden muß.

e) Rücktritt

Durch Rücktritt wird ein Vertrag rückgängig gemacht, und zwar in 204 der Weise, daß die noch bestehenden Erfüllungsansprüche erlöschen und daß die bereits erbrachten Leistungen zurückzugewähren sind (vgl. § 346). Der Rücktritt gestaltet das Vertragsverhältnis in ein **Rückgewährschuldverhältnis** um; er weist sich somit als ein Gestaltungsrecht aus.

Ein **Gestaltungsrecht** ist ein dem einzelnen zustehendes (deshalb subjektives) Recht, das unmittelbar auf ein bestehendes Rechtsverhältnis einwirkt und dieses ändert. Das Gestaltungsrecht wird grundsätzlich durch eine Willenserklärung geltend gemacht.
Es gibt jedoch auch Fälle, in denen wegen der Wichtigkeit des Gestaltungsrechts eine gerichtliche Entscheidung erforderlich ist (z. B. Ehescheidung). Ist das Gestaltungsrecht untrennbar mit dem Hauptanspruch verbunden (wie der Rücktritt), dann

---

[18] Dies ist allerdings streitig, aA *v. Feldmann,* JuS 1983, 357, 361, m. weit. Nachw.

kann dieses Recht nicht einem anderen allein übertragen werden (unselbständiges Gestaltungsrecht). Dagegen gibt es Fälle selbständiger Gestaltungsrechte (z. B. Wiederkaufsrecht, vgl. § 497), die auch allein auf andere übertragen werden können.

205 Ein Vertragspartner kann vom Vertrag zurücktreten, wenn er sich vertraglich den Rücktritt vorbehalten hat oder wenn ihm das Gesetz ein Rücktrittsrecht gewährt. Die in den §§ 346 ff. getroffene Regelung bezieht sich auf das **vertragliche Rücktrittsrecht.** Jedoch finden diese Regeln aufgrund von Verweisungen auch in Fällen gesetzlicher Rücktrittsrechte entsprechende Anwendung.

- § 327 S. 1 erklärt die §§ 346 bis 356 für das in § 325 und § 326 bestimmte Rücktrittsrecht (Einzelheiten dazu u. RdNr. 371, 412) für entsprechend anwendbar.
- Auf die vom Käufer wegen eines Sachmangels erklärte Wandelung (Einzelheiten dazu u. RdNr. 509 ff.) finden nach § 467 S. 1 eine Reihe von Vorschriften über das vertraglich vorbehaltene Rücktrittsrecht entsprechende Anwendung.
- Das gleiche gilt aufgrund der in § 634 Abs. 4 ausgesprochenen Verweisung auf § 467 für eine Wandelung beim Werkvertrag.

Verschiedene Vereinbarungen sind vom Gesetzgeber als (vertraglich vereinbarter) Rücktritt gedeutet worden:

- Ist in einem Vertrag bestimmt worden, daß der Schuldner seine Rechte aus dem Vertrag verlieren soll, wenn er seine Verbindlichkeit nicht erfüllt, dann gibt diese Klausel nach § 360 dem Gläubiger (nur) ein Rücktrittsrecht.
- Nach der Auslegungsregel des § 361 hat der Gläubiger bei einem relativen Fixgeschäft (dazu u. RdNr. 383) bereits bei Nichtbeachtung des vereinbarten Zeitpunkts ein Rücktrittsrecht, ohne daß es – wie sonst – auf die Erfüllung weiterer Voraussetzungen ankommt.
- Schließlich soll nach § 455 ein Eigentumsvorbehalt beim Verkauf einer beweglichen Sache im Zweifel den Verkäufer zum Rücktritt vom Vertrage berechtigen, wenn der Käufer mit der Zahlung in Verzug kommt (dazu u. RdNr. 544).

206 **Aufbau** und **Systematik** der §§ 346 ff. sind recht unübersichtlich gestaltet. An die Spitze hat der Gesetzgeber eine Regelung über die Folgen der Rücktrittserklärung und die Durchführung der Rückgewähr gestellt (§§ 346 bis 348). Logisch vorrangig sind die Erklärung des Rücktritts (hierfür sind § 349 und § 356 bedeutsam) und der Ausschluß des Rücktritts (in §§ 350 bis 355 und § 357 behandelt).

207 Der **Rücktritt** ist nach § 351 **ausgeschlossen,** wenn der Berechtigte eine wesentliche Verschlechterung, den Untergang oder die anderweitige Unmöglichkeit der Herausgabe des empfangenen Gegenstandes verschuldet hat. Dazu folgendes

Beispiel: Max fährt ein Motorrad der Marke ABC; Moritz gehört eines der Marke XY. Beide meinen, die Maschine des anderen sei besser. Deshalb kommen sie überein, ihre Motorräder zu tauschen. Max behält sich aber das Recht vor, innerhalb von vier Wochen vom Tauschvertrag zurückzutreten. Nach 14 Tagen gelangt Max zu der Auffassung, daß seine frühere Maschine doch besser sei, und erklärt den Rücktritt vom Vertrage. Moritz widerspricht, da Max bei einem Unfall die eingetauschte Maschine erheblich beschädigt hat. Zu dem Unfall kam es, weil Max auf für ihn nicht erkennbarem Glatteis gestürzt war.

III. Erlöschen des Schuldverhältnisses

Für die Frage, ob Max dennoch vom Vertrag zurücktreten kann, kommt es darauf an, ob ihm ein Verschuldensvorwurf iSv. § 351 gemacht werden kann.

Wie der **Begriff des Verschuldens** in § 351 aufzufassen ist, darüber **208** gehen die Meinungen auseinander. Überwiegend wird angenommen, daß jeder der Vertragspartner im Hinblick darauf, daß ein Rücktrittsrecht vereinbart worden ist, sorgsam mit dem empfangenen Gegenstand umzugehen hat und darauf achten muß, ihn im Falle des Rücktritts unbeschädigt dem anderen zurückgeben zu können. Eine Verletzung dieser Sorgfaltspflichten durch einen der Vertragspartner oder dessen Erfüllungsgehilfen (§ 351 S. 2) ist als Verschulden anzusehen.

Für die Entscheidung des Beispielsfalles ist einmal die Erwägung maßgebend, daß zwar die Benutzung eines Motorrades insbesondere im Winter die Gefahr einer Beschädigung erhöht, aber die Vertragsparteien bei Abschluß ihres Tauschvertrages offensichtlich davon ausgingen, daß jeder das eingetauschte Motorrad auch fährt. Allein die Benutzung des Motorrades kann deshalb nicht als Sorgfaltsverletzung aufgefaßt werden. Etwas anderes würde nur gelten, wenn – anders als in dem Beispielsfall – die Benutzung während der Frist für den Rücktritt nicht vorgesehen worden wäre. Zum anderen muß berücksichtigt werden, daß der Unfall selbst nicht auf eine Unachtsamkeit von Max zurückzuführen ist. Für ihn war das Glatteis nicht erkennbar. Deshalb handelt es sich um eine unverschuldete Verschlechterung, die nach § 350 den Rücktritt nicht ausschließt.

In § 350 wird nur der Fall des zufälligen (d. h. weder vom Schuldner noch vom Gläubiger schuldhaft herbeigeführten) Untergangs behandelt, aber die in dieser Vorschrift ausgesprochene Rechtsfolge muß erst recht gelten, wenn der Gegenstand (nur) zufällig verschlechtert wird (argumentum a maiore ad minus). Das argumentum a maiore ad minus (auch als argumentum a fortiori bezeichnet) ist der Schluß vom Größeren (Stärkeren) auf das Geringere (Schwächere). Im konkreten Fall schließt man also: Wenn noch nicht einmal der zufällige Untergang den Rücktritt ausschließt, dann erst recht nicht die zufällige Verschlechterung.

Beide Vertragspartner sind also zu einem sorgfältigen Umgang mit **209** dem empfangenen Gegenstand verpflichtet. Verschuldet der nicht rücktrittsberechtigte Vertragspartner die Verschlechterung oder den Untergang des von ihm empfangenen Gegenstandes, dann macht er sich dadurch schadensersatzpflichtig nach § 347 (dazu u. RdNr. 212 ff.).

Der durch § 352 angeordnete Ausschluß des Rücktritts durch **Verar- 210 beitung** oder **Umbildung** der empfangenen Sache zu einer Sache anderer Art beruht auf der Erwägung, daß ein Rücktrittsberechtigter, der die empfangene Sache zu einer anderen umgestaltet, damit zu erkennen gibt, daß er nicht zurücktreten will. Wenn er dennoch den Rücktritt erklärt, handelt er widersprüchlich und verstößt gegen das Verbot des venire contra factum proprium.

Das **Verbot des venire contra factum proprium** (= Verbot, sich zum früheren Verhalten in Widerspruch zu setzen) leitet sich aus dem Grundsatz von Treu und Glauben ab (§ 242). Hat der Berechtigte durch sein Verhalten einen bestimmten Tatbestand geschaffen, auf den sich ein anderer verlassen konnte, dann würde es gegen Treu und Glauben verstoßen, wenn es dem Berechtigten gestattet wäre, sich in Widerspruch zu seinem früheren Verhalten zu setzen und das Vertrauen des anderen zu enttäuschen. Als Beispiel sei der Fall genannt, daß sich jemand auf die Unwirksamkeit eines Vertrages beruft, den er vorher viele Jahre lang zu seinem Vorteil als rechtswirksam behandelt hat.

211 Die vertragliche Vereinbarung eines Rücktrittsrechts schafft für den Vertragspartner des Berechtigten einen Zustand der Unsicherheit, der in der Praxis meist durch eine **Fristbestimmung** zeitlich begrenzt wird. Ist dies nicht geschehen, dann kann der andere dem Berechtigten für die Ausübung des Rücktrittsrechts eine angemessene Frist setzen, nach deren Ablauf das Rücktrittsrecht erlischt (§ 355).

212 Wird der Rücktritt vom Rücktrittsberechtigten erklärt, dann wandelt sich – wie bereits bemerkt (o. RdNr. 204) – der Vertrag in ein Rückgewährschuldverhältnis um; soweit Erfüllungsansprüche noch bestehen, erlöschen sie, und die Vertragsparteien sind verpflichtet, einander die empfangenen Leistungen zurückzugewähren (§ 346 S. 1). Ist dies wie bei geleisteten Diensten oder der Benutzung einer Sache nicht möglich, dann ist der Wert oder die im Vertrag dafür bestimmte Gegenleistung zu entrichten (§ 346 S. 2). Muß eine Geldsumme zurückgewährt werden, so ist sie vom Zeitpunkt des Empfangs an zu verzinsen (§ 347 S. 3). Ist eine der Vertragsparteien nicht in der Lage, die von ihr empfangene Sache in einem unversehrten Zustand zurückzugeben, dann kann sie zum Ersatz des dadurch dem Vertragspartner entstehenden Schadens verpflichtet sein (vgl. § 347 S. 1).

Beispiel: Nach dem Tausch der Motorräder im obigen Beispielsfall (RdNr. 207) ist die Maschine bei einem von Moritz verschuldeten Unfall völlig zerstört worden. Danach tritt Max vom Vertrag zurück.

213 § 347 verweist hinsichtlich der **Haftung für** eine **Verschlechterung,** für den Untergang oder für die Unmöglichkeit der Herausgabe aus einem anderen Grund auf die „Vorschriften, welche für das Verhältnis zwischen dem Eigentümer und dem Besitzer von dem Eintritte der Rechtshängigkeit des Eigentumsanspruchs an gelten"; die entsprechende Regelung enthält § 989. Danach setzt eine Haftung Verschulden des Ersatzpflichtigen voraus. Der Begriff des Verschuldens ist in bezug auf § 347 in gleicher Weise wie bei § 351 (vgl. o. RdNr. 208 f.) auszulegen. Geht der Rückgabeverpflichtete mit der Sache nicht sorgfältig genug um und geht sie deshalb unter oder wird beschädigt, dann hat er den dadurch dem anderen Vertragspartner entstehenden Schaden zu ersetzen.

Im Beispielsfall bedeutet dies, daß Moritz Max den Wert des beim Unfall zerstörten Motorrades zu ersetzen hat, wenn Max den Rücktritt erklärt. In diesem Zusammenhang ist darauf hinzuweisen, daß § 347 iVm. § 989 (erst recht) gilt, wenn die zurückzugewährende Sache nicht bereits vor, sondern erst nach erklärtem Rücktritt beschädigt worden oder untergegangen ist.

III. Erlöschen des Schuldverhältnisses

Aus der in § 347 und §§ 350, 351 getroffenen Regelung ergibt sich, daß **214** das **Risiko einer zufälligen Verschlechterung** oder eines zufälligen Unterganges der empfangenen Sache vom Rücktrittsberechtigten auf den Vertragspartner abgewälzt werden kann. Denn der Rücktrittsberechtigte wird dadurch nicht an einem Rücktritt gehindert (§ 350) und braucht auch keinen Schadensersatz zu leisten (§ 347). Diese Regelung ist recht hart und läßt sich allenfalls mit der Erwägung rechtfertigen, daß sich der andere auf die Vereinbarung eines vertraglichen Rücktrittsrechts eingelassen hat. (Auf die Frage, ob bei einer entsprechenden Anwendung dieser Vorschriften im Falle eines gesetzlichen Rücktrittsrechts Modifizierungen dieser Regelungen vorgenommen werden müssen, wird bei Behandlung der entsprechenden gesetzlichen Rücktrittsfälle eingegangen werden.)

Wie ist aber zu entscheiden, wenn der Rücktrittsberechtigte in Un- **215** kenntnis, daß die ihm vom Vertragspartner zurückzugewährende Sache zerstört oder verschlechtert worden ist, den Rücktritt erklärt?

Beispiel: Nachdem Max mit der eingetauschten Maschine 14 Tage lang gefahren ist, entscheidet er sich für den Rücktritt vom Vertrage und erklärt dies auch Moritz. Dieser antwortet, er sei gerne mit dem Rücktritt einverstanden, könne aber seine Maschine (Marke ABC) nicht wieder herausgeben, weil sie bei einem unverschuldeten Verkehrsunfall vollkommen zerstört worden sei. Max fragt, ob er bei dieser Sachlage verpflichtet sei, sein Motorrad (Marke XY) Moritz zurückzugeben. Bei dieser Frage ist zu berücksichtigen, daß Moritz keinen Schadensersatz zu leisten braucht, weil der Untergang des Motorrades von ihm nicht verschuldet wurde; Max ginge also bei einem Rücktritt leer aus, wenn er aufgrund des von ihm erklärten Rücktritts sein Motorrad hergeben müßte.

Überwiegend wird die Auffassung vertreten, daß sich in einem sol- **216** chen Fall der Rücktrittsberechtigte nicht an seiner Rücktrittserklärung festhalten lassen muß. Die Begründungen für dieses Ergebnis gehen allerdings auseinander. Eine Anfechtung wegen Irrtums kommt nicht in Betracht, weil nur ein Irrtum im Motiv bejaht werden kann, der nicht zur Anfechtung berechtigt (dazu u. RdNr. 285). Manche wollen in diesem Fall dem Rücktrittsberechtigten das Recht zur Rücknahme seiner Rücktrittserklärung geben, weil diese erkennbar unter der Voraussetzung abgegeben wurde, daß der andere zur Rückgewähr des seinerseits empfangenen Gegenstandes in der Lage ist.[19] Vorzuziehen dürfte die Auffassung sein, daß bereits die Auslegung der Rücktrittserklärung eine entsprechende Einschränkung ergibt und daß sie nur gelten soll, wenn der Erklärungsgegener die von ihm empfangene Sache zurückzugeben vermag.[20]

---

[19] So *Larenz*, SchuldR I, § 26 b 2 (S. 412).
[20] In diesem Sinn *Medicus*, SchuldR I, § 48 I 2 a bb (S. 239).

f) Kündigung

217 Dauerschuldverhältnisse (vgl. o. RdNr. 137) können auf bestimmte Zeit abgeschlossen werden und enden dann, wenn der vereinbarte Endtermin erreicht wird.

Beispiel: Der Student S mietet für das Sommersemester (bis 31. Juli) ein Zimmer.

Wird jedoch die Vertragsdauer nicht zeitlich begrenzt, muß eine Beendigung möglich sein; dies geschieht durch Kündigung, die regelmäßig nicht durch einen Grund gerechtfertigt werden muß, sondern dem Kündigenden überlassen ist.

218 Die Kündigung ist ein **Gestaltungsrecht** (vgl. o. RdNr. 204), das durch eine empfangsbedürftige Willenserklärung ausgeübt wird. Die Kündigung wirkt lediglich für die Zukunft und beendet das Dauerschuldverhältnis; sie verlangt keine Rückabwicklung für die in der Vergangenheit vorgenommenen Leistungen. Hierin besteht ein wichtiger Unterschied zum Rücktritt. Allerdings können (in der Vergangenheit noch nicht erfüllte) Leistungspflichten (z. B. zur Zahlung rückständiger Mieten) und Rückgabeverpflichtungen (vgl. § 556 Abs. 1) sowie Verhaltenspflichten (z. B. die unter bestimmten Voraussetzungen fortwirkende Pflicht zur Verschwiegenheit nach beendetem Arbeitsverhältnis) weiterhin bestehen bleiben.

219 Im BGB finden sich eine Reihe von Kündigungsregelungen für Dauerschuldverhältnisse, so für die Miete (vgl. §§ 542–544, § 549 Abs. 1, §§ 553–554b, § 556a, § 564 Abs. 2, §§ 564a–565e), für die Pacht (vgl. § 581 Abs. 2, §§ 584, 584a), für die Landpacht (vgl. §§ 594a ff.), für die Leihe (vgl. § 605), für das Darlehen (vgl. §§ 609, 609a), für den Dienstvertrag (vgl. § 620 Abs. 2, §§ 621–624, §§ 626–629) und für die Gesellschaft (vgl. §§ 723–725). Daneben sieht das BGB die Kündigung auch bei einzelnen Schuldverhältnissen vor, die keine Dauerschuldverhältnisse sind. So steht dem Besteller beim Werkvertrag ein Kündigungsrecht zu (vgl. §§ 649, 650). Der Reisevertrag kann wegen eines Mangels, der die Reise beeinträchtigt, unter den in § 651e genannten Voraussetzungen gekündigt werden. Schließlich hat der Beauftragte das Recht, den Auftrag zu kündigen (vgl. § 671).

220 Im Interesse des Vertragspartners des Kündigenden muß bei der (ordentlichen) Kündigung eine Zeit zwischen dem Ausspruch der Kündigung und der Beendigung des Schuldverhältnisses liegen, die es dem Kündigungsgegner ermöglicht, sich auf die Beendigung einzustellen. Solche **Kündigungsfristen** können im Gesetz (vgl. z. B. § 584, § 609 Abs. 2, § 609a Abs. 1 und 2) oder im Vertrag bestimmt sein. Aus sozialen Erwägungen gibt es Einschränkungen des Kündigungsrechts, z. B. für die Miete von Wohnraum und für Arbeitsverhältnisse.

III. Erlöschen des Schuldverhältnisses 101

Neben dem **ordentlichen Kündigungsrecht** steht ein **außerordentliches**, das eine Beendigung des Schuldverhältnisses aus wichtigem Grund ermöglicht. In den meisten Fällen ist die außerordentliche Kündigung fristlos. 221

Beispiele: Nichtgewährung des Gebrauchs der gemieteten Sache (§ 542), gesundheitsgefährdender Zustand von Wohnräumen oder anderen zum Aufenthalt von Menschen bestimmten Räumen (§ 544), vertragswidriger Gebrauch einer gemieteten (§ 553) oder geliehenen Sache (§ 605 Nr. 2), vorsätzliche oder grob fahrlässige Verletzung einer wesentlichen Verpflichtung eines Gesellschafters (§ 723 Abs. 1 S. 2, 3).

Ein außerordentliches Kündigungsrecht ergibt sich nach den Grundsätzen von Treu und Glauben (§ 242) unter Heranziehung des § 626 Abs. 1 und § 723 Abs. 1 S. 2 zugrundeliegenden Rechtsgedankens beim Dauerlieferungsvertrag (vgl. o. RdNr. 138), wenn durch das Verhalten eines Vertragspartners das Erreichen des Vertragszwecks ernsthaft gefährdet wird und deshalb dem anderen eine Fortsetzung des Vertrages nicht mehr zugemutet werden kann. Dies kann beispielsweise der Fall sein, wenn mehrfach mangelhafte Waren geliefert werden und dadurch die Vertrauensgrundlage für die Fortsetzung des Vertrages beseitigt wird. 222

Beispiel: Der Einzelhändler Handel und der Bäcker Schussel vereinbaren, daß Schussel sämtliche im Geschäft des Handel benötigten Backwaren liefern soll, wobei die gewünschten Mengen jeweils einen Tag vorher telefonisch Schussel mitgeteilt werden. Trotz mehrfacher Mahnungen liefert Schussel Backwaren nicht in der gewünschten Zahl und häufig auch verspätet. Daraufhin kündigt Handel den Liefervertrag mit Schussel fristlos. Zu dieser Kündigung ist er auch ohne eine ausdrückliche Vereinbarung im Vertrag berechtigt, weil infolge der wiederholten Vertragsverletzungen des Schussel der Vertragszweck, die ausreichende Deckung des Bedarfs an Backwaren im Geschäft des Handel, ernsthaft gefährdet wird und ihm deshalb die Fortsetzung des Vertrages nicht mehr zugemutet werden kann. Ihm steht deshalb ein außerordentliches Kündigungsrecht auf der oben genannten Rechtsgrundlage zu.

g) Weitere Erlöschensgründe

1. Erlaßvertrag

§ 397 Abs. 1 bestimmt, daß das Schuldverhältnis erlischt, wenn der Gläubiger dem Schuldner durch Vertrag die Schuld erläßt. Der Begriff des Schuldverhältnisses ist in dieser Vorschrift im engeren Sinn zu verstehen; es erlischt also die Forderungsbeziehung zwischen Gläubiger und Schuldner. Voraussetzung dafür ist – wie ausdrücklich in der gesetzlichen Regelung klargestellt wird („durch Vertrag") – ein Vertrag zwischen Gläubiger und Schuldner. Ein einseitiger Verzicht des Gläubigers auf seine Forderung ist also ohne Einfluß auf deren Bestand und kann 223 allenfalls als Offerte zum Abschluß eines Erlaßvertrages gedeutet werden, die dann vom Schuldner angenommen werden muß, damit der Vertrag zustande kommt (vgl. o. RdNr. 85).

Beispiel: Reich erklärt Dürftig: „Du bist ja ein armer Schlucker, deshalb brauchst du die 100,– DM, die du mir noch schuldest, nicht zu zahlen". Dürftig, der sich über die herablassende Art des Reich ärgert, erklärt spontan: „Meine Schulden bezahle ich." Später überlegt er sich die Sache anders und schreibt Reich einen Brief, in dem er ihm für den Erlaß der Schuld dankt. Reich antwortet, nachdem Dürftig zunächst abgelehnt habe, müsse dieser jetzt auch seine Schulden begleichen.
Da ein einseitiger Verzicht auf eine Forderung im Schuldrecht nicht möglich ist, könnten sich Rechtswirkungen aus der Erklärung des Reich nur ergeben, wenn sie als Antrag zum Abschluß eines Erlaßvertrages aufzufassen ist. Zu dieser Auslegung kann man auch dann gelangen, wenn Reich sich nicht über die rechtliche Notwendigkeit des Abschlusses eines Erlaßvertrages im klaren gewesen sein sollte, weil sein Wille eindeutig darauf gerichtet war, die Schuld des Dürftig zu erlassen. Die Erklärung des Dürftig stellt aber nach ihrem eindeutigen objektiven Erklärungswert die Ablehnung dieses Antrages dar (§ 146). Das anschließende Dankschreiben ist deshalb als Offerte des Dürftig zum Abschluß eines Erlaßvertrages aufzufassen, die von Reich abgelehnt wird. Es ist deshalb kein Erlaßvertrag zustandegekommen und Dürftig muß seine Schuld bezahlen.

Einschub: Verpflichtungs- und Verfügungsgeschäft

224 Der Erlaßvertrag unterscheidet sich in seinem Inhalt und in seinen Rechtswirkungen erheblich von den Verträgen, die bisher behandelt worden sind. Durch Kauf-, Miet-, Darlehens- oder Dienstverträge begründen die Parteien Forderungsbeziehungen, nach denen eine Partei, der Gläubiger, von der anderen Partei, dem Schuldner, eine bestimmte Leistung fordern kann und der Schuldner zur Erbringung dieser Leistung verpflichtet ist (vgl. o. RdNr. 130, 140). Man nennt derartige Rechtsgeschäfte dementsprechend auch „Verpflichtungsgeschäfte". Dagegen wird durch den Erlaßvertrag unmittelbar eine Rechtsänderung vorgenommen und nicht nur eine Verpflichtung dazu geschaffen. Denn durch den Erlaßvertrag wird die Forderung zum Erlöschen gebracht. Rechtsgeschäfte, die ein Recht unmittelbar übertragen, ändern, belasten oder aufheben, werden „Verfügungsgeschäfte" genannt.

In gleicher Weise, wie auch Verpflichtungen durch einseitiges Rechtsgeschäft begründet werden können (vgl. o. RdNr. 134), gibt es auch einseitige Verfügungen (Beispiel: Aufgabe des Eigentums an einer beweglichen Sache, vgl. § 959).

225 Die meisten Verfügungsgeschäfte gehören dem Sachenrecht an; sie beziehen sich auf eine Rechtsänderung an einer Sache, und man nennt sie daher auch „dingliche Rechtsgeschäfte". Wichtige Beispiele sind die Übertragung des Eigentums an beweglichen Sachen (§§ 929 ff.) und an Grundstücken (§ 873 Abs. 1, § 925), die Bestellung eines Grundpfandrechts (Hypothek, Grundschuld, Rentenschuld; vgl. § 873 Abs. 1, §§ 1113 ff., §§ 1191 ff., §§ 1199 ff.) und die Pfandrechtsbestellung (vgl.

§§ 1204 ff.). Daß es aber auch im Schuldrecht Verfügungsgeschäfte gibt, zeigt das Beispiel des Erlaßvertrages; ebenso ist z. B. die Abtretung (§§ 398 ff.) eine Verfügung.

Eine Verfügung kann nur derjenige wirksam treffen, der dazu befugt ist. Dies ist in aller Regel der Inhaber des Rechts, über das verfügt wird. Unter welchen Voraussetzungen die Verfügung eines Nichtberechtigten wirksam ist, regelt § 185. Nach Absatz 1 dieser Vorschrift ist die **Verfügung eines Nichtberechtigten** wirksam, wenn sie mit Einwilligung, d. h. mit vorheriger Zustimmung (vgl. § 183 S. 1), des Berechtigten vorgenommen wird. Nach Absatz 2 S. 1 Alt. 1 dieser Vorschrift wird eine zunächst unwirksame Verfügung des Nichtberechtigten mit rückwirkender Kraft wirksam, wenn der Berechtigte die Verfügung genehmigt, d. h. nachträglich seine Zustimmung erteilt (vgl. § 184 Abs. 1). Erwirbt der nichtberechtigt Verfügende später den Gegenstand, über den er verfügt hat, so wird nach § 185 Abs. 2 S. 1 Alt. 2 die Verfügung des Nichtberechtigten wirksam, und zwar von dem Zeitpunkt an, in dem er den Gegenstand erworben hat. Das Gesetz hält also den (früheren) Nichtberechtigten an seiner Verfügung fest, obwohl er zur Zeit der Verfügung keine Verfügungsbefugnis besaß. Das gleiche gilt nach § 185 Abs. 2 S. 1 Alt. 3, wenn der Nichtberechtigte von dem Berechtigten beerbt wird und dieser für die Nachlaßverbindlichkeiten unbeschränkt haftet (Einzelheiten zur Haftung des Erben sind hier nicht zu erörtern; es genügt der Hinweis).

226

Beispiel: Eich gibt seinen Barockschrank dem Holz zur Restaurierung. Als der Schrank fertig in der Werkstatt des Holz steht, sieht ihn dort Wurm und bietet für den Schrank einen hohen Preis. Holz weist darauf hin, daß der Schrank dem Eich gehöre, meint dann aber, er werde schon mit Eich einig werden und könne deshalb den Schrank Wurm verkaufen und übereignen. Wurm stimmt begeistert zu und läßt den Schrank sofort nach Hause bringen. Wie ist die Rechtslage?
Der Kauf als Verpflichtungsgeschäft ist voll wirksam zwischen Holz und Wurm zustandegekommen. Daß der Kaufgegenstand Holz nicht gehört, ist ohne Einfluß auf die Wirksamkeit des Kaufvertrages. Wer eine fremde Sache verkauft, muß zusehen, wie er die sich aus dem Kaufvertrag ergebenden Pflichten insbesondere zur Übereignung des Kaufgegenstandes erfüllen kann. Mißlingt ihm dies, dann macht er sich schadensersatzpflichtig (Einzelheiten hierzu später). Dies ist das Risiko, das jemand eingeht, der eine fremde Sache verkauft. Dagegen fehlt Holz die Befugnis, über das Eigentum an dem Schrank zu verfügen. Er handelt insoweit als Nichtberechtigter und seine Verfügung, die Übertragung des Eigentums, ist unwirksam. Sie kann nur wirksam werden, wenn einer der Tatbestände des § 185 Abs. 2 erfüllt wird. Genehmigt Eich die Übereignung oder übereignet er den Schrank Holz, dann wird Wurm Eigentümer des Schrankes, und zwar im Falle der Genehmigung rückwirkend in dem Zeitpunkt, in dem Holz (zunächst unwirksam) verfügte, im zweiten Fall im Zeitpunkt des Eigentumserwerbs durch Holz. Ist dagegen Eich nicht bereit, die Verfügung des Holz durch Genehmigung oder Übertragung des Eigentums auf diesen wirksam werden zu lassen, dann muß Wurm den Schrank an Eich wieder herausgeben (vgl. § 985) und hat (nur) Ansprüche wegen Nichterfüllung des Kaufvertrages gegen Holz.

> Beiläufig soll hier noch erwähnt werden, daß Wurm auch Eigentum an dem Schrank erworben hätte, wenn er ohne grobe Fahrlässigkeit davon ausgegangen wäre, daß Holz Eigentümer des Schrankes sei. Der gutgläubige Erwerb vom Nichtberechtigten (auf den später einzugehen sein wird) kommt hier jedoch nicht in Betracht, weil Holz den Wurm über die wahren Eigentumsverhältnisse informierte (vgl. § 932).

227 Verfügungen werden regelmäßig vorgenommen, weil es dafür einen Grund gibt. Eine Sache wird übereignet, um damit z. B. der Verpflichtung aus einem Kaufvertrag nachzukommen. Eine Forderung wird erlassen, um den Schuldner zu beschenken. Im natürlichen Sinn gehören das Verfügungsgeschäft und das ihm zugrundeliegende Verpflichtungsgeschäft zusammen, nicht so im Rechtssinn. Verpflichtungsgeschäft und Verfügungsgeschäft sind rechtlich voneinander getrennt **(Trennungsprinzip)**. Das Verfügungsgeschäft ist wirksam, ohne daß es dafür auf die Wirksamkeit des zugrundeliegenden Verpflichtungsgeschäfts ankommt; es ist also in seinem Bestand von der Wirksamkeit des Verpflichtungsgeschäfts „abstrahiert" **(Abstraktionsprinzip)**.

> In dem oben (RdNr. 115) gebrachten Beispielsfall des wegen Dissenses über den Kaufpreis nicht zustandegekommenen Kaufvertrages über 10 Werkzeugbänke zwischen dem Schweizer Bührli und dem Franzosen Dupont ist die von Bührli vorgenommene Übereignung der Werkzeugbänke wirksam. Daß Bührli mit der Übereignung einen Kaufvertrag erfüllen wollte, der entgegen seiner Erwartung nicht wirksam zustande kam, ist hierfür unerheblich.

228 Der Gesetzgeber hat das Abstraktionsprinzip in das BGB aufgenommen, um im Interesse des Rechtsverkehrs die durch die Verfügung vorgenommene Einwirkung auf das Recht nicht von der Wirksamkeit des Verpflichtungsgeschäftes abhängig zu machen. Wäre es anders, so wäre beispielsweise jede Übereignung mit der Unsicherheit belastet, daß sich ihre Unwirksamkeit aus dem zugrundeliegenden Verpflichtungsgeschäft ergeben könnte. Dies sollte vermieden werden. Es ist nicht zu verkennen, daß das Trennungsprinzip und das Abstraktionsprinzip zu einer Aufteilung und Verselbständigung von Vorgängen führen, die im täglichen Leben häufig als Einheit angesehen werden (z. B. Barkauf im Einzelhandelsgeschäft). Diese Prinzipien und die sich hieraus ergebenden Rechtsfolgen sind dem juristischen Laien nur schwer zu erklären und bereiten dem Studienanfänger Schwierigkeiten. Hier soll zunächst einmal die Darstellung dieser Prinzipien genügen; auf die sich hieraus ergebenden Folgen wird noch häufiger einzugehen sein.

229 Zu bemerken ist noch, daß es nicht ohne Rechtsfolgen bleibt, wenn das einer Verfügung zugrundeliegende Verpflichtungsgeschäft unwirksam ist. Denn besteht keine wirksame Verpflichtung zu der Verfügung, dann ist die Verfügung ohne rechtlichen Grund vorgenommen worden und kann aufgrund des § 812 Abs. 1 S. 1 wegen ungerechtfertigter Bereicherung rückgängig gemacht werden; Einzelheiten hierzu später.

III. Erlöschen des Schuldverhältnisses

Die hier vorgenommene Unterscheidung zwischen Verpflichtungs- und Verfügungsgeschäft ergänzt die oben (RdNr. 34) vorgenommene Einteilung der Rechtsgeschäfte. Üblich ist es auch, zwischen **kausalen** und **abstrakten Geschäften** zu unterscheiden, wobei unter kausalen Geschäften solche verstanden werden, die den Rechtsgrund (die causa) für eine (durch sie selbst nicht vorgenommene) Veränderung der Rechtslage enthalten, während abstrakte Geschäfte vom Rechtsgrund losgelöst sind. Verpflichtungsgeschäfte sind meist kausale, Verfügungsgeschäfte stets abstrakte Rechtsgeschäfte.

Der Erlaßvertrag bedarf als Verfügungsgeschäft und als abstrakter Vertrag eines Rechtsgrundes. Fehlt dieser Rechtsgrund, dann ist zwar wegen des Abstraktionsprinzips der Erlaß wirksam, kann aber aufgrund des Bereicherungsrechts rückgängig gemacht werden. Häufig wird dem Erlaß einer Forderung als Kausalgeschäft eine Schenkung zugrundeliegen. **230**

In dem oben gebrachten Beispiel wäre also nicht nur ein Erlaßvertrag, sondern zugleich auch eine Schenkung zustandegekommen, wenn Dürftig „zugestimmt" hätte.

Die durch Vertrag vorgenommene Anerkennung des Gläubigers, gegen den Schuldner keine Forderung zu haben (sog. **negatives Schuldanerkenntnis**) ist in § 397 Abs. 2 dem Erlaßvertrag gleichgestellt. Auch beim negativen Schuldanerkenntnis handelt es sich um einen abstrakten Vertrag, für den es einen Rechtsgrund geben muß. **231**

2. Aufhebungs- und Änderungsvertrag

In dem Grundsatz der Vertragsfreiheit (vgl. o. RdNr. 82) ist es eingeschlossen, daß die Parteien durch einen **Aufhebungsvertrag** das von ihnen begründete Schuldverhältnis beseitigen; hierbei können die Vertragsparteien Wirkungen nur für die Zukunft schaffen oder aber der Aufhebung auch Rückwirkung geben und sich gegenseitig so stellen, als wäre der aufgehobene Vertrag niemals abgeschlossen worden (vgl. § 305). **232**

Selbstverständlich können die Vertragspartner auch einzelne Teile des von ihnen abgeschlossenen Vertrages durch Änderungsvertrag verändern und die sich daraus ergebenden Pflichten herabsetzen oder erhöhen (z. B. Erhöhung des Mietzinses). **233**

3. Novation

Ebenfalls ist es den Vertragspartnern unbenommen, einen einmal von ihnen abgeschlossenen Vertrag aufzuheben und durch einen neuen zu ersetzen; ein solcher Vorgang wird Schuldersetzung, Schuldumwandlung oder Novation genannt. **234**

Beispiel: A bittet B, ihm unentgeltlich für zwei Tage ein Kfz zur Verfügung zu stellen. Dies sagt B zu (Leihe, § 598). Kurze Zeit danach erklärt A dem B, er brauche den Wagen mindestens eine Woche. Hierfür will B aber ein Entgelt in Höhe von 200,– DM haben. Damit ist A einverstanden. An die Stelle der ursprünglich gewollten Leihe setzen also hier die Vertragsparteien die Miete des Kfz (vgl. o. RdNr. 78).

235 Bei einer Schuldersetzung erlischt das alte Schuldverhältnis im ganzen und wird durch das neue ersetzt. Hieraus ergibt sich, daß Sicherheiten, die für Forderungen aus dem alten Schuldverhältnis bestellt worden sind, mit der Schuldersetzung erlöschen. Wollen die Parteien diese Rechtsfolge vermeiden, dann müssen sie einen Änderungsvertrag schließen.[21]

4. Konfusion

236 Fallen Forderung und Schuld in einer Person zusammen (Konfusion), dann erlischt die Forderung ebenfalls, da niemand sein eigener Schuldner sein kann.

Beispiel: Onkel O gibt seinem Neffen N ein Darlehen von 5000,– DM. Vor Rückzahlung des Darlehens stirbt O und wird von N beerbt. Mit dem Erbfall geht das gesamte Vermögen des Erblassers auf den Erben über (§ 1922 Abs. 1). Somit erwirbt N als Erbe des O auch dessen Forderung gegen sich selbst. Dies bewirkt das Erlöschen der Forderung.

5. Anfechtung

237 Wird eine Willenserklärung angefochten, die zur Begründung eines (rechtsgeschäftlichen) Schuldverhältnisses abgegeben worden ist, dann fällt mit Beseitigung der Willenserklärung auch der Schuldvertrag mit rückwirkender Kraft weg (vgl. § 142 Abs. 1). So gesehen, stellt auch die Anfechtung einer Willenserklärung einen Erlöschensgrund für das Schuldverhältnis dar (Einzelheiten dazu später).

Fälle und Fragen

35. Erläutern Sie bitte den Begriff „Schuldverhältnis"!
36. Wie entstehen Schuldverhältnisse?
37. Was ist ein „Sukzessivlieferungsvertrag" und welche Unterarten gibt es?
38. Erläutern Sie bitte die Begriffe „primäre Leistungspflicht" und „sekundäre Leistungspflicht"!
39. Wann verstößt ein Rechtsgeschäft gegen die guten Sitten?
40. Landwirt Grün verkauft an Handel 100 Zentner Kartoffeln. Es wird vereinbart, daß Handel die Kartoffeln am nächsten Tag mit einem Lastwagen vom Hof des Grün abholen solle. In der Nacht bricht auf dem Hof des Grün ein Feuer aus und die gesamte Kartoffelernte wird vernichtet. Grün erklärt Handel, er könne nun

---

[21] Vgl. *Fikentscher,* SchuldR, § 40 II (S. 213 f.).

Fälle und Fragen 107

nicht liefern. Handel meint, die vertragliche Vereinbarung müsse eingehalten werden, Grün solle sich die Kartoffeln anderweitig besorgen, um seine Vertragspflicht zu erfüllen. Ist dies richtig?

41. Was ist eine Stückschuld, was eine Gattungsschuld?
42. Fabrikant Fleißig stellt Baumwollstoffe her. Er verkauft 10 Ballen an den Großhändler Groß. Die Stoffe sollen am 10. 3. von Groß vom Auslieferungslager des Fleißig abgeholt werden. Am Abend des 9. 3. bereitet der Lagerverwalter des Fleißig die Lieferung vor, indem er 10 Ballen der bestellten Ware vom Lager nimmt, sie einpackt, einen Lieferschein ausstellt und zu der Ware legt, die in einem für die Auslieferung von Waren vorgesehenen Raum gelagert wird. In der Nacht wird im Lager von Unbekannten eingebrochen, die unter anderem auch die für Groß bestimmten Stoffballen stehlen. Als Groß am nächsten Morgen die Waren abholen will, wird ihm erklärt, daß eine Lieferung leider nicht mehr möglich sei, weil über die gesamten Vorräte der bestellten Art bereits anderweitig disponiert und aus zwingenden technischen Gründen die Produktion dieses Stoffes eingestellt worden sei. Groß müsse sich eben bei einem anderen Lieferanten eindecken. Wie ist die Rechtslage?
43. Welche Pflichten treffen den Schuldner bei der Holschuld, bei der Bringschuld und bei der Schickschuld?
44. Was ist ein „schuldhaftes" Verhalten?
45. Was ist unter „Vorsatz", was unter „Fahrlässigkeit" zu verstehen?
46. Wodurch unterscheidet sich bedingter Vorsatz von bewußter Fahrlässigkeit?
47. Wodurch unterscheidet sich die Wahlschuld von der Ersetzungsbefugnis?
48. In einem Schuldverhältnis bestehen regelmäßig neben den Leistungspflichten noch weitere Pflichten. Welche sind dies?
49. Dem 17jährigen Leicht gehört ein großes Mietshaus. Als er Geld braucht, begibt er sich zu dem im Haus wohnenden Mieter Miet und erklärt diesem, er sei gekommen, um die fällige Miete zu kassieren. Miet gibt ihm daraufhin die Monatsmiete für seine Wohnung in Höhe von 250,– DM. Leicht bringt das Geld mit Freunden durch. Muß Miet noch einmal zahlen?
50. Handwerksmeister Emsig hat im Hause des Reich Arbeiten vorgenommen, für die er 1200,– DM fordern kann. Da Emsig den Betrag persönlich bei Reich kassieren will, schreibt er in seinem Büro eine Rechnung aus und quittiert sie bereits. Als er für kurze Zeit sein Büro verläßt, nimmt der zufällig den Raum betretende Klau die Rechnung an sich und begibt sich sofort zu Reich. Dort stellt er sich als Geselle des Emsig vor und kassiert den Rechnungsbetrag. Muß Reich an Emsig nochmals zahlen?
51. Ärmlich muß Reich ein Darlehen in Höhe von 2000,– DM zurückzahlen. Da er kein Geld hat, bietet er Reich eine goldene Sprungdeckeluhr an, die er von seinem Vater geerbt hat. Reich ist damit einverstanden. Erlischt die Forderung? Macht es einen Unterschied, wenn Reich erklärt, er selbst habe zwar kein Interesse an der Uhr, werde aber versuchen, sie zu Geld zu machen?
52. Würde die Schuld des Ärmlich erlöschen, wenn er mit einem Wechsel zahlte?
53. Welchen Zwecken dienen Hinterlegung und Selbsthilfeverkauf und welche Rechtswirkungen ergeben sich daraus?
54. Von welchen Voraussetzungen hängt die Aufrechnung ab?
55. Arnold hat beim Kartenspiel mit Bertold 500,– DM verloren. Als ihn Bertold zur Zahlung drängt, rechnet er mit einer fälligen Darlehensforderung in gleicher Höhe, die er gegen Bertold hat, auf. Zulässig? Könnte umgekehrt Bertold aufrechnen?

§ 4 Das Schuldverhältnis

. Was verstehen Sie unter einer dilatorischen, was unter einer peremptorischen Einrede?

57. Adler ist bei Bär als Buchhalter beschäftigt. Er unterschlägt 5000,– DM. Als dies Bär feststellt, erklärt er, daß er den unterschlagenen Betrag mit Gehaltsansprüchen in gleicher Höhe, die Adler gegen ihn habe, abdecke. Adler meint, dies sei nicht zulässig, weil er dann nichts für sich und seine Familie zum Leben habe. Ist diese Auffassung des Adler richtig?

58. Was ist ein „Aufrechnungsvertrag" und welche Vorteile hat er gegenüber der (einseitigen) Aufrechnung?

59. A kauft von B einen Fernsehapparat und behält sich den Rücktritt vor. Als der Apparat von einem Unbekannten bei einer kurzen Abwesenheit des A aus dessen verschlossener Wohnung gestohlen wird, erklärt er den Rücktritt. Kann er dies? Wie wäre zu entscheiden, wenn A vor dem Rücktritt den Apparat infolge einer Unaufmerksamkeit leicht beschädigt hätte?

60. Auch B hat sich den Rücktritt vom Vertrag vorbehalten. In Unkenntnis des Diebstahls erklärt er den Rücktritt. Als ihm A von dem Diebstahl des Fernsehapparats Mitteilung macht, fragt er, ob er nunmehr verpflichtet sei, den Kaufpreis an A zurückzugewähren.

61. Was ist unter dem Verbot des venire contra factum proprium zu verstehen?

62. Wodurch unterscheiden sich Rücktritt und Kündigung voneinander?

63. Gastwirt Hopfen hat sich gegenüber der Brauerei Malz vertraglich verpflichtet, für die Dauer von fünf Jahren sein Bier nur von ihr zu beziehen. Bereits nach mehreren Monaten ergeben sich Lieferungsschwierigkeiten, die dazu führen, daß Hopfen mehrfach kein Bier vom Faß ausschenken kann. Da er befürchtet, daß er deshalb Stammkunden verlieren wird, fragt er, ob er sich von dem Vertrag lösen kann.

64. Erläutern Sie bitte den Unterschied zwischen einem Verpflichtungs- und einem Verfügungsgeschäft!

65. Unter welchen Voraussetzungen wird die Verfügung eines Nichtberechtigten wirksam?

66. Volz verkauft Kunz sein Kraftfahrzeug und übereignet es ihm. Der Kaufvertrag ist wegen Dissenses nichtig. Hat diese Nichtigkeit Einfluß auf die Wirksamkeit der Übereignung?

67. Was ist ein „negatives Schuldanerkenntnis"?

68. Was verstehen Sie unter Novation, was unter Konfusion?

§ 5 Unwirksame und mangelhafte Willenserklärungen

I. Überblick

a) Wirksamkeitsvoraussetzungen für Willenserklärungen

Notwendige Voraussetzung, um am Rechtsverkehr teilzunehmen, ist die **Rechtsfähigkeit,** d. h. die Eigenschaft, Träger von Rechten und Pflichten sein zu können. Um aber eine wirksame Willenserklärung abzugeben, muß noch die **Geschäftsfähigkeit** hinzutreten, d. h. die Fähigkeit, selbständig Rechtsgeschäfte wirksam vornehmen zu können. Doch auch die von einem Geschäftsfähigen abgegebene Willenserklärung ist **nichtig,** wenn der Erklärende sich insgeheim vorbehält, das Erklärte nicht zu wollen und der Erklärungsgegner diesen Vorbehalt kennt (§ 116 S. 2), wenn die Erklärung mit Einverständnis des Erklärungsempfängers nur zum Schein abgegeben wird (§ 117 Abs. 1) oder wenn ihr die Ernstlichkeit fehlt (§ 118). Schließlich ist eine Willenserklärung zwar wirksam, aber mangelhaft, wenn sich der Erklärende bei ihrer Abgabe irrte (§ 119), wenn sie falsch übermittelt wurde (§ 120) oder wenn der Erklärende zur Abgabe seiner Willenserklärung durch arglistige Täuschung oder widerrechtlich durch Drohung bestimmt worden ist (§ 123 Abs. 1); ein solcher Mangel berechtigt zur **Anfechtung** und damit zur rückwirkenden Vernichtung der Willenserklärung (§ 142 Abs. 1). Besonderheiten können sich dadurch ergeben, daß beim Abschluß eines Vertrages dafür wesentliche Umstände von beiden Parteien falsch eingeschätzt worden sind, sie sich also in einem beiderseitigen Irrtum über die Grundlage des von ihnen geschlossenen Rechtsgeschäfts, also über die „Geschäftsgrundlage", befunden haben. Die genannten Gründe für eine Unwirksamkeit oder Anfechtbarkeit von Willenserklärungen sind im folgenden näher zu behandeln. Zuvor soll aber noch kurz erläutert werden, was die hier verwendeten Begriffe der Unwirksamkeit und Anfechtbarkeit bedeuten.

b) Unwirksamkeit und Anfechtbarkeit

1. Nichtigkeit

Der Begriff der Unwirksamkeit bezeichnet nach dem allgemeinen Sprachgebrauch das Fehlen von Wirkungen. Im Rechtssinn kann aber ein unwirksames Rechtsgeschäft durchaus Rechtswirkungen entfalten,

z. B. zum Ersatz des Schadens verpflichten, den jemand erleidet, weil er auf die Wirksamkeit vertraute (vgl. § 122 Abs. 1), nur treten nicht die Wirkungen ein, auf die das (unwirksame) Rechtsgeschäft gerichtet ist. Es gibt im Zivilrecht **verschiedene Arten** der Unwirksamkeit. Der stärkste Grad ist die Nichtigkeit. Sie ergibt sich unabhängig vom Willen der Beteiligten und wirkt gegen jeden. Die Gründe, die zur Nichtigkeit führen, sind im Gesetz geregelt; sie beruhen auf unterschiedlichen Erwägungen. So ist beispielsweise die Nichtigkeit eines gesetzes- oder sittenwidrigen Geschäftes (vgl. §§ 134, 138) Folge seines Inhalts (vgl. o. RdNr. 146). Die Nichtigkeit der Willenserklärung eines Geschäftsunfähigen wird zu seinem Schutz angeordnet, weil ihm die notwendige Einsichtsfähigkeit in die Bedeutung des Rechtsgeschäfts fehlt (§ 105 Abs. 1; dazu u. RdNr. 253ff.).

2. Bestätigung eines nichtigen Rechtsgeschäfts

240   Bestätigt derjenige ein nichtiges Rechtsgeschäft, der es vornahm, d. h. gibt er unmißverständlich zu erkennen, daß er das nichtige Rechtsgeschäft als gültig anerkennt, dann gilt dies als eine erneute Vornahme des Rechtsgeschäfts (§ 141 Abs. 1); dies hat zur Folge, daß das bestätigte Rechtsgeschäft – vorausgesetzt, daß der Nichtigkeitsgrund nicht auch für die Bestätigung zutrifft – vom Zeitpunkt der Bestätigung an wirksam wird. Allerdings können sich die Parteien eines nichtigen Vertrages durch die Bestätigung so stellen, als wäre der Vertrag von Anfang an wirksam gewesen (vgl. § 141 Abs. 2).

3. Teilnichtigkeit

241   Nun kann es durchaus vorkommen, daß nur Teile eines Rechtsgeschäfts nichtig sind (z. B. in einem umfangreichen Vertrag ist eine Regelung wegen Verstoßes gegen ein gesetzliches Verbot nichtig); es ergibt sich dann die Frage, ob die Nichtigkeit eines Teiles die Nichtigkeit des gesamten Rechtsgeschäfts bewirkt. Für die Beantwortung dieser Frage, die sich allerdings nur stellt, wenn der von der Nichtigkeit nicht erfaßte Rest für sich genommen als selbständiges Rechtsgeschäft Bestand haben kann, ist in erster Linie der Parteiwille entscheidend. Haben die Parteien – hat bei einem einseitigen Rechtsgeschäft der es Vornehmende – für den Fall der Teilnichtigkeit ausdrücklich oder konkludent keine Regelung getroffen, dann ist nach der Auslegungsregel des § 139 von der Nichtigkeit des ganzen Rechtsgeschäfts auszugehen, „wenn nicht anzunehmen ist, daß es auch ohne den nichtigen Teil vorgenommen sein würde". Ob dies gewollt ist, richtet sich dann nach dem **mutmaßlichen** (hypothetischen) **Parteiwillen.** Es ist danach zu fragen, was die Beteiligten für den Fall der Teilnichtigkeit vereinbart hätten, wenn sie diese Möglichkeit bedacht hätten. Fehlen Anhaltspunkte für eine andere Entscheidung,

I. Überblick

dann ist anzunehmen, daß die Parteien das objektiv Vernünftige gewollt hätten, daß sie also ihre Entscheidung in vernünftiger Abwägung der in Betracht zu ziehenden Umstände getroffen hätten.

Die Auslegungsregel des § 139 findet aber nur auf „ein" (d. h. einheitliches) Rechtsgeschäft Anwendung. Um ein **einheitliches Rechtsgeschäft** handelt es sich dann, wenn die Parteien verschiedene Teile, die auch aus mehreren Verträgen unterschiedlichen Typs (z. B. Grundstückskaufvertrag und Baubetreuungsvertrag) bestehen können, so zu einer Einheit zusammengefaßt haben, daß sie gemeinsam eine sinnvolle Regelung bilden. Der Wille der Parteien kann – für sich betrachtet selbständige – Geschäfte zu einer Einheit zusammenfassen (sog. Einheitlichkeitswille). 242

4. Umdeutung

Ein nichtiges Rechtsgeschäft kann den Anforderungen eines anderen (gültigen) Rechtsgeschäfts genügen. Es fragt sich dann, ob der gewollte Erfolg durch Umdeutung (Konversion) des nichtigen Rechtsgeschäfts in das andere erreicht werden kann (vgl. § 140). 243

> **Beispiel:** A ist als Filialleiter im Unternehmen des U angestellt. Vertraglich ist vereinbart, daß das Arbeitsverhältnis jeweils nur zum Ende eines Jahres mit einer Kündigungsfrist von sechs Monaten gekündigt werden kann. Mitte Juni kommt es zwischen U und A zu Differenzen, die dazu führen, daß U dem A fristlos kündigt. Die Voraussetzungen für eine fristlose Kündigung (vgl. § 626 Abs. 1) sind jedoch nicht erfüllt, wohl aber die der ordentlichen Kündigung. Wenn U nichts mehr weiter unternommen hat, hängt die Entscheidung der Frage, ob er A auch im nächsten Jahr noch beschäftigen muß, davon ab, ob die fristlose Kündigung in eine ordentliche umgedeutet werden kann.

In gleicher Weise wie bei § 139 kommt es nach § 140 für die Umdeutung auf den mutmaßlichen Parteiwillen an. Also auch hier ist entscheidend, was objektiv als das Vernünftigste anzusehen ist, wenn Anhaltspunkte für eine abweichende Beurteilung fehlen (vgl. auch o. RdNr. 241). Ergibt die Bewertung aller dafür bedeutsamen Punkte im Beispielsfall, daß U zumindest die ordentliche Kündigung gewollt hätte, wenn er die Nichtigkeit der fristlosen gekannt hätte, und ist dieser Wille auch dem A erkennbar geworden, dann ist eine Umdeutung nach § 140 vorzunehmen. 244

5. Schwebende Unwirksamkeit

In manchen Fällen macht das Gesetz die Wirksamkeit eines Rechtsgeschäfts von der Zustimmung eines anderen abhängig. Fehlt die Zustimmung, muß dem Geschäft folglich die Wirksamkeit versagt werden; andererseits würde es jedoch zu weit führen, das Geschäft für nichtig zu erklären. Das BGB hat einen Mittelweg gewählt, indem es die Wirksam- 245

§ 5 Unwirksame und mangelhafte Willenserklärungen

keit oder Unwirksamkeit des Geschäfts noch in der Schwebe läßt (sog. schwebende Unwirksamkeit), bis der andere sich erklärt hat und das Geschäft entweder genehmigt oder die Genehmigung ablehnt.

Schwebend unwirksam sind z. B. die ohne Zustimmung des gesetzlichen Vertreters vorgenommenen (belastenden) Verträge beschränkt Geschäftsfähiger (§§ 107, 108) und die Verträge, die ein Vertreter ohne Vertretungsmacht schließt (§ 177).

6. Relative Unwirksamkeit

246   Im Zivilrecht gibt es auch eine relative Unwirksamkeit. Hierunter versteht man, daß ein Rechtsgeschäft nur in bezug auf bestimmte Personen unwirksam ist, im Verhältnis zu anderen dagegen wirksam. Die relative Unwirksamkeit kommt insbesondere in Fällen vor, in denen dem Inhaber eines Rechts die Verfügung über dieses Recht im Interesse bestimmter Personen verboten wird. Verfügt er dennoch, dann ist diese Verfügung gegenüber diesen Personen unwirksam, sonst wirksam (vgl. §§ 135, 136).

Einzelheiten werden hier nicht dargestellt; sie sind dem Fortgeschrittenen vorbehalten. Wer sich mit Fragen der relativen Unwirksamkeit vertieft befassen will, der sei auf Larenz, AT, § 23 IV; Hübner, RdNr. 524 ff., und auf die dort Zitierten verwiesen.

7. Anfechtbare Rechtsgeschäfte

247   Anfechtbare Rechtsgeschäfte sind gültig, aber durch (einseitige) Erklärung des Anfechtungsberechtigten vernichtbar. Das Gesetz überläßt es auf diese Weise dem Anfechtungsberechtigten, ob er den Mangel geltend machen und das Rechtsgeschäft nichtig werden lassen will.

Ist eine Willenserklärung durch Irrtum, durch arglistige Täuschung oder widerrechtliche Drohung beeinflußt worden, dann kann sie derjenige, der sie abgegeben hat, unter bestimmten Voraussetzungen anfechten und damit nichtig werden lassen (vgl. §§ 119, 120, 123). Es gibt auch noch andere Fälle der Anfechtung im Familienrecht, im Erbrecht und auch außerhalb des BGB, die teilweise abweichend geregelt sind und die hier und im folgenden unberücksichtigt bleiben.

248   Die Anfechtung ist durch empfangsbedürftige Willenserklärung gegenüber einer bestimmten Person, dem sog. „Anfechtungsgegner" abzugeben (vgl. § 143). Mit der Anfechtung wird das anfechtbare Rechtsgeschäft von Anfang an nichtig (§ 142 Abs. 1); die Anfechtung wirkt also auf den Zeitpunkt der Vornahme des anfechtbaren Rechtsgeschäfts zurück (ex-tunc-Wirkung[1]). Von diesem Grundsatz muß im Interesse bestimmter bereits durchgeführter Rechtsverhältnisse eine Ausnahme gemacht und die Anfechtungswirkungen auf die Zukunft beschränkt werden (ex-nunc-Wirkung[1]). Hierzu zählen bereits in Vollzug gesetzte Arbeitsverträge und Gesellschaftsverträge, deren in der Vergangenheit lie-

---

[1] Ex tunc = von damals an, d. h. rückwirkend; ex nunc = von jetzt an, d. h. mit Wirkung für die Zukunft.

II. Rechtsfähigkeit

Die Fähigkeit, Träger von Rechten und Pflichten zu sein (= Rechtsfähigkeit), besitzt jeder Mensch von seiner Geburt an (vgl. § 1). Das Kind im Mutterleib ist folglich nicht rechtsfähig. Es gibt jedoch im BGB Regelungen zugunsten des ungeborenen Kindes. Nach § 844 Abs. 2 S. 2 haben auch Kinder, die zur Zeit einer deliktischen Schädigung „erzeugt, aber noch nicht geboren" sind, einen Anspruch nach dieser Vorschrift. Nach § 1923 Abs. 2 gilt als vor dem Erbfall geboren und ist damit erbfähig, wer zur Zeit des Erbfalls noch nicht lebte, aber bereits erzeugt war.

249

In § 1923 Abs. 2 hat der Gesetzgeber einen gesetzestechnischen Kunstgriff angewendet. Er hat sich über die Tatsache, daß der nasciturus noch nicht geboren ist, hinweggesetzt und behandelt ihn so, als sei er bereits geboren. Die Geburt des nasciturus wird also „fingiert". Die **Fiktion** stellt eine rechtliche Gleichbewertung verschiedener Tatbestände dar, die der Gesetzgeber in voller Kenntnis ihrer Ungleichwertigkeit vornimmt. Mit der Fiktion wird erreicht, daß eine gesetzliche Regelung, die für einen bestimmten Tatbestand gilt (im Beispiel für alle bereits geborenen Menschen) auf einen weiteren Tatbestand (im Beispiel für die zur Zeit des Erbfalls bereits Erzeugten, aber noch nicht Geborenen) übertragen wird. Die Fiktion stellt also letztlich eine Verweisung dar: Die Vorschriften, die im Fall 1 gelten, sind auch im Fall 2 anzuwenden.

Das BGB enthält eine Reihe von Fiktionen; so wird in § 108 Abs. 2 S. 2 das Schweigen wie eine Verweigerung gewertet; eine gleiche Regelung findet sich in § 177 Abs. 2 S. 2; § 263 Abs. 2 ordnet für die Wahlschuld (vgl. o. RdNr. 166f.) an, daß nach vorgenommener Wahl die gewählte Leistung als die von Anfang an allein geschuldete gilt.

Ein Kind, das mit einem Gesundheitsschaden geboren wird, der auf eine Verletzung vor der Geburt zurückzuführen ist, kann gegen den Schädiger Schadensersatzansprüche aus unerlaubter Handlung geltend machen.

250

Beispiel: Bei einem von A schuldhaft verursachten Verkehrsunfall wird die schwangere B verletzt. Nach der Geburt des Kindes C wird festgestellt, daß dieses einen Hirnschaden hat, der auf den Verkehrsunfall zurückzuführen ist. A haftet C wegen deliktischer Schädigung (§ 823 Abs. 1).

Nicht über das Ergebnis, wohl aber über die Begründung wird gestritten. Manche wollen der Leibesfrucht zum Schutz vor deliktischen Schäden Teilrechtsfähigkeit zuerkennen. Dies ist aber nicht erforderlich, um in solchen Fällen § 823 anwenden zu können. Durch die schädigende Handlung ist eine Schadensursache gesetzt worden, die den geltend ge-

251

---

[2] Vgl. *MünchKomm/Mayer-Maly*, § 142 RdNr. 15 ff.

machten Schaden des Kindes erst nach der Geburt und damit nach Eintritt der Rechtsfähigkeit entstehen läßt. Denn es geht nicht um den Ersatz des Schadens der Leibesfrucht, sondern des krank zur Welt gekommenen Kindes. Daß zwischen Schädigungshandlung und Schadenseintritt eine zeitliche Differenz liegt, steht einer Anwendung des § 823 nicht entgegen.[3]

252 Rechtsfähigkeit besitzen nicht nur alle natürlichen Personen, also alle Menschen, sondern auch bestimmte von der Rechtsordnung als Träger von Rechten und Pflichten anerkannte Personenvereinigungen und Zweckvermögen, sog. **juristische Personen.** Juristische Personen gibt es sowohl im Bereich des öffentlichen Rechts als auch des Privatrechts. Allerdings können die juristischen Personen des öffentlichen Rechts (z. B. Bund, Länder, Gemeinden, Universitäten, Handwerkskammern, Industrie- und Handelskammern) auch auf dem Gebiet des Privatrechts tätig werden und dort Rechte erwerben und Pflichten übernehmen (Beispiel: Die Universitätsverwaltung kauft Büromaterial in einem Einzelhandelsgeschäft). Die wichtigsten juristischen Personen des Privatrechts sind der eingetragene Verein (§§ 21 ff.), die Stiftung (§§ 80 ff.), die Aktiengesellschaft (geregelt im Aktiengesetz) und die Gesellschaft mit beschränkter Haftung (geregelt im GmbH-Gesetz).

Auf die Darstellung von Einzelheiten aus dem Recht der juristischen Personen muß hier verzichtet werden.[4] Es genügt, darauf hinzuweisen, daß die juristischen Personen des Privatrechts ihre Rechtsfähigkeit durch einen staatlichen Hoheitsakt erhalten, und zwar der nichtwirtschaftliche Verein durch Eintragung in das Vereinsregister (vgl. § 21), der wirtschaftliche Verein durch staatliche Verleihung (vgl. § 22), die Stiftung, bei der es sich nicht – wie bei dem Verein – um eine Personenvereinigung, sondern um eine Organisation, ein rechtlich verselbständigtes Zweckvermögen handelt, durch staatliche Genehmigung (vgl. § 80) sowie die Aktiengesellschaft und die GmbH, die Sonderformen des (wirtschaftlichen) Vereins darstellen, durch Eintragung in das Handelsregister (vgl. §§ 36 ff. AktG, §§ 7 ff. GmbHG).

III. Geschäftsfähigkeit

a) Allgemeines

253 Die Fähigkeit, Rechtsgeschäfte wirksam vorzunehmen, die Geschäftsfähigkeit, kann nur solchen Personen zugebilligt werden, von denen anzunehmen ist, daß sie das dafür erforderliche Einsichts- und Urteilsvermögen besitzen. Deshalb hat das BGB die Geschäftsfähigkeit einmal von einer bestimmten Altersgrenze, zum anderen von der geistigen Gesundheit des einzelnen abhängig gemacht. Keine Geschäftsfähigkeit be-

---

[3] BGHZ 58, 48, 49 ff. = NJW 1972, 1126 = JuS 1972, 535 Nr. 5.
[4] Vgl. dazu *Hübner*, RdNr. 116 ff.

sitzen Kinder, die noch nicht das 7. Lebensjahr vollendet haben (§ 104 Nr. 1). Personen, die zwar das 7., aber noch nicht das 18. Lebensjahr vollendet haben, sind in ihrer Geschäftsfähigkeit nach Maßgabe der §§ 107 bis 113 beschränkt (§ 106). Geschäftsfähig sind Personen, die das 18. Lebensjahr vollendet und damit ihre Volljährigkeit erreicht haben (§ 2), wenn sie nicht geisteskrank oder entmündigt sind. Geisteskranke oder wegen Geisteskrankheit Entmündigte sind geschäftsunfähig (§ 104 Nr. 2 und 3). Die wegen Geistesschwäche, Verschwendung, Trunksucht oder Rauschgiftsucht Entmündigten sind beschränkt geschäftsfähig (§ 114).

Das BGB regelt nicht positiv, wer die Geschäftsfähigkeit besitzt, sondern negativ, wer sie nicht besitzt (vgl. §§ 104, 106 und 114). Diese negative Fassung des Gesetzes bewirkt, daß solange von der (vollen) Geschäftsfähigkeit einer Person auszugehen ist, bis die Verwirklichung eines Tatbestandes feststeht, aus dem sich etwas anderes ergibt. Hieraus folgt, daß nicht etwa die Feststellung der wirksamen Vornahme eines Rechtsgeschäfts die Prüfung der Frage verlangt, ob die Beteiligten (unbeschränkt) geschäftsfähig sind, sondern daß umgekehrt auf die Geschäftsfähigkeit nur einzugehen ist, wenn Gründe für Zweifel bestehen. Dementsprechend hat auch der Student bei einer gutachtlichen Stellungnahme zur Wirksamkeit eines Rechtsgeschäfts zu verfahren. **254**

b) Geschäftsunfähigkeit

Die Willenserklärung eines Geschäftsunfähigen ist nichtig (§ 105 **255** Abs. 1). Dem Geschäftsunfähigen gegenüber können auch keine (empfangsbedürftigen) Willenserklärungen wirksam abgegeben werden (§ 131 Abs. 1). Der Geschäftsunfähige kann also nicht am Rechtsverkehr teilnehmen; für ihn muß vielmehr sein **gesetzlicher Vertreter** handeln.

Gesetzliche Vertreter eines Kindes sind seine Eltern (§ 1629 Abs. 1). Ist eine Willenserklärung gegenüber dem Kinde abzugeben, genügt allerdings die Abgabe gegenüber einem Elternteil (§ 1629 Abs. 1 S. 2 HS 2). Ein wegen Geisteskrankheit Entmündigter (§ 6 Abs. 1 Nr. 1) erhält einen Vormund (§ 1896), der ihn vertritt (§ 1793 iVm. § 1897).

Unerheblich für die Rechtsfolge der Nichtigkeit einer vom Geschäfts- **256** unfähigen abgegebenen Willenserklärung ist es, ob der Erklärungsgegner die Geschäftsunfähigkeit kennt oder erkennen konnte. Der **gute Glaube** wird insoweit nicht geschützt, weil der Gesetzgeber zugunsten der Geschäftsunfähigen (und das gleiche gilt für die beschränkt Geschäftsfähigen) den Schutz des Rechtsverkehrs und des in die Gültigkeit einer Willenserklärung gesetzten Vertrauens eingeschränkt hat.

Beispiel: Der geisteskranke und deswegen entmündigte A macht auf andere einen durchaus gesunden Eindruck. Er begibt sich zum Autovermieter B und mietet dort unter Vorlage seines Führerscheins einen Pkw, den er 14 Tage fährt. Erst in diesem Zeitpunkt erfährt der Vormund des A von dem Geschäft und sorgt für Rückgabe des Autos. B kann in diesem Fall nicht etwa deshalb Ansprüche wegen der Überlassung des Fahrzeuges stellen, weil für ihn die Geisteskrankheit des A nicht erkennbar gewesen ist. Daß allerdings eine Billigkeitshaftung Unzurechnungsfähiger in Betracht kommt, wenn sie andere deliktisch (d. h. durch eine unerlaubte Handlung iSv. §§ 823 ff.) schädigen, soll hier unberücksichtigt bleiben; darauf wird bei Darstellung des Deliktsrechts eingegangen werden.

Ändert sich etwas an dieser Entscheidung, wenn die Krankheit des A in Schüben verläuft, so daß sich Störungen der Geistestätigkeit mit normalen Phasen abwechseln, und A in einem sog. lichten Augenblick den Vertrag mit B geschlossen hat?

257 Ein wegen Geisteskrankheit Entmündigter kann während der Dauer seiner Entmündigung keine wirksamen Rechtsgeschäfte tätigen, auch wenn er in Phasen geistiger Gesundheit handelt. Insoweit besteht ein Unterschied zu Personen, die wegen krankhafter Störung der Geistestätigkeit geschäftsunfähig sind, ohne jedoch entmündigt zu sein (§ 104 Nr. 2). Wenn ein nicht entmündigter Geisteskranker in einem **lichten Augenblick** (lucidum intervallum) handelt, dann ist seine Willenserklärung wirksam.

Wäre in dem obigen Beispielsfall A zwar geisteskrank, aber nicht entmündigt, dann wäre der Mietvertrag, den er in einer „gesunden Phase" mit dem Autovermieter B geschlossen hat, wirksam.

258 Dieser Unterschied zwischen § 104 Nr. 2 und Nr. 3 ergibt sich dadurch, daß in Nr. 2 auf einen „die freie Willensbestimmung ausschließenden Zustand" abgestellt wird und in einem lichten Augenblick ein solcher Zustand nicht besteht. Für § 104 Nr. 2 kommt es darauf an, ob der Zustand krankhafter Störung der Geistestätigkeit seiner Natur nach nur vorübergehend ist. Ist dies zu bejahen, dann greift zwar § 104 Nr. 2 nicht ein, aber eine im Zustand **vorübergehender Störung der Geistestätigkeit** abgegebene Willenserklärung ist nach § 105 Abs. 2 nichtig. Diese Vorschrift trifft insbesondere auf Fälle der Trunkenheit und des Drogenrausches zu.

> **Beispiel:** Durstig begibt sich nach einer ausgedehnten Kneipentour im Zustande großer Trunkenheit zu einer Versteigerung und bietet durch Handaufheben mit. Ihm wird eine Barockkommode zum Preise von 75 000 DM zugeschlagen. Muß Durstig diesen Preis zahlen?
> Ein Anspruch nach § 433 Abs. 2 auf Zahlung des Kaufpreises besteht gegen Durstig nur, wenn er sich durch einen gültigen Kaufvertrag zu dieser Zahlung verpflichtet hat. Ein Vertrag wäre zustandegekommen, wenn das Gebot des Durstig als wirksame Offerte zu werten wäre. Die Trunkenheit führt zu einer vorübergehenden Störung der Geistestätigkeit und damit zur Nichtigkeit der in diesem Zustand abgegebenen Willenserklärungen nach § 105 Abs. 2, wenn ein Maß erreicht wird, das die freie Willensbestimmung ausschließt. Zwar ergibt sich diese Voraussetzung nicht aus dem Wortlaut des § 105 Abs. 2, aber diese Vorschrift ist im Zusammenhang mit § 104 Nr. 2 zu sehen. Beide ergänzen sich dahingehend, daß § 104 Nr. 2 bei Dauerzuständen, § 105 Abs. 2 bei vorübergehenden Erscheinungen anzuwenden ist, wenn Störungen der Geistestätigkeit die freie Willensbestimmung ausschließen. Trunken-

III. Geschäftsfähigkeit

heit wie auch Verzehr von Rauschgift oder Fieberdelirium können auch zur Bewußtlosigkeit iSv. § 105 Abs. 2 führen. Denn darunter ist nicht etwa ein völliges Fehlen des Bewußtseins zu verstehen, weil dann der Handlungswille und somit eine Willenserklärung tatbestandlich ausgeschlossen werden muß (vgl. o. RdNr. 46, 48), sondern als Bewußtlosigkeit in diesem Sinne ist ein Zustand anzusehen, in dem der Inhalt einer Erklärung und ihre Bedeutung nicht mehr erkannt werden können. In einer derartigen „Bewußtlosigkeit" kann sich derjenige befinden, der infolge hochgradiger Trunkenheit nicht mehr in der Lage ist, Sinn und Bedeutung seiner Handlungen richtig einzuschätzen. Ob Durstig bereits diesen Zustand erreicht hatte, als er bei der Versteigerung mitbot, kann dahingestellt bleiben, weil er sich – wenn „Bewußtlosigkeit" zu verneinen ist – zumindest in einem Zustand vorübergehender Störung der Geistestätigkeit befand, der eine freie Willensbestimmung ausschloß.

Im allgemeinen wird die krankhafte Störung der Geistestätigkeit die **259** freie Willensbestimmung auf sämtlichen Gebieten aufheben; ausnahmsweise kann sie jedoch auch auf bestimmte Angelegenheiten beschränkt sein und nur dort wirksame Willenserklärungen ausschließen. Als Beispiel einer derartigen **partiellen Geschäftsunfähigkeit** sei der Querulantenwahn genannt, der eine Unfähigkeit zur Rechtsverfolgung und zur Prozeßführung verursacht.

c) Beschränkte Geschäftsfähigkeit

Beschränkte Geschäftsfähigkeit bedeutet, daß Minderjährige, die das **260** siebente Lebensjahr vollendet haben (vgl. o. RdNr. 253), und Entmündigte iSv. § 114 nur solche Geschäfte wirksam tätigen können, durch die sie lediglich einen **rechtlichen Vorteil** erlangen, während rechtlich nachteilige Geschäfte von ihnen alleine nicht wirksam geschlossen werden können, sondern der Zustimmung des gesetzlichen Vertreters bedürfen (vgl. § 107). Es kommt folglich darauf an, den Begriff des rechtlichen Vorteils näher zu erläutern und zu klären, welche Rechtsgeschäfte rechtlich vorteilhaft und deshalb zustimmungsfrei sind und welche nicht. Dazu folgende

Beispielsfälle: Der 19jährige Flott ist in arger Geldverlegenheit und bietet seinem 17jährigen Freund Klever eine Briefmarke, deren Wert 2000,– DM beträgt, für 500,– DM an.

Onkel Alois will seinem 15jährigen Neffen Bertold ein mit einem Einfamilienhaus bebautes Grundstück schenken, ohne daß dies die Eltern des Bertold erfahren sollen. Das Grundstück ist mit einer Hypothek belastet; außerdem sind Steuern und Abgaben für das Grundstück zu entrichten.

Der 12jährige Alf leiht seinem gleichaltrigen Freund Bert seine goldene Uhr, die ihm seine Eltern zur Kommunion schenkten. Bert tauscht mit dem 13jährigen Christoph die Uhr gegen Briefmarken. Als Alf zufällig die Uhr bei Christoph entdeckt, verlangt er sie heraus. Christoph weigert sich und erklärt, die Uhr gehöre jetzt ihm.

Lediglich einen rechtlichen Vorteil erlangt der Minderjährige[5] durch **261** ein Rechtsgeschäft, das seine Rechtsstellung ausschließlich verbessert.

Werden durch das Rechtsgeschäft dem Minderjährigen irgendwelche rechtlichen Verpflichtungen auferlegt, wie dies z. B. auch bei unvollkommen zweiseitigen Verträgen für die Partei der Fall ist, die nicht die Hauptpflichten treffen (bei der Leihe also für den Entleiher; vgl. o. RdNr. 77 f.), dann handelt es sich nicht mehr um ein lediglich rechtlich vorteilhaftes Geschäft, so daß eine Zustimmungsfreiheit dieses Rechtsgeschäfts verneint werden muß. Hieraus folgt für den ersten Beispielsfall, daß Klever ohne Zustimmung seiner Eltern die ihm angebotene Briefmarke nicht kaufen kann. Daß dieses Geschäft wirtschaftlich sehr vorteilhaft ist, muß dabei unberücksichtigt bleiben. Denn im Gesetz wird ausdrücklich auf den rechtlichen, nicht auf den wirtschaftlichen Vorteil abgestellt.

262 Deshalb scheint auch im zweiten Beispielsfall die Zustimmung des gesetzlichen Vertreters erforderlich zu sein, weil Bertold als Eigentümer des ihm von Onkel Alois geschenkten Grundstücks zur Zahlung von Steuern und Abgaben verpflichtet ist. Andererseits darf nicht unberücksichtigt bleiben, daß durch den Schenkungsvertrag nur die einseitige Verpflichtung des Schuldners, also hier Onkel Alois, festgelegt wird, das Vermögen des Beschenkten unentgeltlich zu bereichern (vgl. § 516 Abs. 1). Der Schenkungsvertrag ist somit geradezu das Schulbeispiel eines rechtlich vorteilhaften Geschäfts.

Daran ändert auch nichts, daß unter bestimmten Voraussetzungen der Beschenkte zur Rückgewähr des Geschenkes z. B. bei Verarmung des Schenkers (vgl. § 528) oder bei Widerruf der Schenkung wegen groben Undanks (vgl. § 530) verpflichtet sein kann. Denn diese Regeln gestalten die Schenkung selbst nur aus, sind also gleichsam ihr immanente Bestandteile und schaffen keine selbständigen Verpflichtungen für den Beschenkten, die sein sonstiges Vermögen beeinträchtigen.

Die durch den Schenkungsvertrag für Onkel Alois geschaffene Verpflichtung wird durch Übereignung des Grundstücks erfüllt. Die Übertragung des Eigentums als solches ist sicherlich ebenfalls nur rechtlich vorteilhaft für Bertold, weil er damit eine ihm vorteilhafte Vermögensposition gewinnt. Die entscheidende Frage geht jedoch dahin, ob die mit dem Eigentum verbundenen Verpflichtungen dieses Geschäft als ganzes zu einem rechtlich nachteiligen für den Minderjährigen werden lassen.

263 Die Frage, ob die **Übereignung eines Grundstücks** an einen Minderjährigen wegen der damit verbundenen Pflicht zur Tragung öffentlicher Lasten als rechtlich nachteilig angesehen werden muß, ist mit der herrschenden Meinung zu verneinen. Wollte man anders entscheiden, dann müßte man folgerichtig auch jede Zuwendung von Vermögenswerten, die eine Verpflichtung zur Zahlung von Schenkungssteuer oder Vermögenssteuer begründet, als zustimmungsbedürftig ansehen. Solche sinnwidrigen Ergebnisse lassen sich dadurch vermeiden, daß man die öffent-

---

[5] Aus Gründen sprachlicher Kürze wird im folgenden stets nur vom Minderjährigen gesprochen; die Ausführungen gelten aber gleichermaßen für die Entmündigten iSv. § 114.

III. Geschäftsfähigkeit

lich-rechtlichen Belastungen nicht als Rechtsfolgen des Erwerbsaktes und damit als Inhalt des Verfügungsgeschäfts, sondern als eine inhaltliche Begrenzung des Eigentums ansieht. Mit den öffentlichen Lasten werden Pflichten auferlegt, die mit der Eigentümerstellung verbunden sind und notwendigerweise jeden treffen, der die Eigentümerposition übernimmt. Hierin zeigt sich eine gewisse Parallele zu der sich unter bestimmten Voraussetzungen ergebenden Rückgewährpflicht des Beschenkten, die ebenfalls nicht als selbständige Pflicht aufgefaßt werden kann. Nach anderer Auffassung ist im Rahmen des § 107 danach zu fragen, ob ein Rechtsnachteil lediglich eine Schmälerung des Erwerbs darstellt und dann unschädlich ist oder ob er die Gefahr einer Beeinträchtigung des sonstigen Vermögens des Minderjährigen in sich trägt.[6] Auch von diesem Standpunkt aus lassen die mit dem Eigentum verbundenen öffentlich-rechtlichen Verpflichtungen die Schenkung eines Grundstücks nicht zu einem rechtlich nachteiligen Geschäft werden.

Das gleiche gilt für die Übereignung eines mit einer Hypothek belasteten Grundstücks. Eine Hypothek gibt dem Hypothekengläubiger gegenüber dem Eigentümer des Grundstücks nur das Recht, wegen der ihm zustehenden Forderung (zu deren Sicherung die Hypothek bestellt worden ist) Befriedigung aus dem Grundstück zu suchen (vgl. § 1113 Abs. 1). Dies bedeutet, daß der Eigentümer nur die Zwangsvollstreckung in das Grundstück dulden muß (vgl. § 1147), nicht aber persönlich zur Zahlung verpflichtet wird, es sei denn, daß er aus einem anderen Rechtsgrund zugleich auch Schuldner der hypothekarisch gesicherten Forderung ist. Äußerstenfalls kann also Bertold bei einer Zwangsvollstreckung des Hypothekengläubigers gegen ihn das geschenkte Grundstück verlieren; sein persönliches Vermögen kann aber nicht angetastet werden, weil Haftungsobjekt allein das Grundstück ist. Deshalb betrachtet die herrschende Meinung bei einer Schenkung eines durch Hypothek oder Grundschuld belasteten Grundstücks diese Belastung lediglich als Minderung des Werts des unentgeltlich Zugewendeten und nicht als eine selbständige Verpflichtung des Eigentümers, Bertold erhält also durch Schenkung des Grundstücks allein einen rechtlichen Vorteil, so daß das Geschäft nicht zustimmungsbedürftig ist.

Im dritten Beispielsfall ist die Leihe der Uhr nicht nur für Alf als den Verleiher, sondern auch für Bert als den Entleiher mit rechtlichen Pflichten verbunden (vgl. o. RdNr. 77) und deshalb für beide zustimmungsbedürftig. Das gleiche gilt für den Tauschvertrag (vgl. § 515), bei dem es sich um einen gegenseitig verpflichtenden (synallagmatischen) Vertrag

---

[6] Vgl. die Darstellung der verschiedenen zu dieser Frage vertretenen Auffassungen bei *Köhler,* PdW-AT, Nr. 29 (S. 31 ff.), der selbst die Zustimmungsbedürftigkeit eines Grundstückserwerbs durch Minderjährige deshalb bejaht, weil die vermögensmäßigen Auswirkungen, die mit einem solchen Erwerb verbunden sind, nach dem Schutzzweck des § 107 eine Kontrolle durch den gesetzlichen Vertreter erforderlich machten.

handelt, der beiden Vertragspartnern rechtliche Pflichten auferlegt, so daß es insoweit keine Zweifel an der Zustimmungsbedürftigkeit dieses Rechtsgeschäfts geben kann. Könnte man noch erwägen, ob nicht die Eltern zu Rechtsgeschäften, die sich auf geringwertige Sachen beziehen, die den Knaben zur persönlichen Verfügung überlassen werden, eine generelle Einwilligung erteilt haben (vgl. u. RdNr. 274), so ist dies für wertvolle Gegenstände auszuschließen. Beide Verträge sind folglich nicht wirksam (vgl. § 108 Abs. 1 und u. RdNr. 268). Zu prüfen ist aber weiter, ob auch das Verfügungsgeschäft, die Übertragung des Eigentums an der Uhr, der Zustimmung der Eltern des Bert bedarf. Diese Frage wäre zu bejahen, wenn Bert Eigentümer der Uhr gewesen wäre, weil er dann durch Verlust seines Eigentums einen rechtlichen Nachteil erlitten hätte. Die Uhr gehörte aber Alf, der sie Bert nur geliehen hatte. Eigentum kann auch von einem Nichteigentümer übertragen werden, wenn der Erwerber ohne grobe Fahrlässigkeit den Nichtberechtigten für den Eigentümer hält (vgl. §§ 929, 932; Einzelheiten dazu später). Die Voraussetzungen des gutgläubigen Erwerbs vom Nichtberechtigten sind hier erfüllt, wenn man davon ausgeht, daß Christoph glaubte, die Uhr gehöre Bert. Durch die Verfügung als solche hat Bert keinen Vermögensnachteil erlitten, weil ja nicht er, sondern ein anderer Eigentümer der Uhr war und er somit durch die Übereignung auch kein Eigentum verlieren konnte. Es handelt sich bei dieser Übereignung deshalb um ein **rechtlich neutrales Geschäft,** weil es für ihn weder rechtlich vorteilhaft noch rechtlich nachteilig ist.

Hierbei ist wie auch sonst nur auf die unmittelbaren Wirkungen des Rechtsgeschäfts – hier also auf die der Übereignung – zu sehen. Daß sich aus dem Verhalten des Minderjährigen weitere (nicht rechtsgeschäftliche) Folgen ergeben können, die für ihn nachteilig sind, etwa Schadensersatzansprüche gegen ihn, bleibt für die Frage nach dem Vor- oder Nachteil des betreffenden Geschäfts ohne Beachtung.

266 Nach dem Wortlaut des § 107, der auf einen „rechtlichen Vorteil" abstellt, müßten die neutralen Geschäfte zustimmungsbedürftig sein. § 107 ist aber entsprechend dem von ihm verfolgten Zweck, den Minderjährigen vor nachteiligen Folgen eines rechtsgeschäftlichen Handelns zu schützen, dahingehend auszulegen, daß rechtlich neutrale Geschäfte zustimmungsfrei bleiben. Christoph hat also auch ohne Zustimmung der Eltern des Bert Eigentum erworben. Er kann sich daher gegenüber dem Herausgabeverlangen des Alf auf sein Eigentum berufen.

Dieses Ergebnis ist frappierend. Wäre die Rechtslage so, wie Christoph glaubte, wäre also Bert Eigentümer der Uhr gewesen, hätte Christoph kein Eigentum erwerben können, weil dann die Übereignung ein zustimmungsbedürftiges Rechtsgeschäft gewesen wäre. Hier hat also gerade deshalb die Übereignung für Christoph Erfolg, weil Bert Nichtberechtigter war. Die herrschende Meinung akzeptiert dieses Ergebnis mit der Erwägung, der Rechtsverkehr müsse (hier also in seinem guten Glauben) soweit geschützt werden, wie dies mit dem gebotenen Schutz der Minderjährigen

III. Geschäftsfähigkeit

vereinbar sei, während eine Mindermeinung den Eigentumserwerb in solchen Fällen mit der Begründung verneint, daß die Vorschriften über den gutgläubigen Erwerb vom Nichtberechtigten den Erwerber nur so stellen sollen, wie er stünde, wenn seine Vorstellungen richtig wären; dann hätte er aber kein Eigentum erworben.[7] Folgt man der hM, dann kann Alf zumindest keinen Herausgabeanspruch als Eigentümer (§ 985) geltend machen. Ob er aus einem anderen Rechtsgrund die Uhr herausverlangen kann, soll hier unerörtert bleiben.

In der folgenden grafischen Darstellung sind die **wichtigsten Ergebnisse** zu der Frage zusammengefaßt, welche Rechtsgeschäfte vom Minderjährigen ohne Zustimmung seines gesetzlichen Vertreters geschlossen werden können: **267**

```
                    Zustimmungsfreie Rechtsgeschäfte
                    /                              \
        rechtlich vorteilhafte              rechtlich neutrale (z. B. Bestimmung
           /            \                   der Leistung durch den Minderjähri-
                                            gen nach § 317)
  nur den Vertragspart-    Verfügungsgeschäfte
  ner einseitig verpflich- zugunsten des Min-
  tende Geschäfte          derjährigen
  (z. B. Schenkung)        (z. B. Übereignung ei-
                           ner Sache, Abtretung
                           einer Forderung an
                           ihn)
```

Andere Geschäfte, die also nicht ausschließlich rechtlich vorteilhaft **268** oder zumindest rechtlich neutral für den Minderjährigen sind, bedürfen zu ihrer Wirksamkeit grundsätzlich der **Einwilligung** (d. h. vorherigen Zustimmung – vgl. § 183 S. 1) **des gesetzlichen Vertreters.** Die Einwilligung kann sowohl dem Minderjährigen als auch seinem Vertragspartner erklärt werden (vgl. § 182 Abs. 1) und ist bis zur Vornahme des Rechtsgeschäfts widerruflich (§ 183). Sie bedarf nach § 182 Abs. 2 keiner Form, auch wenn das vom Minderjährigen vorgenommene Geschäft formbedürftig ist (Beispiel: formlose Einwilligung in den Abschluß eines Kaufvertrages über ein Grundstück, das notariell beurkundet werden muß – vgl. § 313 S. 1). Wird die Einwilligung nicht erteilt, dann ist hinsichtlich der Rechtsfolgen zu unterscheiden:

– Einseitige Rechtsgeschäfte (vgl. o. RdNr. 33) sind unwirksam (vgl. § 111 S. 1). Allerdings wird von der hM die Auffassung vertreten, daß ein einseitiges Rechtsgeschäft, mit dem der Geschäftspartner in Kenntnis der Minderjährigkeit einverstanden ist, der Vorschrift des § 108 unterfällt.[8]

---

[7] HM: *MünchKomm/Gitter*, § 107 RdNr. 16; *Soergel/Hefermehl*, § 107 RdNr. 7, jeweils m. weit. Nachw.; aA *Medicus*, AT, RdNr. 568; BR, RdNr. 540, 542.
[8] *Flume*, S. 200; *Jauernig*, § 111 Anm. 2a aa; *Staudinger/Dilcher*, § 111 RdNr. 9.

– Verträge sind schwebend unwirksam (vgl. o. RdNr. 245) und können durch Genehmigung (d. h. nachträgliche Zustimmung – vgl. § 184 Abs. 1) wirksam werden (vgl. § 108 Abs. 1); wird die Genehmigung verweigert, wird das Geschäft endgültig unwirksam.

269 Ebenso wie die Einwilligung kann auch die **Genehmigung** grundsätzlich gegenüber dem Minderjährigen oder gegenüber seinem Vertragspartner erklärt werden. Dieser sich aus § 182 Abs. 1 ergebende Grundsatz wird jedoch für das Minderjährigenrecht in § 108 Abs. 2 modifiziert. Fordert der Vertragspartner des Minderjährigen dessen gesetzlichen Vertreter zur Erklärung über die Genehmigung auf, so kann sie nur ihm gegenüber abgegeben werden. Während des Schwebezustandes, der bis zur Genehmigung oder ihrer Verweigerung besteht, kann der Vertragspartner des Minderjährigen seine Erklärung widerrufen (§ 109 Abs. 1). Dieses **Widerrufsrecht** trägt dem Gedanken Rechnung, daß es unbillig wäre, den Vertragspartner des Minderjährigen an dem schwebend unwirksamen Geschäft so lange festzuhalten, bis der gesetzliche Vertreter über die Genehmigung entschieden hat. Dieses Recht kann allerdings nur demjenigen zugebilligt werden, der nicht wußte, daß er ein Geschäft mit einem Minderjährigen ohne Einwilligung dessen gesetzlichen Vertreters schloß (vgl. § 109 Abs. 2). Zu dem Widerrufsrecht nach § 109 Abs. 1 folgender

Beispielsfall: Der 17jährige A kauft ohne Wissen seiner Eltern eine Stereoanlage von B. Am nächsten Tag gesteht A dem B, daß er minderjährig sei und noch nicht mit seinen Eltern gesprochen habe. Daraufhin schreibt B an die Eltern einen Brief, in dem er sie um Mitteilung bittet, ob sie mit dem Kauf einverstanden seien. Als A seinen Eltern noch am selben Tag von dem Kauf berichtet, erwidern diese, A solle sich die Stereoanlage von B geben lassen, denn der Kauf sei günstig. Noch bevor der Brief des B bei den Eltern eintrifft, ruft dieser an und eröffnet ihnen, daß er sich die Sache anders überlegt habe und daß er sich nicht mehr an den Vertrag mit A gebunden halte. Können die Eltern auf die Einhaltung des Kaufvertrages bestehen?

270 Der zwischen A und B geschlossene Kaufvertrag ist wegen der Minderjährigkeit des A zunächst schwebend unwirksam gewesen. Ob B von der Minderjährigkeit des A wußte, ist insoweit unerheblich, weil zum Schutze des Minderjährigen der gute Glaube seines Vertragspartners an die Volljährigkeit keine Rolle spielt. Die Erklärungen der Eltern gegenüber dem A sind als Genehmigung anzusehen; daß sie den Begriff „Genehmigung" nicht gebrauchten, ist insoweit unerheblich, weil sich aus ihren Erklärungen zweifelsfrei ergeben hat, daß sie dem Kaufvertrag zustimmten. Im übrigen kann auch die Genehmigung konkludent erteilt werden, etwa dadurch, daß der gesetzliche Vertreter dem Minderjährigen das Geld gibt, um den Kaufpreis zu bezahlen. Der schwebend unwirksame Vertrag wäre also durch Genehmigung gegenüber dem Minderjährigen endgültig wirksam geworden (vgl. § 108 Abs. 1 iVm. § 182 Abs. 1), wenn nicht die Vorschrift des § 108 Abs. 2 S. 1 eingreifen wür-

de. Durch die Aufforderung nach dieser Vorschrift wird eine vorher dem Minderjährigen gegenüber erklärte Genehmigung unwirksam, und es kann der Vertrag nur noch gegenüber dem Vertragspartner genehmigt werden. Die Aufforderung an den gesetzlichen Vertreter, sich über die Genehmigung zu erklären, bewirkt also, daß der alte Schwebezustand wieder hergestellt wird, der vor Genehmigung gegenüber dem Minderjährigen bestanden hat.

Die Aufforderung nach § 108 Abs. 2 stellt eine geschäftsähnliche **271** Handlung (vgl. o. RdNr. 177) dar, da ihre Rechtsfolgen unabhängig vom Willen des Erklärenden kraft Gesetzes eintreten; auf sie ist § 130 Abs. 1 S. 1 entsprechend anzuwenden, so daß sie erst mit dem Zugang der Erklärung wirksam wird. Das Telefongespräch zwischen B und den Eltern des A wurde in einem Zeitpunkt geführt, in dem der Brief des B die Eltern noch nicht erreicht hatte, sich also der Vertrag noch in dem Zustand der Wirksamkeit aufgrund der gegenüber A erklärten Genehmigung befand. In diesem Zeitpunkt konnte B nicht nach § 109 Abs. 1 widerrufen, weil hierfür der Schwebezustand vorläufiger Unwirksamkeit erforderlich ist, wie sich aus der Fassung des Gesetzes deutlich ergibt („bis zur Genehmigung des Vertrags"). Andererseits hätte B aber widerrufen können, wenn dieser Schwebezustand nach Zugang seines Briefes wieder eingetreten wäre. Es ist deshalb zu fragen, ob der erklärte Widerruf in dem Zeitpunkt Wirksamkeit erlangte, in dem durch Zugang der Aufforderung nach § 108 Abs. 2 der Vertrag wieder schwebend unwirksam wurde. Diese Frage muß verneint werden. Das Widerrufsrecht soll dem Vertragspartner des Minderjährigen die Lösung von einem schwebend unwirksamen und deshalb unsicheren Vertrag ermöglichen. Die Aufforderung nach § 108 Abs. 2 dient dazu, dem Vertragspartner Klarheit über die Einstellung des gesetzlichen Vertreters zu verschaffen; deshalb wird eine vorher dem Minderjährigen gegenüber erklärte Genehmigung unwirksam, weil es sich hierbei um einen Vorgang handelt, der sich aus der Sicht des Vertragspartners in einem für ihn nicht überschaubaren Bereich abspielt. Die Kombination beider Rechte – die Aufforderung nach § 108 Abs. 2 und die daran geknüpften Rechtswirkungen sowie das Widerrufsrecht nach § 109 Abs. 1 – kann aber nicht dazu benutzt werden, um sich von einem geschlossenen Vertrag wieder zu befreien. Deshalb wird man verlangen müssen, daß der Vertragspartner nach einer Aufforderung an den gesetzlichen Vertreter zur Erklärung über die Genehmigung zumindest eine gewisse Zeit abwarten muß, ehe er den Vertrag nach § 109 Abs. 1 widerruft, weil er sich sonst in einen treuwidrigen Widerspruch zu seinem vorherigen Verhalten setzt (Verbot des venire contra factum proprium; vgl. o. RdNr. 210). Erst recht ist es unzulässig, gleichzeitig mit der Aufforderung nach § 108 Abs. 2 den Widerruf zu verbinden. Deshalb kann B nicht verhindern, daß die Eltern des A nach Eingang des Briefes sofort, z. B. mündlich oder durch eine postwendende schriftliche Antwort, die Genehmigung erklären, um auf diese Weise den Vertrag endgültig wirksam werden zu lassen.

272 Die Vorschrift des § 108 Abs. 2 bezieht sich nur – wie sich eindeutig aus ihrem Wortlaut ergibt – auf einen ohne Einwilligung des gesetzlichen Vertreters geschlossenen Vertrag. Hat der gesetzliche Vertreter gegenüber dem Minderjährigen seine Einwilligung erteilt, dann ändert nach zutreffender herrschender Meinung[9] die Aufforderung des Vertragspartners an den gesetzlichen Vertreter, sich zu dem Vertrag zu erklären, nichts an der Gültigkeit.

273 Für eine Reihe wichtiger Rechtsgeschäfte genügt nicht allein die Zustimmung der Eltern oder des Vormundes, vielmehr muß noch das **Vormundschaftsgericht** seine Genehmigung erteilen (vgl. §§ 112, 1643, 1821, 1822).

274 Die dem Minderjährigen erteilte Einwilligung braucht sich nicht auf einzelne Rechtsgeschäfte bestimmten Inhalts zu beziehen, also keine spezielle Einwilligung zu sein, sondern kann auch für einen bestimmten abgrenzbaren Kreis von Geschäften erklärt werden (sog. generelle Einwilligung oder **Generaleinwilligung**). Es ist eine Frage der Auslegung, wie weit die Einwilligung reicht und welche Rechtsgeschäfte sie umfaßt. Beispielsweise wird die Zustimmung des gesetzlichen Vertreters zum Kauf eines Kraftfahrzeuges regelmäßig auch den Abschluß der gesetzlich vorgeschriebenen Haftpflichtversicherung umfassen. Andererseits kann in der Einwilligung zum Erwerb eines Führerscheins nicht etwa gleichzeitig auch die Erlaubnis zum Anmieten oder Kauf von Kraftfahrzeugen gesehen werden. Einen besonderen Fall einer Generaleinwilligung betrifft § 110.

275 Bei den von § 110 erfaßten Sachverhalten liegt die nach § 107 erforderliche Einwilligung zum Abschluß von Verträgen, die den Minderjährigen belasten, in der Überlassung von Geldern zu diesem Zweck. Der Hauptanwendungsfall ist die Zahlung von Taschengeld, mit dem der Minderjährige durch Abschluß von meist kleineren Bargeschäften seine Bedürfnisse befriedigen kann. Deshalb wird der § 110 auch als „**Taschengeldparagraph**" bezeichnet, obwohl auch andere Sachverhalte unter diese Regelung fallen, so z. B. wenn ein Minderjähriger für eine Reise einen bestimmten Geldbetrag erhält und darin die Einwilligung zum Abschluß aller der Verträge zu sehen ist, die zur Durchführung der Reise erforderlich sind. Wie weit die Einwilligung reicht, ist auch im Rahmen des § 110 durch Auslegung aufgrund aller bedeutsamen Umstände zu entscheiden.

---

[9] *MünchKomm/Gitter*, § 108 RdNr. 20 f., m. weit. Nachw. auch zur Gegenauffassung, die § 108 Abs. 2 auf den Fall einer dem Minderjährigen erteilten Einwilligung analog anwenden will.

III. Geschäftsfähigkeit

Beispiel: Der 16jährige Alf erhält ein wöchentliches Taschengeld von 20,– DM. Er kauft davon in einer Lotterie ein Los und gewinnt 3000,– DM. Ohne seinen Eltern etwas von diesem Gewinn zu sagen, kauft er sich davon eine Stereoanlage im Fachgeschäft des Handel. Als die Eltern des Alf die Rückzahlung des Kaufpreises gegen Rückgabe der Stereoanlage von Handel verlangen, beruft sich dieser auf die Vorschrift des § 110. Mit Recht?
Diese Frage ist zu verneinen. Der Gewinn steht in seinem Wert in keinem Verhältnis zu dem Taschengeld, das Alf von seinen Eltern erhält. Es ist auszuschließen, daß die Eltern die Gewinnsumme ihrem Sohn zur freien Verfügung überlassen wollen. Der Kauf der Stereoanlage ist deshalb nicht von der § 110 zugrundeliegenden Generaleinwilligung umfaßt, so daß der Vertrag zunächst schwebend unwirksam und nach konkludenter Ablehnung der Genehmigung durch die Eltern endgültig unwirksam ist.
Es muß also bei Gegenständen, die der Minderjährige mit den ihm überlassenen Mitteln erwirbt (sog. Surrogate = Ersatzgegenstände), jeweils geprüft werden, ob der gesetzliche Vertreter damit einverstanden ist, daß der Minderjährige frei darüber verfügt. Bei einem Gewinn von 3000,– DM ist dies – wie dargelegt – zu verneinen; dagegen wird dies z. B. bei einem vom Taschengeld gekauften Buch im Regelfall zu bejahen sein, so daß der Minderjährige das Buch wirksam gegen ein anderes eintauschen kann.

276 Die durch Überlassung der Geldmittel konkludent ausgesprochene Einwilligung des gesetzlichen Vertreters bezieht sich – wie ausdrücklich in § 110 präzisiert wird („wenn der Minderjährige die vertragsmäßige Leistung mit Mitteln bewirkt") – nur auf solche Geschäfte, die der Minderjährige **bar** mit diesen Geldmitteln erfüllt. Es sollen also keine (unerfüllten) Verpflichtungen bestehen bleiben. Ratengeschäfte werden folglich erst dann nach § 110 wirksam, wenn auch die letzte Rate mit den überlassenen Mitteln beglichen worden ist; vorher ist das Geschäft schwebend unwirksam (vgl. o. RdNr. 245).

277 Die in §§ 112 und 113 getroffenen Regelungen gehen über die Generaleinwilligung des § 110 hinaus, da der Minderjährige für den jeweiligen Bereich die volle Geschäftsfähigkeit erlangt. Anders als in den Fällen des § 110 kann also der gesetzliche Vertreter in diesem Bereich für den Minderjährigen keine Rechtsgeschäfte mehr tätigen. § 112 verlangt den **selbständigen Betrieb eines Erwerbsgeschäfts,** d. h. einer erlaubten, auf Gewinnerzielung gerichteten Tätigkeit von gewisser Dauer. Unselbständige Tätigkeiten werden von § 113 erfaßt. Im Rahmen des § 113 kann der Minderjährige alle Rechtsgeschäfte selbständig schließen, die die **Eingehung oder Aufhebung eines Dienst- oder Arbeitsverhältnisses** „der gestatteten Art" oder die Erfüllung der sich aus einem solchen Verhältnis ergebenden Verpflichtungen betreffen. Durch die Wendung der „gestatteten Art" wird eine wichtige Einschränkung vorgenommen. So kann der Minderjährige, dem der gesetzliche Vertreter eine Bürotätigkeit gestattet hat, zwar diese Stellung wirksam kündigen und eine neue gleicher Art antreten, aber nicht eine völlig andere Beschäftigung beginnen und z. B. im Zirkus arbeiten (vgl. auch § 113 Abs. 4). Die

Ermächtigung nach § 113 umfaßt auch den Beitritt zu einer Gewerkschaft oder die Einrichtung eines Gehaltskontos.

IV. Nichtigkeit von Willenserklärungen

a) Geheimer Vorbehalt

278 Der geheime Vorbehalt (Mentalreservation), das Erklärte nicht zu wollen, ist ohne Einfluß auf die Wirksamkeit der Willenserklärung. Diese in § 116 S. 1 getroffene Bestimmung kann als Bestätigung der Ansicht aufgefaßt werden, daß es für die Gültigkeit einer Willenserklärung nicht (allein) auf die subjektive Einstellung des Erklärenden ankommt, sondern daß hierbei Rücksicht auf das Vertrauen zu nehmen ist, das der rechtsgeschäftliche Verkehr in die Erklärung setzt (vgl. o. RdNr. 51). Kennt dagegen der Erklärungsgegner den Vorbehalt, dann verdient er keinen Schutz. Dementsprechend wird in § 116 S. 2 für diesen Fall dem Vorbehalt Wirkung zuerkannt und angeordnet, daß die Willenserklärung nichtig ist.

b) Scheingeschäft

279 Daß eine empfangsbedürftige Willenserklärung, die mit Einverständnis des Erklärungsempfängers nur zum Schein abgegeben wird, nichtig ist, kann nicht zweifelhaft sein. In einem Fall, in dem die Beteiligten einverständlich die Geltung der Erklärung nicht wollen, gibt es keinen Grund, diesen Willen zu korrigieren. Der Gesetzgeber hat in § 117 Abs. 1 ausdrücklich die Rechtsfolge der Nichtigkeit festgestellt. Die Vorschrift des § 117 Abs. 1 betrifft Sachverhalte, die große Ähnlichkeit mit den Fällen des § 116 S. 2 haben. Der Unterschied zwischen beiden Vorschriften besteht darin, daß bei § 116 S. 2 Kenntnis von der Mentalreservation genügt, während bei § 117 Abs. 1 die Beteiligten in der Bewertung des Geschäfts einig sein müssen.

280 Wird durch das Scheingeschäft lediglich ein anderes Geschäft verborgen, das die Parteien ernstlich wollen, dann erfaßt die Nichtigkeit des Scheingeschäfts nicht auch das verdeckte (vgl. § 117 Abs. 2).

> **Beispiel:** A will B sein Grundstück verkaufen. Beide sind sich darüber einig, daß der Kaufpreis 200000,- DM betragen soll. Um jedoch Steuern und Gebühren zu sparen, lassen sie im notariellen Vertrag (vgl. § 313 S. 1) lediglich einen Kaufpreis von 100000,- DM beurkunden (Schwarzkauf).
> Der beurkundete Kaufpreis ist von den Parteien nicht gewollt, so daß ihre Vereinbarung nach § 117 Abs. 1 nichtig ist. Sie wollten damit die Vereinbarung eines Kaufpreises von 200000,- DM verdecken. Diese Preisabsprache ist nicht nach § 117 nichtig. Zu berücksichtigen ist aber die Formvorschrift des § 313 S. 1. Weil der

IV. Nichtigkeit von Willenserklärungen

wirklich gewollte Kaufpreis nicht beurkundet worden ist, ergibt sich eine Nichtigkeit wegen Formmangels aus § 125. Es ist aber zu berücksichtigen, daß der Formmangel durch Auflassung (vgl. § 925 Abs. 1) und Eintragung in das Grundbuch geheilt werden kann (§ 313 S. 2) und daß dann die Vereinbarung des Kaufpreises von 200 000,– DM gilt.

c) Fehlende Ernstlichkeit

§ 118 regelt den Fall, daß der Erklärende seine Willenserklärung nicht 281 ernstlich will und bei der Erklärung davon ausgeht, daß der Mangel der Ernstlichkeit vom Erklärungsempfänger nicht verkannt werde. In diesem Fall ist die Willenserklärung nichtig. § 118 unterscheidet sich von § 116 dadurch, daß der Erklärende seinen Vorbehalt nicht verheimlichen will, von § 117 dadurch, daß über die Nichtgeltung kein Einverständnis mit dem Erklärungsempfänger hergestellt wird. Für die Rechtsfolge des § 118 ist die (subjektive) Auffassung des Erklärenden maßgebend, seine Erwartung, daß der Erklärungsempfänger die fehlende Ernstlichkeit erkennen werde; ob dies tatsächlich zutrifft, ist unerheblich. Das Interesse des Empfängers wird dadurch berücksichtigt, daß ihm ein Anspruch auf Ersatz des Schadens zugebilligt wird, den er erleidet, weil er auf die Gültigkeit der Willenserklärung vertraut hat (§ 122 Abs. 1). Dieser Anspruch setzt jedoch nach § 122 Abs. 2 voraus, daß der Mangel der Ernstlichkeit nicht infolge von Fahrlässigkeit verkannt wurde (zu der Vorschrift des § 122 vgl. auch u. RdNr. 309ff.).

Erkennt der Erklärende, daß entgegen seiner (ursprünglichen) Er- 282 wartung der **Empfänger** seine **Erklärung ernst nimmt,** so ist er nach Treu und Glauben verpflichtet, auf die fehlende Ernstlichkeit zu verweisen. Unterläßt er dies, dann handelt es sich um einen „bösen Scherz", auf den die Vorschrift des § 116 S. 1 mit der Folge anzuwenden ist, daß die Willenserklärung als gültig angesehen werden muß. Nur wenn der „böse Scherz" vom Gefoppten durchschaut wird, gilt § 116 S. 2.

Die verschiedenen Anwendungsfälle der §§ 116 bis 118 lassen sich in 283 der folgenden Darstellung veranschaulichen:

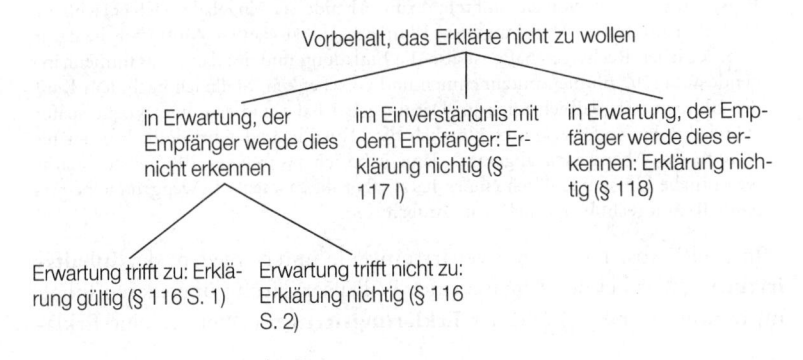

```
                    Vorbehalt, das Erklärte nicht zu wollen
         ┌──────────────────────┬──────────────────────┬──────────────────────┐
   in Erwartung, der      im Einverständnis mit    in Erwartung, der Emp-
   Empfänger werde dies   dem Empfänger: Er-       fänger werde dies er-
   nicht erkennen         klärung nichtig (§       kennen: Erklärung nich-
                          117 I)                   tig (§ 118)
   ┌──────────┴──────────┐
Erwartung trifft zu: Erklä-   Erwartung trifft nicht zu:
rung gültig (§ 116 S. 1)      Erklärung nichtig (§ 116
                              S. 2)
```

V. Anfechtung wegen Irrtums

a) Die gesetzliche Regelung

284 Fälle, in denen die Vorstellungen des Handelnden und die Wirklichkeit unbewußt divergieren, sind bereits bei Erörterung der Rechtsfolgen, die sich beim Fehlen des Erklärungsbewußtseins und des Geschäftswillens ergeben (vgl. o. RdNr. 45 ff.), dargestellt worden. Hierbei hat sich gezeigt, daß eine solche Divergenz nicht zur Unwirksamkeit der Erklärung führen muß. Andererseits ist damit noch nicht gesagt, daß der Erklärende, auch wenn die Wirksamkeit seiner durch Irrtum beeinflußten Erklärung zu bejahen ist, an seiner Erklärung festgehalten wird. Die Frage, ob sich der Erklärende unter Hinweis auf seinen Irrtum von seiner Erklärung lösen kann, ist in den §§ 119 und 120 beantwortet worden. Hierbei mußte der Gesetzgeber sowohl die Interessen des Erklärenden als auch die des Erklärungsempfängers berücksichtigen; er tat dies dadurch, daß er die Anfechtung auf bestimmte Irrtumsfälle beschränkte und den Anfechtenden zum Ersatz des Schadens verpflichtet, den der Erklärungsgegner dadurch erleidet, daß er auf die Gültigkeit der Erklärung vertraut (§ 122).

Eine Besonderheit ergibt sich, wenn der Irrtum durch eine arglistige Täuschung hervorgerufen worden ist. Auf die dann nach § 123 mögliche Anfechtung und die damit zusammenhängenden Probleme wird gesondert eingegangen werden (u. RdNr. 325 ff.).

285 Nicht jeder Irrtum gibt also das Recht zur Anfechtung. Hat sich jemand bei der Willensbildung oder Willenserklärung geirrt, dann ist zunächst zu klären, ob das Gesetz diesen Irrtum als Grund für eine Anfechtung anerkennt. Ein Irrtum bei der Willensbildung, also die falsche Beurteilung von Fakten, die für die Bildung eines zu erklärenden Willens maßgebend sind, der **Irrtum im Beweggrund (Motivirrtum)**, berechtigt grundsätzlich nicht zur Anfechtung.

Beispiel: Ich werde von einem Freund zum Abendessen eingeladen. Ich entschließe mich deshalb, für die Hausfrau einen Blumenstrauß zu kaufen. Motiv für die dafür erforderlichen Rechtsgeschäfte ist also die Einladung und der damit zusammenhängende Wunsch, Blumen mitzunehmen und zu schenken. Stelle ich nach dem Kauf der Blumen fest, daß ich mich im Datum geirrt habe und erst eine Woche später eingeladen bin, oder erkrankt plötzlich die Hausfrau und wird deshalb in letzter Minute das Abendessen abgesagt, dann habe ich zwar beim Blumenkauf dafür wesentliche Umstände falsch eingeschätzt, aber dieser meine Beweggründe betreffende Irrtum rechtfertigt nicht eine Anfechtung.

286 In § 119 Abs. 1 werden zwei Irrtumsfälle unterschieden: der **Inhaltsirrtum** („Wer bei der Abgabe einer Willenserklärung über deren Inhalt im Irrtume war ...") und der **Erklärungsirrtum** („Wer ... eine Erklärung dieses Inhalts überhaupt nicht abgeben wollte ..."). Beide Fälle unterscheiden sich dadurch, daß beim Erklärungsirrtum, auch „Irrung" genannt, der Erklärende etwas erklärte, was er nicht erklären wollte, weil er sich verspricht oder verschreibt,

> **Beispiel:** Schussel bietet schriftlich sein Kfz Kunz zum Kauf an. Als Kaufpreis will er 7000,– DM verlangen, läßt aber versehentlich beim Schreiben eine Null weg, so daß als Kaufpreis 700,– DM genannt werden. Kunz erklärt postwendend, daß er das Angebot annehme. Es handelt sich hier um einen Erklärungsirrtum, der Schussel zur Anfechtung nach § 119 Abs. 1 Alt. 2 berechtigt.

und daß beim Inhaltsirrtum der Erklärende zwar das erklärt, was er erklären will, sich aber über die Bedeutung seiner Erklärung irrt, er also subjektiv seiner Erklärung einen anderen Sinn beimißt, als sie objektiv (vgl. o. RdNr. 36) aufweist.

> **Beispiel:** Raffke drückt sich gern gewählt aus und benutzt Fremdwörter, deren Sinn ihm nicht immer bekannt ist. Als er telefonisch im Restaurant eines Hotels für ein Abendessen einen Tisch bestellen will, erklärt er: „Ich komme morgen mit meiner Frau um 7.00 Uhr abends zu Ihnen und möchte bei Ihnen logieren" (er meint aber: „soupieren"). Ihm wird zugesagt, daß alles vorbereitet werde. Der Irrtum klärt sich auf, als Raffkes abends erscheinen. Raffke kann dann wegen Inhaltsirrtums (§ 119 Abs. 1 Alt. 1) anfechten.
> Der Begriff „Erklärungsirrtum" wird hier zur besseren Unterscheidung nur auf den in § 119 Abs. 1 Alt. 2 geregelten Fall bezogen. Im Schrifttum wird dagegen auch von dem Erklärungsirrtum im Sinne eines Oberbegriffs gesprochen, der beide Irrtumsfälle des § 119 Abs. 1 umfaßt. Dies muß bei Studium des einschlägigen Schrifttums berücksichtigt werden, wenn dort auch Fälle eines Inhaltsirrtums (§ 119 Abs. 1 Alt. 1) als „Erklärungsirrtum" bezeichnet werden.

Für die Auslegung und Anwendung des § 119 Abs. 2, der den **Eigenschaftsirrtum** betrifft und der ausnahmsweise wegen eines Irrtums im Motiv die Anfechtung zuläßt, ist von entscheidender Bedeutung, wie der Begriff der Verkehrswesentlichkeit einer Eigenschaft, über die sich der Erklärende geirrt hat, zu verstehen ist (dazu u. RdNr. 299 ff.). **287**

Der **Übermittlungsirrtum** (§ 120) hat der Sache nach große Ähnlichkeit mit dem Erklärungsirrtum. Wird die Erklärung vom Erklärungsboten falsch übermittelt, dann stimmt die Erklärung wie beim Verschreiben oder Versprechen nicht mit dem Gewollten überein. **288**

Nach der gesetzlichen Regelung müssen also **bei einem Irrtumsfall folgende Fragen** positiv beantwortet werden, wenn eine Anfechtung zulässig sein soll: **289**

– Irrte der Erklärende?

> Irrtum ist das unbewußte Auseinanderfallen von Vorstellungen des Handelnden und der Wirklichkeit. Es muß geprüft werden, was der Erklärende in Wirklichkeit erklärte und was er erklären wollte. Es ist also zunächst einmal mit Mitteln der **Auslegung** (vgl. RdNr. 86) festzustellen, wie der Adressat der Willenserklärung sie verstehen konnte. Erkennt der Erklärungsempfänger, daß sich der Erklärende geirrt hat, dann gilt zumindest das Erklärte nicht; weiß der Erklärungsempfänger, was der Erklärende gewollt hat, dann gilt das Gewollte. Ergibt sich in dem obigen

Beispielsfall aus den Umständen, daß ein Kaufpreis von 700,– DM nicht in Betracht kommen kann, dann hat die Verkaufsofferte des Schussel keine Geltung. Weiß Kunz z. B. aus der Vorkorrespondenz, daß Schussel 7000,– DM für den Wagen haben möchte, dann kann er trotz des Schreibfehlers die Verkaufsofferte nur so auffassen, wie sie gewollt ist. Das gleiche gilt in dem zweiten Beispielsfall, wenn der Hotelier darüber informiert ist, daß Raffke nicht logieren, sondern soupieren will und nur beide Begriffe verwechselt. Falsa demonstratio non nocet! (vgl. o. RdNr. 119).

– Berechtigt der Irrtum zur Anfechtung?

Handelt es sich um einen Fall eines Erklärungsirrtums, eines Inhaltsirrtums, eines Irrtums nach § 119 Abs. 2 oder um einen Übermittlungsirrtum?

– Ist der Irrtum für die Erklärung ursächlich?

Die Anfechtung setzt voraus, daß anzunehmen ist, der Erklärende hätte „bei Kenntnis der Sachlage und bei verständiger Würdigung des Falles" seine Erklärung nicht abgegeben (§ 119 Abs. 1). Diese Voraussetzung gilt für alle Anfechtungsfälle. Der Irrtum muß also einmal aus der Sicht des Erklärenden erheblich sein (**subjektive Erheblichkeit**). Bestellt Schussel nach Katalog ein Holzimprägnierungsmittel und verschreibt er sich bei der Artikelnummer, so daß er nicht das gewollte Fabrikat der Firma X, sondern das in Preis und Qualität völlig gleichwertige der Firma Y erhält, dann kann er nicht anfechten. Denn es ergeben sich für Schussel aus dem Irrtum keinerlei nachteilige Wirkungen; etwas anderes würde nur gelten, wenn ihm aus triftigen Gründen gerade an dem Fabrikat der Firma X gelegen wäre.

Die Frage der Erheblichkeit ist nicht allein nach den rein subjektiven Erwägungen des Anfechtenden zu entscheiden, sondern es kommt – wie im Gesetz ausdrücklich festgestellt wird – auf eine „**verständige Würdigung des Falles**" an. Schussel kann also nicht aus Eigensinn auf das Fabrikat der Firma X beharren. Maßgebend ist vielmehr, wie jemand „frei von Eigensinn, subjektiven Launen und törichten Anschauungen" als verständiger Mensch die Sachlage würdigt,[10] wobei insbesondere auch die persönlichen Verhältnisse des Irrenden zu berücksichtigen sind. Zur Erläuterung dieser Korrektur des Subjektiven durch ein objektives Kriterium wird häufig folgender Fall gebracht: Jemand will ein bestimmtes Zimmer in einem ihm bekannten Hotel bestellen und verschreibt sich bei der Angabe der Zimmernummer, so daß nicht das Zimmer Nr. 31, sondern das Nr. 13 in seinem Bestellschreiben angegeben wird. Zwischen beiden Zimmern gibt es (außer der Zimmernummer) keine Unterschiede. Der Besteller weigert sich aus Aberglauben, das Zimmer Nr. 13 zu beziehen. Zwar ist ein Erklärungsirrtum hier zu bejahen, aber er ist nicht objektiv erheblich, weil einen vernünftigen Menschen die Nummer 13 nicht stört.

Führt der Irrtum dazu, daß der Erklärende im Vergleich zum Gewollten nicht schlechter gestellt wird, dann fehlt also ein ausreichender Grund für eine Anfechtung. Hat Schussel in seiner Verkaufsofferte irrtümlich nicht 7000,– DM, sondern 8000,– DM geschrieben und nimmt Kunz dieses Angebot an, dann steht Schussel kein Anfechtungsrecht zu, eine Frage, die erheblich werden könnte, wenn nachträglich ein Dritter Schussel 9000,– DM für den Wagen bieten würde.

Ebenfalls ist ein Anfechtungsrecht ausgeschlossen, wenn der Erklärungsempfänger den Erklärenden so stellt, wie er stehen würde, wenn er das wirklich Gewollte erklärt hätte. War für Kunz nicht erkennbar, daß der angegebene Verkaufspreis von 700,– DM auf einem Irrtum beruhte, und will deshalb Schussel seine Erklärung anfechten, dann kann Kunz Schussel das Anfechtungsrecht dadurch nehmen, daß er

---

[10] RGZ 62, 201, 206. Zu der hier verwendeten Denkform des Typus („verständiger Mensch") vgl. o. RdNr. 36 Fn. 4.

sich bereit erklärt, die wirklich gewollten 7000,- DM für den Wagen zu zahlen. Denn die Irrtumsanfechtung soll den Erklärenden nicht besser stellen, als er stehen würde, wenn er sich nicht geirrt hätte; in diesem Fall könnte sich Schussel nicht einseitig von dem Vertrag lösen.

b) Inhalts- und Erklärungsirrtum

Als **Inhaltsirrtum** war oben (RdNr. 286) der Fall bezeichnet worden, daß sich der Erklärende über den Sinn und die Bedeutung seiner Erklärung irrt. Es decken sich also beim Inhaltsirrtum die vom Empfänger gemeinte Bedeutung seiner Erklärung nicht mit ihrem objektiven Inhalt, wobei der objektive Inhalt durch Auslegung zu ermitteln ist und darauf gesehen werden muß, wie die Erklärung aufgrund aller bedeutsamen Umstände vom Empfänger zu verstehen ist (vgl. o. RdNr. 289). Als Beispiel eines Inhaltsirrtums ist oben (RdNr. 286) der falsche Gebrauch von Fremdwörtern genannt worden; gleiches gilt für die unrichtige Verwendung von Fachausdrücken oder Begriffen einer fremden Sprache. Solche Fälle werden als „**Verlautbarungsirrtum**" bezeichnet.

290

Beim Inhaltsirrtum werden zur besseren Unterscheidung verschiedene Fallgruppen gebildet, von denen der Verlautbarungsirrtum gerade die typischen Fälle des Inhaltsirrtums betrifft. Denn der Erklärende irrt hierbei über den Sinn, der dem Erklärungsmittel (dem Wort, dem Zeichen, der Geste) objektiv zukommt. Er erklärt, daß er ein Hotelzimmer mieten will, möchte aber erklären, daß er zu Abend essen wolle (vgl. das Beispiel o. RdNr. 286); er bedient sich des juristischen Begriffs der Leihe in der falschen Vorstellung, daß damit die entgeltliche Gebrauchsüberlassung, also die Miete, gemeint sei („Ich leihe Dir mein Auto").

Um einen Inhaltsirrtum handelt es sich auch beim sog. **Identitätsirrtum**. Sachverhalte dieser Fallgruppe zeichnen sich dadurch aus, daß die Erklärung Angaben enthält, die sich auf eine bestimmte Person oder einen bestimmten Gegenstand beziehen, dieser Bezug aber (nach dem objektiven Erklärungswert) vom Erklärungsempfänger anders zu verstehen ist, als der Erklärende meint.

291

Beispiele: Arnold will seine Wohnung tapezieren lassen und damit den ihm bekannten Malermeister Müller beauftragen. Als er dessen Telefonnummer heraussuchen will, übersieht er, daß im Telefonbuch zwei Malermeister Müller aufgeführt sind. Er notiert sich die Telefonnummer des falschen Müller und gibt ihm telefonisch den Auftrag durch. Seine Erklärung kann objektiv (vom Empfängerhorizont her) nur dahingehend verstanden werden, daß er den Malermeister Müller, mit dem er telefoniert, die Arbeiten übertragen will; Arnold will aber den anderen (ihm bekannten) Müller beauftragen. Es handelt sich um einen Identitätsirrtum in der Form des **error in persona**.[11]
Der Antiquitätenhändler Alt hat in einer Vitrine verschiedene Gläser und Becher ausgestellt. Vor jedem Ausstellungsstück ist mit Nadeln ein kleiner Zettel angebracht, auf dem sich eine Nummer befindet. Wenn sich ein Interessent nach Preis und Herkunft eines der ausgestellten Gegenstände erkundigt, sehen Alt oder seine

---

[11] Dieses Beispiel stammt von *Larenz*, AT, § 20 IIa (S. 373).

Angestellten in einer Liste nach, in der die Angaben nach den Nummern der Gegenstände geordnet sind. Kunz, ein Sammler alter Gläser, fragt Alt, was ein Becher mit der Nr. 4 kostet. Alt schaut in der Liste nach und antwortet: „650,– DM". Kunz, der diesen Preis für äußerst günstig hält, erklärt sofort: „Ich nehme das Glas." Alt antwortet: „Gut, ich packe es Ihnen ein." Danach stellt sich heraus, daß ein Angestellter verschiedene Gläser falsch eingeordnet hat und auf dem Platz der Nr. 4 ein Glas steht, das ein Vielfaches mehr kostet. Die Erklärung des Alt bezog sich objektiv auf das Glas, das sich irrtümlicherweise auf dem Platz der Nr. 4 befand, Alt meinte aber das Glas, das in seiner Liste als Nr. 4 geführt wird. Es handelt sich um einen Identitätsirrtum in Form eines **error in obiecto**.

292   Wenn man als **Rechtsfolgeirrtum** den Fall auffaßt, daß sich der Erklärende hinsichtlich der Rechtsfolgen irrt, die sich aus seiner Erklärung ergeben, dann ist jeder Inhalts- und Erklärungsirrtum auch ein Rechtsfolgeirrtum, weil sich der Irrtum des Erklärenden auf die Rechtsfolgen erstreckt, die durch die anfechtbare Willenserklärung herbeigeführt werden. Andererseits kann sich jemand über Rechtsfolgen irren, die sich aus seiner Willenserklärung ergeben, ohne daß diese Erklärung selbst auf einem Irrtum beruht.

   Beispiel: Volz verkauft Kunz seinen gebrauchten Pkw in der irrigen Meinung, bei Gebrauchtwagen gebe es keine Gewährleistung des Verkäufers und dieser müsse nicht für Mängel des Fahrzeugs einstehen.
   In diesem Fall erklärt Volz das, was er erklären will, und irrt auch nicht über Sinn und Bedeutung seiner Erklärung (er will verkaufen und erklärt dies auch), sondern er befindet sich in einem Irrtum über die Rechtsfolgen, die das Gesetz mit der Erklärung verbindet, die also nicht selbst Gegenstand der Erklärung sind; denn über die Frage der Gewährleistung hatte Volz überhaupt nicht gesprochen.

293   Ein solcher Irrtum berechtigt nicht zur Anfechtung. Denn der Irrtum über die Rechtslage, die aufgrund der Willenserklärung entsteht, betrifft Umstände, die im Vorfeld der Willensäußerung liegen und die nur für die Motivation des Erklärenden bedeutsam sind. Es handelt sich also um einen unbeachtlichen Motivirrtum (ganz hM). Bildet dagegen die Rechtsfolge, über die sich der Erklärende irrt, unmittelbar den Inhalt der Erklärung selbst, dann ist dies ein Inhaltsirrtum in der Form des Verlautbarungsirrtums, der sich nicht von einem anderen Verlautbarungsirrtum unterscheidet; es empfiehlt sich deshalb, diese Art des Irrtums nicht als Rechtsfolgeirrtum zu bezeichnen.

   A erklärt, er wolle B sein Auto verleihen und meint irrtümlich, die Leihe sei die entgeltliche Gebrauchsüberlassung. A verwendet also einen juristischen Begriff falsch (vgl. o. RdNr. 290).

294   Eine besondere Fallgruppe bilden **Irrtümer bei der Unterschrift einer Urkunde,** deren Inhalt von den Vorstellungen des Unterzeichnenden abweicht. Hierbei muß zwischen verschiedenen Fallkonstellationen unterschieden werden:

   – Die Vertragsparteien haben den Inhalt eines schriftlich zu schließenden Vertrages vorher mündlich ausgehandelt. Bei dem Aufsetzen der Ver-

V. Anfechtung wegen Irrtums

tragsurkunde werden Fehler gemacht (z. B. der vereinbarte Kaufpreis wird falsch angegeben; es werden bestimmte Absprachen über die Gewährleistung irrtümlich nicht in die Urkunde aufgenommen), die nicht bemerkt werden. In diesem Fall gilt das mündlich Vereinbarte, nicht das schriftlich Erklärte. Dieser Sachverhalt ähnelt stark den „falsa demonstratio-Fällen"; hier wie dort hat der übereinstimmende Wille der Parteien Vorrang (vgl. o. RdNr. 119).

Dies gilt auch, wenn ausdrücklich in die schriftliche Urkunde die Vereinbarung aufgenommen worden ist, daß mündliche Absprachen, die von dem Inhalt der Urkunde abweichen, unbeachtlich sein sollen. Denn die Parteien wollen hiermit gerade den ausgehandelten Vereinbarungen, von denen sie annehmen, daß sie in der Urkunde richtig wiedergegeben werden, Bestand und Geltung sichern. Es gilt auch dann das mündlich Vereinbarte und eine Anfechtung wegen Irrtums ist überflüssig, wenn vor der Unterschriftsleistung eine der Vertragsparteien den Irrtum bemerkt, ihn aber nicht offenbart, weil sie sich insgeheim vorbehält, später daraus Vorteile für sich zu ziehen. Dieser geheime Vorbehalt ist angesichts der mündlich getroffenen Abreden unbeachtlich (§ 116 S. 1).

– Es unterschreibt jemand (ungelesen) eine Urkunde, von deren Inhalt er sich unrichtige Vorstellungen macht. Er glaubt, einen Mietvertrag zu unterschreiben, und unterschreibt einen Kaufvertrag; er will kündigen und unterschreibt die Mitteilung über eine Gehaltserhöhung (vgl. o. RdNr. 45 ff.). In diesen Fällen ist eine Anfechtung wegen Erklärungsirrtums (Irrung) iSv. § 119 Abs. 1 Alt. 2 möglich, denn der Erklärende erklärt hier etwas, was er nicht erklären will.

Allerdings ist eine Einschränkung zu machen: Erkennt der Erklärungsempfänger, welche Erklärung der Erklärende abgeben will (daß er also mieten, nicht kaufen will), dann gilt die Erklärung in dem gemeinten Sinn.[12]
Ist sich der Erklärende überhaupt nicht bewußt, daß er eine rechtsgeschäftlich relevante Erklärung abgibt, dann hängt es von der Entscheidung des oben (RdNr. 50 ff.) dargestellten Meinungsstreits ab, ob überhaupt eine gültige Willenserklärung anzunehmen ist. Nur wenn man dies bejaht, stellt sich die Frage der Anfechtung, die dann konsequenterweise in gleicher Weise zugelassen werden muß wie beim Fehlen des Geschäftswillens.

– Es unterschreibt jemand ein Blankettformular, das von einem anderen ausgefüllt werden soll. Bei der Ausfüllung wird die hinsichtlich des zu ergänzenden Textes getroffene Abrede mißachtet.

Beispiel: Kunz kauft bei Volz Waren im Wert von 10000,– DM. Zur Finanzierung des Kaufpreises soll ein Darlehensvertrag geschlossen werden; deshalb unterzeichnet Kunz ein Darlehensvertragsformular, das von Volz entsprechend der getroffenen Abreden ausgefüllt werden soll. Anstelle von 10000,– DM (= Kaufpreis) schreibt Volz aber 15000,– DM.

Soweit es um das Verhältnis zwischen Kunz und Volz geht, gilt selbstverständlich die mündliche Absprache; auf die abredewidrig ausgefüll-

---

[12] *Flume,* S. 452 f.

te Urkunde kann sich Volz gegenüber Kunz nicht berufen. Anders dagegen ist zu entscheiden, soweit es um das Verhältnis zu einem Dritten geht. Handelt es sich bei der Erklärung des Kunz, die Volz abredewidrig ergänzte, um einen Antrag auf Abschluß eines Darlehensvertrages mit einer Bank und nimmt die Bank diesen Antrag an, dann kommt ein Darlehensvertrag über 15 000,– DM zustande. Kunz kann in diesem Fall nicht seine Erklärung wegen Irrtums anfechten, da im Verhältnis zwischen ihm und der Bank die Erklärung mit ihrem abredewidrig ausgefüllten Inhalt gilt. Zur Begründung dieses Ergebnisses kann auf den Rechtsgedanken verwiesen werden, der den Vorschriften der §§ 172 Abs. 2, 173 zugrunde liegt. In gleicher Weise wie nach dieser Regelung der gute Glaube an die durch die Vollmachtsurkunde belegte (in Wirklichkeit nicht bestehende) Vollmacht geschützt wird, kann ein Dritter darauf vertrauen, daß die ihm vorgelegte Urkunde richtig ist und nicht abredewidrig ausgefüllt wurde. Derjenige, der durch Unterzeichnung einer Blanketturkunde die Möglichkeit eines Mißbrauchs schafft, muß sich an dem von ihm gesetzten Rechtsschein festhalten lassen und kann nicht durch Anfechtung wegen Irrtums dem Vertrauen eines Dritten gleichsam die Grundlage entziehen.[13]

– Daß derjenige nicht anfechten kann, der eine Urkunde unterschreibt, über deren Inhalt er sich keinerlei Vorstellung macht, ist selbstverständlich. In einem solchen Fall kann es kein Auseinanderfallen von Vorstellungen des Erklärenden und der Wirklichkeit geben, was das Wesen eines Irrtums ausmacht (vgl. o. RdNr. 289). Allerdings werden solche Fälle in der Praxis höchst selten vorkommen.

295 Wird eine Erklärung aufgrund der Berechnung z. B. einer Menge oder eines Preises vorgenommen, dann beeinflussen Fehler in den Berechnungsunterlagen den Inhalt der Erklärung. Jedoch berechtigt ein solcher **„Kalkulationsirrtum"** nicht zur Anfechtung. Vielmehr muß hierbei folgendes berücksichtigt werden:

– Ist die Kalkulationsgrundlage für den Erklärungsgegner nicht erkennbar – auch als verdeckter Kalkulationsirrtum bezeichnet –, dann handelt es sich um einen unbeachtlichen Motivirrtum.

Beispiel: Handel, Inhaber eines Textileinzelhandelsgeschäfts, pflegt seine Verkaufspreise in der Weise festzusetzen, daß er auf seine Einkaufspreise 50% aufschlägt. Bei der Ermittlung der Verkaufspreise eines größeren Postens neu eingetroffener Waren wird Handel wiederholt durch Rückfragen von Angestellten und Telefonate gestört. Deshalb berechnet er den Verkaufspreis von Damenpullovern, die im Einkauf 100,– DM kosten, falsch und zeichnet sie mit einem Verkaufspreis von 85,– DM aus. Der Irrtum wird entdeckt, als eine Kundin einen Pullover ge-

---

[13] HM; vgl. BGHZ 40, 65, 67 ff. = NJW 1963, 1971.

V. Anfechtung wegen Irrtums

kauft hat und mit ihm gerade den Laden verlassen will. Handel verlangt von ihr die Zahlung von weiteren 65,– DM. Als die Kundin sich weigert, diesen Betrag zu zahlen, fordert Handel sie auf, den Pullover zurückzugeben. Hierzu ist die Kundin nicht verpflichtet. Ihr ist aufgrund eines wirksamen Kaufvertrages der Pullover übereignet worden. Handel hat keine rechtliche Möglichkeit, seine Erklärung zum Abschluß des Kaufvertrages wegen Irrtums anzufechten. Weder handelt es sich um einen Erklärungs- noch um einen Inhaltsirrtum.

- Ist die Kalkulation Inhalt der Erklärung selbst (sog. offener Kalkulationsirrtum), so daß das fehlerfrei Gewollte erkennbar ist, dann ist im Wege der Auslegung der Fehler zu korrigieren; eine Anfechtung wegen Irrtums kommt deshalb nicht in Betracht.

Beispiel: Volz bietet Kunz schriftlich sein Kfz zum Preise von 5000,– DM und zusätzlich vier Winterreifen auf Felgen zum Preise von 400,– DM an; als Gesamtpreis wird (irrtümlich) ein Betrag von 5200,– DM genannt. Hier ist für Kunz klar erkennbar, daß die Gesamtsumme falsch berechnet ist und daß der angebotene Preis 5400,– DM betragen soll. Nimmt Kunz dieses Angebot an, dann kommt ein Kaufvertrag zu diesem Preise zustande.

Das gleiche gilt in dem vom Reichsgericht entschiedenen Rubelfall.[14] Im Jahre 1920 lieh der Kläger dem Beklagten, einem ehemaligen deutschen Kriegsgefangenen, der sich auf der Heimreise befand, in Moskau 30000 Rubel. Die Parteien vereinbarten, daß der Beklagte 7500,– Mark zurückzahlen solle, wobei sie als allgemein gültigen Umrechnungskurs 25 Pfennig pro Rubel zugrunde legten. In Wirklichkeit betrug der Umrechnungskurs nur einen Pfennig pro Rubel. Da die Parteien vereinbart hatten, die zurückzuzahlende Summe nach dem wirklichen Umrechnungskurs zu berechnen, ergibt eine Auslegung ihrer Vereinbarungen, daß 300,– Mark vom Beklagten geschuldet werden.

- Läßt die Erklärung erkennen, daß sie auf einem Irrtum beruht, kann jedoch nicht festgestellt werden, wo dieser Irrtum liegt, dann ist die Erklärung wegen ihrer inneren Widersprüchlichkeit (Perplexität) nichtig.

Beispiel: Gärtner Blümlein schreibt Eich: „Um die in ihrem Garten erforderlichen Arbeiten auszuführen, werden zwei Gartenhelfer zwei Tage tätig sein, also insgesamt 32 Stunden. Auf der Grundlage eines Stundenlohnes von 24,– DM biete ich Ihnen die Arbeiten für einen Pauschalpreis von 260,– DM an."
Die in diesem Schreiben genannten Kalkulationsgrundlagen (Arbeitslohn und Arbeitszeit) stehen in einem Widerspruch zu dem genannten Pauschalpreis, und dieser Widerspruch läßt sich auch nicht durch Auslegung überwinden. Einen Abschlag von mehreren hundert Mark bei der Pauschalierung ist auszuschließen. Deshalb ist dieses Vertragsangebot wegen seiner Widersprüchlichkeit nichtig.

- Beurteilen beide Vertragspartner bei der Kalkulation einen bestimmten Sachverhalt falsch, der die Grundlage ihrer Berechnung bildet, und läßt sich dies nicht wie in dem oben dargestellten Rubelfall durch Auslegung der Erklärungen korrigieren, dann muß versucht werden,

---

[14] Vgl. RGZ 105, 406 ff. Das RG vertritt allerdings die abzulehnende Auffassung, daß eine Anfechtung wegen Erklärungsirrtums zulässig sei.

c) Eigenschaftsirrtum

296 Ein **Irrtum über die Eigenschaft** einer Person oder einer Sache kann **im Rahmen des § 119 Abs. 1** erheblich sein, wenn die Eigenschaft, über die der Erklärende irrt, zur genauen Kennzeichnung der Person oder der Sache dient und er deshalb objektiv etwas anderes bezeichnet, als er sich vorstellt.

> **Beispiel:**[15] Frau Kunz möchte ein Kilo Rindfleisch kaufen, um davon eine Suppe zu kochen. Sie betritt eine Fleischerei, übersieht dabei aber, daß es sich um den Laden eines Pferdefleischers handelt. Als sie ein Kilo Suppenfleisch verlangt, erhält sie Pferdefleisch. Da in aller Regel Fleisch einer bestimmten Tiergattung gekauft wird, ist die Eigenschaft des Fleisches, vom Pferd oder vom Rind zu stammen, Teil der auf den Abschluß eines entsprechenden Kaufvertrages gerichteten Willenserklärung. Nach dem objektiven Erklärungswert ihrer Bestellung erklärt Frau Kunz: „Ich möchte ein Kilo Suppenfleisch vom Pferd." Denn ihre Erklärung kann in einer Pferdefleischerei nur in diesem Sinn verstanden werden. Da sie aber glaubte, in einer normalen Fleischerei zu sein, gibt sie nach ihrer Meinung die Erklärung ab: „Ich möchte ein Kilo Suppenfleisch vom Rind." Frau Kunz befindet sich also in einem Inhaltsirrtum, der sie zu einer Anfechtung nach § 119 Abs. 1 Alt. 1 berechtigt.
>
> Andere Fälle eines auf Eigenschaften bezogenen Inhaltsirrtums ergeben sich z. B., wenn Fremdwörter, Fachausdrücke oder sonstige Bezeichnungen, die bestimmte Eigenschaften betreffen, falsch verstanden und verwendet werden. Hierzu gehört auch der häufig angeführte Schulfall, daß jemand in der Meinung, Martini sei ein Weinbrand, in einer Gastwirtschaft einen Martini bestellt.

297 Nun könnte man daran denken, den Inhaltsirrtum auch auf solche Fälle auszudehnen, in denen der Erklärende (subjektiv) mit der von ihm bezeichneten Person oder Sache eine bestimmte Eigenschaft verbindet, ohne daß dies in seiner Erklärung zum Ausdruck kommt, und diese Eigenschaft in Wirklichkeit fehlt.

> **Beispiel:** In einem Einrichtungshaus, das sowohl antike Möbel als auch Stilmöbel führt, die zum Teil künstlich alt gemacht sind, weist Kunz, der glaubt, alle ausgestellten Möbel seien antik, auf einen neuen im Barockstil gebauten Schrank und erklärt: „Den kaufe ich!" Geht man davon aus, daß Kunz (objektiv) erklärt habe, er kaufe den von ihm bezeichneten „neuen" Schrank, dann unterscheiden sich das Erklärte und das Gewollte voneinander, da Kunz einen alten Schrank kaufen wollte. Es handelte sich dann um einen Identitätsirrtum. Gegen eine solche Auslegung der Erklärung des Kunz spricht jedoch, daß er den Schrank ausdrücklich bezeichnet hat, den er kaufen wollte („den" Schrank und nicht den „neuen" Schrank). Das Alter des Schrankes wurde nicht zu einer Eigenschaft gemacht, die den gewünschten Gegenstand individualisierte. Hierin besteht ein entscheidender Unterschied zu dem Beispielsfall des Suppenfleischkaufs. In diesem Fall erklärt die Kundin, sie wolle Sup-

---

[15] Nachgebildet einem Beispiel von *Brox*, AT, RdNr. 380.

V. Anfechtung wegen Irrtums

penfleisch kaufen, und da sie diesen Wunsch in einer Pferdefleischerei äußert, kann diese Erklärung objektiv nur bedeuten, daß sie Suppenfleisch vom Pferd will. Hätte sie dagegen auf ein bestimmtes Stück gedeutet, das im Laden lag, und dazu erklärt, „davon wünsche ich ein Kilo", dann hätte es sich ebensowenig wie bei dem Schrankkauf um einen Identitätsirrtum gehandelt, weil der Erklärung dann nur der Sinn beizulegen wäre, dieses (konkrete) Stück Fleisch (gleichgültig woher es stammt) will ich kaufen, und nicht: dieses Stück Fleisch vom Pferd möchte ich haben.[16]

Wem diese Unterscheidung zu spitzfindig erscheint, muß berücksichtigen, daß es deshalb auf eine präzise Erfassung des Inhalts der abgegebenen Erklärung ankommt, weil jede ausdehnende Interpretation einer Erklärung mit dem Ziel, eine Anfechtung nach § 119 Abs. 1 zu ermöglichen, auch unausgesprochene Vorstellungen des Erklärenden zur Grundlage einer Anfechtung werden läßt. Damit werden aber die Grenzen zum unbeachtlichen Motivirrtum verwischt. Dies ist mit der herrschenden Meinung abzulehnen. Es kann deshalb in Fällen, in denen sich der Erklärende über Eigenschaften einer Person oder einer Sache irrt, ohne daß (nach dem objektiven Erklärungswert) seine Erwartung über das Vorhandensein dieser Eigenschaft in der Erklärung selbst zum Ausdruck kommt, nur eine **Anfechtung nach § 119 Abs. 2** in Betracht gezogen werden. Über das Verständnis und den Anwendungsbereich dieser Vorschrift wird heftig gestritten. Der Grund für diese Meinungsverschiedenheiten besteht in erster Linie darin, daß der Wortlaut dieser Vorschrift – zumindest nach Meinung vieler – zu weit gefaßt ist und eine Abgrenzung der relevanten Irrtumsfälle vom unbeachtlichen Motivirrtum sehr erschwert.[17] 298

Beispiel: Die reiche Tante Elvira will ihrem Lieblingsneffen Max, der ein begeisterter Rallyefahrer ist, eine Freude machen und kauft beim Autohändler Handel einen neuen Mittelklassewagen, von dem sie meint, Max könne damit seinem Hobby nachgehen. Es handelt sich dabei um ein Fahrzeug, das zwar sportlich aussieht, aber wegen seiner nicht erheblichen Motorleistung, seiner Straßenlage und seiner geringen Belastbarkeit für Rallyes völlig ungeeignet ist. Als ihr dies Max mitteilt, will sie den Kaufvertrag mit Handel anfechten. Ist sie dazu berechtigt?

Zunächst ist zu klären, wie der Begriff „**Eigenschaft**" iSv. § 119 Abs. 2 zu verstehen ist. Als Eigenschaft im Sinne dieser Vorschrift sind einmal alle Merkmale anzusehen, aus denen sich die natürliche Beschaffenheit ergibt, bei einer Person z. B. das Alter, der Gesundheitszustand, das Geschlecht, ihre Fähigkeiten, bei einer Sache Form, Farbe, Geruch, Geschmack, Zusammensetzung u. ä.; darunter fallen aber auch alle tatsächlichen und rechtlichen Verhältnisse zur Umwelt, die Bedeutung für 299

---

[16] So *Brox*, AT, RdNr. 381.
[17] Eine eingehende Befassung mit diesem Meinungsstreit muß dem Fortgeschrittenen vorbehalten bleiben. Ihm seien zur Lektüre dringend empfohlen: *Flume*, S. 472 ff.; *Larenz*, AT, § 20 II b (S. 377 ff.); *MünchKomm/Kramer*, § 119 RdNr. 88 ff.; *Medicus*, AT, RdNr. 763 ff.

den Wert und die Verwendbarkeit haben, wie die sich aus einem Bebauungsplan ergebende Zulässigkeit der Bebauung eines Grundstücks, das dadurch die Eigenschaft eines Baugrundstückes erhält.

Als Beispiele von Eigenschaften einer Person seien genannt: Kreditwürdigkeit, Zahlungsfähigkeit, Zuverlässigkeit, Verschwiegenheit. Beispiele für Eigenschaften einer Sache sind Alter, Echtheit (z. B. eines Kunstwerks), Ertragsfähigkeit eines Grundstücks, Farbbeständigkeit eines Stoffes.

300 Eigenschaften einer Sache sind also alle wertbildenden Faktoren. Dagegen ist die aus diesen wertbildenden Faktoren gezogene Schlußfolgerung, der Wert der Sache selbst, ihr **Preis**, keine Eigenschaft.

Kauft beispielsweise Kunz im Ladengeschäft bei Volz ein Oberhemd der Marke X zum Preise von 85,– DM und findet er das gleiche Hemd anschließend in einem Kaufhaus für 45,– DM, dann kann er nicht mit dem Hinweis darauf, daß er den am Markt zu zahlenden Preis für ein entsprechendes Hemd falsch eingeschätzt habe, anfechten. Für diese Auffassung ist letztlich eine praktische Erwägung maßgebend. Der Preis wird in aller Regel aufgrund aller wertbildenden Faktoren und unter Berücksichtigung der Marktlage von den Parteien ausgehandelt oder festgesetzt und akzeptiert. Das Risiko, daß hierbei eine falsche Bewertung vorgenommen wird, muß jeder Beteiligte selbst tragen. Es würde zu einer unerträglichen Unsicherheit im Geschäftsleben führen, wenn jemand aufgrund einer Fehleinschätzung des Preises ein Rechtsgeschäft anfechten könnte.

301 Nach Auffassung des BGH[18] ist auch das **Eigentum** einer Sache nicht als Eigenschaft anzusehen, da es auf den Wert und die Brauchbarkeit der Sache keinen Einfluß habe. Diese Auffassung ist bedenklich, dennoch werden akzeptable Lösungen in vielen Fällen dadurch erreicht, daß der Verkäufer einer Sache, der dem Käufer kein Eigentum daran verschafft, nach §§ 434, 440 haftet (Einzelheiten dazu später).

Da also Motorleistung, Straßenlage und Belastbarkeit eines Kfz als Eigenschaften aufzufassen sind, kommt es für die Entscheidung des Beispielsfalls (o. RdNr. 298) darauf an, ob es sich dabei um solche Eigenschaften handelt, „die im Verkehr als wesentlich angesehen werden". Ist dies zu bejahen, dann könnte Tante Elvira den Kauf des Autos wirksam anfechten.

302 Wenn auch durch § 119 Abs. 2 deutlich gemacht wird, daß Vorstellungen des Erklärenden über bestimmte Eigenschaften einer Person oder einer Sache für eine Anfechtung nicht ausreichen, wenn diese Eigenschaften nicht als verkehrswesentlich anzusehen sind, so ist doch mit dieser Präzisierung noch nicht viel gewonnen. Es kommt vielmehr darauf an, wie der Begriff der **Verkehrswesentlichkeit** in § 119 Abs. 2 aufzufassen ist. Wenn man lediglich auf die objektiv bestehende Verkehrsanschauung abstellt und danach fragt, was im allgemeinen als wesentliche Eigenschaft gilt, dann schafft eine solche Interpretation des Begriffs der Verkehrswesentlichkeit dieser Vorschrift einen weiten Anwen-

---

[18] BGHZ 34, 32, 41f. = NJW 1961, 772 = JuS 1961, 201 Nr. 3; kritisch dazu *MünchKomm/Kramer*, § 119 RdNr. 116.

V. Anfechtung wegen Irrtums

dungsbereich und führt zur Berücksichtigung auch unausgesprochener Motive des Erklärenden.

Die dem von Tante Elvira gekauften Auto fehlenden Eigenschaften sind sicher auch nach allgemeiner Verkehrsanschauung „verkehrswesentlich", wenn man als Maßstab ein rallyetaugliches Kfz nimmt, sie sind es nicht, wenn man Anforderungen stellt, denen ein für den allgemeinen Straßenverkehr geeignetes Fahrzeug zu genügen hat. Es kommt also entscheidend darauf an, welche Art von Fahrzeug für die Beantwortung der Frage nach der Verkehrswesentlichkeit der Eigenschaften maßgebend ist. Orientiert man sich dabei mit einem Teil der Lehre[19] an den unausgesprochenen Wünschen und Vorstellungen des Erklärenden, dann kann Tante Elvira ihre auf den Abschluß des Vertrages mit Handel gerichtete Willenserklärung anfechten, da sie ein rallyetaugliches Kfz zu erwerben wünschte. Das gleiche würde auch im Beispielsfall des gekauften Schranks im Barockstil gelten (o. RdNr. 297), wenn feststünde, daß der Käufer nur eine echte Antiquität kaufen wollte.

Die **Rechtsprechung** versucht, den Begriff der verkehrswesentlichen Eigenschaft iSv. § 119 Abs. 2 dadurch zu präzisieren, daß zwischen Eigenschaften unterschieden wird, die eine unmittelbare Bedeutung für die Beurteilung der Person oder der Sache haben, und solchen, die nur mittelbar darauf Einfluß ausüben. Von diesem Ansatz her hat bereits das RG ausgeführt: „Will man den Begriff der verkehrswesentlichen Sacheigenschaft in § 119 Abs. 2 nicht ins Ungewisse zerfließen lassen und damit die Anfechtbarkeit eines an sich gültig abgeschlossenen Rechtsgeschäfts unangemessen ausdehnen, so muß man daran festhalten, daß unter diesen Begriff nur solche tatsächlichen und rechtlichen Verhältnisse fallen, die den Gegenstand selbst kennzeichnen, nicht Umstände, die nur mittelbar einen Einfluß auf seine Bewertung auszuüben vermögen".[20]

303

Die Rechtsprechung ist jedoch nicht einheitlich; es finden sich in den höchstrichterlichen Entscheidungen auch andere Kriterien. Der BGH hatte den Fall zu entscheiden gehabt, daß der Käufer eines Baugrundstücks den Kaufvertrag anfechten wollte, weil die Höhenlage des Grundstücks von ihm gesundheitlich nicht vertragen wurde und er deshalb nicht in einem dort zu errichtenden Haus wohnen konnte. Das Gericht verneint die Verkehrswesentlichkeit dieser Eigenschaft, weil es sich dabei nicht um einen Faktor handle, der typischerweise mit einem Grundstück verbunden sei und seinen Wert bestimme. Untypische Eigenschaften würden nur dann verkehrswesentlich sein, wenn sie durch entsprechende Abrede der Parteien dazu gemacht wären.[21]

Das Kriterium der Unmittelbarkeit mag in manchen Fällen eine Abgrenzung ermöglichen. Häufig hilft es jedoch nicht weiter. So läßt sich auf seiner Grundlage der Fall des von Tante Elvira getätigten Autokaufs nicht entscheiden. Auch der eigenständige Wert des Merkmals der Typizität für eine Abgrenzung verkehrswesentlicher

---

[19] *Larenz*, AT, § 20 II b (S. 379 ff.); *Köhler*, AT, § 14 IV 2c cc (S. 132); *Westermann*, JuS 1964, 169, 172.
[20] RGZ 149, 235, 238; ebenso oder doch ähnlich: BGHZ 16, 54, 57 = NJW 1955, 340; BGH BB 1963, 285; BGHZ 70, 47, 48 = NJW 1978, 370, m. Anm. v. *Messer*, NJW 1978, 1257.
[21] BGH DB 1972, 479, 481 (insoweit in BGHZ 57, 394 ff. = NJW 1972, 715, nicht abgedruckt).

Eigenschaften muß bezweifelt werden. Für einen „normalen" Mittelklassewagen sind Eigenschaften, die ihn für eine Rallye geeignet sein lassen, nicht typisch, wohl aber für einen Sportwagen, der auch für solche Zwecke gebaut wird. Es kommt letztlich darauf an, was den Gegenstand des Vertrages ausmacht, ein einfacher Mittelklassewagen oder ein sportliches Fahrzeug. Entscheidend ist dann aber die vertragliche Absprache.

In einer neueren Entscheidung[21a] hat sich der BGH dafür ausgesprochen, als verkehrswesentlich nur solche Eigenschaften zu berücksichtigen, die vom Erklärenden erkennbar dem Vertrag zugrundegelegt worden sind, ohne daß er sie geradezu zum Inhalt seiner Erklärung gemacht haben müßte.

304 Hält man es nicht für akzeptabel, durch eine weite Interpretation des Begriffs der Verkehrswesentlichkeit den Anwendungsbereich des § 119 Abs. 2 stark auszudehnen und damit auch einseitige Vorstellungen einer Vertragspartei in weitem Umfang für die Anfechtung wegen Eigenschaftsirrtums erheblich sein zu lassen – und dies ist ein Grundsatzproblem, das vorher entschieden werden muß –, dann bietet nur die vertragliche Vereinbarung eine sichere Grundlage für die Beantwortung der Frage, was im Einzelfall als verkehrswesentliche Eigenschaft anzusehen ist. Diesen Weg geht die **Lehre vom geschäftlichen Eigenschaftsirrtum.**[22] Sie sieht den Grund für die Beachtlichkeit des Eigenschaftsirrtums in der Tatsache, daß der Gegenstand oder die Person nicht der durch das Rechtsgeschäft bestimmten Sollbeschaffenheit entspricht, und gibt dem Begriff der „Verkehrswesentlichkeit" den Sinn einer „Vertragswesentlichkeit". Bei Entscheidung der Frage, was nach dem Rechtsgeschäft als wesentlich anzusehen ist, sollen nicht nur die ausdrücklich getroffenen Vereinbarungen und die zu ihrer Auslegung bedeutsamen Umstände berücksichtigt werden, sondern auch der Geschäftstyp, dem zu entnehmen sei, auf welche Eigenschaft des Vertragsgegenstandes sich das Rechtsgeschäft bezieht. Auf diese Weise kommt auch dem vom BGH genannten Merkmal der Typizität einer Eigenschaft Bedeutung zu; das, was typischerweise an Eigenschaften vorhanden ist, wird auch regelmäßig von den Vertragsparteien (stillschweigend) in ihre vertragliche Absprache mit einbezogen.

Die Eignung des von Tante Elvira gekauften Autos für Rallyes ist nach den von ihr getroffenen vertraglichen Vereinbarungen nicht als wesentlich aufzufassen; sie kann folglich nach der Lehre vom geschäftlichen Eigenschaftsirrtums nicht anfechten. Ihr unausgesprochener Wunsch, ein solches Fahrzeug zu erwerben, bleibt unbeachtliche Motivation ihres Verhaltens. Ebenso wäre im Schrankkauffall eine Anfechtung ausgeschlossen. Anders wäre nur zu entscheiden, wenn Kunz den Barockschrank in einem Antiquitätengeschäft erworben hätte. Dann wäre zumindest aufgrund der Tatsache, daß in einem Antiquitätengeschäft in aller Regel nur antike Stücke verkauft werden, anzunehmen, daß die Parteien stillschweigend davon ausgegangen wären, der Schrank

---

[21a] BGHZ 88, 240, 246 = NJW 1984, 230, 231.
[22] Sie ist von *Flume*, S. 476 ff. begründet worden. Ihr haben sich u. a. angeschlossen: *Medicus*, AT, RdNr. 767 ff., 770; BR, RdNr. 139 ff; *Staudinger/Dilcher*, § 119 RdNr. 46 f.

sei antik, also zumindest 100 Jahre alt. Diese Eigenschaft wäre dann verkehrswesentlich iSv. § 119 Abs. 2.

Auf die Frage, ob eine Anfechtung nach § 119 Abs. 2 in diesem Fall dennoch ausscheiden müßte, weil die Vorschriften über die Gewährleistung wegen Sachmängel Vorrang haben und eine Anfechtung nach § 119 Abs. 2 ausschließen, ist hier nicht einzugehen. Auf diese Konkurrenzfrage wird im Zusammenhang mit der Darstellung der Sachmängelhaftung zurückzukommen sein.

Abschließend sei noch darauf hingewiesen, daß der Begriff „Sache" in § 119 Abs. 2 nicht in dem engen Sinn des § 90, also als „körperlicher Gegenstand", zu verstehen ist, sondern daß darunter auch Rechte und Vermögensgesamtheiten (z. B. eine Erbschaft) zu fassen sind. 305

d) Übermittlungsirrtum

Bereits oben (RdNr. 288) war darauf hingewiesen worden, daß der in § 120 geregelte Fall der falschen Übermittlung einer Erklärung durch einen Boten große Ähnlichkeit mit dem Erklärungsirrtum (§ 119 Abs. 1 Alt. 2) hat: In beiden Fällen wird irrtümlich dem Erklärungsempfänger etwas mitgeteilt, was der Erklärende nicht erklären will. In beiden Fällen ist zwar die Erklärung dennoch wirksam, weil der Fehler im Verantwortungsbereich des Erklärenden entstanden ist und er insoweit dafür einzustehen hat; er kann sich aber durch Anfechtung von der Erklärung lösen. Aus dieser Beschreibung der rechtlichen Regelung ergeben sich für die Anwendung des § 120 wichtige Erkenntnisse: 306

– Es muß die **Willenserklärung des Anfechtenden** übermittelt werden; für die Übermittlungsperson muß es sich also um eine fremde Willenserklärung handeln, die sie weitergibt. Deshalb kann § 120 keine Anwendung finden, wenn jemand in Vertretung eines anderen in dessen Namen eine Erklärung abgibt (vgl. § 164 Abs. 1). Denn der Vertreter übermittelt nicht eine fremde Willenserklärung, sondern erklärt seinen Willen als Stellvertreter eines anderen. Irrt er sich hierbei, dann muß der Vertretene nach § 119 anfechten; umfaßt die Vollmacht die Ausübung des Anfechtungsrechts, dann kann allerdings auch der Vertreter im Namen des Vertretenen die Anfechtung erklären (zur Vertretung Einzelheiten später).

– Die Übermittlungsperson, die die Willenserklärung unrichtig übermittelt hat, muß **Erklärungsbote des Anfechtenden** sein, wenn eine Anfechtung nach § 120 in Betracht kommen soll. Hat ein Empfangsbote des Erklärungsempfängers (vgl. o. RdNr. 67) die Willenserklärung dem Erklärungsempfänger falsch mitgeteilt, dann kommt eine Anfechtung durch den Erklärenden schon deshalb nicht in Betracht, weil seine Willenserklärung richtig zugegangen ist.

Beispiel: Handwerksmeister Fleißig schickt seinen Gesellen Emsig zu dem Großhändler Groß, um ein Ersatzteil mit der Typennummer 0.1 zu bestellen. Bei Groß

nimmt dessen Sekretärin die Bestellung (richtig) entgegen. Sie notiert sich aber irrtümlich als Typennummer 1.0. Als Groß das Ersatzteil mit der Typennummer 1.0 liefert, lehnt Fleißig die Annahme ab, weil er es nicht bestellt habe.
In diesem Fall war der Antrag auf Abschluß eines Kaufvertrages über ein Ersatzteil mit der Typennummer 0.1 Groß richtig zugegangen. Infolge des Fehlers der Sekretärin ist aber dieser Antrag nicht angenommen worden, weil Groß der Meinung war, der Antrag bezöge sich auf ein anderes Ersatzteil. Ein Vertrag ist deshalb nicht zustande gekommen. Ob Groß nach Aufklärung des Irrtums den Antrag des Fleißig noch annehmen kann, hängt davon ab, ob die Annahmefrist bereits verstrichen ist (vgl. dazu o. RdNr. 98 ff.).

– Die falsche Übermittlung durch den Erklärungsboten muß **irrtümlich** und darf **nicht bewußt** geschehen sein. Die bewußte Falschübermittlung

– in dem obigen Beispielsfall bestellt Emsig, um seinem Chef „eins auszuwischen", bewußt das falsche Ersatzteil –

ist kein Irrtumsfall, um den es bei § 120 geht. Ein Ausgleich eines durch die bewußte Falschübermittlung verursachten Schadens muß auf anderem Wege gesucht werden.

Die hier vertretene Auffassung entspricht der herrschenden Meinung. Sie steht zu Recht auf dem Standpunkt, der Empfänger der (bewußt falsch übermittelten) Erklärung könne Ansprüche gegen den Boten in analoger Anwendung des § 179 geltend machen. Nach dieser Vorschrift hat derjenige, der als Vertreter ohne Vertretungsmacht einen Vertrag schließt, nach Wahl des anderen Vertragspartners entweder den Vertrag selbst zu erfüllen oder Schadensersatz zu leisten. Wegen der Ähnlichkeit des in § 179 geregelten Falles mit der bewußten Falschübermittlung einer Willenserklärung entspricht es dem Gebot der Gerechtigkeit, beide Fälle gleich zu behandeln (zu den Voraussetzungen der Analogie vgl. u. RdNr. 720).
Von einer Gegenauffassung[23] wird vorgeschlagen, § 120 auch in diesem Fall anzuwenden; der Auftraggeber habe durch Einschaltung des Boten auch die Gefahr einer bewußt falschen Übermittlung geschaffen; ihm sei deshalb auch das Risiko eines solchen Verhaltens zuzurechnen. Dieser Auffassung ist nicht zu folgen. Bei einer bewußt falschen Übermittlung handelt es sich – wie bereits bemerkt – gerade nicht um einen Irrtumsfall. Eine andere Frage ist es, ob der Auftraggeber neben dem Boten nach den Grundsätzen der culpa in contrahendo (Einzelheiten dazu später) oder in analoger Anwendung des § 122 haftet.

307 Nach den bisherigen Ausführungen sollte es nunmehr nicht mehr schwerfallen, die oben (RdNr. 59) offengelassene Frage nach der Anfechtung zu entscheiden. Es ging hierbei um folgenden

Fall: A bittet seinen Sohn, eine Postkarte mit einer Bestellung, die an einen Buchhändler gerichtet ist, in den Briefkasten zu werfen. Nachdem der Sohn mit der Karte weggegangen ist, kommen A plötzlich Bedenken. Er stürzt zum Fenster und ruft dem auf der Straße befindlichen Sohn nach, er solle die Karte nicht zur Post bringen. Der Sohn versteht aber seinen Vater falsch und glaubt, dieser wolle ihn nur

---

[23] *MünchKomm/Kramer,* § 120 RdNr. 3, m. weit. Nachw.; dagegen *Schwung,* JA 1983, 12, 15 ff. (die hM vertretend).

noch einmal an die Karte erinnern. Das Mißverständnis klärt sich erst später auf. Kann in diesem Fall A nach § 120 iVm. § 119 Abs. 1 anfechten?

Der Irrtum des Sohnes betrifft nicht den Inhalt der Erklärung, sondern den Auftrag, die Karte zu befördern. Es könnte deshalb allenfalls eine analoge Anwendung des § 120 erwogen werden. Dies ist aber abzulehnen, weil der hier behandelte Fall sich in wesentlichen Punkten von Sachverhalten unterscheidet, die unter die Vorschrift des § 120 zu fassen sind. In den Fällen des § 120 geht es darum, daß eine vom Erklärenden richtig abgegebene Willenserklärung von der „Transportperson" infolge eines Irrtums falsch überbracht wird. Bei dem hier zu entscheidenden Fall hat A seine Willenserklärung richtig abgegeben und die „Transportperson" sie auch richtig übermittelt. A hat sich nach Abgabe seiner Erklärung die Sache anders überlegt und darum bemüht, ihren Zugang zu verhindern. Wenn ihm dies mißlingt, berechtigt ihn dies nicht zur Anfechtung, weil keiner der in §§ 119 und 120 abschließend genannten Irrtumsfälle gegeben ist. Insoweit muß also A das Risiko tragen. Die Sachlage ist nicht anders, wie auch sonst, wenn ein Erklärender nach Abgabe seiner Willenserklärung deren Wirksamkeit verhindern will, der deshalb von ihm abgegebene Widerruf (vgl. § 130 Abs. 1 S. 2) aber verspätet dem Erklärungsempfänger zugeht.

e) Die Anfechtungserklärung und ihre Rechtsfolgen

Die Anfechtungserklärung ist eine empfangsbedürftige Willenserklärung (§ 143 Abs. 1), die also dem Anfechtungsgegner (vgl. dazu § 143 Abs. 2 bis 4) zugehen muß (vgl. dazu auch o. RdNr. 248). Dem Inhalt der Anfechtungserklärung muß der Anfechtungsgegner entnehmen können, daß der Erklärende anfechten will. Hierfür ist nicht erforderlich, daß ausdrücklich und unter Verwendung des Begriffs „anfechten" eine Erklärung abgegeben wird; auch konkludente Erklärungen, etwa die Rückforderung des Geleisteten, können den zu stellenden Anforderungen genügen, wenn sich zweifelsfrei ergibt, daß der Erklärende das Rechtsgeschäft wegen eines Willensmangels nicht gelten lassen will. Erforderlich ist aber, daß der Anfechtungsgegner zu erkennen vermag, auf welche tatsächliche Grundlage die Anfechtung gestützt werden soll (z. B. Anfechtung wegen eines Tippfehlers in der Offerte).[24] Die Anfechtung wegen Irrtums muß unverzüglich, d. h. ohne schuldhaftes Zögern (§ 121 Abs. 1 S. 1), ausgesprochen werden, sobald der Erklärende von dem Irrtum Kenntnis erlangt. Eine angemessene Zeit zur Überlegung und gegebenenfalls auch zur Einholung eines Rats ist ihm jedoch zuzubilligen. Die Anfechtung bewirkt im Grundsatz, daß das angefochtene

308

---

[24] Str.; vgl. die Darstellung der verschiedenen Ansichten von *Mayer-Maly* im *MünchKomm*, § 143 RdNr. 7 ff.

Rechtsgeschäft als von Anfang an nichtig anzusehen ist (vgl. § 142 Abs. 1; dazu o. RdNr. 248). Leistungen, die aufgrund des angefochtenen Rechtsgeschäfts erbracht sind, kann der Leistende nach den Vorschriften des Bereicherungsrechts zurückfordern (dazu Einzelheiten später).

309 Durch seine Erklärung hat der Anfechtende veranlaßt, daß der Erklärungsgegner auf die Gültigkeit dieser Erklärung vertrauen durfte, ohne sich des Vorwurfs der Fahrlässigkeit auszusetzen (vgl. § 122 Abs. 2). Es ist deshalb nur gerecht, den wegen Irrtums Anfechtenden zu verpflichten, den **Vertrauensschaden** (auch „negatives Interesse" genannt) zu ersetzen, zumal der Mangel, der zur Anfechtung führt, allein in der Person des Anfechtenden, in seinem Irrtum, begründet ist. Der Anfechtende hat also den anderen so zu stellen, wie dieser wirtschaftlich stehen würde, wenn er nicht auf die Gültigkeit der Erklärung vertraut hätte (§ 249 S. 1), oder anders ausgedrückt: wie er stehen würde, wenn er niemals von dem angefochtenen Rechtsgeschäft gehört hätte.

Beispiele: Der Vertragspartner des Anfechtenden hat die nach dem Vertrag zu liefernden Waren auf seine Kosten zum Anfechtenden transportiert; diese Transportkosten sind ihm nach § 122 Abs. 1 zu ersetzen. Der Vertragspartner des Anfechtenden hat, um die ihm nach dem Vertrag zu liefernden Waren unterbringen zu können, Lagerräume angemietet; die von ihm zu zahlende Miete ist sein Vertrauensschaden. Hatte der Vertragspartner des Anfechtenden aufgrund des Vertrages, der durch die Anfechtung nichtig geworden ist, bereits Leistungen erbracht, so stellen auch sie einen „Vertrauensschaden" dar, der nach § 122 Abs. 1 dadurch wiedergutzumachen ist, daß ihm diese Leistungen oder – wenn sie nicht mehr vorhanden sind – ihr Wert zurückgewährt werden. Neben dem Rückforderungsanspruch nach § 812 (vgl. o. RdNr. 308) steht also ein solcher nach § 122 Abs. 1. Dies ist in Fällen wichtig, in denen die Leistungen ersatzlos beim Anfechtenden weggefallen sind (z. B. die gelieferten Waren sind bei einem Brand vernichtet worden) und er deshalb nicht mehr bereichert ist; nach dem Bereicherungsrecht kann in diesem Fall der Leistende nichts mehr fordern (vgl. § 818 Abs. 3), wohl aber nach § 122 Abs. 1 Wertersatz.

310 In § 122 Abs. 1 ist der Umfang des zu ersetzenden Schadens begrenzt und bestimmt, daß die Ersatzpflicht „nicht über den Betrag des Interesses" hinausgeht, das der andere „an der Gültigkeit der Erklärung hat". Diese Begrenzung auf das **Erfüllungsinteresse** (auch „positives Interesse" genannt) hat z. B. Bedeutung in Fällen, in denen der Anfechtungsgegner im Vertrauen auf die Gültigkeit der angefochtenen Erklärung den Abschluß eines anderen Geschäfts unterläßt, das ihm einen höheren Gewinn einträge als das infolge der Anfechtung unwirksame.

Beispiel: Der Großhändler Groß kauft von dem Landwirt Grün 100 Doppelzentner Kartoffeln, den Doppelzentner für 10,– DM. Nach Abschluß dieses Vertrages bietet ihm ein anderer Erzeuger, Blau, gleiche Kartoffeln zum Preise von 8,– DM pro Doppelzentner an. Dieses Angebot lehnt Groß im Hinblick auf den Vertrag mit Grün ab. Danach ficht Grün wirksam sein Verkaufsangebot wegen Irrtums an. Den Unterschiedsbetrag zwischen dem mit Grün vereinbarten Kaufpreis und dem von Blau angebotenen kann Groß nicht geltend machen; zwar handelt es sich insoweit um einen Vertrauensschaden, dieser übersteigt aber das Erfüllungsinteresse, weil bei Gültigkeit des Vertrages mit Grün ein Kaufpreis von 10,– DM pro Doppelzentner zu zahlen gewesen wäre.

Beim Ersatz des Erfüllungsinteresses ist also der Ersatzberechtigte so zu stellen, als wäre das betreffende Rechtsgeschäft ordnungsgemäß erfüllt worden. Dies kann – wie das obige Beispiel gezeigt hat – weniger sein als der Vertrauensschaden, aber auch mehr, wenn das Geschäft, auf dessen Gültigkeit der Ersatzberechtigte vertraute, ihm einen Gewinn brachte. In einem solchen Fall kann jedoch der nach § 122 Abs. 1 Ersatzberechtigte den **Gewinn** nicht ersetzt verlangen, weil er so zu stellen ist, wie er stehen würde, wenn er von dem ungültigen Rechtsgeschäft nichts gehört hätte; dann hätte er auch keinen Gewinn gemacht. Dies bedeutet aber andererseits nicht, daß der Ersatzberechtigte niemals im Rahmen des § 122 Abs. 1 den Ersatz eines Gewinns fordern kann. Ist der Gewinn als eine Position im Rahmen eines Vertrauensschadens anzuerkennen und ergibt sich keine Begrenzung durch die Beschränkung auf das Erfüllungsinteresse, dann ist ihm der entsprechende Betrag zu ersetzen. **311**

Beispiel: Nachdem Groß einen Vertrag mit Rot über die Lieferung von Kartoffeln geschlossen hat (Preis 8,– DM pro Doppelzentner), bietet ihm Gelb gleiche Kartoffeln zum Preise von 9,– DM pro Doppelzentner an. Groß lehnt dieses Angebot im Hinblick auf den mit Rot zustande gekommenen Vertrag ab. Als Rot wirksam sein Vertragsangebot wegen Irrtums angefochten hat, muß Groß, um seiner Verpflichtung aus einem Weiterverkauf an Klein (zum Preise von 12,– DM pro Doppelzentner) erfüllen zu können, anderweitig Kartoffeln kaufen, die er nur zu einem Preis von 10,– DM pro Doppelzentner erhalten kann. Deshalb beträgt sein Gewinn nur 200,– DM und nicht 400,– DM wie bei Erfüllung des Vertrages mit Rot und 300,– DM bei Annahme des Angebotes von Gelb. Der Vertrauensschaden beträgt hinsichtlich des entgangenen Gewinns (vgl. § 252) 100,– DM. Denn hätte er nicht auf die Gültigkeit des Vertrages mit Rot vertraut, dann hätte er das Geschäft mit Gelb abgeschlossen und einen um 100,– DM höheren Gewinn erzielt als aufgrund des erforderlich gewordenen Deckungskaufes.

Hat der **Anfechtungsgegner** den **Irrtum** selbst **veranlaßt,** dann soll ihm kein Anspruch auf Ersatz seines Vertrauensschadens zustehen. Der BGH[25] will bei einer schuldlosen Mitverursachung des Ersatzberechtigten dessen Anspruch in entsprechender Anwendung des § 254 Abs. 1 mindern. Das Gericht meint, da die in § 122 Abs. 1 geregelte Schadensersatzpflicht des Anfechtenden unabhängig von dessen Verschulden eintrete und auf dem reinen Veranlassungsprinzip beruhe, erscheine es nicht gerechtfertigt, auf der anderen Seite die nicht mit einem Verschulden verbundene Verursachung des Irrtums durch den Geschädigten als für dessen Schadensersatzanspruch unerheblich anzusehen. Ob dieser Auffassung des BGH zu folgen ist, darüber gehen im Schrifttum die Meinungen auseinander. **312**

---

[25] BGH NJW 1969, 1380.

VI. Das Fehlen oder der Wegfall der Geschäftsgrundlage und die damit zusammenhängenden Fragen

a) Problembeschreibung

313 Nicht selten lassen sich Vertragschließende bei ihrem Entschluß, eine vertragliche Bindung einzugehen, und bei der inhaltlichen Gestaltung ihrer Vereinbarungen von einer Einschätzung bestimmter Umstände oder künftiger Entwicklungen leiten, die sich später als falsch erweist. Hat die Fehleinschätzung ihren Grund in einem Irrtum über eine verkehrswesentliche Eigenschaft iSv. § 119 Abs. 2, dann kann sich der Irrende einseitig durch Anfechtung vom Vertrag lösen, bleibt allerdings zum Ersatz des Vertrauensschadens nach § 122 Abs. 1 verpflichtet. Soweit eine Anfechtung nicht in Betracht kommt, kann man sich auf den Standpunkt stellen, jeder müsse eben für den Fall Vorsorge treffen, daß seine Erwartungen nicht zutreffen, etwa durch die Aufnahme einer Bedingung, d. h. den Bestand des Vertrages vom Eintritt oder Nichteintritt eines künftigen Ereignisses abhängig machen, das man für wichtig hält (vgl. § 158); sonst müsse die Regel pacta sunt servanda (= Verträge müssen eingehalten werden) unverändert gelten. Andererseits kann nicht unberücksichtigt bleiben, daß die Parteien vielleicht gerade deshalb keine vertragliche Regelung bestimmter Fragen treffen, weil sie nicht den geringsten Anlaß haben, an der Richtigkeit ihrer Annahme zu zweifeln; hätten sie entsprechende Zweifel gehabt, dann hätten sie den Vertrag nicht oder doch mit einem anderen Inhalt geschlossen. Die hier zu erörternden Fälle unterscheiden sich von dem unbeachtlichen einseitigen Motivirrtum (vgl. o. RdNr. 285) dadurch, daß die sich als falsch erweisenden Vorstellungen beiden Vertragspartnern gemeinsam sind oder daß doch zumindest eine Vertragspartei die Bedeutung der (sich später als falsch erweisenden) Beweggründe der anderen erkannt und nicht beanstandet hat; Erwägungen des Vertrauensschutzes, die für die Unbeachtlichkeit des einseitigen Motivirrtums maßgebend sind, können deshalb hierbei nicht den Ausschlag geben. Zur näheren Erläuterung der in diesem Zusammenhang auftretenden Fragen die folgenden

Beispiele: Volz verkauft Kunz Altmetall, das ungeordnet auf einem Lagerplatz aufgehäuft ist. Die Parteien schätzen die Menge auf 40 Eisenbahnwaggons und setzen danach den Gesamtpreis fest. Beim Abtransport stellt sich heraus, daß es sich um eine doppelt so große Menge, also um 80 Waggons, handelt. Volz verlangt den doppelten Preis, Kunz will nur den vereinbarten zahlen.

Jupp wohnt in Köln in einer Straße, durch die der Karnevalszug geleitet werden soll. Er vermietet ein Fenster seiner Wohnung für den Nachmittag des Rosenmontags an Tünnes, damit dieser den Zug betrachten kann. Infolge eines Wasserrohrbruchs muß eine Straße gesperrt und deshalb der Zug umgeleitet werden, so daß er nicht am Haus des Jupp vorbeikommt. Jupp verlangt dennoch den vereinbarten Mietpreis; Tünnes weigert sich, weil er den Zug nicht sehen konnte.

Emsig verpflichtet sich gegenüber Häusler, auf dessen Grundstück ein Eigenheim zum Festpreis zu bauen. Als die Baugrube ausgehoben wird, stellt man fest, daß sich auf dem Baugrundstück unterirdische Wasserläufe befinden, die vorher nicht erkennbar waren. Deshalb müssen zusätzliche Arbeiten größeren Umfangs ausgeführt werden, so daß sich die Baukosten auf das Doppelte des Festpreises belaufen. Häusler verlangt die Erstellung des Bauwerks zum vereinbarten Festpreis.

Viktor vermietet langfristig Kühlräume an Max und verpflichtet sich, die Energiekosten zu tragen. Nach einiger Zeit steigen die Energiekosten so erheblich an, daß sie mehr ausmachen als der vereinbarte Mietpreis. Viktor verlangt eine höhere Miete, die Max nicht zahlen will.

Über die Lösung derartiger Fälle wird im rechtswissenschaftlichen Schrifttum eingehend und kontrovers diskutiert. Für den Anfänger genügt die Kenntnis der wesentlichen Gesichtspunkte; sie sollen im folgenden dargestellt werden.[26]

b) Ergänzende Vertragsauslegung

Zunächst ist stets zu versuchen, den zwischen den Parteien streitigen Punkt auf der Grundlage ihrer vertraglichen Vereinbarungen zu entscheiden. Hierbei ist selbstverständlich nicht bei dem bloßen Wortlaut des Vertrages stehenzubleiben, sondern das von den Parteien Gewollte durch Auslegung zu ermitteln. Auf diese Weise ist oben (RdNr. 295) der Rubelfall des Reichsgerichts entschieden worden. Die Auslegung des Vertrages kann aber auch über die von den Parteien ausdrücklich getroffene Regelung hinausführen und von ihr gelassene Lücken ausfüllen. Die sog. „ergänzende Vertragsauslegung" dient dem Ziel, eine lückenhafte Vertragsregelung durchführbar zu machen. Hierbei ist allerdings zu berücksichtigen, daß bestimmte von den Vertragsparteien nicht geregelte Punkte durch Anwendung des dispositiven Rechts zu entscheiden sind. Nur dort, wo es **dispositives Recht** nicht gibt oder wo es auf die spezielle Regelung der Parteien nicht paßt, insbesondere weil ihr zu entnehmen ist, daß die Parteien die dispositiven Vorschriften nicht wollen, ergibt sich die Notwendigkeit einer ergänzenden Vertragsauslegung. **314**

Dispositives Recht bedeutet, daß dieses Recht zur Disposition der Beteiligten gestellt ist, daß es also nachgiebig ist und hinter abweichende Regelungen der Beteiligten zurücktritt. Dem gegenüber steht das zwingende Recht, das nicht von den Beteiligten abgeändert werden kann. Soweit nicht ausdrücklich der Geltungsanspruch des ge-

---

[26] Wer sich vertieft mit diesem (für den Fortgeschrittenen) wichtigen Fragenkomplex befassen will, der sei auf folgende Literatur verwiesen: *Medicus*, BR, RdNr. 151 ff.; AT, RdNr. 857 ff.; *Larenz*, AT, § 20 III (S. 391 ff.); SchuldR I, § 21 II (S. 321 ff.); *Köhler*, JA 1979, 498 ff.; *Hübner*, RdNr. 567 ff.; *MünchKomm/Roth*, § 242 RdNr. 465 ff.; jeweils m. weit. Nachw.

schriebenen Rechts festgelegt ist, muß durch Auslegung insbesondere nach dem Zweck einer Vorschrift ermittelt werden, ob sie zum zwingenden Recht gehört oder nicht. Als Folge des Prinzips der Vertragsfreiheit (vgl. o. RdNr. 82) enthält das Vertragsrecht des BGB überwiegend nachgiebiges Recht.[27]

315 Eine **ausfüllungsbedürftige Lücke,** die also die Voraussetzung für eine ergänzende Auslegung bildet, besteht, „wenn die Vertragsparteien über ein bestimmtes Lebensverhältnis eine abschließende Vereinbarung getroffen, aber dabei bestimmte Fragen nicht geregelt haben, sei es, daß sie diese bewußt in der Erwartung offenließen, daß sie darüber schon einig würden, sei es, daß sie an einen bestimmten Fall nicht gedacht haben".[28] Dabei ist es gleichgültig, ob die Frage, die unbeantwortet geblieben ist, sich bereits zum Zeitpunkt des Vertragsschlusses stellte oder ob sie sich erst später ergab.

316 Die Rechtsgrundlage bildet auch für die ergänzende Vertragsauslegung die Vorschrift des § 157. Es sind also insbesondere die **Grundsätze von Treu und Glauben** zu berücksichtigen und zu fragen, welche Regelung einer loyalen Vertragsdurchführung am besten gerecht wird. Bei der Konkretisierung des Gebots von Treu und Glauben spielt die Verkehrssitte (vgl. o. RdNr. 86) eine besondere Rolle. Der Richter, der im Streitfall die ergänzende Vertragsauslegung vorzunehmen hat, darf aber nicht seine Auffassung von einer interessengerechten Vertragsregelung den Parteien aufdrängen, sondern hat „lediglich die von den Parteien zugrundegelegten Wertungen zu Ende zu denken",[29] wobei er allerdings davon ausgehen muß, daß die Parteien als redliche, das Gebot von Treu und Glauben beachtende Vertragspartner handelten.

In den oben (RdNr. 313) gebrachten Beispielsfällen weisen die Verträge Lücken auf. Im Schrottfall fehlt eine Regelung für den Fall, daß die geschätzte Menge erheblich von der wirklichen abweicht. Im Karnevalsfall haben die Parteien keine Bestimmung für den Fall getroffen, daß der Zug nicht an dem Haus vorbeikommt. Im Baufall ist nicht bedacht worden, daß unvorhersehbare Umstände kostenintensive Arbeiten in wesentlichem Umfange nötig sein lassen könnten. Im Kühlraumfall schließlich ist eine erhebliche Veränderung der Energiepreise nicht berücksichtigt worden. Den Karnevalsfall könnte man mit Hilfe des Rechtsgedankens lösen, der § 537 Abs. 1 zugrunde liegt, und danach die Pflicht zur Mietzinszahlung verneinen[30]; in den anderen Fällen

---

[27] Zu diesen Fragen vgl. *Schwab* RdNr. 45 ff.
[28] BGH LM § 157 (D) BGB Nr. 1. (Dieses Zitat bedeutet, daß es sich um eine BGH-Entscheidung handelt, die meist auszugsweise im Nachschlagewerk des Bundesgerichtshofes in Zivilsachen, herausgegeben von Lindenmaier und Möhring – kurz: „Lindenmaier-Möhring" genannt – abgedruckt ist. Dieses Nachschlagewerk wird als Loseblattsammlung herausgegeben, in den Bibliotheken aber häufig für bestimmte Zeitabschnitte gebunden. Entscheidungen sind nach den Vorschriften, die sie in der Hauptsache betreffen, und chronologisch nach Nummern geordnet.) Der Begriff der Vertragslücke wird allerdings nicht einheitlich aufgefaßt; zu den unterschiedlichen Auffassungen vgl. *MünchKomm/Mayer-Maly,* § 157 RdNr. 29 ff.; *Larenz*, VersR (Sonderbeilage) 1983, 156, 160 f.
[29] *Larenz,* AT, § 29 I (S. 539).
[30] *Medicus*, BR, RdNr. 160; dagegen *Larenz*, SchuldR I, § 21 II (S. 327 f.).

VI. Das Fehlen oder der Wegfall der Geschäftsgrundlage

müßte versucht werden, auf der Grundlage des geschlossenen Vertrages den angemessenen Preis zu ermitteln oder – im Kühlraumfall – ein (außerordentliches) Kündigungsrecht des Vermieters festzustellen. Würde die ergänzende Vertragsauslegung zu keinem Ergebnis führen, könnte man eine Anfechtung nach § 119 Abs. 2 erwägen; dies hätte aber den Nachteil, daß der Anfechtende zum Ersatz des Vertrauensschadens verpflichtet wäre, abgesehen davon, daß nicht in allen Fällen der Irrtum eine verkehrswesentliche Eigenschaft betrifft.

c) Die Lehre von der Geschäftsgrundlage

Deshalb ist zu prüfen, ob mit Hilfe der Lehre von der Geschäftsgrundlage eine Lösung ermöglicht wird (zum Verhältnis dieser verschiedenen Lösungsansätze zueinander u. RdNr. 323). Diese Lehre ist wesentlich durch die Rechtsprechung des Reichsgerichts gefördert worden, die sich mit den Folgen des ersten Weltkrieges, insbesondere mit der Inflation, auseinandersetzen mußte. Durch die rapide Geldentwertung wurden Renten- und Preisvereinbarungen (man denke nur an langfristige Festpreise) hinfällig, so daß eine Anpassung an die veränderten Umstände erforderlich wurde. Da der Gesetzgeber zunächst untätig blieb, mußten die Gerichte nach Lösungen suchen, die sie schließlich auf der Grundlage des § 242 mit dem Rechtsinstitut der Geschäftsgrundlage fanden. Seit dieser Zeit hat die Lehre von der Geschäftsgrundlage einen festen Platz in unserem Rechtssystem, wenn auch ihre Abgrenzung zu anderen Lösungsansätzen, insbesondere zur ergänzenden Vertragsauslegung, nicht eindeutig feststeht. Von manchen im rechtswissenschaftlichen Schrifttum wird allerdings die Lehre von der Geschäftsgrundlage völlig abgelehnt oder aber doch ihr Anwendungsbereich stark eingeschränkt.[31]

317

Verschiedentlich wird vorgeschlagen, zwischen verschiedenen Arten von Geschäftsgrundlagen zu unterscheiden:
- Die **große** und die **kleine Geschäftsgrundlage**. Dabei faßt man unter die große Geschäftsgrundlage die Auswirkungen von „Sozialkatastrophen" wie Krieg, Inflation, Naturkatastrophen zusammen.
- **Objektive** und **subjektive Geschäftsgrundlage**. Als subjektive Geschäftsgrundlage werden die Vorstellungen angesehen, von denen die Vertragspartner bei ihren Vereinbarungen ausgegangen sind und sich – mindestens bei redlicher Denkweise – leiten lassen,[32] während die objektive Geschäftsgrundlage von solchen Umständen gebildet wird, deren Fortbestand die Vertragspartner als völlig gesichert angesehen haben, ohne sich insoweit Gedanken zu machen und Vorstellungen zu entwickeln.

Diese Unterscheidungen sollen die Anwendung der Lehre von der Geschäftsgrundlage erleichtern. Die damit verbundenen Vorteile werden aber durch die Schwierigkeiten aufgewogen, die eine Zuordnung mancher Fälle deshalb bereitet, weil die Übergänge

---

[31] Vgl. die Darstellung von *Larenz*, SchuldR I, § 21 II (S. 322f.); *MünchKomm/Roth*, § 242 RdNr. 482ff.

[32] So *Larenz*, SchuldR I, § 21 II (S. 322), der diese Unterscheidung besonders nachdrücklich befürwortet.

zwischen den verschiedenen Arten der Geschäftsgrundlage fließend sind. Es wird deshalb hier der Auffassung gefolgt, die auf eine derartige Unterscheidung verzichtet.

318 Soll mit Hilfe der Lehre von der Geschäftsgrundlage eine Änderung der vertraglichen Vereinbarungen herbeigeführt werden, dann muß zunächst die Frage beantwortet werden, ob der Umstand, der anders beschaffen ist oder sich anders entwickelt hat, als angenommen, die **Geschäftsgrundlage** bildet. Dabei kann man sich an folgender (recht allgemein gehaltener) **Beschreibung** orientieren:[33] Geschäftsgrundlage ist ein Umstand,
- der mindestens von einer Partei beim Vertragsschluß – erkennbar für die andere – vorausgesetzt wurde,
- der für diese Partei so wichtig war, daß sie den Vertrag nicht oder zumindest nicht mit dem gleichen Inhalt geschlossen hätte, wenn sie daran gezweifelt hätte,
- auf dessen Berücksichtigung sich auch die andere Partei hätte redlicherweise einlassen müssen, wenn dies vom Vertragspartner verlangt worden wäre.

319 Gelangt man bei dieser Prüfung zu einem positiven Ergebnis, dann ist weiter zu ermitteln, ob die Abweichung der Wirklichkeit von den Vorstellungen über den die Geschäftsgrundlage bildenden Umstand so gewichtig ist, daß ein unverändertes Festhalten an der vertraglichen Vereinbarung dem Gebot von Treu und Glauben widerspricht. Muß auch dies bejaht werden, dann schließt sich endlich die Frage an, welche **Rechtsfolgen** aus dem Fehlen oder dem Wegfall der Geschäftsgrundlage zu ziehen sind.

Ob von vornherein der die Geschäftsgrundlage bildende Umstand gefehlt hat oder ob er später wegfiel, ist nicht entscheidend; beide Fälle sind gleich zu behandeln.

320 In erster Linie ist zu versuchen, die vertraglichen Vereinbarungen der veränderten Geschäftsgrundlage anzupassen. Hierbei sind die zu wertenden Gesichtspunkte nach Möglichkeit der vertraglichen Absprache zu entnehmen und ähnliche Erwägungen anzustellen wie bei der ergänzenden Vertragsauslegung (vgl. o. RdNr. 316). Es ist danach zu fragen, was die Parteien bei Kenntnis der wahren Sachlage vereinbart hätten. Nur wenn die Anpassung des Vertrages nicht zu interessengerechten Lösungen führt, ist dem durch das Fehlen oder den Wegfall der Geschäftsgrundlage Benachteiligten das Recht zum Rücktritt vom Vertrage zuzugestehen.

321 Die Lehre von der Geschäftsgrundlage wird insbesondere in Fällen angewendet, in denen bei synallagmatischen Verträgen wie im Kühl-

---

[33] Diese oder ähnliche Formeln, die bald subjektive, bald objektive Merkmale stärker betonen, finden sich im Schrifttum; vgl. *Medicus*, BR, RdNr. 165 a; *Hübner*, RdNr. 579; *MünchKomm/Roth*, § 242 RdNr. 477 ff.

VI. Das Fehlen oder der Wegfall der Geschäftsgrundlage

raumfall das Verhältnis von Leistung und Gegenleistung in einem erheblichen Umfang gestört worden ist (sog. **Äquivalenzstörung**), ferner in Fällen, in denen wie im Baufall aufgrund des Fehlens oder des Wegfalls der Geschäftsgrundlage die geschuldete Leistung so erschwert wurde, daß ihre Erbringung (zumindest zu den im Vertrag vereinbarten Konditionen) unzumutbar erscheint (sog. **übermäßige Leistungserschwerung**), sodann in Fällen, in denen wie im Karnevalsfall der mit dem Vertrag verfolgte Zweck durch das Fehlen und den Wegfall der Geschäftsgrundlage vereitelt wird (sog. **Zweckvereitelung**), schließlich in Fällen, in denen die Parteien wie im Schrottfall gemeinsam bei der Festlegung des Vertragsinhalts wesentliche Faktoren unrichtig beurteilen und z. B. den für die Preiskalkulation maßgebenden Sachverhalt falsch werten (sog. **beiderseitiger Motivirrtum**).

Diese Aufzählung soll lediglich die Orientierung erleichtern und ist nicht als ein abschließender Katalog von Fällen aufzufassen, für die die Anwendung der Lehre von der Geschäftsgrundlage in Betracht zu ziehen ist. Berücksichtigt man diesen Zweck, dann kann man auch hinnehmen, daß die Abgrenzung der einzelnen Fallgruppen zueinander keineswegs Unsicherheiten und Zweifel auszuschließen vermag. So läßt sich z. B. nicht nur der Schrottfall, sondern auch die anderen für bestimmte Fallgruppen stehenden Beispiele als Sachverhalte auffassen, in denen sich ein beiderseitiger Motivirrtum auswirkt. Larenz[34] will einer solchen Auffassung mit der Erwägung begegnen, daß ein Irrtum stets irgendwelche Vorstellungen voraussetze, die sich als falsch erwiesen, und daß sich die Vertragspartner keine Gedanken und Vorstellungen über bestimmte Verhältnisse machten, deren Fortbestand (z. B. wie die Energiepreise) sie als völlig gesichert ansehen. Aber ob man in solchen Fällen von fehlender Vorstellung ausgeht (wie Larenz) oder ob man annimmt, daß die Parteien die unausgesprochene Vorstellung haben, daß der status quo bestehen bleiben werde, ist doch wohl letztlich eine Frage der Betrachtung. Weil also eine sichere Abgrenzung unmöglich erscheint, ist auch die Unterscheidung zwischen der subjektiven und objektiven Geschäftsgrundlage oben abgelehnt worden.

Ob in allen genannten Fällen die Lehre von der Geschäftsgrundlage anzuwenden ist, wird auch von denen unterschiedlich beurteilt, die ihr grundsätzlich zustimmen. So wird insbesondere bei Fällen, bei denen der mit der vertraglichen Leistung verfolgte Zweck hinfällig wird, über die Abgrenzung zwischen dem Wegfall der Geschäftsgrundlage und der Unmöglichkeit der Leistung gestritten, die zu einer Befreiung von der Leistungspflicht (vgl. § 275) und der Gegenleistungspflicht (vgl. § 323) führen kann (hierzu Einzelheiten später).[34a]

Weil sich die für die Anwendung der Lehre von der Geschäftsgrundlage eignenden Fälle zugleich auch für eine ergänzende Vertragsauslegung anbieten, muß ein Lösungsschema entwickelt werden, das beide Rechts-

---

[34] SchuldR I, § 21 II (S. 323 f.).
[34a] Vgl. auch *Emmerich* JuS 1987, 65, der auf die Tendenz zur Einschränkung des Anwendungsbereichs der Geschäftsgrundlagenlehre in der neueren Rechtsprechung des BGH verweist.

institute in eine Ordnung zueinander bringt. Dabei ist von dem Grundsatz auszugehen, daß die ergänzende Vertragsauslegung Vorrang hat (str.). Eine ergänzende Vertragsauslegung kommt nur in Betracht, wenn eine Lücke in der vertraglichen Vereinbarung festzustellen ist (vgl. o. RdNr. 314f.). Nun läßt nicht jede ungeregelt gebliebene Frage eine Lücke im Vertrag entstehen. Vielmehr muß das Fehlen einer Regelung im Widerspruch zu den von den Parteien mit dem Vertrag verfolgten Zweck stehen, es sich also dabei um eine „planwidrige Unvollständigkeit" handeln.[35] Weist der Vertrag eine solche Lücke nicht auf oder kann eine Lücke nicht mit Mitteln der ergänzenden Vertragsauslegung geschlossen werden, weil dem Vertrag keine konkreten Anhaltspunkte für eine den Interessen der Vertragsparteien gerecht werdende Lösung entnommen werden kann (vgl. o. RdNr. 316), dann ist die Entscheidung mit Hilfe der Lehre von der Geschäftsgrundlage zu suchen. Für die Abgrenzung beider Rechtsinstitute ist also bedeutsam, wie weit man sich von den vertraglichen Absprachen und der ihnen zugrundeliegenden Absichten entfernt; je mehr dies geschieht, um so weniger kommt eine ergänzende Vertragsauslegung in Betracht. Wie bereits bemerkt (vgl. o. RdNr. 289), hat auch die Auslegung Vorrang vor der Anfechtung. In Fällen, in denen sich beide Parteien in einem Irrtum über eine verkehrswesentliche Eigenschaft befinden, gehen die Meinungen in der Frage auseinander, ob die Lehre von der Geschäftgrundlage gegenüber der Anfechtung nach § 119 Abs. 2 vorzuziehen sei. Dies wird wohl überwiegend mit der Begründung bejaht, die sich bei einer Anfechtung aus § 122 Abs. 1 ergebenden Rechtsfolgen führten zu dem unbilligen Ergebnis, daß der benachteiligt sei, der zuerst anfechte. Die Gegenmeinung widerspricht mit dem erwägenswerten Hinweis, daß stets nur der anfechten werde, für den die Lösung vom Vertrage vorteilhaft sei; dieser möge dann auch den Vertrauensschaden des anderen ersetzen.

324 Die in § 593 für **Landpachtverträge** getroffene Regelung, die unter den in dieser Vorschrift genannten Voraussetzungen einen Anspruch auf Vertragsänderung gewährt, beruht auf Erwägungen der Lehre von der Geschäftsgrundlage. Ein weiterer gesetzlich geregelter Sonderfall einer fehlenden Geschäftsgrundlage findet sich in § 779, der den **Vergleich** betrifft. Als Vergleich wird in dieser Vorschrift ein Vertrag bezeichnet, „durch den der Streit oder die Ungewißheit der Parteien über ein Rechtsverhältnis im Wege gegenseitigen Nachgebens beseitigt wird". Der Vergleich ist unwirksam, „wenn der nach dem Inhalte des Vertrags als feststehend zugrunde gelegte Sachverhalt" (= Geschäftsgrundlage) „der Wirklichkeit nicht entspricht und der Streit oder die Ungewißheit bei Kenntnis der Sachlage nicht entstanden sein würde". § 779 greift nur einen besonderen Unwirksamkeitsgrund heraus; andere (z. B. §§ 134,

---

[35] Vgl. *Larenz,* VersR (Sonderbeilage) 1983, 156, 160.

138) kommen selbstverständlich ebenfalls in Betracht. Ebenso ist eine Anfechtung nach § 119 möglich, soweit der Irrtum nicht einen Punkt betrifft, der den Gegenstand des durch den Vergleich zu beendigenden Streites oder der durch ihn auszuräumenden Ungewißheit bildet.

VII. Anfechtung wegen Täuschung und Drohung

a) Arglistige Täuschung

1. Tatbestand

Nach § 123 Abs. 1 kann eine Willenserklärung angefochten werden, zu 325
deren Abgabe der Erklärende durch arglistige Täuschung bestimmt worden ist. Es müssen also folgende Tatbestandsmerkmale verwirklicht werden:
– Täuschung
– dadurch Veranlassung zu einer Willenserklärung (Kausalität zwischen Täuschung und Willenserklärung)
– Arglist
Zu diesen Tatbestandsmerkmalen ist im einzelnen folgendes zu bemerken:

Als **Täuschung** ist ein Verhalten anzusehen, das bei einem anderen 326
einen Irrtum erregt oder aufrecht erhält. Hierbei ist es völlig gleichgültig, um welche Art von Irrtum es sich handelt; auch ein reiner Motivirrtum ist insoweit relevant (Beispiel: Es wird jemand zum Abschluß eines Kaufvertrages dadurch bestimmt, daß ihm vorgespiegelt wird, er könne mit der gekauften Ware einen hohen Gewinn erzielen). Die Täuschungshandlung kann in einem positiven Tun, aber auch in einem Unterlassen, im Verschweigen von Tatsachen, bestehen, wenn den Täuschenden eine **Aufklärungspflicht** trifft. Ob eine solche Pflicht anzunehmen ist, richtet sich nach allen bedeutsamen Umständen des Einzelfalles, wobei insbesondere auch die Verkehrsauffassung zu berücksichtigen ist (welche Mitteilungen werden bei entsprechenden Geschäften üblicherweise erwartet und gegeben?). Aus der umfangreichen Rechtsprechung zu der Frage nach einer Rechtspflicht zur Aufklärung läßt sich entnehmen, daß ein Vertragspartner bei Umsatzgeschäften, insbesondere Kaufverträgen, nicht schon verpflichtet ist, ungefragt den Kontrahenten über alle Umstände zu informieren, die für dessen Entschluß wesentlich sind, den Vertrag zu schließen. Muß sich aber ein Vertragspartner auf die besondere Fachkunde des anderen verlassen oder ist er auf dessen Angaben angewiesen, weil er selbst nicht die Möglichkeit oder Fähigkeit besitzt, wesentliche Punkte auf anderem Wege zu klären, dann folgt aus dem

Grundsatz von Treu und Glauben die Pflicht für den anderen, die nur ihm bekannten Tatsachen zu offenbaren, sofern sie für die Entscheidung, den Vertrag zu schließen, ersichtlich von Bedeutung sind.

Beispiel: Der Kfz-Händler Handel bietet einen Pkw an, der – wie er weiß – einen Auffahrunfall hatte; dabei waren ein Kotflügel und die vordere Stoßstange beschädigt worden. Nach Auswechslung dieser Teile sind Schäden am Fahrzeug nicht zurückgeblieben. Kunz interessiert sich für das Fahrzeug. Bei den Kaufverhandlungen fragt er zwar nach Motorleistung und Fahreigenschaften, nicht aber, ob das Fahrzeug bei einem Unfall beschädigt worden ist. Handel spricht darüber ebenfalls nicht. Nachdem Kunz das Fahrzeug gekauft hat, erfährt er von dem Unfall. Kann er wegen arglistiger Täuschung anfechten?
Nach der Rechtsprechung des BGH ist der Verkäufer eines gebrauchten Pkw verpflichtet, dem Käufer grundsätzlich ungefragt mitzuteilen, daß ihm Mängel des Fahrzeuges oder ein früherer Unfall bekannt sind. Diese Offenbarungspflicht gilt allerdings nicht uneingeschränkt. Auf „Bagatellschäden", die nur ganz geringfügige äußere (Lack)Schäden verursacht haben, so daß bei vernünftiger Betrachtungsweise der Kaufentschluß davon nicht beeinflußt werden kann, braucht nicht aufmerksam gemacht zu werden. Dies gilt aber nicht für Blechschäden, auch wenn nach ihrer Reparatur keine Folgen zurückgeblieben sind und sich der Reparaturaufwand nur auf einige hundert Mark beläuft.[36] Danach ist Handel hier verpflichtet gewesen, auf den Unfall hinzuweisen. Er hat also durch Verschweigen dieser Tatsachen Kunz getäuscht, so daß eine Anfechtung nach § 123 Abs. 1 möglich ist, wenn auch die übrigen Voraussetzungen erfüllt sind.

327 Eine Pflicht zur Offenbarung von Tatsachen besteht erst recht, wenn danach gefragt wird. Allerdings muß diese Frage zulässig sein. Auf **unzulässige Fragen** können auch wahrheitswidrige Antworten gegeben werden, ohne daß sich der Antwortende dadurch dem Vorwurf der Täuschung aussetzt.

Beispiel: Stellt der Arbeitgeber bei Einstellungsgesprächen die Frage nach der politischen Überzeugung des Bewerbers, nach seiner Parteizugehörigkeit oder nach seinem Wahlverhalten, erkundigt er sich, ob die Ehe des Bewerbers harmonisch verläuft oder ob er in einer nichtehelichen Gemeinschaft lebt, dann braucht der Gefragte darauf regelmäßig nicht wahrheitsgemäß zu antworten. (Anders ist dies nur, wenn es ausnahmsweise für die Einstellung gerade auf eine dieser Tatsachen entscheidend ankommt; z. B. bei Einstellung als Redakteur einer parteipolitisch gebundenen Zeitschrift auf die Parteizugehörigkeit.) Das gleiche gilt für Fragen nach Vorstrafen, die nach dem Bundeszentralregistergesetz (vgl. Schönfelder Nr. 92) nicht zu offenbaren sind. Die Abwehr unzulässiger Fragen durch wahrheitswidrige Antworten ist rechtmäßig und kann nicht als eine (widerrechtliche) Täuschung aufgefaßt werden. Zwar ging der Gesetzgeber davon aus, daß jede arglistige Täuschung widerrechtlich ist, so daß er – anders als bei der Drohung – das Merkmal der Widerrechtlichkeit nicht zu einer ausdrücklichen Voraussetzung erhoben hat, aber die vorstehenden Beispiele zeigen, daß es auch vorsätzliche Irreführungen geben kann, die zur Abwehr rechtswidriger Fragen durch Notwehr gerechtfertigt werden (§ 227).[37]

---

[36] BGH NJW 1982, 1386.
[37] Str.; vgl. *MünchKomm/Kramer*, § 123 RdNr. 7, m. weit. Nachw.

VII. Anfechtung wegen Täuschung und Drohung

Der durch die Täuschungshandlung hervorgerufene oder aufrecht erhaltene Irrtum muß **ursächlich** für die (anzufechtende) Willenserklärung sein.   **328**

Die Ursächlichkeit (= Kausalität) ist zu bejahen, wenn die Täuschung nicht hinweggedacht werden kann, ohne daß dann auch die Willenserklärung entfiele. Die Täuschung muß also eine condicio sine qua non (wörtlich: Bedingung, ohne die nicht) für die Abgabe der Willenserklärung darstellen. Ist der Erklärende auch ohne Rücksicht auf die Täuschungshandlung zur Abgabe der Willenserklärung entschlossen gewesen oder kennt er sogar den wahren Sachverhalt, dann ist die Ursächlichkeit zu verneinen. Eine Kausalität ist aber gegeben, wenn die Täuschung auf die Beschleunigung des Vertragsschlusses maßgebenden Einfluß gehabt hat, wenn also beispielsweise aufgrund der wahrheitswidrigen Angabe, das Geschäft sei für den Getäuschten besonders vorteilhaft, dieser nicht mehr weiterverhandelt, sondern abschließt.

Arglist bedeutet bei § 123 Abs. 1 nicht, daß es sich bei der Täuschung um ein besonders zu mißbilligendes Verhalten handeln muß, sondern lediglich, daß eine Täuschung vorsätzlich begangen wird.   **329**

Vorsatz bedeutet Wissen und Wollen des (rechtswidrigen) Erfolges (vgl. auch o. RdNr. 163). Der Handelnde muß also die Folgen seines Verhaltens voraussehen und ihren Eintritt zumindest billigen, wenn ihm „Vorsatz" vorgeworfen werden soll. Es genügt aber, daß der Handelnde nur mit der Möglichkeit des Eintritts der Folgen rechnet, es aber dennoch darauf ankommen läßt; er handelt dann mit bedingtem Vorsatz (= „dolus eventualis").

Behauptet also ein Kfz-Händler ohne entsprechende Untersuchungen, also gleichsam „ins Blaue hinein", ein Fahrzeug sei mangelfrei, obwohl er mit Mängeln rechnet, dann handelt er bedingt vorsätzlich; dies genügt für die Anwendung des § 123 Abs. 1.

Unerheblich ist, aus welchen Motiven der Täuschende handelt. Er muß dies nicht in der Absicht tun, sich zu bereichern oder den Getäuschten zu schädigen. Es ist auch als „arglistige Täuschung" anzusehen, wenn jemand seinen Kontrahenten irreführt, um ihm zu nützen, und nicht, um ihm zu schaden. Die hM weist mit Recht darauf hin, daß die Willensfreiheit des Getäuschten geschützt werden soll und ihm die Entscheidung überlassen bleiben muß, was für ihn das beste ist (str.).   **330**

Beispiel: Der Kfz-Händler Gütig bietet mehrere gebrauchte Kfz an, darunter auch einen Luxuswagen zum Preise von 65 000,- DM. Der arbeitslose Leicht, der 70 000,- DM im Lotto gewonnen hat, interessiert sich für dieses Fahrzeug. Da Gütig der Meinung ist, Leicht solle sein Geld besser anlegen, empfiehlt er (mit wahrheitsgemäßen Angaben) den Kauf eines Mittelklassewagens und rät vom Kauf des Luxusfahrzeugs mit der wahrheitswidrigen Behauptung ab, es gäbe verschiedene Anzeichen, die auf einen Motorschaden hindeuteten. Daraufhin entschließt sich Leicht zum Kauf des Mittelklassewagens. Ihm steht in diesem Fall ein Anfechtungsrecht nach § 123 Abs. 1 zu.

2. Person des Täuschenden

Bei einer **nicht empfangsbedürftigen Willenserklärung** ist es für ihre Anfechtung gleichgültig, wer die Täuschung verübt hat. Wird also je-   **331** mand z. B. zu einer Auslobung (vgl. dazu o. RdNr. 134) durch wahrheitswidrige Angaben veranlaßt, dann kann er seine Willenserklärung stets anfechten. Anders dagegen stellt sich die Rechtslage **bei empfangsbedürftigen Willenserklärungen** dar. Nur wenn der Erklärungsempfänger die Täuschung vorgenommen hat, kann der Getäuschte in jedem Fall anfechten; hat dagegen eine andere Person getäuscht, dann kommt es darauf an, ob diese andere Person im Verhältnis zum Erklärungsempfänger als „Dritter" anzusehen ist. Ist dies zu verneinen, dann kann angefochten werden, als habe der Erklärungsempfänger selbst getäuscht. Sonst steht dem Erklärenden nach § 123 Abs. 2 S. 1 nur dann ein Anfechtungsrecht zu, wenn der Erklärungsempfänger die Täuschung des Dritten kannte oder kennen mußte, d. h. fahrlässig nicht kannte.

332 Bei der Auslegung des Begriffs „**Dritter**" iSv. § 123 Abs. 2 wird eine restriktive Tendenz verfolgt und eine solche Person nicht als Dritter angesehen, die auf seiten des Erklärungsempfängers steht und deren Verhalten sich der Erklärungsempfänger zurechnen lassen muß. Hierzu gehören neben dem Vertreter des Erklärungsempfängers (vgl. § 164; Einzelheiten dazu später) Verhandlungsführer und Verhandlungsgehilfen sowie für ihn tätig werdende Personen seines Vertrauens.[38]

> **Beispiele:** Führt in dem obigen Beispielsfall des Verkaufs eines Unfallwagens (RdNr. 326) ein bei Handel angestellter Verkäufer die Verhandlungen, dann muß sich Handel dessen Täuschungshandlungen zurechnen lassen. Dies läßt sich durch die Erwägung rechtfertigen, daß der Erklärungsempfänger, der sich zur Herbeiführung eines rechtlichen Erfolges eines Helfers bedient, auch für dessen Fehlverhalten einzustehen hat.

333 Erwirbt aus der Erklärung ein anderer als der Erklärungsempfänger unmittelbar ein Recht, dann ist die Erklärung ihm gegenüber anfechtbar, wenn er die Täuschung kannte oder kennen mußte (§ 123 Abs. 2 S. 2). Hauptanwendungsfall ist der Vertrag zugunsten Dritter (vgl. § 328 Abs. 1; Einzelheiten dazu später).

> **Beispiel:** Bei einer ärztlichen Untersuchung des M stellt sich heraus, daß dieser einen lebensbedrohenden Herzfehler hat. Um M zu schonen, verschweigt der behandelnde Arzt ihm diesen Befund und teilt ihn nur der Ehefrau F mit. F veranlaßt M, eine hohe Lebensversicherung zu ihren Gunsten abzuschließen, wobei M im guten Glauben angibt, er sei völlig gesund. Dabei legt M zum Nachweis seines Gesundheitszustandes ein Attest des A vor, in dem dieser auf Bitten der F aus Mitleid mit ihr die Krankheit nicht angibt.
> Die Täuschung des A ist ursächlich für den Abschluß des Vertrages durch die Versicherungsgesellschaft. Diese Täuschung kannte F, die durch den Versicherungsvertrag das Recht erworben hat, im Versicherungsfall Auszahlung der Versicherungssumme an sich zu fordern (vgl. auch § 330 S. 1). Wird von der Versicherungsgesellschaft der wahre Sachverhalt entdeckt, dann kann sie ihre auf den Abschluß des Vertrages gerichtete Willenserklärung nach § 123 Abs. 2 S. 2 gegenüber F anfechten.

---

[38] Vgl. BGH NJW 1978, 2144f.

VII. Anfechtung wegen Täuschung und Drohung

Wird ein Abnehmer von Waren oder Dienstleistungen durch unwahre oder zur Irreführung geeignete Werbeangaben zum Vertragsschluß bestimmt, dann steht ihm nach § 13a UWG ein Rücktrittsrecht zu. Dieses Rücktrittsrecht gibt also dem Abnehmer die Möglichkeit, sich auch in Fällen vom Vertrag zu lösen, in denen die Voraussetzungen einer Anfechtung nach § 123 Abs. 1 nicht erfüllt sind.[39] **333a**

b) Widerrechtliche Drohung

Zur Anfechtung nach § 123 Abs. 1 ist auch berechtigt, wer zur Abgabe einer Willenserklärung widerrechtlich durch Drohung bestimmt worden ist. Dieser Tatbestand besteht also aus folgenden Merkmalen: **334**
– Drohung
– dadurch Veranlassung zur Abgabe einer Willenserklärung (Kausalität)
– Widerrechtlichkeit der Willensbeeinflussung
– Wille des Drohenden, den Bedrohten zur Abgabe einer Willenserklärung zu bestimmen.

Die **Drohung** wird üblicherweise als das Inaussichtstellen eines künftigen Übels beschrieben, auf dessen Verwirklichung der Drohende Einfluß zu haben vorgibt. Die durch die Drohung herbeigeführte Zwangslage muß aber Raum für den Handlungswillen des Erklärenden lassen, weil anderenfalls überhaupt keine wirksame Willenserklärung abgegeben wird (vgl. o. RdNr. 48), die angefochten werden muß. § 123 Abs. 1 betrifft also nicht den Fall eines unwiderstehlichen körperlichen Zwangs durch absolute Gewalt (= vis absoluta), bei dem der Wille völlig ausgeschaltet ist, sondern nur den Fall der „vis compulsiva", durch die eine Zwangslage entsteht, bei der der Erklärende die Alternative hat, die von ihm verlangte Handlung vorzunehmen oder sie zu unterlassen. **335**

Zwischen der Drohung und der (anzufechtenden) Willenserklärung muß – in gleicher Weise wie bei der Anfechtung wegen arglistiger Täuschung (vgl. dazu o. RdNr. 328) – ein **Ursachenzusammenhang** bestehen. Ist dies zu bejahen, dann ist es unerheblich, ob die Drohung nur wegen der besonderen Ängstlichkeit oder Leichtgläubigkeit des Bedrohten geeignet war, diesen Zweck zu erreichen. **336**

Die **Widerrechtlichkeit** der durch Drohung erreichten Willensbeeinflussung kann sich aus **337**
– dem angewendeten Mittel oder
– dem verfolgten Zweck oder
– dem Verhältnis von Mittel und Zweck ergeben.
Keine Zweifel an der Widerrechtlichkeit können bestehen, wenn das angedrohte Verhalten selbst rechtswidrig ist.
Es wird z. B. eine Körperverletzung oder eine Sachbeschädigung angedroht.

---

[39] Vgl. *Medicus* AT RdNr. 821a; *ders.* JuS 1988, 1, 6f.; *Alt* NJW 1987, 21, 26f.

Dies gilt auch dann, wenn der Drohende einen Anspruch auf Vornahme der gewollten Handlung hat.

Der Gläubiger droht seinem Schuldner Schläge an, wenn er nicht in Erfüllung eines mit ihm geschlossenen Vertrages eine Sache übereignet.

Widerrechtlich ist eine Drohung auch dann, wenn zwar das angedrohte Mittel rechtmäßig ist, aber der damit verfolgte Zweck rechtswidrig.

Der Gläubiger droht seinem Schuldner mit Vollstreckungsmaßnahmen wegen einer fälligen Schuld, wenn er nicht einem seiner Angestellten, der dem Gläubiger mißliebig ist, unter Angabe falscher Gründe fristlos kündigt. In derartigen Fällen wird allerdings häufig eine Nichtigkeit des erzwungenen Rechtsgeschäfts wegen Verstoßes gegen ein gesetzliches Verbot (§ 134) oder gegen die guten Sitten (§ 138 Abs. 1) zu bejahen sein.

Schließlich ist auch dann die Widerrechtlichkeit zu bejahen, wenn zwar sowohl das angedrohte Mittel als auch der damit verfolgte Zweck rechtmäßig sind, aber die Verknüpfung zwischen beiden nach den Grundsätzen von Treu und Glauben als unangemessen anzusehen ist und deshalb widerrechtlich erscheint.

Der Gläubiger droht seinem Schuldner mit Strafanzeige wegen Unfallflucht, von der er zufälligerweise erfahren hat, wenn der Schuldner nicht fällige Schulden begleicht. Zwar ist die Strafanzeige als solche nicht zu beanstanden und auch das Verlangen des Gläubigers nach Bezahlung fälliger Schulden zulässig, aber die Verknüpfung zwischen beiden ist unangemessen und deshalb rechtswidrig.
Etwas anderes gilt, wenn die Tat, wegen der die Strafanzeige angedroht wird, mit der geltend gemachten Forderung in einem engeren Zusammenhang steht. Wenn also der Arbeitgeber einem Angestellten mit Strafanzeige wegen Diebstahls droht, wenn dieser nicht den durch den Diebstahl angerichteten Schaden wiedergutmacht, dann ist dies nicht zu beanstanden.

338 Der Täter muß sich bewußt sein, daß sein Verhalten geeignet ist, den Bedrohten zur Abgabe der gewünschten Willenserklärung zu bestimmen, und dies auch wollen. Dagegen ist nicht erforderlich, daß er sich der Rechtswidrigkeit seines Verhaltens bewußt ist (str.), denn die Anfechtung dient dem Schutz des Bedrohten, und es geht nicht darum, dem Drohenden einen Vorwurf zu machen.

c) Die Anfechtungserklärung und ihre Rechtsfolgen

339 Für die Anfechtung nach § 123 gilt eine Anfechtungsfrist von einem Jahr (§ 124 Abs. 1), deren Beginn § 124 Abs. 2 regelt. Die Rechtsfolgen der Anfechtung nach § 123 Abs. 1 sind die gleichen wie bei der Anfechtung wegen Irrtums (vgl. dazu o. RdNr. 308), nur ist der Anfechtende nicht zum Ersatz eines Vertrauensschadens des Erklärungsempfängers verpflichtet.

Im Schrifttum wird allerdings die Auffassung vertreten, daß in Fällen, in denen die Drohung durch einen Dritten ausgesprochen wurde, dem gutgläubigen Erklärungsempfänger in analoger Anwendung des § 122 Abs. 1 der Vertrauensschaden zu ersetzen sei (die Einschränkung des § 123 Abs. 2 gilt nicht für die widerrechtliche Drohung!). Dieser Auffassung kann nicht gefolgt werden, weil sich die Tatbestände des § 119 und des § 123 dadurch unterscheiden, daß bei Täuschung und Drohung die Willensfreiheit des Erklärenden eingeschränkt ist und er deshalb – anders als bei einem (ihm letztlich doch zuzurechnenden) Irrtum – nicht zum Ersatz des Vertrauensschadens verpflichtet werden kann.

VIII. Anfechtung und Erfüllungsgeschäft

Es ist bereits oben (RdNr. 227) darauf hingewiesen worden, daß das 340 Erfüllungsgeschäft und das ihm zugrundeliegende Verpflichtungsgeschäft voneinander zu trennen sind (Trennungsprinzip) und daß die Wirksamkeit des Erfüllungsgeschäfts von der Gültigkeit des Verpflichtungsgeschäfts unabhängig ist (Abstraktionsprinzip). Hieraus folgt, daß die Anfechtung und die dadurch bewirkte Nichtigkeit des Verpflichtungsgeschäfts nicht zugleich auch die Nichtigkeit des Erfüllungsgeschäfts herbeiführt.

Beispiel: Volz verkauft ein Kfz an Kunz und übereignet es in Erfüllung des Kaufvertrages. Danach ficht Kunz wirksam den Kaufvertrag wegen Irrtums an. Die Gültigkeit der Übereignung wird durch die Anfechtung nicht berührt. Vielmehr bleibt Kunz Eigentümer des Kfz, ist aber schuldrechtlich verpflichtet, das Auto zurückzugeben, weil für die Übereignung der Rechtsgrund (der im Kaufvertrag bestand) durch die Anfechtung weggefallen ist. Volz hat also dann einen Anspruch auf Rückübereignung wegen ungerechtfertigter Bereicherung (dazu Einzelheiten später) und aufgrund des § 122 Abs. 1 (vgl. o. RdNr. 309).

Jedoch ist jeweils zu prüfen, ob der gleiche Grund, der zur Anfechtung 341 des Verpflichtungsgeschäfts berechtigt, sich auch bei dem Erfüllungsgeschäft ausgewirkt hat, so daß es ebenfalls angefochten werden kann. Eine derartige „**Fehleridentität**" wird in den Fällen des § 123 Abs. 1 häufig zu bejahen sein.

Hat beispielsweise A den B durch Täuschung oder Drohung zum Abschluß eines Kaufvertrages und zur Übereignung der Kaufsache bestimmt, dann kann B auch das Erfüllungsgeschäft anfechten mit der Folge, daß er rückwirkend wieder Eigentümer des Gegenstandes wird.

Bei einer Anfechtung nach § 119 wird jeweils sorgfältig darauf zu achten sein, ob der Irrtum auch die Willenserklärung beeinflußte, die der Irrende zur Erfüllung des Verpflichtungsgeschäfts abgegeben hat. Zwar wird stets der Irrtum auch bei der Erfüllung eine Rolle spielen, weil dabei (irrtümlich) davon ausgegangen wird, das Verpflichtungsgeschäft sei unanfechtbar zustande gekommen, und weil der Irrende bei Kenntnis seines Irrtums regelmäßig von einer Erfüllung Abstand nehmen wird; dies aber kann allein nicht schon zu einer Anfechtung des Erfüllungsgeschäfts berechtigen, denn insoweit handelt es sich um einen (unbeachtlichen) Motivirrtum. Zwar wird im Schrifttum insbesondere im Hinblick auf die Irrtumsfälle des § 119 Abs. 2 häufiger auch die Anfechtung des Erfüllungsgeschäfts für zulässig gehalten, insbesondere wenn das Verpflichtungs- und das Erfüllungsgeschäft zeitlich zusammenfallen; jedoch verlangt das Trennungsprinzip eine zurückhaltende Behandlung auch dieser Fälle. Stets muß die Frage der Anfechtung getrennt für jedes Rechtsgeschäft erörtert und entschieden werden.

1. Übungsklausur*

Alt (A) bietet in einem Zeitungsinserat sein gebrauchtes Mofa zum Preise von 450,– DM zum Kauf an. Der 17jährige Jung (J) meldet sich daraufhin bei ihm und erklärt, er wolle das Mofa kaufen. Auf die Frage des Alt, ob die Eltern des Jung damit einverstanden seien, erklärt dieser wahrheitswidrig, die Eltern hätten dem Erwerb eines Mofa zugestimmt und ihm zu diesem Zweck Geld überlassen. Alt hat erhebliche Zweifel an der Richtigkeit dieser Angaben, läßt sich aber dennoch auf das Geschäft ein, weil sich vorher kein anderer Interessent gemeldet hatte und er deshalb befürchtet, das Fahrzeug sonst nicht verkaufen zu können.

Als Jung am nächsten Tag zur verabredeten Zeit nicht erscheint, um das Mofa abzuholen und den Kaufpreis zu zahlen, ruft Alt die Eltern des Jung an und erfährt von diesen, daß sie nicht über die Pläne ihres Sohnes, ein Mofa zu erwerben, informiert sind. Auf die Frage des Alt, was nun mit dem von ihrem Sohn geschlossenen Kaufvertrag werden solle, antworten die Eltern des Jung, sie wollten zunächst mit ihrem Sohn sprechen und dann sich die Sache überlegen, Alt werde innerhalb von drei Tagen Bescheid erhalten. Bereits nach zwei Tagen erscheint Jung bei Alt und teilt ihm wahrheitsgemäß mit, seine Eltern seien mit dem Kauf einverstanden. Alt erwidert, ihm sei das jetzt egal, er habe sich anders besonnen, Jung bekäme das Mofa nicht. Grund für dieses Verhalten des Alt ist das Angebot eines anderen Interessenten, der unbedingt das Mofa erwerben möchte und deshalb 500,– DM dafür geboten hat.

Alt möchte nun wissen, ob er Jung, der auf Einhaltung des Vertrages besteht, das Mofa liefern muß oder ob er mit dem anderen Interessenten abschließen kann, ohne dadurch Unannehmlichkeiten zu bekommen.

Bearbeitungszeit: Nicht mehr als 90 Minuten

---

* Vgl. dazu Nr. 3 der „Hinweise für die Arbeit mit diesem Buch" (S. XIX).

Fälle und Fragen

69. Erläutern Sie bitte den Begriff der Nichtigkeit!
70. Kann ein nichtiges Rechtsgeschäft von den Beteiligten wirksam gemacht werden?
71. Grün verpachtet sein Grundstück für die Dauer von fünf Jahren in einem schriftlich abgeschlossenen Vertrag an Blau. Gleichzeitig verpflichtet sich Grün in diesem Vertrag, nach Ablauf der Pachtzeit Blau das Grundstück zu einem Preis zu verkaufen, der von einem Sachverständigen festgesetzt werden soll. Ist die vertragliche Vereinbarung gültig?
72. Was verstehen Sie unter der „Umdeutung" eines (nichtigen) Rechtsgeschäfts?
73. Erläutern Sie bitte die Begriffe der schwebenden und der relativen Unwirksamkeit!
74. Was ist unter „Rechtsfähigkeit" zu verstehen?
75. Was ist eine Fiktion? Nennen Sie bitte ein Beispiel!
76. Was ist eine juristische Person?
77. A leidet an einer Geisteskrankheit, bei der sich Störungen der Geistestätigkeit mit normalen Phasen abwechseln. In einem lichten Augenblick mietet A von B eine Wohnung. Als die Geisteskrankheit des A entdeckt wird und er entmündigt worden ist, will sein Vormund V den Mietvertrag nicht anerkennen. Mit Recht?
78. Nachdem Fix erhebliche Mengen Rauschgift zu sich genommen hat und er dadurch erheblich in seiner Wahrnehmungs- und Kritikfähigkeit gestört ist, bestellt er telefonisch beim Blumenhändler Blümlein einige teure Blumengestecke, die am nächsten Tag geliefert werden sollen. Als Blümlein die Gestecke anliefert, kann sich Fix an nichts mehr erinnern. Blümlein verlangt Bezahlung der Gestecke. Mit Recht?
79. Was bedeutet „beschränkte Geschäftsfähigkeit" und wodurch unterscheidet sie sich von der Geschäftsunfähigkeit?
80. Der exzentrische Reich bietet auf der Straße Passanten Goldmünzen, deren Wert 200,– DM beträgt, zum Preise von 10,– DM an, um die Reaktion auf derartige Angebote zu testen. Der 16jährige Jung erwirbt eine Goldmünze. Wie ist die Rechtslage?
81. Tante Elvira will ihrer minderjährigen Nichte Frieda ein Grundstück schenken, ohne daß dies die Eltern der Frieda erfahren sollen. Das 200000,– DM werte Grundstück ist mit einer Hypothek in Höhe von 20000,– DM belastet. Bestehen rechtliche Bedenken gegen das Vorhaben von Tante Elvira?
82. Kann ein Minderjähriger ohne Zustimmung seines gesetzlichen Vertreters ein für ihn rechtlich neutrales Geschäft wirksam vornehmen?
83. Jung erhält zu seinem 17. Geburtstag von seinen Eltern 250,– DM, damit er sich davon einen Kassettenrecorder kaufen kann. Er erwirbt ein solches Gerät von Handel zum Preis von 249,– DM und bezahlt sofort. Einige Tage danach erfährt Handel, daß Jung minderjährig ist. Er bittet daraufhin schriftlich die Eltern, ihm mitzuteilen, ob sie mit dem Kauf einverstanden wären. Die Eltern antworten nicht. Wie ist die Rechtslage?
84. Der minderjährige Jung kauft sich von seinem Taschengeld ein Los der Dombau-Lotterie und gewinnt den Hauptpreis, ein Auto. Er verkauft das Auto an seinen 19jährigen Freund für 5000,– DM und erwirbt für dieses Geld eine Briefmarkensammlung. Sind die von Jung geschlossenen Verträge wirksam?

§ 5 Unwirksame und mangelhafte Willenserklärungen

85. Am 1. April erzählt Leicht dem Dümmlich, beim Bäcker Lustig gäbe es aus Anlaß eines Geschäftsjubiläums Kuchen und Torten zu den Preisen von 1910. Daraufhin begibt sich Dümmlich zum Geschäft des Lustig und erklärt, er wolle eine große Buttercremetorte zu dem Preis haben, der dafür im Jahre 1910 verlangt wurde. Lustig, der erkennt, daß Dümmlich in den April geschickt worden ist, macht den Scherz mit und sagt zu Dümmlich, er solle sich schon einmal für heute nachmittag Freunde einladen, er – Lustig – werde ihm die Buttercremetorte ins Haus zum Preise von 1,50 DM liefern. Als die Torte nicht gebracht wird, ruft Dümmlich bei Lustig an. Dieser erklärt, alles sei ein Aprilscherz gewesen. Dümmlich besteht aber dennoch auf Lieferung der Torte, für die er nur 1,50 DM zahlen möchte. Mit Recht?

86. Volz bietet schriftlich seinen Pkw dem Kunz an. Als Kaufpreis will er 8000,– DM angeben, vertippt sich aber und schreibt 7000,– DM. Da er in Eile ist, liest er das Schreiben nur flüchtig durch und gibt es zur Post. Kunz nimmt das Angebot an. Der Schreibfehler stellt sich heraus, als der Kaufpreis bezahlt werden soll. Kunz, der besonderen Wert auf das Fahrzeug legt, erklärt sich bereit, 8000,– DM zu zahlen. Dennoch will Volz, der inzwischen ein noch günstigeres Angebot für sein Kfz erhalten hat, seine Erklärung anfechten. Ist dies zulässig?

87. Was ist ein Identitätsirrtum und welche Rechtsfolgen ergeben sich aus ihm?

88. Schussel verkauft Pfiffig einen gebrauchten Lkw unter Ausschluß der Gewährleistung für Sachmängel. Die zwischen den Parteien getroffenen Vereinbarungen werden in einem von Schussel aufgesetzten Schriftstück festgehalten, in dem ausdrücklich erklärt wird, daß nur die schriftlich niedergelegten Vereinbarungen Geltung haben sollen. Schussel vergißt, die Vereinbarung über den Gewährleistungsausschluß in die Urkunde aufzunehmen. Das Versehen wird zwar von Pfiffig beim Durchlesen bemerkt, er weist aber Schussel darauf nicht hin, weil es ihm nur recht ist, wenn die entsprechende Absprache im schriftlichen Text fehlt. Als nach einiger Zeit Mängel am Fahrzeug auftreten, will Pfiffig daraus Rechte für sich herleiten. Gegenüber dem Hinweis von Schussel, man habe doch die Gewährleistung ausgeschlossen, beruft sich Pfiffig auf den von beiden unterschriebenen Vertragstext. Schussel erwägt eine Anfechtung wegen Irrtums. Ist dies möglich?

89. Volz und Kunz verhandeln über den Verkauf von Aktien. Um den Kurs festzustellen, schauen sie in den Wirtschaftsteil einer Tageszeitung und legen den dort genannten Kurs der Berechnung des Kaufpreises zugrunde. Einige Tage nach Abschluß des Vertrages stellt Volz fest, daß sie irrtümlich in eine 14 Tage alte Zeitung gesehen hatten und daß zwischenzeitlich der Kurs der Aktien um 20% gestiegen war. Daraufhin verlangt Volz von Kunz eine entsprechende Nachzahlung. Kunz beruft sich darauf, daß er die Aktien zu dem höheren Preis nicht gekauft hätte. Wie ist die Rechtslage?

90. Herr Arnold aus München hält sich einige Tage in Köln auf. Um die Kölner Sitten und Gebräuche kennenzulernen, begibt er sich in ein typisch kölnisches Lokal. Dort findet er auf der Speisekarte einen „halven Hahn" zum Preise von 2,50 DM. Erfreut über das – wie er meint – äußerst preiswerte Angebot, bestellt er einen „halben Hahn" beim Kellner. Dieser bringt ihm ein Käsebrötchen. Als Arnold darauf aufmerksam macht, daß er doch keine „Käsesemmel" bestellt habe, sondern einen „halben Hahn", erklärt ihm der Kellner, ein „halver Hahn" sei in Köln ein Brötchen mit Holländer Käse. Wie ist die Rechtslage?

91. Handel stellt Anton als Lagerverwalter ein, ohne zu wissen, daß dieser wiederholt wegen Diebstahls und Unterschlagung vorbestraft ist. Da es sich um eine Vertrauensstellung handelt, will Handel Anton nicht mehr weiter beschäftigen, als er von dessen Vorstrafen erfährt. Kann sich Handel von dem Vertrag lösen?

Fälle und Fragen

92. Erb ist Alleinerbe des Reich. Er findet im Nachlaß einen Becher aus Kristall, der mit einem Glasschnitt verziert ist. Er bietet den Becher dem Antiquitätenhändler Alt zum Kauf an. Dieser untersucht den Becher und ist davon überzeugt, daß es sich dabei um eine im 19. Jahrhundert hergestellte Kopie eines alten Glases handle. Nachdem er Erb das Ergebnis seiner Feststellungen mitgeteilt hat, bietet er ihm 500,– DM. Erb ist einverstanden. Nach einigen Tagen erfährt Erb von einem Freund des Reich, daß der Becher etwa um 1670 in Südböhmen hergestellt worden ist und daß sein Wert mindestens 6000,– DM beträgt. Daraufhin verlangt Erb von Alt Rückgabe des Bechers. Mit Recht?

93. Arnold bittet auf einer Postkarte die Firma Müller in X-Stadt um Lieferung von Schonbezügen für seinen Pkw. Bei Löscharbeiten, die wegen eines Brandes im Bahnpostamt erforderlich werden, wird die Karte des Arnold durchnäßt, so daß die Anschrift nicht mehr genau gelesen werden kann. Bei der Sortierung der Postsendungen glaubt man, die Karte sei an die Firma Müller in Y-Stadt gerichtet. Der Zufall will es, daß auch die Firma Müller in Y-Stadt einen Autozubehörhandel betreibt und die Bestellung des Arnold ausführt. Der von der Firma Müller in Y-Stadt verlangte Preis liegt jedoch erheblich über dem der Firma Müller in X-Stadt. Deshalb will Arnold die Bestellung nicht gelten lassen. Welche rechtlichen Möglichkeiten hat er?

94. Erläutern Sie bitte die Begriffe des Vertrauensschadens und des Erfüllungsinteresses! Welcher Unterschied besteht zwischen beiden? Kann der Vertrauensschaden auch in einem entgangenen Gewinn bestehen?

95. Welchem Ziel dient die ergänzende Vertragsauslegung und auf welche Weise wird dieses Ziel erreicht?

96. Was ist unter „dispositivem Recht" zu verstehen?

97. Welche Voraussetzungen müssen erfüllt sein, damit man von einem Fehlen oder einem Wegfall der Geschäftsgrundlage sprechen kann?

98. Groß errichtet in Kleindorf 100 Einfamilienhäuser. Die Häuser werden mit Fernwärme und Warmwasser durch ein von Groß errichtetes und betriebenes Fernheizwerk versorgt. Gegenüber Erwerbern der Häuser verpflichtet sich Groß, die Fernwärme und das Warmwasser zu gleichen Preisen zu liefern wie die Stadtwerke von Kleindorf. Nach zwei Jahren verlangt Groß von Kunz, der ein Haus erworben hat, einen höheren Preis für die Fernwärme, als die Stadtwerke von ihren Kunden fordern. Er begründet dieses Verlangen damit, daß sein Fernheizwerk mit Erdöl, nicht mit Kohle (wie das der Stadtwerke) betrieben werde. Die Erdölpreise seien aber in letzter Zeit wesentlich stärker gestiegen als die Kohlepreise. Müßte er die Preise der Stadtwerke einhalten, würde er jährlich bei den 100 Häusern einen Verlust von 60000,– DM hinnehmen. Dazu sei er nicht verpflichtet. Kunz beruft sich auf die vertragliche Vereinbarung. Wie ist die Rechtslage?

99. Der Gebrauchtwagenhändler Klever bietet einen Pkw zum Kauf an, der – wie er weiß – in einen Auffahrunfall verwickelt worden ist. Allerdings ist dabei nur ein geringfügiger Schaden (Reparaturkosten 500,– DM) entstanden, der ohne bleibende Folgen repariert werden konnte. Schussel interessiert sich für das Fahrzeug und fragt bei den Verkaufsverhandlungen nicht danach, ob der Wagen einen Unfall gehabt hat. Auch Klever spricht darüber nicht. Nachdem Schussel das Fahrzeug einige Wochen gefahren hat, erfährt er zufällig von dem Unfallschaden und ficht daraufhin den Kaufvertrag an. Mit Recht? Wie wäre zu entscheiden, wenn zwar Klever von dem Unfall nichts wußte, aber ohne jede Erkundigung beim früheren Eigentümer und Untersuchung des Fahrzeugs auf eine entsprechende Frage des Schussel behauptet hätte, das Kfz sei unfallfrei?

100. Wie ist zu entscheiden, wenn in dem vorstehenden Fall (Nr. 99) die Verkaufsverhandlungen von einem Angestellten des Klever geführt worden sind, der ausdrücklich angewiesen ist, stets auf Unfälle der zum Verkauf stehenden Fahrzeuge hinzuweisen und Interessenten umfassend und richtig zu informieren?
101. Groß und Klein streiten über die Erfüllung eines Vertrages. Der jähzornige Groß zieht plötzlich ein Messer, setzt es an die Kehle des Klein und verlangt von diesem, er solle schriftlich alle Ansprüche aus einem Vertrag mit Dritt an Groß abtreten. Der völlig verängstigte Klein tut dies. Kann er seine Erklärung anfechten?
102. Wann ist eine Drohung widerrechtlich iSv. § 123 Abs. 1?
103. Welche Rechtsfolgen ergeben sich für das Erfüllungsgeschäft, wenn eine Partei des zugrundeliegenden Verpflichtungsgeschäfts durch Irrtum oder Täuschung zu ihrer Willenserklärung bestimmt worden ist und deshalb anficht?

§ 6 Störungen im Schuldverhältnis

I. Vorbemerkung

a) Überblick über die verschiedenen Störungsarten

Inhalt eines jeden Schuldverhältnisses – gleichgültig ob es auf rechtsgeschäftlicher oder gesetzlicher Grundlage entstanden ist – bildet die Pflicht des Schuldners, die geschuldete Leistung zu erbringen und damit den darauf gerichteten Anspruch des Gläubigers zu erfüllen (vgl. o. RdNr. 140 ff.). Wird diese Pflicht nicht oder nicht rechtzeitig oder nicht in gehöriger Weise erfüllt, dann ist das Schuldverhältnis, die Forderungsbeziehung zwischen Gläubiger und Schuldner (vgl. o. RdNr. 131), gestört. Im einzelnen lassen sich folgende Arten von Störungen unterscheiden:

– Dem Schuldner ist es nicht möglich, die geschuldete Leistung zu erbringen **(Fall der Unmöglichkeit).**

Beispiel: Der von Volz dem Kunz verkaufte Pkw brennt vor Übergabe an Kunz aus oder wird von einem Unbekannten gestohlen.

– Der Schuldner kann leisten, erbringt aber die Leistung nicht rechtzeitig **(Fall des Schuldnerverzuges).**

Beispiel: Kunz und Volz haben verabredet, daß der Pkw am 01. 03. um 10 Uhr von Volz zur Wohnung des Kunz gebracht wird, weil Kunz spätestens gegen Mittag mit dem Fahrzeug auf eine Geschäftsreise gehen will. Volz erscheint erst am 04. 03. mit dem Auto bei Kunz.

– Der Schuldner will rechtzeitig leisten und bietet die geschuldete Leistung auch am rechten Ort, zur rechten Zeit und in richtiger Beschaffenheit an, aber der Gläubiger nimmt die Leistung nicht an **(Fall des Gläubigerverzuges).**

Beispiel: Volz bringt am 01. 03. pünktlich um 10 Uhr das Kfz zur Wohnung des Kunz. Es öffnet aber niemand, so daß Volz nach längerem Warten wieder nach Hause zurückkehrt.

– Der Schuldner leistet zwar rechtzeitig, aber nicht in gehöriger Weise und schädigt deshalb den Gläubiger, oder der Gläubiger verletzt eine ihm obliegende Vertragspflicht und schädigt deshalb den Schuldner **(Fälle der positiven Forderungsverletzung).**

Beispiele: Der von Volz verkaufte Pkw hat defekte Bremsen. Deshalb verunglückt Kunz auf seiner Dienstreise mit dem Fahrzeug und wird verletzt.
Kunz bittet Volz, das Fahrzeug auf dem Hof abzustellen, während er noch schnell ein dringendes Telefonat erledigt. Als Volz den abgestellten Wagen verläßt, wird er

342

von einem Hund angegriffen und verletzt, der Kunz gehört und der versehentlich auf den Hof gelassen wurde.

– Daneben gibt es für einzelne Leistungsstörungen bei bestimmten Schuldverhältnissen **spezielle Regeln,** die die allgemeinen Vorschriften abändern, ergänzen oder ersetzen (z. B. für Rechts- oder Sachmängel beim Kauf). Auf solche speziellen Regelungen wird nicht hier, sondern bei Erörterung der Schuldverhältnisse eingegangen, auf die sie sich jeweils beziehen.

b) Rechtsgrundlagen

343 Unmöglichkeit und Verzug sind im Allgemeinen Teil des Schuldrechts (vgl. zu diesem Begriff o. RdNr. 132) geregelt, und zwar in §§ 275 bis 304, in §§ 306 bis 309 und in §§ 320 bis 327. Die §§ 320 bis 327 finden – worauf bereits hingewiesen worden ist (vgl. o. RdNr. 79) – nur auf synallagmatische Verträge Anwendung und beziehen sich auf die im Gegenseitigkeitsverhältnis stehenden Leistungspflichten. Insoweit modifizieren ihre Regelungen die §§ 275 ff.

Dies bedeutet, daß auf die im Synallagma stehenden Leistungspflichten nicht § 280 und § 286 Abs. 2 (wohl aber Abs. 1, da insoweit die §§ 320 ff. keine spezielle Regelung enthalten), sondern §§ 325 und 326 anzuwenden sind. Soweit sich aus synallagmatischen Verträgen andere nicht im Gegenseitigkeitsverhältnis zueinander stehende Pflichten ergeben, gelten für sie nur die §§ 275 ff.

Das Gesetz enthält keine ausdrücklichen Vorschriften für die Haftung wegen positiver Forderungsverletzung; vielmehr sind die hierfür geltenden Regeln von Rechtslehre und Rechtsprechung entwickelt worden.

II. Unmöglichkeit

a) Arten

344 Nach der gesetzlichen Regelung ist zwischen verschiedenen Arten der Unmöglichkeit zu unterscheiden, und zwar zwischen der
– objektiven Unmöglichkeit

Sie besteht, wenn niemand die Leistung erbringen kann (Beispiel: der verkaufte Pkw verbrennt vor Übergabe). Das Gesetz spricht hier von „Unmöglichkeit".

– subjektiven Unmöglichkeit

Der Schuldner ist außerstande, die geschuldete Leistung zu erbringen; ein anderer wäre jedoch dazu in der Lage. Das Gesetz spricht hier von „Unvermögen".

II. Unmöglichkeit

Beispiel: Der verkaufte Wagen wird vor Übergabe von einem Unbekannten gestohlen. Entgegen einer im Schrifttum vertretenen Auffassung, die den Diebstahl einer Sache durch einen Unbekannten als Fall objektiver Unmöglichkeit ansieht, weil sich die Sache dann gleichsam nicht mehr im Verkehr befände, ist dies als Unvermögen zu werten; denn die Erfüllung der sich aus dem Kaufvertrag ergebenden Pflichten ist objektiv durchaus möglich. Der Verkäufer kann, da er durch den Diebstahl Eigentum nicht verliert, dem Käufer das Eigentum auch an der entwendeten Sache übertragen (Einzelheiten dazu später), und der Dieb könnte – wenn er wollte – die Sache dem Käufer übergeben.

– anfänglichen (ursprünglichen) Unmöglichkeit

Die (objektive oder subjektive) Unmöglichkeit besteht bereits im Zeitpunkt der Begründung des Schuldverhältnisses (Beispiel: Volz verkauft seinen Pkw an Kunz, ohne zu wissen, daß der Wagen in der vorigen Nacht verbrannt oder gestohlen worden ist).

– nachträglichen Unmöglichkeit

Die (objektive oder subjektive) Unmöglichkeit hat sich erst nach Begründung des Schuldverhältnisses ergeben (Beispiel: der verkaufte Pkw verbrennt erst nach Abschluß des Kaufvertrages oder wird zu dieser Zeit gestohlen).

Nun kann man innerhalb der (objektiven) Unmöglichkeit noch nach **345** dem Grund unterscheiden und weitere Untergruppen bilden:
– Physische Unmöglichkeit, die dazu führt, daß die Leistung aus natürlichen Gründen nicht erbracht werden kann (Beispiel: der verkaufte Pkw ist ausgebrannt).
– Juristische Unmöglichkeit, die besteht, wenn aus rechtlichen Gründen nicht geleistet werden kann (Beispiel: nach Abschluß des Vertrages wird die Veräußerung des verkauften Gegenstandes gesetzlich verboten).

Häufig wird jedoch der entsprechende Vertrag bereits nach § 134 nichtig sein (vgl. o. RdNr. 146).

– Faktische Unmöglichkeit, die gegeben ist, wenn zwar die Erbringung der Leistung nicht schlechthin ausgeschlossen ist, aber derartige Maßnahmen erfordert, die außerhalb jeder Vernunft liegen.

Beispiel: V verkauft K eine Maschine, die mit dem Schiff über das Meer transportiert wird. Das Schiff geht unter. Es ist zwar technisch möglich, das Schiff zu heben, aber die dabei entstehenden Kosten sind so hoch, daß kein vernünftiger Mensch auf diesen Gedanken verfällt. Der Übergang dieser Fallgruppe zur nächsten ist fließend.

– Wirtschaftliche Unmöglichkeit, die zu bejahen ist, wenn der Schuldner die Leistung nur unter unverhältnismäßig hohen Opfern zu erbringen vermag, die ihm nicht zugemutet werden können.

Ob die wirtschaftliche Unmöglichkeit als Fall der (objektiven) Unmöglichkeit anzusehen ist, so daß der Schuldner unter den Voraussetzungen des § 275 Abs. 1 von der Leistungspflicht befreit wird, oder ob in diesem Fall eine Lösung mit Hilfe der

Lehre von der Geschäftsgrundlage gesucht werden muß, ist streitig (vgl. dazu o. RdNr. 152, 321).

Von manchen wird noch die Fallgruppe der **sittlichen** (psychischen) **Unmöglichkeit** gebildet, in der Sachverhalte zusammengefaßt werden, bei denen dem Schuldner aus anderen als wirtschaftlichen Gründen die Erbringung der Leistung nicht zugemutet werden kann. Diese Fälle sind jedoch nicht mit den Unmöglichkeitsregeln zu lösen.

Beispiel: Das Kind der Schauspielerin ist lebensbedrohend erkrankt. Sie ist zwar in der Lage, entsprechend einem von ihr geschlossenen Vertrag aufzutreten – deshalb handelt es sich nicht um einen Fall der Unmöglichkeit –, jedoch kann dies nicht von ihr verlangt werden; wenn der Gläubiger dies dennoch tut, wäre dies ein Rechtsmißbrauch, so daß einer Rechtsdurchsetzung der Grundsatz von Treu und Glauben (§ 242) entgegenstünde.

346 Diese Unterteilung nach den verschiedenen dargestellten Untergruppen soll die Antwort auf die Frage erleichtern, wann Unmöglichkeit anzunehmen ist; im Gesetz wird eine derartige Differenzierung nicht vorgenommen. Eine weitere Unterscheidung kann danach getroffen werden, ob die Unmöglichkeit eine endgültige oder nur vorübergehende ist und ob sie die gesamte Leistung oder nur Teile davon betrifft. Auf die sich hieraus ergebenden Rechtsfolgen wird noch später einzugehen sein.

b) Nachträgliche Unmöglichkeit

1. Die gesetzliche Regelung

347 Die §§ 275 ff. beziehen sich nur auf die nachträgliche Unmöglichkeit, für die anfängliche (objektive) Unmöglichkeit gelten die §§ 306 ff. (dazu u. RdNr. 372 ff.). Wie § 275 Abs. 2 ausdrücklich bestimmt, ist es für die gesetzliche Regelung ohne Bedeutung, ob die nachträgliche Unmöglichkeit objektiv oder subjektiv ist, ob es sich also dabei um die Unmöglichkeit (im engeren Sinn) oder um das Unvermögen handelt. Dagegen kommt es darauf an, ob der Schuldner die Unmöglichkeit zu vertreten hat.

Was der Schuldner zu vertreten hat, sagen insbesondere § 276, nämlich eigenen Vorsatz und eigene Fahrlässigkeit, und § 278, nämlich das Verschulden eines Erfüllungsgehilfen, d. h. dessen Vorsatz und Fahrlässigkeit. Wie die Begriffe Vorsatz und Fahrlässigkeit zu verstehen sind, ist bereits oben (RdNr. 163 f.) dargelegt worden. Bei der Gattungsschuld ist § 279 zu beachten (vgl. o. RdNr. 152).

2. Vom Schuldner nicht zu vertretende Unmöglichkeit

348 Hat es der Schuldner nach den genannten Regelungen nicht zu vertreten, daß die Leistung „infolge eines nach der Entstehung des Schuldverhältnisses eintretenden Umstandes", also nachträglich unmöglich geworden ist, dann wird er nach § 275 Abs. 1 von seiner Leistungspflicht

II. Unmöglichkeit

frei. Wie bemerkt, gilt dies auch für ein nachträglich eintretendes (von ihm nicht zu vertretendes) Unvermögen zur Leistung (§ 275 Abs. 2).

In bezug auf die Vorschrift des § 275 Abs. 2 ist jedoch folgendes zu berücksichtigen: Der Schuldner, der eine nur der Gattung nach bestimmte Sache zu liefern hat, ist regelmäßig verpflichtet, eine solche Sache zu beschaffen, wenn er sie nicht hat; es handelt sich folglich bei einer (unbeschränkten) Gattungssache um eine Beschaffungsschuld, so daß der Schuldner – von Ausnahmen abgesehen (vgl. o. RdNr. 152) – sein Unvermögen zu vertreten hat. Bei **Gattungsschulden** wird also der Schuldner regelmäßig von seiner Leistung nicht nach § 275 Abs. 2 iVm. Abs. 1 frei. Bei **Stückschulden** kommt es darauf an, ob der Dritte, der zur Leistung in der Lage ist, sich bereit erklärt, dem Schuldner die Leistung zu ermöglichen. Ist dies der Fall, dann kann von dem Schuldner auch erwartet werden, daß er für die Erfüllung der von ihm übernommenen Leistungspflicht sorgt, auch wenn der Dritte für den Leistungsgegenstand einen wesentlich überhöhten Preis fordert. Da der Schuldner für seine finanzielle Leistungsfähigkeit stets einzustehen hat, er sich also nicht darauf berufen kann, daß er nicht über die zur Beschaffung des geschuldeten Gegenstandes erforderlichen Mittel verfügt, muß in einem solchen Fall eine Befreiung nach § 275 ausgeschlossen werden, wobei man entweder bereits das Unvermögen des Schuldners verneint[1] oder annimmt, daß der Schuldner dann sein Unvermögen zu vertreten hat. Allerdings muß etwas anderes gelten, wenn dem Schuldner seine Leistung nur zu Bedingungen möglich ist, die ihm nicht zugemutet werden können. In der Begründung dieses Ergebnisses gehen jedoch die Auffassungen auseinander. Während manche dann eine wirtschaftliche oder faktische Unmöglichkeit (vgl. dazu o. RdNr. 345) bejahen, verstehen andere die Vorschrift des § 275 Abs. 2 bereits mit der Einschränkung, daß der Schuldner frei wird, wenn für ihn die Opferungsgrenze erreicht ist und er verpflichtet wäre, Unzumutbares zu erbringen.[1a]

Wird die geschuldete **Leistung** nur **zum Teil unmöglich,** dann wird der Schuldner auch nur hinsichtlich des unmöglichen Teiles frei (§ 275 Abs. 1: „soweit"), im übrigen bleibt er zur Leistung verpflichtet. 349

Eine Teilunmöglichkeit setzt voraus, daß die geschuldete Leistung teilbar ist und der verbleibende Rest nach dem Inhalt und Zweck des Vertrages noch eine „Teil-Leistung" ergibt, d. h. daß die noch mögliche Leistung nach ihrem Gegenstand nicht etwas völlig anderes darstellt als die geschuldete. Kauft beispielsweise jemand ein bestimmtes Kaffeeservice komplett für sechs Personen und werden die Kaffeekanne und drei Tassen zerstört, dann ist volle Unmöglichkeit anzunehmen, weil die zerstörten Gegenstände und die übriggebliebenen zusammengehören und nur gemeinsam den Leistungsgegenstand bilden. Anders dagegen ist es, wenn jemand fünf Maschinen eines bestimmten Typs zum Zwecke der Weiterveräußerung kauft und zwei davon zerstört werden. Hier ergibt der verbleibende Rest durchaus eine sinnvolle Teil-Leistung.

Wenn der Schuldner nach § 275 von seiner Leistungspflicht befreit wird, dann erlischt die Forderungsbeziehung, also das Schuldverhältnis im engeren Sinn (vgl. o. RdNr. 131), nicht aber das Schuldverhältnis im weiteren Sinn, weil andere Pflichten des Schuldners bestehen bleiben können. Insbesondere ist der Schuldner nach § 281 Abs. 1 verpflichtet, 350

---

[1] So *MünchKomm/Emmerich,* vor § 275 RdNr. 16; aA *Brehm* JuS 1988, 706f., 709f.
[1a] Vgl. *Esser/Schmidt,* SchuldR I § 22 II (S. 305).

den für den geschuldeten Gegenstand erlangten Ersatz herauszugeben oder einen Ersatzanspruch abzutreten. Dieser Ersatz oder Ersatzanspruch wird als „**stellvertretendes commodum**"[1b] bezeichnet.

> **Beispiel:** Volz verkauft dem Kunz ein Ölgemälde und vereinbart, daß das Gemälde, das sich in der Wohnung des Volz befindet, in einigen Tagen übergeben werden soll. Durch eine Gasexplosion, die ein anderer Mieter im Hause des Volz verursacht hat, wird das Bild zerstört.
> Durch den Kaufvertrag erwirbt Kunz einen Anspruch gegen Volz auf Übergabe und Übereignung des Gemäldes (§ 433 Abs. 1 S. 1). Wird das Bild vernichtet, dann erlischt dieser Anspruch (§ 275 Abs. 1). Hat Volz wegen des zerstörten Bildes einen Anspruch gegen seinen Hausratsversicherer, dann muß er diesen Anspruch nach § 281 Abs. 1 an Kunz auf dessen Verlangen abtreten. Steht Volz gegen den Verursacher der Gasexplosion ein Schadensersatzanspruch zu, so gilt das gleiche für diesen Anspruch.
> § 281 wird auch auf den Anspruch auf einen Veräußerungserlös angewendet. Hätte also in dem vorstehenden Beispielsfall Volz entgegen seiner Vertragspflicht das Ölgemälde an einen Dritten veräußert, dann könnte Kunz nach § 281 die Übertragung des Kaufpreisanspruchs oder das zu seiner Erfüllung Geleistete fordern. Dabei ist es hier – wie auch sonst immer – unerheblich, ob das stellvertretende commodum mehr wert ist als der Sachwert, so daß sich der Gläubiger aufgrund des § 281 unter Umständen besser stehen kann als bei Erfüllung des Vertrages.

351   Die Regelung des § 275 bewirkt, daß die **Leistungsgefahr** den Gläubiger trifft. Mit „Gefahr" wird im Zivilrecht das Risiko des zufälligen (d. h. weder vom Schuldner noch vom Gläubiger zu vertretenden) Untergangs bezeichnet, so daß also die „Leistungsgefahr" das Risiko des zufälligen Untergangs der geschuldeten Leistung meint. Da der Anspruch des Gläubigers auf die Leistung im Falle des § 275 erlischt und er grundsätzlich (Ausnahme beim Schuldnerverzug; dazu u. RdNr. 399) auch keinen Schadensersatz deswegen fordern kann, fällt ihm dieses Risiko zu.

> Wird die Leistung aufgrund eines synallagmatischen Vertrages geschuldet, dann stellt sich noch die weitere Frage, wer das Risiko hinsichtlich der Gegenleistung trägt, ob beispielsweise nach Untergang des Kaufgegenstandes der Kaufpreis gezahlt werden muß. Dieses Risiko wird Preis- oder Vergütungsgefahr oder ganz allgemein Gegenleistungsgefahr genannt (dazu u. RdNr. 356 ff.).

3. Vom Schuldner zu vertretende Unmöglichkeit

352   Daß der Gläubiger auch im Falle einer vom Schuldner zu vertretenden Unmöglichkeit keine Leistung fordern kann, wird zwar nicht ausdrücklich im BGB bestimmt, ergibt sich aber indirekt aus § 280 Abs. 1, wonach der Gläubiger anstelle seines Erfüllungsanspruchs einen Schadensersatzanspruch erhält. Die Primärpflicht zur Leistung des geschuldeten Gegenstandes wandelt sich folglich in eine Sekundärpflicht zur Leistung von Schadensersatz (vgl. o. RdNr. 142 f.).

[1b] Commodum lat. = Vorteil.

II. Unmöglichkeit

Die durch § 275 Abs. 2 vorgenommene Gleichstellung des (nachträglichen) Unvermögens mit der (nachträglichen) Unmöglichkeit gilt auch für § 280, so daß es für den Schadensersatzanspruch nach § 280 keinen Unterschied macht, ob nur der Schuldner (subjektiv) zur Leistung außerstande ist.

Es war bereits oben (RdNr. 343) darauf hingewiesen worden und soll wegen der Wichtigkeit noch einmal wiederholt werden, daß § 280 nicht auf die im Synallagma stehenden Leistungspflichten aus gegenseitigen Verträgen anwendbar ist. Hierfür enthält § 325 eine Sonderregelung, auf die unten (RdNr. 366 ff.) eingegangen wird.

Im Falle der **Teilunmöglichkeit** beschränkt sich der Schadensersatzanspruch nach § 280 grundsätzlich auf den unmöglichen Teil; hinsichtlich des Restes bleibt es bei der primären Leistungspflicht. Allerdings gibt § 280 Abs. 2 S. 1 dem Gläubiger das Recht, unter Ablehnung des noch möglichen Teiles Schadensersatz wegen Nichterfüllung der ganzen Verbindlichkeit zu verlangen, wenn die teilweise Erfüllung für ihn kein Interesse hat. **353**

Es ist zunächst nach dem Vertragszweck zu prüfen, ob es sich überhaupt um einen Fall der Teilunmöglichkeit handelt (vgl. dazu o. RdNr. 349). Nur wenn diese Frage bejaht wird, kommt es darauf an, ob das Interesse des Gläubigers an einer Teilerfüllung fehlt. Die Frage nach dem Interessewegfall ist aufgrund der individuellen Verhältnisse des Gläubigers zu entscheiden, wobei allerdings nicht die subjektive Auffassung des Gläubigers, sondern eine objektive Beurteilung maßgebend ist. Es ist danach zu fragen, ob die Leistung des möglichen Teils bei objektiver Betrachtung für den Gläubiger ohne Interesse ist. Dies ist inbesondere anzunehmen, wenn sich der Gläubiger wegen der gesamten Leistung bereits anderweitig eindecken mußte.

Hat der Gläubiger die Teilleistung bereits angenommen, dann kann er nur Rechte nach § 280 hinsichtlich des bereits gelieferten Teils geltend machen, wenn er sich dies bei Annahme der Teilleistung vorbehalten hat, weil sonst das Schuldverhältnis bereits (teilweise) erloschen ist (§ 362 Abs. 1). Der Vorbehalt kann aber auch konkludent erklärt werden.

Durch die in § 280 Abs. 2 S. 2 angesprochene **Verweisung auf die Rücktrittsvorschriften** (vgl. dazu o. RdNr. 204 ff.), wird bestimmt, daß der Gläubiger dem Schuldner zu erklären hat, er werde nach § 280 Abs. 2 vorgehen (§ 349 in entsprechender Anwendung), und daß der Gläubiger, wenn die Voraussetzungen des § 350 nicht erfüllt sind, das Recht nach § 280 Abs. 2 nur hat, wenn er schon empfangene Teilleistungen zurückzugeben vermag (§§ 351 bis 353 in entsprechender Anwendung), und zwar Zug um Zug gegen den ihm zu gewährenden Schadensersatz (§§ 346, 348 in entsprechender Anwendung).

Auch bei einer vom Schuldner zu vertretenden Unmöglichkeit kann der Gläubiger nach § 281 Abs. 1 das **stellvertretende commodum** fordern. Nach Absatz 2 dieser Vorschrift muß er sich jedoch auf seinen Schadensersatzanspruch den Wert des erlangten Ersatzes oder Ersatzanspruchs anrechnen lassen. **354**

Beispiel: Arnold hat sich von Bertold eine Schreibmaschine geliehen (Wert 600,— DM), die bei einem von Arnold (fahrlässig) verursachten Zimmerbrand zerstört worden ist. Verlangt Bertold nach § 281 Abs. 1 die Abtretung eines Anspruchs in Höhe von 400,— DM, den Arnold gegen seinen Hausratversicherer hat, dann mindert sich gemäß § 281 Abs. 2 der Schadensersatzanspruch entsprechend, so daß Bertold nur noch 200,— DM als Schadensersatz von Arnold fordern kann.

355 § 280 Abs. 1 gibt dem Gläubiger einen Anspruch auf Ersatz des Schadens, der durch die Nichterfüllung entstanden ist (**Erfüllungsinteresse** oder positives Interesse; vgl. o. RdNr. 310f.); er kann also verlangen, so gestellt zu werden, wie er bei ordnungsgemäßer Erfüllung des Vertrages stehen würde (vgl. § 249 S. 1). Insbesondere kann er Ersatz eines entgangenen Gewinns fordern (§ 252).

> **Beispiel:** Hatte Arnold dem Bertold in dem obigen Beispielsfall gestattet, die Schreibmaschine an Christoph zu vermieten, dann muß Arnold dem Bertold auch den entgangenen Mietzins ersetzen.

4. Unmöglichkeit bei synallagmatischen Verträgen

356 Wird die aus einem gegenseitigen (synallagmatischen) Vertrag dem einen Teil obliegende (im Gegenseitigkeitsverhältnis zur Leistung des anderen stehende) Leistung unmöglich, dann sind – wie bereits bemerkt – die Sonderregeln der §§ 323 bis 325 zu beachten. Auch hier ist danach zu unterscheiden, ob die Unmöglichkeit zu vertreten ist oder nicht.

aa) Die weder vom Gläubiger noch vom Schuldner zu vertretende Unmöglichkeit

357 Geht der Leistungsgegenstand durch Zufall (also durch einen weder vom Schuldner noch vom Gläubiger zu vertretenden Umstand) unter, dann wird – wie bereits ausgeführt (o. RdNr. 348) – der Schuldner nach § 275 Abs. 1 von seiner primären Pflicht zur Leistung frei. Die danach offengebliebene Frage, was mit der Gegenleistung wird, beantwortet § 323; diese Vorschrift betrifft also die **Gegenleistungsgefahr** (Preis- oder Vergütungsgefahr). Nach Absatz 1 dieser Vorschrift verliert in diesem Fall der Schuldner den Anspruch auf die Gegenleistung.

> **Beispiel:** Der von Volz dem Kunz verkaufte Pkw brennt vor Übergabe ohne Verschulden des Volz aus. Nach § 275 Abs. 1 erlischt der Erfüllungsanspruch des Kunz, nach § 323 Abs. 1 der Kaufpreisanspruch des Volz. Die Leistungsgefahr trägt also der Gläubiger (Kunz), die Preisgefahr der Schuldner (Volz).
> Wenn hier und im folgenden die Begriffe des Schuldners und des Gläubigers gebraucht werden, so bestimmen sie sich nach der unmöglich gewordenen Leistung; Schuldner ist also derjenige, der nach dem Vertrag die Leistung, die unmöglich geworden ist, zu erbringen hat, Gläubiger derjenige, der sie beanspruchen kann. Demgemäß wird in §§ 323 ff. von „dem einen Teil", dem die unmöglich gewordene Leistung obliegt, und von dem „anderen Teil" gesprochen.

358 Wird die Leistung nur **teilweise unmöglich,** so wird der Schuldner auch nur hinsichtlich des unmöglich gewordenen Teils frei (vgl. o. RdNr. 349); der Anspruch auf die Gegenleistung mindert sich in gleicher Weise, wie sich der Kaufpreis einer mangelhaften Kaufsache nach §§ 472, 473 mindert (§ 323 Abs. 1 HS 2).

II. Unmöglichkeit

Verlangt der Gläubiger das **stellvertretende commodum** nach § 281, dann bleibt er zur Gegenleistung verpflichtet; diese mindert sich jedoch ebenfalls nach Maßgabe der §§ 472, 473 insoweit, als der Wert des Ersatzes oder des Ersatzanspruchs hinter dem Wert der geschuldeten Leistung zurückbleibt (§ 323 Abs. 2).

359

Hat der Gläubiger bereits die **Gegenleistung erbracht,** dann kann er das Geleistete nach den Vorschriften über die Herausgabe einer ungerechtfertigten Bereicherung (§§ 812ff.) zurückfordern (§ 323 Abs. 3). Bei dieser Verweisung handelt es sich um eine sog. Rechtsfolgeverweisung, bei der die Rechtsfolge, die Verpflichtung zur Herausgabe, unabhängig davon eintritt, ob die Voraussetzungen eines Bereicherungsanspruchs im Einzelfall erfüllt sind (zur Rechtsfolgeverweisung Einzelheiten später). Diese Verweisung bedeutet vor allem, daß der Haftungsumfang durch §§ 818ff. bestimmt wird. Demgemäß trägt nach § 818 Abs. 3 der Gläubiger das Risiko, daß seine Leistung beim Schuldner ersatzlos weggefallen ist.

360

Beispiel: Hinz und Kunz haben einen Vertrag geschlossen, nach dem sie das Ölgemälde „Morgenröte" des Hinz gegen das Ölgemälde „Sonnenuntergang" des Kunz tauschen. Kunz hat bereits sein Bild Hinz übergeben. Bei einem durch Blitzschlag verursachten Brand des Hauses von Hinz werden beide Bilder vernichtet.
Hinz wird hinsichtlich der Pflicht zur Übergabe und Übereignung des Bildes „Morgenröte" nach § 275 Abs. 1 frei. Kunz könnte zwar nach § 323 Abs. 3 iVm. § 812 Abs. 1 S. 1 Rückübereignung des „Sonnenuntergangs" verlangen; da aber dieses Bild verbrannt ist, wird Hinz nach § 818 Abs. 3 frei. Nur wenn Hinz versichert ist und einen Anspruch auch wegen des Bildes „Sonnenuntergang" gegen den Versicherer hat, kann hier Kunz Abtretung dieses Anspruchs oder das zu seiner Erfüllung Geleistete nach § 818 Abs. 1 von Hinz verlangen. Über die Verweisung des § 323 Abs. 3 auf das Bereicherungsrecht gelangt man also in diesem Fall zu einem gleichen Ergebnis wie aufgrund des § 281. Der in § 818 Abs. 3 aufgestellte Grundsatz, daß der Schuldner frei wird, wenn er nicht mehr bereichert ist, wird jedoch in manchen Fällen eingeschränkt, so z. B. durch § 820 Abs. 1 S. 2, wenn der Schuldner mit der Unmöglichkeit der Leistung rechnet, etwa weil eine dafür erforderliche behördliche Genehmigung aussteht, deren Verweigerung durchaus möglich ist[2] (auf den Umfang des Bereicherungsanspruchs wird bei Erörterung des Bereicherungsrechts näher eingegangen werden).

Von der in § 323 getroffenen Regelung gibt es wichtige **Ausnahmen,** in denen die Gegenleistungsgefahr nicht der Schuldner, sondern der Gläubiger trägt, er also weiterhin zur Erbringung der Gegenleistung verpflichtet bleibt, obwohl er die von ihm zu beanspruchende Leistung nicht erhält:
– Befindet sich der Gläubiger in Verzug **(Annahmeverzug),** d. h. hat er die ihm ordnungsgemäß durch den Schuldner angebotene Leistung nicht angenommen (vgl. dazu u. RdNr. 413ff.), dann behält der

361

---

[2] BGHZ 64, 322, 324 = NJW 1975, 1510. Zu weiteren Einschränkungen *Münch-Komm/Emmerich,* § 323 RdNr. 37.

Schuldner gemäß § 324 Abs. 2 nach einem (von ihm nicht zu vertretenden) Unmöglichwerden seiner Leistung den Anspruch auf die Gegenleistung (vgl. auch o. Rdnr. 190: zu § 379 Abs. 2).

Beispiel: Volz und Kunz haben vereinbart, daß Volz den von ihm gekauften Pkw am 01. 03. in der Zeit von 10.00–11.00 Uhr zur Wohnung des Kunz bringt. Volz erscheint mit dem Wagen pünktlich, jedoch ist bei Kunz niemand zu Hause. Volz wartet bis 12.00 Uhr und tritt dann den Heimweg an. Unterwegs kommt es zu einem von Volz nicht verschuldeten Unfall, bei dem das Fahrzeug einen Totalschaden erleidet. In diesem Fall ist Kunz nach § 324 Abs. 2 zur Zahlung des Kaufpreises verpflichtet.

Beim Annahmeverzug des Dienstberechtigten (d. h. desjenigen, der durch einen Dienstvertrag einen Anspruch auf Leistung von Diensten erwirbt) und des Bestellers beim Werkvertrag sind die Vorschriften des § 615 und des § 644 Abs. 1 S. 2 zu beachten.

– Ist eine verkaufte **Sache dem Käufer übergeben** worden, dann geht nach § 446 Abs. 1 S. 1 die Gefahr des zufälligen Untergangs auf ihn über. Dies hat zur Folge, daß der Schuldner, auch wenn er infolge des Untergangs der Sache nicht mehr zur Erfüllung der ihm nach § 433 Abs. 1 S. 1 obliegenden Pflicht zur Übereignung der Kaufsache imstande ist, den Anspruch auf die Gegenleistung behält.

Beispiel: Volz hat Kunz den verkauften Pkw bereits übergeben und mit ihm vereinbart, daß das Eigentum an dem Fahrzeug nach Zahlung des Kaufpreises übergehen soll (Eigentumsvorbehalt; dazu Einzelheiten später). Das Fahrzeug brennt danach ohne Verschulden des Kunz aus.
Daß § 446 Abs. 1 S. 1 nur die Fälle der Übergabe der verkauften Sache vor Übereignung betrifft, ergibt die Überlegung, daß nach der Übereignung der Schuldner die ihn nach § 433 Abs. 1 S. 1 treffenden Pflichten erfüllt hat, so daß sich die Frage der Unmöglichkeit überhaupt nicht mehr stellen kann. Im übrigen gilt der Grundsatz, daß jeder Eigentümer die Gefahr des zufälligen Untergangs oder eines sonstigen Schadens an der ihm gehörenden Sache zu tragen hat (casum sentit dominus, d. h. frei übersetzt: den Zufall hat der Eigentümer zu tragen).
§ 446 Abs. 1 S. 1 umfaßt auch den Fall des unwiederbringlichen Verlustes durch Diebstahl, so daß sich an der Lösung des Beispielsfalles nichts ändert, wenn der Pkw nicht ausbrennt, sondern von einem Unbekannten gestohlen wird.

– Beim **Versendungskauf,** bei dem der Verkäufer auf Verlangen des Käufers die verkaufte Sache an einen anderen Ort als den Erfüllungsort versendet, geht die Gegenleistungsgefahr auf den Käufer über, „sobald der Verkäufer die Sache dem Spediteur, dem Frachtführer oder der sonst zur Ausführung der Versendung bestimmten Person oder Anstalt ausgeliefert hat" (§ 447 Abs. 1).

Der Begriff des Erfüllungsortes in § 447 Abs. 1 ist identisch mit dem „Leistungsort", also dem Ort, an dem der Schuldner die Leistungshandlung vorzunehmen hat (vgl. dazu o. RdNr. 157). Da bei der Bringschuld der Leistungsort der Wohnsitz oder der Gewerbebetrieb des Käufers ist (vgl. o. RdNr. 158), findet § 447 Abs. 1 keine Anwendung, wenn in diesem Fall die Kaufsache auf dem Transport zum Käufer beschädigt oder zerstört wird. Handelt es sich dagegen um eine Schickschuld

(vgl. dazu auch o. RdNr. 159), dann behält der Verkäufer seinen Anspruch auf Zahlung des Kaufpreises, wenn bei dem vom Käufer verlangten Transport die Kaufsache durch Zufall untergeht oder verschlechtert wird.
Die Gegenleistungs-(Preis-)Gefahr geht nach § 447 Abs. 1 auch dann auf den Käufer über, wenn sich der Verkäufer für den vom Käufer verlangten Transport eigener Leute bedient (hM, aber str.). In einem solchen Fall ist allerdings zu prüfen, ob nicht eine Bringschuld anzunehmen ist. Ist dies zu verneinen und haben die den Transport durchführenden Leute des Verkäufers die Zerstörung oder Beschädigung der Kaufsache nicht verschuldet (sonst § 325 Abs. 1 iVm. § 278), dann hat der Käufer den Kaufpreis zu zahlen, da ihn nach § 447 Abs. 1 die Preisgefahr trifft.

Beispiel: Der Kfz-Händler Handel verkauft Kunz einen Pkw. Das Fahrzeug soll nach Einbau eines Radios am 01. 05. von Kunz bei Handel abgeholt werden. Da Kunz verhindert ist, bittet er telefonisch Handel, das Kfz zu seiner Wohnung zu bringen. Handel beauftragt den Angestellten Arnold, mit dem Kfz zu Kunz zu fahren. Auf dieser Fahrt kommt es infolge des Verschuldens eines nicht identifizierten Verkehrsteilnehmers zu einem Unfall, bei dem das an Kunz verkaufte Fahrzeug einen Totalschaden erleidet. Nach § 433 Abs. 2 bleibt Kunz zur Zahlung des Kaufpreises verpflichtet, weil die Voraussetzungen des § 447 Abs. 1 erfüllt sind und die Gefahr des zufälligen Untergangs im Augenblick des Antritts der Fahrt auf ihn – Kunz – übergegangen ist. Dem steht auch nicht entgegen, daß der Transport in derselben Stadt durchgeführt wurde. Denn der Begriff „Ort" iSv. § 447 Abs. 1 ist nicht im politischen Sinn zu verstehen; vielmehr wird immer dann „nach einem anderen Orte" versendet, wenn der Transport von dem Leistungsort (Erfüllungsort) zu einer anderen Adresse vorgenommen wird. Das **„Platzgeschäft"** (auch „Platzkauf" genannt), bei dem in ein und derselben Ortschaft im geographischen oder politischen Sinn die Ware versendet wird, fällt also unter § 447 Abs. 1.

bb) Die vom Gläubiger zu vertretende Unmöglichkeit

§ 324 Abs. 1 S. 1 bestimmt, daß der Schuldner seinen Anspruch auf die Gegenleistung behält, wenn seine Leistung infolge eines Umstandes unmöglich wird, den der Gläubiger zu vertreten hat. Für diese Regelung kommt es also auf die Klärung der **Frage** an, **was der Gläubiger vertreten muß.** Zur Beantwortung dieser Frage kann nicht ohne weiteres auf die §§ 276 bis 279 zurückgegriffen werden, denn diese Vorschriften beziehen sich auf den Schuldner, nicht auf den Gläubiger. Was der Gläubiger zu vertreten hat, wird im Gesetz nicht ausdrücklich bestimmt. Deshalb kann es nicht überraschen, daß zu dieser Frage unterschiedliche Auffassungen vertreten werden.[3]

362

Wenn bei der Regelung der Gegenleistungsgefahr im Falle nachträglicher Unmöglichkeit sowohl in bezug auf den Gläubiger als auch in bezug auf den Schuldner derselbe Begriff verwendet und in beiden Fällen vom „Vertretenmüssen" gesprochen wird, dann legt dies die Annahme nahe, daß auch bei der Abgrenzung der dem Gläubiger anzulastenden Umstände gleiche Grundsätze beachtet werden müssen, wie sie für den

363

---

[3] Dieser Meinungsstreit kann und muß hier nicht im einzelnen dargestellt werden; dies ist dem Fortgeschrittenen vorbehalten, der eine Übersicht über die verschiedenen Auffassungen bei *MünchKomm/Emmerich*, § 324 RdNr. 6 ff. findet.

Schuldner in den §§ 276 ff. festgelegt sind. Dies bedeutet, daß dem Gläubiger (nur) eine schuldhafte Verletzung der ihm nach dem Vertrag zufallenden Pflichten (z. B. Pflicht zur Mitwirkung bei der Leistungserbringung durch den Schuldner) und Obliegenheiten zuzurechnen ist, wobei entsprechend der Vorschrift des § 278 auch das Verhalten der Personen, die der Gläubiger bei Erfüllung seiner Pflichten und Obliegenheiten handeln läßt, seinem eigenen Verhalten gleichsteht.

Als **Obliegenheit** wird ein Gebot bezeichnet, dessen Befolgung nicht erzwungen werden kann, sondern im eigenen Interesse des dadurch Belasteten liegt, weil ihm sonst Rechtsnachteile (z. B. der Verlust einer vorteilhaften Rechtsposition) drohen. So wird z. B. durch § 254 Abs. 2 S. 1 einem Geschädigten aufgegeben, den Schädiger auf die Gefahr eines ungewöhnlich hohen Schadens aufmerksam zu machen, den Schaden abzuwenden und ihn zu mindern. Verstößt der Geschädigte gegen diese Gebote, dann mindert sich sein Schadensersatzanspruch im Umfang seines Mitverschuldens. Der Geschädigte ist also nicht verpflichtet, vor dem Schaden zu warnen, ihn abzuwenden oder zu mindern, es liegt aber in seinem eigenen Interesse, dies zu tun, weil er sonst die sich daraus ergebenden Nachteile zu tragen hat; es handelt sich also dabei um Obliegenheiten. Wer beispielsweise körperlich verletzt ist, muß sich in ärztliche Behandlung begeben, den Anordnungen des Arztes folgen und solche ärztlichen Maßnahmen dulden, die zur Heilung oder Besserung seines Gesundheitszustandes erforderlich sind. Handelt der Geschädigte diesen Obliegenheiten zuwider, dann ist dies bei Berechnung des zu ersetzenden Schadens zu berücksichtigen.

364 Im Rahmen des § 324 Abs. 1 kommt es auf solche Obliegenheiten des Gläubigers an, deren Beachtung für die vertragsgerechte Erbringung der Leistung durch den Schuldner wesentlich ist. Welche dies sind, ist aufgrund der besonderen Umstände des Einzelfalls, insbesondere nach den vertraglichen Absprachen, zu entscheiden. Allgemein wird man feststellen können, daß den Gläubiger die Obliegenheit trifft, nicht durch sein Verhalten die Leistung des Schuldners unmöglich zu machen.

Beispiele: Häusler beauftragt den Handwerksmeister Emsig, das Dach seines Hauses zu reparieren. Danach entschließt sich Häusler, das Haus abzureißen und durch einen Neubau ersetzen zu lassen. Kündigt deshalb Häusler den Werkvertrag mit Emsig, wozu er nach § 649 S. 1 bis zur Vollendung des Werks jederzeit berechtigt ist, dann ist er verpflichtet, Emsig die vereinbarte Vergütung zu bezahlen, die sich allerdings um dasjenige mindert, was Emsig infolge der Aufhebung des Vertrages erspart oder anderweitig erwirbt oder zu erwerben böswillig unterläßt (vgl. § 649 S. 2). Kündigt Häusler in diesem Fall nicht, dann hat er die Unmöglichkeit der Emsig obliegenden Leistung zu vertreten, so daß sich ein gleiches Ergebnis aus § 324 Abs. 1 ergibt.[4]

Die Konzertagentur Sang & Klang schließt mit dem Popsänger Alf Amsel einen Vertrag, nach dem Amsel für mehrere Konzerte in verschiedenen Städten eine Gage von insgesamt 50000,— DM erhalten soll. Nach zwei Veranstaltungen bricht die Konzertagentur die Tournee ab, weil das Publikumsinteresse geringer als erwartet ist und wesentlich weniger Eintrittskarten verkauft werden konnten, als vorher kalkuliert wurde.[5] Auch in diesem Fall verletzt die Konzertagentur schuldhaft die

---

[4] *Larenz*, SchuldR I, § 25 III (S. 401).
[5] Beispiel von *Köhler*, PdW-SchuldR I, Nr. 23 (S. 37 ff.).

II. Unmöglichkeit

Obliegenheit, die vorgesehenen Konzerte zu veranstalten und dadurch die Erbringung der von Amsel geschuldeten Leistung zu ermöglichen, und ist deshalb nach § 324 Abs. 1 zur Zahlung der vereinbarten Gage verpflichtet.

Die Vorschrift des § 324 Abs. 1 ist insbesondere auch anzuwenden, wenn der Käufer einer Sache vor Übergabe den Kaufgegenstand zerstört oder wenn eine Mietsache infolge eines Verschuldens des Mieters unbrauchbar gemacht wird (Beispiel: das gemietete Kfz brennt bei einem vom Mieter verschuldeten Unfall aus; der Mieter ist – unabhängig von der Frage eines Schadensersatzes für den Pkw – zur Entrichtung des vereinbarten Mietzinses verpflichtet).

Nach § 324 Abs. 1 S. 2 muß sich der Schuldner **auf** die vom Gläubiger zu erbringende **Gegenleistung** das **anrechnen** lassen, was er infolge der Befreiung von der Leistung erspart oder durch anderweitige Verwendung seiner Arbeitskraft erwirbt oder zu erwerben böswillig unterläßt. Denn der Schuldner soll durch die Regelung des § 324 Abs. 1 nicht besser gestellt werden als bei ordnungsgemäßer Durchführung des Vertrages. Deshalb hat sich der Schuldner solche Kosten anrechnen zu lassen, die er bei Durchführung des Vertrages hätte aufwenden müssen – wie Transportkosten, Reisekosten, Verpackungskosten, Arbeitslöhne u. ä. – und die er infolge der Unmöglichkeit seiner Leistung erspart hat. Über den Wortlaut der Vorschrift hinaus werden auch alle sonstigen Vorteile in Anrechnung gebracht, die der Schuldner aus dem ursprünglich geschuldeten Gegenstand zieht und sonst nicht gezogen hätte (Beispiel: Anrechnung des Kaufpreises bei Veräußerung des zerstörten Kfz als Schrott durch den Schuldner). 365

cc) Die vom Schuldner zu vertretende Unmöglichkeit

Bei einer vom Schuldner zu vertretenden (nachträglichen) Unmöglichkeit gibt § 325 Abs. 1 dem Gläubiger verschiedene **Rechte,** die er **wahlweise** geltend machen kann. Er kann 366
– Schadensersatz wegen Nichterfüllung verlangen (Abs. 1 S. 1 Alt. 1) und dies auch mit dem Anspruch auf Herausgabe des stellvertretenden commodum (vgl. o. RdNr. 350) verbinden (§ 281 Abs. 2, vgl. auch § 325 Abs. 1 S. 3 iVm. § 323 Abs. 2),
– vom Vertrag zurücktreten (Abs. 1 S. 1 Alt. 2),
– die für den Fall des § 323 bestimmten Rechte geltend machen (Abs. 1 S. 3; vgl. dazu o. RdNr. 357 ff.).

Ob der Gläubiger an die einmal von ihm zwischen diesen verschiedenen Rechten getroffene Wahl gebunden ist, wird nicht einheitlich beurteilt. Eine Mindermeinung will im Interesse des Schuldners den Gläubiger stets an der von ihm vorgenommenen Wahl festhalten. Die hM will dagegen unterscheiden: Hat sich der Gläubiger für den Rücktritt entschieden, dann kann er nicht mehr nachträglich andere Rechte geltend 367 machen; in den übrigen Fällen soll dagegen ein Übergang auf andere Rechte möglich sein.

Diese Differenzierung ist zutreffend; für sie sprechen folgende Erwägungen: Im Falle des Rücktritts wandelt sich das Schuldverhältnis in ein Rückgewährschuldverhältnis um (vgl. o. RdNr. 204). Folglich treffen dann den Schuldner keine Primär- oder Sekundärleistungspflichten (zum Begriff vgl. o. RdNr. 142) aus dem (ursprünglichen) Schuldverhältnis.

Manche wollen dem Gläubiger das Recht geben, den Rücktritt zu widerrufen, wenn er nachträglich erfährt, daß seine Leistung, die er zurückhaben wollte, beim Schuldner untergegangen oder verschlechtert ist. Ein solches Widerrufsrecht ist aber dann nicht erforderlich, wenn man sich der Auffassung anschließt, daß bereits die Auslegung der Rücktrittserklärung eine entsprechende Einschränkung ergibt und daß sie nicht gilt, wenn der Vertragspartner die von ihm empfangene Leistung nicht zurückzugewähren vermag (vgl. dazu o. RdNr. 215 f.).

368 Entscheidet sich der Gläubiger für den **Schadensersatzanspruch,** dann ist er so zu stellen, wie er vermögensmäßig stünde, wenn der Vertrag ordnungsgemäß vom Schuldner erfüllt worden wäre (vgl. o. RdNr. 355). Bei Ermittlung des Schadens muß jedoch auch die Gegenleistung des Gläubigers berücksichtigt werden; hierfür bieten sich zwei Wege an:

– Geht man davon aus, daß der Schadensersatzanspruch des Gläubigers an die Stelle der unmöglich gewordenen Leistung des Schuldners tritt, dann erscheint es gerechtfertigt, den Gläubiger zu verpflichten, auch die von ihm geschuldete Leistung dem Schuldner zu erbringen.

Beispiel: Peter und Paul vereinbaren, daß ein Satz deutscher Briefmarken, die Peter gehören, gegen einen Satz französischer Briefmarken, deren Eigentümer Paul ist, getauscht wird. Die deutschen Marken werden infolge eines Umstandes, den Peter zu vertreten hat, zerstört; verlangt Paul deshalb Schadensersatz, dann hat er seinerseits Peter die französischen Marken zu übergeben.
Dies ist die Lösung der sog. **Surrogations- oder Austauschtheorie.**

– Eine zweite Lösung könnte darin bestehen, allein auf die Wertdifferenz beider Leistungen abzustellen, also den Wert der Leistung des Gläubigers von dem Wert der Leistung des Schuldners abzuziehen.

Beispiel: Haben die vernichteten Marken des Peter einen Marktwert von 1000,– DM und die Marken des Paul einen von 950,– DM, dann kann Paul von Peter die Zahlung von 50,– DM Schadensersatz fordern.
Dies ist die Lösung der sog. **Differenztheorie.**

369 Die Differenztheorie ist für den Gläubiger nachteilig, wenn ihm daran liegt, seine eigene Leistung zu erbringen, weil er sie nicht behalten möchte.

In dem obigen Beispielsfall sammelt Paul nur deutsche Briefmarken und ist an den französischen nicht interessiert. Ihm ist es also lieber, den Schadensersatzanspruch auf der Grundlage der Surrogationstheorie zu errechnen.

II. Unmöglichkeit

Die ganz herrschende Meinung überläßt es deshalb dem Gläubiger, seine Wahl zwischen der Surrogations- und der Differenztheorie zu treffen, also entweder seine Leistung zu erbringen und Schadensersatz für die unmöglich gewordene Leistung zu verlangen oder lediglich die Differenz der Werte beider Leistungen als Schadensersatz geltend zu machen (sog. **abgeschwächte Differenztheorie**). Allerdings spielt diese Wahlmöglichkeit nur dann eine Rolle, wenn die vom Gläubiger zu erbringende Leistung nicht in Geld besteht. Denn in diesem Fall ist stets nach der Differenztheorie vorzugehen, wobei die ersparte Gegenleistung (z. B. der noch nicht gezahlte Kaufpreis) nur einen Rechnungsposten innerhalb der vorzunehmenden Saldierung bildet, also eine Aufrechnung nach § 387 nicht in Betracht kommt.

> **Beispiel:** Kunz kauft von Volz dessen Pkw (Wert: 7000,— DM) für 5000,— DM. Infolge eines von Volz nach Vertragsschluß verursachten Unfalls wird das Fahrzeug zerstört. Fordert in diesem Fall Kunz nach § 325 Abs. 1 S. 1 Alt. 1 Schadensersatz, dann ist der (noch nicht gezahlte) Kaufpreis in Abzug zu bringen, so daß Kunz 2000,— DM verlangen kann, sofern nicht noch ein weiterer Schaden (z. B. wenn Kunz das Fahrzeug bereits mit einem den Wert übersteigenden Gewinn weiterverkauft hat) hinzukommt.

Nach der Rechtsprechung soll dem Gläubiger das Wahlrecht zwischen Surrogations- und Differenztheorie nur solange zustehen, als er nicht selbst die ihm obliegende Leistung erbracht hat; danach soll er bei einer Schadensersatzforderung auf die Surrogationstheorie beschränkt sein. Gemäß dieser Auffassung muß der Gläubiger vom Vertrag zurücktreten (§ 325 Abs. 1 S. 1 Alt. 2), wenn er seine Leistung vom Schuldner zurückhaben möchte; dann kann er allerdings nicht mehr Schadensersatz fordern (vgl. o. RdNr. 367). Gerechtfertigt wird diese Meinung mit der Erwägung, daß sonst der Gläubiger entgegen der in § 325 Abs. 1 getroffenen Regelung zumindest im Ergebnis den Rücktritt mit dem Schadensersatzanspruch verbinden könnte, wenn er Rückgabe seiner Leistung und Schadensersatz vom Schuldner fordern dürfte. Etwas anderes soll nur gelten, wenn der Gläubiger noch Eigentümer der geleisteten Sache ist; dann wird ihm das Recht zugestanden, die Sache nach § 985 herauszuverlangen und Schadensersatz nach der Differenztheorie zu fordern. Im Schrifttum wird die Ansicht vertreten, daß der Gläubiger zumindest in Fällen, in denen er noch nicht die gesamte Leistung, sondern nur Teile erbracht hat, berechtigt sei, die Rückgabe dieser Teilleistungen zu verlangen und nach der Differenztheorie vorzugehen. **370**

Tritt der Gläubiger vom Vertrage zurück (§ 325 Abs. 1 S. 1 Alt. 2), dann finden die §§ 346 bis 356 entsprechende Anwendung (§ 327 S. 1). Diese Vorschriften regeln sowohl die Voraussetzungen für den Rücktritt als auch die Haftung beider Parteien nach erklärtem Rücktritt (vgl. o. RdNr. 206 ff.). Zu den Fragen, die sich ergeben, wenn der zurückzuge- **371**

währende Gegenstand unterging oder verschlechtert wurde, vgl. die Ausführungen u. RdNr. 512 ff.

c) Anfängliche Unmöglichkeit

1. Objektive Unmöglichkeit

372 Nach § 306 ist ein auf eine unmögliche Leistung gerichteter Vertrag nichtig. Diese Vorschrift bezieht sich nur auf die **anfängliche objektive Unmöglichkeit.**

Dieser (eingeschränkte) Geltungsbereich des § 306 ergibt sich aus folgenden Erwägungen: Für die nachträgliche Unmöglichkeit enthält das Gesetz Regelungen, bei denen von der Wirksamkeit des Schuldverhältnisses ausgegangen wird (vgl. o. RdNr. 350). Das nachträglich eintretende Unvermögen des Schuldners ist in § 275 Abs. 2 der nach Entstehung des Schuldverhältnisses eintretenden Unmöglichkeit gleichgesetzt; in § 306 fehlt eine derartige Gleichstellung. Hieraus ist per argumentum e contrario (= durch einen Schluß aus dem Gegenteil, also durch einen Umkehr- oder Gegenschluß) zu folgern, daß sich der Schuldner zu einer nur subjektiv unmöglichen Leistung wirksam verpflichten kann (Einzelheiten dazu u. RdNr. 376 ff.).

373 Der in § 306 ausgesprochene Grundsatz wird noch weiter eingeschränkt:
– Für den **Fall der vorübergehenden** (anfänglichen objektiven) **Unmöglichkeit** enthält § 308 Ausnahmen. Haben die Parteien den Vertrag unter der Voraussetzung geschlossen, daß die Unmöglichkeit wegfällt, und trifft diese Erwartung zu, dann wird der Vertrag voll wirksam. Wird eine unmögliche Leistung unter einer anderen Bedingung als der, daß die Unmöglichkeit beseitigt wird, oder unter der Bestimmung eines Anfangstermins versprochen, dann ist der Vertrag gültig, wenn die Unmöglichkeit vor dem Eintritt der Bedingung oder des Termins behoben (das Gesetz spricht hier antiquiert von „gehoben") wird (§ 308 Abs. 2).

Dagegen wird ein Vertrag in anderen Fällen, also insbesondere dann, wenn die Parteien die Unmöglichkeit der Leistung beim Vertragsschluß nicht kannten, nicht dadurch wirksam, daß die ursprünglich bestehende Unmöglichkeit nachträglich wegfällt.
In dem früher als Beispiel für eine objektiv unmögliche Leistung häufig gebrachten Fall, daß ein Betrüger einem Einfältigen eine Reise zum Mond verkauft, wird der Vertrag, der zu einer Zeit, als die Mondreise technisch unmöglich war, geschlossen wurde, nicht in dem Zeitpunkt wirksam, in dem die dafür erforderlichen technischen Voraussetzungen geschaffen worden sind.

– Im Sonderfall des **Verkaufs einer nicht bestehenden Forderung** oder eines nicht bestehenden Rechts ist der Vertrag wirksam und hat der Verkäufer nach §§ 437 Abs. 1, 440 Abs. 1 dafür einzustehen (Einzelheiten dazu später).

II. Unmöglichkeit

Voraussetzung ist jedoch, daß die Entstehung des Rechts oder der Forderung rechtlich überhaupt möglich ist. Wird ein „Recht" verkauft, das es in unserer Rechtsordnung überhaupt nicht gibt, dann bleibt es bei der durch § 306 angeordneten Nichtigkeitsfolge (Beispiel: Verkauf eines übertragbaren Nießbrauchs; vgl. § 1059: Übertragung ausgeschlossen, Ausnahmen in § 1059 a).

Die **Nichtigkeitsfolge** des § 306 tritt unabhängig davon ein, ob die 374 Parteien beim Vertragsschluß die Unmöglichkeit gekannt haben oder nicht. Allerdings wird es sich häufig um einen Fall des § 308 handeln, wenn beide Parteien den Vertrag in Kenntnis der Unmöglichkeit der Leistung geschlossen haben. Auch ist zu berücksichtigen, daß § 306 vertraglich abdingbar ist (vgl. u. RdNr. 380). Nichtigkeit bedeutet, daß der Vertrag als solcher keine Rechtswirkungen erzeugt (vgl. o. RdNr. 239). Jedoch können sich Rechtsfolgen an die Vornahme des nichtigen Rechtsgeschäfts knüpfen; denn unter den Voraussetzungen des § 307 Abs. 1 S. 1 macht sich derjenige schadensersatzpflichtig, der einen auf eine objektiv unmögliche Leistung gerichteten Vertrag schließt, obwohl er die Unmöglichkeit der Leistung kennt oder kennen mußte. Der andere Vertragschließende, der seinerseits die Unmöglichkeit weder kannte noch kennen mußte (§ 307 Abs. 1 S. 2), kann den Ersatz des Schadens verlangen, den er dadurch erlitten hat, daß er auf die Gültigkeit des Vertrages vertraute. In der Höhe ist dieser Vertrauensschaden – wie bei § 122 Abs. 1 – dahingehend begrenzt, daß er nicht über den Betrag des Interesses hinausgeht, den der andere Vertragschließende an der Gültigkeit des Vertrages hat – Begrenzung auf das Erfüllungsinteresse (vgl. dazu o. RdNr. 310 f.).

Ist ein Vertrag nach § 134 wegen **Verstoßes gegen ein gesetzliches** 375 **Verbot** nichtig (vgl. o. RdNr. 146), dann finden die Vorschriften der §§ 307 und 308 entsprechende Anwendung (§ 309). Dies bedeutet, daß derjenige Vertragspartner, der das gesetzliche Verbot bei Vertragsschluß kannte oder kennen mußte, in entsprechender Anwendung des § 307 dem schuldlos unwissenden Partner den Vertrauensschaden zu ersetzen hat und daß die Nichtigkeit nach § 134 dann nicht eintritt, wenn die Parteien bei Abschluß des Vertrages mit der möglichen Aufhebung des Verbotes rechneten und für diesen Fall den Vertrag geschlossen haben oder wenn das Verbot vor Eintritt einer vereinbarten aufschiebenden Bedingung oder vor einem vereinbarten Anfangstermin aufgehoben worden ist (§ 308 in entsprechender Anwendung).

2. Unvermögen

Wie bereits oben (RdNr. 372) ausgeführt worden ist, gilt die Vor- 376 schrift des § 306 nicht für das **anfängliche Unvermögen**. Der Schuldner kann sich also wirksam zu einer Leistung verpflichten, die zwar objektiv möglich, zu der er aber subjektiv außerstande ist. Mit dieser Feststellung ist aber das eigentliche Problem, das sich im Fall des anfänglichen Unvermögens ergibt, nicht gelöst, nämlich die Frage, welche Rechtsfolgen eintreten, wenn der Schuldner dem Erfüllungsverlangen des Gläubigers nicht entspricht, was sich nicht vermeiden läßt, wenn das Unvermögen des Schuldners nicht nachträglich beseitigt werden kann. Ob im Falle der Nichtleistung der Schuldner zum Schadensersatz verpflichtet ist, wird im Gesetz nicht geregelt. Es ist deshalb nicht verwunderlich, daß darüber gestritten wird, unter welchen Voraussetzungen ein Schadensersatzanspruch des Gläubigers beim anfänglichen Unvermögen des Schuldners besteht. Folgende Auffassungen werden vertreten:

– Die hier sog. **Theorie der analogen Rechtsanwendung** stellt das anfängliche Unvermögen dem nachträglichen gleich und wendet darauf die §§ 275 ff., 323 ff. analog an. Der Schuldner macht sich folglich nur schadensersatzpflichtig, wenn ihm ein Verschulden vorzuwerfen ist, wobei sich das Verschulden darauf bezieht, daß er trotz Kenntnis oder Kennenmüssen seines Unvermögens den Vertrag geschlossen hat.

– Herrschend ist die **Theorie von der Garantiehaftung,** wonach der Schuldner mit seinem Leistungsversprechen die Garantie für seine Leistungsfähigkeit übernimmt und er folglich auch unabhängig von einem Verschulden für sein Leistungsvermögen einzustehen hat. Kann er nicht leisten, macht er sich schadensersatzpflichtig.

Wie schon die vorstehenden Ausführungen deutlich machen, bedeutet **„Garantie",** daß derjenige, der sie abgibt, der Garant, sich verpflichtet, für einen bestimmten Erfolg einzustehen, und verspricht, für den Fall, daß der Erfolg ausbleibt, ohne Rücksicht auf ein Verschulden den Garantienehmer schadlos zu halten. Die Garantie kann selbständig durch sog. Garantievertrag übernommen werden, sie kann auch – wie hier – unselbständiger Teil eines anderen Vertrages sein.

– Die **Theorie von der eingeschränkten Garantiehaftung** geht ebenfalls von dem Grundsatz aus, daß der Schuldner für seine Leistungsfähigkeit garantiert, jedoch wird diese Garantiepflicht dahingehend eingeschränkt, daß er nur für die „Zulänglichkeit des eigenen Geschäftskreises"[6] einzustehen hat, daß er also nicht haftet, wenn das Unvermögen auf Leistungshindernisse zurückzuführen ist, die nicht aus dem eigenen Bereich stammen.

Zu welchen unterschiedlichen Ergebnissen diese Theorien gelangen, zeigt der folgende

Beispielsfall: Albert vermietet Bertold seinen Pkw. Eine Stunde vor Vertragsschluß ist jedoch – was Albert nicht wissen kann – das Fahrzeug von einem Unbekannten aus der verschlossenen Garage gestohlen worden. Bertold verlangt Schadensersatz. Mit Recht?

Die Theorie der analogen Rechtsanwendung würde in diesem Fall die Frage einer Schadensersatzpflicht nach der entsprechend anzuwendenden Vorschrift des § 325 Abs. 1 entscheiden und verneinen, da Albert sein Unvermögen weder kannte noch

---

[6] *Larenz*, SchuldR I, § 8 II (S. 102 f.).

II. Unmöglichkeit 183

kennen mußte. Zu einem gleichen Ergebnis käme die Theorie von der eingeschränkten Garantiehaftung, weil das Unvermögen des Albert nicht auf eine Unzulänglichkeit seines eigenen Geschäftskreises zurückzuführen ist. Dagegen muß nach der Theorie von der Garantiehaftung Albert Schadensersatz aufgrund seines Garantieversprechens leisten.

Zu diesem Meinungsstreit ist folgendes zu bemerken: Gegen die Theorie der analogen Rechtsanwendung spricht insbesondere, daß sich der Fall des nachträglichen Unvermögens und der des anfänglichen in einem wichtigen Punkt nicht gleichen. Man kann von dem Schuldner durchaus verlangen, daß er in dem Zeitpunkt, in dem er die Leistungsverpflichtung übernimmt, auch seine Leistungsfähigkeit garantiert, jedoch ist eine solche Garantie für die Zukunft von ihm nicht ohne weiteres zu fordern. Denn wie sich die Verhältnisse entwickeln werden, weiß niemand. Deshalb befreit das Gesetz zu Recht den Schuldner von seiner Leistungspflicht, wenn seine Leistungsfähigkeit durch einen Umstand, den er nicht zu vertreten hat, nachträglich wegfällt. Eine solche „Rücksichtnahme" auf Leistungshindernisse, die bereits im Zeitpunkt der Übernahme der Verpflichtungen bestehen, kann der Schuldner für sich nicht beanspruchen. Er muß sich eben vergewissern, ob er leistungsfähig ist, eine Feststellung, die er selbst wesentlich leichter treffen kann als sein Vertragspartner. Deshalb ist es auch nur gerecht, nicht dem Vertragspartner, sondern ihm die Nachteile aufzubürden, die sich aus einem (anfänglichen) Unvermögen ergeben. 377

Von diesem Ansatz her gelangt man ohne weiteres zu einer Pflicht des Schuldners, für seine Leistungsfähigkeit im Zeitpunkt des Vertragsschlusses einzustehen. Es bleibt deshalb nur die Frage, ob Einschränkungen dieser Garantiehaftung geboten sind. Eine Antwort auf diese Frage fällt nicht leicht. Die hM kann sich darauf berufen, den Garantiegedanken konsequent durchzuführen, die einschränkende Auffassung kann auf die Billigkeit der von ihr angebotenen Lösungen verweisen. Denn ist es gerecht, daß der Schuldner haften muß, wenn der geschuldete Gegenstand unbemerkt und unverschuldet eine Minute vor Vertragsabschluß gestohlen wird, während er frei wird, wenn dies eine Minute danach geschieht? Dennoch ist die herrschende Meinung vorzuziehen. Für sie spricht nicht nur, daß sie ohne die Unsicherheiten der einschränkenden Theorie durchzuführen ist (was ist der eigene Geschäftskreis des Schuldners? Was gehört dazu?), sondern auch die Erwägung, daß jede Einschränkung der Garantiepflicht des Schuldners den berechtigten Interessen des Gläubigers zuwiderläuft. Denn der Gläubiger kann sich zu Recht auf den Standpunkt stellen, daß er sich nicht um die Leistungsfähigkeit seines Vertragspartners kümmern müsse, sondern darauf vertrauen könne, dieser werde eine objektiv mögliche Leistung auch erbringen, wenn er dies verspreche. Der Schuldner muß dann vertraglich seine Haftung einschränken, wenn er an seiner Leistungsfähigkeit zweifelt oder aus 378 anderen Gründen eine uneingeschränkte Garantie nicht übernehmen möchte. Eine solche Haftungsbeschränkung ist auch ohne weiteres zulässig, weil die Regeln über die Haftung für anfängliches Unvermögen zur Disposition der Vertragsparteien stehen. Außerdem ist zu erwägen, grob unbillige Ergebnisse nach den Grundsätzen von Treu und Glauben (§ 242) zu korrigieren.

379 Der Schuldner haftet bei anfänglichem Unvermögen auf das **Erfüllungsinteresse**, nicht – wie dies § 307 für die anfängliche Unmöglichkeit vorschreibt – nur auf das Vertrauensinteresse. Dieser Unterschied erklärt sich dadurch, daß im Falle anfänglichen Unvermögens der Vertrag wirksam ist und deshalb der Gläubiger so zu stellen ist, als würde der Vertrag auch erfüllt.

3. Unmöglichkeit bei höchstpersönlichen Leistungen

380 Umstritten ist die Abgrenzung zwischen (objektiver) Unmöglichkeit und Unvermögen bei höchstpersönlichen Leistungen, also Leistungen, die nur der Schuldner persönlich in der geschuldeten Art und Weise erbringen kann.

Beispiel: Der berühmte Sänger Amsel verpflichtet sich vertraglich, einen Liederabend im Kurort Kleindorf zu geben. Im Zeitpunkt des Vertragsschlusses ist Amsel erkrankt, ohne jedoch seinem Vertragspartner dies mitzuteilen, weil er hofft, bald wieder gesund zu sein. Eine Besserung bleibt jedoch aus; Amsel kann nicht singen, und der Liederabend muß ausfallen.

Im Schrifttum wird die Auffassung vertreten, in einem solchen Fall sei bei der Abgrenzung von Unmöglichkeit und Unvermögen darauf abzustellen, ob das Leistungshindernis außerhalb der Person des Schuldners (dann Unmöglichkeit) oder innerhalb seiner Person liege (dann Unvermögen). Nach dieser Auffassung handelt es sich also im Beispielsfall um anfängliches Unvermögen, so daß der Vertrag nicht nach § 306 nichtig ist, sondern Amsel auf das Erfüllungsinteresse haftet.[7] Dieser Auffassung ist nicht zuzustimmen. Die Frage nach der Unmöglichkeit ist auch in Fällen höchstpersönlicher Leistungen nach gleichen Kriterien wie sonst zu entscheiden. Da bei höchstpersönlichen Leistungen ein anderer sie nicht zu erbringen vermag, ist durchweg Unmöglichkeit zu bejahen. Das bedeutet jedoch nicht, daß deshalb stets der Vertrag nichtig ist und nur eine Haftung nach § 307 in Betracht kommt. § 306 kann vertraglich abbedungen werden. Bei höchstpersönlichen Leistungen ist davon auszugehen, daß der Schuldner stets (stillschweigend) versichert, die Leistung werde nicht an Hindernissen scheitern, die im Zeitpunkt des Vertragsschlusses bestehen und die der Schuldner kennt; insoweit übernimmt er dann eine Garantie für seine Leistungsfähigkeit und hat das

---

[7] *MünchKomm/Emmerich*, § 275 RdNr. 49; *Staudinger/Löwisch*, § 306 RdNr. 11.

Erfüllungsinteresse des Gläubigers zu ersetzen hat, wenn er deshalb nicht leisten kann.

III. Schuldnerverzug

a) Voraussetzungen

Der Schuldner gerät mit der von ihm geschuldeten Leistung in Verzug, wenn er nicht rechtzeitig leistet, obwohl die Leistung möglich ist und er nicht durch einen Umstand, den er nicht zu vertreten hat, an der Leistung gehindert wird (vgl. §§ 284, 285). Im einzelnen hängt der Eintritt des Verzugs von folgenden **Voraussetzungen** ab: 381
- Möglichkeit der Leistung
- Durchsetzbarkeit der Forderung
- Fälligkeit
- Mahnung des Gläubigers, soweit sie nicht entbehrlich ist
- Vertretenmüssen der Verspätung.

Zu diesen Voraussetzungen ist im einzelnen zu sagen:

1. Möglichkeit der Leistung

Verzug und Unmöglichkeit schließen einander begrifflich aus. Der Schuldner kann nur dann in Verzug mit einer Leistung kommen, wenn sie von ihm (noch) erbracht werden kann. Ist die Erfüllung wegen **dauernder objektiver Unmöglichkeit** oder dauerndem Unvermögen ausgeschlossen, dann bestimmen sich die Rechtsfolgen nach den die Unmöglichkeit regelnden Vorschriften (§§ 275, 280, 323 bis 325). Ist die geschuldete Leistung nur **vorübergehend unmöglich** und kann sie später erbracht werden, dann ist die Frage, ob die vorübergehende der dauernden Unmöglichkeit gleichzustellen oder ob Verzug anzunehmen ist, nach hM[8] danach zu entscheiden, ob durch Erbringung der Leistung nach Behebung des vorübergehenden Hindernisses noch der Vertragszweck erreicht werden kann und ob dem Gläubiger ein Warten auf die Leistung zuzumuten ist. Bedeutsam für die Frage der Zumutbarkeit ist auch, ob sich absehen läßt, wie rasch das Leistungshindernis behoben werden kann. 382

Beispiel: Textilgroßhändler Groß vereinbart mit dem Fabrikanten Fertig, daß dieser ihm Anfang November 500 Damen-Sommerkleider verschiedener Modelle liefert. Ende Oktober teilt Fertig dem Groß mit, daß er leider den vereinbarten Liefertermin nicht einhalten könne, weil infolge einer Unvorsichtigkeit seines Lagerarbeiters die für die Herstellung benötigten Stoffe verdorben seien und er erst neue

---

[8] *MünchKomm/Emmerich*, § 275 RdNr. 27 m. weit. Nachw.

ordern müßte. Er hoffe aber, die Lieferung bis Ende Januar nachholen zu können. Darauf erwidert Groß, Ende Januar sei zu spät, zumal noch nicht einmal feststünde, ob dieser Termin auch eingehalten werden könne. Bekanntlich würde im Textilgroßhandel das Sommergeschäft bis etwa Mitte Januar im wesentlichen abgewickelt sein und er – Groß – müßte jetzt wissen, ob und wann er an seine Kunden liefern könnte. Aus diesen Gründen trete er vom Vertrag mit Fertig zurück.

Zum Rücktritt könnte Groß nach § 325 Abs. 1 S. 1 Alt. 2 berechtigt sein; dann müßte die Leistung des Fertig unmöglich geworden sein und er dies zu vertreten haben.

Es handelt sich hier um einen Fall der vorübergehenden Unmöglichkeit, weil feststeht, daß Fertig in einiger Zeit in der Lage sein wird, die bestellten Kleider herzustellen und zu liefern. Ob dies Ende Januar möglich sein wird, läßt sich nicht mit Gewißheit voraussehen; Fertig „hofft" dies. Die sich in einem solchen Fall ergebende Rechtslage ist im Gesetz nicht ausdrücklich geregelt. Wie bereits ausgeführt, ist die vorübergehende Unmöglichkeit der dauernden dann gleichzustellen, wenn der Schwebezustand dazu führt, daß der Vertragszweck gefährdet wird, und wenn deshalb dem Gläubiger ein weiteres Abwarten nicht zugemutet werden kann. Da im Handel mit saisonalen Artikeln nur eine relativ kurze Zeit für den Warenumschlag zur Verfügung steht und ein Großhändler seinen Kunden genaue Liefertermine nennen können muß, führt die Verzögerung der Lieferung und die Ungewißheit des genauen Liefertermins dazu, daß der Zweck des Vertrages, der erkennbar darin liegt, Waren zur Weiterveräußerung zu erwerben, nicht mehr erreicht werden kann, wenn später die Kleider von Fertig geliefert werden. Die vertragliche Leistung ist folglich nicht mehr im Zeitpunkt des Wegfalls des Leistungshindernisses nachholbar, weil dann Groß die Ware nicht mehr, zumindest nicht zu gleichen Vertragsbedingungen, insbesondere zum gleichen Preis, abzusetzen vermag. Ein Festhalten am Vertrag ist ihm deshalb nicht zuzumuten. Für die Frage der Zumutbarkeit ist hier insbesondere auch bedeutsam, daß sich nicht mit Sicherheit angeben läßt, wann das Leistungshindernis behoben sein wird. Es ist deshalb in diesem Fall die vorübergehende Unmöglichkeit wie eine dauernde zu werten. Da Fertig die Verzögerung auch zu vertreten hat, da er sich ein Verschulden seines Lagerarbeiters zurechnen lassen muß (§ 278), ist Groß zum Rücktritt vom Vertrag nach § 325 Abs. 1 S. 1 berechtigt.

383 Daß mit einer Leistung, die im Zeitpunkt der Fälligkeit nicht erbracht wurde, später der Vertragszweck nicht mehr zu erfüllen ist, daß also die Leistung nicht nachgeholt werden kann, ist beim sog. absoluten **Fixgeschäft** offensichtlich. Das absolute (uneigentliche) Fixgeschäft zeichnet sich dadurch aus, daß bei ihm nach dem Inhalt und Zweck des Vertrages nur zu einem bestimmten Zeitpunkt geleistet werden kann, dagegen später nicht mehr. Soll ein Fotograf Bilder von einer Trauung aufnehmen, ein Musiker bei einer bestimmten Veranstaltung zum Tanz aufspielen, ein Taxi einen Reisenden zu einem bestimmten Zug bringen, dann kann die Leistung nur zu dem genau bestimmten Zeitpunkt bewirkt werden, später ist dies unmöglich.

Vom sogenannten absoluten Fixgeschäft ist das relative (eigentliche) Fixgeschäft zu unterscheiden. Beim relativen Fixgeschäft wird zwar von den Vertragsparteien der Zeitpunkt für die Leistung fest bestimmt (z. B. „am 01. 05. genau") und aus einer solchen Zeitbestimmung sowie aus den sonstigen Umständen ergibt sich, daß die zeitliche Festlegung für den Gläubiger einen so wesentlichen Teil der vertraglichen Absprache darstellt, daß damit das Geschäft „stehen und fallen" soll, aber die Leistung ist – anders als beim absoluten Fixgeschäft – doch noch zu einem späteren Zeitpunkt nachholbar. Die Auslegungsregel des § 361 bezieht sich auf das relative Fixgeschäft.

Beispiel: Rasch, der am 20. Juli eine Urlaubsreise nach Italien antreten möchte, will für diesen Zweck ein neues Auto erwerben. Er begibt sich deshalb zum Autohändler Handel und erklärt diesem, daß er einen bestimmten Wagentyp als Neuwagen kaufen möchte, daß aber in jedem Fall wegen seiner Urlaubspläne das Fahrzeug spätestens am 19. Juli geliefert werden müßte. Dies verspricht Handel. Anfang Juli kommt es zu einem Brand im Herstellerwerk, der dazu führt, daß sich alle Liefertermine um drei Wochen verschieben. Dies teilt Handel Rasch mit und sagt ihm Lieferung des Wagens zum 10. August verbindlich zu. Rasch fragt, ob er sich vom Vertrag mit Handel lösen könnte.

Zwar ist die Leistung nicht unmöglich, wenn sie nicht zum vereinbarten Termin erbracht wird, aber der 19. Juli war für Rasch als Liefertermin so wichtig, daß damit offensichtlich der Vertrag „stehen und fallen" sollte. Es handelt sich somit um ein relatives Fixgeschäft, so daß hier aufgrund der Auslegungsregel des § 361 anzunehmen ist, daß Rasch bei Nichteinhaltung des Termins zum Rücktritt berechtigt ist. Daß Handel die Verzögerung nicht verschuldet hat, ist hier unerheblich. Da bereits Anfang Juli feststeht, daß zum vereinbarten Termin nicht geliefert werden kann, kann Rasch auch schon zu diesem Zeitpunkt den Rücktritt erklären.

Auch in dem obigen Beispielsfall des Kaufvertrages zwischen Groß und Fertig über die Sommerkleider könnte erwogen werden, ein relatives Fixgeschäft anzunehmen. Jedoch reicht allein die Tatsache, daß es sich um einen saisonalen Artikel handelt, für diese Annahme nicht aus. Es müßten noch weitere Anhaltspunkte dafür zu finden sein, die sich jedoch hier nicht aus dem Sachverhalt ergeben. Deshalb ist oben auch von einem gewöhnlichen Geschäft ausgegangen worden.

2. Durchsetzbarkeit der Forderung

Der Schuldner kann nur mit einer durchsetzbaren Forderung in Verzug geraten. Eine **Naturalobligation** (vgl. o. RdNr. 145) ist gegen den Willen des Schuldners nicht durchsetzbar, und er kann folglich damit auch nicht in Verzug geraten. **384**

Nach anderer Auffassung soll der Verzug bei einer Naturalobligation an der fehlenden Fälligkeit scheitern; diese Unterscheidung hat jedoch nur theoretische Bedeutung.

Durchsetzbar ist eine Forderung auch nicht, wenn ihr eine **Einrede** entgegensteht (vgl. o. RdNr. 196). Solange also der Schuldner sich auf eine Einrede berufen kann, kommt er nicht in Verzug. Denn die Einrede gibt ihm das Recht, die Leistung zu verweigern, und er macht von diesem Recht nur Gebrauch, wenn er trotz der Mahnung des Gläubigers die Leistung nicht erbringt. **385**

Über die Wirkung von Einreden auf den Verzug wird allerdings sehr gestritten. Es wird auch die Auffassung vertreten, daß nicht schon das Bestehen einer Einrede – so die hM –, sondern erst die Berufung des Schuldners darauf den Verzugseintritt ausschlösse. Diese Auffassung berücksichtigt nicht, daß bereits das Bestehen der Einrede ohne Rücksicht auf ihre Ausübung Rechtsfolgen eintreten läßt, wie dies z. B. ausdrücklich in § 390 S. 1 durch den Ausschluß der Aufrechnung mit einer einredebehafteten Forderung, also ohne daß sich der Schuldner auf die Einrede beruft, bestätigt wird (vgl. RdNr. 196). Auf Einzelheiten dieses Meinungsstreits ist hier nicht einzugehen.⁹ Besonderheiten, die z. T. für die Einrede des nichterfüllten Vertrags, insbesondere aber für das Zurückbehaltungsrecht nach § 273 gelten, werden später (u. RdNr. 402 ff.) behandelt werden.

3. Fälligkeit

386 Fällig wird eine Leistung in dem Zeitpunkt, in dem der Schuldner verpflichtet ist, sie zu erbringen, der Gläubiger folglich das Recht hat, sie zu fordern. Die Fälligkeit unterscheidet sich von der Erfüllbarkeit dadurch, daß eine nur erfüllbare, aber nicht fällige Leistung vom Schuldner erbracht werden kann, aber nicht muß (vgl. o. RdNr. 198). Eine fällige Leistung ist dagegen stets auch erfüllbar. In erster Linie bestimmt sich der Zeitpunkt der Fälligkeit nach der Parteivereinbarung. Haben die Parteien eine entsprechende Vereinbarung nicht getroffen und ergibt sich die Leistungszeit auch nicht aus den Umständen des Einzelfalls, dann kann der Gläubiger, sofern Sonderregeln nicht eingreifen, die Leistung sofort verlangen, der Schuldner sie sofort bewirken (§ 271 Abs. 1).

Gesetzliche Sonderregeln über die Leistungszeit finden sich z. B. für die Miete in § 551, für die Landpacht in § 587, für die Leihe in § 604, für das Darlehen in §§ 608, 609, für den Dienstvertrag in § 614 und für den Werkvertrag in § 641.

387 Das Hinausschieben der Fälligkeit wird als **Stundung** bezeichnet. Meist beruht die Stundung auf einer (nachträglichen) Vereinbarung der Parteien; es gibt jedoch auch gesetzliche Regelungen einer Stundung (vgl. z. B. §§ 1382, 1615i, 1934d Abs. 5, 2331a).

Haben die Parteien vertraglich nur vereinbart, daß trotz der Fälligkeit der Forderung der Gläubiger seine Forderung gegenüber dem Schuldner nicht geltend machen werde (sog. **pactum de non petendo**), dann erhält hierdurch der Schuldner lediglich eine Einrede, auf die er sich berufen muß, wenn er sich gegen den Gläubiger, der entgegen der von ihm eingegangenen Verpflichtung doch die Leistung fordert, zur Wehr setzen will. Die Einrede verhindert aber, daß der Schuldner in Verzug kommt (vgl. o. RdNr. 385).

4. Mahnung

388 Mahnung ist die an den Schuldner gerichtete (empfangsbedürftige) Aufforderung des Gläubigers, die geschuldete Leistung zu erbringen. Sie ist an keine Form gebunden und braucht auch nicht die Begriffe „Mahnung" oder „mahnen" zu enthalten. Vielmehr muß sich aus ihr (nur) für den Schuldner klar und eindeutig ergeben, daß der Gläubiger die geschuldete Leistung verlangt und daß die Nichtbeachtung dieser Aufforderung für den Schuldner rechtliche Folgen haben kann; auf die Folgen selbst, die sich aus dem Verzug ergeben, braucht allerdings nicht ausdrücklich hingewiesen zu werden.

---

⁹ Dazu ausführlich *Larenz* aaO § 23 I c (S. 349 ff.); vgl. auch *Brehm* JuS 1989, 113 f.

III. Schuldnerverzug

Formulierungen wie „ich wäre dankbar, wenn ich bald mit der Leistung rechnen dürfte" oder „ich sehe ihrer baldigen Leistung entgegen" genügen diesen Anforderungen nicht. Eine zu weiche oder zu höfliche Fassung schadet also dem Gläubiger.

Nennt der Gläubiger bei seiner Mahnung einen höheren Betrag, als er vom Schuldner beanspruchen kann, dann hat dies keinen Einfluß auf die Wirksamkeit der Mahnung, wenn sich aus der Aufforderung durch Auslegung ergibt, daß die Erfüllung der geschuldeten Leistung verlangt wird.

389 Ihrer Rechtsnatur nach stellt die Mahnung eine (rechts)geschäftsähnliche Handlung (vgl. o. RdNr. 177) dar. Da auf (rechts)geschäftsähnliche Handlungen die Vorschriften über Willenserklärungen entsprechend anzuwenden sind, kann ein Geschäftsunfähiger nicht mahnen (§ 105 Abs. 1 analog), wohl aber ein beschränkt Geschäftsfähiger, da ihm die Mahnung nur rechtliche Vorteile bringt (§ 107 analog). Die Mahnung wird mit dem Zugang beim Schuldner wirksam (§ 130 analog). Mahnungen, die gegenüber Geschäftsunfähigen oder beschränkt Geschäftsfähigen abgegeben werden sollen, müssen deren gesetzlichen Vertretern zugehen (§ 131 analog).

390 Die Mahnung kann nicht vor Fälligkeit der Leistung vorgenommen werden; dies macht bereits der Wortlaut des § 284 Abs. 1 S. 1 deutlich. Eine vor Fälligkeit dem Schuldner zugegangene Mahnung ist unwirksam und muß nach Eintritt der Fälligkeit wiederholt werden. Allerdings kann die Mahnung mit der die Fälligkeit begründenden Handlung verbunden werden (Beispiel: Übersenden der Rechnung als der die Fälligkeit begründende Vorgang, verbunden mit einer Zahlungsaufforderung).

Der Mahnung steht die Erhebung der Leistungsklage und die Zustellung eines Mahnbescheides im Mahnverfahren (vgl. §§ 688 ff. ZPO) gleich (§ 284 Abs. 1 S. 2).

391 In Ausnahme von dem Grundsatz, daß der Verzug nur durch eine Mahnung ausgelöst wird, ist in den folgenden Fällen eine **Mahnung entbehrlich:**
– Es ist für die Leistung eine Zeit nach dem Kalender bestimmt (§ 284 Abs. 2 S. 1).

Z. B. vertragliche Absprache, daß die Leistung am 01. 10. oder Ende Juli oder 10 Tage nach Vertragsschluß zu erbringen ist. In diesen Fällen kommt der Schuldner ohne Mahnung mit Ablauf des genannten Termins (also am 02. 10. oder am 01. 08. oder am 11. Tag nach Vertragsschluß) in Verzug.
Dagegen handelt es sich nicht um eine Bestimmung nach dem Kalender, wenn die Vertragsparteien vereinbaren, daß die Leistung eine Woche nach Abruf oder 10 Tage nach Rechnungserhalt zu erbringen sei.

– Der Leistung muß eine Kündigung vorausgehen und die Zeit für die Leistung wird in der Weise bestimmt, daß sie sich von der Kündigung ab nach dem Kalender berechnen läßt (§ 284 Abs. 2 S. 2).

Z. B. Vereinbarung, daß der Mieter die gemieteten Räume einen Monat nach Kündigung zu räumen hat.

§ 6 Störungen im Schuldverhältnis

– Der Schuldner verweigert ernsthaft und endgültig seine Leistung.
Beispiel: Volz verkauft Kunz seinen Pkw. Nach Vertragsschluß kommt es zu einem Streit über die Frage, ob vier Winterreifen mitverkauft seien. Daraufhin schreibt Volz dem Kunz, daß er sich nunmehr nicht mehr an den Vertrag gebunden halte und das Kraftfahrzeug dem Kunz auf keinen Fall überlassen werde.
Bei dieser Sachlage wäre eine Mahnung eine leere Formalie, da bereits der Schuldner klargestellt hat, daß er die Leistung nicht erbringen werde. Er hat deshalb durch sein Verhalten eine Leistungsaufforderung durch den Gläubiger überflüssig werden lassen und kann sie nach Treu und Glauben auch nicht verlangen. Der Schuldner gerät also in dem Zeitpunkt in Verzug, in dem feststeht, daß er nicht leisten wird.

– Der Schuldner verpflichtet sich, die Leistung bis zu einem bestimmten Zeitpunkt oder besonders rasch zu erbringen, weil dies für den Gläubiger zur Abwendung bedeutsamer Nachteile besonders wichtig ist.
Beispiel: Im Hotel des Nobel fällt gegen Ende Februar die Zentralheizung einschließlich der Warmwasserbereitung wegen eines Defekts aus. Dem herbeigerufenen Heizungsbauer Hurtig erklärt Nobel, daß die Heizung sofort repariert werden müßte, weil sonst seine Gäste bei der zur Zeit herrschenden großen Kälte im Hotel nicht bleiben könnten und abreisen würden. Hurtig erwidert, die Reparatur werde nur einige Stunden in Anspruch nehmen. Mit den erforderlichen Arbeiten betraut Hurtig einen Gesellen, den er erst neu eingestellt hat. Da es diesem an Erfahrung fehlt, gelingt es ihm nicht, die Heizung am selben Tag wieder in Gang zu bringen. Erst am Nachmittag des folgenden Tages wird der Defekt behoben, nachdem Hurtig einen anderen Gesellen einsetzt. In der Zwischenzeit sind die meisten Gäste abgereist.
Die Mahnung hat den Zweck, dem Schuldner klarzumachen, daß das Ausbleiben seiner Leistung rechtliche Konsequenzen haben werde, und ihn deshalb zur sofortigen Leistung zu veranlassen. Wenn aber bereits beim Vertragsschluß feststeht, daß nur eine rasche Erbringung der Leistung Schäden abwenden kann und der Schuldner gerade im Hinblick darauf verspricht, innerhalb einer bestimmten Frist zu erfüllen, dann ist der mit der Mahnung verfolgte Zweck bereits durch den Vertragsschluß selbst erreicht.[10]

– Der Schuldner hält den Gläubiger von einer Mahnung dadurch ab, daß er die Leistung innerhalb eines bestimmten Zeitraums fest verspricht.
Beispiel: Der Schuldner teilt dem Gläubiger mit, es habe sich zwar eine Verzögerung bei der Herstellung der bestellten Waren ergeben, innerhalb der nächsten 14 Tage werde er aber bestimmt liefern. In einem solchen Fall ist davon auszugehen, daß der Schuldner (stillschweigend) auf eine Mahnung verzichtet (was zulässig ist); zumindest muß er sich so behandeln lassen, als habe er einen solchen Verzicht erklärt, weil er treuwidrig handeln würde, wenn er trotz seiner definitiven Leistungszusage noch eine Mahnung vom Gläubiger verlangte.

5. Vertretenmüssen der Verspätung

392 Neben den in § 284 genannten Voraussetzungen für den Verzug kommt nach § 285 noch hinzu, daß die Verspätung der Leistung auf einen Umstand zurückzuführen sein muß, den der Schuldner zu vertreten hat.

---

[10] Vgl. BGH, NJW 1963, 1823, 1824.

III. Schuldnerverzug

Die negative Fassung des § 285 („der Schuldner kommt nicht in Verzug …"), ist vom Gesetzgeber gewählt worden, um klarzustellen, daß im Streitfall der Schuldner beweisen muß, daß er die Leistungsverzögerung nicht zu vertreten hat.

Der Schuldner hat es zu vertreten, wenn er die Verzögerung selbst vorsätzlich oder fahrlässig (vgl. o. RdNr. 163f.) herbeiführt (§ 276) oder dies vorsätzlich oder fahrlässig sein gesetzlicher Vertreter oder Erfüllungsgehilfe tut (§ 278). Ferner hat der Schuldner auch – wie sich aus § 279 ergibt – die Verzögerung bei einer Gattungsschuld zu vertreten, solange noch die Leistung aus der Gattung möglich ist, ohne daß es auf ein Verschulden ankommt (vgl. o. RdNr. 148f.). **393**

Allerdings ist hier die Einschränkung zu machen, daß der Schuldner nicht in Verzug gerät, wenn die Verzögerung der Leistung nichts mit dem bei der Gattungsschuld vom Schuldner zu tragenden Beschaffungsrisiko zu tun hat (vgl. o. RdNr. 152).

Unabhängig von der streitigen Frage, ob **Geldschulden** Gattungsschulden darstellen,[11] hat der Schuldner in jedem Fall für seine finanzielle Leistungsfähigkeit einzustehen (vgl. o. RdNr. 348). Ist der Schuldner zahlungsunfähig, hat er dies zu vertreten, einerlei welcher Grund hierfür maßgebend ist. **394**

Wie ist folgender Fall zu entscheiden? **395**

Opa Gütig bestellt beim Versandhandel Zügig für 1000,— DM Bett- und Tischwäsche, die er seiner Enkelin zu deren bevorstehender Hochzeit schenken will. Nachdem die Wäsche Gütig geliefert worden ist, zerschlagen sich die Heiratspläne der Enkelin. Daraufhin erkundigt sich Opa Gütig bei seinem Enkel Leicht, der sich schon einige Semester an der Universität befindet, um Rechtswissenschaft zu studieren, dazu aber wegen mannigfaltiger Ablenkungen noch nicht recht gekommen ist, ob er – Gütig – die Wäsche behalten müßte. Leicht erklärt daraufhin, Gütig solle wegen des Irrtums anfechten und die Wäsche zur Verfügung stellen, dann brauche er nicht den Kaufpreis zu entrichten. Dies schreibt dann auch Gütig der Firma Zügig. Zügig besteht auf Durchführung des Vertrages und fordert Gütig zur sofortigen Zahlung des Kaufpreises auf. Befindet sich Gütig im Verzug?
Wir wissen, daß der Rechtsrat des Leicht falsch ist. Die unrichtige Beurteilung der Ehepläne seiner Enkelin stellt einen unbeachtlichen Motivirrtum dar, der nicht zur Anfechtung berechtigt (vgl. o. RdNr. 285). Da die übrigen Voraussetzungen des Verzuges offensichtlich hier erfüllt sind, ergibt sich die Frage, ob die verfehlte Einschätzung der Rechtslage durch Gütig dazu führt, daß er die Verspätung der Zahlung nicht zu vertreten hat. Dies wäre zu bejahen, wenn der Rechtsirrtum des Gütig unverschuldet wäre. Denn für einen unverschuldeten Rechtsirrtum hat der Schuldner nicht einzustehen, ihn also iSv. § 285 nicht zu vertreten.
Die Entscheidung des Beispielsfalles hängt folglich davon ab, ob Gütig die im Verkehr erforderliche Sorgfalt außer acht gelassen hat, als er dem Rechtsrat seines Enkels vertraute. Dies ist zu bejahen. Denn vom Schuldner ist zu verlangen, daß er sich in Rechtsfragen einen sachverständigen Rat einholt; auf die Auskunft seines Enkels, dessen Rechtskenntnisse Gütig nicht genau beurteilen kann, darf er sich nicht ohne weiteres verlassen. Stets sind strenge Anforderungen zu stellen, wenn es um die Frage geht, ob ein Rechtsirrtum als entschuldigt angesehen werden kann.

---

[11] Vgl. *MünchKomm/v. Maydell*, § 244 RdNr. 8.

b) Rechtsfolgen

396 Der Verzug hat keinen Einfluß auf die Verpflichtung des Schuldners zur Erbringung der weiterhin möglichen (vgl. o. RdNr. 382) Leistung. Der Schuldner wird aber außerdem verpflichtet, dem Gläubiger den durch den Verzug entstehenden Schaden zu ersetzen (§ 286 Abs. 1). Neben die primäre Leistungspflicht tritt also die sekundäre **Pflicht zur Leistung von Schadensersatz** (vgl. o. RdNr. 142). Der Gläubiger ist so zu stellen, wie er vermögensmäßig stehen würde, wenn der Schuldner rechtzeitig seine Leistung erbracht hätte. Da die Herstellung dieses Zustands in Natur (§ 249 S. 1) in aller Regel nicht möglich sein wird, ist der Gläubiger in Geld zu entschädigen (§ 251 Abs. 1).

Der Gläubiger kann insbesondere die Kosten der Anmietung eines Ersatzgegenstandes, den er anstelle des nicht gelieferten benutzen mußte, verlangen (Beispiel: das gekaufte Kfz wird nicht termingerecht geliefert; der Gläubiger muß deshalb ein Ersatzfahrzeug mieten); ferner kann der Gläubiger nach § 252 Ersatz seines entgangenen Gewinns verlangen (Beispiel: Wegen der verspäteten Lieferung kann der Gläubiger das gekaufte Kfz nicht gewinnbringend weiterveräußern oder nicht vermieten). Einen Verzögerungsschaden des Gläubigers stellen auch die Kosten dar, die er zur Verfolgung seiner Rechte gegen den in Verzug geratenen Schuldner aufwendet, z. B. Kosten einer weiteren Mahnung, Kosten eines Rechtsanwalts, den der Gläubiger mit der Rechtsverfolgung gegen den Schuldner beauftragt. Hierbei ist jedoch darauf zu achten, daß der Verzug bei Entstehung der Kosten bereits eingetreten sein muß. Deshalb kann der Gläubiger nicht Ersatz der Kosten der Mahnung verlangen, durch die der Verzug erst herbeigeführt wird; beauftragt der Gläubiger damit einen Rechtsanwalt, dann muß er die Kosten insoweit allein tragen.

397 Wird Geld geschuldet, dann kann der Gläubiger nach § 288 Abs. 1 in jedem Fall (ohne Nachweis eines Schadens) die Verzinsung der Geldschuld in Höhe von 4 % für das Jahr fordern. Hat jedoch der Gläubiger durch den Verzug des Schuldners einen höheren Schaden, etwa weil er deshalb einen Bankkredit in Anspruch nehmen mußte, für den er 10 % Zinsen zu zahlen hat, dann hat der Schuldner diese höheren Zinsen nach § 286 Abs. 1 zu ersetzen (§ 288 Abs. 2).

398 Nach § 286 Abs. 2 – einer Vorschrift, die im Gegensatz zu § 286 Abs. 1 nicht auf synallagmatische Verträge anzuwenden ist (vgl. o. RdNr. 343), weil insoweit § 326 an ihre Stelle tritt (dazu u. RdNr. 400f.) – kann der Gläubiger statt der Leistung **Schadensersatz wegen Nichterfüllung** verlangen, wenn die Leistung infolge des Verzugs für ihn kein Interesse mehr hat (zum Begriff des Interessewegfalls vgl. o. RdNr. 353). Auch für § 286 Abs. 2 ist Voraussetzung, daß die Leistung noch möglich ist. (Zur Erläuterung der in § 286 Abs. 2 S. 2 ausgesprochenen Verweisung auf die Rücktrittsvorschriften kann auf die Ausführungen zu § 280 Abs. 2 S. 2 verwiesen werden; vgl. o. RdNr. 353.)

399 Während des Verzuges des Schuldners tritt für ihn eine **Haftungsverschärfung** ein, und zwar

III. Schuldnerverzug

– haftet er in Fällen, in denen er sonst nur für grobe Fahrlässigkeit oder für die in eigenen Angelegenheiten geübte Sorgfalt einzustehen hat, für jede Fahrlässigkeit, also auch bereits für leichte (§ 287 S. 1).

So haben der Schenker (§ 521), der Verleiher (§ 599), der Geschäftsführer bei der Geschäftsführung ohne Auftrag zur Abwehr einer dem Geschäftsherrn drohenden dringenden Gefahr (§ 680) und der Finder (§ 968) neben Vorsatz lediglich grobe Fahrlässigkeit zu vertreten; nur für die auch in eigenen Angelegenheiten geübte Sorgfalt haben u.a. der unentgeltliche Verwahrer (§ 690) und der Gesellschafter einer BGB-Gesellschaft (§ 708) einzustehen. In allen diesen Fällen verschärft sich also beim Schuldnerverzug diese Haftung.

– haftet er auch für die durch Zufall eingetretene Unmöglichkeit der Leistung, es sei denn, daß der Schaden auch bei rechtzeitiger Leistung eingetreten sein würde (§ 287 S. 2).

Allerdings ist zu beachten, daß sich eine entsprechende Schadensersatzpflicht bereits aus §§ 280, 285 und 286 ergibt. Denn der Schuldner hat alle Schäden zu ersetzen, die durch den von ihm zu vertretenden (§ 285) Verzug dem Gläubiger entstehen (vgl. § 286 Abs. 1), also auch den Schaden, der verursacht wird, weil infolge des Verzuges (vom Schuldner unverschuldet) der Leistungsgegenstand untergeht. Die in § 287 S. 2 angeordnete Schadensersatzpflicht hat folglich nur dann praktische Bedeutung,[11a] wenn zwischen dem Verzug und der Unmöglichkeit der Leistung kein adäquater Kausalzusammenhang besteht (zum Begriff u. RdNr. 432) und deshalb ein Anspruch nach § 286 Abs. 1 ausscheidet. Es kommen hierfür wohl im wesentlichen nur Schäden in Betracht, die infolge nicht vorhersehbarer Naturereignisse eintreten.

Beispiel: Max und Moritz sind Nachbarn und wohnen in aneinandergrenzenden Reihenhäusern. Da sich Max eine neue Stereoanlage zugelegt hat, verkauft er seine alte an Moritz. Beide vereinbaren, daß Max am folgenden Sonntag die Stereoanlage bringt und dem Moritz beim Aufbau hilft. Da jedoch Max am Samstagabend den Geburtstag eines Freundes sehr ausgiebig feiert, hält er den vereinbarten Termin nicht ein. In der Nacht zum Montag schlägt der Blitz ins Haus des Max ein und die Stereoanlage wird dabei vernichtet.
Da Max sich in Verzug befindet, muß er nach § 287 S. 2 den zufälligen Untergang vertreten, wird also nicht nach § 275 Abs. 1 frei, sondern muß nach § 325 Abs. 1 den Schaden ersetzen, der Moritz entstanden ist, weil er die Stereoanlage nicht erhielt. Nur wenn feststünde, daß der Schaden auch bei rechtzeitiger Leistung aufgetreten wäre, weil etwa der durch den Blitzschlag verursachte Brand das Haus des Moritz ebenfalls erfaßte und die dort befindliche Stereoanlage in gleicher Weise vernichtet worden wäre, entfällt nach § 287 S. 2 HS 2 die Verpflichtung des Max zur Leistung von Schadensersatz.

[11a] Anders jedoch für die rechtliche Bewertung: Wird neben § 286 Abs. 1 ein Anspruch nach § 325 geprüft – da beide Vorschriften miteinander konkurrieren, ist dies für eine umfassende rechtliche Würdigung entsprechender Sachverhalte geboten –, kommt es für das Merkmal des Vertretenmüssens auf § 287 S. 2 an, wenn der Untergang des Leistungsgegenstandes auf Gründen beruht, die dem Schuldner nach §§ 276, 278 nicht anzulasten sind; vgl. Brehm JuS 1989, 115f.

c) Schuldnerverzug bei gegenseitigen Verträgen – Zur Vorschrift des § 326

1. Die Rechte des Gläubigers

400 Wie sich bereits aus den vorstehenden Ausführungen ergibt, kann auch bei gegenseitigen (synallagmatischen) Verträgen, bei denen also die Leistung eines jeden Vertragspartners in Abhängigkeit zur Gegenleistung steht (vgl. o. RdNr. 78), der Gläubiger im Falle des Schuldnerverzuges nach § 286 Abs. 1 Ersatz des Verzögerungsschadens verlangen. Diese Forderung steht ihm neben seinem Anspruch auf Leistung zu (vgl. o. RdNr. 396). Daneben gibt § 326 dem Gläubiger bei einem gegenseitigen Vertrag zusätzliche Rechte. Er kann dem in Verzug befindlichen Schuldner zur Bewirkung der Leistung eine Frist, verbunden mit der Androhung setzen, daß er die Annahme der Leistung nach Ablauf der Frist ablehne. Erbringt der Schuldner die (mögliche) Leistung nicht innerhalb der ihm gesetzten Frist, dann ist der Gläubiger berechtigt, Schadensersatz wegen Nichterfüllung zu verlangen oder vom Vertrag zurückzutreten. Zu den genannten **Voraussetzungen** dieser Rechte **nach § 326** ist im einzelnen folgendes zu bemerken:

2. Verzug des Schuldners

401 Der Schuldner muß sich mit einer (im Gegenseitigkeitsverhältnis stehenden) **Hauptleistungspflicht** in Verzug befinden. Bezieht sich die verzögerliche Erfüllung auf eine Neben(leistungs)pflicht (auch wenn sie im Gegenseitigkeitsverhältnis steht), dann kann der Gläubiger nicht nach § 326 vorgehen. Ihm bleibt dann das Recht nach § 286 Abs. 1 den Verzögerungsschaden geltend zu machen. Die Voraussetzungen des § 326 sind also enger als die des § 325, der auch Pflichten (im Gegenseitigkeitsverhältnis) betrifft, die keine Hauptleistungspflichten darstellen.

> Hauptleistungspflichten (häufig auch kürzer „Hauptpflichten" genannt) sind jene Pflichten, die einem Vertrag seinen spezifischen Inhalt verleihen. Sie können nicht fehlen, ohne den Vertrag in seinem typischen Inhalt zu verändern und ihn zu einem Vertrag anderen Typs werden zu lassen. So ist z. B. die Pflicht des Mieters zur Zahlung des Mietzinses eine Hauptleistungspflicht (vgl. § 535); besteht diese Pflicht nicht, dann handelt es sich nicht um einen Mietvertrag, sondern um einen Vertrag über eine unentgeltliche Gebrauchsüberlassung, über eine Leihe (vgl. § 598).[12]
> Allerdings wird der Begriff der Hauptleistungspflicht nicht durchweg in diesem Sinn verstanden. Manche wollen die Unterscheidung zwischen Haupt- und Nebenleistungspflicht auf synallagmatische Verträge beschränken und als Hauptleistungspflichten solche auffassen, die im Gegenseitigkeitsverhältnis stehen, während andere als Nebenleistungspflichten angesehen werden. Diesem Vorschlag wird nicht gefolgt;

---

[12] *Medicus*, BR, RdNr. 206; vgl. auch die eingehende Übersicht über Hauptleistungspflichten von *MünchKomm/Emmerich*, § 326 RdNr. 16 ff.

III. Schuldnerverzug

vielmehr wird in den folgenden Ausführungen nur eine vertragstypische Pflicht als Hauptleistungspflicht bezeichnet, ohne daß es dabei darauf ankommt, ob sie eine synallagmatische ist.

402 Ob sich der Schuldner in Verzug befindet, ist aufgrund der §§ 284, 285 zu entscheiden. Eine Besonderheit ergibt sich beim gegenseitigen Vertrag aufgrund der Abhängigkeit von Leistung und Gegenleistung. Um auf den Gläubiger einen Druck ausüben zu können, daß dieser seine Leistung ebenfalls erbringt, wenn er die Leistung vom Schuldner verlangt, gibt § 320 demjenigen eine Einrede, der aus einem gegenseitigen Vertrag zu leisten verpflichtet ist (sog. **Einrede des nichterfüllten Vertrages**). Er kann die ihm obliegende Leistung bis zur Bewirkung der Gegenleistung verweigern, es sei denn, daß er vorleisten muß (§ 320 Abs. 1 S. 1). Das Bestehen dieses Einrederechts schließt es aus, daß der Schuldner in Verzug kommt (str., vgl. o. RdNr. 385).

Streitig ist die Frage, ob der Gläubiger das Gegenrecht aus § 320 bereits dadurch ausräumt und den Schuldner in Verzug setzt, daß er zu der von ihm geschuldeten Gegenleistung imstande und bereit ist, oder ob noch hinzukommen muß, daß der Gläubiger seine Gegenleistung anbietet. Der zweiten Auffassung ist der Vorzug zu geben, weil die Leistungsbereitschaft als innere Einstellung für den Schuldner nicht erkennbar ist und deshalb vom Gläubiger ein Angebot der Leistung zu verlangen ist.[13] Allerdings wird diesem Meinungsstreit keine erhebliche praktische Bedeutung zukommen, weil auf der Grundlage der einschränkenden Auffassung der Gläubiger im Streitfall seine Leistungsbereitschaft zu beweisen hat und dies am besten durch ein Angebot der Leistung tun kann.

403 Ähnlichkeit mit der Einrede des nichterfüllten Vertrages hat auch das dem Schuldner nach **§ 273** zustehende **Zurückbehaltungsrecht**. Nach dieser Regelung hat der Schuldner, der „aus demselben rechtlichen Verhältnis, auf dem seine Verpflichtung beruht, einen fälligen Anspruch gegen den Gläubiger" hat, das Recht, die geschuldete Leistung zu verweigern, bis die ihm gebührende Leistung bewirkt wird. Die Ähnlichkeit beider Rechte besteht darin, daß der Schuldner durch die Einrede den Gläubiger veranlassen kann, die von ihm geschuldete Leistung ebenfalls zu erbringen, wenn er die Forderung gegen den Schuldner durchsetzen will. Allerdings kann die Ausübung des Zurückbehaltungsrechts auch durch Sicherheitsleistung (vgl. §§ 232 ff.) abgewendet werden (§ 273 Abs. 3). Denn § 273 bezweckt nur, den Schuldner wegen des ihm gegen den Gläubiger zustehenden Anspruchs zu sichern, während der Zweck des § 320 darin besteht, einen Druck auf den Gläubiger auszuüben, seine Leistung ebenfalls zu erbringen; dementsprechend ist bei § 320 eine Sicherheitsleistung ausgeschlossen (vgl. § 320 Abs. 1 S. 3). Darüberhinaus bestehen weitere bedeutsame Unterschiede zwischen den Rechten aus § 273 und § 320. Die Formulierung „aus demselben rechtli-

---

[13] Vgl. *Lüderitz*, StudK BGB §§ 284, 285 Anm. 2b; *MünchKomm/Walchshöfer*, §§ 284–285 RdNr. 14; jeweils m. weit. Nachw. auch zur Gegenauffassung.

chen Verhältnis" in § 273 Abs. 1 bedeutet keinesfalls, daß sich beide Ansprüche aus einem einheitlichen Rechtsverhältnis oder sogar aus einem gegenseitigen Vertrag ergeben müssen. Vielmehr findet das Zurückbehaltungsrecht des § 273 auf die im Gegenseitigkeitsverhältnis stehenden Ansprüche eines synallagmatischen Vertrages keine Anwendung, weil insoweit § 320 vorgeht. Der Begriff desselben rechtlichen Verhältnisses iSv. § 273 Abs. 1 wird weit ausgelegt und darunter ein innerlich zusammengehörendes einheitliches Lebensverhältnis verstanden. Die von § 273 Abs. 1 verlangte **Konnexität** (Verknüpfung) beider Ansprüche ist zu bejahen, wenn zwischen ihnen ein derartiger natürlicher wirtschaftlicher Zusammenhang besteht, daß es treuwidrig erscheint, wenn der eine Anspruch ohne Rücksicht auf den anderen geltend gemacht und durchgesetzt werden könnte.

404 Das Zurückbehaltungsrecht des § 273 Abs. 1 hängt von folgenden **Voraussetzungen** ab:
– Gegenseitigkeit der Ansprüche, d. h. jede der beiden beteiligten Personen muß einen Anspruch gegen den anderen haben, also zugleich Schuldner und Gläubiger sein.
– Der Anspruch des Schuldners muß durchsetzbar (vgl. o. RdNr. 384 f.) und fällig (vgl. o. RdNr. 386) sein; ist er bereits verjährt, so wird dadurch ein Zurückbehaltungsrecht nicht ausgeschlossen, wenn der Anspruch des Gläubigers in einem Zeitpunkt entstand, als die Verjährung noch nicht eingetreten war (hM). Dieses Ergebnis wird durch eine Analogie zu § 390 S. 2 (vgl. dazu o. RdNr. 196 a. E.) begründet.
– Die Konnexität beider Ansprüche muß zu bejahen sein. Hierbei handelt es sich zweifellos um die Voraussetzung, deren Verwirklichung am schwersten zu beurteilen ist. Trotz der oben gegebenen Beschreibung dieses Merkmals fällt die Entscheidung des Einzelfalls häufig nicht leicht.[14]

405 Der entscheidende Unterschied zwischen dem Zurückbehaltungsrecht und der Einrede des nichterfüllten Vertrages besteht darin, daß es sich bei § 273 um selbständige Ansprüche handelt, die erst durch die Berufung auf das Zurückbehaltungsrecht voneinander abhängig gemacht werden. Deshalb kann – anders als bei § 320 (vgl. o. RdNr. 402) – die dem Schuldner zustehende rechtliche Möglichkeit, auf das Zurückbehaltungsrecht des § 273 zurückzugreifen, allein noch nicht verhindern, daß er in Verzug mit der von ihm geschuldeten Leistung gerät. Erst wenn er sich auf das Zurückbehaltungsrecht beruft, ist ein gleiches Verhältnis zwischen den konnexen Ansprüchen hergestellt, wie es aufgrund der Abhängigkeit der Ansprüche beim gegenseitigen Vertrag bereits von vornherein besteht.

---

[14] Vgl. die Übersicht von *MünchKomm/Keller*, § 273 RdNr. 10 ff.

III. Schuldnerverzug

Der bereits in Verzug geratene Schuldner kann nach hM den Verzug nicht dadurch beenden, daß er das Zurückbehaltungsrecht geltend macht, sondern er muß noch die von ihm geschuldete Leistung (Zug um Zug gegen die Leistung des Gläubigers) anbieten. Hier besteht also ein Unterschied zu dem Schuldner, der sich vor Eintritt des Verzuges auf sein Zurückbehaltungsrecht beruft und dadurch verhindert, daß er in Verzug gerät. Ob die Ausübung eines bereits vorher bestehenden Zurückbehaltungsrechts nach Verzugseintritt (verbunden mit dem Angebot der eigenen Leistung) die Verzugsfolgen rückwirkend oder nur für die Zukunft entfallen läßt, ist streitig.[15]

Bietet der Schuldner nur einen **Teil der geschuldeten Leistung** an (z. B. von fünf gekauften Maschinen drei, von hundert zu liefernden Zentnern Kartoffeln fünfzig), dann kann der Gläubiger dieses Angebot zurückweisen (vgl. § 266) und den Schuldner wegen der gesamten Leistung in Verzug setzen. Dieses Recht steht ihm nur dann nicht zu, wenn der ausstehende Rest im Verhältnis zur geschuldeten Gesamtmenge so geringfügig ist, daß der Gläubiger treuwidrig handeln würde, wenn er die Leistung ablehnte (z. B. von hundert Zentnern Kartoffeln werden neunundneunzig angeboten). Nimmt der Gläubiger eine Teilleistung an, dann kann der Schuldner nur hinsichtlich des noch offenen Restes in Verzug geraten und der Gläubiger auch insoweit nur Rechte aus § 326 geltend machen. Lediglich wenn das Interesse des Gläubigers an der Erfüllung des Vertrages insgesamt entfällt, kann er Schadensersatz wegen Nichterfüllung des gesamten Vertrages verlangen oder auch vom gesamten Vertrag zurücktreten (§ 326 Abs. 1 S. 3 iVm. § 325 Abs. 1 S. 2; vgl. o. RdNr. 353).

406

3. Setzung einer Nachfrist

Eine weitere Voraussetzung für die Rechte aus § 326 bildet die Setzung einer angemessenen Frist zur Leistung, die mit der Androhung verbunden sein muß, daß nach Ablauf dieser Frist die Leistung abgelehnt werde. Nach dem Wortlaut des § 326 Abs. 1 S. 1 muß die **Fristsetzung mit Ablehnungsandrohung** nach Eintritt des Verzuges vorgenommen werden. Jedoch wird es allgemein für zulässig gehalten, daß der Gläubiger die Nachfristsetzung mit der den Verzug begründenden Mahnung verbindet.

407

Beispiel: Kunz kauft von Volz einen Fernsehapparat und vereinbart, daß das Gerät bald geliefert werde. Als Kunz den Fernsehapparat nach einer Woche immer noch nicht hat, schreibt er an Volz: „Ich verlange Lieferung des Fernsehgeräts bis spätestens 15. 04. Sollten Sie mir bis dahin das Gerät nicht gebracht haben, werde ich es später nicht mehr annehmen."
Hier ist die Mahnung, die nach § 284 Abs. 1 S. 1 erforderlich ist, mit der Nachfristsetzung und Ablehnungsandrohung iSv. § 326 Abs. 1 verbunden worden. Dagegen würde es nicht genügen, wenn Volz geschrieben hätte: „Sollten Sie bis zum 15. 04.

---

[15] Für eine Beschränkung auf die Zukunft *Medicus,* SchuldR I, § 34 I 3 b bb (S. 179); für Rückwirkungen in Analogie zu § 389 *MünchKomm/Keller,* § 273 RdNr. 75.

den Fernsehapparat nicht geliefert haben, behalte ich mir meine Rechte vor". Denn aus dieser Erklärung ergibt sich nicht – wie nach § 326 erforderlich –, daß der Gläubiger seinen Erfüllungsanspruch im Falle nicht rechtzeitiger Leistung endgültig und unwiderruflich aufgibt. Dies muß aber unzweifelhaft eine Erklärung, die eine Ablehnungsandrohung iSv. § 326 Abs. 1 sein soll, zum Ausdruck bringen.

408 Die gesetzte **Nachfrist** muß „**angemessen**" sein. Die Angemessenheit beurteilt sich nach den Umständen des Einzelfalles, wobei in erster Linie die Besonderheiten des jeweiligen Geschäfts und die Vereinbarung der Parteien zu berücksichtigen sind. Je größer danach das Interesse des Gläubigers an einer raschen Leistung des Schuldners ist, desto kürzer kann im allgemeinen die Nachfrist bemessen werden. Auch die Dauer des Schuldnerverzuges wirkt sich hier aus; je länger sich der Schuldner bereits in Verzug befindet, desto kürzer kann die ihm gesetzte Nachfrist ausfallen.

Hat der Gläubiger dem Schuldner eine zu kurze Nachfrist gesetzt, dann bleibt dies nicht etwa ohne Wirkungen, sondern es wird dann durch die Fristsetzung eine angemessene Frist in Lauf gebracht; diese angemessene Frist tritt dann automatisch an die Stelle der zu kurzen.

409 In einigen Ausnahmefällen ist eine **Nachfristsetzung** zur Herbeiführung der Rechtsfolgen aus § 326 Abs. 1 **entbehrlich:**
- Nach § 326 Abs. 2 kann der Gläubiger sofort (d. h. ohne vorherige Fristsetzung) die Leistung des Schuldners ablehnen und Schadensersatz wegen Nichterfüllung verlangen oder vom Vertrag zurücktreten, wenn die Erfüllung des Vertrages infolge des Verzuges für ihn kein Interesse mehr hat (zum Interessewegfall vgl. o. RdNr. 353).
- Aus dem Zweck der Nachfristsetzung, dem Schuldner gleichsam eine letzte Chance zur Vertragserfüllung zu geben, folgt, daß auf sie zu verzichten ist, wenn ihre Zwecklosigkeit von vornherein feststeht. Hat insbesondere der Schuldner ernstlich und endgültig die Erfüllung verweigert, dann kann er nicht verlangen, daß der Gläubiger ihm dennoch eine Frist zur Erfüllung setzt (vgl. o. RdNr. 391).
- Die Entbehrlichkeit einer Nachfristsetzung kann auch vertraglich vereinbart werden. Denn die Regelung des § 326 ist abdingbar und kann durch andere vertragliche Bestimmungen ersetzt werden. Für eine Abbedingung durch AGB ist aber die durch § 11 Nr. 4 AGB-Gesetz gezogene Grenze zu beachten, wonach eine Bestimmung in AGB unwirksam ist, durch die der Verwender von einer Nachfristsetzung freigestellt wird.

In diesem Zusammenhang ist darauf hinzuweisen, daß beim relativen Fixgeschäft nach der Auslegungsregel des § 361 der Gläubiger ein Rücktrittsrecht im Fall nicht rechtzeitiger Lieferung hat (vgl. o. RdNr. 383) und daß nach der Auslegungsregel des § 455 beim Eigentumsvorbehalt dem Verkäufer ein gleiches Recht im Falle des Zahlungsverzuges zusteht (Einzelheiten dazu später); in beiden Fällen ist dieses Recht nicht von einer Nachfristsetzung abhängig.

4. Rechtsfolgen

Nach fruchtlosem Ablauf der Nachfrist (oder im Falle ihrer Entbehrlichkeit nach Erklärung der Ablehnung der Erfüllung) erlischt der Anspruch auf Erfüllung (§ 326 Abs. 1 S. 2 HS 2). Dem Gläubiger steht dann das Recht zu, zwischen dem Schadensersatz wegen Nichterfüllung oder dem Rücktritt vom Vertrage zu wählen. Für die Bindung des Gläubigers an die von ihm getroffene Wahl gelten die gleichen Erwägungen wie sie bei der parallelen Frage im Rahmen des § 325 angestellt worden sind (vgl. dazu o. RdNr. 367). **410**

Entscheidet sich der Gläubiger für den Schadensersatzanspruch wegen Nichterfüllung, dann ist er vermögensmäßig so zu stellen, wie er stünde, wenn der Vertrag vom Schuldner ordnungsgemäß erfüllt worden wäre. Ganz überwiegend wird dem Gläubiger auch im Rahmen des § 326 das Recht zugebilligt, nach der sog. abgeschwächten Differenztheorie vorzugehen, also zwischen den Lösungen zu wählen, die die Surrogationstheorie und die Differenztheorie anbieten (vgl. dazu o. RdNr. 369f.). **411**

Dagegen meint *Larenz*,[16] daß die Surrogationstheorie nur dann anwendbar sei, wenn der Gläubiger bereits seinerseits geleistet habe. In anderen Fällen liefe die Surrogationstheorie im praktischen Ergebnis auf dasselbe hinaus, als würde Erfüllung des Vertrages und daneben noch Ersatz des Verzugsschadens gefordert werden. Dies verhindere bei § 326 aber der Ausschluß des Erfüllungsanspruchs. Deshalb könnte der Gläubiger in solchen Fällen lediglich nach der Differenztheorie vorgehen.

Für das Rücktrittsrecht gelten aufgrund der in § 327 S. 1 ausgesprochenen Verweisung die §§ 346 bis 356. Dies bedeutet, daß der Rücktritt nicht dadurch ausgeschlossen wird, daß der vom Rücktrittsberechtigten empfangene und von ihm zurückzugewährende Gegenstand durch Zufall untergegangen ist (vgl. § 350 und o. RdNr. 214). Hat dagegen der Gläubiger eine wesentliche Verschlechterung, den Untergang oder die anderweitige Unmöglichkeit der Herausgabe des empfangenen Gegenstandes verschuldet, dann ist er zum Rücktritt nicht berechtigt (§ 351 iVm. § 327 S. 1). Ihm bleibt dann nur der Anspruch auf Schadensersatz wegen Nichterfüllung. **412**

Wie oben (RdNr. 208) ausgeführt worden ist, hält die herrschende Meinung beim vertraglich vorbehaltenen Rücktritt jeden Vertragspartner für verpflichtet, sorgfältig mit dem empfangenen Gegenstand umzugehen und darauf zu achten, daß er ihn im Falle des Rücktritts unbeschädigt zurückzugeben vermag. Eine derartige Sorgfaltspflicht, deren Verletzung den Vorwurf des Verschuldens begründet, kann jedoch im Falle des gesetzlichen Rücktritts nicht angenommen werden, weil die Vertragspartner – anders als bei dem vertraglich vereinbarten Rücktrittsrecht – nicht mit einer Rückgewähr der empfangenen Leistungen rechnen müssen. Wie der Begriff des Verschuldens in den Fällen des gesetzlichen Rücktritts auszulegen ist, wird unterschiedlich beurteilt (dazu unten RdNr. 512f.).

---

[16] SchuldR I, § 23 II b (S. 356f.).

IV. Gläubigerverzug

a) Vorbemerkung

413 Kann der Schuldner seine Leistung deshalb nicht erbringen, weil es der Gläubiger an der dafür erforderlichen Mitwirkung fehlen läßt, insbesondere weil er die ihm ordnungsgemäß angebotene Leistung nicht annimmt, dann schließt ein solches Verhalten den Schuldnerverzug aus, denn der Schuldner hat dann die Verzögerung der Leistung nicht zu vertreten. Da aber andererseits der Schuldner zur Leistung solange verpflichtet bleibt, wie sie möglich ist, erscheint es nur gerecht, zugunsten des Schuldners an ein derartiges Verhalten des Gläubigers – Gläubigerverzug oder Annahmeverzug genannt – weitere Rechtsfolgen zu knüpfen. Das Gesetz billigt zwar dem Schuldner beim Gläubigerverzug keinen Schadensersatzanspruch zu, mindert aber seine Haftung (vgl. § 300 Abs. 1) und verpflichtet den Gläubiger, dem Schuldner die Mehraufwendungen zu ersetzen, die er für das erfolglose Angebot sowie für die Aufbewahrung und Erhaltung des geschuldeten Gegenstandes tätigen mußte (vgl. § 304). Auf diese und weitere Rechtsfolgen des Gläubigerverzuges wird noch später eingegangen werden (dazu u. RdNr. 421 ff.); zunächst sollen die Voraussetzungen des Gläubigerverzuges im einzelnen dargestellt werden.

b) Voraussetzungen

414 Nach § 293 kommt der Gläubiger in Verzug, „wenn er die ihm angebotene Leistung nicht annimmt". Aus dieser Vorschrift ergibt sich, daß der Gläubigerverzug einmal voraussetzt, daß die Leistung möglich ist; denn nur eine mögliche Leistung kann auch angeboten werden. Aber es genügt nicht, daß der Schuldner die (mögliche) Leistung dem Gläubiger anbietet, hinzu kommen muß noch, daß er dazu berechtigt ist. Zwar kann der Schuldner „im Zweifel" die geschuldete Leistung sofort erfüllen (§ 271 Abs. 2), aber es gibt Sonderregeln (vgl. o. RdNr. 386), die Abweichendes bestimmen.

Beispiel: Das Interesse des Gläubigers, ein vom Schuldner zu verzinsendes Darlehen nicht sofort zurückzuerhalten, ist offensichtlich. Dementsprechend kann der Schuldner nicht ohne weiteres das empfangene Darlehen zurückzahlen (vgl. § 609). Bietet es dennoch der Schuldner an, dann kommt selbstverständlich der Gläubiger nicht in Verzug, wenn er die Annahme ablehnt.

Somit tritt der Gläubigerverzug bei Erfüllung folgender Voraussetzungen ein:
– Möglichkeit der Leistung
– Leistungsberechtigung des Schuldners

– Angebot der Leistung
– Nichtannahme der Leistung durch den Gläubiger.

Im einzelnen ist zu diesen Voraussetzungen folgendes zu bemerken:

1. Möglichkeit der Leistung

Die Feststellung, daß Verzug und Unmöglichkeit sich begrifflich ausschließen (vgl. o. RdNr. 382), gilt also auch für den Gläubigerverzug. Bei dauernder (objektiver oder subjektiver) Unmöglichkeit der Leistung gelten die Unmöglichkeitsregeln. Auch wenn der Schuldner nur vorübergehend zur Leistung außerstande ist und die Leistung später nachholbar ist, kommt der Gläubiger nicht in Verzug, solange die Unmöglichkeit besteht (vgl. § 297). Die Abgrenzung des Annahmeverzugs von der Unmöglichkeit kann Schwierigkeiten in Fällen bereiten, in denen der Schuldner seine Leistung ohne die Mitwirkung des Gläubigers nicht zu erbringen vermag und der Gläubiger nicht mitwirken will oder kann.

Beispiele: Albert meldet sich in der Fahrschule des Bertold zum Fahrunterricht an. Zum verabredeten Zeitpunkt erscheint Albert aber nicht zum Unterricht.

Leicht bittet den Abschleppunternehmer Stark telefonisch, ihn von A-Dorf nach B-Stadt abzuschleppen, weil er mit seinem Kfz liegengeblieben wäre. Als Stark in A-Dorf erscheint, findet er weder Leicht noch dessen Fahrzeug dort vor.

Unmöglichkeit ist nicht schon deshalb anzunehmen, weil es das Verhalten des Gläubigers verhindert, daß der Schuldner seine Leistung erbringen kann. Denn bei einer solchen Abgrenzung der Unmöglichkeit müßten die Fälle des Gläubigerverzugs nach den Unmöglichkeitsregeln entschieden werden und die Vorschriften über den Gläubigerverzug wären überflüssig. Die **Abgrenzung zwischen Gläubigerverzug und Unmöglichkeit** ist vielmehr danach vorzunehmen, ob die Leistung trotz der z. Z. fehlenden Mitwirkung des Gläubigers nachholbar bleibt, dann handelt es sich um einen Fall des Verzuges, oder ob sie später nicht mehr erbracht werden kann, dann ist Unmöglichkeit gegeben.[17] Deshalb ist es als Unmöglichkeit anzusehen, wenn der Gläubiger dauernd zur Mitwirkung außerstande ist und deshalb der Schuldner auch dauernd nicht leisten kann.

Ist Albert z. B. bei einem Unfall so schwer verletzt worden, daß er dauernd außerstande ist, ein Kraftfahrzeug zu führen, dann kann der Fahrunterricht nicht mehr nachgeholt werden, sondern die Leistung des Schuldners ist unmöglich geworden; Albert kann das Autofahren nie mehr beigebracht werden. Anders ist dagegen zu entscheiden, wenn Albert nur deshalb nicht zur Fahrstunde erschien, weil er erkrankte, und er durchaus nach seiner Genesung in der Lage ist, den Fahrunterricht zu nehmen. Dann ist die Leistung nachholbar und somit ein Fall des Gläubigerverzugs (bei dem es nicht auf ein Verschulden ankommt) gegeben.

---

[17] Vgl. – auch zu anderen Auffassungen – *MünchKomm/Emmerich*, vor § 275 RdNr. 22–25.

Hat im zweiten Beispielsfall Stark den Leicht nur deshalb nicht in A-Dorf angetroffen, weil in der Zwischenzeit der Defekt am Fahrzeug des Leicht behoben worden ist und dieser danach selbst nach B-Stadt fuhr, dann wird man auch in diesem Fall die Unmöglichkeit der Leistung des Schuldners zu bejahen haben. Denn Vertragszweck war das Abschleppen eines defekten Fahrzeugs und dieser Zweck kann später nicht mehr erreicht werden. Die Möglichkeit, daß sich Leicht mit seinem (fahrbereiten) Fahrzeug nach A-Dorf begeben könnte, um sich von Stark abschleppen zu lassen, ändert daran nichts. Der Vertragszweck kann auf diese Weise ebensowenig erreicht werden wie beim absoluten Fixgeschäft die spätere Erbringung der Leistung; insoweit besteht zwischen diesem Fall und dem absoluten Fixgeschäft, bei dem die Leistungsverzögerung bekanntlich zur Unmöglichkeit führt (vgl. o. RdNr. 383), durchaus eine Parallele.

Im Schrifttum wird jedoch über die Lösung des Abschleppfalles und ähnlicher Fälle heftig gestritten. Hierbei werden folgende begriffliche Unterscheidungen getroffen:

- Unter dem Begriff der **„Zweckerreichung"** werden Sachverhalte zusammengefaßt, in denen der mit dem Vertrag verfolgte Zweck auf andere Weise als durch Leistung des Schuldners erreicht worden ist und deshalb seine Leistung nicht mehr erbracht werden kann (Beispiel: Ein gestrandetes Schiff kommt vor Eintreffen des herbeigerufenen Bergungsdampfers durch eine Sturmflut wieder frei).
- Als **„Zweckfortfall"** oder **„Zweckverfehlung"** werden Fälle bezeichnet, in denen der Eintritt des durch den Vertrag verfolgten Zwecks durch besondere von keiner Vertragspartei zu vertretende Umstände, insbesondere durch Wegfall des Objekts, an dem die Leistung vorgenommen werden soll, endgültig verhindert wird. (Beispiel: Das gestrandete Schiff ist vor Eintreffen des Bergungsdampfers gesunken.)
- Schließlich wird von der **„Zweckvereitelung"** gesprochen, wenn zwar die Leistung des Schuldners erbracht werden kann, aber der durch den Vertrag verfolgte Zweck dauernd unerreichbar geworden ist, so daß die Erbringung der Leistung sinnlos wird (Beispiel: Es werden Räume zum Zweck des Betriebs einer Gaststätte vermietet, die aber infolge eines behördlichen Verbots nicht eröffnet werden darf).

Allerdings ist die begriffliche Einordnung mancher Fälle recht unsicher und kann auch nach verschiedenen Gesichtspunkten und Wertungen vorgenommen werden.[18] Insbesondere ist hierfür der Inhalt der geschuldeten Leistung maßgebend. Wird in dem Beispielsfall des gestrandeten Schiffs die vom Schuldner zu erbringende Leistung erfolgsbezogen verstanden, schuldet er also das Freischleppen, dann ist die Erfüllung nach dem Freiwerden des Schiffs unmöglich; sie bleibt möglich, ist aber sinnlos geworden, wenn die geschuldete Leistung in dem Schleppen des Schiffs besteht (Fall der Zweckvereitelung). Wendet man auf die Fälle der sinnlos gewordenen Leistung mit der hM die Regeln der Unmöglichkeit entsprechend an, dann wird eine genaue Abgrenzung in Zweifelsfällen entbehrlich, weil dann in beiden Fallgruppen von einer Unmöglichkeit der Leistung auszugehen ist, die dazu führt, daß der Schuldner nach § 275 Abs. 1 von seiner Leistungspflicht frei wird. Eine Lösung mit Hilfe der Lehre von der Geschäftsgrundlage ist dafür nicht erforderlich.[19] Zu achten ist jedoch darauf, daß nur in solchen Fällen eine Zweckvereitelung bejaht werden darf, in denen der Sinn

---

[18] So wird der (oben gebrachte) Abschleppfall von *Larenz* (SchuldR I, § 21 II, S. 399f.) als Zweckvereitelung aufgefaßt, dagegen von *Emmerich* (MünchKomm, 1. Aufl., vor § 275 RdNr. 82 Fn. 78) als Zweckfortfall und von *Medicus* (BR, RdNr. 160) als „Zweckstörung", wobei *Medicus* (SchuldR I, § 37 III, S. 128f.) diese Bezeichnung als Oberbegriff verwendet und darunter die „Zweckerreichung" und die „Zweckverfehlung" faßt.

[19] So aber *Larenz*, SchuldR I, § 21 II (S. 328f.).

IV. Gläubigerverzug

der Leistung wegen Unerreichbarkeit des vertraglichen Zwecks verloren ging und nicht nur das Interesse des Gläubigers an der Leistung weggefallen ist. Kauft jemand einen Blumenstrauß, um ihn bei einer Einladung zum Abendessen der Dame des Hauses zu überreichen, und muß wegen plötzlicher Erkrankung der Hausfrau das Abendessen ausfallen, dann hat dies selbstverständlich keinerlei Einfluß auf den Bestand des Kaufvertrages und die sich daraus ergebenden Pflichten (vgl. o. RdNr. 285); die Zweckbestimmung der gekauften Blumen ist einseitiges Motiv des Käufers geblieben und nicht zum Vertragszweck geworden. Die Abgrenzung zwischen (unerheblichen) einseitigen Motiven vom Vertragszweck ist aufgrund der vertraglichen Absprache vorzunehmen; hierbei lassen sich ähnliche Erwägungen anstellen wie bei Ermittlung der Geschäftsgrundlage (vgl. o. RdNr. 318).

Von den verbleibenden Fällen sind die des Zweckfortfalls am unproblematischsten. Fällt das Objekt weg, an dem die Leistung zu erbringen ist, oder kann aus anderen von keiner Vertragspartei zu vertretenden Gründen der Vertragszweck durch ein vertragsgemäßes Verhalten des Schuldners endgültig nicht erreicht werden, dann ist die vertraglich geschuldete Leistung unmöglich. Eine gleiche Entscheidung ist aber auch bei der Zweckerreichung gerechtfertigt. Denn auch in diesen Fällen ist die Erbringung der vertraglichen Leistung ausgeschlossen.

Wesentlich schwieriger und praktisch bedeutungsvoller ist in allen diesen Fällen die Frage, ob der Gläubiger zu seiner Gegenleistung verpflichtet bleibt. Diese Frage ist regelmäßig aufgrund des § 323 Abs. 1 zu verneinen. Ergibt sich jedoch aus dem Vertrag, daß auch die der eigentlichen Leistung notwendigerweise vorhergehenden Maßnahmen vom Gläubiger zu entgelten sind, dann kann der Schuldner den darauf entfallenden Teil der Vergütung verlangen, wenn diese Maßnahme bereits ausgeführt ist (§ 323 Abs. 1 HS 2). Dies ist im Abschleppfall zu bejahen, da durch das nach dem Vertrag geschuldete Entgelt auch die Anfahrt des Abschleppunternehmers und die notwendigerweise noch vorzunehmende Rückfahrt vergütet werden. Deshalb erbringt in dem Beispielsfall Stark eine Teilleistung, für die er nach § 323 Abs. 1 HS 2 eine Vergütung fordern kann (vgl. o. RdNr. 358). Zu einem gleichen Ergebnis gelangt man, wenn man dem Vorschlag folgt, bei Werkverträgen die Vorschrift des § 645 Abs. 1 entsprechend heranzuziehen (Einzelheiten dazu später).

2. Angebot der Leistung durch den leistungsberechtigten Schuldner

Der Gläubiger kann nur in Verzug geraten, wenn er eine Leistung nicht annimmt, die ihm so angeboten wird, „wie sie zu bewirken ist" (§ 294), d. h., zur rechten Zeit, am rechten Ort, in der richtigen Menge und Beschaffenheit. Dies bedeutet im einzelnen:

– Daß die Leistung **zur rechten Zeit** angeboten werden muß, heißt einmal, daß der Schuldner berechtigt sein muß, die Leistung (bereits) in dem Zeitpunkt zu erbringen, in dem er sie anbietet. Ist eine Leistungszeit nicht bestimmt, dann kann der Schuldner grundsätzlich nach § 271 Abs. 1 die Leistung sofort bewirken. Auch wenn eine Leistungszeit bestimmt wurde, kann der Schuldner nach der Auslegungsregel des § 271 Abs. 2 „im Zweifel" schon vorher leisten; dies gilt nicht, wenn sich aus dem Gesetz, aus dem Rechtsgeschäft oder aus den Umständen des Einzelfalles etwas anderes ergibt (vgl. auch o. RdNr. 414). Der Schuldner kann also in vielen Fällen den genauen

417

Zeitpunkt für das Angebot der Leistung frei wählen. Da andererseits nicht dem Gläubiger eine dauernde Annahmebereitschaft zugemutet werden kann, kommt der Gläubiger nach § 299 unter den in dieser Vorschrift genannten Voraussetzungen, d. h. wenn die Leistungszeit nicht bestimmt ist oder wenn der Schuldner vor der bestimmten Zeit leisten darf, durch eine vorübergehende Annahmeverhinderung nicht in Verzug, wenn ihm nicht die Leistung eine angemessene Zeit vorher angekündigt worden ist.

Beispiel: Der Handwerksmeister Emsig soll die defekte Heizung im Hause des Häusler reparieren. Emsig hat zugesagt, „im Laufe der Woche" zu kommen. Erscheint Emsig oder ein Mitarbeiter von ihm unangemeldet bei Häusler und trifft dort niemanden an, dann kommt dadurch Häusler nicht in Verzug. Vielmehr muß Emsig vorher den Beginn der Arbeiten so rechtzeitig ankündigen, daß sich Häusler in seinen Dispositionen darauf einstellen kann.

Die in § 299 getroffene Regelung ist Ausdruck des Grundsatzes, daß beim Angebot der Leistung der Grundsatz von Treu und Glauben besondere Beachtung verdient. Dieser Grundsatz führt dazu, daß ein Annahmeverzug auch nach vorheriger Ankündigung der Leistung nicht eintritt, wenn der Schuldner die Leistung zu einem unzumutbaren Zeitpunkt anbietet, etwa im geschäftlichen Bereich außerhalb der üblichen Geschäftszeiten, also am späten Abend oder am Wochenende.

- Die Leistung muß dort angeboten werden, wo sie zu erbringen ist, also **am Leistungsort** (vgl. o. RdNr. 157). Die Bestimmung des Leistungsortes geschieht entweder durch spezielle gesetzliche Vorschriften (z. B. §§ 697, 811 Abs. 1, 1194) oder durch Parteivereinbarung; fehlen beide und ergibt sich nicht aus den Umständen des Einzelfalles, insbesondere aus der Natur des Schuldverhältnisses, wo der Leistungsort liegt, dann greifen die Bestimmungen der §§ 269, 270 ein.

Bei der Bringschuld (vgl. o. RdNr. 158) hat der Schuldner den Leistungsgegenstand zum Gläubiger zu transportieren und an dessen Wohnsitz oder gewerblichen Niederlassung anzubieten. Bei der Schickschuld (vgl. o. RdNr. 159), bei der es der Schuldner übernommen hat, den Leistungsgegenstand an den Gläubiger abzusenden, muß dieser Gegenstand beim Gläubiger eintreffen, wenn er durch Ablehnung der Annahme in Verzug kommen soll. Treten Verzögerungen auf dem Transport ein, dann können sie keinen Annahmeverzug begründen. Bei der Holschuld (Regelfall, vgl. § 269; o. RdNr. 157) genügt ein wörtliches Angebot der Leistung durch den Schuldner, um den Gläubiger in Verzug zu setzen (vgl. § 295 S. 1 Alt. 2).

- Die **Leistung** muß **vollständig angeboten** sein; durch Verweigerung der Annahme von Teilleistungen kommt der Gläubiger nicht in Verzug (vgl. o. RdNr. 406). Bietet der Schuldner eine mangelhafte Leistung an, dann kann sie der Gläubiger zurückweisen. Insbesondere ist bei einer Gattungsschuld vorbehaltlich abweichender Vereinbarungen eine Sache von mittlerer Art und Güte zu leisten (§ 243 Abs. 1).

IV. Gläubigerverzug

Beispiel: Einzelhändler Handel hat beim Großhändler Groß zwei Zentner Äpfel der Sorte Boskop, Handelsklasse A, bestellt. Als die Äpfel geliefert werden, stellt Handel fest, daß ein erheblicher Teil angefault ist. Da die Ware nicht von (mittlerer) Art und Güte der Handelsklasse A ist, kommt Handel durch die Ablehnung der Annahme nicht in Verzug.

– Handelt es sich nicht um eine Holschuld (hierbei genügt gemäß § 295 – wie ausgeführt – ein wörtliches Angebot), dann muß der Schuldner die Leistung dem Gläubiger **„tatsächlich" anbieten** (§ 294). Dies hat in einer Weise zu geschehen, daß der Gläubiger nur noch zuzugreifen braucht. Hält der Schuldner den geschuldeten Gegenstand lediglich bereit, ohne ihn dem Gläubiger tatsächlich anzubieten, dann wird dadurch kein Verzug ausgelöst.

Allerdings ist nicht erforderlich, daß der Gläubiger von dem tatsächlichen Angebot der Leistung auch Kenntnis erhält. Erscheint beispielsweise der Schuldner zur vereinbarten Zeit beim Gläubiger, um in dessen Haus Reparaturarbeiten auszuführen, und ist im Haus niemand anwesend, dann wird der Gläubiger durch den vergeblichen Versuch des Schuldners, seine Leistung zu erbringen, in Verzug gesetzt.

In den Fällen des § 295 genügt also ein **wörtliches Angebot.** § 295 **418** nennt zwei Fallgruppen, in denen ein wörtliches Angebot ausreicht: Bei Erklärung des Gläubigers, die Leistung nicht annehmen zu wollen, und bei der Notwendigkeit von Mitwirkungshandlungen des Gläubigers. In der ersten Fallgruppe hat der Gläubiger durch sein Verhalten das tatsächliche Angebot der Leistung überflüssig gemacht. Es genügt, daß der Gläubiger durch das wörtliche Angebot noch einmal auf die Leistungsbereitschaft des Schuldners hingewiesen wird. Dem gleichen Zweck dient das wörtliche Angebot in der zweiten Fallgruppe. Da der Leistungserfolg nur im Zusammenwirken mit dem Gläubiger herbeigeführt werden kann, genügt es, daß dieser durch das wörtliche Angebot von der Leistungsbereitschaft des Schuldners erfährt, um die Mitwirkungshandlung vornehmen zu können. Liegt der Zeitpunkt für diese Mitwirkungshandlung fest, dann braucht der Gläubiger auch nicht entsprechend unterrichtet zu werden; folgerichtig erklärt deshalb § 296 in Fällen, in denen der Gläubiger die rechtzeitige Vornahme der terminlich feststehenden Mitwirkungshandlung unterläßt, das **Angebot** überhaupt für **überflüssig.**

Das wörtliche Angebot ist eine (rechts)geschäftsähnliche Handlung (vgl. o. RdNr. 177). Da es dazu dient, den Gläubiger von der Leistungsbereitschaft des Schuldners in Kenntnis zu setzen, muß es in entsprechender Anwendung des § 130 zugehen (vgl. o. RdNr. 62ff.).

3. Nichtannahme der Leistung durch den Gläubiger

Der Verzug des Gläubigers wird dadurch ausgelöst, daß er die ihm **419** ordnungsgemäß angebotene Leistung nicht entgegennimmt oder die von ihm vorzunehmende Mitwirkungshandlung nicht ausführt (z. B. bei einer Holschuld den Leistungsgegenstand nicht beim Schuldner abholt). Auf den Grund, weshalb er dies unterläßt, kommt es nicht an. Im Gegensatz zum Schuldnerverzug setzt der Gläubigerverzug **kein Verschulden** voraus; als Ausgleich dafür sieht das Gesetz auch nicht vor, daß sich der Gläubiger durch seinen Verzug schadensersatzpflichtig macht.

420 In Fällen, in denen der Schuldner nur gegen eine **Leistung des Gläubigers** zu leisten verpflichtet ist, kommt der Gläubiger auch in Verzug, wenn er zwar die angebotene Leistung annehmen will, die von ihm geschuldete Gegenleistung aber nicht anbietet (§ 298).

> **Beispiel:** Leicht bestellt beim Weinhändler Bacchus 20 Flaschen eines bestimmten Weines und bittet, den Wein zu ihm zu bringen. Als Bacchus zur vereinbarten Zeit mit dem Wein bei Leicht erscheint, erklärt dieser, er wolle den Kaufpreis überweisen. Bacchus will jedoch den Wein nur gegen sofortige Barzahlung übergeben. Als sich dazu Leicht außerstande erklärt, nimmt Bacchus den Wein wieder mit.
>
> Da der Schuldner eines gegenseitigen Vertrages nur Zug um Zug zur Leistung verpflichtet ist, wenn eine Vorleistungspflicht nicht vereinbart wird (§ 320), kommt Leicht nach § 298 in Gläubigerverzug, weil er seine Gegenleistung, den geschuldeten Kaufpreis, Bacchus nicht angeboten hat.

c) Rechtsfolgen

421 Der Verzug des Gläubigers ändert nichts an der Pflicht des Schuldners, die **geschuldete Leistung** zu erbringen. Nur im Sonderfall des Annahmeverzuges des Dienstberechtigten wird aufgrund der (dispositiven) Regelung des § 615 der Dienstverpflichtete von der Nachleistung der Dienste freigestellt, obwohl er seinen Anspruch auf Vergütung behält. Für die in allen anderen Fällen bestehenbleibende Leistungspflicht des Schuldners ergeben sich aber infolge des Gläubigerverzuges gewisse Erleichterungen. Während des Verzugs des Gläubigers wird der Schuldner von der **Haftung** für leichte Fahrlässigkeit freigestellt (§ 300 Abs. 1). Geht also der Leistungsgegenstand aufgrund leichter Fahrlässigkeit des Schuldners unter, dann wird er nach § 275 von seiner Leistungspflicht frei. Ebensowenig kann der Gläubiger Schadensersatz für eine vom Schuldner leicht fahrlässig herbeigeführte Beschädigung des Leistungsgegenstandes fordern. Andererseits behält der Schuldner trotz der Unmöglichkeit seiner Leistung bei einem gegenseitigen (synallagmatischen) Vertrag nach § 324 Abs. 2 seinen Anspruch auf die Gegenleistung.

> **Beispiel:** Der Verkäufer Volz kann zum vereinbarten Zeitpunkt den verkauften Pkw dem Käufer Kunz nicht übergeben, weil er in der Wohnung des Käufers niemand antrifft. Auf der Rückfahrt kommt es infolge leichter Fahrlässigkeit des Volz zu einem Verkehrsunfall, bei dem das Fahrzeug einen Totalschaden erleidet. In diesem Fall wird Volz nach § 275 Abs. 1 von seiner Pflicht zur Leistung frei und behält nach § 324 Abs. 2 seinen Anspruch auf Zahlung des Kaufpreises.

422 Nach der Vorschrift des § 300 Abs. 2 geht bei **Gattungsschulden** die Leistungsgefahr (zum Begriff vgl. o. RdNr. 351) in dem Zeitpunkt auf

den Gläubiger über, in dem er dadurch in Verzug kommt, daß er die angebotene Sache nicht annimmt. Bei dieser Regelung ist zu berücksichtigen, daß bei der Gattungsschuld anders als bei der Stückschuld der Schuldner im Falle eines von ihm nicht zu vertretenden nachträglichen Unvermögens nicht frei wird, solange nur die Leistung aus der Gattung möglich ist (vgl. § 279; dazu o. RdNr. 152). Weil sich aber mit der Konkretisierung die Gattungsschuld zu einer Stückschuld umwandelt (vgl. o. RdNr. 155 f.), geht die Leistungsgefahr in diesem Zeitpunkt auf den Gläubiger über (vgl. o. RdNr. 351). Die Vorschrift des § 300 Abs. 2 kann deshalb nur Bedeutung für die Zeit vor Konkretisierung haben. Da jedoch der Schuldner einer solchen Sache regelmäßig das seinerseits Erforderliche getan hat, wenn er sie dem Gläubiger tatsächlich anbietet, und damit die Konkretisierung der Schuld bewirkt wird (vgl. § 243 Abs. 2; dazu o. RdNr. 155 f.), beschränkt sich der Anwendungsbereich des § 300 Abs. 2 auf die Fälle, in denen der Schuldner seine Leistung anbietet, ohne daß dadurch die Konkretisierung eintritt. Dies ist z. B. der Fall, wenn der Gläubiger die Annahme bereits im Voraus verweigert und deshalb nach § 295 durch ein wörtliches Angebot in Verzug gesetzt werden kann. Handelt es sich um eine Bring- oder Schickschuld, dann hat der Schulder durch die Auswahl der zu leistenden Gegenstände noch nicht das seinerseits Erforderliche getan (vgl. o. RdNr. 159 f.), so daß nach § 243 Abs. 2 iVm. § 275 die Gefahr noch nicht auf den Gläubiger übergegangen ist; dies bewirkt § 300 Abs. 2, wenn der Gläubiger die ihm (wörtlich) angebotene Leistung verweigert, so daß der Schuldner nach § 275 frei wird, wenn der Leistungsgegenstand infolge eines von ihm nicht zu vertretenden Umstandes untergeht.

Nach herrschender Auffassung geht jedoch die Leistungsgefahr nach § 300 Abs. 2 nur dann auf den Gläubiger über, wenn der Leistungsgegenstand genügend eingegrenzt ist. Dies bedeutet, daß in Fällen, in denen der Gläubiger aufgrund eines wörtlichen Angebots der Leistung in Verzug kommt, der Schuldner den zu leistenden Gegenstand ausgesondert haben muß. Die Aussonderung kann jedoch dem Angebot der Leistung nachfolgen.

Eine **Geldschuld** hat der Schuldner im Zweifel auf seine Gefahr dem Gläubiger an dessen Wohnsitz zu übermitteln (§ 270 Abs. 1). Geldschulden sind also vorbehaltlich abweichender Vereinbarungen Schickschulden, wobei die Besonderheit gilt, daß der Schuldner die Gefahr des Verlustes während der Übermittlung zu tragen hat (sog. „qualifizierte Schickschuld"). Auch wenn man die Geldschuld nicht als Gattungsschuld, sondern als eine Wertbeschaffungsschuld anzusehen hat, bei der dem Gläubiger vom Schuldner ein bestimmtes Wertquantum beschafft werden muß,[20] ist auf sie § 300 Abs. 2 zumindest entsprechend anzuwenden. Hieraus folgt, daß der Gläubiger während des Annahmeverzuges die Gefahr zu tragen hat, d. h. der Schuldner braucht nicht mehr zu

423

---

[20] Vgl. *MünchKomm/v. Maydell*, § 244 RdNr. 8.

zahlen, wenn das Geld durch Zufall oder leichte Fahrlässigkeit des Schuldners oder seiner Hilfspersonen (§ 278) verlorengeht.

Beispiel: Grün hat sich von Blau 1000,– DM als Darlehen geben lassen. Es wird vereinbart, daß Grün das Geld am 01. 06. vormittags dem Blau in dessen Wohnung bar zurückgibt. Als Grün zum verabredeten Zeitpunkt zur Wohnung des Blau kommt, öffnet dort niemand. Als sich Grün daraufhin mit dem Geld auf den Heimweg macht, wird er auf dem Fußgängerüberweg von einem Motorradfahrer angefahren. Wegen seiner Verletzungen wird er ins Krankenhaus gebracht. Dort muß er feststellen, daß das Geld verschwunden ist. Es läßt sich nicht mehr klären, ob es beim Unfall verlorenging oder gestohlen wurde. In diesem Fall wird Grün wegen des Annahmeverzugs des Blau (§ 293) von seiner Pflicht zur Rückzahlung (§ 607 Abs. 1) nach § 275 iVm. § 300 Abs. 2 frei.

§ 270 betrifft nur die Transportgefahr, also das Risiko des Verlustes, im Überweisungsverkehr die Nicht- oder Fehlausführung der Überweisung, dagegen nicht die **Verzögerungsgefahr,** also das Risiko, daß eine rechtzeitig abgesandte Geldsendung verspätet beim Gläubiger eintrifft; diese Gefahr hat der Gläubiger zu tragen. Ein Verschulden der Transportperson, das zu einer Verzögerung führt, ist nicht dem Schuldner zuzurechnen; § 278 gilt nicht (Ausnahme bei Transport durch eigene Leute).

424 Nach der Vorschrift des § 304 kann der Schuldner beim Gläubigerverzug Ersatz der **Mehraufwendungen** verlangen, die er für das erfolglose Angebot sowie für die Aufbewahrung und Erhaltung des geschuldeten Gegenstandes machen mußte. Als derartige Mehraufwendungen kommen Fahrtkosten, Portokosten, Kosten für Lagerung des geschuldeten Gegenstandes u. ä. in Betracht. Dagegen kann der Schuldner nicht einen ihm wegen des Gläubigerverzuges entgangenen Gewinn (z. B. Miete, die er für den Raum erhalten hätte, in dem er den geschuldeten Gegenstand aufbewahrt) fordern.

Ist jedoch der Gläubiger gleichzeitig Schuldner, weil er zur Abnahme des Gegenstandes verpflichtet ist (wie z. B. der Käufer, vgl. § 433 Abs. 2), dann kann der entgangene Gewinn unter dem Gesichtspunkt des Schuldnerverzuges (§ 286 Abs. 1 iVm. § 252) geltend gemacht werden.

Weitere Rechtsfolgen des Gläubigerverzuges sind in den §§ 301 bis 303 geregelt.

V. Positive Forderungsverletzung

a) Rechtsgrundlage und Anwendungsbereich

425 Die positive Forderungsverletzung (pFV) – häufig auch zu eng positive Vertragsverletzung genannt – ist nicht im Gesetz geregelt, sondern eine „Erfindung" der Rechtswissenschaft und (was insbesondere die weitere

V. Positive Forderungsverletzung

Entwicklung angeht) der Rechtsprechung. Die Lehre von der pFV ist von Staub in seiner berühmten Schrift „Die positive Vertragsverletzung"[21] begründet worden. Die pFV wurde seitdem wesentlich erweitert und ergänzt und kann heute als ein gewohnheitsrechtlich verfestigtes Rechtsinstitut angesehen werden, so daß zu ihrer Begründung nicht – wie häufig üblich – auf eine Rechtsanalogie (zu diesem Begriff u. RdNr. 720) zu §§ 280, 286, 325, 326 zurückgegriffen werden muß.

Während das Gesetzesrecht alle Rechtssätze umfaßt, die in Gesetzen sowie in Rechtsverordnungen und Satzungen (= Gesetz im materiellen Sinn) enthalten sind, handelt es sich bei dem **Gewohnheitsrecht** um ungeschriebene Rechtssätze, die längere Zeit hindurch als Recht anerkannt und befolgt werden. In seiner Qualität ist das Gewohnheitsrecht dem Gesetzesrecht gleichwertig; Gewohnheitsrecht kann Gesetzesrecht ergänzen und auch abändern. Eine ständige Rechtsprechung, die einer allgemeinen Rechtsüberzeugung entspricht und praktisch unangefochten ist, kann den Geltungsgrad von Gewohnheitsrecht erlangen.[22] Diese Voraussetzungen treffen auf das Rechtsinstitut der positiven Forderungsverletzung zu.
Da jedoch die Rechtsprechung auch unabhängig von der allgemeinen Rechtsüberzeugung das Gesetz interpretiert, fortbildet und manchmal auch korrigiert, ist das Verhältnis zwischen dem „Richterrecht" (dazu u. RdNr. 723) und dem Gewohnheitsrecht zumindest in seinen praktischen Auswirkungen nicht einfach zu beschreiben. Auf diese Frage kann hier nicht näher eingegangen werden.

Durch die pFV werden Fälle von Leistungsstörungen erfaßt, bei denen **426** es sich nicht um Unmöglichkeit oder Verzug handelt und die auch nicht Mängel betreffen, durch die Gewährleistungsansprüche z. B. nach §§ 459 ff. ausgelöst werden. Als Beispiel für eine pFV wird häufig der vom RG[23] entschiedene Maisfall angeführt:

K kauft von V indischen Mais als Pferdefutter. Als K seine Pferde damit füttert, gehen mehrere ein. Es wird festgestellt, daß dem Mais giftige Rizinuskörner beigemischt sind. Es handelt sich um eine Gattungsschuld, die entsprechend der Pflicht, Futter mittlerer Art und Güte zu liefern (§ 243 Abs. 1), weiterhin möglich bleibt. Durch die Lieferung einwandfreien Futters wird jedoch der Schaden des K hinsichtlich der eingegangenen Pferde nicht ausgeglichen. Dieser Schaden ist auch nicht durch Verzug des V verursacht worden. Zwar kann K nach § 480 Gewährleistungsrechte geltend machen (dazu Einzelheiten später), aber auf dieser Rechtsgrundlage kann er nur erreichen, gegen Rückgabe des Maises den Kaufpreis zurückzuerhalten (Wandlung) oder den Kaufpreis entsprechend der Wertminderung des mangelhaften Kaufgegenstandes herabzusetzen (Minderung). Ein Schadensersatz wegen Nichterfüllung kann vom Käufer wegen eines Mangels der Gattungssache nur verlangt werden, wenn der Verkäufer eine bestimmte Eigenschaft zugesichert hat und diese Eigenschaft nicht vorhanden ist oder wenn der Verkäufer den Mangel arglistig verschwiegen hat (vgl. § 480 Abs. 2). Da die Voraussetzungen des § 480 Abs. 2 hier nicht erfüllt sind, würde der K seinen Schaden allein tragen müssen, wenn nicht ein Ausgleich durch die Regeln über die pFV herbeigeführt werden könnte.

---

[21] 2. Auflage 1913 (Neudruck 1969).
[22] *Larenz*, Methodenlehre der Rechtswissenschaft, 5. Auflage 1983, S. 341.
[23] RGZ 66, 289 ff.

427 Mit der von Staub gefundenen **Bezeichnung** „positive Vertragsverletzung" soll zum Ausdruck gebracht werden, daß die Leistungsstörung nicht in einer negativen Handlung, in einer Nichtleistung oder einer nicht rechtzeitigen Leistung, besteht, sondern in einem aktiven Tun, in der Verletzung von Vertragspflichten. Aber in dieser Weise kann die pFV nicht von anderen Leistungsstörungen abgegrenzt werden. Denn eine positive Forderungsverletzung kann auch durch ein Unterlassen, also durch eine negative Handlung, begangen werden, etwa durch Unterlassen einer gebotenen Hinweispflicht; andererseits kann Unmöglichkeit oder Verzug auch durch eine positive Handlung herbeigeführt werden, etwa dadurch, daß der Schuldner den geschuldeten Gegenstand vernichtet und deshalb nicht oder nicht rechtzeitig leisten kann. Da sich jedoch die Bezeichnung „positive" Vertragsverletzung (besser: Forderungsverletzung) eingebürgert hat, ist daran festzuhalten.

Daß der Begriff „positive Vertragsverletzung" zu eng ist, weil auch die Verletzung von Pflichten, die nicht auf Vertragsverhältnissen beruhen, schadensersatzpflichtig machen kann, zeigt folgender Beispielsfall: Landwirt Landler überfährt mit seinem Pkw ein Huhn seines Nachbarn Grün. Er ersetzt den von ihm angerichteten Schaden dadurch, daß er Grün ein gleichwertiges Huhn von seinem Hof gibt (vgl. § 249 S. 1). Dieses Huhn ist krank und steckt die Hühner des Grün an. Die meisten verenden. In diesem Fall besteht kein Vertragsverhältnis, dennoch kann sich Landler durch sein Verhalten einer pFV schuldig gemacht haben, wenn ihre Voraussetzungen erfüllt sind (was hier offen bleiben soll).

428 Ob das gesetzliche System der Leistungsstörungen unvollständig ist und durch die ungeschriebenen Regeln der pFV ergänzt werden muß, ist bis heute nicht unstreitig. Im rechtswissenschaftlichen Schrifttum wird darauf hingewiesen, daß die (angebliche) Unvollständigkeit der gesetzlichen Regelung nur auf einem zu engen Leistungsbegriff beruhe. Erstrekke man die Leistungspflicht des Schuldners auch auf die Erbringung der Leistung in gehöriger Qualität, dann stelle eine schlechtere Leistung nur eine Teilerfüllung dar, so daß die Regeln über die Unmöglichkeit anwendbar seien. Es mag hier dahinstehen, ob es gelingen kann, auf der Grundlage eines anderen (weiteren) Begriffs der Leistung und der Unmöglichkeit das Rechtsinstitut der pFV überflüssig zu machen, nach dem von der ganz hM befürworteten Leistungsbegriff ist dies nicht der Fall. Dieser Auffassung wird hier gefolgt.

b) Tatbestand

1. Die einzelnen Merkmale

429 Der Tatbestand der pFV ist in seinen einzelnen Merkmalen wie folgt zu beschreiben:
– Durch ein Handeln des Schuldners, das in einem Tun oder Unterlassen bestehen kann, wird

V. Positive Forderungsverletzung

– eine dem Schuldner obliegende Pflicht aus einem Schuldverhältnis im weiteren Sinn (vgl. o. RdNr. 131) verletzt, die nicht von den Vorschriften über die Unmöglichkeit, den Verzug oder die Gewährleistung erfaßt wird;
– diese Pflichtverletzung verursacht einen Schaden, dessen Abwendung durch die verletzte Pflicht (auch) bezweckt ist;
– der Schuldner hat die Pflichtverletzung zu vertreten.

Da die Verletzung jeder schuldrechtlichen Verpflichtung als pFV in Betracht kommt, ist eine abschließende Beschreibung des Anwendungsbereichs dieses Rechtsinstituts unmöglich. Es kann nur versucht werden, durch die Bildung von Fallgruppen, in denen beispielhaft typische Sachverhalte zusammengefaßt werden, Hinweise zu geben (vgl. dazu u. RdNr. 438 ff.). Zu der Voraussetzung des Vertretenmüssens der Pflichtverletzung ist zu vermerken, daß der Schuldner für eigenes Verschulden (§ 276) sowie für das seiner Erfüllungsgehilfen (§ 278) einzustehen hat. Daß der Schuldner nur einen Schaden zu ersetzen hat, der sich auf die von ihm zu vertretende Pflichtverletzung zurückführen läßt, ist an sich selbstverständlich; besteht kein Ursachenzusammenhang zwischen dem Pflichtverstoß des Schuldners und dem entstandenen Schaden, dann kann es auch keine Pflicht zum Ersatz dieses Schadens für den Schuldner geben. Dies ist ein Grundsatz, der über die positive Forderungsverletzung hinausreicht und allgemein im Schadensersatzrecht gilt.

430

In vielen Vorschriften, die eine Schadensersatzpflicht anordnen, wird ausdrücklich auf den Ursachenzusammenhang zwischen dem haftungsbegründenden Verhalten des Ersatzpflichtigen und dem zu ersetzenden Schaden hingewiesen. Beispielhaft sei auf § 280 Abs. 1 („den durch die Nichterfüllung entstehenden Schaden"), auf § 286 Abs. 1 („den durch den Verzug entstehenden Schaden") und auf § 823 Abs. 1 („zum Ersatze des daraus entstehenden Schadens verpflichtet") verwiesen.

Der Frage, welche Anforderungen an die Ursächlichkeit (Kausalität) zu stellen sind, kommt also allgemeine Bedeutung zu. Dieser Frage soll im folgenden nachgegangen werden, wobei auch geklärt werden soll, durch welche zusätzlichen Einschränkungen die Schadensersatzpflicht des Schuldners begrenzt wird.

Einschub: Kausalität und Schadenszurechnung

Im streng naturwissenschaftlichen Sinn ist jedes Verhalten kausal für ein Ereignis (d. h. für den Eintritt einer Veränderung), das nicht hinweggedacht werden kann, ohne daß das Ereignis entfällt. Nach dieser Theorie der condicio sine qua non[24] beruht jedes Ereignis auf unzähligen Ursachen: Rutscht jemand auf der Straße über einer Bananenschale aus, dann ist nicht nur das Wegwerfen dieser Bananenschale kausal für den Unfall, sondern bereits die Geburt des Unfallopfers und des die Bana-

431

---

[24] Wörtlich übersetzt: Bedingung, ohne die nicht (ergänze: das Ereignis eintritt).

nenschale wegwerfenden Passanten, der Import und der Verkauf von Bananen, die Planung und der Bau der Straße, auf der sich der Unfall ereignet hat, und vieles andere mehr. Daß eine solche Betrachtung, die von der Gleichwertigkeit der verschiedenen Ursachen ausgeht – deswegen **„Äquivalenztheorie"** genannt – nur zu groben Ausfilterungen der für eine Schadensersatzverpflichtung nicht in Betracht kommenden Verhaltensweisen geeignet ist, liegt auf der Hand. Für eine Abgrenzung des Verantwortungsbereichs des Haftpflichtigen und für eine Zurechnung von Schäden müssen andere Kriterien gefunden werden, die eine feinere Differenzierung zulassen.

432 Die sog. **Adäquanztheorie** versucht eine Einschränkung und Präzisierung der dem Ersatzpflichtigen zuzurechnenden Schadensfolgen dadurch zu erreichen, daß sie nur dann einen Ursachenzusammenhang zwischen einem Verhalten und einem Ereignis bejaht, wenn die Herbeiführung dieses Ereignisses durch das Verhalten nicht außerhalb jeder Wahrscheinlichkeit liegt. Unwahrscheinliche Kausalverläufe sollen also nicht zu einer Haftung führen. Auf der Grundlage der Adäquanztheorie haben Rechtsprechung und Rechtslehre verschiedene Standardformulierungen entwickelt, mit denen sie einen adäquaten Ursachenzusammenhang beschreiben. So wird davon gesprochen, daß die Möglichkeit des Eintritts eines Schadens nicht so weit entfernt sein dürfe, daß sie nach der Auffassung des Lebens vernünftigerweise nicht in Betracht gezogen werden könne,[25] oder es wird verlangt, daß das Ereignis allgemein geeignet sein müsse, einen Erfolg wie den eingetretenen herbeizuführen.[26] **Adäquat kausal** ist danach ein Verhalten, das im allgemeinen und nicht nur unter besonders eigenartigen, unwahrscheinlichen und nach dem gewöhnlichen Verlauf der Dinge außer Betracht zu lassenden Umständen geeignet ist, einen Erfolg der eingetretenen Art herbeizuführen.[27] Für die von der Adäquanztheorie vorzunehmende Folgenzurechnung ist eine wertende Beurteilung des Einzelfalles entscheidend, die jedoch vorausschauend aus der Sicht vor Eintritt des Erfolges zu vollziehen ist und nicht etwa danach, wie sich der Geschehensverlauf in Wirklichkeit gestaltet hat. Die Beurteilung ist also vom Standpunkt des Verursachers, allerdings nicht aus seiner subjektiven Anschauung heraus, sondern auf einer objektiven Grundlage durchzuführen. Maßgebend soll ein „objektiver Beobachter" sein, wobei die Meinungen in der Frage auseinandergehen, welches Wis-

---

[25] So das Reichsgericht in verschiedenen Entscheidungen; vgl. z. B. RG SeuffA (= Seufferts Archiv für Entscheidungen der obersten Gerichte in den deutschen Staaten, zitiert nach Band und Seite) 63, 261, 263; 64, 16, 18.
[26] So RGZ 104, 141, 142f.; 158, 34, 38; ähnlich auch BGHZ 57, 137, 141 = NJW 1972, 36 = JuS 1972, 215 m. Bespr. v. *Huber*, JuS 1972, 439ff.
[27] BGHZ 7, 198, 204 = NJW 1953, 700 m. Bespr. v. *Larenz*, NJW 1953, 686f.; BGHZ 57, 137, 141 = NJW 1972, 36 = JuS 1972, 215 m. Bespr. v. *Huber*, JuS 1972, 439ff.; BGH NJW 1986, 1329, 1331.

sen diesem Beobachter unterstellt werden darf. Die Rechtsprechung geht hierbei sehr weit und stellt auf einen „optimalen Beobachter" ab, der über das gesamte Wissen der Menschheit verfügt und insbesondere alle Eigenheiten des Einzelfalles kennt,[28] während eine Auffassung im Schrifttum die Grenzen der Adäquanz enger zieht und nur das Wissen eines „erfahrenen Beobachters" für entscheidend erklärt, der die dem Ersatzpflichtigen bekannten und einem solchen Beobachter erkennbaren Umstände, nicht auch ganz entfernte Möglichkeiten berücksichtigen soll.[29] Zu welchen unterschiedlichen Ergebnissen beide Auffassungen gelangen, zeigt der folgende

> **Beispielsfall:** Bertold läßt sich wegen einer Allergie vom Arzt Arnold behandeln. Arnold wendet das gebräuchliche Medikament X an, das jedoch Bertold wegen einer sehr selten auftretenden, ihm selbst nicht bekannten, körperlichen Veranlagung nicht verträgt. Bertold trägt bleibende Schäden von der Behandlung mit dem Medikament X davon, die ohne seine besondere Veranlagung nicht eingetreten wären.
> Stellt man auf das Wissen des optimalen Beobachters ab, dann muß auch die besondere körperliche Veranlagung des Bertold berücksichtigt werden, so daß der Eintritt von Schäden der festgestellten Art nicht außerhalb jeder Wahrscheinlichkeit liegt. Bei dieser Betrachtungsweise wäre also die adäquate Kausalität zu bejahen.
> Anders wäre zu entscheiden, wenn die Beurteilung lediglich vom Standpunkt eines „erfahrenen Beobachters" vorgenommen würde. Dieser konnte die entfernte Möglichkeit eines Schadenseintritts infolge der selten auftretenden körperlichen Disposition des Bertold nicht voraussehen. Ein adäquater Ursachenzusammenhang wäre dann zu verneinen.

433 Dieser Meinungsstreit wirkt sich auch aus, wenn es um die Frage geht, ob die Adäquanztheorie nur hinsichtlich der haftungsausfüllenden oder auch hinsichtlich der haftungsbegründenden Kausalität anzuwenden ist.

> Als **haftungsbegründende Kausalität** bezeichnet man den Ursachenzusammenhang zwischen einem menschlichen Verhalten und dem dadurch bewirkten Verletzungserfolg (Verletzung eines Rechtsgutes des Geschädigten, Verstoß gegen eine den Schädiger treffende Pflicht), während die **haftungsausfüllende Kausalität** die Ursächlichkeit dieser Verletzung für den eingetretenen Schaden betrifft.
> **Beispiel:** Wenn Anton mit seinem Auto Bertold anfährt, dann ist sein Verhalten ursächlich für die Verletzung von Rechtsgütern (Körper, Gesundheit) des Bertold (= haftungsbegründende Kausalität). Versäumt Bertold wegen seines Unfalls einen wichtigen Termin und entgeht ihm deshalb ein gewinnbringendes Geschäft, dann ist dieser Verdienstausfall wie auch der übrige Schaden (z. B. Arztkosten) auf die Körperverletzung zurückzuführen (= haftungsausfüllende Kausalität).

434 Es wird die Auffassung vertreten, für die haftungsbegründende Kausalität genüge die Anwendung der Äquivalenztheorie, weil sich Haftungsbeschränkungen aus den übrigen Voraussetzungen für die Haftung, insbesondere aus dem Erfordernis der Rechtswidrigkeit und des Verschul-

---

[28] BGHZ 3, 261, 266 f.
[29] *Larenz*, SchuldR I, § 27 III b 1 (S. 464); *Medicus*, SchuldR I, § 54 II 2 (S. 239 f.).

dens eines haftungsbegründenden Verhaltens, ergäben. Dagegen solle bei der haftungsausfüllenden Kausalität, da insoweit derartige Korrektive, insbesondere das Verschuldenserfordernis, nicht bestünden, die Adäquanztheorie Anwendung finden.[30] Eine solche Differenzierung dürfte allerdings nur dann sinnvoll sein, wenn man die Adäquanztheorie einschränkt und nicht in dem weiten Umfang vertritt, bei dem mit Hilfe der Figur des „optimalen Beobachters" fast gleiche Ergebnisse erzielt werden wie auf der Grundlage der Äquivalenztheorie.

435 Aber selbst mit Hilfe einer eingeschränkten Adäquanz gelingt es nicht, die dem Schädiger zuzurechnenden und von ihm zu ersetzenden Schadensfolgen angemessen zu begrenzen. Deshalb wird als (weiterer) Zurechnungsgesichtspunkt der Schutzzweck der haftungsbegründenden Norm – auch kurz **Normzweck** genannt – herangezogen. Hierbei wird von der Erwägung ausgegangen, daß jede vertragliche oder gesetzliche Pflicht bestimmte Interessen schützen soll und daß der Schuldner nur für solche Schäden einzustehen hat, die den geschützten Interessen zugefügt werden.

Beispielsfälle: Arnold verkauft Bertold Holz. Das Holz wird mit der Eisenbahn transportiert. Der Güterwagen, auf dem das Holz verladen ist, wird zur Feststellung des Gewichts der Ladung von der Bahn gewogen. Da die Waage falsch eingestellt ist, wird in dem Frachtbrief ein zu niedriges Gewicht vermerkt. Arnold berechnet den Kaufpreis nach diesem niedrigen Gewicht. Als der Fehler entdeckt wird, verlangt Arnold von der Bahn Schadensersatz.[31]

Leicht läßt den Anhalter Max auf der Ladefläche seines Lkw mitfahren, obwohl nach § 21 Abs. 2 StVO die Beförderung von Personen auf der Ladefläche – von Ausnahmen abgesehen, die hier nicht zutreffen – verboten ist. Infolge des Fahrtwindes erkältet sich Max stark und muß ärztliche Hilfe in Anspruch nehmen. Für die dadurch entstehenden Kosten verlangt er von Leicht Ersatz.[32]

In beiden Fällen ist eine Schadensersatzpflicht abzulehnen, weil die verletzte Pflicht nicht dazu dienen soll, Schäden der entstandenen Art zu verhindern, also diese Schäden nicht in den Schutzbereich der verletzten Norm fallen. Im ersten Beispielsfall ist die Bahn verpflichtet, das genaue Gewicht der Ladung zu ermitteln, damit angemessene Frachtkosten dem Vertragspartner berechnet werden. Die Ermittlung des Gewichts soll aber nicht dem Vertragspartner die Grundlage für andere Vermögensdispositionen, insbesondere nicht für die Berechnung des Kaufpreises, liefern. Verläßt sich der Versender darauf, daß die im Frachtbrief vermerkte Gewichtsangabe richtig ist, so ist dies seine Sache; erleidet er dadurch einen Schaden, so fällt dieser Schaden aus dem durch die Vertragspflicht geschützten Bereich heraus. Gleiches gilt für den zweiten Beispielsfall. Durch die in § 21 Abs. 2 StVO getroffene Regelung soll verhindert werden, daß Personen bei der Beförderung von der Ladefläche

---

[30] So z. B. *Brox,* AS, RdNr. 328f.; offengelassen von BGHZ 57, 25, 27f. = NJW 1971, 1980 = JuS 1972, 101 m. weit. Nachw.; aA *Palandt/Heinrichs,* vor § 249 Anm. 5 A c.

[31] Es handelt sich um einen in Österreich gerichtlich entschiedenen Fall, der von *Hermann Lange,* in: Verhandlungen des 43. Deutschen Juristentages, Bd. 1: Gutachten (1960), S. 5, 46f., *ders.* JZ 1976, 198, 202 Fn. 65, und *Larenz,* aaO S. 442, erwähnt wird.

[32] Beispiel von *Medicus,* SchuldR I, § 54 II 3 (S. 265).

eines Lkw stürzen. Ein Schaden, der durch einen solchen Sturz entsteht, liegt im Schutzbereich dieser Vorschrift, dagegen nicht ein Schaden infolge einer Erkältung, weil die Vorschrift nicht vor Erkältungskrankheiten schützen soll.

Es muß jeweils durch Auslegung ermittelt werden, wie weit der Schutzbereich der anspruchsbegründenden Norm reicht und ob die entstandenen Schäden von dem Schutzzweck umfaßt werden. Diese Prüfung ist sowohl bei der Verletzung von Vertragspflichten, die einen Anspruch aus positiver Forderungsverletzung begründen können, als auch im Deliktsrecht (dazu später) vorzunehmen. **436**

Die Frage, ob es noch sinnvoll ist, neben der Schutzzwecklehre die Adäquanztheorie anzuwenden, wird unterschiedlich beantwortet. Im Schrifttum findet sich die Auffassung, daß die von der Adäquanztheorie versuchte Begrenzung der Haftung mit Hilfe von Wahrscheinlichkeitserwägungen ungeeignet sei, das von ihr verfolgte Ziel zu erreichen, und daß es für eine angemessene Haftungsbeschränkung ausreiche, allein auf den Schutzzweck der anspruchsbegründenden Norm abzustellen.[33] Überwiegend werden jedoch Adäquanztheorie und Schutzzwecklehre nebeneinander gestellt. **437**

Häufig wird anstelle vom „Schutzzweck" vom **„Rechtswidrigkeitszusammenhang"** gesprochen, der darin besteht, daß es sich um Schäden handelt, die von der verletzten Norm verhindert werden sollen, und deshalb eine entsprechende Gefährdung von ihr verboten, d. h. für rechtswidrig erklärt wird. Faßt man den Rechtswidrigkeitszusammenhang in diesem Sinn auf, dann deckt sich dieser Zusammenhang mit dem Normzweck und zwischen beiden Betrachtungsweisen besteht dann kein Unterschied.

2. Fallgruppen

Nachdem die auch für die Ansprüche aus pFV bedeutsamen Gesichtspunkte für eine Schadenszurechnung erörtert worden sind, soll sich die Betrachtung wiederum dem Rechtsinstitut der pFV zuwenden und sein Anwendungsbereich durch die Bildung einzelner Fallgruppen überschaubar gemacht werden.[33a] **438**

aa) Schlechte Erfüllung einer Hauptleistungspflicht

Die in dieser Gruppe zusammenzufassenden Fälle zeichnen sich dadurch aus, daß der Schuldner eine ihm obliegende Hauptleistungspflicht (zum Begriff vgl. o. RdNr. 401) zwar erfüllt, dies aber nicht in vertragsgerechter Weise tut und infolge der vertragswidrigen Beschaffenheit der Leistung dem Gläubiger einen Schaden an dessen Rechtsgütern zufügt, der über das Interesse des Gläubigers an einer ordnungsgemäßen Leistung hinausgeht (sog. **Begleitschaden**). **439**

---

[33] *MünchKomm/Grunsky,* vor § 249 RdNr. 42f. m. weit. Nachw. auch zur Gegenauffassung.
[33a] Vgl. dazu auch *Schünemann* JuS 1987, 1, 5ff. m. weiterführenden Hinweisen.

Beispiele: Maisfall (vgl. o. RdNr. 426); Lieferung einer undichten Gasflasche, die beim Käufer explodiert und einen Schaden in der Werkstatt anrichtet; Infektion des Käufers durch Lieferung eines kranken Tieres; hierher gehört aber auch z. B. die Schädigung eines Patienten durch einen Behandlungsfehler des Arztes.

bb) Verletzung von Verhaltenspflichten

440 Je nach dem Inhalt der Verhaltenspflichten (vgl. zum Begriff o. RdNr. 172) läßt sich weiter zwischen den leistungssichernden Nebenpflichten und den Schutzpflichten unterscheiden:
– Die leistungssichernden Nebenpflichten sind darauf gerichtet, eine vertragsgerechte Durchführung des Schuldverhältnisses und das Erreichen des mit dem Vertrag verfolgten Zwecks zu sichern. Um welche Pflichten es sich im Einzelfall handelt, ist aufgrund des einzelnen Schuldverhältnisses zu entscheiden. So ist der fachkundige Verkäufer verpflichtet, den Käufer über die richtige Behandlung des gelieferten Gegenstandes und die sich daraus ergebenden Gefahren zu unterrichten, soweit dies zur Abwendung von Schäden erforderlich ist (z. B. Informationen über die Verwendungsmöglichkeiten von Lacken oder Klebemitteln oder über die Bedienung einer technisch komplizierten und gefährlichen Maschine). Aus Verträgen können sich Verschwiegenheitspflichten (z. B. Verpflichtung einer Bank, die ihr von einem Kunden bei Kreditverhandlungen mitgeteilten Tatsachen geheim zu halten) und Konkurrenzverbote ergeben (z. B. Verbot, bei Veräußerung eines Gewerbebetriebes oder einer Praxis dem Erwerber nicht durch Eröffnung eines gleichen Unternehmens Konkurrenz zu machen; vgl. auch o. RdNr. 170).
– Die Schutzpflichten geben den am Schuldverhältnis Beteiligten auf, bei Durchführung des Schuldverhältnisses sich so zu verhalten, daß die Rechtsgüter der anderen Beteiligten nicht verletzt werden. Der genaue Inhalt dieser Pflichten muß ebenfalls aufgrund der Besonderheiten des einzelnen Schuldverhältnisses konkretisiert werden.

Beispiele: Der Handwerksmeister, der bei Erbringung seiner vertraglich vereinbarten Leistung die Wohnung des Vertragspartners betritt, hat darauf zu achten, daß er bei seiner Arbeit nicht die dort befindlichen Möbel beschädigt. Der Käufer, der sich den Kaufgegenstand nach Hause liefern läßt, muß dafür Sorge tragen, daß der Verkäufer nicht infolge eines verkehrswidrigen Zustands der von ihm zu betretenden Räume oder auf andere vermeidbare Weise zu Schaden kommt (vgl. den Beispielsfall o. RdNr. 342).

cc) Erfüllungsverweigerung (Vertragsaufsage)

441 Fälle, in denen der Schuldner definitiv die von ihm geschuldete Leistung verweigert oder sie von zusätzlichen, nicht gerechtfertigten Forderungen abhängig macht, werden häufig auch als eine besondere Gruppe den Regeln der pFV unterstellt. Nach anderer Ansicht sollen dagegen diese Fälle mit Hilfe der Verzugsvorschriften gelöst werden,

wobei das Verhalten des Schuldners eine Mahnung und Nachfristsetzung entbehrlich macht (vgl. dazu o. RdNr. 391, 409). Dies soll auch dann gelten, wenn die Erfüllungsverweigerung vor Fälligkeit der Leistung ausgesprochen wird.[34]

c) Rechtsfolgen

Eine vom Schuldner zu vertretende pFV verpflichtet ihn, den Schaden zu ersetzen, der dem Gläubiger durch die Pflichtverletzung entstanden ist und der durch den Schutzzweck der verletzten Pflicht miterfaßt wird. Diese Schadensersatzpflicht tritt als Sekundärpflicht neben die primäre Leistungspflicht (vgl. o. RdNr. 142f.), die davon regelmäßig unberührt bleibt. Allerdings kann infolge der pFV das Interesse des Gläubigers an der Leistung wegfallen oder der Vertragszweck so sehr gefährdet werden, daß eine Fortsetzung des Vertrages dem Gläubiger nicht mehr zugemutet werden kann; in diesen Fällen ist der Gläubiger in entsprechender Anwendung des Rechtsgedankens, der § 286 Abs. 2 und (bei synallagmatischen Verträgen) § 326 Abs. 2 zugrundeliegt, berechtigt, die Leistung zurückzuweisen und Schadensersatz wegen Nichterfüllung zu verlangen.[35]

442

VI. Leistungsstörungen beim Sukzessivlieferungsvertrag

Die Besonderheit beim Sukzessivlieferungsvertrag (zum Begriff und zu den Unterarten vgl. o. RdNr. 138) beeinflussen auch die Rechte des Gläubigers, die ihm bei Leistungsstörungen zustehen. Da beim Dauerlieferungsvertrag (Bezugsvertrag), der auf unbestimmte oder zumindest auf längere Zeit abgeschlossen wird und bei dem die Leistungsmenge bei Vertragsschluß nicht feststeht, sondern sich nach dem Bedarf des Abnehmers richtet, der einzelnen Lieferung eine weitgehende Unabhängigkeit von den bereits bewirkten und noch nachfolgenden Lieferungen zukommt, kann eine Leistungsstörung, die eine einzelne Lieferung betrifft, regelmäßig dem Gläubiger nur Rechte hinsichtlich dieser Lieferung geben. Dies gilt für die Gewährleistungsrechte (dazu Einzelheiten später) in gleicher Weise wie für die Rechte wegen Unmöglichkeit oder Verzugs.

443

Beispiel: Anton, der ein Ausflugslokal betreibt, hat mit dem Konditor Süß vereinbart, daß dieser jeweils am Samstagvormittag Kuchen und Torten in einer be-

---

[34] Vgl. *Medicus*, BR, RdNr. 308; *MünchKomm/Emmerich*, vor § 275 RdNr. 120.
[35] Vgl. *Larenz*, SchuldR I, § 24 I a (S. 369f.); *Lüderitz*, StudK BGB, vor § 275 Anm. II 2 b.

stimmten Menge liefert, die an die am Wochenende zahlreich erscheinenden Kaffeegäste verkauft werden sollen. An einem Samstag unterbleibt die Lieferung, weil infolge eines Betriebsausflugs verschiedene Mitarbeiter der Konditorei nicht rechtzeitig am Samstagmorgen zur Arbeit erscheinen und die hergestellten Backwaren von Süß im eigenen Café verkauft werden.

Die nach dem Dauerlieferungsvertrag von Süß geschuldete Lieferung muß rechtzeitig erbracht werden, um den Vertragszweck zu erfüllen. Am Sonntagmorgen hätte Anton zumindest noch Teile der Lieferung brauchen können, um den Bedarf am Sonntagnachmittag in seinem Lokal zu decken; spätestens ab Sonntag nach der Kaffeezeit wurde die Leistung insgesamt unmöglich, weil Anton die Backwaren für die Kaffeegäste des Wochenendes benötigte (vgl. o. RdNr. 383). Anton kann folglich Rechte hinsichtlich der ausgebliebenen Lieferung aus § 325 Abs. 1 geltend machen, also insbesondere Schadensersatz wegen Nichterfüllung fordern.[36] Weitergehende Rechte, die die in Zukunft zu erbringenden Lieferungen betreffen, stehen grundsätzlich Anton nicht zu. Nur wenn aufgrund des Verhaltens des Süß die Vertrauensgrundlage für die Fortsetzung des Vertrages beseitigt sein sollte (dies ist allerdings nicht anzunehmen, wenn es sich bei der Nichtlieferung um eine einmalige Panne gehandelt hat), dann könnte Anton den Vertrag mit Süß kündigen (vgl. o. RdNr. 222).

444 Beim **Dauerlieferungsvertrag** – zumindest dann, wenn bereits durch die Erbringung einzelner Lieferungen mit seiner Durchführung begonnen worden ist – können Rechte aus §§ 325, 326 hinsichtlich des gesamten Vertrages nicht geltend gemacht werden. Denn einer Rückabwicklung des Vertragsverhältnisses hinsichtlich der bereits in der Vergangenheit erfüllten Leistungspflichten steht die Selbständigkeit der einzelnen Teillieferungen entgegen. Wird durch das Verhalten eines Vertragspartners jedoch die Vertrauensgrundlage zerstört, so daß dem anderen eine Fortsetzung der Vertragsbeziehungen nicht zugemutet werden kann, dann kann er neben dem ihm dann zustehenden Kündigungsrecht auch Schadensersatz wegen pFV fordern (vgl. o. RdNr. 442). Verletzt wird hierbei die Vertragspflicht zu einer loyalen, vertrauenschaffenden Durchführung des Vertrages, die bei Dauerschuldverhältnissen besonders ausgeprägt ist.

445 Auch bei einem **Ratenlieferungsvertrag** muß bei Leistungsstörungen berücksichtigt werden, ob und in welchem Umfang der Vertrag bereits ordnungsgemäß abgewickelt worden ist. Im Regelfall werden Rechte aus §§ 325 und 326 (das gleiche gilt für Gewährleistungsrechte) nicht auch die bereits geleisteten Teilmengen und die auf sie entfallenden Gegenleistungen erfassen. Etwas anderes gilt nur, wenn sich aus dem Vertragszweck und dem Vertragsinhalt eine derartige Abhängigkeit der einzelnen Raten voneinander ergibt, daß die Teillieferung ohne die noch ausstehenden Raten vom Käufer nicht oder nur mit einem Nachteil zu verwerten ist; in diesem Fall kann der Gläubiger nach § 326 Abs. 1 S. 3 iVm. § 325 Abs. 1 S. 2 vorgehen.

---

[36] Wollte man in diesem Fall nicht – wie hier – Unmöglichkeit, sondern Verzug annehmen, dann könnte Anton über § 326 Abs. 2 gleiche Rechte geltend machen (so *Medicus*, BR, RdNr. 315).

VI. Leistungsstörungen beim Sukzessivlieferungsvertrag

In anderen Fällen sind die §§ 325 und 326 auf die einzelne Teillieferung anzuwenden. Allerdings handelt es sich hierbei um eine analoge Anwendung dieser Vorschriften, weil „Leistung" in ihrem Sinne nur die Gesamtleistung sein kann.

Auch bei einem Ratenlieferungsvertrag kann durch das Verhalten eines Vertragspartners die Fortsetzung des Vertrages für den anderen unzumutbar werden. Die Lösung von dem Vertrag wird allerdings dann anders als beim Dauerlieferungsvertrag nicht durch Kündigung, sondern durch Rücktritt vollzogen. Grundsätzlich ist hierfür nach § 326 Abs. 1 eine vorherige Fristsetzung mit Ablehnungsandrohung erforderlich. Abgesehen von den sonst hierfür geltenden Ausnahmen (vgl. o. RdNr. 409) ist eine solche Fristsetzung entbehrlich, wenn die Vertragsverletzung der einen Partei das für die Vertragsabwicklung notwendige gegenseitige Vertrauen nachhaltig zerstört hat, so daß eine Fortsetzung des Vertragsverhältnisses für den anderen Teil selbst dann unzumutbar wäre, wenn die Vertragsverletzung innerhalb einer angemessenen Nachfrist behoben würde.[37]

446

---

[37] BGH NJW 1981, 679, 680 = JuS 1981, 374; vgl. auch *Musielak*, JuS 1979, 96 ff.

447 Überblick über die verschiedenen Leistungsstörungen

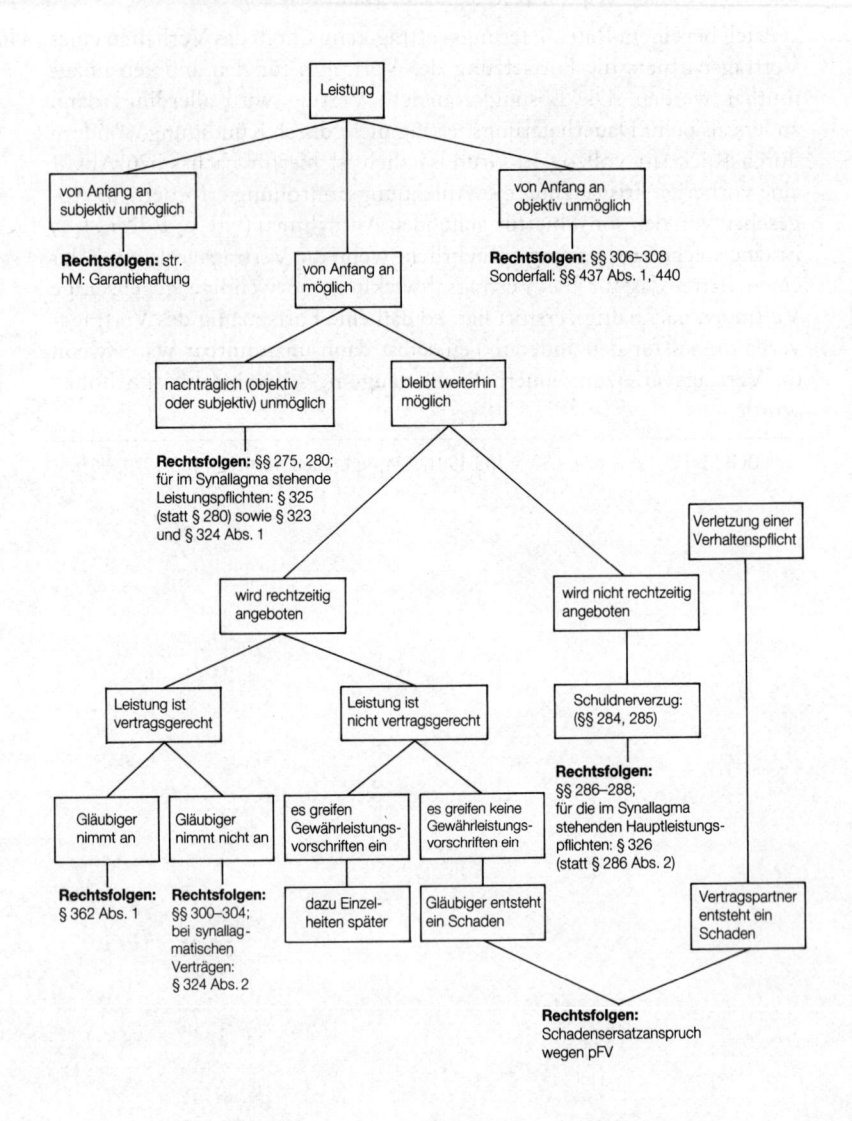

```
                              ┌─────────────┐
                              │  Leistung   │
                              └─────────────┘
           ┌────────────────────────┼────────────────────────┐
  ┌────────────────┐         ┌────────────────┐       ┌────────────────┐
  │ von Anfang an  │         │ von Anfang an  │       │ von Anfang an  │
  │ subjektiv      │         │ möglich        │       │ objektiv       │
  │ unmöglich      │         │                │       │ unmöglich      │
  └────────────────┘         └────────────────┘       └────────────────┘
```

von Anfang an subjektiv unmöglich
Rechtsfolgen: str.
hM: Garantiehaftung

von Anfang an objektiv unmöglich
Rechtsfolgen: §§ 306–308
Sonderfall: §§ 437 Abs. 1, 440

Unter "von Anfang an möglich":
- **nachträglich (objektiv oder subjektiv) unmöglich**
  Rechtsfolgen: §§ 275, 280; für im Synallagma stehende Leistungspflichten: § 325 (statt § 280) sowie § 323 und § 324 Abs. 1
- **bleibt weiterhin möglich**

Unter "bleibt weiterhin möglich":
- **wird rechtzeitig angeboten**
  - **Leistung ist vertragsgerecht**
    - **Gläubiger nimmt an**
      Rechtsfolgen: § 362 Abs. 1
    - **Gläubiger nimmt nicht an**
      Rechtsfolgen: §§ 300–304; bei synallagmatischen Verträgen: § 324 Abs. 2
  - **Leistung ist nicht vertragsgerecht**
    - **es greifen Gewährleistungsvorschriften ein**
      dazu Einzelheiten später
    - **es greifen keine Gewährleistungsvorschriften ein**
      Gläubiger entsteht ein Schaden
- **wird nicht rechtzeitig angeboten**
  Schuldnerverzug: (§§ 284, 285)
  Rechtsfolgen: §§ 286–288; für die im Synallagma stehenden Hauptleistungspflichten: § 326 (statt § 286 Abs. 2)
  Vertragspartner entsteht ein Schaden
- **Verletzung einer Verhaltenspflicht**

Rechtsfolgen: Schadensersatzanspruch wegen pFV

Anhang: Haftung für culpa in contrahendo

a) Allgemeines

Bereits die tatsächliche Anbahnung von Vertragsbeziehungen und der sie vorbereitende „geschäftliche Kontakt" schaffen zwischen den Beteiligten gegenüber dem Normalfall erhöhte **Sorgfalts- und Rücksichtspflichten,** deren schuldhafte Verletzung wegen „culpa in contrahendo" (d. h. Verschulden bei Vertragsverhandlungen) schadensersatzpflichtig machen kann. Die Rechtfertigung für derartige Verhaltenspflichten, die einem zwischen den Beteiligten bestehenden gesetzlichen Schuldverhältnis zuzuordnen sind, liegt in der Gewährung und in der Inanspruchnahme von Vertrauen (vgl. auch u. RdNr. 456). Für die Haftung wegen culpa in contrahendo (im folgenden c. i. c.) fehlen gesetzliche Vorschriften (vgl. aber § 11 Nr. 7 HS 2 AGBG); die hierfür anzuwendenden Regeln sind von Rechtslehre und Rechtsprechung entwickelt worden. Begründet wurde die Lehre von der c. i. c. von Rudolf von Jhering.[38]

448

Von vielen wird angenommen, daß auch nach Zustandekommen eines Vertrages das gesetzliche Schuldverhältnis, aus dem sich die vorvertraglichen Pflichten ergeben, fortgesetzt wird und es weiterhin die Rechtsgrundlage für die dann bestehenden Verhaltenspflichten der Vertragspartner (mit Ausnahme der leistungssichernden und vertragsspezifischen Nebenpflichten, die sich aus dem Vertragsverhältnis selbst ergeben) bildet. Nach dieser Vorstellung gibt es neben dem Vertrag ein **einheitliches gesetzliches Schuldverhältnis,** das schon vor seinem Zustandekommen entsteht, während der Vertragsdurchführung fortdauert und auch nach Erfüllung der vertraglichen Hauptpflichten existent bleiben kann. Auf diese Auffassung kann hier nicht näher eingegangen werden.[39] Um jedoch Mißverständnissen vorzubeugen, sei betont, daß das gesetzliche Schuldverhältnis, auf dem die Haftung für c. i. c. beruht, nicht davon abhängig ist, daß es auch tatsächlich später zu einem Vertrag kommt. Endet der geschäftliche Kontakt ergebnislos, d. h. ohne daß die Beteiligten miteinander einen Vertrag schließen, dann fallen auch die Pflichten, die aufgrund dieses Kontaktes entstanden sind, für die Zukunft weg, ohne daß dies aber Auswirkungen auf die vorher bestehenden Verhaltenspflichten und die sich aus ihrer Verletzung ergebenden Rechtswirkungen hat. Umgekehrt wird aber ein durch Verletzung vorvertraglicher Pflichten entstandener Anspruch aus c.i.c. ebensowenig hinfällig, wenn der Vertrag zustande kommt. Eine Konkurrenz zwischen vertraglichen Ansprüchen und Ansprüchen aus c.i.c. kann es durchaus geben (vgl. auch u. RdNr. 536f.).
Die Haftung für c. i. c. ist heute **gewohnheitsrechtlich** fundiert; eine Ableitung der dieses Rechtsinstitut tragenden Gedanken aus gesetzlichen Vorschriften, etwa aus §§ 122, 179, 307 iVm. § 242, wie dies insbesondere früher vorgeschlagen worden ist, bedarf es hierfür nicht.

---

[38] Zur Rechtsentwicklung: *MünchKomm/Emmerich,* 1. Aufl., vor § 275 RdNr. 85ff.
[39] Für ein solches einheitliches gesetzliches Schuldverhältnis *Canaris,* JZ 1965, 475ff.; *Esser/Schmidt,* SchuldR I, § 29 (S. 429ff.); dagegen *Larenz,* SchuldR I, § 9 I b (S. 119f.); jeweils m. weit. Nachw.

b) Haftungsvoraussetzungen

449 Die Haftung für c. i. c. ist von der Erfüllung folgender Voraussetzungen abhängig:
- Entstehung eines gesetzlichen Schuldverhältnisses durch unmittelbaren geschäftlichen Kontakt
- Verletzung einer sich daraus ergebenden Verhaltenspflicht durch den Haftpflichtigen
- dadurch Verursachung eines Schadens, der durch die verletzte Pflicht (auch) abgewendet werden soll
- Verschulden des Haftpflichtigen oder Dritter, deren sich der Haftpflichtige im Rahmen des geschäftlichen Kontakts bedient.

Im einzelnen ist zu diesen Haftungsvoraussetzungen noch folgendes zu bemerken:

1. Gesetzliches Schuldverhältnis

450 Nicht erst durch den Beginn von Vertragsverhandlungen, sondern bereits durch jeden sie vorbereitenden Kontakt zwischen den Beteiligten entsteht ein gesetzliches Schuldverhältnis, das ihnen besondere Verhaltenspflichten auferlegt. Betritt jemand ein Kaufhaus, dann wird dieser geschäftliche Kontakt hergestellt, auch wenn er dies ohne einen festen Kaufentschluß tut. Nur in Fällen, in denen von vornherein feststeht, daß es zu keinem Vertragsschluß kommen wird, etwa wenn sich ein Passant wegen des schlechten Wetters im Eingangsbereich eines Kaufhauses aufhält, ist der zu fordernde geschäftliche Kontakt zu verneinen. Die herrschende Auffassung läßt entgegen einer Mindermeinung im Schrifttum einen sozialen Kontakt nicht genügen. Begegnungen auf gesellschaftlicher Ebene lassen also kein gesetzliches Schuldverhältnis entstehen.

> **Beispiel:** Landwirt Landler lädt die ihm bekannte Familie Städtler, die in der Stadt lebt, ein, um ihr seinen landwirtschaftlichen Betrieb zu zeigen. Dabei kommt es infolge der Unvorsichtigkeit eines bei Landler Beschäftigten zu einem Unfall, bei dem Herr Städtler verletzt wird. In diesem Fall ist eine Haftung wegen c. i. c. auszuschließen; ein Schadensersatzanspruch kann sich nur aus dem Deliktsrecht ergeben.

2. Verhaltenspflichten

451 In gleicher Weise wie bei der pFV muß auch bei der c. i. c. aufgrund der konkreten Beziehungen des Einzelfalls ermittelt werden, welche Verhaltenspflichten den Beteiligten obliegen. Auch hierbei kann die beispielhafte Aufzählung einzelner Fallgruppen[40] das Verständnis erleich-

---
[40] Vgl. *Gottwald*, JuS 1982, 877, 878 ff.

tern und einen Überblick über den Anwendungsbereich dieses Rechtsinstituts geben.

1. Fallgruppe: Schutz- und Fürsorgepflichten für Leben, Gesundheit und Eigentum des anderen

452 Diese Pflichten sind dahingehend zu konkretisieren, daß es jedem an einem geschäftlichen Kontakt Beteiligten obliegt, sich im Rahmen des Zumutbaren so zu verhalten, daß andere Beteiligte keine Personen- oder Sachschäden erleiden; so besteht beispielsweise die Pflicht, Räume, die der potentielle Vertragspartner betritt, in einem verkehrssicheren Zustand zu halten, damit dieser nicht zu Schaden kommt.

Aus der reichhaltigen Rechtsprechung sind beispielhaft zu nennen: die Verletzung einer Kundin durch eine umfallende Linoleumrolle,[41] der in einem Kaufhaus verursachte Unfall durch eine auf dem Boden liegende Bananenschale,[42] der Sturz eines Kindes in einem Supermarkt über ein auf dem Boden liegendes Gemüseblatt[43] sowie die Beschädigung eines Kraftfahrzeuges bei einer Probefahrt durch den Kaufinteressenten.[44]

2. Fallgruppe: Informations-, Hinweis- und Aufklärungspflichten

453 Grundsätzlich besteht bei Vertragsverhandlungen die Pflicht, den anderen auf besondere Umstände hinzuweisen, die für das Zustandekommen und die Durchführung des Vertrages von maßgebender Bedeutung sind. Allerdings geht diese Pflicht nicht so weit, den anderen über alle Risiken und Konsequenzen, die mit dem Vertragsschluß verbunden sind, aufzuklären. Denn jeder, der einen Vertrag schließt, muß sich selbst ausreichend informieren und sich beispielsweise über die Marktverhältnisse, über die zu beachtenden rechtlichen Bestimmungen und die finanziellen Belastungen, die mit dem Vertrag verbunden sind, unterrichten. Erkennt jedoch der eine Partner, daß der andere über bestimmte Informationen nicht verfügt, die für seine Entscheidung, den Vertrag zu schließen, wesentlich sind, dann wird ihn regelmäßig die Pflicht treffen, entsprechende Hinweise zu geben. Insbesondere der technisch, wirtschaftlich oder geschäftlich Unerfahrene wird darauf vertrauen dürfen, daß der andere, der die erforderlichen Sachkenntnisse besitzt, ihm insoweit über bedeutsame Umstände Mitteilung macht. Auch hier kommt es wieder darauf an, den Inhalt und die Grenzen derartiger Aufklärungspflichten aufgrund der besonderen Umstände des Einzelfalles unter Berücksichtigung des Grundsatzes von Treu und Glauben zu ermitteln. Intensität einer Gefährdung des Vertragszwecks sowie Art und Umfang

---

[41] Bekannte Entscheidung des RG (RGZ 78, 239ff.).
[42] Bekannter Bananenschalenfall des BGH (NJW 1962, 31ff. = JuS 1962, 116).
[43] BGHZ 66, 51ff. = NJW 1976, 712 = JuS 1976, 465.
[44] BGH NJW 1968, 1472ff.

eines möglichen Schadens sind bedeutsame Anhaltspunkte bei Entscheidung der sich hier stellenden Fragen.[45]

Beispielhaft seien hier folgende Pflichten genannt: Pflicht zum Hinweis auf Umstände, die der Gültigkeit des Vertrages entgegenstehen und die dem anderen offenbar nicht bekannt sind, z. B. die Form- oder Genehmigungsbedürftigkeit des Vertrages; Pflicht zum Hinweis auf Umstände, die geeignet sind, den Vertragszweck zu vereiteln, oder der Erfüllung der geschuldeten Leistung entgegenstehen; so ist z. b. der Inhaber eines Betriebes bei Verhandlungen über den Verkauf dieses Betriebes verpflichtet, den Interessenten darauf hinzuweisen, daß er bestimmte für die Produktion unerläßliche Rohstoffe aufgrund bevorstehender Exportbeschränkungen nicht erhalten wird oder daß unersetzbare Zulieferer die Vertragsbeziehungen mit dem Unternehmen nicht fortsetzen werden.

454 Da jedoch unrichtige oder unterlassene Informationen auch Ansprüche auf Gewährleistung begründen oder das Recht geben können, den Vertrag nach § 123 wegen Täuschung anzufechten (vgl. dazu o. RdNr. 325), ergeben sich hinsichtlich der Haftung aus c. i. c. **Abgrenzungsfragen:**
– Nach herrschender Meinung gehen beim Kaufvertrag Ansprüche aufgrund der Gewährleistungsvorschriften solchen aus c. i. c. vor. Hat der Verkäufer unrichtige Angaben über Eigenschaften der Kaufsache gemacht, dann kann der Käufer deswegen keine Ansprüche wegen c. i. c. erheben, sondern muß einen Ausgleich über die §§ 459 ff., insbesondere über § 463, bei Gattungssachen über § 480 Abs. 2 suchen (dazu Einzelheiten u. RdNr. 536).
– Eine Anfechtung wegen arglistiger Täuschung setzt voraus, daß der Täuschende vorsätzlich gehandelt hat (vgl. o. RdNr. 329), und kann nur innerhalb der Jahresfrist des § 124 vorgenommen werden. Über einen Anspruch aus c. i. c. kann jedoch bereits wegen fahrlässiger Irreführung Wiederherstellung des Zustands, der ohne die Täuschung bestehen würde (§ 249 S. 1), also in erster Linie Befreiung von der Vertragspflicht, verlangt werden, und dies während eines Zeitraums von 30 Jahren (vgl. § 195). Da der Anspruch auf Befreiung von der Vertragspflicht praktisch zum gleichen Ergebnis wie eine Anfechtung nach § 123 führt, ist streitig, ob beide Rechte nebeneinander geltend gemacht werden können oder ob die Anfechtung nach § 123 als spezialgesetzliche Regelung vorgeht. Die hM verneint einen Vorrang der Anfechtung, während eine Gegenmeinung bei fahrlässiger Irreführung einen Ersatzanspruch aus c. i. c. lediglich in den zeitlichen Grenzen des § 121, bei vorsätzlicher Irreführung in den Grenzen des § 124 zulassen will.[46]

---

[45] Vgl. *Teichmann,* JA 1984, 545, 546 ff.
[46] Für Ansprüche aus c. i. c. neben einer Anfechtung aus § 123 ohne Einschränkung: BGH, NJW 1962, 1196, 1198; 1968, 986, 987; 1979, 1983 f. = JuS 1979, 740; *Köhler,* AT, § 14 V 4 d cc (S. 149); dagegen für zeitliche Beschränkungen: *Medicus,* SchuldR I, § 14 III 2 (S. 58); *Gottwald,* JuS 1982, 877, 881.

3. Fallgruppe: Pflicht zur Vermeidung von Schäden infolge des Abbruchs von Vertragsverhandlungen

Die herrschende Meinung hält denjenigen, der zunächst beim anderen die feste Erwartung weckt, ein Vertrag werde zustande kommen, und dann grundlos die Vertragsverhandlungen abbricht, für verpflichtet, die Schäden zu ersetzen, die der andere dadurch erleidet, daß er im Vertrauen auf das Zustandekommen des Vertrages bestimmte Maßnahmen trifft (z. B. Verträge kündigt) oder Aufwendungen tätigt. Allerdings ist ein solches Vertrauen auf das Zustandekommen des Vertrages nur dann gerechtfertigt, wenn alle wesentlichen Punkte des zu schließenden Vertrages bereits feststehen und nicht mehr verhandelt werden müssen, weil sonst stets eine Nichteinigung und damit das Scheitern der Vertragsverhandlungen einkalkuliert werden muß.[46a]

455

Beispiele: Ein Arbeitgeber vermittelt einem Bewerber den Eindruck, er werde ihn mit Sicherheit anstellen und veranlaßt ihn dadurch, seinen bisherigen Arbeitsplatz aufzugeben.[47] Der Inhaber einer Lizenz begründet durch die Art seiner Verhandlung bei seinem Verhandlungspartner die berechtigte Erwartung, es werde zum Abschluß eines Lizenzvertrages kommen und veranlaßt diesen dadurch zu erheblichen Aufwendungen.[48]
Im Schrifttum finden sich auch andere Lösungsvorschläge, um in derartigen Fällen zu vertretbaren Ergebnissen zu gelangen. So wird vorgeschlagen, das Verhalten der Beteiligten daraufhin zu überprüfen, ob nicht schon vertragliche Bindungen durch einen **Vorvertrag** (vgl. o. RdNr. 42) entstanden sind, der möglicherweise aufschiebend bedingt durch die Beseitigung der bestehenden Hindernisse geschlossen worden ist. Wenn aber aufgrund der konkreten Umstände festzustellen sei, daß sich ein Partner noch nicht (vorvertraglich) binden wollte, sollte eine Schadensersatzpflicht (auch aufgrund c. i. c.) abgelehnt werden.[49] Eine andere Ansicht will in Fällen dieser Art die Vorschrift des § 122 analog anwenden und auf dieser Grundlage eine **verschuldensunabhängige Vertrauenshaftung** bejahen.[50] Eine Auseinandersetzung mit diesen Vorschlägen ist hier nicht möglich.

Die verschiedenen Fälle, in denen entsprechend der beispielhaften Aufzählung der einzelnen Fallgruppen eine Haftung für c. i. c. in Betracht kommt, lassen sich auf den allgemeinen Grundsatz zurückführen, daß der Geschädigte dem Schädiger berechtigtes Vertrauen entgegenbrachte, das dieser enttäuscht hat, und deshalb ein Schaden entstanden ist. Grund für die Haftung ist also die Schaffung eines Vertrauenstatbestandes im rechtsgeschäftlichen Bereich. Die sich hieraus ergebende **Haftung** ist jedoch zum Schutz **nicht voll Geschäftsfähiger** eingeschränkt. Geschäftsunfähige haften nach den Grundsätzen der c. i. c. überhaupt nicht; in der Geschäftsfähigkeit beschränkte Personen haften nur, wenn der

456

[46a] OLG Düsseldorf NJW-RR 1988, 988.
[47] BAG, DB 1974, 2060.
[48] BGH, NJW 1975, 1774.
[49] *Medicus,* SchuldR I, § 14 III 1 (S. 55 f.).
[50] *Larenz,* SchuldR I, § 9 I (S. 107 f.).

Vertrag, auf den die Vertragsverhandlungen und der sie vorbereitende geschäftliche Kontakt gerichtet sind, für sie bindend wäre oder wenn der gesetzliche Vertreter mit der Aufnahme des geschäftlichen Kontakts einverstanden gewesen ist. Dagegen können Geschäftsunfähige und beschränkt Geschäftsfähige Ansprüche aus c. i. c. erwerben.[51]

3. Sonstige Haftungsvoraussetzungen

457 Zwischen dem Verhalten des Haftpflichtigen und der Verletzung der Verhaltenspflicht muß ebenso wie zwischen der Pflichtverletzung und dem eingetretenen Schaden ein Ursachenzusammenhang im Sinne der Adäquanztheorie bestehen (vgl. o. RdNr. 432). Auch die Haftung für c. i. c. wird durch die Schutzzwecklehre begrenzt; es ist danach nur ein Schaden zu ersetzen, der durch die Beachtung der verletzten Verhaltenspflicht abgewendet werden soll (vgl. dazu o. RdNr. 435 f.). Schließlich ist Voraussetzung für eine Haftung, daß der Haftpflichtige schuldhaft gehandelt hat, d. h. die Verhaltenspflicht vorsätzlich oder fahrlässig verletzt hat (vgl. o. RdNr. 162 ff.) oder daß sich eine Person schuldhaft verhielt, deren sich der Haftpflichtige bei den Vertragsverhandlungen oder bei dem sie vorbereitenden geschäftlichen Kontakt bediente (§ 278).

Ausnahmsweise kann sich auch eine **Eigenhaftung des Vertreters oder** sonstiger Verhandlungsgehilfen ergeben, die an die Stelle oder neben die Haftung desjenigen tritt, der Vertragspartner des Geschädigten geworden ist oder werden sollte. Eine solche Eigenhaftung wird bejaht, wenn der Vertreter oder der Verhandlungsgehilfe in besonderem Maße persönliches Vertrauen in Anpruch genommen hat, das über das normale Verhandlungsvertrauen hinausgeht, und der Geschädigte in diesem Vertrauen enttäuscht wurde. Ein solches dem Vertreter oder Verhandlungsgehilfen persönlich geschenktes Vertrauen kann z. B. in dessen besonderer Sachkunde für den Vertragsgegenstand begründet sein oder durch den Eindruck besonderer persönlicher Zuverlässigkeit erweckt werden, den der Vertreter oder Handlungsgehilfe schafft. In der Rechtsprechung ist die Eigenhaftung eines Kfz-Händlers angenommen worden, der den Kauf eines Gebrauchtwagens vermittelte.[52] Ebenso wurden die das Management bildenden Initiatoren und Gründer einer Publikums-KG (einer auf eine Vielzahl von Kommanditisten gerichteten Kommanditgesellschaft) wegen fehlender Vollständigkeit und Richtigkeit der mit ihrem Wissen und Willen in Verkehr gebrachten Werbeprospekte[53] sowie Personen für schadensersatzpflichtig erklärt, die besonderen Einfluß in der Gesellschaft ausübten und Mitverantwortung trugen.[54] Schließlich hat der BGH auch entschieden, daß eine lediglich als Handelsvertreter tätig gewordene Anlagenvermittlungsgesellschaft bei mangelnder Aufklärung eines durch Prospekt geworbenen Käufers von Anteilen eines ausländischen Immobilien-Fonds selbst aus Verschulden bei Vertragsverhandlungen zur Verantwortung gezogen werden könnte, wenn sie besonderes Vertrauen des Erwerbers in Anspruch genommen habe.[55]

---

[51] Vgl. *MünchKomm/Gitter,* vor § 104 RdNr. 23 ff.
[52] Vgl. BGHZ 63, 382, 384 ff. = NJW 1975, 642 = JuS 1975, 462; BGHZ 79, 281, 283 ff. = NJW 1981, 922.
[53] Vgl. BGHZ 71, 284, 286 ff. = NJW 1978, 1628 = JuS 1978, 783.
[54] Vgl. BGHZ 72, 382 ff. = NJW 1979, 718 = JuS 1979, 745.
[55] Vgl. BGH, WM 1978, 611.

c) Rechtsfolgen

Der Haftpflichtige ist verpflichtet, den Zustand herzustellen, der bestehen würde, wenn er nicht schuldhaft die ihm obliegende Verhaltenspflicht verletzt hätte (§ 249 S. 1). Der Anspruch kann insbesondere – wie bereits oben (RdNr. 454) dargelegt – auf Befreiung von der vertraglichen Bindung gehen, wenn der Haftpflichtige durch sein Verhalten den Geschädigten zum Abschluß des Vertrages veranlaßt hat. Dieser Freistellungsanspruch kann auch einredeweise dem Erfüllungsbegehren des Haftpflichtigen entgegengesetzt werden; insoweit wird der Geschädigte im praktischen Ergebnis – worauf ebenfalls bereits hingewiesen wurde – so gestellt wie bei einer Anfechtung seiner Willenserklärung. Der Geschädigte kann aber auch am Vertrag festhalten und Ersatz der Vermögenseinbuße fordern, die durch die Pflichtverletzung des anderen verursacht wurde (Beispiel: Aufgrund der falschen Angaben des Verkäufers ist ein zu hoher Kaufpreis ausgehandelt worden; der Käufer kann dann eine dem wirklichen Wert des Kaufgegenstandes angemessene Herabsetzung des Kaufpreises fordern). Ist infolge der Pflichtverletzung des anderen Teils ein bestimmter Vertrag nicht wirksam zustande gekommen, dann kann der Geschädigte Ersatz seines Erfüllungsinteresses fordern, d. h. verlangen, so gestellt zu werden, als wäre der Vertrag wirksam geworden.

458

Ergibt sich die Unwirksamkeit des Vertrages, weil Formvorschriften nicht eingehalten worden sind, auf die der Haftpflichtige schuldhaft den Geschädigten nicht hingewiesen hat, dann kann allerdings nicht Erfüllung des unwirksamen Vertrages verlangt werden, weil dies dem Zweck der Formvorschriften widersprechen würde. Der BGH[56] hat in einem derartigen Fall den Geschädigten für berechtigt erklärt, eine Entschädigung in Geld zu verlangen, damit er sich einen gleichwertigen anderen Gegenstand, im konkreten Fall ein anderes Grundstück, beschaffen könne.

2. Übungsklausur

Die gehbehinderte alte Dame Dora (D) pflegt häufig Lebensmittel beim Einzelhändler Handel (H) telefonisch zu bestellen und sich nach Hause bringen zu lassen. Dementsprechend bittet sie telefonisch Handel, bestimmte Lebensmittel am nächsten Tag zwischen 9.00 und 10.00 Uhr zu liefern. Handel packt die bestellten Waren zusammen und beauftragt seine Angestellte Anna (A), die Lebensmittel der Dame Dora termingerecht zu bringen. Unterwegs wird Anna auf einem Fußgängerüberweg von einem später nicht mehr zu ermittelnden Radfahrer angefahren und zu Fall gebracht. Dabei werden die im Korb befindlichen Lebensmittel

---

[56] NJW 1965, 812, 814 m. Anm. v. *Frhr. Marschall v. Bieberstein,* NJW 1965, 1014 ff., und Bespr. v. *Lorenz,* JuS 1966, 429 ff.

auf die Erde geschleudert und dadurch unbrauchbar. Handel verlangt für die Lebensmittel von Dora Bezahlung. Diese weigert sich zu zahlen. Mit Recht?

Ändert sich die Entscheidung bei folgender Fallabwandlung? Anna kommt um 9.30 Uhr zu Dora. Trotz wiederholten Klingelns öffnet dort niemand. Nachdem sie etwa 15 Minuten gewartet hat, geht Anna wieder zum Geschäft des Handel zurück. Auf dem Rückweg betrachtet Anna im Gehen die Schaufensterauslagen und achtet nicht auf die ihr entgegenkommenden Passanten. Deshalb stößt sie so heftig mit einem Passanten zusammen, daß der Korb zu Boden fällt; die Lebensmittel werden dadurch verdorben.

Bearbeitungszeit: nicht mehr als 150 Minuten

Fälle und Fragen

104. Volz verkauft Kunz seinen Pkw. Beide kommen überein, daß das Fahrzeug am nächsten Tag von Kunz abgeholt werden soll. In der Nacht wird das Fahrzeug aus der verschlossenen Garage des Volz von einem Unbekannten entwendet. Das Fahrzeug ist von Volz gegen Diebstahl versichert. Wie ist die Rechtslage? Wie wäre zu entscheiden, wenn der Diebstahl durch ein fahrlässiges Verhalten des Volz ermöglicht worden wäre?
105. Wer trägt beim Kaufvertrag die Leistungsgefahr, wer die Preisgefahr?
106. In welchen Fällen trifft abweichend von § 323 bei einem zufälligen Untergang einer verkauften Sache vor ihrer Übergabe an den Käufer diesen die Gegenleistungsgefahr?
107. Volz verkauft Kunz zwei Lkw zum Gesamtpreis von 50000,– DM. Beide Lkw haben einen gleichen Wert. Eines der beiden Fahrzeuge brennt vor Übergabe ohne Verschulden des Volz aus. Rechtslage? Wie ist zu entscheiden, wenn Kunz bereits den Kaufpreis in voller Höhe an Volz gezahlt hat?
108. Volz hat Kunz seinen Pkw verkauft und sich das Eigentum bis zur vollständigen Zahlung des Kaufpreises vorbehalten. Kunz nimmt das Fahrzeug mit. Danach wird es ohne Verschulden des Kunz zerstört. Hat Volz dennoch Anspruch auf Zahlung des Kaufpreises?
109. Findet § 447 Abs. 1 auch dann Anwendung, wenn die Kaufsache in derselben Stadt transportiert und der Transport vom Verkäufer mit einem eigenen Fahrzeug und eigenen Leuten durchgeführt wird?
110. Was ist eine Obliegenheit?
111. Wann hat der Gläubiger die Unmöglichkeit der Leistung iSv. § 324 Abs. 1 zu „vertreten"?
112. Michel mietet für den Monat August von Eich dessen Wochenendhaus, um darin die Ferien mit seiner Familie zu verbringen. Als Eich bei einem Wochenendaufenthalt auf der Terrasse des Hauses grillt und dabei unvorsichtigerweise in das Feuer Benzin gießt, kommt es zu einem Brand, bei dem das Haus weitgehend zerstört wird. Als dies Michel erfährt, erklärt er dem Eich, er trete von dem

Fälle und Fragen 229

Mietvertrag zurück. Nachdem er sich daraufhin um eine andere Urlaubsunterkunft bemüht, stellt er fest, daß er für ein vergleichbares Haus wesentlich mehr aufwenden muß, als er mit Eich als Miete vereinbart hat. Daraufhin verlangt er von Eich Ersatz des Schadens, der ihm entstanden ist, weil Eich nicht den Mietvertrag erfüllen kann. Mit Recht?

113. Raser und Hetzer vereinbaren den Tausch ihrer Motorräder. Das Motorrad von Raser wird bei einem von ihm verschuldeten Unfall zerstört. Daraufhin verlangt Hetzer von Raser die Zahlung von 500,– DM, weil dessen Motorrad diesen Betrag mehr wert gewesen war als seines. Mit Recht? Welche Rechte hätte Hetzer, wenn er sein Motorrad bereits Raser übergeben hatte?

114. Volz verkauft Kunz sein Segelboot, das in einem Jachthafen an einem nahen See ankerte. Kurz vor Vertragsschluß ist jedoch – was Volz nicht wissen konnte – das Boot von Unbekannten entwendet und bei einer Fahrt so erheblich beschädigt worden, daß es gesunken ist. Welche Rechte hat Kunz, wenn das Boot nicht mehr gehoben werden kann?

115. Alf will am 01. 10. eine Diskothek eröffnen und trifft dafür alle erforderlichen Vorbereitungen. Insbesondere bestellt er beim Händler Handel eine Stereoanlage bestimmten Typs, die von Handel in der Woche vor der Eröffnung der Diskothek geliefert und installiert werden soll. Auf dem Transport vom Herstellerwerk zu Handel wird die für Alf bestimmte Stereoanlage beschädigt und unbrauchbar. Handel ist deshalb außerstande, vor Mitte Oktober eine Anlage zu liefern. Alf fragt, ob er sich bei einem anderen Händler eine Anlage besorgen könnte oder ob er an den Vertrag mit Handel gebunden sei.

116. Was ist ein absolutes, was ein relatives Fixgeschäft und welche Rechtsfolgen treten bei ihnen ein, wenn der für die Leistung vereinbarte Zeitpunkt nicht eingehalten wird?

117. Was ist eine „Mahnung" iSv. § 284 und welchen Anforderungen muß sie genügen?

118. Kann ein beschränkt Geschäftsfähiger gemahnt werden, kann er selbst mahnen?

119. In welchen Fällen ist eine Mahnung entbehrlich?

120. Welche Rechte hat der Gläubiger beim Verzug des Schuldners?

121. Kommt der Schuldner in Verzug, wenn ihm die Einrede des nichterfüllten Vertrages (§ 320) zusteht oder er sich auf ein Zurückbehaltungsrecht nach § 273 berufen kann?

122. Muß der Gläubiger, der Rechte aus § 326 herleiten will, stets dem Schuldner eine Frist zur Leistung setzen?

123. Arnold, der ein Hotel Garni betreibt, bestellt bei Handel 40 Kaffeegedecke, bestehend aus Kaffeekännchen, Teller, Tasse und Untertasse, um sie in seinem Betrieb zu verwenden. Handel liefert zunächst 10 Gedecke und sagt umgehende Lieferung des Restes zu. Nach zwei Wochen setzt Arnold Handel eine Frist von 10 Tagen für die Restlieferung und weist darauf hin, daß er nach fruchtlosem Ablauf der Frist die Leistung insgesamt, also auch hinsichtlich der bereits gelieferten Gedecke, ablehnen werde, weil er nur einheitliches Geschirr in seinem Hotel verwenden wolle und 10 Gedecke nicht gebrauchen könne. Vor Ablauf der Nachfrist wird bei Arnold von Unbekannten eingebrochen. Aus einem gut gesicherten Lagerraum werden unter anderem die in einer Kiste verpackten 10 Gedecke, die Handel geliefert hatte, gestohlen. Dennoch tritt Arnold vom Vertrag zurück, nachdem die von ihm gesetzte Frist ergebnislos verstrichen ist. Mit Recht?

124. Wann kommt der Gläubiger in Verzug?

125. Händler Handel vereinbart mit Landwirt Ländler, daß dieser ihm 5 Zentner Salatgurken liefert, und zwar sollen die Gurken von Ländler zum Geschäft des Handel gebracht werden. Als Ländler telefonisch die Lieferung ankündigt, kommt es wegen einer anderen Lieferung zu einem Streit, in dessen Verlauf Handel erklärt, Ländler brauche überhaupt nicht mehr mit seinen Gurken zu kommen. Er wolle mit ihm nichts mehr zu tun haben und werde die Gurken nicht annehmen. Die von Ländler in einem verschlossenen Raum bereitgestellten Gurken werden nachts von Unbekannten gestohlen. Ländler verlangt von Handel den vereinbarten Kaufpreis. Mit Recht?

126. Was ist Gewohnheitsrecht?

127. Was bedeutet Kausalität nach der Äquivalenztheorie, was nach der Adäquanztheorie?

128. Welches Ziel wird mit der Adäquanztheorie verfolgt und welchen anderen Lösungsvorschlag gibt es, um dieses Ziel besser zu erreichen?

129. Weshalb ist der Begriff „positive Forderungsverletzung" dem der „positiven Vertragsverletzung" vorzuziehen und was ist darunter zu verstehen?

130. Handwerksmeister Emsig erhält von Häusler den Auftrag, eine Fernsehantenne auf dem Dach zu montieren. Die Gehilfen des Emsig beschädigen bei den Montagearbeiten das Dach so, daß es in der folgenden Nacht durchregnet und auf dem Dachboden befindliche Möbelstücke Schäden davontragen. Welche Ansprüche stehen Häusler gegen Emsig zu?

131. Blümlein kauft im Geschäft des Handel ein Unkrautvernichtungsmittel. Er fragt Handel, ob er dieses Mittel unbedenklich auch in einem Rosenbeet anwenden könne, ohne daß dies den Rosen schade. Handel bejaht diese Frage. Als Blümlein daraufhin auch im Rosenbeet das Unkrautvernichtungsmittel benutzt, gehen die meisten Pflanzen ein. Blümlein verlangt von Handel Schadensersatz. Mit Recht?

132. Frau Kunz begibt sich in das Kaufhaus des Reichlich, um sich die Auslagen anzusehen, weil sie ein Geschenk für eine Freundin sucht. Bestimmte Vorstellungen, was sie schenken will, hat sie nicht. Frau Kunz stürzt über einen am Boden liegenden Obstrest, den offenbar ein Kunde weggeworfen hat. Bei dem Sturz verletzt sich Frau Kunz erheblich und muß ärztliche Hilfe in Anspruch nehmen. Kann Frau Kunz von Reichlich Ersatz der ihr dadurch entstandenen Kosten fordern? Ändert sich an der Entscheidung etwas, wenn feststeht, daß sich Frau Kunz ohne jede Kaufabsicht im Kaufhaus nur aufgehalten hatte, um die Zeit bis zur Abfahrt eines Zuges dort zu verbringen?

133. Rechtsanwalt Kundig, der Eigentümer eines Baugrundstücks ist, parzelliert dieses und errichtet darauf Einfamilienhäuser. Er schließt mit Interessenten privatschriftliche Kaufanwärterverträge, in denen sich diese zu einer ratenweisen Bezahlung des Kaufpreises nach dem Baufortschritt verpflichten. Auch der Facharbeiter Fleißig schließt einen solchen Vertrag und verpflichtet sich darin, ein Haus zum Preis von 300 000,- DM zu erwerben. Als das Haus fertiggestellt ist, verlangt Kundig unter Hinweis auf erhebliche Preissteigerungen 380 000,- DM. Als sich Fleißig weigert, mehr als 300 000,- DM zu zahlen, beruft sich Kundig auf die Unwirksamkeit des Vertrages wegen Formnichtigkeit und erklärt, er wolle nunmehr nichts mehr mit Fleißig zu tun haben. Die bisher von Fleißig geleisteten Zahlungen will Kundig zurückgeben. Fleißig verlangt dagegen Abschluß eines notariellen Vertrages entsprechend dem Kaufanwärtervertrag. Wie ist die Rechtslage?

134. Häusler bietet in einer Zeitungsanzeige sein Haus in München zum Verkauf an. Kunz aus Köln tritt daraufhin mit Häusler in Verbindung und vereinbart mit diesem einen Besichtigungstermin. Nach der Besichtigung des Hauses erklärt

Kunz, er wolle das Haus kaufen, müsse aber zunächst einmal mit seiner Bank in Köln über die Finanzierung des Kaufpreises sprechen. Häusler und Kunz vereinbaren, daß Kunz eine Woche später nach München kommen solle, um den Kaufvertrag zu schließen, über dessen Inhalt Einvernehmen besteht. Als Kunz vereinbarungsgemäß in München eintrifft, empfängt ihn Häusler dort mit der überraschenden Mitteilung, er habe sich die Sache anders überlegt und werde sein Haus nicht verkaufen. Daraufhin verlangt Kunz Ersatz der durch die Fahrt von Köln nach München entstandenen Kosten. Mit Recht?

§ 7 Einzelne Vertragsschuldverhältnisse

I. Vorbemerkung

459 Schuldverhältnisse können – wie bereits ausgeführt (vgl. o. RdNr. 134f.) – durch Rechtsgeschäft oder aufgrund der Verwirklichung eines gesetzlichen Tatbestandes begründet werden; im allgemeinen ist für die Schaffung eines Schuldverhältnisses durch Rechtsgeschäft ein Vertrag erforderlich (vgl. ebenfalls RdNr. 134). Im Gesetz sind die wichtigsten Vertragsschuldverhältnisse geregelt. Das Gesetz bietet jedoch nur ein „Regelungsmuster" an,[1] das die Vertragspartner nicht bindet. Vielmehr können sie bei der Gestaltung ihres Vertrages von den im Gesetz getroffenen Bestimmungen abweichen sowie andere (ungeregelte) Verträge schließen (Grundsatz der Vertragsfreiheit; vgl. dazu o. RdNr. 82, 84). Nur ausnahmsweise enthält das Gesetz für Verträge zwingende Vorschriften, die meist dem Schutz des schwächeren Partners dienen sollen. Von den gesetzlich geregelten Verträgen können in der folgenden Darstellung nur einige – gleichsam beispielhaft – näher erläutert werden, wobei dies nach Umfang und Tiefe unterschiedlich ausfallen muß. Recht eingehend wird der für das praktische Leben und das Studium gleichermaßen wichtige Kauf behandelt, dagegen beschränkt sich die Erläuterung der Miete, des Dienstvertrages, des Werkvertrages und des Auftrags auf die wichtigsten Grundzüge.

II. Kauf

a) Wesen und Inhalt des Kaufvertrages

460 Durch den Kaufvertrag werden schuldrechtliche Pflichten begründet (vgl. § 433); es handelt sich dabei also um ein schuldrechtliches Verpflichtungsgeschäft (vgl. RdNr. 76, 224) und – da die aufgrund dieses Vertrages zu erbringenden Leistungen in einem Gegenseitigkeitsverhältnis stehen – um einen synallagmatischen Vertrag (vgl. o. RdNr. 78). Für das Zustandekommen eines Kaufvertrages gelten die allgemeinen Regeln (vgl. o. RdNr. 71 ff.). Die Vertragsparteien müssen sich zumindest über den Kaufgegenstand und regelmäßig auch über den Kaufpreis einig sein, damit ein wirksamer Vertrag zustande kommt (vgl. o. RdNr. 111, 114).

---

[1] *Larenz*, SchuldR II 1, § 38 (S. 4).

II. Kauf

Wie sich aus § 433 Abs. 1 ergibt, können Sachen und Rechte den Kaufgegenstand bilden. Darüber hinaus können aber auch alle anderen verkehrsfähigen Güter verkauft werden, auch wenn sie weder ein Recht noch eine Sache darstellen, wie dies beispielsweise bei der Elektrizität der Fall ist (vgl. RdNr. 4 Fn. 4). Ein Kaufvertrag kann auch über ein Vermögen (in der Form des § 311), über ein gewerbliches Unternehmen oder über eine freiberufliche Praxis geschlossen werden. In solchen Fällen eines nicht typischen Kaufs werden die kaufrechtlichen Vorschriften des Gesetzes weitgehend durch abweichende Parteivereinbarungen ersetzt und sind im übrigen häufig nur entsprechend anwendbar.

Wird der Kaufgegenstand von den Vertragsparteien durch individuelle Merkmale konkret bestimmt (z. B. das Ölgemälde „Waldfrieden" des Malers Farbenreich), dann handelt es sich um einen **Stückkauf** (auch Spezieskauf genannt). Dagegen ist bei einem **Gattungskauf** (= Genuskauf) der Kaufgegenstand nur der Gattung nach bezeichnet (z. B. 10 Zentner Kartoffeln; vgl. dazu RdNr. 147 ff.). **461**

Wie bereits bemerkt, müssen sich die Vertragsparteien über den **Kaufpreis** einig sein. Dabei genügt es, daß die Regeln vereinbart werden, nach denen der Kaufpreis bestimmt wird. So können die Parteien die Bestimmung des Kaufpreises einem Vertragschließenden oder einem Dritten überlassen (vgl. o. RdNr. 111 und §§ 315 ff.). Wie sich aus § 473 ergibt, können neben dem in Geld festgesetzten Kaufpreis auch Leistungen bedungen werden, die nicht vertretbare Sachen (vgl. § 91) zum Gegenstand haben. Bildet jedoch den „Kaufpreis" nur eine Sache oder ein Recht, dann handelt es sich nicht um einen Kauf, sondern um einen Tausch, auf den aber die Vorschriften über den Kauf entsprechende Anwendung finden (§ 515). **462**

In Fällen, in denen der „Kaufpreis" in einer Dienstleistung besteht (Beispiel: Alt verkauft Jung einen Kassettenrecorder. Als Entgelt verpflichtet sich Jung, für Alt einen Monat lang Einkäufe zu erledigen), handelt es sich um einen sog. **typengemischten Vertrag.** Hierbei werden folgende Unterscheidungen getroffen:[2]
– Typischer Vertrag mit andersartiger Nebenleistung (Beispiel: Miete eines Zimmers mit Bedienung). Hier tritt die Nebenleistung (die Bedienung) in ihrer Bedeutung erkennbar zurück hinter die Hauptleistung (Miete des Zimmers).
– Typenkombinationsvertrag (Beispiele: Liefervertrag mit Montageverpflichtung; Schiffsreise; Essen im Gasthaus). Hier sind die Elemente verschiedener Verträge so miteinander verbunden, daß verschiedene Hauptleistungen geschuldet werden, die erst in ihrer Kombination die vom Schuldner zu erbringende Leistung ergeben (z. B. bei der Schiffsreise: der Transport, die Unterbringung, die Verpflegung, die Unterhaltung, der Service, also Elemente des Werk-, des Dienst-, des Miet- und des Kaufvertrages).
– Typenverschmelzungsvertrag (Beispiel: gemischte Schenkung, bei der ein Vertragspartner eine unteilbare Leistung gegen eine geringwertigere Leistung des anderen

---

[2] *Palandt/Heinrichs,* vor § 305 Anm. 5b; vgl. auch *Larenz* SchuldR II, § 62 II (S. 425 ff.) mit z. T. abw. Terminologie.

erbringt und – dies ist ein wesentliches Merkmal, weil nicht etwa jeder Kauf, bei dem der Kaufpreis unter dem Wert des Kaufgegenstandes liegt, als gemischte Schenkung anzusehen ist – beide darüber einig sind, daß der Mehrwert der einen Leistung eine unentgeltliche Zuwendung sein soll, z. B. der Onkel verkauft seinem Neffen, um ihm eine Freude zu machen, seinen Pkw, der 10000,– DM wert ist, für 1500,– DM). In solchen Fällen kann die Leistung des einen Vertragspartners nicht einem bestimmten Vertragstyp zugeordnet werden, sondern es sind verschiedene Typen ineinander verschmolzen (bei der gemischten Schenkung Elemente des Kaufes und der Schenkung).
– Gekoppelter Vertrag (Beispiel: Lieferung von Waren gegen Dienstleistungen). Die Parteien tauschen Leistungen aus verschiedenen Vertragstypen miteinander aus; hierzu gehört auch der einleitend gebrachte Beispielsfall der Veräußerung des Kassettenrecorders gegen Dienstleistungen.

Die Frage, nach welchen Regeln über Leistungsstörungen bei typengemischten Verträgen zu entscheiden ist, kann Schwierigkeiten bereiten, wenn die Parteien insoweit keine Vereinbarungen getroffen haben. Folgende Lösungen werden vorgeschlagen:
– Es sollen jeweils die für den betreffenden Vertragsbestandteil geltenden Vorschriften angewendet werden (Kombinationstheorie).
– Ein gleicher Vorschlag wird von der Theorie der analogen Rechtsanwendung gemacht, die sich von der Kombinationstheorie nur darin unterscheidet, daß sie sich für eine entsprechende Rechtsanwendung ausspricht, weil nach ihrer Auffassung das Gesetz gemischte Verträge nicht geregelt habe.
– Es soll stets das Recht der Hauptleistung angewendet werden (Absorptionstheorie).
– Überwiegend wird empfohlen, auf die Anwendung starrer Regeln zu verzichten und eine Lösung mit Hilfe der ergänzenden Vertragsauslegung (vgl. dazu o. RdNr. 314 ff.) zu suchen. Mißlingt dies, dann soll in erster Linie das auf den entsprechenden Vertragsbestandteil passende Recht angewendet werden; insoweit besteht Übereinstimmung mit der Kombinationstheorie (Beispiel: Wird bei einem Kauf mit Montageverpflichtung die Montageleistung mangelhaft erbracht, dann sind die Vorschriften des Werkvertragsrechts heranzuziehen). Ergibt sich eine Unvereinbarkeit zwischen den Vorschriften, die für die verschiedenen im Vertrag vermengten Leistungsbestandteile gelten, dann soll das Recht des Vertragstyps maßgebend sein, der den rechtlichen und wirtschaftlichen Schwerpunkt des Vertrages bildet.[3]

463 **b) Pflichten der Vertragspartner**

Hinsichtlich der Pflichten, die den Parteien eines Kaufvertrages zufallen, ist nach Haupt- und Nebenleistungspflichten (zur Unterscheidung vgl. o. RdNr. 401) und nach Art des Kaufgegenstandes zu differenzieren. Den **Verkäufer** trifft bei einem Sachkauf die **Hauptleistungspflicht,** die Sache dem Käufer zu übergeben und das Eigentum an ihr zu verschaffen (§ 433 Abs. 1 S. 1). Die Pflicht zur Eigentumsverschaffung erfüllt der Verkäufer dadurch, daß er den Käufer zum Eigentümer der gekauften Sache macht. Es werden also nicht nur die zur Erreichung dieses Erfolges erforderlichen Handlungen, sondern der Erfolg des Rechtsübergangs selbst geschuldet (vgl. o. RdNr. 175). Wie dieser Erfolg herbeigeführt wird, richtet sich nach den sachenrechtlichen Vor-

---

[3] *Köhler,* PdW-SchuldR II, Nr. 114f. (S. 146ff.); *Palandt/Heinrichs* aaO Anm. 5c, jeweils m. weit. Nachw.

schriften über den Eigentumsübergang (dazu u. RdNr. 470ff.). Die Pflicht zur Übergabe der Kaufsache wird durch Einräumung des unmittelbaren Besitzes erfüllt. Der unmittelbare Besitz wird regelmäßig durch die Erlangung der tatsächlichen Gewalt über die Sache erworben (vgl. § 854 Abs. 1). Die Pflicht zur Übergabe kann beim Kauf vertraglich modifiziert werden, so beispielsweise wenn anstelle der Übergabe an den Käufer der Anspruch auf Herausgabe gegenüber einem Dritten, der sich im Besitz der Sache befindet, gesetzt wird (§§ 929, 931; dazu u. RdNr. 475) oder wenn der Verkäufer auf Geheiß des Käufers die Sache einem Dritten liefert (Beispiel: Adam läßt seiner Freundin Eva durch das Blumengeschäft Flora zum Geburtstag einen Blumenstrauß schicken, den er telefonisch bestellt hat).

Beim **Rechtskauf** ist der Verkäufer verpflichtet, dem Käufer das Recht zu verschaffen und, wenn das Recht zum Besitz einer Sache berechtigt, die Sache zu übergeben (§ 433 Abs. 1 S. 2). Auch hierbei kommt es darauf an, den Käufer zum Inhaber des Rechts zu machen. Wie dies geschieht, richtet sich nach der Art des zu übertragenden Rechts. **464**

Grundsätzlich können alle übertragbaren Rechte Gegenstand eines Kaufvertrages sein. Wird beispielsweise eine Forderung verkauft, dann ist die durch den Rechtskauf begründete Verpflichtung durch Abtretung der Forderung zu erfüllen (vgl. § 398). Es ist also beim **Forderungskauf** – wie bei jedem anderen Kauf auch – rechtlich zwischen dem Kaufvertrag, dem Verpflichtungsgeschäft, und dem Abtretungsvertrag, dem Verfügungsgeschäft, zu unterscheiden, auch wenn beide Verträge äußerlich in einer einzigen Vereinbarung zusammengefaßt werden (vgl. o. RdNr. 225ff.).

Der Forderungskauf spielt insbesondere im Rahmen eines **Factoringvertrages** eine besondere Rolle. Mit Abschluß des Factoringvertrages verpflichtet sich ein Vertragspartner, die Anschlußfirma, alle künftigen Forderungen aus Warenlieferungen oder Dienstleistungen dem Factor zum Erwerb anzubieten. Das Angebot wird dadurch vorgenommen, daß die Anschlußfirma entweder die von ihr erstellte Originalrechnung dem Factor zum Versand an ihren Kunden (Debitor) übergibt oder daß sie eine Kopie dieser Rechnung dem Factor vorlegt. Der Factor verpflichtet sich seinerseits im Factoringvertrag, alle ihm angebotenen Forderungen zu erwerben, soweit diese Forderungen im Rahmen des für die einzelnen Debitor von ihm festgelegten Kreditlimits bleiben. Erwirbt der Factor die einzelne Forderung, dann erhält die Anschlußfirma eine Gutschrift, wobei es von der vertraglichen Vereinbarung abhängt, ob zunächst nur ein Teil des Forderungsbetrages oder der volle Gegenwert der Forderung (abzüglich einer „Factoringgebühr", die der Factor für seine Leistung bekommt) gutgeschrieben wird. Der Vorteil für die Anschlußfirma liegt darin, daß sie bereits in diesem Zeitpunkt über finanzielle Mittel verfügen kann, auch wenn die Forderung selbst überhaupt noch nicht fällig ist, etwa weil dem Debitor – wie bei Warenlieferungen und Dienstleistungen heute vielfach üblich – ein Zahlungsziel eingeräumt wird. Außerdem übernimmt der Factor für die Anschlußfirma mehrere arbeitsaufwendige Aufgaben. Er prüft die Kreditwürdigkeit des Debitors und setzt ein Limit fest, bis zu dessen Höhe er die Kreditwürdigkeit bejaht und bereit ist, die Forderung gegen den Debitor „anzukaufen". Als Folge des „Ankaufs" der Forderung geht die Debitorenbuchhaltung auf den Factor über. Hierbei kann der Factor wegen der großen Zahl gleichartiger Buchungsvorgänge Datenverarbeitungsanlagen einsetzen, als deren Nebenprodukte Statistiken über Umsätze, Steuern, Provisionen u. ä. anfallen, die er der Anschlußfirma zur Verfügung stellt.

Beim Factoring-Geschäft sind zwei Arten zu unterscheiden: Beim echten Factoring wird vom Factor das Risiko für die Einbringlichkeit der Forderung, d. h. für die Zahlungsfähigkeit des Debitors, übernommen; die Anschlußfirma haftet nur für den rechtlichen Bestand der Forderung (vgl. § 437 Abs. 1). Dagegen bleibt beim unechten Factoring das Debitorenrisiko bei der Anschlußfirma. Die Forderung wird nur von dem Factor bevorschußt, die Anschlußfirma wird rückbelastet, wenn sich die Forderung als uneinbringlich erweist. Das Factoring stellt einen typengemischten Vertrag dar, wobei beim echten Factoring das Finanzierungselement als Forderungskauf, das Dienstleistungselement als entgeltliche Geschäftsbesorgung (vgl. § 675) zu werten sind.

465 Die Rechtsverschaffungspflicht des Verkäufers wird ergänzt durch die in § 434 ausgesprochene Verpflichtung, dem Käufer den verkauften Gegenstand frei von Rechtsmängeln, d. h. frei von Rechten zu verschaffen, die von Dritten gegen den Käufer geltend gemacht werden können. Der Verkäufer einer Sache ist also verpflichtet, dem Käufer **lastenfreies Eigentum** zu übertragen. Diese Hauptpflicht des Verkäufers bezieht sich nicht nur auf dingliche Rechte, wie Pfandrechte, Hypotheken, Grundschulden und Nießbrauch, sondern auch auf obligatorische Rechte, die Dritten gegen den Käufer zustehen, wie dies bei Miet- und Pachtverhältnissen nach §§ 571 Abs. 1, 581 Abs. 2 möglich ist. Auch im Grundbuch eingetragene, in Wirklichkeit aber nicht bestehende Rechte hat der Verkäufer eines Grundstücks auf seine Kosten löschen zu lassen (§ 435 Abs. 1).

466 Nach § 433 Abs. 2 ist der Käufer verpflichtet, dem Verkäufer den vereinbarten Kaufpreis zu zahlen und die gekaufte Sache abzunehmen. Während es sich bei der **Pflicht des Käufers** zur Kaufpreiszahlung um eine im Synallagma stehende Hauptleistungspflicht handelt, ist dies für die Abnahmepflicht regelmäßig zu verneinen. Nur wenn die Parteien ausdrücklich oder konkludent der Abnahmepflicht den Rang einer synallagmatischen Hauptleistungspflicht geben, ist dies anders.

Dies kann auch stillschweigend geschehen; davon ist auszugehen, wenn der Verkäufer erkennbar ein besonders Interesse an der Abnahme der Kaufsache hat, wie dies beispielsweise der Fall ist, wenn jemand Sachen in der dem Käufer bekannten Absicht verkauft, Platz für andere zu schaffen.
Haben die Parteien die Abnahmepflicht zu einer synallagmatischen Hauptleistungspflicht erhoben, dann kann der Verkäufer bei Verzug des Käufers Rechte nach § 326 geltend machen (vgl. o. RdNr. 400 f.). Bei der Frage, ob man in anderen Fällen die Abnahmepflicht als eine nicht in das Gegenseitigkeitsverhältnis einbezogene Hauptleistungspflicht oder als Neben(leistungs)pflicht anzusehen hat, geht es lediglich um einen terminologischen Streit. Wer – wie es der hier vertretenen Auffassung entspricht (vgl. o. RdNr. 401) – als Hauptleistungspflichten nur vertragstypische auffaßt, muß die Abnahmepflicht mit der hM als Neben(leistungs)pflicht werten, weil auch dann, wenn die Parteien diese Pflicht ausschließen, ein Kaufvertrag nicht zu einem Vertrag anderen Typs geändert wird. Einigkeit besteht aber über die Rechtsfolgen bei einem Verzug mit der Abnahme als Nebenpflicht (oder nicht synallagmatischen Hauptleistungspflicht). Dem Verkäufer stehen dann Ansprüche aus § 286 zu. Daneben hat er auch stets die Rechte aus § 304 (vgl. o. RdNr. 424), da der Käufer bei Nichtabnahme der ihm vertragsgemäß angebotenen Leistung zugleich auch in Gläubigerverzug

II. Kauf

kommt. Schließlich kann der Verkäufer von dem Recht zur Hinterlegung oder zum Selbsthilfeverkauf Gebrauch machen (vgl. o. RdNr. 189ff.).

Beiden Parteien können **Nebenpflichten** zufallen, die sich aus den konkreten Rechtsbeziehungen ergeben (vgl. dazu o. RdNr. 172); eine Reihe von Nebenpflichten des Käufers nennen die §§ 448 bis 452. 467

Einschub: Übereignung

Wie ausgeführt, ist der Verkäufer beim Sachkauf verpflichtet, dem Käufer das Eigentum an der Sache zu verschaffen (§ 433 Abs. 1 S. 1). Wie diese Eigentumsverschaffung, die Übereignung, vollzogen wird, soll im folgenden dargelegt werden. Dabei ist zu berücksichtigen, daß Übereignung die rechtsgeschäftliche Übertragung des Eigentums bedeutet. Diese Feststellung ist wichtig, weil Eigentum nicht nur auf rechtsgeschäftlichem Wege, sondern auch auf andere Weise erworben werden kann. 468

Beim Tode einer Person geht deren Vermögen mit allen Rechten und Pflichten auf den Erben über (§§ 1922 Abs. 1, 1942 Abs. 1), also auch das dem Erblasser zustehende Eigentum. Weitere Fälle eines nicht rechtsgeschäftlichen Eigentumserwerbs bilden die Verbindung einer beweglichen Sache mit einem Grundstück in der Weise, daß die bewegliche Sache wesentlicher Bestandteil des Grundstücks (vgl. §§ 93, 94) wird (§ 946), ferner die Verbindung beweglicher Sachen miteinander (§ 947), die Vermischung und Vermengung beweglicher Sachen (§ 948) und die Herstellung einer neuen beweglichen Sache durch Verarbeitung (§ 950). Daneben gibt es noch weitere nicht rechtsgeschäftliche Erwerbstatbestände wie die Ersitzung (§ 937ff.), den Eigentumserwerb an Erzeugnissen und Bestandteilen (§§ 953ff.), die Aneignung herrenloser beweglicher Sachen (§§ 958ff.) und den Eigentumserwerb des Finders (§§ 973, 974).

Auf die nicht rechtsgeschäftlichen Erwerbstatbestände kann im Rahmen dieses Kurses nicht eingegangen werden. Die folgenden Ausführungen sind ausschließlich den Regelungen gewidmet, die für den rechtsgeschäftlichen Eigentumserwerb gelten. Da diese Regelungen unterschiedlich gestaltet sind, je nachdem ob das Eigentum an beweglichen Sachen oder an Grundstücken übertragen werden soll, muß auch im folgenden hiernach unterschieden werden. 469

1. Bewegliche Sachen

aa) Grundtatbestand

Den Grundtatbestand der rechtsgeschäftlichen Übertragung des Eigentums an beweglichen Sachen bildet die Vorschrift des § 929 S. 1. Hieraus ergibt sich, daß sich die Übereignung aus zwei Elementen zusammensetzt, aus einem rechtsgeschäftlichen in Form der **Einigung** und aus einem tatsächlichen in Form der **Übergabe**, d. h. der Übertragung des Besitzes (dazu u. RdNr. 471). Die Einigung ist unverzichtbares Ele- 470 ment jeder rechtsgeschäftlichen Eigentumsübertragung, während die Übergabe durch andere Tatbestände, sog. Übergabesurrogate, ersetzt werden kann (dazu sogleich). Die Einigung ist nach hM ein Vertrag; für sie gelten alle Vorschriften des Allgemeinen Teils über Willenserklärungen und Verträge. Mit der Einigung erklärt der Veräußerer, das Eigentum an einer bestimmten beweglichen Sache solle auf den Erwerber übergehen, und der Erwerber erklärt, er wolle das Eigentum an dieser Sache erwerben.

Im Rechtsverkehr pflegt man die Einigung meist überhaupt nicht in Worte zu kleiden, sondern stillschweigend vorzunehmen. Insbesondere bei den Geschäften des täglichen Lebens werden die Übereignung und das ihr zugrundeliegende schuldrechtliche Verpflichtungsgeschäft so miteinander verbunden, daß eine Trennung nur in der theoretischen Betrachtung möglich ist. Aber dennoch besteht nach unserer Rechtsordnung diese Trennung zwischen Verpflichtungs- und Verfügungsgeschäft (Trennungsprinzip; vgl. dazu o. RdNr. 227f.) und die Gültigkeit des Verpflichtungsgeschäfts ist grundsätzlich ohne Einfluß auf die Gültigkeit des Erfüllungsgeschäfts (Abstraktionsprinzip; vgl. dazu auch o. RdNr. 227f.).

471 Die Übergabe dient dem Zweck, den Übereignungsvorgang offenzulegen und auch Dritten erkennbar zu machen (Publizitätsprinzip).

Wenn (o. RdNr. 470) ausgeführt wurde, daß Übergabe die Übertragung des Besitzes bedeutet, dann bedarf diese Feststellung noch zusätzlicher Präzisierungen. Dazu ist zunächst einmal erforderlich, den Begriff des Besitzes und seiner verschiedenen Erscheinungsformen näher zu erläutern:

Der Besitz ist die tatsächliche Herrschaft über die Sache. Der Besitz stellt also einen tatsächlichen Zustand dar und ist kein Recht. Dementsprechend wird der **unmittelbare Besitz** einer Sache durch die Erlangung der tatsächlichen Gewalt über sie erworben (§ 854 Abs. 1). Jedoch kann der unmittelbare Besitz auch auf rechtsgeschäftlichem Wege übertragen werden, wenn nämlich der Erwerber in der Lage ist, die Gewalt über die Sache ohne weiteres auszuüben; in diesem Fall genügt dann die Einigung des bisherigen Besitzers und des Erwerbers über den Besitzerwerb (§ 854 Abs. 2); Beispiel: A einigt sich mit B darüber, daß ein Holzstapel im Wald in den unmittelbaren Besitz des B übergehen soll. Gäbe es die Regelung des § 854 Abs. 2 nicht, müßten beide in den Wald gehen, um die Besitzübertragung dort vorzunehmen.

Die tatsächliche Gewalt kann auch für den Besitzer von anderen Personen ausgeübt werden; man spricht dann von einer **Besitzdienerschaft** (vgl. § 855). Eine Besitzdienerschaft ist dadurch gekennzeichnet, daß eine Person, die in einem sozialen Abhängigkeitsverhältnis zum Besitzer steht, das in § 855 mit den Worten „in dessen Haushalt oder Erwerbsgeschäft oder in einem ähnlichen Verhältnis" umschrieben wird, entsprechend diesem Abhängigkeitsverhältnis weisungsgebunden die tatsächliche Gewalt über die Sache für den Besitzer ausübt. Die Weisungsunterworfenheit des Besitzdieners stellt das charakteristische Merkmal der Besitzdienerschaft dar, die bereits in dem Begriff Besitz-„Diener" zum Ausdruck kommt. Ergreift ein Besitzdiener die tatsächliche Gewalt über einen Gegenstand, dann erwirbt allein der Besitzherr, nicht der Besitzdiener den Besitz. Wird also der Geselle vom Handwerksmeister zum Einkauf von Ersatzteilen zu einem Händler geschickt, dann erwirbt nicht der Geselle, sondern der Meister mit der Übergabe der Ersatzteile die tatsächliche Gewalt. Da eine Vertretung bei der Einigung nach § 929 S. 1 zulässig ist, kann also auf diesem Wege durch Einschaltung Dritter Eigentum erworben werden.

II. Kauf

Neben dem unmittelbaren Besitz als einer direkten tatsächlichen Beziehung zur Sache gibt es auch den **mittelbaren Besitz.** Beim mittelbaren Besitz ist der unmittelbare Besitzer mit dem mittelbaren durch ein Besitzmittlungsverhältnis verbunden. Besitzt jemand als Mieter eine bewegliche oder unbewegliche Sache (die dargestellten Vorschriften über den Besitz gelten gleichermaßen für bewegliche wie für unbewegliche Sachen), dann ist der Mieter unmittelbarer Besitzer und der Vermieter mittelbarer (vgl. § 868). Das **Besitzmittlungsverhältnis** (Besitzkonstitut) wird durch folgende Merkmale charakterisiert:
– Unmittelbarer Fremdbesitz einer Person (Fremdbesitz bedeutet, daß eine Person eine Sache als ihr nicht gehörend besitzt, während der Eigenbesitzer sie gerade umgekehrt als ihm gehörend besitzt; vgl. § 872).
– Ableitung des Besitzrechts vom mittelbaren Besitzer,
– zeitliche Begrenzung der Stellung des unmittelbaren Besitzers und
– Rückgabeanspruch des mittelbaren Besitzers gegen den unmittelbaren.

Sind zwei Personen durch ein Rechtsverhältnis verbunden, das diese Merkmale aufweist, dann ist die Person, die die tatsächliche Gewalt über die Sache innehat, der unmittelbare Besitzer (Besitzmittler), die andere Person der mittelbare Besitzer. Die tatsächliche Sachherrschaft wird im Fall des mittelbaren Besitzes durch die dem mittelbaren Besitzer aufgrund des Besitzmittlungsverhältnisses zustehenden Einflußmöglichkeiten ausgeübt; er besitzt durch den Besitzmittler („geistige Sachherrschaft"). Der Besitzmittler unterscheidet sich vom Besitzdiener, der – wie ausgeführt – selbst keinen Besitz innehat, durch seine selbständige Stellung; er ist nicht ein sozial abhängiger Weisungsempfänger (Unterschied zwischen Mieter und Angestelltem).

Die Übergabe iSv. § 929 S. 1 wird dadurch vollzogen, daß der Eigentümer seinen Besitz restlos aufgibt und der Erwerber auf Veranlassung des Eigentümers Besitz erhält. Besitz bedeutet hier sowohl unmittelbarer als auch mittelbarer. Der Eigentümer muß also den Besitz in jeder Form verlieren; behält er den mittelbaren Besitz, ist die Übergabe noch nicht vorgenommen. Eine Übereignung ist dann nur nach §§ 929 S. 1, 930 möglich (dazu sogleich). Für die Übergabe genügt es jedoch, daß der Erwerber mittelbaren Besitz bekommt. **472**

Beispiel: Albert hat seinen Traktor Bertold vermietet. Er verkauft den Traktor an Carl und vereinbart mit diesem, daß alles weitere von Carl mit Bertold verabredet wird. Außerdem setzt er Bertold von der Veräußerung und der mit Carl getroffenen Vereinbarung in Kenntnis. Daraufhin schließen Bertold und Carl einen neuen Mietvertrag über den Traktor. Da nunmehr Bertold und nicht mehr Albert den Besitz mittelt, sind alle Anforderungen, die an eine Übergabe zu stellen sind, erfüllt: Auf Veranlassung des Albert hat Carl (mittelbaren) Besitz erworben und Albert hat seinen Besitz restlos aufgegeben.
Ein anderer Weg wäre die Abtretung des Herausgabeanspruchs aus dem Mietvertrag zwischen Albert und Bertold (§§ 929 S. 1, 931; dazu sogleich).

Stets können sowohl auf Seiten des (veräußernden) Eigentümers als auch des Erwerbers Besitzdiener oder Besitzmittler tätig werden.

Beispiel: Volz übergibt den von Kunz gekauften Pkw dadurch, daß er seinen Angestellten Anton beauftragt, das Fahrzeug Kunz zu bringen. Am Wohnort des Kunz nimmt es dessen Fahrer Fritz in Empfang (Anton und Fritz sind Besitzdiener, so daß der unmittelbare Besitz jeweils ihren Arbeitgebern zukommt).
Nachdem Verz einen Mietvertrag über einen Pkw bestimmten Typs mit Miez abgeschlossen hat, erwirbt er von Volz ein solches Fahrzeug und weist ihn an, das

Kfz an Miez auszuliefern. Kommt Volz dieser Weisung nach, ist die Übergabe zwischen Verz und Volz vollzogen (Miez mittelt dann Verz den Besitz).

Eine Übergabe iSv. § 929 S. 1 kann allerdings auch vollzogen werden, wenn weder der Veräußerer noch der Erwerber Besitz an der Sache haben oder erhalten. Denn die tatsächliche Gewalt über die Sache kann auch dadurch ausgeübt werden, daß sich der unmittelbare Besitzer den Weisungen des Veräußerers und (oder) des Erwerbers unterwirft.

Beispiel: Volz kauft von Kunz eine Maschine und verkauft sie weiter an Erst. Dieser verkauft die Maschine an Zweit und bittet Kunz die Maschine unmittelbar dem Zweit zu liefern. Kunz läßt die Maschine von Volz zu Zweit bringen. Das Eigentum wird in diesem Fall von Volz an Kunz, von diesem an Erst und schließlich von Erst an Zweit übertragen. Auch im Verhältnis Kunz zu Erst wird eine Übergabe vollzogen, weil die Weisungen beider befolgt und der unmittelbare Besitz entsprechend ihrem „Geheiß" demjenigen übertragen wird, der ihn erhalten soll (sog. „Geheißerwerb").[3a]

bb) Die übrigen Übertragungstatbestände

473 Ist der Erwerber bereits im Besitz der zu übereignenden Sache, dann genügt nach **§ 929 S. 2** die bloße Einigung über den Eigentumsübergang (sog. Übergabe „kurzer Hand" = lat. brevi manu traditio).

Beispiel: Eich hat Betz ein Buch geliehen. Das Buch gefällt Betz so gut, daß er Eich bittet, ihm das Buch zu verkaufen. Eich ist einverstanden. Die zur Erfüllung des Kaufvertrages vorzunehmende Übereignung wird dann durch bloße Einigung über den Eigentumsübergang zwischen den beiden vollzogen.

474 Nach **§ 930** kann die Übergabe der Sache dadurch ersetzt werden, daß Eigentümer und Erwerber ein Besitzmittlungsverhältnis (Besitzkonstitut) vereinbaren, aufgrund dessen der Erwerber den mittelbaren Besitz erlangt. Von dieser Möglichkeit ist also insbesondere Gebrauch zu machen, wenn der Veräußerer nach Übertragung des Eigentums die Sache noch weiter besitzen will.

Beispiel: Eich, der eine Bauunternehmung betreibt, verkauft einen gebrauchten Baukran an Betz. Da beide Wert darauf legen, das Geschäft sofort abzuwickeln, Eich aber den Kran noch einige Tage auf einer Baustelle benötigt, wird vereinbart, daß das Eigentum am Kran sofort auf Betz übergeht, da dieser bereits den Kaufpreis bezahlt hat, daß aber der Kran noch eine Woche lang von Eich ausgeliehen wird. Die Leihe (§§ 598 ff.) als Besitzmittlungsverhältnis iSv. § 868 ersetzt also die Übergabe nach § 929 S. 1.

475 Die durch § 930 geschaffene Möglichkeit dient einer Vereinfachung der Übereignung; gäbe es sie nicht, müßte der Eigentümer zunächst den unmittelbaren Besitz dem Erwerber übertragen, um dann anschließend ihn von diesem zurückzuerhalten. Auch **§ 931,** der es gestattet, daß anstelle der Übergabe der zu übereignenden Sache die Abtretung des

---

[3a] Vgl. *M. Wolf* Sachenrecht, 8. Auflage 1989, RdNr. 402.

II. Kauf

Herausgabeanspruchs tritt, der dem Eigentümer der Sache zusteht, vereinfacht die Übereignung in Fällen, in denen der Eigentümer nicht unmittelbarer Besitzer ist.

Beispiel: Der von Eich zu veräußernde Baukran ist Dritt vermietet worden. Will jetzt Eich dem Betz in Erfüllung des mit diesem geschlossenen Kaufvertrages den Kran übereignen, dann kann dies dadurch geschehen, daß er sich von Dritt den Baukran zurückgeben läßt, um ihn dann Betz unmittelbar zu übergeben, oder daß er Dritt anweist, den Kran an Betz herauszugeben und dieser der Weisung nachkommt oder daß nach entsprechender Mitteilung seitens des Eich Dritt mit Betz einen neuen Mietvertrag schließt; dies sind alles Fälle einer Übergabe iSv. § 929 S. 1 (vgl. o. RdNr. 472). Eich kann aber auch seinen Herausgabeanspruch, der ihm aufgrund des Mietvertrages gegenüber Dritt zusteht (vgl. § 556 Abs. 1), Betz abtreten. Aufgrund der Einigung und der Abtretung des Herausgabeanspruchs wird dann Betz nach § 929 S. 1 iVm. § 931 Eigentümer des Kranes.

Es ist in diesem Zusammenhang darauf hinzuweisen, daß das korrekte Zitat der Vorschriften, nach denen die Übereignung beweglicher Sachen vorgenommen wird, stets § 929 S. 1 nennen muß, weil die dort geregelte Einigung auch in allen Fällen, in denen die Übergabe durch Surrogate ersetzt wird, Voraussetzung für den Eigentumsübergang ist.

Einigung und Übergabe oder die sie ersetzenden Tatbestände müssen nicht notwendigerweise zeitlich zusammenfallen. Da jedoch für die Übereignung beide Akte vollzogen sein müssen, ergibt sich die Frage, welche Rechtsfolgen es hat, wenn nach erklärter Einigung einer der Partner an der Einigung nicht mehr festhalten will. Die hM verneint eine **Bindung an die Einigung** (Rückschluß aus § 873 Abs. 2, wonach bei Grundstücksübereignungen unter bestimmten Voraussetzungen eine Bindung eintritt), läßt also einen **Widerruf** zu, der jedoch erklärt werden und dem anderen zugehen muß. Ein (inneres) Festhalten an der Einigung bis zur Übergabe ist also nicht erforderlich. **476**

Beispiel: Der Kfz-Händler Volz verkauft Kunz ein gebrauchtes Kraftfahrzeug. Nachdem Kunz den Kaufpreis entrichtet hat, wird vereinbart, daß das Fahrzeug in zwei Tagen von Kunz bei Volz abgeholt wird. Am nächsten Tag telefonieren beide miteinander und bekommen wegen einer anderen Angelegenheit Streit. Daraufhin erklärt Volz: „Nun bekommen Sie den Wagen nicht mehr". Da Volz vergißt, eine bereits zuvor erteilte Weisung zurückzunehmen, übergibt am nächsten Tag ein Angestellter das Fahrzeug an Kunz, als dieser kommt, um das Fahrzeug zu holen. In diesem Fall ist Kunz nicht Eigentümer des Wagens geworden, da in der Erklärung des Volz, Kunz solle nunmehr den Wagen nicht mehr bekommen, ein Widerruf der Einigung liegt. Etwas anderes wäre es, wenn Volz verärgert den Hörer auf die Gabel geworfen hätte und die Erklärung nur für sich selbst abgegeben hätte. Es mag überraschen, daß sich ein Partner einseitig von der Einigung, die einen Vertrag darstellt (vgl. o. RdNr. 470), lossagen kann. Dies erklärt sich dadurch, daß ihr jedes schuldrechtliche Moment fehlt.[4] Darin unterscheidet sie sich von dem (schuldrechtlichen) Kaufvertrag, der selbstverständlich von dem Sinneswandel des Volz unberührt bleibt. Die Pflicht zur Übereignung besteht folglich weiterhin, und Volz macht sich schadensersatzpflichtig, wenn er sie nicht erfüllt.

---

[4] *Baur*, Lehrbuch des Sachenrechts, 14. Aufl. 1987, § 51 II 2 (S. 446); vgl. auch BGH NJW 1978, 696f. = JuS 1978, 565f.

477 Stirbt nach Einigung, aber vor Übergabe einer der Beteiligten, wird er in seiner Geschäftsfähigkeit beschränkt oder wird er geschäftsunfähig, dann hat das auf die Wirksamkeit der Einigung keinen Einfluß. Allerdings können beim Tod die Erben, bei Verlust der Geschäftsfähigkeit der gesetzliche Vertreter, bis zur Übergabe die Einigung widerrufen und dadurch den Eigentumsübergang verhindern.

cc) Gutgläubiger Erwerb

478 Ist derjenige, der die Übereignung vornimmt, nicht der Eigentümer, dann kann vom Erwerber Eigentum erworben werden, wenn die Verfügung des Nichtberechtigten, als die sich dann die Übereignung darstellt, aus einem der in § 185 genannten Gründen wirksam ist oder wird. Treffen diese Gründe nicht zu, dann kommt ein gutgläubiger Erwerb aufgrund der §§ 932 ff. in Betracht. Diese Vorschriften betreffen nur die rechtsgeschäftliche Übertragung des Eigentums und setzen einen Erwerbstatbestand nach §§ 929 bis 931 voraus. Dies bedeutet also, daß der Erbe nicht gutgläubig Eigentum erwerben kann, wenn er im Nachlaß eine Sache findet, von der er glaubt, daß sie im Eigentum des Erblassers stand, die aber in Wirklichkeit einem Dritten gehört.

Die Gutglaubensvorschriften der §§ 932 ff. beziehen sich jeweils auf einen bestimmten Erwerbstatbestand iSv. §§ 929 bis 931, und zwar § 932 Abs. 1 S. 1 auf die Übereignung nach § 929 S. 1, § 932 Abs. 1 S. 2 auf die Übereignung nach § 929 S. 2, § 933 auf die Übereignung nach §§ 929 S. 1, 930 und 934 auf die Übereignung nach §§ 929 S. 1, 931.

479 Die in §§ 932 ff. getroffene Regelung ersetzt also nur das fehlende Eigentum des Veräußerers; sonst müssen alle übrigen Voraussetzungen des Erwerbstatbestandes erfüllt sein. Voraussetzung für den gutgläubigen Erwerb ist in allen Fällen der **gute Glaube** des Erwerbers. Was unter diesem Begriff zu verstehen ist, wird in § 932 Abs. 2 bestimmt. Danach ist ein Erwerber gutgläubig, wenn er nicht weiß, daß der Veräußerer nicht Eigentümer der Sache ist, und diese Unkenntnis nicht auf grober Fahrlässigkeit (vgl. o. RdNr. 164) beruht. Hinzu kommt eine bestimmte in den §§ 932 ff. genauer beschriebene Besitzlage des Nichtberechtigten, die einen Rechtsschein für seine Berechtigung schafft.

Die §§ 932 ff. helfen also demjenigen, der ohne Fahrlässigkeit an die Verfügungsbefugnis glaubt (Beispiel: Der Erwerber weiß, daß der Veräußerer nicht Eigentümer ist, hält ihn aber aufgrund einer (in Wirklichkeit nicht erteilten) Einwilligung des Eigentümers für verfügungsbefugt, § 185 Abs. 1), ebensowenig wie demjenigen, der den Veräußerer fälschlich für geschäftsfähig ansieht. Der gute Glaube an die Geschäftsfähigkeit wird überhaupt nicht geschützt, der gute Glaube an die Verfügungsbefugnis nur ausnahmsweise (vgl. § 366 HGB).

480 Ein **gutgläubiger Erwerb** ist **ausgeschlossen,** wenn die Sache dem Eigentümer gestohlen worden, verlorengegangen oder sonst abhanden gekommen war (§ 935 Abs. 1 S. 1). Nur wenn es sich bei der übereigneten Sache um Geld oder Inhaberpapiere (z. B. Inhaberschuldverschreibungen, vgl. §§ 793 ff., oder Inhaberaktien, vgl. § 10 Abs. 1 AktG) handelt oder wenn die Sache im Wege einer öffentlichen Versteigerung veräußert worden ist, gilt diese Einschränkung nicht (§ 935 Abs. 2).

Der **Begriff des Abhandenkommens** ist ein Oberbegriff, der die Begriffe „gestohlen worden" und „verlorengegangen" mit umfaßt. Für diesen Begriff sind zwei Merkmale wesentlich:
- Der unmittelbare Besitz muß verlorengegangen und
- der Verlust muß unfreiwillig (d. h. ohne Willen des Eigentümers) geschehen sein.

Hat also der Eigentümer seine Sache einem anderen geliehen oder vermietet, also den unmittelbaren Besitz freiwillig auf diesen übertragen, und veräußert der unmittelbare Besitzer die Sache an einen gutgläubigen Dritten, dann verliert der Eigentümer sein Eigentum, denn der unfreiwillige Verlust des mittelbaren Besitzes macht die Sache nicht zu einer abhandengekommenen im Sinne des § 935 Abs. 1.

2. Grundstücke

Auch die Übereignung von Grundstücken ist nach § 873 Abs. 1 von der Erfüllung zweier Voraussetzungen abhängig, von der Einigung – Auflassung genannt (§ 925 Abs. 1 S. 1) – als dem Willensmoment und von der Eintragung im Grundbuch, die an die Stelle der Übergabe zu übereignender beweglicher Sachen tritt und in gleicher Weise wie diese der Kundbarmachung der Eigentumsänderung dient. **481**

Die Vorschrift des § 873 gilt nicht nur für die Übertragung des Eigentums an einem Grundstück, sondern auch für andere Verfügungen über Liegenschaftsrechte, z. B. für die Bestellung einer Hypothek (vgl. §§ 1113 ff.), einer Grundschuld (vgl. §§ 1191 ff.), eines Nießbrauchs (vgl. §§ 1030 ff.).

Die Einigung über die Bestellung und Übertragung dinglicher Rechte nach § 873 Abs. 1 ist grundsätzlich formfrei; für die Einigung über den Übergang des Eigentums an einem Grundstück (Auflassung) schafft § 925 eine Sonderregelung. Die Auflassung muß bei gleichzeitiger Anwesenheit beider Parteien (wobei allerdings nicht eine persönliche Anwesenheit erforderlich ist, sondern eine Stellvertretung genügt) „vor einer zuständigen Stelle" erklärt werden. Zuständig für die Entgegennahme der Auflassung ist jeder Notar (§ 925 Abs. 1 S. 2). Eine Auflassung kann auch in einem gerichtlichen Vergleich erklärt werden (§ 925 Abs. 1 S. 3; vgl. auch § 127a). **482**

Die §§ 873, 925 gelten ebenfalls nur für die rechtsgeschäftliche Übertragung des Eigentums.

Auch das Eigentum an einem Grundstück kann von einem **Nichtberechtigten** kraft guten Glaubens des Erwerbers erworben werden. Nach § 892 gilt zugunsten desjenigen, der ein Recht an einem Grundstück durch Rechtsgeschäft erwirbt, der Inhalt des Grundbuchs als richtig, es sei denn, daß der Erwerber die Unrichtigkeit kennt oder daß ein Wider- **483** spruch gegen die Richtigkeit im Grundbuch eingetragen ist (vgl. § 899 iVm. § 894). Anders als beim gutgläubigen Erwerb beweglicher Sachen schließt also grobe Fahrlässigkeit den redlichen Erwerb von Grundstückseigentum nicht aus. Diese unterschiedliche Regelung wird dadurch gerechtfertigt, daß das Grundbuch eine stärkere Vertrauensbasis schafft als der Besitz, der bei beweglichen Sachen die Grundlage für einen gutgläubigen Erwerb bildet. Ebenfalls abweichend von dem gutgläubigen Erwerb beweglicher Sachen muß die Gutgläubigkeit nicht bis zum Zeitpunkt des Eigentumserwerbs fortbestehen (vgl. § 932 Abs. 1 S. 1); es reicht bei Grundstücken vielmehr aus, daß der Erwerber im Zeitpunkt der Stellung des Antrags auf Eintragung gutgläubig ist, wenn in diesem Zeitpunkt die Einigung bereits vorgenommen worden ist (vgl. § 892 Abs. 2). Für diese Regelung spricht, daß Veräußerer und Erwerber alle von ihnen zu beeinflussenden Voraussetzungen für den Eigentumserwerb erfüllt haben und daß das Verfahren der Eintragung, insbesondere seine Dauer, nicht von ihnen abhängt.

Hinzuweisen ist noch darauf, daß die Redlichkeit des Erwerbers beim gutgläubigen Erwerb eines Grundstücks nicht voraussetzt, daß er auch tatsächlich das Grundbuch eingesehen hat. Es genügt vielmehr, daß das Grundbuch den Nichtberechtigten als Eigentümer ausweist. Aus praktischen Gründen (weil kaum nachprüfbar, ob der Erwerber das Grundbuch selbst eingesehen hat oder hat einsehen lassen) wird es für ausreichend erklärt, daß das Grundbuch eine entsprechende Vertrauensgrundlage schafft.

484 Auf das Verfahren der Beurkundung (im Beurkundungsgesetz geregelt) und der Eintragung im Grundbuch (in der Grundbuchordnung bestimmt) kann hier ebensowenig eingegangen werden wie auf andere Fragen, die sich im Zusammenhang mit dem Erwerb des Eigentums an beweglichen und unbeweglichen Sachen stellen. Die gegebene Darstellung beschränkt sich vielmehr auf einen kursorischen Überblick, mit dem lediglich bezweckt ist, einen ersten Eindruck von der Rechtslage zu vermitteln, die sich beim Eigentumserwerb ergibt. Selbstverständlich bleibt es erforderlich, sich mit diesem Bereich vertieft zu befassen. Allerdings liegt diese Aufgabe außerhalb des Programms eines Grundkurses.

485 **c) Nichterfüllung der Verkäuferpflichten**

Erfüllt der Verkäufer die ihm nach den §§ 433 bis 437, 439 obliegenden Verpflichtungen nicht, dann kann der Käufer Rechte aus den §§ 320 bis 327 gegen ihn geltend machen (§ 440 Abs. 1).

Die Verpflichtungen, auf die § 440 Abs. 1 verweist, sind die Übergabe und Übereignung beim Sachkauf (§ 433 Abs. 1 S. 1), die Verschaffung des Rechts beim Rechtskauf (§ 433 Abs. 1 S. 2), wobei der Verkäufer auch für den Bestand des Rechts haftet (§ 437; vgl. o. RdNr. 373), und die Freistellung des Kaufgegenstandes von Rechten Dritter (§§ 434 bis 436, 439 Abs. 2).

II. Kauf

Daß bei Nichterfüllung dieser Pflichten, bei denen es sich um synallag- **486** matische Hauptleistungspflichten handelt, die §§ 320ff. Anwendung finden, ist an sich selbstverständlich. Bei nachträglicher (objektiver und subjektiver) Unmöglichkeit und beim Verzug stellt deshalb § 440 Abs. 1 eine entbehrliche Rechtsgrundverweisung dar.

Bei der **Rechtsgrundverweisung** tritt die Rechtsfolge der Vorschrift, auf die verwiesen wird, nur ein, wenn ihr Tatbestand in allen Merkmalen verwirklicht wird. Es muß also nicht nur der Tatbestand der verweisenden Norm, sondern auch noch der Tatbestand der Bezugsnorm erfüllt sein; man kann auch sagen: es muß der Grund gegeben sein, von dem in der Bezugsnorm die Rechtsfolge abhängig gemacht wird. Im Gegensatz dazu steht die **Rechtsfolgeverweisung,** bei der auf die Rechtsfolge einer Vorschrift Bezug genommen wird, ohne daß es darauf ankommt, ob der Tatbestand dieser Vorschrift verwirklicht ist. Um den Unterschied zwischen diesen beiden Verweisungsformen klarzumachen, soll auf die Vorschrift des § 254 Abs. 2 S. 2 eingegangen werden, bei der es streitig ist, ob es sich um eine Rechtsgrund- oder um eine Rechtsfolgeverweisung handelt.

Hat der Geschädigte durch schuldhafte Verletzung einer ihn treffenden Pflicht oder Obliegenheit (vgl. o. RdNr. 363) zur Entstehung seines Schadens beigetragen, so ist dies nach § 254 bei der Entscheidung über den Umfang des zu ersetzenden Schadens zu berücksichtigen.[5] Absatz 2 S. 2 des § 254 erklärt § 278 für entsprechend anwendbar, wobei diese Verweisung nicht nur – worauf die systematische Stellung hindeuten könnte – auf die in Absatz 2 getroffene Regelung, sondern auch auf die in Absatz 1 enthaltene Bestimmung zu beziehen ist. Absatz 2 S. 2 ist also so zu verstehen, als stünde diese Regelung in einem selbständigen Absatz 3. Handelte es sich bei dieser Bestimmung um eine Rechtsgrundverweisung, dann müßten die Voraussetzungen erfüllt sein, von denen § 278 die Zurechnung des Verhaltens von Dritten abhängig macht. Da § 278 nur im Rahmen einer schuldrechtlichen oder schuldrechtsähnlichen Beziehung Anwendung findet, müßte sich der Geschädigte das Mitverschulden eines Dritten nur innerhalb eines zwischen ihm und dem Schädiger schon bestehenden Schuldverhältnisses zurechnen lassen. Anders dagegen wäre zu entscheiden, wenn Absatz 2 S. 2 eine Rechtsfolgeverweisung darstellte, so daß sich der Geschädigte auch dann das Verschulden eines Dritten zurechnen lassen müßte, wenn im Zeitpunkt der Schadensentstehung ein solches Schuldverhältnis nicht existiert hat.

Beispiel: Frau Quassel begibt sich mit ihrem dreijährigen Sohn Fritz zum Einkaufen. Vor einem Geschäft trifft sie eine Bekannte und beginnt ein ausgiebiges Gespräch, über das sie ihren Sohn völlig vergißt. Fritz, der sich zunächst in der Nähe seiner Mutter aufgehalten hat, sieht plötzlich auf der anderen Straßenseite einen Hund und rennt, ohne auf den starken Autoverkehr zu achten, auf die Fahrbahn. Dort wird er von dem Kfz des Schädig erfaßt. Fritz müßte sich nach § 254 Abs. 2 S. 2 iVm. § 278 die Sorglosigkeit seiner Mutter nur dann anrechnen lassen, wenn es hierfür nicht auf das Bestehen eines Schuldverhältnisses ankäme. Insbesondere die Rechtsprechung verlangt aber eine entsprechende Sonderbindung, sieht also in § 254 Abs. 2 S. 2 eine Rechtsgrundverweisung.[6]

Bei **anfänglicher** objektiver **Unmöglichkeit** greift die Vorschrift des **487** § 306 ein, so daß der Kaufvertrag nichtig ist und sich eine Schadensersatzpflicht nach § 307, nicht nach §§ 323ff. richtet; die Verweisung des

---

[5] Vgl. *Medicus,* SchuldR I, § 59 (S. 302ff.).
[6] Vgl. *MünchKomm/Grunsky,* § 254 RdNr. 77; *Medicus* aaO, § 59 II 1b (S. 305f.), jeweils m. w. Nachw.

§ 440 Abs. 1 kann also derartige Fälle nicht erfassen. Anders ist es dagegen, wenn der Verkäufer eine nicht existierende Forderung oder ein nicht bestehendes sonstiges Recht verkauft; nach § 437 hat er dann (verschuldensunabhängig) zu haften (vgl. o. RdNr. 485). Das gleiche gilt für Fälle anfänglicher subjektiver Unmöglichkeit (vgl. o. RdNr. 376 ff.). Bejaht man in diesen Fällen mit der hM eine Garantiehaftung, dann kann man § 440 Abs. 1 insoweit nicht als eine Rechtsgrundverweisung begreifen, weil es dann entgegen der in den §§ 323 ff. getroffenen Regelung nicht auf ein Verschulden ankommt. Dementsprechend ist bezogen auf das anfängliche Unvermögen und auf § 437 in § 440 Abs. 1 eine Rechtsfolgeverweisung zu sehen.

488 Besondere Bedeutung kommt den in **§ 440 Abs. 2 bis 4** getroffenen Regelungen zu. In ihnen werden zusätzliche Voraussetzungen für einen Schadensersatzanspruch des Käufers beim Kauf beweglicher Sachen (vgl. aber auch § 441) aufgestellt, um zu verhindern, daß der Käufer Schadensersatz wegen Rechten Dritter fordern kann, obwohl er die Sache weiterhin besitzen und nutzen darf. Dieser Zustand tritt ein, wenn der Dritte seine Rechte nicht geltend macht und die Sache unversehrt beim Käufer bleibt. Zur Erläuterung der Vorschriften des § 440 Abs. 2 bis 4 und der sich hierbei ergebenden Fragen dient der folgende

Beispielsfall: Kunz kauft von Volz einen gebrauchten Pkw zum Preise von 10 000,– DM. Einige Monate nach dem Kauf wird der Wagen bei einem schweren Unwetter zerstört. Danach stellt sich heraus, daß der Pkw dem Eich gestohlen worden war. Kunz verlangt daraufhin von Volz 12 000,– DM als Schadensersatz, weil der Pkw diesen Wert hatte. Mit Recht?
Der von Kunz geltend gemachte Anspruch könnte aus § 325 Abs. 1 S. 1 iVm. §§ 440 Abs. 1, 433 Abs. 1 S. 1 hergeleitet werden. Volz hat die sich aus dem Kaufvertrag ergebende Verpflichtung, dem Kunz Eigentum am Pkw zu verschaffen, nicht erfüllt. Daß der Pkw (zufällig) untergegangen ist, steht nach § 440 Abs. 2 einem Schadensersatzanspruch des Kunz nicht entgegen. Aus dieser Vorschrift ergibt sich auch, daß es für die Haftung des Verkäufers wegen eines Rechtsmangels nicht darauf ankommt, daß der Käufer mit der Übergabe der verkauften Sache nach § 446 die Gefahr des zufälligen Untergangs trägt (vgl. dazu o. RdNr. 361). Streitig ist jedoch die Frage, ob nicht die Ersatzpflicht des Verkäufers auf solche Schäden beschränkt ist, die sich infolge des Rechtsmangels ergeben, also hier auf einen Schaden, den Kunz deshalb erleidet, weil er nicht Eigentümer geworden ist. Dies wird von der hM mit dem Hinweis auf einen entsprechenden Schutzzweck der Rechtsmängelhaftung bejaht,[7] während eine Gegenauffassung es dem Verkäufer verwehrt, sich darauf zu berufen, daß die Sache auch bei rechtsmangelfreier Leistung untergegangen wäre, also der Untergang nichts mit dem Rechtsmangel zu tun hat.[8] Die hM würde also in dem Beispielsfall einen Schadensersatzanspruch ablehnen, während die Gegenauffassung den Verkäufer für verpflichtet hielte, Schadensersatz zu leisten. Auf der Grundlage der hM wäre es jedoch Kunz nicht verwehrt, vom Vertrag zurückzutreten (§§ 440 Abs. 1, 433 Abs. 1 S. 1, 325 Abs. 1 S. 1, 327 S. 1, 346), da hierfür die Beschränkungen des § 440 Abs. 2 bis 4 nicht

---

[7] *Brox*, BS, RdNr. 31; *Köhler*, PdW – SchuldR II, Nr. 11 (S. 14 f.).
[8] *Erman/Weitnauer*, § 440 RdNr. 15.

gelten und der zufällige Untergang der Sache einem Rücktritt nicht entgegensteht (§ 350). Auf diesem Weg erhielte Kunz also nach hM zumindest seinen Kaufpreis zurück.[9]

Der Käufer kann nicht nur Schadensersatz vom Verkäufer verlangen, wenn er die Sache dem Berechtigten herausgegeben hat, sondern auch, wenn er den Erlös aus einer Weiterveräußerung an den Berechtigten abführt. Hätte Kunz in dem Beispielsfall den Pkw an Dritt weiterveräußert und hätte er an Eich auf dessen Verlangen den Kaufpreis nach § 816 Abs. 1 S. 1 (Einzelheiten dazu später) herausgegeben, dann könnte er von Volz Schadensersatz fordern. Zwar ist dies in § 440 nicht ausdrücklich bestimmt, aber dieser Fall muß gleich behandelt werden wie die Herausgabe der Kaufsache an den Berechtigten. In beiden Fällen erleidet der Käufer einen Schaden, weil ein Dritter ein Recht an der Kaufsache hat und es geltend macht. Das gleiche gilt, wenn der Käufer wegen des von ihm verschuldeten Untergangs der Sache Schadensersatz nach § 990 iVm. § 989 an den Berechtigten leistet.

Nach § 439 Abs. 1 wird eine Rechtsmängelhaftung – von den Ausnahmen des Absatzes 2 abgesehen – ausgeschlossen, wenn der Käufer beim Abschluß des Kaufvertrages den Mangel kennt. Dagegen schadet ihm grob fahrlässige Unkenntnis des Mangels nicht. **489**

d) Sachmängelhaftung

1. Überblick über die Rechte des Käufers

Übergibt und übereignet der Verkäufer die verkaufte Sache dem Käufer zwar frei von Rechten Dritter, ist die Sache aber zur Zeit des Gefahrübergangs mit Fehlern behaftet, „die den Wert oder die Tauglichkeit zu dem gewöhnlichen oder dem nach dem Vertrage vorausgesetzten Gebrauch aufheben oder mindern", dann hat der Verkäufer dafür einzustehen, sofern nicht die Minderung des Wertes oder der Tauglichkeit unerheblich ist (§ 459 Abs. 1). Der Verkäufer haftet nach § 459 Abs. 2 auch dafür, daß die Sache zur Zeit des Übergangs der Gefahr die zugesicherten Eigenschaften hat. Der Käufer kann in diesen Fällen verlangen, daß der Kaufvertrag rückgängig gemacht wird (sog. Wandlung; vgl. § 462) oder die Herabsetzung des Kaufpreises entsprechend der Wertminderung durch den Mangel fordern (sog. Minderung; vgl. §§ 462, 472). Hat der Verkäufer einen Fehler der Sache arglistig verschwiegen oder fehlt der Sache zur Zeit des Kaufes eine zugesicherte Eigenschaft, dann kann der Käufer, anstatt zu wandeln oder zu mindern, auch Schadensersatz wegen Nichterfüllung beanspruchen (§ 463). Dagegen ist der Verkäufer nicht verpflichtet, einen Sachmangel auf Verlangen des Käufers zu beheben, es sei denn, daß er eine entsprechende Pflicht vertraglich übernommen hat (vgl. § 476a). **490**

Der Begriff des Sachmangels umfaßt Fehler der Kaufsache (vgl. § 459 Abs. 1) und das Fehlen zugesicherter Eigenschaften (vgl. § 459 Abs. 2).

---

[9] *Larenz*, SchuldR II 1, § 40 II b 3 (S. 34).

491 Wie sich schon aus dem Wortlaut der §§ 459 ff. ergibt, sind die in diesen Vorschriften geregelten Gewährleistungsrechte nur auf den Verkauf von (beweglichen und unbeweglichen) Sachen beschränkt. Für Mängel beim **Rechtskauf** gilt § 437. Danach hat der Verkäufer einer Forderung oder eines sonstigen Rechts für den Bestand, für die Verität, zu haften (vgl. auch o. RdNr. 373), und zwar ohne Rücksicht darauf, ob ihn ein Verschulden trifft (vgl. o. RdNr. 487). Für die Einbringlichkeit der Forderung, für die Bonität, hat der Verkäufer dagegen nur einzustehen, wenn er vertraglich eine entsprechende Haftung übernimmt (vgl. § 438). Die Abgrenzung zwischen Sach- und Rechtskauf und den dann eingreifenden Gewährleistungsrechten kann im Einzelfall Schwierigkeiten bereiten, beispielsweise wenn Sachgesamtheiten wie Unternehmen oder wenn Gesellschaftsanteile den Kaufgegenstand bilden. Auf die damit zusammenhängenden Fragen ist hier nicht einzugehen.[10]

492 Die Gewährleistungsrechte nach §§ 459 ff. stehen dem Käufer sowohl beim **Stückkauf** als auch beim **Gattungskauf** zu, obwohl zwischen beiden ein erheblicher Unterschied besteht. Beim Stückkauf gibt es nur den Gegenstand, der die Kaufsache bildet. Da – wie bereits erwähnt – der Verkäufer nicht zur Behebung des Mangels verpflichtet ist, bleibt für den Käufer nur die Möglichkeit, einen Ausgleich für den Mangel mit Hilfe der ihm nach §§ 459 ff. zustehenden Gewährleistungsansprüche zu suchen. Beim Gattungskauf kann man sich dagegen auf den Standpunkt stellen, daß eine mangelhafte Gattungssache nicht die geschuldete ist (vgl. § 243 Abs. 1) und daß deshalb der Käufer statt der Gewährleistungsrechte weiterhin seinen Anspruch auf Lieferung einer mangelfreien Gattungssache geltend zu machen habe. In § 480 ist diesem Gedanken zwar Rechnung getragen, aber im Interesse einer möglichst einheitlichen Regelung ist auch der Gattungskauf in das System der kaufrechtlichen Gewährleistungsansprüche einbezogen worden (Einzelheiten dazu später).

493 Für den **Viehkauf** (vgl. § 481) enthalten die §§ 482 bis 492 Sonderregelungen. Danach haftet der Verkäufer nur für bestimmte Fehler (Hauptmängel genannt) und für diese nur, wenn sie sich innerhalb bestimmter Fristen zeigen. Hauptmängel und Gewährfristen sind in einer Verordnung aus dem Jahre 1899 geregelt (vgl. § 482). Haftet danach der Verkäufer für einen Mangel, dann kann der Käufer nur Wandelung, nicht Minderung fordern (§ 487 Abs. 1) und unter den Voraussetzungen der §§ 463, 480 Abs. 2 auch Schadensersatz wegen Nichterfüllung (§ 481). Bei einem Gattungstierkauf steht dem Käufer auch ein Anspruch auf Lieferung eines mangelfreien Tieres zu (§ 491).

---

[10] Vgl. dazu *MünchKomm/Westermann*, § 459 RdNr. 7, 44 ff.; *Schwerdtner,* Jura 1984, 542, 543.

2. Voraussetzungen für Wandlung und Minderung

Für Wandlung und Minderung ist Voraussetzung, daß **494**
- zwischen Verkäufer und Käufer ein (gültiger) Kaufvertrag besteht und daß
- im Zeitpunkt des Gefahrübergangs
- die Kaufsache mit einem dem Käufer beim Abschluß des Kaufvertrages nicht bekannten und auch nicht infolge grober Fahrlässigkeit unbekannt gebliebenen (vgl. § 460) Fehler behaftet ist,
- der den Wert oder die Tauglichkeit zum gewöhnlichen oder vertraglich vorausgesetzten Gebrauch aufhebt oder nicht unerheblich mindert (§ 459 Abs. 1),
- oder daß zur Zeit des Gefahrübergangs der Kaufsache eine zugesicherte Eigenschaft fehlt (§ 459 Abs. 2), ohne daß dies der Käufer weiß (§ 460 S. 1).

In den folgenden Ausführungen soll auf diese Voraussetzungen näher eingegangen werden.

aa) Fehler

Eine Sache weist einen Fehler auf, wenn sie in ihrer Beschaffenheit **495** ungünstig von der Qualität abweicht, die der Käufer mit Recht erwarten kann, oder kürzer formuliert: Fehler ist die dem Käufer ungünstige Abweichung der Ist-Beschaffenheit von der Soll-Beschaffenheit. Durch diese Beschreibung werden zwei Fragen aufgeworfen:
- Welche Faktoren bilden die „Beschaffenheit" einer Sache?
- Nach welchen Maßstäben wird die Soll-Beschaffenheit bestimmt?

Die **Beschaffenheit einer Sache** ist zunächst einmal die Summe ihrer **496** natürlichen Eigenschaften wie das Material, aus dem sie hergestellt ist (Metall, Holz), der Zustand, in dem sie sich befindet (neu, gebraucht, stark abgenutzt), ihre Widerstandsfähigkeit gegen Umwelteinflüsse (nicht rostend, farbbeständig bei Sonneneinstrahlung), elastisch, wasserabweisend u. ä. m.[11] Zu der Beschaffenheit einer Sache werden jedoch auch ihre Beziehungen zur Umwelt gerechnet, wenn diese Beziehungen nach der Verkehrsanschauung für ihre Brauchbarkeit oder ihren Wert bedeutsam sind, ihr für eine gewisse Dauer anhaften und in der Sache selbst ihren Grund haben, von ihr ausgehen, nicht nur durch Heranziehung von Umständen in Erscheinung treten, die außerhalb der Sache liegen (vgl. auch o. RdNr. 299).[12] Der BGH hat z. B. die Tatsache, daß ein Gegenstand im wesentlichen den einzigen Vermögenswert des Verkäufers darstellt und deshalb eine Haftung nach § 419 in Betracht kommt (dazu u. RdNr. 820), nicht als Beschaffenheitsmerkmal der Sache ange-

---

[11] Vgl. *Larenz*, SchuldR II 1, § 41 Ia (S. 39f.).
[12] So die Begriffsbeschreibung des BGH (BGHZ 70, 47, 49 = NJW 1978, 370).

sehen, weil dies nicht von der Beschaffenheit des Gegenstandes selbst, sondern von außerhalb liegenden Umständen, nämlich dem Vermögensstand des Verkäufers, abhängt.[13] Als Eigenschaft eines Grundstücks wird nicht nur dessen Lage (z. B. am Waldrand oder am Ufer eines Sees), sondern auch seine Unbebaubarkeit aufgrund öffentlich-rechtlicher Baubeschränkungen gewertet[14] (Es handelt sich hierbei nicht um einen Rechtsmangel iSv. § 434, weil bei öffentlich-rechtlichen Baubeschränkungen – anders als bei solchen, die ihre Grundlage im Privatrecht haben und deshalb unter § 434 zu fassen sind – kein Recht besteht, das von „Dritten" gegen den Käufer geltend gemacht werden kann[15]).

Sind also die wertbildenden Faktoren als Beschaffenheitsmerkmale aufzufassen, so gilt dies nicht für die daraus zu ziehende Schlußfolgerung, den **Wert der Sache** selbst. Die Ansicht, daß der Wert nicht als Eigenschaft zur Beschaffenheit der Sache zu zählen ist, wird dadurch gerechtfertigt, daß sonst der Käufer das Risiko einer falschen Bewertung mit Hilfe der Gewährleistungsvorschriften auf den Vertragspartner abwälzen könnte (vgl. zur parallelen Frage bei § 119 Abs. 2 o. RdNr. 300).

497 Für die weitere Frage, die sich darauf bezieht, nach welchen Maßstäben die **Soll-Beschaffenheit** zu ermitteln ist, was also der Käufer berechtigterweise an Qualität erwarten kann, gibt es zwei Ansatzpunkte:
– Die Soll-Beschaffenheit einer Sache kann einmal nach objektiven Standards bestimmt werden. Die verkaufte Sache weicht dann nachteilig von der Soll-Beschaffenheit ab, wenn sie nicht die Beschaffenheit aufweist, die Sachen der Art des Kaufgegenstandes regelmäßig besitzen. Für diese Betrachtungsweise ist es allerdings erforderlich, den Kaufgegenstand einer bestimmten vom Verkehr anerkannten Art zuzuordnen, weil nur auf diese Weise die „Normalbeschaffenheit" festgestellt und mit der tatsächlichen Beschaffenheit des Kaufgegenstandes verglichen werden kann.

Dieses von der sog. **objektiven Theorie** empfohlene Vorgehen führt dazu, daß von einem Fehler nur gesprochen werden kann, wenn der Kaufgegenstand alle artbestimmenden Merkmale aufweist, nur in einer minderen Qualität (objektiver Fehlerbegriff). Dagegen handelt es sich nicht um einen Fehler des Kaufgegenstandes, wenn ihm artbestimmende Merkmale fehlen.

Beipiel: Wird ein Gemälde verkauft, das die Parteien für einen echten Rubens halten, dann ist es nach der objektiven Theorie fehlerhaft, wenn es (als echter Rubens) eine durch unsachgemäße Restaurierung entstandene Beschädigung der Leinwand aufweist. Dagegen ist es kein Fehler, wenn sich herausstellt, daß das Gemälde überhaupt nicht von Rubens stammt, sondern es sich dabei um das Werk eines anderen Malers handelt, der nur in der Manier von Rubens malte. Denn nach der objektiven Theorie weicht ein solches Bild von der üblichen Soll-Beschaffenheit echter Rubens nicht fehlerhaft ab, sondern gehört überhaupt nicht zu dieser Art. Es ist danach kein Fehler eines „unechten Rubens", kein echter zu sein.

---

[13] BGHZ 70, 47, 50.
[14] Vgl. *Johlen*, NJW 1979, 1531, m. weit. Nachw.
[15] BGH NJW 1978, 1429, 1430.

– Bei der Bestimmung der Soll-Beschaffenheit kann zum anderen allein auf die vertragliche Vereinbarung gesehen und die Fehlerhaftigkeit der Kaufsache dann bejaht werden, wenn sie in ihrer Beschaffenheit nachteilig von der im Kaufvertrag festgelegten abweicht.

Diese sog. **subjektive Theorie** bejaht die Fehlerhaftigkeit einer Sache auch dann, wenn sie in ihrer Ist-Beschaffenheit einer anderen Art zuzurechnen ist (subjektiver oder konkreter Fehlerbegriff). Für sie ist also ein unechter Rubens ein fehlerhafter, weil er nicht von der Beschaffenheit ist, die er nach dem Vertrag, also als „echter Rubens", haben müßte.

Allein aufgrund des Gesetzeswortlauts läßt sich eine Entscheidung zwischen diesen beiden Theorien nicht treffen. Denn § 459 Abs. 1 S. 1 stellt den „gewöhnlichen Gebrauch" gleichberechtigt neben den „nach dem Vertrage vorausgesetzten". Der Vorrang einer vertraglichen Vereinbarung auch für den Fehlerbegriff ergibt sich aber daraus, daß die Vorschriften über die Sachmängelhaftung dispositives Recht darstellen. Haben die Parteien also nach dem Vertrage eine bestimmte Beschaffenheit der Kaufsache festgelegt und weicht die gelieferte Sache in ihrer Ist-Beschaffenheit nachteilig davon ab, dann ist sie als fehlerhaft anzusehen. Deshalb können sich Schwierigkeiten nur in Fällen ergeben, in denen die Parteien keine (auch nicht durch Auslegung zu ermittelnde) Absprachen über die Qualität des Kaufgegenstandes getroffen haben. In solchen Fällen – aber auch nur in solchen – ist dann auf die Standards der betreffenden Art abzustellen, zu der der Kaufgegenstand gehört. Es ist nun im wesentlichen eine terminologische Frage, ob man dies als Abweichung von der subjektiven Theorie auffassen will und deshalb von einem **subjektiv-objektiven Fehlerbegriff** spricht[16] oder ob man hierin lediglich eine notwendige Präzisierung der subjektiven Theorie sieht, weil auch bei einer nur artmäßigen Bestimmung der Kaufsache die Parteien regelmäßig die üblichen Merkmale einer Sache der entsprechenden Art stillschweigend vorauszusetzen pflegen. **498**

Der **Meinungsstreit** um den Inhalt des Fehlerbegriffs hat durchaus eine wichtige praktische Bedeutung. Von seiner Entscheidung hängt es zumindest in manchen Fällen ab, welche Rechte der Käufer geltend machen kann. In dem oben gebrachten Beispielsfall des Verkaufs eines unechten Rubens als echten ist nach der subjektiven Theorie, die heute herrschend ist,[17] ein Ausgleich auf der Grundlage der §§ 459 ff. herbeizuführen. Die objektive Theorie,[18] die eine Fehlerhaftigkeit des Gemäldes verneint, muß nach anderen Lösungen suchen. **499**

---

[16] *MünchKomm/Westermann*, § 459 RdNr. 9.

[17] *Larenz*, SchuldR II 1, § 41 Ia (S. 38 ff.); *Staudinger/Honsell*, § 459 RdNr. 10, 13; *Brox*, BS, RdNr. 61 f.; jeweils m. weit. Nachw.

[18] *Fabricius*, JuS 1964, 1, 5 ff.; *R. Schmidt* NJW 1962, 710; vgl. auch *Knöpfle*, JZ 1978, 121, 125 f.; AcP 180 (1980), 462, 484 ff.; NJW 1987, 801; *Fikentscher*, SchuldR, § 70 II 2d (S. 436 ff.).

Die Unterschiede, zu denen beide Theorien gelangen, sollen an dem Beispielsfall des Kaufs eines unechten Rubens noch näher erläutert werden. Die subjektive Theorie, die – wie bemerkt – die §§ 459 ff. anwendet, kann dem Käufer Gewährleistungsansprüche nur innerhalb der zeitlichen Grenzen des § 477 zugestehen. Entdeckt der Käufer die Unechtheit des Bildes erst später als sechs Monate nach Ablieferung des Bildes, hat er nur Rechte, wenn der Verkäufer die Unechtheit arglistig verschwiegen hat (dazu u. RdNr. 530). Insbesondere ist es dem Käufer verwehrt, seine bei Abschluß des Kaufvertrages abgegebene Willenserklärung wegen Irrtums nach § 119 Abs. 2 anzufechten. Denn in Fällen, in denen die Gewährleistungsvorschriften der §§ 459 ff. eingreifen, ist ein Anfechtungsrecht wegen Irrtums über eine unter § 459 Abs. 1 fallende Eigenschaft ausgeschlossen (vgl. auch u. RdNr. 532). Dieser Vorrang der Gewährleistungsvorschriften gegenüber der Irrtumsanfechtung nach § 119 Abs. 2 rechtfertigt sich dadurch, daß die Vorschriften der §§ 459 ff. in Fällen der Lieferung einer mangelhaften Sache die widerstreitenden Interessen des Käufers und des Verkäufers nach der Absicht des Gesetzgebers abschließend ausgleichen sollen. Hierzu gehören auch die kurze Verjährungsfrist für Gewährleistungsansprüche nach § 477 und der Ausschluß von Gewährleistungsansprüchen bei grob fahrlässiger Unkenntnis des Fehlers (vgl. § 460 S. 2, auch zu den Ausnahmen). Würde man daneben noch die Irrtumsanfechtung nach § 119 Abs. 2 zulassen, die innerhalb eines Zeitraums von 30 Jahren vorgenommen werden kann (vgl. § 121 Abs. 2) und nicht dadurch gehindert wird, daß der Irrtum auf grober Fahrlässigkeit des Irrenden beruhte, dann würde dadurch die durch § 460 S. 2 und § 477 vom Gesetzgeber verfolgte Absicht durchkreuzt werden (vgl. u. RdNr. 530). Die ganz hM sieht deshalb in den §§ 459 ff. eine Spezialregelung, die eine Anfechtung wegen des Irrtums des Käufers über den Mangel der Kaufsache ausschließt.[19] Dagegen kann die objektive Theorie eine solche Anfechtung ohne weiteres zulassen, weil die Unechtheit des Gemäldes für sie keinen Fehler darstellt und die §§ 459 ff. folglich auch nicht anwendbar sind. Der Käufer muß nur unverzüglich die Anfechtung erklären, wenn er von dem Anfechtungsgrund Kenntnis erlangt (§ 121 Abs. 1). Allerdings gibt es innerhalb der objektiven Theorie auch den Vorschlag, in Fällen, in denen eine Speziessache vereinbarte Eigenschaften nicht besitzt, die §§ 459 ff. analog anzuwenden, dies aber nur mit einer Modifizierung des § 477 dahingehend zu tun, daß die Gewährleistungsansprüche in diesen Fällen erst verjähren, wenn der Käufer das Fehlen der Eigenschaft entdeckt und dies nicht unverzüglich rügt (Rechtsgedanke des § 121 entsprechend übertragen auf § 477).[20]

500 Wendet man die dargestellten Fehlertheorien unverändert auf den **Gattungskauf** an, dann ergeben sich Schwierigkeiten für die Abgrenzung zwischen der Lieferung einer mangelhaften Sache und der Falschlieferung, bei der ein aliud (= ein anderer als der vertraglich vereinbarte Kaufgegenstand) geliefert wird.

Beispiele: Es werden polnische Jungmastgänse verkauft, der Verkäufer liefert aber ungarische. Anstelle des als Saatgutes gekauften Sommerweizens liefert der Verkäufer Winterweizen. Verkauft werden fünf Sack Zucker, geliefert werden fünf Sack Salz.

Will man in diesen Fällen – wie dies insbesondere die objektive Theorie folgerichtig tun müßte – die Entscheidung zwischen der Lieferung einer

---

[19] BGHZ 78, 216, 218 = NJW 1981, 224 = JuS 1981, 459 (st. Rspr.); *Larenz*, SchuldR II 1, § 41 II e (S. 73 f.); aA *Jauernig*, § 119 Anm. 4 e.
[20] *Fabricius*, JuS 1964, 10; JZ 1970, 30.

mangelhaften Sache, bei der die §§ 459 ff., insbesondere § 480, Anwendung finden, und der Lieferung einer erfüllungsuntauglichen Sache, bei der der Erfüllungsanspruch ohne die zeitlichen Grenzen des § 477 bestehen bleibt, danach vornehmen, ob die gelieferte Sache einer anderen Gattung angehört, als vertraglich vereinbart worden ist, dann ergibt sich in der Praxis das Problem, daß in vielen Fällen die Grenzen zwischen verschiedenen Gattungen nicht eindeutig bestimmbar sind. In dem Beispielsfall des Gänsekaufs müßte entschieden werden, ob polnische und ungarische Jungmastgänse verschiedenen Gattungen angehören oder ob es nur eine einheitliche Gattung der Jungmastgänse gibt und das Herkunftsland allenfalls als zusätzliches Qualitätsmerkmal in Betracht kommt. Nun könnte erwogen werden, diese Schwierigkeiten dadurch zu beheben, daß man auf die Parteivereinbarung abstellte und es den Vertragspartnern überließe, durch die von ihnen genannten Merkmale die geschuldete Gattung festzulegen. Dies hätte jedoch zur Folge, daß bereits geringfügige Abweichungen von den festgelegten Merkmalen eine Falschlieferung ergeben würden.

Der BGH[21] will deshalb die Verkehrsauffassung darüber entscheiden lassen, wie die einzelnen Gattungen abgegrenzt werden, wobei die Besonderheiten der einzelnen Branchen und des jeweiligen Liefergegenstandes beachtet werden müßten. Das Gericht hatte die Frage zu entscheiden, ob die für eine Dachkonstruktion genormten Wellstegträger in einer Höhe von 40 cm einer anderen Gattung angehören als solche in Höhe von 32 cm. Der BGH hat diese Frage entgegen dem Berufungsgericht verneint.

Bei der Frage der **Abgrenzung** einer mangelhaften Leistung **von der Lieferung eines aliud** lassen sich folgende Positionen einnehmen: 501
- In konsequenter Durchführung der subjektiven Theorie wird jede aliud-Lieferung als mangelhaft aufgefaßt, weil die gelieferte Sache nicht die vertraglich festgelegten Merkmale aufweist.
- Es wird darauf abgestellt, ob die gelieferte Sache der vereinbarten Gattung angehört; ist dies zu bejahen, dann handelt es sich nicht um eine Falschlieferung. Die Bestimmung der Gattung ist auf der Grundlage der einzelnen vertraglichen Vereinbarungen unter Berücksichtigung der Verkehrsauffassung vorzunehmen.[22]
- Es kommt auf den Grad der Abweichung der gelieferten Sache von der vertraglich vereinbarten Art an. Nur wenn diese Abweichung so erheblich ist, daß das Einverständnis des Käufers auszuschließen ist, die gelieferte Sache als die geschuldete anzunehmen, handelt es sich um eine Falschlieferung.[23]

---

[21] NJW 1975, 2011.
[22] So insbesondere die Rspr.; vgl. BGH NJW 1968, 640 = JuS 1968, 139; NJW 1975, 2011.
[23] *Medicus*, BR, RdNr. 336, 338; *Larenz*, SchuldR II 1, § 41 III (S. 80); *Brox*, BS, RdNr. 63.

Diese im Schrifttum stark vertretene Auffassung greift auf die in § 378 HGB getroffene Regelung zurück. Bei einem Kauf, der für beide Vertragspartner ein Handelsgeschäft darstellt (d. h. ein Geschäft eines Kaufmanns, das zum Betriebe seines Handelsgewerbes gehört; vgl. § 343 Abs. 1 HGB), muß der Käufer bei einer Falschlieferung in gleicher Weise wie bei Lieferung einer mangelhaften Sache (vgl. § 377 HGB) unverzüglich rügen, „sofern die gelieferte Ware nicht offensichtlich von der Bestellung so erheblich abweicht, daß der Verkäufer die Genehmigung des Käufers als ausgeschlossen betrachten mußte." Aus dieser gleichen Regelung der Rüge in beiden Fällen schließt die hM, daß beim handelsrechtlichen Gattungskauf dem Käufer bei einer Falschlieferung ebenso wie bei einer Schlechtlieferung (nur) die Gewährleistungsansprüche zustehen, es sei denn, daß es sich um eine nicht genehmigungsfähige Falschlieferung handelt.

502   Die Auffassung, die alle aliud-Fälle als Schlechtlieferung auffaßt, hat zwar den Vorteil, auf diese Weise jede Abgrenzungsschwierigkeit zu vermeiden, jedoch erscheint es unbillig, dem Käufer stets bei einer aliud-Lieferung einen Erfüllungsanspruch nur in den zeitlichen Grenzen des § 477 zu geben. Es muß daran festgehalten werden, daß der Schuldner einer Gattungssache nicht mit einer völlig anderen als der vereinbarten Sache den gegen ihn gerichteten Anspruch erfüllen kann. Wer Zucker schuldet und Salz liefert, bewirkt nicht die „geschuldete Leistung" (vgl. § 362 Abs. 1). Die beiden anderen Auffassungen werden viele Fälle gleich entscheiden, wobei allerdings die Meinung, die die Frage der Erfüllungstauglichkeit nach dem Grad der Abweichung der gelieferten von der geschuldeten Sache entscheiden will, den praktischen Vorteil hat, nicht die genauen Grenzen der jeweils in Betracht kommenden Gattung festlegen zu müssen.

Wendet man diese beiden Auffassungen auf die oben (RdNr. 500) angeführten Beispiele an, dann zeigt sich eine Übereinstimmung in den Ergebnissen. Sommerweizen und Winterweizen gehören verschiedenen Gattungen an,[24] aber zugleich ist die Abweichung der gelieferten von der geschuldeten Ware so erheblich, daß der Verkäufer die Genehmigung des Käufers als ausgeschlossen betrachten muß.[25] Erst recht gilt das für die Lieferung von Salz statt Zucker. Andererseits sind polnische und ungarische Jungmastgänse lediglich verschiedene Arten derselben Gattung und die Abweichung der gelieferten von der vertraglich vereinbarten Ware ist nicht so erheblich, daß eine Genehmigung des Käufers auszuschließen ist. Nur in Fällen also, in denen die geschuldete und die gelieferte Sache verschiedenen Gattungen angehören, dennoch die Unterschiede zwischen den Gattungen nicht so erheblich sind, daß eine Genehmigung des Käufers als ausgeschlossen betrachtet werden muß, kommen beide Auffassungen zu verschiedenen Lösungen. Wären also entgegen der hier vorgenommenen Wertung nach der Verkehrsauffassung polnische und ungarische Jungmastgänse als verschiedene Gattungen anzusehen, dann handelte es sich nach der einen Auffassung um eine Falschlieferung, nach der anderen dagegen nicht, weil eine Genehmigung nicht auszuschließen wäre.

503   Auch beim **Stückkauf** kann es selbstverständlich zu einer Falschlieferung kommen. Der Unterschied zur **Falschlieferung** beim Gattungskauf

---

[24] Vgl. BGH NJW 1968, 640 = JuS 1968, 139.
[25] Vgl. *Medicus*, BR, RdNr. 338.

II. Kauf

besteht aber darin, daß es beim Stückkauf von vornherein „die" gekaufte Sache gibt und der Verkäufer nur durch Lieferung dieser Sache seine Vertragspflichten erfüllen kann.

Beispiel: Kunz kauft beim Gebrauchtwagenhändler Volz einen BMW 325i, Baujahr 1987. Es wird vereinbart, daß ihm der Pkw nach Einbau eines Radios nach Hause geliefert wird. Aufgrund eines Versehens wird Kunz ein BMW 320, Baujahr 1985, gebracht.

Da der gelieferte Pkw nicht der geschuldete ist, kann Volz damit nicht den Anspruch des Kunz aus dem Kaufvertrag auf Übergabe und Übereignung der verkauften Sache (§ 433 Abs. 1 S. 1) erfüllen. Dieser Anspruch bleibt weiterhin bestehen. Gewährleistungsansprüche stehen Kunz nicht zu. Er kann also nicht den gelieferten Pkw behalten und den Kaufpreis entsprechend dessen minderem Wert herabsetzen.

bb) Fehlen einer zugesicherten Eigenschaft — 504

Der Verkäufer haftet auch für das Vorhandensein zugesicherter Eigenschaften der Kaufsache (§ 459 Abs. 2). Im Hinblick auf die unterschiedlichen Rechtsfolgen, die sich nach § 462 und § 463 ergeben (dazu u. RdNr. 509, 518, 521 ff.), ist eine **Unterscheidung** zwischen einem Fehler der Kaufsache und dem Fehlen einer zugesicherten Eigenschaft erforderlich. Dieser Unterschied ist jedoch entgegen einer insbesondere von der Rechtsprechung vertretenen Auffassung nicht dadurch zu gewinnen, daß der Begriff der Eigenschaft iSv. § 459 Abs. 2 und § 463 ausdehnend interpretiert und anders verstanden wird als das Beschaffenheitsmerkmal iSv. § 459 Abs. 1.

So lehnt es beispielsweise der BGH ab, in den Mieteinnahmen und Betriebskosten eines Hauses Faktoren zu sehen, die eine Fehlerhaftigkeit ergeben können. Das Gericht meint, zwar würde dadurch der Wert des Hauses beeinflußt werden, so daß sie Eigenschaften iSv. § 459 Abs. 2 darstellen könnten. Sie seien aber nicht Mängel, die ihre Ursache in der Beschaffenheit des Grundstücks oder in den davon ausgehenden rechtlichen und tatsächlichen Beziehungen zur Umwelt hätten.[26] Diese Einschränkung ergebe sich dadurch, daß sich die kurze Verjährungsfrist des § 477 nur rechtfertigen ließe, wenn dem Käufer durch Besitz der Kaufsache die Kenntnisnahme von solchen Mängeln ermöglicht werde. Auch bestimmte Rechtsverhältnisse, die Beschränkungen des Eigentümers eines Grundstücks festlegten und als Fehler im Sinne des Kaufrechts aufzufassen seien (vgl. o. RdNr. 496), ließen sich im Verkehr anhand der Beschaffenheit, insbesondere der Lage eines Grundstücks oder der Art seiner Bebauung, erkennen.[27]
Diese vom BGH befürwortete Unterscheidung von wertbildenden Faktoren, die in der Beschaffenheit der Sache selbst ihren Grund haben und deshalb unter den Fehlerbegriff subsumiert werden sollen, und solchen, die ihre Grundlage außerhalb der Kaufsache haben und deshalb (nur) Eigenschaften iSv. § 459 Abs. 2 sein könnten, läßt sich schwerlich mit der vom Gericht selbst vertretenen Auffassung vereinbaren, daß zur Beschaffenheit einer Sache auch wert- und gebrauchsrelevante Beziehungen zur Umwelt gehören. Die insoweit vorgenommene Einschränkung, daß diese Beziehungen auch „in der Sache selbst ihren Grund haben" müssen und nicht lediglich durch

---

[26] BGH NJW 1980, 1456, 1458.
[27] BGHZ 67, 134, 136 = NJW 1976, 1888.

Heranziehen von Umständen außerhalb der Sache in Erscheinung treten dürfen (vgl. o. RdNr. 496), hilft nicht weiter. Beziehungen zur Umwelt, die nicht von der Sache selbst ausgehen, können auch nicht als Eigenschaft der Sache angesehen werden. Wie vage diese Abgrenzungsformel ist und wie wenig überzeugend die mit ihrer Hilfe erzielten Ergebnisse sind, machen Entscheidungen des BGH recht deutlich. So soll die Begutachtung eines Gemäldes als eigenhändiges Werk eines bestimmten Künstlers durch einen Kunstsachverständigen eine Eigenschaft des Bildes sein, weil sie sich aus der Beschaffenheit des Bildes selbst ergebe und ihm anhafte.[28] Hierbei wird offensichtlich das Ergebnis der Begutachtung, die Echtheit des Gemäldes, mit der Feststellung durch den Sachverständigen, auf die es entscheidend ankommt, verwechselt. Das Urteil wird zwar auf § 459 Abs. 2 gestützt, das Gericht verwendet aber für die Beschreibung des Begriffs „Eigenschaft" iSv. § 459 Abs. 2 die gleiche Formulierung wie für die Kennzeichnung der Beschaffenheit einer Sache iSv. § 459 Abs. 1.[29] Ebenso ist nicht einzusehen, warum die Mieterträge eines Hauses keine Umweltbeziehung sein sollen, die ihren Grund in der Sache selbst haben.[30]

505 Ist also der Begriff der Eigenschaft als wenig taugliches Abgrenzungskriterium auszuscheiden, dann muß nach einem anderen Ansatz gesucht werden, um zu einer Unterscheidung zwischen Fehler und fehlender zugesicherter Eigenschaft zu gelangen. Hierbei ist von der Erkenntnis auszugehen, daß es nach der subjektiven Theorie keinen triftigen Grund gibt, der die Vertragsparteien daran hindern könnte, beliebige Eigenschaften einer Sache zur vertraglich geschuldeten Soll-Beschaffenheit zu erheben. Nur wenn das Fehlen einer danach erforderlichen Eigenschaft den Wert oder die Tauglichkeit der Sache nicht erheblich mindert, bedeutet das Fehlen einer zugesicherten Eigenschaft nicht zugleich auch einen Fehler iSv. § 459 Abs. 1 (vgl. § 459 Abs. 1 S. 2). Deshalb lassen sich die erheblich weitergehenden Rechte des Käufers beim Fehlen einer zugesicherten Eigenschaft, wie sie sich aus § 463 ergeben, nur aus der Bereitschaft des Verkäufers ableiten, eine zusätzliche Haftung zu übernehmen.[31] Es kann folglich nur darauf ankommen, ob die Vertragsparteien sich (nur) über die Soll-Beschaffenheit des Kaufgegenstandes geeinigt haben oder ob darüber hinaus dem Verkäufer vertraglich eine **zusätzliche Einstandspflicht** für eine bestimmte Beschaffenheit der Kaufsache auferlegt worden ist. Denn durch eine Zusicherung übernimmt der Verkäufer die Gewähr, daß eine bestimmte Eigenschaft der Kaufsache vorhanden ist, und verspricht, für alle Folgen zu haften, die bei Fehlen dieser Eigenschaft eintreten.[32]

Die ausdrückliche Erklärung, für das Fehlen einer Eigenschaft einstehen zu wollen, ist in der Praxis selten. Meist wird auf den Zusicherungswillen des Verkäufers aus

---

[28] BGH NJW 1972, 1658.
[29] BGHZ 67, 134, 136 stellt bei dieser Begriffsbeschreibung Fehler und zugesicherte Eigenschaften ausdrücklich gleich.
[30] Gegen die Auffassung des BGH auch *Larenz,* SchuldR II 1, § 41 I a, b (S. 39, 42).
[31] So auch *MünchKomm/Westermann,* § 459 RdNr. 17, 55; *Erman/Weitnauer,* vor § 459 RdNr. 6; *Emmerich,* Schwerpunkte, BGB-Schuldrecht, Bes. Teil, 5. Aufl. 1989, S. 32; *Staudinger/Honsell,* § 459 RdNr. 16f.
[32] RGZ 161, 330, 337; BGH NJW 1980, 2127, 2128; 1983, 2192f. = JuS 1983, 878.

seinem gesamten Verhalten, insbesondere aus den von ihm bei den Verkaufsverhandlungen abgegebenen Erklärungen zu schließen sein. Für die Entscheidung kommt es jedoch nicht allein auf die subjektive Einstellung des Verkäufers an. Denn die Zusicherung ist Bestandteil des Kaufvertrages und erlangt demzufolge Verbindlichkeit nur aufgrund übereinstimmender Willenserklärungen beider Parteien. Wie sonst bei empfangsbedürftigen Willenserklärungen ist dementsprechend darauf zu sehen, wie der Käufer das Verhalten des Verkäufers nach den konkreten Umständen des Einzelfalles unter Berücksichtigung der Verkehrssitte und der Grundsätze von Treu und Glauben verstehen darf (vgl. o. RdNr. 86). Wegen der für den Verkäufer mit der Zusicherung einer Eigenschaft verbundenen Haftungsrisiken und der daraus regelmäßig folgenden Zurückhaltung, solche Risiken freiwillig einzugehen, ist jedoch Vorsicht geboten, wenn es um die Beantwortung der Frage geht, ob ein Verkäufer stillschweigend erklärt hat, die Gewähr für das Vorhandensein bestimmter Eigenschaften der Kaufsache zu übernehmen. Zu berücksichtigen ist hierbei die Höhe des Haftungsrisikos für den Verkäufer, seine Überzeugung, die gegebenen Zusagen einhalten zu können, und sein Interesse am Zustandekommen des Vertrages, der möglicherweise von dem Vorhandensein der zugesicherten Eigenschaft abhängt.[33] Legt z. B. der Käufer erkennbar auf eine bestimmte Eigenschaft des Kaufgegenstandes besonderen Wert und gibt der Verkäufer daraufhin eine entsprechende Erklärung über das Vorhandensein dieser Eigenschaft ab, so wird man dies regelmäßig als Zusicherung anzusehen haben (Beispiel: Erklärung eines Gebrauchtwagenhändlers, der Pkw werde in technisch einwandfreiem Zustand übergeben[34]). Warenbeschreibungen und Eigenschaftsangaben in Inseraten und Werbeprospekten, die selbst kein Vertragsangebot darstellen (vgl. o. RdNr. 92), können nur dann zu einer Zusicherung werden, wenn sie eine vertragliche Grundlage erhalten; dies kann beispielsweise der Fall sein, wenn der Kaufvertrag unter deutlicher Bezugnahme auf die Werbung geschlossen wird. Auch Verkehrssitte oder Handelsbrauch können Hinweise darauf geben, ob bestimmte Erklärungen des Verkäufers als Zusicherung zu werten sind (Beispiel: Bescheinigung über Beschaffenheitsangaben beim Verkauf eines Brillanten als verkehrsübliche Zusicherung[35]).

Erklärungen über **zukünftige Entwicklungen** und Verhältnisse beziehen sich nicht auf (bestehende) Eigenschaften der Kaufsache und können deshalb nicht Gegenstand einer Zusicherung sein. Der Verkäufer kann jedoch im Rahmen eines selbständigen Garantievertrages (vgl. o. RdNr. 376), der zusammen mit dem Kaufvertrag geschlossen wird, die Verpflichtung übernehmen, für eine zukünftige Entwicklung einzustehen (Beispiel: Garantie für eine Mindestzahl von Übernachtungen in einem verkauften Hotel). 506

cc) Sonstige Voraussetzungen

Der Fehler der Kaufsache muß zu einer **erheblichen Minderung** ihres Wertes oder ihrer Tauglichkeit führen (§ 459 Abs. 1 S. 2). Die Frage, ob eine Erheblichkeit zu bejahen ist, muß aufgrund der Umstände des Einzelfalles unter Berücksichtigung der Verkehrsauffassung entschieden werden. Ist die Gebrauchstauglichkeit der Kaufsache mit einem geringen Aufwand wiederherzustellen, so spricht dies für einen unerheblichen 507

---

[33] Vgl. *Musielak,* JuS 1979, 96, 98.
[34] Vgl. BGH NJW 1978, 2241 = JuS 1979, 214.
[35] OLG Düsseldorf DB 1967, 1582.

Fehler. Dagegen ist es bei Zusicherung einer Eigenschaft unerheblich, ob das Fehlen dieser Eigenschaft den Wert oder die Tauglichkeit der Sache erheblich mindert; Einschränkungen einer Haftung des Verkäufers können sich insoweit nur aus dem Gesichtspunkt von Treu und Glauben (§ 242) ergeben.[36]

508 Für die Wandlung und Minderung kommt es darauf an, daß im **Zeitpunkt** des Gefahrübergangs der Fehler vorhanden ist oder die zugesicherte Eigenschaft fehlt. Wann die Gefahr übergeht, richtet sich insbesondere nach den §§ 446, 447 (vgl. dazu o. RdNr. 361). Der Verkäufer haftet also für Fehler der Kaufsache auch dann, wenn sie erst nach Kaufabschluß, jedoch vor Gefahrübergang entstehen. Wird die Kaufsache in einem Zeitpunkt fehlerhaft, in dem sich der Käufer in Annahmeverzug befindet, dann sind aufgrund einer entsprechenden Anwendung des § 324 Abs. 2 Gewährleistungsansprüche zu verneinen. Außerdem darf der **Mangel** dem Käufer nicht **bekannt** oder infolge grober Fahrlässigkeit unbekannt sein; im zweiten Fall haftet der Verkäufer jedoch, wenn es sich um eine zugesicherte Eigenschaft oder um arglistig verschwiegene Fehler handelt (§ 460; vgl. auch u. RdNr. 527).

3. Die Rechte des Käufers beim Stückkauf

aa) Wandlung

509 Weist die Kaufsache einen Mangel auf, den der Verkäufer nach §§ 459, 460 zu vertreten hat, dann kann der Käufer die Wandlung (im Gesetz heißt es „Wandelung", beide Schreibweisen sind möglich) verlangen (§ 462). Dieser **Anspruch auf Wandlung** ist von den Ansprüchen aus der (vollzogenen) Wandlung zu unterscheiden. Auf die Wandlung finden die Vorschriften über das vertragsmäßige Rücktrittsrecht (mit Ausnahme der §§ 349, 355, an deren Stelle die §§ 465, 466 treten) Anwendung (§ 467 S. 1). Dies bedeutet, daß mit dem Vollzug der Wandlung ein Rückgewährschuldverhältnis entsteht. Die kurze Verjährungsfrist des § 477 bezieht sich nur auf den Anspruch auf Wandlung, nicht auch auf Ansprüche aus der Wandlung.[37] Die Ansprüche aus der Wandlung verjähren in 30 Jahren (§ 195).

Geht es im Rahmen einer Fallbearbeitung um die Rückzahlung des vom Käufer gezahlten Kaufpreises aufgrund einer Wandlung, dann ist als Anspruchsgrundlage § 346 S. 1 in entsprechender Anwendung zu nennen, und zwar in Verbindung mit § 467 S. 1. § 467 setzt voraus, daß die Wandlung vollzogen worden ist (§ 465). Der Anspruch auf Vollzug der Wandlung (vgl. u. RdNr. 510) hängt nach § 462 davon ab, daß die Kaufsache einen Mangel aufweist, den der Verkäufer zu vertreten hat. Welche Mängel der Verkäufer zu vertreten hat, ergibt sich dann wiederum aus §§ 459, 460, deren Merkmale (vgl. RdNr. 494) dann – wie dargestellt (vgl. RdNr. 494 ff.) – zu prüfen sind.

---

[36] *MünchKomm/Westermann,* § 459 RdNr. 55.
[37] BGHZ 85, 367, 370 = NJW 1983, 390 = JuS 1983, 392, m. weit. Nachw.

Die **Wandlung** wird – in gleicher Weise wie die Minderung – nicht **510** schon durch eine einseitige Erklärung des Käufers vollzogen; sie ist – z. B. anders als der Rücktritt (vgl. o. RdNr. 204) – nicht als Gestaltungsrecht, sondern als Anspruch ausgebildet. Dementsprechend bestimmt § 465, daß sich der Verkäufer mit dem Verlangen des Käufers auf Wandlung oder Minderung einverstanden erklären muß. Wie sich nun die Erklärungen beider Vertragsparteien zueinander verhalten und wie die Rechte des Käufers insbesondere bei Weigerung des Verkäufers durchzusetzen sind, darüber besteht ein **Theorienstreit:**

Über das Ergebnis, daß der Käufer bei Weigerung des Verkäufers, sein Einverständnis mit der Wandlung oder Minderung zu erklären, sofort auf Rückzahlung des Kaufpreises (bei Wandlung) oder eines Teiles davon (bei Minderung) klagen kann, wird heute nicht mehr gestritten. Die früher vertretene strenge Vertragstheorie ist inzwischen aufgegeben worden. Nach ihr muß der Käufer bei Weigerung des Verkäufers zunächst gegen diesen auf Abgabe einer Willenserklärung zum Abschluß eines Vertrages über die Wandlung oder Minderung klagen. Erst wenn dieses Urteil Rechtskraft erlangt und damit nach § 894 ZPO die Willenserklärung als abgegeben gilt, soll nach dieser Ansicht der Käufer berechtigt sein, notfalls in einem neuen Rechtsstreit Rückzahlung des Kaufpreises oder eines Teiles zu fordern.

Heute wird die **Vertragstheorie** in modifizierter Form vertreten und von ihr zugelassen, daß der Käufer sogleich mit seiner Klage die Rückzahlung des Kaufpreises fordern kann, wenn sie auch den Abschluß eines Wandlungsvertrages für den Vollzug der Wandlung für erforderlich ansieht. Der Käufer kann mit seiner Klage den Anspruch auf Vertragsabschluß und den Anspruch auf Rückzahlung des Kaufpreises verbinden. Der Verkäufer wird bei Begründetheit der Klage zugleich zur Abgabe der Einverständniserklärung (§ 894 ZPO) und zur Rückerstattung des empfangenen Kaufpreises verurteilt. Entsprechendes gilt für die Minderung.

Die **Herstellungstheorie** nimmt dagegen an, daß der Anspruch des Käufers von vornherein auf die Herstellung eines der Wandlung oder Minderung entsprechenden Zustandes gerichtet ist. Sie stützt sich dabei auf die Vorschrift des § 462, nach der der Käufer Wandlung (oder Minderung) verlangen kann und legt dem nach § 465 erforderlichen Einverständnis des Verkäufers nur die Bedeutung zu, daß damit der Käufer auf den von ihm geltend gemachten Anspruch festgelegt wird, sein Wahlrecht zwischen Wandlung oder Minderung damit also erlischt.[38]

Im Rahmen des **Rückgewährschuldverhältnisses**, das mit dem Voll- **511** zug der Wandlung entsteht (vgl. o. RdNr. 509), treten an die Stelle der Leistungspflichten der Vertragsparteien aufgrund der nach § 467 S. 1 entsprechend anzuwendenden Vorschriften über den (vertraglich vorbehaltenen) Rücktritt Rückgewährpflichten, die dem Verkäufer aufgeben, den empfangenen Kaufpreis zuzüglich Zinsen (vgl. § 347 S. 3) an den Käufer zurückzuzahlen (vgl. o. RdNr. 509), und nach denen der Käufer dem Verkäufer die Kaufsache rückzuübereignen hat (§ 346 S. 1) sowie gezogene Nutzungen herausgeben muß und für schuldhaft nicht gezogene Nutzungen Ersatz schuldet (§ 347 S. 2 iVm. § 987; allerdings mit den gleichen Einschränkungen, wie sie für § 347 S. 1 iVm. § 989 gelten, dazu

---

[38] Zu diesem Theorienstreit *Larenz*, SchuldR II 1, § 41 II a (S. 53 ff.); *MünchKomm/Westermann*, § 462 RdNr. 3 ff.

u. RdNr. 514 ff.). Außerdem gewährt § 467 S. 2 dem Käufer einen schadensersatzähnlichen Anspruch auf Ersatz der Vertragskosten wie z. B. Kosten für die Beurkundung des Vertrages; von der hM werden aber auch als „Vertragskosten" die Kosten gewertet, die dem Käufer durch den Transport, die Montage und den Einbau sowie durch die Untersuchung der Kaufsache entstanden sind.[39]

512 Ist die Kaufsache vor dem Vollzug der Wandlung untergegangen oder wesentlich verschlechtert worden, dann entfällt das Recht auf Wandlung nur, wenn der Käufer den Untergang oder die wesentliche Verschlechterung verschuldet hat (§§ 350, 351 iVm. § 467 S. 1). Kann bei einem vertraglich ausbedungenen Rücktrittsrecht die Pflicht bejaht werden, sorgsam mit der empfangenen und möglicherweise zurückzugewährenden Sache umzugehen, und läßt sich deshalb die Verletzung dieser Sorgfaltspflicht als Verschulden auffassen (vgl. o. RdNr. 208), so ist bei einem gesetzlich begründeten Rücktrittsrecht zu berücksichtigen, daß der Rücktrittsberechtigte solange nicht mit der Rückgewähr rechnen muß, bis der Grund für den Rücktritt, hier der Mangel der Kaufsache, festgestellt wird. Der **Verschuldensbegriff des § 351** ist deshalb in Fällen eines gesetzlichen Rücktrittsrechts zu modifizieren; in welcher Weise dies zu geschehen hat, darüber gehen die Auffassungen auseinander. Zur Darstellung des insoweit geführten Meinungsstreits dient der folgende

Beispielsfall: Volz verkauft Kunz einen gebrauchten Pkw. Das Fahrzeug wird bei einem Unfall, den ein nicht ermittelter Verkehrsteilnehmer verschuldet, erheblich beschädigt. Als Kunz den Wagen zur Reparatur in eine Werkstatt gibt, wird dort festgestellt, daß der Pkw bereits vorher einen schweren Unfall gehabt hat. Dies war weder Kunz noch Volz vorher bekannt; beide gingen vielmehr beim Vertragsschluß davon aus, daß der Wagen unfallfrei sei. Daraufhin erklärt Kunz dem Volz, daß er wandle. Mit Recht?
Da die vertraglich festgelegte Soll-Beschaffenheit (unfallfreies Auto) von der Ist-Beschaffenheit (unfallbeschädigter Wagen) abweicht und dadurch insbesondere der Wert der Kaufsache erheblich gemindert wird, steht Kunz das Recht auf Wandlung zu (§ 462 iVm. § 459 Abs. 1), wenn nicht die beim zweiten Unfall verursachte wesentliche Verschlechterung von Kunz verschuldet worden ist und er deshalb sein Wandlungsrecht verloren hat (§ 351 iVm. § 467 S. 1). Es kommt folglich darauf an, wie in Fällen eines gesetzlichen Rücktritts der Begriff des Verschuldens iSv. § 351 zu verstehen ist.

513 Folgende Auffassungen werden zu dieser Frage vertreten:
– Es handelt sich um ein „untechnisches", nämlich keine Pflichtwidrigkeit voraussetzendes Verschulden, das – ähnlich wie bei § 254 Abs. 1 – als „Verschulden gegen sich selbst" zu werten ist.[40]
– Der Wandlungsberechtigte verliert sein Recht auf Wandlung, wenn er durch „risikoerhöhendes Verhalten" eine wesentliche Verschlechte-

---

[39] Vgl. *MünchKomm/Westermann*, § 467 RdNr. 9.
[40] *MünchKomm/Janßen*, § 351 RdNr. 4; *Medicus*, SchuldR I, § 49 II 2 (S. 245); *Lüderitz*, StudK BGB §§ 350–351 Anm. 2.

II. Kauf

rung, den Untergang oder die sonstige Unmöglichkeit der Herausgabe selbst herbeigeführt hat.[41]

Im Beispielsfall würde die zweite Auffassung zu einem Ausschluß des Wandlungsrechts kommen, weil die wesentliche Verschlechterung durch ein risikoerhöhendes Verhalten des Kunz, durch die Benutzung des Kfz im Straßenverkehr, herbeigeführt worden ist, während die erste Auffassung, die man wohl als herrschend bezeichnen kann, ein „Verschulden gegen sich selbst" verneinte, also die Wandlung zuließe. Gegen die zweite Auffassung spricht, daß sie eine strengere Haftung für den Wandlungsberechtigten befürwortet als für den nach Vertrag zum Rücktritt Berechtigten. Denn dieser handelt nicht sorgfaltswidrig, wenn er z. B. in Fällen, in denen ihm die Benutzung gestattet ist, ein Kfz im Straßenverkehr verwendet und wenn es dann bei einem von ihm nicht verschuldeten Unfall beschädigt wird (vgl. o. RdNr. 208).

Kann der **Käufer** bei der Wandlung die Kaufsache nur in einem verschlechterten Zustand zurückgeben, dann stellt sich die Frage, ob er deshalb dem Verkäufer **Schadensersatz** schuldet. Die Frage ist sehr umstritten; folgende Auffassungen werden dazu vertreten: **514**
- Die Haftung des Wandlungsberechtigten für die Verschlechterung der Kaufsache richtet sich nach § 347 S. 1, der nach § 467 S. 1 anzuwenden ist. § 347 S. 1 verweist auf § 989 (vgl. o. RdNr. 213); danach kommt es darauf an, ob der Käufer die Verschlechterung verschuldet hat. Der Begriff des Verschuldens ist im gleichen Sinn wie bei § 351 zu verstehen, denn auch im Rahmen des § 347 treffen die Gründe zu, die für die Auslegung des Begriffs „Verschulden" iSv. § 351 maßgebend sind (vgl. o. RdNr. 512f.).[42]
- Die Haftung nach § 347 iVm. § 989 ist erst von dem Zeitpunkt an gerechtfertigt, in dem der Wandlungsberechtigte Kenntnis von den Wandlungsvoraussetzungen erlangt. Vorher soll er bei „verschuldeter" Verschlechterung zum Ausgleich des Wertverlustes verpflichtet sein.

  Zur Begründung dieser Auffasssung wird auf die Vorschriften des § 487 Abs. 3 verwiesen, in denen diese Einschränkungen für die Wandlung beim Viehkauf gemacht werden und deren Rechtsgedanken ergänzend zu der in § 347 getroffenen Regelung herangezogen werden soll.[43]
- Die strenge Haftung des § 347 ist für den wandlungsberechtigten Käufer, der die Rückgängigmachung des Kaufs nicht zu vertreten hat, nicht angemessen. Ein Ausgleich ist vielmehr nur mit Hilfe des Bereicherungsrechts herbeizuführen.[44]

---

[41] *Larenz*, SchuldR I, § 26 b 1 (S. 408 ff.); *v. Caemmerer*, Festschrift für Larenz, 1973, S. 621, 627 ff. Noch weitergehender *Honsell*, MDR 1970, 717, der nur dann eine Wandlung nach § 350 zulassen will, wenn der Mangel der Sache zum Untergang oder zur Verschlechterung führte.
[42] *Larenz* aaO.
[43] So *MünchKomm/Emmerich*, § 327 RdNr. 10; *Esser/Schmidt*, SchuldR I, § 28 III 4 b (S. 426).
[44] *Medicus*, SchuldR I, § 49 II 1 (S. 244 f.); *Palandt/Heinrichs*, § 347 Anm. 3 b, m. weit. Nachw.; ebenso BGHZ 53, 144, 148 f. = NJW 1970, 656 = JuS 1970, 300; BGH JZ 1987, 675, 676.

Diese Auffassung wird auf § 327 S. 2 gestützt und wie folgt begründet: § 327 S. 2 beziehe sich zwar nach seinem Wortlaut lediglich auf den Empfänger der Rücktrittserklärung und gelte danach nur für Fälle der §§ 325, 326, wenn der Rücktritt wegen eines Umstandes erklärt werde, den der Empfänger der Rücktrittserklärung nicht zu vertreten habe, aber dieser Wortlaut sei viel zu eng. Es gebe kaum einen Fall, in dem diese Vorschrift bei genauer Beachtung ihres Wortlautes praktische Bedeutung erlangen könne. Dies passe nicht zu ihrer Stellung im Allgemeinen Schuldrecht. Deshalb sei dieser Vorschrift der allgemeine Rechtsgedanke zu entnehmen, daß in Fällen eines gesetzlichen Rücktrittsrechts (einschließlich des Wandlungsrechts) ganz allgemein jedem Rückgewährschuldner das Privileg einer erleichterten Haftung nach dem Bereicherungsrecht zufallen solle, wenn er den Grund für den Rücktritt (wie z. B. der Wandlungsberechtigte) nicht zu vertreten habe.[44a]

Der Vorteil, den das Bereicherungsrecht dem Schuldner in diesen Fällen gewährt, besteht darin, daß er zur Herausgabe des Gegenstandes verpflichtet ist, wenn er noch in seinem Vermögen vorhanden ist, und zwar in dem Zustand, in dem er sich zur Zeit befindet. Es soll also nur die noch vorhandene Bereicherung ausgeglichen werden; der Käufer braucht danach nicht für die Beschädigung der Kaufsache einzustehen.

Von dem Zeitpunkt, in dem der Käufer von dem Wandlungsgrund erfährt, haftet er jedoch verschärft; dies ergibt sich aus § 819 Abs. 1 iVm. § 818 Abs. 4, der auf die „allgemeinen Vorschriften" und damit auch auf § 292 verweist; § 292 erklärt in gleicher Weise wie § 347 die Vorschrift des § 989 für anwendbar. Auf Einzelheiten wird bei Darstellung des Bereicherungsrechts einzugehen sein.

515 Der beschriebene Meinungsstreit kann sich bei der Wandlung in zwei Fällen ergeben:
– Der Käufer hat vor Kenntnis von dem Grund zur Wandlung die Kaufsache „schuldhaft" unwesentlich verschlechtert.

Hat der Käufer vor diesem Zeitpunkt eine wesentliche Verschlechterung, den Untergang oder die anderweitige Unmöglichkeit der Herausgabe der Kaufsache „verschuldet", dann ist nach § 351 S. 1 iVm. § 467 S. 1 das Recht auf Wandlung ausgeschlossen (vgl. o. RdNr. 512f.). Ist dagegen die Kaufsache durch Zufall untergegangen oder verschlechtert worden, haftet der Käufer nach keiner der dargestellten Meinungen (Beispiel: Die Garage, in der das Kfz abgestellt ist, gerät ohne Verschulden des Käufers in Brand und der Wagen wird dabei zerstört).

– Die (unwesentliche) Verschlechterung der Kaufsache tritt erst nach Kenntnis von dem Wandlungsgrund ein.

In diesem Fall kommen alle Meinungen zu dem Ergebnis, daß sich die Haftung des Käufers nach § 989 bestimmt, und zwar entweder aufgrund der in § 347 S. 1 oder aufgrund der in § 292 ausgesprochenen Verweisung. Erst recht muß der Käufer entsprechend § 347 S. 1 für eine erst nach Vollzug der Wandlung eintretende,

---

[44a] So BGHZ 53, 144, 148f. = NJW 1970, 656 = JuS 1970, 300; BGH JZ 1987, 675, 676; *Medicus* aaO; aA *Huber* JZ 1987, 649, m. eingehender Begründung und zahlreichen Nachw.

von ihm verschuldete Verschlechterung oder Unmöglichkeit der Herausgabe der Kaufsache (einschließlich ihres Untergangs) haften.[45]

Der Meinungsstreit reduziert sich folglich auf die Frage, ob der Verkäufer für unwesentliche Verschlechterungen der Kaufsache einzustehen hat, die durch einen ihm zurechenbaren Umstand vor Erlangung der Kenntnis vom Wandlungsgrund eintritt. Ein Teil der Lehre verneint dies, während Gegenauffassungen dies bejahen, wobei sie überwiegend einen Verschuldensbegriff zugrundelegen, nach dem bereits ein risikoerhöhendes Verhalten als „zurechenbarer Umstand" anzusehen ist (vgl. o. RdNr. 513). Innerhalb dieser Gegenauffassung gehen dann die Ansichten darüber auseinander, ob der Käufer nur Wertausgleich oder vollen Schadensersatz einschließlich eines entgangenen Gewinns schuldet (z. B. der Verkäufer hätte den zurückzugebenden Pkw über Wert an einen Dritten verkaufen können, wenn der Käufer ihn nicht beschädigt hätte).

516 Zu den dargestellten Meinungen ist folgendes zu bemerken: Gegen die von der hM befürwortete Anwendung des § 327 S. 2 auf den Rücktrittsberechtigten spricht nicht nur, daß diese Auffassung im Gesetz nach dessen Wortlaut und Zweck keine Stütze findet, sondern auch der Wertungswiderspruch, zu dem sie gelangt: Vom Käufer verschuldete Verschlechterungen sollen für ihn nachteilig sein, wenn sie wesentlich sind; dann wird sein Wandlungsrecht ausgeschlossen (§ 351 iVm. § 467 S. 1). Dagegen soll das Risiko unwesentlicher Verschlechterung auf den Verkäufer abgewälzt werden.[45a] Die Gegenansicht, die als schuldhaft jedes risikoerhöhende Verhalten des Wandlungsberechtigten wertet, führt zu nicht überzeugenden Ergebnissen (vgl. o. RdNr. 513). Dies ist jedoch dann nicht der Fall, wenn der Verschuldensbegriff des § 989, zu dem man über die Verweisung in § 347 S. 1 gelangt, bei einem gesetzlichen Rücktrittsrecht im Sinne eines Verschuldens gegen sich selbst (wie von der hM auch für § 351 empfohlen wird) verstanden wird. Eine eingehende Auseinandersetzung mit diesen verschiedenen Auffassungen, insbesondere mit den von ihnen gegebenen Begründungen, muß hier unterbleiben; es genügt für einen Grundkurs, das Problembewußtsein zu schaffen.

517 Hat der Käufer ein Recht auf Wandlung, dann gerät der **Verkäufer in Annahmeverzug,** wenn er die ihm ordnungsgemäß angebotene Kaufsache nicht zurücknimmt. Der Käufer haftet dann nur noch für grob fahrlässig oder vorsätzlich verursachte Schäden der Kaufsache (§ 300 Abs. 1). Diese Rechtsfolge tritt auch auf der Grundlage der Vertragstheorie (vgl. o. RdNr. 510) ein, weil dem Käufer ein entsprechender Anspruch zusteht, den zu erfüllen, der Verkäufer verpflichtet ist.[46]

---

[45] *Jauernig/Vollkommer,* § 467 Anm. 3a bb.
[45a] Zu diesen und weiteren Widersprüchen *Huber* JZ 1987, 649, 656.
[46] *MünchKomm/Westermann,* § 465 RdNr. 8.

bb) Minderung

518 Zur Frage des Anspruchs auf Minderung und ihres Vollzuges kann auf die vorstehenden Ausführungen (vgl. o. RdNr. 509 f.) verwiesen werden. Die bei der Minderung vorzunehmende Herabsetzung des Kaufpreises ist nach § 472 aufgrund einer Verhältnisrechnung zu vollziehen. Danach verhält sich der neu zu bildende Preis (Pn) zu dem vereinbarten Preis (Pv) wie der Wert der Sache in mangelhaftem Zustand (Wm) zu dem Wert der mangelfreien Sache (Wf). Dies ergibt dann folgende Formel:

$$Pn = \frac{Pv \times Wm}{Wf}$$

Beispiel: Beträgt der vereinbarte Kaufpreis 80,– DM, der Wert der Sache im mangelhaften Zustand 50,– DM und der Wert im mangelfreien Zustand 100,– DM, dann berechnet sich der geminderte Kaufpreis wie folgt:

$$Pn = \frac{80 \times 50}{100} = 40.$$

Der neue (geminderte) Preis beträgt also 40,– DM. Hat der Käufer bereits den vereinbarten Kaufpreis gezahlt, dann gibt ihm die (vollzogene) Minderung einen Anspruch auf Rückzahlung des Differenzbetrages zwischen gezahltem und gemindertem Kaufpreis.

cc) Schadensersatz wegen Nichterfüllung

519 Der Käufer kann wegen eines Sachmangels beim Stückkauf in drei Fällen, statt zu wandeln oder zu mindern, Schadensersatz wegen Nichterfüllung verlangen:
– Beim Fehlen einer zugesicherten Eigenschaft bereits im Zeitpunkt des Vertragsschlusses (§ 463 S. 1),
– beim arglistigen Verschweigen eines Fehlers (§ 463 S. 2),
– beim arglistigen Vorspiegeln des Vorhandenseins einer (in Wirklichkeit nicht existierenden) Eigenschaft der Kaufsache.

Der dritte Fall ist zwar im Gesetz nicht ausdrücklich genannt, wird aber in Analogie zu § 463 S. 2 gleich behandelt. Denn es kann keinen Unterschied hinsichtlich der Rechtsfolgen machen, ob der Verkäufer in Kenntnis eines Fehlers den Irrtum des Käufers über das Vorhandensein dieses Fehlers bewußt ausnutzt oder ob er erst durch Vorspiegeln einer nicht vorhandenen Eigenschaft einen Irrtum des Käufers erregt. Erklärt beispielsweise der Verkäufer eines Gebrauchtwagens wahrheitswidrig, das Fahrzeug sei unfallfrei, dann verdient er sicherlich keine bessere Behandlung, als wenn er erkennt, daß der Käufer irrtümlich von der Unfallfreiheit des Fahrzeuges ausgeht, diesen Irrtum aber nicht aufklärt; auf beide Fälle ist § 463 S. 2 anzuwenden.

520 Wie sich aus der Wendung „statt der Wandlung oder der Minderung" ergibt, hängt ein Schadensersatzanspruch nach § 463 davon ab, daß allen **Voraussetzungen,** die für einen Anspruch auf Wandlung oder Minderung erfüllt sein müssen (vgl. o. RdNr. 494), entsprochen ist. Dies bedeutet also: ein gültiger Kaufvertrag muß bestehen, im Zeitpunkt des Gefahrübergangs muß eine zugesicherte oder arglistig vorgespiegelte Eigenschaft fehlen und der Käufer darf den Mangel nicht kennen, oder es muß ein dem Käufer bei Abschluß des Kaufvertrages nicht bekannter arglistig verschwiegener Fehler vorhanden sein, der den Wert oder die Tauglichkeit der Kaufsache aufhebt oder erheblich mindert;[46a] schließlich darf der Käufer sein Recht auf Wandlung nicht nach § 351 iVm. § 467 S. 1 verloren haben (vgl. o. RdNr. 512). Hinzu kommen müssen noch die besonderen Voraussetzungen, die § 463 nennt.

Auf folgendes ist hinzuweisen:

– Die zugesicherte Eigenschaft muß bereits im Zeitpunkt des Abschlusses des Kaufvertrages fehlen (vgl. § 463 S. 1), denn nur dann ist die beim Vertragsschluß gegebene Zusicherung falsch und eine Haftung des Verkäufers gerechtfertigt. Fällt eine zugesicherte Eigenschaft erst nach Abschluß des Kaufvertrages, aber vor dem Gefahrübergang weg, kommt nur ein Anspruch auf Wandlung oder Minderung nach § 459 Abs. 1 und 2 iVm. § 462 in Betracht. Das gleiche gilt für das Verschweigen eines Fehlers oder die Vorspiegelung einer nicht vorhandenen Eigenschaft. Tritt die relevante Veränderung erst nach dem Kauf ein, kann der Verkäufer lediglich eine Nebenpflicht zur Information des Käufers verletzen, so daß ein Schadensersatzanspruch wegen pFV, gegebenenfalls auch wegen unerlaubter Handlung (§§ 823 ff.), nicht jedoch nach § 463 in Betracht kommt.
– Der Begriff „zugesicherte Eigenschaft" ist im gleichen Sinn zu verstehen wie in § 459 Abs. 2 (vgl. o. RdNr. 504 f.).
– Eine Haftung wegen arglistigen Verschweigens eines Fehlers setzt voraus, daß der Verkäufer verpflichtet ist, den Fehler zu offenbaren. Diese Offenbarungspflicht des Verkäufers umfaßt alle Umstände, die für die Entscheidung des Käufers, den Kaufvertrag zu schließen, offensichtlich von Bedeutung sind und deren Mitteilung nach der Verkehrsauffassung erwartet werden kann (vgl. zu der parallelen Frage der Täuschung durch Unterlassen einer Aufklärung im Rahmen des § 123 o. RdNr. 326). Auch hinsichtlich des Begriffs der Arglist kann auf die Ausführungen zum identischen Begriff in § 123 Abs. 1 verwiesen werden (vgl. o. RdNr. 329).
– Für den Schadensersatzanspruch nach § 463 kommt es in gleicher Weise wie für die übrigen Gewährleistungsansprüche auf ein Verschulden

---

[46a] Die Anwendung des § 459 Abs. 1 S. 2 ist allerdings streitig. Während die wohl hM mit Recht einen erheblichen Fehler verlangt (vgl. *Palandt/Putzo*, § 463 Anm. 3b aa m. weit. Nachw.), will eine Gegenauffassung auf diese Voraussetzung bei § 463 S. 2 verzichten (vgl. OLG Köln NJW-RR 1986, 988).

des Verkäufers nicht an. Der Verkäufer haftet also auch, wenn er bei der Zusicherung von der Existenz der in Wirklichkeit nicht vorhandenen Eigenschaft der Kaufsache überzeugt ist, ohne daß ihm der Vorwurf der Fahrlässigkeit gemacht werden kann.

Danach ist ein Anspruch aus § 463 in folgender Reihenfolge zu prüfen: (1) Ist ein Kaufvertrag zustandegekommen? (2) Bei einem Anspruch aus § 463 S. 1: Ist das Vorhandensein einer Eigenschaft zugesichert worden? Bei einem Anspruch aus § 463 S. 2: Hat der Verkäufer arglistig einen Fehler verschwiegen oder hat er arglistig das Vorhandensein einer nicht existenten Eigenschaft vorgespiegelt? (3) Bei einem Anspruch aus § 463 S. 1: Fehlt die zugesicherte Eigenschaft sowohl bei Vertragsschluß als auch bei Gefahrübergang? Bei einem Anspruch aus § 463 S. 2: Ist im Zeitpunkt des Vertragsschlusses und des Gefahrübergangs der arglistig verschwiegene Fehler vorhanden (der den Wert oder die Tauglichkeit der Kaufsache aufhebt oder erheblich vermindert) oder die arglistig vorgespiegelte Eigenschaft nicht vorhanden? (4) Hat der Käufer bei Vertragschluß Kenntnis vom Mangel? (5) Hat der Käufer sein Recht auf Schadensersatz nach § 463 gemäß § 351 iVm. § 467 S. 2 verloren? (6) Welcher Schaden ist zu ersetzen (vgl. u. RdNr. 521 ff.)?

521 Der Käufer kann nach § 463 Schadensersatz wegen Nichterfüllung verlangen, d. h. er ist vermögensmäßig so zu stellen, wie er stünde, wenn der Vertrag vom Schuldner ordnungsgemäß erfüllt worden wäre (sog. Erfüllungsinteresse oder positives Interesse; vgl. o. RdNr. 310 f.). Bei der **Berechnung seines Schadens** hat der Käufer zwei Möglichkeiten:
– Er behält die mangelhafte Sache und verlangt als Schadensersatz die Differenz zwischen dem Wert der von ihm behaltenen (mangelhaften) Sache und ihrem Wert in mangelfreiem Zustand (sog. kleiner Schadensersatz),
– er gibt die Kaufsache zurück und verlangt Ersatz des Schadens, der ihm infolge der Nichtdurchführung des Vertrages entstanden ist (großer Schadensersatz).

Dieses Wahlrecht, das der zu § 325 vertretenen sog. abgeschwächten Differenztheorie entspricht (vgl. dazu o. RdNr. 368 f.), wird heute ganz überwiegend dem Käufer zugestanden. Damit ist die früher häufig befürwortete Einschränkung aufgegeben worden, den großen Schadensersatz davon abhängig zu machen, daß die Sache infolge des Fehlers für den Käufer nicht brauchbar sei und deshalb sein Interesse an der Vertragsdurchführung fortgefallen wäre.[47]

522 Fraglich ist, ob der Käufer auch Schäden ersetzt verlangen kann, die ihm infolge des Mangels an anderen Rechtsgütern entstanden sind (sog. **Mangelfolgeschäden**; dazu u. RdNr. 537).

Beispiel: Kunz kauft bei Volz für seinen Sportwagen Hochgeschwindigkeitsreifen. Volz sichert ihm zu, daß die Reifen für Geschwindigkeiten über 200 km/h geeignet

---

[47] AA *Fikentscher*, SchuldR, § 70 III 2 d (S. 444 f.), auch m. Nachw. zu der von ihm abgelehnten hM.

seien. Als Kunz mit seinem Wagen 190 km/h fährt, platzen mehrere Reifen. Bei dem dadurch verursachten Unfall wird das Kfz völlig zerstört und Kunz schwer verletzt. Es stellt sich jetzt heraus, daß die Reifen allenfalls Belastungen bis 160 km/h aushalten können.

Heiß verkauft Kalt ein Heizgerät und gibt ihm die Zusicherung, daß das Gerät beim Betrieb ungefährlich sei und daß insbesondere jede Brandgefahr aufgrund der Konstruktion ausgeschlossen werden könne. Infolge eines Fehlers am Gerät kommt es nach kurzem Gebrauch zu einem Brand, der jedoch von Kalt gelöscht werden kann, bevor es zu Schäden kommt. Aus der berechtigten Sorge, es könnte erneut ein Brand entstehen, benutzt Kalt das Gerät nicht mehr. Deshalb erkältet er sich und muß ärztliche Hilfe in Anspruch nehmen.[48]

In beiden Fällen stellt sich die Frage, ob der Verkäufer verpflichtet ist, aufgrund des § 463 S. 1 sämtliche Schäden des Käufers zu ersetzen.

Geht man davon aus, daß der Käufer fordern kann, vermögensmäßig so gestellt zu werden, wie er stünde, wenn der Verkäufer ordnungsgemäß erfüllt hätte, wenn also die gegebene Zusicherung richtig gewesen wäre, dann scheint die Frage bejaht werden zu müssen. Denn in diesem Fall wäre Kunz nicht verunglückt und hätte sich Kalt nicht erkältet. Jedoch sind aus dem Gesichtspunkt des Schutzzwecks der durch die Zusicherung übernommenen Vertragspflicht Einschränkungen zu machen (vgl. o. RdNr. 435 f.). In gleicher Weise, wie aufgrund der vertraglichen Absprachen zu ermitteln ist, ob Erklärungen der Vertragsparteien den Charakter von Zusicherungsvereinbarungen tragen (vgl. o. RdNr. 505), muß auch durch Auslegung des Vertrages ermittelt werden, welche Interessen des Käufers durch die Zusicherung geschützt werden sollen. Im Beispielsfall des Reifenkaufs ist die Zusicherung gerade auf die Vermeidung solcher Schäden gerichtet, wie sie infolge des Unfalls eingetreten sind. Die Zusicherung bei Kauf des Heizgeräts umfaßt die Sicherstellung des Käufers vor Schäden, die infolge des Betriebs des Geräts eintreten (Brandschäden, Schäden durch Stromschläge); dagegen erstreckt sich der Schutzzweck der Zusicherung nicht auf Schäden, die infolge der Unbrauchbarkeit des Geräts entstehen.

Es entspricht heute der hM, die Abgrenzung zwischen den nach § 463 S. 1 zu ersetzenden Mangelfolgeschäden und solchen, die unter diese Vorschrift nicht mehr zu fassen sind, nach dem Inhalt und der Reichweite der Zusicherung vorzunehmen.[49] Der Versuch, den Umfang des Schadensersatzanspruchs nach § 463 S. 1 mit dem Kriterium der Unmittelbarkeit zu bestimmen und nur solche Schäden mit dieser Vorschrift zu erfassen, die als unmittelbare Folge des Fehlens der zugesicherten Eigenschaft erscheinen,[50] hat sich als wenig erfolgreich erwiesen und kann wohl als überwunden angesehen werden.

Bei der Haftung des Verkäufers wegen eines **arglistig verschwiegenen Fehlers** und der diesem Fall gleichgestellten Vorspiegelung einer

---

[48] Beispiel von *Larenz*, SchuldR II 1, § 41 II c (S. 61 f.).
[49] BGHZ 50, 200, 204 = NJW 1968, 1622; BGHZ 59, 158, 160 f. = NJW 1972, 1706 = JuS 1972, 725; *Larenz* aaO S. 62; *MünchKomm/Westermann*, § 463 RdNr. 26 f.
[50] So BGH NJW 1965, 532, 533; ablehnend auch *Brox*, BS, RdNr. 91.

nicht vorhandenen Eigenschaft kann man naturgemäß eine Abgrenzung der zu ersetzenden Schäden nicht nach dem Inhalt der abgegebenen Erklärung vornehmen, wie dies bei einer Zusicherung möglich ist. Zu erwägen ist aber, ob nicht die Haftung des Verkäufers in diesen Fällen auf solche Schäden zu beschränken ist, die dieser voraussehen konnte und mußte; dies wird von einigen Autoren im Schrifttum empfohlen.[51] Überwiegend wird jedoch eine solche Beschränkung abgelehnt.[52] Für den Verkäufer muß nur voraussehbar sein, daß durch sein Verhalten der Käufer irgendwie geschädigt werden kann, nicht dagegen, welche Schäden im einzelnen entstehen.

4. Die Rechte des Käufers beim Gattungskauf

524   Bietet der Verkäufer beim Gattungskauf dem Käufer eine mangelhafte Sache an, dann erfüllt er damit nicht die ihm obliegende Pflicht, eine Sache mit den vereinbarten Gattungsmerkmalen von mittlerer Art und Güte zu liefern (vgl. o. RdNr. 148). Folglich hat er durch das Angebot einer mangelhaften Sache auch nicht das seinerseits Erforderliche getan und eine Konkretisierung kann nicht eintreten (vgl. o. RdNr. 155f.). Der Gesetzgeber hat jedoch durch die Vorschrift des § 480 den Gattungskauf in das System der kaufrechtlichen Gewährleistungsansprüche eingeordnet (vgl. o. RdNr. 492). Obwohl bei Lieferung einer mangelhaften Sache der Erfüllungsanspruch weiterhin bestehen bleibt und deshalb Gewährleistungsrechte an sich nicht eingreifen können, ist dem Käufer neben seinem Erfüllungsanspruch auch das Recht zur Wandlung oder Minderung gegeben. Der **Käufer** hat also **die Wahl,** ob er weiterhin seinen Erfüllungsanspruch verfolgen will oder ob er die gelieferte Sache als Kaufgegenstand gelten läßt und wegen ihrer Mangelhaftigkeit Gewährleistungsansprüche erhebt. Entscheidet sich der Käufer für die Gewährleistung, dann macht er mit seinem Verlangen nach Wandlung oder Minderung deutlich, daß er die gelieferte Sache als die geschuldete ansieht. Folglich tritt dann die Konkretisierung ein, die notwendigerweise der Sachmängelhaftung vorausgehen muß, und der Erfüllungsanspruch erlischt. In § 480 wird jedoch noch eine weitere wichtige Regelung getroffen: Der sich aus dem Kaufvertrag ergebende Erfüllungsanspruch wird den für die Wandlung geltenden Vorschriften insbesondere der Verjährungsfrist des § 477 unterstellt (§ 480 Abs. 1 S. 2); hat sich allerdings der Verkäufer mit der Nachlieferung einverstanden erklärt, dann ist der Erfüllungsanspruch entsprechend dem für anwendbar erklärten § 465 wie ein Anspruch aus der Wandlung zu behandeln, für den die

---

[51] *Diederichsen,* AcP 165 (1965), 150, 160f.; *Thiele,* JZ 1967, 649, 655.
[52] *Larenz* aaO; *Brox* aaO; *MünchKomm/Westermann,* § 463 RdNr. 28 m. weit. Nachw.

II. Kauf

kurze Verjährungsfrist des § 477 nicht gilt (vgl. o. RdNr. 509).[53] Nur wenn die gelieferte Sache so erheblich von der vertraglich vereinbarten Beschaffenheit abweicht, daß eine Genehmigung des Käufers als ausgeschlossen betrachtet werden muß, es sich also um die Lieferung eines aliud handelt (vgl. o. RdNr. 500 ff.), bleibt der Erfüllungsanspruch unverändert bestehen und gelten für ihn nicht die sich aus § 480 ergebenden Einschränkungen. Folgerichtig muß dem Käufer bei einer aliud-Lieferung dann auch das Recht versagt werden, die gelieferte Sache als die geschuldete zu betrachten und Gewährleistungsrechte geltend zu machen.

Gewährleistungsrechte stehen dem Käufer nur zu, wenn er die angebotene (mangelhafte) Gattungssache annimmt, und zwar ohne Kenntnis des Mangels oder unter Vorbehalt seiner Rechte (§ 464 iVm. § 480 Abs. 1 S. 2). Erkennt er bereits beim Angebot der Sache ihren Mangel und weist er sie deshalb zurück, dann bleibt es bei seinem Erfüllungsanspruch (ohne daß darauf die Verjährungsfrist des § 477 anzuwenden ist; vgl. auch u. RdNr. 529). Liefert in diesem Fall der Verkäufer nicht rechtzeitig eine mangelfreie Sache, dann kann der Käufer Ansprüche wegen Schuldnerverzugs geltend machen, insbesondere kann er nach § 326 vorgehen. Die hM gibt ihm dieses Recht aber auch, wenn er mangelhafte Gattungssache in Unkenntnis des Mangels angenommen hat.[54] Dieser Auffassung ist zuzustimmen. Denn der Erfüllungsanspruch bleibt dann – wie ausgeführt – bestehen und auf ihn muß § 326 weiterhin anwendbar sein. Der Käufer kann aber auch neben seinem Anspruch auf Lieferung mangelfreier Gattungssachen Ersatz seines Verzugsschadens nach § 286 Abs. 1 fordern. Denn der Verkäufer gerät in Verzug, wenn er mangelhafte Gattungssachen liefert und der Käufer sie zurückweist und die Lieferung mangelfreier Waren verlangt. Die Mahnung iSv. § 284 Abs. 1 liegt dann in dem Nachlieferungsbegehren.[54a]

Fehlt der gelieferten Gattungssache eine **zugesicherte Eigenschaft**, 525 dann wird die Wahlmöglichkeit des Käufers durch § 480 Abs. 2 noch erweitert: Er kann dann nicht nur Wandlung oder Minderung oder Lieferung einer mangelfreien Sache fordern, sondern auch Schadensersatz wegen Nichterfüllung verlangen. Im Gegensatz zum Schadensersatzanspruch des § 463 muß der Mangel nicht im Zeitpunkt des Kaufs, sondern im Zeitpunkt des Gefahrübergangs (vgl. o. RdNr. 508) bestehen. Diese Unterscheidung ist erforderlich, weil es beim Gattungskauf anders als beim Stückkauf im Zeitpunkt des Vertragsschlusses „die" geschuldete Kaufsache noch nicht gibt. Auch beim Gattungskauf ist wie beim Stückkauf dem arglistigen Verschweigen eines Fehlers die arglistige Vorspiegelung einer Eigenschaft gleichgestellt (vgl. dazu o. RdNr. 519).

---

[53] *Larenz*, SchuldR II, § 41 III (S. 70 Fn. 4).
[54] *Jauernig/Vollkommer*, § 480 Anm. 3 b cc, m. weit. Nachw.; aA *Palandt/Putzo*, § 480 Anm. 1 b; *Köhler*, JuS 1979, 498, 499.
[54a] BGH NJW 1985, 2526, m. weit. Nachw.

526 Überblick über die Gewährleistungsrechte des Käufers

I. Beim Stückkauf

Der Verkäufer liefert:

- aliud
- mangelhafte Sache
- Sache ohne zugesicherte oder ohne arglistig vorgespiegelte Eigenschaft
- Sache mit arglistig verschwiegenem Fehler

Wahlrecht des Käufers nach § 462

Wahlrecht des Käufers nach § 463

- Anspruch auf Lieferung der geschuldeten Sache (§ 433 I 1)
- Anspruch auf Wandlung (§§ 467 S. 1, 346 ff.)
- Anspruch auf Minderung (§ 472)
- Anspruch auf Schadensersatz wegen Nichterfüllung

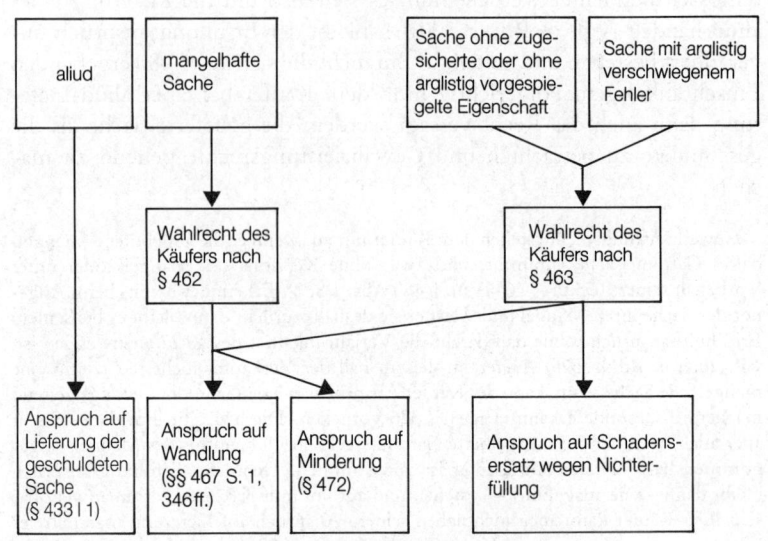

II. Beim Gattungskauf

Der Verkäufer liefert:

- aliud
- mangelhafte Sache
- Sache ohne zugesicherte oder ohne arglistig vorgespiegelte Eigenschaft
- Sache mit arglistig verschwiegenem Fehler

Wahlrecht des Käufers nach § 480 I

Wahlrecht des Käufers nach § 480 II

- Anspruch auf Lieferung der geschuldeten Sache (§ 433 I 1) [54b]
- Anspruch auf Wandlung (§§ 467 S. 1, 346 ff.)
- Anspruch auf Minderung (§ 472)
- Anspruch auf Schadensersatz wegen Nichterfüllung

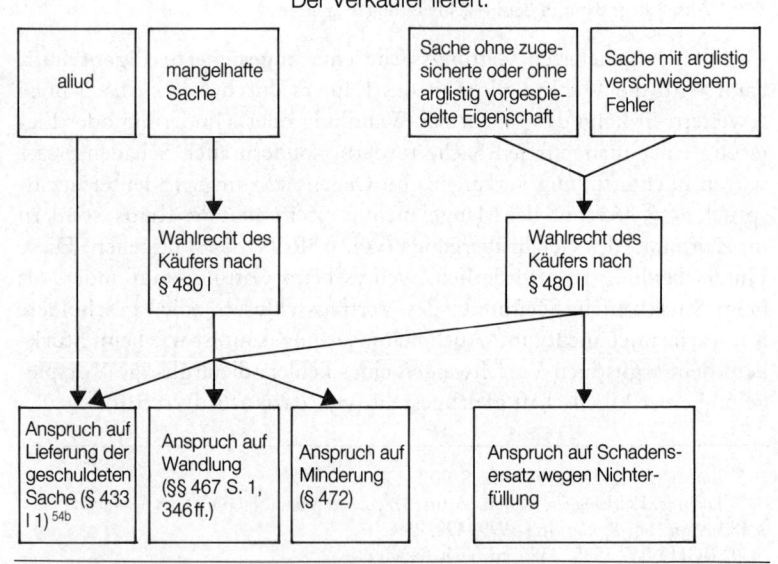

[54b] Zu beachten ist, daß dieser Anspruch unter bestimmten Voraussetzungen (vgl. o. RdNr. 524) nach § 480 Abs. 1 S. 2 den für die Wandlung geltenden Vorschriften unterstellt wird.

5. Ausschluß der Gewährleistung, Verjährung

In einer Reihe von Fällen ist **gesetzlich** die Gewährleistung ausgeschlossen: 527
- Durch § 460 S. 1, wenn der Käufer den Mangel beim Abschluß des Kaufes kennt.
- Durch § 460 S. 2, wenn dem Käufer der Fehler der Kaufsache infolge grober Fahrlässigkeit unbekannt geblieben ist und wenn der Verkäufer nicht die Abwesenheit des Fehlers zugesichert oder den Fehler arglistig verschwiegen hat.[55]
- Durch § 461 in Fällen, in denen die Kaufsache aufgrund eines Pfandrechts in öffentlicher Versteigerung und unter der Bezeichnung als Pfand verkauft wird.

> Es handelt sich hierbei um einen Pfandverkauf nach §§ 1235 Abs. 1, 1236 ff., nicht dagegen um einen freihändigen Verkauf nach § 1221. Für die Versteigerung in der Zwangsvollstreckung gilt eine gleiche Regelung nach § 806 ZPO und § 56 S. 3 ZVG.

- Durch § 464, wenn der Käufer in Kenntnis des Mangels die Sache annimmt, ohne sich seine Rechte wegen des Mangels vorzubehalten.
- Durch § 351 iVm. § 467 S. 1 die Wandlung (nicht die Minderung), wenn der Käufer eine wesentliche Verschlechterung, den Untergang oder die anderweitige Unmöglichkeit der Herausgabe der Kaufsache verschuldet hat.

Die Mängelhaftung des Verkäufers kann auch **durch Vertrag** ausgeschlossen oder beschränkt werden. Hat jedoch der Verkäufer den Mangel arglistig verschwiegen, so ist eine solche Vereinbarung nichtig (§ 476). Ist die Gewährleistung des Verkäufers durch seine AGB eingeschränkt oder ausgeschlossen worden, dann sind die Regelungen des AGB-Gesetzes – insbesondere § 11 Nr. 10 und 11 – zu beachten (vgl. auch o. RdNr. 125). 528

Die Ansprüche auf Gewährleistung beim Sachkauf, also der Anspruch auf Wandlung, Minderung (§§ 462, 480 Abs. 1), Schadensersatz wegen Nichterfüllung (§§ 463, 480 Abs. 2) und auf Lieferung einer mangelfreien Gattungssache (§ 480 Abs. 1), **verjähren** in den kurzen Fristen des § 477: bei beweglichen Sachen in sechs Monaten von der Ablieferung an, bei Grundstücken in einem Jahr, gerechnet von der Übergabe. 529

> Durch den Begriff der Ablieferung soll zum Ausdruck gebracht werden, daß es für den Beginn der Verjährung bei beweglichen Sachen auf die tatsächliche Möglichkeit ankommt, die Sache zu untersuchen. Die Sache muß in einer Weise in den Machtbereich des Käufers gelangt sein, daß er sie ohne weiteres in seinen unmittelbaren Besitz

---

[55] Ob § 460 auch für den Gattungskauf gilt, ist str.; verneinend *Palandt/Putzo*, § 460 Anm. 1 c.

nehmen kann. Es genügt also nicht die Verschaffung mittelbaren Besitzes (vgl. o. RdNr. 471).

530 Der Gesetzgeber hat die kurzen Verjährungsfristen mit der Erwägung begründet, daß die Feststellung von Sachmängeln nach längerer Zeit kaum möglich und für den Verkehr das Zurückgreifen auf solche Mängel nach längerer Zeit im höchsten Grade lästig und hemmend sei.[56] Diese dem Verkäufer günstige Regelung kann jedoch nicht gelten, wenn er den Mangel arglistig verschwiegen hat (vgl. § 477 Abs. 1 S. 1) oder – was gleichzustellen ist (vgl. o. RdNr. 519) – wenn er arglistig eine nicht vorhandene Eigenschaft der Kaufsache vorgespiegelt hat; in diesem Fall gilt die dreißigjährige Verjährungsfrist des § 195. Das gleiche gilt für die Ansprüche aus der Wandlung oder Minderung (vgl. o. RdNr. 509, 518).

Nach Verjährung der Gewährleistungsansprüche kann der Käufer unter der Voraussetzung, daß er zumindest noch vor Ablauf der Verjährungsfrist die Anzeige des Mangels an den Verkäufer abgesendet hat, die Zahlung des Kaufpreises insoweit verweigern, als er aufgrund der Wandlung oder der Minderung dazu berechtigt sein würde (§ 478 Abs. 1 S. 1). Das gleiche gilt nach § 478 Abs. 1 S. 2, wenn der Käufer vor Eintritt der Verjährung ein Beweissicherungsverfahren (vgl. §§ 485 ff. ZPO) beantragt oder in einem zwischen ihm und einem späteren Erwerber der Sache wegen eines Mangels anhängigen Rechtsstreit dem Verkäufer den Streit verkündet hat (vgl. §§ 72 ff. ZPO). Die durch § 390 S. 2 eröffnete Möglichkeit, unter den in dieser Vorschrift genannten Voraussetzungen mit einer verjährten Forderung aufzurechnen (vgl. o. RdNr. 196), wird durch § 479 eingeschränkt.

6. Verhältnis der Gewährleistungsrechte zu anderen Rechten

531 Da der Gesetzgeber die §§ 459 bis 480 als eine in sich geschlossene, die Interessen beider Vertragspartner berücksichtigende Regelung der Haftung des Verkäufers für Sachmängel verstanden hat, können nicht ohne weiteres neben diesen Vorschriften die allgemeinen Bestimmungen angewendet werden. Denn wollte man es z. B. zulassen, daß der Käufer mit der Begründung, der Verkäufer habe durch Lieferung einer mangelhaften Sache seine Vertragspflicht nur teilweise erfüllt, Ansprüche aus §§ 320 ff. geltend machen könnte oder daß er wegen eines Sachmangels aufgrund des § 119 Abs. 2 die Anfechtung erklären dürfte (vgl. o. RdNr. 499), würden die in den §§ 459 ff. vom Gesetzgeber getroffenen Entscheidungen, beispielsweise über den Haftungsausschluß in bestimmten Fällen (vgl. o. RdNr. 527) oder über die kurzen Verjährungsfristen (vgl. o. RdNr. 529 f.), erheblich, zum Teil völlig an Bedeutung verlieren. Deshalb muß eine Konkurrenz der §§ 459 ff. mit allgemeinen Vorschriften ausgeschlossen werden. Besteht auch über diesen Grundsatz im wesentlichen Einigkeit, so ergeben sich doch in einer Reihe von Einzelfragen Meinungsverschiedenheiten.

---

[56] Mot. II S. 238.

II. Kauf

Streitig ist die Frage, ob der Vorrang der §§ 459 ff. nur für die Zeit nach Gefahrübergang gilt oder schon vorher. Unter Hinweis darauf, daß die §§ 459 ff. einen Mangel bei Gefahrübergang voraussetzten und deshalb **vor Gefahrübergang** auszuscheiden hätten, wird die Ansicht vertreten, daß bis zum Gefahrübergang die allgemeinen Vorschriften, z. B. beim Irrtum über eine verkehrswesentliche Eigenschaft der Kaufsache § 119 Abs. 2 oder bei einer vom Verkäufer zu vertretenden Unmöglichkeit § 325, anzuwenden seien.[57] Dieser Auffassung wird entgegengehalten, daß die Gewährleistungsansprüche als „latente" auch schon vor Gefahrübergang bestünden und die Anwendung der allgemeinen Vorschriften ausschlössen.[58] Vorzuziehen ist jedoch, eine Lösung nicht aufgrund allgemeiner Erwägungen zu suchen, sondern die Interessenlage im Hinblick auf jede Konkurrenz zu den §§ 459 ff. gesondert zu erörtern.

aa) Anfechtung

Ein Konkurrenzproblem kann sich immer nur dann ergeben, wenn sich der **Irrtum** auf eine Eigenschaft der Kaufsache bezieht, wegen der dem Käufer Gewährleistungsrechte zustehen können. Die Anfechtung wegen eines Inhalts- oder Erklärungsirrtums nach § 119 Abs. 1 ist deshalb ebenso möglich wie eine Anfechtung nach § 119 Abs. 2, wenn es sich bei der verkehrswesentlichen Eigenschaft nicht um einen Sachmangel iSv. § 459 handelt.[59] In anderen Fällen aber, in denen die Eigenschaft, hinsichtlich deren der Käufer irrte, Gewährleistungsansprüche auslösen kann, ist eine Anfechtung nach § 119 Abs. 2 mit der herrschenden Meinung auszuschließen (vgl. dazu o. RdNr. 499). Dies gilt auch dann, wenn die Gefahr auf den Käufer noch nicht übergegangen ist. 532

Die Gegenauffassung,[60] die eine Irrtumsanfechtung nach § 119 Abs. 2 erst vom Zeitpunkt des Gefahrübergangs ausschließt, setzt sich in einen Widerspruch zu der in § 460 S. 2 getroffenen Regelung. Nach dieser Vorschrift sind Gewährleistungsansprüche ausgeschlossen, wenn dem Käufer ein Mangel der in § 459 Abs. 1 bezeichneten Art infolge grober Fahrlässigkeit unbekannt geblieben ist. Er könnte sich dann aber nach § 119 Abs. 2 durch Anfechtung vom Kaufvertrag lösen.[61]

Dagegen stehen einer **Anfechtung wegen arglistiger Täuschung** nach § 123 nicht die Gewährleistungsvorschriften beim Kauf entgegen. Die hM will durch die Zulassung der Anfechtung vermeiden, daß der betrügerische Verkäufer Vorteile aus der ihm günstigen Regelung des Gewährleistungsrechts ziehen kann.[62]

bb) Ansprüche aus §§ 320 ff.

Über die Frage, ob im Fall eines Spezieskaufs die Lieferung einer mangelhaften Sache als teilweise Nichterfüllung der Leistungspflicht des 533

---

[57] *Brox*, BS, RdNr. 95.
[58] *Larenz*, SchuldR II 1, § 41 II e (S. 66 ff.).
[59] BGH NJW 1979, 160, 161 = JuS 1979, 663, m. weit. Nachw.
[60] BGHZ 34, 32, 37 f. = NJW 1961, 772 = JuS 1961, 201, m. weit. Nachw.
[61] *Medicus*, BR, RdNr. 344 f.; *Larenz*, SchuldR II 1, § 41 II e (S. 74 f.); jeweils m. weit. Nachw.
[62] *Palandt/Putzo*, vor § 459 Anm. 2 d; *Brox*, BS, RdNr. 97.

Verkäufers aufzufassen ist und deshalb grundsätzlich die §§ 320 ff. auf diesen Fall angewendet werden können, wird erheblich gestritten. Dieser Meinungsstreit wird insbesondere durch die unterschiedlichen Ansichten über **Wesen und Grund der Gewährleistung** beeinflußt:

– Wer meint, die Leistungspflicht des Verkäufers umfasse nicht auch die Mangelfreiheit der Kaufsache, muß die Anwendung der §§ 320 ff. schon deshalb ablehnen, weil die Lieferung einer mangelhaften Sache dann keinen Fall einer (teilweisen) Nichterfüllung darstellt.[63]

> Begründet wird diese Auffassung mit der Erwägung, daß ein Kaufvertrag nach § 306 nichtig sein müßte, wenn der Verkäufer einer Speziessache, die bereits im Zeitpunkt des Vertragsschlusses einen nicht behebbaren Mangel aufweist, zur Lieferung einer mangelfreien Sache verpflichtet sei. Eine solche Pflicht habe das Gesetz aber gerade nicht aufgestellt. Vielmehr erfülle der Verkäufer auch mit der Lieferung einer mangelhaften Sache seine Leistungspflicht, nur müßte ein Ausgleich dafür geschaffen werden, daß die von den Parteien vorausgesetzte Äquivalenz zwischen Kaufpreis und Kaufsache infolge des Mangels gestört sei. Dieser Ausgleich würde durch die Gewährleistungsvorschriften geschaffen werden.

– Nach anderer Auffassung soll dagegen der Verkäufer auch beim Spezieskauf zur Lieferung einer mangelfreien Sache verpflichtet sein, nur habe das Gesetz die Rechtsfolgen, die sich bei Mängeln der Kaufsache ergeben, gesondert in den §§ 459 ff. geregelt und sie nicht den allgemeinen Vorschriften über die Nichterfüllung unterstellt.

> Ihrer Rechtsnatur nach seien aber die Gewährleistungsansprüche Ersatzerfüllungsansprüche. Die Wandlung entspreche dem Rücktritt, die Minderung gehe von einer teilweisen Nichterfüllung aus.[64]

534 Überwiegend wird heute bis zum Gefahrübergang die Anwendung der §§ 320 ff. zugelassen, wobei entweder die Pflicht des Verkäufers zur Lieferung einer mangelfreien Sache bejaht oder der oben dargestellte Meinungsstreit für nicht maßgebend erklärt und nach einer interessengerechten Lösung gesucht wird.[65]

> Als interessengerecht wird insbesondere das Recht des Käufers angesehen, die ihm vom Verkäufer angebotene mangelhafte Sache zurückzuweisen und die Zahlung des Kaufpreises nach § 320 zu verweigern. Jedoch gelangt auch die Gegenauffassung zu einem gleichen Ergebnis, indem sie meint, der Käufer könne dem Zahlungsbegehren des Verkäufers sein Recht auf Wandlung entgegenhalten, und der Verkäufer würde treuwidrig handeln, wenn er dennoch den vollen Kaufpreis fordere, obwohl er ihn danach infolge der Wandlung des Käufers zurückerstatten müßte.[66] (Aus § 242 ergibt sich, daß derjenige treuwidrig handelt, der eine Leistung verlangt, die er sofort wieder zurückgewähren muß: dolo facit, qui petit, quod statim redditurus est). Hat der Käufer vor Übergabe den Sachmangel verschuldet, dann entfallen seine Ge-

---

[63] So *Larenz*, SchuldR II 1, § 41 IIe (S. 66 ff.).
[64] *Brox*, BS, RdNr. 58.
[65] Vgl. *Medicus*, BR, RdNr. 346.
[66] Vgl. *Larenz* aaO S. 69.

II. Kauf

währleistungsrechte. Dieses aus § 324 abzuleitende Ergebnis (vgl. o. RdNr. 364) muß ebenfalls von beiden Auffassungen für zutreffend gehalten werden, weil die §§ 459 ff. diesen Fall überhaupt nicht regeln.
Bleibt deshalb nur als Streitpunkt von praktischer Bedeutung, ob die §§ 325, 326 neben den §§ 459 ff. anzuwenden sind. Es empfiehlt sich, insbesondere im Interesse eines angemessenen Verkäuferschutzes der Auffassung zu folgen, die dies bis zum Gefahrübergang zuläßt. Danach ergibt sich allerdings eine Sperre aus der Spezialregelung der §§ 459 ff. (Auf eine eingehende Erörterung wird hier verzichtet; sie bleibt dem Fortgeschrittenen vorbehalten, vgl. dazu die zitierten Schriften).

Zu berücksichtigen ist, daß die §§ 320 ff. beim **Gattungskauf** nur dann **535** von den Gewährleistungsvorschriften verdrängt werden können, wenn der Käufer die mangelhafte Sache in Kenntnis des Mangels als die geschuldete annimmt (vgl. o. RdNr. 524). Solange er dies nicht tut und solange sein Anspruch auf Lieferung einer mangelfreien Sache besteht, also nach Ablieferung der Gattungssache innerhalb der Verjährungsfristen des § 477 (§ 480 Abs. 1 S. 2), kann er nach §§ 320 ff. vorgehen.

cc) Culpa in contrahendo

Die Frage nach dem Verhältnis der c. i. c. zu den §§ 459 ff. kann sich **536** nur stellen, wenn der Vorwurf der Verletzung einer den Verkäufer treffenden Verhaltenspflicht im Zusammenhang mit einem Sachmangel erhoben wird. In allen anderen Fällen, in denen es um die Verletzung davon unabhängiger Verhaltenspflichten geht, gibt es keinen Grund für die Einschränkung der Haftung wegen c. i. c. Dagegen kommt es in Fällen, in denen der Verkäufer falsche Angaben über die Eigenschaft der Kaufsache macht oder gebotene Hinweise auf eine bestimmte Beschaffenheit unterläßt, darauf an, ob sich die Haftung des Verkäufers nur nach den Vorschriften über die Gewährleistung beurteilt oder ob ergänzend auch die Regeln über die Haftung wegen c. i. c. herangezogen werden können.

Beispiel:[67] Volz bietet sein am Starnberger See gelegenes Grundstück zum Kauf an. Das Grundstück ist mit einer Hecke eingefriedet, die bis zum Seeufer reicht und auch einen dem Lande Bayern gehörenden, seit langem an Volz vermieteten Uferstreifen umfaßt. Kunz, der in Abwesenheit des Volz das Grundstück besichtigt, geht davon aus, daß das gesamte umfriedete Grundstück Volz gehöre. Der Irrtum wird erst aufgeklärt, nachdem Kunz das Grundstück gekauft hat und Gewährleistungsansprüche nach § 477 verjährt sind. Kunz verlangt dennoch Rückzahlung des Kaufpreises. Mit Recht?
Da davon auszugehen ist, daß sich Volz auf die Verjährung der Gewährleistungsansprüche berufen wird, kann Kunz mit seiner Rückzahlungsforderung nur Erfolg haben, wenn er einen Anspruch aus c. i. c. gegen Volz geltend machen kann. Ein solcher Anspruch könnte bestehen, weil Volz eine ihm obliegende Information über den genauen Grenzverlauf des verkauften Grundstücks unterlassen hat. Die Frage aber, ob eine solche Pflicht zur Information des Kunz zu bejahen ist, die Volz schuldhaft verletzt hat, kann dahingestellt bleiben, wenn die Gewährleistungsvor-

---

[67] Nachgebildet dem Fall von BGHZ 60, 319 = NJW 1973, 1234 = JuS 1973, 721.

schriften die Anwendung der c. i. c. ausschließen, soweit die schuldhaft unterlassenen Angaben eine Eigenschaft der Kaufsache betreffen, deren Abwesenheit einen Mangel iSv. § 459 bedeutet.

537 Während eine Mindermeinung die Regeln der c. i. c. uneingeschränkt neben dem § 459 anwenden will und dies mit den unterschiedlichen Haftungsvoraussetzungen begründet,[68] vertritt die hM die Auffassung, daß die §§ 459 ff. eine die Haftung des Verkäufers für fehlende Eigenschaften der Kaufsache abschließende Regelung darstellten und daneben für eine Haftung wegen c. i. c. kein Raum sei.[69] Der hM ist zu folgen. In den §§ 459 ff. ist die Haftung des Verkäufers für Schäden wegen des Fehlens von Eigenschaften der Kaufsache an bestimmte Voraussetzungen geknüpft. Der Verkäufer hat auch ohne Verschulden für Sachmängel nach Maßgabe dieser Vorschriften einzustehen. Eine an andere Voraussetzungen geknüpfte Haftung des Verkäufers wird damit ausgeschlossen.

Innerhalb der hM wird jedoch von verschiedenen Autoren eine entscheidende Einschränkung hinsichtlich sog. **Mangelfolgeschäden** vorgenommen. Der Mangelfolgeschaden betrifft die Einbuße, die der Geschädigte an seinen (sonstigen) Rechtsgütern erleidet, z. B. wegen eines Mangels des gekauften Heizgeräts kommt es zu einem Brand, bei dem die Wohnungseinrichtung des Käufers beschädigt wird. Der hier den Käufer treffende Schaden, der aus dem Mangel folgt, d. h. durch ihn herbeigeführt wird, unterscheidet sich von dem Mangelschaden, der in dem Minderwert des defekten Heizgeräts besteht. Zu dem Mangelschaden werden auch die dem Käufer entstehenden Kosten für notwendige Reparaturen der Kaufsache, der Nutzungsausfall und ein Gewinnverlust gerechnet.[70] Zur Begründung der Auffassung, daß der Verkäufer für Mangelfolgeschäden nach den Grundsätzen der c. i. c. (uneingeschränkt durch die Gewährleistungsvorschriften) haften müsse, wird auf einen Wertungswiderspruch hingewiesen, der sich sonst ergebe.[71] Der Verkäufer müsse dafür einstehen, daß er es schuldhaft unterließe, auf Gefahren der fehlerlosen Kaufsache hinzuweisen (vgl. o. RdNr. 453). Dann sei nicht einzusehen, warum eine Haftung nach c. i. c. ausgeschlossen sein solle, wenn die Gefahren aus einem (dem Verkäufer bekannten) Fehler hervorgingen. Die Gegenauffassung verweist demgegenüber darauf, daß die Voraussetzungen einer Haftung auch für Mangelfolgeschäden in § 463 abschließend aufgeführt würden. Hierbei muß insbesondere berücksichtigt werden, daß die Haftungsgrenze des § 463 (wie auch die des § 480 Abs. 2) nicht zwischen Mangelschäden und Mangelfolgeschäden verläuft, sondern daß die Zusicherung nach ihrem Zweck gerade die Abwendung von Schäden an sonstigen Rechtgütern des Käufers umfassen kann (vgl. o. RdNr. 522).[72]

---

[68] *Diederichsen,* BB 1965, 401; *Pick,* JuS 1981, 413, 416 f.; *Emmerich* aaO (Fn. 31), S. 52 f.; OLG Hamburg MDR 1973, 496 f.

[69] BGHZ 60, 319, 321 f.; *Brox,* BS, RdNr. 101; *Köhler,* PdW-SchuldR II, Nr. 22 (S. 29 ff.).

[70] Vgl. BGHZ 77, 215, 218 = NJW 1980, 1950 = JuS 1980, 829.

[71] *Larenz,* SchuldR II 1, § 41 II e (S. 75 f.); gleicher Auffassung *MünchKomm/Emmerich,* vor § 275 RdNr. 63.

[72] Für einen Ausschluß der c. i. c.: *Staudinger/Honsell,* vor § 459 RdNr. 33; *Palandt/Putzo,* vor § 459 Anm. 2 c, m. weit. Nachw.

II. Kauf

Andererseits werden in der Rechtsprechung Ansprüche aus c. i. c. mit der Begründung bejaht, daß der Verkäufer ihn treffende **zusätzliche Beratungs- und Informationspflichten** beim Vertragsschluß verletzt habe, die selbständig neben den Gewährleistungsrechten stünden. Es ist nicht zu übersehen, daß sich dadurch Abgrenzungsschwierigkeiten zwischen konkludent getroffenen Zusicherungsvereinbarungen (vgl. o. RdNr. 505) und der Übernahme besonderer Nebenpflichten zur Beratung des Käufers über Eigenschaften der Kaufsache, z. B. über ihre Brauchbarkeit[73] oder Gefährlichkeit, ergeben können. Eine Auseinandersetzung mit den sich hierbei stellenden Fragen ist jedoch dem Fortgeschrittenen vorzubehalten. Keine Abgrenzungsfragen stellen sich dagegen, wenn der Verkäufer falsche Angaben über zukünftige Verhältnisse und Entwicklungen der Kaufsache macht; da dadurch nicht eine Zusicherung iSv. §§ 463, 480 Abs. 2 abgegeben wird (vgl. o. RdNr. 506), besteht dann auch keine Konkurrenz zum Gewährleistungsrecht.

dd) Positive Forderungsverletzung

Die ganz hM im Schrifttum und der BGH wie auch schon das RG in ständiger Rechtsprechung gewähren dem Käufer Schadensersatzansprüche aus pFV wegen schuldhafter **Schlechterfüllung** insoweit, als dadurch Schäden an anderen Rechtsgütern als an der Kaufsache selbst verursacht worden sind (sog. Mangelfolgeschäden, vgl. o. RdNr. 537, auch Begleitschäden genannt), und nehmen einen Vorrang der §§ 459 ff. nur insoweit an, als es sich um sog. Mangelschäden , um das Interesse an einer mangelfreien Sache als solcher (vgl. ebenfalls o. RdNr. 537), handelt.[74]   538

Beispiel: Volz verkauft und liefert Kunz Mais als Pferdefutter, dem giftige Rizinuskörner beigemischt sind. Als Kunz seine Pferde damit füttert, gehen mehrere ein (vgl. schon o. RdNr. 426). Soweit es sich um den Mangelfolgeschaden (Tod der Pferde) handelt, kommt eine Ersatzverpflichtung auf der Grundlage der §§ 459 ff. nicht in Betracht. Nur wenn Volz die Reinheit des Maises dem Kunz zugesichert hätte, könnte dieser nach § 480 Abs. 2 Schadensersatz verlangen.
Nun könnte man sich auf den Standpunkt stellen, daß sich aus der in §§ 463 und 480 Abs. 2 getroffenen Regelung ergäbe, daß der Verkäufer für Mangelfolgeschäden nur in diesen Fällen einzustehen hat und er sonst nicht zum Schadensersatz verpflichtet ist. Weil aber dieses Ergebnis als unbillig und unvereinbar mit den Interessen des Käufers angesehen wird, gewährt man dennoch einen Anspruch aus pFV. Die Vereinbarkeit dieses Ergebnisses mit den §§ 463, 480 Abs. 2 kann man dadurch begründen, daß diese Vorschriften Rechtsfolgen an ein Verhalten beim Vertragsschluß und nicht – wie die Schlechterfüllung (vgl. o. RdNr. 439) – an ein Verhalten bei Erfüllung von Vertragspflichten knüpfen.[75] Hinzu kommt, daß die Einbeziehung dieser Fallgruppen in die Haftung wegen pFV auf Gewohnheitsrecht beruht (vgl. o. RdNr. 425).

Geht es in dieser Fallgruppe um die schlechte Erfüllung einer Hauptleistungspflicht, dann kann ein Anspruch des Käufers wegen pFV auch bei **Verletzung von Verhaltenspflichten** in Betracht kommen (vgl. o.   539

---

[73] Vgl. den Fall von BGH NJW 1962, 1196.
[74] Vgl. BGHZ 77, 215, 217 f.; *Medicus*, BR, RdNr. 361 ff.; *Larenz*, SchuldR II 1, § 41 II e (S. 70); jeweils m. weit. Nachw.
[75] *Medicus*, BR, RdNr. 361.

RdNr. 440). Insoweit können sich in gleicher Weise wie bei der c. i. c. Abgrenzungsschwierigkeiten nur ergeben, wenn es um die Verletzung einer leistungssichernden Nebenpflicht geht, die im Zusammenhang mit einem Sachmangel steht. Für einen Anspruch auf Schadensersatz wegen pFV kommt es in diesen Fällen wie bei der c. i. c. (vgl. o. RdNr. 537) darauf an, ob eine zusätzliche Nebenpflicht zu bejahen ist, z. B. eine Pflicht des Verkäufers, die Kaufsache auf Mängel zu untersuchen und den Käufer auf Gefahren hinzuweisen. Die schuldhafte Verletzung solcher Pflichten läßt den Verkäufer nach ganz hM (unabhängig von den Gewährleistungsansprüchen) schadensersatzpflichtig werden.

540 Soweit Ansprüche aus pFV durch eine Schlechterfüllung ausgelöst werden, wendet die hM die **Verjährungsregelung** des § 477 an. Ebenso verfährt sie bei der Verletzung einer vertraglichen Nebenpflicht des Verkäufers zur Beratung über Eigenschaften der Kaufsache. Zur Begründung verweist sie auf den Grundgedanken des § 477 Abs. 1, nach dem vermieden werden soll, daß der Käufer auf Sachmängel nach längerer Zeit zurückgreift. § 477 sei nur dann nicht anzuwenden, wenn es sich um einen mit einem Mangel der Kaufsache nicht zusammenhängenden Anspruch handle.[76]

Die Abgrenzung nach diesen von der hM befürworteten Kriterien kann jedoch im Einzelfall durchaus Schwierigkeiten bereiten. So hat der BGH[77] die Regelverjährung des § 195 auf einen Schadensersatzanspruch angewendet, der sich wegen eines unterlassenen Hinweises auf die Notwendigkeit ergab, eine sonst einwandfrei arbeitende Betonbereitungsanlage zu überwachen und zu warten, um zu vermeiden, daß bei niedrigen Temperaturen die Entlüftungsvorrichtung verkrustet und deshalb Störungen auftreten. Das Gericht hat in dieser Störanfälligkeit keine Eigenschaft der Kaufsache gesehen. Dagegen wertete das Gericht die Leistungsfähigkeit elektrischer Wärmespeicher als Eigenschaft und unterstellte Schadensersatzansprüche wegen falscher Angaben über deren Leistungsfähigkeit dem § 477 Abs. 1.[78]

541 Soweit für Ansprüche aus pFV die Verjährungsregelung des § 477 gilt, beginnt die Verjährungsfrist mit Ablieferung bzw. Übergabe der Kaufsache. Dies kann dazu führen, daß Mängel erst entdeckt werden, wenn die Verjährungsfrist bereits abgelaufen ist. Es wird deshalb im Schrifttum die Frage diskutiert, ob es nicht der Billigkeit entspräche, die Verjährung bei Ansprüchen auf Ersatz von Mangelfolgeschäden aus Schlechtlieferung erst mit der Entstehung des Schadens oder seiner Erkennbarkeit beginnen zu lassen. Der BGH, der zunächst in verschiedenen Entscheidungen diese Frage offengelassen hat, vertritt nunmehr eine ablehnende Auffassung;[79] angesichts der eindeutigen gesetzlichen Rege-

---

[76] BGH NJW 1965, 148, 150; BGHZ 47, 312, 319 = NJW 1967, 1805; BGHZ 77, 215, 219 ff. = NJW 1980, 1950; *Erman/Weitnauer,* § 477 RdNr. 4.
[77] BGHZ 47, 312, 319.
[78] BGH NJW 1965, 148, 150.
[79] BGHZ 77, 219 ff. m. weit. Nachw. auch zu der Gegenauffassung.

ee) Unerlaubte Handlung

Ansprüche des Käufers aus unerlaubter Handlung (§§ 823ff.), die sich ergeben, weil er durch die mangelhafte Kaufsache an Gesundheit, Eigentum oder einem sonstigen (geschützten) Rechtsgut verletzt worden ist, bestehen unabhängig von den Gewährleistungsansprüchen. **542**

Streitig ist die Frage, ob ein solcher deliktischer Anspruch auch auf einen Schaden an der gelieferten Sache selbst ausgedehnt werden kann, wenn der Mangel der Kaufsache zunächst nur ein Teilstück betrifft, dessen Versagen nach der Eigentumsübertragung einen weiteren Schaden an der gesamten Sache hervorruft (sog. „weiterfressender Mangel"). Der BGH hat sich wiederholt mit Fällen zu befassen gehabt, in denen diese Frage zu entscheiden war:

Schwimmerschalterfall.[80] Eine Reinigungs- und Entfettungsanlage gerät in Brand, weil ein Schwimmerschalter, der eine automatische Stromabschaltung in Fällen der Überhitzung bewirken soll, von Anfang an defekt ist.

Reifenfall.[81] Der Käufer eines gebrauchten Sportwagens verunglückt mit dem Fahrzeug, weil es mit nicht zugelassenen Reifen ausgestattet ist. Der Verkäufer, ein Gebrauchtwagenhändler, hatte einwandfreien technischen Zustand zugesichert.

Gaszugfall.[82] Der Käufer eines Pkw verursacht mit dem Fahrzeug wiederholt Unfälle. Als Grund wird ein defekter Gaszug ermittelt, der dazu führt, daß der Pkw auch dann beschleunigt, wenn das Gaspedal nicht betätigt wird. Der Käufer verlangt vom Hersteller Ersatz des Unfallschadens.

Kompressorfall.[83] Der Dieselmotor eines Kompressors wird erheblich beschädigt, weil der Motor einige Zeit ohne Schmierung läuft. Die Ursache dafür liegt in einem Bruch des Ölablaufrohres, zu dem es nach einiger Zeit der Benutzung des Kompressors kommt, weil das Rohr mangelhaft befestigt worden ist.

Der BGH[84] unterscheidet zwischen dem „Nutzungs- und Äquivalenzinteresse", also dem Interesse des Käufers, eine mangelfreie Sache zu bekommen und zu nutzen, und dem „Integritätsinteresse", dem Interesse des Eigentümers an der Erhaltung der Sache. Nur das Integritätsinteresse werde durch das Deliktsrecht geschützt, während das Nutzungs- und Äquivalenzinteresse durch die Vorschriften über die Gewährleistung ausgeglichen würden. Die Abgrenzung zwischen beiden will der BGH danach vornehmen, ob der später eintretende Schaden sich mit dem Unwert der Sache aufgrund des im Zeitpunkt des Eigentumsübergangs vorhandenen Mangels decke, mit ihm „stoffgleich" sei. Der Mangelunwert und damit der Äquivalenzschaden sei nach den Grundsätzen des § 472 Abs. 1 zu bewerten, die für die Berechnung des Kaufpreises bei der Minderung maßgebend seien. Ein darüber hinausgehender Schaden, der zwar durch den Mangel verursacht werde, sich aber davon unterscheide, weil sich der Mangel zunächst auf Teile der Sache beschränke, später dann weiterfresse und zur Zerstörung oder Beschädigung anderer zunächst unversehrter Teile führe, ist nach Ansicht des BGH nicht „stoffgleich" mit dem Mangelunwert und betreffe deshalb das

---

[80] BGHZ 67, 359 = NJW 1977, 379 = JuS 1977, 471.
[81] BGH NJW 1978, 2241, 2242f. = JuS 1979, 214.
[82] BGHZ 86, 256 = NJW 1983, 810 = JuS 1983, 466.
[83] BGH NJW 1985, 2420.
[84] BGH (Fn. 82, 83).

Integritätsinteresse des Eigentümers. Der BGH meint, das Interesse des Eigentümers an der Bewahrung der Sache vor einer Zerstörung durch Konstruktions- und Herstellungsmängel sei nicht weniger schutzwürdig als sein Interesse, daß derartige Mängel nicht andere ihm gehörende Gegenstände schädigten. Auf der Grundlage dieser Auffassung kann in den genannten Fällen ein Anspruch des Eigentümers nach § 823 Abs. 1 bejaht werden. Diese Rechtsprechung des BGH hat im Schrifttum unterschiedliche Reaktionen ausgelöst, die von einer grundsätzlichen Zustimmung bis hin zu einer völligen Ablehnung reichen.[85]

e) Kauf unter Eigentumsvorbehalt

543 Jeder Vertragspartner ist im Regelfall verpflichtet, die von ihm nach dem Kaufvertrag geschuldete Leistung nur Zug um Zug gegen Erbringung der Gegenleistung zu bewirken. Dementsprechend kann der Verkäufer die Übergabe und Übereignung der Kaufsache solange verweigern, bis der Käufer den Kaufpreis zahlt (§ 320). Auf diese Weise wird der Verkäufer hinsichtlich seiner Forderung auf Zahlung des Kaufpreises ausreichend gesichert. Nur erhält bekanntlich der Käufer in vielen Fällen die Kaufsache bereits vor Zahlung des Kaufpreises. Hierfür gibt es unterschiedliche Gründe; nicht selten macht der Käufer den Abschluß des Kaufvertrages davon abhängig, daß er die Kaufsache sofort nutzen kann, ist aber nicht in der Lage, den Kaufpreis auch sofort zu zahlen. Wenn der Verkäufer in einem solchen Fall die Kaufsache mit der Übergabe dem Käufer übereignet, kann es passieren, daß er den geschuldeten Kaufpreis nicht erhält. Zwar kann dann der Verkäufer wegen des Zahlungsverzuges Rechte nach § 326 geltend machen, aber es ist fraglich, ob sich diese (schuldrechtlichen) Ansprüche realisieren lassen. Ein Recht an der Kaufsache selbst steht dem Verkäufer nach Übereignung nicht mehr zu; insbesondere kann er nicht verhindern, daß Gläubiger des Käufers die Kaufsache pfänden und versteigern lassen.

544 Um sich bei Übergabe der Kaufsache vor Zahlung des Kaufpreises zu sichern, wird der Verkäufer in vielen Fällen Wert darauf legen, bis zur Erfüllung der Kaufpreisforderung Eigentümer der Kaufsache zu bleiben, weil er dann bei Nichtzahlung sein Eigentum zurückfordern kann und Zugriffe vom Gläubiger des Käufers auf die Kaufsache abzuwehren vermag. Diesem Zweck dient bei beweglichen Sachen die Vereinbarung eines Eigentumsvorbehalts. Beim Kauf unter Eigentumsvorbehalt muß zwischen den schuldrechtlichen und den dinglichen Wirkungen unterschieden werden:
– Die **schuldrechtlichen Vereinbarungen** sind dadurch gekennzeichnet, daß dem Käufer die Zahlung des Kaufpreises im Regelfall ganz oder teilweise gestundet (vgl. o. RdNr. 387) und die Verpflichtung

---

[85] Vgl. *Larenz*, SchuldR II 1, § 41 II c (S. 71 ff.); *Reinicke/Tiedtke* NJW 1986, 10; *Merkel* NJW 1987, 358; *Rauscher* JuS 1987, 14, jeweils mit weit. Nachw.

des Verkäufers, dem Käufer das Eigentum an der Kaufsache zu verschaffen, modifiziert wird. Der Verkäufer hat das seinerseits Erforderliche zu tun, damit der Käufer mit Zahlung des Kaufpreises automatisch Eigentümer der Kaufsache wird, und hat alles zu unterlassen, was diesen Erfolg verhindern könnte. Außerdem ist der Verkäufer regelmäßig (vgl. die Auslegungsregel des § 455) aufgrund eines ihm vertraglich eingeräumten Rücktrittsrechts befugt, vom Kaufvertrag zurückzutreten, wenn der Käufer mit der Zahlung des Kaufpreises in Verzug kommt. Dieses Rücktrittsrecht ist anders als das nach § 326 nicht an eine Fristsetzung mit Ablehnungsandrohung gebunden.[85a] Mit Ausübung des Rücktrittsrechts endet das dem Käufer zustehende Recht zum Besitz der Kaufsache; er muß sie deshalb an den Verkäufer zurückgeben. Schließlich ist zu berücksichtigen, daß mit Übergabe der Kaufsache, auf die der Käufer wie bei jedem anderen Kauf einen Anspruch hat (§ 433 Abs. 1 S. 1), die Gegenleistungsgefahr auf den Käufer übergeht (vgl. o. RdNr. 361).

– **Sachenrechtlich** wird der Eigentumsvorbehalt dadurch bewirkt, daß der Verkäufer dem Käufer die Kaufsache übergibt, jedoch die Einigung nach § 929 S. 1 (vgl. o. RdNr. 470) unter die aufschiebende Bedingung der vollständigen Zahlung des Kaufpreises gestellt wird.

Die **aufschiebende Bedingung** (auch Suspensivbedingung genannt) macht den Eintritt von Rechtswirkungen (beim Eigentumsvorbehalt den Eigentumsübergang) von einem künftigen, ungewissen Ereignis (hier der Zahlung des Kaufpreises) abhängig (vgl. § 158 Abs. 1). Bis zum Eintritt der aufschiebenden Bedingung befindet sich das (bedingte) Rechtsgeschäft in einem Schwebezustand. Im Gegensatz dazu steht die **auflösende Bedingung** (auch Resolutivbedingung genannt), bei deren Eintritt die Wirkungen des Rechtsgeschäfts enden (vgl. § 158 Abs. 2). Übereignet der Verkäufer dem Käufer die Kaufsache mit der Absprache, daß das Eigentum automatisch auf ihn, den Verkäufer, wieder zurückfallen soll, wenn der Käufer nicht zu dem vereinbarten Termin den Kaufpreis zahlt, dann ist die Übereignung unter eine auflösende Bedingung gestellt. Erhält der Verkäufer zu dem vereinbarten Termin nicht den Kaufpreis, tritt also die Bedingung ein, dann endet damit die Wirkung des bedingten Rechtsgeschäfts, also die Übereignung auf den Käufer, und der Verkäufer ist wieder Eigentümer der Kaufsache. Ob eine aufschiebende oder auflösende Bedingung gewollt ist, muß im Zweifelsfall durch Auslegung ermittelt werden. Hierbei ist zu berücksichtigen, daß nach der Auslegungsregel in § 455 beim Kauf unter Eigentumsvorbehalt von einer Übertragung des Eigentums unter der aufschiebenden Bedingung vollständiger Zahlung des Kaufpreises auszugehen ist, wenn sich nicht aus den Absprachen der Parteien etwas anderes ergibt.

In diesem Zusammenhang ist darauf hinzuweisen, daß als **Bedingung** nur ein zukünftiges ungewisses Ereignis gewählt werden kann. Wird der Eintritt der Rechtswirkungen von einem künftigen mit Sicherheit eintretenden Ereignis abhängig gemacht, dann handelt es sich um eine **Befristung** (Beispiel: Beim Tode des Ehemannes sollen die Ehefrau oder ihre Erben eine bestimmte Geldsumme erhalten. Da der Tod des Ehemannes gewiß, nur der Zeitpunkt, in dem er stattfindet, ungewiß ist, handelt

---

[85a] HM, vgl. *Rimmelspacher*, Kreditsicherungsrecht (Juristischer Studienkurs), 2. Aufl. 1987, RdNr. 128; aA *Bydlinski* JZ 1986, 1028.

es sich nicht um eine Bedingung, sondern um eine Zeitbestimmung). Das zukünftige Ereignis muß auch objektiv ungewiß sein; die Unkenntnis der Parteien, ob ein bestimmtes Ereignis, das bereits geschehen ist, tatsächlich eingetreten ist, reicht nicht aus (Beispiel: Das Versprechen, eine bestimmte Geldsumme an die Ehefrau zu zahlen, wird davon abhängig gemacht, daß ihr verschollener Ehemann nicht mehr lebt). Wegen der Ähnlichkeit der Interessenlage (zumindest bei Sachverhalten nach Art dieses Beispielsfalls) ist eine analoge Anwendung der §§ 158 ff. zu erwägen.[86] Keine Bedingung iSv. §§ 158 ff. ist die **Rechtsbedingung;** bei ihr wird der Eintritt der Rechtswirkung von Umständen abhängig gemacht, die bereits nach dem Gesetz eine Voraussetzung für die betreffende Rechtswirkung bilden (Beispiel: A soll Erbe des B sein, wenn er B überlebt; vgl. § 1923 Abs. 1).

Grundsätzlich können alle Rechtsgeschäfte mit einer Bedingung versehen werden, sofern es sich nicht um sog. bedingungsfeindliche handelt. Im Interesse des Erklärungsempfängers, der wissen soll, woran er ist, sind einseitige Rechtsgeschäfte, die in den Rechtskreis anderer einwirken, bedingungsfeindlich. Deshalb kann die Erklärung des Rücktritts, die Kündigung oder die Anfechtung nicht unter eine Bedingung gestellt werden. Dies gilt nur dann nicht, wenn der Eintritt der Bedingung allein vom Erklärungsempfänger abhängt (sog. **Potestativbedingung**); in diesem Fall wird für den Erklärungsempfänger keine für ihn unzumutbare Ungewißheit geschaffen (Beispiel: Kündigung eines Arbeitnehmers unter der Bedingung, daß er eine erforderliche ärztliche Untersuchung ablehnt). In einer Reihe von Fällen ist die Bedingtheit eines Rechtsgeschäfts gesetzlich ausgeschlossen, so z. B. bei der Aufrechnung (§ 388 S. 2), bei der Anerkennung der Vaterschaft bei einem nichtehelichen Kind (§ 1600 b Abs. 1), bei der Ehelichkeitserklärung (§ 1724), bei der Annahme und Ausschlagung einer Erbschaft oder eines Vermächtnisses (§§ 1947, 2180 Abs. 2) und bei der Eheschließung (§ 13 Abs. 2 EheG). Auch die Auflassung (vgl. o. RdNr. 481) ist bedingungsfeindlich (vgl. § 925 Abs. 2).

545 Obwohl der Verkäufer bei der bedingten Übereignung bis zum Eintritt der Bedingung Eigentümer der Kaufsache bleibt, erhält der Käufer bereits eine **geschützte Rechtsposition**. Übereignet der Verkäufer die Kaufsache einem anderen, dann wird diese weitere Verfügung des Verkäufers mit Eintritt der Bedingung, also mit Zahlung des Kaufpreises, nach § 161 Abs. 1 S. 1 unwirksam. Dies gilt nur dann nicht, wenn der (zweite) Erwerber die bedingte Übereignung weder kannte noch seine Unkenntnis auf grober Fahrlässigkeit beruhte (§ 932 Abs. 2 iVm. § 161 Abs. 3) und die übrigen Voraussetzungen der §§ 932 ff. erfüllt sind (vgl. o. RdNr. 478 ff.).

Beispiel: Volz verkauft Kunz einen gebrauchten Baukran unter Eigentumsvorbehalt. Kunz leistet eine Anzahlung auf den Kaufpreis und läßt den Kran auf seinen Bauhof bringen. Der Rest des Kaufpreises soll in sechs Monaten gezahlt werden. Als Volz kurze Zeit nach dem Verkauf in Geldschwierigkeiten gerät, bietet er den Baukran Dritt an, der ihn häufig bei Volz gesehen hat und deshalb auch der Versicherung des Volz glaubt, der Kran sei nur vorübergehend bei Kunz abgestellt und könne dort von Dritt abgeholt werden. Da der Kaufpreis Dritt sehr günstig erscheint, nimmt er das Angebot an und zahlt den geforderten Betrag. Als danach Dritt den Baukran bei Kunz abholen will, erfährt er von diesem die wahre Sachlage. Dritt möchte wissen, ob er Eigentum an dem Kran erworben hat.

---

[86] So *Brox*, AT, RdNr. 432.

Das Eigentum könnte nach § 929 S. 1, § 931 auf Dritt übergegangen sein. Aufgrund der schuldrechtlichen Absprachen im Rahmen des Kaufvertrages, die dem Eigentumsvorbehalt zugrundeliegen, besteht zwischen Volz und Kunz ein Besitzmittlungsverhältnis (vgl. o. RdNr. 471); danach ist Kunz unmittelbarer Fremdbesitzer und Volz mittelbarer Eigenbesitzer des Krans, außerdem hat Volz gegen Kunz einen Herausgabeanspruch, den er nach § 931 an Dritt abtreten kann. Da dies (zumindest konkludent) geschehen ist und Volz auch das Eigentum an dem Kran zusteht, sind die Voraussetzungen für den Eigentumsübergang auf Dritt nach §§ 929 S. 1, 931 erfüllt. Da Volz jedoch die Kaufsache unter einer aufschiebenden Bedingung Kunz übereignet hat, ist die Übereignung auf Dritt nach § 161 Abs. 1 nur bedingt wirksam und wird mit Zahlung des Restkaufpreises durch Kunz unwirksam, es sei denn, daß zugunsten des Dritt die Gutglaubensvorschriften der §§ 932 ff. eingreifen (§ 161 Abs. 3).

Dritt wußte von der bedingten Übereignung nichts; seine Unkenntnis beruhte auch nicht auf grober Fahrlässigkeit. Er war folglich gutgläubig. Da Volz auch mittelbarer Besitzer des Baukranes im Zeitpunkt der Veräußerung gewesen ist, trifft § 934 Alt. 1 zu, wonach der gutgläubige Erwerber mit der Abtretung des Herausgabeanspruchs Eigentum erwirbt. Diese Vorschrift gilt aufgrund der in § 161 Abs. 3 ausgesprochenen Verweisung hier entsprechend; zwar ist im Zeitpunkt der Übereignung an Dritt Volz noch Eigentümer, jedoch ist er zu einer weiteren Verfügung, nämlich zu dieser Übereignung nicht berechtigt (§ 161 Abs. 1) wie sonst ein Nichteigentümer. Nach § 934 Alt. 1 in entsprechender Anwendung scheint also Dritt endgültiges, nicht nur auflösend bedingtes Eigentum an dem Kran erworben zu haben. Hier muß aber die Regelung des § 936 Abs. 3 beachtet werden. Nach dieser Vorschrift bleiben Rechte des unmittelbaren Besitzers an der Sache auch gegenüber dem gutgläubigen Erwerber bestehen, der nach §§ 929 S. 1, 934 Eigentum erworben hat. Diese Vorschrift ist (zumindest entsprechend) auf das Recht des Vorbehaltskäufers an der Kaufsache anzuwenden, bei dem es sich um ein sog. Anwartschaftsrecht handelt (Einzelheiten dazu sogleich). Die Anwartschaft des Kunz auf Erwerb des Eigentums bleibt also trotz der Gutgläubigkeit des Dritt erhalten und wandelt sich mit dem Bedingungseintritt zum Vollrecht, d. h., zahlt Kunz den Kaufpreisrest, dann wird er Eigentümer des Baukrans, weil Dritt nur mit dem Anwartschaftsrecht des Kunz belastetes Eigentum erwerben konnte.

Die Vorschrift des § 936 steht dagegen einem gutgläubigen Erwerb unbelasteten Eigentums nicht entgegen, wenn sich der Vorbehaltsverkäufer in unmittelbarem Besitz der Kaufsache befindet und diese nach § 929 S. 1 iVm. § 932, § 161 Abs. 3 an einen Gutgläubigen veräußert (vgl. § 936 Abs. 1, 2). Hätte also Kunz dem Volz in dem Beispielsfall den Kran zur Durchführung einer Reparatur zurückgegeben, dann hätte Dritt unbelastetes Eigentum daran erworben, wenn ihn Volz nach § 929 S. 1 übereignet hätte. In diesem Fall stünde Kunz nur ein Schadensersatzanspruch nach § 160 Abs. 1 gegen Volz zu.

546 Die dem Käufer bei einem Kauf unter Eigentumsvorbehalt vor Bedingungseintritt zustehende Rechtsposition ist dadurch gekennzeichnet, daß er automatisch bei Bedingungseintritt Eigentum erwirbt, daß dieser Eigentumserwerb nicht durch Verfügungen des Vorbehaltseigentümers verhindert werden kann (vgl. § 161), daß sich der Vorbehaltseigentümer nach § 160 schadensersatzpflichtig macht, wenn er den Eigentumserwerb des Käufers vereitelt oder beeinträchtigt, und daß nach § 162 Abs. 1 die Suspensivbedingung als eingetreten gilt, wenn ihr Eintritt vom Vorbehaltseigentümer wider Treu und Glauben verhindert wird (Beispiel:

der Verkäufer weigert sich grundlos, den Kaufpreis entgegenzunehmen, und verhindert auf diese Weise, daß die Bedingung für den Eigentumsübergang eintritt). Diese Regelungen gewähren dem Vorbehaltskäufer einen so umfassenden Schutz, daß sein Rechtserwerb ausreichend gesichert ist. Eine derartig gesicherte Rechtsposition wird als **Anwartschaftsrecht** bezeichnet.

Nach einer häufig verwendeten Definition besteht ein Anwartschaftsrecht, wenn von einem mehraktigen Entstehungstatbestand eines Rechts schon so viele Erfordernisse erfüllt sind, daß der Veräußerer die Rechtsposition des Erwerbers nicht mehr durch einseitige Erklärung zerstören kann. Ist dieser Grad der Sicherung noch nicht erreicht, wird von einer „Anwartschaft" gesprochen, bei der es nur tatsächliche Aussichten auf einen künftigen Rechtserwerb gibt.[87]

Das Anwartschaftsrecht wird in vieler Hinsicht wie das Vollrecht behandelt. So kann der Vorbehaltskäufer über sein Anwartschaftsrecht verfügen und es beispielsweise nach §§ 929 ff. übertragen. Verkauft der Vorbehaltskäufer die Kaufsache weiter und überträgt er in Erfüllung des Kaufvertrages sein Anwartschaftsrecht auf den zweiten Käufer, dann wird dieser automatisch und unmittelbar mit Bedingungseintritt (der Zahlung des Kaufpreises an den Verkäufer des ersten Kaufvertrages) Eigentümer der Kaufsache.

547 Der Eigentumsvorbehalt sichert den Verkäufer nur unzureichend, wenn die Kaufsache zur Weiterveräußerung durch den Käufer bestimmt ist oder wenn der Käufer sie verarbeitet und umbildet.

Beispiele: Der Großhändler Groß kauft vom Fabrikanten Fertig von diesem gefertigte Lederjacken, um sie an Einzelhandelsgeschäfte weiterzuverkaufen. Der Handwerksmeister Fleißig kauft von dem Holzhändler Fichte Bretter, um daraus Kisten herzustellen. Behalten sich die Verkäufer das Eigentum an den Kaufgegenständen vor, dann müssen sie notwendigerweise damit einverstanden sein, daß sie im Rahmen der von den Käufern geplanten Geschäfte ihr Eigentum verlieren, und zwar im ersten Fall durch Übereignung der Jacken auf die Abnehmer, im zweiten Fall aufgrund der Verarbeitung des Holzes und Herstellung einer neuen Sache (vgl. § 950 Abs. 1).

548 Es stellt sich deshalb für die Verkäufer die Frage, wie sie sich dennoch wegen ihrer Kaufpreisforderung sichern können. Um dieses Ziel zu erreichen, sind **weiterreichende Eigentumsvorbehalte** entwickelt worden:
– Verlängerter Eigentumsvorbehalt mit sog. Vorausabtretungsklausel.

Der Vorbehaltsverkäufer gestattet dem Käufer die Weiterveräußerung des unter EV gekauften Gegenstandes, vereinbart aber, daß ihm die Kaufpreisforderung, die aus der Weiterveräußerung der Ware entsteht, insgesamt oder in einer bestimmten Höhe abgetreten wird. Es handelt sich dann um eine Vorausabtretung einer Forderung, die zwar noch nicht im Zeitpunkt der Abtretung entstanden ist, jedoch genügend bestimmbar ist, um den Gegenstand der Abtretung festzustellen; dies

---

[87] Auf Einzelheiten zum Anwartschaftsrecht kann hier nicht eingegangen werden; vgl. dazu *Medicus*, BR, RdNr. 456 ff.; *Schwerdtner*, Jura 1980, 609 ff., 661 ff.; zum Anwartschaftsrecht des Vorbehaltskäufers *Erman/Weitnauer*, § 455 RdNr. 23 ff.

reicht für die Übertragung einer Forderung aus (dazu u. RdNr. 797). Durch die dem Vorbehaltsverkäufer gestattete Weiterveräußerung erwirbt der Zweitkäufer Eigentum und erlischt der Eigentumsvorbehalt (§ 185 Abs. 1).

– Verlängerter Eigentumsvorbehalt mit sog. Verarbeitungsklausel.

Die Parteien des Kaufvertrages vereinbaren, daß Eigentümer der neu hergestellten Sache nicht der Käufer (und Verarbeiter), sondern der Verkäufer wird. Die Frage, auf welchem konstruktiven Weg dieses Ergebnis erreicht werden kann, ist streitig.[88]

Häufig wird auch der Zweitkäufer nicht in der Lage sein, den Kaufpreis sofort zu zahlen. Für diesen Fall kann sich der Vorbehaltseigentümer dadurch sichern, daß er den Vorbehaltskäufer verpflichtet, seinerseits einen Eigentumsvorbehalt mit dem Zweitkäufer zu vereinbaren (sog. **weitergeleiteter Eigentumsvorbehalt**). Hierfür kommen zwei Gestaltungsmöglichkeiten in Betracht: 549

– Der Vorbehaltskäufer offenbart dem Zweitkäufer, daß er selbst die Ware unter Eigentumsvorbehalt erworben hat, und verabredet mit diesem, daß das Eigentum auf ihn erst übergehen soll, wenn er an den Vorbehaltskäufer oder an den Vorbehaltseigentümer (je nach Absprache zwischen diesen) den Kaufpreis zahlt.

Beispiel: Großhändler Groß veräußert die von Fertig unter Eigentumsvorbehalt erworbenen Lederjacken an Handel und vereinbart, daß Handel Eigentum daran erst erwerben soll, wenn er an Fertig zahlt. Groß überträgt dann sein Anwartschaftsrecht auf Handel und dieser wird unmittelbar Eigentümer mit Eintritt der Bedingung, der Zahlung des Kaufpreises (vgl. o. RdNr. 545).

– Der Vorbehaltskäufer veräußert entsprechend der von ihm mit dem Vorbehaltseigentümer getroffenen Vereinbarung die Kaufsache unter Eigentumsvorbehalt, offenbart jedoch nicht seine Vertragsbeziehungen mit dem Vorbehaltseigentümer, insbesondere nicht, daß er diese Kaufsache unter Eigentumsvorbehalt erworben hat (sog. **nachgeschalteter Eigentumsvorbehalt**). Diese Variante ist in der Praxis wesentlich häufiger, da ein Kaufmann nur ungern mitteilt, daß er die weiterveräußerte Ware seinem Lieferanten noch nicht bezahlt hat.
In dem obigen Beispielsfall erwirbt bei einer solchen Abrede Handel ebenfalls das Anwartschaftsrecht des Groß. Mit der Kaufpreiszahlung an Groß wird Handel Eigentümer, und zwar nach § 929 S. 1 iVm. § 185 Abs. 1, § 158 Abs. 1, wenn Fertig Groß die Weiterveräußerung durch nachgeschalteten Eigentumsvorbehalt gestattet hat, sonst nach §§ 929 S. 1, 185 Abs. 2 S. 1 Alt. 2, 158 Abs. 1, wenn Groß Eigentum erworben hat, oder nach §§ 929 S. 1, 932, 158 Abs. 1, wenn er im Zeitpunkt der (bedingten) Einigung und Übergabe der Jacken Groß ohne grobe Fahrlässigkeit für den Eigentümer hält. Erfährt Handel später (aber noch vor Bedingungseintritt), daß Groß nicht Eigentümer der Jacken ist, hindert dies nicht seinen Eigentumserwerb, wenn er den Kaufpreis an Groß zahlt.

---

[88] Vgl. dazu *Rimmelspacher* (Fn. 85a) RdNr. 159 ff. m. weit. Nachw.

Einschub: Sicherungseigentum

550 Beim Eigentumsvorbehalt hat der Käufer nicht die erforderlichen eigenen Mittel, um den Kaufpreis sofort zu zahlen, will aber dennoch die Kaufsache besitzen und nutzen (vgl. o. RdNr. 543). Diesen Wunsch kann der Käufer einer beweglichen Sache noch auf einem anderen Weg verwirklichen, nämlich indem er einen Kredit aufnimmt und damit den Kaufpreis zahlt. Die vom Kreditgeber regelmäßig verlangte Sicherung des Kredits kann dann durch Übereignung der Kaufsache vorgenommen werden. Diese Übereignung zur Sicherung einer Forderung geschieht regelmäßig nach §§ 929 S. 1, 930. Der Schuldner der Forderung (Sicherungsgeber) bleibt unmittelbarer Besitzer der Sache, kann sie insbesondere nutzen und mittelt dem Gläubiger der Forderung (Sicherungsnehmer) den Besitz (vgl. o. RdNr. 471). Der Gesetzgeber des BGB hat zur Sicherung einer Forderung das Pfandrecht an beweglichen Sachen vorgesehen (vgl. §§ 1205 ff.). Hierfür ist aber erforderlich, daß die Sache dem Pfandgläubiger übergeben wird (§ 1205, vgl. auch § 1253 Abs. 1). Weil aber im Rechtsverkehr ein erhebliches Bedürfnis besteht, die zur Sicherung dienende Sache dem Eigentümer zur Nutzung zu belassen, ist das Sicherungseigentum entwickelt worden, das die Funktion eines besitzlosen Pfandrechts an beweglichen Sachen übernommen hat.

Die Einigung nach § 929 S. 1 kann bei der Sicherungsübereignung auch unter der auflösenden Bedingung des Erlöschens der zu sichernden Forderung vorgenommen werden. In diesem Fall tritt die Bedingung ein, wenn die Forderung getilgt wird (§ 362 Abs. 1), und das Eigentum fällt dann automatisch wieder auf den Sicherungsgeber zurück (§ 158 Abs. 2).

551 Die schuldrechtliche Grundlage für die Sicherungsübereignung bildet der sog. **Sicherungsvertrag**, in dem Rechte und Pflichten des Sicherungsgebers und des Sicherungsnehmers geregelt sind. Insbesondere ist der Sicherungsgeber zur sorgfältigen Behandlung der übereigneten Sache, die in seinem Besitz bleibt, verpflichtet; ferner hat er sie dem Sicherungsnehmer zum Zwecke der Verwertung (d. h. Veräußerung, um von dem Erlös die gesicherte Forderung zu tilgen) herauszugeben, wenn die gesicherte Forderung bei Fälligkeit nicht erfüllt wird. Der Sicherungsnehmer verpflichtet sich, von seinem Eigentum an der Sache nur insoweit Gebrauch zu machen, als dies dem Zweck der Sicherung entspricht, also nur Herausgabe zu fordern, wenn dies zum Zwecke der Sicherung geboten ist, wenn also bei Fälligkeit der gesicherte Kredit nicht getilgt wird. Obwohl also der Sicherungsnehmer (volles) Eigentum durch die Sicherungsübereignung erwirbt, ist er doch schuldrechtlich durch den Sicherungsvertrag in seiner Verfügungsbefugnis (vgl. § 903) gebunden.

Von dem Sicherungsvertrag ist der Darlehensvertrag (vgl. §§ 607 ff.) zu unterscheiden, der die Rechtsgrundlage für die Hingabe des Darlehens (= gesicherte Forderung) bildet. Beide Verträge – Darlehensvertrag und Sicherungsvertrag – werden allerdings in der Praxis häufig miteinander verbunden.

f) Sonderformen

Nicht nur durch die Vereinbarung eines Eigentumsvorbehalts, sondern auch durch andere Verabredungen der Parteien werden Besonderheiten geschaffen, durch die sich der entsprechende Kaufvertrag von dem normalen unterscheidet. Insbesondere ist auf den sog. **Abzahlungskauf** hinzuweisen. Er ist dadurch gekennzeichnet, daß beim Kauf einer beweglichen Sache der Kaufpreis nach Übergabe der Sache in mindestens zwei Teilzahlungen (Raten) beglichen werden soll, die nach dem vertraglich für die Übergabe der Sache vorgesehenen Zeitpunkt zu erbringen sind; eine bei Vertragsschluß oder Übergabe der Sache geleistete Anzahlung bleibt dabei unberücksichtigt.[88a] Für einen solchen Kaufvertrag schafft das Gesetz betreffend die Abzahlungsgeschäfte (AbzG) zusätzliche Bestimmungen, die dem Schutz des regelmäßig wirtschaftlich schwächeren Käufers dienen sollen. Dieses Gesetz, das nur Anwendung findet, wenn der Empfänger der Ware nicht als Kaufmann in das Handelsregister eingetragen ist (§ 8 AbzG), schreibt vor, daß die auf den Vertragsschluß gerichtete Willenserklärung des Käufers der schriftlichen Form bedarf, daß die entsprechende Urkunde den Barzahlungspreis, den im Regelfall höheren Teilzahlungspreis, den Betrag, die Zahl und die Fälligkeit der einzelnen Teilzahlungen sowie den effektiven Jahreszins angeben muß (§ 1 a Abs. 1 AbzG) und daß die auf den Vertragsschluß gerichtete Willenserklärung des Käufers erst wirksam wird, wenn der Käufer sie nicht dem Verkäufer gegenüber binnen einer Frist von einer Woche (zum Fristbeginn vgl. § 1 b Abs. 2 und 3 AbzG) schriftlich widerrufen hat (§ 1 b Abs. 1 AbzG). In der Praxis wird sehr häufig der Abzahlungskauf mit einem Eigentumsvorbehalt des Verkäufers gekoppelt (vgl. § 5 iVm. § 1 Abs. 1 AbzG). 552

Beim Abzahlungskauf gewährt der Verkäufer dem Käufer Kredit, indem er sich mit Ratenzahlungen einverstanden erklärt. Will oder kann der Verkäufer den Kredit nicht selbst geben, so kann die Finanzierung des Kaufes über ein Finanzierungsinstitut, beispielsweise über eine Teilzahlungsbank, vorgenommen werden. 553

Hierbei ist folgende Gestaltung des sog. **finanzierten Abzahlungskaufs** üblich: Der Verkäufer, der mit einem Finanzierungsinstitut zusammenarbeitet, legt dem Käufer ein Kreditantragsformular dieses Instituts vor, das der Käufer neben dem Kaufvertrag unterschreibt. Der Antrag ist auf einen Kredit in Höhe des nach einer etwaigen Anzahlung verbleibenden Kaufpreisrestes gerichtet. Kredit und dafür zu entrichtende Zinsen sind in Raten an das Finanzierungsinstitut zurückzuzahlen. Nimmt das Institut

---

[88a] Vgl. BGHZ 70, 378, 382 = NJW 1978, 1315; *MünchKomm/Westermann* § 1 AbzG RdNr. 16.

den Kreditantrag an, dann zahlt es mit Einwilligung des Käufers die Darlehenssumme an den Verkäufer (§ 362 Abs. 2 iVm. § 185 Abs. 1) und tilgt damit dessen Kaufpreisforderung gegen den Käufer. Ein Eigentumsvorbehalt braucht deshalb zur Sicherung der Kaufpreisforderung nicht vereinbart zu werden. Häufig wird sich jedoch das Finanzierungsinstitut die Kaufsache zur Sicherung übereignen lassen.

Für den Käufer können sich dadurch, daß er Verträge, die wirtschaftlich zusammengehören, mit verschiedenen Personen schließt, rechtliche Schwierigkeiten ergeben. Man denke nur an den Fall, daß der Verkäufer eine mangelhafte Sache liefert, das Finanzierungsinstitut aber dennoch auf volle Rückzahlung des gewährten Darlehens besteht. Daß das Abzahlungsgesetz zum Schutze des Käufers auch auf den Vertrag mit dem Finanzierungsgeschäft, dem sog. „B-Geschäft", anzuwenden ist (vgl. § 6 AbzG), hilft insoweit dem Käufer nicht wesentlich weiter. In diesem Zusammenhang ergeben sich eine Reihe von nicht einfachen, dem Fortgeschrittenen vorzubehaltenden Fragen.[89]

554 Sonderformen des Kaufes stellen auch der Kauf nach Probe (vgl. § 494), der Kauf auf Probe (vgl. §§ 495, 496), der Wiederkauf (§§ 497ff.) und der Vorkauf (§ 504ff.) dar.

III. Miete

555 Durch den Mietvertrag verpflichtet sich der Vermieter, dem Mieter den Gebrauch einer Sache auf Zeit zu gewähren, während sich der Mieter verpflichtet, dem Vermieter den vereinbarten Mietzins zu zahlen (§ 535). Die Leistungen beider Parteien stehen in einem Abhängigkeitsverhältnis zueinander; es handelt sich also bei der Miete um einen synallagmatischen Vertrag. Gegenstand eines Mietvertrages kann sowohl eine bewegliche Sache (Beispiel: Miete eines Kraftfahrzeuges) wie auch eine unbewegliche Sache sein (Beispiel: Miete eines Grundstücks oder einer Wohnung). Dagegen können Rechte nicht vermietet, wohl aber verpachtet werden (vgl. § 581).

Miete ist also die entgeltliche Überlassung einer Sache zum Gebrauch; die unentgeltliche Gebrauchsüberlassung ist die Leihe (vgl. § 598). Das Entgelt für die Gebrauchsüberlassung wird regelmäßig bei der Miete in einer Geldleistung bestehen. Es kann aber als Mietzins auch eine bestimmte Menge vertretbarer Sachen (vgl. § 91) vereinbart werden. Besteht jedoch das Entgelt für die Gebrauchsüberlassung in anderen Gegenleistungen, verpflichtet sich beispielsweise der Mieter zu Dienstleistungen (Hausmeisterdienste), dann handelt es sich um einen typengemischten Vertrag (vgl. o. RdNr. 462).

556 Der Mietvertrag kann grundsätzlich formfrei geschlossen werden. Nur Mietverträge über ein Grundstück oder über Räume, die für längere

---

[89] Vgl. dazu *Westermann/Baltes*, JA 1983, 477, 482ff.; *Teichmann*, SchuldR I (Juristischer Studienkurs), 3. Aufl. 1988, S. 171ff. (RdNr. 348ff.).

Zeit als ein Jahr geschlossen werden, bedürfen der schriftlichen **Form** (§§ 566, 580). Wird die Form nicht beachtet, so gilt der Vertrag (abweichend von § 125 S. 1) als für unbestimmte Zeit geschlossen (vgl. § 566 S. 2).

Die **Hauptleistungspflicht des Vermieters** besteht darin, dem Mieter den Gebrauch der vermieteten Sache während der Mietzeit zu gewähren (§ 535 S. 1). In dieser Hauptleistungspflicht ist eingeschlossen, daß der Vermieter die vermietete Sache dem Mieter in einem zu dem vertragsmäßigen Gebrauch geeigneten Zustand zu überlassen und sie während der Mietzeit in diesem Zustand zu erhalten hat (§ 536). Neben dieser Gebrauchsüberlassungs- und Gebrauchserhaltungspflicht als Hauptleistungspflicht treffen den Vermieter noch eine Reihe von Nebenpflichten, die teils ausdrücklich im Gesetz aufgeführt werden (vgl. §§ 547, 547a), teils dem Vertrag zu entnehmen sind, wie leistungssichernde Nebenpflichten und Schutzpflichten (vgl. o. RdNr. 172, 440). Als **Hauptleistungspflicht des Mieters** bezeichnet das Gesetz, dem Vermieter den vereinbarten Mietzins zu entrichten (§ 535 S. 2). Der Mietzins kann als einmalige Leistung oder – wie dies bei der Miete von Grundstücken oder Räumen üblich ist – nach Ablauf einzelner Zeitabschnitte zu erbringen sein. Nach der gesetzlichen Regelung des § 551 ist der Mietzins am Ende der Mietzeit oder nach Ablauf der einzelnen Zeitabschnitte zu zahlen; in der Praxis ist es aber üblich, diese Vorschrift abzudingen und eine Vorleistungspflicht des Mieters vorzusehen. Auch dem Mieter obliegen eine Reihe von Nebenpflichten. So hat er sich in den Grenzen des vertragsgemäßen Gebrauchs der Mietsache zu halten und muß bei ihrem Gebrauch sorgsam und schonend mit ihr verfahren und darf ohne Erlaubnis des Vermieters die Mietsache nicht Dritten zum Gebrauch überlassen; diese Pflichten ergeben sich teils ausdrücklich, teils durch Rückschluß aus der gesetzlichen Regelung (vgl. §§ 548 bis 550). 557

Erfüllt der Vermieter seine Pflicht zur Überlassung und zur Erhaltung der Mietsache nicht oder nur schlecht, dann ist hinsichtlich der sich ergebenden Rechtsfolgen zu unterscheiden: Ergibt sich die Pflichtverletzung aus einem **Sach- oder Rechtsmangel** der Mietsache, dann stehen dem Mieter ausschließlich die Rechte nach §§ 537 ff. zu. Soweit diese Vorschriften eingreifen, gehen sie den allgemeinen Vorschriften über Leistungsstörungen vor. 558

Dem Fehlerbegriff ist die subjektive Theorie zugrundezulegen (vgl. o. RdNr. 497); dies kann anders als beim Kauf dem Gesetzeswortlaut entnommen werden (vgl. § 537 Abs. 1 S. 1). Abweichend von der für den Kauf geltenden Regelung sind bei der Miete die Rechtsfolgen für Sach- und Rechtsmängel gleich geregelt. Dem Mieter steht das Recht zu, Beseitigung des Mangels zu fordern (§ 536). Außerdem kann der Mieter die Rechte nach §§ 537, 538 geltend machen (wegen Rechtsmängel vgl. § 541). Der Schadensersatzanspruch wegen Nichterfüllung nach § 538 Abs. 1 umfaßt nach hM auch Mangelfolgeschäden (zum Begriff vgl. o. RdNr. 537).

Beispiel: Verz vermietet Miez eine Neubauwohnung. Als der in der Familie lebende Großvater des Miez, Alt, ein großes Fenster öffnen will, fällt es ihm entgegen. Dabei wird Alt erheblich verletzt und eine wertvolle Vase des Miez zerstört. Es stellt sich heraus, daß der Unfall auf einen Materialfehler des Dreh-Kipp-Verschlusses des Fensters zurückzuführen ist, den weder Verz noch der das Fenster am Neubau montierende Handwerker erkennen konnte. Alt und Miez verlangen Ersatz ihrer Schäden.

Als Grundlage für den Schadensersatzanspruch des Miez kommt § 538 Abs. 1 Alt. 1 in Betracht. Der schadhafte Dreh-Kipp-Verschluß am Fenster stellt einen Fehler dar, der die Tauglichkeit der Mietwohnung zu dem vertragsgemäßen Gebrauch nicht unerheblich mindert (vgl. § 537 Abs. 1). Der Fehler war auch schon bei Abschluß des Mietvertrages vorhanden. Bei dem von Miez geltend gemachten Schaden handelt es sich um einen solchen, der infolge des Fehlers an einem Rechtsgut des Mieters, nämlich am Eigentum an der Vase eingetreten ist. Wie bereits ausgeführt, umfaßt der Schadensersatzanspruch nach § 538 auch derartige Mangelfolgeschäden, so daß es nicht darauf ankommt, ob Miez den Fehler hat erkennen können.[90] Die Gegenmeinung, die den Ersatzanspruch nach § 538 Abs. 1 Alt. 1 auf das unmittelbare Erfüllungsinteresse mit Einschluß des Schadens beschränken will, der dem Mieter infolge einer durch den Mangel veranlaßten vorzeitigen Mietaufhebung entsteht, und die eine Haftung des Vermieters für Mangelfolgeschäden aus dem Gesichtspunkt der Verletzung einer Nebenpflicht nur bei Verschulden des Vermieters bejaht,[91] ist ebenso abzulehnen wie der Versuch, eine Haftungsbegrenzung dadurch vorzunehmen, daß der Vermieter von der Haftung für solche Mängel freigestellt wird, die auch bei Anwendung äußerster (überdurchschnittlicher) Sorgfalt für niemanden erkennbar sind.[92] Der Gesetzgeber hat eine verschuldensunabhängige Haftung in § 538 für **Mängel, die bereits bei Abschluß des Vertrages vorhanden sind,** deshalb angeordnet, weil sich der Mieter darauf verlassen können soll, daß er bei vertragsmäßigem Gebrauch der Mietsache keinen Schaden erleidet. Dieser Gesichtspunkt trifft auch auf Mangelfolgeschäden zu. Allerdings ist § 538 abdingbar (vgl. aber § 540).

Alt ist nicht Vertragspartner des Verz. Dennoch kann er seinen Schadensersatz auf § 538 stützen. Denn der Schutz, der durch diese Vorschrift gewährt wird, gilt auch zugunsten solcher Personen, die die Leistung des Vermieters (für ihn erkennbar) in gleicher Weise in Anspruch nehmen wie der Gläubiger. Dies sind insbesondere bei einem Mietvertrag über eine Wohnung die in der Familie des Mieters lebenden Angehörigen und die bei ihm Beschäftigten. Grundlage für die Ausdehnung dieses sich aus § 538 ergebenden Schutzes ist die Lehre von den vertraglichen Schutzwirkungen zugunsten Dritter (dazu Einzelheiten später).

559 Ansprüche aus **pFV** wegen einer Pflichtverletzung, die dem Vermieter im Hinblick auf einen Rechts- oder Sachmangel vorzuwerfen ist, sind durch § 538 ausgeschlossen. Das gleiche gilt für Ansprüche aus **c.i.c.** wegen falscher Angaben oder unterlassener Informationen über Eigenschaften der Mietsache, die von den §§ 537, 538 erfaßt werden.[93] Dagegen steht dem Mieter neben dem Schadensersatzanspruch nach § 538 und neben den Rechten aus § 537 nach §§ 542, 544 unter den dort genannten Voraussetzungen ein Recht zur fristlosen Kündigung zu.

---

[90] *Brox*, BS, RdNr. 170; BGH NJW 1962, 908 f. = JuS 1962, 285; NJW 1971, 424.
[91] *MünchKomm/Voelskow*, § 538 RdNr. 7.
[92] *Larenz*, SchuldR II 1, § 48 III b 3 (S. 237).
[93] Vgl. BGH NJW 1980, 777, 780 = JuS 1980, 607.

III. Miete 291

Kommt der Mieter mit der Zahlung des von ihm zu entrichtenden 560
Mietzinses in **Verzug,** dann kann der Vermieter unter den in § 554 aufgeführten Voraussetzungen den Vertrag ohne Einhaltung einer Kündigungsfrist kündigen. Diese Regelung schließt ein Rücktrittsrecht nach § 326 aus. Macht der Mieter von der Mietsache einen vertragswidrigen Gebrauch, dann kann der Vermieter das Mietverhältnis fristlos kündigen, wenn die in § 553 genannten Voraussetzungen erfüllt sind. Daneben kommt ein Anspruch wegen pFV in Betracht. Außerdem steht dem Vermieter ein Unterlassungsanspruch nach § 550 zu. Erstattet der Mieter nicht die nach § 545 Abs. 1 gebotene Anzeige eines Mangels, so macht er sich schadensersatzpflichtig (§ 545 Abs. 2). Gibt der Mieter die gemietete Sache nach Beendigung des Mietverhältnisses nicht zurück, dann kann der Vermieter nach § 557 für die Dauer der Vorenthaltung eine Entschädigung in Höhe des vereinbarten Mietzinses verlangen. Der Vermieter von Grundstücken oder Räumen hat für seine Forderungen aus dem Mietverhältnis ein Pfandrecht an den eingebrachten Sachen des Mieters (§§ 559 ff., 580).

Ist im Mietvertrag eine bestimmte Mietzeit vereinbart worden, dann 561
endet das Mietverhältnis mit Ablauf dieser Zeit (§ 564 Abs. 1). Ist dagegen die Mietzeit nicht festgelegt worden, dann kann jeder Vertragspartner das **Mietverhältnis kündigen** (§ 564 Abs. 2).

Es gibt drei verschiedene Arten von Kündigungen (vgl. auch o. RdNr. 217 ff.): die ordentliche, die außerordentliche befristete und die außerordentliche fristlose Kündigung. Für die ordentliche Kündigung sind die Kündigungsfristen des § 565 zu berücksichtigen. Für die Wohnraummiete ist das Recht des Vermieters zur ordentlichen Kündigung durch das BGB (vgl. §§ 556a, 564b) und durch Spezialgesetze stark eingeschränkt. Die außerordentliche befristete Kündigung gibt einem Vertragspartner das Recht, ein Mietverhältnis, das für eine längere Zeit eingegangen wurde oder bei dem längere Kündigungsfristen vereinbart worden sind, unter Einhaltung der gesetzlichen Kündigungsfristen zu beenden (vgl. § 549 Abs. 1 S. 2, § 567, § 569 Abs. 1, § 570). Durch die außerordentliche fristlose Kündigung wird das Mietverhältnis sofort beendet (vgl. §§ 542, 544, 554, 554a).

Im Zusammenhang mit der Miete soll noch kurz auf das **Leasing** 562
eingegangen werden. Der Leasing-Vertrag ist ein neuer nach amerikanischen Vorbildern entwickelter Vertragstyp (to lease = (ver)pachten, mieten).[94] Hierbei können trotz der Mannigfaltigkeit vertraglicher Ausgestaltungen in der Praxis zwei Arten unterschieden werden:
– Das Operating Leasing. Bei ihm wird vom Leasinggeber dem Leasingnehmer eine Sache zum Gebrauch überlassen und der Leasingnehmer zahlt dafür ein Entgelt. Der Leasingnehmer ist berechtigt, den Vertrag kurzfristig zu kündigen, wenn nicht bereits von vornherein nur eine kurzfristige Vertragsdauer vorgesehen ist. Tritt der Produzent als Leasinggeber auf, so spricht man vom Produzentenleasing.

---

[94] Zu Einzelheiten vgl. *MünchKomm/Voelskow* vor § 535 RdNr. 42 ff.

Diese Art des Leasings ist weitgehend der Miete angenähert, so daß die Vorschriften über den Mietvertrag anzuwenden sind, sofern nicht die Parteien abweichende Regelungen vereinbaren.

Dem Leasingnehmer kann vertraglich das Recht eingeräumt werden, den Leasinggegenstand nach einer bestimmten Zeit unter Anrechnung des bisher gezahlten Entgelts käuflich zu erwerben; man spricht dann von einem Mietkauf. Kauft der Leasingnehmer den Leasinggegenstand, dann finden die Vorschriften über den Kauf Anwendung.

– Das Financial Leasing (Finanzierungsleasing). Bei ihm sind wie beim finanzierten Kauf regelmäßig drei Personen beteiligt, und zwar erwirbt der Leasinggeber einen (meist recht teuren) Gegenstand vom Produzenten oder Händler und überläßt ihn zur Benutzung dem Leasingnehmer gegen Entgelt. Der Vertrag wird für eine bestimmte Zeit abgeschlossen, die sich an der gewöhnlichen Nutzungsdauer des Leasinggegenstandes orientiert. In dieser Zeit ist der Vertrag für den Leasingnehmer unkündbar. Der Leasinggeber ist regelmäßig von der Mängelhaftung freigestellt. Der Leasingnehmer hat die Kosten der Wartung und Instandhaltung der Sache zu tragen; ihn trifft auch die Gefahr des Untergangs oder der Beschädigung des Leasinggegenstandes. Der Leasinggeber trägt lediglich das Risiko der Zahlungsunfähigkeit des Leasingnehmers; er finanziert die Nutzungsmöglichkeit des Leasinggegenstandes durch den Leasingnehmer, der selbst die dafür erforderlichen Finanzierungsmittel nicht aufbringen kann oder will.

Über die Zuordnung des Finanzierungsleasing zu einem gesetzlichen Vertragstyp wird gestritten. Manche sehen darin nur eine besonders ausgestaltete Miete, andere einen typengemischten Vertrag oder einen Ratenkaufvertrag.[95]

IV. Dienstvertrag

563 Durch den Dienstvertrag verpflichtet sich ein Vertragspartner, der Dienstverpflichtete, zu einer Dienstleistung, der andere Vertragspartner, der Dienstberechtigte, zur Zahlung der vereinbarten Vergütung (§ 611 Abs. 1). Der Dienstvertrag ist also auf einen Austausch von Dienstleistungen gegen Entgelt gerichtet; bei ihm handelt es sich um einen gegenseitigen (synallagmatischen) Vertrag (vgl. o. RdNr. 78). Gegenstand des Dienstvertrages können Dienste jeder Art sein (§ 611 Abs. 2), die einmalig zu erbringen sind (Beispiel: Untersuchung eines Patienten durch den Arzt) oder auf Dauer gerichtet sein können. Innerhalb des Dienstvertragsrechts muß zwischen dem sog. **freien Dienstvertrag** und dem **Ar-**

---

[95] Vgl. *MünchKomm/Voelskow* aaO RdNr. 52ff.; *Larenz* SchuldR II § 63 II (S. 449ff.).

IV. Dienstvertrag

beitsvertrag unterschieden werden. Der freie Dienstvertrag ist dadurch gekennzeichnet, daß der Dienstverpflichtete seine Tätigkeit eigenverantwortlich ausführt und nicht in einer persönlichen Abhängigkeit vom Dienstberechtigten steht (Beispiele: Tätigkeit sog. Freiberufler wie Rechtsanwälte, Steuerberater und frei praktizierende Ärzte). Hat dagegen der Dienstverpflichtete eine weisungsgebundene Tätigkeit auszuführen, steht er in einem persönlichen und wirtschaftlichen Abhängigkeitsverhältnis zum Dienstberechtigten, dann handelt es sich um einen Arbeitsvertrag. Typisch für einen derartigen Vertrag ist, daß der Dienstverpflichtete, hierbei Arbeitnehmer genannt, organisationsmäßig in das Unternehmen des Dienstberechtigten, hierbei als Arbeitgeber bezeichnet, eingegliedert wird und ihm Ort und Zeit seiner Arbeitsleistung zugewiesen werden.

Grundsätzlich gelten für Arbeitsverträge auch die §§ 611 ff. Hinzu kommt jedoch eine Vielzahl arbeitsrechtlicher Sonderregelungen außerhalb des BGB. Das Arbeitsrecht hat sich zu einem eigenständigen Bereich des Zivilrechts entwickelt.

Der Dienstverpflichtete hat regelmäßig die von ihm geschuldete Tätigkeit persönlich auszuführen (vgl. § 613 S. 1). Hierbei hat er die im Verkehr erforderliche Sorgfalt zu beachten, wobei den Maßstab die Fähigkeiten und Kenntnisse eines gewissenhaften Vertreters der Berufsgruppe abgeben, zu der der Dienstverpflichtete gehört (vgl. o. RdNr. 164); es kommt also auf die berufsübliche Sorgfalt eines Buchhalters, Berufskraftfahrers, Arztes oder Rechtsanwalts an. Ein Verstoß gegen diese Pflicht kann unter dem Gesichtspunkt der pFV schadensersatzpflichtig machen. **564**

Im Arbeitsverhältnis gibt es eine Haftungsmilderung bei sog. **schadens- oder gefahrgeneigter Tätigkeit.** In Fällen, in denen das Risiko einer Schadensverursachung bei Ausübung einer Tätigkeit besonders groß ist, haftet der Arbeitnehmer nur bei Vorsatz und grober Fahrlässigkeit im vollem Umfang für den von ihm verursachten Schaden, während bei einfacher Fahrlässigkeit die Haftung dem Umfang nach zu beschränken ist.[96] Wie hoch die dem Arbeitnehmer und dem Arbeitgeber jeweils zufallende Schadensquote zu bemessen ist, richtet sich nach den Umständen des Einzelfalles insbesondere nach dem Verschulden des Arbeitnehmers und der Größe des Betriebsrisikos. Diese Haftungsmilderung, die sich sowohl auf Ansprüche aus pFV als auch aus dem Deliktsrecht bezieht, beruht auf Erwägungen der Billigkeit. Der Arbeitnehmer soll nicht schon bei einem geringen Sorgfaltsverstoß einen möglicherweise erheblichen Schaden ersetzen müssen, der seine Vermögensverhältnisse weit übersteigt und ihn zu einem „armen Mann" werden ließe. Diese Privilegierung wird jedoch nur Arbeitnehmern gewährt; für Dienstverpflichtete im Rahmen freier Dienstverträge gilt sie nicht.[97] Die Notwendigkeit einer genauen Abgrenzung zwischen beiden Arten von Dienstverträgen wird auch dadurch deutlich.

---

[96] BAG NJW 1988, 2816, unter Aufgabe der zuvor vertretenen Auffassung, daß bei einfacher Fahrlässigkeit eine Haftung des Arbeitnehmers entfiele; vgl. auch BAG NJW 1988, 2820.
[97] *Emmerich* aaO (Fn. 31) S. 135, m. weit. Nachw.

565 Aufgrund des meist recht starken persönlichen Einschlags der Vertragsbeziehungen vornehmlich bei Arbeitsverträgen sind beide Partner zu einer besonderen gegenseitigen Rücksichtnahme und Treue verpflichtet. Der Dienstverpflichtete hat das Mögliche und Zumutbare zu tun, um die Interessen des Dienstberechtigten zu wahren, und hat alles zu unterlassen, was diesen Interessen zuwiderläuft. Dem Dienstberechtigten obliegt eine Fürsorgepflicht gegenüber dem Dienstverpflichteten; insbesondere hat er entsprechend der inhaltlichen Gestaltung des jeweiligen Vertrages für das Wohl des Dienstverpflichteten zu sorgen (vgl. §§ 617, 618). Die Hauptleistungpflicht des Dienstberechtigten ist – wie ausgeführt – auf Zahlung der vereinbarten Vergütung gerichtet. Wird im Vertrag nicht geregelt, ob und in welcher Höhe eine Vergütung zu gewähren ist, dann gilt nach § 612 Abs. 2 die taxmäßige, in Ermangelung einer Taxe (= durch staatliche Verwaltung festgesetzter Vergütungssatz) die übliche Vergütung als vereinbart.

566 Erfüllen die Vertragspartner die ihnen nach dem Vertrag obliegenden Pflichten nicht, dann sind grundsätzlich die sich ergebenden Rechtsfolgen den allgemeinen Vorschriften zu entnehmen. Allerdings ergeben sich im Dienstvertragsrecht Modifizierungen (vgl. §§ 615, 616; zu § 615 o. RdNr. 421). Das Recht zum Rücktritt nach §§ 325, 326 wird durch § 626 Abs. 1 ausgeschlossen und durch ein Recht zur fristlosen Kündigung ersetzt. Ein auf Zeit eingegangenes Dienstverhältnis endet mit Zeitablauf (§ 620 Abs. 1); ist die Dauer des Dienstverhälnisses nicht bestimmt, dann kann jeder Vertragspartner das Dienstverhältnis nach Maßgabe der §§ 621 und 622 kündigen (§ 620 Abs. 2). Daneben gibt es ein außerordentliches Kündigungsrecht, das in den §§ 626 und 627 geregelt ist.

Für Arbeitsverhältnisse ist das Recht zur Kündigung durch spezialgesetzliche Regelungen (z. B. Kündigungsschutzgesetz, Mutterschutzgesetz, Schwerbehindertengesetz) eingeschränkt.

V. Werkvertrag

567 Durch den Werkvertrag, einen gegenseitigen (synallagmatischen) Vertrag, wird der eine Vertragspartner (Unternehmer) zur Herstellung des versprochenen Werkes, der andere Vertragspartner (Besteller) zur Entrichtung der vereinbarten Vergütung verpflichtet (§ 631 Abs. 1). **Gegenstand** des Werkvertrages, das „Werk", kann sowohl die Herstellung oder Veränderung einer Sache als auch ein anderer durch Arbeit oder Dienstleistung herbeizuführender Erfolg sein (§ 631 Abs. 2).

Beispiele: Errichtung eines Bauwerks, Anfertigung eines Maßanzuges, Erstellung eines wissenschaftlichen Gutachtens, Reparatur eines Kfz, Fertigung eines Bauplanes.

V. Werkvertrag

Es ist offensichtlich, daß die **Abgrenzung zwischen Dienst- und** 568
Werkvertrag Schwierigkeiten bereiten kann. Diese Schwierigkeiten ergeben sich nicht bei der theoretischen Unterscheidung. Sie ist danach vorzunehmen, ob nach dem Vertrag ein bestimmtes Arbeitsergebnis oder ein bestimmter Arbeitserfolg zu erbringen ist – dann Werkvertrag – oder ob (nur) Dienstleistungen geschuldet werden – dann Dienstvertrag. Da jedoch auch bei Tätigkeiten, die ihm Rahmen von Dienstverträgen ausgeführt werden, bestimmte Erfolge angestrebt werden, ist die Entscheidung zwischen beiden Vertragstypen im Einzelfall häufig nicht leicht.

Als Beispiel für Abgrenzungsschwierigkeiten kann der Architektenvertrag genannt werden, der sämtliche Architektenleistungen im Rahmen eines Bauwerks von der Planung über die Vergabe der Aufträge an die Bauhandwerker und die örtliche Bauaufsicht bis hin zur Überwachung der Beseitigung von Mängeln umfaßt. Während das RG in ständiger Rechtsprechung einen solchen Vertrag als Dienstvertrag angesehen hat, wertet ihn der BGH als Werkvertrag.[98] Für diese Entscheidung kommt es darauf an, ob die Leistung des Architekten als erfolgsbezogen aufgefaßt wird. Dies tut der BGH im Gegensatz zum RG.

In Zweifelsfällen muß aufgrund aller Umstände des konkreten Sachverhalts eine Zuordnung vorgenommen werden; dabei kommt es insbesondere darauf an, ob nach dem Willen der Parteien das vereinbarte Entgelt von einem bestimmten Erfolg abhängig sein soll oder ob ein Entgelt auch zu zahlen ist, wenn der gewollte Erfolg nicht eintritt. Beim Werkvertrag hat der Unternehmer das Risiko für die Erreichung des Arbeitsergebnisses zu tragen, beim Dienstvertrag dagegen nicht.

Beispiel: Der Mechaniker Kundig arbeitet 10 Stunden an einer Maschine, um einen Defekt zu beheben. Dies gelingt nicht. Wird er aufgrund eines Werkvertrages tätig, hat er keinen Anspruch auf ein Entgelt, denn er hat die geschuldete Leistung nicht erbracht. Arbeitet er dagegen im Rahmen eines Dienstvertrages, so kommt es für seinen Anspruch auf Entlohnung nicht auf die Erfolglosigkeit seiner Bemühungen an.

Die **Hauptpflicht des Unternehmers** besteht darin, das versprochene 569
Werk herzustellen, und zwar so, daß es die zugesicherten Eigenschaften hat und nicht mit Fehlern behaftet ist, die den Wert oder die Tauglichkeit zu dem gewöhnlichen oder dem nach dem Vertrag vorausgesetzen Gebrauch aufheben oder mindern (§ 633 Abs. 1). Die Begriffe des Fehlers und der zugesicherten Eigenschaft sind im gleichen Sinn zu verstehen wie beim Kauf (vgl. dazu o. RdNr. 497 f., 505). Ein mangelhaftes Werk braucht der Besteller nicht abzunehmen, sondern kann es zurückweisen, ohne in Annahmeverzug zu geraten (vgl. § 640 und o. RdNr. 417). Außerdem kann der Besteller die Beseitigung des Mangels verlangen, sofern sie nicht einen unverhältnismäßigen Aufwand erfordert (§ 633 Abs. 2), und – da die Hauptleistungspflicht des Unternehmers auch die Mangelfreiheit des Werks umfaßt – die Zahlung verweigern, solange der Unternehmer diesem Verlangen nicht nachkommt (§ 320, § 641 Abs. 1).

---

[98] Vgl. RGZ 86, 75, 76 ff.; 137, 83, 84 einerseits, BGHZ 31, 224, 226 f. = NJW 1960, 431; BGHZ 32, 206 f. = NJW 1960, 1198, u. öfter (ständ. Rspr.) andererseits.

570 Der Besteller ist zur Entrichtung der vereinbarten **Vergütung** verpflichtet. Die Höhe der Vergütung richtet sich nach den vertraglichen Vereinbarungen. Fehlen solche, dann greift § 632 ein, eine Vorschrift, die § 612 beim Dienstvertrag entspricht (vgl. o. RdNr. 565). Außerdem ist der Besteller zur Abnahme des vertragsmäßig hergestellten Werkes verpflichtet. Bei der **Abnahmeverpflichtung** handelt es sich um eine synallagmatische Hauptleistungspflicht, so daß der Besteller damit in Schuldnerverzug geraten und der Unternehmer nach § 326 gegen ihn vorgehen kann (vgl. o. RdNr. 401).

Unter der Abnahme eines Werkes ist sowohl die körperliche Entgegennahme als auch eine damit verbundene (meist konkludent abgegebene) Erklärung des Bestellers zu verstehen, daß er das Werk als eine in der Hauptsache vertragsgerecht erbrachte Leistung anerkenne. Die Einschränkung „in der Hauptsache" bedeutet, daß der Besteller mit der Abnahme nicht auch zugleich die Mangelfreiheit des Werkes feststellt oder auf Mängelansprüche verzichtet.

571 Ist bei der Herstellung des Werkes eine **Handlung des Bestellers erforderlich,** so gerät er in Annahmeverzug, wenn er die erforderliche Mitwirkung unterläßt. Ein Verschulden des Bestellers ist hierfür nicht erforderlich. Der Unternehmer ist jedoch nicht nur auf einen Anspruch nach § 304 (vgl. dazu o. RdNr. 424) angewiesen, sondern er kann eine angemessene Entschädigung nach § 642 Abs. 1 verlangen, deren Höhe sich nach Absatz 2 dieser Vorschrift beurteilt. Außerdem kann der Unternehmer unter den Voraussetzungen des § 643 den Vertrag kündigen und einen der geleisteten Arbeit entsprechenden Teil der Vergütung sowie Ersatz der darin nicht enthaltenen Auslagen fordern (§ 645 Abs. 1 S. 2 iVm. S. 1). Ansprüche wegen Schuldnerverzuges können dagegen vom Unternehmer regelmäßig nicht geltend gemacht werden, weil es sich bei der Mitwirkung zur Herstellung des Werkes nicht um eine Verpflichtung, sondern um eine Gläubigerobliegenheit handelt (vgl. dazu o. RdNr. 363). Etwas anders gilt nur dann, wenn sich der Besteller im Werkvertrag zur Mitwirkung verpflichtet hat. In diesem Fall gerät der Besteller bei ordnungsgemäßer Mahnung und schuldhaftem Verhalten in Schuldnerverzug, so daß der Unternehmer aus § 286 (nicht aus § 326, weil es sich dann um eine Nebenpflicht handelt; vgl. o. RdNr. 401) Ansprüche erheben kann.

Die vom Besteller unterlassene Mitwirkung kann jedoch auch zu einer Unmöglichkeit der Leistung des Unternehmers führen, wenn wegen des Verhaltens des Bestellers der Unternehmer gehindert ist, das Werk herzustellen. Steht nicht fest, ob der Besteller später bereit sein wird, seine Mitwirkungshandlung vorzunehmen, dann kann die Unmöglichkeit zwar nur vorübergehend sein, aber sie ist der dauernden Unmöglichkeit gleichzustellen, wenn dem Unternehmer ein weiteres Warten nicht zugemutet werden kann (vgl. o. RdNr. 382). Der Unternehmer ist dann berechtigt, nach § 324 Abs. 1 vorzugehen und den vollen Werklohn abzüglich seiner Ersparnis zu fordern.[98a]

[98a] Vgl. *Larenz* SchuldR II 1 § 53 IIIc (S. 371); *Köhler,* PdW-SchuldR II, Nr. 82 (S. 99f.).

V. Werkvertrag

Erfüllt der Unternehmer seine Vertragspflicht **nicht**, das Werk **man-** 572
gelfrei herzustellen, dann kann der Besteller – wie bereits ausgeführt
(vgl. o. RdNr. 569) – die Abnahme ablehnen und auf Erfüllung des
Vertrages, d. h. auf Herstellung eines vertragsgerechten Werkes, bestehen. Der Besteller kann die Beseitigung des Mangels verlangen (vgl.
§ 633 Abs. 2 S. 1) und hierfür dem Unternehmer eine angemessene Frist
mit der Erklärung setzen, daß er die Beseitigung des Mangels nach Ablauf der Frist ablehne. Wird der Mangel in dieser Frist nicht behoben,
dann kann der Besteller wandeln oder mindern (§ 634 Abs. 1). Die Rechte nach §§ 633, 634 hat der Besteller auch nach Abnahme des Werks, es
sei denn, daß er den Mangel kannte und sich nicht seine Rechte wegen
des Mangels bei der Abnahme vorbehalten hat (§ 640 Abs. 2). Ist der
Unternehmer mit der Beseitigung des Mangels im Verzuge, so kann der
Besteller den Mangel auch selbst beseitigen und Ersatz der dafür erforderlichen Aufwendungen fordern (§ 633 Abs. 3). Statt Wandlung oder
Minderung kann der Besteller vom Unternehmer auch Schadensersatz
wegen Nichterfüllung beanspruchen, wenn der Mangel des Werkes auf
einem Umstande beruhte, den der Unternehmer zu vertreten hat (§ 635).
Hierbei kann der Besteller zwischen dem sog. kleinen und großen Schadensersatz wählen (vgl. o. RdNr. 521).

Ein Mangel, der auf einem vom Unternehmer zu vertretenden Um- 573
stand beruht, kann die Ursache für Schäden an anderen Rechtsgütern des
Bestellers sein (Beispiel: der mangelhaft reparierte elektrische Heizstrahler verursacht einen Zimmerbrand, bei dem die Einrichtung zerstört
wird). Im Schrifttum wird die Auffassung vertreten, § 635 umfasse auch
Mangelfolgeschäden, da diese letztlich auf Nichterfüllung, d. h. Herstellung eines nicht vertragsgerechten Werks, beruhten. Ansprüche aus pFV
seien insoweit ausgeschlossen. Eine andere Ansicht meint dagegen, Ansprüche aus § 635 beschränkten sich auf Mangelschäden, Mangelfolgeschäden (zur Abgrenzung vgl. o. RdNr. 537) könnten nur Ansprüche
aus pFV ergeben. Eine vermittelnde Meinung vertritt der BGH; unter
§ 635 seien solche Schäden zu fassen, die in einem engen und unmittelbaren Zusammenhang mit einem Mangel des Werkes stünden. Für andere
Schäden käme ein Anspruch aus pFV in Betracht.

Das Gericht unterstellt der Vorschrift des § 635 also nicht nur den Schaden, der sich für den Besteller aus dem Minderwert des mangelhaften Werks unmittelbar ergibt, sondern auch außerhalb des Werkes liegende Folgeschäden, soweit sie eng und unmittelbar mit dem Mangel zusammenhängen. Dies ist vom BGH für Schäden an einem Bauwerk bejaht worden, die sich aufgrund fehlerhafter Architektenpläne oder Statikerberechnungen ergeben haben. Es liegt auf der Hand, daß die Frage, wie im Einzelfall der „enge Zusammenhang" mit einem Mangel zu ermitteln ist, erhebliche Schwierigkeiten bereiten kann. Hierbei soll nach Auffassung des BGH die Eigenart des jeweiligen Sachverhalts berücksichtigt werden. Angesichts der Vielfältigkeit der dem Recht des Werkvertrags zuzuordnenden Vertragsart ließe sich die Frage, wie sich die Abgrenzung zwischen § 635 und der pFV gestalte, nur mit Hilfe einer Güter- und Interessenabwägung beantworten. Nur dort, wo der auf angemessene Risikoverteilung zielende Zweck dies nötig mache, seien deshalb nächste Folgeschäden in den Schadensbegriff des § 635 einzubeziehen.

574 Die Frage nach Abgrenzung von Schäden, die unter § 635 fallen, und solchen, die von der pFV erfaßt werden, gehört zu den schwierigsten und umstrittensten im Werkvertragsrecht.[99] Die praktische Bedeutung dieser Unterscheidung ergibt sich dadurch, daß die § 635 zuzuordnenden Ansprüche den kurzen Verjährungsfristen des § 638 unterliegen, während für Ansprüche aus pFV beim Werkvertrag – anders als beim Kauf (vgl. o. RdNr. 540) – nach hM die 30jährige Regelverjährung des § 195 gilt.

575 Nach § 636 steht dem Besteller **bei verspäteter Herstellung** des Werks ein Rücktrittsrecht zu; hierfür ist nur Voraussetzung, daß der Besteller dem Unternehmer eine Frist für die Fertigstellung, verbunden mit einer Ablehnungsandrohung, gesetzt hat, wenn nicht eine Fristsetzung nach § 634 Abs. 2 iVm. § 636 Abs. 1 S. 1 entbehrlich ist. Unabhängig von einer Verspätung kann der Besteller nach § 649 S. 1 bis zur Vollendung des Werks den Vertrag jederzeit kündigen, ist aber dann zur Entrichtung der vereinbarten Vergütung verpflichtet (vgl. aber § 649 S. 2 HS 2).

576 Der Unternehmer hat für seine Forderung aus dem Werkvertrag ein **Pfandrecht** an den von ihm hergestellten oder ausgebesserten beweglichen Sachen des Bestellers, wenn sie bei der Herstellung oder zum Zweck der Ausbesserung in seinen Besitz gelangt sind (§ 647). Beim Werkvertrag, der ein Bauwerk betrifft, hat der Unternehmer nach § 648 einen Anspruch auf Einräumung einer **Sicherungshypothek**.

577 Die allgemeinen Regeln über die **Gegenleistungsgefahr** nach §§ 323, 324 (vgl. dazu o. RdNr. 357, 362 ff.) werden für den Werkvertrag durch die §§ 644, 645 teils bestätigt (vgl. § 644 Abs. 1 S. 2), teils modifiziert. Hinsichtlich der Leistungsgefahr gilt § 275. In diesem Zusammenhang sei auch darauf hingewiesen, daß für Werkverträge im Baubereich regelmäßig die Geltung der Regeln der Verdingungsordnung für Bauleistungen **(VOB)** vereinbart wird, die vom Werkvertragsrecht des BGB abweichende Bestimmungen enthalten.[100]

577a Die sich aufgrund der §§ 631 ff. ergebenden Rechte und Pflichten der Vertragsparteien lassen sich in folgender **Übersicht** darstellen:

---

[99] Zu diesem Meinungsstreit vgl. BGHZ 58, 85, 87 ff., 91 = NJW 1972, 625 = JuS 1972, 341; BGH NJW 1982, 2244; *Medicus,* BR, RdNr. 353 ff.; *MünchKomm/Soergel,* § 635 RdNr. 18 ff.

[100] Vgl. *MünchKomm/Soergel,* § 631 RdNr. 21 ff., m. Nachw.

V. Werkvertrag

```
                        Das Werk wird vom
                           Unternehmer
    ┌──────────────────────────┼──────────────────────────┐
nicht rechtzeitig          vertragsgerecht           nicht vertragsgerecht
  hergestellt                hergestellt                 hergestellt
```

nicht rechtzeitig hergestellt:

- wegen unterlassener Mitwirkung des Bestellers

  Unternehmer ist berechtigt:
  - eine Entschädigung nach § 642 zu verlangen und/oder
  - nach § 643 vorzugehen
  (zu weiteren Rechten vgl. RdNr. 571)

- aus anderen Gründen

  Besteller ist berechtigt:
  - vom Vertrag gemäß § 636 I 1 zurückzutreten oder*
  - Schadensersatz nach § 286 I zu verlangen oder*
  - nach § 326 vorzugehen

Besteller nimmt nicht ab

Unternehmer ist berechtigt:
- Schadensersatz nach § 286 I zu verlangen oder**
- nach § 326 vorzugehen

vertragsgerecht hergestellt:

Besteller ist verpflichtet, Werk abnehmen, sofern dies nach der Beschaffenheit möglich ist (§ 640 I)

Besteller nimmt ab

Vergütung wird fällig (§ 641 I)

nicht vertragsgerecht hergestellt:

Besteller ist berechtigt:
- Abnahme zu verweigern und
- vorbehaltlich § 633 II 3 Mängelbeseitigung zu verlangen

  - Unternehmer beseitigt Mangel
  - Unternehmer beseitigt Mangel nicht

Besteller ist berechtigt:
- bei Verzug des Unternehmers Mangel selbst zu beseitigen (§ 633 III) oder
- zu wandeln oder zu mindern (§ 634) oder
- Schadensersatz wegen Nichterfüllung zu verlangen, wenn der Unternehmer Mangel zu vertreten hat (§ 635)

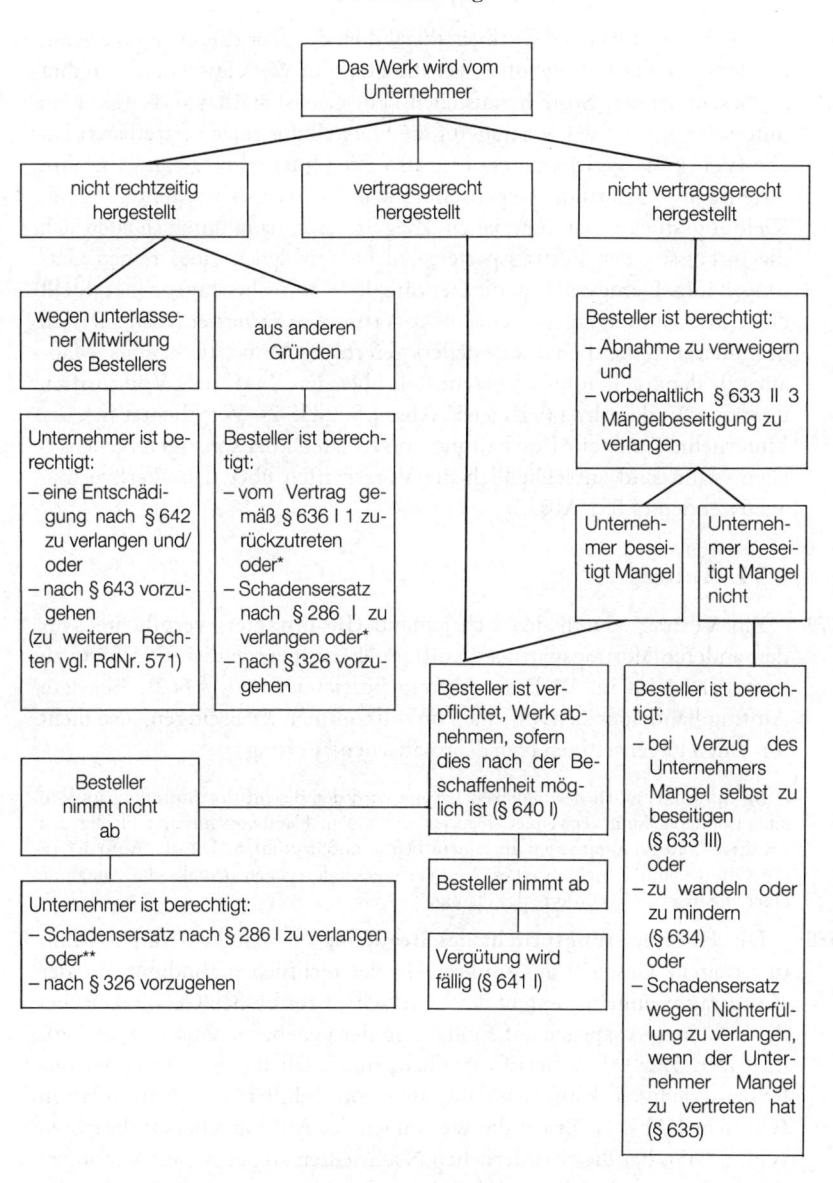

* Zum Verhältnis der verschiedenen Ansprüche zueinander vgl. *MünchKomm/Soergel* § 636 RdNr. 20 ff.
** Zum Verhältnis dieser Vorschriften zueinander vgl. *MünchKomm/Emmerich* § 286 RdNr. 3.

578 Eine Sonderform des Werkvertrags bildet der **Werklieferungsvertrag,** bei dem sich der Unternehmer verpflichtet, das Werk aus einem von ihm zu beschaffenden Stoff herzustellen. Hierbei ist nach § 651 Abs. 1 zu unterscheiden: Ist der Vertrag auf die Herstellung einer vertretbaren Sache (vgl. § 91) gerichtet, schuldet also der Unternehmer z. B. von ihm serienmäßig gefertigte Gegenstände wie in Serie hergestellte Möbel, Kleidungsstücke, Baumaterialien (Ziegelsteine), dann unterscheiden sich die Interessen der Vertragsparteien nicht von denen eines reinen Gattungskaufs. Demgemäß ist die Geltung des Kaufrechts angeordnet. Stellt der Unternehmer dagegen eine nicht vertretbare Sache her (z. B. ein nach besonderen Wünschen des Bestellers gefertigtes Möbelstück, einen Maßanzug), dann gelten teils Vorschriften über den Kauf, teils Vorschriften über den Werkvertrag (vgl. § 651 Abs. 1 S. 2 HS 2). Verpflichtet sich der Unternehmer nur zur Beschaffung von Zutaten oder sonstigen Nebensachen, dann sind ausschließlich die Vorschriften über den Werkvertrag anzuwenden (§ 651 Abs. 2).

VI. Auftrag

579 Ein Vertrag, durch den sich jemand (Beauftragter) verpflichtet, für den anderen Vertragspartner (Auftraggeber) unentgeltlich Geschäfte zu besorgen, wird im BGB als Auftrag bezeichnet (vgl. § 662). Bei dem Auftrag handelt es sich um einen unvollkommen zweiseitigen, also nicht um einen gegenseitigen (synallagmatischen) Vertrag.

> Im Sprachgebrauch des täglichen Lebens wird der Begriff des Auftrags häufig in einem anderen Sinn verwendet. Häusler erteilt dem Handwerksmeister Fleißig den „Auftrag", Reparaturarbeiten an seinem Hause durchzuführen. Dieser „Auftrag" ist die Offerte zum Abschluß eines Werkvertrages oder gegebenenfalls die Annahme einer entsprechenden Offerte des Fleißig.

580 Die **Hauptleistungspflicht des Beauftragten** besteht darin, das ihm übertragene Geschäft auszuführen. In der rechtlichen Bindung, die der Beauftragte eingeht, besteht der Unterschied zur bloßen Gefälligkeit, bei der es keinen Anspruch auf Einhaltung der gegebenen Zusage gibt (vgl. o. RdNr. 37 ff.). Der Beauftragte hat grundsätzlich den Auftrag persönlich zu erledigen, kann sich dabei aber von Gehilfen unterstützen lassen (vgl. § 664 Abs. 1). Er hat die Weisungen des Auftraggebers zu beachten (vgl. § 665), hat die erforderlichen Nachrichten zu geben, auf Verlangen des Auftraggebers über den Stand der Geschäftsbesorgung Auskunft zu erteilen und nach der Ausführung des Auftrags Rechnung zu legen (§ 666). Was der Beauftragte zur Ausführung des Auftrages erhält und nicht dafür verbraucht sowie alles das, was er aus der Geschäftsbesorgung erlangt, hat er dem Auftraggeber herauszugeben (§ 667).

581 **Erfüllt der Beauftragte die ihm obliegenden Pflichten nicht** oder schlecht, dann haftet er nach allgemeinen Vorschriften, z. B. bei von ihm

VI. Auftrag

zu vertretender Unmöglichkeit nach § 280, beim Verzug nach § 286 oder bei Verletzung vertraglicher Pflichten wegen pFV. Besonderheiten gelten nach § 664 Abs. 1 bei der Übertragung der Geschäftsbesorgung auf einen Dritten. Ist ihm diese Übertragung vom Auftraggeber gestattet, dann hat er nur ein ihm bei der Übertragung zur Last fallendes Verschulden zu vertreten. Bei einer unerlaubten Übertragung begeht dagegen der Beauftragte einen Pflichtverstoß, für deren Folgen er einzustehen hat (pFV); er muß folglich jeden Schaden ersetzen, der auf die unzulässige Übertragung auf den Dritten zurückzuführen ist, ohne daß es auf dessen Verschulden ankommt.

Der Auftraggeber hat dem Beauftragten die **Aufwendungen** zu ersetzen, die dieser zum Zwecke der Ausführung des Auftrages macht und die er den Umständen nach für erforderlich halten darf (§ 670). Als Aufwendungen begreift die hM freiwillige Vermögensopfer. Hierzu gehören beispielsweise Fahrtkosten, Telefongebühren und Auslagen für die Tilgung von Verbindlichkeiten des Auftraggebers. Für den Ersatz solcher Aufwendungen kommt es nicht darauf an, ob sie objektiv erforderlich sind, sondern nur, ob sie der Beauftragte für erforderlich halten durfte. Entscheidend ist die Situation des Beauftragten in dem Zeitpunkt, in dem er die Aufwendungen machte. Ist danach bei vernünftiger Beurteilung die Erforderlichkeit der Aufwendungen zu bejahen, dann ist der Auftraggeber zum Ersatz verpflichtet. **582**

Ist dem **Beauftragten ein Schaden** deshalb **entstanden,** weil der Auftraggeber schuldhaft eine ihn treffende Pflicht (z. B. zur Information über bestimmte Umstände) verletzt hat, dann haftet dieser wegen pFV. Anders stellt sich die Rechtslage dar, wenn es sich um einen Zufallsschaden handelt, den also weder der Auftraggeber noch der Beauftragte verschuldet hat. Aufgrund der gesetzlichen Regelung kann es zweifelhaft sein, ob der Beauftragte den Ersatz von solchen Schäden, die er bei Durchführung des Auftrages erleidet, verlangen kann. Die Zweifel, die sich hierbei ergeben, entstehen deshalb, weil Aufwendungen freiwillige Opfer des Beauftragten sind, während Schäden regelmäßig unfreiwillige Nachteile darstellen. Ganz überwiegend wird dem Beauftragten ein Anspruch auf Ersatz von Zufallsschäden zugebilligt, die auf einer für den Auftrag eigentümlichen erhöhten Gefahr und nicht auf dem allgemeinen Lebensrisiko beruhen. Dagegen soll der Beauftragte Schäden selbst tragen, bei denen sich nur das allgemeine Lebensrisiko realisiert hat. **583**

Beispiel: Max erkrankt und kann deshalb eine Akte, die er aus dem Büro mit nach Hause genommen hatte, um sie dort zu bearbeiten, nicht termingerecht zurückbringen. Die Akte wird im Büro dringend benötigt, um einen wichtigten Geschäftsabschluß vorzubereiten. Max bittet deshalb seinen Freund Moritz, die Akte ins Büro zu bringen. Moritz sagt dies zu. Er benutzt für die Fahrt sein eigenes Auto, obwohl er auch mit einem öffentlichen Verkehrsmittel fahren könnte. Auf dieser Fahrt kommt es zu einem von Moritz nicht verschuldeten Unfall.

In diesem Fall handelt es sich um einen Schaden, der nicht auf ein auftragsspezifisches Risiko zurückzuführen ist, sondern auf das allgemeine Risiko, das jeder Verkehrsteilnehmer zu tragen hat. Deshalb ist Max nicht für den Schaden aus dem Autounfall ersatzpflichtig.

584 Die Begründungen für den Ersatz von auftragsspezifischen Zufallsschäden fallen allerdings unterschiedlich aus:
- Nach wohl überwiegender Ansicht soll die Vorschrift des § 670 die Grundlage für einen entsprechenden Ersatzanspruch bilden, wobei man entweder die Vorschrift analog anwendet (zur Analogie u. RdNr. 720) oder aber den Begriff der Aufwendungen extensiv auslegt.
- Nach anderer Auffassung soll entweder der in § 110 HGB enthaltene Rechtsgedanke herangezogen werden oder man will das für die Haftung des Arbeitgebers bei „schadensgeneigter Arbeit" geltende Prinzip entsprechend anwenden.

Nach § 110 Abs. 1 HGB kann der Gesellschafter einer offenen Handelsgesellschaft (vgl. §§ 105 ff. HGB) den Ersatz solcher Schäden von der Gesellschaft verlangen, die er bei seiner Geschäftsführung oder aus einer Gefahr erleidet, die mit ihr untrennbar verbunden ist. Das bei der „schadensgeneigten Arbeit" geltende Haftungsprinzip besagt (vereinfacht ausgedrückt), daß demjenigen die mit einer Tätigkeit verbundenen spezifischen Schadensrisiken zuzurechnen sind, der die risikobehaftete Tätigkeit veranlaßt hat oder in dessen Interesse sie ausgeführt wird.

585 Der Auftrag kann von dem Auftraggeber jederzeit widerrufen, von dem Beauftragten jederzeit **gekündigt** werden (§ 671 Abs. 1). Kündigt der Beauftragte jedoch ohne wichtigen Grund den Auftrag zur Unzeit, dann hat er dem Auftraggeber den daraus entstehenden Schaden zu ersetzen (§ 671 Abs. 2). Die Frage, ob der Tod und die Geschäftsunfähigkeit eines Vertragspartners den Auftrag beenden, ist aufgrund der vertraglichen Vereinbarungen zu ermitteln. Das Gesetz enthält Auslegungsregeln in §§ 672, 673.

3. Übungsklausur

Viktor (V) hat antike Möbel geerbt, darunter einen Biedermeier-Sekretär, den er für echt hält. Er gibt folgende Anzeige in einer Tageszeitung auf: „Original Biedermeier-Sekretär (ca. 160 Jahre alt) für 8000,- DM zu verkaufen". Es meldet sich daraufhin als Interessent Konrad (K), dem das Möbel auf den ersten Blick so gut gefällt, daß er, ohne lange zu verhandeln, den geforderten Preis zahlt und den Sekretär sofort mitnimmt. Kurze Zeit danach kommen jedoch Konrad wegen der Echtheit Bedenken, und er läßt den Sekretär von einem Sachverständigen untersuchen. Dieser stellt fest, daß es sich um ein Stilmöbel handelt, das ca.

1910 hergestellt wurde. Daraufhin verlangt Konrad von Viktor Rückzahlung des Kaufpreises gegen Herausgabe des Sekretärs. Außerdem fordert er 1000,– DM Schadensersatz, weil inzwischen die Preise für echte Biedermeier-Möbel um ca. 15 Prozent gestiegen sind und für ein gleiches echtes Möbel mindestens 9000,– DM gezahlt werden müssen. Schließlich will Konrad auch die Kosten für das Sachverständigengutachten in Höhe von 300,– DM ersetzt haben.

1. Stehen Konrad diese Ansprüche zu?
2. Wie wäre zu entscheiden, wenn die Unechtheit des Sekretärs erst zwei Jahre nach Abschluß des Kaufvertrages entdeckt worden wäre? Käme es hierfür darauf an, ob Viktor die Unechtheit des Sekretärs kannte?

Bearbeitungszeit: Nicht mehr als 150 Minuten.

Hinweis: Ansprüche aus dem Deliktsrecht sind nicht zu prüfen.

Fälle und Fragen

135. Was ist ein Stückkauf (Spezieskauf), was ein Gattungskauf (Genuskauf)?
136. Welche Arten von typengemischten Verträgen gibt es?
137. Gustav ißt im Gasthof „Zur lahmen Ente" zu Mittag. Die Suppe ist völlig versalzen und deshalb ungenießbar. Gustav läßt sie zurückgehen. Er weigert sich deshalb, den vollen Preis für das von ihm bestellte Menü zu zahlen. Mit Recht?
138. Nennen Sie bitte die Hauptpflichten der Vertragsparteien bei einem Sachkauf!
139. Was ist ein Factoring-Vertrag?
140. Volz, der eine Schnellreinigung betreibt, erwirbt einen neuen Reinigungsautomaten. Er verkauft deshalb den bisher benutzten an Kunz. Beide vereinbaren, daß Kunz die von ihm gekaufte Maschine am 10. 05. abholt, weil der neue Automat am 11. 05. geliefert und auf dem Platz des alten aufgestellt werden soll. Kunz erscheint ohne triftigen Grund weder am 10. noch am 11. 05. Deshalb kann der neue Automat nicht im Geschäft des Volz angeschlossen werden. Es entstehen dadurch Volz Kosten in Höhe von 300,– DM. Welche Rechte hat Volz?
141. Wie wird das Eigentum an beweglichen Sachen rechtsgeschäftlich übertragen?
142. Was bedeutet Übergabe iSd. § 929 S. 1 und welchem Zweck dient sie?
143. Handwerksmeister Emsig beauftragt seinen Gesellen Fleißig, beim Baumarkt Groß 5 kg Farbe zu holen und gibt ihm das dafür erforderliche Geld mit. Fleißig erledigt alles weisungsgemäß und bringt den Farbeimer zur Werkstatt des Emsig. Dort übergibt er ihn seinem Chef. In welchem Zeitpunkt wird Emsig Eigentümer der Farbe?
144. Max leiht sein Fahrrad dem Moritz. Wie sind die Besitzverhältnisse an dem Rad?
145. Was ist Eigenbesitz, was Fremdbesitz?
146. Was ist ein Besitzmittlungsverhältnis?
147. Erich, der einzige Erbe des Arnold, findet in dessen Nachlaß ein wertvolles Buch. Da er annimmt, daß das Buch dem Arnold gehört hat, er es aber nicht behalten

§ 7 Einzelne Vertragsschuldverhältnisse

will, veräußert er es an Bertold, der Erich für den Eigentümer des Buches hält. In Wirklichkeit hatte sich Arnold das Buch von Christoph geliehen. Wer ist der Eigentümer des Buches?

148. Wie wird das Eigentum an einem Grundstück übertragen?
149. Erläutern Sie bitte den Unterschied zwischen einer Rechtsgrundverweisung und einer Rechtsfolgeverweisung!
150. Volz verkauft Kunz ein Ölgemälde zum Preise von 2000,– DM und übergibt es ihm. Danach stellt sich heraus, daß das Bild dem Eich gestohlen worden war, was weder Volz noch Kunz wissen konnten. Da Kunz das Gemälde gerne behalten möchte, zahlt er Eich entsprechend dessen Forderung 3000,– DM. Diese Summe verlangt er von Volz. Mit Recht?
151. Muß der Verkäufer einer Forderung für die Existenz der Forderung und für ihre Einbringlichkeit auch ohne Verschulden haften?
152. Handel verkauft Reich, einem Sammler antiker Waffen, ein Schwert, das sich durch eine Signatur als Waffe ausweist, die im 17. Jahrhundert in Toledo gefertigt wurde. Ein Jahr nach dem Kauf kommen Reich aufgrund von Hinweisen eines Bekannten Zweifel an der Echtheit der Waffe. Ein Sachverständiger stellt fest, daß es sich um eine Kopie aus dem 19. Jahrhundert handelt. Da aber die Waffe eine gute handwerkliche Arbeit darstellt, will Reich sie behalten, jedoch nur den dafür angemessenen Preis zahlen. Ist dies rechtlich möglich?
153. Hobbygärtner Grün bestellt bei Handel Anfang Oktober Tulpenzwiebeln. Die ihm einige Tage danach von Handel übersandten Zwiebeln pflanzt Grün in seinem Garten. Im Frühjahr muß Grün feststellen, daß nur Tulpen, sondern Narzissen wachsen. Er schreibt daraufhin Mitte Mai Handel einen Brief, in dem er sein Geld zurückverlangt. Dies lehnt Handel ab. Wie ist die Rechtslage?
154. Welche Anforderungen sind zu erfüllen, damit von einer zugesicherten Eigenschaft iSv. §§ 459 Abs. 2, 463 gesprochen werden kann?
155. Volz verkauft Kunz ein mit einem Mietshaus bebautes Grundstück. Die Mieteinnahmen werden von Volz auf jährlich 14000,– DM beziffert. Welche Rechte hat Kunz, wenn er später feststellen muß, daß nur 10000,– DM Miete jährlich einkommen?
156. In einer Werbschrift des Herstellers, der Firma Panscher, heißt es: „Glatzex ist ein Haartonikum von höchster Qualität und Wirksamkeit. Schon nach wenigen Tagen der Benutzung werden Ihnen die Haare zu Berge stehen – selbstverständlich neue, die durch Glatzex zum Wachsen gebracht wurden." Simpel kauft sich daraufhin im Einzelhandelsgeschäft des Handel unter Hinweis auf seine durch die Werbung angeregten Erwartungen eine große Flasche Glatzex zum Preise von 43,– DM. Trotz intensiver und genau die Gebrauchsanweisung beachtender Verwendung des Mittels zeigt sich nicht der geringste Erfolg. Kann Simpel von Handel Schadensersatz fordern?
157. Listig verkauft Schussel die Gaststätte „Zum Feuchten Eck". Wesentlich für den Kaufentschluß des Schussel ist die Erklärung des Listig, Schussel könne mit Sicherheit davon ausgehen, daß sich der Umsatz im Monat mindestens auf 10000,– DM steigern ließe. Schussel muß jedoch feststellen, daß nicht mehr als 6000,– DM umgesetzt werden. Welche Rechte hat er?
158. Volz verkauft Kunz seinen gebrauchten Pkw. Nach kurzer Zeit muß Kunz feststellen, daß der Motor defekt ist. Dieser Mangel war bereits bei Übergabe des Kfz vorhanden. Darauf schreibt Kunz Volz, daß er den Wagen zur Verfügung stelle und den Kaufpreis zurückhaben wolle. Volz antwortet nicht. Danach überlegt sich Kunz die Sache anders und fordert Volz auf, ihm einen (genau bezifferten, angemessenen) Teil des Kaufpreises zurückzuzahlen. Als Volz wiederum

Fälle und Fragen

nicht antwortet, erhebt Kunz Klage auf Rückzahlung des geforderten Betrages. Wie wird das Gericht entscheiden?

159. Schwarz verkauft Weiß einen gebrauchten Pkw und übergibt ihm das Fahrzeug. Beide gehen davon aus, daß das Kfz unfallfrei sei. Nach einigen Wochen kommt es ohne Verschulden des Weiß zu einem Unfall, bei dem das Auto erheblich beschädigt wird. Nunmehr wird festgestellt, daß das Fahrzeug einen Unfall gehabt hat und dabei bleibende Schäden davontrug. Weiß verlangt daraufhin gegen Rückgabe des Autos Erstattung des Kaufpreises. Mit Recht?

160. Welche Rechte hat Weiß im Fall 159, wenn er den von ihm verursachten Unfall verschuldet hat?

161. Bei dem von Weiß verschuldeten Unfall (Fall 160) kommt es nur zu Blechschäden an beiden Kotflügeln. Schwarz erklärt sich mit der Wandlung einverstanden, fordert aber Schadensersatz für die Beschädigung. Mit Recht?

162. Emsig sucht einen Schlagbohrer, mit dem er auch Löcher in Beton bohren kann, und wendet sich deshalb an den Eisenwarenhändler Handel. Handel empfiehlt den Bohrer XY, der für diesen Zweck der geeignetste sei. Als Emsig den Bohrer benutzt, muß er feststellen, daß das Gerät für Bohrungen in Beton völlig ungeeignet ist. Darüber regt sich Emsig so sehr auf, daß er einen Herzanfall bekommt. Die Kosten der deshalb notwendig werdenden ärztlichen Hilfe will er von Handel ersetzt verlangen. Handel weist darauf hin, daß er auf entsprechende Mitteilungen der Herstellerfirma vertraut habe. Wie ist die Rechtslage?

163. Welche Schäden des Käufers hat der Verkäufer zu ersetzen, der arglistig eine nicht vorhandene Eigenschaft der Kaufsache vorgespiegelt hat?

164. Volz liefert Kunz aufgrund eines entsprechenden Kaufvertrages Orangen. Da die Orangen z. T. verfault sind, weist Kunz die Lieferung zurück und verlangt einwandfreie Ware, die jedoch von Volz erst 14 Tage später geliefert werden kann. Inzwischen sind die Marktpreise für Orangen gefallen, und Kunz kann deshalb beim Weiterkauf nur einen geringeren Preis erzielen, als ihm dies 14 Tage früher möglich gewesen wäre. Kann Kunz von Volz Ersatz dieses Schadens verlangen?

165. Kunz kauft von Volz einen gebrauchten Pkw. Als das Fahrzeug geliefert wird, stellt Kunz einen Getriebeschaden fest, der bei Abschluß des Kaufvertrages noch nicht vorhanden war und erst durch sorgfaltswidriges Verhalten des Volz nachträglich verursacht wurde. Daraufhin lehnt er die Abnahme des Fahrzeuges ab und weigert sich, den Kaufpreis zu zahlen. Mit Recht? Kann Kunz auch wegen des Mangels Schadensersatz wegen (teilweiser) Nichterfüllung von Volz fordern?

166. Beschreiben Sie bitte den Unterschied zwischen einem Mangelschaden und einem Mangelfolgeschaden!

167. Können Ansprüche aus c. i. c. wegen fehlender Eigenschaften der Kaufsache mit solchen aus §§ 459ff. konkurrieren?

168. Weiß, der Brieftauben züchtet, kauft von seinem Züchterkollegen Schwarz eine Taube. Diese leidet an einer ansteckenden Krankheit, was Schwarz zwar nicht wußte, aber hätte erkennen können. Die gekaufte Taube steckt andere Tiere des Weiß an, die ebenso wie die gekaufte Taube eingehen. Weiß verlangt von Schwarz Schadensersatz wegen der angesteckten und eingegangenen Tauben. Mit Recht?

169. Welche Rechte haben die Vertragsparteien beim Kauf unter (einfachem) Eigentumsvorbehalt?

170. Erklären Sie bitte den Unterschied zwischen einer aufschiebenden und einer auflösenden Bedingung!

171. Blau erklärt, er rechne mit einer Gegenforderung gegen die Hauptforderung des Rot für den Fall auf, daß ihm Rot keine Stundung gewährt. Zulässig?

§ 7 Einzelne Vertragsschuldverhältnisse

172. Was versteht man unter einem Anwartschaftsrecht?
173. Durch welche weiterreichenden Eigentumsvorbehalte kann sich der Verkäufer sichern?
174. Was versteht man unter einer Sicherungsübereignung und welches sind ihre rechtlichen Grundlagen?
175. Welche Besonderheiten gelten für den sog. Abzahlungskauf?
176. Welche Rechte hat der Mieter bei Mängeln der vermieteten Sache?
177. Miez mietet von Verz eine Neubauwohnung. Infolge eines für Verz nicht erkennbaren Fehlers an der Stromleitung kommt es kurz nach dem Einzug zu einem Brand, bei dem einige Möbel des Miez und ein Pelzmantel seiner Ehefrau zerstört werden. Herr und Frau Miez verlangen von Verz Ersatz ihrer Schäden. Mit Recht?
178. Was ist Leasing?
179. Wodurch unterscheiden sich der Dienstvertrag und der Werkvertrag voneinander?
180. Was bedeutet „Abnahme" beim Werkvertrag?
181. Welche Rechte hat der Besteller bei mangelhafter Herstellung des Werks durch den Unternehmer?
182. Welche Schäden sind unter die Vorschrift des § 635 zu fassen?
183. Was ist ein Werklieferungsvertrag und welche Vorschriften sind auf ihn anzuwenden?
184. Kann der Beauftragte für Schäden, die er bei Durchführung des Auftrages erleidet, vom Auftraggeber Ersatz verlangen?

§ 8 Einzelne gesetzliche Schuldverhältnisse

I. Vorbemerkung

Im Anschluß an die Erörterung einzelner vertraglicher Schuldverhältnisse soll auf die wichtigsten gesetzlichen Schuldverhältnisse eingegangen werden, und zwar auf die, die bei einer Geschäftsführung ohne Auftrag, bei einer ungerechtfertigten Bereicherung und bei einer unerlaubten Handlung entstehen. Auch bei dieser Darstellung kann es nur um die Vermittlung von Grundwissen gehen; die vertiefte Erörterung einzelner Rechtsprobleme dieses Bereichs muß dem Fortgeschrittenen vorbehalten bleiben. **586**

II. Geschäftsführung ohne Auftrag

a) Einführender Überblick

Wenn jemand für einen anderen dessen Geschäfte besorgt, dann sind Regeln erforderlich, um die Interessen der Beteiligten gegeneinander abzugrenzen und um entscheiden zu können, wem die Vor- und Nachteile zufallen sollen, die sich aus der Geschäftsführung ergeben. Wird die Besorgung des fremden Geschäfts vom Geschäftsführer vorher mit dem Geschäftsherrn verabredet – dies bildet den Normalfall –, dann werden beide entsprechende Vereinbarungen treffen. Soweit dies nicht geschieht, greifen ergänzend gesetzliche Vorschriften ein, wie z. B. bei der unentgeltlichen Geschäftsbesorgung die Bestimmungen über den Auftrag (vgl. §§ 662ff.), bei der entgeltlichen Geschäftsbesorgung neben einzelnen Auftragsregeln und dem Dienst- oder Werkvertragsrecht (vgl. § 675) häufig noch Sondervorschriften, beispielsweise die im HGB getroffenen Regelungen für Kommissionäre (vgl. §§ 383 ff. HGB), Spediteure (vgl. §§ 407ff. HGB) und Handelsmakler (vgl. §§ 93 ff. HGB). Das Gesetz muß aber auch Bestimmungen für Fälle enthalten, in denen jemand fremde Angelegenheiten besorgt, ohne dazu von dem Geschäftsherrn beauftragt zu sein oder die Befugnis dazu aus einem anderen Rechtsgrund ableiten zu können. Die entsprechende Regelung findet sich in den §§ 677ff. Aus diesen Vorschriften ergibt sich, daß zwischen verschiedenen Fällen eines Tätigwerdens in fremden Angelegenheiten ohne Auftrag oder sonstige Berechtigung unterschieden werden muß: **587**

§ 8. Einzelne gesetzliche Schuldverhältnisse

- **Geschäftsführung ohne Auftrag** (GoA), bei der das Bewußtsein, ein fremdes Geschäft zu führen, und der Wille, dies zu tun, beim Geschäftsführer vorhanden sind.

  Die GoA ist in den §§ 677 bis 686 geregelt.

- **Irrtümliche Eigengeschäftsführung,** bei der das Bewußtsein und demzufolge auch der Wille, ein fremdes Geschäft zu führen, nicht vorhanden sind.

  § 687 Abs. 1 nimmt ausdrücklich den Fall, daß jemand ein fremdes Geschäft in der Meinung besorgt, daß es sein eigenes sei, von den Regeln über die GoA aus. Ein Ausgleich unter den Beteiligten ist aufgrund der allgemeinen Regeln zu finden, insbesondere nach den §§ 812 ff. und nach den §§ 823 ff.

- **Angemaßte Eigengeschäftsführung** (kurz: Geschäftsanmaßung), bei der zwar das Bewußtsein vorhanden ist, ein fremdes Geschäft zu führen, aber der Wille dazu fehlt.

  Bei der Geschäftsanmaßung werden häufig Ansprüche des Geschäftsherrn wegen unerlaubter Handlung bestehen. Außerdem gibt § 687 Abs. 2 S. 1 dem Geschäftsherrn das Recht, Ansprüche gegen den Geschäftsführer aufgrund einzelner Vorschriften über die GoA geltend zu machen; hierdurch wird er allerdings verpflichtet, dem Geschäftsführer alles, was er durch die Geschäftsführung erlangt, nach den Vorschriften über die ungerechtfertigte Bereicherung herauszugeben (§ 687 Abs. 2 S. 2 iVm. § 684 S. 1).

588 Die § 677 zu entnehmende Beschreibung der „Geschäftsführung ohne Auftrag" (als Besorgung des Geschäfts eines anderen ohne Auftrag oder sonstige Berechtigung) ist also noch um subjektive Merkmale zu ergänzen, die sich aus § 687 ergeben (Bewußtsein der Fremdheit und Wille, das Geschäft als fremdes zu führen). Aber hierbei kann bei einer Begriffsbestimmung der GoA nicht stehengeblieben werden. Es muß auch berücksichtigt werden, ob der Geschäftsführer ohne begründeten Anlaß in einen fremden Rechtskreis eindringt

Beispiel: Grantig ärgert sich schon lange über die Auffassung seines Nachbarn Leicht, die dieser über einen schönen Hausgarten vertritt. Als Leicht in den Urlaub fährt, benutzt dies Grantig, um in dem Garten des Leicht „richtig Ordnung zu schaffen".

oder ob die Geschäftsbesorgung dem Interesse und dem wirklichen oder mutmaßlichen Willen des anderen entspricht.

Beispiel: Hilfreich entdeckt während einer längeren Abwesenheit seines Nachbarn Freundlich, daß der Sturm in dessen Haus ein Fenster zerbrochen hat. Um zu verhindern, daß es hineinregnet, dichtet er das Fenster ab.

Nach der gesetzlichen Systematik scheint der Gesichtspunkt der Nützlichkeit der GoA in gleicher Weise wie die Frage nach dem Willen des Geschäftsherrn nur für die Rechtsfolgen, die sich aus ihr ergeben, bedeutsam zu sein, denn § 683 läßt davon den Anspruch auf Ersatz von

Aufwendungen abhängig sein. Aber dies ist zu wenig, weil dann auch Fälle einer interessenwidrigen Zwangsbeglückung des Geschäftsherrn unter die Regelung der §§ 677 ff. zu fassen wären. Mit Recht macht deshalb die hM[1] einen entscheidenden Unterschied zwischen der **berechtigten GoA,** bei der die Geschäftsführung dem Interesse und dem wirklichen oder mutmaßlichen Willen des Geschäftsherrn entspricht, und der **unberechtigten GoA,** bei der diese Voraussetzungen nicht erfüllt werden. Nur bei einer berechtigten (im Sinne von rechtmäßigen) GoA greift der Geschäftsführer gegenüber dem Geschäftsherrn mit Rechtsgrund in dessen Geschäftskreis ein, verhält sich dabei also rechtmäßig. Dagegen handelt der Geschäftsführer bei der unberechtigten (im Sinne von unrechtmäßigen) GoA objektiv rechtswidrig, wenn er sich einer Angelegenheit aus der Rechtssphäre des Geschäftsherrn annimmt. Auftragsähnliche Rechtsbeziehungen wie bei der berechtigten GoA entstehen dann folglich nicht zwischen ihm und dem Geschäftsherrn.

b) Voraussetzungen der berechtigten Geschäftsführung ohne Auftrag

Als Voraussetzungen der berechtigten GoA sind hiernach zu nennen: 589
– Geschäftsbesorgung,
– Fremdheit des besorgten Geschäfts für den Geschäftsführer (wobei durch die Frage, um wessen Geschäft es sich handelt, die Person des Geschäftsherrn ermittelt wird, vgl. § 686),
– Fremdgeschäftsführungswille,
– Fehlen eines besonderen Geschäftsbesorgungsverhältnisses aufgrund eines Auftrags oder einer sonstigen Berechtigung (vgl. § 677),
– Berechtigung zur GoA.
Zu diesen Voraussetzungen ist folgendes zu bemerken:

Der Begriff der **„Geschäftsbesorgung"** ist im weitesten Sinn zu ver- 590 stehen. Hierunter sind Tätigkeiten aller Art zu fassen, also Rechtsgeschäfte in gleicher Weise wie tatsächliche Handlungen.

Die Frage, ob es sich um ein **„fremdes Geschäft"** handelt, bereitet 591 keine Schwierigkeiten, wenn die Rechtsordnung oder die tatsächlichen Verhältnisse das Geschäft eindeutig einem anderen zuweisen.

Beispiele: Freundlich nimmt ein Paket für seinen abwesenden Nachbarn entgegen und zahlt die Zustellgebühr. Max vertreibt einen Einbrecher, der gerade in das Haus des Moritz einsteigen will.

---

[1] *Larenz,* SchuldR II 1, § 57 (S. 436f.); *Beuthien,* StudK BGB, vor § 677 Anm. 2a; *Esser/Weyers,* SchuldR II, § 46 I 2 (S. 342 ff.); aA *MünchKomm/Seiler,* vor § 677 RdNr. 12, § 677 RdNr. 43.

In diesen Fällen steht es unzweifelhaft fest, daß das Geschäft, das der Geschäftsführer besorgt, einem fremden Rechtskreis zuzuordnen ist. Es gibt jedoch Fälle, in denen dies nicht ohne weiteres klar ist.

Beispiel: Bobby entdeckt auf einer Versteigerung eine Briefmarke, die sein Freund Rudi schon seit langem sucht. Um Rudi eine Freude zu machen, ersteigert Bobby die Marke und bringt sie ihm.

Äußerlich ist nicht erkennbar, daß in diesem Beispielsfall ein fremdes Geschäft besorgt wird. Erst die subjektive Einstellung des Geschäftsführers läßt es zu einem fremden werden; man spricht deshalb von einem subjektiv fremden (objektiv neutralen) Geschäft im Gegensatz zum objektiv fremden, bei dem die Fremdheit äußerlich ohne weiteres erkennbar ist. Die Schwierigkeiten, die sich hierbei ergeben, beziehen sich auf den Beweis der Fremdheit, den im Streitfall (z. B. wenn er Ersatz seiner Aufwendungen fordert) der Geschäftsführer zu führen hat.

592 Die Fremdheit des Geschäfts wird nicht dadurch ausgeschlossen, daß der **Geschäftsführer** mit der Geschäftsbesorgung **eigene Interessen** verbindet.

Beispiel: Udo, der Untermieter des Miez, löscht in dessen Räumen einen Brand, der auch sein Zimmer bedroht. In diesem Fall führt Udo sowohl ein fremdes als auch ein eigenes Geschäft. Um eine GoA handelt es sich allerdings nur, wenn Udo den Willen hatte, auch für Miez tätig zu werden (Fremdgeschäftsführungswille).

593 Dagegen ist die Frage nicht einfach zu beantworten, ob auch dann ein fremdes Geschäft angenommen werden kann, wenn der **Geschäftsführer zu der** von ihm ausgeführten **Tätigkeit verpflichtet** ist (sog. pflichtgebundener Geschäftsführer).

Beispiele: Ein Motorschiff verliert auf dem Rhein zwei Anker. Diese werden von der Wasserstraßenverwaltung geborgen, die die Bergungskosten von dem Schiffseigner ersetzt verlangt. Mit der Bergung erfüllt die Wasserstraßenverwaltung eine ihr obliegende Verkehrssicherungspflicht. Es steht jedoch außer Frage, daß die Bergung der Anker auch im Interesse des Schiffseigners liegt, weil er verpflichtet ist, Maßnahmen zu treffen, um die Gefahr, die von den Ankern ausgeht, zu beseitigen.[2]
Ein Unternehmer beutet eine neben der Straße liegende Bimsgrube aus. Bei Regenfällen kommt es im Bereich der Bimsgrube zu Überschwemmungen und Verschmutzungen, die von der Straßenbaubehörde beseitigt werden. Die Straßenbaubehörde fordert von dem Unternehmer Ersatz der Kosten.[3]
In beiden Fällen hat der BGH einen Anspruch aus GoA bejaht und die Auffassung vertreten, daß der Geschäftsführer trotz der Erfüllung eigener Pflichten (auch) ein fremdes Geschäft besorgt habe. Gegen diese Rechtsprechung sind im Schrifttum Bedenken geltend gemacht worden, die sich insbesondere dagegen richten, daß auf diese Weise die GoA zu einem gefährlichen Mittel des Lastenausgleichs aus Billigkeitsgründen gemacht werde.[4]

---

[2] Fall von BGH NJW 1969, 1205, 1206.
[3] Fall von BGHZ 65, 354, 356 = NJW 1976, 619.
[4] *Medicus*, BR, RdNr. 412, m. weit. Nachw.

II. Geschäftsführung ohne Auftrag

In solchen Fällen kann nicht allein die subjektive Einstellung des Geschäftsführers maßgebend sein, weil sein Wille ein eigenes Geschäft nicht zu einem fremden werden lassen kann. Andererseits kann es auch nicht als interessengerecht angesehen werden, eine Tätigkeit, zu der jemand verpflichtet ist, generell aus der GoA herauszunehmen und damit die Möglichkeit auszuschließen, neben der Erfüllung eigener Pflichten zugleich auch fremde Geschäfte zu führen. Die Frage, ob auf die Bestimmungen über die GoA in derartigen Fällen zurückgegriffen werden kann, muß aufgrund der Regelung entschieden werden, aus der sich für den Geschäftsführer die Pflicht zum Tätigwerden ergibt. Läßt sich aus ihr ableiten, daß ein Ersatz von Aufwendungen nicht verlangt werden soll, weil die vorgenommene Tätigkeit beispielsweise nach einer öffentlich-rechtlichen Vorschrift, die eingreift, durch Steuern oder öffentliche Gebühren abgegolten sein soll oder weil die Frage des Ersatzes von Aufwendungen in einer vom Geschäftsführer mit einem Dritten geschlossenen privatrechtlichen Vereinbarung beantwortet wird, dann kann nicht über das Rechtsinstitut der GoA die dort getroffene Entscheidung korrigiert werden. In den beiden Beispielsfällen (vgl. o. RdNr. 593) ist folglich aufgrund des öffentlichen Rechts die Frage zu klären, ob die getätigten Aufwendungen bereits anderweitig abgegolten sind oder nicht.[5] Dagegen hindert die allgemeine Pflicht zur Hilfeleistung in Unglücksfällen, wie sie sich aus § 323c StGB ergibt, im Grundsatz nicht, auf die Vorschriften der GoA zurückzugreifen, weil dann die sich im Rahmen der GoA stellenden Fragen, z. B. nach dem Ersatz von Aufwendungen und Schäden des Nothelfers, nicht durch andere Vorschriften abschließend geklärt werden. Allerdings ist eine wichtige Einschränkung geboten: Nach § 539 Abs. 1 Nr. 9 Buchstabe a der Reichsversicherungsordnung (RVO) erwirbt derjenige, der bei Unglücksfällen Hilfe leistet, einen Anspruch gegen den Träger der gesetzlichen Unfallversicherung. Soweit dieser Anspruch reicht (also hinsichtlich der Heilung von Körperschäden und der dadurch bedingten Erwerbsminderung), können Ansprüche aus GoA nicht geltend gemacht werden (auf Einzelheiten zu dieser Frage kann hier nicht eingegangen werden). 594

Wie bereits ausgeführt, scheidet eine GoA stets aus, wenn dem Geschäftsführer der Wille zur Führung eines fremden Geschäfts, der **Fremdgeschäftsführungswille,** fehlt. Bei einem objektiv neutralen Geschäft kann sich dann die Frage einer GoA überhaupt nicht stellen. Handelt es sich dagegen um ein objektiv fremdes Geschäft, dann kommt es darauf an, ob der Geschäftsführer das Bewußtsein der Fremdheit des Geschäfts hat; ist dies zu bejahen, dann gilt § 687 Abs. 2, fehlt dieses Bewußtsein, dann greift § 687 Abs. 1 ein (vgl. o. RdNr. 587). 595

---

[5] Vgl. auch *Medicus* aaO.

596 Die weitere Voraussetzung der GoA ist eine negative; der Geschäftsführer darf nicht vom Geschäftsherrn **beauftragt oder** ihm **gegenüber** sonst zur **Geschäftsführung** (aufgrund eines Vertrages oder aufgrund einer gesetzlichen Bestimmung, z. B. nach § 1626 oder § 1793) **berechtigt** sein. Fraglich ist, ob die Vorschriften über die GoA Anwendung finden, wenn der Vertrag, der den Geschäftsführer gegenüber dem Geschäftsherrn zum Tätigwerden berechtigt und verpflichtet, nichtig ist.

> **Beispiel:** Ein Kaufmann gerät in wirtschaftliche Schwierigkeiten. Ein Wirtschaftsberater übernimmt es, eine Schuldensanierung durchzuführen. Der Wirtschaftsberater verhandelt mit Gläubigern des Kaufmanns und erreicht einen bedeutenden Nachlaß der Schulden. Der Kaufmann und der Wirtschaftsberater wissen nicht, daß ihr Vertrag wegen Verstoßes gegen das Rechtsberatungsgesetz nichtig ist.
>
> Der BGH[6] hat sich bei Entscheidung dieses Falles auf den Standpunkt gestellt, daß bei Nichtigkeit eines Auftrages oder eines sonst in Betracht kommenden Vertrages unbeschränkt auf die Regeln der §§ 677 ff. zurückgegriffen werden könnte. Im Schrifttum werden Bedenken geäußert. Für die Rückabwicklung rechtsgrundloser Leistungen seien die Vorschriften über die ungerechtfertigte Bereicherung heranzuziehen. Die in ihnen vorgenommenen Einschränkungen würden umgangen werden, wenn man der Ansicht des BGH folgte. Diese Bedenken sind berechtigt. Die §§ 812 ff. haben bei Rückabwicklung fehlgeschlagener Leistungen aufgrund nichtiger Rechtsgeschäfte Vorrang vor den §§ 677 ff.[7]

597 Eine **Geschäftsführung** ist nur **berechtigt,** wenn sie
- dem Interesse und dem wirklichen oder mutmaßlichen Willen des Geschäftsherrn entspricht (§ 683 S. 1) oder
- ein entgegenstehender Wille nach § 679 unbeachtlich ist (§ 683 S. 2) oder
- der Geschäftsherr die unberechtigte Geschäftsführung genehmigt und dadurch zu einer berechtigten macht (§ 684 S. 2).

598 Eine Geschäftsführung entspricht dem **Interesse des Geschäftsherrn,** wenn sie ihm objektiv nützlich ist. Bei dieser nach objektiven Gesichtspunkten vorzunehmenden Bewertung muß aber die persönliche Situation des Geschäftsherrn beachtet werden. Hat der Geschäftsherr nicht die notwendigen finanziellen Mittel zur Verfügung, dann kann z. B. der Kauf einer Sache auch weit unter Preis seinem Interesse zuwiderlaufen, wie umgekehrt der Verkauf einer Sache unter Preis durchaus seinen Interessen entsprechen kann, wenn er dringend Geld benötigt und der Verkauf zu den ungünstigen Konditionen aufgrund der konkreten Sachlage geboten erscheint.

599 Nach der gesetzlichen Regelung (vgl. § 683 S. 1) scheinen Interesse und **Wille des Geschäftsherrn** gleichrangige Voraussetzungen für eine berechtigte GoA zu sein. Ob diese Annahme zutrifft, ist jedoch zweifelhaft und streitig. Folgendes muß bei dieser Frage berücksichtigt werden:

---

[6] BGHZ 37, 258, 262 ff. = NJW 1962, 2010.
[7] *MünchKomm/Seiler,* § 677 RdNr. 41, m. weit. Nachw.

- Hat der Geschäftsherr seinen „wirklichen Willen" ausdrücklich oder konkludent erklärt, dann kommt es allein auf diesen Willen an. Eine seinem Willen widersprechende Geschäftsbesorgung ist stets unberechtigt, es sei denn, daß die Ausnahmeregelung des § 679 eingreift. Dies gilt auch dann, wenn der wirkliche Wille des Geschäftsherrn aus objektiver Sicht nicht als vernünftig anzusehen ist. Die GoA darf nicht zu einem Instrument der Zwangsbeglückung gemacht werden, bei der unkluge Entscheidungen des Geschäftsherrn korrigiert werden können.
- Der wirkliche Wille muß erkennbar geworden sein, sonst entscheidet der mutmaßliche Wille. Allerdings ist nicht wesentlich, ob der Geschäftsführer den wirklichen Willen des Geschäftsherrn erkannte oder auch nur erkennen konnte. Die Rechtmäßigkeit einer GoA ist auch dann zu verneinen, wenn der Geschäftsführer überhaupt nicht die Möglichkeit hatte, von dem (irgendwie erklärten) entgegengesetzten Willen des Geschäftsherrn Kenntnis zu erlangen.
- Dem wirklichen Willen des Geschäftsherrn muß auch dann Vorrang eingeräumt und die Berechtigung einer GoA bejaht werden, wenn sie sich zwar mit dem Willen, jedoch nicht mit dem Interesse des Geschäftsherrn deckt.[8]

Beispiel: Leicht, der in bescheidenen Vermögensverhältnissen lebt, ist ein leidenschaftlicher Fußballfan. Als die deutsche Nationalmannschaft in München spielt, versucht er vergeblich, eine Eintrittskarte zum Spiel zu erwerben. Daraufhin erklärt er in einer Gastwirtschaft, wenn er eine Karte bekommen würde, zahlte er auch 500,- DM dafür. Als Freundlich eine Eintrittskarte, die regulär 25,- DM kostet, für 400,- DM angeboten wird, erinnert er sich an die Bemerkung des Leicht, die er zufällig gehört hatte, und kauft für diesen die Karte. In diesem Fall entspricht der Kartenkauf nicht dem Interesse, wohl aber dem Willen des Leicht. Es handelt sich folglich um eine berechtigte GoA.

Ist der wirkliche Wille des Geschäftsherrn nicht erkennbar, d. h. für niemand festzustellen, dann ist der **mutmaßliche** Wille maßgeblich. Es muß dann eine Hypothese darüber aufgestellt werden, welchen Willen der Geschäftsherr haben würde, wenn ihm die Übernahme der Geschäftsführung bekannt wäre. Der Begriff des mutmaßlichen Willens ist im objektiven Sinn zu verstehen, und es ist danach zu fragen, ob ein vernünftiger Geschäftsherr bei Berücksichtigung aller Umstände und seiner besonderen Lage die Geschäftsführung gewollt hätte. Objektives Interesse und mutmaßlicher Wille werden in der Regel übereinstimmen. 600

Da – wie ausgeführt (vgl. o. RdNr. 599) – bei einem Widerspruch zwischen Interesse und wirklichem Willen des Geschäftsherrn sein Wille entscheidet, wobei nur die Ausnahme des § 679 gilt, stellt sich die Frage, ob auch eine GoA zur **Rettung eines Selbstmörders** möglich ist, die zwar seinem Interesse, aber nicht seinem Willen entspricht. 601

---

[8] So auch *Brox*, BS, RdNr. 369; aA *Larenz*, SchuldR II 1, § 57 I a (S. 444).

Beispiel: Schwarz springt in selbstmörderischer Absicht von einer Brücke in die Donau. Weiß, der zufällig Zeuge dieses Vorgangs wird, springt nach und rettet Schwarz. Er verlangt von Schwarz Ersatz von Kosten, die er aufwenden mußte, um seine Kleidung reinigen zu lassen. Mit Recht?
Ein Ersatz der entstandenen Kosten kann auf der Grundlage des § 683 von Schwarz gefordert werden, wenn Weiß eine berechtigte GoA für diesen führte. Die Rettung des Schwarz aus der Donau stellt für Weiß ein objektiv fremdes Geschäft dar (wobei sich hier die Frage nach einer anderweitigen Verpflichtung nicht stellt, weil wegen des besonderen Risikos der Rettungsaktion eine sich aus § 323c StGB ergebende Pflicht des Weiß, Schwarz aus der Donau zu retten, verneint werden muß). Weiß hat das „Geschäft" mit Fremdgeschäftsführungswillen geführt und war auch von Schwarz dazu weder beauftragt noch ihm gegenüber sonst dazu berechtigt. Daß die Geschäftsführung dem Interesse des Schwarz entspricht, kann nicht in Zweifel gezogen werden; auch wenn man die subjektive Situation des Schwarz berücksichtigt, liegt die Rettung seines Lebens immer in seinem Interesse. Durch den Sprung von der Brücke hat jedoch Schwarz deutlich gemacht, daß er sterben wollte. Ist dieser Wille hier unbeachtlich?

602 Über das Ergebnis, daß der Lebensretter Ansprüche gegen den Geretteten aus berechtigter GoA haben soll, besteht weitgehend Einvernehmen; über die Begründung dieses Ergebnisses wird jedoch gestritten. Vereinzelt wird vorgeschlagen, § 679 direkt anzuwenden. Dagegen spricht aber, daß als „Pflicht" im Sinne dieser Vorschrift nur eine Rechtspflicht in Betracht kommt und daß eine Rechtspflicht des Lebensmüden, am Leben zu bleiben, nicht angenommen werden kann. Es handelt sich hier allenfalls um eine sittliche Pflicht, die jedoch für § 679 nicht genügt. Deshalb wollen manche § 679 analog heranziehen. Ein anderer Vorschlag geht dahin, den Willen eines Selbstmörders analog §§ 104 Nr. 2, 105 für unbeachtlich zu erklären. Am überzeugendsten ist die Auffassung, daß der entgegenstehende Wille des Selbstmörders gegen die guten Sitten verstößt und daß er entsprechend den Rechtsgedanken der §§ 134, 138 zu ignorieren ist.

Gegen diese Auffassung kann nicht eingewendet werden, daß nach der herrschenden sittlichen Anschauung die Selbsttötung nicht unter allen Umständen sittlich verwerflich sei. Nach der geltenden Rechtsordnung ist es geboten, dem Selbstmörder beizustehen und ihm das Leben zu retten. Es kann sich derjenige nach § 323c StGB strafbar machen, der dies unterläßt; denn nach dieser Vorschrift ist bei Unglücksfällen oder gemeiner Gefahr oder Not Hilfe zu leisten, wenn dies erforderlich und nach den Umständen zumutbar ist. Diese Hilfeleistungspflicht gilt auch, wenn der Betroffene das Unglück absichtlich herbeigeführt hat oder herbeiführen will, wie dies beim Selbstmordversuch der Fall ist. Wenn aber die Rechtsordnung unter Strafandrohung jeden verpflichtet, einen Selbstmörder zu retten, falls dies nach den Umständen zumutbar ist, muß der entgegenstehende Wille des Selbstmörders als rechtlich unbeachtlich eingestuft werden.[9]

603 Ist der Geschäftsherr **geschäftsunfähig** oder **beschränkt geschäftsfähig,** dann entscheidet nicht sein Wille, sondern der seines gesetzlichen

---

[9] *Staudinger/Wittmann,* § 679 RdNr. 10, m. weit. Nachw.

Vertreters. Streitig ist die Frage, welche Rechtsfolgen es hat, wenn der Geschäftsführer nicht geschäftsfähig ist. Manche sehen in der GoA eine geschäftsähnliche Handlung, auf die die Vorschriften über Rechtsgeschäfte analog anzuwenden sind (vgl. o. RdNr. 177). Nach dieser Auffassung wird ein beschränkt Geschäftsfähiger aus der Geschäftsführung nach den Regeln der §§ 677ff. nur dann berechtigt und verpflichtet, wenn sein gesetzlicher Vertreter in die Übernahme der Geschäftsführung einwilligt oder sie genehmigt. Die heute wohl hM will dagegen auch dem nicht geschäftsfähigen Geschäftsführer die Rechte aus der GoA geben, wenn ihre Voraussetzungen erfüllt sind. Sie weist darauf hin, daß die GoA nur in einem tatsächlichen Tun bestehen könne (vgl. o RdNr. 590), bei dem jede Bezugnahme auf Rechtliches fehle. Die Vorschrift des § 682 schütze die Interessen des nicht geschäftsfähigen Geschäftsführers ausreichend.[10]

c) Rechtsfolgen einer berechtigten Geschäftsführung ohne Auftrag

Durch die Übernahme einer berechtigten GoA entsteht zwischen Geschäftsherrn und Geschäftsführer ein **gesetzliches Schuldverhältnis**, das inhaltlich weitgehend dem Auftrag entspricht. Dieses Rechtsverhältnis schafft einen Rechtfertigungsgrund für Eingriffe, die der Geschäftsführer im Rahmen seiner Geschäftsbesorgung in Rechtsgüter des Geschäftsherrn vornimmt, so daß Ansprüche gegen den Geschäftsführer aus dem Deliktsrecht insoweit ausgeschlossen sind. Gleichzeitig ergibt sich aus der berechtigten GoA ein Rechtsgrund im Sinne des Bereicherungsrechts (dazu u. RdNr. 613) für Vermögensverschiebungen, die zwischen Geschäftsherrn und Geschäftsführer bei der GoA vollzogen werden, so daß Kondiktionsansprüche hierfür ausscheiden. Der Geschäftsführer hat auch ein Recht zum Besitz, soweit dies zum Zweck der berechtigten Geschäftsführung erforderlich ist. 604

Hieraus folgt für den Aufbau eines Rechtsgutachtens, daß vor einer Erörterung des Delikts- oder Bereicherungsrechts die Frage nach einer berechtigten GoA zu behandeln ist (soweit der Fall dazu Anlaß gibt), weil bei einer positiven Antwort auf diese Frage deliktische und bereicherungsrechtliche Ansprüche insoweit entfallen.

Das gesetzliche Schuldverhältnis der berechtigten GoA erzeugt für Geschäftsführer und Geschäftsherrn **Rechte und Pflichten.** Nach § 677 hat der Geschäftsführer das Geschäft so zu führen, „wie das Interesse des Geschäftsherrn mit Rücksicht auf dessen wirklichen oder mutmaßlichen Willen es erfordert"; verletzt er diese Pflicht schuldhaft, dann hat er den dadurch verursachten Schaden zu ersetzen, wobei über die Anspruchs- 605

---

[10] Zu diesem Meinungsstreit vgl. *Larenz* SchuldR II 1 § 57 Ia (S. 446); *Brox,* BS, RdNr. 372.

grundlage unterschiedliche Auffassungen bestehen: § 280 oder pFV. Da die Hauptleistungspflicht des Geschäftsführers, die Geschäftsbesorgung, (nur) schlecht erfüllt wird, ist der Anspruch auf pFV zu stützen.[11]

Interesse und Wille des Geschäftsherrn sind also in zweifacher Hinsicht bedeutsam:
– Sie bestimmen bei der Übernahme der Geschäftsführung, ob es sich um einen Fall der berechtigten GoA handelt,
– sie stecken für den Geschäftsführer den Rahmen ab, innerhalb dessen er das Geschäft zu besorgen hat.

606 In § 681 werden zum Teil durch Verweisung auf das Auftragsrecht Nebenpflichten des Geschäftsführers genannt. Von besonderer Wichtigkeit ist die Pflicht, das aus der Geschäftsbesorgung Erlangte dem Geschäftsherrn herauszugeben (§ 681 S. 2 iVm. § 667). Diese Herausgabepflicht erstreckt sich auch auf einen Gewinn, der bei der Geschäftsführung erzielt wird.

Praktisch bedeutsam ist diese Regelung auch bei der Geschäftsanmaßung (§ 687 Abs. 2 iVm. § 681). Wer also ein fremdes Geschäft in Kenntnis der Fremdheit als eigenes führt, hat dem Geschäftsherrn auf dessen Verlangen alles herauszugeben, was er aus der Geschäftsführung erlangt hat.

Eine wichtige Einschränkung ergibt sich aus § 682 für den geschäftsunfähigen oder beschränkt geschäftsfähigen Geschäftsführer. Dieser ist nur nach den Vorschriften über die ungerechtfertigte Bereicherung herausgabepflichtig.

607 Bei der berechtigten GoA besteht die wichtigste Pflicht des Geschäftsherrn darin, die **Aufwendungen des Geschäftsführers** zu ersetzen, und zwar im gleichen Umfang wie sie ein Beauftragter zu beanspruchen hat (§ 683 S. 1 iVm. § 670; vgl. dazu o. RdNr. 582). In gleicher Weise wie ein Beauftragter kann also auch der Geschäftsführer bei der GoA Ersatz solcher Zufallsschäden fordern, die auf einer für das besorgte Geschäft eigentümlichen erhöhten Gefahr und nicht auf dem allgemeinen Lebensrisiko beruhen (vgl. dazu o. RdNr. 583f.). Verliert der Geschäftsführer bei der Geschäftsbesorgung sein Leben, dann wendet die hM § 844 Abs. 2 entsprechend an; nach dieser Vorschrift hat der Ersatzpflichtige im Falle der Tötung eines Menschen denjenigen Schadensersatz zu leisten, die einen Unterhaltsanspruch gegen den Getöteten hatten.

Die entsprechende Anwendung des § 844 Abs. 2 wird damit begründet, daß dies eine notwendige und folgerichtige Weiterentwicklung der Grundsätze darstelle, die für den Ersatzanspruch des Geschäftsführers aufgestellt worden seien. Denn anderenfalls trete das sinnwidrige Ergebnis ein, daß der Geschäftsführer zwar in leichteren Fällen, in denen er nur seine Gesundheit aufopfere, Ersatz verlangen könne, daß aber seine Angehörigen leer ausgingen, wenn er dabei sein Leben ließe.

---

[11] AA *MünchKomm/Seiler*, § 677 RdNr. 49 Fn. 123, m. weit. Nachw. zu beiden Ansichten.

II. Geschäftsführung ohne Auftrag

Nach hM[12] kann der Geschäftsführer eine **Vergütung** für die von ihm aufgewendete Arbeitskraft verlangen, wenn die ausgeführte Tätigkeit zu seinem Gewerbe oder Beruf gehört. **608**

Beispiel: Der Arzt Hilfreich wird zufällig Zeuge eines Verkehrsunfalls. Er hilft bei der Bergung der Verletzten und leistet ihnen Erste Hilfe.
In diesem Fall kann Hilfreich ein Entgelt für seine ärztliche Tätigkeit nach der ärztlichen Gebührenordnung fordern. Überwiegend wird dieses Ergebnis auf den Rechtsgedanken des § 1835 Abs. 2 gestützt; in dieser Vorschrift wird ausdrücklich festgestellt, daß die Aufwendungen des Vormundes oder des Gegenvormundes auch Dienste umfassen, die zu seinem Gewerbe oder zu seinem Beruf gehören. Der Anspruch auf Aufwendungsersatz des Geschäftsführers ohne Auftrag geht also weiter als der des Beauftragten, der keine Vergütung für geleistete Arbeit fordern kann, weil dies die Unentgeltlichkeit des Auftrages ausschließt.
Manche wollen dem Geschäftsführer stets (also nicht nur, wenn die verrichtete Tätigkeit zum Gewerbe oder Beruf des Geschäftsführers zu rechnen ist) eine angemessene Vergütung zubilligen und stützen diese Auffassung z. T. auf die Entstehungsgeschichte des § 683,[13] z. T. auf die Erwägung, die Arbeitskraft des einzelnen sei als wichtigste Erwerbsgrundlage ein Vermögensbestandteil und ihr Einsatz sei als „freiwilliges" Vermögensopfer, also als Aufwendung, anzusehen.[14] Schließlich wird vorgeschlagen, eine Lösung auf der Grundlage des hypothetischen Parteiwillens (vgl. dazu o. RdNr. 241) zu suchen; es soll danach gefragt werden, ob die Parteien durch Vertrag ein Entgelt vereinbart hätten, wenn ein Vertragsschluß möglich gewesen wäre.[14a]

Nach § 685 Abs. 1 steht dem Geschäftsführer **kein Anspruch auf Aufwendungsersatz** zu, wenn er im Zeitpunkt der Übernahme der Geschäftsführung nicht die Absicht hatte, von dem Geschäftsherrn Ersatz zu verlangen. Bei dieser Regelung handelt es sich um eine Ausnahmebestimmung, bei der es darauf ankommt, daß ein Verzichtswille des **Geschäftsführers** in irgendeiner Weise nach außen erkennbar geworden ist. Hatte der Geschäftsführer im Zeitpunkt der Übernahme der Geschäftsführung überhaupt keine Vorstellung über die Geltendmachung späterer Ersatzansprüche, dann findet § 685 Abs. 1 keine Anwendung. **609**

d) Unberechtigte Geschäftsführung ohne Auftrag

Entspricht die Geschäftsbesorgung nicht dem Willen und Interesse des Geschäftsherrn, ist sie also unberechtigt, dann muß sie unterbleiben. Greift der Geschäftsführer dennoch in den fremden Rechtskreis ein, dann handelt er rechtswidrig und hat einen dadurch verursachten Schaden nach § 678 zu ersetzen, wenn er wußte oder fahrlässig nicht erkannte, **610**

---

[12] BGH NJW 1971, 609, 612 (insoweit in BGHZ 55, 128 ff., nicht abgedruckt); BGHZ 65, 384, 390 = NJW 1976, 748 = JuS 1976, 602; *Larenz*, SchuldR II, § 57 I b (S. 355).
[13] *MünchKomm/Seiler*, § 683 RdNr. 26.
[14] *Esser/Weyers*, SchuldR II, § 46 II 4 c (S. 359).
[14a] *Köhler* JZ 1985, 359, 361 ff.

daß er sich durch sein Verhalten in Widerspruch zum Willen des Geschäftsherrn setzte; dieser Schadensersatzanspruch besteht auch dann, wenn er bei Durchführung der Geschäftsbesorgung die gebotene Sorgfalt beachtete. Daneben kann sich der (unberechtigte) Geschäftsführer auch nach §§ 823 ff. schadensersatzpflichtig machen. Da durch eine unberechtigte GoA ein Rechtsgrund für Vermögensverschiebungen zwischen Geschäftsherrn und Geschäftsführer nicht geschaffen wird, sind beide verpflichtet, einander das nach den Vorschriften über die Herausgabe einer ungerechtfertigten Bereicherung herauszugeben, was sie aus der Geschäftsführung erlangt haben.

Der Anspruch des Geschäftsführers gegen den Geschäftsherrn ergibt sich aus § 684 S. 1, der eine Rechtsfolgeverweisung (vgl. o. RdNr. 486) enthält. Der umgekehrte Anspruch des Geschäftsherrn gegen den Geschäftsführer richtet sich unmittelbar nach §§ 812 ff.

611   Bezweckt die Geschäftsführung die Abwendung einer dem Geschäftsherrn – seiner Person oder seinem Vermögen, nach hM auch seinen nächsten Angehörigen – drohenden dringenden Gefahr, dann wird zugunsten des Geschäftsführers der Haftungsmaßstab auf Vorsatz und grobe Fahrlässigkeit beschränkt (§ 680). Dadurch soll der Nothelfer privilegiert und zur Hilfeleistung in Notsituationen ermutigt werden. Dieser Gesetzeszweck trifft auch zu, wenn die Gefahr vom Geschäftsführer nur irrtümlich angenommen worden ist, in Wirklichkeit also überhaupt nicht bestand. Die Privilegierung des Nothelfers führt auch dazu, daß bei irrtümlich angenommener Notlage der Geschäftsführer für die zur vermeintlichen Gefahrenabwehr unternommene (unberechtigte) Geschäftsführung sowohl nach § 678 als auch nach §§ 823 ff. nur haftet, wenn ihn der Vorwurf grober Fahrlässigkeit trifft (str.).[15]

> **Beispiel:** Hilfreich hört in der Nachbarwohnung jämmerliche Schreie. Als ihm trotz Klingelns und Klopfens nicht geöffnet wird, tritt er die Wohnungstür ein und findet seinen Nachbarn vor dem Fernseher, der zu laut eingestellt ist und aus dem die Schreie kamen. Eine Haftung des Hilfreich für den von ihm angerichteten Schaden ist zu verneinen, weil er nicht grob fahrlässig handelte.

---

[15] HM: *Medicus*, SchuldR II, § 124 II 3b (S. 279); *Köhler*, PdW-SchuldR II, Nr. 111 (S. 141 f.); *Jauernig/Vollkommer*, § 680 Anm. 2; aA *MünchKomm/Seiler*, § 680 RdNr. 5.

Überblick über die Rechtsfolgen bei einem Tätigwerden in fremden Angelegenheiten

612

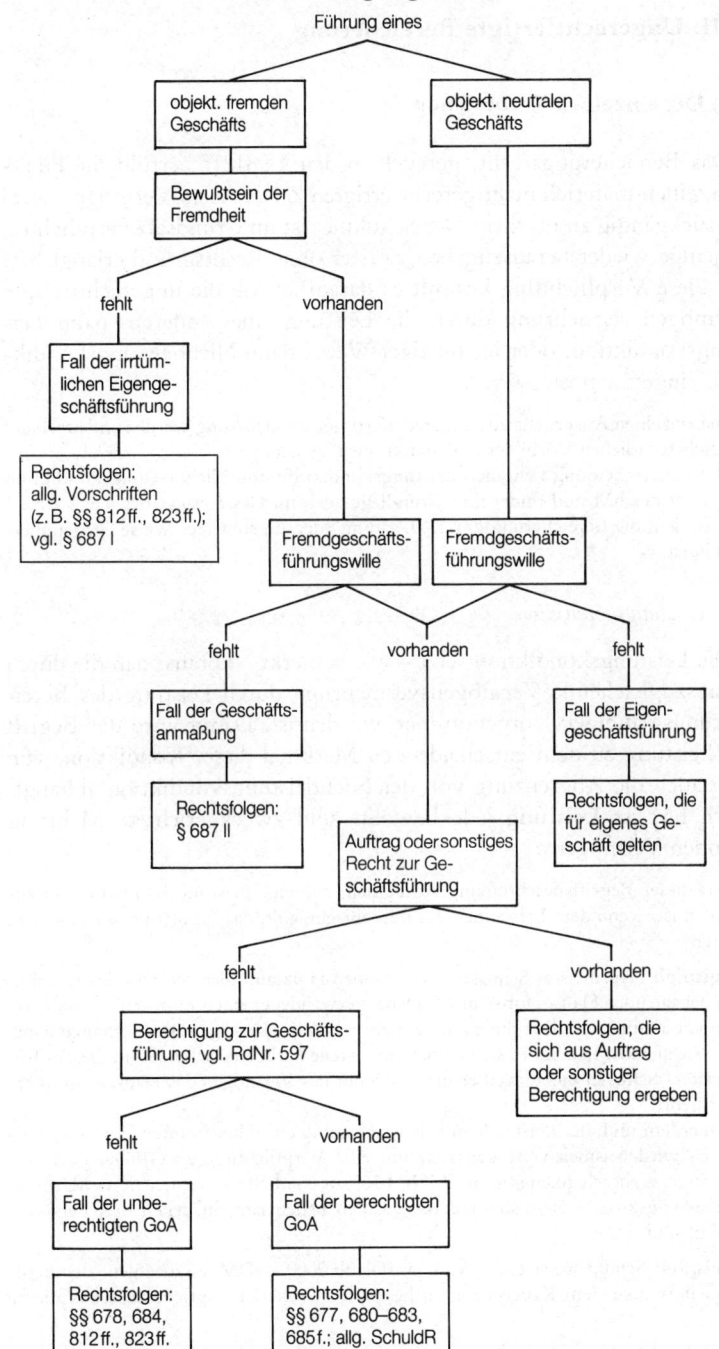

```
                        Führung eines
            ┌───────────────┴───────────────┐
      objekt. fremden                 objekt. neutralen
         Geschäfts                        Geschäfts
            │
      Bewußtsein der
        Fremdheit
      ┌─────┴─────┐
     fehlt      vorhanden
      │
  Fall der irrtüm-
  lichen Eigenge-
  schäftsführung
      │
  Rechtsfolgen:
  allg. Vorschriften
  (z. B. §§ 812 ff., 823 ff.);
  vgl. § 687 I
```

Unter „vorhanden" (Bewußtsein der Fremdheit) und unter „objekt. neutralen Geschäfts":

- Fremdgeschäftsführungswille / Fremdgeschäftsführungswille

```
          fehlt        vorhanden        fehlt
           │                              │
  Fall der Geschäfts-              Fall der Eigen-
     anmaßung                     geschäftsführung
           │                              │
  Rechtsfolgen:                    Rechtsfolgen, die
     § 687 II                      für eigenes Ge-
                                   schäft gelten
                    │
          Auftrag oder sonstiges
             Recht zur Ge-
              schäftsführung
          ┌─────────┴─────────┐
        fehlt              vorhanden
          │                    │
  Berechtigung zur Geschäfts-   Rechtsfolgen, die
  führung, vgl. RdNr. 597       sich aus Auftrag
                                oder sonstiger
                                Berechtigung ergeben
     ┌────┴────┐
   fehlt   vorhanden
     │         │
  Fall der unbe-   Fall der berechtigten
  rechtigten GoA         GoA
     │                    │
  Rechtsfolgen:      Rechtsfolgen:
  §§ 678, 684,       §§ 677, 680–683,
  812 ff., 823 ff.   685 f.; allg. SchuldR
```

III. Ungerechtfertigte Bereicherung

a) Die einzelnen Tatbestände

613   Das Bereicherungsrecht, geregelt in den §§ 812 ff., erfüllt die Funktion, einen materiell nicht gerechtfertigten Zuwachs an Vermögenswerten rückgängig zu machen. Der Schuldner ist im Grundsatz verpflichtet, dasjenige wieder herauszugeben, was er ohne Rechtsgrund erlangt hat. Für diese Verpflichtung kommt es darauf an, ob die ungerechtfertigte Vermögensvermehrung durch die Leistung eines anderen, dann Leistungskondiktion, oder in sonstiger Weise, dann Nichtleistungskondiktion, eingetreten ist.

Die einzelnen Ansprüche aus ungerechtfertigter Bereicherung werden entsprechend römisch-rechtlichen Vorbildern „Kondiktionen" genannt.

Die Unterscheidung zwischen Leistungskondiktion und Nichtleistungskondiktion entspricht der hM und findet ihre Grundlage auch im Gesetzestext des § 812 Abs. 1 S. 1, in dem die Bereicherung durch „Leistung" der „in sonstiger Weise" gegenübergestellt ist.

1. Leistungskondiktion

614   Die Leistungskondiktion setzt – wie bemerkt – voraus, daß die durch sie auszugleichende Vermögensvermehrung durch Leistung des Bereicherungsgläubigers vorgenommen worden ist. Damit wird der Begriff der Leistung zu dem entscheidenden Merkmal dieser Kondiktion, von dem auch die Abgrenzung von der Nichtleistungskondiktion abhängt. Nach hM ist **Leistung** jede bewußte und zweckgerichtete Mehrung fremden Vermögens.

Aus dieser Begriffsbeschreibung ergibt sich, daß eine Leistungskondiktion auszuscheiden ist, wenn dem Leistenden das Bewußtsein fehlt, das Empfängervermögen zu mehren.

Beispiel: Hausmeister Schussel streicht einen Holzzaun, der den Hof des von ihm zu betreuenden Hauses umschließt. Dabei verwendet er einen Eimer mit Farbe, von dem er annimmt, daß er ihn zu diesem Zweck vom Hauseigentümer erhalten habe; in Wirklichkeit handelt es sich jedoch um eigene Farbe des Schussel. In diesem Fall „leistet" Schussel nicht, weil er nicht bewußt das Vermögen des Hauseigentümers vermehrt.

Außerdem muß der Leistende mit seiner Leistung einen bestimmten Zweck verfolgen. Es wird beispielsweise geleistet, um eine Verpflichtung zu erfüllen oder den Empfänger zu beschenken (vgl. u. RdNr. 616, zur condictio ob rem). Dieses Merkmal des Leistungszwecks ist insbesondere in Fällen bedeutsam, in denen drei Personen beteiligt sind.

Beispiel: Schuld weist seine Bank an, Glaub 2000,— DM auszuzahlen, die dieser von ihm aus einem Kaufvertrag zu beanspruchen hat. Entspricht die Bank dieser

III. Ungerechtfertigte Bereicherung

Weisung, dann vermehrt sie zwar bewußt das Vermögen des Glaub, verfolgt aber im Verhältnis zu diesem keinen Leistungszweck. Deshalb ist in dem Zahlungsvorgang Bank – Glaub keine Leistung im Sinne des Bereicherungsrechts zu sehen. Vielmehr leistet die Bank an Schuld, da sie mit der Auszahlung des Geldes an Glaub eine vertragliche Verpflichtung gegenüber ihrem Kunden Schuld erfüllt und dies auch bewußt und zweckgerichtet tut, wie andererseits auch im Verhältnis zwischen Glaub und Schuld geleistet wird, weil Schuld seine Verpflichtung aus dem Kaufvertrag erfüllen will. Daß er dies mit Hilfe seiner Bank tut, läßt kein Leistungsverhältnis zwischen Bank und Glaub entstehen; hier handelt es sich lediglich um einen technischen Zahlungsvorgang, der im Verhältnis zu Glaub dem Schuld zuzurechnen ist. Für das Bereicherungsrecht wird diese Unterscheidung bedeutsam, wenn ein Vertragsverhältnis oder beide nichtig sind und sich deshalb die Frage nach der Rückabwicklung stellt (vgl. dazu u. RdNr. 622 a. E.).

Wenn beim Leistungsbegriff auf die **Mehrung fremden Vermögens** 615 Bezug genommen wird, dann liegt darin eine selbstverständliche Voraussetzung. Der Anspruch wegen „ungerechtfertigter Bereicherung" wird geltend gemacht – und insoweit besteht kein Unterschied zwischen Leistungskondiktion und Nichtleistungskondiktion –, weil der Bereicherungsschuldner einen Vermögensvorteil erlangt hat, um dessen Ausgleich es geht. Ein Vermögensvorteil ist stets anzunehmen, wenn die Vermögenslage des Schuldners sich verbessert hat. Dies kann auf unterschiedliche Weise geschehen. Dem Vermögen des Schuldners können Aktivposten zugeführt werden, indem er Rechte erwirbt, z. B. Eigentum oder Forderungen; die Vermögenslage des Schuldners kann aber auch dadurch verbessert werden, daß Passivposten wegfallen, z. B. eine Schuld wird erlassen, eine gegen den Schuldner gerichtete Forderung wird vom Bereicherungsgläubiger erfüllt. Schließlich kann der Schuldner auch dadurch bereichert werden, daß ihm eigene Ausgaben erspart bleiben, z. B. dem Schuldner werden Gegenstände zugewendet, die er sonst mit eigenem Geld erwerben müßte.

Weiteres Merkmal der Leistungskondiktion (wie im übrigen auch der 616 Nichtleistungskondiktion) ist das **Fehlen eines rechtlichen Grundes** für das Behaltendürfen des Empfangenen. In diesem Tatbestandsmerkmal gibt es Unterschiede zwischen den verschiedenen **Fällen der Leistungskondiktion**. Im einzelnen handelt es sich dabei um folgende Fälle:
– Condictio indebiti (§ 812 Abs. 1 S. 1 Alt. 1).

Diese wichtigste Leistungskondiktion betrifft den Fall, daß der Rechtsgrund für die Leistung von Anfang an gefehlt hat. Der Bereicherungsgläubiger hat geleistet, obwohl keine Verbindlichkeit bestand.

Beispiel: Volz übereignet in Erfüllung eines mit Kunz geschlossenen Kaufvertrages seinen Pkw. Der Kaufvertrag ist jedoch, was Volz nicht weiß, nicht zustandegekommen, weil sich die Parteien über einen wesentlichen Punkt nicht geeinigt haben (vgl. o. RdNr. 111). Volz leistet also, obwohl er nichts schuldet. Er kann mit der condictio indebiti Rückübereignung des Pkw von Kunz fordern.

§ 813 erweitert den Tatbestand der condictio indebiti auch auf Fälle, in denen die Schuld zwar besteht, aber mit einer dauernden **Einrede** (vgl. o. RdNr. 196) behaftet ist. Eine Ausnahme gilt nach § 222 Abs. 2 für die Einrede der Verjährung, auf den § 813 Abs. 1 S. 2 verweist. Nach hM soll § 813 Abs. 1 auch nicht für die Einrede nach § 478 gelten.

- Condictio ob causam finitam (§ 812 Abs. 1 S. 2 Alt. 1).

Diese Leistungskondiktion unterscheidet sich von der condictio indebiti dadurch, daß der Rechtsgrund für die Leistung zwar im Augenblick, in dem geleistet wird, besteht, daß er aber später weggefallen wäre, wenn man ihn nicht schon vorher durch Leistung zum Erlöschen gebracht hätte.

Beispiel: Eich hat seinen Pkw bei der Versicherung Securitas gegen Diebstahl versichert. Als das Auto gestohlen wird, zahlt die Versicherung. Kurze Zeit danach wird das Fahrzeug von der Polizei gefunden. Den Rückzahlungsanspruch kann die Securitas auf § 812 Abs. 1 S. 2 Alt. 1 stützen, wenn sie nicht vertraglich eine Rückzahlung für einen solchen Fall mit Eich vereinbart hat.

Die hM wendet diese Leistungskondiktion auch in Fällen einer Anfechtung z. B. wegen Irrtums oder arglistiger Täuschung an. Da durch die Anfechtung das Rechtsgeschäft rückwirkend vernichtet wird (§ 142 Abs. 1), könnte man erwägen, in diesen Fällen die condictio indebiti als die richtige Kondiktionsart anzusehen; dagegen spricht jedoch, daß im Zeitpunkt der Leistung der Rechtsgrund bestand.

- Condictio ob rem – auch condictio causa data causa non secuta genannt – (§ 812 Abs. 1 S. 2 Alt. 2).

Hier bildet den Kondiktionsgrund der Umstand, daß der „mit einer Leistung nach dem Inhalte des Rechtsgeschäfts bezweckte Erfolg nicht eintritt". Allerdings genügt nicht, wie vielleicht dieser Gesetzestext nahelegen könnte, die einseitige Erwartung des Leistenden, die dieser mit seiner Leistung verbindet. Vielmehr ist erforderlich, daß der Empfänger die Erwartung des Leistenden kennt und zumindest durch die Annahme der Leistung stillschweigend zu verstehen gibt, daß er die Zweckbestimmung billigt.

Beispiel: Arnold will unbedingt eine bestimmte Sportveranstaltung besuchen. Dazu ist es aber erforderlich, daß sein Arbeitskollege Bertold bereit ist, mit ihm die Schicht zu tauschen. Arnold versucht Bertold dadurch in gute Stimmung zu bringen, daß er ihm eine Flasche Wein schenkt. Er sagt aber zunächst nichts von seiner Absicht, den Bertold zu einem Tausch der Arbeitszeiten zu bewegen. Als dann Arnold später seine Bitte äußert, lehnt Bertold ab. In diesem Fall kann Arnold nicht mittels einer Leistungskondiktion wegen Zweckverfehlung Herausgabe der Flasche Wein fordern.

Um die recht schwierige condictio ob rem richtig zu verstehen, müssen die **Zwecke** betrachtet werden, **die** typischerweise **mit einer Leistung verfolgt werden;** sie lassen sich in vier Kategorien einordnen:
- Der Leistende bezweckt mit der Vermögensverschiebung die Erfüllung einer bestehenden oder vermeintlich bestehenden gesetzlich oder rechtsgeschäftlich begründeten Verpflichtung. Die Leistung erfolgt **solvendi causa** (= um zu erfüllen). Beispielsweise übergibt und übereignet der Verkäufer den Kaufgegenstand dem Käufer, um seine vertragliche Verpflichtung aus dem Kaufvertrag zu erfüllen.
- Die Leistung wird **donandi causa** (= um zu schenken) erbracht. Bei der Handschenkung (vgl. § 516 Abs. 1) wird nicht zunächst eine formbedürftige Verpflichtung (vgl. § 518 Abs. 1) zur Schenkung begründet, sondern zugleich mit der dinglichen Zuwendung die schuldrechtliche Vereinbarung des Rechtsgrun-

des verbunden. Beispielsweise schenkt der Gast der Gastgeberin einen Blumenstrauß. Mit der Übereignung der Blumen als dem dinglichen Vollzugsgeschäft wird gleichzeitig stillschweigend das schuldrechtliche Verpflichtungsgeschäft geschlossen.

- Es wird **obligandi causa** (= um zu verpflichten, d. h. um ein Schuldverhältnis zu begründen) geleistet. So kommt bei der (berechtigten) Geschäftsführung ohne Auftrag durch die Geschäftsführung als solche, die die Leistung des Geschäftsführers darstellt, das gesetzliche Schuldverhältnis der GoA zustande und wird dadurch der Rechtsgrund für die Leistung geschaffen (vgl. o. RdNr. 604).

- Die Leistung wird erbracht, um den Empfänger zu einem bestimmten Verhalten zu bewegen, auf das der Leistende keinen Anspruch hat. Die Leistung erfolgt **ob rem**. Die condictio ob rem bezieht sich ausschließlich auf die Fälle dieser Kategorie. Denn bei der solvendi causa erbrachten Leistung besteht der bezweckte Erfolg in der Erfüllung. Tritt dieser Erfolg nicht ein, weil z. B. ein Anspruch, der erfüllt werden kann, überhaupt nicht besteht, dann kann das Geleistete aufgrund der condictio indebiti zurückgefordert werden. Das gleiche gilt, wenn zum Zweck des Schenkens oder zum Zweck der Begründung einer Verpflichtung geleistet werden soll und dieser Zweck nicht erreicht wird. Es geht also bei der condictio ob rem um Fälle, in denen die Leistung dazu dienen soll, den Empfänger zu einem nicht geschuldeten Tun oder Unterlassen zu bestimmen; z. B. wird eine „Anzahlung" in der dem Empfänger bekannten Absicht geleistet, diesen zum Abschluß eines bestimmten Vertrages zu veranlassen. Kommt der Vertrag später nicht zustande, kann die Anzahlung mit der condictio ob rem zurückgefordert werden.

- Condictio ob turpem vel iniustam causam (§ 817 S. 1).

Diese Kondiktion betrifft den Fall, daß der Empfänger mit der Leistungsannahme gegen ein gesetzliches Verbot oder die guten Sitten verstößt. Ihre praktische Bedeutung ist allerdings gering, weil im Fall eines Gesetzes- oder Sittenverstoßes meist das Verpflichtungsgeschäft nach § 134 oder § 138 nichtig sein wird, so daß dann schon die condictio indebiti eingreift.

Die **Leistungskondiktion** wird **ausgeschlossen,** wenn einer der in 617 §§ 814, 815 oder 817 S. 2 aufgeführten Ausschlußtatbestände verwirklicht ist. § 814 betrifft die **condictio indebiti**.

Danach kann das zum Zwecke der Erfüllung einer Verbindlichkeit Geleistete nicht zurückgefordert werden, „wenn der Leistende gewußt hat, daß er zur Leistung nicht verpflichtet war". Die Kenntnis des Leistenden von seiner Nichtschuld beseitigt also seine Schutzwürdigkeit. Aus dieser Zweckrichtung der Vorschrift ergibt sich, daß nur positive Kenntnis der Nichtschuld im Zeitpunkt der Leistung der Rückforderung entgegensteht. Die Kenntnis der Tatumstände, aus denen sich die Rechtsgrundlosigkeit der Leistung ergibt, schließt die Kondiktion nicht aus, wenn sich der Leistende trotzdem aus einem Rechtsirrtum für verpflichtet hielt. Hierfür ist es unerheblich, ob dieser Irrtum auf (grober) Fahrlässigkeit beruht.

Nach § 814 ist die condictio indebiti auch dann nicht gegeben, wenn der Leistende irrtümlich von einer rechtlichen Verpflichtung zur Leistung ausging, in Wirklichkeit aber nur „die Leistung einer sittlichen Pflicht oder einer auf den Anstand zu nehmenden Rücksicht entsprach". Beispielsfälle sind die Unterstützung von Verwandten oder Verschwägerten, denen gegenüber keine gesetzliche Unterhaltspflicht besteht. Die hM wendet § 814 auch auf die Fälle des § 813 entsprechend an. Dies bedeutet, daß die Kondiktion ausgeschlossen ist, wenn der Leistende trotz Kenntnis des Bestehens einer dauernden Einrede (vgl. o. RdNr. 196) leistete.

618 Den Ausschlußtatbestand für die **condictio ob rem** bildet § 815. Diese Vorschrift enthält zwei Alternativen:
- Nach der ersten ist die Rückforderung des Geleisteten ausgeschlossen, wenn der Eintritt des nach dem Inhalt des Rechtsgeschäfts bezweckten Erfolgs von vornherein unmöglich war und der Leistende dies gewußt hat. Dieser Fall ähnelt dem in § 814 geregelten, in dem der Leistende Kenntnis davon gehabt hat, daß er zur Leistung nicht verpflichtet war.
- Die zweite Alternative des § 815 beruht auf dem gleichen Rechtsgedanken wie die Vorschrift des § 162 Abs. 1. Wird vom Leistenden der Eintritt des Erfolgs wider Treu und Glauben verhindert, so soll ihm dies nicht zum Vorteil gereichen.

619 Der **Ausschlußtatbestand des § 817 S. 2** gilt für alle Fälle der Leistungskondiktion; hierfür genügt entgegen dem Wortlaut der Vorschrift („gleichfalls"), daß nur dem Leistenden ein Gesetzes- oder Sittenverstoß zur Last fällt.

Diese von der ganz hM befürwortete Ausdehnung des § 817 S. 2 ist durch folgende Erwägung zu begründen: Wollte man die Vorschrift nur auf Fälle des § 817 S. 1 beschränken, dann würde sich das widersinnige Ergebnis zeigen, daß der selbst sittenwidrig handelnde Empfänger einer Leistung besser gestellt wäre als derjenige, der durch die Annahme nicht gegen ein gesetzliches Verbot oder gegen die guten Sitten verstößt. Denn der sittenwidrig handelnde Empfänger, gegen den ein Anspruch nach § 817 S. 1 besteht, könnte die Leistung aufgrund des Ausschlußtatbestandes des § 817 S. 2 behalten, während der „anständige" Empfänger aufgrund einer condictio indebiti oder condictio ob rem das Geleistete herausgeben müßte, wenn für diese Fälle § 817 S. 2 nicht gelten sollte.

620 Streitig ist die Frage, ob § 817 S. 2 auch auf andere Ansprüche außerhalb des Bereicherungsrechts (entsprechend) angewendet werden kann, beispielsweise auf Herausgabeansprüche nach § 985.

Hierzu ein **Beispiel** aus der Rechtsprechung des RG[16]: Der Kläger übereignet seiner Ehefrau, der Beklagten, ein Grundstück, um sie zur Erhebung der Scheidungsklage zu veranlassen. Die Ehe wird auf Klage der Ehefrau geschieden. Das RG nimmt Sittenwidrigkeit sowohl des Verpflichtungsgeschäftes als auch der Übereignung des Grundstücks an. Deshalb bejaht es einen Anspruch des Klägers gegen die Beklagte auf Rückgabe des Grundstücks nach § 985. Hätte das Gericht lediglich die Sittenwidrigkeit des Verpflichtungsgeschäftes angenommen, dann wäre der Anspruch des Klägers auf Rückgabe (Rückübereignung), der dann auf Bereicherungsrecht zu stützen gewesen wäre, an § 817 S. 2 gescheitert. Warum einmal – wenn der Sittenverstoß die Übereignung nicht erfaßt – die Beklagte das Grundstück behalten darf, dagegen sie zur Herausgabe verpflichtet ist, wenn auch die Übereignung von der Nichtigkeit erfaßt wird, läßt sich nicht rechtfertigen. Um solche Widersprüche zu vermeiden und § 817 S. 2 anwenden zu können, wird nicht selten die Wirksamkeit des Erfüllungsgeschäfts mit der Begründung bejaht, diese sei sittlich indifferent. Diese Begründung versagt allerdings bei Gesetzesverstößen, wenn das Erfüllungsgeschäft nach § 134 wegen Verstoßes gegen ein Verbotsgesetz nichtig ist.

---

[16] RGZ 145, 152 ff.

III. Ungerechtfertigte Bereicherung

Wegen der ungereimten Ergebnisse, die aufgrund einer Differenzierung hinsichtlich der Gültigkeit des Erfüllungsgeschäfts eintreten können, findet im Schrifttum die Auffassung immer mehr Anhänger, daß § 817 S. 2 als allgemeine Rechtsschutzversagung aufzufassen sei, die alle Ansprüche ausschlösse, zu deren Begründung sich der Gläubiger auf eigenes gesetzes- oder sittenwidriges Verhalten berufen müsse. Nach dieser Auffassung gilt § 817 S. 2 für jede Rückforderung von Leistungen, gleichgültig ob es sich um eine Vindikation (= Herausgabeanspruch des Eigentümers gegen den nichtberechtigten Besitzer nach § 985), um einen Anspruch aus Delikt oder um eine Kondiktion handelt.

Hinzuweisen ist jedoch darauf, daß der BGH bisher eine Ausdehnung des § 817 S. 2 über das Kondiktionsrecht hinaus verneint hat, weil nach seiner Auffassung diese Vorschrift einen Strafcharakter aufweise und deshalb einen Fremdkörper im Zivilrecht bilde, so daß eine Übertragung auf andere Ansprüche ausgeschlossen sei.[17]

Die Frage, ob für § 817 eine objektive Gesetzes- oder Sittenwidrigkeit 621 genügt oder ob auch **subjektive Anforderungen** zu stellen sind, wird unterschiedlich beantwortet, wobei überwiegend zwischen Satz 1 und Satz 2 unterschieden wird:
– Die wohl herrschende Meinung hält für § 817 S. 1 einen Gesetzes- oder Sittenverstoß für ausreichend und lehnt es ab, zusätzliche subjektive Voraussetzungen aufzustellen.
– Bei § 817 S. 2 wird demgegenüber ganz überwiegend verlangt, daß die Rechts- oder Sittenordnung vorsätzlich verletzt worden ist, daß sich also der Leistende bewußt außerhalb der Rechtsordnung gestellt hat.

Diese Differenzierung wird damit begründet, daß die Kondiktion nach § 817 S. 1 darauf gerichtet sei, die materiell-rechtliche Güterordnung wiederherzustellen; dies stelle ein objektives Anliegen dar. Dagegen ziele § 817 S. 2 als Sanktion auf die Versagung an sich gerechtfertigter Ausgleichsansprüche. Dies ließe sich nur rechtfertigen, wenn der Leistende bewußt einen Verstoß gegen Gesetze oder gute Sitten begeht.[18]

Will man aus dieser Darstellung der verschiedenen Tatbestände der 622 Leistungskondiktion das **Fazit** ziehen, dann läßt sich folgendes zusammenfassend feststellen:
– Die verschiedenen Fälle der Leistungskondiktion unterscheiden sich untereinander durch das Tatbestandsmerkmal, das den Mangel eines rechtlichen Grundes zum Behaltendürfen der Leistung bezeichnet.

Je nachdem, ob der rechtliche Grund niemals bestanden hat (wie bei der condictio indebiti), ob er später weggefallen ist (wie bei der condictio ob causam finitam), ob der mit der Leistung bezweckte Erfolg nicht eintritt (wie bei der condictio ob rem) oder ob die Leistung vom Empfänger deshalb nicht behalten werden darf, weil er

---

[17] Vgl. BGHZ 63, 365, 369 = NJW 1975, 638 = JuS 1975, 396 m. weit. Nachw.; zur Gegenauffassung vgl. *Medicus*, BR, RdNr. 697.
[18] Vgl. *MünchKomm/Lieb*, § 817 RdNr. 36 f.

mit der Annahme der Leistung gegen ein gesetzliches Verbot oder die guten Sitten verstoßen hat (wie bei der condictio ob turpem vel iniustam causam), ist der Anspruch des Bereicherungsgläubigers auf einen der genannten Tatbestände zu stützen.

– Alle Tatbestände der Leistungskondiktion stimmen darin überein, daß der Bereicherungsschuldner „etwas erlangt" haben muß, und zwar durch die Leistung des Bereicherungsgläubigers, und daß für diese Vermögensvermehrung kein rechtlicher Grund besteht.

Nach der heute hM wird dem Merkmal „auf dessen Kosten" in § 812 Abs. 1 S. 1 für die Leistungskondiktion keine Bedeutung zugemessen. Die früher hM, die auch in Fällen der Leistungskondiktion dieses Merkmal für bedeutsam erklärte und es im Sinne einer Unmittelbarkeit der Vermögensverschiebung zwischen Bereicherungsgläubiger und Bereicherungsschuldner verstand, ist heute weitgehend aufgegeben worden. Man ist jetzt überwiegend der Meinung, daß das mit dem Unmittelbarkeitsmerkmal verfolgte Ziel, Gläubiger und Schuldner des gesetzlichen Schuldverhältnisses der ungerechtfertigten Bereicherung zu bestimmen, besser und sicherer durch den Leistungsbegriff der hM erreicht werden könnte. Die sich in diesem Zusammenhang ergebenden Probleme stelle sich in erster Linie in Fällen, in denen mehrere Personen beteiligt sind.

Beispiel: Schuld schuldet Glaub 1000,– DM. Schuld hat von Dritt den gleichen Betrag zu erhalten. Schuld weist Dritt an, die ihm geschuldeten 1000,– DM an Glaub zu zahlen (ein Fall, der im bargeldlosen Zahlungsverkehr ständig vorkommt, wobei Dritt eine Bank unterhält).

Es bestehen dann Leistungsbeziehungen einerseits zwischen Schuld und Glaub und andererseits zwischen Schuld und Dritt, während die Zahlung des Dritt an den Glaub einen technischen Vorgang darstellt (vgl. auch o. RdNr. 614). Erweist sich nun eine dieser Leistungsbeziehungen (oder beide) als unwirksam, dann stellt sich die Frage, zwischen welchen Personen die bereicherungsrechtliche Rückabwicklung vorzunehmen ist, wer also Gläubiger und wer Schuldner der ungerechtfertigten Bereicherung ist. Im Mehrpersonenverhältnis ergeben sich die schwierigsten Fragen des Bereicherungsrechts; hierauf kann und muß jedoch in einem Grundkurs nicht eingegangen werden.[19]

---

[19] Einen guten Überblick über die verschiedenen Fälle geben *Medicus,* BR, RdNr. 669 ff.; *Koppensteiner/Kramer,* Ungerechtfertigte Bereicherung (Jura-Studienbuch), 2. Aufl. 1988, S. 24 ff.; vgl. auch *Loewenheim/Winckler,* JuS 1982, 910 ff.; 1983, 195 f.; *Schwerdtner,* Jura 1982, 192, 194 f., 255 ff.

III. Ungerechtfertigte Bereicherung

Überblick über die verschiedenen Tatbestände der Leistungskondiktion und die für sie geltenden Ausschlußtatbestände

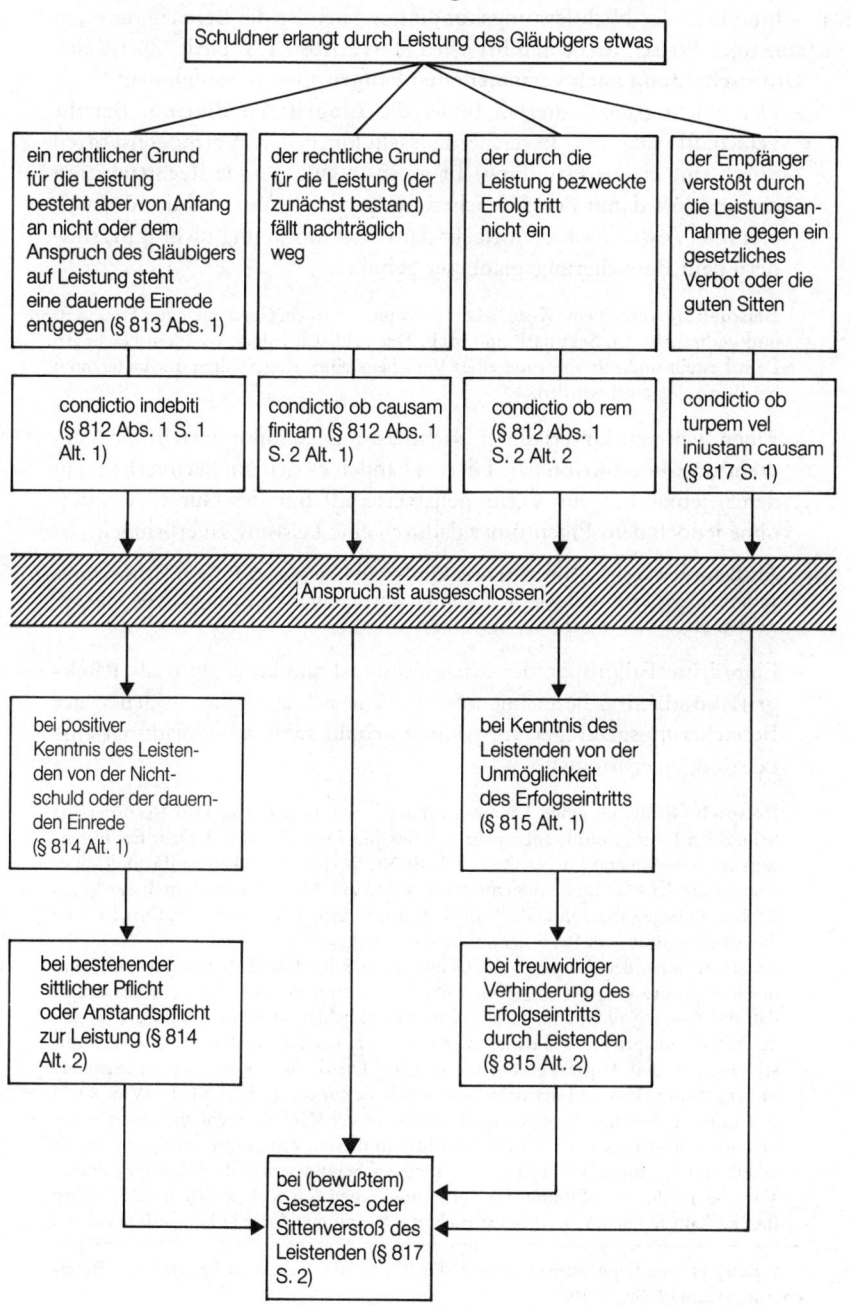

623

```
                    Schuldner erlangt durch Leistung des Gläubigers etwas
```

ein rechtlicher Grund für die Leistung besteht aber von Anfang an nicht oder dem Anspruch des Gläubigers auf Leistung steht eine dauernde Einrede entgegen (§ 813 Abs. 1)	der rechtliche Grund für die Leistung (der zunächst bestand) fällt nachträglich weg	der durch die Leistung bezweckte Erfolg tritt nicht ein	der Empfänger verstößt durch die Leistungsannahme gegen ein gesetzliches Verbot oder die guten Sitten
condictio indebiti (§ 812 Abs. 1 S. 1 Alt. 1)	condictio ob causam finitam (§ 812 Abs. 1 S. 2 Alt. 1)	condictio ob rem (§ 812 Abs. 1 S. 2 Alt. 2)	condictio ob turpem vel iniustam causam (§ 817 S. 1)

///////// Anspruch ist ausgeschlossen /////////

bei positiver Kenntnis des Leistenden von der Nichtschuld oder der dauernden Einrede (§ 814 Alt. 1)		bei Kenntnis des Leistenden von der Unmöglichkeit des Erfolgseintritts (§ 815 Alt. 1)
bei bestehender sittlicher Pflicht oder Anstandspflicht zur Leistung (§ 814 Alt. 2)		bei treuwidriger Verhinderung des Erfolgseintritts durch Leistenden (§ 815 Alt. 2)

bei (bewußtem) Gesetzes- oder Sittenverstoß des Leistenden (§ 817 S. 2)

2. Nichtleistungskondiktion

624 Innerhalb der Nichtleistungskondiktion, bei der die Bereicherung „in sonstiger Weise" herbeigeführt wird (§ 812 Abs. 1 S. 1 Alt. 2), ist eine **Unterscheidung nach verschiedenen Fallgruppen** vorzunehmen:
– Den wichtigsten Unterfall bildet die **Eingriffskondiktion**. Bei ihr verschafft sich der Bereicherungsschuldner den Vermögensvorteil durch eine eigene Handlung. Er greift in eine fremde Rechtsposition ein und löst damit den Bereicherungsanspruch aus, weil der dadurch erlangte Vorteil nach dem Recht der Güterzuordnung nicht ihm, sondern dem Bereicherungsgläubiger gebührt.

Beispiel: Bim erhält eine Kiste Sekt. Er glaubt, sie sei ein Geschenk eines Freundes, und verbraucht den Sekt nach und nach. Der Sekt war jedoch von dem Nachbarn Bam bestellt und nur aufgrund eines Versehens eines Angestellten des Lieferanten bei Bim abgegeben worden.

– Einen weiteren Unterfall der Nichtleistungskondiktion stellt die **Verwendungskondiktion** dar. Hierbei handelt es sich um Sachverhalte, in denen jemand eigene Vermögenswerte auf fremdes Gut verwendet, ohne jedoch dem Eigentümer dadurch eine Leistung zu erbringen.

Als Beispiel läßt sich der bereits oben (RdNr. 614) gebrachte Fall des Hausmeisters anführen, der irrtümlich eigene Farbe verwendet, um den Zaun des von ihm betreuten Hauses zu streichen.

– Eine dritte Fallgruppe der Nichtleistungskondiktion wird als **Rückgriffskondiktion** bezeichnet. Sie bezieht sich auf Fälle, in denen der Bereicherungsgläubiger auf fremde Schuld zahlt, ohne dadurch eine Leistung zu erbringen.

Beispiel: Glaub läßt einen Videorecorder bei Schuld pfänden. Den Recorder hat Schuld bei Dritt gekauft, aber nicht voll bezahlt. Deshalb hat sich Dritt das Eigentum an dem Apparat vorbehalten (vgl. RdNr. 543 ff.). Dritt kann aufgrund seines Eigentums der Pfändung widersprechen (vgl. § 771 Abs. 1 ZPO). Um dieser Möglichkeit zu begegnen, zahlt Glaub an Dritt den Kaufpreisrest (vgl. o. RdNr. 180), so daß das Eigentum am Recorder auf Schuld übergeht.[20]
Zu erwägen ist, den Anspruch des Glaub gegen Schuld auf Erstattung der Zahlung des Kaufpreisrestes auf § 670 iVm. § 683 S. 1 zu stützen. Aber dies scheitert daran, daß die Zahlung nicht dem Interesse und (wirklichen oder mutmaßlichen) Willen des Schuld entspricht, weil dadurch erst die Voraussetzungen für eine Zwangsvollstreckung in den Apparat geschaffen werden. Die deshalb in Betracht zu ziehende unberechtigte GoA und der dann bestehende Anspruch nach §§ 812 ff. iVm. § 684 S. 1 müssen aber ausscheiden, wenn Glaub mit der Zahlung nicht ein Geschäft des Schuld, sondern ein eigenes führen wollte. In diesem Fall kommt es darauf an, ob Glaub durch seine Zahlung eine Leistung an Schuld erbrachte (Mehrung dessen Vermögens durch Erfüllung der Forderung gegen ihn; vgl. o. RdNr. 615). Wird dies deshalb abgelehnt, weil Glaub nicht das Vermögen des Schuld, sondern das des

---

[20] Beispiel von *Koppensteiner/Kramer* (Fn. 19) S. 103; vgl. auch *Loewenheim*, Bereicherungsrecht, 1989, S. 102.

III. Ungerechtfertigte Bereicherung

Dritt mehren wollte,[20a] dann bleibt nur eine Nichtleistungskondiktion in der Form der Rückgriffskondiktion. Die recht schwierige Darstellung eines Sachverhalts, auf den diese Konditionsart zutrifft, und der dafür erforderlichen Voraussetzungen zeigt bereits, daß der Rückgriffskondiktion nur ein recht schmaler Anwendungsbereich zukommt.

– Schließlich kann noch eine weitere Fallgruppe der Nichtleistungskondiktion unter der Bezeichnung **„Bereicherung infolge von Naturvorgängen"** gebildet werden. Von manchen werden diese Fälle auch unter die Eingriffskondiktion gefaßt.

Beispiel: Die landwirtschaftlich genutzten Grundstücke des Arnold und des Bertold liegen nebeneinander. Infolge starker Regenfälle werden Düngemittel, die auf dem Grundstück des Arnold lagern, auf das Grundstück des Bertold geschwemmt, dem das hochwillkommen ist, weil er sich deshalb das Düngen seines Landes sparen kann.

Zu der wichtigsten Fallgruppe der Nichtleistungskondiktion, der **Eingriffskondiktion,** ist noch folgendes zu bemerken: Allein die Tatsache, daß sich der Bereicherte selbst einen Vermögensvorteil verschafft, kann noch nicht eine Kondiktion begründen. Vielmehr muß vorausgesetzt werden, daß die Bereicherung auf Kosten eines anderen erlangt wurde und daß ein Rechtsgrund dafür nicht besteht. Der vom Bereicherungsschuldner vorgenommene **„Eingriff"** muß **unberechtigt** sein. Nach welchen Kriterien das Unberechtigte des Eingriffs zu beurteilen ist, darüber gehen die Auffassungen im Schrifttum auseinander.[21] Nach der sog. **Widerrechtlichkeitstheorie** ist jede Bereicherung ungerechtfertigt, die durch eine widerrechtliche Handlung des Bereicherten erlangt ist. Rechtsgrundlosigkeit im Sinne der Nichtleistungskondiktion bedeutet nach dieser Meinung also Rechtswidrigkeit des Eingriffs. Nach der heute wohl herrschenden **Zuweisungstheorie** ist der konditionsauslösende Eingriff durch seinen Widerspruch zur rechtlichen Güterzuordnung charakterisiert. Eine Bereicherung ist ungerechtfertigt und herauszugeben, wenn sie gegen den Zuweisungsgehalt des verletzten Rechts verstößt. Nicht die Frage, ob ein Eingriff rechtswidrig ist, sondern ob und in welchem Umfang das beeinträchtigte Recht einen Zuweisungsgehalt besitzt, nach dem ein erlangter Vermögensvorteil nicht dem Bereicherungsschuldner, sondern einem anderen, dem Bereicherungsgläubiger, gebührt, ist nach dieser Theorie entscheidend.

625

Keine Schwierigkeiten bereitet die Frage nach dem Zuweisungsgehalt einer Rechtsposition bei absoluten (d. h. gegenüber jedem wirkenden und von jedem zu beachtenden) Rechten mit einem eindeutig definierten Inhalt wie das Eigentum. Der Gebrauch und Verbrauch einer Sache steht dem Eigentümer oder einem dinglich oder obligatorisch Nutzungsberechtigten zu. Doch ist die Bestimmung des Zuweisungsgehalts eines Rechts nicht immer so einfach, wie das folgende Beispiel zeigt: Die langjährige

---

[20a] *Loewenheim* aaO; *MünchKomm/Lieb* § 812 RdNr. 103.
[21] Vgl. dazu *Medicus,* BR, RdNr. 704 ff.; *Loewenheim* (Fn. 20) S. 65 ff. (auch zu weiteren Auffassungen).

Sekretärin Raff der berühmten Schauspielerin Schön berichtet in einer Zeitschrift über Familienleben, Gewohnheiten und Krankheiten der Schön, wobei sie auch die intimsten Dinge detailliert schildert, die ihr aufgrund ihrer besonderen Vertrauensstellung bekannt geworden sind. Unzweifelhaft hat hier Raff rechtswidrig in die Intimsphäre der Schön und damit in deren Persönlichkeitsrecht eingegriffen, und sie hat sich durch diesen Eingriff vermögensrechtlich bereichert, da sie ein Honorar für ihren Bericht erhielt, der möglicherweise nur wegen seiner Indiskretion von der Redaktion angenommen wurde. Dies würde für die Widerrechtlichkeitstheorie genügen, während die Zuweisungstheorie danach fragen muß, ob die hier verletzte Intimsphäre (als Teil des allgemeinen Persönlichkeitsrechts) einen vermögensrechtlichen Zuweisungsgehalt hat. Nur wenn diese Frage bejaht werden kann, ist nach ihr ein Ausgleich mit Hilfe der Eingriffskondiktion vorzunehmen. Die Zweifel, die insoweit entstehen können, haben ihren Grund jedoch nicht im Bereicherungsrecht, sondern in den Unsicherheiten hinsichtlich der Beurteilung des Persönlichkeitsrechts und seines Inhalts.

626 Will man diese von der Zuweisungstheorie gegebene Erklärung eines nicht gerechtfertigten Eingriffs in die Vermögensposition eines anderen auf den gesetzlichen Tatbestand des § 812 Abs. 1 S. 1 Alt. 2 zurückführen, dann läßt sich folgendes feststellen: Erwirbt der Bereicherungsschuldner „etwas", das nach seinem vermögensrechtlichen Zuweisungsgehalt einem anderen, dem Bereicherungsgläubiger, gebührt, dann geschieht dieser Erwerb **„auf dessen Kosten".** Ein solcher im Widerspruch zur rechtlichen Güterzuordnung stehender Erwerb ist regelmäßig auch **„ohne rechtlichen Grund"** geschehen, wenn nicht (ausnahmsweise) ein Recht besteht, das den Eingriff gestattet, z. B. ein Vertrag, der den Berechtigten zur Duldung verpflichtet. Als weiteres Merkmal der Eingriffskondiktion kommt dann noch hinzu, daß der Erwerb nicht durch Leistung des Bereicherungsgläubigers, sondern „in sonstiger Weise" herbeigeführt wird; dieses Merkmal ist allen Fällen der Nichtleistungskondiktion gemeinsam.

Sind an einem Bereicherungsvorgang nur zwei Personen beteiligt, Bereicherungsschuldner und Bereicherungsgläubiger, dann ist die Entscheidung, ob die Bereicherung durch Leistung oder in sonstiger Weise vollzogen worden ist, nicht schwierig zu treffen; anders kann dies jedoch sein, wenn mehrere Personen in den Vorgang verwickelt sind. Hierbei ist es möglich, daß durch die Leistung einer Person in die Rechtssphäre einer anderen eingegriffen wird, so daß Leistungskondiktion und Nichtleistungskondiktion miteinander konkurrieren können.

Beispiel: Eich vereinbart mit dem Bauunternehmer Emsig, daß dieser auf dem Grundstück des Eich ein Einfamilienhaus schlüsselfertig erstellt. Emsig bezieht verschiedene für den Bau erforderliche Baumaterialien vom Baustoffhändler Handel. Dieser liefert die Materialien unter Eigentumsvorbehalt. Emsig errichtet mit den Materialien das Haus. Nunmehr stellt sich heraus, daß die Verträge sowohl mit Eich als auch mit Handel nichtig sind (beispielsweise wegen Geisteskrankheit des Emsig). Kommen in diesem Fall nur Leistungskondiktionen im Verhältnis Handel zu Emsig einerseits, Emsig zu Eich andererseits in Betracht, oder ist eine Nichtleistungskondiktion des Handel unmittelbar gegenüber Eich möglich, weil Handel durch den Einbau seiner Baumaterialien in das Haus des Eich sein Eigentum verloren hat (vgl. § 946 iVm. §§ 93, 94 und § 951 Abs. 1)? Hier sollen die sich ergebenden Fragen nur angedeutet werden, ihre Lösung muß dem Fortgeschrittenen vorbehalten bleiben.

III. Ungerechtfertigte Bereicherung 331

Im Gegensatz zur Leistungskondiktion sind die oben dargestellten einzelnen Unterfälle der Nichtleistungskondiktion im Gesetz nicht ausdrücklich ausgewiesen. Eine Ausnahme bildet nur der § 816. Bei dieser Vorschrift handelt es sich um einen **Sondertatbestand der Eingriffskondiktion.** Denn das Charakteristikum der Eingriffskondiktion, das darin besteht, daß der Bereicherungsschuldner durch eigenes Verhalten die Bereicherung herbeiführt, trifft auf die Fälle des § 816 zu. Diese Vorschrift, die als spezielle Regelung § 812 Abs. 1 S. 1 Alt. 2 vorgeht, enthält drei zu unterscheidende Tatbestände: 627

– Ein Nichtberechtigter verfügt wirksam über einen Gegenstand, und zwar entgeltlich (§ 816 Abs. 1 S. 1).
– Ein Nichtberechtigter verfügt wirksam unentgeltlich (§ 816 Abs. 1 S. 2).
– Ein Nichtberechtigter nimmt eine Leistung wirksam an (§ 816 Abs. 2).

Zu diesen Tatbeständen ist folgendes zu bemerken:

Nach § 816 Abs. 1 S. 1 ist Voraussetzung, daß ein Nichtberechtigter über einen Gegenstand entgeltlich eine Verfügung trifft. Gegenstand ist nach der üblichen Terminologie als Oberbegriff für Sachen (körperliche Gegenstände) und Rechte sowie Forderungen (unkörperliche Gegenstände) zu verstehen. Die Frage, wer hinsichtlich des Gegenstandes Berechtigter ist, ergibt sich insbesondere aus dem Sachenrecht. Unter Verfügung ist ein Rechtsgeschäft zu verstehen, durch das ein Recht unmittelbar aufgehoben, übertragen, belastet oder seinem Inhalt nach verändert wird, wie z. B. die Übereignung (vgl. o. RdNr. 224f.). Hieraus folgt, daß Rechtsgeschäfte, die lediglich die schuldrechtliche Verpflichtung zu einer Rechtsübertragung zum Inhalt haben (wie z. B. ein Kaufvertrag), nicht unter die Vorschrift des § 816 Abs. 1 S. 1 fallen. Die Verfügung muß gegenüber dem Berechtigten wirksam sein. 628

Eine Wirksamkeit der Verfügung kann sich insbesondere aufgrund der Gutgläubensvorschriften ergeben, wenn ein Nichtberechtigter Eigentum auf einen Gutgläubigen überträgt. Der Gutglaubenserwerb ist kondiktionsfest; der Nichtberechtigte muß jedoch das durch die Verfügung Erlangte nach § 816 Abs. 1 S. 1 an den verlierenden Eigentümer herausgeben. Hierdurch wird der Verlust des Eigentums zumindest gemildert. Die Wirksamkeit der Verfügung kann nach hM auch dadurch bewirkt werden, daß der Berechtigte die Verfügung des Nichtberechtigten genehmigt und sich auf diese Weise die Möglichkeit eines Anspruchs nach § 816 Abs. 1 S. 1 verschafft. Dazu folgendes

Beispiel: Klau stiehlt Eich eine Uhr und veräußert sie an den gutgläubigen Gut zum Preise von 200,– DM. Gut veräußert sie weiter zu einem Preise von 500,– DM an Dritt. Da der Aufenthaltsort des Dritt unbekannt ist und deshalb Eich keine Chance sieht, die Uhr zurückzubekommen, möchte er wenigstens den von Gut erzielten Kaufpreis haben. Dies ist möglich, wenn er die Übereignung an Dritt, die ihm gegenüber nach § 935 zunächst unwirksam ist, mit rückwirkender Kraft (§ 184 Abs. 1) genehmigt (§ 185 Abs. 2 S. 1 Alt. 1); dadurch wird der Verfügende nicht zum Berechtigten, wohl aber die Verfügung gegenüber Eich wirksam.

629 Der Nichtberechtigte, also derjenige, dem weder durch Gesetz noch durch Rechtsgeschäft die Verfügung gestattet ist, hat nach § 816 Abs. 1 S. 1 das **„durch die Verfügung Erlangte"** herauszugeben. Diese Gesetzesformulierung ist ungenau, denn durch die Verfügung selbst erlangt der Nichtberechtigte überhaupt nichts. Gemeint ist offenbar die Gegenleistung, die der Nichtberechtigte aufgrund des der Verfügung zugrundeliegenden Verpflichtungsgeschäfts erhalten hat. Sehr umstritten ist die Frage, ob die Herausgabeverpflichtung des nichtberechtigt Verfügenden auf den objektiven Wert des Gegenstandes beschränkt ist.

> **Beispiel:** Die von Gut veräußerte Uhr des Eich (RdNr. 628) hat einen Wert von 300,– DM. Nur diesen Wert will Gut ersetzen und weist darauf hin, daß er den höheren Erlös nur aufgrund einer günstigen Gelegenheit und seines Verhandlungsgeschicks erhalten habe. Eich verlangt Zahlung des von Dritt gezahlten Kaufpreises, also 500,– DM. Mit Recht?

630 Die heute wohl herrschende Meinung spricht sich dafür aus, daß der Nichtberechtigte den ihm gezahlten Preis, auch wenn er den objektiven Wert übersteigt, herauszugeben hat. Zur Begründung dieser Auffassung wird darauf verwiesen, daß der Wortlaut des Gesetzes die Herausgabe des Erlangten schlechthin anordne, ohne auf den Wert des von der Verfügung betroffenen Gegenstandes abzustellen. Der das Bereicherungsrecht in besonderem Maße beherrschende Grundsatz der Billigkeit verlange, daß der Nichtberechtigte für seine unberechtigte Verfügung nicht noch mit einem Gewinn belohnt werde. Wer keinen Gegenstand habe, über den er verfügen dürfe, könne trotz Glück und Tüchtigkeit keinen Gewinn erzielen.[22]

> Von der hM wird auch die Abzugsfähigkeit des Betrages von dem Erlangten verneint, den der Nichtberechtigte aufgewendet hat, um den Gegenstand zu erhalten.[23] In dem Beispielsfall kann nach dieser Auffassung also Gut von dem von ihm erzielten Verkaufserlös in Höhe von 500,– DM nicht die 200,– DM abziehen, die er als Preis für die Uhr des Eich gezahlt hatte. Dies ist allerdings streitig; eine Gegenauffassung meint, den Abzug von Gegenleistungen gebiete der oberste Grundsatz des Bereicherungsrechts, daß das Vermögen des Bereicherten nicht über den Betrag der Bereicherung vermindert werden dürfe (vgl. § 818 Abs. 3; dazu u. RdNr. 634ff.).
>
> In diesem Zusammenhang sei darauf hingewiesen, daß sich in bezug auf § 281 gleiche Streitfragen ergeben. Die hM hält den Schuldner im Rahmen dieser Vorschrift ebenfalls für verpflichtet, nicht nur den Wert, sondern auch den darüber hinausgehenden Erlös für den geschuldeten Gegenstand, dessen Herausgabe unmöglich wurde, als stellvertretendes commodum (vgl. o. RdNr. 350) zu ersetzen, gestattet ihm aber dann auch, die auf die Ersatzleistung gemachten Aufwendungen abzuziehen.[23a]

631 § 816 Abs. 1 S. 2 unterscheidet sich in den Anspruchsvoraussetzungen von § 816 Abs. 1 S. 1 dadurch, daß der **Nichtberechtigte unentgeltlich** verfügt, daß er also keine sein Vermögen vermehrende Gegenleistung

---

[22] So *Brox*, BS, RdNr. 419; aA *Löwenheim* (Fn. 20) S. 88f., jeweils m. weit. Nachw.
[23] Vgl. *Loewenheim/Winckler*, JuS 1984, 689, 692, m. weit. Nachw.
[23a] *MünchKomm/Emmerich* § 281 RdNr. 8, 15; *Ermann-Battes* § 281 RdNr. 10.

III. Ungerechtfertigte Bereicherung 333

erhalten oder einen Anspruch darauf erworben hat. In Fällen einer gemischten Schenkung (zum Begriff vgl. o. RdNr. 462) ist die Entscheidung zwischen S. 1 und 2 des § 816 Abs. 1 danach zu treffen, ob der entgeltliche oder unentgeltliche Charakter des Rechtsgeschäfts überwiegt. In der Rechtsfolge besteht der Unterschied darin, daß nicht – wie bei § 816 Abs. 1 S. 1 – der Nichtberechtigte, sondern der Erwerber die Herausgabe schuldet. Diese Regelung wird einmal dadurch gerechtfertigt, daß der Nichtberechtigte wegen der Unentgeltlichkeit seiner Verfügung nichts erlangt hat, was er an den Berechtigten herausgeben könnte, zum anderen dadurch, daß der Erwerber nicht schutzwürdig erscheint, da er für den Erwerb des Gegenstandes nichts aufgewendet hat. Der Begriff der Unentgeltlichkeit ist nach allgemeinen Grundsätzen danach zu bestimmen, ob der Erwerber eine Gegenleistung erbracht hat oder erbringen soll.

Streitig ist die Frage, ob bei § 816 Abs. 1 S. 2 der rechtsgrundlose Erwerb dem unentgeltlichen gleichzustellen ist. Zur Erläuterung dieses Meinungsstreits folgender

Beispielsfall: Eich leiht Arnold seine Schreibmaschine. Da Arnold dringend Geld benötigt, veräußert er die Maschine an den gutgläubigen Bertold. Später stellt sich heraus, daß der Kaufvertrag zwischen Arnold und Bertold nichtig ist.

Würde man die Vorschrift des § 816 Abs. 1 S. 2 auf den rechtsgrundlosen Erwerb ausdehnen, dann könnte Eich von Bertold Herausgabe und Rückübereignung der Maschine verlangen. Die Befürworter einer Gleichstellung des rechtsgrundlosen mit dem unentgeltlichen Erwerb bei § 816 Abs. 1 S. 2 meinen, wenn schon derjenige, welcher mit Rechtsgrund unentgeltlich erworben habe, der direkten Kondiktion des Berechtigten ausgesetzt sei, dann müsse dies erst recht für den rechtsgrundlosen Erwerber gelten. Mit der hM ist jedoch diese Ansicht abzulehnen. Gegen sie spricht insbesondere, daß bei der Direktkondiktion des Berechtigten unberücksichtigt bleibt, daß der Bereicherungsschuldner den Gegenstand durch Leistung vom Nichtberechtigten erhalten hat und dafür ein Entgelt zahlte. Eine Rückabwicklung innerhalb dieser Leistungsbeziehung hat insbesondere für den Bereicherungsschuldner den Vorteil, daß er wegen des bereits gezahlten Kaufpreises ein Zurückbehaltungsrecht geltend machen kann, während ihm dies bei einer Direktkondiktion verwehrt ist. Es ist deshalb mit der hM eine Rückabwicklung über das Dreieck Bertold/Arnold und Arnold/Eich, dem auf jeden Fall ein Rückgabeanspruch nach § 604 zusteht, vorzuziehen. Allerdings kann Eich nach § 816 Abs. 1 S. 1 – dagegen nicht nach § 281 Abs. 1, weil die Rückgabe der Schreibmaschine Arnold wegen der Möglichkeit, sie sich von Bertold zu beschaffen, nicht unmöglich ist (vgl. o. RdNr. 348) – auch verlangen, daß Arnold seinen Bereicherungsanspruch gegen Bertold (als durch die Verfügung erlangt) an ihn abtritt. Wenn Eich dann aus dem abgetretenen Anspruch gegen Bertold vorgeht, kann dieser jedoch Eich die Einwendungen entgegensetzen, die ihm gegenüber Bertold zugestanden haben (§ 404), also insbesondere die Rückgabe der Schreibmaschine von der Rückzahlung des Kaufpreises abhängig machen.

Die Vorschrift des § 816 Abs. 2 gibt dem Berechtigten einen Bereicherungsanspruch, wenn sein Schuldner wirksam an einen Nichtberechtigten geleistet hat. Voraussetzung ist also, daß die Leistung des Schuldners an den Nichtberechtigten schuldbefreiend wirkt. Im Gesetz gibt es eine Reihe von Fällen, in denen der Schuldner, der gutgläubig den Nichtberechtigten für seinen Gläubiger hält, frei wird. 632

§ 8 Einzelne gesetzliche Schuldverhältnisse

So muß z. B. nach § 407 Abs. 1 im Falle der Abtretung einer Forderung der neue Gläubiger eine Leistung an den bisherigen Gläubiger gegen sich gelten lassen, wenn der Schuldner die Abtretung der Forderung nicht kannte. Hat also beispielsweise Erst aus einem Kaufvertrag mit Schuld gegen diesen einen Anspruch auf Zahlung von 500,– DM und tritt er diesen Anspruch an Zweit ab, dann wirkt die Zahlung des Schuld an Erst gegenüber dem neuen Gläubiger Zweit schuldbefreiend, wenn Schuld die Abtretung nicht bekannt gewesen ist. Auf die in § 407 getroffene Regelung wird in einer Reihe von anderen Vorschriften verwiesen (z. B. in §§ 412, 720).

633   **Überblick über die verschiedenen Tatbestände der Nichtleistungskondiktion**

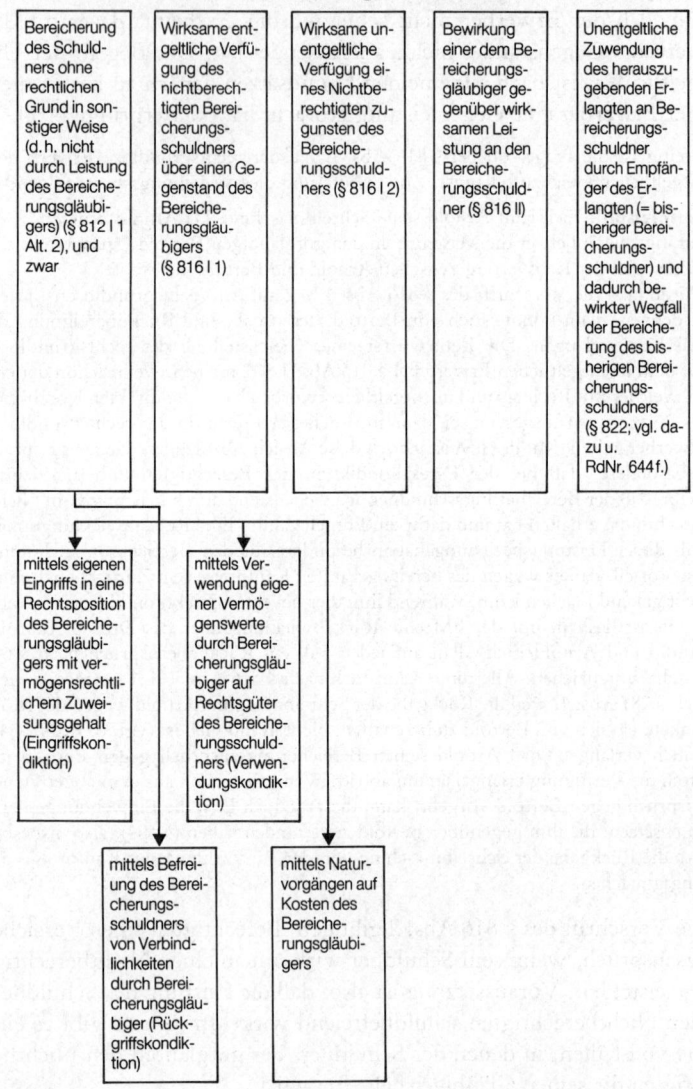

Bereicherung des Schuldners ohne rechtlichen Grund in sonstiger Weise (d.h. nicht durch Leistung des Bereicherungsgläubigers) (§ 812 I 1 Alt. 2), und zwar	Wirksame entgeltliche Verfügung des nichtberechtigten Bereicherungsschuldners über einen Gegenstand des Bereicherungsgläubigers (§ 816 I 1)	Wirksame unentgeltliche Verfügung eines Nichtberechtigten zugunsten des Bereicherungsschuldners (§ 816 I 2)	Bewirkung einer dem Bereicherungsgläubiger gegenüber wirksamen Leistung an den Bereicherungsschuldner (§ 816 II)	Unentgeltliche Zuwendung des herauszugebenden Erlangten an den Bereicherungsschuldner durch Empfänger des Erlangten (= bisheriger Bereicherungsschuldner) und dadurch bewirkter Wegfall der Bereicherung des bisherigen Bereicherungsschuldners (§ 822; vgl. dazu u. RdNr. 644f.)
mittels eigenen Eingriffs in eine Rechtsposition des Bereicherungsgläubigers mit vermögensrechtlichem Zuweisungsgehalt (Eingriffskondiktion)	mittels Verwendung eigener Vermögenswerte durch Bereicherungsgläubiger auf Rechtsgüter des Bereicherungsschuldners (Verwendungskondiktion)			
mittels Befreiung des Bereicherungsschuldners von Verbindlichkeiten durch Bereicherungsgläubiger (Rückgriffskondiktion)	mittels Naturvorgängen auf Kosten des Bereicherungsgläubigers			

b) Umfang des Bereicherungsanspruchs

Die Pflicht des Kondiktionsschuldners zur Herausgabe wird in erster Linie durch die einzelnen Tatbestände des Bereicherungsrechts bestimmt, die in den §§ 812, 816, 817 und 822 enthalten sind. Danach richtet sich der Bereicherungsanspruch auf das „**Erlangte**". Geschuldet wird also die Herausgabe des Gegenstandes in Natur, den der Schuldner durch den Bereicherungsvorgang erworben hat, also z. B. die Rückgabe des Eigentums, das er erhielt, des Besitzes, der auf ihn überging, der Forderung, die er erworben hat.

634

Hat der Schuldner eine Forderung eingezogen oder auf andere Weise (unberechtigt) Geld erhalten, dann hat er den entsprechenden Geldwert erlangt und muß diesen herausgeben; dies gilt unabhängig davon, ob der Schuldner Buchgeld (vgl. o. RdNr. 184) oder Bargeld bekommen hat. Bei einer streng formalen Betrachtungsweise könnte man allerdings meinen, der Schuldner habe bei Barzahlung das Eigentum und den unmittelbaren Besitz an den Geldzeichen (Scheinen und Münzen) erlangt und schulde primär deren Übereignung und Besitzübertragung und nur nach § 818 Abs. 2 Wertersatz, wenn ihm dies nicht möglich ist. Aber bei einer wirtschaftlichen Sicht, die nach dem Gesetzeszweck bei den §§ 812 ff. geboten ist, stellt der Geldwert, nicht das Geldzeichen, das Erlangte und Herauszugebende dar.

Diese Herausgabepflicht wird durch § 818 ergänzt und modifiziert:

– Neben dem Bereicherungsgegenstand selbst sind auch die aus ihm gezogenen Nutzungen herauszugeben (§ 818 Abs. 1).

Nutzungen sind die Früchte einer Sache oder eines Rechts sowie die Vorteile, die der Gebrauch der Sache oder des Rechts gewährt (§ 100). Früchte (vgl. § 99) einer Sache sind beispielsweise Tier- und Bodenprodukte. Hat der Bereicherungsschuldner rechtsgrundlos Hühner erlangt, dann sind von ihm neben den Tieren auch die von ihnen gelegten Eier herauszugeben. Neben der geschuldeten Herausgabe eines Grundstücks sind die daraus erzielten Miet- und Pachtzinsen an den Bereicherungsgläubiger abzuführen.

– Die Herausgabepflicht ist jedoch auf die noch vorhandene Bereicherung beschränkt (§ 818 Abs. 3).

– Kann das Erlangte nicht in Natur herausgegeben werden, wie es beispielsweise bei der unbefugten Nutzung fremder Rechtspositionen oder der Erbringung von Dienst- oder Arbeitsleistungen des Bereicherungsgläubigers der Fall ist, dann wird Ersatz des Werts geschuldet (§ 818 Abs. 2).

Auch diese Wertersatzpflicht steht grundsätzlich unter dem Vorbehalt, daß der Bereicherungsschuldner noch bereichert ist (§ 818 Abs. 3). Dementsprechend kann auch die Wertersatzpflicht des § 818 Abs. 2 gemindert werden oder gänzlich wegfallen.

Wird die Pflicht zur **Herausgabe des Erlangten** durch ein späteres Ereignis dem Bereicherungsschuldner **unmöglich** gemacht (Beispiel:

635

der herauszugebende Pkw wird bei einem Unfall völlig zerstört), dann muß unterschieden werden:
- Sind dem Bereicherungsschuldner Ersatzansprüche für die Zerstörung, Beschädigung oder Entziehung des Gegenstandes entstanden, dann hat er diese Ansprüche oder das, was er zu ihrer Erfüllung erhalten hat (sog. Surrogate des Bereicherungsgegenstandes), nach § 818 Abs. 1 an den Bereicherungsgläubiger herauszugeben (Beispiel: Versicherungsleistung für den zerstörten Pkw, dessen Herausgabe geschuldet wurde).
- Hat der Schuldner kein Surrogat erlangt, dann ist die Frage zu entscheiden, ob der Schuldner nach § 818 Abs. 2, der selbst keine einschränkenden Voraussetzungen enthält, Wertersatz zu leisten hat oder ob sich der Wegfall der Bereicherung nach § 818 Abs. 3 auch auf die Pflicht nach § 818 Abs. 2 auswirkt.

Wie bereits bemerkt, ist auch im Rahmen des § 818 Abs. 2 die in § 818 Abs. 3 getroffene Regelung zu beachten. Dies bedeutet, daß grundsätzlich in Fällen, in denen der Wegfall des Erlangten auch zum Wegfall der Bereicherung geführt hat, eine Wertersatzpflicht des Schuldners entfällt. Bei § 818 Abs. 3 ist jedoch eine wirtschaftliche Betrachtungsweise angezeigt. Es kommt darauf an, ob aufgrund des bereicherungsrechtlich auszugleichenden Vorgangs das Vermögen des Bereicherungsschuldners noch irgendeinen Überschuß aufweist. Ist dies zu bejahen, dann steht dem Bereicherungsgläubiger in Höhe des Überschusses ein entsprechender Wertersatzanspruch gegen den Schuldner zu. Hat beispielsweise der Bereicherungsschuldner durch den Verbrauch des rechtsgrundlos Erlangten eigene Ausgaben gespart, dann ist er insoweit noch bereichert und ausgleichspflichtig (Beispiel: Die herauszugebenden Lebensmittel werden im Haushalt des Schuldners verbraucht, deshalb ist es überflüssig, entsprechende Waren, die sonst benötigt worden wären, zu kaufen).

636 Der in § 818 Abs. 3 normierte Grundsatz verlangt auch, daß zugunsten des Bereicherungsschuldners bestimmte **vermögensmäßige Einbußen** berücksichtigt werden, die im Zusammenhang mit dem Erwerb des Bereicherungsgegenstandes stehen. Streitig ist hier jedoch die Frage, ob eine Ursächlichkeit zwischen Erwerb und Vermögenseinbuße genügt. Nach zutreffender Auffassung ist neben der Ursächlichkeit noch zu verlangen, daß es sich um Nachteile handelt, die der Bereicherungsschuldner gerade im Zusammenhang damit erlitten hat, daß er auf die Beständigkeit seines Rechtserwerbs vertraute.[24]

Nicht abzugsfähig sind dementsprechend Schäden, die der Bereicherungsschuldner nicht verhindern konnte (Beispiel: Der herauszugebende elektrische Heizofen verursacht infolge eines Defekts einen Zimmerbrand). Dagegen kann der Bereicherungsschuldner Aufwendungen abziehen, die er zur Erhaltung und ordnungsgemäßen Nutzung des Bereicherungsgegenstandes tätigte (z. B. Kosten einer Reparatur des herauszugebenden Pkw, dessen Wert zu ersetzen ist).

---

[24] *Löwenheim* (Fn. 20) S. 129f.; *Beuthien,* StudK BGB, § 818 Anm. 5c; str.; zum Meinungsstreit: *MünchKomm/Lieb,* § 818 RdNr. 54ff.

III. Ungerechtfertigte Bereicherung

Ein besonderes Problem zeigt sich im Rahmen des § 818 Abs. 3, wenn der Bereicherungsschuldner für das von ihm Erlangte eine Gegenleistung an den Bereicherungsgläubiger erbracht hat, aber die Gegenleistung bei diesem nicht mehr vorhanden ist.

637

Beispiel: Der unerkennbar geisteskranke Volz verkauft seine Segeljacht zum Preise von 10000,- DM an Kunz. Die Jacht wird Kunz von einem Unbekannten gestohlen. Als die Geisteskrankheit des Volz entdeckt wird, verlangt Kunz Rückzahlung des von ihm geleisteten Kaufpreises. Der Vormund des Volz weigert sich, weil Kunz nicht in der Lage ist, das Boot zurückzugeben.

Auf der Grundlage des § 818 Abs. 3 scheint die Lösung dieses Falles völlig eindeutig zu sein. Da der Kaufvertrag nichtig gewesen ist, kann jede Partei von der anderen Rückgewähr der eigenen Leistung verlangen, und zwar mittels der condictio indebiti (Zweikondiktionentheorie, so genannt, weil sich zwei Kondiktionen gegenüberstehen). Danach müßte also Volz den Kaufpreis herausgeben, während sich Kunz auf den Wegfall seiner Bereicherung berufen könnte.

Eine derartige isolierte Betrachtung der gegenseitigen Bereicherungsansprüche bei der bereicherungsrechtlichen **Rückabwicklung fehlgeschlagener synallagmatischer Verträge** bekämpft die sog. Saldotheorie, die heute herrschend ist. Sie meint, man könnte bei der Rückabwicklung solcher Verträge nicht in gleicher Weise vorgehen wie bei voneinander unabhängigen Leistungen. Der innere Zusammenhang der beiden ausgetauschten Leistungen müßte vielmehr beachtet werden (faktisches Synallagma). Die Saldotheorie will deshalb in Fällen, in denen eine Partei nicht mehr zur Rückgewähr der von ihr empfangenen Leistung imstande ist, den Wert der hingegebenen Gegenleistung bei der Kondiktion der eigenen Leistung als „Abzugsposten" in Rechnung stellen. Der Bereicherungsanspruch soll dann nur auf den Überschuß gehen, so daß dem Bereicherungsschuldner kein Nachteil entstehen kann, wenn seine eigene Leistung bei dem Gläubiger ersatzlos weggefallen ist.

638

Diese Auffassung führt in dem obigen Beispielsfall dazu, daß Kunz keinen bereicherungsrechtlichen Ausgleich von Volz fordern kann, wenn man davon ausgeht, daß die Segeljacht tatsächlich den Kaufpreis wert gewesen ist.

Die Saldotheorie ist nicht anzuwenden, wenn sich daraus Nachteile für Geschäftsunfähige oder beschränkt Geschäftsfähige ergeben.

639

Beispiel: Der unerkennbar geisteskranke Arnold kauft zum Preise von 10000,— DM von Bertold ein Kfz. Das Kfz wird ohne Verschulden des Arnold zerstört. Wird in diesem Fall die Saldotheorie angewendet, dann wäre Bertold lediglich zur Zahlung des Wertunterschiedes verpflichtet, wenn der Wagen weniger wert war als der Kaufpreis. Sonst würde Arnold nach der Saldotheorie völlig leer ausgehen. Dieses Ergebnis führt letztlich dazu, daß bei der Rückabwicklung der Geschäftsunfähige wie ein Geschäftsfähiger behandelt wird. Hierin sieht die hM zu Recht einen Wertungswiderspruch zu den §§ 104ff. Um dies zu vermeiden, will sie in diesen Fällen nach der Zweikondiktionentheorie vorgehen, also über jeden Kondiktionsanspruch gesondert entscheiden. In dem obigen Beispiel kann also Arnold Rückzahlung des von ihm geleisteten Kaufpreises von Bertold fordern.

640 Die Saldotheorie ist im Schrifttum sehr umstritten.[25] Ihr werden insbesondere Wertungswidersprüche zum Rücktrittsrecht vorgeworfen.

Beispiel: Volz verkauft Kunz einen gebrauchten Pkw und behauptet wahrheitswidrig, das Fahrzeug sei unfallfrei. Bei einem von Kunz nicht verschuldeten Unfall wird das Fahrzeug völlig zerstört. Bei der zur Feststellung der Unfallursache vorgenommenen Untersuchung werden die bei dem früheren Unfall entstandenen Schäden entdeckt.

Wandelt in diesem Fall Kunz, dann erhält er den Kaufpreis zurück, da der von ihm nicht zu vertretene Untergang der Kaufsache seinem Wandlungsrecht nicht entgegensteht (§§ 467, 350; anders nur, wenn bereits in der Benutzung des Fahrzeuges im Straßenverkehr ein „Verschulden" iSv. § 351 gesehen wird; vgl. dazu o. RdNr. 513). Erklärt Kunz dagegen die Anfechtung seiner vom Abschluß des Kaufvertrages abgegebenen Willenserklärung nach § 123 Abs. 1, dann würde nach der Saldotheorie sein Bereicherungsanspruch nach § 812 Abs. 1 S. 2 Alt. 1 (condictio ob causam finitam) auf den Überschuß zwischen Kaufpreis und Wert des Pkw beschränkt sein.

Der BGH[26] will solche Widersprüche in Betrugsfällen dadurch vermeiden, daß er dem Betrüger die Berufung auf die Saldotheorie verwehrt, wenn dieser dadurch besser als bei der Wandlung stünde. Das Gericht hat diese Einschränkung damit begründet, daß die Saldotheorie eine aus Billigkeitsgründen vorgenommene Gesetzeskorrektur darstelle und daß bei besonderen Fallgestaltungen von ihrer Anwendung abzusehen sei, wenn dies die Billigkeit fordere.

641 Das durch § 818 Abs. 3 gewährte Privileg, sich auf den Wegfall der Bereicherung berufen zu dürfen, ist nur einem Bereicherungsschuldner zuzubilligen, der auf die Rechtmäßigkeit seines Erwerbs vertrauen kann. Wer jedoch die Rechtsgrundlosigkeit seines Erwerbs kennt oder wer aufgrund einer wegen dieses Erwerbs gegen ihn erhobenen Klage, also vom Eintritt der Rechtshängigkeit an (vgl. § 261 Abs. 1 ZPO), damit rechnen muß, daß er das von ihm Erlangte oder einen Wertersatz herauszugeben hat, kann einen solchen Vertrauensschutz nicht beanspruchen (vgl. **§ 818 Abs. 4, § 819**).

Auf § 818 Abs. 3 soll sich auch derjenige nicht berufen dürfen, der durch die Annahme der Leistung gegen ein gesetzliches Verbot oder die guten Sitten verstoßen hat. Die diese Anordnung treffende Vorschrift des § 819 Abs. 2 steht in einem Zusammenhang mit § 817 S. 1 und „verlängert" die sich daraus ergebende Kondiktion über den Wegfall der Bereicherung hinaus.

War der mit der Leistung bezweckte Erfolg nach dem Inhalt des Rechtsgeschäfts als ungewiß anzusehen und wird eine Herausgabe geschuldet, weil der Erfolg ausblieb, dann kann sich der Bereicherungsschuldner nicht darauf berufen, daß er auf den Bestand seines Erwerbs vertraut hat. § 820 Abs. 1 S. 1 zieht deshalb zu Recht eine ent-

---

[25] Vgl. dazu *Medicus,* BR, RdNr. 224ff.; *Beuthien,* StudK BGB, § 818 Anm. 5d; *MünchKomm/Lieb,* § 818 RdNr. 88ff.

[26] BGHZ 53, 144, 148 = NJW 1970, 656 = JuS 1970, 300; vgl. auch BGHZ 78, 216 = NJW 1981, 224 (zum Fall der Irrtumsanfechtung).

III. Ungerechtfertigte Bereicherung

sprechende Konsequenz für die condictio ob rem. Ebenfalls kommt eine verschärfte Haftung in Betracht, wenn die Leistung zwar mit Rechtsgrund vorgenommen worden ist, der Wegfall des Rechtsgrunds aber nach dem Inhalt des Rechtsgeschäfts als möglich angesehen wurde (§ 820 Abs. 1 S. 2). Dieser Tatbestand gilt für die condictio ob causam finitam und für ihn sprechen gleiche Gründe wie für die Regelung des § 820 Abs. 1 S. 1.

Das Gesetz hat die Voraussetzungen der **verschärften Haftung** in den dargestellten fünf Tatbeständen der §§ 818 Abs. 4, 819 und 820 geregelt. Dazu sind noch einige zusätzliche Bemerkungen erforderlich: 642

Der Bereicherungsschuldner muß nach § 819 Abs. 1 den Mangel des rechtlichen Grundes beim Erwerb kennen oder ihn später erfahren. Im zweiten Fall tritt die verschärfte Haftung entsprechend der sie begründenden Wertung erst ab Kenntniserlangung ein. Nach ganz hM ist die **Kenntnis vom Fehlen des rechtlichen Grundes** selbst erforderlich. Die Kenntnis der Tatsachen, auf denen dieses Fehlen beruht, reicht für sich allein nicht aus. Die Kenntnis der Anfechtbarkeit eines Rechtsgeschäfts steht nach § 142 Abs. 2 der Kenntnis des durch die Anfechtung bewirkten Wegfalls des Rechtsgrundes gleich. Man wird hier allerdings verlangen müssen, daß der Bereicherungsschuldner aus dieser Kenntnis den zutreffenden Schluß auf die Rechtslage, d. h. auf die rechtliche Möglichkeit der Anfechtung, gezogen hat.

Ist der Bereicherungsschuldner **geschäftsunfähig**, kommt es auf die Kenntnis seines gesetzlichen Vertreters an (Rechtsgedanke des § 166 Abs. 1). Bei einem **minderjährigen Bereicherungsschuldner** wird darüber gestritten, ob seine Kenntnis oder die Kenntnis seines gesetzlichen Vertreters für die verschärfte Haftung nach § 819 Abs. 1 maßgebend sein soll. Manche wollen in diesem Fall §§ 828, 829 analog heranziehen; manche wollen dies nur tun, wenn es sich um eine Eingriffskondiktion handelt oder wenn der Minderjährige zugleich mit der den Bereicherungsanspruch auslösenden Handlung ein Delikt begangen hat; in den anderen Fällen soll die Kenntnis des gesetzlichen Vertreters entscheiden. Wieder andere wollen stets auf die Kenntnis des gesetzlichen Vertreters abstellen. Der letzten Auffassung dürfte der Vorzug zu geben sein, weil es bei § 819 Abs. 1 anders als bei den §§ 828, 829 nicht um den Ausgleich von Schäden geht.[27]

Hinsichtlich der **Rechtsfolgen** verweisen die §§ 819, 820 auf die Vorschrift des § 818 Abs. 4. Danach soll der Empfänger nach den „allgemeinen Vorschriften" haften; welche das sind, darüber besteht kein Einvernehmen. Die wohl hM zählt hierzu alle Vorschriften über Leistungsstörungen (§§ 275 ff., 284 ff.), während andere lediglich die §§ 291, 292 als „allgemeine Vorschriften" iSv. § 818 Abs. 4 begreifen.[28] 643

Auf der Grundlage der hM ergibt sich für die Zeit ab Rechtshängigkeit (oder ab Kenntnis vom Fehlen des Rechtsgrundes) – für Nachteile, die vorher entstanden sind, bleibt es bei der Regelung des § 818 Abs. 1 bis 3 – folgendes:
– Betrifft der Herausgabeanspruch eine Sache, dann haftet der Bereicherungsschuldner auf Schadensersatz, wenn er die Sache infolge seines Verschuldens nicht oder nicht unbeschädigt herausgeben kann (§§ 292 Abs. 1, 989). Er wird also nicht mehr

---

[27] Vgl. zu diesem Meinungsstreit *MünchKomm/Lieb*, § 819 RdNr. 7.
[28] Vgl. BGHZ 83, 293, 298 ff. = NJW 1982, 1585 = JuS 1982, 775, m. weit. Nachw. Das Gericht rechnet zumindest auch § 279 und § 281 (so BGHZ 75, 203, 205 ff. = NJW 1980, 178 = JuS 1980, 376) zu den „allgemeinen Vorschriften".

durch einen Wegfall seiner Bereicherung – anders als dies sonst § 818 Abs. 3 vorschreibt – entlastet.
- Befindet sich der Bereicherungsschuldner in Verzug, dann haftet er auch für einen zufälligen Untergang des Erlangten (§ 287 S. 2). Bei Verzug hat der Bereicherungsschuldner auch für die Vorenthaltung der Sache Schadensersatz zu leisten (§ 286 Abs. 1).
- Der Bereicherungsschuldner hat nicht nur für die tatsächlich gezogenen, sondern auch für die schuldhaft von ihm nicht gezogenen Nutzungen zu haften (§§ 292 Abs. 2, 987 Abs. 2).
- Die Möglichkeit, sich auf bereicherungsmindernde Aufwendungen zu berufen, ist für den Bereicherungsschuldner in bedeutsamem Umfang eingeschränkt. Er kann nur noch Ersatz notwendiger Verwendungen nach den Vorschriften über die GoA vom Bereicherungsgläubiger fordern (§§ 292 Abs. 2, 994 Abs. 2, 995).
- Schließlich hat der verschärft haftende Bereicherungsschuldner stets für seine finanzielle Leistungsfähigkeit einzustehen; dies ergibt sich aus der Vorschrift des § 279, die auf Geldschulden entweder unmittelbar oder dem Rechtsgedanken nach anzuwenden ist (vgl. o. RdNr. 394).

644 Die Bereicherung des Bereicherungsschuldners kann dadurch wegfallen, daß er das Erlangte unentgeltlich einem Dritten zuwendet. In diesem Fall greift die Vorschrift des **§ 822** ein, die dem Bereicherungsgläubiger gegen den Dritten einen unmittelbaren Anspruch gibt; auch in diesem Fall wird also wie bei § 816 Abs. 1 S. 2 wegen der Unentgeltlichkeit des Erwerbs der (zweite) Empfänger zur Herausgabe verpflichtet.

Beispiel: Gütig schenkt Albert einen Ring. Albert schenkt den Ring weiter an seine Freundin Hübsch. Später stellt sich heraus, daß Schenkung und Übereignung an Albert wegen Geisteskrankheit des Gütig nichtig sind.
Hätte Albert den Ring noch, dann könnte Gütig (oder sein Vormund) Herausgabe mit der condictio indebiti (§ 812 Abs. 1 S. 1 Alt. 1) verlangen. Da jedoch der (gutgläubige) Albert den Ring verschenkt hat, ist er nicht bereichert und dementsprechend seine Verpflichtung zum Wertersatz weggefallen (§ 818 Abs. 3). Hier greift aber § 822 ein und gibt Gütig einen unmittelbaren Anspruch gegen Hübsch.

645 Voraussetzung für § 822 ist in jedem Fall, daß der Empfänger bis zur Weitergabe des Bereicherungsgegenstandes an den Dritten einem Bereicherungsanspruch des Berechtigten ausgesetzt gewesen war. Um welche Art von Bereicherungsanspruch es sich dabei handelt, ist gleichgültig. Der Rechtserwerb des Dritten muß auf einer rechtsgeschäftlichen, unentgeltlichen Zuwendung beruhen. In erster Linie kommen Schenkungen in Betracht. Nach ganz hM ist § 822 auch anzuwenden, wenn Surrogate des Bereicherungsgegenstandes oder Nutzungen unentgeltlich an einen Dritten weitergegeben werden. Schließlich gewährt § 822 auch dann einen Anspruch, wenn der Schuldner eines Anspruchs aus dieser Vorschrift das Erlangte unentgeltlich einer weiteren Person zuwendet (Beispiel: Hübsch schenkt den Ring des Gütig ihrer Schwester Schön).

646 Abschließend ist noch darauf hinzuweisen, daß sich aus dem Bereicherungsrecht auch eine **Bereicherungseinrede** ergibt, die derjenige, der ohne rechtlichen Grund eine Verbindlichkeit eingegangen ist, erheben kann, wenn Erfüllung der Verbindlichkeit von ihm verlangt wird (§ 821). Diese Einrede bleibt auch bestehen, wenn der Bereicherungsanspruch auf Befreiung von der Verbindlichkeit bereits verjährt ist (Verjährungsfrist: 30 Jahre, § 195).

647 Überblick über Inhalt und Umfang des Bereicherungsanspruchs

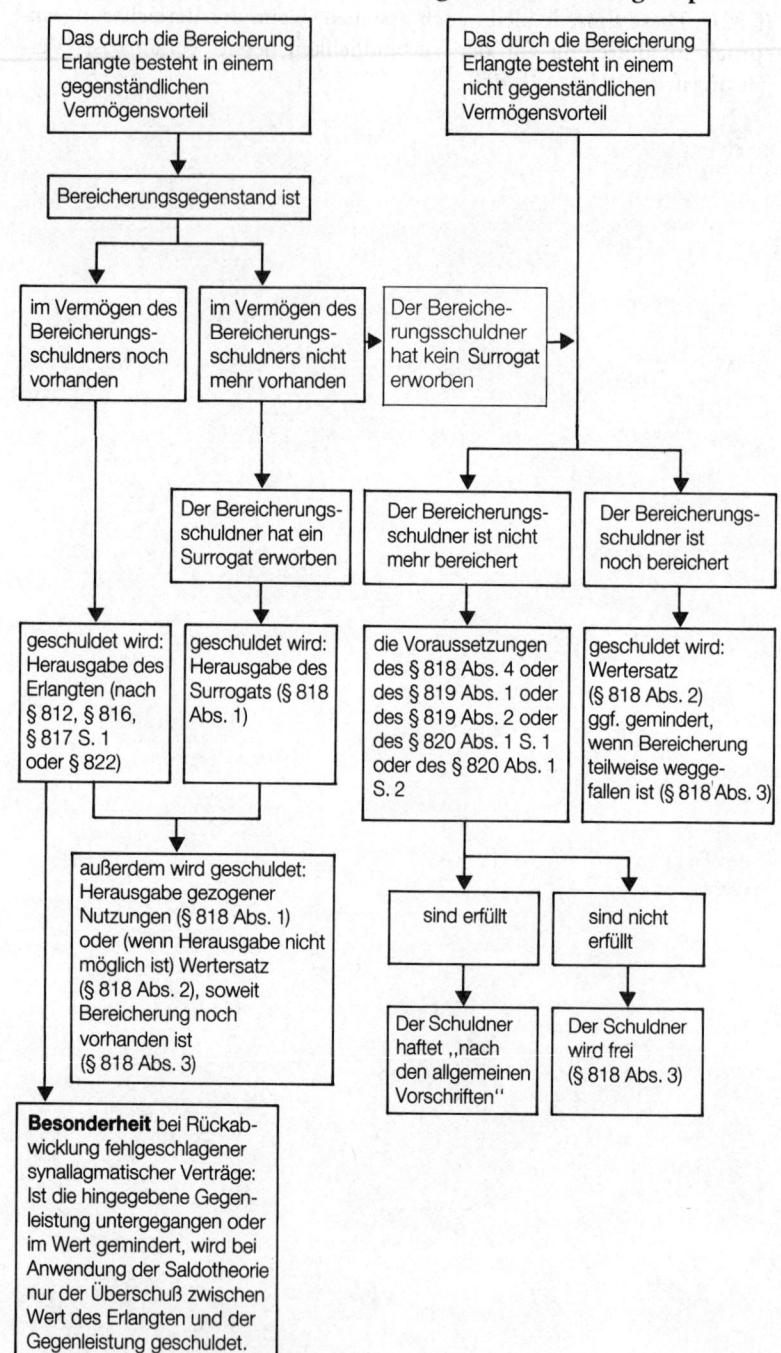

```
┌─────────────────────────┐         ┌─────────────────────────┐
│ Das durch die Bereiche- │         │ Das durch die Bereiche- │
│ rung Erlangte besteht   │         │ rung Erlangte besteht   │
│ in einem gegenständ-    │         │ in einem nicht gegen-   │
│ lichen Vermögensvorteil │         │ ständlichen Vermögens-  │
│                         │         │ vorteil                 │
└───────────┬─────────────┘         └────────────┬────────────┘
            │                                    │
  ┌─────────▼──────────┐                         │
  │ Bereicherungsge-   │                         │
  │ genstand ist       │                         │
  └─┬────────────┬─────┘                         │
    │            │                               │
    ▼            ▼                               ▼
```

| im Vermögen des Bereicherungsschuldners noch vorhanden | im Vermögen des Bereicherungsschuldners nicht mehr vorhanden | Der Bereicherungsschuldner hat kein Surrogat erworben |

| | Der Bereicherungsschuldner hat ein Surrogat erworben | Der Bereicherungsschuldner ist nicht mehr bereichert | Der Bereicherungsschuldner ist noch bereichert |

| geschuldet wird: Herausgabe des Erlangten (nach § 812, § 816, § 817 S. 1 oder § 822) | geschuldet wird: Herausgabe des Surrogats (§ 818 Abs. 1) | die Voraussetzungen des § 818 Abs. 4 oder des § 819 Abs. 1 oder des § 819 Abs. 2 oder des § 820 Abs. 1 S. 1 oder des § 820 Abs. 1 S. 2 | geschuldet wird: Wertersatz (§ 818 Abs. 2) ggf. gemindert, wenn Bereicherung teilweise weggefallen ist (§ 818 Abs. 3) |

außerdem wird geschuldet: Herausgabe gezogener Nutzungen (§ 818 Abs. 1) oder (wenn Herausgabe nicht möglich ist) Wertersatz (§ 818 Abs. 2), soweit Bereicherung noch vorhanden ist (§ 818 Abs. 3)

sind erfüllt	sind nicht erfüllt
Der Schuldner haftet „nach den allgemeinen Vorschriften"	Der Schuldner wird frei (§ 818 Abs. 3)

Besonderheit bei Rückabwicklung fehlgeschlagener synallagmatischer Verträge: Ist die hingegebene Gegenleistung untergegangen oder im Wert gemindert, wird bei Anwendung der Saldotheorie nur der Überschuß zwischen Wert des Erlangten und der Gegenleistung geschuldet.

IV. Unerlaubte Handlungen

a) Zur gesetzlichen Regelung

Das Recht der unerlaubten Handlungen – auch Deliktsrecht genannt (unerlaubte Handlung = Delikt) – ist im BGB in den §§ 823 bis 853 geregelt. In dieser Regelung sind einzelne Tatbestände enthalten, in denen beschrieben wird, welche Handlungen unerlaubt sind und zu einer Schadensersatzverpflichtung führen können. Der Gesetzgeber ist dabei von dem Grundsatz ausgegangen, daß nur eine rechtswidrige und schuldhafte Verletzung der im Gesetz näher bezeichneten Rechte und Rechtsgüter eine Haftung begründen kann. Nur ausnahmsweise hat der Gesetzgeber im BGB das Verschuldensprinzip aufgegeben und unter den in § 833 genannten Voraussetzungen eine **Gefährdungshaftung** des Tierhalters geschaffen. Außerhalb des BGB finden sich in Spezialgesetzen weitere Fälle der Gefährdungshaftung, so beispielsweise in § 7 StVG die Haftung des Halters eines Kraftfahrzeuges.

648

Bei der (verschuldensunabhängigen) Gefährdungshaftung läßt es die Rechtsordnung zu, daß jemand z. B. durch den Betrieb eines Kfz, eines Luftfahrzeuges oder einer Eisenbahn[29] eine Gefahrenquelle schafft, verpflichtet ihn dann aber zum Ausgleich unabhängig von seinem Verschulden zum Ersatz von Schäden, die durch sein gefährliches Verhalten verursacht werden. Es ist eine Definitionsfrage, ob man auch die Gefährdungshaftung unter den Begriff der unerlaubten Handlung faßt oder ob man diesen Begriff eingeschränkt nur für Fälle verwendet, in denen das Verschulden eine Haftungsvoraussetzung bildet.

Im Deliktsrecht des BGB stehen neben den Grundtatbeständen des § 823 Abs. 1 und 2 sowie des § 826 eine Reihe von Sondertatbeständen in §§ 824, 825, 831 bis 834, 836 bis 839. Die folgenden Ausführungen werden sich auf die Grundtatbestände beschränken; auf Fragen der Haftung für Gehilfen nach § 831 wird noch später in einem anderen Zusammenhang eingegangen werden (u. RdNr. 763 ff.).

b) Die Grundtatbestände

1. § 823 Abs. 1

Entsprechend dem Aufbau des § 823 Abs. 1 (wie auch dem anderer Deliktstatbestände) ist bei der Prüfung der **Haftungsvoraussetzungen** zwischen dem objektiven Tatbestand, der Rechtswidrigkeit und dem Verschulden zu unterscheiden. Der objektive Tatbestand ist verwirklicht, wenn eine menschliche Handlung (Tun oder Unterlassen) für die Verletzung eines durch diese Vorschrift geschützten Rechts oder Rechts-

649

---

[29] Zu den einzelnen Fällen der Gefährdungshaftung vgl. *Esser/Weyers*, SchuldR II, § 64 (S. 553 ff.); *Deutsch*, Jura 1983, 617, 618.

guts ursächlich ist (haftungsbegründende Kausalität; vgl. o. RdNr. 433) und wenn durch eine derartige Verletzung ein Schaden verursacht wird (haftungsausfüllende Kausalität; vgl. ebenfalls o. RdNr. 433), der von dem Schutzbereich des § 823 Abs. 1 umfaßt wird (vgl. o. RdNr. 435f.). Formalisiert sieht also der **objektive Tatbestand des** § **823 Abs. 1** wie folgt aus:

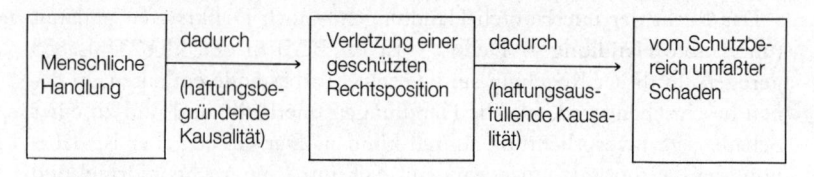

Menschliche Handlung	dadurch → (haftungsbegründende Kausalität)	Verletzung einer geschützten Rechtsposition	dadurch → (haftungsausfüllende Kausalität)	vom Schutzbereich umfaßter Schaden

aa) Handlung

650 Voraussetzung für eine Haftung nach § 823 Abs. 1 ist also zunächst, daß der in Anspruch Genommene „gehandelt" hat. Als Handlung ist ein menschliches Verhalten anzusehen, das der Bewußtseinskontrolle und Willenslenkung unterliegt und somit beherrschbar ist.[30] Danach sind nur solche Verhaltensweisen von dem Handlungsbegriff auszunehmen, bei denen es sich um nicht kontrollierbare Vorgänge handelt, wie z. B. Bewegungen eines Schlafenden, eines Bewußtlosen oder eines durch unwiderstehliche Gewalt Gezwungenen.

> **Beispiel:** Frau Alt wird in einem Kaufhaus ohnmächtig und reißt im Fallen einen Verkaufstisch mit Porzellan um. Ein Anspruch aus § 823 Abs. 1 gegen sie scheidet schon deshalb aus, weil sie nicht im Sinne dieser Vorschrift „gehandelt" hat. Eine Ersatzpflicht kann nur aus Billigkeitserwägungen in Betracht gezogen werden (§ 829 iVm. § 827).

651 Der juristische Handlungsbegriff umfaßt auch das **Unterlassen**. Für die Tatbestandsmäßigkeit eines Verhaltens ist es gleichgültig, ob die Verletzung einer geschützten Rechtsposition durch ein positives Tun im Sinne eines nach außen erkennbaren Tätigwerdens oder durch das Unterlassen einer Handlung herbeigeführt wird.

> **Beispiel:** Der im Krankenhaus befindliche Wund erhält vom Krankenpfleger Schussel versehentlich ein falsches Medikament; dadurch wird ein Kreislaufkollaps verursacht. Das gleiche passiert bei dem Patienten Alt, weil Schussel vergißt, ihm die vorgeschriebene Medizin zu geben. In beiden Fällen ist das Verhalten des Schussel (einmal in der Form des Tuns, einmal in der Form des Unterlassens) für die eingetretenen Verletzungen ursächlich.

Im Schrifttum wird vorgeschlagen, in den Tatbestand des Unterlassens die Rechtspflicht zum Tätigwerden einzubeziehen. Dies wird damit

---

[30] Vgl. BGHZ 39, 103, 106 = NJW 1963, 952; *Fikentscher,* SchuldR § 102 IV 1 (S. 712).

IV. Unerlaubte Handlungen

begründet, daß ein Unterlassen als bloßes Nichtstun irrelevant sei und es deshalb als „etwas nicht tun, was geboten ist" verstanden werden müßte.[31] Richtig ist, daß ein Unterlassen im Rechtssinn nicht in einem „Nichtstun", sondern nur in einem „Etwas-Nicht-Tun" bestehen kann.[32] Es geht also darum, daß eine bestimmte Handlung unterlassen wird. Die (unterlassene) Handlung ist jedoch für den objektiven Tatbestand nicht deshalb bedeutsam, weil eine Rechtspflicht für ihre Vornahme existiert, sondern weil sie in Bezug zu der tatbestandsmäßigen Verletzung zu bringen ist. Denn jedes Verhalten im Rahmen des objektiven Tatbestandes des § 823 Abs. 1 oder einer anderen Haftungsnorm wird nur deshalb geprüft, weil seine Ursächlichkeit für die Verletzung in Frage kommt. Irgendein Unterlassen interessiert ebensowenig wie irgendein Tun ohne Beziehung zur Verletzung, um die es sich handelt. Stets (häufig allerdings unbewußt) wird zunächst einmal in einer Vorab-Prüfung die Möglichkeit einer Kausalität ermittelt, um auf diese Weise nicht relevante Verhaltensweisen auszufiltern. Hierbei ist zu berücksichtigen, daß durch ein Unterlassen als solches keine Verletzung herbeigeführt werden kann. Es muß vielmehr auf die unterlassene Handlung gesehen und gefragt werden, ob diese Handlung den Eintritt der Verletzung hätte verhindern können. Bei der Frage nach der „Kausalität des Unterlassens" muß folglich geprüft werden, ob die Verletzung der geschützten Rechtsposition aller Wahrscheinlichkeit nach nicht eingetreten wäre, wenn die (unterlassene) Handlung als vorgenommen gedacht wird.[33] Das Unterlassen einer Handlung ist also dann als eine für den (objektiven) Tatbestand des § 823 Abs. 1 relevante Verhaltensweise zu untersuchen, wenn eine Ursächlichkeit in dem hier beschriebenen Sinn für die eingetretene Verletzung in Betracht zu ziehen ist. Dagegen kommt es für den objektiven Tatbestand nicht auf die rechtliche Verpflichtung an, eine entsprechende Handlung zu vollziehen; dies ist allein für die Frage nach der Rechtswidrigkeit des Unterlassens bedeutsam.[34] Schließlich ist darauf hinzuweisen, daß auch bei einem Unterlassen (in gleicher Weise wie bei einem Tun) die Frage bejaht werden muß, ob das Verhalten überhaupt beherrschbar und ein Handeln möglich ist. Wird z. B. bei einem Verkehrsunfall der Fahrer eines Pkw herausgeschleudert und bleibt bewußtlos auf der Straße liegen, dann kann im Rechtssinn nicht davon gesprochen werden, daß er es „unterlassen" habe, den im brennenden Fahrzeug befindlichen Beifahrer zu retten. Ein Bewußtloser „unterläßt" nicht die Erfolgsabwendung, sondern handelt überhaupt nicht.

---

[31] *Jauernig/Teichmann*, § 823 Anm. II B 3a; vgl. auch *Fikentscher*, aaO, § 102 IV 7 (S. 714); *Esser/Weyers*, SchuldR II, § 55 II 2 (S. 470).
[32] *Fikentscher* aaO.
[33] *Brox*, AS, RdNr. 327.
[34] Vgl. *Fikentscher*, SchuldR § 97 III 2 (S. 658), § 103 III (S. 739f.).

bb) Geschützte Rechtsgüter und Rechte

652 Nur die Verletzung eines durch § 823 Abs. 1 geschützten Rechtsgutes oder Rechts läßt eine Schadensersatzpflicht nach dieser Vorschrift eintreten. Im Gesetz werden die Rechtsgüter **Leben, Körper, Gesundheit** und **Freiheit** genannt.

Mit der Verletzung des Lebens ist die Tötung eines Menschen gemeint. Schadensersatzberechtigt sind in diesem Fall bestimmte Dritte (vgl. § 844, 845).

Als Verletzung des Körpers ist jede Beeinträchtigung der körperlichen Unversehrtheit anzusehen. Die Verletzung der Gesundheit bedeutet die Störung innerer (physischer oder psychischer) Lebensvorgänge. Eine Abgrenzung der Verletzung beider Rechtsgüter wird häufig kaum möglich sein und ist auch ohne praktische Bedeutung.

Beispiel: Der Kraftfahrer Max überfährt ein Stop-Schild und stößt mit dem vorfahrtsberechtigten Motorradfahrer Moritz zusammen. Dabei wird Moritz am Bein verletzt und erleidet einen Schock. In diesem Fall handelt es sich sowohl um eine Körper- als auch um eine Gesundheitsverletzung (Schock).

Die Verletzung der Freiheit ist bei einer Verletzung der körperlichen Bewegungsfreiheit zu bejahen. Erfaßt werden also Fälle, in denen der objektive Tatbestand einer Freiheitsberaubung iSv. § 239 StGB erfüllt ist. Die Hinderung eines anderen, seinen Aufenthaltsort zu verlassen, kann auch mittelbar dadurch verursacht werden, daß durch eine (falsche) Strafanzeige seine Verhaftung bewirkt wird.

653 Neben den genannten Rechtsgütern ist ferner das **Eigentum** durch § 823 Abs. 1 geschützt. Eine Eigentumsverletzung kann einmal durch Entziehung oder Beeinträchtigung des Eigentumsrechts begangen werden. Dies kann dadurch geschehen, daß der Schädiger die dem Eigentümer gehörende Sache wirksam an einen Gutgläubigen veräußert (vgl. o. RdNr. 478 ff., 483) oder sie zugunsten eines Gutgläubigen mit einem Pfandrecht belastet (vgl. §§ 892, 1138, 1207). Das Eigentum an einer Sache wird ferner dadurch verletzt, daß in ihre Substanz eingegriffen wird, d. h., daß man sie zerstört oder beschädigt. Wird eine Sache ihrem Eigentümer entzogen oder vorenthalten, so liegt darin ebenfalls eine Eigentumsverletzung, weil der Eigentümer dadurch gehindert wird, das ihm zustehende Recht auszuüben, mit der Sache nach seinem Belieben zu verfahren (vgl. § 903). In das Eigentum kann aber bereits dadurch eingegriffen werden, daß der Eigentümer (lediglich) gehindert wird, seine Sache bestimmungsgemäß zu gebrauchen.

Beispiel: Der Schiffseigner Eich fährt mit seinem Motorschiff zu einer an einem Fleet liegenden Mühle, um dort Waren zu entladen. Danach stürzt die Uferböschung ein und das Fleet wird unpassierbar. Mehrere Monate kann deshalb das Motorschiff nicht mehr aus dem Fleet fahren und muß bei der Mühle liegen bleiben. Der BGH[35] hat zu Recht eine Eigentumsverletzung bejaht, die er darin gesehen hat, daß das Schiff als Transportmittel praktisch ausgeschaltet und dementsprechend seinem bestimmungsgemäßen Gebrauch entzogen wurde. Durch eine derartige „Einsperrung" sind die Eigentümerbefugnisse des Eich beeinträchtigt worden. Dagegen hat es der BGH abgelehnt, auch in der Hinderung anderer außerhalb des

---

[35] BGHZ 55, 153, 159 f. = NJW 1971, 886.

Fleets befindlicher Schiffe, die Mühle auf dem Wasserweg zu erreichen und zu beliefern, eine Eigentumsverletzung zu erblicken, weil diese Schiffe nicht in ihrer Eigenschaft als Transportmittel betroffen seien. Nach Auffassung des BGH kommt es also darauf an, daß die Gebrauchsfähigkeit völlig aufgehoben wird und nicht nur in bestimmter Hinsicht eingeschränkt ist. Gegenüber dieser Unterscheidung sind im Schrifttum allerdings Bedenken erhoben worden.[36] Streitig ist auch, ob kurzfristige Beeinträchtigungen ausreichen (z. B. zweistündiges Zuparken einer Garagenausfahrt) oder ob sie von gewisser Dauer (welcher?) sein müssen.

In den Schutzbereich des § 823 Abs. 1 kann auch ein „**sonstiges Recht**" 654 fallen. Bei der Interpretation dieses Begriffs muß man sich an den ausdrücklich in dieser Vorschrift genannten Rechtsgütern und dem Eigentum orientieren. Wie diese muß auch das „sonstige Recht" einen absoluten, d. h. gegenüber jedem wirkenden und von jedem zu beachtenden Inhalt haben.

Sonstige Rechte sind danach alle beschränkten dinglichen Rechte (Hypotheken, Grundschulden, Rentenschulden, Erbbaurechte, Pfandrechte an beweglichen Sachen und Rechten), Anwartschaftsrechte, insbesondere das Anwartschaftsrecht des Vorbehaltskäufers (vgl. o. RdNr. 546), und alle ausschließlichen Aneignungsrechte (Jagdrechte, Fischereirechte, Bergrechte). Zu den sonstigen Rechten zählen auch Patent-, Urheber-, Warenzeichen- und Gebrauchsmusterrechte.

Dagegen ist das Vermögen als solches, d. h. die Summe aller geldwerten Güter und Rechte einer Person, durch § 823 Abs. 1 nicht geschützt. Eine schuldhafte Schädigung des Vermögens verpflichtet deshalb nach § 823 Abs. 1 nur dann zum Ersatz, wenn ein durch diese Vorschrift geschütztes Rechtsgut oder Recht verletzt wird. Dann ist aber der Ersatzanspruch auf den Ausgleich der gesamten Schäden einschließlich vermögensmäßiger Einbußen gerichtet, soweit sie vom Schutzbereich der Vorschrift umfaßt werden. Verletzt jemand einen anderen (geschütztes Rechtsgut: Körper), dann ist er bei einem rechtswidrigen und schuldhaften Verhalten auch verpflichtet, den Verlust zu ersetzen, den der Verletzte deshalb erlitt, weil er nicht arbeiten oder einen Geschäftsabschluß tätigen konnte; es handelt sich dabei um Schadensfolgen, die mit der Verletzung verbunden sind und die der Schädiger auch aufgrund des § 823 Abs. 1 ersetzen muß. Der zuweilen zu hörende Satz: „Vermögensschäden werden nach § 823 Abs. 1 nicht ersetzt" ist also falsch.

Von der hM wird auch der **Besitz,** und zwar der unmittelbare wie der 655 mittelbare (vgl. o. RdNr. 471), als sonstiges Recht gewertet, wenn der Besitzer die Sache ähnlich einem Eigentümer nutzen darf und ihm Abwehrrechte wie einem Eigentümer zustehen (vgl. §§ 861, 862). Eine solche eigentümerähnliche Position kommt vornehmlich dem Besitzer zu, der ein Recht zum Besitz hat, wie der Mieter, Pächter, Verwahrer oder Nießbraucher.[37] Streitig ist die Frage, ob auch ein unrechtmäßiger Besitzer, der den Besitz gegen Entgelt erlangt und hinsichtlich seines Besitzrechts gutgläubig ist, beim Entzug seines Besitzes Ansprüche nach § 823 Abs. 1 geltend machen kann; mit der Begründung, daß dieser

---

[36] *Medicus*, SchuldR II, § 138 II 4 b bb (S. 351); BR, RdNr. 613; vgl. auch BGHZ 86, 152 = NJW 1983, 2313.

[37] Vgl. *Larenz*, SchuldR II, § 72 I a (S. 605); *Fikentscher*, SchuldR, § 103 I 5 c (S. 727); *Mincke*, JZ 1984, 862 f. (zu verschiedenen Begründungen).

Besitzer die Sache nutzen dürfte und sogar gegenüber dem Eigentümer berechtigt sei, die Nutzungen zu behalten (§ 993 Abs. 1), wird diese Frage bejaht.[38] Die Ausdehnung des durch § 823 Abs. 1 gewährten Schutzes auf den mittelbaren Besitzer ist dadurch gerechtfertigt, daß diesem ebenfalls Abwehrrechte zustehen (vgl. § 869); allerdings gilt dies nicht im Verhältnis zwischen mittelbarem und unmittelbarem Besitzer, weil der mittelbare Besitzer gegen den unmittelbaren keine Besitzschutzansprüche geltend machen kann.

656 Als sonstiges, vom Schutzbereich des § 823 Abs. 1 umfaßtes Recht wird auch das sog. **Recht am eingerichteten und ausgeübten Gewerbebetrieb** anerkannt. Dieses Recht umfaßt nicht nur den Bestand des gewerblichen Unternehmens, sondern die gesamte unternehmerische Tätigkeit in allen Erscheinungsformen.

Als Eingriffe in den eingerichteten und ausgeübten Gewerbebetrieb sind von der Rechtsprechung beispielsweise angesehen worden: Die Aufforderung zur Einstellung einer bestimmten Gewerbetätigkeit mit der unwahren Behauptung, der Unternehmer verletze ein gewerbliches Schutzrecht (unberechtigte Schutzrechtsverwarnung); Boykottaufrufe an Verbraucher, bestimmte Waren eines Gewerbebetriebes nicht zu kaufen oder bestimmte gewerbliche Leistungen nicht in Anspruch zu nehmen; rechtswidrige Streiks; geschäftsschädigende herabsetzende Werturteile.[39]

657 Da es kaum möglich ist, das Recht am eingerichteten und ausgeübten Gewerbebetrieb genau abzugrenzen, hat die Rechtsprechung durch die Aufstellung verschiedener (einschränkender) Voraussetzungen versucht, einer zu weiten Ausdehnung des deliktischen Schutzes unternehmerischer Tätigkeiten entgegenzuwirken. Folgende Voraussetzungen müssen danach erfüllt sein:

– Die Verletzungshandlung muß **betriebsbezogen** sein und einen unmittelbaren Eingriff in den gewerblichen Tätigkeitskreis darstellen.

Um einen betriebsbezogenen, unmittelbaren Eingriff handelt es sich nur dann, wenn er gegen den Gewerbebetrieb als solchen gerichtet ist und nicht irgendwelche vom Betrieb ohne weiteres ablösbare Rechte oder Rechtsgüter betrifft. Wird ein Arbeitnehmer des Gewerbebetriebes verletzt oder ein betriebseigenes Kraftfahrzeug bei einem Verkehrsunfall beschädigt, dann ist die Betriebsbezogenheit der Verletzungshandlungen zu verneinen. Das gleiche gilt, wenn durch Unachtsamkeit eines Bauarbeiters ein Stromkabel beschädigt wird, das den Betrieb mit Strom versorgt, und deshalb die Produktion zum Stillstand kommt. Allerdings kann in diesem Fall unter dem Gesichtspunkt der Eigentumsverletzung eine Schadensersatzpflicht begründet sein, wenn infolge des Stromausfalls einzelne Sachen im Betrieb beschädigt oder zerstört werden (Beispiel: Die Kühlanlage einer Fleischwarenfabrik funktioniert nicht mehr und deshalb verderben die eingelagerten Bestände).

– Schutzobjekt kann nur eine auf Dauer angelegte und auf Gewinnerzielung gerichtete Tätigkeit sein.

---

[38] *Medicus*, BR, RdNr. 607.
[39] Ein Überblick über die umfangreiche Rechtsprechung findet sich bei *MünchKomm/Mertens*, § 823 RdNr. 496 ff.

IV. Unerlaubte Handlungen

Der übliche Begriff „eingerichteter und ausgeübter Gewerbebetrieb" darf nicht zu dem Fehlschluß führen, daß eine freiberufliche Tätigkeit ungeschützt bleibt. Auch die Tätigkeit eines Freiberuflers, eines Arztes, Rechtsanwalts oder Steuerberaters, ist als eingerichteter und ausgeübter Gewerbebetrieb im Sinne des Deliktsrechts anzusehen, obwohl diese Personen im Sinne des Gewerberechts keinen Gewerbebetrieb unterhalten (str.).[39a]

– Es darf keine Haftung nach anderen gesetzlichen Vorschriften in Betracht kommen.

Ein Schadensersatzanspruch wegen Eingriffs in den eingerichteten und ausgeübten Gewerbebetrieb hat subsidiären Charakter. Wird durch einen solchen Eingriff die Haftung nach anderen gesetzlichen Vorschriften, z. B. nach § 823 Abs. 1 unter dem Gesichtspunkt der Eigentumsverletzung, begründet, dann ist eine Haftung wegen Verletzung des Rechts am eingerichteten und ausgeübten Gewerbebetrieb ausgeschlossen. Insbesondere gehen die wettbewerbsrechtlichen Sondervorschriften vor; bei Schädigungen im Wettbewerb können Schadensersatzansprüche nur nach diesen Vorschriften gerechtfertigt werden.[40] Dies muß auch beim Aufbau eines Rechtsgutachtens, z. B. in einer Klausur, beachtet und zunächst andere in Betracht kommende Ansprüche erörtert werden.

658 Als sonstiges Recht iSv. § 823 Abs. 1 wird schließlich auch das **allgemeine Persönlichkeitsrecht** angesehen. Den Gegenstand dieses Rechts bildet der Anspruch des einzelnen auf Achtung seiner individuellen Persönlichkeit. Das allgemeine Persönlichkeitsrecht hat keinen klar abgrenzbaren Inhalt, sondern umfaßt eine Summe schutzwürdiger Rechtspositionen, die von Fall zu Fall aufgrund einer Interessen- und Güterabwägung zu konkretisieren sind (zu den sich daraus für die Entscheidung über die Rechtswidrigkeit ergebenden Folgerungen vgl. u. RdNr. 678).

Eine Interessen- und Güterabwägung ist geboten, weil der Mensch in der Gemeinschaft lebt und deshalb seinem Persönlichkeitsrecht durch die Rechte anderer notwendigerweise Schranken gesetzt sein müssen (vgl. Art. 2 Abs. 1 GG). So kann beispielsweise ein Journalist, der Einzelheiten aus dem Privatbereich eines anderen veröffentlicht, was dieser als einen Angriff auf seine Privat- und Intimsphäre empfindet, darauf verweisen, daß er seinen Beruf ausübt und daß die Öffentlichkeit ein berechtigtes Interesse hat, über die dargestellten Vorgänge informiert zu werden. Bei der Entscheidung über einen Schadensersatzanspruch muß also eine Wertung dahingehend vorgenommen werden, welchem Interesse ein Vorrang einzuräumen ist.

659 Die Rechtsprechung, die das allgemeine Persönlichkeitsrecht dem Schutz des § 823 Abs. 1 unterstellt hat, weil die Rechtsvorschriften des BGB und anderer Gesetze, die die Persönlichkeit des einzelnen schützen, hierfür nicht ausreichen und man sich hierbei auch auf die Verfassung (vgl. Art. 1 und 2 GG) berufen kann, hat durch ihre Entscheidungen dazu beigetragen, den generalklauselartigen Tatbestand der Verletzung

---

[39a] Vgl. *MünchKomm/Mertens* § 823 RdNr. 491 m. Nachw. auch zur Gegenauffassung.
[40] BGHZ 36, 252, 256f. = NJW 1962, 1103 = JuS 1962, 238; *MünchKomm/Mertens*, § 823 RdNr. 487, m. weit. Nachw.

des Persönlichkeitsrechts zu strukturieren und inhaltlich zu bestimmen.[41] Diese Entscheidungen lassen sich in folgenden Fallgruppen zusammenfassen:

– Verletzung der Ehre

Beispiel: In einer Zeitschrift wird eine Fernsehansagerin als eine „ausgemolkene Ziege" bezeichnet, bei deren Anblick den Zuschauern die Milch sauer werde.[42]

– Verletzung der Privat- und Intimsphäre

Beispiele: Heimliches Fotografieren,[43] heimliche Aufnahme von Gesprächen auf ein Tonband,[44] Mitteilung von Einzelheiten aus der Privatsphäre (etwa über den Gesundheitszustand eines Menschen, über sein Familienleben), soweit nicht ein überwiegendes Interesse an Information anzuerkennen ist.[45]

– Unbefugtes Benutzen von Namen und Bildern zu Werbezwecken

Beispiele: Ein bekannter Schauspieler wird vom Fotografen gebeten, sich zum Fotografieren auf dessen Motorroller zu setzen. Später erscheint das Bild im Inseratenteil mehrerer Zeitschriften mit der Unterschrift: „Berühmter Mann auf berühmtem Fahrzeug: Schauspieler D. auf X-Autoroller".[46] Ein Turnierreiter wird auf einem Reitturnier fotografiert, wie er gerade mit seinem Pferd über eine Hürde setzt. Das Foto wird von der Herstellerin eines Stärkungsmittels zu Werbezwecken benutzt.[47] Die Herstellerin von Präparaten zum Reinigen und Befestigen von Zahnprothesen erwähnt in einem Werbetext den Namen einer bekannten Sängerin.[48]

cc) Vom Schutzbereich umfaßter Schaden

660 Nach § 823 Abs. 1 hat der Schädiger den Schaden zu ersetzen, den er dem Geschädigten zugefügt hat, wobei noch die (ungeschriebene) Einschränkung zu machen ist, daß der entstandene Schaden in den Schutzbereich des § 823 Abs. 1 fallen muß (vgl. o. RdNr. 435 f.).

Beispiel: Schädig gerät mit seinem Pkw infolge überhöhter Geschwindigkeit in einer Kurve auf den Bürgersteig und verletzt den Fußgänger Wund schwer. Bei der deshalb erforderlichen ärztlichen Untersuchung wird festgestellt, daß Wund an einer Arterienverkalkung leidet. Deshalb wird er als Beamter frühzeitig pensioniert. Wund verlangt von Schädig auch den Differenzbetrag zwischen Pension und Gehalt bei einer Weiterbeschäftigung für die Zeit bis zur regulären Pensionsgrenze. Ob man in diesem Fall eine (haftungsausfüllende) Kausalität der Körperverletzung für den eingetretenen Vermögensschaden bejaht, hängt davon ab, mit welchem Inhalt man die Adäquanztheorie anwendet (vgl. dazu o. RdNr. 432, 434). Unabhängig davon muß es aber abgelehnt werden, den wegen der frühzeitigen Pensionierung

---

[41] Vgl. dazu *Brandner*, JZ 1983, 689.
[42] BGHZ 39, 124 ff. = NJW 1963, 902.
[43] BGHZ 24, 200 ff. = NJW 1957, 1315.
[44] BGHZ 27, 284 ff. = NJW 1958, 1344.
[45] BGHZ 24, 72 ff. = NJW 1957, 1146.
[46] BGHZ 20, 345 ff. = NJW 1956, 1554 (Paul Dahlke-Fall).
[47] BGHZ 26, 349 ff. = NJW 1958, 828 (Herrenreiter-Fall).
[48] BGHZ 30, 7 ff. = NJW 1959, 1269 (Catarina Valente-Fall); vgl. auch BGHZ 81, 75 ff. = NJW 1981, 2402, m. weit. Nachw.

IV. Unerlaubte Handlungen

Wund entstandenen Schaden unter den Schutzbereich des § 823 Abs. 1 zu fassen. Das Verbot, den Körper eines anderen zu verletzen, soll nicht davor schützen, daß verborgene Krankheiten des Verletzten entdeckt werden.[49]

Der Begriff des Schadens ist bisher nicht näher erläutert worden; er wurde vielmehr als von der Umgangssprache ausreichend bestimmt behandelt. Daß jedoch für den rechtlichen Begriff des Schadens zusätzliche Erläuterungen und Präzisierungen erforderlich sind, werden die folgenden Ausführungen zeigen.

Einschub: Der Begriff des Schadens

Wenn der Jurist den Begriff des Schadens als eine unfreiwillige Einbuße an rechtlich geschützten Gütern definiert, dann stimmt diese Beschreibung durchaus noch mit der Umgangssprache überein. Dieser Schadensbegriff umfaßt auch den Nichtvermögensschaden (immateriellen Schaden). **661**

Von einem **Vermögensschaden** (materiellen Schaden) spricht man, wenn der Geschädigte eine in Geld meßbare Einbuße erlitten hat. Die Verletzung von Leben, Körper, Gesundheit und Freiheit, die damit verbundenen Schmerzen und Aufregungen, bewirken einen immateriellen Schaden; zugleich können dadurch auch materielle Schäden als weitere Folgen verursacht werden (z. B. Arztkosten, Verdienstausfall). Die Unterscheidung zwischen materiellem und immateriellem Schaden ist deshalb von besonderer Bedeutung, weil wegen eines Schadens, der nicht Vermögensschaden ist, Entschädigung in Geld nur in den durch das Gesetz bestimmten Fällen gefordert werden kann (§ 253). Zu nennen ist hier insbesondere die Vorschrift des § 847, nach der in den dort genannten Fällen dem Verletzten für Nichtvermögensschäden eine Entschädigung (Schmerzensgeldanspruch) zusteht. Obwohl die Verletzung des allgemeinen Persönlichkeitsrechts (vgl. o. RdNr. 658 f.) in § 847 nicht erwähnt wird, hat die durch das Bundesverfassungsgericht bestätigte Rechtsprechung des BGH auch in diesem Fall dem Verletzten einen Schmerzensgeldanspruch zugebilligt. Allerdings wird ein solcher Anspruch davon abhängig gemacht, daß eine rechtswidrige und schuldhafte Verletzung des Persönlichkeitsrechts zu einer schwerwiegenden Beeinträchtigung führt. Als schwerwiegend gilt eine Verletzung, bei der entweder den Schädiger ein schwerer Schuldvorwurf trifft oder durch die das Persönlichkeitsrecht in einem besonderen Maße verletzt wird; hinzu muß noch kommen, daß der Geschädigte auf andere Weise keine ausreichende Genugtuung erlangen kann.[50]

Soweit für einen Nichtvermögensschaden eine Geldentschädigung nicht verlangt werden kann, bleibt nur die sog. Naturalrestitution, d. h. die Herstellung des Zustandes, der bestehen würde, wenn der zum Ersatz verpflichtende Umstand nicht eingetreten wäre (§ 249 S. 1). Die Naturalrestitution wird dabei in vielen Fällen des immateriellen Schadens unmöglich sein; beispielsweise kann eine Freiheitsberaubung nachträglich nicht ungeschehen gemacht werden.

Eine weitere Differenzierung innerhalb des Schadensbegriffs läßt sich danach vornehmen, ob der Schaden unmittelbar durch die Verletzungshandlung herbeigeführt wird (sog. Verletzungsschaden, z. B. der beim Verkehrsunfall erlittene Beinbruch) oder ob es sich dabei um einen Schaden handelt, der erst als weitere Folge eintritt (sog. Folgeschaden, z. B. die Kosten der Heilung des Bruches).[51] Da sich das Verschulden

---

[49] BGH NJW 1968, 2287.
[50] Vgl. *Brox*, BS, RdNr. 511 f., *Larenz*, SchuldR II, § 72 III a 7 (S. 630 f.).
[51] Vgl. *Fikentscher*, SchuldR, § 50 I 3 (S. 302).

des Schädigers nur auf die Verletzungshandlung, nicht auch auf den dadurch verursachten Schaden beziehen muß, kommt es nicht darauf an, ob die eingetretenen Folgeschäden voraussehbar sind (zur Ersatzpflicht für Folgeschäden im Rahmen des § 823 Abs. 1 vgl. o. RdNr. 654).

662 Den Ausgangspunkt für die Ermittlung eines Vermögensschadens bildet eine **Differenzhypothese**. Es wird das Vermögen in seinem Zustand nach dem schädigenden Ereignis mit der (hypothetischen) Vermögenslage verglichen, wie sie bestanden hätte, wenn das die Schadensersatzpflicht begründende Ereignis nicht eingetreten wäre. Die Differenz zwischen diesen beiden Vermögenslagen ergibt den zu ersetzenden Schaden.

Allerdings stellt die Differenzhypothese nur einen theoretischen Ansatz für die Schadensberechnung dar. Niemand wird auf den Gedanken kommen, das Vermögen des Geschädigten insgesamt zu ermitteln und zu vergleichen, wenn es darum geht, einen konkret feststehenden Schaden, z. B. den Verlust eines Buches, zu ersetzen. In solchen Fällen kann das Ergebnis der Differenzhypothese nicht zweifelhaft sein. Dennoch führt der Schadensersatz letztlich hier ebenfalls zum Ausgleich des Saldos beider Vermögenslagen, auch ohne daß hierfür eine umfassende Berechnung vorgenommen werden muß.

663 Bei der Differenzhypothese kann jedoch nicht in jedem Fall stehen geblieben werden; dies zeigen die folgenden Beispielsfälle:

Bei einer Schlägerei verletzt Arnold den Bertold, so daß dieser einen Arzt aufsuchen muß. Die Arztkosten werden von der gesetzlichen Krankenversicherung getragen, deren Mitglied Bertold ist.

Schussel, der als Zuschauer ein Radrennen besucht, beschädigt durch Unvorsichtigkeit das Rennrad des Sportlich. Als dies bekannt wird, sammeln die Freunde des Sportlich unter sich; der Erlös der Sammlung übersteigt um 20,— DM die Reparaturkosten.

Durch Unachtsamkeit des Schädig wird der Fahrschulwagen des Kundig beschädigt. Während der Reparaturzeit fallen 20 Fahrstunden aus. Kundig holt diese Fahrstunden außerhalb der üblichen Unterrichtszeit am späten Abend nach.[52]

In allen drei Fällen führt die Differenzhypothese zu dem Ergebnis, daß ein Vermögensschaden zu verneinen ist und daß der Schädiger deshalb keinen Ersatz zu leisten braucht. Dieses Ergebnis ist nicht gerecht. Im ersten Fall wird es dadurch vermieden, daß nach §§ 116, 117 Sozialgesetzbuch X (= 10. Buch) die Ansprüche des Bertold auf den Versicherungsträger übergehen und dieser von Arnold Ersatz der von ihm erbrachten Leistungen verlangen kann. Im zweiten Fall fehlt eine entsprechende gesetzliche Regelung. Es besteht aber Einvernehmen darüber, daß der Schädiger nicht durch freiwillige Leistungen Dritter entlastet wird, die aus Anlaß des Schadensereignisses dem Geschädigten erbracht werden. Nur wenn der Dritte für den Schädiger die Leistung bewirkt (§ 267 Abs. 1), gilt etwas anderes. Die Freunde des Sportlich wollen aber nicht Schussel entlasten, sondern Sportlich etwas schenken. Auch im dritten Fall ist der Verdienst, der aufgrund der Überstunden von Kundig erzielt worden ist, bei der Schadensberechnung nicht zu berücksichtigen. Anzurechnen sind solche Vorteile, die sich aus Maßnahmen ergeben, zu denen der Geschädigte nach § 254 Abs. 2 S. 1 zur Abwendung oder Minderung des Schadens verpflichtet ist. Bei den von Kundig geleisteten Überstunden handelt es sich aber um sog. „überpflichtmäßige" Anstrengungen. Sie kommen dem Schädiger nicht zugute.

---

[52] Fall von BGHZ 55, 329 ff. = NJW 1971, 836 = JuS 1971, 484.

IV. Unerlaubte Handlungen

Trotz dieser Einschränkungen gilt bei der Berechnung eines Vermögensschadens der Grundsatz, daß sich der Geschädigte wirtschaftliche Vorteile, die sich für ihn aus dem schädigenden Ereignis ergeben, anrechnen lassen muß (sog. **Vorteilsausgleichung**). Allerdings bereitet die Frage Schwierigkeiten, von welchen Voraussetzungen eine solche Vorteilsausgleichung abhängig ist. Eine allgemeine, stets zutreffende Antwort läßt sich kaum finden.[53] Eine Orientierung an typischen Einzelfällen ist deshalb geboten. **664**

Die vom Geschädigten ersparten Aufwendungen sind zugunsten des Schädigers in die Schadensberechnung aufzunehmen. Dies gilt beispielsweise für die ersparten häuslichen Verpflegungskosten, wenn sich der Geschädigte zur Ausheilung einer Verletzung im Krankenhaus befindet oder wenn er Fahrtkosten spart, die er ohne die Schädigung hätte aufwenden müssen.[54]

Die vorstehenden Ausführungen zeigen, daß ein Schadensbegriff, der allein auf der Differenzhypothese beruht (man kann ihn als „natürlichen Schadensbegriff" bezeichnen), Korrekturen bedarf, um nicht zu unbilligen Ergebnissen zu führen. Man stellt deshalb dem natürlichen Schadensbegriff einen normativen gegenüber, um zum Ausdruck zu bringen, daß auch dann ein Vermögensschaden aufgrund wertender Betrachtung bejaht werden kann, wenn rein rechnerisch ein vermögensmäßiger Nachteil nicht feststellbar ist.[55] Die Lehre vom **normativen Schaden** ist jedoch recht umstritten; auf die Streitfragen kann allerdings hier nicht näher eingegangen werden.[56] **665**

Schwierigkeiten kann auch die Frage bereiten, ob bestimmte Verletzungsfolgen überhaupt einen Vermögenswert besitzen. Diese Frage spielt insbesondere eine Rolle, wenn es um die **Entschädigung für entgangene Gebrauchsvorteile** geht. **666**

Beispiel: Arnold beschädigt schuldhaft das Kfz des Bertold. Die erforderliche Reparatur dauert eine Woche. Während dieser Zeit benutzt Bertold öffentliche Verkehrsmittel und das Fahrrad. Kann er eine Entschädigung von Arnold dafür verlangen, daß er während der Reparaturzeit kein Auto zur Verfügung hat?
Man ist zunächst geneigt, diese Frage mit der Begründung zu verneinen, daß es sich um einen Nichtvermögensschaden handelt, der hier geltend gemacht wird und dessen Ersatzfähigkeit gesetzlich nicht vorgesehen ist (vgl. § 253 u. o. RdNr. 661). Denn es geht doch nur um einen Ausgleich für die Unbequemlichkeit, die Bertold auf sich nahm. Andererseits ist aber auch zu berücksichtigen, daß die bloße Nutzungsmöglichkeit eines Pkw einen Vermögenswert aufweist, wie insbesondere die Autovermietung zeigt. Hinzu kommt, daß es wenig gerecht erscheint, den Verzicht des Geschädigten auf Anmietung eines Ersatzfahrzeuges (deren Kosten grundsätzlich einen ersatzfähigen Schaden darstellen) allein dem Schädiger zugute kommen zu lassen.

---

[53] So auch *Medicus*, BR, RdNr. 860.
[54] Vgl. *MünchKomm/Grunsky*, vor § 249 Rdr. 97ff., m. weit. Beispielen.
[55] Vgl. *Brox*, AS, RdNr. 320.
[56] Vgl. hierzu *Medicus*, JuS 1979, 233.

Der BGH hat in ständiger Rechtsprechung die Nutzungsmöglichkeit eines Kfz als ein vermögenswertes Gut angesehen, dessen Beeinträchtigung zu einem Vermögensschaden führt.[57] Dementsprechend kann in dem Beispielsfall Bertold eine angemessene Entschädigung für den Nutzungsausfall fordern. Die dogmatische Begründung für diese Auffassung ist im Schrifttum sehr umstritten,[58] zumal in anderen Fällen die Kommerzialisierung von Nutzungsmöglichkeiten und eine Entschädigungspflicht überwiegend auch vom BGH verneint werden.

So ist beispielsweise die Frage, ob auch die Nutzungsmöglichkeit eines Hauses einen Vermögenswert besitzt, vom BGH unterschiedlich beurteilt worden; sie wurde jetzt vom Großen Senat (vgl. § 132 Abs. 1, § 136 Abs. 1, § 137 GVG) bejaht.[59] Für unbegründet wurde ein Geldersatzanspruch wegen des Ausfalls der Nutzung eines Motorsportbootes[60] sowie eines privaten Schwimmbades angesehen.[61] Ebenfalls hat es der BGH abgelehnt, dem Käufer eines Pelzmantels im Rahmen eines Schadensersatzanspruchs wegen Nichterfüllung auch Ersatz für die entgangenen Gebrauchsvorteile zuzusprechen.[62] Seine ablehnende Auffassung hat das Gericht damit begründet, daß nach der Verkehrsauffassung die Benutzbarkeit eines Pelzmantels (anders als die eines Kfz) keinen selbständigen vom Substanzwert zu trennenden Vermögenswert bilde. Daß für nutzlos aufgewendete Urlaubszeit bei einem Reisevertrag (vgl. § 651a) eine angemessene Entschädigung in Geld gefordert werden kann, ist jetzt gesetzlich bestimmt (§ 651f Abs. 2).[63]

667 Die **Frage, in welcher Form der Schaden** vom Schädiger **zu ersetzen** ist, muß aufgrund der §§ 249 bis 251 entschieden werden. In Betracht kommt entweder die Herstellung des Zustandes, der bestehen würde, wenn der zum Ersatz verpflichtende Umstand nicht eingetreten wäre **(Naturalrestitution),** oder Entschädigung in Geld. In erster Linie wird Naturalrestitution geschuldet (§ 249 S. 1), während für einen Anspruch auf Geldersatz bestimmte im Gesetz genannte Voraussetzungen erfüllt sein müssen.

Beispiele für eine Naturalrestitution sind bei der Beschädigung einer Sache ihre Reparatur durch den Schädiger oder durch einen von ihm Beauftragten oder bei Beschädigung oder Verlust einer vertretbaren Sache (§ 91) die Lieferung einer gleichwertigen Sache durch den Verpflichteten, bei ehrverletzenden Behauptungen der Widerruf, sofern nicht ein weiterer auszugleichender Schaden besteht.

668 Soweit Naturalrestitution möglich ist, kann der Gläubiger sie stets fordern; eine Ausnahme gilt lediglich, wenn die Herstellung nur mit

---

[57] Vgl. z.B. BGHZ 40, 345 = NJW 1964, 542 = JuS 1964, 206; BGHZ 56, 214 = NJW 1971, 1692 = JuS 1972, 155; BGHZ 85, 11 = NJW 1982, 2304.
[58] Vgl. *Schiemann,* JuS 1988, 20, 22 ff.
[59] BGHZ 98, 212 = NJW 1987, 50 = JuS 1987, 574.
[60] BGHZ 89, 60 ff. = NJW 1984, 724.
[61] BGHZ 76, 179 = NJW 1980, 1386 = JuS 1980, 679.
[62] BGHZ 63, 393 = NJW 1975, 733 = JuS 1975, 464.
[63] Zur Frage, ob Urlaub und Freizeit ein Vermögenswert zuzuerkennen ist, vgl. *MünchKomm/Grunsky,* vor § 249 RdNr. 29 ff.

IV. Unerlaubte Handlungen

unverhältnismäßigen Aufwendungen möglich ist (§ 251 Abs. 2). In diesem Fall kann der Schädiger den Gläubiger in Geld entschädigen.

Die Frage, ob die zur Herstellung erforderlichen Aufwendungen unverhältnismäßig sind, beantwortet sich nach dem Wert des beeinträchtigten Rechtsguts, wobei die Kosten diesen Wert durchaus in einem angemessenen Rahmen übersteigen können. Sind die Voraussetzungen des § 251 Abs. 2 erfüllt, dann steht dem Schädiger eine Ersetzungsbefugnis zu (vgl. o. RdNr. 168 f.).

Geldersatz kann der Geschädigte vom Schädiger verlangen, wenn **669**
- Schadensersatz wegen Verletzung einer Person oder wegen Beschädigung einer Sache zu leisten ist (§ 249 S. 2; vgl. o. RdNr. 169),
- die vom Gläubiger dem Ersatzpflichtigen zur Naturalrestitution gesetzte angemessene Frist, die mit der Erklärung verbunden war, daß die Naturalrestitution nach Ablauf dieser Frist abgelehnt werde, ergebnislos verstrichen ist (§ 250),
- die Naturalrestitution nicht möglich ist oder zur Entschädigung des Gläubigers nicht genügt (§ 251 Abs. 1).

Aus dem Wort „soweit" in § 251 Abs. 1 ergibt sich, daß in Fällen, in denen die Naturalrestitution teilweise möglich ist, diese geschuldet wird und nur im übrigen Ersatz in Geld zu leisten ist.

Beispiel: Eich gibt seinen Pkw in die Reparaturwerkstatt des Emsig. Ein Gehilfe, der den Wagen in die Werkstatthalle fahren will, stößt infolge Unachtsamkeit mit einem anderen Fahrzeug zusammen. Die Naturalrestitution (Reparatur des Fahrzeuges) kann in diesem Fall von Emsig geleistet werden (vgl. aber § 249 S. 2). Hinsichtlich des sog. merkantilen Minderwertes, der Werteinbuße, die sich dadurch ergibt, daß das Fahrzeug trotz ordnungsgemäßer Reparatur als Unfallwagen weniger wert ist als ein entsprechendes unfallfreies Fahrzeug und deshalb beim Verkauf ein geringerer Erlös erzielt wird, muß eine Naturalrestitution ausscheiden und kommt nur eine Entschädigung in Geld in Betracht.

Wird Geld als Schadensersatz geschuldet, dann muß der zu zahlende **670** Betrag so bemessen sein, daß dadurch der entstandene Schaden in vollem Umfang ausgeglichen wird. Stets kann der Geschädigte Ersatz des sog. gemeinen Werts, d. h. des Werts verlangen, den der Gegenstand objektiv, also für jedermann, hat. Aber auch der subjektive Wert, der Wert also, den der Gegenstand nur für den Geschädigten besitzt, ist zu berücksichtigen, wenn er den gemeinen Wert übersteigt. In diesem Fall kann der Geschädigte verlangen, daß der Schadensberechnung der subjektive Wert (nicht zu verwechseln mit dem Gefühls- oder Liebhaberwert, dem Affektionswert oder Affektionsinteresse) zugrundegelegt wird, weil nach § 249 ff. der Geschädigte stets so zu stellen ist, wie er stehen würde, wenn das Schadensereignis nicht eingetreten wäre.

Beispiel: Durch Unachtsamkeit des Schussel entsteht ein Brand in dem Haus des Eich, bei dem ein seit vielen Jahren unbeachtet auf dem Dachboden stehendes Bild des Malers Farbenreich, eine seit mehreren Generationen in der Familie befindliche, hochgeschätzte Bibel und ein Teil einer kompletten Sammlung von Inflationsgeld vernichtet werden. Bei dem für das verbrannte Gemälde zu leistenden Schadensersatz ist der gemeine Wert des Bildes maßgebend; es kommt nicht darauf an, daß Eich das Gemälde geringachtete und es für ihn persönlich ohne Wert war. Andererseits bleibt der reine Gefühlswert, den die Familienbibel für Eich hatte, bei der Schadensberechnung außer Ansatz. Diesem „Affektionsinteresse" kommt kein Vermögenswert zu, so daß eine Entschädigung hierfür nicht gefordert werden kann (§ 253). Schussel ist also nur verpflichtet, den gemeinen Wert der Bibel zu ersetzen. Bei der Berechnung des Schadens, der durch die Vernichtung des Inflationsgeldes entstanden ist, muß dagegen beachtet werden, daß es sich hierbei um Teile einer Sammlung gehandelt hat. Es ist also nicht allein der gemeine Wert der vernichteten Banknoten, sondern auch der Minderwert, der sich für die gesamte Sammlung dadurch ergibt, daß sie in einem erheblichen Umfang unvollständig geworden ist, auszugleichen. Denn nur dann wird der entstandene Schaden, d. h. der Schaden des Ersatzberechtigten, voll ausgeglichen. Insoweit wirken sich also individuelle Besonderheiten bei der Schadensberechnung aus.

671 Der zu ersetzende Schaden umfaßt auch den entgangenen Gewinn (§ 252 S. 1). Als entgangener Gewinn sind alle Vermögensvorteile anzusehen, die der Geschädigte gehabt hätte, wenn nicht das Schadensereignis eingetreten wäre.

Beispiele: Der höhere Preis, der bei Verkauf von Waren zu erzielen ist; die Einkünfte, die der Geschädigte gehabt hätte, wenn er seinem Gewerbe hätte nachgehen können. Da der Richter bei der Feststellung, ob und welcher Gewinn dem Geschädigten entgangen ist, eine noch in der Zukunft liegende und deshalb unsichere Entwicklung bewerten muß, können sich insoweit für den Geschädigten Beweisschwierigkeiten ergeben. § 252 S. 2 mindert deshalb die Beweisanforderungen und läßt es genügen, daß ein Gewinn „mit Wahrscheinlichkeit erwartet werden konnte".

672 Es entspricht dem Grundsatz von Treu und Glauben, eine Mitwirkung des Geschädigten an der Verursachung des Schadens zu berücksichtigen. § 254 Abs. 1 schreibt dementsprechend vor, eine Schadensersatzpflicht vom Verschulden des Geschädigten abhängig zu machen. Je nach dem Maß der Mitverursachung und dem Grad des mitwirkenden Verschuldens kann die Verpflichtung zum Schadensersatz völlig entfallen oder der zu ersetzende Schaden in seinem Umfang gemindert werden.

§ 254 meint ein Verschulden gegen sich selbst im Sinne einer Obliegenheitsverletzung (vgl. o. RdNr. 363). Hat der Geschädigte die im Verkehr erforderliche Sorgfalt außer acht gelassen und dadurch den entstandenen Schaden vergrößert oder dessen Entstehung überhaupt erst möglich gemacht, dann verletzt er dadurch keine Rechtspflicht, die ihm gegenüber anderen obliegt, sondern handelt eigenen Interessen zuwider, weil dies nach § 254 zu seinem Nachteil bei der Schadensersatzpflicht des Schädigers berücksichtigt wird. Der Geschädigte muß sich nach § 254 Abs. 2 S. 2 auch ein Verschulden gesetzlicher Vertreter oder von Erfüllungsgehilfen zurechnen lassen (vgl. dazu o. RdNr. 486).

In Fällen der Gefährdungshaftung (vgl. o. RdNr. 648) ist die Vorschrift des § 254 auch ohne Verschulden des Geschädigten anzuwenden.

Beispiel: Schussel überholt mit seinem Fahrrad eine sich im Stau im Schrittempo vorwärts bewegende Pkw-Kolonne und beschädigt dabei durch Unachtsamkeit das Kfz des Eich. Eich muß sich hier nach § 254 auf seinen Schadensersatzanspruch nach

§ 823 Abs. 1 gegen Schussel die sog. Betriebsgefahr seines Pkw anrechnen lassen, denn nach § 7 Abs. 1 StVG hat er für diese Betriebsgefahr einzustehen. Nur soweit es sich bei dem Unfall um ein für Eich unabwendbares Ereignis handelt, hat die Anrechnung der Betriebsgefahr nach § 7 Abs. 2 StVG zu unterbleiben.[64]

Bei Anwendung des § 254 ist folgendes **Prüfungsschema** anzuwenden:
- Hat der Geschädigte die im Verkehr erforderliche Sorgfalt beachtet (Sorgfaltsverstoß) oder muß er sich (verschuldensunabhängig) eine Betriebsgefahr zurechnen lassen?
- Ist der Geschädigte zurechnungsfähig (§§ 827, 828 in entsprechender Anwendung)?

Sofern nicht für eine Betriebsgefahr einzustehen ist und es also auf ein Verschulden ankommt, muß auch eine Verschuldensfähigkeit des Geschädigten bejaht werden können.
- Hat der Sorgfaltsverstoß oder die Betriebsgefahr adäquat kausal den Schaden (mit)verursacht?
- Welcher Anteil an der Schadensverursachung ist dem Geschädigten zuzurechnen?
- Wie groß ist das Verschulden des Geschädigten insbesondere im Vergleich zur Schuld des Schädigers?

Die Antworten auf die beiden letzten Fragen bestimmen den Umfang des dem Geschädigten zustehenden Ersatzanspruchs, wobei in erster Linie das Maß seiner Mitverursachung entscheidet.

dd) Rechtswidrigkeit

Ein Verhalten, das den objektiven Tatbestand des § 823 Abs. 1 verwirklicht, löst nur dann eine Verpflichtung zum Schadensersatz aus, wenn es rechtswidrig ist. Dies wird in § 823 Abs. 1 ausdrücklich durch das Wort „widerrechtlich" hervorgehoben. „Rechtswidrig" (oder „widerrechtlich") ist das, was dem Recht zuwiderläuft, was also verboten ist. Das Verbot kann sich aus dem Gesetz, aber auch aus einem Rechtsgeschäft ergeben. Wer einer vertraglich übernommenen Pflicht zuwiderhandelt, verhält sich rechtswidrig. Die Rechtswidrigkeit (hier als Vertragswidrigkeit oder Pflichtwidrigkeit zu bezeichnen) ist bei Leistungsstörungen so offensichtlich, daß davon ohne nähere Prüfung ausgegangen wird.[65] Deshalb spielt die Rechtswidrigkeit – anders als im Deliktsrecht – im Vertragsrecht keine besondere Rolle. Im Rahmen des Deliktsrechts kann man sich bei der Frage, wann jemand rechtswidrig handelt, auf den Standpunkt stellen, daß der Gesetzgeber bereits durch Beschreibung der unerlaubten Handlung in den einzelnen Tatbeständen der §§ 823 ff. geklärt hat, welche Handlungen verboten sind, so daß die Rechtswidrigkeit eines Verhaltens (zumindest bei einer positiven Handlung) ohne weiteres feststeht, wenn der Tatbestand einer Deliktsnorm verwirklicht wird. Bei dieser Betrachtungsweise ist also allein aufgrund der bloßen Verletzung einer geschützten Rechtsposition das Urteil über die Rechtswidrigkeit eines Verhaltens zu fällen. Weil es danach nur auf den „Erfolg" des Verhaltens (im Sinne der Herbeiführung der Verlet-

673

---

[64] Vgl. *Brox*, AS, RdNr. 360.
[65] *Hübner*, RdNr. 269.

zung) ankommt, wird die Meinung, die auf diese Weise die Rechtswidrigkeit bestimmen will, die **Lehre vom Erfolgsunrecht** genannt; sie läßt sich in der Kurzformel zusammenfassen: Die Tatbestandsmäßigkeit (im Sinne einer Deliktsnorm) indiziert die Rechtswidrigkeit.

Das Indiz wird widerlegt, wenn sich der Schädiger auf einen Rechtfertigungsgrund berufen kann, der die Verletzung fremder Rechte oder Rechtsgüter ausnahmsweise erlaubt. Einen Rechtfertigungsgrund bilden u. a. die Notwehr (§ 227), der Verteidigungsnotstand (§ 228), das Selbsthilferecht (§ 229), der Angriffsnotstand (§ 904), der früher sog. übergesetzliche Notstand, der jetzt in § 34 StGB (rechtfertigender Notstand) geregelt ist, die berechtigte GoA (vgl. o. RdNr. 604) und die Einwilligung des Verletzten. Auf diese Rechtfertigungsgründe kann hier nicht näher eingegangen werden.[66] Es soll lediglich darauf hingewiesen werden, daß die Einwilligung kein Rechtsgeschäft darstellt und daß deshalb auch ein Minderjähriger wirksam einwilligen kann, wenn er nach seiner geistigen und sittlichen Reife die Bedeutung des Eingriffs und seiner Gestattung zu ermessen vermag.[67]

674 Die Lehre vom Erfolgsunrecht war lange Zeit unbestritten. Heute wird ihr die **Lehre vom Handlungsunrecht** entgegengesetzt. Beide Auffassungen stimmen zunächst in der Bewertung eines vorsätzlichen Verhaltens überein. Wer mit Wissen und Wollen (vgl. o. RdNr. 163) in eine durch die §§ 823 ff. geschützte Rechtsposition eines anderen eingreift, handelt rechtswidrig, wenn er sich nicht ausnahmsweise auf einen Rechtfertigungsgrund berufen kann. Dagegen lehnt es die Lehre vom Handlungsunrecht ab, bei nichtvorsätzlichem Verhalten allein aufgrund des Verletzungserfolges über die Rechtswidrigkeit eines Verhaltens zu entscheiden; diese Lehre meint, wer sich so verhalte, wie es die im Verkehr zu beobachtende Sorgfalt gebiete, der handle auch dann nicht rechtswidrig, wenn er Rechtspositionen anderer verletze. Nach dieser Meinung kommt es für das Rechtswidrigkeitsurteil darauf an, ob gegen die dem Handelnden obliegende Sorgfaltspflicht verstoßen wird, d. h., ob spezielle Verhaltensregeln (soweit einschlägige bestehen) oder die im Verkehr gebotene Sorgfalt (§ 276 Abs. 1 S. 2) mißachtet werden. Die Rechtswidrigkeit wird danach nicht erfolgs-, sondern handlungsbezogen gedacht.

Nach der Lehre vom Handlungsunrecht deckt sich also der in § 276 Abs. 1 S. 2 genannte (objektive) Fahrlässigkeitsmaßstab mit dem Rechtswidrigkeitsbegriff. Für die Frage nach der Schuld bleibt dann nur, die individuelle Vorwerfbarkeit eines Verhaltens zu prüfen; denn über die objektive Fahrlässigkeit ist bereits im Rahmen der voranzustellenden Untersuchung der Rechtswidrigkeit zu befinden. Es liegt auf der Hand, daß auf diese Weise die Unterscheidung zwischen Rechtswidrigkeit und Schuld zumindest teilweise aufgehoben wird. Diese Konsequenz bildet den Hauptangriffspunkt gegen die Lehre vom Handlungsunrecht.

---

[66] Vgl. dazu *Medicus,* AT, RdNr. 150 ff.; SchuldR II, § 136 II 3, 4 (S. 338 ff.); *Larenz,* AT, § 15 (S. 256 ff.), SchuldR II, § 71 I c (S. 594 f.).

[67] BGHZ 29, 33, 36 ff. = NJW 1959, 811; *Medicus,* SchuldR II, § 136 II 4a, b (S. 340).

IV. Unerlaubte Handlungen

Eine **vermittelnde Auffassung** schließt sich der Lehre vom Erfolgsunrecht in den Fällen an, in denen die (nichtvorsätzliche) Verletzung eines in § 823 Abs. 1 genannten Rechtsguts oder Rechts durch einen „unmittelbaren" (direkten) Eingriff geschieht, d. h. in denen der Verletzungserfolg derart im Rahmen eines Handlungsablaufs eintritt, daß die Zurechnung zu der handelnden Person eindeutig ist (Beispiel: A fährt mit seinem Kfz auf den Pkw des B auf und beschädigt ihn). Dagegen soll bei mittelbaren Verletzungen, bei denen erst der Verletzungserfolg durch das Dazwischentreten weiterer Ursachen herbeigeführt wird, die Rechtswidrigkeit aus der Verletzung einer Verhaltenspflicht folgen (Beispiel: A parkt sein Kfz unbeleuchtet am Straßenrand; auf das Fahrzeug fährt B mit seinem Pkw auf und wird erheblich verletzt); insoweit stimmt also die vermittelnde Ansicht der Lehre vom Handlungsunrecht zu. 675

Bei der tatbestandlichen Verwirklichung des § 823 Abs. 1 durch **Unterlassungen** stimmen alle Auffassungen darin überein, daß eine Rechtspflicht zum Tätigwerden, also eine Verhaltenspflicht, darüber entscheidet, ob ein Verhalten als rechtswidrig zu werten ist. Allerdings gehen innerhalb der Lehre vom Erfolgsunrecht die Meinungen darüber auseinander, ob die Verhaltenspflicht nur für die Rechtswidrigkeit oder (auch) für die Tatbestandsmäßigkeit maßgebend ist (vgl. o. RdNr. 651); praktische Konsequenzen folgen aus dieser Meinungsverschiedenheit jedoch nicht. 676

Verhaltensregeln, die insbesondere auch ein Tätigwerden vorschreiben, ergeben sich vornehmlich aus den **Verkehrspflichten** oder Verkehrssicherungspflichten (beide Begriffe werden hier synonym gebraucht[68]). Solche Pflichten geben demjenigen auf, der eine Gefahrenquelle schafft oder unterhält, die erforderlichen und zumutbaren Maßnahmen zu treffen, um Schäden von der Allgemeinheit abzuwenden. Wer einen „Verkehr" eröffnet, d. h. einen räumlich-gegenständlichen Bereich, der für die Allgemeinheit oder doch für einen größeren Personenkreis zugänglich ist, wie z. B. ein Kaufhaus, ein Ladenlokal, eine Gastwirtschaft, der muß sich im Rahmen des Möglichen und Zumutbaren darum bemühen, die sich hierdurch ergebenden Gefahren möglichst gering zu halten; er hat die Einrichtung in einem baulich einwandfreien Zustand zu halten, sie zu reinigen, zu beleuchten, für einen sicheren Zustand der Zugänge zu sorgen, beispielsweise bei Glatteis zu streuen. Wer eine Baugrube aushebt, der muß sie durch Warntafeln und Absperrungen sichern und bei Dunkelheit beleuchten. Wer am Straßenverkehr teilnimmt, muß die Verkehrsregeln beachten. Aus dem Betrieb eines Gewerbes oder eines Berufs können besondere Verkehrspflichten erwachsen; so sind beispielsweise Produzenten verpflichtet, das Inverkehrbringen fehlerhafter Produkte zu unterlassen, durch die Verbraucher geschädigt werden können.[69]

---

[68] Zum Teil wird im Schrifttum allerdings versucht, einen begrifflichen Unterschied zwischen beiden zu machen (so *MünchKomm/Mertens*, § 823 RdNr. 183).
[69] Auf die sich im Zusammenhang mit den Verkehrs(sicherungs)pflichten ergebenden Fragen kann hier nicht näher eingegangen werden; vgl. dazu *Larenz*, SchuldR II, § 72 I d (S. 611 ff.); *Medicus*, BR, 641 ff.

677 Zur Erläuterung der Unterschiede, zu denen die dargelegten Auffassungen führen, dienen die folgenden

Beispielsfälle: Max, der bei Rot die Straße überquert, wird von dem Pkw des Moritz erfaßt und schwer verletzt. Moritz konnte sein Fahrzeug nicht mehr rechtzeitig abbremsen, obwohl er mit angemessener Geschwindigkeit fuhr.

Luftikus, der sein Geld mit einer Schiffschaukel verdient, verwendet beim Aufbau der Schaukel nicht die vorgeschriebene Sicherheitsschraube, sondern eine andere. Diese Schraube hält der Belastung nicht stand und bricht nach mehrstündiger Benutzung der Schaukel. Deshalb kommt es zu einem Unfall, bei dem Wund verletzt wird.

In dem Gebiet, das die Elektrizitätswerke Y-Stadt mit Strom versorgen, ereignen sich jährlich mehrere Unfälle durch elektrischen Strom. Es kann mit Sicherheit ausgeschlossen werden, daß sich solche Unfälle vermeiden lassen.

In allen drei Fällen stellt sich die Frage, ob ein rechtswidriges Verhalten zu bejahen ist. Im ersten Fall hat sich Moritz durchaus verkehrsgerecht verhalten, dennoch aber Max verletzt. Die Lehre vom Erfolgsunrecht bejaht deshalb die Rechtswidrigkeit, während sie die Lehre vom Handlungsunrecht verneint, weil Moritz weder gegen eine spezielle Verhaltensregel noch gegen das allgemeine Sorgfaltsgebot verstoßen hat. Der BGH hat in einer älteren Entscheidung die Auffassung vertreten, daß derjenige, der den Regeln des Straßen- und Eisenbahnverkehrs voll Rechnung trage, nicht rechtswidrig handle, und einen Rechtfertigungsgrund des verkehrsrichtigen (ordnungsgemäßen) Verhaltens eines Teilnehmers am Straßen- und Eisenbahnverkehr angenommen.[70] Daß der BGH an einem solchen Rechtfertigungsgrund heute noch festhält, ist jedoch zu bezweifeln.

Im zweiten Fall bereitet bereits die Frage Schwierigkeiten, ob die Verletzungshandlung in einem Tun (Verwendung einer nicht geeigneten Schraube) oder in einem Unterlassen (Nichtverwendung der vorgeschriebenen Sicherheitsschraube) besteht. Solche Wertungs- und Abgrenzungsschwierigkeiten sind durchaus nicht selten. Häufig hängt es von der Betrachtungsweise ab, ob man eine Verletzung durch Tun oder Unterlassen annehmen will. Dies zeigt auch der folgende Beispielsfall: Scharf lädt scharfkantige Blechabfälle auf seinem eingezäunten Lagerplatz ab und vergißt, die Tür des Platzes zu schließen. Deshalb können Kinder den Platz betreten und dort spielen. Eines der Kinder wird durch die Blechabfälle erheblich verletzt.[71] Hier kann man sowohl die Verletzungshandlung in dem Abladen des Bleches (= Tun) oder im Nichtverschließen der Tür (= Unterlassen) sehen. Aber gleichgültig wie man beide Fälle bewerten will, man kann das Rechtswidrigkeitsurteil nur daraus ableiten, daß eine Verkehrssicherungspflicht verletzt worden ist. Denn allein im Aufstellen einer Schiffschaukel oder im Abladen von Blechen kann kein rechtswidriges Verhalten gefunden werden, auch wenn aufgrund weiterer hinzutretender Umstände ein Mensch verletzt wird. Stellt man auf das Unterlassen ab, dann muß auch auf der Grundlage der Lehre vom Erfolgsunrecht die Rechtswidrigkeit des Verhaltens damit begründet werden, daß eine Rechtspflicht zum Handeln bestanden hat, die verletzt worden ist. Denn das bloße Unterlassen vermag noch nicht die Rechtswidrigkeit des Verhaltens zu indizieren; sonst würde jeder rechtswidrig handeln, der hätte eingreifen und damit den Schaden abwenden können. Dies wäre beispielsweise im Lagerplatzfall jeder Passant, der die Tür durch Zuziehen hätte schließen können (vorausgesetzt, daß die Tür zum Lagerplatz mit einem Schnappschloß versehen wäre, das beim bloßen Zuziehen einrastete). Anders wäre dagegen nach der Auffassung vom Erfolgsunrecht zu entscheiden,

---

[70] BGHZ 24, 21, 26 = NJW 1957, 785.
[71] Beispiel von *Medicus*, BR, RdNr. 644.

IV. Unerlaubte Handlungen

wenn man die Verletzungshandlung in einem positiven Tun erblickte; dann würde durch den Verletzungserfolg die Rechtswidrigkeit indiziert sein und auf die Feststellung eines Verstoßes gegen Verhaltenspflichten käme es nicht an. Dieser Unterschied ergibt sich weder für die Lehre vom Handlungsunrecht noch für die vermittelnde Meinung, denn beide machen hier das Rechtswidrigkeitsurteil von dem Verstoß gegen eine Verhaltenspflicht abhängig. Für die vermittelnde Auffassung folgt dies daraus, daß sowohl im Schiffschaukelfall als auch im Lagerplatzfall die Verletzung von Körper und Gesundheit nicht durch einen direkten Eingriff, sondern erst aufgrund weiterer „Zwischenursachen" herbeigeführt worden ist.

Das Ergebnis im dritten Fall, daß die Lieferung von Strom kein rechtswidriges Verhalten darstellt, kann nicht zweifelhaft sein. Die Lehre vom Erfolgsunrecht hat aber erhebliche Schwierigkeiten, dieses Ergebnis zu begründen. Nach ihr müßte die Stromlieferung als positives Tun, das zu einer (als sicher voraussehbaren) Verletzung von Leben, Körper und Gesundheit führt, die Rechtswidrigkeit indizieren, wenn kein Rechtfertigungsgrund (welcher?) eingriffe. Die Lehre vom Handlungsunrecht und auch die vermittelnde Auffassung können hier die Rechtswidrigkeit deswegen verneinen, weil weder eine spezielle Verhaltenspflicht noch das allgemeine Sorgfaltsverbot verletzt werden. Auch in diesem Fall handelt es sich nur um eine mittelbare Verletzung, weil die latente Gefahr, die in der Lieferung von Strom liegt, erst durch das Dazwischentreten weiterer Ursachen, insbesondere durch das Verhalten der Geschädigten, zum Schaden führt.

Trotz der dargestellten Unterschiede, zu denen die verschiedenen Auffassungen in diesen Beispielsfällen bei der Beurteilung der Rechtswidrigkeit gelangen, darf nicht übersehen werden, daß in der Beurteilung der Rechtsfolgen Einvernehmen besteht. Verneint oder bejaht die Lehre vom Handlungsunrecht den Verstoß gegen das allgemeine Sorgfaltsgebot bereits im Rahmen der Rechtswidrigkeitsuntersuchung, dann gelangt die Lehre vom Erfolgsunrecht zum gleichen Ergebnis bei Erörterung des Verschuldens. Es wird deshalb im Schrifttum zu Recht die Frage gestellt, ob der theoretische Aufwand für diesen Meinungsstreit überhaupt lohnt.[72]

Auch die Anhänger der Lehre vom Erfolgsunrecht verneinen das Indizieren der Rechtswidrigkeit durch Verletzung eines geschützten Rechts im Bereich der sog. **offenen Verletzungstatbestände,** zu denen vor allem der Eingriff in den eingerichteten und ausgeübten Gewerbebetrieb und die Verletzung des Persönlichkeitsrechts gehören. Hier kommt es für das Rechtswidrigkeitsurteil darauf an, ob das schadensverursachende Verhalten gegen „Gebote der gesellschaftlichen Rücksichtnahme" verstößt.[73] Dieses Gebot stellt eine im Einzelfall näher zu konkretisierende Verhaltenspflicht dar, so daß in diesem Bereich zwischen den verschiedenen Auffassungen der Rechtswidrigkeit kein Unterschied besteht.

678

Zusammenfassend läßt sich also feststellen:
– Alle Auffassungen stimmen darin überein, daß
  - ein vorsätzlicher Eingriff in eine durch die §§ 823ff. geschützte Rechtsposition als rechtswidrig zu bewerten ist,
  - bei Unterlassungen das Rechtswidrigkeitsurteil von der Verletzung einer Verhaltenspflicht abhängt,

679

---

[72] *Kötz,* Deliktsrecht, 3. Aufl. 1983, S. 57.
[73] BGHZ 74, 9, 14 = NJW 1979, 1351 = JuS 1979, 743.

§ 8 Einzelne gesetzliche Schuldverhältnisse

- bei „offenen Verletzungstatbeständen", wie z. B. bei Eingriffen in den eingerichteten und ausgeübten Gewerbebetrieb und bei der Verletzung des allgemeinen Persönlichkeitsrechts, die Rechtswidrigkeit nur durch Verletzung einer Verhaltenspflicht begründet wird.
- Die Lehre vom Erfolgsunrecht geht bei Verletzungen der „klassischen" (ausdrücklich in § 823 Abs. 1 genannten) Rechtsgüter und des Eigentums durch positives Tun ohne weitere Prüfung von der Rechtswidrigkeit aus, wenn nicht ausnahmsweise ein Rechtfertigungsgrund eingreift. Die Lehre vom Handlungsunrecht bejaht dagegen die Rechtswidrigkeit nur bei einem Verstoß gegen spezielle Verhaltensregeln oder gegen das allgemeine Sorgfaltsgebot.
- Die vermittelnde Auffassung entscheidet bei unmittelbaren Verletzungen der „klassischen" Rechtsgüter und des Eigentums wie die Lehre vom Erfolgsunrecht, bei mittelbaren Verletzungen dagegen wie die Lehre vom Handlungsunrecht.

Die theoretisch sehr interessante Auseinandersetzung mit den Grundlagen der verschiedenen Auffassungen und der Stichhaltigkeit einzelner Begründungen, die für sie gegeben werden, gehört nicht zum Programm eines Grundkurses. Die Kenntnis des Inhalts der verschiedenen Lehren, von denen jede in einer Fallbearbeitung vertreten werden kann, genügt.[74]

ee) Verschulden und Billigkeitshaftung

680 Die Verpflichtung zum Schadensersatz ist im Deliktsrecht wie auch bei Leistungsstörungen grundsätzlich davon abhängig, daß ein Verschuldensfähiger schuldhaft gehandelt hat (vgl. o. RdNr. 648) und daß Entschuldigungsgründe nicht eingreifen. Verschuldensfähig (deliktsfähig) ist jeder, dessen Verantwortlichkeit nicht nach §§ 827, 828 ausgeschlossen ist. Verschulden bedeutet regelmäßig Vorsatz und Fahrlässigkeit (zu diesen Begriffen vgl. o. RdNr. 163 f.). Bei § 826 reicht allerdings ein fahrlässiges Verhalten nicht aus (dazu u. RdNr. 687). Ein Entschuldigungsgrund ist z. B. ein nicht auf Fahrlässigkeit beruhender Irrtum über ein Verbot. Weitere Entschuldigungsgründe lassen sich dem Strafrecht entnehmen.[75]

681 Auch wer nach §§ 827, 828 für einen von ihm verursachten Schaden nicht verantwortlich ist, kann gleichwohl nach § 829 schadensersatzpflichtig sein. Diese Schadensersatzpflicht ist von folgenden **Voraussetzungen** abhängig:
- Der Ersatzpflichtige muß den objektiven Tatbestand einer unerlaubten Handlung verwirklicht und dabei rechtswidrig gehandelt haben. Soweit nicht der Schaden gerade durch den die Unzurechnungsfähigkeit

---

[74] Vgl. zu diesem Meinungsstreit *Hübner*, RdNr. 270 ff.; *Kötz*, aaO, S. 54 ff.
[75] Vgl. dazu *MünchKomm/Hanau*, § 276 RdNr. 67 ff.

IV. Unerlaubte Handlungen 363

herbeiführenden Zustand des Schädigers verursacht wird (Beispiel: Plötzlicher Ohnmachtsanfall eines Autofahrers und dadurch Verursachung eines Unfalls; vgl. auch o. RdNr. 650), ist zu verlangen, daß der Ersatzpflichtige in subjektiver Hinsicht so gehandelt hat, daß beim Zurechnungsfähigen Vorsatz oder Fahrlässigkeit (je nach der im konkreten Tatbestand geforderten Verschuldensform) zu bejahen wäre.

Da der objektive Tatbestand der deliktischen Haftungsnormen stets eine Handlung des Ersatzpflichtigen voraussetzt, aber derjenige, der im Zustand fehlender Bewußtseinskontrolle und Willenslenkung einen Schaden verursacht, nicht handelt (vgl. o. RdNr. 650), scheint § 829 in solchen Fällen nicht anwendbar zu sein. Der BGH will dennoch diese Vorschrift auch dann heranziehen, wenn jede willensmäßige Steuerung des körperlichen Verhaltens ausgeschlossen ist, und hat dementsprechend einen Autofahrer, der am Steuer seines Wagens einen Gehirnschlag erlitt und im Zustand tiefer Bewußtlosigkeit einen Unfall verursachte, aufgrund des § 829 für ersatzpflichtig erklärt.[76] Dieser Entscheidung ist im Ergebnis zuzustimmen, jedoch ist bei derartigen Sachverhalten zu unterscheiden: Ist die Verletzungs-„Handlung" auf eine bewußte und gewollte Aktivität zurückzuführen, wie in dem vom BGH entschiedenen Fall die Inbetriebnahme eines Kfz, oder in dem Beispielsfall der ohnmächtig werdenden Frau Alt (o. RdNr. 650) das Betreten des Kaufhauses, dann ist nach Sinn und Zweck des § 829 eine Haftung zu bejahen; denn hierbei wird der Verletzungserfolg gleichsam in Fortführung dieser Aktivität verursacht. Anders ist dagegen zu entscheiden, wenn der Verletzungserfolg unabhängig von einer willentlich begonnenen Aktivität eintritt (Beispiel: Der in Narkose befindliche Patient schlägt um sich und verletzt den behandelnden Arzt). Bei Sachverhalten der zweiten Fallgruppe ist die Anwendung des § 829 abzulehnen.[77]

– Ein Schadensersatz darf nicht von einem aufsichtspflichtigen Dritten (vgl. § 832) zu erlangen sein. Dabei ist es unerheblich, ob die Realisierung eines Schadensersatzanspruchs gegen den Aufsichtspflichtigen aus rechtlichen oder tatsächlichen Gründen (z. B. wegen Vermögenslosigkeit) scheitert.

– Die Billigkeit muß nach den Umständen, insbesondere nach den Vermögens- und sonstigen Lebensverhältnissen der Beteiligten, aber auch nach Art und Weise der Verletzung, eine Schadloshaltung fordern, und dem Ersatzpflichtigen dürfen durch die von ihm zu leistende Entschädigung nicht die Mittel entzogen werden, die er zum angemessenen Unterhalt und zur Erfüllung seiner gesetzlichen Unterhaltspflichten benötigt.

2. § 823 Abs. 2

§ 823 Abs. 2 verpflichtet denjenigen zum Schadensersatz, der einen **682** anderen rechtswidrig und schuldhaft durch Verstoß „gegen ein den Schutz eines anderen bezweckendes Gesetz" schädigt. Bei der Frage, ob

---

[76] BGHZ 23, 90 = NJW 1957, 674; vgl. auch BGH JZ 1987, 40; kritisch *Esser/Weyers*, SchuldR II, § 55 III 2 (S. 475).
[77] *MünchKomm/Mertens*, § 829 RdNr. 9ff.

eine Regelung den Charakter eines Schutzgesetzes iSv. § 823 Abs. 2 besitzt – wobei der Begriff „Gesetz" nicht im formellen Sinn zu verstehen ist, sondern darunter jede Rechtsnorm fällt (Art. 2 EGBGB), also auch Rechtsverordnungen und Satzungen –, muß einmal geprüft werden, ob die in Betracht zu ziehende Vorschrift überhaupt den Schutz von Individualinteressen bezweckt oder nur allgemeinen (öffentlichen) Interessen dient; nur wenn sich feststellen läßt, daß zumindest neben allgemeinen Belangen das Interesse einzelner mitgeschützt werden soll, handelt es sich um ein Schutzgesetz. Es muß sich dann jedoch die weitere Frage anschließen, ob das Schutzgesetz den Betroffenen gerade vor solchen Nachteilen schützen soll, wie sie im konkreten Fall eingetreten sind.

Diese Haftungsbegrenzung nach dem Schutzzweck der verletzten Norm ist – wie ausgeführt (o. RdNr. 435 f.) – bei jeder haftungsbegründenden Norm vorzunehmen; § 823 Abs. 2 und die im Rahmen dieser Vorschrift durchzuführende Ermittlung des Zwecks eines verletzten Schutzgesetzes waren hierfür Vorbild.

Bei der Anwendung des § 823 Abs. 2 bereitet nicht selten die Frage, welchen Interessen ein Gesetz dient, die größten Schwierigkeiten. Dazu gibt es eine Reihe umfangreicher Untersuchungen und eine Fülle von Rechtsprechung, auf die hier nicht näher eingegangen werden kann.[78]

683 Soweit ein verletztes Schutzgesetz Rechtspositionen schützt, die auch von der Vorschrift des § 823 Abs. 1 umfaßt werden, können die Ansprüche nach Absatz 1 und Absatz 2 miteinander konkurrieren. Zu beachten ist aber, daß bei Verletzung von Gesetzen zum Schutz des eingerichteten und ausgeübten Gewerbebetriebs die sich dann ergebenden Ansprüche aus § 823 Abs. 2 solchen aus Absatz 1 vorgehen (vgl. o. RdNr. 657). Besondere Bedeutung erlangt die Vorschrift des § 823 Abs. 2 in Fällen, in denen das verletzte Schutzgesetz Rechtspositionen betrifft, die nicht von § 823 Abs. 1 geschützt werden. Hier ist insbesondere das Vermögen zu nennen. Zum Schutz des Vermögens dienen beispielsweise die Strafbestimmungen gegen Betrug und Untreue (§§ 263 ff. StGB), die Schutzgesetze iSd. § 823 Abs. 2 darstellen.

684 Ein Schadensersatzanspruch nach § 823 Abs. 2 ist nur dann begründet, wenn das in Betracht kommende Schutzgesetz in objektiver und subjektiver Hinsicht verwirklicht ist. Soweit ein vorsätzliches Handeln hierfür erforderlich ist, muß auch dies bejaht werden können.

Schussel, der im Restaurant „Zum krummen Löffel" zu Mittag ißt, stößt versehentlich eine Vase vom Tisch. Die Vase geht dabei zu Bruch. Ein Anspruch des Wirts gegen Schussel ist nach § 823 Abs. 1 begründet, weil Schussel rechtswidrig und schuldhaft (fahrlässig) das Eigentum des Wirts an der Vase verletzt hat. Dagegen scheidet ein Anspruch nach § 823 Abs. 2 iVm. § 303 StGB aus. Zwar schützt die Strafnorm das Eigentum des Wirts gegen Beschädigungen und Zerstörung, aber die Sachbeschädigung muß vorsätzlich begangen sein; Fahrlässigkeit reicht für § 303 StGB nicht aus.

---

[78] Vgl. dazu *MünchKomm/Mertens*, § 823 RdNr. 140 ff., 165 ff., m. vielen Nachw.

IV. Unerlaubte Handlungen 365

Nach § 823 Abs. 2 S. 2 ist jedoch auch dann mindestens Fahrlässigkeit des Schädigers erforderlich, wenn das Schutzgesetz ohne Verschulden verwirklicht werden kann.

3. § 826

§ 826 verpflichtet denjenigen, der einen anderen „in einer gegen die guten Sitten verstoßenden Weise" vorsätzlich schädigt, zum Ersatz des Schadens. Auf die Art des verletzten Rechts kommt es nicht an. Deshalb gewinnt § 826 bei Schäden besondere Bedeutung, die verursacht werden, ohne daß der objektive Tatbestand des § 823 Abs. 1 oder der eines Schutzgesetzes iSv. § 823 Abs. 2 verwirklicht wird. Die Frage, was den „guten Sitten" widerspricht, ist im gleichen Sinn zu beantworten wie bei § 138 Abs. 1 (vgl. dazu o. RdNr. 146). Wie bereits im Rahmen der Erörterung dieser Vorschrift ausgeführt worden ist, helfen die Vorschläge, die zur Auslegung und Präzisierung des Tatbestandes der Sittenwidrigkeit von Rechtsprechung und Schrifttum gemacht werden, oft gerade in Zweifelsfällen nicht viel weiter. Einer Orientierung an Fallgruppen kommt dann besondere Bedeutung zu, wobei allerdings darauf zu achten ist, inwieweit die Entscheidung durch die Umstände des Einzelfalles beeinflußt wird.

685

Lediglich **beispielhaft** sind hier folgende **Fallgruppen** zu nennen:
- Arglistige Täuschung: Wird durch eine arglistige Täuschung ein anderer zum Abschluß eines Vertrages veranlaßt, dann kann der Getäuschte nach § 826 iVm. § 249 S. 1 einen Anspruch auf Befreiung von der sich aus dem Vertrag ergebenden Verbindlichkeit geltend machen. Dieser Anspruch besteht unabhängig von einem Anfechtungsrecht nach § 123, das insbesondere bei Versäumung der Anfechtungsfrist (vgl. § 124) bedeutsam ist. Darüber hinaus kann der Getäuschte nach § 826 auch den Ersatz eines Schadens verlangen, der ihm z. B. dadurch entstanden ist, daß er ein günstiges Angebot ausgeschlagen hat. Konkurrieren kann ein solcher Anspruch mit einem solchen aus § 823 Abs. 2 iVm. § 263 StGB.
- Erteilung einer wissentlich unrichtigen Auskunft oder eines wissentlich falschen Rates: Wer einen anderen bewußt dadurch schädigt, daß er ihn falsch informiert, handelt sittenwidrig.
- Mißbrauch einer Vertrauensstellung: Wird eine Vertrauensstellung zu eigenen Gunsten mißbraucht, kann sich daraus eine Schadensersatzpflicht nach § 826 ergeben; ein gleicher Anspruch kann gegen denjenigen bestehen, der in Kenntnis des Vertrauensbruchs mit dem Schädiger zum eigenen Vorteil zusammenwirkt. Wird beispielsweise beim Vertragsschluß ein Vertragspartner dadurch geschädigt, daß dessen Vertreter und der andere Geschäftspartner ihn gemeinsam bewußt benachteiligen, dann kann der Geschädigte einen Anspruch nach § 826 gegen beide geltend machen.
- Zahlung von Schmiergeldern: Zuwendungen an Vertreter oder Organe des Vertragspartners, um eine Bevorzugung beim Abschluß eines Vertrages zu erreichen, stellen einen Sittenverstoß dar, ohne daß es darauf ankommt, ob dadurch ein Tatbestand des § 12 UWG verwirklicht wird.
- Mißbrauch wirtschaftlicher Machtstellungen: Sittenwidrig kann derjenige handeln, der unter Mißbrauch eines Monopols oder einer monopolartigen Stellung andere

schädigt. Verlangt beispielsweise ein Energieversorgungsunternehmen von Kunden, die von einer Belieferung abhängig sind, überhöhte Preise oder versucht es, umstrittene Forderungen durch eine Belieferungssperre durchzusetzen, dann macht es sich nach § 826 schadensersatzpflichtig. Aber auch die Ausnutzung von Machtstellungen außerhalb der Wirtschaft etwa durch Sportverbände, die eine monopolartige Stellung haben, kann Ansprüche nach § 826 auslösen.

686 Eine sittenwidrige Schadenszufügung ist stets rechtswidrig. Deshalb erübrigt es sich, im Rahmen des § 826 die **Rechtswidrigkeit** gesondert neben der Sittenwidrigkeit eines Verhaltens zu prüfen.

687 Ein Anspruch nach § 826 ist nur gegeben, wenn der Schädiger vorsätzlich gehandelt hat, wobei allerdings bedingter **Vorsatz** (dolus eventualis; vgl. o. RdNr. 164) genügt. Der Vorsatz muß sich auf die Schadenszufügung richten; zwar ist nicht erforderlich, daß der Schädiger genau weiß, wen er schädigt, er muß aber die Richtung kennen, in der sich sein Verhalten zum Schaden auswirkt, sowie die Art des möglicherweise eintretenden Schadens voraussehen und in seinen Willen aufnehmen oder doch zumindest billigen. Die hM verlangt auch, daß der Täter die Tatumstände kennt, aus denen sich die Sittenwidrigkeit ergibt (str.). Dagegen ist nicht erforderlich, daß er den richtigen Schluß aus diesen Tatumständen zieht und erkennt, daß sich sein Verhalten als sittenwidrig darstellt.[78a] Wollte man diese Schlußfolgerung verlangen, würde man gerade den mit einem „weiten" Gewissen ausgestatteten Täter begünstigen; hinzu kämen noch Beweisschwierigkeiten.

c) Haftung mehrerer Schädiger

1. Mittäter und Teilnehmer

688 Begehen mehrere Personen gemeinschaftlich eine unerlaubte Handlung, dann ist nach § 830 Abs. 1 S. 1 jeder von ihnen zum Ersatz des gesamten Schadens verpflichtet. Die in dieser Vorschrift vorausgesetzte **gemeinschaftliche Begehungsform** läßt es erforderlich sein, daß die Täter bewußt und gewollt (vorsätzlich) zur Herbeiführung des Verletzungserfolgs zusammenwirken; ein gemeinsames fahrlässiges Handeln genügt also nicht. Dagegen kommt es auf den Tatbeitrag des einzelnen nicht an. Auch eine lediglich intellektuelle Unterstützung reicht aus, wenn nur die Tat als eigene gewollt ist.

[78a] Da die Bewertung eines Verhaltens als sittenwidrig aufgrund einer Gesamtwürdigung vorzunehmen ist, bei der auch häufig die innere Einstellung des Täters bedeutsam ist, kann eine redliche, nicht auf Leichtfertigkeit oder Gewissenlosigkeit beruhende Überzeugung, in Einklang mit Recht und Sitte zu handeln, seinem Verhalten den Vorwurf der Sittenwidrigkeit nehmen; vgl. *MünchKomm/Mertens* § 826 RdNr. 44 f. m. Nachw.

Beispiel: Groß und Klein verabreden, den Frech gemeinsam zu verprügeln. Als Frech kommt, stürzt sich Groß auf ihn und schlägt auf ihn ein. Klein steht dabei und feuert Groß an. In diesem Fall sind Groß und Klein Mittäter und haben jeder für den Schaden zu haften, der Frech entsteht.

Die in § 830 Abs. 1 S. 1 getroffene Regelung beruht auf der Erwägung, daß bei einer gemeinschaftlichen Herbeiführung eines Verletzungserfolgs oft der Tatbeitrag des einzelnen nicht mehr zu ermitteln ist und ein Schadensersatzanspruch des Geschädigten häufig scheiterte, wenn ein entsprechender Beweis von ihm verlangt würde. Es entspricht deshalb der Billigkeit, den Geschädigten vom Kausalitätsbeweis für den einzelnen Tatbeitrag freizustellen und es den Mittätern zu überlassen, einen Ausgleich untereinander nach dem Umfang ihrer Mitwirkung vorzunehmen (vgl. u. RdNr. 699). § 830 Abs. 1 S. 1 ist eine selbständige Haftungsnorm (und damit auch Anspruchsgrundlage), bei der also abweichend von § 823 die Kausalität zwischen dem Verhalten eines Mittäters und dem Verletzungserfolg keine Haftungsvoraussetzung bildet. Ob die Haftung nach § 830 Abs. 1 S. 1 dann entfällt, wenn festgestellt werden kann, daß das Handeln eines Mittäters nicht kausal für die Verletzung war, ist streitig. Die hM[79] läßt den in der Mittäterschaft zum Ausdruck kommenden gemeinschaftlichen Ausführungswillen genügen, um die Verantwortung jedes Mittäters für den gesamten Schaden zu begründen. 689

Nach § 830 Abs. 2 sind den Mittätern Anstifter und Gehilfen gleichgestellt. Die Begriffe „Anstifter" und „Gehilfe" sind (ebeno wie auch der Begriff „gemeinschaftliche Begehung"; vgl. § 25 Abs. 2 StGB) im Sinne des Strafrechts zu verstehen. Danach ist Anstifter, wer vorsätzlich einen anderen zu dessen vorsätzlich begangener rechtswidriger Tat bestimmt hat (vgl. § 26 StGB); Gehilfe ist, wer, ohne einen eigenen Täterwillen zu haben, dem Täter zu dessen vorsätzlich begangener rechtswidriger Tat Hilfe geleistet hat (vgl. § 27 StGB). Die durch § 830 Abs. 2 bewirkte Gleichstellung läßt eine genaue Abgrenzung zwischen Täter und Teilnehmer überflüssig sein. Es würde sich in dem obigen Beispielsfall an der Haftung des Klein nichts ändern, wenn man ihn nicht als Mittäter, sondern als Gehilfen anzusehen hätte. 690

Führen mehrere Personen durch selbständige unerlaubte Handlungen ohne ein bewußtes Zusammenwirken einen Schaden vorsätzlich oder fahrlässig herbei **(Nebentäter)**, dann gilt § 830 Abs. 1 S. 1 nicht. Vielmehr haftet jeder Nebentäter nur insoweit, wie durch sein Verhalten die Verletzung und dadurch der Schaden verursacht wurden. Wäre aber der Schaden ohne das Verhalten des Nebentäters nicht eingetreten, dann haftet er auch dann für den gesamten Schaden, wenn sein Tatbeitrag 691

---

[79] BGHZ 63, 124 = NJW 1975, 49; *Medicus,* SchuldR II, § 151 II 1 (S. 378); aA *Fikentscher,* SchuldR, § 108 1a (S. 779).

allein ohne Mitwirkung des anderen Nebentäters nicht zur Herbeiführung des Schadens ausgereicht hätte (§ 840 Abs. 1 iVm. § 421).

Beispiel: Fabrikant Erst und Fabrikant Zweit leiten gleichzeitig, aber ohne voneinander zu wissen, giftige Abwässer in einen Fluß. Die Menge der von jedem Fabrikanten abgegebenen Schadstoffe wäre für sich genommen unschädlich gewesen; gemeinsam verursachen aber die Abwässer ein Fischsterben. In diesem Fall ist sowohl das Verhalten des Erst als auch das des Zweit ursächlich für den eingetretenen Schaden, weil es nicht weggedacht werden kann, ohne daß der Schaden entfällt (vgl. o. RdNr. 431 f.). Jeder hat also für den gesamten Schaden zu haften, allerdings findet im Innenverhältnis zwischen Erst und Zweit ein Ausgleich statt (dazu u. RdNr. 696 ff.).

2. Beteiligte nach § 830 Abs. 1 S. 2

692 Die Vorschrift des § 830 Abs. 1 S. 2, die ebenfalls eine selbständige Haftungsnorm und Anspruchsgrundlage darstellt, betrifft den Fall, daß mehrere Personen unabhängig voneinander rechtswidrig und schuldhaft eine selbständige unerlaubte Handlung begehen (wenn man dabei die Kausalität unberücksichtigt läßt), daß eine von diesen Handlungen den Verletzungserfolg herbeigeführt hat, jedoch nicht festgestellt werden kann, welche dieser Handlungen, von denen jede zur Schadensverursachung geeignet ist, tatsächlich den eingetretenen Schaden verursachte (sog. alternative Kausalität). Die Regelung ist ferner anwendbar, wenn nicht festgestellt werden kann, welchen Anteil jeder der Beteiligten an dem Verletzungserfolg hat und die Handlung eines jeden von ihnen geeignet ist, den gesamten Schaden herbeizuführen (sog. kumulative Kausalität).[80] Es wird mit dieser Vorschrift bezweckt, den Schadensersatzanspruch des durch einen von mehreren beteiligten Personen Geschädigten nicht daran scheitern zu lassen, daß der eigentliche Schädiger nicht mit Sicherheit ermittelt werden kann. Die hM verlangt, daß die (möglicherweise die Verletzung verursachenden) Handlungen nicht völlig beziehungslos und zufällig nebeneinander stehen, sondern in irgendeiner Weise miteinander verknüpft sind, ohne daß eine zeitliche oder örtliche Einheit vorausgesetzt werden muß. Dieses Merkmal ist aber in seinem Inhalt recht vage und nach der Zweckrichtung der Vorschrift nicht eng auszulegen. Nach Auffassung des BGH bilden z. B. zwei Unfälle, die sich in einem zeitlichen Abstand von 15 Minuten und in der Entfernung von 2,5 km ereignen, noch einen tatsächlichen zusammenhängenden Vorgang.[81] Es wird davon auszugehen sein, daß Handlungen, von denen jede für sich zur Herbeiführung ein und desselben Verletzungserfolges geeignet ist, regelmäßig in diesem Zusammenhang gesehen werden können.

---

[80] Vgl. *MünchKomm/Mertens,* § 830 RdNr. 21 m. weit. Nachw.
[81] BGHZ 55, 86 = NJW 1971, 506 = JuS 1971, 378.

IV. Unerlaubte Handlungen

Beispiel: Erst und Zweit sitzen in einem Biergarten an verschiedenen Tischen in feucht-fröhlicher Runde. Als trotz wiederholten Rufens die Kellnerin nicht kommt, um Bestellungen aufzunehmen, wirft Erst ein Bierglas gegen eine Hauswand, wo es zerschellt. Zweit, der sich ebenfalls über das Ausbleiben der Kellnerin ärgert, macht es Erst nach. Kurz danach betritt Wund den Biergarten und rutscht über den am Boden liegenden Glassplittern aus; er stürzt und verletzt sich erheblich an beiden Händen. Von wem kann Wund Ersatz seines Schadens fordern?

Die Voraussetzungen des § 830 Abs. 1 S. 2 sind hier erfüllt:
– Das Verhalten von Erst und Zweit, das einen tatsächlich zusammenhängenden Vorgang darstellt, ist jeweils als eine rechtswidrige und schuldhafte unerlaubte Handlung zu werten, wenn man von dem Erfordernis der Ursächlichkeit absieht;
– einer von beiden hat den Schaden des Wund verursacht
– es kann nicht festgestellt werden, ob das Verhalten des Erst oder das des Zweit ursächlich für den eingetretenen Schaden ist.

Wund kann sich aussuchen, ob er von Erst oder Zweit den Ersatz seines Schadens verlangt. Im Innenverhältnis sind allerdings beide zum Ausgleich verpflichtet (dazu u. RdNr. 696).

Dieser Beispielsfall unterscheidet sich von dem oben erörterten, der Einleitung von Abwässern durch die beiden Produzenten in Nebentäterschaft, dadurch, daß es sich nur um eine potentielle Kausalität des Verhaltens beider Beteiligten handelt, während die Kausalität des Tuns beider Produzenten feststeht. Denn dies macht gerade den Unterschied zwischen der Nebentäterschaft und den Fällen des § 830 Abs. 1 S. 2 aus. Ist die Ursächlichkeit nicht zweifelhaft, dann kann § 830 Abs. 1 S. 2 nicht angewendet werden, und zwar auch dann nicht, wenn ungewiß ist, ob neben demjenigen, der für einen Verletzungserfolg einstehen muß, noch ein anderer verantwortlich ist. **693**

Beispiel: Erst fährt mit seinem Pkw bei Dunkelheit und starkem Nebel auf einer Bundesstraße. Da seine Geschwindigkeit für die Verkehrsverhältnisse viel zu hoch ist, kann er sein Fahrzeug nicht rechtzeitig zum Halten bringen, als plötzlich vor ihm Wund auf einem Motorrad auftaucht. Erst kollidiert mit dem Motorradfahrer, der dabei auf die andere Straßenseite geschleudert wird. Unmittelbar danach nähert sich Zweit von der entgegengesetzten Seite der Unfallstelle und überfährt den am Boden liegenden Wund. Dieser erleidet schwere Verletzungen, an deren Folgen er zwei Tage später stirbt. Es läßt sich nicht klären, wer ihm die tödlichen Verletzungen beigebracht hat.[82]
Die Besonderheit des Falles besteht darin, daß sich Erst nicht nur die unmittelbar von ihm selbst verursachte Verletzung des Wund zurechnen lassen muß, sondern auch dessen hilflose Lage, die dazu führte, daß er von Zweit überfahren wurde. Erst haftet also auch für die Verletzungen, die durch den zweiten Unfall Wund zugefügt worden sind. Zweifelhaft kann hier nur sein, ob zusätzlich auch Zweit noch haftet. Zur Überwindung dieser Zweifel kann jedoch – wie der BGH zu Recht in der Entscheidung des Falles ausgeführt hat – § 830 Abs. 1 S. 2 nicht herangezogen werden.

---

[82] Leicht abgewandelter Fall von BGHZ 72, 355 ff. = NJW 1979, 544 = JuS 1979, 445.

3. Haftung gegenüber dem Geschädigten

694 Die nach § 830 (in allen Alternativen) Verantwortlichen haften dem Geschädigten nach §§ 840 Abs. 1, 421 als Gesamtschuldner. Das gleiche gilt für Nebentäter, die gemeinsam den Gesamtschaden herbeigeführt haben, wenn der von ihnen verursachte Verletzungserfolg nicht gegeneinander abgrenzbar ist. Soweit feststeht, welcher Schaden von jedem Nebentäter herbeigeführt wurde, haftet jeder für diesen Schaden allein und nicht in Gesamtschuldnerschaft.

695 Nach der in § 421 vorgenommenen Beschreibung ist das Wesen der **Gesamtschuld** wie folgt zu charakterisieren: Es schulden mehrere eine Leistung in der Weise, daß jeder die ganze Leistung zu bewirken verpflichtet ist, der Gläubiger aber die Leistung nur einmal fordern kann. Dies bedeutet für die Fälle des § 840 Abs. 1, daß von mehreren Schädigern jeder dem Geschädigten auf das Ganze haftet und der Geschädigte nach seiner Wahl jeden der Schädiger in voller Höhe in Anspruch nehmen kann. Leistet ein Gesamtschuldner, dann werden die übrigen befreit (§ 422 Abs. 1). Die Gesamtschuldner sind untereinander zur Ausgleichung verpflichtet; dazu sogleich.

Diese Beschreibung der Gesamtschuld zeigt, daß sie keinesfalls auf Fälle beschränkt ist, in denen das Gesetz eine Gesamtschuldnerschaft anordnet (vgl. z. B. §§ 431, 769, 840, 1437 Abs. 2, 1459 Abs. 2, 2058), sondern daß sie ebenso durch Rechtsgeschäft begründet werden kann. Verpflichten sich z. B. zwei Schuldner gemeinschaftlich durch Vertrag zu einer teilbaren Leistung, dann handelt es sich im Zweifel um eine Gesamtschuld (§ 427).

Schrifttum und Rechtsprechung haben über die in § 421 genannten Kriterien der Gesamtschuld hinaus weitere Merkmale aufgestellt, wobei allerdings im einzelnen vieles streitig ist. So wird überwiegend für die Gesamtschuld verlangt, daß es sich um „gleichstufige" oder „gleichrangige" Verpflichtungen handelt, d. h. daß zwischen den Schuldnern grundsätzlich ein wechselseitiger Regreß möglich sein muß und daß nicht ein Schuldner primär zur Leistung verpflichtet ist. Auf die sich insoweit ergebenden Streitfragen kann hier nicht eingegangen werden.[83]

4. Ausgleich im Innenverhältnis

696 § 426 Abs. 1 bestimmt, daß die Gesamtschuldner im Verhältnis zueinander zu gleichen Anteilen verpflichtet sind, soweit nicht ein anderes bestimmt ist. Durch diese Vorschrift wird also verhindert, daß derjenige, der vom Gläubiger in Anspruch genommen wird, endgültig die Schuld allein tragen muß. Kann von einem ausgleichungspflichtigen Gesamtschuldner der auf ihn entfallende Betrag (z. B. wegen Vermögenslosigkeit) nicht erlangt werden, so ist der Ausfall von den übrigen zur Ausgleichung verpflichteten Schuldnern zu tragen (§ 426 Abs. 1 S. 2).

---

[83] Vgl. dazu *Larenz*, SchuldR I, § 37 I (S. 573 ff.); *Medicus*, BR, RdNr. 916 ff.; *Wolf/Niedenführ* JA 1985, 369; zur Gesamtschuld allgemein: Preißler JuS 1987, 208, 289, 628, 710, 797, 961.

IV. Unerlaubte Handlungen 371

Beispiel: Erst, Zweit, Dritt und Viert schulden Glaub als Gesamtschuldner 2400 DM. Erst tilgt die gesamte Schuld. Er hat dann bei einer Verpflichtung zu gleichen Anteilen einen Anspruch auf Zahlung von je 600,– DM gegen die übrigen Gesamtschuldner. Ist Zweit vermögenslos, dann ist der auf ihn entfallende Betrag unter den übrigen Gesamtschuldnern gleichmäßig aufzuteilen, so daß Dritt und Viert dem Erst noch weitere 200,– DM, also insgesamt 800,– DM schulden. Wird Zweit später wieder zahlungsfähig, dann ist ein erneuter Ausgleich vorzunehmen, und Zweit hat den anderen je 200,– DM zu zahlen.

Die Rechtsstellung des ausgleichungsberechtigten Gesamtschuldners **697** wird dadurch verstärkt, daß nach § 426 Abs. 2 die Forderung des Gläubigers insoweit auf ihn übergeht, als er den Gläubiger befriedigt hat und von den übrigen Gesamtschuldnern dafür einen Ausgleich fordern kann. Dem Ausgleichungsberechtigten stehen also **zwei selbständige Ansprüche** zu: zum einen der Anspruch nach § 426 Abs. 1 auf Ausgleichung, zum andern der auf ihn nach § 426 Abs. 2 übergegangene Anspruch des Gläubigers. Der gesetzliche Forderungsübergang nach § 426 Abs. 2 kann für den Ausgleichungsberechtigten insbesondere deshalb von erheblicher Bedeutung sein, weil die für diese Forderung bestehenden Sicherungsrechte, wie Hypotheken, Pfandrechte oder Bürgschaften, nach §§ 412, 401 mit übergehen. Einwendungen und Einreden (z. B. die Einrede der Verjährung), die gegen eine dieser Forderungen bestehen, bleiben für die andere ohne Einfluß, so daß der Ausgleichungsberechtigte beispielsweise einen Anspruch nach § 426 Abs. 1 geltend machen kann, wenn die auf ihn nach § 426 Abs. 2 übergegangene Forderung inzwischen verjährt ist.

Der Ausgleichungsberechtigte kann jeden ausgleichungspflichtigen **698** Schuldner nur in dem Umfang des auf diesen entfallenden Anteils in Anspruch nehmen, einerlei ob er die Forderung nach § 426 Abs. 1 oder die nach § 426 Abs. 2 übergegangene Forderung geltend macht. Der Ausgleichungspflichtige haftet also nicht als Gesamtschuldner auf den gesamten zur Ausgleichung zu bringenden Betrag, sondern nur als **Teilschuldner** (vgl. § 420).

Im Beispielsfall (o. RdNr. 696) kann also Erst von Dritt nicht 1800,– DM, sondern nur 600,– DM oder – bei Vermögenslosigkeit des Zweit – 800,– DM fordern.

In § 426 Abs. 1 S. 1 wird ausdrücklich darauf hingewiesen, daß eine **699** Ausgleichungspflicht zu gleichen Teilen nur dann besteht, wenn nicht etwas anderes bestimmt ist. In der überwiegenden Mehrzahl der Fälle gibt es eine solche abweichende Bestimmung, die auf Vertrag oder auf Gesetz beruhen kann. Soweit eine Gesamtschuld durch Rechtsgeschäft begründet wird, werden die Beteiligten auch vertraglich die Ausgleichungspflicht festlegen. Gesetzliche Vorschriften über die Ausgleichung finden sich u. a. in § 840 Abs. 2 und 3 und § 841. Als besonders wichtig ist hervorzuheben, daß **bei Schadensersatzansprüchen** die Vorschrift des § 254 entsprechend anzuwenden ist. Dies bedeutet: Haben mehrere als Gesamtschuldner für eine Schadensersatzforderung einzustehen

24*

(§ 840 Abs. 1), dann bestimmt sich die Höhe jedes Ausgleichungsanspruchs nach dem Maß der Verursachung und des Verschuldens des einzelnen.

Beispiel: Bei Bauarbeiten stürzt ein Gerüst ein; dabei werden mehrere Arbeiter schwer verletzt. Das Gerüst wurde von der die Bauarbeiten durchführenden Firma Hauruck aufgestellt. Dabei wurden technische Bestimmungen mißachtet, so daß das Gerüst nicht die erforderliche Tragfähigkeit aufwies. Die Verletzten nehmen die Firma Hauruck auf Schadensersatz in Anspruch. Diese zahlt die geforderten Beträge und verlangt von dem bauleitenden Architekten Anton, daß er ihr die Hälfte davon erstatte, weil er die ihm obliegende Aufsichtspflicht verletzt habe und dadurch den Einsturz des Gerüstes schuldhaft mitverursacht hätte. Der BGH[84] verneinte einen solchen Ausgleichungsanspruch, da die Hauptverantwortung für die Sicherheit des Baugerüsts bei der Firma Hauruck gelegen habe. Sie hätte für die Sicherheit ihrer Arbeitnehmer sorgen müssen und dürfe sich im Verhältnis zu dem Architekten nicht darauf berufen, daß dieser nicht genügend darauf geachtet habe, ob sie, die Firma Hauruck, das Notwendige für die Sicherheit ihrer Arbeitnehmer getan hätte. Im Innenverhältnis müßte deshalb die Firma Hauruck den gesamten Schaden allein tragen.

700 Abschließend sei noch darauf hingewiesen, daß in gleicher Weise wie auf der Schuldnerseite auch auf der **Gläubigerseite** mehrere Personen stehen können; auch bei ihnen ist zwischen der Teilgläubigerschaft (vgl. § 420) und der Gesamtgläubigerschaft (§ 428) zu unterscheiden.[85]

4. Übungsklausur

Der Kirchenrechtler Professor Dr. iur. Sapiens (S) bringt von einem Korea-Aufenthalt seinem Freund, dem Pharmakologen Professor Dr. Prudens, eine Ginseng-Wurzel mit. Prudens erwähnt diese Tatsache in einem wissenschaftlichen Aufsatz und dankt auch dort dem Sapiens. Dies führt dazu, daß in einem populärwissenschaftlichen Aufsatz Sapiens neben Prudens als einer der bekanntesten Ginseng-Forscher Europas bezeichnet wird. Faktor (F), der ein Kräftigungsmittel herstellt und vertreibt, das Ginseng enthält, wirbt durch Inserate für sein Produkt, in denen es u. a. heißt:

„Auch die westliche Wissenschaft erkennt den hohen Wert von Ginseng an. Nach Ansicht bedeutender Wissenschaftler wie Professor Sapiens und Professor Prudens wirkt Ginseng als reines Naturprodukt auf den gesunden Organismus erneuernd, kreislauffördernd, aufbauend bei Drüsen- und Potenzschwäche und körperlich-seelischer Zerschlagenheit. Als Heilpflanze ist Ginseng in ganz Asien bekannt. Besonders

---

[84] BGH NJW 1971, 752 = JuS 1971, 427.
[85] Vgl. dazu *Medicus*, SchuldR I, § 68 II, III (S. 354 ff.); *Brox*, AS, RdNr. 427, 433 ff. Auch die Schuldner- oder Gläubigergemeinschaft kann hier nicht behandelt werden; vgl. dazu z. B. *Brox*, aaO, RdNr. 438 ff.

schätzt man sie als Kräftigungsmittel. Sie ist Hauptbestandteil asiatischer Liebestränke und soll von den Frauen allabendlich eingenommen werden."

Sapiens verlangt von Faktor 10000,– DM als Genugtuung für die erlittene Kränkung. Er weist darauf hin, daß er durch die Inserate in Kollegenkreisen und bei den Studenten lächerlich gemacht worden sei.
Wie ist die Rechtslage?

Bearbeitungszeit: höchstens 120 Minuten

Fälle und Fragen

185. Welche Fälle eines Tätigwerdens in fremden Angelegenheiten ohne Auftrag oder sonstige Berechtigung sind nach dem Gesetz zu unterscheiden und welches sind die wesentlichsten Unterscheidungsmerkmale?
186. Bei einem Unfall stellt Gut Decken und Verbandszeug zur Verfügung, damit dem verletzten Wund Erste Hilfe geleistet werden kann. Ist Wund verpflichtet, Gut die Kosten für die Reinigung der Decken und für das verbrauchte Verbandszeug zu ersetzen?
187. Der Tankzug des Anton verunglückt; das geladene Heizöl läuft aus. Die Feuerwehr der Gemeinde Kleindorf beseitigt das Öl. Die Gemeinde verlangt von Anton Ersatz der Kosten. Mit Recht?
188. Anton und Bertold schließen einen Vertrag, der Bertold zu bestimmten Dienstleistungen verpflichtet. Der Vertrag ist nichtig, was beide nicht wissen. Als die Nichtigkeit festgestellt wird, verlangt Bertold aufgrund des § 683 Ersatz seiner Aufwendungen, die er im Vertrauen auf die Gültigkeit des Vertrages getätigt hat. Mit Recht?
189. Von welchen Voraussetzungen hängt es ab, ob eine GoA als berechtigt anzusehen ist, und welche Rechtsfolgen ergeben sich hieraus?
190. Der 14jährige Schüler Max leistet seinem 13jährigen Freund Moritz Erste Hilfe, als dieser mit seinem Fahrrad stürzt und sich erheblich verletzt. Kann Max von Moritz oder von dessen Eltern Ersatz der Kosten verlangen, die er für die Reinigung seiner bei der Hilfeleistung verschmutzten Kleider aufwenden mußte?
191. Der Arzt Hilfreich und der Schreinermeister Emsig, die zufällig Zeugen eines Verkehrsunfalles werden, leisten dem verunglückten Arnold Hilfe. Hilfreich versorgt ihn ärztlich, bis ein Rettungswagen eintrifft. Emsig kümmert sich um das beschädigte Kraftfahrzeug. Hilfreich verlangt von Arnold die übliche Vergütung für seine ärztliche Tätigkeit; Emsig fordert für zwei Stunden Hilfeleistung 90,– DM mit dem Hinweis, dies sei sein üblicher Stundensatz. Muß Arnold diese Forderungen erfüllen?
192. Bei einem Verkehrsunfall wird Wund erheblich verletzt. Der zufällig vorbeikommende Hilfreich legt Wund in sein Kfz, um ihn schnell ins Krankenhaus zu bringen. Unterwegs streift Hilfreich infolge leichter Fahrlässigkeit einen Baum. Kann er von Wund Ersatz der Kosten verlangen, die durch die Reparatur des Fahrzeugs entstehen?
193. Glaub übereignet in Erfüllung eines mit Schuld geschlossenen Kaufvertrages einen Pkw. Außerdem gibt er ihm als „Anzahlung" 500,– DM, um Schuld auf

diese Weise zu veranlassen, ihm ein Bild zu verkaufen, das er schon lange haben möchte, dessen Verkauf aber Schuld bisher stets abgelehnt hat. Welche Ansprüche hat Glaub gegen Schuld, wenn a) der Kaufvertrag nichtig ist, b) der Kaufvertrag wirksam von Schuld angefochten wird, c) Schuld bei seiner Weigerung bleibt und das Bild nicht verkauft?

194. Wie ist der Begriff der Leistung im Rahmen einer Leistungskondiktion zu verstehen und welcher Zweck wird mit der genauen Erfassung dieses Begriffs verfolgt?

195. Ist die Vorschrift des § 817 S. 2 als allgemeine Rechtsschutzversagung aufzufassen, die alle Ansprüche ausschließt, zu deren Begründung sich der Gläubiger auf ein eigenes gesetz- oder sittenwidriges Verhalten berufen muß, oder ist diese Vorschrift nur auf das Bereicherungsrecht beschränkt?

196. Welche tatbestandsmäßigen Voraussetzungen müssen erfüllt werden, damit ein Anspruch wegen Eingriffskondiktion bejaht werden kann?

197. Wonach beurteilt sich bei der Eingriffskondiktion, ob ein Eingriff unberechtigt ist?

198. Eich leiht seinen Fotoapparat (Wert 200,– DM) Klemm. Dieser veräußert den Apparat an Dritt zum Preise von 500,– DM. Als Eich von Klemm Herausgabe des Kaufpreises verlangt, weigert sich dieser und erklärt, Eich solle sich den Fotoapparat von Dritt geben lassen, denn Dritt habe genau gewußt, daß der Apparat Eich gehöre. Dies wird nachdrücklich von Dritt bestritten. Eich möchte aber viel lieber das Geld als den Apparat haben. Was ist ihm zu raten?

199. Moritz leiht sich von Max dessen Buch. Er veräußert es an den gutgläubigen Gustav. Nun stellt sich heraus, daß der Kaufvertrag zwischen Moritz und Gustav nichtig ist. Max und Moritz verlangen von Gustav Herausgabe des Buches. Dieser will das Buch nur gegen Rückzahlung des Kaufpreises herausgeben. Wie ist die Rechtslage?

200. Wie wäre im Fall 199 zu entscheiden, wenn Gustav das Buch seiner Freundin Hübsch geschenkt hätte?

201. Volz verkauft und übereignet Kunz ein mit einem Mietshaus bebautes Grundstück. Als sich herausstellt, daß der Kaufvertrag nichtig ist, verlangt Volz neben Herausgabe des Grundstücks auch Zahlung der eingezogenen Mieten. Kunz erwidert, daß er das Geld längst ausgegeben habe. Wie ist die Rechtslage?

202. Ein Unbekannter stiehlt einen wertvollen Zuchthengst des Grün und veräußert ihn an den gutgläubigen Gelb. Gelb verkauft den Hengst weiter und erhält als Kaufpreis 15000,– DM. Durch einen Zufall erfährt Grün von diesem Verkauf und fordert Gelb auf, an ihn 15000,– DM zu zahlen. Gelb erwidert, von diesem Betrag sei einmal der von ihm aufgewendete Kaufpreis in Höhe von 8000,– DM abzuziehen. Außerdem sei auch zu berücksichtigen, daß das Tier bei ihm schwer erkrankt sei und er deshalb für Tierarzt und Arzneimittel 2000,– DM habe zahlen müssen. Hinzu kämen die Futterkosten von 500,– DM. Schließlich habe der Hengst die Box, in der er gestanden habe, stark beschädigt. Für die Reparatur habe er, Gelb, nochmals 500,– DM ausgeben müssen. Er sei deshalb nur bereit, Grün 4000,– DM zu zahlen. Halten Sie das Vorbringen des Gelb rechtlich für erheblich?

203. Hinz verkauft Frau Kunz eine wertvolle Siamkatze. Später wird festgestellt, daß der Kaufvertrag nichtig ist. Daraufhin verlangt Frau Kunz Rückzahlung des von ihr gezahlten Kaufpreises, obwohl ihr die Katze inzwischen entlaufen ist. Mit Recht? Ändert sich etwas an der Entscheidung, wenn sich die Nichtigkeit des Kaufvertrages aus einer unerkennbaren Geisteskrankheit der Frau Kunz ergibt?

204. Dem 17jährigen Jung gelingt es in München, sich an Bord einer Linienmaschine der Fluggesellschaft Falke zu schleichen. Erst als die Maschine in Madrid landet,

Fälle und Fragen

wird entdeckt, daß Jung ohne Bezahlung mitgeflogen ist. Muß Jung den tarifmäßigen Flugpreis von München nach Madrid bezahlen?

205. Was bedeutet im Rahmen von Schadensersatzansprüchen das Verschuldensprinzip, was Gefährdungshaftung?
206. Beschreiben Sie bitte den objektiven Tatbestand einer unerlaubten Handlung!
207. Beschreiben Sie bitte den zivilrechtlichen Begriff der „Handlung"!
208. Durch Verschulden des Bauunternehmers Schussel bricht die Stützmauer eines Kanals. Dies hat zur Folge, daß der Kanal längere Zeit nicht befahrbar ist und deshalb der nur über den Kanal erreichbare Hafen der Gemeinde Kleindorf nicht benutzt werden kann. Der Gemeinde entgeht deshalb ein Gewinn von 100000,- DM. Sie verlangt Ersatz dieses Schadens von Schussel. Mit Recht?
209. Ist der Besitz durch § 823 Abs. 1 geschützt?
210. Der Bauunternehmer Fleißig beschädigt mit seinem Bagger bei Bauarbeiten ein Stromkabel, das u. a. die Hühnerfarm des Gallus mit Strom versorgt. Infolge der Beschädigung fällt für zwei Tage bei Gallus der Strom aus. Er muß deshalb in dieser Zeit seinen Betrieb einstellen. Außerdem verderben alle in den Brutapparaten befindlichen Eier. Gallus verlangt von Fleißig als Schadensersatz 500,- DM Gewinneinbuße für die Zeit der Betriebseinstellung und weitere 300,- DM für die in den Brutapparaten verdorbenen Eier. Mit Recht?
211. Was bedeutet im juristischen Sinn „Schaden", welche Unterscheidungen und Präzisierungen sind dabei erforderlich?
212. Bei Abbrucharbeiten wird die Standfestigkeit des angrenzenden Hauses, das Häusler gehört, gefährdet. Das Haus muß daraufhin für 14 Tage geräumt werden. Häusler zieht mit seiner Familie zu seinen Schwiegereltern, die ihm kostenlos ein Zimmer zur Verfügung stellen. Er verlangt von dem für die Abbrucharbeiten verantwortlichen Schädig einen Schadensersatz in Höhe von 500,- DM, weil er 14 Tage lang sein Haus (monatlicher Mietwert 1000,- DM) nicht bewohnen konnte. Mit Recht?
213. Kann der Geschädigte vom Schädiger stets den Ausgleich seines Schadens durch Geld fordern?
214. Forsch gerät mit seinem Sportwagen infolge überhöhter Geschwindigkeit ins Schleudern und kommt erst im Vordergarten eines Hauses zum Stehen. Dabei verletzt er tödlich den Kater der Dame Dora, der sich im Vordergarten gesonnt hatte. Forsch besorgt sich sofort einen gleichwertigen Kater und bringt ihn der Dame Dora. Diese lehnt entrüstet die Annahme des Tieres ab und fordert 20000,- DM Schadensersatz, weil der getötete Kater ihr ein und alles gewesen sei und sie ihn höher als ihr gesamtes (nicht unbeträchtliches) Vermögen geschätzt habe. Wie ist die Rechtslage?
215. Von welchen Voraussetzungen hängt es ab, ob ein Verhalten als rechtswidrig zu bewerten ist?
216. Die 6jährige Erna fährt wie mehrere andere Kinder auch mit ihrem Schlitten einen Berg hinunter. Als sie sich gerade in voller Fahrt befindet, kreuzt für sie unerwartet der gleichaltrige Kurt ihre Bahn und wird von ihrem Schlitten erfaßt. Kurt erleidet dabei Verletzungen, die eine ärztliche Behandlung erforderlich werden lassen. Ist Klein Erna verpflichtet, die Arztkosten zu ersetzen?
217. Wird durch § 823 das Vermögen geschützt?
218. Lug ist Eigentümer eines alten unsignierten Ölgemäldes. Er möchte das Bild verkaufen. Er wendet sich deshalb an den Kunstsachverständigen Trug und bittet ihn um eine Expertise. Trug erklärt Lug, daß das Bild Anfang des 19. Jahrhunderts gemalt sei und sein Wert allenfalls 3000,- DM betrage. Er sei aber bereit,

§ 8 Einzelne gesetzliche Schuldverhältnisse

Lug ein Gutachten zu erstatten, in dem er das Bild als Arbeit eines holländischen Meisters des 17. Jahrhunderts bezeichne und die Vermutung äußere, es könne von Aert van der Neer stammen. Lug müßte ihm dafür aber 5000,– DM zahlen. So geschieht es. Lug verkauft das Bild an Kunz, der sich auf die Richtigkeit der Expertise des Trug verläßt und deshalb den geforderten Preis von 25 000,– DM zahlt. Als nach zwei Jahren von einem anderen Sachverständigen die Unrichtigkeit der Expertise festgestellt wird, verlangt Kunz von Trug Ersatz seines Schadens. Mit Recht?

219. Bei einer Treibjagd schießen Albert und Bertold auf einen Hasen, bevor sich dieser ausreichend weit von der Treiberkette entfernt hat. Der Treiber Wund wird durch ein Schrotkorn am Auge verletzt. Er muß ärztliche Hilfe in Anspruch nehmen und ist mehrere Wochen arbeitsunfähig. Er verlangt von Arnold Ersatz seines Schadens in Höhe von 3000,– DM. Arnold erwidert, es stünde überhaupt nicht fest, daß er Wund verletzt habe; genausogut könnte dies auch Bertold gewesen sein. Wie ist die Rechtslage?

220. Erläutern Sie bitte die Begriffe „Gesamtschuldner", „Teilschuldner", „Gesamtgläubiger" und „Teilgläubiger"!

§ 9 Dritte in Schuldverhältnissen

I. Vorbemerkung

Dritte, d. h. hier: Personen, die weder Gläubiger noch Schuldner sind, können an Schuldverhältnissen in mannigfaltiger Weise beteiligt sein. Sie können beispielsweise als Vertreter eines anderen Willenserklärungen abgeben oder empfangen und den Vertretenen dadurch rechtsgeschäftlich binden (vgl. § 164 Abs. 1 und 3); sie können als Bote Erklärungen für einen anderen überbringen oder entgegennehmen (vgl. o. RdNr. 67); sie können bei Erfüllung einer Verbindlichkeit tätig werden (vgl. § 278); im Rahmen des Deliktsrechts muß für die widerrechtliche Schadenszufügung durch Verrichtungsgehilfen unter den Voraussetzungen des § 831 Abs. 1 gehaftet werden. Dritte können eigene vertragliche Ansprüche durch Vertrag zugunsten Dritter erwerben oder von den vertraglichen Schutzwirkungen mit umfaßt sein; sie können an die Stelle von Gläubiger und Schuldner treten und sogar die Position eines Vertragspartners insgesamt mit allen damit verbundenen Rechten und Pflichten übernehmen. Die sich durch eine derartige Einbeziehung Dritter in Schuldverhältnisse ergebenden Rechtsfragen, von denen einzelne Aspekte hin und wieder angesprochen worden sind, sollen nunmehr im einzelnen erörtert werden.

II. Stellvertretung

a) Begriff und Voraussetzungen

In manchen Fällen ist es unumgänglich, daß Dritte auftreten und rechtsgeschäftliche Erklärungen für andere abgeben, weil diese selbst nicht handeln können.

So müssen sich juristische Personen (vgl. o. RdNr. 252) vertreten lassen, z. B. der eingetragene Verein (§ 26 Abs. 2 S. 1) und die Aktiengesellschaft (§ 78 Abs. 1 AktG) durch den Vorstand, die Gesellschaft mit beschränkter Haftung durch einen Geschäftsführer (§ 35 Abs. 1 GmbHG). Willenserklärungen für einen Geschäftsunfähigen müssen durch dessen gesetzlichen Vertreter abgegeben werden (vgl. o. RdNr. 255).

Aber nicht nur aus solchen, in der Natur der Sache liegenden Gründen, sondern auch zur Erleichterung des Rechtsverkehrs ist es geboten, die rechtliche Möglichkeit zu eröffnen, daß jemand einen anderen für sich rechtsgeschäftlich handeln lassen kann. In vielen Fällen besteht aus praktischen Gründen ein unabweisbares Bedürfnis, den Handlungsspielraum des einzelnen durch eine rechtsgeschäftlich begründete – sog. gewillkürte – Stellvertretung zu vergrößern. Man denke nur an den Inhaber eines größeren Handelsunternehmens, dem es unmöglich ist, alle Rechtsgeschäfte selbst zu tätigen. Das besondere Interesse an einer Stellvertretung (= Vertretung) im geschäftlichen Bereich kommt auch dadurch zum Ausdruck, daß im HGB besondere Regelungen über die rechtsgeschäftliche Vertretungsmacht getroffen sind (vgl. §§ 48 ff. HGB zur Prokura, §§ 54 ff. HGB zur Handlungsvollmacht).

704 Das **Wesen** der **Stellvertretung** besteht darin, daß eine andere Person, der Vertreter, für den Vertretenen ein Rechtsgeschäft vornimmt und dadurch den Vertretenen unmittelbar berechtigt und verpflichtet. Es ist offensichtlich, daß ein solches „fremdwirkendes rechtsgeschäftliches Verhalten"[1] von der Erfüllung bestimmter **Voraussetzungen** abhängig sein muß; diese Voraussetzungen finden sich in § 164. Im einzelnen handelt es sich dabei um folgende:
– Es muß eine Willenserklärung abgegeben (sog. aktive Stellvertretung; § 164 Abs. 1 S. 1) oder empfangen werden (sog. passive Stellvertretung; § 164 Abs. 3).
– Der Vertreter muß im Namen des Vertretenen, also in fremdem Namen handeln (sog. Offenheits- oder Offenkundigkeitsprinzip).
– Der Vertreter muß „innerhalb der ihm zustehenden Vertretungsmacht" (§ 164 Abs. 1 S. 1) tätig werden.
– Die Stellvertretung muß zulässig sein.

Zu diesen Voraussetzungen ist im einzelnen folgendes zu bemerken:

1. Abgabe oder Empfang einer Willenserklärung

705 Nach der in § 164 Abs. 1 getroffenen Regelung ist die Stellvertretung auf Willenserklärungen bezogen; jedoch ist grundsätzlich auch eine Vertretung bei geschäftsähnlichen Handlungen (vgl. o. RdNr. 177) möglich, wie beispielsweise bei der Mahnung, bei der Aufforderung zur Genehmigung nach § 108 Abs. 2 und der Fristsetzung nach § 326 Abs. 1 S. 1. Dagegen ist eine Vertretung bei Realakten ausgeschlossen.

Als **Realakt** wird ein Vorgang bezeichnet, der auf einen rein tatsächlichen Erfolg gerichtet ist und mit dem das Gesetz bestimmte Rechtsfolgen verbunden hat. So sind beispielsweise die Begründung des unmittelbaren Besitzes durch Erlangung der tatsächlichen Gewalt (§ 854 Abs. 1), die Verarbeitung einer Sache und der dadurch eingetretene Eigentumserwerb (vgl. § 950 Abs. 1) und das Finden einer verlorenen Sache (vgl. §§ 965 ff.) derartige Vorgänge rein tatsächlicher Art. Da die hieran geknüpften Rechtsfolgen kraft Gesetzes eintreten, sind die Vorschriften über Rechtsgeschäfte nicht anwendbar. Weder kann es – wie bemerkt – eine Vertretung bei Vornahme des Realakts geben, noch kommt es darauf an, ob der Handelnde geschäftsfähig ist.[2]

---

[1] *Gernhuber*, Bürgerliches Recht, 2. Auflage 1983, S. 31.
[2] Vgl. *Rüthers*, RdNr. 292 ff.

Der **Stellvertreter** gibt eine eigene Willenserklärung ab, nicht eine 706
fremde. Dies **unterscheidet** ihn **vom (Erklärungs-)boten,** der lediglich
die Willenserklärung eines anderen weiterträgt.

Beispiel: Der 11jährige Fritz betritt den Tabakwarenladen des Rauch und erklärt:
„Mein Vater schickt mich, ich soll für ihn ein Päckchen Zigaretten von seiner
Marke holen, sie wüßten schon Bescheid." Rauch erwidert: „Hier sind die Zigaretten, Fritz. Hat Dir Dein Vater Geld mitgegeben?" Dies bejaht Fritz, bezahlt den
geforderten Preis und verläßt den Laden.

Daß Fritz beschränkt geschäftsfähig ist (§ 106 iVm. § 2), steht einer
wirksamen Vertretung nicht entgegen (vgl. § 165). Ob hier Fritz als
Vertreter oder als Bote anzusehen ist, richtet sich allein nach seinem
äußeren Auftreten gegenüber dem Vertragspartner.[3] Das Innenverhältnis, die Absprache mit dem Auftraggeber, ist hierfür nicht maßgebend.
Auch derjenige, der als Bote eine Willenserklärung überbringen soll,
aber entgegen dieser Vereinbarung als Vertreter auftritt, ist als Vertreter
zu behandeln. Im Beispielsfall spricht der Hinweis des Fritz, daß ihn sein
Vater schicke, um Zigaretten zu kaufen, für seine Botenstellung. Jedoch
kann auch ein Vertreter nach heute herrschender Meinung gemäß ihm
genau vorgegebener Direktiven handeln. Zwar wird im allgemeinen
dem Vertreter zumindest ein gewisses Maß von Entscheidungsfreiheit
eingeräumt werden, begriffsnotwendig ist dies jedoch nicht.[4]

Die Verkäuferin im Warenhaus hat kaum eigene Entscheidungsbefugnis, sondern
ist hinsichtlich der Preise und der Konditionen an die Anweisungen der Geschäftsleitung gebunden und darf regelmäßig auch nicht den von einem Kunden gewünschten
Vertrag ablehnen. Maßgebend für ihre Stellung als Vertreterin ist es jedoch, daß die
Geschäftsleitung für den einzelnen Vertragsabschluß keinen Willen bilden kann, sondern dies der Verkäuferin überlassen muß.[5]
Im Beispielsfall ist deshalb nicht die fehlende Entscheidungsfreiheit des Fritz maßgebend. Vielmehr ist für die Wertung, daß er eine fremde Erklärung überbringt, also
als Bote anzusehen ist, letztlich entscheidend, daß er selbst überhaupt nicht weiß, was
Gegenstand des Kaufvertrages sein soll, denn er spricht von der „Marke des Vaters",
die zwar Rauch, aber nicht er kennt.

Die **Unterscheidung** zwischen einem **passiven Stellvertreter** (§ 164 707
Abs. 3) und einem **Empfangsboten** (vgl. o. RdNr. 65) kann recht
schwierig sein, weil in beiden Fällen eine an den Geschäftsherrn gerichtete Willenserklärung passiv entgegengenommen wird. Der Abgrenzung
zwischen beiden kommt jedoch keine allzu große praktische Bedeutung
zu. In beiden Fällen geht es um den Zugang von Willenserklärungen,
also um ihr Wirksamwerden (vgl. o. RdNr. 62ff.). Wird im Machtbereich des Adressaten einer (dazu bestellten oder geeigneten) Hilfsperson
eine schriftliche Willenserklärung übergeben oder eine mündliche zuge-

---

[3] Vgl. *Larenz,* AT, § 30 Ic (S. 591), m. weit. Nachw.
[4] *Larenz* aaO, S. 591 f.; *MünchKomm/Thiele,* vor § 164 RdNr. 45.
[5] Hierauf verweist *Medicus,* AT, RdNr. 886.

sprochen, dann ist sie zugegangen, einerlei ob es sich bei der Hilfsperson um einen Vertreter oder um einen Empfangsboten handelt. Dieser Unterscheidung kommt dagegen Relevanz zu, wenn die Hilfsperson außerhalb der Wohnung oder der Geschäftsräume des Empfängers die Willenserklärung entgegennimmt; während beim passiven Vertreter die Erklärung sofort wirksam wird, geschieht dies beim Einschalten eines Empfangsboten erst in dem Zeitpunkt, in dem nach dem regelmäßigen Lauf der Dinge die Kenntnisnahme durch den Geschäftsherrn erwartet werden kann.[6] Ein Unterschied ergibt sich auch für die Auslegung: Wird die Erklärung einem (passiven) Stellvertreter zugesprochen, dann kommt es darauf an, wie sie der Vertreter verstehen konnte. Wird die Erklärung durch einen Boten empfangen, dann ist entscheidend, was der Geschäftsherr aus der Erklärung, die ihm der Bote (richtig) übermittelt[7] (zur falschen Übermittlung vgl. o. RdNr. 67), entnehmen kann und muß.

2. Handeln im fremden Namen

708 Der Vertreter hat die Willenserklärung „im Namen des Vertretenen" abzugeben (§ 164 Abs. 1 S. 1). Dabei ist es allerdings nicht erforderlich, daß er ausdrücklich erklärt, im Namen des Vertretenen handeln zu wollen; es genügt, wenn sich dies aus den Umständen des Einzelfalles ergibt (§ 164 Abs. 1 S. 2). Ist jedoch nicht zu erkennen, daß der Vertreter nicht für sich selbst, sondern für einen andern auftritt, dann wird er selbst verpflichtet. Er kann sich dann nicht darauf berufen, er habe nicht im eigenen Namen handeln wollen; dieser Einwand ist ihm abgeschnitten und ihm auch das Recht zur Anfechtung genommen.

> Dies wird durch § 164 Abs. 2 mit der etwas schwer verständlichen Formulierung ausgedrückt: „Tritt der Wille, in fremdem Namen zu handeln, nicht erkennbar hervor, so kommt der Mangel des Willens, im eigenen Namen zu handeln, nicht in Betracht."

709 Diese Regelung ist Ausdruck des **Offenheitsprinzips** (Offenkundigkeitsprinzips). Hierdurch soll gewährleistet sein, daß dem Vertragspartner darüber Aufschluß gegeben wird, mit wem er in rechtliche Beziehung tritt, denn auf diese Kenntnis wird er in aller Regel Wert legen. Soll also das Offenheitsprinzip den Geschäftspartner des Vertretenen schützen, dann kann es auch durchbrochen werden, wenn es dem Geschäftspartner ausnahmsweise gleichgültig ist, mit wem er abschließt.

> **Beispiel:** Die Haushälterin Hanna des Reich kauft im Kaufhaus Hülle & Fülle eine Tischdecke für den von ihr geführten Haushalt ein. Nach hM handelt sie hier als Vertreter des Reich, weil es dem Vertragspartner, dem Inhaber des Kaufhauses

---

[6] BGH JZ 1989, 502; *MünchKomm/Thiele*, vor § 164 RdNr. 53 f.
[7] *Hübner*, RdNr. 625.

Hülle & Fülle, nicht darauf ankommen kann zu wissen, mit wem er kontrahiert hat. Er ist bereit, das Geschäft als „Geschäft für den, den es angeht" zu schließen.

Je nachdem, ob der Vertreter dem Geschäftspartner zu erkennen gibt, **710** daß er nicht für sich handelt, ohne jedoch zu offenbaren, wer der Vertretene ist, oder ob er seine Stellung als Vertreter vollkommen verschweigt, kann man von einem offenen oder verdeckten **„Geschäft für den, den es angeht"** sprechen. Die Zulässigkeit eines offenen „Geschäfts für den, den es angeht" kann nicht zweifelhaft sein. In diesen Fällen ist das Offenheitsprinzip allenfalls eingeschränkt, nicht verletzt, weil klargestellt ist, daß der Vertreter nicht für sich selbst handeln will. Möchte der Geschäftspartner die Ungewißheit über die Person des Vertretenen nicht hinnehmen, dann muß er von dem Geschäft Abstand nehmen. Anders verhält es sich dagegen bei dem verdeckten „Geschäft für denjenigen, den es angeht", wie dies auch in dem obigen Beispiel des Einkaufs der Haushälterin der Fall ist. Hier wird das Offenheitsprinzip durchbrochen; deshalb ist die Zulässigkeit einer solchen Vertretung auch umstritten. Die hM läßt solche Geschäfte zu, wenn dies mit der Schutzfunktion des Offenheitsprinzips vereinbar ist, wenn also – wie bereits bemerkt – der Geschäftspartner auf diesen Schutz keinen Wert legt. Dies wird überwiegend bei beiderseits sofort erfüllten Barkäufen des täglichen Lebens bejaht, wobei die Zulässigkeit des verdeckten Geschäfts sowohl für den schuldrechtlichen Vertrag (Kauf) als auch für den dinglichen (Übereignung) bejaht wird.[8]

Im Beispielsfall geht das Eigentum an der Tischdecke auf Reich auf der Grundlage der Lehre von dem „Geschäft für den, den es angeht" wie folgt über: Die Einigung iSv. § 929 S. 1 wird von Hanna als Vertreterin des Reich vorgenommen, und zwar unter (von der hM zugelassener) Durchbrechung des Offenheitsgrundsatzes. Reich erwirbt unmittelbaren Besitz an der Tischdecke, weil Hanna seine Besitzdienerin ist (vgl. § 855 u. o. RdNr. 471).

Soweit nicht die Voraussetzungen des (verdeckten) „Geschäfts für den, **711** den es angeht" erfüllt sind, muß das Offenheitsprinzip bei der Stellvertretung streng beachtet werden. Deshalb handelt es sich nicht um einen Fall der Stellvertretung, wenn jemand im eigenen Namen, aber in fremdem Interesse und für fremde Rechnung tätig wird (sog. **mittelbare oder indirekte Stellvertretung**), wie dies beispielsweise bei einem Kommissionär (vgl. § 383 HGB) oder beim Spediteur (vgl. § 407 Abs. 1 HGB) der Fall ist.

Beispiel: Reich interessiert sich für ein Bild des Malers Farbenreich, das auf einer Versteigerung angeboten wird. Er will aber selbst dort nicht auftreten und auch nicht namentlich in Erscheinung treten. Deshalb beauftragt er Albert, das Bild im

---

[8] Hinsichtlich des (verdeckten) Geschäfts, für den, den es angeht, bestehen nicht unerhebliche Meinungsverschiedenheiten, auf die hier im einzelnen nicht eingegangen werden kann; vgl. dazu *K. Müller,* JZ 1982, 777; *Larenz,* AT, § 30 IIb (S. 603 ff.); *Medicus,* AT, Rdnr. 920 f.; BR, RdNr. 90; *Werner,* Problem 11, S. 65 ff.; *K. Schmidt,* JuS 1987, 425, 428 ff.

eigenen Namen zu ersteigern, und gibt ihm Geld, damit dieser den Auftrag ausführen kann. Albert handelt auftragsgemäß und erhält den Zuschlag.

In diesem Fall wird Albert selbst durch den aufgrund des Zuschlags zustandegekommenen (vgl. § 156 S. 1) Kaufvertrag berechtigt und verpflichtet. Im Innenverhältnis, also in seinen Rechtsbeziehungen zu Reich, ist er verpflichtet, das Bild Reich zu übereignen (vgl. § 667, im Falle einer entgeltlichen Tätigkeit iVm. § 675), und hat Anspruch auf Ersatz seiner Aufwendungen (§ 670 evtl. iVm. § 675).

712 Das Handeln in fremdem Namen ist von dem **Handeln unter fremdem Namen** zu unterscheiden. Beim Handeln unter fremdem Namen gibt der Handelnde vor, eine andere Person zu sein, als er in Wirklichkeit ist. Hierbei muß differenziert werden:
– Will der Handelnde für sich selbst das Geschäft abschließen und verwendet er beispielsweise den fremden Namen nur, um inkognito zu bleiben, und will auch der Geschäftspartner das Geschäft mit dem Handelnden und kommt es ihm dafür nicht darauf an, welchen Namen der andere in Wirklichkeit trägt, dann treffen die Rechtsfolgen ausschließlich den unter falschem Namen Handelnden. Ein typisches Beispiel für diese Fallgruppe, die zur besseren Unterscheidung als „**Handeln unter falscher Namensangabe**"[9] bezeichnet werden sollte, ist der Fall, daß ein Gast in einem Hotel ein Zimmer bestellt, dabei aber, weil er unbekannt bleiben will, einen erfundenen Namen nennt.
– Verbindet der Geschäftspartner erkennbar mit der Person des wahren Namensträgers bestimmte Vorstellungen und will er mit dem wahren Namensträger in Rechtsbeziehungen treten, weil es auf dessen Person für das Geschäft ankommt, dann sind die Vorschriften über die Stellvertretung analog anzuwenden. Dies bedeutet, daß der wahre Namensträger berechtigt und verpflichtet wird, wenn der unter fremdem Namen Handelnde zu dessen Vertretung berechtigt ist (vgl. u. RdNr. 713), und daß bei fehlender Vertretungsmacht die §§ 177 ff. gelten (dazu später).[10]

Beispiel: Arnold will unbedingt eine seit Wochen ausverkaufte Theatervorstellung besuchen. Er ruft bei der Theaterdirektion an und gibt sich als der Großindustrielle Reich aus, der zufällig in der Stadt sei und gerne das Theaterstück sehen wolle. Die Theaterdirektion, die stets einige Karten für besondere Fälle reserviert, erklärt Arnold, eine Karte werde für Reich an der Theaterkasse hinterlegt werden. Hier will offensichtlich die Theaterdirektion nicht einen Vertrag mit einer beliebigen, ihr nicht bekannten Person schließen, sondern nur mit Reich, weil es sich bei ihm um einen Prominenten handelt, der nicht zuletzt auch aus Reklamegründen eine bevorzugte Behandlung erhalten soll. Wird der Schwindel des Arnold noch rechtzeitig entdeckt, dann wird sich die Theaterdirektion zu Recht weigern, ihm die Karte auszuhändigen, weil vertragliche Beziehungen zu Arnold nicht zustandegekommen sind. Die Theaterdirektion ist jedoch auch in analoger Anwendung des § 179 (vgl.

---

[9] So *Medicus*, BR, RdNr. 83; AT, RdNr. 907.
[10] Vgl. BGHZ 45, 193 = NJW 1966, 1069 = JuS 1966, 414; *Medicus*, AT, RdNr. 908; *Diederichsen*, AT, RdNr. 289.

II. Stellvertretung

u. RdNr. 744) berechtigt, die Abnahme und Bezahlung der Karte zu fordern, wenn ihr daran liegt.

3. Vertretungsmacht

aa) Rechtsgrundlagen

Die Vertretungsmacht, d. h. die Befugnis, einen anderen wirksam zu vertreten und für ihn mit verbindlicher Wirkung Willenserklärungen abzugeben oder entgegenzunehmen, beruht entweder – bei der gesetzlichen Stellvertretung (vgl. schon o. RdNr. 702)[11] – auf einer Rechtsvorschrift oder – bei der gewillkürten Stellvertretung (vgl. o. Rdnr. 703) – auf Rechtsgeschäft. Die durch Rechtsgeschäft erteilte Vertretungsmacht wird im Gesetz „Vollmacht" genannt (vgl. § 166 Abs. 2 S. 1). 713

bb) Erteilung und Umfang einer Vollmacht

Die Vollmacht wird durch eine empfangsbedürftige Willenserklärung (vgl. o. RdNr. 33) erteilt, die regelmäßig keiner **Form** bedarf, insbesondere nicht der Form des Rechtsgeschäfts, auf das sich die Vollmacht bezieht (§ 167 Abs. 2). Allerdings ist folgendes zu beachten: 714
– In manchen Fällen ist im Gesetz in Ausnahme von dem Prinzip der Formfreiheit der Vollmacht vorgeschrieben, daß die Vollmachtserteilung in einer bestimmten Form vorzunehmen ist (vgl. z. B. § 1945 Abs. 3 für die Bevollmächtigung zur Ausschlagung einer Erbschaft). Dagegen ist die Prozeßvollmacht nach der ZPO, also die Befugnis, für einen anderen in dessen Namen einen Zivilrechtsstreit zu führen, formlos gültig; nur der Nachweis gegenüber dem Gericht ist formgebunden (vgl. §§ 80, 89 Abs. 2 ZPO).
– Der in § 167 Abs. 2 ausgesprochene Grundsatz, daß die auf ein formbedürftiges Rechtsgeschäft bezogene Vollmacht formlos gültig ist, muß in Fällen eingeschränkt werden, in denen die formlose Bevollmächtigung mit dem Zweck der Formvorschrift unvereinbar ist. Dies ist anzunehmen, wenn durch eine formlose Bevollmächtigung gerade der Rechtszustand eintritt, der durch die Formvorschrift verhindert werden soll. Ist der Formzwang geschaffen worden, um den Erklärenden auf die rechtliche Bedeutung seines Verhaltens hinzuweisen und vor Übereilung zu warnen (vgl. o. Rdnr. 41), dann darf nicht zugelassen werden, daß über den Weg einer Bevollmächtigung eine Bindung des Erklärenden durch formfreies Rechtsgeschäft eintritt. Im Schrifttum wird dementsprechend vorgeschlagen, stets die für das Vertretungsgeschäft geltende Formvorschrift auf die Vollmachtserteilung auszudehnen, wenn der Formvorschrift Warnfunktion zukommt.[12]

---

[11] Die Vertretung juristischer Personen durch ihre Organe (vgl. o. RdNr. 702) ist lediglich ein Sonderfall der gesetzlichen Stellvertretung; vgl. *Medicus*, AT, RdNr. 926.
[12] So *Flume*, S. 864f.; *Schwerdtner*, Jura 1979, 163.

§ 9 Dritte in Schuldverhältnissen

Die hM, insbesondere die Rechtsprechung, will demgegenüber die Entscheidung aufgrund einer differenzierenden Beurteilung der Einzelfälle suchen. So wird z. B. aus § 313 S. 1 die Formbedürftigkeit der Vollmacht abgeleitet, die unwiderruflich zum Verkauf eines Grundstücks erteilt wird, auch wenn die Unwiderruflichkeit zeitlich befristet ist; das gleiche soll gelten, wenn der Vollmachtgeber beim Widerruf Nachteilen ausgesetzt ist (z. B. wenn er dann zur Zahlung einer Vertragsstrafe verpflichtet ist).[13]

Die Zulässigkeit einer den eindeutigen Wortlaut des § 167 Abs. 2 mißachtenden Auffassung ergibt sich aus folgenden Erwägungen: Die in § 167 Abs. 2 aufgestellte Regel ist – wie dargelegt – mit Sinn und Zweck anderer Regelungen, nämlich der hier anzuwendenden Formvorschriften, unvereinbar. Deshalb muß die (nach ihrem Wortlaut zu weit geratene) Vorschrift des § 167 Abs. 2 so eingeschränkt werden, daß ihr Anwendungsbereich mit dem Regelungszweck der Formvorschriften übereinstimmt. Eine derartige Einschränkung einer nach dem Wortsinn zu weit gefaßten Regel wird „**teleologische Reduktion**"[14] genannt.

715 Wird die Vollmacht gegenüber dem Bevollmächtigten erteilt (X sagt zu Y: „Ich bevollmächtige Sie, für mich ein Auto zu kaufen"; § 167 Abs. 1 Alt. 1), dann spricht man von einer „**Innenvollmacht**"; wird die Bevollmächtigung gegenüber dem Dritten, mit dem das Vertretungsgeschäft geschlossen werden soll, vorgenommen (X sagt zu Z: „Ich bevollmächtige Y, für mich mit Ihnen einen Kaufvertrag über ein Auto zu schließen"; § 167 Abs. 1 Alt. 2), dann handelt es sich um eine sog. „**Außenvollmacht**". Diese Unterscheidung ist bedeutsam für die Rechtsfolgen, die sich aus Willensmängeln bei der Vollmachtserteilung ergeben (dazu u. RdNr. 725 ff.).

Keine besondere Art der Vollmachtserteilung behandeln die §§ 171, 172. Diese Vorschriften enthalten Regelungen, die im Interesse des Verkehrsschutzes getroffen worden sind und die sich auf eine Innenvollmacht beziehen, die durch besondere Mitteilung an einen Dritten oder durch öffentliche Bekanntmachung (§ 171 Abs. 1) oder durch Vorlage einer Vollmachtsurkunde, die der Vertreter vom Vollmachtgeber erhalten hat (§ 172 Abs. 1), bekannt gemacht wird (z. B.: „Herr X ist von mir bevollmächtigt worden").

716 Der Begriff „Innenvollmacht" darf nicht etwa dahingehend mißverstanden werden, als werde dadurch (auch) das **Innenverhältnis** zwischen Vollmachtgeber und Bevollmächtigtem geregelt. Die Vollmacht hat stets (nur) Außenwirkung, denn durch sie wird dem Bevollmächtigten Rechtsmacht zur Vertretung des Bevollmächtigenden gegenüber Dritten verliehen. Diese Rechtsmacht ist unabhängig von den zwischen Vollmachtgeber und Bevollmächtigtem bestehenden Rechtsbeziehungen

---

[13] Vgl. BGH NJW 1979, 2306; *MünchKomm/Thiele*, § 167 RdNr. 17 ff., m. weit. Nachw., auch zu weiteren Fällen einer Formbedürftigkeit der Vollmacht.
[14] Teleologisch leitet sich von telos (griech.) = Ziel, Zweck ab, Reduktion von reductio (lat.) = Zurückführung; vgl. dazu *Larenz*, Methodenlehre der Rechtswissenschaft, 5. Aufl. 1983, S. 375 ff.

(z. B. Auftrag oder Dienstvertrag), die den Grund für die Bevollmächtigung bilden und die Rechte und Pflichten beider in ihrem Verhältnis zueinander regeln. Die Vollmacht ist in ihrer Gültigkeit von dem Innenverhältnis gelöst; sie ist davon abstrahiert (**Abstraktionsprinzip**).

Die Abstraktheit der Vollmacht bewirkt also, daß es ohne Einfluß auf die Wirksamkeit des Vertretungsgeschäfts bleibt, wenn der das Innenverhältnis regelnde Vertrag nichtig ist oder wenn der Bevollmächtigte internen Weisungen zuwiderhandelt (z. B. kein Geschäft über 10000,– DM ohne Rücksprache mit dem Vollmachtgeber zu schließen). Kennt der Geschäftspartner die internen Bindungen des Vertreters und wirkt er zum Nachteil des Vollmachtgebers mit dem Stellvertreter zusammen, dann ist allerdings das geschlossene Geschäft als sittenwidrig anzusehen und deshalb nach § 138 Abs. 1 nichtig. Von solchen (im Grundsatz für Dritte nicht wirksamen) internen Bindungen ist aber die Beschränkung der Vollmacht als solche zu unterscheiden; durch solche Beschränkungen wird die Vertretungsmacht begrenzt. Man muß also danach differenzieren, ob der Stellvertreter die Vertretungsmacht besitzt und sie (lediglich) mißbraucht, weil er von ihr z. B. weisungswidrig Gebrauch macht (dies wirkt sich grundsätzlich nur im Innenverhältnis aus; dazu Einzelheiten später), oder ob er die Grenzen seiner Vertretungsmacht überschreitet, dann handelt er als vollmachtloser Vertreter.

Nach dem Umfang der Vollmacht unterscheidet man zwischen einer **Spezialvollmacht,** die nur für ein bestimmtes Geschäft gilt, einer **Gattungsvollmacht,** die eine Gattung von Geschäften betrifft, und einer **Generalvollmacht,** die zu Vertretungen aller Art befugt. In einigen Fällen ist durch das Gesetz der Umfang der Vollmacht im Interesse des Rechtsverkehrs zwingend festgelegt worden (z. B. für die Prokura, die eine besondere handelsrechtliche Vollmacht darstellt, durch die §§ 49, 50 HGB). Die Vollmacht kann auch in der Weise beschränkt werden, daß der Bevollmächtigte nicht allein zur Vertretung befugt sein soll, sondern nur mit einem oder mehreren anderen (sog. **Gesamtvollmacht** im Unterschied zur Einzelvollmacht). Bei der Gesamtvollmacht müssen die Bevollmächtigten nicht notwendigerweise gemeinsam handeln; vielmehr genügt es, daß einer das Rechtsgeschäft im Namen des Vertretenen vornimmt und der andere (oder die anderen) intern diesem Geschäft zustimmen.[15]

Eine Gesamtvertretung, zu der eine Gesamtvollmacht berechtigt, kommt nicht nur im Rahmen der gewillkürten Stellvertretung vor, sondern auch bei der gesetzlichen. So vertreten Eltern das Kind gemeinschaftlich (§ 1629 Abs. 1 S. 2).

717

cc) Untervollmacht

Regelmäßig sind Vollmachtgeber und Bevollmächtigter durch ein Innenverhältnis (vgl. o. RdNr. 716) miteinander verbunden, das auf einem besonderen Vertrauen des Vollmachtgebers gegenüber dem Bevoll-

718

---

[15] Vgl. *MünchKomm/Thiele,* § 164 RdNr. 81.

mächtigten beruht und diesen verpflichtet, persönlich das Vertretungsgeschäft zu schließen und damit keinen anderen zu betrauen. In Fällen aber, in denen der Vollmachtgeber dies ausdrücklich gestattet oder in denen er kein Interesse an einer persönlichen Wahrnehmung seiner Interessen durch den Bevollmächtigten hat, kann der Bevollmächtigte seinerseits eine Untervollmacht erteilen. Hierbei ist zu unterscheiden:
- Dem Unterbevollmächtigten wird von dem Hauptbevollmächtigten die Befugnis übertragen, **im Namen des Hauptvollmachtgebers** (Geschäftsherrn) ein Rechtsgeschäft zu schließen. Tut dies der Unterbevollmächtigte, dann treffen den Geschäftsherrn die Wirkungen des Rechtsgeschäfts in gleicher Weise wie bei einer Vertretung durch den Hauptbevollmächtigten. Der Unterbevollmächtigte braucht nicht anzugeben, daß er seine Vertretungsmacht aus einer Unterbevollmächtigung ableitet. Voraussetzung für eine wirksame Vertretung ist jedoch in diesen Fällen, daß sowohl die Hauptvollmacht als auch die Untervollmacht wirksam erteilt worden sind.

Besteht eine der beiden Vollmachten nicht und wird das Vertretungsgeschäft nicht nach § 177 genehmigt, dann muß unterschieden werden:[16]
- Die Hauptvollmacht besteht nicht. Der Unterbevollmächtigte hat die mehrstufige Vertretung nicht offengelegt. Er haftet dann nach § 179, kann jedoch seinerseits den (angeblichen) Hauptbevollmächtigten nach § 179 (§ 180 S. 2) in Anspruch nehmen.
- Der Unterbevollmächtigte deckt die Ableitung seiner Vertretungsmacht von dem Hauptbevollmächtigten auf; dieser haftet nach § 179 dem Geschäftspartner, wenn die Hauptvollmacht fehlt.
- Die Untervollmacht ist nicht wirksam erteilt worden; der Unterbevollmächtigte haftet dem Geschäftspartner stets nach § 179.

Beispiel: Arnold bittet Bertold, für ihn einen gebrauchten Pkw zu besorgen und bevollmächtigt ihn, in seinem (des Arnold) Namen einen Kaufvertrag zu schließen. Außerdem gestattet Arnold, daß Bertold diese Vollmacht einer Person seines Vertrauens weitergibt. Dementsprechend bevollmächtigt Bertold den Carl, einen Pkw für Arnold zu erwerben. Dies tut Carl auch und kauft im Namen des Arnold von Dieter ein Kfz zum Preis von 20000 DM, ohne darzulegen, daß er aufgrund einer Untervollmacht handelt. Nun stellt sich heraus, daß Arnold wegen Verschwendung entmündigt ist. Daraufhin verlangt Dieter von Carl, daß dieser gegen Übergabe des Fahrzeugs den Kaufpreis zahlt, da der Vormund des Arnold die Genehmigung des Vertrages ablehnt. Mit Recht?
Da die Bevollmächtigung des Bertold unwirksam ist (§ 111 iVm. §§ 114, 106), hat Carl den Kaufvertrag ohne Vertretungsmacht geschlossen. Er haftet folglich nach § 179. Da Carl den Mangel seiner Vertretungsmacht nicht kannte und seine Unkenntnis auch nicht auf Fahrlässigkeit beruht, haftet er jedoch nicht auf Erfüllung, sondern nur auf Ersatz des Vertrauensschadens (§ 179 Abs. 2; Einzelheiten dazu später). Da auch Bertold gegenüber Carl als Vertreter ohne Vertretungsmacht handelt, ist dieser ebenfalls nach § 179 Abs. 2, § 180 S. 2 verpflichtet, den Vertrauensschaden des Carl zu ersetzen. Carl kann deshalb von Bertold fordern, von Ansprüchen des Dieter wegen des Autokaufs freigestellt zu werden (§ 249 S. 1).

---

[16] Vgl. BGHZ 68, 391 = NJW 1977, 1535, m. Nachw.

– Nach hM ist aber noch eine zweite Form der Unterbevollmächtigung zulässig, und zwar bevollmächtigt der Hauptbevollmächtigte einen anderen, ihn, den Hauptbevollmächtigten, bei Vertretung des Geschäftsherrn seinerseits zu vertreten. Der Unterbevollmächtigte tritt also als **Vertreter des Vertreters** auf und erklärt, daß er als Vertreter des Hauptbevollmächtigten handle und Rechtswirkungen auf diese Weise für den Geschäftsherrn herbeiführen wolle.[17]

Beispiel: Erst bevollmächtigt Zweit, ihn bei Abschluß eines bestimmten Geschäfts zu vertreten, und räumt Zweit das Recht zur Unterbevollmächtigung ein. Zweit bevollmächtigt Dritt als seinen Vertreter, das Geschäft für Erst zu schließen; demgemäß muß Dritt dann darlegen, daß er als Vertreter eines Hauptvertreters, nämlich Zweit, handelt und daß über den Hauptvertreter Zweit das Geschäft für Erst geschlossen werden soll.

Besteht in diesem Fall keine wirksame Hauptvollmacht, dann haftet nicht der Unterbevollmächtigte, sondern nur der Hauptbevollmächtigte nach § 179 dem Geschäftspartner, weil der Unterbevollmächtigte erkennbar gemacht hat, daß er nur eine vom Hauptbevollmächtigten abgeleitete Vertretungsmacht besitzt.[18]

dd) Konkludent erteilte Vollmacht und Duldungsvollmacht

Die **Erteilung der Vollmacht** muß nicht ausdrücklich, sondern kann auch **konkludent** vorgenommen werden, soweit nicht gesetzliche Vorschriften etwas anderes bestimmen (vgl. § 48 Abs. 1 HGB, der vorschreibt, daß die Prokura nur mittels ausdrücklicher Erklärung erteilt werden darf). In dem Gewährenlassen von Vertretungsgeschäften kann eine stillschweigende Bevollmächtigung liegen. Hierfür ist jedoch Voraussetzung, daß der Stellvertreter dem Verhalten des Vertretenen den objektiven Erklärungswert einer Vollmacht beilegen kann. Weiß der als Stellvertreter Auftretende, daß ihm der Vertretene keine Vollmacht erteilen will und nur aus Schwäche oder Gleichgültigkeit nicht eingreift, dann verbietet sich die Annahme einer konkludent erteilten Vollmacht.[19]

719

Beispiel: Klein und Groß sammeln Briefmarken, und zwar Klein nur deutsche, Groß nur solche aus Übersee. Groß, der über mehr Zeit als Klein verfügt, sieht die ihm von Händlern geschickten Angebote stets sehr sorgfältig durch und ordert dann die Marken, die nach Preis und Art interessant sind. Im Laufe der Zeit hat es sich eingespielt, daß Groß auch Marken im Namen des Klein bestellt. Klein und Groß haben zwar niemals darüber gesprochen, daß Groß dies tun soll, aber Klein hat stets anstandslos die ihm zugesandten Marken bezahlt. Eines Tages bekommen

---

[17] BGHZ 32, 250 = NJW 1960, 1565; BGH (Fn. 16); *Brox* aaO; vgl. auch *Medicus*, AT, RdNr. 951, 996; gegen die Zulässigkeit dieser Form der Unterbevollmächtigung *MünchKomm/Thiele*, § 167 RdNr. 73 ff.; *Soergel/Leptien*, § 167 RdNr. 58, jeweils m. weit. Nachw.
[18] Str., vgl. die in Fn. 17 Zitierten.
[19] Vgl. *Larenz*, AT, § 33 Ia (S. 639).

beide Streit, in dessen Verlauf Klein erklärt, er verbitte sich nachdrücklich die weitere Bevormundung durch Groß; er wolle selbst entscheiden, welche Marken er erwerbe. Groß solle sich unterstehen, noch einmal eine Bestellung für ihn aufzugeben. Groß erwidert, Klein habe doch überhaupt keine Ahnung von Briefmarken; wenn er – Groß – ihn im Stich ließe, würde er doch großen Schaden erleiden. Deshalb werde er auch weiterhin Klein den Freundschaftsdienst leisten, auch wenn dieser sich undankbar zeige. Dabei bleibt Groß trotz weiterer Proteste des Klein und bestellt erneut einige Marken im Namen von Klein. Als die Marken dem Klein zugesandt werden, zahlt er auch diese „um des lieben Friedens willen". Damit hatte Groß, der die nachgiebige Art des Klein kannte, von vornherein gerechnet.

Bei der ersten Bestellung für Klein handelte Groß ohne Vertretungsmacht. Als Klein den geforderten Preis dem Händler zahlte, genehmigte er damit konkludent den Kaufvertrag (§ 177 Abs. 1). Bei der folgenden Bestellung kann man noch zweifeln, ob bereits in dem Verhalten des Klein eine schlüssig erklärte Bevollmächtigung des Groß zu sehen ist. Als jedoch in der folgenden Zeit Klein stets die Verträge akzeptierte, die Groß für ihn schloß, konnte Groß mit Recht davon ausgehen, daß er auch in Zukunft für Klein in dem bisherigen Rahmen handeln durfte. Demgemäß war das Verhalten des Klein nach dem objektiven Erklärungswert als konkludentes Erteilen einer Innenvollmacht zu werten. Als Klein aber ausdrücklich die Bevollmächtigung des Groß widerrief (vgl. § 168), handelte dieser von diesem Zeitpunkt an als vollmachtloser Vertreter des Klein. Auch wenn Klein die erneute Bestellung abnahm und bezahlte (Genehmigung nach § 177 Abs. 1), kann Groß in Zukunft nicht das Verhalten des Klein als stillschweigende Bevollmächtigung auffassen.

720 Allerdings stellt sich in solchen Fällen die Frage, ob Dritte – im Beispielsfall die Händler – darauf vertrauen können, daß der (in Wirklichkeit ohne Vollmacht) Handelnde die erforderliche Vertretungsmacht besitzt, um den Vertretenen zu verpflichten. Anders gefragt: Hat sich derjenige, der ein vollmachtloses Handeln kennt und nichts dagegen unternimmt, so behandeln zu lassen, als habe er die (in Wirklichkeit nicht erteilte) Bevollmächtigung vorgenommen? Die hM bejaht diese Frage, wenn folgende Voraussetzungen erfüllt sind:[20]

– Ein zum Handeln nicht Berechtigter tritt während einer gewissen Dauer und wiederholt für den Geschäftsherrn als Vertreter auf.

  Diese Fälle unterscheiden sich also von denen einer schlüssig erteilten Vollmacht dadurch, daß gerade keine Bevollmächtigung besteht, der Vertreter also ohne Vollmacht tätig wird.

– Der Geschäftsherr hat Kenntnis von diesem vollmachtlosen Handeln und schreitet dagegen nicht ein, obwohl ihm dies möglich ist.

– Der Geschäftspartner des Geschäftsherrn kennt das Verhalten des Vertreters und dessen Duldung durch den Geschäftsherrn und kann daraus nach Treu und Glauben mit Rücksicht auf die Verkehrssitte den Schluß ziehen, daß der Vertreter Vollmacht besitzt.

  Beruht die Unkenntnis des Geschäftspartners von der fehlenden Vollmacht auf Fahrlässigkeit, dann wird er in seinem Vertrauen nicht geschützt.

---

[20] *MünchKomm/Thiele*, § 167 RdNr. 36, m. Nachw.

II. Stellvertretung

Diese Fälle, die als „**Duldungsvollmacht**" zu bezeichnen sind,[21] werden also dadurch gekennzeichnet, daß der Geschäftsherr durch Duldung des vollmachtlosen Auftretens eines Nichtberechtigten den Rechtsschein einer Vertretungsmacht entstehen läßt, auf den Dritte vertrauen. Insoweit ergibt sich eine Parallele zu Sachverhalten, in denen der Geschäftsherr öffentlich eine (in Wirklichkeit nicht bestehende) Bevollmächtigung bekanntgibt; nach § 171 Abs. 1 muß er sich dann so behandeln lassen, als habe er eine Vollmacht dem Vertreter wirksam erteilt. Deshalb wird die von der hM befürwortete Anerkennung der Duldungsvollmacht auf eine analoge Anwendung des § 171 Abs. 1 gestützt.[22]

Von einer **Analogie** wird gesprochen, wenn die für einen Tatbestand im Gesetz getroffene Regelung (hier: § 171 Abs. 1) auf einen gesetzlich nicht geregelten ähnlichen Tatbestand (hier: Duldungsvollmacht) angewendet wird. Kann die auf den ungeregelten Tatbestand zu übertragende Rechtsfolge – wie hier – aus einem einzigen Rechtssatz gewonnen werden, dann bezeichnet man dies als Gesetzesanalogie; wird hingegen die anzuwendende Regelung aus mehreren Rechtssätzen oder aus dem Gesamtsystem des Gesetzes abgeleitet, dann handelt es sich um eine sog. Rechtsanalogie.

Erste Voraussetzung für eine Analogie ist also ein „ungeregelter" Tatbestand. Das Gesetz muß insoweit eine „**Lücke**" aufweisen, die es zu schließen gilt. Das Schweigen des Gesetzes darf nicht etwa darauf zurückzuführen sein, daß der Gesetzgeber bewußt von einer Regelung absah. Denn ein solches bewußtes Schweigen darf nicht nachträglich vom Rechtsanwender korrigiert werden. Vielmehr muß das Schweigen des Gesetzes unbeabsichtigt sein, gleichsam im Widerspruch zu dem gesetzgeberischen Vorhaben stehen. Eine „Lücke" ist folglich eine vom Standpunkt des Gesetzgebers aus betrachtete, von dem Gesetz zugrundeliegenden Regelungsabsicht her gesehene „Planwidrigkeit". Diese Planwidrigkeit ist durch Analogie zu beseitigen, wenn der ungeregelte Tatbestand dem geregelten so ähnlich ist, daß es die Gerechtigkeit gebietet, beide gleich zu behandeln.[23]

ee) Anscheinsvollmacht

Bleiben noch die Fälle zu erörtern, in denen der Geschäftsherr von dem vollmachtlosen Auftreten des Vertreters keine Kenntnis hat, jedoch bei Beachtung der pflichtgemäßen Sorgfalt hätte erkennen und verhindern können, daß der Vertreter in seinem Namen Rechtsgeschäfte schließt.

Beispiel:[24] Frech ist als Aushilfsangestellter beim Transportunternehmer Stark tätig. Nachdem er wiederholt weisungsgemäß Haftpflichtschäden der Versicherungsgesellschaft Sicher meldete, bei der Stark seine Lastwagen haftpflichtversichert hat, kündigt er auf Geschäftsbriefbogen des Stark mit eigener Unterschrift den Versicherungsvertrag. Auf eine schriftliche Anfrage von Sicher nach dem Grund der Kündigung antwortet Frech wiederum auf einem Geschäftsbriefbogen des Stark und mit eigener Unterschrift. Bis zum Kündigungstermin werden die fälligen Ver-

---

[21] Verständnis und Abgrenzung der Duldungsvollmacht sind jedoch nicht einheitlich; abweichend z. B. *Medicus*, BR, RdNr. 100f.; *Palandt/Heinrichs*, § 173 Anm. 4b.
[22] So *Diederichsen*, AT, RdNr. 299; aA *MünchKomm/Thiele*, § 167 RdNr. 39.
[23] Vgl. *Larenz* (o. Fn. 14), S. 365 ff.; *Schwab* RdNr. 113.
[24] Fall von BGH NJW 1956, 1673.

sicherungsprämien pünktlich gezahlt, danach nicht mehr. Als ein Lastzug des Stark in einen Unfall verwickelt wird, weigert sich Sicher, unter Hinweis auf die Kündigung, Versicherungsschutz zu gewähren. Erst jetzt erfährt Stark von der durch Frech vorgenommenen Kündigung. Er meint, er brauche diese Kündigung nicht gelten zu lassen, weil Frech keine Vollmacht gehabt und er von der Kündigung nichts gewußt hatte. Ist diese Auffassung von Stark zutreffend?

722 Nach hM, insbesondere der Rechtsprechung, kann sich der Vertretene auf den Mangel der Vollmacht seines angeblichen Vertreters dann nicht berufen, wenn er dessen Verhalten zwar nicht kannte, es aber bei pflichtgemäßer Sorgfalt hätte kennen und verhindern können, und wenn der Geschäftspartner das Verhalten des Vertreters nach Treu und Glauben und mit Rücksicht auf die Verkehrssitte dahin auffassen durfte, daß es dem Vertretenen bei verkehrsmäßiger Sorgfalt nicht habe verborgen bleiben können, dieser es also dulde.[25] Im allgemeinen wird noch hinzukommen, daß das Verhalten des angeblichen Vertreters von einer gewissen Häufigkeit oder Dauer ist, um einen Vertrauenstatbestand zu rechtfertigen.[26] Sind diese Voraussetzungen erfüllt, dann besteht nach hM eine sog. **Anscheinsvollmacht,** die den Vertretenen in gleicher Weise verpflichtet, als habe er wirksam eine rechtsgeschäftliche Vollmacht erteilt.

723 Der Lehre von der Anscheinsvollmacht wird im Schrifttum entgegengehalten, nach dem BGB könne die Nichtbeachtung pflichtmäßiger Sorgfalt nicht das Zustandekommen eines Rechtsgeschäfts bewirken, sondern nur schadensersatzpflichtig machen.[27] Auch wenn man diesen Bedenken die dogmatische Berechtigung nicht absprechen kann, wird man doch davon auszugehen haben, daß die ständige Rechtsprechung den Grundsätzen von der Anscheinsvollmacht die verbindliche Kraft des Richterrechts gegeben hat.[28]

Die Gerichte sind nicht nur zur Rechtsanwendung berufen, sondern auch zur Fortentwicklung des Rechts; dies ist heute allgemein – auch vom Gesetzgeber (vgl. § 137 GVG) – anerkannt. Die **richterliche Rechtsfortbildung** vollzieht sich gleichsam in konzentrischen Kreisen, in deren gemeinsamem Mittelpunkt das Gesetz steht.[29] Bereits bei der (einfachen) Auslegung und Anwendung des Gesetzes kann dieses Recht fortgebildet werden, z. B. wenn das Gericht eine gesetzliche Vorschrift in einem neuen, von dem bisherigen Verständnis abweichenden Sinn interpretiert. Die Grenze für diese den innersten Kreis bildende Rechtsfortbildung wird durch den möglichen Wortsinn der einzelnen Vorschrift gezogen. Jenseits dieser Grenze – innerhalb des mittleren Kreises – beginnt die Ausfüllung von Gesetzeslücken (zum Begriff o.

---

[25] BGH aaO S. 1674.
[26] *MünchKomm/Thiele,* § 167 RdNr. 43; *Soergel/Leptien* § 167 RdNr. 21 mit dem Hinweis, daß sich unter besonderen Umständen ein hinreichender Rechtsschein auch aus anderen Anhaltspunkten ohne Zeitmoment ergeben könne.
[27] So insbesondere *Flume,* S. 832ff.; *Medicus,* AT, RdNr. 970f.; *Hadding,* StudK BGB, §§ 169–173 Anm. II 2.
[28] So *MünchKomm/Thiele,* § 167 RdNr. 45.
[29] Vgl. dazu *Larenz* (o. Fn. 14), S. 351ff., dem die folgende Darstellung weitgehend folgt.

RdNr. 720), vornehmlich durch Analogie (vgl. o. RdNr. 720) sowie durch teleologische Reduktion (vgl. o. RdNr. 714, u. RdNr. 732). Am weitesten vom Mittelpunkt des Gesetzes entfernt verläuft der äußerste Kreis, der die gesetzeserweiternde und gesetzesübersteigende Rechtsfortbildung umschließt. Hierbei dient die Rechtsfortbildung nicht zur Ausfüllung planwidriger Unvollständigkeiten innerhalb des Gesetzes selbst, die entsprechend der im Gesetz niedergelegten Normvorstellungen und Prinzipien, also in gesetzesimmanenter Weise, zu beseitigen sind, sondern sie bewegt sich über den Plan des Gesetzes hinaus und entwickelt ihn fort, insbesondere um dadurch dringenden Bedürfnissen des Rechtsverkehrs zu entsprechen. Als Beispiel hierfür kann das Sicherungseigentum (vgl. o. RdNr. 550) genannt werden, das im praktischen Ergebnis die Funktion eines (von Gesetzes wegen unzulässigen) besitzlosen Pfandrechts einnimmt; mag auch heute dieses Rechtsinstitut gewohnheitsrechtlich verfestigt sein, die Grundlagen dazu sind aber durch die Rechtsprechung gelegt worden. Im Gegensatz zum Gewohnheitsrecht (vgl. o. RdNr. 425) ist es für die Geltung des Richterrechts nicht Voraussetzung, daß der einzelne Rechtssatz durch eine allgemeine Rechtsüberzeugung getragen wird. In dem hier behandelten Fall der Anscheinsvollmacht verbietet sich deshalb die Annahme des Gewohnheitsrechts, weil stets die Rechtsprechung zu diesem Fragenkomplex der Kritik ausgesetzt gewesen ist. Es ist offensichtlich, daß besonders die gesetzesübersteigende Rechtsfortbildung des Richters die Frage aufwirft, welche Grenzen hierfür zu beachten sind und welche Kompetenzen dem Richter, welche nur dem Gesetzgeber zustehen. Daß der Richter bei der Fortbildung des Rechts nicht so frei ist wie der Gesetzgeber, ist selbstverständliche Folge des Prinzips der Gewaltenteilung sowie des Grundsatzes der Rechts- und **Gesetzesbindung** der Rechtsprechung (vgl. Art. 20 Abs. 2 und 3 GG). Welche Grenzen für die richterliche Rechtsfortbildung bestehen, wird im Schrifttum eingehend und zum Teil kontrovers diskutiert. Auf diese Diskussion kann hier nicht im einzelnen eingegangen werden. Es muß der allgemeine Hinweis genügen, daß der Richter an das bestehende System der Rechtsordnung gebunden ist und sich an den Grundwerten zu orientieren hat, die ihm vom Gesetzgeber vorgegeben sind.

Der Unterschied zwischen der herrschenden Lehre von der Anscheins- **724** vollmacht und der Gegenmeinung zeigt sich darin, daß Erfüllungsansprüche des Geschäftspartners gegen den Vertretenen nur in Betracht kommen, wenn ein Vertragsschluß bejaht werden kann (wie das die hM tut), sonst können nur Schadensersatzansprüche gegen den Vertretenen auf der Grundlage der c. i. c. bestehen, die in aller Regel das Erfüllungsinteresse nicht ausgleichen werden (vgl. o. Rdnr. 458); daneben können Ansprüche gegen den vollmachtlos handelnden Vertreter nach § 179 gegeben sein, die im Falle einer Anscheinsvollmacht nach hM nicht bestehen, da sich dann die Rechtslage so darstellt, als sei eine wirksame Vollmacht erteilt worden.[30]

ff) Willensmängel bei Erteilung einer Vollmacht

Für die Vollmachtserteilung als Willenserklärung gelten die allgemei- **725** nen Vorschriften über **Willensmängel** (§§ 116 ff.). Folglich kommt eine Anfechtung nach § 119 in Betracht, wenn sich der Vollmachtgeber bei der Vollmachtserteilung geirrt hat. Hierbei muß jedoch danach unter-

---

[30] BGHZ 86, 273 = NJW 1983, 1308, m. weit. Nachw.; aA *MünchKomm/Thiele,* § 167 RdNr. 62.

schieden werden, ob es sich um eine Innen- oder Außenvollmacht (vgl. o. Rdnr. 715) handelt und ob bereits von der Vollmacht Gebrauch gemacht worden ist oder nicht. Problemlos sind die Fälle, in denen die (anfechtbare) **Vollmacht noch nicht gebraucht** worden ist. Dann ist Anfechtungsgegner der Empfänger der Vollmachtserklärung, bei der Innenvollmacht also der Vertreter, bei der Außenvollmacht der Geschäftspartner (§ 143 Abs. 3 S. 1). Ist die Erteilung der Innenvollmacht einem Dritten oder durch öffentliche Bekanntmachung mitgeteilt worden (§ 171 Abs. 1), dann muß der Anfechtende dafür sorgen, daß diejenigen, denen die Bevollmächtigung mitgeteilt wurde, auch von der Anfechtung erfahren, weil sonst ihr Vertrauen auf die Wirksamkeit der Bevollmächtigung geschützt ist (vgl. § 171 Abs. 2, § 173). Daß die Vollmacht widerruflich ist, steht einer Anfechtung nicht entgegen.[31]

Eine **Vollmacht** kann grundsätzlich vom Vollmachtgeber **widerrufen** werden, ohne daß es darauf ankommt, ob das zugrundeliegende Rechtsverhältnis fortbesteht (§ 168 S. 2). Streitig ist, ob die Vollmacht auch unwiderruflich erteilt werden kann. Bei einer Generalvollmacht ist dies zu verneinen, weil dadurch die Entscheidungsfreiheit des Vollmachtgebers zu weitgehend eingeschränkt würde. Bei anderen Vollmachten kommt es darauf an, ob sich aus dem Innenverhältnis (o. Rdnr. 716) ergibt, daß die Bevollmächtigung ausgesprochen worden ist, um vornehmlich den Interessen des Vollmachtgebers zu dienen. In einem solchen Fall muß dem Vollmachtgeber das Recht vorbehalten bleiben, frei darüber zu entscheiden, ob der Bevollmächtigte die Wahrnehmung der Interessen fortsetzen soll. Deshalb muß nicht nur die Lösung des der Vollmacht zugrundeliegenden Rechtsverhältnisses möglich sein, sondern auch der Widerruf der Vollmacht selbst. Nur wenn der Bevollmächtigte bei Ausführung des Vertretungsgeschäfts eigene Interessen wahrnimmt, die denen des Vollmachtgebers mindestens gleichwertig sind, wird man eine Unwiderruflichkeit der Vollmacht zulassen können;[32] aber auch in einem solchen Fall bleibt der Widerruf aus wichtigem Grund vorbehalten (zu den Folgen für die Formbedürftigkeit, die sich aus einer Unwiderruflichkeit ergeben, vgl. o. RdNr. 714). Eine Vollmacht, der kein Kausalverhältnis zugrunde liegt (sog. isolierte Vollmacht, vgl. o. RdNr. 716) kann auch dann frei widerrufen werden, wenn sie „unwiderruflich" erteilt wurde. Denn dann kann es keinen rechtfertigenden Grund geben, den Vollmachtgeber an den einseitig erklärten Ausschluß des Widerrufs zu binden, zumal wegen Fehlens eines der Vollmacht zugrundeliegenden Rechtsverhältnisses kein Beurteilungsmaßstab vorhanden ist, um über die Fragen zu entscheiden, ob die Vollmacht überhaupt unwiderruflich erteilt werden kann und ob sie trotz ihrer Unwiderruflichkeit dennoch aus wichtigem Grund widerrufen werden darf.[32a]

726   Ob die Vollmacht auch noch angefochten werden kann, wenn der **Bevollmächtigte bereits ein Rechtsgeschäft geschlossen** hat, ist sehr streitig. Die Problematik, die sich hierbei ergibt, zeigt der folgende

Beispielsfall: Arnold erteilt Viktor Vollmacht, ihn bei bestimmten Geschäften zu vertreten. Viktor schließt daraufhin im Namen des Arnold mit Bertold ein entspre-

---

[31] *MünchKomm/Thiele*, § 167 RdNr. 82, m. weit. Nachw.; aA wohl *Brox*, AT, RdNr. 524 f.
[32] Vgl. *Hübner*, RdNr. 660; *Köhler*, PdW – AT, Nr. 128 (S. 180 f.), jeweils m. Nachw.
[32a] BGH NJW 1988, 2603, 2604.

chendes Geschäft. Danach stellt sich heraus, daß sich Arnold bei der Bevollmächtigung geirrt hat, und er ficht deshalb nach § 119 Abs. 1 die Bevollmächtigung gegenüber Viktor an. Diese Anfechtung verpflichtet Arnold nach § 122 Abs. 1 zum Ersatz des Vertrauensschadens, den Viktor erleidet. Da die Anfechtung die Wirkung hat, daß Viktor als vollmachtloser Vertreter handelte (§ 142 Abs. 1), ist er nach § 179 Abs. 2 seinerseits verpflichtet, den Vertrauensschaden des Bertold zu ersetzen. Von diesem gegen ihn gerichteten Schadensersatzanspruch kann Viktor auf der Grundlage des § 122 Abs. 1 von Arnold Freistellung oder Ersatz dessen fordern, was er zur Erfüllung dieses Anspruchs an Bertold gezahlt hat. Auf diese Weise hat letztlich Arnold auch den Vertrauensschaden seines Vertragspartners zu tragen.

Fällt jedoch Arnold in Konkurs oder ist er mittellos, dann muß der Vertreter den Vertrauensschaden des Geschäftspartners ausgleichen und geht wegen seines Anspruchs gegen den Vollmachtgeber ganz oder teilweise leer aus. Ist der Vertreter vermögenslos, dann kann der Geschäftspartner des Anfechtenden seinen Anspruch nach § 179 Abs. 2 nicht realisieren. Unmittelbare Ansprüche gegen den Vollmachtgeber scheinen dem Geschäftspartner nicht zuzustehen. Schließlich ist noch zu berücksichtigen, daß nach § 179 Abs. 3 S. 2 der vollmachtlose Vertreter, der in seiner Geschäftsfähigkeit beschränkt ist (vgl. § 165), überhaupt nicht haften muß, wenn er ohne Zustimmung seines gesetzlichen Vertreters gehandelt hat. Auch in diesen Fällen würde der Geschäftspartner bei wirksamer Anfechtung der Vollmacht nichts erhalten.

Um derartige Ergebnisse zu vermeiden, wird im Schrifttum vorgeschlagen, die Anfechtung einer gebrauchten Innenvollmacht gegenüber dem Geschäftspartner vorzunehmen und diesem dann auch einen Anspruch nach § 122 Abs. 1 gegen den anfechtenden Vollmachtgeber einzuräumen.[33] Zur Begründung wird darauf verwiesen, daß die Anfechtung der Vollmacht letztlich darauf ziele, den Vertretenen von der Bindung an das vom Vertreter geschlossene Geschäft zu befreien, und daß es deshalb folgerichtig sei, die Anfechtung auch gegenüber dem Geschäftspartner vorzunehmen. Die Anfechtung der gebrauchten Innenvollmacht wird nach dieser Auffassung mit der Anfechtung einer Außenvollmacht gleichgestellt, die in jedem Fall (gebraucht oder nicht) gegenüber dem Geschäftspartner auszusprechen ist (§ 143 Abs. 3 S. 1). Eine andere Auffassung erklärt dagegen eine ausgeübte Innenvollmacht im Regelfall für unanfechtbar und will eine Ausnahme nur zulassen, wenn sich der Irrtum bei der Bevollmächtigung im Vertretungsgeschäft so auswirkt, daß der Vollmachtgeber dieses anfechten könnte, wenn er es, statt die Vollmacht zu erteilen, selbst vorgenommen hätte.[34]

Beispiel: Albert bevollmächtigt Benno schriftlich zum Verkauf eines Pkw. Er will dabei als Mindestpreis, zu dem Benno abschließen darf, 5300,– DM angeben, verschreibt sich aber und nennt 3500,– DM. Zu diesem Preis schließt Benno einen

---

[33] *Flume*, S. 870 f.; *Medicus*, AT, Rdnr. 945; BR, RdNr. 96; *Schwerdtner*, Jura 1979, 164; *Köhler*, AT, § 18 III 4 – S. 197 (Anfechtung sowohl gegenüber Vertreter als auch Geschäftspartner); abweichend *MünchKomm/Thiele*, § 167 RdNr. 85 (Anfechung nur gegenüber Vertreter, aber Anspruch des Geschäftspartners nach § 122 analog gegen Anfechtenden).

[34] *Brox*, AT, RdNr. 528; *Eujen/Frank*, JZ 1973, 232.

Kaufvertrag mit Carl. In diesem Fall könnte Albert, wenn ihm das gleiche Versehen beim Abschluß des Kaufvertrages mit Carl unterlaufen wäre, nach § 119 Abs. 1 Alt. 2 anfechten. Deshalb wird es von der Gegenansicht für interessengerecht angesehen, den Vollmachtgeber hier zur Anfechtung des Vertretungsgeschäfts (also des Kaufvertrages) zu berechtigen.[35]

gg) Erlöschen der Vollmacht

728 Unter welchen Voraussetzungen die Vollmacht (außer bei Widerruf und Anfechtung) erlischt, bestimmt sich gemäß § 168 S. 1 nach dem ihrer Erteilung zugrundeliegenden Rechtsverhältnis; diese (abdingbare) Vorschrift schafft trotz der Abstraktheit der Vollmacht (vgl. o. RdNr. 716) eine eigenartige Verbindung zwischen ihr und dem ihr zugrunde liegenden Rechtsverhältnis. Hat der Bevollmächtigte das ihm übertragene Geschäft erledigt, zu dessen Durchführung er die Vollmacht erhalten hat, dann ist sie verbraucht und erlischt folglich. Das gleiche gilt, wenn die dem Bevollmächtigten übertragene Aufgabe undurchführbar wird (z. B. ein bestimmter Gegenstand, den der Bevollmächtigte für den Geschäftsherrn erwerben soll, wird zerstört). Wird die Vollmacht, was zulässig ist, befristet oder (auflösend) bedingt erteilt (vgl. o. RdNr. 544), dann endet sie durch Zeitablauf oder durch Eintritt der auflösenden Bedingung. Stirbt der Vollmachtgeber oder wird er geschäftsunfähig, dann hat dies nicht notwendigerweise das Erlöschen der Vollmacht zur Folge. Bleibt das der Vollmacht zugrundeliegende Rechtsverhältnis trotz Tod oder Geschäftsunfähigkeit des Vollmachtgebers bestehen (zum Auftrag vgl. o. RdNr. 585), dann gilt dies nach § 168 S. 1 auch für die Vollmacht. Erlischt beim Tod des Vollmachtgebers das Rechtsgeschäft, das den Grund für die Bevollmächtigung geschaffen hat, dann gilt es in einer Reihe von Fällen zugunsten des Bevollmächtigten fort, bis er vom Erlöschen Kenntnis erlangt hat oder erlangen konnte, z. B. bei einem Auftrag (vgl. § 674) und bei einem auf eine Geschäftsbesorgung gerichteten Dienst- oder Werkvertrag (§ 675 iVm. § 674); eine ähnliche Regelung enthält § 729 zugunsten eines zur Geschäftsführung befugten Gesellschafters. In diesen Fällen bleibt also auch die Vollmacht bestehen (§ 168 S. 1). Ob beim Tod des Bevollmächtigten die Vollmacht erlischt oder auf den Erben übergeht, richtet sich ebenfalls nach dem der Vollmacht zugrunde liegenden Rechtsverhältnis.

729 Mit dem Erlöschen der Vollmacht verliert der Bevollmächtigte seine Vertretungsmacht und kann nicht mehr den Vollmachtgeber verpflichten und berechtigen. Von diesem Grundsatz werden im Interesse eines **gutgläubigen Dritten** (vgl. § 173) durch die §§ 170 bis 172 Ausnahmen gemacht:
– Eine Vollmacht, die gegenüber einem Dritten erteilt worden ist (Außenvollmacht, vgl. o. RdNr. 715), bleibt diesem gegenüber in Kraft,

---

[35] Vgl. *Brox*, aaO, zu diesem Beispielsfall.

bis ihm das Erlöschen der Vollmacht angezeigt wird (§ 170) oder bis er vom Erlöschen auf andere Weise erfahren hat oder erfahren konnte (§ 173).
- Wird eine Innenvollmacht (vgl. o. RdNr. 715) durch besondere Mitteilung an einen Dritten oder durch öffentliche Bekanntmachung zur Kenntnis gebracht, dann bleibt sie zugunsten eines Gutgläubigen bestehen, bis die Kundgabe in derselben Weise widerrufen wird (§§ 171 Abs. 2, 173).
- Hat der Vollmachtgeber dem Vertreter eine Vollmachtsurkunde ausgehändigt, dann gilt die Vertretungsmacht zugunsten eines gutgläubigen Dritten, dem die Urkunde vorgelegt wird, als fortbestehend. Erst wenn der Vollmachtgeber die Urkunde zurückerhält, worauf er nach § 175 gegen den Bevollmächtigten einen Anspruch hat, oder wenn die Urkunde für kraftlos erklärt wird (vgl. § 176), entfällt die Grundlage für einen Vertrauensschutz (§§ 172 Abs. 2, 173).

hh) Mißbrauch der Vertretungsmacht

Folge der Abstraktheit der Vollmacht ist es, daß Verstöße gegen Pflichten, die dem Bevollmächtigten im Innenverhältnis zum Vollmachtgeber auferlegt sind, ohne Einfluß auf seine Vertretungsmacht bleiben. In Fällen einer Kollusion, eines verbotenen Zusammenwirkens zwischen Vertreter und Geschäftspartner zum Nachteil des Vollmachtgebers, ist allerdings das Vertretungsgeschäft nach § 138 Abs. 1 nichtig (vgl. o. RdNr. 716). Die Frage, unter welchen Voraussetzungen der Mißbrauch einer (durch Rechtsgeschäft oder Gesetz geschaffenen) Vertretungsmacht auch außerhalb der Fälle einer Kollusion die Bindung des Vertretenen ausschließt, wird nicht einheitlich beantwortet.[36] Während manche bereits einfache Fahrlässigkeit des Vertragspartners ausreichen lassen wollen und dem Geschäftsherrn den Einwand der Arglist zubilligen, wenn sich der Geschäftspartner, der bei Beachtung der im Verkehr gebotenen Sorgfalt den Mißbrauch der Vertretungsmacht hätte erkennen können, auf die Vollmacht des Vertreters beruft, verlangen andere, daß die Beschränkung im Innenverhältnis für den Geschäftspartner offenkundig (evident) sein müßte, wenn eine Bindung des Geschäftsherrn verneint werden sollte. Diese Auffassung, die neuerdings auch vom BGH vertreten wird, nachdem das Gericht vorher einfache Fahrlässigkeit hatte ausreichen lassen wollen,[37] verdient Zustimmung. Es geht zu

730

---

[36] Vgl. die Darstellung der verschiedenen Auffassungen bei *Werner*, Problem 15, S. 80ff.
[37] BGH WM 1976, 632, 633; 1980, 953, 954; BGH DB 1981, 840; anders noch (einfache Fahrlässigkeit) BGHZ 50, 112 = NJW 1968, 1379. Die Evidenztheorie wird auch überwiegend im Schrifttum vertreten; vgl. *Brox*, AT, RdNr. 533; *Medicus*, BR, RdNr. 116; weit. Nachw. bei *Werner* aaO.

weit, bereits fahrlässige Unkenntnis eines Mißbrauchs der Vertretungsmacht für die Unwirksamkeit des Rechtsgeschäfts genügen zu lassen; grundsätzlich muß vielmehr der Vertretene das Risiko eines solchen Mißbrauchs tragen. Ist aber der Mißbrauch evident, dann verdient der Geschäftspartner keinen Schutz. Im praktischen Ergebnis dürften zwischen der Evidenztheorie und der im Schrifttum ebenfalls vertretenen Auffassung, daß nur grobe Fahrlässigkeit des Geschäftspartners zur Beschränkung der Vertretungsmacht führen könne, kaum Unterschiede bestehen. Gegen die zuweilen erhobene Forderung, daß nur positive Kenntnis des Vollmachtsmißbrauchs dem Geschäftspartner schaden dürfe, sprechen insbesondere Beweisschwierigkeiten.

ii) Einschränkung der Vertretungsmacht durch § 181

731   Eine gesetzliche Einschränkung der Vertretungsmacht ergibt sich aus § 181 für Insichgeschäfte; bei einem **Insichgeschäft** steht dieselbe Person auf jeder Seite der am Rechtsgeschäft Beteiligten. § 181 unterscheidet zwischen zwei Arten:
– Ein Vertreter schließt im Namen des Vertretenen mit sich selbst im eigenen Namen ein Rechtsgeschäft.
– Jemand fungiert als Vertreter beider ein Rechtsgeschäft Vornehmender (Beispiel: A bevollmächtigt X, für ihn Getreide zu verkaufen, B bevollmächtigt X, für ihn Getreide zu kaufen. X schließt sowohl als Vertreter des A als auch als Vertreter des B einen Kaufvertrag über 500 t Getreide).
Die Gefahr einer Interessenkollision ist bei einem Insichgeschäft offensichtlich. Deshalb wird es grundsätzlich für unzulässig erklärt. Wird es dennoch vorgenommen, ist es zunächst schwebend unwirksam und wird nichtig, wenn der Vertretene die Genehmigung verweigert. § 181 nennt zwei **Ausnahmen,** in denen das Insichgeschäft zulässig ist: die Gestattung und die Erfüllung einer Verbindlichkeit.

   Die Gestattung kann auf Gesetz (vgl. z. B. § 1009 Abs. 2) oder auf Rechtsgeschäft beruhen. Die rechtsgeschäftliche Gestattung bedarf keiner Form und kann auch konkludent erteilt werden. Der zweite Fall einer gesetzlichen Ausnahme, die Erfüllung einer Verbindlichkeit, ist gegeben, wenn das Rechtsgeschäft darin besteht, die geschuldete Leistung an den Gläubiger zu bewirken (Beispiel: Der Vertreter übereignet sich selbst eine dem Vertretenen gehörende Sache, um eine entsprechende Verpflichtung des Vertretenen ihm gegenüber zu erfüllen). Der Erfüllung steht die Aufrechnung gleich.

732   Von der hM wird noch eine weitere Ausnahme zugelassen, und zwar für Insichgeschäfte, die dem Vertretenen lediglich einen rechtlichen Vorteil bringen. In diesem Fall kann es einen Interessenkonflikt zwischen Vertreter und Vertretenem, dem in erster Linie die Vorschrift des § 181 entgegenwirken will, nicht geben.

II. Stellvertretung

Die hM kann sich hier auf Richterrecht stützen, durch das eine in § 181 enthaltene „Lücke" geschlossen worden ist. Denn eine „Lücke" (vgl. o. RdNr. 720) besteht nicht nur dann, wenn das Gesetz für eine bestimmte Fallgruppe keine Regelung enthält, obwohl nach dem Zweck und dem Plan des Gesetzes eine solche Regelung erwartet werden müßte (sog. offene Lücke), sondern auch in Fällen, in denen das Gesetz zwar nach seinem Wortlaut auf bestimmte Sachverhalte anwendbar ist, aber darauf nicht paßt, weil Besonderheiten, die diese Sachverhalte aufweisen, entgegenstehen. Man spricht dann von einer „verdeckten Lücke".

Um eine solche verdeckte Lücke handelt es sich bei § 181. Dies zeigt sich, wenn man den Gesetzeszweck betrachtet, der – wie ausgeführt – die Gefahr eines Widerspruchs der Interessen zwischen dem Vertreter und dem Vertretenen verhindern soll. Allerdings darf nicht verkannt werden, daß der Gesetzgeber auch dem Gesichtspunkt der Rechtssicherheit und der Rechtsklarheit besondere Bedeutung beigemessen hat, denn er hat deshalb davon abgesehen, die Zulässigkeit eines Insichgeschäfts davon abhängig zu machen, daß die Vornahme des Rechtsgeschäfts der dem Vertreter obliegenden Fürsorge für den Vollmachtgeber entspricht.[38] Aus diesem Grunde ist auch zunächst von der hM, insbesondere auch von der älteren Rechtsprechung des BGH, die formale Ordnungsfunktion des § 181 betont und lediglich auf die Art des Zustandekommens eines Rechtsgeschäfts gesehen worden, ohne dabei die Interessen der Beteiligten zu berücksichtigen. Dies führte zu lebensfremden Ergebnissen, z. B. dazu, daß Eltern ihren geschäftsunfähigen Kindern außerhalb der Unterhaltspflicht keine Geschenke machen konnten, sondern daß dafür ein Pfleger (§ 1909 Abs. 1) bestellt werden mußte. Der BGH hat deshalb zu Recht diese Auffassung korrigiert[39] und im Wege der teleologischen Reduktion (vgl. o. RdNr. 714 a. E.) das Verbot des § 181 eingeschränkt. Daß der Begriff des rechtlichen Vorteils hinreichend konkretisiert ist und dadurch der Umfang der Nichtanwendung des § 181 präzise genug bestimmt wird, zeigt die Regelung des § 107, bei der ebenfalls auf dieses Merkmal abgestellt wird (vgl. o. RdNr. 260f.).

733 Die Vorschrift des § 181 trifft (zumindest nach ihrem Wortlaut) nicht auf Fälle zu, in denen ein Vertreter eine Untervollmacht erteilt, um mit dem Unterbevollmächtigten ein Rechtsgeschäft zu schließen.

Beispiel: Clever, der Generalbevollmächtigter des Groß ist, erteilt Willig eine Untervollmacht und schließt daraufhin in eigenem Namen mit Willig als Vertreter des Groß einen Kaufvertrag über ein dem Groß gehörendes Grundstück.

In diesem Fall besteht die gleiche Gefahr einer Interessenkollision, wie sie § 181 gerade verhindern will. Deshalb ist § 181 auf diese Fälle nach dem Normzweck analog anzuwenden.[40]

4. Zulässigkeit der Vertretung

734 Im Grundsatz ist eine Vertretung bei allen Rechtsgeschäften zugelassen. Es gibt jedoch eine Reihe von Fällen, in denen das Gesetz eine Abgabe von Willenserklärungen durch einen Vertreter ausschließt.

---

[38] Vgl. *Säcker/Klinghammer,* JuS 1975, 626, 627.
[39] BGHZ 59, 236, 240f. = NJW 1972, 2262 = JuS 1973, 184; BGH WM 1975, 595 = JuS 1975, 662; BGHZ 94, 232, 235f. = NJW 1985, 2407.
[40] *Diederichsen,* AT, RdNr. 308; *Rüthers,* RdNr. 507; *MünchKomm/Thiele,* § 181 RdNr. 10, 21; BGHZ 64, 72 = NJW 1975, 1117, äußert Bedenken gegen die Zulässigkeit, läßt jedoch die Frage unentschieden.

Beispielsweise sind die Errichtung eines Testaments (§ 2064), die Schließung eines Erbvertrages (§ 2274) sowie die Eheschließung (§ 13 Abs. 1 EheG) höchstpersönliche Rechtsgeschäfte, bei denen es eine Vertretung nicht geben kann.[41]

b) Wirkungen einer Vertretung

735 Nimmt der Vertreter im Namen des Vertretenen innerhalb der ihm zustehenden Vertretungsmacht ein Rechtsgeschäft oder eine geschäftsähnliche Handlung (vgl. o. RdNr. 705) vor, dann entsteht die gleiche Rechtslage, als habe der Vertretene selbst gehandelt. Dies bedeutet, daß nur der Vertretene berechtigt und verpflichtet wird und daß sich Rechtsfolgen für den Vertreter nicht ergeben.

Dem entspricht es, daß regelmäßig der Vertretene und nicht der Vertreter haftet, wenn der Vertreter eine Verhaltenspflicht verletzt, die zur Haftung für culpa in contrahendo (vgl. o. RdNr. 448 ff.) führt; § 278 ist anwendbar (Einzelheiten dazu später). Ausnahmsweise kann jedoch auch eine Eigenhaftung des Vertreters in Betracht kommen (vgl. o. RdNr. 457).

736 Nach § 166 Abs. 1 ist für die Frage, ob die Wirksamkeit einer vom Vertreter im Rahmen der Vertretung abgegebenen Willenserklärung durch **Willensmängel** beeinflußt wird (§§ 116 ff.), seine Person, nicht die des Vertretenen maßgebend, denn der Vertreter gibt eine eigene Willenserklärung ab (vgl. o. RdNr. 706). Folglich ist der Vertretene (oder der Vertreter selbst, wenn er entsprechende Vertretungsmacht besitzt) zur Anfechtung einer vom Vertreter abgegebenen Willenserklärung nach § 119 Abs. 1 nur berechtigt, wenn sich der Vertreter geirrt hat (vgl. o. RdNr. 306).

737 Kommt es für die rechtlichen Folgen einer Willenserklärung auf die **Kenntnis** oder das **Kennenmüssen gewisser Umstände** an, dann entscheidet ebenfalls die Person des Vertreters (§ 166 Abs. 1). So ist beispielsweise die Kenntnis des Vertreters von dem geheimen Vorbehalt (§ 116 S. 2) oder sein Einverständnis mit dem Scheingeschäft (§ 117 Abs. 1) maßgebend für die Nichtigkeit der Willenserklärung. Insbesondere gehören die Tatbestände des gutgläubigen Erwerbs (z. B. §§ 892, 932 ff.) zu den wichtigsten Anwendungsfällen des § 166 Abs. 1.

Beispiel: Arnold, der alte Jagdwaffen sammelt, beauftragt Benno, einen Jagd-Doppelstutzen eines bestimmten Systems zu erwerben, und erteilt ihm dazu Vollmacht. Daraufhin kauft Benno von Trug eine entsprechende Waffe im Namen des Arnold, bezahlt sie und nimmt sie sofort mit. Als er die Waffe Arnold bringt, erkennt dieser die Waffe sofort als Eigentum des Carl, der die Flinte Trug lediglich zur Reparatur gegeben hat.
Für die Frage, ob Arnold gutgläubig Eigentum vom nichtberechtigten Trug erworben hat, ist nach § 166 Abs. 1 der gute Glaube von Benno entscheidend. Denn dieser hat als Vertreter des Arnold die Einigung nach § 929 S. 1 erklärt. Da Benno nicht

---

[41] Zu weiteren Fällen, in denen eine Vertretung ausgeschlossen ist, vgl. *Münch-Komm/Thiele,* vor § 164 RdNr. 70.

II. Stellvertretung 399

wußte, daß die Waffe Carl gehörte und diese Unkenntnis auch nicht auf grober Fahrlässigkeit beruhte (vgl. § 932 Abs. 2), ist sein guter Glaube iSv. § 932 Abs. 1 S. 1 zu bejahen. § 166 Abs. 1 führt also dazu, daß Arnold Eigentümer der Flinte geworden ist, da er durch die Übergabe an Benno unmittelbaren (wenn Benno sein Besitzdiener ist) oder mittelbaren Besitz (wenn Benno ihm den Besitz mittelt) erlangt hat (vgl. o. RdNr. 471).

Es ist offensichtlich, daß die Regelung des § 166 Abs. 1 leicht dadurch mißbraucht werden könnte, daß ein Bösgläubiger einen Gutgläubigen als seinen Vertreter vorschickt, um sich dessen guten Glauben nutzbar zu machen. Deshalb wird folgerichtig die Regelung des § 166 Abs. 1 durch Abs. 2 ergänzt. Handelt der Vertreter „nach bestimmten Weisungen des Vollmachtgebers", dann kann sich der Vollmachtgeber nicht zu seinem Vorteil auf den guten Glauben des Vertreters berufen. Der Begriff der „Weisung" ist im Rahmen des **§ 166 Abs.** 2 im weiten Sinn zu verstehen. Es muß sich dabei nicht um eine konkrete Anordnung handeln, die auf einen Einzelfall bezogen ist, vielmehr genügt es, wenn der Vertreter von dem Vertretenen bewußt in eine bestimmte Richtung gelenkt wird, die zum Abschluß des betreffenden Geschäfts führt. Auch wenn der Vollmachtgeber im Zeitpunkt der Weisung arglos ist und erst danach die Kenntnis erlangt, die eine Mangelhaftigkeit des vom Vertreter vorzunehmenden Rechtsakts begründet, ist § 166 Abs. 2 anzuwenden, wenn der Vollmachtgeber nach Kenntniserlangung noch eingreifen könnte, um das Geschäft zu verhindern, dies jedoch nicht tut.[42] **738**

In dem obigen Beispielsfall (RdNr. 737) wird Arnold nicht Eigentümer der Waffe, wenn er vor Übereignung erfährt, daß es sich bei der zu erwerbenden Flinte um die des Carls handelt, und er dennoch Benno gewähren läßt.

Die hM wendet § 166 Abs. 2 analog auf Willensmängel des Vertretenen an.[43] Dies bedeutet, daß in Fällen, in denen der Vertreter nach bestimmten Weisungen des Vertretenen handelte und diese Weisungen durch die Willensmängel des Vertretenen beeinflußt worden sind, der Vertretene z. B. wegen Irrtums oder Täuschung anfechten kann, obwohl sich der Vertreter nicht irrte. **739**

Beispiel:[44] Arnold wird von Bertold verdächtigt, 300 000,- DM unterschlagen zu haben. Arnold bestreitet den Vorwurf. Später schließen beide einen Vergleich, nach dem Arnold 125 000,- DM an Bertold zur Abgeltung aller Ansprüche zahlen soll. Der Vergleich wird vom Rechtsanwalt des Arnold nach eingehender Rücksprache mit diesem und aufgrund einer entsprechenden Weisung, die Arnold erteilt, geschlossen. Später ficht Arnold seine zum Abschluß des Vergleichs abgegebene Willenserklärung nach § 123 Abs. 1 an, weil Bertold vorgetäuscht hätte, daß der Vergleich unwirksam werde, wenn der Verdacht der Unterschlagung ausgeräumt wer-

---

[42] BGHZ 50, 364, 368 = NJW 1969, 37; *Köhler,* AT, § 18 V 3 (S. 202).
[43] BGHZ 51, 141 = NJW 1969, 925; *MünchKomm/Thiele,* § 166 RdNr. 41; *Medicus,* AT, RdNr. 902.
[44] Fall von BGHZ 51, 141.

den könnte. Bertold weist demgegenüber darauf hin, daß sich der den Vergleich schließende Rechtsanwalt des Arnold nicht getäuscht habe.

Der BGH hat die Anfechtung für zulässig erklärt. Allen in § 166 Abs. 1 und 2 geregelten Fällen sei der Grundgedanke gemeinsam, es komme jeweils auf die Person und die Bewußtseinslage bei der Willensbildung desjenigen an, auf dessen Interessenbewertung und Entschließung ein Geschäftsabschluß beruhe. Das ist, handelt er selbständig, der Vertreter. Dagegen ist es der Vollmachtgeber, wenn er dem Vertreter besondere Weisungen erteilt und damit sein Wille Abgabe und Inhalt der Vertretererklärung entscheidend bestimmt. Aus diesem Grunde kann der Vollmachtgeber dem Geschäftspartner entgegenhalten, dieser habe den selbständig handelnden Vertreter getäuscht (§ 166 Abs. 1 Alt. 1), daher muß er umgekehrt die Kenntnis des selbständig handelnden Vertreters von rechtserheblichen Umständen gegen sich gelten lassen (§ 166 Abs. 1 Alt. 2), und deshalb soll er sich auch nicht hinter der Gutgläubigkeit seines nach Weisung tätig werdenden Vertreters verstecken dürfen, wenn er die wahre Sachlage kennt (§ 166 Abs. 2). Folgerichtig sei es dann aber auch, daß der Vollmachtgeber eine ihm gegenüber begangene arglistige Täuschung nicht wehrlos hinzunehmen brauche, wenn der Geschäftspartner hierdurch die dem Vertreter erteilte Weisung beeinflußt. Der Gedanke, es komme auf die Person dessen an, auf dessen Willen die vom Vertreter abgegebene Erklärung tatsächlich beruht, müsse sich auch hier, und zwar zugunsten eines Anfechtungsrechts des Vollmachtgebers durchsetzen. Ein anderes Ergebnis sei unerträglich.

740 Der § 166 Abs. 1 zugrundeliegende Rechtsgedanke, daß es grundsätzlich bei der Vertretung für das Kennen oder Kennenmüssen bestimmter Tatsachen auf die Person des Vertreters ankommt und sich der Vertretene dessen Wissen zurechnen lassen muß, wird von der hM über die Fälle der Vertretung hinaus immer dann angewendet, wenn jemand einen anderen mit der Erledigung bestimmter Angelegenheiten in eigener Verantwortung betraut; man spricht hier von einem „Wissensvertreter".

So hat beispielsweise der BGH[45] in einem Fall, in dem es um die Rückzahlung rechtsgrundlos vorgenommener Überweisungen auf ein Bankkonto ging, die haftungsverschärfende Kenntnis iSv. § 819 Abs. 1 (vgl. o. RdNr. 641 f.) der Ehefrau des Bereicherungsschuldners diesem in entsprechender Anwendung des § 166 Abs. 1 zugerechnet, weil der Bereicherungsschuldner seiner Ehefrau nicht nur Kontovollmacht eingeräumt hatte, sondern ihr sämtliche Geldgeschäfte überließ, ohne sich darum zu kümmern. Auch im Rahmen des § 990 bei einem Besitzerwerb durch Besitzdiener wird der Rechtsgedanke des § 166 Abs. 1 herangezogen, wenn der Besitzdiener im Rechtsverkehr vollkommen selbständig für den Geschäftsherrn zu handeln berechtigt ist.[46]

c) Vertretung ohne Vertretungsmacht

741 Handelt jemand als Vertreter eines anderen, ohne dazu befugt zu sein – sei es, daß er niemals Vertretungsmacht gehabt hat oder daß diese im

---

[45] BGHZ 83, 293 = NJW 1982, 1585 = JuS 1982, 775.
[46] So hM; vgl. BGHZ 32, 53 = NJW 1960, 860; *MünchKomm/Thiele*, § 166 RdNr. 32; aA *Schwerdtner*, Jura 1979, 164 (entsprechende Anwendung des § 831) m. weit. Nachw.; vgl. auch *Kiefner*, JA 1984, 189, 192 f.

Zeitpunkt der Vertretung erloschen ist, sei es, daß er die Grenzen seiner Vertretungsmacht überschreitet (vgl. o. RdNr. 716f.) –, dann können sich dadurch – abgesehen von den Fällen der Duldungs- und Anscheinsvollmacht – keine unmittelbaren Wirkungen für den Vertretenen ergeben. Welche Rechtsfolgen das Handeln eines Vertreters ohne Vertretungsmacht (sog. **falsus procurator**) hat, ist in den §§ 177 ff. geregelt. Hierbei wird zwischen Verträgen (§§ 177 f.) und einseitigen Rechtsgeschäften (§ 180) unterschieden:

Bei einem **Vertrag** tritt zunächst schwebende Unwirksamkeit ein; der Vertretene kann jedoch durch seine Genehmigung den Vertrag rückwirkend (§ 184 Abs. 1) wirksam werden lassen (§ 177 Abs. 1). Bei dieser Regelung ist berücksichtigt worden, daß der Geschäftspartner des Vertretenen mit diesem abschließen wollte und der Vertreter ebenfalls erklärte, es solle ein Vertrag mit dem Vertretenen zustande kommen; bei dieser Sachlage ist es nur folgerichtig, es dem Vertretenen zu überlassen, ob der Vertrag wirksam werden soll. Verweigert der Vertretene die Genehmigung, dann haftet der falsus procurator nach § 179 (dazu u. RdNr. 744f.). Die für die Erklärung der Genehmigung geltenden Regeln in § 177 Abs. 2 entsprechen den Vorschriften, die in § 108 Abs. 2 für das Minderjährigenrecht enthalten sind (vgl. o. RdNr. 269ff.). Nach § 178 hat der Vertragspartner des Vertretenen ein Widerrufsrecht, wenn er den Mangel der Vertretungsmacht beim Abschluß des Vertrages nicht gekannt hat; diese Vorschrift entspricht § 109 (vgl. dazu o. RdNr. 269, 271). **742**

Einseitige Rechtsgeschäfte (vgl. o. RdNr. 33f.), die von einem Vertreter ohne Vertretungsmacht vorgenommen werden, sind grundsätzlich nichtig. § 180 S. 1, der eine Vertretung ohne Vertretungsmacht bei einseitigen Rechtsgeschäften für unzulässig erklärt, berücksichtigt das Interesse des Geschäftspartners an klaren Rechtsverhältnissen. Von diesem Grundsatz sind jedoch in § 180 S. 2 und 3 Ausnahmen gemacht, in denen die Vorschriften über Verträge entsprechend anzuwenden sind, also die schwebende Unwirksamkeit und damit die Genehmigungsfähigkeit vorgesehen wird. Hierbei handelt es sich um folgende Fälle: **743**

– Derjenige, dem gegenüber das einseitige Rechtsgeschäft vorzunehmen ist, beanstandet die von dem Vertreter behauptete Vertretungsmacht nicht, d. h. er nimmt das vom Vertreter vorgenommene Rechtsgeschäft hin und weist es nicht wegen der fehlenden Vertretungsmacht zurück.

– Er ist damit einverstanden, daß der Vertreter ohne Vertretungsmacht handelt.

– Das einseitige Rechtsgeschäft wird gegenüber dem Vertreter ohne Vertretungsmacht mit dessen Einverständnis vorgenommen (Fall der Passivvertretung ohne Vertretungsmacht).

744 Wird ein **Vertrag wegen Verweigerung der Genehmigung** (nicht etwa aus anderen Gründen) **endgültig unwirksam,** dann kann sich der Geschäftspartner an den falsus procurator halten und nach seiner Wahl (vgl. §§ 263 ff.) Erfüllung des Vertrages oder Schadensersatz fordern (§ 179 Abs. 1). Wählt der Geschäftspartner die Erfüllung, dann kommt dadurch nicht etwa ein Vertrag zwischen ihm und dem Vertreter ohne Vertretungsmacht zustande, sondern er erwirbt (nur) einen Anspruch kraft Gesetzes mit dem Inhalt des Erfüllungsanspruches, den er bei einer gültigen Vertretung gegen den Vertretenen erworben hätte. Dem falsus procurator stehen dann weitgehend die gleichen Rechte wie einer Vertragspartei zu, so die Rechte aus §§ 320 ff. oder beim Kauf Gewährleistungsrechte nach §§ 459 ff., wenn die Kaufsache mangelhaft ist.[47] Fordert dagegen der Vertragspartner Schadensersatz nach § 179 Abs. 1, dann ist er vermögensmäßig so zu stellen, als hätte der Vertretene ordnungsgemäß den Vertrag erfüllt (Schadensersatz wegen Nichterfüllung; vgl. o. RdNr. 310 f.). Bei **einseitigen Rechtsgeschäften,** die nach § 180 S. 2 und 3 schwebend unwirksam sind, gelten aufgrund der in diesen Vorschriften ausgesprochenen Verweisung die Regelungen der §§ 177 bis 179 entsprechend. Ist das einseitige Rechtsgeschäft gemäß dem in § 180 S. 1 genannten Grundsatz nichtig, dann kommt eine Haftung des vollmachtlosen Vertreters nur nach allgemeinen Grundsätzen, insbesondere nach dem Deliktsrecht, nicht jedoch nach § 179, in Betracht.

745 Ansprüche aus § 179 Abs. 1 sind ausgeschlossen, wenn der Vertreter den Mangel der Vertretungsmacht nicht gekannt hat; in diesem Fall hat der Vertreter nach § 179 Abs. 2 nur das negative Interesse (Vertrauensinteresse; vgl. o. RdNr. 309) zu ersetzen, wobei das Erfüllungsinteresse in jedem Fall die Obergrenze bildet. Der Vertreter haftet überhaupt nicht, wenn der Geschäftspartner den Mangel der Vertretungsmacht kannte oder kennen mußte oder wenn der Vertreter in der Geschäftsfähigkeit beschränkt war und er nicht mit Zustimmung seines gesetzlichen Vertreters gehandelt hat (§ 179 Abs. 3). Nach hM soll die Haftung des Vertreters auch ausgeschlossen sein, wenn der Geschäftspartner wegen Vermögenslosigkeit des Vertretenen von diesem weder Erfüllung noch Schadensersatz hätte erlangen können. Zur Begründung wird darauf verwiesen, daß der Anspruch gegen den Vertreter auf das begrenzt sein muß, was der Geschäftspartner bei Wirksamkeit des vom falsus procurator geschlossenen Geschäfts von dem Vertretenen hätte bekommen können.[48]

---

[47] Vgl. *MünchKomm/Thiele,* § 179 RdNr. 28; *Prölss* JuS 1986, 169, 171.
[48] *Flume,* S. 806 f.; *MünchKomm/Thiele,* § 179 RdNr. 30; zweifelnd *Medicus,* AT, RdNr. 987; aA *Hilger* NJW 1986, 2237, 2238 f.

III. Erfüllungs- und Verrichtungsgehilfe

a) Vergleich der in § 278 und in § 831 getroffenen Regelungen

Regelmäßig ist es dem Schuldner gestattet, bei Erfüllung der ihm oblegenden Verbindlichkeiten Hilfspersonen einzusetzen. Bei gewerblichen Leistungen ist es heute eine häufige Erscheinung, daß sie nicht vom Schuldner selbst, sondern von dessen Mitarbeitern erbracht werden. Diese übliche und oft auch notwendige Arbeitsteilung darf jedoch nicht dazu führen, daß die Rechtsstellung des Gläubigers verschlechtert wird. Dies wäre jedoch der Fall, wenn der Schuldner nur dafür dem Gläubiger haften würde, daß er die von ihm eingesetzten Helfer sorgfältig auswählt und überwacht. 746

Beispiel: Amsel, der ein Taxiunternehmen betreibt, läßt seine Taxis durch angestellte Chauffeure fahren. Einer von ihnen ist Drossel, der fahrlässig einen Unfall verursacht, bei dem der Fahrgast Fink verletzt wird. Amsel kann darauf verweisen, daß Drossel seit über 20 Jahren unfallfrei ein Taxi lenkt und daß wiederholte Stichproben dessen Zuverlässigkeit ergeben haben. Wäre dies ein ausreichender Grund, die Haftung des Amsel zu verneinen, dann müßte sich Fink an Drossel halten und könnte nicht Ansprüche gegen den im Regelfall vermögensmäßig besser gestellten Unternehmer geltend machen.

Durch § 278 ist eine derartige Schlechterstellung des Gläubigers ausgeschlossen. Nach dieser Vorschrift hat der Schuldner ein Verschulden seines Erfüllungsgehilfen in gleicher Weise zu vertreten wie eigenes. Es kommt also nicht darauf an, ob der Schuldner in der Lage ist, für ein korrektes Verhalten seines Erfüllungsgehilfen zu sorgen. Wenn er Gehilfen einsetzt, muß er dafür einstehen, daß sie nicht schuldhaft Pflichten verletzen, die ihm, dem Schuldner, aufgrund des zwischen ihm und dem Gläubiger bestehenden Schuldverhältnisses obliegen; dem Schuldner fällt also insoweit eine Garantiepflicht (vgl. o. RdNr. 376) zu, die ihn für fremdes Verschulden ohne eigenes haften läßt. 747

Diese weitreichende Pflicht des Schuldners wird nicht zuletzt durch die Sonderverbindung gerechtfertigt, in der Schuldner und Gläubiger zueinander stehen. In anderen Fällen, in denen eine solche Sonderverbindung nicht existiert und die Beteiligten (nur) verpflichtet sind, die (insbesondere durch das Deliktsrecht) geschützten Rechtspositionen des anderen nicht zu verletzen, kann die Einstandspflicht des Geschäftsherrn für ein Fehlverhalten seiner Helfer eingeschränkt und ihm lediglich aufgegeben werden, seine Helfer sorgfältig auszuwählen und zu überwachen. Nur wenn er dieser Pflicht zuwiderhandelt, muß er den Schaden ersetzen, den sein Helfer einem Dritten widerrechtlich zugefügt hat. Dies bestimmt § 831, der auf dem Verschuldensprinzip beruht (schuldhafte Verletzung 748 der Pflicht zur sorgfältigen Auswahl, Ausrüstung und Leitung des Helfers).

Wird bei dem von Drossel schuldhaft verursachten Verkehrsunfall (vgl. o. RdNr. 746) auch noch ein anderer Verkehrsteilnehmer verletzt, dann haftet Amsel – zumindest nach den Vorschriften des BGB[49] – nicht, weil ihm hinsichtlich der Auswahl und Überwachung seines Fahrers kein Schuldvorwurf zu machen ist (vgl. § 831 Abs. 1 S. 2).

749 Das Beispiel zeigt, daß ein und dasselbe Fehlverhalten eines Helfers dem Schuldner bald ohne jede Entlastungsmöglichkeit zugerechnet wird (§ 278) und ihn haften läßt, bald eine Haftung nicht begründet, weil den Geschäftsherrn kein Schuldvorwurf trifft (§ 831); es kommt jeweils darauf an, ob die verletzte Pflicht aus einer Sonderverbindung (Schuldverhältnis) erwächst oder ob es sich um eine allgemeine nur deliktsrechtlich relevante Pflicht handelt. Pflichten aus Schuldverhältnissen können mit allgemeinen Pflichten konkurrieren, so daß der Schuldner dem Geschädigten sowohl nach Vertragsgrundsätzen als auch nach dem Deliktsrecht haften kann. Dies ist insbesondere in Fällen bedeutsam, in denen das Deliktsrecht weitergehende Ansprüche als das Vertragsrecht enthält.

Beispiel: Amsel hat seinen Fahrer nicht sorgfältig ausgewählt und haftet deshalb dem verletzten Fahrgast Fink sowohl aus Vertrag (§ 278 iVm. § 635 oder pFV, vgl. o. RdNr. 573 f.) als auch aus Delikt (§ 831 Abs. 1 S. 1). Die deliktische Haftung ist wegen eines Anspruchs auf Schmerzensgeld nach § 847 (vgl. o. RdNr. 661) bedeutsam, der auf vertraglicher Grundlage nicht gegeben ist (vgl. § 253).

750 Hinzuweisen ist noch darauf, daß § 831 Abs. 1 S. 1 eine selbständige **Anspruchsgrundlage** darstellt, während § 278 die Zurechnung fremden Verschuldens anordnet und deshalb im Zusammenhang mit anderen Regelungen zu sehen ist, aus denen sich eine Haftung des Schuldners für schuldhaftes Verhalten ergibt.

Beispiel: Der Schuldner hat nicht rechzeitig geleistet, und dem Gläubiger ist dadurch ein Schaden entstanden. Die Verzögerung beruht auf dem schuldhaften Verhalten eines Erfüllungsgehilfen. Für einen Anspruch nach § 286 Abs. 1 kommt es darauf an, ob sich der Schuldner in Verzug befindet. Hierfür ist es erheblich, ob die Leistung infolge eines Umstandes unterblieben ist, den der Schuldner zu vertreten hat (vgl. § 285). Der Schuldner hat nach § 278 das Verschulden seines Erfüllungsgehilfen zu vertreten, so daß – die anderen Voraussetzungen für den Eintritt des Verzuges unterstellt – das Merkmal des Verzuges in § 286 Abs. 1 bejaht werden muß.
Auch für Ansprüche aus pFV und c. i. c., die ebenfalls nur bei Verschulden begründet sind, ist das Verschulden von Erfüllungsgehilfen nach § 278 dem Schuldner zuzurechnen (vgl. u. RdNr. 753).

---

[49] Die Frage nach der Haftung als Halter eines Kfz nach dem StVG soll hier nicht erörtert werden.

III. Erfüllungs- und Verrichtungsgehilfe

b) Die Voraussetzungen des § 278 im einzelnen

1. Erfüllungsgehilfen

Erfüllungsgehilfen des Schuldners sind die „Personen, deren er sich 751 zur Erfüllung seiner Verbindlichkeit bedient" (§ 278 S. 1). Aus dieser Beschreibung folgt einmal, daß nur derjenige Erfüllungsgehilfe ist, den der Schuldner bei Erfüllung seiner Verbindlichkeit einsetzt, der also mit seinem Willen dabei tätig wird, weil sich nur dann der Schuldner der Hilfsperson „bedient". Der Schuldner kann jedoch auch nachträglich dem Handeln eines ohne seinen Willen tätigen Helfers zustimmen und ihn damit zu seinem Erfüllungsgehilfen werden lassen.

Setzt der Erfüllungsgehilfe seinerseits Helfer ein, dann sind diese „Untergehilfen" ebenfalls Erfüllungsgehilfen des Schuldners, wenn ihre Zuziehung mit dessen Einverständnis geschieht. Von einem stillschweigenden Einverständnis ist auszugehen, wenn das Tätigwerden weiterer Helfer im allgemeinen üblich ist und der Schuldner wissen muß, daß „Untergehilfen" regelmäßig eingesetzt werden (Beispiel: Bei Beauftragung eines Handwerkers der Einsatz von Gesellen).

Setzt der Erfüllungsgehilfe unbefugt weitere Helfer ein, dann kann deren Verschulden nicht nach § 278 dem Schuldner zugerechnet werden. Wohl kann jedoch in dem unberechtigten Hinzuziehen der weiteren Helfer ein Verschulden des Erfüllungsgehilfen liegen, das der Schuldner nach § 278 zu vertreten hat.[50]

Auf die Rechtsbeziehungen zwischen Schuldner und Erfüllungsgehilfen kommt es für § 278 nicht an. Insbesondere braucht der Helfer nicht 752 sozial abhängig vom Schuldner zu sein; auch ein selbständiger Unternehmer ist Erfüllungsgehilfe, wenn er vom Schuldner entsprechend eingesetzt wird. Allein ausschlaggebend ist, daß der Helfer faktisch in Erfüllung einer Verbindlichkeit des Schuldners handelt und dies dem Willen des Schuldners entspricht.

Beispielsfall:[51] V verkauft eine in seiner Wohnung befindliche Maschine an K, der sich vertraglich zum Abtransport verpflichtet. Beim Abtransport beschädigen Leute des K infolge von Unachtsamkeit das Treppenhaus. Der Vermieter verlangt Schadensersatz von V. Dieser Anspruch ist begründet. Die Leute des K sind als Erfüllungsgehilfen des Mieters V anzusehen (Erfüllung der Vertragspflicht zur sorgsamen und schonenden Behandlung der Mieträume und ihrer Zugänge).

Entsprechend der Zweckrichtung der Vorschrift des § 278 (vgl. o. 753 RdNr. 747f.) ist der Begriff der „Verbindlichkeit", bei deren Erfüllung der Helfer eingesetzt wird, im weitesten Sinn zu verstehen; hierunter sind alle Pflichten zu fassen, die sich aus einem Schuldverhältnis ergeben, also nicht nur Leistungspflichten, sondern alle Verhaltenspflichten, die leistungssichernden Nebenpflichten genauso wie die Schutzpflichten (vgl. o. RdNr. 172).

---

[50] *Erman/Battes*, § 278 RdNr. 25; *Kupisch,* JuS 1983, 821.
[51] RGZ 106, 133f.; vgl. dazu *Kupisch,* JuS 1983, 820f.

754 Gestattet derjenige, dem der Besitz und Gebrauch einer Sache überlassen worden ist (z. B. Mieter oder Entleiher), einem anderen befugterweise den Mitgebrauch, so muß er dessen Verschulden nach hM gemäß § 278 vertreten.[52]

Beispiel: Der in der Familie des Wohnungsmieters lebende Onkel beschädigt schuldhaft die Mietwohnung. Hierfür hat der Mieter zu haften und muß sich das Verschulden seines Verwandten wie eigenes zurechnen lassen, weil dieser (im weitesten Sinn gesehen) zur Erfüllung der Pflicht eingesetzt worden ist, die Mietsache schonend und sorgsam zu behandeln. Man spricht in diesen Fällen auch vom „**Bewahrungsgehilfen**".

2. Handeln bei Erfüllung

755 Über die Frage, ob sich der Schuldner nur ein Fehlverhalten des Erfüllungsgehilfen zurechnen lassen muß, das „bei Erfüllung" auftritt, d. h. in einem unmittelbaren inneren Zusammenhang damit steht, oder ob er auch für ein schuldhaftes Verhalten des Helfers „**bei Gelegenheit**" der Erfüllung einzustehen hat, wird heftig gestritten. Den Streitpunkt verdeutlicht der folgende

Beispielsfall: Eich beauftragt den Elektroinstallateur Watt mit der Verlegung verschiedener Elektroanschlüsse in seinem Einfamilienhaus. Watt schickt seinen Gesellen Volt, der die Arbeiten ausführt. Obwohl Watt den Volt ausdrücklich angewiesen hat, vor jeder Arbeit am Stromnetz die Hauptsicherung auszuschalten, setzt sich Volt darüber hinweg, weil es ihm zu lästig ist, bei Stromprüfungen die Hauptsicherung wieder einzuschalten. Infolge des weisungswidrigen Verhaltens des Volt kommt es zu einem Kurzschluß und zu einem Zimmerbrand, bei dem ein wertvoller Teppich des Eich beschädigt wird. Außerdem raucht Volt bei der Arbeit und legt die Zigarette unachtsam auf einer antiken Kommode ab, die dadurch Brandflecke erhält. Schließlich stiehlt Volt eine silberne Dose, die auf der Kommode steht. Muß Watt für die durch Volt dem Eich zugefügten Schäden haften?
Die Verursachung des Zimmerbrandes geschah ohne Zweifel „bei Erfüllung"; ob das gleiche vom Rauchen zu sagen ist, ist recht zweifelhaft. Wiederum zweifelsfrei ist dagegen, daß der Diebstahl nicht „bei Erfüllung", sondern nur „bei Gelegenheit" dieser Erfüllung vorgenommen worden ist. Sind diese Unterschiede maßgebend für die Ersatzpflicht des Schuldners?

756 Die Meinungsverschiedenheiten, die sich in diesen Fragen ergeben, betreffen letztlich den Umfang der dem Schuldner obliegenden Verhaltenspflichten. Soweit solche Verhaltenspflichten bestehen, die bei eigener Verletzung durch den Schuldner ihn schadensersatzpflichtig machen, muß dies auch gelten, wenn die Pflichtverletzung von einem Erfüllungsgehilfen begangen wird, denn er muß sich dessen schuldhaftes Verhalten so zurechnen lassen, als habe er selbst gehandelt (vgl. o. RdNr. 753). Auf dieser Grundlage wird man in dem obigen Beispielsfall den Handwerksmeister für verpflichtet ansehen, den Schaden am Teppich und an der

---

[52] *Larenz*, SchuldR I, § 20 VIII (S. 300 f.); *Köhler*, PdW-SchuldR I, Nr. 69 (S. 106 f.).

III. Erfüllungs- und Verrichtungsgehilfe

Kommode zu ersetzen.[53] Denn ihn trifft die Pflicht, mit Sachen des Bestellers, mit denen er bei Durchführung des Werkvertrages in Berührung kommt, schonend und sorgsam umzugehen. Fraglich ist dagegen, ob auch eine (vertragliche) Verhaltenspflicht zu bejahen ist, Diebstähle zu unterlassen. Dies wird mit der Begründung verneint, bei der Pflicht, nicht zu stehlen, handle es sich nicht um eine vertragsspezifische, sondern um eine allgemeine jeden treffende Rechtspflicht.[54] Diesem Argument wird zu Recht entgegengehalten, daß eine allgemeine Rechtspflicht eine vertragliche Schutzpflicht gleichen Inhalts nicht ausschließe[55] und daß es auch zu den vertraglichen Nebenpflichten gehöre, nicht durch Diebstahl die Rechtsgüter des Gläubigers zu schädigen.[56] Entgegen der hM ist deshalb die Haftung des Schuldners für Diebstähle seines Erfüllungsgehilfen zu bejahen, wenn es die nach dem Vertrag geschuldete Leistung mit sich bringt, daß das Eigentum des Gläubigers dem Zugriff des Schuldners oder seiner Gehilfen in besonderer Weise ausgesetzt ist und deshalb die erhöhte Gefährdung durch entsprechende Verhaltenspflichten des Schuldners kompensiert wird. Dagegen haftet der Schuldner nicht, wenn der Erfüllungsgehilfe durch die ihm übertragene Aufgabe lediglich zu einer späteren Straftat angeregt wird.

Beispiel: Der Geselle Volt erkennt bei Arbeiten im Hause des Eich, daß sich ein Einbruch lohnt und leicht auszuführen ist. Er bricht drei Tage danach in das Haus des Eich ein und stiehlt wertvollen Schmuck. Eine Verhaltenspflicht des Volt, die verhindern soll, daß die Rechtsgüter des Eich auf diese Weise nicht geschädigt werden, besteht nicht. Watt hat deshalb nicht nach § 278 für das Fehlverhalten des Volt einzustehen.

Zusammenfassend ist als Ergebnis dieser Erörterung festzuhalten, daß 757 der (wenn auch nicht herrschenden, so doch stark im Vordringen begriffenen) Auffassung zu folgen ist, die eine Unterscheidung danach verwirft, ob ein Fehlverhalten der Hilfsperson „bei Erfüllung" oder „bei Gelegenheit" der Erfüllung geschieht, sondern darauf sieht, ob der Schuldner eine Verhaltenspflicht verletzte, wenn er sich so verhielte wie der Erfüllungsgehilfe.[57] Es kommt deshalb immer darauf an, aufgrund des jeweiligen Schuldverhältnisses die den Schuldner treffenden Ver-

---

[53] Hinsichtlich von Schäden, die durch Rauchen des Erfüllungsgehilfen verursacht werden, wird dieses Ergebnis für zweifelhaft gehalten, so *Köhler* aaO Nr. 68 (S. 106), der allerdings zur Bejahung neigt, ablehnend dagegen RGZ 87, 276; zu einer Bejahung aufgrund einer nach der Verkehrsanschauung vorzunehmenden Risikoverteilung gelangt *Kupisch*, JuS 1983, 824.
[54] *Larenz* aaO, S. 302; ablehnend auch *MünchKomm/Hanau*, § 278 RdNr. 33; *Kupisch*, JuS 1983, 824.
[55] *Medicus*, SchuldR I, § 30 III 1 d (S. 154).
[56] *Brox*, AS, RdNr. 223.
[57] Vgl. zu diesem Fragenbereich auch *Marburger*, Examenswichtige Klausurprobleme, SchuldR, Allgem. Teil, 4. Aufl. 1986, Problem Nr. 13 (S. 87 ff.); *Erman/Battes*, § 278 RdNr. 40 f.

tragspflichten zu ermitteln; wird eine solche Pflicht schuldhaft verletzt, haftet der Schuldner wegen pFV und hat den entstandenen Schaden zu ersetzen.

3. *Verschulden*

758 Nach § 278 hat der Schuldner ein Verschulden seines Erfüllungsgehilfen „in gleichem Umfange zu vertreten wie eigenes Verschulden". Entsprechend der Zweckrichtung der Vorschrift, eine Verschlechterung der Rechtsstellung des Gläubigers dadurch zu verhindern, daß der Schuldner Erfüllungsgehilfen einsetzt, ist das Verhalten des Erfüllungsgehilfen auf die Person des Schuldners zu beziehen; folglich ist für den Fahrlässigkeitsmaßstab auch die Person des Schuldners maßgebend, nicht die des Erfüllungsgehilfen. Es kommt mithin auf die Fähigkeiten an, die ein gewissenhafter Vertreter der Gruppe besitzen muß, zu der der Schuldner gehört (vgl. o. RdNr. 164). Zu Recht hat deshalb der BGH[58] den Einwand eines Handwerksmeisters zurückgewiesen, der von ihm eingesetzte Lehrling, der durch einen Fehler einen Brand verursachte, sei unerfahren gewesen und hätte sich nach seinem Ausbildungsstand nicht richtig verhalten können.

759 Streitig ist die Frage, ob der Erfüllungsgehilfe schuldfähig (vgl. o. RdNr. 680) sein muß. Dies wird von einer im Schrifttum vertretenen Auffassung unter Hinweis darauf bejaht, daß nicht einzusehen ist, warum der Schuldner dafür einstehen sollte, wenn sein Gehilfe z. B. bei der Erfüllungshandlung einen Herzinfarkt erleide und bewußtlos dem Gläubiger einen Schaden zufüge; die Anwendung des § 829 erscheine in diesem Fall angemessener.[59] Dem ist nicht zuzustimmen. Auch hinsichtlich der Verschuldensfähigkeit muß auf die Person des Schuldners, nicht auf die des Erfüllungsgehilfen abgestellt werden.[60]

760 Da also der Schuldner das Verschulden seines Erfüllungsgehilfen wie eigenes zu vertreten hat, kommt es darauf an, für was der Schuldner haftet, ob – außer für Vorsatz – für die im Verkehr erforderliche Sorgfalt schlechthin (vgl. § 276 Abs. 1 S. 2), für die Sorgfalt, die er in eigenen Angelegenheiten anzuwenden pflegt (vgl. z. B. § 690 iVm. § 277) oder für grobe Fahrlässigkeit (vgl. z. B. § 300 Abs. 1, § 521, § 599). Der Schuldner kann auch durch Vereinbarung mit dem Gläubiger seine Haftung ausschließen und dies – anders als für eigenes Verschulden (vgl. § 276 Abs. 2) – sogar für Vorsatz seines Erfüllungsgehilfen (vgl. § 278 S. 2).

---

[58] BGHZ 31, 358, 366 f. = NJW 1960, 669.
[59] *MünchKomm/Hanau*, § 278 RdNr. 35; gleicher Auffassung *Jauernig/Vollkommer*, § 278 Anm. 2 b dd.
[60] So auch *Larenz*, SchuldR I, § 20 VIII (S. 303 f.); *Kupisch*, JuS 1983, 821; *Köhler*, PdW – SchuldR I, Nr. 69 (S. 108).

III. Erfüllungs- und Verrichtungsgehilfe

c) Haftung für den gesetzlichen Vertreter

In § 278 ist dem Erfüllungsgehilfen der gesetzliche Vertreter des Schuldners gleichgestellt. Gesetzliche Vertreter natürlicher Personen sind insbesondere die Eltern (§§ 1626 ff.), der Vormund (§§ 1793 ff., 1896 f.) und Pfleger (§§ 1909 ff.). Diesen Personen werden Testamentsvollstrecker, Konkursverwalter, Nachlaßpfleger und Nachlaßverwalter gleichgestellt, obwohl sie keine gesetzlichen Vertreter sind, weil sie wie diese Rechte und Pflichten für andere Personen unmittelbar begründen können.

Der Verein ist nach § 31 „für den Schaden verantwortlich, den der Vorstand, ein Mitglied des Vorstandes oder ein anderer verfassungsmäßig berufener Vertreter durch eine in Ausführung der ihm zustehenden Verrichtungen begangene, zum Schadensersatze verpflichtende Handlung einem Dritten zufügt". Diese Vorschrift gilt nach allgemeiner Meinung für sämtliche juristischen Personen des Privatrechts und des öffentlichen Rechts (§ 89), ferner für offene Handelsgesellschaften und Kommanditgesellschaften. Als verfassungsmäßig berufene Vertreter sind nicht nur die Personen anzusehen, die aufgrund einer Satzungsbestimmung zur Vertretung befugt sind, sondern auch diejenigen, die aufgrund einer Betriebsregelung wichtige Aufgabenbereiche selbständig und eigenverantwortlich erfüllen und auf diese Weise die juristische Person repräsentieren.[61] Wegen dieser Regelung hat die (streitige) Frage keine wichtige Bedeutung, ob unter § 278 (als gesetzlicher Vertreter) auch der Vorstand und die satzungsmäßig bestimmten Vertreter juristischer Personen zu rechnen sind.

Ist der Schuldner verschuldensunfähig, dann muß ihm die Verschuldensfähigkeit seines gesetzlichen Vertreters zugerechnet werden, weil sonst bei der (gesetzlichen) Vertretung Schuldunfähiger die Vorschrift ins Leere fallen würde.

Beispiel: Das fünfjährige Kind K schuldet G Übereignung eines Grundstücks. V, der gesetzliche Vertreter des K, leistet trotz Mahnung erst verspätet. G verlangt von K Ersatz seines Verzugsschadens (§ 286 Abs. 1). Nur wenn dem K auch die Verschuldensfähigkeit seines gesetzlichen Vertreters zugerechnet werden kann, ist hier Schuldnerverzug zu bejahen (vgl. § 285). Einen Sinn gibt es nur, K so haften zu lassen, wie sein gesetzlicher Vertreter als Schuldner haften müßte.[62]

d) Haftung nach § 831

1. Grund und Voraussetzungen der Haftung

Grund für die Haftung des Geschäftsherrn – das ist derjenige, der „einen anderen zu einer Verrichtung bestellt" – für Schäden, die der andere „in Ausführung der Verrichtung einem Dritten widerrechtlich zufügt", ist die Verletzung der Pflicht, bei der Auswahl des Verrich-

---

[61] *Jauernig*, § 31 Anm. 2 b.
[62] So *Medicus*, BR, RdNr. 807, der auch das oben angeführte Beispiel bringt.

tungsgehilfen, bei der Beschaffung von Vorrichtungen oder Gerätschaften und bei der Leitung des Gehilfen die im Verkehr erforderliche Sorgfalt zu beobachten. Deshalb entfällt auch eine Haftung des Geschäftsherrn, wenn festgestellt wird, daß er diese Sorgfaltspflicht beachtet hat, oder wenn die Pflichtverletzung nicht ursächlich für die Schädigung des Dritten gewesen ist, also wenn der Schaden auch bei einem sorgfaltsgemäßen Verhalten des Geschäftsherrn eingetreten wäre.

2. Verrichtungsgehilfe

764 Verrichtungsgehilfe ist derjenige, dem vom Geschäftsherrn eine nach dessen Weisungen auszuführende Tätigkeit übertragen worden ist. Auf die Art der Tätigkeit kommt es nicht an; sie kann tatsächlicher (z. B. handwerkliche Verrichtungen) oder rechtlicher Natur (Führung eines Rechtsstreits), entgeltlich oder unentgeltlich, auf Dauer gerichtet oder nur vorübergehend (einmalige Erledigung eines Auftrages) sein.[63] Jedoch muß die Tätigkeit dem Einfluß des Geschäftsherrn unterliegen, und zwar in der Weise, daß dieser die Tätigkeit des Gehilfen jederzeit beschränken, untersagen oder nach Zeit und Umfang bestimmen kann.[64] Deshalb ist der gesetzliche Vertreter kein Verrichtungsgehilfe des Vertretenen. Ebenso ist ein selbständiger Unternehmer, z. B. ein Handwerksmeister, der für einen anderen tätig wird, nicht dessen Verrichtungsgehilfe, weil der Unternehmer auch dann eigenbestimmt und in eigener Verantwortung seine Arbeiten ausführt, wenn ihm dafür genaue Direktiven von seinem Auftraggeber erteilt werden.

3. Widerrechtliche Schädigung eines Dritten

765 Nach § 831 Abs. 1 S. 1 ist ein Schaden zu ersetzen, den der Verrichtungsgehilfe einem Dritten widerrechtlich zugefügt hat. Aus dem systematischen Standort dieser Vorschrift im Deliktsrecht folgt, daß der Verrichtungsgehilfe den Schaden dadurch herbeigeführt haben muß, daß er den objektiven Tatbestand einer unerlaubten Handlung iSv. §§ 823 ff. verwirklicht hat. Wie in § 831 Abs. 1 S. 1 ausdrücklich festgelegt ist, muß der Gehilfe dabei widerrechtlich handeln. Nach der Lehre vom Erfolgsunrecht, nach der bei einem positiven Tun die **Rechtswidrigkeit** durch die Tatbestandsmäßigkeit eines Verhaltens im Sinne einer Deliktsnorm indiziert wird und dieses Indiz nur widerlegt ist, wenn sich der Schädiger auf einen Rechtfertigungsgrund zu berufen vermag (vgl. o. RdNr. 673), ergibt sich hierdurch regelmäßig keine zusätzliche Voraussetzung, die gesondert geprüft werden müßte. Dagegen ist es nach der

---

[63] *Brox*, BS, RdNr. 474.
[64] BGHZ 45, 311, 313 = NJW 1966, 1807; *MünchKomm/Mertens*, § 831 RdNr. 29.

Lehre vom Handlungsunrecht erforderlich festzustellen, ob der Verrichtungsgehilfe durch sein Verhalten gegen die ihm obliegende Sorgfaltspflicht verstoßen hat[65] (vgl. o. RdNr. 674); das gleiche gilt nach der vermittelnden Auffassung in Fällen, in denen der Verletzungserfolg nicht durch einen unmittelbaren Eingriff herbeigeführt worden ist (vgl. o. RdNr. 675). Ein **Verschulden** des Verrichtungsgehilfen ist dagegen nach hM nicht Haftungsvoraussetzung.[66] Hat jedoch der Gehilfe schuldlos gehandelt, dann wird nach der Lehre vom Handlungsunrecht durchweg auch die Rechtswidrigkeit der Schädigung zu verneinen sein, während bei Anwendung der Lehre vom Erfolgsunrecht zwar die Rechtswidrigkeit zu bejahen ist, aber regelmäßig die Haftung des Geschäftsherrn deshalb nicht in Frage kommt, weil sein Sorgfaltsverstoß bei Auswahl, Beschaffung von Gerätschaften oder bei der Leitung für den Eintritt des Schadens nicht ursächlich sein dürfte (vgl. o. RdNr. 763).

Das RG[67] hat insoweit die Faustregel aufgestellt, daß der Geschäftsherr dann nicht haften müßte, wenn ihn in dem Fall, daß er selbst an der Stelle des Verrichtungsgehilfen gestanden und sich wie dieser verhalten hätte, keine Ersatzpflicht treffen würde.

4. Handeln in Ausführung der Verrichtung

Der Geschäftsherr hat nur für solche widerrechtlichen Schädigungen **766** des Verrichtungsgehilfen zu haften, die dieser „in Ausführung der Verrichtung" begeht. Hierfür ist nicht erforderlich, daß die den Schaden verursachende Handlung dem Verrichtungsgehilfen übertragen worden ist; vielmehr genügt ein innerer Zusammenhang zwischen dem schädigenden Verhalten und dem Aufgabenbereich, der dem Verrichtungsgehilfen zugewiesen worden ist. Ein lediglich „bei Gelegenheit" der Verrichtung verursachter Schaden fällt nicht unter die Vorschrift des § 831.

Diese im Gegensatz zu § 278 (vgl. o. RdNr. 755) bei § 831 nicht streitige Auffassung kann jedoch zu schwierigen Abgrenzungsfragen im Einzelfall führen. So wird beispielsweise darüber gestritten, ob unerlaubte Fahrten eines angestellten Kraftfahrers (sog. Schwarzfahrten) dem Verantwortungsbereich des Geschäftsherrn zuzurechnen sind, so daß hierbei verursachte Schäden von diesem ersetzt werden müssen (Beispiel: Bei einer Schwarzfahrt verursacht der Fahrer einen Verkehrsunfall).[68] Straftaten und vorsätzlich unerlaubte Handlungen des Verrichtungsgehilfen werden nach hM nur dann „in Ausführung der Verrichtung" verübt, wenn der Gehilfe dadurch speziellen Pflichten zuwiderhandelt, die ihm gerade zur Erfüllung übertragen worden sind (Beispiel: Diebstahl oder Unterschlagung der dem Verrichtungsgehilfen zur Bewachung übertragenen Gegenstände). Bietet dagegen die dem Gehilfen übertragene Verrichtung lediglich Anreiz und Gelegenheit zu einer Straftat (Beispiel: Der Handwerksge-

---

[65] Vgl. *Kötz*, Deliktsrecht, 3. Aufl. 1983, S. 129.
[66] *MünchKomm/Mertens*, § 831 RdNr. 52; *Medicus*, SchuldR II, § 144 II 1 b (S. 375); *Brox*, BS, RdNr. 474; aA *Kupisch*, JuS 1984, 253.
[67] JW 1936, 2394, 2396.
[68] Vgl. dazu *MünchKomm/Mertens*, § 831 RdNr. 46 f.

selle, der auftragsgemäß in der Wohnung eines Kunden Reparaturen durchführt, stiehlt einen dort befindlichen Gegenstand), dann geschieht dieses Verhalten nicht in Ausführung der Verrichtung, sondern nur bei ihrer Gelegenheit.[69]

5. Ausschluß einer Ersatzpflicht (§ 831 Abs. 1 S. 2)

767 Sind die Voraussetzungen erfüllt, die § 831 Abs. 1 S. 1 nennt, dann kommt es für die Haftung des Geschäftsherrn darauf an, ob ihn ein Sorgfaltsverstoß bei Auswahl, Ausrüstung oder Leitung des Verrichtungsgehilfen trifft. Wird vom Geschädigten Klage auf Schadensersatz gegen den Geschäftsherrn erhoben, dann hat dieser Tatsachen vorzutragen und – sofern Zweifel bestehen – zu beweisen, daß er die gebotene Sorgfalt beachtet hat. Streiten also in einem Zivilprozeß die Parteien darüber, ob die Voraussetzungen für eine Haftung nach § 831 erfüllt sind, dann muß der geschädigte Dritte die Verwirklichung der in Satz 1 des § 831 Abs. 1 genannten Voraussetzungen beweisen, also daß derjenige, der ihn in Ausführung einer Verrichtung „widerrechtlich" (dazu RdNr. 765) geschädigt hat, von dem Geschäftsherrn zu dieser Verrichtung bestellt worden ist. Dagegen obliegt dem Geschäftsherrn der Beweis, daß er die erforderliche Sorgfalt bei Auswahl, Überwachung, Gerätebeschaffung und Leitung beobachtet hat oder daß ein Sorgfaltsverstoß für die Schädigung nicht ursächlich gewesen ist (vgl. o. RdNr. 763). Kann dieser Beweis nicht geführt werden, wird die Verletzung einer entsprechenden Sorgfaltspflicht, die den Schaden verursacht hat, vermutet. Daß von dem Geschäftsherrn also ein „Entlastungsbeweis" erwartet wird, erklärt sich dadurch, daß im allgemeinen der Geschädigte nicht in der Lage sein wird, die Vorgänge aufzuklären, aus denen sich ein Sorgfaltsverstoß ergibt und daß es sich dabei um ein eigenes Verhalten des Geschäftsherrn handelt, das dieser genau kennt und über das er billigerweise auch Rechenschaft ablegen muß.

768 Was von einem sorgfältig handelnden Geschäftsherrn bei Auswahl, Überwachung, Ausrüstung und Leitung von Verrichtungsgehilfen zu verlangen ist, richtet sich weitgehend nach den konkreten Umständen des Einzelfalles. Allgemein läßt sich sagen, daß ein Geschäftsherr bei der Auswahl eines Verrichtungsgehilfen festzustellen hat, ob dieser die erforderliche Qualifikation und Zuverlässigkeit besitzt, um die übertragene Aufgabe gefahrlos für andere durchzuführen, wobei es von der Art und Gefährlichkeit der zu erledigenden Tätigkeit abhängt, welche Anforderungen im einzelnen an den Gehilfen zu stellen sind. Der Geschäftsherr ist verpflichtet, laufend die ordnungsgemäße Durchführung der Verrichtungen zu überwachen. Auch wenn sich die Zuverlässigkeit des

---

[69] Vgl. *Buchner/Roth,* Schuldrecht III (Juristischer Studienkurs), 2. Aufl. 1984, S. 108 ff.

III. Erfüllungs- und Verrichtungsgehilfe

Gehilfen aufgrund längerer Tätigkeit ergeben hat, wird diese Überwachungspflicht zwar eingeschränkt, aber nicht gänzlich beseitigt. Der Vorwurf eines Sorgfaltsverstoßes bei Beschaffung von Vorrichtungen oder Gerätschaften kann dem Geschäftsherrn nur dann gemacht werden, wenn die dem Gehilfen übertragene Verrichtung eine solche Beschaffung erforderlich sein läßt. Dies im Streitfall vorzutragen und notfalls zu beweisen, ist Sache des Verletzten. Das gleiche gilt für die Anleitung des Gehilfen. Auch hier muß die Notwendigkeit der Leitung zunächst festgestellt werden, ehe der Frage nachgegangen werden kann, ob der Geschäftsherr hierbei die gebotene Sorgfalt beachtet hat.

In größeren Betrieben kann vom Geschäftsherrn nicht verlangt werden, daß er jeden einzelnen Verrichtungsgehilfen selbst auswählt, überwacht und anleitet. Vielmehr darf der Geschäftsherr diese Aufgaben anderen Personen, die innerhalb der innerbetrieblichen Organisation Leitungsfunktionen innehaben (z. B. Abteilungsleitern, Meistern, Kolonnenführern) übertragen. Der Geschäftsherr hat bei der Auswahl, Anweisung und Beaufsichtigung dieser leitenden Mitarbeiter die gebotene Sorgfalt zu beachten und muß im Streitfall dies beweisen (sog. **dezentralisierter Entlastungsbeweis**). Denn die mit der Aufsicht betrauten Personen sind Verrichtungsgehilfen des Geschäftsherrn. Wird festgestellt, daß die Aufsichtspersonen den ihnen obliegenden Auswahl-, Leitungs- und Überwachungspflichten nicht nachgekommen sind, dann spricht dies dafür, daß der Geschäftsherr die ihn in bezug auf die Aufsichtspersonen treffenden Sorgfaltspflichten nicht erfüllt hat. **769**

Die hM legt darüberhinaus dem Geschäftsherrn die Pflicht auf, seinen Betrieb so zu organisieren, daß eine ordnungsgemäße Leitung und Beaufsichtigung des gesamten Personals gewährleistet und den Aufsichtspersonen eine laufende Kontrolle der ihnen unterstehenden Mitarbeiter möglich ist. Eine Verletzung dieser Organisationspflicht läßt den Geschäftsherrn aus § 823 Abs. 1 haften.[70] Die Grenzen zwischen § 823 Abs. 1 und § 831 Abs. 1 sind insoweit fließend.

In gleicher Weise wie der Geschäftsherr sind nach § 831 Abs. 2 diejenigen verantwortlich, die aufgrund entsprechender vertraglicher Vereinbarung die den Geschäftsherrn nach Absatz 1 S. 2 treffenden Pflichten zur Erfüllung übernommen haben. Die mit Leitungsfunktionen betrauten Mitarbeiter des Geschäftsherrn (die Abteilungsleiter, Meister) haften somit selbst, wenn ihnen ein Sorgfaltsverstoß bei Auswahl, Leitung und Überwachung der ihnen unterstellten Personen vorzuwerfen ist. Ergibt sich eine Haftung sowohl nach Abs. 1 als auch nach Abs. 2 des § 831, dann sind die Verantwortlichen Gesamtschuldner (§ 840 Abs. 1; vgl. o. RdNr. 694 ff.). **770**

---

[70] *Jauernig/Teichmann*, § 823 Anm. II B 3 d; *Larenz*, SchuldR II, § 73 VI (S. 651).

IV. Vertrag zugunsten Dritter

a) Arten

771 Die Parteien eines Vertrages können vereinbaren, daß die vertraglich geschuldete Leistung nicht an den Gläubiger, sondern an einen bestimmten Dritten erbracht werden soll (Beispiel: Jemand läßt Blumen auf seine Kosten durch ein Blumengeschäft an Bekannte schicken). Bei einer solchen vertraglichen Vereinbarung ist danach zu unterscheiden, ob der Dritte dadurch unmittelbar das Recht erwirbt, die nach dem Vertrag geschuldete Leistung zu fordern (sog. echter oder berechtigender Vertrag zugunsten Dritter; vgl. § 328 Abs. 1), oder ob nur der Gläubiger, nicht aber der Dritte die Leistung vom Schuldner verlangen kann (sog. unechter oder ermächtigender Vertrag zugunsten Dritter).

Von dem (echten und unechten) Vertrag zugunsten Dritter, bei dem der Schuldner verpflichtet ist, die Leistung an den Dritten zu erbringen, ist der Fall zu unterscheiden, in dem der Schuldner zwar nicht die Pflicht, wohl aber das Recht hat, mit befreiender Wirkung gegenüber dem Gläubiger an einen Dritten zu leisten. Dies ist der Fall, wenn der Gläubiger den Dritten ermächtigt hat, die Leistung im eigenen Namen in Empfang zu nehmen (vgl. § 362 Abs. 2 iVm. § 185 Abs. 1; dazu o. RdNr. 179); der Schuldner kann dann nach seiner Wahl entweder an den Gläubiger oder an den Dritten leisten.

772 Ob dem Dritten ein eigenes Forderungsrecht zustehen soll, muß – soweit ausdrückliche Absprachen nicht getroffen worden sind – den Umständen des Einzelfalles insbesondere dem Zweck des Vertrages entnommen werden (§ 328 Abs. 2). So ist in dem obigen Beispiel des Blumengeschenks nicht davon auszugehen, daß der Beschenkte vom Blumenhändler die Blumen verlangen kann. Anders ist dagegen zu entscheiden, wenn jemand zugunsten seines Ehegatten einen Lebensversicherungsvertrag schließt, nach dem der Ehegatte im Falle des Todes des Vertragschließenden einen bestimmten Geldbetrag erhalten soll; hier wird regelmäßig dem Begünstigten ein eigenes Forderungsrecht eingeräumt werden (vgl. die Auslegungsregeln der §§ 330, 331).

Eine weitere Auslegungsregel enthält § 329 für die **Erfüllungsübernahme.** Durch eine Erfüllungsübernahme verpflichtet sich der Übernehmende gegenüber dem Schuldner, dessen Gläubiger zu befriedigen. Da im allgemeinen eine solche Erfüllungsübernahme nur im Interesse des Schuldners vorgenommen wird, erwirbt nur dieser, nicht auch der Gläubiger daraus Rechte. Die Erfüllungsübernahme, die nur zulässig ist, wenn der Schuldner nicht in eigener Person zu leisten hat (vgl. o. RdNr. 180), stellt somit einen unechten Vertrag zugunsten Dritter dar.[71]

---

[71] Vgl. *MünchKomm/Gottwald,* § 329 RdNr. 1.

b) Die Beteiligten und ihre Rechtsbeziehungen

Das Besondere eines Vertrages zugunsten Dritter besteht also darin, daß zu der für ein Schuldverhältnis typischen Zweierbeziehung „Gläubiger-Schuldner" eine weitere Person hinzutritt, an die nach Absprache mit dem Gläubiger der Schuldner die vertraglich geschuldete Leistung zu erbringen hat. Da diese Besonderheit bei fast allen Vertragstypen, z. B. bei der Miete, dem Dienstvertrag und dem Werkvertrag genauso wie beim Kauf, vorkommen kann, ist der Vertrag zugunsten Dritter **nicht** als **eigener Vertragstypus**, sondern als Modifikation innerhalb des jeweiligen Vertragstypus anzusehen; in der Überschrift des 3. Titels „Versprechen der Leistung an einen Dritten" kommt dies besser als in dem Begriff „Vertrag zugunsten Dritter" zum Ausdruck. Deshalb ist es selbstverständlich, daß neben den besonderen Regeln, die für den Vertrag zugunsten Dritter gelten, die für den jeweiligen Vertragstypus anzuwendenden Vorschriften zu beachten sind. 773

Bei einem Vertrag zugunsten Dritter wird der Schuldner „Versprechender" und der Gläubiger „Versprechensempfänger" genannt; der eine verspricht, die Leistung an den Dritten zu bewirken, der andere läßt sich dieses Versprechen geben, empfängt es also. Das Verhältnis zwischen Versprechendem und Versprechensempfänger wird als **„Deckungsverhältnis"** bezeichnet, und zwar deshalb, weil der Versprechende aus diesem Verhältnis für seine Leistung an den Dritten die „Deckung" erhält, also darin der Grund zu finden ist, warum der Versprechende die Leistung zusagt. Handelt es sich bei dem Deckungsverhältnis um einen synallagmatischen Vertrag, dann wird die Leistung im Hinblick auf die Gegenleistung versprochen (der Blumenhändler liefert die Blumen an den Dritten, weil er von dem Versprechensempfänger dafür den Kaufpreis erhält). Das Deckungsverhältnis kann jedoch auch in einem unentgeltlichen Vertrag bestehen (der Vater verspricht seinem Sohn, dessen Sportverein aus Anlaß eines Jubiläums einen Geldbetrag zuzuwenden; vgl. hierzu § 518). 774

Das Rechtsverhältnis zwischen dem Versprechensempfänger und dem Dritten trägt die Bezeichnung **Valutaverhältnis** oder Zuwendungsverhältnis. Aus ihm ist zu entnehmen, aus welchem Grund der Versprechensempfänger dem Dritten etwas zuwendet. Dies kann Schenkung sein (wie in dem Beispiel der Übersendung von Blumen an Bekannte durch ein Blumengeschäft), aber auch ein entgeltlicher Vertrag (der Versprechensempfänger hat dem Dritten aufgrund eines mit ihm abgeschlossenen Kaufvertrages eine bestimmte Ware zu liefern, die er seinerseits beim Versprechenden kauft und an den Dritten liefern läßt). Das Deckungsverhältnis und das Valutaverhältnis sind voneinander unabhängig. Aus welchem Grund der Versprechensempfänger dem Dritten eine Leistung zuwendet, ist für den Versprechenden und für seine Bezie- 775 hung zum Versprechensempfänger ohne Bedeutung. Der Versprechende bleibt auch dann verpflichtet, die Leistung an den Dritten zu erbringen, wenn kein Valutaverhältnis wirksam zustandegekommen ist. Einwendungen aus dem Valutaverhältnis kann der Versprechende dem Dritten nicht entgegenhalten. Hat der Dritte eine Leistung aufgrund des Vertrages zu seinen Gunsten vom Versprechenden erhalten, ohne daß sich dafür aus dem Verhältnis zwischen Drittem und Versprechensempfänger ein Rechtsgrund ergibt, dann hat der (bereicherungsrechtliche) Ausgleich zwischen dem Versprechensempfänger und dem Dritten stattzufinden.

776 Die Beziehung zwischen Versprechendem und Dritten kann man als **„Drittverhältnis"** oder als „Vollzugsverhältnis" bezeichnen; häufig wird diese Beziehung nicht besonders benannt, weil sie vom Deckungsverhältnis mitbestimmt wird. Beim unechten Vertrag zugunsten Dritter fehlt eine Rechtsbeziehung zwischen Versprechendem und Drittem. Beim echten Vertrag zugunsten Dritter begründet der Leistungsanspruch des Dritten gegen den Versprechenden ein vertragsähnliches Verhältnis zwischen ihm und dem Schuldner, das dem Dritten u. a. die Pflicht auferlegt, den Schuldner bei dessen Erfüllung nicht zu schädigen. Handelt der Dritte dieser Pflicht zuwider, haftet er wegen positiver Forderungsverletzung.[72]

777 Die Beziehungen der Beteiligten lassen sich danach in folgender Skizze wiedergeben:

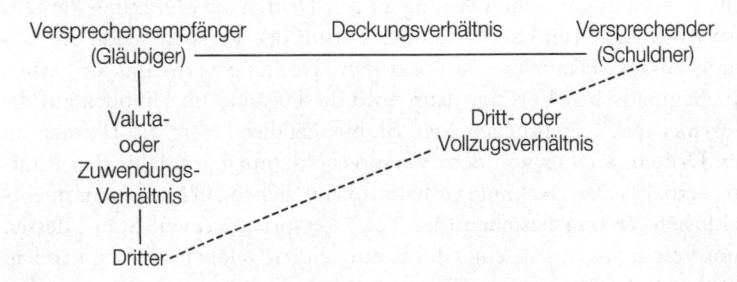

```
Versprechensempfänger      Deckungsverhältnis       Versprechender
   (Gläubiger) ————————————————————————————————— (Schuldner)
       |                                               ╲
       |                                                ╲
    Valuta-                                         Dritt- oder
      oder                                       Vollzugsverhältnis
  Zuwendungs-                                      ╱
   Verhältnis                                    ╱
       |                                       ╱
    Dritter ──────────────────────────────────
```

Die Bezeichnungen „Gläubiger" und „Schuldner" werden vom Deckungsverhältnis her bestimmt. Im Valutaverhältnis ist wiederum der „Dritte" Gläubiger und der „Versprechensempfänger" Schuldner der danach zu erbringenden Leistung.

c) Rechtsstellung des Dritten

778 Nur bei einem echten Vertrag zugunsten Dritter erwirbt der Dritte das Recht, vom Versprechenden die Leistung an sich zu fordern (§ 328

---

[72] *MünchKomm/Gottwald,* § 328 RdNr. 24.

Abs. 1). Dem Dritten steht dann ohne sein Zutun und auch unabhängig von seiner Geschäftsfähigkeit der Anspruch zu. Jedoch ist er nicht verpflichtet, das Recht entgegenzunehmen; er kann es vielmehr zurückweisen. Dies hat zur Folge, daß das Recht des Dritten rückwirkend als nicht erworben gilt (vgl. § 333).

Die Frage, welche **Folgen** sich **aus der Zurückweisung** für die Rechtsbeziehungen zwischen Versprechendem und Versprechensempfänger, also für das Deckungsverhältnis, ergeben, ist im Gesetz nicht ausdrücklich geregelt. Zur Erläuterung des sich dabei stellenden Problems dient der folgende

Beispielsfall: Die reiche Tante Berta will, daß ihr Lieblingsneffe Arnold nach bestandenem Abitur in ihrer Heimatstadt studiert und mietet für ihn für die Dauer von drei Jahren ein Appartement. Arnold will aber in einer anderen Stadt studieren und lehnt es ab, das Appartement zu beziehen. Daraufhin erklärt Berta dem Vermieter, daß sie das Appartement nicht gebrauchen könne. Dieser verlangt aber Zahlung des Mietzinses. Mit Recht?

Soweit sich nicht aus dem Vertrag (auch nicht mit Hilfe der Auslegung) ergibt, daß die vertragliche Leistung im Falle der Ablehnung durch den Dritten an einen anderen (den Versprechensempfänger oder an einen von ihm neu zu bestimmenden Dritten) erbracht werden soll, wird die Leistung infolge der Ablehnung durch den Dritten unmöglich (§ 275). Die Frage, ob der Versprechensempfänger die von ihm geschuldete Gegenleistung erbringen muß, richtet sich nach §§ 323, 324.[73] Dementsprechend wird man darauf abstellen, ob der Versprechensempfänger damit rechnen mußte, daß der Dritte das Recht zurückweisen werde. Kannte Tante Berta die Absicht von Arnold, woanders zu studieren, dann ist sie zur Zahlung des Mietzinses verpflichtet (§ 324 Abs. 1).[74]

Auch für die Frage, ob beim echten Vertrag zugunsten Dritter das Recht des Dritten auf Leistung sofort, bedingt oder befristet entstehen soll und ob den Vertragschließenden, dem Versprechensempfänger und dem Versprechenden, die Befugnis vorbehalten bleibt, gemeinsam das Recht des Dritten ohne dessen Zustimmung aufzuheben oder zu ändern, ist in erster Linie die Absprache der Vertragschließenden maßgebend. Fehlt eine ausdrückliche Abrede, dann entscheiden darüber nach § 328 Abs. 2 die Umstände des Einzelfalles, insbesondere der Zweck des Vertrages; in diesem Zusammenhang ist die Auslegungsregel des § 331 zu beachten. Schließlich ist noch darauf hinzuweisen, daß der Versprechensempfänger berechtigt ist, die Leistung an den Dritten zu fordern, selbst wenn der Dritte ein eigenes Forderungsrecht besitzt; allerdings kann das Forderungsrecht des Versprechensempfängers im Vertrag mit dem Versprechenden abbedungen werden (vgl. § 335).

Da sich die Rechtsstellung des Versprechenden nicht dadurch verschlechtern darf, daß er die vertragliche Leistung nicht an den Gläubiger, sondern an einen Dritten zu erbringen hat, kann er dem Dritten alle die **Einwendungen aus dem Deckungsverhältnis** entgegenhalten, die ihm gegenüber dem Versprechensempfänger zustehen (§ 334).

---

[73] *Jauernig/Vollkommer*, § 333 Anm. 1c; *Köhler*, PdW-SchuldR I, Nr. 79 (S. 121f.).
[74] *Köhler* aaO.

§ 9 Dritte in Schuldverhältnissen

Beispiel: Frau Alt will ihrem Neffen Jung zum Einzug in eine neue Wohnung einen Teppich schenken. Sie begibt sich zum Teppichhändler Bunt, sucht dort einen Teppich aus, zahlt die Hälfte des Kaufpreises und vereinbart mit Bunt, daß Jung das Recht haben solle, zu einem ihm genehmen Termin die Lieferung des Teppichs zu verlangen. Als Jung drei Tage später Lieferung fordert, weist Bunt darauf hin, daß der Teppich noch nicht von Alt voll bezahlt sei und daß er erst liefere, wenn er den gesamten Kaufpreis erhalten habe. Jung meint, das ginge ihn nichts an, Bunt solle sich an Alt halten, er jedenfalls wolle jetzt den Teppich haben.

Zwar ist aus dem Kaufvertrag allein Alt zur Zahlung des Kaufpreises verpflichtet, jedoch kann Bunt dem Jung die Einrede des nichterfüllten Vertrages aus § 320 entgegenhalten (§ 334).

781 Bei der Frage nach den Auswirkungen von Leistungsstörungen auf die Rechtsstellung des Dritten muß danach unterschieden werden, welche Leistung gestört ist und wer die Störung zu vertreten hat. Ergeben sich danach Ansprüche des Versprechenden gegen den Versprechensempfänger z. B. aus §§ 325 oder 326, dann kann er sie auch dem Dritten entgegenhalten (§ 334). Bei einer Störung der Leistung des Versprechenden können sich jedoch nicht nur Rechte des Versprechensempfängers, sondern auch solche des Dritten ergeben. Dazu folgender

Beispielsfall: Die Tochter Thea schenkt ihrer Mutter zum Geburtstag einen Heizofen, den sie vorher im Laden des Handel ausgesucht und bezahlt hat. Das Gerät soll nach entsprechender Aufforderung durch die Mutter geliefert werden (echter Vertrag zugunsten Dritter). So geschieht es auch. Infolge eines von Handel als Fachmann erkennbaren Defekts am Gerät kommt es bei Gebrauch des Heizofens zu einem Zimmerbrand, bei dem ein wertvoller Teppich der Mutter beschädigt wird. Wie ist die Rechtslage?

782 Wegen positiver Forderungsverletzung (vgl. o. RdNr. 429 ff.) ist Handel zum Ersatz des Schadens verpflichtet, denn dem Versprechenden obliegen auch Schutzpflichten gegenüber dem Leistungsempfänger (Dritten). Den Schadensersatzanspruch kann sowohl die Mutter als auch die Tochter als Versprechensempfängerin geltend machen, wobei dann Thea jedoch Leistung an ihre Mutter fordern muß.[75] Recht zweifelhaft ist dagegen, ob der Dritte auch solche Rechte wegen Leistungsstörungen ausüben kann, die den Bestand des Deckungsverhältnisses betreffen. Die hM verneint dies und gibt dem Dritten nicht das Recht, wegen einer Leistungsstörung vom Vertrag zurückzutreten oder wegen eines Sachmangels zu wandeln. Dieser Auffassung ist zuzustimmen, weil dem Versprechensempfänger als Vertragspartner die Entscheidung über den Bestand des Vertrages vorbehalten bleiben muß. Dementsprechend kann der Dritte zwar bei Unmöglichkeit der Leistung Schadensersatz wegen Nichterfüllung nach § 280 (nicht nach § 325, da er nicht Vertragspartner ist)[76] oder Ersatz eines Verzugsschadens nach § 286 Abs. 1 fordern, nicht

---

[75] *Brox*, AS, RdNr. 375.
[76] *Jauernig/Vollkommer*, § 328 Anm. II 3 a bb.

jedoch die Leistung zurückweisen und Schadensersatz wegen Nichterfüllung geltend machen; ebenso kann der Dritte beim Schadensersatz wegen Nichterfüllung nach § 463 ohne Zustimmung des Versprechensempfängers nur den sog. kleinen Schadensersatz (vgl. dazu o. RdNr. 521) beanspruchen.[77]

V. Vertrag mit Schutzwirkungen für Dritte

a) Begriff und Voraussetzungen

Verletzt der Schuldner eine sich aus dem Schuldverhältnis ergebende Pflicht, die nicht von den Vorschriften über die Unmöglichkeit, den Verzug oder die Gewährleistung erfaßt wird, dann kann er sich wegen pFV schadensersatzpflichtig machen (vgl. o. RdNr. 426ff.). Eine solche Pflicht kann dem Schuldner auch aufgeben, die Interessen bestimmter anderer Personen neben dem Vertragsgläubiger zu beachten. Diese Personen sind dann in den **Schutzbereich des Vertrages** mit einbezogen. 783

Beispiele: Der Fabrikant Fleißig vereinbart mit dem Busunternehmer Flink, daß dieser bei Fleißig beschäftigte Arbeitnehmer mit Kleinbussen nach Weisung des Fleißig zu verschiedenen Arbeitsstellen transportiert. Unterwegs verursacht der bei Flink angestellte Busfahrer schuldhaft einen Unfall, bei dem ein Arbeitnehmer des Fleißig, Wund, verletzt wird.

Häusler läßt vom Handwerksmeister Emsig in seinem Eigenheim Reparaturarbeiten durchführen. Dabei kommt es infolge des Verschuldens eines Mitarbeiters des Emsig zur Explosion einer Gasflasche, durch die der 12jährige Sohn des Häuslers Verbrennungen erleidet.

Wollte man in solchen Fällen die Geschädigten auf das Deliktsrecht verweisen, könnte eine Schadensersatzpflicht von Flink und Emsig als Geschäftsherrn nach § 831 Abs. 1 S. 2 zu verneinen sein (vgl. o. RdNr. 767f.). Auch die Verjährungsregelung wäre für den Geschädigten nach Deliktsrecht ungünstiger (vgl. § 852 Abs. 1 gegenüber § 195). Hinzu kommt, daß bei einer schuldhaften Schädigung des Vermögens eine Ersatzpflicht aufgrund des Deliktsrechts nur unter bestimmten (eingeschränkten) Voraussetzungen besteht (vgl. o. RdNr. 654, 683). Diese „Nachteile" des Deliktsrechts haben dazu geführt, daß insbesondere die Rechtsprechung den Bereich der vertraglichen Schutzwirkungen für Dritte immer mehr ausgedehnt und dem geschützten Dritten einen eige- 784

---

[77] *Larenz*, SchuldR I, § 17 Ib (S. 223); *Köhler*, PdW-SchuldR I, Nr. 78 (S. 119f.); aA *MünchKomm/Gottwald*, § 335 RdNr. 6 (Dritter kann wandeln oder vom Vertrag zurücktreten, die vom Versprechenden zurückzugewährende Leistung ist aber dem Versprechensempfänger herauszugeben).

§ 9 Dritte in Schuldverhältnissen

nen Schadensersatzanspruch aus pFV eingeräumt hat. Dabei müssen jedoch zwei wichtige Fragen beantwortet werden:
– Wie läßt sich das Rechtsinstitut der vertraglichen Schutzwirkungen zugunsten Dritter überzeugend begründen?
– Wie kann der Bereich der vertraglichen Schutzwirkungen für Dritte vom Deliktsrecht abgegrenzt werden?

785 Nachdem zunächst versucht worden ist, die Drittwirkungen von Verträgen auf § 328 zu stützen, wobei die dem Dritten zu erbringende Leistung in der Beachtung bestimmter Verhaltenspflichten gesehen wurde, ist heute diese Begründung aufgegeben worden. Auch der Versuch, vertragliche Schutzwirkungen für Dritte mit Hilfe einer ergänzenden Vertragsauslegung (vgl. o. RdNr. 314 ff.) zu ermitteln, kann heute als überwunden angesehen werden, wenn sich auch immer noch höchstrichterliche Entscheidungen finden lassen, in denen auf diese Konstruktion abgestellt wird. Die herrschende Auffassung im Schrifttum führt zu Recht die vertraglichen Schutzwirkungen zugunsten Dritter auf eine lückenausfüllende **Rechtsfortbildung** (vgl. o. RdNr. 723) zurück, die dieses Rechtsinstitut zu einem festen Bestandteil unserer Zivilrechtsordnung gemacht hat, das unabhängig vom Willen der Beteiligten seine Wirkungen entfaltet.

786 Es ist offensichtlich, daß eine sorgfältige **Abgrenzung** der Tatbestände, in denen sich aus Verträgen Schutzwirkungen für Dritte ergeben, dringend geboten ist, weil sonst befürchtet werden müßte, daß die Trennung zwischen vertraglichem und deliktischem Schadensersatzrecht beseitigt werden könnte. Hier stellt sich eine schwierige Aufgabe, die bisher nicht befriedigend gelöst werden konnte. Über die genauen Voraussetzungen und Grenzen des Vertrages mit Schutzwirkungen für Dritte gibt es keine einheitliche Auffassung. Während ursprünglich die hM vertragliche Schutzwirkungen auf solche Personen beschränken wollte, für deren „Wohl und Wehe" der Vertragsgläubiger verantwortlich ist, weil er ihnen Schutz und Fürsorge schuldet,[78] sieht sie neuerdings hierin nicht mehr ein unverzichtbares Merkmal, sondern orientiert sich mehr an dem Verhältnis, das der Dritte zur vertraglich geschuldeten Leistung einnimmt, und fragt danach, ob er nach dem Inhalt des Vertrages bestimmungsgemäß mit dieser Leistung in Berührung kommt.[79]

787 Die Ansicht, den **Umfang vertraglicher Schutzwirkungen** nach dem Verhältnis des Dritten zum Leistungsgegenstand zu bestimmen und danach zu fragen, ob aufgrund der geschuldeten Leistung (auch) von einer Drittbezogenheit der vertraglichen Leistung zu sprechen ist, verdient

---

[78] So noch BGH NJW 1977, 2208, 2209 = JuS 1978, 273 m. weit. Nachw. aus der Rechtsprechung.
[79] BGH NJW 1976, 1843, 1844; 1984, 355, 356; 1985, 489; *Palandt/Heinrichs*, § 328 Anm. 3d bb; *Brox* AS RdNr. 378; *Köhler*, PdW-SchuldR I, RdNr. 63 (S. 93).

V. Vertrag mit Schutzwirkungen für Dritte

Zustimmung.[80] Allerdings sollte nicht allein für ausreichend gehalten werden, daß der zu schützende Dritte nach dem Vertrag mit der vom Schuldner zu erbringenden Leistung in Berührung kommt; vielmehr sollte verlangt werden, daß er aufgrund seines Verhältnisses zur geschuldeten Leistung bei der Durchführung des Schuldverhältnisses eine Position einnimmt, wie sie bei vergleichbaren Schuldverhältnissen regelmäßig dem Gläubiger zukommt.

Dabei ist nicht entscheidend, ob im konkreten Fall nach der Anlage des Schuldverhältnisses der Gläubiger überhaupt gefährdet ist oder ob bei der Vertragsabwicklung nur der Dritte geschädigt werden kann. Es kommt nur auf den typischen Inhalt entsprechender Schuldverhältnisse an. So ist in dem Beispielsfall der Beförderung von Arbeitnehmern des Vertragsgläubigers (o. RdNr. 783) allein maßgebend, daß bei Beförderungsverträgen typischerweise der Gläubiger selbst befördert wird und den damit verbundenen Gefahren ausgesetzt ist, nicht aber, daß nur die beim Gläubiger Beschäftigten transportiert werden. Auch in dem vom BGH[81] entschiedenen Fall einer Beschädigung eingelagerter Güter (o. RdNr. 786) ist die Drittbezogenheit der vertraglichen Leistung deutlich erkennbar: Die von einem Lagerhalter gemieteten Räume dienten zur Einlagerung fremder Sachen, und deren Eigentümer nahmen eine ähnliche Stellung ein wie sonst bei derartigen Mietverhältnissen der Gläubiger.

Als zweite Voraussetzung muß hinzukommen, daß dem Schuldner die **788 Drittbezogenheit erkennbar** ist und daß er damit rechnen muß, durch die Abwicklung des Vertragsverhältnisses nicht nur Rechtsgüter des Gläubigers, sondern auch Dritter zu schädigen. Denn der Schuldner muß das Haftungsrisiko, das er mit dem Abschluß des Vertrages eingeht, überschauen und kalkulieren können.[82]

Hinzuweisen ist noch darauf, daß nach Auffassung des BGH[83] auch das gesetzliche **Schuldverhältnis der c. i. c. drittbezogene Verhaltenspflichten** aufweisen kann, bei deren Verletzung der Schädiger dem Dritten nach den Grundsätzen der culpa in contrahendo (vgl. dazu o. RdNr. 449) schadensersatzpflichtig ist. Der BGH hatte folgenden Fall zu entscheiden:

Ein Kind begleitet seine Mutter zum Einkaufen in einen Selbstbedienungsladen. Nachdem die Mutter die zu kaufenden Waren ausgewählt hatte, stellte sie sich an der Kasse an. Das Kind ging um die Kasse herum zur Packablage, um seiner Mutter beim Einpacken behilflich zu sein. Dabei rutschte es auf einem am Boden liegenden Salatblatt aus und verletzte sich erheblich. Das Gericht bejahte eine Haftung des Inhabers des Selbstbedienungsladens mit der Begründung, daß das Kind in den Schutzbereich eines zustandegekommenen Kaufvertrages mit einbezogen worden wäre. Das gleiche müßte für das gesetzliche Schuldverhältnis der c. i. c. gelten, denn es würde jeder Rechtfertigungsgrund fehlen, die vertragliche Haftung vom reinen Zufall abhängig zu machen, ob die Vertragsverhandlungen im Zeitpunkt der Schädigung schon zum endgültigen Vertragsabschluß geführt hätten.[84]

---

[80] *MünchKomm/Gottwald*, § 328 RdNr. 69, m. weit. Nachw.
[81] JZ 1970, 375.
[82] HM; vgl. nur BGH NJW 1985, 2411; *MünchKomm/Gottwald* § 328 RdNr. 71, jeweils m. weit. Nachw.
[83] BGHZ 66, 51 = NJW 1976, 712 = JuS 1976, 465.
[84] Zur Frage, in welchem Zeitpunkt bei einem Kauf im Selbstbedienungsladen der Vertrag zustande kommt, vgl. o. RdNr. 93f.

b) Abgrenzung von der Drittschadensliquidation

789 Es gibt Fälle, in denen bei der Störung vertraglicher Leistungen der Schaden aufgrund besonderer Konstellationen nicht wie im Regelfall beim Anspruchsberechtigten eintritt, sondern bei einem Dritten. Zur Erläuterung dieser Feststellung folgender

> **Beispielsfall:** Arnold kauft für den Unternehmer Udo bestimmte Rohstoffe auf, die im Unternehmen des Udo verarbeitet werden. Die Käufe tätigt er auf Rechnung des Udo, jedoch im eigenen Namen (mittelbare Stellvertretung; vgl. o. RdNr. 711). Da Bertold, mit dem Arnold einen Kaufvertrag über solche Rohstoffe geschlossen hat, nicht termingerecht liefert, können von Udo verschiedene Aufträge nicht ausgeführt werden. Ihm entsteht deshalb ein Schaden.
> Vertragliche Beziehungen bestehen nur zwischen Arnold und Bertold. Infolge der nicht termingerechten Lieferung ist Bertold in Verzug geraten (die Voraussetzungen werden hier unterstellt). Dementsprechend könnte Arnold einen Verzugsschaden nach § 286 Abs. 1 von Bertold ersetzt verlangen. Der Schaden ist jedoch nicht bei ihm, sondern bei Udo eingetreten, der jedoch keinen Ersatzanspruch besitzt. Wollte man bei diesem Ergebnis stehen bleiben, dann müßte Udo seinen Schaden selbst tragen und Bertold wäre von jeder Schadensersatzpflicht freigestellt.

Nach allgemeiner Meinung ist dieses Ergebnis dadurch zu korrigieren, daß bei mittelbarer Stellvertretung der Anspruchsberechtigte den Drittschaden geltend machen kann, diesen Schaden also „liquidiert". Der mittelbare Stellvertreter kann entweder Leistung des Schadensersatzes an den Geschädigten (im Beispielsfall Udo) verlangen oder er tritt den Anspruch an ihn ab, wozu er nach § 281 (vgl. o. RdNr. 350) verpflichtet ist,[85] oder er ermächtigt ihn, den Schadensersatzanspruch im eigenen Namen geltend zu machen[86] (sog. Einziehungsermächtigung; vgl. dazu u. RdNr. 812). Nach hM ist der Schaden in dem Umfang zu ersetzen, in dem er beim Dritten entstanden ist.

790 Eine Schadensliquidation im Drittinteresse wird – außer in Fällen mittelbarer Stellvertretung – noch bei **folgenden Sachverhalten** in Betracht gezogen:

– Obhutsfälle: Jemand mietet oder leiht sich eine fremde Sache und gibt sie einem anderen zur Reparatur oder Verwahrung. Dort wird sie infolge Verschuldens des Vertragspartners oder dessen Erfüllungsgehilfen beschädigt. Der Mieter oder Entleiher ist nur insoweit geschädigt, als er die Sache nicht mehr für sich nutzen kann; den Schaden an der Substanz der Sache hat der Eigentümer.

> Eine Drittschadensliquidation in diesen Fällen ist insbesondere dann für den Geschädigten von Bedeutung, wenn ein deliktischer Schadensersatzanspruch gegen den Vertragspartner des Mieters oder Entleihers durch § 831 Abs. 1 S. 2 ausgeschlossen ist.

---

[85] *Medicus,* SchuldR I, § 54 IV 1 (S. 271).
[86] *Köhler,* PdW-SchuldR I, Nr. 162 (S. 249 f.).

V. Vertrag mit Schutzwirkungen für Dritte 423

– Sog. „obligatorische Gefahrentlastung": Diese Fälle sind dadurch gekennzeichnet, daß aufgrund der gesetzlichen Regelung über die Gefahrtragung der Schaden nicht beim Anspruchsberechtigten, sondern bei einem Dritten eintritt.

Beispiel: Kunz kauft von Volz 20 Farbfernsehgeräte und bittet ihn, die Fernseher von Neustadt (Erfüllungsort) nach Altmarkt zu versenden (Versendungskauf, § 447 Abs. 1; vgl. dazu o. RdNr. 361). Volz läßt den Transport durch den Transportunternehmer Speed durchführen. Da die Leute des Speed die Kisten mit den Farbfernsehern im Transportfahrzeug nicht ordnungsgemäß stapeln und befestigen, geht die Hälfte der Fernseher zu Bruch. Da die Gegenleistungsgefahr nach § 447 Abs. 1 mit der Auslieferung der Waren an Speed auf Kunz übergeht, ist dieser zur Zahlung des gesamten Kaufpreises trotz der Beschädigung der Geräte verpflichtet. Deshalb verneint die hM den Eintritt eines Schadens bei Volz. Schließt man sich dieser Auffassung an, dann handelt es sich um eine typische Konstellation der Drittschadensliquidation. Eine andere Auffassung bejaht jedoch aufgrund einer wertenden Betrachtung einen eigenen Schaden des Volz (normativer Schadensbegriff; vgl. dazu o. RdNr. 665), der darin bestehe, daß sein Eigentum verletzt worden sei. Die Gefahrentlastung durch § 447 sei eine Besonderheit, die nur im Verhältnis zwischen Volz und Kunz Bedeutung habe und den Schädiger nichts angehe. Volz kann nach dieser Ansicht den objektiven Wert der beschädigten Fernseher ersetzt verlangen.[86a]

Die Drittschadensliquidation wird fast durchweg auf die genannten **791** Fallgruppen beschränkt,[87] wenn auch bei vergleichbaren Interessenlagen die Liquidation eines Drittschadens für zulässig gehalten wird.[87a] Jedoch sollte stets sehr sorgfältig geprüft werden, ob im Einzelfall die Interessenlage die Durchbrechung des unser Zivilrecht beherrschenden Grundsatzes zwingend gebietet, daß nur die Schäden vom Schädiger ersetzt werden müssen, die dem Inhaber der verletzten Pflicht entstanden sind.

In Fällen, in denen eine Drittschadensliquidation in Betracht kommt, werden regelmäßig die Voraussetzungen für vertragliche Schutzwirkungen zugunsten Dritter nicht gegeben sein; deshalb wird sich die Frage nach dem Verhältnis beider Rechtsinstitute zueinander nur selten stellen. Sind aber einmal sowohl die Voraussetzungen vertraglicher Schutzwirkungen zugunsten Dritter als auch der Drittschadensliquidation gegeben, dann gebührt den vertraglichen Schutzwirkungen der Vorrang, weil sie dem geschädigten Dritten einen eigenen, vom Gläubiger unabhängigen Ersatzanspruch eröffnen.[88]

[86a] Vgl. *Köhler* (Fn. 86) Nr. 163 (S. 251f.).
[87] Manche Autoren zählen allerdings die Treuhandverhältnisse nicht zu den Fällen mittelbarer Stellvertretung, sondern sehen sie als eigenständige Fallgruppe an (so *MünchKomm/Grunsky,* vor § 249 RdNr. 122 m. weit. Nachw.). Auf diese Fälle kann hier nicht näher eingegangen werden (vgl. dazu *Köhler,* AT, § 12 IV 6, S. 113f.).
[87a] *MünchKomm/Grunsky* aaO RdNr. 117.
[88] *MünchKomm/Gottwald,* § 328 RdNr. 75 m. weit. Nachw.

VI. Übergang von Rechten und Pflichten auf Dritte

a) Überblick

792 Gläubiger und Schuldner können grundsätzlich (durch Rechtsgeschäft) ausgewechselt werden. Bei einem solchen Wechsel muß jedoch danach unterschieden werden, ob lediglich eine „Rechtsnachfolge in Forderungen oder Schulden"[89] stattfindet oder ob die Position des Vertragspartners insgesamt mit allen damit verbundenen Rechten und Pflichten übertragen wird. Eine Rechtsnachfolge in Forderungen kann durch rechtsgeschäftliche Übertragung (Abtretung) der Forderung vollzogen werden (dazu u. RdNr. 793 ff.); außerdem kann die Auswechslung des Gläubigers auch in nicht rechtsgeschäftlicher Form geschehen, und zwar durch einen gesetzlich angeordneten Forderungsübergang (dazu u. RdNr. 813) und durch Forderungsübertragung kraft staatlichen Hoheitsaktes. Als wichtigstes Beispiel für die zuletzt genannte Art sei die Überweisung einer gepfändeten Geldforderung an den pfändenden Gläubiger an Zahlungs Statt durch das Vollstreckungsgericht genannt (vgl. § 835 ZPO). Die rechtsgeschäftliche Rechtsnachfolge in eine Schuld geschieht durch einen Übernahmevertrag, der entweder zwischen Übernehmer und Gläubiger (vgl. § 414) oder durch Vertrag zwischen Übernehmer und bisherigem Schuldner mit Genehmigung des Gläubigers (vgl. § 415) geschlossen wird (dazu u. RdNr. 814). Daneben ist auch ein Schuldbeitritt möglich, bei dem ein Dritter als weiterer Schuldner neben den bisherigen tritt, ihn also nicht ersetzt (dazu u. RdNr. 819). Die Übertragung der umfassenden Position eines Vertragspartners mit allen Rechten und Pflichten ist Gegenstand einer Vertragsübernahme (dazu u. RdNr. 821 f.).

b) Forderungsabtretung

1. Begriff und Voraussetzungen

793 Was unter einer Abtretung (= Zession) zu verstehen ist, erläutert § 398, nämlich die durch Vertrag vorgenommene Übertragung einer Forderung von dem Gläubiger (Zedenten) auf einen anderen (Zessionar). Durch diesen Vertrag, an dem der Schuldner nicht beteiligt ist und weshalb seine Rechte durch bestimmte gesetzliche Regeln geschützt werden (dazu u. RdNr. 802 ff.), wird der Gläubigerwechsel unmittelbar vollzogen. Die Abtretung ist also kein Verpflichtungsgeschäft, sondern eine (abstrakte) Verfügung (vgl. zum Begriff RdNr. 224). Die Gültigkeit der

---

[89] *Larenz*, SchuldR I, §§ 34, 35.

VI. Übergang von Rechten und Pflichten auf Dritte 425

Abtretung ist unabhängig von einem ihr zugrundeliegenden Kausalgeschäft (z. B. einem Factoringvertrag; vgl. o. RdNr. 464). Gibt es jedoch kein gültiges Kausalgeschäft, dann kann der Zedent die Rückabtretung vom Zessionar nach Bereicherungsrecht verlangen. Denn der Zessionar ist dann rechtsgrundlos um die Forderung bereichert.

Der wirksame Übergang einer Forderung vom Zedenten auf den Zessionar ist von folgenden **Voraussetzungen** abhängig: **794**
- gültiger Vertrag
- Bestehen der Forderung
- Bestimmtheit der Forderung
- Übertragbarkeit der Forderung.

Zu diesen Voraussetzungen ist im einzelnen folgendes zu bemerken:

Der **Abtretungsvertrag** kann regelmäßig formfrei geschlossen werden. Dies gilt auch dann, wenn die Begründung der Forderung von einem formbedürftigen Rechtsgeschäft abhängig ist (Beispiel: Kaufpreisforderung aus einem Grundstückskaufvertrag; vgl. § 313). Nur ausnahmsweise ist für die Abtretung der Forderung eine Form vorgeschrieben (vgl. z. B. § 1154 für die Abtretung einer hypothekarisch gesicherten Forderung). **795**

Die Forderung, die abgetreten werden soll, muß als **Forderung des Zedenten** bestehen. Ein Erwerb vom Nichtberechtigten kraft guten Glaubens, wie er beim Eigentumserwerb an beweglichen Sachen (§§ 932ff.) und Grundstücken (§ 892) möglich ist, gibt es bei der Forderungsabtretung (von Besonderheiten aufgrund des öffentlichen Glaubens eines Erbscheins, § 2366, und im Wertpapierrecht abgesehen, auf die hier nicht einzugehen ist) nicht. **796**

Beispiel: Trug, der in argen Geldverlegenheiten ist, erzählt dem Reich unter Vorlage eines gefälschten schriftlichen Darlehensvertrages, daß er Albert 10000,– DM als Darlehen gewährt habe; da das Darlehen erst in einem Jahr rückzahlbar sei, er aber Geld brauche, sei er bereit, die Forderung Reich für 6000,– DM zu verkaufen. Reich ist damit einverstanden und zahlt den gewünschten Preis. In Wirklichkeit hat Trug niemals eine Forderung gegen Albert gehabt.
In diesem Fall erwirbt Reich die ihm verkaufte Forderung nicht. Sein guter Glaube kann ihm nicht helfen. Der Grund für den Ausschluß eines gutgläubigen Forderungserwerbs besteht darin, daß es an einem Kennzeichen fehlt, das – wie bei Sachen der Besitz oder die Eintragung im Grundbuch (vgl. o. RdNr. 483) – auf die Berechtigung des Verfügenden hinweist und damit einen Rechtsschein schafft, auf den der Gutgläubige vertrauen darf. Die vorgelegte Vertragsurkunde erzeugt zwar einen solchen Rechtsschein; sie ist aber gefälscht und kann deshalb nicht dazu führen, daß auf Kosten eines Unbeteiligten ein Recht erworben wird. In diesem Zusammenhang ist zu berücksichtigen, daß beim gutgläubigen Erwerb beweglicher Sachen die durch den Besitz geschaffene Rechtsscheinslage durch den Eigentümer infolge der freiwilligen Weggabe des Besitzes veranlaßt ist und daß ein unfreiwilliger Besitzverlust dem gutgläubigen Erwerb nach § 935 entgegensteht (vgl. o. Rdnr. 480).

In Fällen aber, in denen der **Schuldner** eine **Urkunde** über die Schuld **ausstellt**, also ein Schriftstück weggibt, das die Existenz der Forderung verlautbart und damit eine Legitimation des Zedenten schafft, berücksichtigt das Gesetz in einem eingeschränkten Umfang, daß hier der Schuldner einen (unrichtigen) Rechtsschein durch sein Verhalten gesetzt hat. Nach § 405 kann sich dann der Schuldner nicht darauf berufen, daß die Eingehung oder Anerkennung des Schuldverhältnisses nur zum Schein erfolgt und deshalb nach § 117 Abs. 1 nichtig sei oder daß die Abtretung durch Vereinbarung mit dem ursprünglichen Gläubiger ausgeschlossen wäre (vgl. dazu u. RdNr. 798). Der Zessionar erwirbt dann eine Forderung, wenn er den wahren Sachverhalt nicht kannte und auch nicht kennen mußte, d. h. seine Unkenntnis nicht auf Fahrlässigkeit beruhte (vgl. § 122 Abs. 2).

797 Die abzutretende **Forderung** muß so **genau bestimmt** sein, daß Klarheit darüber besteht, welche Forderung vom Zedenten auf den Zessionar übergeht. Aus dem Inhalt der getroffenen Vereinbarung müssen sich also Schuldner, Inhalt und Höhe der zedierten Forderungen ergeben. Jedoch muß diesen Erfordernissen erst in dem Zeitpunkt genügt sein, in dem die Forderung auf den Zessionar übergehen soll. Deshalb ist es zulässig, erst künftig entstehende Forderungen bereits im voraus abzutreten.

> **Beispiel:** Großhändler Groß bezieht vom Fabrikanten Fertig Lederjacken, um sie an Einzelhandelsgeschäfte weiterzuverkaufen. Da Groß nicht in der Lage ist, den Kaufpreis sofort zu bezahlen, behält sich Fertig das Eigentum an den Waren vor, erklärt sich aber damit einverstanden, daß Groß die Waren weiterveräußert; die aus den Weiterverkäufen entstehenden Kaufpreisforderungen tritt Groß dem Fertig im voraus ab.
> Ein solcher verlängerter Eigentumsvorbehalt mit Vorausabtretungsklausel ist zulässig (vgl. o. RdNr. 548). Es ist unschädlich, daß im Zeitpunkt der Abtretung die genaue Höhe und der Schuldner der abgetretenen Forderung noch nicht feststehen. Die zwischen Fertig und Groß getroffene Abrede ermöglicht, den Gegenstand der Zession so genau zu bestimmen, daß keine Zweifel auftreten können, welche Forderungen auf Fertig übergehen sollen. Damit wird dem nach hM notwendigen Erfordernis entsprochen, daß eine im voraus abgetretene Forderung im Zeitpunkt des Abschlusses des Abtretungsvertrages ausreichend „bestimmbar" ist. Mit Entstehung der abgetretenen Forderung entfaltet dann die Zession ihre Wirkung, d. h. die Forderung (die dann genau bestimmt sein muß) steht dann dem Zessionar zu.
> Auch eine sog. **Globalzession,** die Übertragung aller künftigen Forderungen aus einem Geschäftsbetrieb, ist grundsätzlich zulässig. Allerdings darf nicht der Schuldner durch eine Globalzession in seiner wirtschaftlichen Bewegungsfreiheit geknebelt und es dürfen nicht andere Geschäftspartner des Schuldners dadurch geschädigt werden. Auf die sich insoweit stellenden Fragen kann hier nicht eingegangen werden.[90]

798 Schließlich ist die Wirksamkeit einer Abtretung davon abhängig, daß die **Forderung,** auf die sie sich bezieht, **übertragbar** ist. Der Grundsatz, daß jede Forderung übertragen werden kann, wird durch eine Reihe von Abtretungsverboten eingeschränkt:
– Ausdrücklich sind im BGB eine Reihe von Forderungen nicht oder nur unter eingeschränkten Voraussetzungen für übertragbar erklärt, so z. B. Forderungen aus Vorkaufsrechten (§ 514), aus Gesellschafts-

---

[90] Vgl. dazu *MünchKomm/Mayer-Maly,* § 138 RdNr. 87 ff.

VI. Übergang von Rechten und Pflichten auf Dritte

verhältnissen (vgl. § 717) und wegen Schmerzensgeldes (§ 847 Abs. 1 S. 2). Hierbei handelt es sich um Forderungen, die besonders eng an die Person des Gläubigers gebunden sind.

– Nach § 399 kann eine Forderung nicht abgetreten werden, „wenn die Leistung an einen anderen als den ursprünglichen Gläubiger nicht ohne Veränderung ihres Inhalts erfolgen kann oder wenn die Abtretung durch Vereinbarung mit dem Schuldner ausgeschlossen ist".

Unter § 399 Alt. 1. fallen beispielsweise Forderungen aus höchstpersönlichen Berechtigungen, wie sie im Zweifel bei Dienstleistungen (vgl. § 613 S. 2) und bei der Ausführung von Aufträgen (§ 664 Abs. 2) anzunehmen sind. Auch bei Ansprüchen aus Vorverträgen und aus Gebrauchsüberlassungsverträgen (z. B. Miete) wird es regelmäßig auf die Person des Gläubigers ankommen und eine Abtretung auszuschließen sein. Hat sich der Gläubiger dem Schuldner gegenüber dazu verpflichtet, die Forderung nicht abzutreten (sog. pactum de non cedendo), dann nimmt diese Vereinbarung der Forderung die Abtretbarkeit, so daß eine abredewidrig vorgenommene Zession unwirksam ist. Ein Gutglaubensschutz findet nur in den engen Grenzen des § 405 statt. Sehr streitig ist die Frage, ob eine entgegen eines vereinbarten Abtretungsausschlusses vorgenommene Zession durch Genehmigung des Schuldners in analoger Anwendung der §§ 184, 185 rückwirkend geheilt werden kann oder ob die Zustimmung des Schuldners nur eine für die Zukunft wirkende vertragliche Aufhebung des Abtretungsverbots darstellt.[91]

– Unpfändbare Forderungen können nicht abgetreten werden (§ 400). Pfändungsverbote ergeben sich aus den §§ 850ff. ZPO. Durch diese Vorschriften, die einen Pfändungsschutz für Teile des Arbeitseinkommens schaffen, wird bezweckt, dem Schuldner das zum Leben Notwendige zu erhalten. Er kann auf diesen Schutz nicht wirksam verzichten und deshalb auch nicht die unpfändbare Forderung abtreten.

Nach allgemeiner Auffassung können aber unpfändbare Forderungen dann abgetreten werden, wenn dieser Schutzzweck nicht vereitelt wird. Dies ist beispielsweise der Fall, wenn dem Abtretenden wirtschaftlich gleichwertige Leistungen für die Zession gewährt werden.

2. Wirkungen

Mit dem Abschluß des Abtretungsvertrages tritt der neue Gläubiger an die Stelle des bisherigen (§ 398 S. 2). Dementsprechend kann der Altgläubiger über die Forderung nicht mehr verfügen; eine von ihm vorgenommene zweite Zession ist folglich unwirksam.

Beispiel: Glaub tritt seine Forderung gegen Schuld am 1. 2. an Erst und am 2. 2. an Zweit ab. Nur Erst erwirbt die Forderung und Zweit ist auf Schadensersatzansprüche gegen Glaub aus dem Kausalverhältnis angewiesen, das der Abtretung zugrunde liegt (vgl. o. RdNr. 793). Für die Zession gilt also der **Grundsatz der Priorität.**

---

[91] Im Sinne der 2. Alternative BGHZ 70, 299 = NJW 1978, 813; aA *Medicus*, SchuldR I, § 62 I 4c (S. 324f.) – rückwirkende Heilung.

800 Die Forderung geht auf den neuen Gläubiger in dem Rechtszustand über, den sie beim Zedenten gehabt hat. Deshalb bleiben alle **Einwendungen und Einreden** bestehen, „die zur Zeit der Abtretung der Forderung gegen den bisherigen Gläubiger begründet waren" (§ 404).

Wenn in § 404 darauf abgestellt wird, daß Gegenrechte bereits zur Zeit der Abtretung begründet waren, dann bedeutet dies nicht, daß sie zu diesem Zeitpunkt schon voll wirksam sein müssen. Entscheidend ist vielmehr, daß bei der Zession der Grund dafür bereits bestanden hat. Deshalb muß sich der Zessionar auch eine nach der Abtretung vom Schuldner vorgenommene Anfechtung oder Wandlung ebenso entgegenhalten lassen wie den Rücktritt vom Vertrage. Da durch die Zession nur die Gläubigerrechte, nicht auch seine Pflichten übertragen werden, bleibt Adressat einer entsprechenden Erklärung des Schuldners der Zedent.

801 Nach § 401 gehen auch die **für die Forderung bestellten Sicherheiten** mit über. Ausdrücklich nennt diese Vorschrift Hypotheken, Pfandrechte sowie Rechte aus einer Bürgschaft.

Die in § 401 Abs. 1 genannten Rechte sind akzessorisch. **Akzessorietät** (von lat. accessio = Nebensache, Nebenverpflichtung) bedeutet, daß Rechte in der Weise miteinander verbunden sind, daß das eine das leitende, das andere das begleitende ist. Das begleitende Recht kann ohne das leitende nicht bestehen, ist also davon abhängig. Beispielsweise ist bei der Bürgschaft die Forderung des Gläubigers gegen den Schuldner die Leitforderung; nach ihr richtet sich das sichernde Recht in seinem Bestand und Inhalt (vgl. § 767 Abs. 1 S. 1). Erlischt die Leitforderung, dann geschieht dasselbe auch mit der Bürgschaft (Einzelheiten dazu später).

§ 401 Abs. 1 ist entsprechend auf andere in dieser Vorschrift nicht ausdrücklich genannte akzessorische Rechte anzuwenden wie beispielsweise Rechte aus einer Vormerkung (§§ 883 ff.). Dagegen gehen andere (nichtakzessorische) Sicherungsrechte wie das Sicherungseigentum (vgl. o. RdNr. 550 f.) und der Eigentumsvorbehalt (vgl. o. RdNr. 543 ff.) nicht automatisch auf den Zessionar über. Allerdings kann sich der Zedent vertraglich verpflichten, solche Rechte auf den Zessionar zu übertragen.[92]

3. Schuldnerschutz

802 Da der Schuldner an der Abtretung nicht beteiligt ist, darf seine rechtliche Stellung durch die Zession nicht verschlechtert werden. Dies wird einmal dadurch vermieden, daß ihm alle Einwendungen und Einreden gegen die Forderung erhalten bleiben und er diese Rechte gegenüber dem neuen Gläubiger geltend machen kann (vgl. o. RdNr. 800). Zum anderen muß der Gefahr begegnet werden, daß der Schuldner in Unkenntnis der Abtretung an den bisherigen Gläubiger leistet und dadurch Nachteile erleidet. Dies wird insbesondere durch die **Vorschrift des § 407** verhindert. Danach muß der Zessionar eine Leistung, die der Schuldner nach Abtretung an den Zedenten erbringt, gegen sich gelten lassen, wenn der Schuldner die Abtretung im Zeitpunkt der Leistung nicht gekannt hat (nur positive Kenntnis schadet, fahrlässige Unkenntnis

---

[92] Vgl. *Medicus* aaO § 62 II 2 (S. 326); *Köhler*, PdW-SchuldR I, Nr. 120 (S. 186 ff.).

VI. Übergang von Rechten und Pflichten auf Dritte

dagegen nicht). Die abgetretene Forderung erlischt dann, und der Zessionar muß einen Ausgleich beim Zedenten suchen. Er hat dann gegen ihn einen Schadensersatzanspruch aus pFV wegen Verletzung einer leistungssichernden Nebenpflicht (vgl. o. RdNr. 440), die sich aus dem Kausalverhältnis ergibt, das der Zession zugrunde liegt, und die darauf gerichtet ist, alles zu unterlassen, was den Vertragszweck und den Leistungserfolg gefährden könnte (sog. Leistungstreuepflicht). Der Zessionar kann auch Ansprüche aus § 816 Abs. 2 und aus § 687 Abs. 2 geltend machen; vom Einzelfall hängt es ab, ob auch ein Anspruch aus § 826 gegeben ist.

§ 407 Abs. 1 gilt auch für ein ohne Kenntnis der Abtretung getätigtes „Rechtsgeschäft, das nach der Abtretung zwischen dem Schuldner und dem bisherigen Gläubiger in Ansehung der Forderung vorgenommen wird". Solche Rechtsgeschäfte wie z. B. eine Stundung, ein Erlaß, eine vom Schuldner ausgesprochene Kündigung oder die Vereinbarung einer Leistung an Erfüllungs Statt (vgl. o. RdNr. 186) sind also wirksam. Dagegen kann der Zedent nach der Abtretung Maßnahmen zum Nachteil des Schuldners nicht mehr vornehmen; eine Kündigung oder Mahnungen des bisherigen Gläubigers bleiben ohne Wirkung, denn § 407 greift insoweit nicht ein.

Ob sich der Schuldner auf die zu seinem Schutz getroffene Regelung des § 407 berufen will, ist ihm überlassen. Er kann auch auf diesen Schutz verzichten, wenn ihm dies günstig ist.[93] Dazu folgender

Beispielsfall: Glaub hat gegen Schuld eine Kaufpreisforderung in Höhe von 2000,– DM. Er tritt diese Forderung an Alf ab, gegen den Schuld eine fällige Darlehensforderung in Höhe von 3000,– DM hat. In Unkenntnis der Abtretung zahlt Schuld die Kaufpreisforderung an Glaub. Danach erfährt er von der Zession. Da sich Alf in wirtschaftlichen Schwierigkeiten befindet und deshalb Schuld befürchtet, daß dieser nicht in der Lage ist, das Darlehen zurückzuzahlen, möchte er mit seiner Forderung gegen die Kaufpreisforderung aufrechnen. Diese Möglichkeit scheint ihm durch § 407 Abs. 1 verschlossen zu sein, weil aufgrund dieser Vorschrift mit der Zahlung an Glaub die Kaufpreisforderung erlischt. Jedoch kann Schuld davon absehen, sich auf § 407 Abs. 1 zu berufen; er kann also mit seiner Darlehensforderung gegen die Kaufpreisforderung aufrechnen und Rückzahlung der an Glaub erbrachten Leistung nach § 812 Abs. 1 S. 1 Alt. 1 (condictio indebiti) verlangen.

§ 408 Abs. 1 erweitert die Vorschrift des § 407 für den Fall einer mehrfachen Abtretung. Zur Erläuterung folgender

Beispielsfall: Glaub tritt seine Forderung gegen Schuld an Erst, dann an Zweit ab. Zweit verlangt von Schuld unter Vorlage einer schriftlichen Abtretungserklärung des Glaub Zahlung. Nachdem Schuld diesem Verlangen nachgekommen ist, macht auch Erst seine Forderung geltend. Mit Recht?
Nur die erste Abtretung ist wirksam; Zweit konnte nach der Zession von Glaub keine Forderung mehr erwerben (vgl. o. RdNr. 799). Nach § 408 wird aber der

---

[93] BGHZ 52, 150, 154 = NJW 1969, 1479; *Brox*, AS, RdNr. 398.

Schuldner bei Unkenntnis von der wirksamen (ersten) Abtretung geschützt. Er kann sich auf den entsprechend anzuwendenden § 407 berufen, so daß Erst die Zahlung an Zweit gegen sich gelten lassen muß.

Gleiches gilt für Rechtsgeschäfte, die der Schuldner mit dem „Zweitzessionar" in Unkenntnis der wirksamen (ersten) Abtretung vornimmt. Hat im Beispielsfall Schuld mit Zweit eine Stundung vereinbart, dann kann er sich darauf auch gegenüber Erst berufen.

806   § 406 betrifft die Frage, ob der Schuldner mit einer Gegenforderung, die ihm gegen den bisherigen Gläubiger zusteht, auch nach Abtretung der Hauptforderung durch den bisherigen Gläubiger und damit nach Wegfall der Gegenseitigkeit (vgl. o. RdNr. 193f.) gegenüber dem Zessionar aufrechnen kann. Hierbei sind verschiedene Fallvariationen zu unterscheiden:

(1) Im Zeitpunkt der Abtretung hat der Schuldner eine **fällige Gegenforderung** gegen den Zedenten, mit der er aufrechnen kann, und er erfährt überhaupt nichts von der Abtretung. In diesem Fall kann er gegenüber dem Zedenten aufrechnen, da die Aufrechnung ein gegenüber dem Zessionar nach § 407 Abs. 1 wirksames Rechtsgeschäft darstellt. Erlangt der Schuldner dagegen Kenntnis von der Abtretung, dann erhält § 406 ihm die Aufrechnungsmöglichkeit, und zwar hat er die Erklärung der Aufrechnung (§ 388 S. 1) gegenüber dem neuen Gläubiger abzugeben. Insoweit entspricht die Regelung des § 406 dem Rechtsgedanken des § 404; durch die Abtretung soll die Rechtsstellung des Schuldners nicht verschlechtert werden.

(2) Im Zeitpunkt der Abtretung steht dem Schuldner eine noch **nicht fällige Gegenforderung** gegen den Zedenten zu. In diesem Fall muß weiter unterschieden werden:

– Auch die abgetretene Forderung ist noch nicht fällig und wird nicht vor der Gegenforderung des Schuldners gegen den Zedenten fällig. In diesem Fall kann der Schuldner ab dem Zeitpunkt der Fälligkeit seiner Gegenforderung nach § 406 gegenüber dem Zessionar aufrechnen, auch wenn er vor der Fälligkeit von der Abtretung erfährt. Da der Schuldner damit rechnen konnte, daß er ab Fälligkeit (ohne die Abtretung) mit seiner Forderung gegen die (abgetretene) Hauptforderung hätte aufrechnen können, soll er in dieser Aussicht geschützt werden.

– Die Hauptforderung ist (oder wird vor der Gegenforderung) fällig. Im Zeitpunkt der Fälligkeit der Gegenforderung hat jedoch der Schuldner keine Kenntnis von der Abtretung. Auch in diesem Fall kann er aufrechnen, und zwar gegenüber dem Zessionar, wenn er nach der Fälligkeit der Gegenforderung von der Abtretung erfährt, oder gegenüber dem Zedenten, wenn er keine Kenntnis von der Abtretung erlangt (§ 407 Abs. 1).

VI. Übergang von Rechten und Pflichten auf Dritte

– Die Hauptforderung ist (oder wird vor der Gegenforderung) fällig und der Schuldner erlangt Kenntnis von der Abtretung vor Fälligkeit der Gegenforderung. In diesem Fall ist eine Aufrechnung ausgeschlossen. Im Unterschied zu den beiden vorher genannten Fallvarianten konnte der Schuldner nicht damit rechnen, daß er aufrechnen konnte, weil die Hauptforderung vor der Gegenforderung fällig wurde (anders als in der zuerst genannten Fallvariante), und bei Fälligkeit der Gegenforderung kannte er die fehlende Gegenseitigkeit (anders als in der zweiten Fallvariante).

(3) Der **Schuldner** erwirbt die **Gegenforderung** erst **nach** der **Abtretung** der Hauptforderung. Im Zeitpunkt des Forderungserwerbs hat er jedoch keine Kenntnis von der Zession. Ist die Gegenforderung im Zeitpunkt des Erwerbs durch den Schuldner fällig, dann kann er gegenüber dem Zessionar aufrechnen, wenn er später von der Abtretung erfährt (sonst § 407 Abs. 1); sein guter Glaube an die Aufrechnungslage wird also durch § 406 geschützt. Ist dagegen die Gegenforderung in diesem Zeitpunkt noch nicht fällig, dann gilt hinsichtlich der Aufrechnungsmöglichkeit das gleiche wie bei den verschiedenen unter (2) dargestellten Fallvarianten.

Die vorstehende Darstellung der verschiedenen von der Vorschrift des § 406 erfaßten Fallkonstellationen zeigt, daß durch diese Regelung zum einen bezweckt ist, eine Verschlechterung der Rechtsposition des Schuldners durch die Abtretung zu vermeiden, zum anderen aber auch das Vertrauen des Schuldners darauf geschützt werden soll, daß Gläubiger der gegen ihn bestehenden Forderung der Zedent ist. In § 406 sind also Rechtsgedanken des § 404 und des § 407 miteinander verbunden.

808

**Überblick
über die Möglichkeiten des Schuldners einer zedierten Forderung,
mit einer ihm gegen den Zedenten zustehenden Forderung
aufzurechnen:**

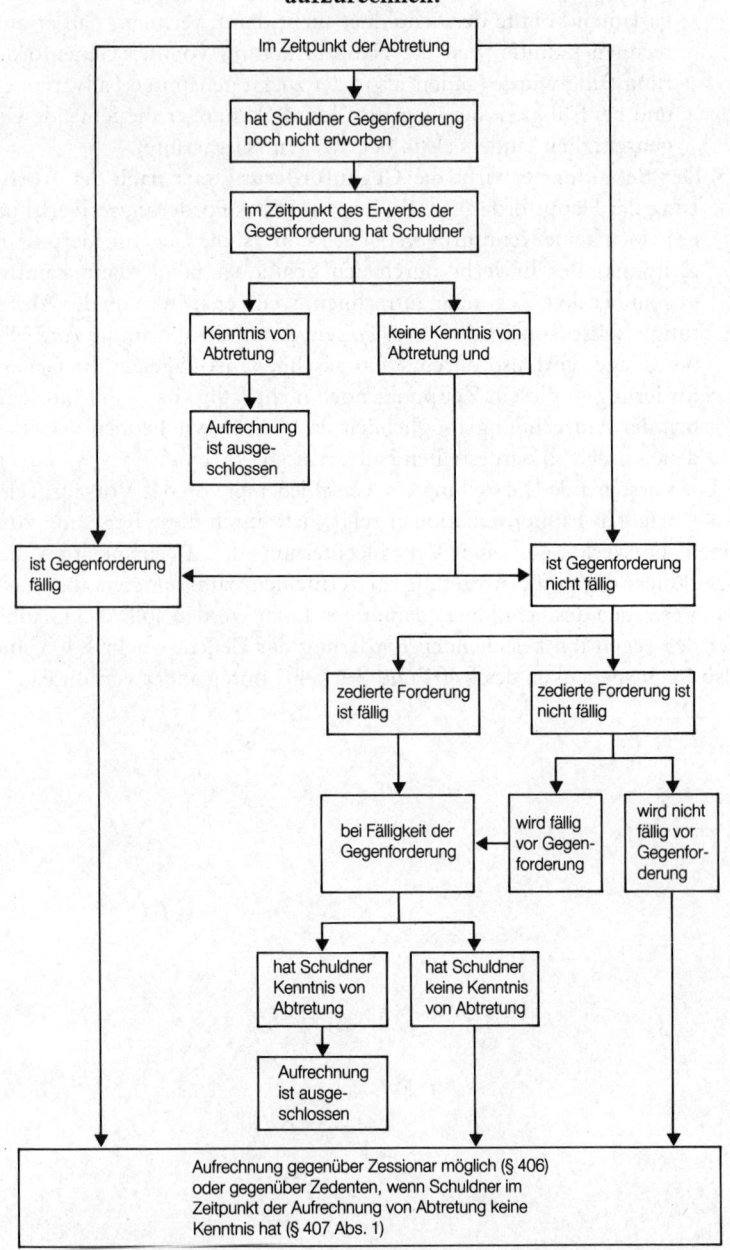

```
                        ┌─────────────────────────────┐
                        │ Im Zeitpunkt der Abtretung  │
                        └─────────────────────────────┘
                                      │
                        ┌─────────────────────────────┐
                        │ hat Schuldner Gegenforderung│
                        │ noch nicht erworben         │
                        └─────────────────────────────┘
                                      │
                        ┌─────────────────────────────┐
                        │ im Zeitpunkt des Erwerbs der│
                        │ Gegenforderung hat Schuldner│
                        └─────────────────────────────┘
                           │                      │
                  ┌────────────────┐     ┌────────────────┐
                  │ Kenntnis von   │     │ keine Kenntnis │
                  │ Abtretung      │     │ von Abtretung  │
                  │                │     │ und            │
                  └────────────────┘     └────────────────┘
                           │                      │
                  ┌────────────────┐              │
                  │ Aufrechnung    │              │
                  │ ist ausge-     │              │
                  │ schlossen      │              │
                  └────────────────┘              │
                                                  │
              ┌──────────────────┐     ┌──────────────────┐
              │ ist Gegenforderung│◄───│ ist Gegenforderung│
              │ fällig            │    │ nicht fällig      │
              └──────────────────┘     └──────────────────┘
                                                  │
                                  ┌───────────────┴──────────────┐
                                  ▼                              ▼
                        ┌──────────────────┐          ┌──────────────────┐
                        │ zedierte Forderung│          │ zedierte Forderung│
                        │ ist fällig        │          │ ist nicht fällig  │
                        └──────────────────┘          └──────────────────┘
                                  │                        │           │
                                  ▼                        ▼           ▼
                        ┌──────────────────┐     ┌──────────┐  ┌──────────┐
                        │ bei Fälligkeit der│◄───│wird fällig│  │wird nicht│
                        │ Gegenforderung    │    │vor Gegen- │  │fällig vor│
                        └──────────────────┘    │forderung  │  │Gegen-    │
                           │            │       └──────────┘  │forderung │
                  ┌─────────────┐ ┌─────────────┐              └──────────┘
                  │hat Schuldner│ │hat Schuldner│
                  │Kenntnis von │ │keine Kenntnis│
                  │Abtretung    │ │von Abtretung│
                  └─────────────┘ └─────────────┘
                        │
                  ┌─────────────┐
                  │ Aufrechnung │
                  │ ist ausge-  │
                  │ schlossen   │
                  └─────────────┘

        ┌─────────────────────────────────────────────────────────┐
        │ Aufrechnung gegenüber Zessionar möglich (§ 406)         │
        │ oder gegenüber Zedenten, wenn Schuldner im              │
        │ Zeitpunkt der Aufrechnung von Abtretung keine           │
        │ Kenntnis hat (§ 407 Abs. 1)                             │
        └─────────────────────────────────────────────────────────┘
```

Zeigt der **Zedent** dem Schuldner **an, daß er** seine **Forderung** gegen 809
ihn **abgetreten hat,** dann kann sich der Schuldner auf die Richtigkeit
dieser Anzeige verlassen; auch wenn die Abtretung in Wirklichkeit nicht
wirksam vorgenommen worden ist, kann der Schuldner sie als wirksam
behandeln und z. B. an den angeblichen (neuen) Gläubiger leisten (§ 409
Abs. 1 S. 1). Nach hM soll dies selbst dann gelten, wenn der Schuldner
die Unrichtigkeit der Anzeige kennt.[94] Begründet wird dieser weitgehende Schuldnerschutz mit der Erwägung, daß vermieden werden müßte, den Schuldner in die Lage zu bringen, in einem Rechtsstreit mit dem
angeblichen neuen Gläubiger die Unrichtigkeit der Anzeige beweisen zu
müssen. Die Abtretungsanzeige kann nur mit Zustimmung desjenigen
zurückgenommen werden, der als der neue Gläubiger in ihr bezeichnet
worden ist (§ 409 Abs. 2). Der Abtretungsanzeige steht es nach § 409
Abs. 1 S. 2 gleich, wenn der Gläubiger eine Urkunde über die Abtretung
demjenigen ausgestellt hat, der in der Urkunde als Zessionar bezeichnet
ist, und dieser dann die Urkunde dem Schuldner vorlegt. Zu berücksichtigen ist aber, daß sowohl die Abtretungsanzeige als auch die Abtretungsurkunde von dem Gläubiger der Forderung ausgestellt sein muß.
Hat der bisherige Gläubiger die Forderung wirksam an einen Dritten
abgetreten und zeigt er eine (unwirksame) Zweitabtretung dem Schuldner an, dann wird der Schuldner nach Maßgabe des § 408 Abs. 1, nicht
nach § 409 geschützt; in diesem Fall entfällt also der Schutz, wenn er die
Unrichtigkeit der Anzeige kennt. Schließlich gibt § 410 Abs. 1 dem
Schuldner das **Recht, die Leistung zu verweigern** und eine Kündigung
oder Mahnung des neuen Gläubigers zurückzuweisen, wenn dieser ihm
nicht eine vom bisherigen Gläubiger ausgestellte Abtretungsurkunde
vorlegt und sie Zug um Zug gegen die Leistung des Schuldners aushändigt. Diese Vorschrift gilt nur dann nicht, wenn der bisherige Gläubiger
dem Schuldner die Abtretung schriftlich angezeigt hat (§ 410 Abs. 2).

4. Sonderformen

Eine große wirtschaftliche Bedeutung hat die sog. **Sicherungsabtre-** 810
tung. Ihr Zweck besteht darin, den Zessionar durch die Abtretung der
Forderung wegen einer anderen, ihm gegen den Zedenten zustehenden
Forderung zu sichern, nicht ihn zum (endgültigen) Gläubiger der abge-

---

[94] So BGHZ 29, 76, 82; BGH BB 1956, 639; RGZ 126, 183, 185; *Larenz*, SchuldR I,
§ 34 IV (S. 593) m. weit. Nachw.; *Medicus*, SchuldR I, § 63 IV 4, S. 333 (mit der Einschränkung, daß dies nicht gelten solle, wenn der Schuldner Beweisschwierigkeiten
nicht zu fürchten habe); *MünchKomm/Roth*, § 409 RdNr. 9 (mit der Einschränkung,
daß hierfür eine mündliche Anzeige des Gläubigers nicht ausreiche); aA *Brox*, AS,
RdNr. 403.

tretenen Forderung zu machen. In der Zweckrichtung ist die Sicherungszession mit der Sicherungsübereignung (vgl. o. RdNr. 550f.) zu vergleichen. Wie dort sind die Rechte und Pflichten der Parteien und insbesondere die Frage, unter welchen Voraussetzungen der Sicherungsnehmer (= Zessionar) berechtigt sein soll, die ihm zur Sicherheit abgetretene Forderung zu verwerten, im Sicherungsvertrag zu regeln. Da sehr häufig der Sicherungsgeber (= Zedent) kein Interesse hat, die Sicherungszession zu offenbaren, wird dem Schuldner regelmäßig die Abtretung nicht mitgeteilt; man spricht dann von einer „stillen Zession".

811 Bei der **Inkassozession** wird die Forderung dem Zessionar abgetreten, damit dieser im Interesse und für Rechnung des Zedenten die Forderung einzieht und das Erlangte an den Zedenten abführt. Die Inkassozession dient also dem Zweck, den Zedenten der Mühe des Forderungseinzugs zu entheben; ihr liegt häufig ein entgeltlicher Geschäftsbesorgungsvertrag (§ 675) zugrunde.

> **Beispiel:** Der Arzt Dr. Albert vereinbart mit der ärztlichen Verrechnungsstelle Summa, daß diese sämtliche Forderungen aus den von ihm abgeschlossenen Behandlungsverträgen einzieht, und überträgt zu diesem Zweck alle künftigen Forderungen (vgl. o. RdNr. 797) aus Behandlungsverträgen auf Summa (zu den Unterschieden zum Factoring vgl. o. RdNr. 464).

812 Ein ähnlicher Zweck wie durch die Inkassozession kann durch die sog. **Einziehungsermächtigung** verfolgt werden. Bei ihr wird die Forderung nicht von dem Gläubiger an den Dritten abgetreten, sondern dieser nur ermächtigt, im eigenen Namen (nicht als Vertreter des Gläubigers) die Forderung einzuziehen. Die Zulässigkeit der Einziehungsermächtigung wird heute überwiegend bejaht. Die Frage nach ihrer Rechtsgrundlage ist umstritten.[95]

813 Für die Übertragung anderer Rechte als Forderungen gelten nach § 413 die §§ 398ff. entsprechend, „soweit nicht das Gesetz ein anderes vorschreibt". Da dies jedoch häufig der Fall ist (vgl. z. B. die Regeln für die Übertragung von Sachenrechten im Dritten Buch des BGB), ist der Anwendungsbereich des § 413 stark eingeschränkt. Einzelne Vorschriften über die Übertragung von Forderungen gelten nach § 412 auch für die Übertragung einer Forderung kraft Gesetzes. Insoweit kommt insbesondere erhebliche Bedeutung den Schuldnerschutzvorschriften zu.

> Der Übergang einer Forderung kraft Gesetzes, die sog. Legalzession (cessio legis), ist in zahlreichen Einzelfällen angeordnet, so z. B. bei der Gesamtschuld in § 426 Abs. 2 (vgl. o. RdNr. 697) und bei der Bürgschaft in § 774 (vgl. u. RdNr. 834).

---

[95] Vgl. *Larenz*, SchuldR I, § 34 Vc (S. 597ff.); *Fikentscher*, SchuldR, § 57 IV 8 (S. 368f.); *MünchKomm/Roth,* § 398 RdNr. 33.

VI. *Übergang von Rechten und Pflichten auf Dritte*

c) **Schuldübernahme**

1. *Begriff und Zustandekommen*

Durch die befreiende (privative) Schuldübernahme, die in den §§ 414 ff. geregelt ist, wird ein Schuldnerwechsel vollzogen; an die Stelle des bisherigen Schuldners (Altschuldners) tritt der Neuschuldner (Übernehmer). Die befreiende Schuldübernahme ist das Gegenstück zur Abtretung, bei der ein Gläubigerwechsel vorgenommen wird. Während es bei der Abtretung dem Schuldner regelmäßig (zu den Ausnahmen vgl. o. RdNr. 798) gleichgültig sein kann, wer sein Gläubiger ist, hat der Gläubiger ein besonderes Interesse an der Person des Schuldners, weil von seiner Bonität der Wert der Forderung abhängt. Deshalb ist für die **befreiende Schuldübernahme** die Mitwirkung des Gläubigers vorgesehen. Sie kann in **zwei Formen** geschehen.

814

– Der Gläubiger schließt mit dem Neuschuldner einen Schuldübernahmevertrag (§ 414). Dieser Vertrag weist einen doppelten Charakter auf: Der Übernehmer verpflichtet sich dadurch gegenüber dem Gläubiger, die Forderung des Gläubigers zu erfüllen; hierin liegt ein Verpflichtungsgeschäft. Zugleich entläßt der Gläubiger den Altschuldner aus der bisherigen Bindung und willigt darin ein, daß an dessen Stelle der Übernehmer tritt. Dies bewirkt einen Wechsel in der „Richtung" der Forderung und folglich eine Rechtsänderung, wenn auch die Forderung ihrem Inhalt nach nicht verändert wird, sondern dieselbe wie bisher bleibt (vgl. u. RdNr. 815). Da also der Gläubiger durch den „Richtungswechsel" eine Rechtsänderung vornimmt, verfügt er über eine Forderung (vgl. o. RdNr. 224),[96] und zwar zugleich zugunsten eines unmittelbar nicht beteiligten Dritten, des Altschuldners; es handelt sich deshalb insoweit um eine Verfügung zugunsten Dritter,[97] deren Zulässigkeit sonst sehr umstritten ist.[98] Der Schuldübernahmevertrag ist grundsätzlich formfrei; nur wenn der Inhalt der übernommenen Verpflichtung die Einhaltung einer Form verlangt (z. B. Verpflichtung zur Übereignung eines Grundstücks, vgl. § 313), gilt etwas anderes. Die Zustimmung des bisherigen Schuldners zum wirksamen Zustandekommen des Vertrages ist nicht erforderlich. Ob der Altschuldner jedoch berechtigt ist, in entsprechender Anwendung des § 333 die Schuldbefreiung zurückzuweisen, ist streitig.[99]
– Der Schuldübernahmevertrag wird zwischen Schuldner und Übernehmer geschlossen; zu seiner Wirksamkeit muß jedoch noch die Ge-

---

[96] *Larenz*, SchuldR I, § 35 Ia (S. 603 f.); *Esser/Schmidt*, SchuldR I, § 37 II 1 a (S. 614).
[97] *MünchKomm/Möschel*, § 414 RdNr. 2.
[98] Vgl. *MünchKomm/Gottwald*, § 328 RdNr. 104 ff.
[99] Vgl. *Fikentscher*, SchuldR, § 59 II 1 (S. 376) für entsprechende Anwendung des § 333; aA *MünchKomm/Möschel*, § 414 RdNr. 5.

nehmigung des Gläubigers hinzutreten (§ 415 Abs. 1 S. 1), denn zu der im Schuldübernahmevertrag liegenden Verfügung sind Altschuldner und Übernehmer nicht berechtigt, so daß diese Verfügung erst nach § 185 Abs. 2 S. 1 rückwirkend (§ 184 Abs. 1) wirksam wird, wenn der Gläubiger genehmigt.[100] Der Gläubiger kann erst genehmigen, wenn der Schuldner oder der Übernehmer dem Gläubiger die Schuldübernahme mitgeteilt hat (§ 415 Abs. 1 S. 2). Verweigert der Gläubiger die Genehmigung, dann gilt die Schuldübernahme als nicht erfolgt (§ 415 Abs. 2 S. 1); der Schuldnerwechsel ist damit endgültig gescheitert. Im Verhältnis zwischen Schuldner und Übernehmer ist aber dann nach § 415 Abs. 3 im Zweifel eine Erfüllungsübernahme gemäß § 329 anzunehmen (vgl. o. RdNr. 772); das gleiche gilt, solange der Gläubiger die Genehmigung nach § 415 Abs. 1 noch nicht erteilt hat. Sonderregeln für die Genehmigung gelten nach § 416 für die Übernahme einer Hypothekenschuld.

2. Rechtsstellung der Beteiligten

815   Die befreiende Schuldübernahme läßt – wie bereits ausgeführt – den Inhalt der Forderung des Gläubigers unverändert. Deshalb kann der Übernehmer dem Gläubiger die Einwendungen entgegensetzen, die „sich aus dem Rechtsverhältnisse zwischen dem Gläubiger und dem bisherigen Schuldner ergeben" (§ 417 Abs. 1 S. 1). Da jedoch bei der befreienden Schuldübernahme – anders als bei der Vertragsübernahme (dazu u. RdNr. 821 f.) – der bisherige Schuldner Vertragspartei bleibt, stehen ihm weiterhin die Gestaltungsrechte zu, die mit dieser Rechtsstellung verbunden sind, z. B. das Recht auf Rücktritt, auf Wandlung oder auf Anfechtung. Erst wenn der Altschuldner ein solches Gestaltungsrecht ausübt, wirkt die dann eintretende Rechtslage auch zugunsten des Übernehmers. Aus dem der Schuldübernahme zugrundeliegenden Rechtsverhältnis zwischen Altschuldner und Übernehmer kann sich jedoch ein Anspruch des Übernehmers gegen den Altschuldner auf Ausübung des Gestaltungsrechts ergeben.

816   Der Übernehmer kann sich gegenüber dem Gläubiger darauf berufen, daß der **Übernahmevertrag** z. B. wegen Sittenwidrigkeit (§ 138) **nichtig** ist. Streitig ist die Frage, ob bei einer Übernahme nach § 415 der Übernehmer wegen arglistiger Täuschung des Altschuldners anfechten kann, wenn der Gläubiger die Täuschung nicht kannte. Während der BGH dies bejaht,[101] lehnt die hM im Schrifttum diese Möglichkeit insbesondere deshalb ab, weil der Gläubiger durch die Schuldübernahme eine Rechtsposition erlangt hatte, die ihm nicht mehr wegen eines Grundes

---

[100] So die herrsch. Verfügungstheorie; gegen die sog. Angebots- oder Vertragstheorie; vgl. *Brox*, AS, RdNr. 414; *MünchKomm/Möschel*, § 415 RdNr. 1 f.
[101] BGHZ 31, 321 = NJW 1960, 621.

VI. Übergang von Rechten und Pflichten auf Dritte

aus den Rechtsbeziehungen zwischen Altschuldner und Übernehmer entzogen werden dürfte (Rechtsgedanke des § 417 Abs. 2).[102] Der **Übernahmevertrag** ist als Verfügungsgeschäft **abstrakt** (vgl. o. RdNr. 227); dementsprechend wird durch § 417 Abs. 2 klargestellt, daß aus dem der Schuldübernahme zugrundeliegenden Verpflichtungsgeschäft zwischen dem Übernehmer und dem Altgläubiger keine Einwendungen hergeleitet werden können. Nur wenn sich derselbe Fehler, der zur Nichtigkeit des Verpflichtungsgeschäfts führt, auch bei dem Übernahmevertrag auswirkt (sog. Fehleridentität; vgl. o. RdNr. 341), kann sich die Unwirksamkeit des Verfügungsgeschäfts ergeben. Ist die Schuldübernahme wirksam, dagegen das Grundverhältnis zwischen Altschuldner und Übernehmer nichtig, dann steht dem Übernehmer gegen den Altschuldner ein Anspruch wegen ungerechtfertigter Bereicherung zu.

Der Identität des Schuldinhalts bei der befreienden Schuldübernahme würde es entsprechen, daß **akzessorische Sicherungsrechte** (vgl. o. RdNr. 801) weiterbestehen blieben. Dagegen spricht jedoch, daß für den Sicherungsgeber der Person des Schuldners entscheidende Bedeutung zukommt. Der Fortbestand von Sicherungsrechten beim Schuldnerwechsel würde deshalb gegen schutzwürdige Interessen des Sicherungsgebers verstoßen. Diese Erwägungen erklären, weshalb in § 418 Abs. 1 der Fortfall der Sicherungsrechte bei der befreienden Schuldübernahme bestimmt ist. Nur wenn der Sicherungsgeber in die Schuldübernahme einwilligt, gilt etwas anderes (§ 418 Abs. 1 S. 3).

3. Abgrenzung zu anderen Rechtsinstituten

aa) Schuldbeitritt

Beim Schuldbeitritt, der auch Schuldmitübernahme, kumulative oder bestärkende Schuldübernahme genannt wird, tritt der Übernehmer als neuer Schuldner hinzu, ohne daß dadurch die Verpflichtung des bisherigen Schuldners aufgehoben wird. Auf diese Weise erhält der Gläubiger einen weiteren Schuldner, und es steht in seinem Belieben, an wen von beiden er sich halten will. Beide Schuldner, der bisherige und der neue, sind Gesamtschuldner (§ 421; vgl. dazu auch o. RdNr. 695). Der rechtsgeschäftlich begründete Schuldbeitritt ist im Gesetz nicht ausdrücklich geregelt; seine Zulässigkeit folgt aus dem Grundsatz der Vertragsfreiheit. Der Schuldbeitritt wird entweder durch Vertrag zwischen bisherigem Schuldner und Beitretendem oder durch Vertrag zwischen Gläubiger und Beitretendem herbeigeführt. Im ersten Fall bedarf der Vertrag – anders als bei der befreienden Schuldübernahme – nicht der Zustim-

---

[102] *Flume*, S. 547; zu anderen Begründungen vgl. *MünchKomm/Möschel*, § 417 RdNr. 12 ff.

mung des Gläubigers, denn es handelt sich dann um einen Vertrag zugunsten Dritter, durch den die Rechtsstellung des Gläubigers lediglich verbessert wird.

820 Den Fall eines gesetzlichen (gegenständlich beschränkbaren) Schuldbeitritts regelt § 419. Übernimmt jemand durch Vertrag das gesamte Vermögen eines anderen, so muß er dessen Gläubigern neben dem bisherigen Schuldner haften. Diese Regelung beruht auf der Erwägung, daß das Vermögen des Schuldners, auf das die Gläubiger bei Begründung der Schuld vertraut haben, ihnen als Zugriffsobjekt erhalten bleiben muß. Entsprechend dieser Zweckrichtung wird dem Vermögensübernehmer jedoch das Recht eingeräumt, die Haftung auf die übernommenen Gegenstände zu beschränken (vgl. § 419 Abs. 2, der auf die recht komplizierte, hier nicht näher zu erörternde Regelung der §§ 1990, 1991 verweist). Ob das gesamte Vermögen iSv. § 419 übernommen wird, muß durch einen Vergleich der Vermögenslage des Übertragenden vor und nach der Übertragung ermittelt werden. Dabei können beim Übertragenden verbleibende Vermögensgegenstände, deren Wert verhältnismäßig unbedeutend ist, nicht ins Gewicht fallen. Bereits durch die Übertragung eines Vermögensgegenstandes, beispielsweise eines Grundstücks, das im wesentlichen das Vermögen des Veräußerers darstellt, kann sein Vermögen übernommen werden. Ob § 419 auf Fälle einer Vermögensübernahme zu beschränken ist, die unentgeltlich oder nur gegen eine geringfügige Gegenleistung vollzogen wird, ist streitig. Die hM will nur dann eine Ausnahme von der Regelung des § 419 zulassen, wenn das Entgelt die gleiche Sicherheit und Befriedigungsmöglichkeit bietet wie das hingegebene Vermögen.[103] Streitig ist auch die Frage, ob der Erwerber wissen muß, daß er das gesamte Vermögen eines anderen übernimmt. Die hM bejaht dies beim Erwerb von Einzelgegenständen, die das Vermögen des Übertragenden darstellen, und verlangt zumindest positive Kenntnis von allen Umständen, aus denen sich dies ergibt.[104] Der maßgebende Zeitpunkt der Kenntnis ist der des dinglichen Übertragungsaktes, beim Erwerb eines Grundstücks der Zeitpunkt des Antrags auf Eintragung im Grundbuch, wenn die Auflassung (vgl. § 925) bereits vorgenommen worden ist (Rechtsgedanke des § 892 Abs. 2).[105]

bb) Vertragsübernahme

821 Bei der Vertragsübernahme wird eine Vertragspartei ausgewechselt; sie scheidet aus der Rechtsposition aus, die ihr nach dem Vertrag zukommt, und an ihre Stelle tritt ein Dritter. Der Dritte wird Vertragspar-

---

[103] *Tiedtke* Jura 1986, 67, 73; *Fikentscher*, SchuldR, § 59 IV (S. 378), kritisch *Medicus*, SchuldR I, § 70 II 3 (S. 372); vgl. auch *Köhler*, PdW-SchuldR I, Nr. 129 (S. 201 ff.), m. weit. Nachw.
[104] *MünchKomm/Möschel*, § 419 RdNr. 9.
[105] Vgl. BGHZ 55, 105 = NJW 1971, 505.

VI. Übergang von Rechten und Pflichten auf Dritte 439

tei und setzt das Vertragsverhältnis mit allen Rechten und Pflichten, die bisher der ausscheidenden Partei zugekommen sind, unverändert fort.

Im Gesetz sind verschiedene Fälle **geregelt,** in denen ein Dritter die Rechtsstellung einer Vertragspartei übernimmt:

– Wird ein vermietetes Grundstück nach der Überlassung an den Mieter von dem Vermieter an einen Dritten veräußert, so tritt der Erwerber an die Stelle des Vermieters in die sich während der Dauer seines Eigentums aus dem Mietverhältnis ergebenden Rechte und Verpflichtungen ein (§ 571 Abs. 1, der nach § 581 Abs. 2 entsprechend für die Pacht gilt). Allerdings ist die Freistellung des bisherigen Vermieters eingeschränkt (vgl. § 571 Abs. 2).

– Geht ein Betrieb oder ein Betriebsteil durch Rechtsgeschäft auf einen anderen Inhaber über, so tritt dieser in die Rechte und Pflichten aus den im Zeitpunkt des Übergangs bestehenden Arbeitsverhältnissen ein (§ 613a Abs. 1). Auch in diesem Fall haftet der bisherige Arbeitgeber nach Maßgabe des § 613a Abs. 2 weiter.

– Wird eine durch ein Pfand gesicherte Forderung übertragen, dann gehen nicht nur das Pfandrecht und die damit verbundenen Rechte auf den neuen Gläubiger über (§ 1250 Abs. 1, vgl. auch § 401; dazu o. RdNr. 801), sondern nach § 1251 Abs. 2 tritt der neue Gläubiger mit Erlangung des Besitzes an der Pfandsache „an Stelle des bisherigen Pfandgläubigers in die mit dem Pfandrechte verbundenen Verpflichtungen gegen den Verpfänder" ein (vgl. auch § 1251 Abs. 2 S. 2 und 3).

Die **rechtsgeschäftlich vereinbarte Vertragsübernahme** ist im BGB 822 nicht ausdrücklich erwähnt, sie ist aber zulässig (Beispiel: Aus einem Mietvertrag über eine Wohnung scheidet der bisherige Mieter aus; an seine Stelle tritt ein neuer Mieter). An der Vertragsübernahme müssen alle Beteiligten mitwirken; dies kann dadurch geschehen, daß die beiden bisherigen Vertragsparteien und der Übernehmer einen Übernahmevertrag schließen oder daß der Ausscheidende und der Übernehmende eine entsprechende Vereinbarung treffen und der andere (verbleibende) Vertragspartner dies genehmigt.[105a] Die Vertragsübernahme enthält eine Verfügung über das Schuldverhältnis als ganzes und muß von dem ihr zugrundeliegenden Kausalgeschäft unterschieden werden.[106]

Anhang: Bürgschaft

Die Bürgschaft, die in den §§ 765 ff. geregelt ist, soll im folgenden 823 eingehender dargestellt werden. Dies geschieht wegen ihrer rechtlichen Bedeutung, dagegen nicht im Hinblick auf Abgrenzungsschwierigkeiten zur befreienden Schuldübernahme, die kaum auftreten dürften; anders

---

[105a] Vgl. BGH JZ 1985, 1093, 1094, m. zust. Anm. v. Nörr.
[106] Vgl. *Larenz,* SchuldR I, § 35 III (S. 618).

kann es allerdings in der Unterscheidung zum Schuldbeitritt sein (vgl. u. RdNr. 839).

a) Bürgschaftsvertrag

824 Die Bürgschaft ist ein Vertrag, durch den sich der Bürge gegenüber dem Gläubiger eines Dritten verpflichtet, für die Erfüllung der Verbindlichkeit des Dritten einzustehen (§ 765 Abs. 1). Sie dient dazu, die Forderung des Gläubigers gegen den Dritten zu sichern, und wird regelmäßig übernommen, um den Gläubiger zu bewegen, dem Dritten Kredit zu gewähren.

> **Beispiel:** Fleißig will einen Handwerksbetrieb eröffnen und benötigt dafür Geld. Die B-Bank ist bereit, ihm ein Darlehen zu gewähren, verlangt dafür aber Sicherheiten. Da Fleißig keine Wertgegenstände hat, um sie zu verpfänden oder zur Sicherheit zu übereignen, erklärt sich die B-Bank damit einverstanden, daß das Darlehen durch eine Bürgschaft gesichert wird. Fleißig bittet seinen Schwiegervater Reich, für ihn zu bürgen. Reich willigt ein und schließt mit der B-Bank einen entsprechenden Bürgschaftsvertrag.

825 Bei der Bürgschaft muß zwischen folgenden **Rechtsbeziehungen,** die **zwischen** den **Beteiligten** bestehen, unterschieden werden:
– Das Rechtsverhältnis zwischen Gläubiger und Bürgen wird durch den Bürgschaftsvertrag bestimmt; in ihm verpflichtet sich der Bürge, für die Erfüllung der Schuld des Dritten (Hauptschuldner genannt) einzustehen.
– Aus dem Rechtsverhältnis zwischen Gläubiger und Hauptschuldner ergibt sich die Verbindlichkeit, für deren Erfüllung der Bürge einzustehen verspricht (sog. Hauptverbindlichkeit).

> Im Beispielsfall ist dies der Darlehensvertrag zwischen der B-Bank und Fleißig.

– Das Rechtsverhältnis zwischen Bürgen und Hauptschuldner, das meist in einem (unentgeltlichen) Auftrag (wie im Beispielsfall) oder in einer (entgeltlichen) Geschäftsbesorgung besteht. Die Gültigkeit der Bürgschaft ist nicht von einer wirksamen Vereinbarung zwischen Bürgen und Hauptschuldner abhängig; vielmehr kann die Bürgschaft auch ohne Wissen und Wollen des Hauptschuldners vom Bürgen übernommen werden.

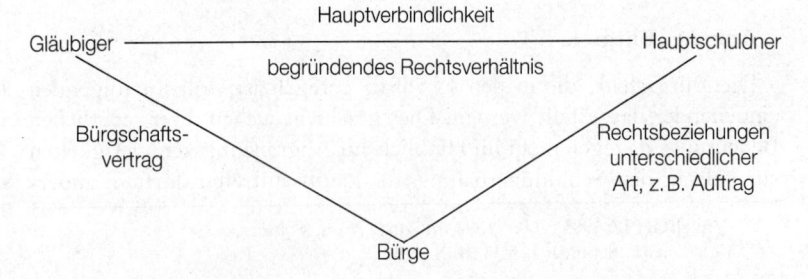

```
                    Hauptverbindlichkeit
Gläubiger ─────────────────────────────────── Hauptschuldner
                begründendes Rechtsverhältnis

   Bürgschafts-                              Rechtsbeziehungen
   vertrag                                   unterschiedlicher
                                             Art, z. B. Auftrag
                          Bürge
```

VI. Übergang von Rechten und Pflichten auf Dritte

Eine Bürgschaft kann für jede vermögensrechtliche Verbindlichkeit 826 vereinbart werden, also auch für solche, die unvertretbare und höchstpersönliche Leistungen zum Inhalt haben. In diesem Fall haftet der Bürge auf das Erfüllungsinteresse des Gläubigers (vgl. o. RdNr. 311). In der Praxis kommen jedoch fast ausschließlich Bürgschaften für Geldforderungen vor.

Die **Bürgschaftserklärung** – die Erklärung des Bürgen, den Bürg- 827 schaftsvertrag mit einem bestimmten Inhalt schließen zu wollen, nicht auch die Annahme dieser Erklärung durch den Gläubiger – bedarf nach § 766 S. 1 der Schriftform. Alle für die Bürgschaft wesentlichen Punkte müssen von der Bürgschaftserklärung umfaßt sein. Zweck der Formvorschrift ist es, dem Bürgen die Bedeutung und Gefährlichkeit seiner Erklärung bewußt zu machen (Warnfunktion; vgl. o. RdNr. 41). Eine nicht formgerechte Bürgschaftserklärung ist nichtig (§ 125 S. 1); jedoch wird der Formmangel geheilt, wenn der Bürge erfüllt (§ 766 S. 2). Ist der Bürge Vollkaufmann, also ein Kaufmann, dessen Geschäftsbetrieb nach Art und Umfang einen in kaufmännischer Weise eingerichteten Geschäftsbetrieb erfordert (vgl. §§ 1 ff. HGB), und gehört die Bürgschaft zum Betriebe seines Handelsgewerbes, dann ist die im Formerfordernis liegende Warnung überflüssig; dementsprechend bestimmen §§ 350, 351 HGB, daß eine solche Bürgschaftserklärung nicht der Form des § 766 S. 1 bedarf.

b) Bürgenverpflichtung und Hauptverbindlichkeit

Die Verpflichtung des Bürgen ist von der Hauptverbindlichkeit ab- 828 hängig; die **Bürgschaft ist akzessorisch** (vgl. o RdNr. 801). Maßgebend ist der jeweilige Bestand der Hauptverbindlichkeit (vgl. § 767 Abs. 1 S. 1). Erlischt die Hauptschuld, erlischt auch die Bürgenverpflichtung, mindert sich die Hauptverbindlichkeit, z. B. infolge teilweiser Erfüllung, dann mindert sich auch die Bürgenschuld entsprechend. Umgekehrt kann sich die Bürgenverpflichtung auch erweitern, da sie sich auch auf sekundäre Leistungspflichten (vgl. o. RdNr. 142) erstreckt (vgl. § 767 Abs. 1 S. 2).

Beispiel: Kunz ist aus einem Kaufvertrag mit Volz zur Zahlung eines Kaufpreises verpflichtet; Bürger hat dafür die Bürgschaft übernommen. Da Kunz nicht rechtzeitig zahlt, entsteht Volz ein Schaden, dessen Ersatz Volz von Kunz nach § 286 Abs. 1 fordert. Bürger muß auch für die Erfüllung dieses Schadensersatzanspruchs einstehen.

Will sich der Bürge vor derartigen für ihn im voraus nicht abschätzbaren Erweiterungen seiner Verpflichtungen schützen, muß er die dispositive Regelung des § 767 Abs. 1 S. 2 abbedingen und seine Bürgenschuld der Höhe nach begrenzen (sog. Höchstbetragsbürgschaft).

Erlischt die **Hauptverbindlichkeit** infolge einer Anfechtung, die zur 829 Nichtigkeit des der Hauptverbindlichkeit zugrundeliegenden Rechtsverhältnisses führt, dann fällt auch die Bürgenverpflichtung fort, wenn der Bürge nicht die Haftung für die dann dem Gläubiger zustehenden Herausgabe-, Bereicherungs- oder Schadensersatzansprüche übernommen hat; dies ist durch Auslegung des Bürgschaftsvertrages zu ermitteln.[107] Bezieht sich die Bürgschaft auf eine künftige oder bedingte Verbindlichkeit (§ 765 Abs. 2), dann ist sie solange schwebend unwirksam, bis die Hauptverbindlichkeit entstanden ist. Kann die Hauptverbindlichkeit nicht mehr entstehen, dann wird die Bürgschaft endgültig unwirksam. Anders als bei einer Erweiterung der Hauptschuld, die auf gesetzlichen Regelungen beruht (vgl. o. RdNr. 828), können Gläubiger und Hauptschuldner nicht über den Kopf des Bürgen hinweg eine Erweiterung der Hauptverbindlichkeit vereinbaren (§ 767 Abs. 1 S. 3). Erklärt der Bürge zu einer **rechtsgeschäftlichen Erweiterung** der Hauptschuld sein Einverständnis, so muß dies in der Form des § 766 S. 1 geschehen. Ein **Gläubigerwechsel** berührt den Bestand der Bürgschaft nicht. Wird die gesicherte Forderung abgetreten, dann geht auch die Forderung gegen den Bürgen auf den neuen Gläubiger über (§ 401 Abs. 1; vgl. o. RdNr. 801). Tritt infolge einer befreienden Schuldübernahme an die Stelle des bisherigen Hauptschuldners ein anderer, dann erlischt die Bürgschaft (§ 418 Abs. 1; vgl. o. RdNr. 818).

c) Rechte des Bürgen

1. Einreden

830 Da sich die Verpflichtung des Bürgen nach der Hauptverbindlichkeit richtet, müssen ihm Einreden, die dem Hauptschuldner gegenüber dem Gläubiger zustehen, zugute kommen. Der Bürge ist jedoch nicht darauf angewiesen, daß der Hautpschuldner diese Einreden erhebt, er kann vielmehr nach § 768 Abs. 1 S. 1 selbst Einreden des Hauptschuldners geltend machen. Ist also z. B. die Hauptverbindlichkeit verjährt, kann der in Anspruch genommene Bürge die Leistung verweigern (§ 222 Abs. 1); § 223 Abs. 1, der dem Gläubiger trotz Verjährung des Anspruchs den Zugriff auf eine Hypothek oder ein Pfandrecht, das zur Sicherung der Forderung bestellt worden ist, offenhält, ist nach ganz hM auf die Bürgschaft nicht (entsprechend) anzuwenden. Weitere Einreden aus dem Rechtsverhältnis zwischen Hauptschuldner und Gläubiger, die vom Bürgen erhoben werden können, sind z. B. die des Zurückbehaltungsrechts nach § 273, des nichterfüllten Vertrages nach § 320 oder der ungerechtfertigten Bereicherung nach § 821. Selbst wenn der Hauptschuldner auf die Einrede verzichtet hat, nimmt dies dem Bürgen nicht das Recht, sich auf die Einrede zu berufen (§ 768 Abs. 2).

---

[107] Vgl. dazu OLG Frankfurt NJW 1980, 2201 = JuS 1981, 224.

VI. Übergang von Rechten und Pflichten auf Dritte 443

Aus dem Sinn der Bürgschaft, den Gläubiger im Falle der Leistungsunfähigkeit des Schuldners vor einem Ausfall zu sichern, folgt, daß sich der Bürge im Falle des Todes des Hauptschuldners nicht darauf berufen kann, daß der Erbe für die Verbindlichkeit nur beschränkt haftet (§ 768 Abs. 1 S. 2); auf Einzelheiten der Haftungsbeschränkung des Erben ist hier nicht einzugehen, es genügt der Hinweis, daß sich aus dieser Haftungsbeschränkung Nachteile für den Gläubiger nur ergeben können, wenn der Nachlaß zur Befriedigung aller Gläubiger nicht ausreicht, und daß dann der Bürge einstehen muß.

Die **Ausübung von Gestaltungsrechten,** die – wie die Anfechtung – zur Aufhebung der Hauptverbindlichkeit führen, muß dem Hauptschuldner vorbehalten bleiben. § 770 gibt jedoch dem Bürgen das Recht, die Befriedigung des Gläubigers so lange zu verweigern, als dem Hauptschuldner das Recht zur Anfechtung zusteht oder sich der Gläubiger durch Aufrechnung gegen eine fällige Forderung des Hauptschuldners befriedigen kann. Streitig ist die Frage, ob § 770 Abs. 1 auf andere Gestaltungsrechte des Hauptschuldners, wie z. B. das Recht auf Rücktritt, entsprechend anzuwenden ist; die hM bejaht dies.[108] Ebenso besteht Streit darüber, ob entgegen dem Wortlaut des § 770 Abs. 2 diese Vorschrift auch (entsprechend) anwendbar ist, wenn nur der Schuldner zur Aufrechnung befugt ist.[109] 831

Die Bürgschaft soll – wie bereits wiederholt dargelegt – den Gläubiger vor einem Ausfall mit seiner Forderung wegen Zahlungsunfähigkeit des Hauptschuldners schützen. Dieser Zweckrichtung entspricht es, den Gläubiger, dem ein Pfandrecht oder ein Zurückbehaltungsrecht an einer beweglichen Sache des Hauptschuldners zusteht, zu verpflichten, zunächst aus dieser Sache Befriedung zu suchen (§ 772 Abs. 2). Aus gleicher Erwägung ist nach § 771 dem Bürgen das Recht eingeräumt, die Befriedigung des Gläubigers zu verweigern, solange nicht der Gläubiger eine Zwangsvollstreckung gegen den Hauptschuldner (vgl. § 772 Abs. 1) ohne Erfolg versucht hat (**Einrede der Vorausklage;** diese Bezeichnung erklärt sich dadurch, daß regelmäßig erst durch Klage gegen den Schuldner die Voraussetzung für eine Zwangsvollstreckung geschaffen werden muß). Die Einrede der Vorausklage ist in den in § 773 Abs. 1 genannten Fällen ausgeschlossen. In der Praxis spielt insbesondere der Verzicht auf diese Einrede (§ 773 Abs. 1 Nr. 1) eine große Rolle (sog. **selbstschuldnerische Bürgschaft**). Die Einrede der Vorausklage steht dem Bürgen nach §§ 349, 351 HGB nicht zu, wenn er Vollkaufmann ist (vgl. o. RdNr. 827) und für ihn die Bürgschaft ein Handelsgeschäft darstellt. 832

---

[108] *Larenz,* SchuldR II, § 64 I (S. 474); aA *MünchKomm/Pecher,* § 770 RdNr. 5, jeweils m. weit. Nachw.
[109] Dafür *Larenz,* aaO; dagegen *MünchKomm/Pecher,* § 770 RdNr. 9, jeweils m. weit. Nachw.

833 Es ist selbstverständlich, daß der Bürge alle **Einwendungen** und Einreden dem Gläubiger entgegenhalten kann, die sich **aus dem Bürgschaftsvertrag** ergeben. Ist der Bürge vom Hauptschuldner über dessen Vermögensverhältnisse getäuscht worden, dann gibt ihm dies jedoch nur dann das Recht, seine Bürgschaftserklärung anzufechten, wenn der Gläubiger die Täuschung kannte oder kennen mußte (§ 123 Abs. 2; vgl. o. RdNr. 331 f.). Ein Irrtum über die Kreditwürdigkeit des Hauptschuldners berechtigt den Bürgen nicht zur Anfechtung nach § 119 Abs. 2, denn die Zahlungsunfähigkeit des Schuldners stellt das typische Risiko dar, das durch die Bürgschaft übernommen wird.[110]

2. Rückgriff und Befreiungsanspruch

834 Leistet der Bürge entsprechend seiner Bürgenverpflichtung an den Gläubiger, dann geht nach § 774 Abs. 1 die Forderung des Gläubigers gegen den Hauptschuldner auf den Bürgen über. Es handelt sich um eine Legalzession, auf die nach § 412 die Vorschriften über die rechtsgeschäftliche Forderungsabtretung weitgehend Anwendung finden (vgl. o. RdNr. 813); bedeutsam ist diese Regelung insbesondere für den Übergang von Sicherungsrechten (§ 401) und für den Schuldnerschutz (§ 404). Ist die kraft Gesetzes auf den Bürgen übergegangene Forderung inzwischen verjährt, kann dies der Hauptschuldner dem Bürgen entgegenhalten. Jedoch kann dem Bürgen in einem solchen Fall ein weiterer Rückgriffsanspruch helfen, der sich aus dem Rechtsverhältnis zum Hauptschuldner ergibt. Handelt es sich bei diesem Rechtsverhältnis um einen Auftrag oder um einen Geschäftsbesorgungsvertrag (vgl. o. RdNr. 825), dann kann der Bürge vom Hauptschuldner nach § 670 Ersatz seiner Aufwendungen fordern, die er den Umständen nach für erforderlich halten durfte. Konnte der Bürge die gegen die Hauptverbindlichkeit bestehende Einrede nicht kennen, dann ist diese Voraussetzung erfüllt (vgl. o. RdNr. 582) und der Schuldner ist verpflichtet, den vom Bürgen gezahlten Betrag zu erstatten.

835 Haben sich für dieselbe Hauptverbindlichkeit mehrere Bürgen verbürgt (sog. **Mitbürgschaft**) – dies kann gemeinschaftlich z. B. in einem Vertrag, aber auch unabhängig und ohne Wissen voneinander geschehen –, dann haften sie als Gesamtschuldner (§ 769). Dies bedeutet im Verhältnis zum Gläubiger, daß es ihm überlassen bleibt, welchen Bürgen er für den gesamten Betrag in Anspruch nehmen will (§ 421). Zahlt ein Mitbürge, dann geht nach § 774 Abs. 1 S. 1 die Hauptforderung einschließlich der Rechte aus der (Mit-)Bürgschaft (§§ 412, 401) auf ihn über. Jedoch sind die Mitbürgen im Innenverhältnis nur zu gleichen Anteilen ausgleichspflichtig, soweit nicht zwischen ihnen etwas anderes

---

[110] *MünchKomm/Pecher*, § 765 RdNr. 18, m. Nachw.

VI. Übergang von Rechten und Pflichten auf Dritte

vereinbart worden ist (§ 426 Abs. 1, auf den § 774 Abs. 2 ausdrücklich verweist).

Recht streitig ist die Frage, welcher **Ausgleichsanspruch** besteht, wenn die auf den (zahlenden) Bürgen übergehende Forderung **durch Pfandrechte oder Hypotheken gesichert** ist.

836

Beispiel: Bürger hat sich für eine Kaufpreisforderung des Volz gegen Kunz in Höhe von 10000,- DM verbürgt und Pfänder hat dafür ein wertvolles Ölgemälde verpfändet. Als Kunz nicht fristgerecht die Kaufpreisforderung begleicht, verlangt Volz von Bürger Zahlung. Dieser erfüllt die Forderung und läßt sich das Ölgemälde übergeben. Er fordert nunmehr Pfänder auf, 10000,- DM an ihn zu zahlen, und erklärt, daß er andernfalls auf das Pfand zurückgreifen werde. Pfänder meint, er sei nur zur Zahlung von 5000,- DM verpflichtet.

Eine eindeutige Regelung im Gesetz fehlt. Die gesetzlichen Vorschriften – jeweils für das entsprechende Sicherungsrecht isoliert betrachtet – führen dazu, daß derjenige Sicherungsgeber, der als erster zahlt, Rückgriff – und zwar in vollem Umfang – bei den anderen Sicherungsgebern nehmen kann; denn eine mit § 774 Abs. 1 übereinstimmende Regelung findet sich auch für Hypotheken (§ 1143 Abs. 1) und für Pfandrechte (§ 1225). Bei einer solchen zu einem „Wettlauf der Sicherungsgeber" führenden Lösung kann aber nicht stehengeblieben werden. Ebensowenig vermag der Vorschlag zu befriedigen, in solchen Fällen jeden Ausgleichsanspruch zu verneinen. In der Diskussion dieses Problems werden überwiegend zwei Auffassungen vertreten:

– Der Bürge könne einen vollen Ausgleich von anderen Sicherungsgebern fordern. Denn daß der Bürge eine bevorzugte Stellung beanspruchen könne, zeige die Vorschrift des § 776. Danach erlösche die Bürgschaft, wenn der Gläubiger ein anderes Sicherungsrecht aufgebe; umgekehrt gelte dies jedoch nicht, denn eine entsprechende Bestimmung fehle im Hypotheken- und Pfandrecht.

– Die verschiedenen Sicherungsrechte seien gleichwertig, wie sich daraus ergebe, daß in den §§ 1143, 1225 gleichermaßen auf § 774 verwiesen und damit auch ein Regreßanspruch miteinbezogen werde. Deshalb sei die für Mitbürgen geltende Regelung entsprechend anzuwenden und nach §§ 774 Abs. 2, 426 Abs. 1 analog (vorbehaltlich einer abweichenden Absprache) ein Ausgleich zwischen den verschiedenen Sicherungsgebern vorzunehmen, der zu einer gleichmäßigen Belastung aller führe.

In diesem Meinungsstreit[111] kann keine Auffassung für sich in Anspruch nehmen, eine völlig überzeugende Lösung anzubieten. Vom Ergebnis her verdient die zweite Auffassung, die zu einer anteiligen Belastung der Sicherungsgeber führt, den Vorzug. Zu berücksichtigen ist, daß sich die Streitfrage nicht stellt, wenn der Schuldner selbst die zusätz-

837

---

[111] Vgl. *Larenz*, SchuldR II, § 64 III (S. 480), der die zuerst dargestellte Auffassung vertritt; *Medicus*, BR, RdNr. 939 ff., der sich für die Gegenansicht ausspricht.

liche Sicherung neben der Bürgschaft gewährt hat. Verpfändet also der Schuldner zur Sicherung der Forderung, für die sich ein Dritter verbürgt hat, eine ihm gehörige Sache, dann ist es nicht zweifelhaft, daß der Bürge, wenn er den Gläubiger befriedigt (vgl. aber § 772 Abs. 2), die Forderung nebst der Sicherung erwirbt und hieraus Befriedigung suchen kann.

838 Nach § 775 hat der Bürge unter den in dieser Vorschrift genannten Voraussetzungen einen **Anspruch** gegen den Hauptschuldner **auf Befreiung** von der Bürgschaft. Ist die Hauptverbindlichkeit noch nicht fällig, dann kann der Hauptschuldner dem Bürgen statt der Befreiung Sicherheit leisten (§ 775 Abs. 2). In der Praxis werden sich diese Ansprüche wegen der Vermögensverhältnisse des Hauptschuldners häufig nicht durchsetzen lassen.

d) Abgrenzung zu anderen Rechtsinstituten

839 Der Frage, ob es sich im Einzelfall um eine Bürgschaft oder um ein anderes Rechtsinstitut handelt, z. B. um einen Schuldbeitritt (vgl. o. RdNr. 819) oder um einen Garantievertrag (vgl. o. RdNr. 376), kommt deshalb besondere praktische Bedeutung zu, weil nach hM[112] nur die Bürgschaftserklärung formbedürftig ist.

Dies ist allerdings nicht unstreitig. Nach anderer Auffassung[113] soll aus §§ 766 S. 1, 780, 781 (iVm. § 518 Abs. 1) der Rechtssatz abgeleitet werden, daß bei einseitig verpflichtenden Verträgen die Willenserklärung des Schuldners der Schriftform bedürfe. Da der Garantievertrag wie auch andere eine Mithaftung begründende Verträge regelmäßig einseitig verpflichtende Verträge darstellen, gilt nach dieser Auffassung für sie das Erfordernis der Schriftform. Nur wenn zugleich auch durch den Vertrag eine Verpflichtung des Vertragspartners begründet wird, sollen die Erklärungen formfrei wirksam sein.

In der theoretischen Betrachtung bereitet die Unterscheidung zwischen der Bürgschaft und anderen in Betracht zu ziehenden Verträgen meist keine Schwierigkeit. Der Bürge verpflichtet sich, für eine fremde Schuld einzustehen, und seine Verpflichtung richtet sich nach dem jeweiligen Bestand der Hauptverbindlichkeit. Dagegen übernimmt beim Schuldbeitritt der Beitretende eine eigene Verpflichtung, die selbständig neben die des Schuldners tritt. Auch die Erfolgshaftung, die durch den Garantievertrag übernommen wird und die sich darauf beziehen kann, daß eine geschuldete Leistung vom Schuldner erbracht wird, stellt eine

---

[112] *Medicus* SchuldR II § 113 II 2c, d (S. 227f.); *MünchKomm/Pecher* vor § 765 RdNr. 2, 4; *Köhler* PdW-SchuldR II Nr. 119f. (S. 152f.).

[113] *Rimmelspacher*, Kreditsicherungsrecht (Juristischer Studienkurs), 2. Aufl. 1987, RdNr. 95 ff.

selbständige Verpflichtung des Garanten dar, die anders als die Bürgschaft nicht akzessorisch ist. Ob nun im Einzelfall eine Bürgschaft, ein Schuldbeitritt oder ein Garantievertrag gewollt ist, muß im Zweifel durch Auslegung der entsprechenden Erklärung ermittelt werden. Dabei können die von den Parteien gewählten Begriffe nicht allein maßgebend sein. Häufig wird im allgemeinen Sprachgebrauch von „garantieren" oder „verbürgen" gesprochen, wenn rechtlich etwas anderes gewollt ist. Für die Annahme eines (formfrei gültigen) Schuldbeitritts oder Garantievertrags müssen sich überzeugende Gründe anführen lassen; es geht nicht an, ohne weiteres eine formnichtige Bürgschaftserklärung in ein Garantieversprechen oder einen Schuldbeitritt umzudeuten. Die hM verlangt für den Schuldbeitritt und für den Garantievertrag ein eigenes unmittelbares wirtschaftliches Interesse an der Erfüllung der Schuld;[114] ein bloß persönliches Interesse (z. B. aus Freundschaft) wird nicht für ausreichend angesehen. Allerdings ist nicht zu verkennen, daß ein solches wirtschaftliches Interesse auch bei einem Bürgen vorhanden sein kann.[115] Lassen sich bestehende Zweifel nicht klären, dann ist zum Schutz des Betroffenen von einer formungültigen Bürgschaftserklärung und nicht von einem Schuldbeitritt oder einem Garantieversprechen auszugehen.

5. Übungsklausur

Baustoffhändler Dringlich (D) hat eine Forderung von 5000,- DM gegen den Maurermeister Nötig (N). Als Nötig einige Tage verreist ist, wendet sich Dringlich an dessen Ehefrau und verlangt nachdrücklich unter Androhung gerichtlicher Schritte sofortige Zahlung. Da sich Frau Nötig nicht anders zu helfen weiß, bietet sie eine Werklohnforderung in Höhe von 7000,- DM, die Nötig gegen Häusler (H) hat, Reich (R) für 6000,- DM an; dabei erklärt sie wahrheitswidrig, ihr Ehemann habe sie geschickt. Reich ist einverstanden und zahlt die verlangte Summe. Frau Nötig gibt davon 5000,- DM dem Dringlich, den Rest verbraucht sie für sich. Als Nötig nach seiner Rückkehr von den Vorgängen unterrichtet wird, billigt er das Verhalten seiner Ehefrau. Kurze Zeit danach erscheint Häusler bei Nötig, den er nach wie vor für seinen Gläubiger hält, um den Werklohn zu zahlen. Nötig, der sich in erheblichen finanziellen Schwierigkeiten befindet, nimmt das Geld. Er zahlt davon die dringendsten

---

[114] BGH NJW 1981, 47; 1986, 580; *Köhler* aaO (Fn. 112); vgl. auch OLG Hamm NJW 1988, 3022 = JuS 1989, 230.
[115] Vgl. *MünchKomm/Pecher,* vor § 765 RdNr. 17 ff., m. weit. Nachw.

Schulden; mit dem Rest in Höhe von 300,– DM macht er sich einen „fröhlichen Abend" in verschiedenen Lokalen, um wenigstens für einige Stunden seine finanziellen Sorgen zu vergessen. Als Reich von Häusler Zahlung der 7000,– DM unter Vorlage einer schriftlichen Abtretungserklärung fordert, die Frau Nötig im Namen ihres Mannes ausgestellt hatte, weigert sich Häusler, nochmals zu zahlen, und erklärt, Reich solle sich gefälligst mit Nötig auseinandersetzen, für ihn – Häusler – sei die Angelegenheit erledigt.
Wie ist die Rechtslage?

Bearbeitungszeit: höchstens 120 Minuten

Fälle und Fragen

221. Was versteht man unter gesetzlicher, was unter gewillkürter Stellvertretung?
222. Von welchen Voraussetzungen ist eine wirksame Stellvertretung abhängig?
223. Was bedeutet aktive, was passive Stellvertretung?
224. Was unterscheidet den Stellvertreter vom Boten?
225. Frau Nett fragt ihre Nachbarin, Frau Hübsch, ob sie ihr beim Einkaufen etwas besorgen solle. Frau Hübsch bittet daraufhin Frau Nett, ihr aus dem Kaufhaus Hülle & Fülle einen bestimmten Fön mitzubringen, den sie dort gesehen habe, und gibt ihr einen Geldbetrag in Höhe des Kaufpreises. Frau Nett kauft den Fön und gibt ihn dann ihrer Nachbarin. Wer ist Käufer des Föns und wie erwirbt Frau Hübsch Eigentum daran?
226. Grimm und Gram verehren beide das Fräulein Hübsch. Grimm weiß, daß die Hübsch eine besondere Abneigung gegen Lilien hat. Um seinem Rivalen Gram zu schaden, bestellt er telefonisch unter dessen Namen beim Blumenladen Flora 50 Lilien und läßt sie der Hübsch bringen. Durch Zufall wird festgestellt, daß Grimm die Bestellung aufgegeben hat. Flora verlangt Bezahlung der Blumen von Grimm. Mit Recht?
227. Arnold, der erhebliche Geldsorgen hat, will möglichst rasch ein ihm gehörendes Baugrundstück verkaufen. Er ruft deshalb den Makler Max an und bittet ihn, den Kauf zu vermitteln. Damit es schneller geht, bevollmächtigt er Max, den Kaufvertrag zu schließen. Nachdem Max im Namen des Arnold einen notariellen Kaufvertrag mit Bertold über das Grundstück geschlossen hat, bereut Arnold den Verkauf. Er fragt, ob er durch den Vertrag gebunden sei.
228. Erläutern Sie bitte die Begriffe „Innenvollmacht", „Außenvollmacht", „Spezialvollmacht", „Gattungsvollmacht", „Gesamtvollmacht" und „Generalvollmacht"!
229. Der Kunstliebhaber Reich bittet den Kunstsachverständigen Kundig, für ihn ein gutes Gemälde der Münchener Schule zu erwerben. Als Kundig darauf erwidert, er könne nicht versprechen, daß er diesen Auftrag selbst ausführen könne, meint Reich, Kundig könne auch durchaus dafür „eine Person seines Vertrauens" einsetzen. Daraufhin bittet Kundig Weiß, ein Bild für Reich zu suchen und es für diesen zu erwerben. Weiß kauft im Namen des Reich ein Gemälde von Volz.

Fälle und Fragen

Nunmehr stellt sich heraus, daß Reich wegen Geisteskrankheit entmündigt ist, was Kundig, Weiß und Volz nicht wußten. Volz fragt, an wen er sich wegen der Zahlung des Kaufpreises halten könnte, wenn der Vormund des Reich eine Genehmigung des Geschäfts ablehnt. Wie ist die Rechtslage?

230. Was versteht man unter einer Duldungsvollmacht und wodurch unterscheidet sie sich von der konkludent erteilten Vollmacht und der Anscheinsvollmacht?

231. Was verstehen Sie unter „Richterrecht"?

232. Was ist eine „Analogie" und von welchen Voraussetzungen ist sie abhängig?

233. Was ist unter einer teleologischen Reduktion zu verstehen?

234. Arnold erteilt Vollmer Generalvollmacht und Viktor Vollmacht zum Abschluß von Verträgen über den Kauf von Bauland. In beiden Fällen wird die Unwiderruflichkeit der Vollmacht vereinbart. Arnold fragt, ob er dennoch beide Vollmachten widerrufen kann, da er mit Vollmer nicht zufrieden sei und er erfahren habe, daß sich Viktor bestechen ließe.

235. Der reiche Kunstsammler Albert bevollmächtigt Benno, den er irrtümlich für einen Kunstkenner hält, zum Erwerb von Bildern. Als sich herausstellt, daß Benno die dafür erforderlichen Kenntnisse nicht besitzt, möchte Albert die Vollmacht wieder aufheben und einen von Benno für Albert geschlossenen Kaufvertrag über ein Bild nicht gelten lassen. Wie ist die Rechtslage?

236. Herr und Frau Gütig schenken ihrer dreijährigen Tochter zu Weihnachten eine Puppe. Wie wird das Kind Eigentümer des Geschenks?

237. Wendig ist an dem Sportwagen des Sportlich sehr interessiert, obwohl ihm bekannt ist, daß das Fahrzeug bei einem Unfall beschädigt worden ist. Da er dringend verreisen muß, bittet er den Willig, der von dem Unfall nichts weiß, in seinem Namen mit Sportlich zu verhandeln und nach Möglichkeit das Kfz zu erwerben. Dies gelingt Willig auch. Später reut Wendig der Kauf und er verlangt Rückgängigmachung unter Hinweis darauf, daß Sportlich bei den Kaufverhandlungen den Unfall des Fahrzeuges verschwiegen hätte. Wie ist die Rechtslage?

238. Flott, der ein möbliertes Zimmer von Alt gemietet hat, feiert mit Freunden bis spät in die Nacht seinen Geburtstag. Alt, der schwerhörig ist, bemerkt den nicht unerheblichen Lärm der Feier nicht, wohl aber seine Haushälterin Hanna. Diese erscheint erbost bei Flott und erklärt ihm, sie kündige im Namen des Alt zum nächst zulässigen Termin das Mietverhältnis. Flott fragt, ob Hanna dazu berechtigt sei. Dies bejaht Hanna, um sich keine Blöße zu geben, obwohl sie in Wirklichkeit zur Kündigung nicht befugt ist. Als Alt am nächsten Morgen von der Kündigung der Hanna erfährt, erklärt er dieser, er sei damit einverstanden. Ist die Kündigung wirksam?

239. Albert begibt sich in das Kaufhaus des Warenreich, um ein Oberhemd zu kaufen. Auf dem Weg zur Hemdenabteilung rutscht er über Abfälle aus, die Bertold, ein Angestellter des Warenreich, zusammengefegt, aber vergessen hat zu entfernen. Albert verlangt von Warenreich Ersatz der Arztkosten, die ihm entstanden sind, weil er sich beim Sturz verletzte und ärztliche Hilfe in Anspruch nehmen mußte. Warenreich beruft sich darauf, daß es sich um ein einmaliges Fehlverhalten des Bertold gehandelt habe, der sonst stets zuverlässig gewesen sei. Muß Warenreich haften?

240. Kann jemand gleichzeitig Erfüllungsgehilfe und Verrichtungsgehilfe sein?

241. Groß stellt Klein als Lkw-Fahrer ein, ohne sich dessen Führerschein vorlegen zu lassen. Bei einer auf Weisung des Groß ausgeführten Fahrt kommt es zu einem Unfall, an dem Klein völlig schuldlos ist. Nun stellt sich heraus, daß Klein überhaupt keinen Führerschein für Lkw besitzt. Muß Groß für die Folgen des Unfalls nach dem BGB haften?

242. Vater will seinem Sohn zum bestandenen Referendarexamen ein Auto schenken und begibt sich zu dem Gebrauchtwagenhändler Handel. Dieser bietet ihm einen Golf, Baujahr 1986, garantiert unfallfrei, zum Preis von 7000,—DM an. Vater nimmt das Angebot an, bezahlt den Kaufpreis und vereinbart mit Handel, daß sein Sohn das Fahrzeug in den nächsten Tagen abholt und dann auch die auf dessen Namen überschriebenen Fahrzeugpapiere erhält. Als der Sohn zu Handel kommt, erkennt er an Farbnuancen im Lack, daß das Fahrzeug offenbar teilweise nachlackiert worden ist. Auf Befragen gibt Handel zu, daß der Pkw in einen Unfall verwickelt worden war und deshalb Blechschäden ausgebessert werden mußten. Daraufhin erklärt der Sohn, er wolle einen Unfallwagen nicht haben und verlange die Rückzahlung des Kaufpreises. Mit dem Geld werde er sich ein anderes Fahrzeug suchen. Handel weigert sich, an den Sohn zu zahlen. Mit Recht?

243. Häusler beauftragt den Handwerksmeister Emsig, in seinem Eigenheim die Kellerschächte mit einbruchsicheren Rosten aus Flachstahl zu sichern. Emsig überträgt die Arbeit dem bei ihm seit langer Zeit beschäftigten, stets zuverlässigen Gesellen Eifrig. Zwei Tage nach Durchführung der Arbeiten stürzt Hermann, der 8jährige Sohn des Häusler, mit einem Rost in den Kellerschacht und verletzt sich dabei schwer. Es stellt sich heraus, daß Eifrig versehentlich den Rost nicht befestigt hatte. Ist Emsig zum Ersatz des Schadens, den Hermann Häusler erlitten hat, verpflichtet?

244. In welchen Fällen kann es eine Schadensliquidation im Drittinteresse geben?

245. Volz liefert aufgrund eines Kaufvertrages mit Kunz diesem Waren und tritt seinen Kaufpreisanspruch an Glaub ab. Als Glaub von Kunz Zahlung fordert, weigert sich dieser und beruft sich
    a) auf eine Vereinbarung mit Volz, nach der eine Abtretung der Forderung ausgeschlossen sein sollte
    b) auf die nach Abtretung der Forderung dem Volz gegenüber erklärte Wandlung wegen Mängeln der Waren.
    Wie ist die Rechtslage?

246. Glaub hat eine fällige Forderung gegen Schuld, die er am 01. 07. an Albert abtritt. Schuld hat seinerseits eine Forderung gegen Glaub. Kann Schuld am 15. 07. aufrechnen, wenn
    a) seine Forderung erst am 05. 07. fällig wird und er am 06. 07. von der Abtretung an Albert erfährt?
    b) er – bei sonst unverändertem Sachverhalt – die Forderung erst am 05. 07. erworben hat?
    c) Ist eine Aufrechnung mit der am 05. 07. erworbenen und fällig gewordenen Gegenforderung möglich, wenn die an Albert abgetretene Forderung erst am 10. 07. fällig wird, Schuld aber bereits am 06. 07. von der Abtretung erfahren hat?

247. Was ist eine Sicherungszession, was eine Inkassozession?

248. Spinnig glaubt, ein System entwickeln zu können, das ihm mit Sicherheit hohe Gewinne im Roulette einbringt. Er vermag auch Gläubig von den Gewinnchancen zu überzeugen, der ihm daraufhin ein Darlehen von 10000,- DM gibt. Trotz der hohen Einsätze bleiben Gewinne aus. Nach einer erneuten Korrektur seines Systems ist Spinnig überzeugt, daß er jetzt erfolgreich sein werde. Da Gläubig nicht mehr bereit ist, Geld zu riskieren, veräußert Spinnig sein schuldenfreies Eigenheim an Kunz. Nachdem die Auflassung erklärt und der Antrag auf Eintragung von Kunz im Grundbuch gestellt worden ist, zahlt dieser den vereinbarten Kaufpreis. Spinnig verwendet den gesamten Betrag für Einsätze im Roulette und verliert wiederum fast alles. Noch bevor Kunz als neuer Eigentümer im Grund-

Fälle und Fragen

buch eingetragen worden ist, erfährt Gläubig von dem Grundstücksverkauf. Er wendet sich an Kunz, weist darauf hin, daß das Eigenheim das gesamte Vermögen des Spinnig ausgemacht habe, und fordert ihn auf, das Darlehen in Höhe von 10000,– DM, das er Spinnig gewährt habe, zurückzuzahlen. Mit Recht?

249. Kunz will von Volz eine Maschine kaufen; der Kaufpreis in Höhe von 10000,– DM soll in drei Monaten gezahlt werden. Volz verlangt von Kunz Sicherheiten. Deshalb bittet Kunz seinen Freund Bürger, sich für die Kaufpreisforderung zu verbürgen. Dies tut Bürger und schließt schriftlich einen Bürgschaftsvertrag mit Volz, in dem er auf die Einrede der Vorausklage verzichtet. Vier Monate nach Abschluß des Kaufvertrages fordert Volz von Bürger Zahlung des Kaufpreises. Dieser erfüllt die Forderung und verlangt von Kunz Erstattung der gezahlten Summe. Kunz erklärt daraufhin, die ihm von Volz gelieferte Maschine sei defekt, er werde jetzt die Wandlung erklären und sei dementsprechend nicht zur Zahlung des Kaufpreises verpflichtet. Bürger meint, das ginge ihn nichts an, Kunz müßte ihm den Betrag ersetzen, den er an Volz überwiesen habe und könnte dann einen Ausgleich bei Volz suchen. Ist diese Ansicht zutreffend?

250. Leicht hat erhebliche Schulden; u. a. hat er die Miete für sein möbliertes Zimmer schon seit drei Monaten nicht bezahlt. Als der Vermieter Verz mit der Kündigung droht, wendet sich Leicht an seinen Onkel Gütig, und bittet ihn um Hilfe. Gütig besucht Verz, bezahlt den rückständigen Mietzins und ersucht ihn, Leicht doch weiter wohnen zu lassen. Als Verz Bedenken äußert, ob Leicht in Zukunft seine Miete pünktlich zahlen werde, erklärt Gütig: „Dafür mache ich mich stark. Seien Sie unbesorgt." Nach einem halben Jahr wendet sich Verz an Gütig und fordert unter Hinweis auf die damalige Erklärung des Gütig von diesem Zahlung von 1000,– DM an rückständigen Mieten. Mit Recht?

Lösungshinweise
für die Fälle und Fragen

(1) Ein Rechtsgeschäft ist ein Rechtsakt, der eine gewollte Rechtsfolge hervorbringt (RdNr. 32). Man unterscheidet zwischen einseitigen und mehrseitigen Rechtsgeschäften (RdNr. 33) und innerhalb der einseitigen Rechtsgeschäfte zwischen empfangsbedürftigen und nicht empfangsbedürftigen (RdNr. 33 f.).

(2) „Rechtsgeschäft" ist ein Oberbegriff, der sich mit dem der Willenserklärung inhaltlich deckt, wenn es sich um ein einseitiges Rechtsgeschäft handelt, bei mehrseitigen Rechtsgeschäften aber darüber hinausreicht (RdNr. 32, 35).

(3) Eine Willenserklärung besteht aus dem objektiven Tatbestand, dem äußeren Akt der Kundgabe des Willens (Erklärungstatbestand), und dem subjektiven Tatbestand, dem Willen des Erklärenden (RdNr. 36). Der subjektive Tatbestand setzt sich (regelmäßig) aus einem Handlungswillen, aus einem Erklärungswillen und aus einem Geschäftswillen zusammen (RdNr. 46). Der objektive und der subjektive Tatbestand stimmen bei einer fehlerfreien Willenserklärung in der Weise überein, daß der Erklärende das will, was er (objektiv gewertet) erklärt.

(4) Da die Willenserklärung eine rechtlich erhebliche Willensäußerung darstellt, muß sie auf die Herbeiführung einer Rechtsfolge gerichtet sein. Erklärungen, die im unverbindlichen Bereich gesellschaftlicher Gefälligkeiten bleiben, sind dementsprechend keine Willenserklärungen, da sie keine rechtlichen Bindungen schaffen. Für die Abgrenzung sind objektive Merkmale maßgebend, insbesondere die Interessenlagen der Beteiligten (RdNr. 37 ff.).

(5) Es gilt im BGB der Grundsatz der Formfreiheit. Deshalb kann eine Willenserklärung in beliebiger Form abgegeben werden, soweit nicht das Gesetz (ausnahmsweise) eine bestimmte Form vorschreibt (RdNr. 40) oder die Beteiligten eine Form vereinbart haben (RdNr. 44).

(6) Kommt es bei einer Willenserklärung darauf an, daß ein anderer von ihrem Inhalt Kenntnis erhält, und muß sie deshalb einer anderen Person gegenüber abgegeben werden, dann handelt es sich um eine sog. empfangsbedürftige Willenserklärung (RdNr. 33, 55). Als Beispiele sind die Kündigung und das Vertragsangebot zu nennen. Im Gegensatz dazu ist der rechtliche Erfolg einer nicht empfangsbedürftigen Willenserklärung nicht von ihrer Mitteilung an andere Personen abhängig; Beispiel: Testament (RdNr. 56).

(7) Eine nicht empfangsbedürftige Willenserklärung ist mit ihrer Vollendung abgegeben und wird damit wirksam (RdNr. 57). Eine empfangsbedürftige Willenserklärung wird in dem Zeitpunkt wirksam, in dem sie demjenigen zugeht, dem gegenüber sie abgegeben wird (§ 130 Abs. 1 S. 1; RdNr. 62).

(8) Dieser Fall ist dem häufig gebrachten Beispiel der „Trierer Weinversteigerung" nachgebildet. Ein Kaufvertrag über ein Fuder Wein ist zustande gekommen, wenn A ein Vertragsangebot abgab, das der Auktionator annahm (§ 156 S. 1). Das Winken mit der Hand ist der äußere Tatbestand einer Willenserklärung, die auf den Abschluß eines entsprechenden Kaufvertrages gerichtet ist (RdNr. 36). Ebenso ist ein Handlungswille zu bejahen; es fehlt jedoch der Erklärungswille (RdNr. 50). Nur nach der objektiven Theorie ist eine gültige Willenserklärung gegeben (mit der Möglichkeit der Anfechtung nach § 119 Abs. 1), nach der vermittelnden Meinung nicht, da eine Erklärungsfahrlässigkeit nicht anzunehmen ist (RdNr. 52).

(9) A weiß, daß er rechtlich relevante Erklärungen abgibt und will dies auch (Erklärungswille). Er will jedoch eine Vertragsofferte ablehnen, nicht annehmen. Es handelt

Lösungshinweise für die Fälle und Fragen 453

sich also um einen Fall fehlenden Geschäftswillens. Folglich ist eine wirksame, aber anfechtbare Willenserklärung abgegeben worden (RdNr. 49).

(10) Nach hM hat A keine wirksame Willenserklärung abgegeben (Fall einer sog. abhanden gekommenen Willenserklärung; RdNr. 58). Die Bestellung ist also nicht wirksam.

(11) Die Bestellung, eine empfangsbedürftige Willenserklärung, wird in dem Zeitpunkt des Zugangs wirksam (§ 130 Abs. 1 S. 1). Wird eine mündliche Erklärung einem Empfangsboten des Erklärungsempfängers zugesprochen, dann ist sie zugegangen, denn sie ist so in seinen Machtbereich gelangt, daß er Kenntnis nehmen kann. Da jedoch der Pförtner nicht als Empfangsbote des V (er ist zwar – wie sein umsichtiges Verhalten zeigt – zur Entgegennahme von Bestellungen nach Geschäftsschluß geeignet, aber nicht ermächtigt), sondern als Erklärungsbote des K anzusehen ist (RdNr. 65, 67), geht die Bestellung erst mit Entgegennahme durch die Sekretärin als eine dafür geeignete und ermächtigte Person (Empfangsbote des V) zu; also Zeitpunkt des Zugangs 8.00 Uhr.

(12) Eine wirksame Bestellung ist zustande gekommen, wenn das Vertragsangebot des A von B angenommen worden ist. Dazu ist es erforderlich, daß das Vertragsangebot als empfangsbedürftige Willenserklärung B zuging. Eine mündliche (nicht verkörperte) Willenserklärung unter Anwesenden, wozu auch telefonisch übermittelte zählen (RdNr. 62), geht zu, wenn der Adressat sie vernimmt, d. h. wenn er sie richtig akustisch auffaßt (Vernehmungstheorie). Nach hM ist jedoch eine Einschränkung dann zu machen, wenn für den Erklärenden nicht erkennbare Wahrnehmungshindernisse bestehen (RdNr. 66). Diese Einschränkung führt dazu, daß das Vertragsangebot B zugegangen ist, wenn A von dessen Schwerhörigkeit nichts wußte. Durch die daraufhin abgegebene Erklärung, die bestellte Ware zu liefern, hat B das Angebot angenommen und sich dadurch vertraglich gebunden. Anders ist zu entscheiden, wenn A die Schwerhörigkeit des B bekannt gewesen ist; in diesem Fall ist der Zugang des Vertragsangebots zu verneinen.

(13) A hat sein Angebot, eine empfangsbedürftige Willenserklärung unter Abwesenden, vor Zugang mündlich widerrufen; damit ist es nach § 130 Abs. 1 S. 2 nicht wirksam geworden (RdNr. 69).

(14) Nach hM ist der Widerruf verspätet und damit wirkungslos, während eine Gegenauffassung die Widerruflichkeit bis zur Kenntnisnahme durch den Erklärungsempfänger bejaht (RdNr. 70).

(15) Der Vertrag ist die von den Vertragspartnern einverständlich getroffene Regelung eines Rechtsverhältnisses. Die Vertragschließenden stimmen in Herbeiführung eines von ihnen gemeinsam gewollten rechtlichen Erfolges überein (RdNr. 72).

(16) Nein, denn B hat den Antrag des A nicht angenommen, sondern abgelehnt und seinerseits einen (neuen) Antrag zum Abschluß eines Vertrages (Kaufpreis 200,– DM) an B gerichtet (§ 150 Abs. 2). Da B diesen Antrag nicht angenommen hat, ist ein Vertrag nicht zustande gekommen (RdNr. 74).

(17) Durch einen einseitig verpflichtenden Vertrag wird nur einer Vertragspartei die Verpflichtung zu einer Leistung auferlegt (Beispiel: Schenkung). Dagegen begründen zweiseitig verpflichtende Verträge für beide Vertragspartner Pflichten; sind diese Pflichten einander gleichwertig und stehen sie in einem Abhängigkeitsverhältnis zueinander, dann spricht man von vollkommen zweiseitigen oder gegenseitigen oder synallagmatischen Verträgen (Beispiel: Kauf); sind dagegen die vertraglichen Pflichten ungleichmäßig verteilt und treffen die den eigentlichen Inhalt des Vertrags bestimmenden Pflichten nur eine Partei, dann handelt es sich um einen unvollkommen zweiseitigen Vertrag (Beispiel: Leihe). Die Unterscheidung zwischen diesen verschiedenen Vertragsarten ist insbesondere deshalb wichtig, weil die §§ 320 bis 327 nur für gegenseitige (synallagmatische) Verträge gelten (RdNr. 76 ff.).

(18) Der Grundsatz der Vertragsfreiheit bedeutet, daß jeder frei bestimmen kann, ob und mit wem er einen Vertrag schließen will (Abschlußfreiheit), ferner, daß den Vertragschließenden das Recht eingeräumt ist, frei darüber zu befinden, welchen Inhalt sie ihrer vertraglichen Vereinbarung geben wollen (Gestaltungsfreiheit). Nur soweit Mißbräuche verhindert und höherrangige Interessen geschützt werden müssen, wird der Grundsatz der Vertragsfreiheit durch das BGB eingeschränkt (RdNr. 82f.).

(19) Auf der Grundlage der §§ 133, 157 ist bei empfangsbedürftigen Willenserklärungen aufgrund der konkreten Umstände des Einzelfalles, die der Adressat der Erklärung kennt oder kennen muß (Empfängerhorizont), nach Treu und Glauben und unter Berücksichtigung der Verkehrssitte der objektive Erklärungswert zu erforschen. Entscheidend ist, wie der Empfänger die Erklärung zu verstehen hat, wenn er alle diese Kriterien sorgfältig berücksichtigt (RdNr. 86).

(20) Im Grundsatz hat Schweigen überhaupt keinen Erklärungswert. Von diesem Grundsatz gibt es jedoch Ausnahmen. In manchen Fällen bestimmt das Gesetz ausdrücklich, daß dem Schweigen ein bestimmter Erklärungswert zukommt (sog. normiertes Schweigen). Die Beteiligten können auch vereinbaren, daß das Schweigen einer Person in einem bestimmten Sinn aufzufassen sein soll. Gibt es eine solche ausdrückliche Vereinbarung nicht, dann kann sich aufgrund der Besonderheiten des Einzelfalles ergeben, daß das Schweigen einen bestimmten Erklärungswert hat (RdNr. 88ff.).

(21) Eine Zeitungsanzeige ist lediglich als Einladung zur Abgabe von Offerten (invitatio ad offerendum) aufzufassen (RdNr. 92). Bei dem Schreiben des B handelt es sich also nicht um die Annahme einer Offerte (wie B meint), sondern um ein Vertragsangebot, das A noch annehmen muß. Solange dies nicht geschehen ist, kommt ein Vertrag zwischen beiden nicht zustande.

(22) Diese Frage wird nicht einheitlich beantwortet. Nach der hier vertretenen Auffassung gibt der Kunde durch das Vorzeigen der Ware an der Kasse seine Offerte ab, die durch Entgegennahme des zu zahlenden Betrages durch die Kassiererin (schlüssig) angenommen wird (RdNr. 93f.).

(23) Es kann auch ein Angebot zum Abschluß eines Vertrages an einen unbestimmten Personenkreis gerichtet sein; Beispiel: Aufstellen eines Warenautomaten (RdNr. 95).

(24) Eine Vertragsofferte erlischt und damit auch die Bindung des Antragenden, wenn sie abgelehnt oder wenn sie nicht rechtzeitig angenommen wird (§ 146). Innerhalb welcher Frist der Antrag anzunehmen ist, bestimmen die §§ 147–149. Hiernach ist zwischen Anträgen zu unterscheiden, die an Anwesende und die an Abwesende gerichtet werden (zu den Einzelheiten vgl. RdNr. 98–103).

(25) Dieser Inhalt besteht in einem uneingeschränkten Ja zum Vertragsangebot; der Annehmende erklärt damit, daß er den Vertrag so zu schließen bereit ist, wie er ihm angeboten worden ist (RdNr. 104).

(26) B hat einen Anspruch auf Zahlung des Kaufpreises nach § 433 Abs. 2, wenn zwischen ihm und A ein Kaufvertrag über das Buch geschlossen worden ist. In der Übersendung des Buches ist das Angebot zu einem entsprechenden Vertrag zu sehen. Durch die Eintragung von Randbemerkungen erklärt A konkludent, daß er diese Offerte annehmen will. Dies braucht nicht gegenüber B zu geschehen, da dieser (stillschweigend) auf eine solche Erklärung verzichtet hat (§ 151 S. 1). Denn ein stillschweigender Verzicht des Antragenden auf die Übermittlung einer Annahmeerklärung kann regelmäßig angenommen werden, wenn der angebotene Kaufgegenstand gleichzeitig mit der Offerte zum Abschluß des Kaufvertrages mitgeschickt wird oder wenn in der Übersendung des Gegenstandes eine entsprechende Offerte liegt (RdNr. 106). Der Vertrag ist daher zustande gekommen und A muß den Kaufpreis zahlen.

(27) Daß der Antrag zum Abschluß eines Vertrages auch noch angenommen werden kann, wenn der Antragende nach Absendung und vor Zugang der Offerte stirbt, ergibt sich aus § 153 (RdNr. 109). Dagegen ist die Frage im BGB nicht geregelt, wie zu entscheiden ist, wenn der Antragsempfänger vor Zugang der Offerte stirbt. Für die Beantwortung dieser Frage ist es von Bedeutung, ob es dem Antragenden erkennbar darauf ankommt, gerade mit dem (eigentlichen) Adressaten der Erklärung einen Vertrag zu schließen. Nur wenn dies zu verneinen ist, erlischt nicht mit dem Tod des Adressaten die Offerte und kann noch von dem Erben angenommen werden (RdNr. 110).

(28) Ein Vertrag kommt regelmäßig erst zustande, wenn sich die Beteiligten über alle wesentlichen Punkte des Vertrages geeinigt haben oder zumindest eine Regelung treffen, wie die offengelassenen (wesentlichen) Punkte geschlossen werden sollen (Ausfüllung durch einen Vertragspartner oder durch einen Dritten). Da die Frage des Preises bei einem Kaufvertrag einen wesentlichen Punkt betrifft und eine Einigung hierüber nicht erzielt werden konnte, ist ein Kaufvertrag zwischen Volz und Kunz (noch) nicht zustande gekommen (RdNr. 111).

(29) In den §§ 154 und 155 wird nicht ausdrücklich zwischen essentialia und accidentalia negotii unterschieden. Die Auslegungsregel des § 154 Abs. 1 betrifft Haupt- und Nebenpunkte; auch wenn der noch offene Punkt für das Gesamtgeschäft unbedeutend ist, kommt der Vertrag nicht zustande, wenn eine Partei erkennbar hierüber eine Einigung wünscht, die noch nicht getroffen worden ist. Bezieht sich der offene Dissens auf einen Hauptpunkt, dann kann der Vertrag auch dann nicht wirksam werden, wenn dies die Parteien wünschen, es sei denn, auch nachträglich der offengebliebene Punkt ausgefüllt werden kann z. B. dadurch, daß die Parteien die Schließung der Lücke einer von ihnen oder einem Dritten übertragen haben (§§ 315 ff.). Das gleiche gilt für den versteckten Einigungsmangel. Die nach § 155 vorgesehene Aufrechterhaltung des Vertrages kommt im allgemeinen nur in Betracht, wenn sich der versteckte Dissens auf einen Nebenpunkt bezieht; bei einem Hauptpunkt werden die Parteien in aller Regel eine vertragliche Bindung ohne eine Einigung darüber nicht wollen (RdNr. 114, 117).

(30) Es ist ein Kaufvertrag über zwei Flaschen deutschen Kornbranntwein zustande gekommen, weil beide Vertragspartner einen entsprechenden Vertrag schließen wollten. Die objektiv falsche Bezeichnung des Kaufgegenstandes ändert hieran nichts (RdNr. 119).

(31) Ein Zahlungsanspruch besteht, wenn ein „Bewachungsvertrag" zustande gekommen ist. Die Schilder „bewachter Parkplatz" weisen darauf hin, daß der Betreiber des Parkplatzes mit demjenigen, der dort sein Kfz abstellt, einen Vertrag über das Zurverfügungstellen von Parkraum und das Bewachen des Fahrzeuges abschließen will, der zur Zahlung eines Entgelts verpflichtet. Wenn A dort seinen Pkw parkt, dann kommt diesem Verhalten nach Treu und Glauben mit Rücksicht auf die Verkehrssitte objektiv der Erklärungswert zu, daß er von diesem Angebot Gebrauch machen und einen entsprechenden Vertrag schließen will. A fehlt jedoch das Erklärungsbewußtsein, weil er nicht weiß, daß seinem Verhalten (Parken des Fahrzeuges auf dem betreffenden Platz) rechtliche Bedeutung zukommt (RdNr. 46). Nach der subjektiven Theorie ist folglich die Annahme der Offerte des Parkplatzbetreibers durch A zu verneinen, nach der objektiven Theorie ist sie zu bejahen, während nach der vermittelnden Auffassung zu der Frage Stellung genommen werden muß, ob A bei seinem Verhalten die im Verkehr gebotene Sorgfalt außer acht gelassen und nur deshalb nicht die rechtliche Erheblichkeit dieses Verhaltens erkannt hat (RdNr. 52). Die Lehre vom sozialtypischen Verhalten verwirft eine solche (rechtsgeschäftliche) Lösung und ist der Auffassung, daß allein durch das Zurverfügungstellen und das tatsächliche Inanspruchnehmen der Leistung im modernen Massenverkehr ein Vertrag zustande kommt. Das soll auch gelten, wenn der die Leistung in Anspruch Nehmende ausdrücklich erklärt, er

wolle sich nicht vertraglich binden. Nach dieser Lehre ist also A in beiden Fallalternativen zur Zahlung verpflichtet. Wer sich nicht der Lehre vom sozialtypischen Verhalten anschließt, muß bei der Fallalternative zu der Frage Stellung nehmen, ob die Verwahrung gegen einen Vertragsschluß in diesem Fall erheblich ist. Diese Frage ist streitig. Ein Zahlungsanspruch auch in dieser Fallalternative ist zu bejahen, wenn man das Gesamtverhalten des A trotz seines verbalen Protestes als Annahme des Angebotes wertet (RdNr. 120ff.).

(32) § 2 AGBG stellt gegenüber der nach dem BGB geltenden Regelung zusätzliche Voraussetzungen für die Vereinbarung von AGB auf. Zu beachten ist jedoch, daß nach § 24 S. 1 Nr. 1 AGBG diese Vorschrift auf AGB keine Anwendung findet, die gegenüber einem Kaufmann verwendet werden, wenn der Vertrag zum Betriebe seines Handelsgewerbes gehört (RdNr. 126).

(33) Abwehrklauseln werden solche Regelungen in AGB genannt, die die Geltung anderslautender AGB des Vertragspartners ausschließen oder von erschwerten Bedingungen (z. B. von einer schriftlichen Anerkennung) abhängig machen (RdNr. 127).

(34) Die Frage nach der Geltung einander widersprechender AGB wird nicht einheitlich beantwortet. Übereinstimmung besteht allerdings darin, daß ein Vertrag, den die Vertragspartner durchführen, nicht deshalb unwirksam ist, weil eine Einigung über die Geltung widersprechender AGB nicht zustande gekommen ist. Der BGH will in seiner neueren Rechtsprechung dieses Ergebnis dadurch begründen, daß er § 150 Abs. 2 als unter dem Grundsatz von Treu und Glauben stehend auffaßt und so die Berufung auf die Ungültigkeit des Vertrages der Partei nicht gestattet, die durch ihr Verhalten gezeigt habe, daß sie den Vertrag durchführen wolle. Die hM im Schrifttum löst dagegen diese Frage nach den Grundsätzen des Dissenses. Als Ergebnis ist nach beiden Auffassungen festzuhalten, daß ein Vertrag zwischen A und B ohne Geltung der einander widersprechenden AGB zustande gekommen ist. Anders dagegen würde die „Theorie des letzten Wortes" entscheiden (RdNr. 127f.).

(35) Der Begriff „Schuldverhältnis" wird einmal im engeren Sinn verwendet und damit die Forderungsbeziehung zwischen Gläubiger und Schuldner bezeichnet; im weiteren Sinn umfaßt dieser Begriff das gesamte Rechtsverhältnis, aufgrund dessen die einzelnen Forderungsbeziehungen zwischen den Beteiligten entstehen (RdNr. 131).

(36) Schuldverhältnisse entstehen entweder durch Rechtsgeschäft oder kraft Gesetzes (RdNr. 134).

(37) Der Sukzessivlieferungsvertrag ist ein Dauerschuldverhältnis (RdNr. 137); seine Unterarten sind der Ratenlieferungsvertrag und der Dauerlieferungs- oder Bezugsvertrag (RdNr. 138).

(38) Als primäre Leistungspflicht wird die Pflicht des Schuldners bezeichnet, die den Gegenstand seiner Forderungsbeziehung zum Gläubiger bildet und die mit dieser Forderungsbeziehung entsteht. Die sekundäre Leistungspflicht tritt als Folge der Verletzung der primären Leistungspflicht ein (RdNr. 142f.).

(39) Der Begriff der „guten Sitten" ist ein unbestimmter Rechtsbegriff, der konkretisiert werden muß. Zur Konkretisierung eignen sich jedoch Definitionen deshalb nicht, weil sie entweder zu eng oder ebenfalls zu unbestimmt ausfallen. Die beste Orientierungshilfe für eine Konkretisierung bieten Fallgruppen von sittenwidrigen Geschäften, aus denen sich verallgemeinerungsfähige Merkmale ableiten und bei Entscheidung des konkreten Falles verwenden lassen (RdNr. 146).

(40) Aufgrund des mit Grün geschlossenen Kaufvertrages hat Handel einen Anspruch auf Lieferung von 100 Ztr. Kartoffeln erworben (§ 433 I 1). Nach Entstehung des Schuldverhältnisses (d. h. nach Abschluß des Kaufvertrages) ist die Leistung dem Grün (subjektiv) unmöglich geworden. Da der Gegenstand der Leistung nur der Gattung nach (Kartoffeln) bestimmt ist, handelt es sich um eine Gattungsschuld (RdNr. 147). Nach § 279 hat der Schuldner einer Gattungsschuld, solange die Leistung

aus der Gattung möglich ist, sein Unvermögen zur Leistung auch dann zu vertreten, wenn ihm ein Verschulden nicht zur Last fällt. Allerdings ist hier die Besonderheit zu beachten, daß ein Landwirt Kartoffeln regelmäßig nur aus der eigenen Ernte veräußern will. Es ist deshalb davon auszugehen, daß von den Vertragsparteien stillschweigend eine Beschränkung auf eigene Erzeugnisse des Grün vorgenommen worden ist (RdNr. 152f.). Sind bei einer beschränkten Gattungsschuld, um die es sich hier handelt, sämtliche Gegenstände aus der beschränkten Gattung untergegangen, dann ist eben eine Leistung aus dieser „Gattung" nicht mehr möglich. Der Schuldner wird dann frei. Dies ergibt sich aus § 275 Abs. 1 iVm. § 279. Grün ist folglich nicht verpflichtet, sich anderweitig Kartoffeln zu besorgen und sie Handel zu liefern.

(41) Bei einer Stückschuld (Speziesschuld) ist der Gegenstand der Leistung durch individuelle Merkmale bestimmt; es wird ein konkreter Gegenstand (z. B. das dem X gehörende Kfz) geschuldet. Die Gattungsschuld (Genusschuld) bezieht sich dagegen nur auf einen nach gattungsmäßigen Merkmalen bestimmten Gegenstand (z. B. soll eine bestimmte Menge Kartoffeln geliefert werden).

(42) Fleißig schuldete nach dem Kaufvertrag, den er mit Groß geschlossen hat, 10 Ballen Baumwollstoff (§ 433 I 1). Da die Leistung nur nach Gattungsmerkmalen bestimmt ist, handelt es sich um eine Gattungsschuld und – da hier von einer stillschweigenden Beschränkung auf die eigene Produktion auszugehen ist – um eine beschränkte Gattungsschuld (Vorratsschuld). Mit Auswahl der 10 Ballen aus den Lagerbeständen, ihrer Verpackung und Bereitstellung durch den Lagerverwalter des Fleißig ist bei einer Holschuld, um die es sich hier handelt, vom Schuldner alles getan worden, was von seiner Seite zur Erfüllung notwendig ist (vgl. RdNr. 156, 160). Deshalb beschränkt sich nach § 243 Abs. 2 das Schuldverhältnis auf die ausgewählten Stoffballen (RdNr. 155f.). Da also die Gattungsschuld zu einer Stückschuld geworden ist (durch Konkretisierung), gilt § 275, so daß Fleißig nach Absatz 2 iVm. Absatz 1 dieser Vorschrift frei wird, da er den Umstand, der die Leistung hat unmöglich werden lassen, nicht zu vertreten hat (RdNr. 161).

(43) Bei der Holschuld (RdNr. 157) hat der Schuldner den zu leistenden Gegenstand auszusondern und für den Gläubiger bereitzustellen. Bei der Bringschuld muß der Schuldner die Ware nicht nur aussondern, sondern sie dem Gläubiger an dessen Wohnort oder dessen gewerblichen Niederlassung termingerecht anbieten. Bei der Schickschuld muß der Schuldner die ausgesonderten Stücke ordnungsgemäß versenden (RdNr. 160).

(44) Schuldhaft ist das Verhalten eines Verschuldensfähigen (RdNr. 165), der vorsätzlich oder fahrlässig einer ihm obliegenden Pflicht zuwiderhandelt (RdNr. 162), wenn ein Entschuldigungsgrund nicht eingreift (RdNr. 165).

(45) Vorsatz ist das Wissen und Wollen der nach dem gesetzlichen Tatbestand maßgeblichen Umstände; der Täter muß wissen, daß er entgegen einer ihn treffenden gesetzlichen oder vertraglichen Pflicht handelt, und dies dennoch bewußt tun (RdNr. 163). Fahrlässigkeit ist das Außerachtlassen der im Verkehr erforderlichen Sorgfalt (RdNr. 164).

(46) Mit bedingtem Vorsatz handelt der Täter, wenn er den Eintritt des pflichtwidrigen Erfolgs zwar nicht erstrebt, ihn aber sieht und billigend in Kauf nimmt. Die Möglichkeit des Erfolgseintritts vor Augen sagt sich der Täter: „Na wenn schon!". Bei der bewußten Fahrlässigkeit rechnet der Täter zwar auch mit der Möglichkeit einer Pflichtverletzung, vertraut aber in sorgfaltswidriger Weise darauf, daß sie sich vermeiden läßt. Der Täter handelt, weil er glaubt, daß alles schon gutgehen werde; wüßte er genau, daß der pflichtwidrige Erfolg eintritt, würde er – anders als bei einem bedingten Vorsatz – nicht handeln (RdNr. 164).

(47) Bei der Wahlschuld besteht eine Forderung mit alternativem Inhalt. Die Ungewißheit, welchen Inhalt die Forderung des Gläubigers aufweist, wird durch die Wahl

der wahlberechtigten Partei beendet (RdNr. 167). Dagegen ist der Inhalt der Forderung bei der Ersetzungsbefugnis von vornherein festgelegt. Der Ersetzungsbefugte hat jedoch das Recht, anstelle der geschuldeten Leistung eine andere zu erbringen (bei Ersetzungsbefugnis des Schuldners) oder eine andere zu verlangen (bei Ersetzungsbefugnis des Gläubigers) (RdNr. 168).

(48) Es handelt sich um „Verhaltenspflichten", bei denen zwischen leistungssichernden (Neben-)Pflichten und Schutzpflichten zu unterscheiden ist. Die leistungssichernden Pflichten geben den Vertragspartnern auf, sich so zu verhalten, daß der Vertragszweck erreicht und nicht nachträglich gefährdet oder beeinträchtigt wird. Die Schutzpflichten haben zum Ziel zu verhindern, daß der Vertragspartner bei der Durchführung des Schuldverhältnisses an seinen Rechtsgütern verletzt wird (RdNr. 170 bis 172).

(49) Die Frage ist zu bejahen, wenn Miet nicht durch die Zahlung an Leicht wirksam erfüllt und damit die Forderung nach § 535 S. 2 gegen ihn zum Erlöschen gebracht hat (§ 362 Abs. 1). Wenn für das „Bewirken" der Leistung ein Vertrag zwischen Gläubiger und Schuldner geschlossen werden muß, scheitert die wirksame Erfüllung an der Minderjährigkeit des Leicht, denn die dafür erforderliche Willenserklärung bringt Leicht nicht lediglich einen rechtlichen Vorteil, weil er durch die Erfüllung seine Forderung verliert. Folglich wäre nach § 107 die Einwilligung des gesetzlichen Vertreters erforderlich. Ob für die Erfüllung lediglich die tatsächliche Bewirkung der Leistung genügt oder ob noch ein Rechtsgeschäft hinzutreten muß, ist streitig (RdNr. 177). Während die Vertragstheorie neben dem tatsächlichen Bewirken der Leistung eine vertragliche Einigung fordert und die modifizierte Vertragstheorie dies in Fällen verlangt, in denen für die Herbeiführung des Leistungserfolgs (z. B. die Übereignung) ein Rechtsgeschäft geschlossen werden muß, will die hM (Theorie der realen Leistungsbewirkung) das tatsächliche Erbringen der Leistung genügen lassen. Allerdings verneint auch die hM die Wirksamkeit einer Erfüllung an Minderjährige, weil ihnen die „Empfangszuständigkeit" fehle und diese dem gesetzlichen Vertreter zustünde (RdNr. 178). Zu einem gleichen Ergebnis gelangt auch die Theorie der finalen Leistungsbewirkung, nach der neben dem tatsächlichen Akt der Leistungserbringung noch eine Leistungszweckbestimmung durch den Leistenden hinzukommen muß. Somit ist die gestellte Frage nach allen Theorien zu bejahen. (Gegenansprüche, mit denen Miet möglicherweise aufrechnen könnte, sollen hier nicht erwähnt werden.)

(50) Nach § 362 Abs. 2 iVm. § 185 hat die Leistung an einen Dritten befreiende Wirkung, wenn der Gläubiger vorher oder nachher der Leistung an den Dritten zustimmt. Emsig hat Klau zur Entgegennahme der Zahlung nicht ermächtigt; es kann auch ausgeschlossen werden, daß er dies nachträglich tun wird. Die weiteren in § 185 Abs. 2 S. 1 genannten Fälle kommen hier offensichtlich nicht in Betracht. Hier hilft aber Reich die Vorschrift des § 370, nach der zum Empfang der Leistung als ermächtigt gilt, wer eine (echte) Quittung des Gläubigers überbringt. Nur wenn der Leistende Umstände kennt, die der Annahme einer Ermächtigung entgegenstehen, wird er nicht geschützt. Da Reich nicht bösgläubig gewesen ist, hat er mit befreiender Wirkung an Klau geleistet und muß deshalb nicht an Emsig nochmals zahlen (RdNr. 179).

(51) In der ersten Fallalternative nimmt Reich die Uhr an Erfüllungs Statt an; die Darlehensforderung erlischt damit (§ 364 Abs. 1) (RdNr. 186). In der zweiten Fallalternative, in der sich Reich bereit erklärt, die Uhr für Ärmlich zu verkaufen und auf diesem Weg Befriedigung wegen seiner Darlehensforderung zu suchen, handelt es sich um eine Leistung des Ärmlich erfüllungshalber. Die Darlehensforderung erlischt erst, wenn und soweit Reich die geschuldete Leistung, d. h. 2000,- DM, aus dem erfüllungshalber hingegebenen Gegenstand erhält (RdNr. 188).

(52) Bei der Hingabe eines Wechsels handelt es sich entsprechend der Auslegungsregel des § 364 Abs. 2 im Zweifel nicht um eine Leistung an Erfüllungs Statt, sondern erfüllungshalber (RdNr. 188).

(53) Der leistungswillige Schuldner kann an der Erfüllung durch Gründe gehindert werden, die mit der Person des Gläubigers zusammenhängen. Schuldet er eine hinterlegungsfähige Sache (§ 372), dann kann er sie hinterlegen und die Rücknahme ausschließen; dadurch wird der Schuldner in gleicher Weise befreit, wie wenn er zur Zeit der Hinterlegung an den Gläubiger geleistet hätte (§ 378). Bei nicht hinterlegungsfähigen Sachen kann er sie unter den Voraussetzungen des § 383 oder § 385 öffentlich versteigern lassen oder freihändig verkaufen. Die Forderung des Gläubigers richtet sich dann auf den Erlös; diesen kann der Schuldner hinterlegen (RdNr. 189 bis 191).

(54) Gegenforderung, mit der aufgerechnet wird, und Hauptforderung, gegen die aufgerechnet wird, müssen gegenseitig und gleichartig sein. Die Gegenforderung muß fällig und durchsetzbar, die Hauptforderung erfüllbar sein. Ein Aufrechnungsverbot darf nicht bestehen (RdNr. 193).

(55) Durch Spiel wird eine Verbindlichkeit nicht begründet (§ 762 Abs. 1 S. 1). Zahlt jedoch der Verlierer freiwillig seine Spielschuld, dann kann er das Geleistete nicht deshalb zurückfordern, weil eine Verbindlichkeit nicht bestanden hat (§ 762 Abs. 1 S. 2). In gleicher Weise wie Arnold freiwillig den verlorenen Betrag an Bertold zahlen kann, kann er auch aufrechnen. Umgekehrt ist dies jedoch nicht möglich, da die Spielschuld – wie ausgeführt – nicht durchsetzbar ist und deshalb mit ihr auch nicht aufgerechnet werden kann (RdNr. 196).

(56) Eine dilatorische (oder aufschiebende) Einrede ist ein Gegenrecht, das die Durchsetzung eines Anspruchs zeitweilig ausschließt, während eine peremptorische (oder dauernde) Einrede der Durchsetzung des Anspruchs dauernd entgegensteht (RdNr. 196).

(57) Soweit die Pfändungsgrenzen des § 850c ZPO überschritten sind, ist die Gehaltsforderung des Adler gegen Bär unpfändbar. Die von Bär erklärte Aufrechnung scheint deshalb am Aufrechnungsverbot des § 394 S. 1 zu scheitern. Nach dem Grundsatz von Treu und Glauben ist jedoch eine Einschränkung dahingehend vorzunehmen, daß bei einer Gegenforderung, die aus einer vorsätzlich vorgenommenen unerlaubten Handlung herrührt, die Aufrechnung zuzulassen ist, wenn die Gegenforderung und die unpfändbare Hauptforderung im Rahmen desselben Lebensverhältnisses entstanden sind. Allerdings wird man dem Schuldner und seiner Familie ein Existenzminimum lassen müssen; hierbei kann man sich an der Regelung des § 850d ZPO orientieren. Bei Anwendung dieser Grundsätze ist also die Aufrechnung des Bär bis zur Grenze des Existenzminimums, das Adler beanspruchen kann, wirksam (RdNr. 201).

(58) Statt durch eine einseitige Erklärung kann die Aufrechnung auch im Wege eines Vertrages vorgenommen werden; einen derartigen Vertrag bezeichnet man als „Aufrechnungsvertrag". Sein Vorteil besteht darin, daß bei ihm nicht die verzichtbaren Voraussetzungen der (einseitigen) Aufrechnung erfüllt sein müssen und daß zwischen beliebig vielen Personen eine Verrechnung von Forderungen vorgenommen werden kann, die noch nicht fällig sind und bei denen die Gleichartigkeit fehlt (RdNr. 203).

(59) Da A den Verlust des Fernsehapparats nicht verschuldet hat (Diebstahl aus verschlossener Wohnung), kann er zurücktreten (§ 350, der über seinen Wortlaut hinaus entsprechend seinem Sinngehalt jede Art von unverschuldeter Herausgabe-Unmöglichkeit erfaßt). Eine verschuldete leichte Beschädigung des Fernsehapparats würde ebenfalls den Rücktritt nicht ausschließen (vgl. § 351 S. 1), wohl aber A schadensersatzpflichtig machen (§ 347 iVm. § 989) (RdNr. 208, 213).

(60) Die Frage ist zu verneinen. Die Rücktrittserklärung des B ist dahingehend auszulegen, daß sie nur gelten soll, wenn der Erklärungsgegner die von ihm empfangene Sache zurückzugeben vermag (RdNr. 215 f.).

(61) Aus dem Grundsatz von Treu und Glauben (§ 242) ist abzuleiten, daß ein Recht dann nicht geltend gemacht werden kann, wenn seine Ausübung im Gegensatz zum früheren Verhalten des Berechtigten steht und dadurch das Vertrauen eines anderen, das durch dieses Verhalten erzeugt worden ist, enttäuscht wird (RdNr. 210).

(62) Der Rücktritt gestaltet das Vertragsverhältnis in ein Rückgewährschuldverhältnis um, das die Vertragsparteien verpflichtet, die bereits erbrachten Leistungen zurückzugewähren; noch bestehende Erfüllungsansprüche erlöschen (RdNr. 204). Die Kündigung beendet das Schuldverhältnis für die Zukunft; eine Rückabwicklung für die in der Vergangenheit vorgenommenen Leistungen findet nicht statt (RdNr. 218).

(63) Der Bierlieferungsvertrag, der zwischen Hopfen und Malz geschlossen worden ist, stellt einen Dauerlieferungsvertrag dar (RdNr. 138). Ein solcher Vertrag kann fristlos gekündigt werden, wenn durch das Verhalten eines Vertragspartners das Erreichen des Vertragszwecks ernsthaft gefährdet wird und deshalb dem anderen die Fortsetzung des Vertrages nicht mehr zugemutet werden kann (RdNr. 222). Der Vertragszweck besteht hier darin, den in der Gastwirtschaft des Hopfen auftretenden Bedarf an Bier vom Faß ausreichend zu decken. Dieser Vertragszweck wird durch das Verhalten der Brauerei Malz ernsthaft gefährdet. Nach den Grundsätzen von Treu und Glauben (§ 242) und unter Heranziehung des den §§ 626 Abs. 1 und 723 Abs. 1 S. 2 zugrundeliegenden Rechtsgedankens ist deshalb Malz ein außerordentliches Kündigungsrecht zuzubilligen.

(64) Durch Verpflichtungsgeschäfte werden Forderungsbeziehungen begründet, nach denen ein Vertragspartner, der Gläubiger, von dem anderen, dem Schuldner, eine bestimmte Leistung fordern kann und der Schuldner zur Erbringung dieser Leistung verpflichtet ist. Dagegen bewirkt eine Verfügung eine unmittelbare Rechtsänderung; durch Verfügungsgeschäfte wird ein Recht unmittelbar übertragen, verändert, belastet oder aufgehoben (RdNr. 224).

(65) Unter welchen Voraussetzungen die Verfügung eines Nichtberechtigten wirksam wird, regelt § 185: Einwilligung des Berechtigten (Abs. 1), Genehmigung des Berechtigten (Abs. 2 S. 1 Alt. 1), Erwerb des Gegenstandes, über den verfügt worden ist, durch den Nichtberechtigten (Abs. 2 S. 1 Alt. 2) oder Beerbung des Nichtberechtigten durch den Berechtigten und dessen unbeschränkte Haftung für Nachlaßverbindlichkeiten (Abs. 2 S. 1 Alt. 3) (RdNr. 226). Fragen des gutgläubigen Erwerbs vom Nichtberechtigten sollen hier (noch) nicht behandelt werden.

(66) Nein, denn die Übereignung als Verfügungsgeschäft ist in ihrer Wirksamkeit nicht von dem zugrundeliegenden Verpflichtungsgeschäft abhängig (Abstraktionsprinzip). Verpflichtungs- und Verfügungsgeschäft sind rechtlich voneinander getrennt (Trennungsprinzip) (RdNr. 227).

(67) Das negative Schuldanerkenntnis kann man als Erlaß in negativer Form kennzeichnen. Der Gläubiger erkennt durch Vertrag mit dem Schuldner an, daß das Schuldverhältnis nicht besteht (§ 397 Abs. 2). Es handelt sich dabei um eine Verfügung über die (bestehende und erlassene) Schuld (RdNr. 231).

(68) Als Novation wird die vertragliche Aufhebung eines Schuldverhältnisses und Ersetzung durch ein neues bezeichnet (RdNr. 334). Vereinigen sich Forderung und Schuld in einer Person, so spricht man von Konfusion (RdNr. 236).

(69) Die Nichtigkeit ist der stärkste Grad der Unwirksamkeit eines Rechtsgeschäfts. Sie tritt unabhängig vom Willen der Beteiligten ein; die Gründe, die zur Nichtigkeit führen, sind im Gesetz geregelt (RdNr. 239).

(70) Grundsätzlich nicht, auch die Bestätigung eines nichtigen Rechtsgeschäfts ist nach § 141 Abs. 1 als erneute Vornahme zu beurteilen. Handelt es sich bei dem nichtigen Rechtsgeschäft um einen Vertrag, dann sind die Parteien bei einer Bestätigung nach § 141 Abs. 2 im Zweifel verpflichtet, einander das zu gewähren, was sie haben würden, wenn der Vertrag von Anfang an gültig gewesen wäre (RdNr. 240). Es gibt allerdings Fälle einer nachträglichen „Heilung" nichtiger Rechtsgeschäfte (vgl. z. B. § 313 S. 2).

(71) Der Pachtvertrag ist in der gehörigen Form (§ 581 Abs. 2 iVm. § 566 oder § 585 a, sofern es sich um einen Landpachtvertrag handelt) geschlossen worden. Dagegen wurde bei der vertraglichen Regelung über den Verkauf des Grundstücks die in § 313 S. 1 bestimmte Form der notariellen Beurkundung nicht beachtet. Deshalb ist die entsprechende Vereinbarung wegen Formmangels nichtig (§ 125 S. 1). Es stellt sich hier die Frage, ob diese Nichtigkeit auch die vertragliche Vereinbarung über die Pacht erfaßt. Diese Frage beurteilt sich nach § 139. Die Verpachtung und der Verkauf des Grundstücks sind als einheitliches Rechtsgeschäft iSv. § 139 anzusehen. Dafür spricht nicht nur ihre Zusammenfassung in einer Vertragsurkunde (was für sich allein betrachtet noch nicht ausschlaggebend sein kann), sondern auch daß beide gemeinsam eine sinnvolle Gesamtregelung bilden. Pacht und anschließender Verkauf des Grundstücks sind aufeinander bezogen, und der wirtschaftliche Zusammenhang spricht für den Einheitlichkeitswillen der Parteien (RdNr. 242). Da im Vertrag für den Fall der Teilnichtigkeit keine Regelung über die Gültigkeit anderer Teile getroffen wurde, ist nach dem mutmaßlichen Parteiwillen zu entscheiden, ob die Nichtigkeit auch die Pachtvereinbarung umfassen soll. Es ist danach zu fragen, was die Vertragspartner in diesem Fall vereinbart hätten, wenn sie die Möglichkeit einer Teilnichtigkeit bedacht hätten. Da eindeutige Anhaltspunkte fehlen, muß davon ausgegangen werden, daß die Parteien diese Entscheidung in vernünftiger Abwägung der in Betracht zu ziehenden Umstände getroffen hätten (RdNr. 241). Nun ist es durchaus sinnvoll, das Grundstück auch ohne Vereinbarung über den Kauf zu verpachten, und es gibt hier keinen Hinweis darauf, daß ein Vertragspartner die Pacht nur gewollt hätte, wenn auch eine Vereinbarung über den Kauf des Grundstücks getroffen wird. Deshalb ist von der Gültigkeit der Pachtregelung auszugehen.

(72) Die Umdeutung (Konversion) ist die Ersetzung eines gewollten, aber nichtigen Rechtsgeschäfts durch ein anderes, dessen Erfordernisse dem nichtigen Rechtsgeschäft entsprechen (§ 140). Eine derartige Umdeutung kommt nur in Betracht, wenn angenommen werden kann, daß die Parteien sie wollten. Fehlen konkrete Anhaltspunkte, dann muß die Frage nach dem (mutmaßlichen) Parteiwillen aufgrund der Umstände des Einzelfalles entschieden werden; hierbei ist davon auszugehen, daß sich die Parteien von vernünftigen Erwägungen hätten leiten lassen (RdNr. 244).

(73) Von einer schwebenden Unwirksamkeit spricht man, wenn es sich zunächst um eine vorläufige handelt und die Frage noch nicht entschieden ist, ob ein Berechtigter durch seine Zustimmung die Unwirksamkeit in eine Wirksamkeit verwandelt oder durch Verweigerung seiner Zustimmung die endgültige Unwirksamkeit herbeiführt (RdNr. 245). Bei einer relativen Unwirksamkeit eines Rechtsgeschäfts ergibt sich die Unwirksamkeit nur in bezug auf bestimmte Personen, während im Verhältnis zu allen anderen das Rechtsgeschäft wirksam ist (RdNr. 246).

(74) Rechtsfähigkeit ist die Fähigkeit, Träger von Rechten und Pflichten zu sein (RdNr. 249).

(75) Die Fiktion ist eine rechtliche Gleichbewertung verschiedener Tatbestände, die der Gesetzgeber in Kenntnis ihrer Ungleichwertigkeit vornimmt. Dadurch wird erreicht, daß eine gesetzliche Regelung, die für einen bestimmten Tatbestand gilt, auch auf den durch die Fiktion gleichgestellten übertragen wird. Beispiel: Schweigen des gesetzlichen Vertreters auf die Aufforderung, einen ohne seine Einwilligung vom Minderjährigen geschlossenen Vertrag zu genehmigen, wird nach Ablauf von zwei

Wochen nach dem Empfang der Aufforderung durch § 108 Abs. 2 S. 2 der ausdrücklichen Verweigerung gleichgestellt (RdNr. 249).

(76) Juristische Personen sind Personenvereinigungen und Zweckvermögen, denen die Rechtsordnung die Fähigkeit zuerkennt, Träger von Rechten und Pflichten zu sein (RdNr. 252).

(77) Da A in einem lichten Augenblick den Mietvertrag mit B geschlossen hat, ist er gültig. Dies wäre nur anders, wenn A bereits im Zeitpunkt des Vertragsschlusses entmündigt gewesen wäre (§ 105 Abs. 1 iVm. § 104 Nr. 2; RdNr. 257f.).

(78) Ein Anspruch des Blümlein auf Bezahlung der Blumengestecke kann sich aus § 433 Abs. 2 ergeben, wenn zwischen ihm und Fix ein Kaufvertrag entsprechenden Inhalts geschlossen worden ist. Die telefonische Bestellung des Fix wäre als Offerte zum Abschluß eines solchen Vertrages zu werten, wenn es sich bei ihr um eine gültige Willenserklärung handelte. Dies ist jedoch zu verneinen. Fix befand sich infolge des Verzehrs von Rauschgift im Zustand einer vorübergehenden Störung der Geistestätigkeit, der eine freie Willensbestimmung ausschloß. Deshalb ist seine Willenserklärung nach § 105 Abs. 2 nichtig (RdNr. 258).

(79) Die Fähigkeit, Rechtsgeschäfte wirksam vornehmen zu können (RdNr. 238), ist bei der beschränkten Geschäftsfähigkeit nach Maßgabe der §§ 107 bis 113 eingeschränkt, bei der Geschäftsunfähigkeit völlig aufgehoben. Ein Geschäftsunfähiger kann keine wirksamen Willenserklärungen abgeben; für ihn muß sein gesetzlicher Vertreter handeln (RdNr. 255 f.). Der beschränkt Geschäftsfähige kann selbständig nur rechtlich vorteilhafte Rechtsgeschäfte schließen (§ 107); sonst ist er auf die Zustimmung seines gesetzlichen Vertreters angewiesen (RdNr. 260).

(80) Wenn Jung die Offerte zum Abschluß eines Kaufvertrages annimmt, die Reich wirksam – da als solche Jung nur rechtlich vorteilhaft (vgl. § 131 Abs. 2 S. 2) – an ihn gerichtet hat, ergibt sich für diesen die Verpflichtung zur Zahlung des Kaufpreises (§ 433 Abs. 2). Deshalb ist der Kaufvertrag und die dafür erforderliche Willenserklärung für Jung nicht lediglich rechtlich vorteilhaft. Der wirtschaftliche Vorteil, den Jung aus einem solchen Vertrag ziehen würde, ist unbeachtlich. Diesen Vorteil wird der gesetzliche Vertreter berücksichtigen, wenn er die Frage zu entscheiden hat, ob den Vertragsschluß des Jung nach § 108 Abs. 1 genehmigen soll. Bis zur Genehmigung ist der Kaufvertrag schwebend unwirksam (RdNr. 261, 268). Dagegen ist die Übereignung der Goldmünze wirksam, da es sich dabei lediglich um ein rechtlich vorteilhaftes Geschäft für Jung handelt. Die schwebende Unwirksamkeit des Verpflichtungsgeschäfts ist entsprechend dem Abstraktionsprinzip (RdNr. 227) ohne Einfluß auf die Wirksamkeit der Übereignung. Die zur Übertragung des Eigentums an dem von Jung als Kaufpreis gezahlten Geld erforderliche Einigung (§ 929 S. 1) ist dagegen wiederum als ein für Jung rechtlich nachteiliges Geschäft (Verlust des Eigentums) schwebend unwirksam.

(81) Durch die Schenkung als das schuldrechtliche Verpflichtungsgeschäft erwirbt Frieda einen Anspruch auf die unentgeltliche Übertragung des Eigentums an dem Grundstück, ohne selbst Verpflichtungen einzugehen; dieses Rechtsgeschäft ist also lediglich rechtlich vorteilhaft für sie, so daß sie es ohne Einwilligung ihres gesetzlichen Vertreters schließen kann (§ 107) (RdNr. 260). Auch die Übereignung des Grundstücks ist ein rechtlich vorteilhaftes Geschäft. Daran ändert nichts, daß mit dem Grundstückseigentum öffentlich-rechtliche Pflichten verbunden sind. Diese Pflichten treffen jeden Grundstückseigentümer und können deshalb als eine inhaltliche Begrenzung des Eigentums angesehen werden, durch die das sonstige Vermögen des Minderjährigen nicht beeinträchtigt wird. Das gleiche gilt für eine Belastung des Grundstücks mit einer Hypothek, durch die lediglich der Wert des unentgeltlich Zugewendeten gemindert und nicht eine selbständige Verpflichtung des Eigentümers geschaffen wird, soweit er nicht persönlich haften muß (RdNr. 263 f.).

(82) Nach dem Wortlaut des § 107, der auf einen „rechtlichen Vorteil" abstellt, müßte die Frage verneint werden. § 107 ist aber entsprechend dem von ihm verfolgten Zweck, den Minderjährigen vor nachteiligen Folgen eines rechtsgeschäftlichen Handelns zu schützen, dahingehend auszulegen, daß rechtlich neutrale Geschäfte zustimmungsfrei bleiben (RdNr. 266).

(83) Der Kaufvertrag zwischen Jung und Handel ist wirksam zustande gekommen; die Minderjährigkeit des Jung steht dem nicht entgegen, da es sich um einen Fall des § 110 handelt. Daß die Eltern des Jung auf die schriftliche Frage nach ihrem Einverständnis mit dem Vertrag nicht antworten, ändert an diesem Ergebnis nichts. Die Vorschrift des § 108 Abs. 2 findet auf einen mit Einwilligung des gesetzlichen Vertreters geschlossenen Vertrag keine Anwendung (RdNr. 272). Die in § 110 getroffene Regelung stellt eine besondere Form der konkludent erteilten Einwilligung des gesetzlichen Vertreters dar (RdNr. 275).

(84) Der Kaufvertrag über das Los ist nach § 110 wirksam. Bei Gegenständen, die ein Minderjähriger mit den ihm zur freien Verfügung überlassenen Mitteln erworben hat, muß jeweils geprüft werden, ob der gesetzliche Vertreter damit einverstanden ist, daß der Minderjährige über sie ebenfalls frei verfügt. Bei dem Wert, den das gewonnene Auto darstellt, muß ausgeschlossen werden, daß die Eltern des Jung damit einverstanden sind, daß er es veräußert und den Kaufpreis nach freiem Belieben verwendet. Deshalb sind die von Jung geschlossenen Kaufverträge über das Auto und die Briefmarkensammlung nach §§ 107, 108 Abs. 1 schwebend unwirksam (RdNr. 275).

(85) Die Frage ist aufgrund des § 433 Abs. 1 S. 1 zu bejahen, wenn zwischen Lustig und Dümmlich ein Kaufvertrag über eine Buttercremetorte zum Preis von 1,50 DM zustande gekommen ist. Lustig hat seine auf den Abschluß dieses Vertrages gerichtete Erklärung zwar nicht ernstlich gemeint, jedoch erkannt, daß sie von Dümmlich ernst genommen wird. Es handelt sich somit nicht um einen Fall des § 118. Bei dem sog. „bösen Scherz" wird die nicht ernst gemeinte Willenserklärung mit der Absicht abgegeben, den Erklärungsempfänger über die Ernstlichkeit zu täuschen und sich später auf die Nichternstlichkeit zu berufen. Auf diesen Fall ist § 116 S. 1 anzuwenden (RdNr. 282). Dies hat zur Folge, daß Lustig wirksam die Offerte des Dümmlich zum Abschluß eines entsprechenden Kaufvertrages angenommen hat und zur Lieferung der Torte verpflichtet ist.

(86) Es handelt sich um einen Fall des Erklärungsirrtums, weil Volz etwas erklärte, (Kaufpreis 7000,– DM), was er nicht wollte (er wollte als Kaufpreis 8000,– DM angeben). Ein solcher Irrtum berechtigt grundsätzlich nach § 119 Abs. 1 Alt. 2 zur Anfechtung. Diese Anfechtung soll dem Erklärenden die Möglichkeit eröffnen, sich von der Erklärung, die nicht seinem Willen entspricht, zu lösen. Ein schutzwürdiges Interesse an einer Anfechtung ist jedoch nicht anzuerkennen, wenn sich der Anfechtungsgegner bereit erklärt, die Willenserklärung so gelten zu lassen, wie der Irrende sie tatsächlich gewollt hat. Wenn also hier Kunz damit einverstanden ist, den gewünschten Kaufpreis zu zahlen, entfällt das Anfechtungsrecht des Volz (RdNr. 289).

(87) Ein Identitätsirrtum ist ein Inhaltsirrtum, bei dem die Erklärung Angaben enthält, die sich auf eine bestimmte Person oder einen bestimmten Gegenstand beziehen, dieser Bezug aber nach dem objektiven Erklärungswert anders zu verstehen ist, als ihn der Erklärende meint. Ein solcher Irrtum berechtigt zur Anfechtung nach § 119 Abs. 1 Alt. 1 (RdNr. 291).

(88) Eine Anfechtung wegen Irrtums kommt nur in Betracht, wenn das Versehen beim Aufsetzen der Urkunde dazu geführt hat, daß die Gewährleistung für Sachmängel nicht ausgeschlossen worden ist. Dies ist jedoch nicht der Fall. Schussel und Pfiffig hatten vereinbart, daß Schussel für Mängel des Fahrzeugs nicht haften sollte. Eine solche vertragliche Absprache, die die §§ 459 ff. ausschließt, ist zulässig. Sie ist auch Gegenstand ihres Vertrages geworden, weil sie es mündlich vereinbart hatten. Daran

ändert nichts, daß beim Aufsetzen der Urkunde diese Vereinbarung versehentlich nicht aufgenommen wurde. Der übereinstimmende Wille der Parteien hat insoweit Vorrang. Dem steht auch nicht die Schriftformklausel entgegen, denn dadurch soll nur bewirkt werden, daß die von den Vertragsparteien ausgehandelten Vereinbarungen, von denen sie annehmen, daß sie in der Urkunde richtig wiedergegeben worden sind, Bestand und Geltung haben. Daß Pfiffig das Versehen bemerkt hatte, ist unbeachtlich; sein Vorbehalt, sich auf eine Gewährleistung zu berufen, ist nach § 116 S. 1 ohne rechtliche Bedeutung (RdNr. 294).

(89) Ein Anspruch des Volz auf Nachzahlung ist nach § 433 Abs. 2 nur begründet, wenn ein Kaufvertrag zum tatsächlichen Aktienkurs zustande gekommen ist. Die Vertragsparteien wollten ihrer Preisberechnung den tatsächlichen Aktienkurs zugrundelegen. Eine entsprechende Vereinbarung ist somit getroffen worden. Jedoch kann dies nicht dazu führen, daß deshalb Kunz verpflichtet ist, den höheren Preis zu zahlen. Anders als im Rubelfall (RdNr. 295) kann nämlich hier nicht davon ausgegangen werden, daß Kunz auch zum höheren Preis die Aktien gekauft hätte (vielleicht hätte er überhaupt nicht die entsprechenden Mittel gehabt). Aus diesem Grunde muß Kunz das Recht eingeräumt werden, sich von der vertraglichen Bindung (Zahlung des höheren Preises) durch Rücktritt vom Vertrag zu lösen. Dieses Recht ist ihm nach der Lehre von der Geschäftsgrundlage einzuräumen, da der beiderseitige Motivirrtum, in dem sich die Vertragspartner befunden haben, die Geschäftsgrundlage betrifft (RdNr. 318) und durch Vertragsanpassung nicht korrigierbar ist (RdNr. 320). Tritt Kunz jedoch nicht zurück, muß er den höheren Preis zahlen.

(90) Da Arnold nicht einen halven Hahn (= Brötchen mit Käse), sondern einen halben Hahn (= die Hälfte eines Hahnes) bestellt hat, der Kellner aber offenbar „halven Hahn" verstanden hat, ist weder ein Vertrag über ein Käsebrötchen noch über einen halben Hahn zustande gekommen. Denn die Offerte zum Abschluß eines Vertrages über einen halben Hahn ist vom Kellner (als Vertreter des Gastwirts) nicht angenommen worden. Arnold ist also weder zur Annahme der ihm angebotenen Speise noch zu deren Bezahlung verpflichtet. Anders wäre zu entscheiden, wenn Arnold nach der Karte einen „halven Hahn" in der Meinung bestellt hätte, es handle sich dabei um Geflügel. Dann käme seiner Bestellung in einem Kölner Lokal der objektive Erklärungswert zu, er wolle ein Käsebrötchen haben. Arnold hätte dann das Recht der Anfechtung wegen Inhaltsirrtums, wäre aber zum Ersatz des Vertrauensschadens (§ 122 Abs. 1) verpflichtet.

(91) Zu erwägen ist eine Anfechtung nach § 119 Abs. 1 iVm. Abs. 2 wegen Irrtums über eine verkehrswesentliche Eigenschaft des Anton. Ob Vorstrafen einer Person überhaupt als Eigenschaft angesehen werden können, ist zweifelhaft (verneinend Soergel/Hefermehl § 119 RdNr. 41); jedenfalls lassen sie einen Rückschluß auf Eigenschaften iSv. § 119 Abs. 2 zu (Unehrlichkeit, Unzuverlässigkeit) (vgl. RdNr. 299). Es kommt somit darauf an, ob diese Eigenschaften als verkehrswesentlich angesehen werden können. Auch wenn man den Begriff der Verkehrswesentlichkeit im engen Sinn auffaßt und ihn mit der Vertragswesentlichkeit gleichsetzt (RdNr. 304), sind hier die Voraussetzungen für ein Anfechtungsrecht des Handel zu bejahen. Bei dem Vertrag geht es um die Besetzung einer Stelle, bei der es auf die Ehrlichkeit und Zuverlässigkeit des Stelleninhabers besonders ankommt. Ein wiederholt wegen Eigentumsdelikten Vorbestrafter kann für eine solche Stellung nicht für geeignet gehalten werden.

(92) Der Anspruch auf Rückgabe kann auf § 812 Abs. 1 S. 2 Alt. 1 gestützt werden, wenn der rechtliche Grund für die Übertragung des Eigentums und des Besitzes an dem Becher durch Anfechtung der auf den Abschluß des Kaufvertrages gerichteten Willenserklärung des Erb weggefallen ist. Bei dem Alter des Bechers handelt es sich um eine Eigenschaft iSv. § 119 Abs. 2, die bei einem Vertrag der geschlossenen Art auch als „verkehrswesentlich" aufgefaßt werden muß. Denn Erb verkaufte eine Antiquität, deren Preis ganz wesentlich von dem Alter des Kaufgegenstandes bestimmt

wird. Deshalb kann Erb nach § 119 Abs. 1 iVm. Abs. 2 seine Willenserklärung zum Abschluß des Kaufvertrages anfechten und Rückgabe und Rückübereignung des Bechers von Alt fordern.

(93) Arnold muß den verlangten Preis nach § 433 Abs. 2 bezahlen, wenn er sich nicht durch Anfechtung von dem Vertrag lösen kann. Die von ihm abgegebene Offerte zum Abschluß eines Kaufvertrages war für die Firma in X-Stadt bestimmt. Durch einen Übermittlungsfehler gelangte sie zu dem falschen Adressaten, der die Offerte als an ihn gerichtet ansehen mußte und sie annahm. § 120 kommt auch dann in Frage, wenn der Erklärungsbote (hier die Post) die Willenserklärung einem falschen Empfänger übermittelt. Da die Voraussetzungen dieser Vorschrift hier erfüllt sind, kann Arnold seine Erklärung nach § 120 iVm. § 119 Abs. 1 mit der Folge anfechten, daß rückwirkend (§ 142 Abs. 1) seine Willenserklärung und damit auch der Kaufvertrag unwirksam werden (RdNr. 306); er ist aber zum Ersatz des Vertrauensschadens (z. B. der Versandkosten) nach § 122 Abs. 1 verpflichtet.

(94) Vertrauensschaden (negatives Interesse) ist der Schaden, der jemandem deshalb entstanden ist, weil er fälschlicherweise auf die Gültigkeit eines Rechtsgeschäfts vertraut hat. Muß er ersetzt werden, dann ist der Geschädigte wirtschaftlich so zu stellen, als habe er nicht auf die Gültigkeit des Rechtsgeschäfts vertraut, mit anderen Worten: er ist so zu stellen, als hätte er niemals etwas von dem angefochtenen Rechtsgeschäft gehört. Soweit ein entgangener Gewinn eine Position im Rahmen des Vertrauensschadens bildet, ist auch dieser zu ersetzen. Als Erfüllungsinteresse (positives Interesse) wird das Interesse an der Erfüllung eines Rechtsgeschäfts bezeichnet. Beim Ersatz des Erfüllungsinteresses ist der Ersatzberechtigte so zu stellen, als wäre das betreffende Rechtsgeschäft ordnungsgemäß erfüllt worden (RdNr. 309ff.).

(95) Die ergänzende Vertragsauslegung dient dem Ziel, eine lückenhafte Vertragsregelung durchführbar zu machen. Bei ihr sind auf der Grundlage von Treu und Glauben und der Verkehrssitte die von den Parteien im Vertrag zugrundegelegten Wertungen fortzuführen und zu Ende zu denken, um die von den Parteien offengelassene Frage zu beantworten (RdNr. 315f.).

(96) Dispositives Recht ist nachgiebig und kann von den Parteien durch abweichende Regelungen ausgeschlossen und ersetzt werden (RdNr. 314).

(97) Vom Fehlen der Geschäftsgrundlage spricht man, wenn zur Zeit des Vertragsschlusses ein Umstand nicht vorhanden ist, der mindestens von einer Partei vorausgesetzt wurde und der ihr so wichtig war, daß sie den Vertrag nicht oder zumindest nicht mit dem gleichen Inhalt geschlossen hätte, wenn sie an der Existenz dieses Umstandes gezweifelt hätte, ferner wenn auch die andere Partei sich auf die Berücksichtigung dieses Punktes redlicherweise hätte einlassen müssen, wenn dies vom Vertragspartner verlangt worden wäre. Vom Wegfall der Geschäftsgrundlage spricht man, wenn ein derartiger Umstand nachträglich entfällt (RdNr. 318).

(98) Groß ist weiterhin zur Lieferung der Fernwärme und des Warmwassers zu den Preisen der Stadtwerke verpflichtet, wenn er nicht wegen einer nachträglichen Äquivalenzstörung eine Änderung seiner vertraglichen Verpflichtung zu erreichen vermag. Die Parteien haben im Vertrag keine ausdrückliche Regelung der Frage getroffen, was geschehen soll, wenn sich Kohle- und Heizölpreise auseinanderbewegen. Ob deshalb von einer Lücke im Vertrag zu sprechen ist, die im Wege einer ergänzenden Vertragsauslegung geschlossen werden könnte (RdNr. 315), ist sehr zweifelhaft. Es mag sein, daß sie an diese Frage nicht gedacht haben, aber es läßt sich auch nicht ausschließen, daß Häusler auf jeden Fall die Bindung an die Preise der Stadtwerke wünschte, um vor überhöhten Preisforderungen des Groß gesichert zu sein, also eine anderslautende Regelung nicht akzeptiert hätte. Aber selbst wenn von einer Lücke im Vertrag ausgegangen werden müßte, gibt der im Vertrag zum Ausdruck kommende Wille der Parteien nicht genug her, um eine Regelung der offenen Frage treffen zu können

(RdNr. 316). Denn es geht hier nicht um ein außerordentliches Kündigungsrecht aus wichtigem Grund, sondern um eine Neufestsetzung von Energiepreisen, die Groß wünscht. Es fragt sich deshalb, ob das von Groß gewollte Ziel einer Vertragsänderung nach der Lehre von der Geschäftsgrundlage in Betracht kommt. Auch insoweit bestehen Zweifel, ob sich Häusler hätte redlicherweise auf die Berücksichtigung einer unterschiedlichen Entwicklung der Öl- und Kohlepreise im Vertrag einlassen müssen, wenn dies von Groß gewünscht worden wäre (RdNr. 318). Entscheidend ist aber, daß selbst dann, wenn dieser Umstand als Geschäftsgrundlage anzusehen wäre, das unveränderte Festhalten an der bisherigen vertraglichen Verpflichtung des Groß nicht dem Gebot von Treu und Glauben widerspricht. Allein der Umstand, daß eine Vertragspartei eine künftige Entwicklung falsch einschätzt und deshalb Preisvereinbarungen ihr Verluste zufügen, ist nicht ausreichend, den Grundsatz der Vertragstreue zu durchbrechen. Eine solche Fehlkalkulation fällt grundsätzlich in ihren Risikobereich. Nur wenn für sie schlechthin untragbare Ergebnisse eintreten, die ein Festhalten am Vertrag unzumutbar erscheinen lassen, gilt etwas anderes. Diese Voraussetzungen sind hier insbesondere bei Berücksichtigung der Interessen des Häusler, dessen Vertrauen auf den Bestand der vertraglichen Vereinbarungen Schutz verdient, nicht erfüllt. Groß muß also seinen vertraglichen Verpflichtungen unverändert nachkommen (Fall des BGH, NJW 1977, 2262).

(99) Ein Recht des Schussel zur Anfechtung des Kaufvertrages (genauer: seiner auf den Abschluß gerichteten Willenserklärung) nach § 123 Abs. 1 Alt. 1 ist zu bejahen, wenn Klever ihn durch arglistige Täuschung zur Abgabe dieser Erklärung veranlaßt hat. Eine Täuschung kann auch durch Unterlassen, durch Verschweigen von Tatsachen, vorgenommen werden, wenn den Täuschenden eine Aufklärungspflicht trifft. Der Verkäufer eines gebrauchten Pkw ist verpflichtet, dem Käufer ungefragt auch Blechschäden mitzuteilen, die ohne bleibende Folgen repariert worden sind. Denn die Kenntnis solcher Schäden ist für den Kaufentschluß bedeutsam (RdNr. 326). Da Klever den Unfall kannte und als Gebrauchtwagenhändler auch wußte, daß die Kenntnis eines Unfalls für den Kaufentschluß bedeutsam ist, hat er arglistig, d. h. vorsätzlich, getäuscht (RdNr. 329). Da es Schussel, wie sein späteres Verhalten deutlich macht, auf einen unfallfreien Wagen ankommt, hätte er ohne die Täuschung des Klever den Kaufvertrag nicht geschlossen. Damit sind die Voraussetzungen für eine Anfechtung wegen arglistiger Täuschung erfüllt.

In der Fallalternative könnte es fraglich sein, ob Klever arglistig gehandelt hat. Behauptet ein Kfz-Händler ohne entsprechende Untersuchung und Erkundigung gleichsam ins Blaue hinein, ein Fahrzeug sei unfallfrei, obwohl er damit rechnen muß, daß diese Angaben nicht richtig sind, dann handelt er zumindest mit bedingtem Vorsatz; dies genügt, um eine Arglist zu bejahen (RdNr. 329).

(100) Die von seinem Angestellten verübte arglistige Täuschung muß sich Klever zurechnen lassen, ohne daß es auf seine Kenntnis von der Täuschungshandlung ankommt, weil der Angestellte nicht „Dritter" iSv. § 123 Abs. 2 ist (RdNr. 332).

(101) Es stellt sich hier die Frage, ob überhaupt von Klein eine wirksame Willenserklärung abgegeben worden ist; denn ist diese Frage zu verneinen, kommt eine Anfechtung nicht in Betracht. Hier befindet sich Klein in einer sein Leben unmittelbar bedrohenden Situation, der er sich nicht entziehen kann und bei der kein Raum für einen eigenen Willensentschluß bleibt. Deshalb ist hier ein Handlungswille und damit eine wirksame Willenserklärung zu verneinen (RdNr. 335).

(102) Die Widerrechtlichkeit einer Drohung, die nach § 123 Abs. 1 zur Anfechtung berechtigt, ist zu bejahen, wenn das eingesetzte Mittel als solches rechtswidrig ist oder wenn der angestrebte Erfolg verboten oder sittenwidrig ist oder wenn die Verknüpfung zwischen dem angedrohten (an sich erlaubten) Mittel und dem verfolgten (rechtmäßigen) Zweck als rechts- oder sittenwidrig anzusehen ist (RdNr. 337).

(103) Die durch Anfechtung bewirkte Nichtigkeit des Verpflichtungsgeschäfts (§ 142 Abs. 1) bewirkt nicht ohne weiteres, daß auch das entsprechende Erfüllungsgeschäft unwirksam wird (Abstraktionsprinzip). Wenn aber der Anfechtungsgrund auch für das Erfüllungsgeschäft gilt (Fehleridentität), kann das Erfüllungsgeschäft ebenfalls angefochten werden (RdNr. 340f.).

(104) Der nach dem Kaufvertrag dem Kunz zustehende Anspruch auf Übergabe und Übereignung des Pkw (§ 433 Abs. 1 S. 1) erlischt nach § 275 Abs. 1 iVm. Abs. 2, da Volz sein Unvermögen zur Leistung nicht zu vertreten hat (RdNr. 348). Kunz hat jedoch einen Anspruch nach § 281 Abs. 1 auf Abtretung des dem Volz zustehenden Anspruchs gegen den Versicherer (RdNr. 350). Kunz wird seinerseits von seiner Vertragspflicht zur Zahlung des vereinbarten Kaufpreises (§ 433 Abs. 2) nach § 323 Abs. 1 frei; dies gilt jedoch nach § 323 Abs. 2 nicht, wenn Kunz den Anspruch nach § 281 Abs. 1 geltend macht; allerdings kann sich der Kaufpreisanspruch mindern, wenn die Höhe des Versicherungsanspruchs niedriger ist als der Wert des Pkw (RdNr. 357, 359). Ist der Diebstahl von Volz verschuldet worden, hat er also sein Unvermögen zu vertreten (§ 276), dann wird er nicht nach § 275 von seiner Leistungspflicht frei, vielmehr kann Kunz die ihm nach § 325 Abs. 1 zustehenden Rechte geltend machen (RdNr. 366). Entscheidet sich Kunz für den Anspruch auf Schadensersatz wegen Nichterfüllung (§ 325 Abs. 1 S. 1 Alt. 1), möglicherweise verbunden mit dem Anspruch auf Abtretung des Anspruchs gegen den Versicherer (vgl. § 325 Abs. 1 S. 3, § 323 Abs. 2, § 281 Abs. 2), dann ist bei der Schadensberechnung der ersparte Kaufpreis zu berücksichtigen (RdNr. 368).

(105) Beim Kaufvertrag trägt die Leistungsgefahr nach § 275 der Käufer (RdNr. 351), die Preisgefahr nach § 323 grundsätzlich der Verkäufer (RdNr. 357). Jedoch gibt es wichtige Ausnahmen, in denen die Gegenleistungsgefahr entgegen der in § 323 getroffenen Regelung nicht dem Schuldner (Verkäufer), sondern dem Gläubiger (Käufer) zufällt (zu diesen Ausnahmen RdNr. 361).

(106) Beim Annahmeverzug (§ 324 Abs. 2) und beim Versendungskauf (§ 447) (RdNr. 361).

(107) Die Pflicht des Volz, den Lkw Kunz zu übergeben und zu übereignen (§ 433 Abs. 1 S. 1), ist hinsichtlich des zerstörten Kfz nach § 275 Abs. 1 erloschen (RdNr. 349, 358). Sein Anspruch auf Zahlung des vereinbarten Kaufpreises mindert sich im Verhältnis des Werts beider Lkw zum Wert des noch lieferbaren (§ 323 Abs. 1 HS 2 iVm. § 472). Dies bedeutet, daß also Kunz gegen Lieferung des noch vorhandenen Lkw 25000,- DM zu zahlen hat. Wenn Kunz bereits den Kaufpreis in voller Höhe entrichtet hatte, kann er Rückzahlung von 25000,- DM nach § 812 Abs. 1 S. 2 Alt. 1 iVm. § 323 Abs. 3 fordern (RdNr. 360).

(108) Nach § 446 Abs. 1 geht die Gefahr des zufälligen Untergangs mit der Übergabe der Kaufsache auf den Käufer über. Folglich behält Volz auch nach Zerstörung des Kfz seinen Anspruch nach § 433 Abs. 2 (RdNr. 361).

(109) Auch beim Platzkauf und beim Transport mit eigenen Leuten und Fahrzeugen findet nach hM § 447 Abs. 1 Anwendung (RdNr. 361).

(110) Eine Obliegenheit ist ein Gebot, dessen Befolgung zwar nicht erzwungen werden kann, dessen Beachtung aber im Interesse des dadurch Belasteten liegt, weil ihm sonst Rechtsnachteile drohen (RdNr. 363).

(111) Der Gläubiger hat es nach § 324 Abs. 1 zu vertreten, wenn die Leistung infolge einer schuldhaften Verletzung der ihm nach dem Vertrag zufallenden Pflichten und Obliegenheiten unmöglich wird (RdNr. 362f.).

(112) Da die nach dem Mietvertrag von Eich zu gewährende Leistung, den Gebrauch des Wochenendhauses während des Monats August Michel zu gewähren (§ 535 S. 1), infolge eines von Eich zu vertretenden Umstandes unmöglich geworden ist, stehen Michel die Rechte aus § 325 Abs. 1 nach seiner Wahl zu. Als Michel den

Rücktritt vom Vertrag erklärt hat (§ 325 Abs. 1 S. 1 Alt. 2), hat sich das vertragliche Schuldverhältnis in ein Rückgewährschuldverhältnis umgewandelt. Dementsprechend sind die entsprechenden primären und damit auch die sekundären Leistungspflichten erloschen und Michel kann nicht mehr einen Anspruch auf Schadensersatz geltend machen (RdNr. 367).

(113) Der Anspruch des Hetzer ist nach § 325 Abs. 1 S. 1 Alt. 1 nach der Differenztheorie gerechtfertigt (RdNr. 368f.). Hat Hetzer sein Motorrad bereits Raser übergeben (und übereignet), dann kann er Schadensersatz nur auf der Grundlage der Surrogationstheorie fordern (RdNr. 370). Dies bedeutet, daß Raser das Motorrad des Hetzer behält und den Wert seines (zerstörten) Motorrades zu ersetzen hat. Will Hetzer sein eigenes Motorrad zurückhaben, dann muß er vom Vertrag zurücktreten, kann dann allerdings nicht mehr Schadensersatz fordern (RdNr. 367).

(114) Der Kaufvertrag ist auf eine Leistung gerichtet, die bereits im Zeitpunkt des Vertragsschlusses objektiv unmöglich ist; der Vertrag ist folglich nach § 306 nichtig. Da Volz jedoch dies nicht wissen konnte, kann Kunz nicht nach § 307 Abs. 1 Schadensersatz von ihm verlangen (RdNr. 372, 374).

(115) Alf kann nach § 325 Abs. 1 S. 1 Alt. 2 vom Vertrag zurücktreten und sich bei einem anderen Händler eine Stereoanlage kaufen, wenn die von Handel nach dem mit Alf abgeschlossenen Kaufvertrag zu erbringende Leistung unmöglich geworden ist. Gegenstand des Vertrages war eine Stereoanlage bestimmten Typs. Hierbei handelt es sich um eine Gattungsschuld, bei der die Konkretisierung noch nicht eingetreten ist, weil Handel das zur Leistung seinerseits Erforderliche noch nicht getan hat (§ 243 Abs. 2); nach dem Vertrag war Handel verpflichtet, die Anlage Alf in dessen Diskothek anzubieten (wenn man einmal von der zusätzlichen Verpflichtung der Installation der Anlage absieht). Handel ist jedoch vorübergehend nicht in der Lage zu liefern. Die geschuldete Leistung ist also vorübergehend unmöglich. Das vorübergehende Unvermögen ist dem dauernden dann gleichzustellen, wenn durch Leistung nach Behebung des vorübergehenden Hindernisses der Vertragszweck nicht mehr erreicht werden kann und deshalb dem Gläubiger ein weiteres Abwarten nicht zuzumuten ist. Vertragszweck war hier nicht nur, Alf eine Stereoanlage irgendwann zu verschaffen, sondern rechtzeitig zur Eröffnung der Diskothek. Dieser Vertragszweck kann 14 Tage später nicht mehr erreicht werden. Angesichts der Nachteile, die sich hier für Alf bei einer verspäteten Eröffnung seiner Diskothek ergeben (insbesondere Einnahmeausfall), kann ihm nicht zugemutet werden, so lange zu warten, bis Handel liefern kann. Da Handel sein Unvermögen zur rechtzeitigen Lieferung auch zu vertreten hat (§ 279), steht Alf ein Rücktrittsrecht nach § 325 Abs. 1 zu (RdNr. 382). Erwogen kann auch werden, ob es sich hier um ein (relatives) Fixgeschäft handelt. Da jedoch dann das Ergebnis aufgrund des § 361 gleich wäre, kann eine Entscheidung offenbleiben.

(116) Bei einem absoluten Fixgeschäft kann nach dem Inhalt und dem Zweck des Vertrages die Leistung nur zu einem bestimmten Zeitpunkt erbracht werden; sie ist später nicht nachholbar. Deshalb tritt Unmöglichkeit ein, wenn die Leistung zum vereinbarten Zeitpunkt vom Schuldner nicht bewirkt wird. Beim relativen Fixgeschäft ist der Zeitpunkt der Leistung für den Gläubiger so wesentlich, daß mit seiner Einhaltung das Geschäft stehen und fallen soll, wenn auch – anders als beim absoluten Fixgeschäft – die Leistung später noch nachholbar ist. Soweit die Parteien nichts anderes vereinbaren, ist nach der Auslegungsregel des § 361 der Gläubiger zum Rücktritt vom Vertrage berechtigt, wenn die Leistung nicht fristgerecht erbracht wird (RdNr. 383).

(117) Die Mahnung ist die einseitige, an den Schuldner gerichtete (empfangsbedürftige) Aufforderung des Gläubigers, die geschuldete Leistung zu erbringen. Aus ihr muß sich klar und eindeutig ergeben, daß der Gläubiger die geschuldete Leistung

verlangt und daß die Nichtbeachtung dieser Aufforderung für den Schuldner rechtliche Folgen haben kann (RdNr. 388).

(118) Bei der Mahnung handelt es sich um eine geschäftsähnliche Handlung, auf die die Vorschriften über Willenserklärungen entsprechende Anwendung finden. Daraus folgt, daß ein beschränkt Geschäftsfähiger zwar mahnen kann, da ihm die Mahnung nur rechtliche Vorteile bringt (§ 107 analog), aber nicht gemahnt werden kann; die Mahnung muß vielmehr seinem gesetzlichen Vertreter zugehen (§ 131 Abs. 2 analog) (RdNr. 389).

(119) Eine Mahnung ist entbehrlich, wenn für die Leistung eine Zeit nach dem Kalender bestimmt ist (§ 284 Abs. 2 S. 1), wenn der Leistung eine Kündigung vorauszugehen hat und die Zeit für die Leistung in der Weise bestimmt ist, daß sie sich von der Kündigung ab nach dem Kalender berechnen läßt (§ 284 Abs. 2 S. 2), wenn der Schuldner die Leistung ernsthaft und endgültig verweigert, wenn der Schuldner sich verpflichtet, die Leistung bis zu einem bestimmten Zeitpunkt oder besonders rasch zu erbringen, weil dies für den Gläubiger zur Abwendung bedeutsamer Nachteile besonders wichtig ist, schließlich wenn der Schuldner den Gläubiger von einer Mahnung dadurch abhält, daß er die Leistung zu einem bestimmten Zeitpunkt verspricht (RdNr. 391).

(120) Gerät der Schuldner mit seiner Leistung in Verzug, dann kann der Gläubiger neben seinem Anspruch auf Erbringung der vertraglichen Leistung seinen Verzugsschaden nach § 286 Abs. 1 geltend machen (RdNr. 396). Wird Geld geschuldet, dann kann der Gläubiger nach § 288 Abs. 1 in jedem Fall (ohne Nachweis eines Schadens) die Verzinsung der Geldschuld in Höhe von 4% für das Jahr verlangen (RdNr. 397). Befindet sich der Schuldner mit einer im Gegenseitigkeitsverhältnis stehenden Hauptleistungspflicht in Verzug, dann kann der Gläubiger die ihm nach § 326 zustehende Rechte durchsetzen (RdNr. 400ff.). Bei anderen Leistungen kann der Gläubiger in dem Fall, daß infolge des Verzuges sein Interesse an der Leistung weggefallen ist, nach § 286 Abs. 2 Schadensersatz wegen Nichterfüllung fordern (RdNr. 398).

(121) Der Schuldner kommt nach hM nicht in Verzug, wenn ihm die Einrede nach § 320 zusteht. In diesem Fall tritt der Schuldnerverzug erst ein, wenn der Gläubiger seine Gegenleistung anbietet und der Schuldner daraufhin selbst nicht leistet (RdNr. 402). Dagegen muß das Zurückbehaltungsrecht des § 273 vom Schuldner geltend gemacht werden, wenn der Eintritt des Verzuges verhindert werden soll. Befindet sich der Schuldner bereits in Verzug, dann genügt nicht allein die Berufung auf das Zurückbehaltungsrecht, sondern der Schuldner muß dann auch noch seine Leistung dem Gläubiger anbieten, damit die Wirkungen des Verzugs entfallen (RdNr. 405).

(122) Eine Nachfristsetzung ist ausnahmsweise bei § 326 Abs. 1 entbehrlich, wenn infolge des Verzuges das Interesse des Gläubigers an der Erfüllung des Vertrages weggefallen ist (§ 326 Abs. 2), wenn der Schuldner die Leistung ernstlich und endgültig verweigert oder wenn vertraglich vereinbart worden ist, daß eine Nachfristsetzung entbehrlich sein soll (RdNr. 409).

(123) Das Recht zum Rücktritt vom Kaufvertrag mit Handel kann sich für Arnold aus § 326 Abs. 1 iVm. §§ 440, 433 Abs. 1 ergeben. Ob sich bereits Handel im Zeitpunkt der Nachfristsetzung in Verzug befunden hat, läßt sich nicht aus dem mitgeteilten Sachverhalt eindeutig entnehmen; jedoch kann diese Frage offenbleiben, da der Gläubiger die Fristsetzung mit Ablehnungsandrohung auch mit der den Verzug herbeiführenden Mahnung verbinden kann (RdNr. 407). Zwar hat Arnold die Teilleistung des Handel angenommen, so daß dieser nur noch mit dem Rest in Verzug geraten konnte, aber da durch das Ausbleiben der Restlieferung das Interesse des Arnold an Erfüllung des gesamten Vertrages weggefallen ist, konnte er auch vom gesamten Vertrag zurücktreten (§ 326 Abs. 1 S. 3 iVm. § 325 Abs. 1 S. 2) (RdNr. 406). Arnold hat auch – was erforderlich ist – bei der Nachfristsetzung darauf

hingewiesen, daß er die Leistung insgesamt ablehnen werde. Die entscheidende Frage richtet sich also darauf, ob durch das Unvermögen des Arnold, die ihm gelieferten zehn Gedecke zurückzugeben, sein Rücktrittsrecht entfällt. Nach § 350, der hier aufgrund der Verweisung des § 327 S. 1 entsprechend anzuwenden ist, wird der Rücktritt nicht dadurch ausgeschlossen, daß der zurückzugewährende Gegenstand durch Zufall untergegangen ist. Diese Vorschrift findet nicht nur in Fällen der Zerstörung des zurückzugewährenden Gegenstandes Anwendung, sondern in gleicher Weise wie § 351 auch bei jeder anderweitigen Unmöglichkeit der Herausgabe. Diese (subjektive) Unmöglichkeit ist für Arnold auch eine zufällige, da er den Diebstahl nicht zu vertreten hat. Somit ist also Arnold zum Rücktritt vom Vertrag berechtigt.

(124) Der Gläubiger kommt in Verzug, wenn er die mögliche Leistung, die ihm der leistungsberechtigte Schuldner zur rechten Zeit, am rechten Ort sowie in der richtigen Menge und Beschaffenheit anbietet, nicht annimmt (RdNr. 414 ff.).

(125) Ländler kann seinen Anspruch auf Zahlung des vereinbarten Kaufpreises auf § 433 Abs. 2 stützen. Ein gültiger Kaufvertrag ist zwischen ihm und Handel geschlossen worden. Es fragt sich aber, welche Rechtsfolgen es hat, daß Ländler die ihm nach dem Vertrag obliegende Leistung nicht erbracht hat. Grundsätzlich ist der Käufer nur verpflichtet, den Kaufpreis Zug um Zug gegen den ihm anzubietenden Kaufgegenstand zu zahlen (§ 320 Abs. 1 iVm. § 440 Abs. 1), Gegenstand des Kaufvertrages ist eine (beschränkte) Gattungsschuld. In dem Zeitpunkt, in dem die bereitgestellten Gurken gestohlen wurden, ist die Konkretisierung der Gattungsschuld noch nicht eingetreten, weil bei einer Bringschuld, um die es sich hier handelt, Ländler das seinerseits Erforderliche erst getan hat, wenn er sie im Geschäft des Handel diesem angeboten hat (§ 243 Abs. 2) (RdNr. 156, 158). Im Zeitpunkt des Diebstahls hat sich jedoch Handel im Annahmeverzug befunden, da das wörtliche Angebot am Telefon aufgrund der Erklärung des Grün, er werde die Leistung nicht annehmen, genügte (§ 295). Nach § 300 Abs. 2 geht die Gefahr des zufälligen Untergangs der geschuldeten Leistung bei einer Gattungsschuld auf den Gläubiger über, wenn er in Annahmeverzug gerät und der Leistungsgegenstand ausgesondert wird und damit genügend bestimmt ist (RdNr. 422). Folglich wird Ländler von seiner Pflicht zur Lieferung der Gurken nach § 275 frei. Er behält aber nach § 324 Abs. 2 iVm. Abs. 1 seinen Anspruch auf Zahlung des Kaufpreises. Folglich hat Handel die Gurken zu bezahlen.

(126) Gewohnheitsrecht sind ungeschriebene Rechtssätze, die längere Zeit hindurch als Recht anerkannt und befolgt werden (RdNr. 425).

(127) Nach der Äquivalenztheorie ist jeder Umstand für den Eintritt eines bestimmten Ereignisses ursächlich, der nicht hinweggedacht werden kann, ohne daß dann das Ereignis entfällt (RdNr. 431). Die Adäquanztheorie bejaht einen Ursachenzusammenhang zwischen einem Verhalten und einem Ereignis nur dann, wenn die Herbeiführung dieses Ereignisses durch das Verhalten nicht außerhalb jeder Wahrscheinlichkeit liegt (RdNr. 432).

(128) Mit der Adäquanztheorie wird das Ziel verfolgt, eine Einschränkung und Präzisierung der dem Ersatzpflichtigen zuzurechnenden Schadensfolgen vorzunehmen (RdNr. 432). Da jedoch eine angemessene Begrenzung dieser Schadensfolgen auf der Grundlage der Adäquanztheorie nicht gelingt, wird eine Orientierung am Normzweck empfohlen. Es sollen dem Ersatzpflichtigen nur solche Schäden zugerechnet werden, die vom Schutzbereich der anspruchsbegründenden Norm umfaßt werden (RdNr. 435 ff.).

(129) Mit dem Begriff „positive Vertragsverletzung" soll zum Ausdruck gebracht werden, daß die hiervon erfaßten Leistungsstörungen nicht in einer negativen Handlung, in einer Nichtleistung oder einer nicht rechtzeitigen Leistung, bestehen, sondern in einem aktiven Tun, in der Verletzung von Vertragspflichten. Diese Sicht ist aber nicht zutreffend. Denn eine „positive Vertragsverletzung" kann auch durch ein Unter-

lassen z. B. im Hinblick auf eine gebotene Hinweispflicht begangen werden. Zu eng ist es auch, von einer „Vertragsverletzung" zu sprechen, weil die Verletzung von Pflichten, die nicht auf Vertragsverhältnissen beruhen, ebenfalls schadensersatzpflichtig machen kann. Deshalb ist es auf jeden Fall vorzuziehen, von einer „positiven Forderungsverletzung" zu reden (RdNr. 427).

(130) Ein Schadensersatzanspruch kann Häusler gegen Emsig aus pFV zustehen. Aus dem zwischen Emsig und Häusler geschlossenen Werkvertrag hat sich für Emsig die Pflicht ergeben, bei Durchführung des Vertrages eine Schädigung von Rechtsgütern des Emsig zu unterlassen. Diese Schutzpflicht ist durch die Gehilfen des Emsig verletzt worden. Dadurch ist (adäquat kausal) dem Häusler ein Schaden entstanden, zu dessen Vermeidung Emsig durch die genannte Schutzpflicht gerade verpflichtet gewesen ist (Schutzzweck der Norm). Nach § 278 hat Emsig das Verschulden seiner Gehilfen zu vertreten (RdNr. 429, 440). Ob daneben Häusler noch gegen Emsig und dessen Gehilfen deliktische Ansprüche zustehen, soll hier offenbleiben.

(131) Ein Schadensersatzanspruch aufgrund einer c.i.c. oder pFV (je nachdem, ob im Zeitpunkt der falschen Information bereits der Kaufvertrag geschlossen worden war oder nicht) kommt in Betracht, wenn Handel eine ihm obliegende Pflicht aus dem (gesetzlichen) Schuldverhältnis mit Blümlein verletzt hat (RdNr. 429, 441). Handel ist verpflichtet, über die Verwendungsmöglichkeit des Unkrautvernichtungsmittels Blümlein zutreffend zu informieren. Eine solche Beratungspflicht trifft Handel insbesondere, weil es sich bei dem gekauften Mittel offenbar – wie der Schaden des Blümlein zeigt – um ein gefährliches handelt und weil sich Blümlein auf die Sachkunde des Handel verlassen können muß. Dieser Pflicht hat Handel schuldhaft zuwidergehandelt. Er muß deshalb den dadurch verursachten Schaden ersetzen (RdNr. 440, 453).

(132) Frau Kunz kann auf der Grundlage der c. i. c. ein Anspruch auf Schadensersatz gegen Reichlich zustehen. Durch das Betreten des Kaufhauses in der Absicht, ein Geschenk für ihre Freundin käuflich zu erwerben, entsteht zwischen ihr und Reichlich ein gesetzliches Schuldverhältnis, aus dem sich Schutz- und Fürsorgepflichten des Reichlich für die Unversehrtheit von Körper und Gesundheit der Frau Kunz ergeben. Diese Pflicht hat Reichlich dadurch verletzt, daß er den am Boden liegenden Obstrest nicht beseitigte und es deshalb zu dem Unfall und der Verletzung der Frau Kunz gekommen ist. Bei der gegebenen Sachlage ist auch davon auszugehen, daß Reichlich oder seine Mitarbeiter, die für den verkehrssicheren Zustand der Verkaufsräume Sorge zu tragen haben, fahrlässig handelten. Reichlich ist deshalb verpflichtet, Ersatz der Arztkosten Frau Kunz zu leisten (RdNr. 449, 452). Dagegen besteht kein Anspruch aus c. i. c., wenn feststeht, daß sich Frau Kunz ohne jede Kaufabsicht nur deshalb im Kaufhaus aufgehalten hat, um die Zeit bis zur Abfahrt ihres Zuges dort zu verbringen. Denn dann hat sich zwischen Reichlich und ihr kein unmittelbarer geschäftlicher Kontakt ergeben, der nach hM zur Entstehung des gesetzlichen Schuldverhältnisses der c. i. c. erforderlich ist (RdNr. 450).

(133) Auch in diesem Fall stellt sich die Frage, ob eine Haftung des Kundig aus c. i. c. zu bejahen ist. Der zwischen Kundig und Fleißig bestehende unmittelbare geschäftliche Kontakt schafft ein gesetzliches Schuldverhältnis, aus dem sich die Pflicht des Kundig ergibt, als Rechtskundiger Fleißig darauf hinzuweisen, daß der „Kaufanwärtervertrag" nach § 313 S. 1 der notariellen Beurkundung bedarf. Der deshalb Fleißig zustehende Anspruch auf Schadensersatz kann jedoch nicht dazu führen, daß Kundig Fleißig so stellt, als sei ein formgültiger Vertrag zustande gekommen. Dies würde dem Zweck des § 313 S. 1 widersprechen. Fleißig kann deshalb von Kundig nur fordern, z. B. durch Ausgleich inzwischen eingetretener Preissteigerungen finanziell so gestellt zu werden, daß er ein gleichwertiges Objekt erwerben kann (RdNr. 458).

(134) In Betracht kommt ein Schadensersatzanspruch wegen c.i.c. Wer Vertragsverhandlungen führt, ist verpflichtet, Schäden des Verhandlungspartners zu vermei-

den, die diesem infolge des Abbruchs der Vertragsverhandlungen entstehen können. Dementsprechend war zwar Häusler nicht verpflichtet, die Vertragsverhandlungen fortzusetzen, er mußte aber Kunz in Köln informieren, daß er es sich anders überlegt hatte, damit dieser nicht von Köln anreiste. Aus dem Sachverhalt ergibt sich auch kein Hinweis, daß erst ein Umstand nach Antritt der Fahrt Häusler hat anderen Sinnes werden lassen. Kunz kann deshalb nach den Grundsätzen der c. i. c. Ersatz seiner Fahrtkosten für die zweite Fahrt von Köln nach München und zurück von Häusler fordern (RdNr. 455).

(135) Bei einem Stückkauf wird der Kaufgegenstand durch individuelle Merkmale konkret bestimmt, beim Gattungskauf ist der Gegenstand nur der Gattung nach bezeichnet (RdNr. 461).

(136) Typische Verträge mit andersartiger Nebenleistung, Typenkombinationsverträge, Typenverschmelzungsverträge und gekoppelte Verträge (RdNr. 462).

(137) Gustav ist berechtigt, wegen der ungenießbaren Suppe die Zahlung des vollen Preises zu verweigern, wenn ihm deshalb ein Recht zur Minderung zusteht. Ein solches Minderungsrecht kann sich für ihn aus § 462 iVm. § 459 Abs. 1 ergeben. Es fragt sich jedoch, ob auf den von Gustav mit dem Gastwirt geschlossenen Vertrag das Kaufrecht angewendet werden kann. Bestellt ein Gast in einem Gasthaus ein Essen, dann schließt er mit dem Gastwirt (dieser möglicherweise vertreten durch einen Kellner) einen Typenkombinationsvertrag, in dem Elemente des Kaufs (wegen der Speisen; vgl. § 651 Abs. 1), des Mietvertrages (wegen der Benutzung des Tischs, des Stuhls, des Geschirrs) und des Dienstvertrages (wegen der Bedienung) miteinander verbunden sind. Die Frage, nach welchen Regeln Leistungsstörungen bei typengemischten Verträgen zu entscheiden sind, wird nicht einheitlich beantwortet. Auf diesen Meinungsstreit braucht jedoch nicht eingegangen zu werden, weil in einem solchen Fall, in dem eine Lösung mit Hilfe einer (ergänzenden) Vertragsauslegung nicht gefunden werden kann, von allen Theorien auf den Vertragsteil, der die Lieferung von Speisen zum Inhalt hat, das Kaufrecht angewendet wird (RdNr. 462). Da eine völlig versalzene und deshalb ungenießbare Suppe mit einem Fehler behaftet ist, der ihre Tauglichkeit zu dem nach dem Vertrag vorausgesetzten Gebrauch aufhebt, weist sie einen Mangel auf, der Gustav das Recht zur Minderung gibt (§ 459 Abs. 1, § 462). Da Gustav ein Menü bestellt hat, kann er von dem Gesamtpreis den Wert der Suppe, den diese in einem mangelfreien Zustand hätte, abziehen (§ 472 Abs. 2).

(138) Bei einem Sachkauf trifft den Verkäufer die Hauptleistungspflicht, die Kaufsache dem Käufer zu übergeben und das Eigentum an ihr zu verschaffen (§ 433 Abs. 1 S. 1). Die Hauptleistungspflicht des Käufers besteht darin, den vereinbarten Kaufpreis zu zahlen. Grundsätzlich ist die Abnahmepflicht Nebenleistungspflicht des Käufers. Die Parteien können jedoch ausdrücklich oder konkludent der Abnahmepflicht den Rang einer synallagmatischen Hauptleistungspflicht geben (RdNr. 463, 466).

(139) Im Rahmen eines Factoring-Vertrages verpflichtet sich ein Vertragspartner (die Anschlußfirma), alle künftigen Forderungen aus Warenlieferungen oder Dienstleistungen dem Factor zum Erwerb anzubieten, während der andere Vertragspartner (der Factor) sich verpflichtet, alle ihm angebotenen Forderungen zu erwerben, wenn die Forderung die vom Factor für den einzelnen Kunden der Anschlußfirma (Schuldner der Forderung) festgelegte Kreditgrenze nicht übersteigt. Erwirbt der Factor die einzelne Forderung, dann stellt er den Gegenwert der Forderung abzüglich einer „Factoringgebühr" als Entgelt durch Gutschrift der Anschlußfirma zur Verfügung. Beim echten Factoring wird vom Factor das Risiko für die Einbringlichkeit der Forderung übernommen; beim unechten Factoring bleibt dagegen dieses Risiko bei der Anschlußfirma, denn die Anschlußfirma wird rückbelastet, wenn sich die Forderung als uneinbringlich erweist (RdNr. 464).

(140) Nach § 286 Abs. 1 kann Volz die Zahlung von 300,– DM verlangen, da ihm ein Schaden in dieser Höhe durch Verzug des Kunz (§ 284 Abs. 1 S. 1 iVm. Abs. 2 S. 1, § 285) entstanden ist. Volz kann auch Rechte aus § 326 Abs. 1 gegen Kunz geltend machen, wenn die Parteien die Pflicht zur Abnahme der Kaufsache zu einer synallagmatischen Hauptleistungspflicht erhoben haben (RdNr. 466). Dies ist hier konkludent geschehen, weil Volz erkennbar für Kunz wegen der Lieferung des neuen Automaten besonderen Wert auf eine rechtzeitige Abnahme legte und sich Kunz dementsprechend verpflichtete, den Automaten zu einem festen Termin abzuholen. Volz kann also Kunz eine angemessene Frist zur Abholung des Reinigungsautomaten setzen und diese Fristsetzung mit der Erklärung verbinden, daß er danach den Reinigungsautomaten nicht mehr Kunz übergeben werde. Läuft die Frist ergebnislos ab, dann ist Volz berechtigt, entweder Schadensersatz wegen Nichterfüllung zu fordern oder vom Vertrag zurückzutreten. Da sich Kunz in Gläubigerverzug befindet (vgl. §§ 293, 296), steht Volz auch das Recht zum Selbsthilfeverkauf (vgl. § 383) zu.

(141) Das Eigentum an beweglichen Sachen wird durch Einigung zwischen dem Eigentümer und dem Erwerber über den Eigentumsübergang und Übergabe der Sache übertragen (§ 929 S. 1). Ist der Erwerber bereits im Besitz der zu übereignenden Sache, dann genügt nach § 929 S. 2 die bloße Einigung über den Eigentumsübergang. An die Stelle der Übergabe nach § 929 S. 1 können Übergabesurrogate treten, und zwar die Vereinbarung eines Besitzmittlungsverhältnisses (§ 930) oder die Abtretung des Herausgabeanspruchs an den Erwerber, der dem Eigentümer gegen den Besitzer zusteht (§ 931) (RdNr. 470 ff.).

(142) Übergabe iSv. § 929 S. 1 bedeutet die Aufgabe des Besitzes durch den Eigentümer und die Erlangung des Besitzes durch den Erwerber auf Veranlassung des Eigentümers (RdNr. 472). Die Übergabe dient dem Zweck, den Übereignungsvorgang auch Dritten gegenüber erkennbar werden zu lassen (Publizitätsprinzip) (RdNr. 471).

(143) Emsig wird in dem Zeitpunkt Eigentümer der Farbe, in dem sein Geselle Fleißig den Farbeimer von Groß erhält. Bei der Einigung über den Eigentumsübergang vertritt Fleißig Groß (§ 164 Abs. 1). Die Übergabe an Emsig vollzieht sich dadurch, daß der Farbeimer von Groß oder einem seiner Angestellten Fleißig ausgehändigt wird, da dieser als Besitzdiener die tatsächliche Gewalt für seinen Arbeitgeber ausübt (RdNr. 471).

(144) Max und Moritz sind aufgrund der Leihe durch ein Besitzmittlungsverhältnis verbunden, nach dem Max mittelbarer Besitzer, Moritz Besitzmittler (unmittelbarer Besitzer) ist (RdNr. 471).

(145) Beim Eigenbesitz besitzt eine Person eine Sache als ihr gehörend (§ 872), während beim Fremdbesitz dies gerade mit der subjektiven Einstellung geschieht, daß die Sache nicht im Eigentum des Besitzers selbst, sondern eines anderen steht (RdNr. 471).

(146) Ein Besitzmittlungsverhältnis wird durch folgende Merkmale charakterisiert: unmittelbarer Fremdbesitz einer Person, Ableitung des Besitzrechts vom mittelbaren Besitzer, zeitliche Begrenzung der Stellung des unmittelbaren Besitzers und Rückgabeanspruch des mittelbaren Besitzers gegen den unmittelbaren (RdNr. 471).

(147) Erich ist durch den Erbfall nicht Eigentümer des Buches geworden; sein guter Glaube an das Eigentum des Erblassers hilft ihm dabei nicht. Nur bei einem rechtsgeschäftlichen Eigentumserwerb kann es einen gutgläubigen Erwerb nach §§ 932 ff. geben. Erich hat also als Nichtberechtigter über das Eigentum des Christoph verfügt, als er es an Bertold veräußerte. Bertold hat jedoch Erich für den Eigentümer des Buches gehalten, ohne daß ihm deshalb der Vorwurf grober Fahrlässigkeit gemacht werden kann (vgl. § 932 Abs. 2). Er hat folglich nach § 932 Abs. 1 S. 1 Eigentum erworben, wenn das Buch Christoph nicht abhanden gekommen ist (§ 935 Abs. 1 S. 1). Da

Christoph das Buch Arnold geliehen hatte, hat er freiwillig den unmittelbaren Besitz daran verloren. In die Besitzposition des Arnold ist sein Erbe Erich eingetreten (§ 857). Als Erich das Buch Bertold übergab, verlor Christoph nicht den unmittelbaren Besitz, weil er diesen bereits vorher (freiwillig) aufgegeben hatte. § 935 Abs. 1 steht folglich dem Eigentumserwerb des Bertold nicht entgegen (RdNr. 478 ff.).

(148) Das Eigentum an Grundstücken wird durch Einigung des Eigentümers mit dem Erwerber über den Eigentumsübergang und Eintragung des Erwerbers als neuer Eigentümer im Grundbuch erworben (§§ 873, 925) (RdNr. 481).

(149) Bei einer Rechtsgrundverweisung muß nicht nur der Tatbestand der verweisenden Norm, sondern auch noch der Tatbestand der Bezugsnorm erfüllt sein, während bei einer Rechtsfolgeverweisung die in Bezug genommene Rechtsfolge eintritt, wenn nur der Tatbestand der verweisenden Vorschrift verwirklicht ist (RdNr. 486).

(150) Da Volz seine Pflicht aus § 433 Abs. 1 S. 1, das verkaufte Bild dem Kunz zu übereignen, nicht erfüllt hat, haftet er nach § 440 Abs. 1 iVm. § 325 Abs. 1 S. 1 auf Schadensersatz wegen Nichterfüllung. Die in § 440 Abs. 2 bis 4 getroffene Regelung steht nicht entgegen. Der Käufer, der den Berechtigten wegen seines Rechts abfindet, kann nach § 440 Abs. 3 letzte Alternative in gleicher Weise Schadensersatz fordern, als habe er die Kaufsache an den Berechtigten herausgegeben. Kunz ist also vermögensmäßig so zu stellen, wie er stünde, wenn der Vertrag von Volz ordnungsgemäß erfüllt worden wäre (RdNr. 487 f.). In diesem Fall hätte er nicht Eich abfinden müssen. Die 3000,– DM, die er an Eich gezahlt hat, kann er also von Volz fordern.

(151) Grundsätzlich muß der Verkäufer einer Forderung nur für die Existenz (Verität) der Forderung haften (§ 437 Abs. 1), für die Einbringlichkeit (die Bonität) hat er nur einzustehen, wenn er vertraglich eine entsprechende Haftung übernimmt (§ 438) (RdNr. 491).

(152) Reich könnte das gewünschte Ziel, die Herabsetzung des Kaufpreises, erreichen, wenn ihm ein Recht zur Minderung zusteht (vgl. § 472). Dann müßte das von ihm gekaufte Schwert im Zeitpunkt des Gefahrübergangs mit einem Fehler behaftet sein, der den Wert oder die Tauglichkeit zum gewöhnlichen oder vertraglich vorausgesetzten Gebrauch aufhebt oder nicht unerheblich mindert (§ 459 Abs. 1 iVm. § 462). Als Fehler ist die dem Käufer ungünstige Abweichung der Ist-Beschaffenheit von der Soll-Beschaffenheit anzusehen. Es fragt sich deshalb, ob eine im 19. Jahrhundert hergestellte Kopie eines Schwertes in dieser Weise von der Soll-Beschaffenheit eines im 17. Jahrhundert in Toledo gefertigten Schwerts abweicht. Die objektive Fehlertheorie, die verlangt, daß der Kaufgegenstand alle gattungsbestimmenden Merkmale aufweisen muß, und die nur in einer minderen Qualität solcher Merkmale einen Fehler erblickt, verneint diese Frage. Nach ihr gehört eine Kopie aus dem 19. Jahrhundert überhaupt nicht zur Gattung echter Waffen aus Toledo. Die herrschende subjektive Fehlertheorie geht bei der Bestimmung der Soll-Beschaffenheit von der vertraglichen Vereinbarung aus und bejaht einen Fehler, wenn sich der Kaufgegenstand in seiner Beschaffenheit nachteilig von der im Kaufvertrag festgelegten unterscheidet. Sie kommt deshalb in dem zu entscheidenden Fall zu dem Ergebnis, daß das verkaufte Schwert fehlerhaft ist. Denn die Vertragsparteien gingen davon aus, daß es sich bei der Waffe um ein Schwert aus dem 17. Jahrhundert handelte. Auch wenn man einen subjektiv-objektiven Fehlerbegriff zugrundelegen wollte, gelangte man zu dem gleichen Ergebnis, weil danach nur auf die Standards einer Gattung abzustellen ist, wenn die Parteien keine Vereinbarungen über die Qualität des Kaufgegenstandes getroffen haben (RdNr. 497 f.). Folgt man der subjektiven Fehlertheorie, dann sind die Voraussetzungen für eine Minderung erfüllt, denn der Fehler ist bereits im Zeitpunkt des Gefahrübergangs vorhanden gewesen und mindert den Wert des Kaufgegenstandes erheblich. Zu berücksichtigen ist jedoch, daß der Anspruch auf Minderung bereits verjährt ist, es sei denn, daß Handel den Mangel arglistig verschwiegen hat (§ 477

Abs. 1). Dafür gibt es im Sachverhalt keine Hinweise; folglich ist Handel berechtigt, die Herabsetzung des Kaufpreises zu verweigern (RdNr. 529).

Eine Anfechtung der zum Abschluß des Kaufvertrages abgegebenen Willenserklärung wegen Irrtums über eine verkehrswesentliche Eigenschaft des Kaufgegenstandes kommt auf der Grundlage der subjektiven Fehlertheorie nicht in Betracht. Denn soweit die Gewährleistungsvorschriften der §§ 459 ff. eingreifen, ist eine Anfechtung nach § 119 Abs. 2 ausgeschlossen (RdNr. 499, 532). Nur wenn man hier der objektiven Fehlertheorie folgen will und somit die §§ 459 ff. nicht anwendet, steht Reich das Recht zur Anfechtung zu. Nach erklärter Anfechtung und dadurch bewirkter Nichtigkeit des Kaufvertrages (§ 142 Abs. 1) könnte dann Reich Rückzahlung des von ihm gezahlten Kaufpreises nach § 812 Abs. 1 S. 2 Alt. 1 verlangen, wäre dann aber verpflichtet, das Schwert an Handel wieder herauszugeben.

(153) Es kommt darauf an, ob es sich bei der Lieferung von Narzissenzwiebeln um eine Schlechtlieferung oder um die Lieferung eines aliud handelt. Denn bei einer Schlechtlieferung griffen die Gewährleistungsvorschriften ein und Ansprüche des Grün wären bereits nach § 477 Abs. 1 iVm. § 480 Abs. 1 verjährt. Die Abgrenzung einer mangelhaften Lieferung von der Lieferung eines aliud wird von unterschiedlichen Positionen aus vorgenommen. Es wird entweder darauf abgestellt, ob die gelieferte Sache der vereinbarten Gattung angehört, oder es wird danach gefragt, ob die Abweichung der gelieferten von der vertraglich vereinbarten Sache so erheblich ist, daß das Einverständnis des Käufers, die gelieferte Sache als die geschuldete anzunehmen, ausgeschlossen werden muß. Schließlich kann noch in konsequenter Durchführung der subjektiven Theorie in jeder aliud-Lieferung eine mangelhafte Lieferung gesehen werden. Diese Ansicht widerspricht jedoch den berechtigten Interessen des Käufers; sie ist deshalb abzulehnen. Die beiden anderen Auffassungen gelangen in dem zu entscheidenden Fall zu demselben Ergebnis: Der Anspruch aus dem Kaufvertrag auf Lieferung von Tulpenzwiebeln ist noch nicht erfüllt; die Gewährleistungsvorschriften greifen nicht ein. Zu prüfen ist deshalb nur, ob durch Lieferung von Tulpenzwiebeln im Mai noch der Zweck des Vertrages erreicht werden kann; ist dies zu verneinen, dann handelt es sich um einen Fall der Unmöglichkeit, so daß Grün Rechte aus § 325 Abs. 1 (§ 440 Abs. 1) geltend machen kann (RdNr. 501 f.).

(154) Die Vertragsparteien müssen (möglicherweise konkludent) vereinbart haben, daß der Verkäufer für eine bestimmte Beschaffenheit der Kaufsache einzustehen hat. Ob die Erklärungen der Parteien die Bedeutung einer entsprechenden vertraglichen Absprache haben, muß im Zweifelsfall durch Auslegung ermittelt werden. Hierbei ist auch auf die Verständnismöglichkeit des Käufers Rücksicht zu nehmen; Verkehrssitte und Handelsbräuche sowie der Grundsatz von Treu und Glauben sind zu beachten (RdNr. 505).

(155) Ob Kunz Gewährleistungsansprüche gegen Volz geltend machen kann, hängt davon ab, ob das gekaufte Hausgrundstück einen Fehler iSv. § 459 Abs. 1 aufweist. Als Fehler ist die dem Käufer ungünstige Abweichung der Ist-Beschaffenheit von der Soll-Beschaffenheit anzusehen (RdNr. 495). Zur Beschaffenheit einer Sache werden auch die Beziehungen zur Umwelt gerechnet, wenn diese Beziehungen nach der Verkehrsanschauung für ihre Brauchbarkeit oder ihren Wert bedeutsam sind und in der Sache selbst ihren Grund haben (RdNr. 496). Der BGH hat in einer Entscheidung die Ansicht vertreten, daß Mieteinnahmen zwar wertbildende Faktoren darstellten, sie aber nicht in der Beschaffenheit der Sache selbst ihren Grund hätten; deshalb könnten sie zwar eine Eigenschaft iSv. § 459 Abs. 2 darstellen, aber nicht einen Fehler iSv. § 459 Abs. 1. Nach dieser Auffassung käme es darauf an, ob Volz dem Kunz entsprechende Mieteinnahmen zugesichert hätte. In der bloßen Angabe der Mieteinnahmen kann jedoch eine solche Zusicherung nicht gesehen werden. Der Auffassung des BGH ist jedoch nicht zu folgen. Die Mieteinnahmen werden durchaus von Umweltbezie-

hungen des Grundstücks bestimmt, die ihren Grund in dem Kaufgegenstand selbst haben (RdNr. 504). Da es sich also hierbei um Faktoren handelt, die den wirtschaftlichen Wert des Hausgrundstücks bestimmen, ist es als Fehler anzusehen, wenn die Mieteinnahmen geringer sind, als die Parteien beim Abschluß des Kaufvertrages übereinstimmend angenommen haben. Kunz kann also nach § 462 wandeln oder mindern.

(156) Simpel kann nach § 463 S. 1 nur dann Schadensersatz von Handel fordern, wenn ihm Handel zugesichert hat, daß das Haartonikum die Eigenschaft hat, Haare neu wachsen zu lassen. Die Angaben über das gekaufte Haartonikum stammen vom Hersteller und sind in einem Werbeprospekt enthalten. Es kommt darauf an, ob diese Werbeaussagen dadurch zum Bestandteil des Kaufvertrages zwischen Simpel und Handel geworden sind, daß sich Simpel ausdrücklich beim Kauf auf seine Erwartungen berief, die durch die Werbung hervorgerufen worden sind, und Handel dem nicht widersprochen hat, obwohl er als Fachmann wissen mußte, daß diese Erwartungen unrealistisch sind. Beim Kauf in einem Fachgeschäft ist der Verkäufer verpflichtet, den Käufer sachverständig zu beraten, wenn er erkennt, daß ein solcher Rat erforderlich ist. Unterläßt er dies im Interesse eines Kaufabschlusses, dann kann er sich später nicht darauf berufen, daß der Käufer selbst hätte erkennen müssen, daß bestimmte Werbeaussagen übertrieben sind. Deshalb wird man hier davon ausgehen können, daß aufgrund des Verhaltens beider Vertragspartner eine entsprechende vertragliche Absprache zustandegekommen ist, die eine Zusicherung über die Eignung des Haartonikums, Haare neu wachsen zu lassen, zum Gegenstand hat. Dementsprechend steht Simpel ein Anspruch auf Schadensersatz nach § 463 S. 1 zu (RdNr. 505). Folgt man dieser Auslegung der vertraglichen Abrede der Parteien nicht, dann ist zu prüfen, ob Simpel wegen Verletzung einer Beratungspflicht nach den Grundsätzen einer Haftung für c. i. c. Schadensersatz von Handel verlangen kann (RdNr. 537).

(157) Mängel der Kaufsache können sich nur aus Eigenschaften ergeben, die im Zeitpunkt der Übergabe vorhanden sind. Deshalb können Erklärungen über zukünftige Entwicklungen und Verhältnisse nicht Gegenstand einer Zusicherung sein (RdNr. 506). Folglich kann Schussel keine Gewährleistungsansprüche gegen Listig geltend machen. Zu prüfen ist jedoch, ob Listig und Schussel einen selbständigen Garantievertrag gleichzeitig mit dem Kaufvertrag geschlossen haben, durch den Listig die Verpflichtung übernommen hat, dafür einzustehen, daß die genannten Umsatzzahlen erreicht werden. Das besondere Interesse, das der Käufer einer Gaststätte an einem bestimmten Umsatz hat, und die nachdrückliche Versicherung des Listig, Schussel könne „mit Sicherheit" davon ausgehen, daß der Umsatz im Monat mindestens 10000,– DM erreiche, sprechen dafür, daß es sich nicht lediglich um eine unverbindliche Anpreisung des Kaufobjekts, sondern um die Vereinbarung einer entsprechenden Verpflichtung des Listig gehandelt hat. Ob dies auch Listig wollte, ist angesichts des objektiven Erklärungswerts seines Verhaltens unerheblich (§ 116 S. 1).

(158) Es stellt sich die Frage, ob Kunz an die von ihm zunächst erklärte Wandlung gebunden ist oder ob er danach noch auf die Minderung zurückgreifen kann. Bei dieser Frage wirkt sich der Meinungsstreit zwischen der Vertragstheorie und der Herstellungstheorie nicht aus. Auch die Herstellungstheorie hält den Käufer an den von ihm einmal geltend gemachten Anspruch auf Wandlung oder auf Minderung erst gebunden, wenn der Verkäufer sein Einverständnis damit erklärt hat (§ 465) (RdNr. 510). Da hier die Voraussetzungen der §§ 459, 460 erfüllt sind, wird das Gericht der Klage des Kunz stattgeben.

(159) Die vertraglich festgelegte Soll-Beschaffenheit (unfallfreies Auto) weicht von der Ist-Beschaffenheit (unfallbeschädigtes Fahrzeug mit bleibenden Schäden) nachteilig für den Käufer ab, und durch diesen Fehler der Kaufsache wird ihr Wert und ihre Tauglichkeit erheblich gemindert. Weiß steht deshalb das Recht auf Wandlung zu (§ 462 iVm. § 459 Abs. 1), wenn nicht die durch den zweiten Unfall verursachte

wesentliche Verschlechterung des Pkw von Weiß verschuldet worden ist und er deshalb sein Wandlungsrecht nach § 351 iVm. § 467 S. 1 verloren hat. Zwar hat Weiß den Unfall selbst nicht verschuldet, jedoch kommt es darauf an, ob bereits ein risikoerhöhendes Verhalten, das zu einer wesentlichen Verschlechterung der Kaufsache führt, als „Verschulden" iSv. § 351 anzusehen ist. Denn wird dies bejaht, dann kann Weiß nicht wandeln, weil er das Kfz im Straßenverkehr benutzte und durch dieses risikoerhöhende Verhalten die wesentliche Verschlechterung auch verursacht worden ist. Die Auffassung, die ein risikoerhöhendes Verhalten als Verschulden iSv. § 351 ansieht, kann jedoch nicht überzeugen. Denn sie führt dazu, daß der Wandlungsberechtigte schärfer haften muß als ein Rücktrittsberechtigter bei einem vertraglich vereinbarten Rücktrittsrecht. Denn ist diesem die Benutzung des Kaufgegenstandes gestattet, hat er für einen Schaden nicht einzustehen, der durch einen nicht verschuldeten Verkehrsunfall eintritt. Deshalb ist der Meinung der Vorzug zu geben, die in einem Verschulden iSv. § 351 einen Sorgfaltsverstoß sieht, der als „Verschulden gegen sich selbst" zu verstehen ist. Ein solches sorgfaltswidriges Verhalten kann Weiß nicht vorgeworfen werden, so daß er berechtigt bleibt, gegen Herausgabe des beschädigten Fahrzeuges den vollen Kaufpreis zurückzuverlangen (RdNr. 512f.).

(160) In diesem Fall hat Weiß nach § 351 iVm. § 467 S. 1 das Recht auf Wandlung verloren. Er hat jedoch das Recht, eine Minderung des Kaufpreises zu fordern (§§ 459 Abs. 1, 462, 472 Abs. 1).

(161) Die Frage, ob der Käufer für eine unwesentliche Verschlechterung zu haften hat, die er schuldhaft vor Vollzug der Wandlung der Kaufsache zugefügt hat, ist sehr umstritten. Die hM verneint dies. Sie wendet auf den Wandlungsberechtigten die Vorschrift des § 327 S. 2 an, der sie den allgemeinen Rechtsgrundsatz entnimmt, daß in Fällen eines gesetzlichen Rücktrittsrechts (einschließlich eines Wandlungsrechts) der Rückgewährschuldner nur nach Bereicherungsrecht zu haften habe. Folglich ist Weiß nur verpflichtet, den Kaufgegenstand in dem Zustand herauszugeben, in dem er sich in dem Zeitpunkt befindet, in dem er von dem Wandlungsgrund Kenntnis erlangt hat. Der hM stehen Gegenauffassungen gegenüber, die den Käufer für verpflichtet halten, für Schäden einzustehen, die er durch sein „schuldhaftes" Verhalten der Kaufsache zugefügt hat. Manche wollen die Haftung auf einen Wertausgleich beschränken, während andere dem Verkäufer einen vollen Schadensersatzanspruch zubilligen. Folgt man der hM, dann braucht Weiß an Schwarz keinen Schadensersatz zu leisten (RdNr. 515ff.).

(162) Es ist zu prüfen, ob Emsig die Arztkosten nach § 463 S. 1 von Handel verlangen kann. Handel hat nicht ausdrücklich erklärt, er wolle für die Folgen einstehen, die eintreten, wenn der Bohrer nicht geeignet für Beton sei. Eine Zusicherung im Sinne des § 463 S. 1 kann jedoch auch konkludent vom Verkäufer abgegeben werden. Wenn Handel als Fachmann auf die Frage des Emsig, welcher Bohrer für Beton geeignet sei, den Bohrer XY als den für diesen Zweck am geeignetsten empfiehlt, dann geht dies über die Beschreibung der bloßen Soll-Beschaffenheit des Kaufgegenstandes hinaus und erlangt die Qualität einer Erklärung, für die entsprechende Eigenschaft des Bohrers die Gewähr zu übernehmen. Für diese Qualifizierung spricht insbesondere auch, daß Emsig ausdrücklich nur einen für Beton geeigneten Bohrer erwerben will und insoweit dem fachmännischen Rat des Handel voll vertraut. Die in den Erklärungen des Handel liegende Willenserklärung, für die gewünschte Eigenschaft des Bohrers die Einstandspflicht zu übernehmen, ist von Emsig auch konkludent angenommen worden, so daß zwischen beiden eine entsprechende Zusicherung vertraglich vereinbart worden ist (RdNr. 505). Da der Abschluß des Kaufvertrages und die Übergabe des Bohrers zeitlich zusammenfallen, können keine Zweifel daran bestehen, daß sowohl beim Abschluß des Vertrages als auch beim Gefahrübergang die zugesicherte Eigenschaft fehlte. Sind somit die Voraussetzungen für einen Schadensersatzanspruch nach

§ 463 S. 1 erfüllt, muß weiter geklärt werden, ob dieser Anspruch auch den geltend gemachten Schaden des Emsig erfaßt. Hierfür kommt es darauf an, durch Auslegung der vertraglichen Absprachen den Schutzbereich der Zusicherung zu ermitteln. Diese Zusicherung bezieht sich auf solche Schäden, die eintreten, wenn der Bohrer bei Beton eingesetzt wird und hierfür nicht geeignet ist. Hierzu zählen nicht nur Schäden, die am Bohrer selbst entstehen, sondern auch solche, die an anderen Rechtsgütern verursacht werden. Wäre beispielsweise Emsig beim Bohren abgerutscht und hätte sich verletzt, dann müßte Handel für diesen Schaden einstehen, wenn dafür die Nichteignung des Bohrers für Beton ursächlich gewesen wäre. Dagegen kann der Erklärung des Handel nicht der Sinn beigelegt werden, er wolle auch für einen Gesundheitsschaden des Emsig haften, der dadurch hervorgerufen wird, daß sich dieser über die mangelnde Eignung des Bohrers, Löcher in Beton zu bohren, ärgert. Daß Handel auch für derartige Risiken einzustehen verspricht, dafür gibt es keine Anhaltspunkte im Sachverhalt. Folglich kann Emsig nach § 463 S. 1 den Ersatz der Arztkosten nicht von Handel fordern (RdNr. 522).

(163) Der Verkäufer ist verpflichtet, alle Schäden des Käufers zu ersetzen, die auf den arglistig verschwiegenen Fehler zurückzuführen sind. Dabei ist nicht Voraussetzung, daß der Verkäufer die Schäden im einzelnen voraussehen konnte; vielmehr genügt es, daß der Verkäufer erkennt, daß irgendwelche Schäden infolge des Fehlers eintreten können (RdNr. 523).

(164) Als Anspruchsgrundlage ist § 286 Abs. 1 in Betracht zu ziehen. Hierfür kommt es darauf an, ob sich Volz mit der von ihm geschuldeten Leistung in Verzug befunden hat. Von den Voraussetzungen des Verzuges (Möglichkeit und Fälligkeit der Leistung, Durchsetzbarkeit der Forderung, Mahnung und Vertretenmüssen der Verspätung, §§ 284 Abs. 1, 285) kann allenfalls fraglich sein, ob Volz gemahnt wurde. Dies ist zu bejahen, denn in dem Nachlieferungsverlangen liegt eine unmißverständliche Aufforderung an den Schuldner, die geschuldete Leistung zu erbringen, also eine Mahnung. Die Gewinneinbuße des Kunz stellt auch einen Vermögensnachteil dar, der durch die verspätete Lieferung verursacht wurde und der nach § 286 Abs. 1 vom Schuldner ersetzt werden muß.

(165) Kunz ist berechtigt, die Abnahme des Fahrzeuges abzulehnen und die Zahlung des Kaufpreises zu verweigern. Über dieses Ergebnis besteht Einvernehmen. Über die Begründung wird jedoch gestritten. Überwiegend wird bis zur Übergabe der Kaufsache § 320 angewendet. Nach anderer Auffassung kann der Käufer dem Zahlungsbegehren des Verkäufers sein Wandlungsrecht entgegensetzen und die Zahlung verweigern (RdNr. 533 f.). Ein Anspruch auf Schadensersatz wegen Nichterfüllung stünde Kunz zu, wenn die Voraussetzungen des § 463 S. 1 erfüllt wären. Dies ist jedoch nicht der Fall, da – von der Frage der Zusicherung abgesehen – der Mangel im Zeitpunkt des Vertragsschlusses nicht vorhanden war (RdNr. 520). Ein solcher Anspruch ergibt sich aber aus § 325 Abs. 1 wegen teilweiser Unmöglichkeit, wenn man der Auffassung folgt, daß diese Vorschrift auch beim Kauf bis zum Gefahrübergang anzuwenden ist (RdNr. 534).

(166) Ein Mangelschaden ist die Vermögenseinbuße, die unmittelbar durch die mangelhafte Sache verursacht wird. Dazu gehören neben dem Minderwert der Sache auch erforderlich werdende Reparaturkosten, ein Nutzungsausfall und ein Gewinnverlust. Dagegen werden als Mangelfolgeschäden die Einbußen bezeichnet, die der Geschädigte an seinen übrigen Rechtsgütern, z. B. an Eigentum, Gesundheit und Leben, erleidet (RdNr. 537).

(167) Diese Frage ist streitig. Nach ganz hM ist eine Konkurrenz ausgeschlossen, soweit es sich um Mangelschäden handelt; insoweit enthalten die §§ 459 ff. eine abschließende Regelung. Innerhalb der hM gehen jedoch die Meinungen auseinander, ob das gleiche auch für Mangelfolgeschäden gilt. Im Hinblick auf die Vorschrift des § 463

und die dort aufgeführten Haftungsvoraussetzungen ist der Ansicht der Vorzug zu geben, die auch in diesen Fällen eine Konkurrenz verneint und in den §§ 459 ff. eine abschließende Regelung sieht (RdNr. 537).

(168) Schwarz ist verpflichtet, den Schaden des Weiß nach den Grundsätzen über die pFV zu ersetzen. Es handelt sich um einen Mangelfolgeschaden (Begleitschaden), der schuldhaft durch schlechte Erfüllung der sich für Schwarz aus dem Kaufvertrag ergebenden Hauptleistungspflichten, der Übergabe und Übereignung der gekauften Taube, ergibt. Ein solcher Anspruch wird nach ganz hM von den Vorschriften der §§ 459 ff. nicht ausgeschlossen (RdNr. 538).

(169) Beim Kauf unter Eigentumsvorbehalt erwirbt der Käufer mit der bedingten Übereignung der Kaufsache ein Anwartschaftsrecht auf das Eigentum, das automatisch mit Zahlung des Kaufpreises auf ihn übergeht. Außerdem ist er zum Besitz an der Kaufsache berechtigt. Der Verkäufer hat einen Anspruch auf Zahlung des Kaufpreises, der jedoch entsprechend der regelmäßig getroffenen Stundungsabrede zumindest im ganzen noch nicht fällig ist. Er ist im Falle des Zahlungsverzuges zum Rücktritt vom Kaufvertrag berechtigt. Nach Ausübung des Rücktrittsrechts kann er die Rückgabe der Kaufsache vom Käufer fordern. Der Verkäufer kann auch auf die sonst im Falle des Zahlungsverzugs des Käufers bestehenden Rechte zurückgreifen und nach § 326 unter den in dieser Vorschrift genannten Voraussetzungen vorgehen (RdNr. 543 ff.).

(170) Bei einer aufschiebenden Bedingung ist der Eintritt von Rechtswirkungen von einem künftigen ungewissen Ereignis abhängig (§ 158 I). Bis zum Eintritt der Bedingung befindet sich das Rechtsgeschäft in einem Schwebezustand. Dagegen enden die Wirkungen des Rechtsgeschäfts bei einer auflösenden Bedingung mit ihrem Eintritt (§ 158 II) (RdNr. 544).

(171) Nach § 388 S. 2 ist es unzulässig, die Aufrechnung unter einer Bedingung zu erklären. Diese Regelung bezweckt, den Erklärungsempfänger vor einer unzumutbaren Ungewißheit zu schützen, die sonst eintreten würde. Dieser Gesichtspunkt trifft jedoch nicht zu, wenn der Eintritt der Bedingung allein vom Erklärungsempfänger abhängt (sog. Potestativbedingung). Eine solche Bedingung ist nach dem Normzweck mit § 388 S. 2 vereinbar und deshalb zulässig (RdNr. 544).

(172) Nach einer häufig verwendeten Definition steht dem Erwerber ein Anwartschaftsrecht zu, wenn von einem mehraktigen Entstehungstatbestand eines Rechts schon so viele Erfordernisse erfüllt sind, daß der Veräußerer die Rechtsposition des Erwerbers nicht mehr durch einseitige Erklärung zerstören kann. Allerdings ist zu berücksichtigen, daß diese Beschreibung den Inhalt des Anwartschaftsrechts nur sehr global angibt und nur sehr allgemeine Anhaltspunkte mitteilt (RdNr. 546).

(173) Durch einen verlängerten Eigentumsvorbehalt mit sog. Vorausabtretungsklausel (dem Vorbehaltskäufer ist die Weiterveräußerung gestattet, er tritt jedoch die Kaufpreisforderung gegen den Zweitkäufer im voraus an den Vorbehaltsverkäufer ab), durch verlängerten Eigentumsvorbehalt mit sog. Verarbeitungsklausel (die Parteien des Kaufvertrages vereinbaren, daß Eigentümer der aus dem unter Eigentumsvorbehalt gelieferten Material neu hergestellten Sache der Vorbehaltsverkäufer wird) und durch weitergeleiteten Eigentumsvorbehalt (der Vorbehaltskäufer hat seinerseits bei der Weiterveräußerung der Waren mit dem Abnehmer einen Eigentumsvorbehalt zu vereinbaren) (RdNr. 548 f.).

(174) Bei einer Sicherungsübereignung überträgt der Sicherungsgeber das Eigentum an einer beweglichen Sache zur Sicherung einer Forderung auf den Gläubiger (Sicherungsnehmer). Regelmäßig bleibt der Sicherungsgeber in unmittelbarem Besitz der Sache und vereinbart ein Besitzmittlungsverhältnis mit dem Sicherungsnehmer; die Übereignung wird also nach §§ 929 S. 1, 930 vorgenommen. Die schuldrechtliche Grundlage für die Sicherungsübereignung bildet der sog. Sicherungsvertrag, in dem die Rechte und Pflichten der Vertragsparteien festgelegt werden. Von diesem Siche-

rungsvertrag ist der Vertrag zu unterscheiden, aus dem sich die zu sichernde Forderung ergibt (z. B. Darlehensvertrag) (RdNr. 550 f.).

(175) Bei einem Abzahlungskauf, einem Kauf über eine bewegliche Sache, bei dem der Kaufpreis nach Übergabe der Sache an den Käufer von diesem in mindestens zwei Teilzahlungen berichtigt werden soll, gelten aufgrund des Gesetzes betreffend die Abzahlungsgeschäfte eine Reihe von Besonderheiten wie z. B. Formvorschriften (§ 1a AbzG) und ein Widerrufsrecht des Käufers (§ 1b AbzG) (RdNr. 552).

(176) Der Mieter kann Beseitigung des Mangels fordern (§ 536). Ist durch den Mangel die Tauglichkeit der Mietsache zum vertragsmäßigen Gebrauch aufgehoben, dann ist der Mieter, solange dieser Zustand dauert, von der Pflicht zur Entrichtung des Mietzinses befreit, für die Zeit, während deren die Tauglichkeit gemindert ist, nur zur Entrichtung eines geminderten Mietzinses verpflichtet (§ 537 Abs. 1 S. 1). Der Mieter kann auch unter den Voraussetzungen des § 538 Schadensersatz wegen Nichterfüllung verlangen (RdNr. 558). Schließlich steht dem Mieter wegen des Mangels auch das Recht zu, den Mietvertrag fristlos zu kündigen (§§ 542, 544) (RdNr. 559). Diese Rechte kann der Mieter nebeneinander geltend machen; er kann z. B. gleichzeitig nach § 537 den Mietzins mindern und nach § 538 Schadensersatz fordern sowie nach § 542 kündigen.

(177) Als Rechtsgrundlage für die geltend gemachten Schadensersatzansprüche kommt die Vorschrift des § 538 Abs. 1 Alt. 1 in Betracht. Der Fehler in der Stromleitung mindert die Tauglichkeit der gemieteten Wohnung erheblich. Es handelt sich folglich dabei um einen Mangel iSd. § 537. Nach der Sachverhaltsschilderung ist auch davon auszugehen, daß dieser Mangel bereits im Zeitpunkt des Abschlusses des Vertrages vorhanden war. Bei den entstandenen Schäden handelt es sich um sog. Mangelfolgeschäden. Nach hM ist die Vorschrift des § 538 Abs. 1 Alt. 1 auch auf derartige Mangelfolgeschäden auszudehnen. Gegenauffassungen, die eine solche Ersatzpflicht einschränken wollen, sind als unvereinbar mit dem Zweck der Regelung abzulehnen. Miez kann folglich Schadensersatz für die beim Brand zerstörten Möbel fordern. Frau Miez ist nicht Vertragspartner des Verz. Dennoch kann auch sie nach § 538 Abs. 1 Alt. 1 Ersatz ihres Schadens verlangen. Denn der Schutz, der durch diese Vorschrift gewährt wird, gilt auch zugunsten solcher Personen, die die Leistungen des Vermieters erkennbar in gleicher Weise in Anspruch nehmen wie der Gläubiger (RdNr. 558).

(178) Beim Leasing sind zwei Grundtypen zu unterscheiden: Das Operating Leasing, bei dem der Leasinggeber dem Leasingnehmer eine Sache zum Gebrauch überläßt und der Leasingnehmer dafür ein Entgelt zahlt (weitgehend dem Mietvertrag angenähert), und das Financial Leasing, bei dem regelmäßig drei Personen beteiligt sind; der Leasinggeber erwirbt den Leasinggegenstand vom Produzenten oder Händler und überläßt ihn zur Nutzung dem Leasingnehmer gegen Entgelt. Der Vertrag wird meist für eine bestimmte Zeit abgeschlossen, die sich an der gewöhnlichen Nutzungsdauer des Leasinggegenstandes orientiert (RdNr. 562).

(179) Dienstvertrag und Werkvertrag unterscheiden sich in der theoretischen Betrachtung darin, daß beim Werkvertrag ein bestimmter Erfolg geschuldet wird und der Unternehmer das vereinbarte Entgelt zu fordern nur berechtigt ist, wenn er diesen Erfolg erbringt, während beim Dienstvertrag Dienste geschuldet werden und das Entgelt dafür unabhängig davon gewährt werden muß, ob die Tätigkeit erfolgreich ist (RdNr. 568).

(180) Beim Werkvertrag bedeutet Abnahme eines Werks sowohl die körperliche Entgegennahme als auch eine damit verbundene (auch konkludent abzugebende) Erklärung des Bestellers, daß er das Werk als eine in der Hauptsache vertragsgerecht erbrachte Leistung anerkenne (RdNr. 570).

(181) Der Besteller ist berechtigt, die Beseitigung des Mangels zu fordern (§ 633 Abs. 2 S. 1). Ist der Unternehmer mit der Beseitigung des Mangels in Verzug, dann

kann der Besteller den Mangel auch selbst beseitigen und Ersatz der dafür erforderlichen Aufwendungen verlangen (§ 633 Abs. 3). Unter den Voraussetzungen des § 634 kann der Besteller wegen des Mangels wandeln oder mindern. Nach § 635 steht ihm auch ein Schadensersatzanspruch zu. Der Besteller kann die Zahlung der vereinbarten Vergütung verweigern, bis der Unternehmer ein mangelfreies Werk hergestellt hat (vgl. § 320, § 641 Abs. 1) (RdNr. 569, 572, 574a).

(182) Diese Frage ist sehr streitig. Im Schrifttum wird die Auffassung vertreten, § 635 umfasse auch Mangelfolgeschäden, während die wohl überwiegende Ansicht diese Vorschrift auf Mangelschäden beschränken möchte. Der BGH nimmt einen vermittelnden Standpunkt ein. Er zählt zu den nach § 635 zu ersetzenden Schäden auch außerhalb des Werks liegende Folgeschäden, soweit sie eng und unmittelbar mit dem Mangel zusammenhängen. Andere Schäden sollen dagegen von der pFV erfaßt werden, für die nicht die kurze Verjährungsfrist des § 638, sondern die Regelverjährung des § 195 gilt (RdNr. 573f.).

(183) Bei einem Werklieferungsvertrag verpflichtet sich der Unternehmer, das Werk aus einem von ihm zu beschaffenden Stoff herzustellen. Hierbei kommt es nach § 651 darauf an, ob die Herstellung einer vertretbaren Sache (dann gilt Kaufrecht) oder einer unvertretbaren Sache (dann gilt z. T. Werkvertragsrecht, z. T. Kaufrecht) oder ob nur die Beschaffung von Zutaten oder sonstigen Nebensachen (dann gilt das Werkvertragsrecht) geschuldet ist (RdNr. 578).

(184) Erleidet der Beauftragte bei der Durchführung des Auftrages einen Schaden, dann haftet der Auftraggeber wegen pFV, wenn der Schaden von ihm durch eine schuldhafte Vertragsverletzung herbeigeführt worden ist. Handelt es sich um einen Zufallsschaden, dann ist eine Ersatzpflicht zu bejahen, wenn der Schaden auf einer für den Auftrag eigentümlichen erhöhten Gefahr und nicht auf dem allgemeinen Lebensrisiko beruht (RdNr. 583f.).

(185) Die GoA ist zu unterscheiden von der irrtümlichen Eigengeschäftsführung, bei der das Bewußtsein und demzufolge auch der Wille, ein fremdes Geschäft zu führen, fehlen (§ 687 Abs. 1), und der Geschäftsanmaßung, bei der zwar das Bewußtsein vorhanden ist, ein fremdes Geschäft zu führen, jedoch nicht der Wille (RdNr. 587). Innerhalb der GoA kommt es darauf an, ob die Geschäftsbesorgung dem Interesse und dem wirklichen oder mutmaßlichen Willen des Geschäftsherrn entspricht (dann berechtigte GoA) oder nicht (dann unberechtigte GoA) (RdNr. 588).

(186) Ein Anspruch des Gut auf Ersatz der ihm entstandenen Kosten kann auf § 683 S. 1 iVm. § 670 gestützt werden, wenn die Voraussetzungen einer berechtigten GoA erfüllt sind. Der Begriff der Geschäftsbesorgung ist im weitesten Sinn zu verstehen. Auch das Zurverfügungstellen von Decken und Verbandszeug genügt hierfür (RdNr. 590). Da es sich um ein Geschäft des Wund handelt, also um ein für Gut fremdes Geschäft, er auch ohne ein besonderes Geschäftsbesorgungsverhältnis oder aufgrund einer sonstigen Berechtigung tätig wird, ein Fremdgeschäftsführungswille anzunehmen ist und die Geschäftsführung auch dem Interesse und zumindest dem mutmaßlichen Willen des Wund entspricht, steht Gut ein entsprechender Ersatzanspruch zu.

(187) Ein Anspruch kann sich aus § 683 S. 1 iVm. § 670 ergeben. Hierfür kommt es darauf an, ob die Gemeinde durch ihre Feuerwehr im Rahmen einer berechtigten GoA für Anton tätig geworden ist. Die entscheidende Frage, die sich hier stellt, richtet sich darauf, ob die Feuerwehr ein Geschäft des Anton (also ein fremdes) und nicht ein eigenes Geschäft geführt hat. Die Feuerwehr handelt bei ihrem Einsatz in Erfüllung einer ihr im allgemeinen Interesse zur Gefahrenabwehr auferlegten öffentlich-rechtlichen Pflicht. Ob daneben zugleich auch eine Hilfeleistung für einen Dritten möglich ist, für den die Feuerwehr aufgrund einer GoA tätig wird, ist streitig. Der BGH hat diese Frage bejaht (BGHZ 63, 167). Diese Auffassung ist bedenklich. Sieht man auf die

öffentlich-rechtliche Regelung, die ein Tätigwerden der Feuerwehr zur Gefahrenabwehr vorschreibt, dann ergibt sich, daß die Rechtsbeziehungen der Beteiligten hierin ausreichend geregelt werden (vgl. z. B. für Bayern: Bayerisches Feuerschutzgesetz). Deshalb ist es abzulehnen, in solchen Fällen ergänzend auch noch auf die Regeln der GoA zurückzugreifen (RdNr. 593 f.).

(188) Hier kommt es auf die Frage an, ob auf die Regeln der GoA auch dann zurückgegriffen werden kann, wenn der Geschäftsführer aufgrund eines mit dem Geschäftsherrn geschlossenen Vertrages tätig werden will, dessen Nichtigkeit im Vertragspartnern nicht bekannt ist. Diese Frage wird unterschiedlich beantwortet. Der BGH bejaht die Anwendbarkeit der §§ 677 ff. in diesen Fällen, während im Schrifttum darauf hingewiesen wird, daß bei der Rückabwicklung fehlgeschlagener Leistungen aufgrund nichtiger Rechtsgeschäfte den §§ 812 ff. der Vorrang vor den Vorschriften über die GoA einzuräumen ist (RdNr. 596).

(189) Eine Geschäftsführung ist berechtigt, wenn sie dem wirklichen Willen des Geschäftsherrn entspricht. Nur in den Fällen des § 679 ist ein entgegenstehender Wille des Geschäftsherrn unbeachtlich. Ist der wirkliche Wille des Geschäftsherrn nicht festzustellen, dann kommt es auf den mutmaßlichen Willen an. Es ist danach zu fragen, ob ein vernünftiger Geschäftsherr bei Berücksichtigung aller Umstände und seiner besonderen Lage die Geschäftsführung gewollt hätte. Im Regelfall stimmt der mutmaßliche Wille mit dem objektiven Interesse des Geschäftsherrn überein (RdNr. 597 ff.). Bei einer berechtigten GoA entsteht zwischen Geschäftsherrn und Geschäftsführer eine auftragsähnliche Rechtsbeziehung, die einen Rechtfertigungsgrund für Eingriffe in Rechtsgüter des Geschäftsherrn und einen Rechtsgrund für Vermögensverschiebungen schafft, die ferner dem Geschäftsführer Pflichten nach § 677 und § 681 auferlegt und ihm einen Anspruch nach § 683 auf Ersatz seiner Aufwendungen in gleicher Weise wie einem Beauftragten gibt (RdNr. 604 ff.).

(190) Bei einer berechtigten GoA besteht ein entsprechender Anspruch aufgrund § 670, § 683 S. 1. Hier stellt sich die Frage, welche Rechtsfolgen es hat, daß sowohl Geschäftsführer als auch Geschäftsherr minderjährig sind. Ist der Geschäftsherr beschränkt geschäftsfähig, dann entscheidet über die Berechtigung der GoA nicht sein Wille, sondern der seines gesetzlichen Vertreters. Insoweit ergeben sich keine Zweifel, daß die von Max geleistete Hilfe mit dem mutmaßlichen Willen der Eltern des Moritz übereinstimmt. Ob der minderjährige Geschäftsführer nach den Regeln der §§ 677 ff. nur dann berechtigt und verpflichtet ist, wenn sein gesetzlicher Vertreter zustimmt, ist streitig. Sieht man in der GoA eine geschäftsähnliche Handlung, dann muß diese Frage bejaht werden. Die Gegenauffassung weist darauf hin, daß die GoA auch nur in einem tatsächlichen Tun bestehen könne, bei dem jede Bezugnahme auf Rechtliches fehle; dementsprechend hält sie für das Zustandekommen des auftragsähnlichen Rechtsverhältnisses der GoA eine Zustimmung des gesetzlichen Vertreters nicht für erforderlich (RdNr. 603). Schließt man sich dieser Ansicht an, dann steht Max auch ohne Zustimmung seiner Eltern ein Anspruch auf Kostenersatz zu.

(191) Nach § 683 S. 1 kann ein Geschäftsführer im Rahmen einer berechtigten GoA, deren Voraussetzungen hier erfüllt sind, Ersatz seiner Aufwendungen „wie ein Beauftragter" verlangen. Ein Beauftragter kann jedoch eine Vergütung für seine Tätigkeit nicht fordern. Dies spricht dafür, daß das gleiche auch im Rahmen der GoA gilt. Die hM macht jedoch aufgrund des Rechtsgedankens des § 1835 Abs. 2 in dem Fall eine Ausnahme, in dem die ausgeführte Tätigkeit zum Gewerbe oder Beruf des Geschäftsführers gehört. Dementsprechend könnte Hilfreich als Arzt, jedoch nicht Emsig, der eine berufsfremde Tätigkeit mit der Hilfeleistung erbracht hat, eine Vergütung beanspruchen. Zu einem gleichen Ergebnis gelangt man, wenn man auf der Grundlage des hypothetischen Parteiwillens eine Lösung sucht und fragt, ob die Parteien ein Entgelt

vereinbart hätten, wenn ihnen eine vertragliche Verabredung möglich gewesen wäre. Da üblicherweise ärztliche Leistungen der erbrachten Art vergütet werden, dagegen andere Hilfeleistungen bei Verkehrsunfällen nicht, ist auch davon auszugehen, daß bei vernünftiger Überlegung die Beteiligten eine entsprechende Vereinbarung getroffen hätten. Die Entscheidung fiele dagegen anders aus, wenn man im Rahmen der GoA dem Geschäftsführer stets eine angemessene Vergütung für die Geschäftsbesorgung zubilligen wollte. Diese Auffassung wird im Schrifttum vertreten und teilweise mit der Entstehungsgeschichte des § 683, teilweise mit der Erwägung begründet, die Arbeitskraft des einzelnen sei seine wichtigste Erwerbsgrundlage und deshalb sei ihr Einsatz ein freiwilliges Vermögensopfer, das als Aufwendung zu werten sei (RdNr. 608).

(192) Nach hM hat der Geschäftsherr Zufallsschäden des Geschäftsführers nach § 683 S. 1 iVm. § 670 zu ersetzen, die auf einer für das besorgte Geschäft eigentümlichen erhöhten Gefahr und nicht auf dem allgemeinen Lebensrisiko beruhen (RdNr. 607). Zufallsschäden sind solche Vermögenseinbußen, die weder vom Geschäftsherrn noch vom Geschäftsführer zu vertreten sind. Hilfreich hat den Unfall infolge leichter Fahrlässigkeit verursacht. Da jedoch die Geschäftsführung die Abwendung einer Wund drohenden dringenden Gefahr bezweckte, hat Hilfreich nach § 680 nur Vorsatz und grobe Fahrlässigkeit zu vertreten (RdNr. 611). Da die Geschäftsführung auch die Benutzung eines Pkw erforderlich sein ließ, handelt es sich bei dem Unfall nicht um die Realisierung des allgemeinen Lebensrisikos, sondern um die einer spezifischen Gefahr der Geschäftsbesorgung. Wund ist deshalb verpflichtet, die Reparaturkosten Hilfreich zu ersetzen.

(193) a) Glaub kann die Rückgabe und Rückübereignung des Pkw mit der condictio indebiti (§ 812 Abs. 1 S. 1 Alt. 1) von Schuld fordern.

b) In diesem Fall steht Glaub ein Anspruch nach § 812 Abs. 1 S. 2 Alt. 1 (condictio ob causam finitam) zu.

c) Der mit der Leistung bezweckte Erfolg, Schuld zum Abschluß eines Kaufvertrages über das Bild zu veranlassen, ist nicht erreicht worden. Die geleistete „Anzahlung" geschah in der Schuld bekannten Absicht, den Vertrag zustande zu bringen. Er hat diesen Zweck durch die Annahme des Geldes gebilligt. Deshalb sind die Voraussetzungen der condictio ob rem (§ 812 Abs. 1 S. 2 Alt. 2) erfüllt (RdNr. 616).

(194) Nach hM ist als Leistung die bewußte und zweckgerichtete Mehrung fremden Vermögens anzusehen (RdNr. 614). Durch eine genaue begriffliche Abgrenzung soll erreicht werden, Gläubiger und Schuldner der ungerechtfertigten Bereicherung zu bestimmen. Denn der dabei durchzuführende Ausgleich ist nach hM nur innerhalb der jeweiligen Leistungsbeziehungen vorzunehmen (RdNr. 622).

(195) Diese Frage ist streitig. Einvernehmen besteht im wesentlichen nur darin, daß § 817 S. 2 auf alle Fälle der Leistungskondiktion angewendet werden muß. Außerhalb des Bereicherungsrechts wird die entsprechende Anwendbarkeit der Vorschrift insbesondere von der Rechtsprechung mit der Erwägung verneint, es handle sich bei ihr um eine Bestimmung mit Strafcharakter, die einen Fremdkörper im Zivilrecht darstelle und deshalb nicht auf Ansprüche außerhalb des Bereicherungsrechts übertragen werden dürfe. Wegen der ungereimten Ergebnisse, die auf der Grundlage dieser einschränkenden Ansicht auftreten können, befürwortet die überwiegende Ansicht im Schrifttum, § 817 S. 2 auch außerhalb des Bereicherungsrechts Anwendung finden zu lassen (RdNr. 620).

(196) Der Bereicherungsschuldner muß sich durch eine eigene Handlung (und nicht durch Leistung des Bereicherungsgläubigers) einen Vermögensvorteil verschafft haben, der nach dem Recht der Güterzuordnung nicht ihm, sondern dem Bereicherungsgläubiger gebührt (RdNr. 624–626).

(197) Nach der herrschenden Zuweisungstheorie ist der Eingriff unberechtigt, wenn die dadurch bewirkte Vermögensvermehrung im Widerspruch zum Zuweisungsgehalt des Rechts steht, in das eingegriffen wird (RdNr. 625).

(198) War Dritt gutgläubig, dann hat er Eigentum erworben (§§ 929 S. 1, 932). Der gutgläubige Erwerb ist kondiktionsfest, so daß Eich die Herausgabe des Apparates von Dritt nicht fordern kann. Klagt er auf Herausgabe des Fotoapparats gegen Dritt, dann muß er dessen Bösgläubigkeit beweisen; mißlingt ihm das, verliert er den Prozeß. Abgesehen von diesem Prozeßrisiko will sich Eich auch lieber an Klemm halten. Auch bei einem Prozeß gegen Klemm scheint es auf den Beweis der Bösgläubigkeit des Dritt anzukommen, weil die in Betracht kommende Anspruchsgrundlage des § 816 Abs. 1 S. 1 voraussetzt, daß die Verfügung des Berechtigten wirksam ist. Jedoch kann sich Eich auch die Darstellung des Klemm zu eigen machen (also von der Bösgläubigkeit des Dritt ausgehen) und dann die Verfügung des Klemm über sein Eigentum nach § 185 Abs. 2 S. 1 Alt. 1 genehmigen. Durch diese Genehmigung wird die Verfügung des Klemm wirksam, ohne daß deshalb (trotz der rückwirkenden Kraft der Genehmigung, § 184 Abs. 1) Klemm zum Berechtigten wird. Damit werden die Voraussetzungen des § 816 Abs. 1 S. 1 auch für den Fall verwirklicht, daß die Sachdarstellung des Klemm wahr ist. Die Frage, die sich hier allerdings stellt, geht dahin, ob Eich nach § 816 Abs. 1 S. 1 den vollen Kaufpreis in Höhe von 500,– DM fordern kann oder ob sein Anspruch auf den Wert des Apparats in Höhe von 200,– DM beschränkt ist. Diese Frage ist streitig. Zu Recht bejaht die hM die Pflicht des Bereicherungsschuldners, den gesamten Kaufpreis als das von ihm Erlangte herauszugeben, auch wenn er den objektiven Wert übersteigt (RdNr. 628–630).

(199) Ein Anspruch des Max gegen Gustav auf Herausgabe des Buches bestünde nach § 816 Abs. 1 S. 2 nur dann, wenn man den rechtsgrundlosen Erwerb dem unentgeltlichen gleichstellt. Dies ist aber mit der hM abzulehnen. Gegen eine solche Gleichstellung spricht insbesondere, daß dann Gustav das Buch herausgeben müßte, ohne daß er wegen der Rückzahlung des Kaufpreises gesichert wäre. Da Gustav das Buch durch Leistung des Moritz erworben hat und Moritz wiederum das Buch durch Leistung des Max erlangte, muß die Rückabwicklung innerhalb der Leistungsbeziehung Gustav/Moritz und Moritz/Max vorgenommen werden. In diesem Fall kann Gustav die Rückgabe des Buches an Moritz von der Rückzahlung des Kaufpreises abhängig machen (§ 273 Abs. 1). Dieses Recht steht ihm auch nach § 404 zu, wenn Max von Moritz nach § 816 Abs. 1 S. 1 Abtretung dessen Anspruchs gegen Gustav auf Rückgabe des Buches nach § 812 Abs. 1 S. 1 Alt. 1 (condicito indebiti) als das „Erlangte" fordert und dann aus dem abgetretenen Anspruch gegen Gustav vorgeht (RdNr. 631).

(200) In diesem Fall wäre Gustav nicht mehr bereichert (§ 818 Abs. 3). Jedoch bestünde dann ein Anspruch des Moritz gegen die Hübsch nach § 822 (RdNr. 644 f.).

(201) Neben der Rückübereignung des Hausgrundstückes, die Kunz nach § 812 Abs. 1 S. 1 Alt. 1 schuldet, hat er nach § 818 Abs. 1 auch die gezogenen Nutzungen herauszugeben. Hierzu gehören die Mieten (§ 100 iVm. § 99). Auf den Wegfall der Bereicherung kann sich Kunz nach § 818 Abs. 3 nur berufen, wenn er das Geld in einer Weise ausgegeben hat, daß dadurch kein Vorteil mehr in seinem Vermögen geblieben ist, der ihn bereicherte. Hierbei kommt es auf eine wirtschaftliche Betrachtungsweise an. Hat er durch die Ausgabe der Mieten eigenes Geld erspart, dann ist er um diese Ersparnis bereichert und muß sie bereicherungsrechtlich ausgleichen (RdNr. 634 f.).

(202) Nach § 816 Abs. 1 S. 1 kann Grün von Gelb den Verkaufserlös verlangen, wenn er die zunächst unwirksame Verfügung über sein Eigentum (§ 935) nach § 185 Abs. 2 S. 1 Alt. 1 genehmigt und damit rückwirkend (§ 184 Abs. 1) wirksam werden läßt. Es fragt sich allerdings, inwieweit sich Gelb auf den Wegfall seiner Bereicherung (§ 818 Abs. 3) berufen kann. Grundsätzlich sind alle vermögensmäßigen Einbußen bei der Feststellung der Bereicherung zu berücksichtigen, die im Zusammenhang mit dem

Erwerb des Bereicherungsgegenstandes stehen. Streitig ist die Frage, ob der Bereicherungsschuldner von dem Erlös den Betrag abziehen kann, den er aufgewendet hat, um den Gegenstand zu erhalten. Die hM verneint diese Frage mit der Begründung, daß der gutgläubige Besitzer, der die Sache nicht veräußert, sondern behalten hat, auch nicht berechtigt sei, die Zahlung des von ihm aufgewendeten Kaufpreises zu fordern, wenn der Eigentümer Herausgabe der Sache nach § 985 verlange. Der Besitzer (und gleicherweise auch der Bereicherungsschuldner) müßte sich eben an denjenigen halten, von dem er den gestohlenen Gegenstand erworben hat. Bei anderen Vermögenseinbußen wird darüber gestritten, ob die Ursächlichkeit zwischen Erwerb und Vermögenseinbuße ausreicht. Nach zutreffender Auffassung ist jedoch neben der Ursächlichkeit noch zu verlangen, daß es sich um Nachteile handelt, die der Bereicherungsschuldner gerade im Zusammenhang damit erlitten hat, daß er auf die Beständigkeit seines Rechtserwerbs vertraute (RdNr. 630, 636). Auf der Grundlage dieser Auffassung kann Gelb die Kosten für Tierarzt, Arzneimittel und für Futter, nicht aber für die Beschädigung der Box von dem Verkaufserlös abziehen. Demgemäß kann Grün die Zahlung von 12 500,– DM von Gelb verlangen.

(203) Frau Kunz kann ihren Anspruch auf Rückzahlung auf § 812 Abs. 1 S. 1 Alt. 1 (condictio indebiti) stützen. Ein gleicher Anspruch steht auch Hinz auf Rückgabe der Katze zu. Jedoch kann sich Frau Kunz diesem Anspruch gegenüber auf den Wegfall ihrer Bereicherung berufen (§ 818 Abs. 3). Bleibt man bei diesem Ergebnis stehen, könnte also Frau Kunz den Kaufpreis zurückfordern, und Hinz ginge leer aus. Eine derartige isolierte Betrachtung der gegenseitigen Bereicherungsansprüche bei der bereicherungsrechtlichen Rückabwicklung fehlgeschlagener synallagmatischer Verträge wird von der sog. Saldotheorie abgelehnt. In Fällen, in denen eine Partei nicht mehr zur Rückgewähr der von ihr empfangenen Leistung imstande ist, will die Saldotheorie den Wert der hingegebenen (aber nicht mehr vorhandenen) Gegenleistung bei der Kondiktion der eigenen Leistung als Abzugsposten in Rechnung stellen. Dementsprechend geht der Bereicherungsanspruch der Frau Kunz nur auf den Saldo beider Bereicherungsansprüche; ist die Katze den Kaufpreis wert gewesen, kann sie nach der Saldotheorie überhaupt nichts fordern. Die Saldotheorie ist herrschend und wird insbesondere von der Rechtsprechung vertreten. Im Schrifttum lehnen viele die Saldotheorie ab. Sie folgern insbesondere aus der für den Rücktritt geltenden Vorschrift des § 350, daß dem Bereicherungsgläubiger nicht der unverschuldete Verlust der von ihm empfangenen Leistung in Rechnung gestellt werden darf. Auch die Befürworter der Saldotheorie wollen sie jedoch dann nicht anwenden, wenn dadurch der durch die §§ 104 ff. gewährte Schutz für Nichtgeschäftsfähige eingeschränkt wird. In diesem Fall soll es bei der Zweikonditionentheorie bleiben, so daß Frau Kunz die Rückzahlung des vollen Kaufpreises verlangen kann, wenn sie geschäftsunfähig ist (RdNr. 637–640).

(204) Gleichgültig, ob man in diesem Fall eine Leistungskondiktion (wofür Voraussetzung ist, daß die Vertreter der Fluggesellschaft Jung bewußt mitgenommen haben, weil sie ihn für einen zahlenden Passagier hielten) annimmt oder ob es sich um eine Eingriffskondiktion handelt, die entscheidende Frage ist darauf gerichtet, ob sich Jung auf den Wegfall seiner Bereicherung berufen kann. Geht man davon aus, daß es sich um eine reine Vergnügungsreise gehandelt hat, dann könnte man diese Frage bejahen. Auf den Wegfall der Bereicherung darf sich aber nicht der bösgläubige Schuldner berufen (§ 819 I; § 818 IV). Jung wußte, daß er nicht berechtigt war, die Leistung der Fluggesellschaft Falke entgegenzunehmen. Es kommt folglich darauf an, ob für § 819 Abs. 1 die Kenntnis des Minderjährigen oder die seines gesetzlichen Vertreters entscheidend ist. Denn nach der Sachverhaltsschilderung muß angenommen werden, daß die Eltern des Jung von dem Flugabenteuer ihres Sohnes nichts wußten. Die Frage, auf wessen Kenntnis es ankommen soll, ist streitig. Abzulehnen ist insbesondere, bei dieser Entscheidung darauf abzustellen, ob es sich um eine Eingriffskondiktion oder

eine Leistungskondiktion handelt. Der Fall zeigt, daß dies hier von Zufälligkeiten abhängig ist, die für die Ersatzpflicht des Bereicherungsschuldners nicht maßgebend sein können. Zu erwägen ist, entsprechend der in §§ 828, 829 getroffenen Regelung die Einsichtsfähigkeit des Minderjährigen entscheidend sein zu lassen. Dagegen spricht allerdings, daß es sich im Bereicherungsrecht nicht um den Ausgleich von Schäden handelt, um die es bei den §§ 828, 829 geht. Deshalb ist der Auffassung der Vorzug zu geben, auf die Kenntnis des gesetzlichen Vertreters zu sehen (RdNr. 642). Hierfür sprechen Gesichtspunkte des Minderjährigenschutzes. Dementsprechend schuldet Jung für den Flug von München nach Madrid keinen bereicherungsrechtlichen Ausgleich.

(205) Das Verschuldensprinzip besagt, daß die Verpflichtung zum Schadensersatz Verschulden voraussetzt. Es handelt sich dabei um eine Grundregel, die das deutsche Zivilrecht beherrscht. Eine Haftung ohne Verschulden, also ein Einstehenmüssen für einen Erfolg (Erfolgshaftung), bildet die Ausnahme. Der wichtigste Fall einer Erfolgshaftung ist die Gefährdungshaftung. Als Ausgleich für die Zulassung eines gefährlichen Verhaltens besteht die Pflicht, Schäden, die durch das gefährliche Verhalten auch ohne Verschulden verursacht werden, zu ersetzen (RdNr. 648).

(206) Der objektive Tatbestand einer unerlaubten Handlung setzt sich aus folgenden Elementen zusammen: Eine menschliche Handlung verursacht (haftungsbegründende Kausalität) die Verletzung einer geschützten Rechtsposition, durch die (haftungsausfüllende Kausalität) ein vom Schutzbereich der Haftungsnorm umfaßter Schaden herbeigeführt wird (RdNr. 649).

(207) Als Handlung im zivilrechtlichen Sinn ist ein menschliches Verhalten anzusehen, das der Bewußtseinskontrolle und der Willenslenkung unterliegt, also beherrschbar ist (RdNr. 650). Der juristische Handlungsbegriff umfaßt nicht nur (aktives) Tun, sondern auch ein Unterlassen (RdNr. 651).

(208) Der geltend gemachte Schadensersatzanspruch kann auf die Vorschrift des § 823 Abs. 1 gestützt werden. Hierfür kommt es darauf an, ob Schussel das Eigentum der Gemeinde Kleindorf verletzt hat. Eine Eigentumsverletzung kann auch dadurch herbeigeführt werden, daß der Eigentümer gehindert wird, seine Sache bestimmungsgemäß zu gebrauchen. Allerdings muß nach hM die Gebrauchsfähigkeit der Sache völlig aufgehoben sein. Dies ist hier zu bejahen. Denn der Hafen mit seinen Anlagen ist nur über den unbrauchbar gewordenen Kanal zu erreichen. Da die Unbrauchbarkeit der Hafenanlage längere Zeit andauert, ist eine Eigentumsverletzung auch dann zu bejahen, wenn man sich der Ansicht anschließt, daß kurzfristige Beeinträchtigungen hierfür nicht ausreichen (RdNr. 653). Da Schussel rechtswidrig und schuldhaft gehandelt hat, hat er den aus der Eigentumsverletzung der Gemeinde entstandenen Schaden zu ersetzen.

(209) Nach hM ist der Besitz als „sonstiges Recht" iSv. § 823 Abs. 1 anzusehen, wenn der Besitzer die Sache ähnlich einem Eigentümer nutzen darf und ihm Abwehrrechte zustehen, die denen eines Eigentümers entsprechen (RdNr. 655).

(210) Ein Schadensersatzanspruch wegen der in den Brutapparaten verdorbenen Eier kann sich auf § 823 Abs. 1 stützen, wenn Fleißig das Eigentum des Gallus an diesen Eiern verletzt hat. Fleißig hat nicht unmittelbar in die Sachsubstanz eingegriffen. Vielmehr ist die Verletzungshandlung nur mittelbar dadurch hervorgerufen worden, daß Fleißig das Stromkabel, das den Elektrizitätswerken gehört, beschädigte und dadurch die Stromzufuhr zu den Brutapparaten unterbrochen hat. Jedoch hat auch derjenige, der eine solche Ursachenkette in Gang setzt, die zu einer Schädigung einer geschützten Rechtsposition führt, dafür einzustehen. Es kommt für § 823 Abs. 1 nicht darauf an, ob der Verletzungserfolg durch einen unmittelbaren Eingriff des Schädigers oder erst durch eine vom Schädiger verursachte „Kettenreaktion" herbeigeführt wird. Da die in den Brutapparaten befindlichen Eier verderben mußten, wenn der Strom ausfällt, ist die Eigentumsverletzung auf das Verhalten des Fleißig zurückzuführen; er

hat folglich nach § 823 Abs. 1 dafür zu haften. Der weitere von Gallus geltend gemachte Schaden, die Gewinneinbuße, könnte sich als Folge einer Verletzung des Eigentums an den Brutapparaten darstellen. Zwar sind die Brutapparate ohne Strom nicht benutzbar und können folglich auch nicht bestimmungsgemäß gebraucht werden, jedoch ist ihre Gebrauchsfähigkeit nicht völlig aufgehoben; sie könnten an einem anderen Ort, der mit Strom versorgt ist, ohne weiteres verwendet werden. Deshalb ist eine Eigentumsverletzung hinsichtlich der Brutapparate zu verneinen (RdNr. 653). Deshalb kommt nur eine Verletzung des Rechts am eingerichteten und ausgeübten Gewerbebetrieb in Betracht. Die Verletzungshandlung muß aber betriebsbezogen sein und einen unmittelbaren Eingriff in den gewerblichen Tätigkeitsbereich darstellen. Diese Voraussetzung ist nach hM zu verneinen. Insbesondere der BGH hat bei Entscheidung verschiedener sog. Stromkabelfälle den Standpunkt eingenommen, daß es sich dabei nicht um einen Eingriff handle, der gegen den Gewerbebetrieb als solchen gerichtet sei (RdNr. 657).

(211) Als Schaden ist die unfreiwillige Einbuße an rechtlich geschützten Gütern zu bezeichnen. Innerhalb des juristischen Schadensbegriffs ist zwischen dem Vermögensschaden (materieller Schaden) und dem Nichtvermögensschaden (immateriellen Schaden) zu unterscheiden. Diese Unterscheidung ist von Bedeutung, weil wegen eines Schadens, der nicht Vermögensschaden ist, Entschädigung in Geld nur in den durch das Gesetz bestimmten Fällen gefordert werden kann (§ 253). Eine weitere Differenzierung läßt sich danach vornehmen, ob der Schaden unmittelbar durch die Verletzungshandlung (Verletzungsschaden) oder erst als weitere Folge (Folgeschaden) herbeigeführt worden ist (RdNr. 661).

(212) In Betracht kommt ein Schadensersatzanspruch auf der Grundlage des § 823 Abs. 1 wegen einer Eigentumsverletzung. Dadurch, daß Schädig die Standfestigkeit des Hauses von Häusler gefährdete, hat er in dessen Eigentum eingegriffen. Es fragt sich allerdings, ob Schädig für den von Häusler geltend gemachten Schaden ersatzpflichtig ist. Häusler begehrt für die entgangene Nutzungsmöglichkeit seines Hauses Schadensersatz. Hierfür kommt es darauf an, ob es sich um einen Vermögensschaden handelt, weil nur dann eine Ersatzpflicht des Schädig bejaht werden kann. Ob die Nutzungsmöglichkeit eines Hauses einen Vermögenswert besitzt, ist streitig. Überträgt man die Grundsätze, die die hM hinsichtlich des Entzugs der Nutzungsmöglichkeit eines Kfz entwickelt hat, auch auf ein Haus, dann kann es nicht zweifelhaft sein, daß auch in diesem Fall ein Vermögensschaden zu bejahen ist. Sieht man allein auf die Kommerzialisierung von Nutzungsmöglichkeiten, dann besteht kein Unterschied zwischen einem Kfz und einem Haus; die Nutzungsmöglichkeit beider muß am Markt „erkauft" werden (RdNr. 666).

(213) Im Grundsatz kann der Geschädigte nur Naturalrestitution fordern (§ 249 S. 1). In Ausnahme von diesem Grundsatz kann der Geschädigte vom Schädiger Geldersatz verlangen, wenn die Voraussetzungen des § 249 S. 2, des § 250 oder des § 251 Abs. 1 erfüllt sind (RdNr. 667, 669).

(214) Forsch kann den von ihm verursachten Schaden nicht dadurch wiedergutmachen, daß er anstelle des getöteten Katers einen gleichwertigen der Dora gibt. Denn dadurch wird nicht der Zustand hergestellt, der bestehen würde, wenn der zum Ersatz verpflichtende Umstand nicht eingetreten wäre (§ 249 S. 1). Denn dieser Zustand könnte wegen der ideellen Bindung der Dora an den Kater nur erreicht werden, wenn der Kater wieder lebendig gemacht werden könnte. Es handelt sich deshalb um einen Fall des § 251 Abs. 1. Dora kann danach von Forsch Entschädigung in Geld fordern. Bei der Frage, wie hoch der zu zahlende Betrag zu bemessen ist, müssen grundsätzlich auch die individuellen Besonderheiten auf seiten des Geschädigten berücksichtigt werden. Dies bedeutet jedoch nicht, daß der bloße Gefühlswert ebenfalls entschädigt werden muß. Denn das Affektionsinteresse des Geschädigten weist keinen Vermö-

genswert auf. Die Forderung der Dora ist also in der Höhe nicht gerechtfertigt. Vielmehr kann sie nur den Geldbetrag verlangen, der zur Anschaffung eines gleichwertigen Tieres erforderlich ist (RdNr. 670).

(215) Diese Frage ist sehr streitig. Nach der Lehre vom Erfolgsunrecht wird durch die Verletzung der ausdrücklich in § 823 Abs. 1 genannten Rechtsgüter und Rechte die Rechtswidrigkeit indiziert, während dies nach der Lehre vom Verhaltensunrecht nur für vorsätzliche Eingriffe gilt; in anderen Fällen soll es nach dieser Lehre darauf ankommen, ob der Handelnde gegen die ihm obliegende Sorgfaltspflicht verstoßen hat. Eine vermittelnde Auffassung schließt sich bei unmittelbaren Verletzungen der Lehre vom Erfolgsunrecht, bei mittelbaren der Lehre vom Verhaltensunrecht an. Alle Auffassungen stimmen darin überein, daß bei Unterlassungen und bei sog. „offenen Verletzungstatbeständen" die Rechtswidrigkeit durch die Verletzung von Verhaltenspflichten bestimmt wird (RdNr. 674ff., 679).

(216) Da eine 6jährige nach § 828 Abs. 1 für den Schaden nicht verantwortlich ist, den sie einem anderen zufügt, kommt nur eine Billigkeitshaftung nach § 829 in Betracht. Hierfür ist Voraussetzung, daß der objektive Tatbestand einer unerlaubten Handlung verwirklicht und dabei rechtswidrig gehandelt wird. Erna hat den Kurt körperlich verletzt. Dadurch wird der objektive Tatbestand des § 823 Abs. 1 erfüllt. Nach der Lehre vom Erfolgsunrecht steht damit auch die Rechtswidrigkeit des Verhaltens fest, da ein Rechtfertigungsgrund nicht eingreift. Nach der Lehre vom Handlungsunrecht ist dagegen die Rechtswidrigkeit zu verneinen, weil nach dem Sachverhalt nichts dafür spricht, daß Erna dem allgemeinen Sorgfaltsgebot zuwidergehandelt hat. Aber auch auf der Grundlage der Lehre vom Erfolgsunrecht scheidet eine Ersatzpflicht der Erna aus, weil nach § 829 zu verlangen ist, daß der Ersatzpflichtige in subjektiver Hinsicht so gehandelt hat, daß beim Zurechnungsfähigen Verschulden zu bejahen ist. Bei Bejahung der Rechtswidrigkeit führt also das Fehlen eines Sorgfaltsverstoßes dazu, daß eine Haftung von Erna aus subjektiven Gründen auszuscheiden hat (RdNr. 681).

(217) Diese Frage muß noch weiter präzisiert werden. Das Vermögen gehört nicht zu den durch § 823 Abs. 1 geschützten Rechtspositionen. Ein mittelbarer Schutz des Vermögens durch diese Vorschrift wird aber dadurch erreicht, daß bei Verletzung eines der durch diese Vorschrift geschützten Rechtsgüter und Rechte der Schädiger verpflichtet ist, sämtliche sich daraus ergebenden vermögensmäßigen Einbußen des Geschädigten zu ersetzen, sofern sie noch vom Schutzbereich der Norm umfaßt werden (RdNr. 654). Ein Vermögensschutz wird durch § 823 Abs. 2 dadurch vorgenommen, daß die Verletzung von Schutzgesetzen, die reinen Vermögensinteressen des einzelnen dienen, nach dieser Vorschrift schadensersatzpflichtig macht (RdNr. 683).

(218) Der Schadensersatzanspruch des Kunz kann auf § 826 gestützt werden. Wer wissentlich ein falsches Gutachten erstattet, um einen anderen zu täuschen, handelt sittenwidrig (RdNr. 685). Die sittenwidrige Schädigung des Trug hat einen Schaden des Kunz verursacht, denn dieser hätte das Bild ohne die falsche Expertise nicht zu dem geforderten Preis gekauft. Trug hat vorsätzlich gehandelt. Er wußte, daß das Gutachten dazu dienen sollte, einen Käufer des Bildes zu täuschen. Er hat zu diesem Zweck das Gutachten erstattet. Er hat deshalb gewußt und gewollt, daß einem Käufer des Bildes ein Vermögensschaden zugefügt wird. Da Trug auch alle Umstände kannte, aus denen sich die Sittenwidrigkeit ergibt, sind die subjektiven Anforderungen des § 826 erfüllt (RdNr. 687). Folglich ist Trug verpflichtet, den Schaden des Kunz zu ersetzen.

(219) Wund kann seinen Anspruch auf § 830 Abs. 1 S. 2 iVm. § 823 Abs. 1 stützen. Im Rahmen eines tatsächlich zusammenhängenden Vorgangs haben Albert und Bertold jeweils rechtswidrig und schuldhaft den Körper des Wund verletzt und damit den objektiven Tatbestand des § 823 Abs. 1 verwirklicht, wenn man von dem Erfordernis

der haftungsbegründenden Kausalität absieht. Jeder von beiden könnte den Schaden des Wund verursacht haben, und es läßt sich nicht feststellen, auf wessen Verhalten die Verletzung des Wund zurückzuführen ist (RdNr. 692). Wund kann sich also an Albert halten und den Ersatz seines vollen Schadens fordern (§ 840 Abs. 1 iVm. § 421) (RdNr. 694). Wenn Albert die geforderten 3000,- DM an Wund zahlt, dann kann er nach § 426 von Bertold die Hälfte der gezahlten Summe fordern. Eine von der Schadensteilung abweichende Bestimmung (z. B. § 254 in entsprechender Anwendung) greift hier nicht ein, weil das Maß der Verursachung beider nicht feststellbar und das Verschulden gleich ist (RdNr. 699).

(220) Der Begriff des Gesamtschuldners ist in § 421 beschrieben. Danach ist der einzelne Gesamtschuldner nach Wahl des Gläubigers verpflichtet, die gesamte Leistung zu bewirken. Dagegen hat ein Teilschuldner nur den auf ihn entfallenden Teil einer (teilbaren) Leistung zu erbringen (§ 420). Dem entspricht auf der Gläubigerseite die Teilgläubigerschaft; danach kann jeder von mehreren Gläubigern vom Schuldner nur einen Teil der Leistung fordern (§ 420). Bei einer Gesamtgläubigerschaft kann jeder von mehreren Gläubigern vom Schuldner die ganze Leistung fordern, der Schuldner braucht jedoch nur einmal zu leisten (§ 428) (RdNr. 695 ff.).

(221) Bei der gesetzlichen Stellvertretung ergibt sich die Vertretungsmacht für den Vertreter aus einer gesetzlichen Vorschrift, während bei einer gewillkürten Stellvertretung die Vertretungsmacht durch Rechtsgeschäft erteilt wird (RdNr. 702 f., 713).

(222) Der Vertreter muß innerhalb der ihm zustehenden Vertretungsmacht im Namen des Vertretenen eine Willenserklärung abgeben oder für diesen empfangen, und die Stellvertretung muß zulässig sein (RdNr. 704).

(223) Bei einer aktiven Stellvertretung gibt der Vertreter eine Willenserklärung ab, bei einer passiven Stellvertretung wird eine an den Vertretenen gerichtete Willenserklärung gegenüber dem Vertreter abgegeben (RdNr. 704).

(224) Der Stellvertreter gibt eine eigene Willenserklärung ab, nicht eine fremde; dies unterscheidet ihn vom Erklärungsboten, der lediglich die Willenserklärung eines anderen weiterträgt. Die Unterscheidung zwischen einem passiven Stellvertreter und einem Empfangsboten ist deshalb recht schwierig, weil in beiden Fällen eine an den Geschäftsherrn gerichtete Willenserklärung passiv entgegengenommen wird. Man wird die Unterscheidung danach vorzunehmen haben, ob der Empfänger der Erklärung Vertretungsmacht besitzt und die Erklärung in den Kreis der Geschäfte fällt, die von seiner Vertretungsmacht gedeckt sind (RdNr. 706 f.).

(225) Nach dem Sachverhalt ist anzunehmen, daß Frau Nett für Frau Hübsch den Kauf tätigen will. Es fragt sich jedoch, ob sie dies auch als Vertreter der Frau Hübsch tut. Daß sie innerhalb einer ihr erteilten Vertretungsmacht eine Willenserklärung abgibt, kann nicht fraglich sein. Nach den Angaben im Sachverhalt ist jedoch davon auszugehen, daß Frau Nett nicht ausdrücklich beim Kauf erklärt hat, daß sie für Frau Hübsch den Fön erwerben wolle; sie handelt also nicht im Namen der Vertretenen. Da es sich jedoch um einen Barkauf des täglichen Lebens handelt, kann es dem Inhaber des Kaufhauses und seinen Vertretern gleichgültig sein, ob Frau Nett selbst oder ein anderer Käufer des Föns ist. Deshalb ist nach den Grundsätzen, die für das (verdeckte) Geschäft für den, den es angeht, von der hM entwickelt worden sind, hier eine Durchbrechung des Offenheitsprinzips zuzulassen (RdNr. 710). Dementsprechend ist also ein Kaufvertrag mit Frau Hübsch zustande gekommen. Auch die Einigung iSv. § 929 S. 1 wird nach diesen Grundsätzen von Frau Nett für Frau Hübsch vollzogen. Für den Eigentumsübergang auf Frau Hübsch ist jedoch erforderlich, daß diese auch den Besitz an dem Fön erwirbt. Hier kann daran gedacht werden, daß bereits im Zeitpunkt des Kaufs ein Besitzmittlungsverhältnis zwischen Hübsch und Nett zustande gekommen ist. Als Nebenpflicht aus dem Auftrag obliegt Frau Nett auch die sorgfältige Verwahrung des Föns. In Erfüllung dieser Pflicht kann Nett im Wege des

Selbstkontrahierens (§ 181 letzter HS) ein Besitzmittlungsverhältnis iSv. § 868 geschlossen haben; als andere Möglichkeit kommt in Betracht, daß Hübsch und Nett bereits vorher (antizipiert) ein entsprechendes Besitzkonstitut stillschweigend vereinbart haben, das voll wirksam wird, sobald Frau Nett den Fön erwirbt (§ 158 Abs. 1). Bei beiden Lösungen wird Frau Hübsch in dem Zeitpunkt Eigentümerin nach § 929 S. 1 (RdNr. 472), in dem Frau Nett den Fön im Kaufhaus Hülle & Fülle kauft.

(226) Grimm hat sich hier als Gram ausgegeben, weil er wollte, daß dieser als Vertragspartner auch von Flora angesehen wird (denn nach seinem Plan wollte er unbekannt bleiben). Es handelt sich deshalb nicht um eine Bestellung für sich selbst nur unter falscher Namensangabe, sondern um ein Handeln unter fremdem Namen. Ob Flora Gram kannte und mit dessen Person bestimmte Vorstellungen verbunden hat, ergibt sich aus dem Sachverhalt nicht ausdrücklich. Flora lieferte die Blumen bereits, bevor sie den Kaufpreis erhalten hat; sie wollte sich also offenbar an den wahren Namensträger wegen des Kaufpreises halten. Dies spricht dafür, daß sie mit Gram den Kaufvertrag schließen wollte. In diesem Fall ist § 179 Abs. 1 analog anzuwenden, so daß Flora berechtigt ist, Erfüllung des Kaufvertrages von Grimm, also Bezahlung des Kaufpreises (§ 433 Abs. 2), zu verlangen (RdNr. 712).

(227) Eine Bindung des Arnold ist eingetreten, wenn ein gültiger Kaufvertrag über das Grundstück zustande gekommen ist. Hierfür kommt es darauf an, ob Max wirksam zur Vertretung des Arnold bevollmächtigt worden ist. Die Wirksamkeit der Bevollmächtigung wäre zu verneinen, wenn dafür eine Form beachtet werden muß. Nach § 167 Abs. 2 bedarf die Bevollmächtigung nicht der Form, die für das Rechtsgeschäft vorgeschrieben ist, auf das sich die Vollmacht bezieht. Aufgrund einer teleologischen Reduktion dieser Vorschrift verlangt aber die hM in bestimmten Fällen die Beachtung der für das Vertretungsgeschäft geltenden Formvorschrift auch für die Vollmachterteilung, wenn durch eine formlose Bevollmächtigung dem Sinn und Zweck der Formvorschrift widersprochen würde. In Fällen der Bevollmächtigung zum Verkauf eines Grundstücks fordert die hM die Beachtung der in § 313 S. 1 für das Vertretungsgeschäft vorgeschriebenen Form, wenn die Vollmacht unwiderruflich erteilt wird oder wenn der Vollmachtgeber beim Widerruf Nachteilen ausgesetzt ist. Dagegen soll eine widerruflich erteilte Vollmacht zum Verkauf eines Grundstücks im Regelfall formlos gültig sein. Eine Mindermeinung im Schrifttum verlangt dagegen stets eine notarielle Beurkundung der Vollmachterteilung, um eine Umgehung des § 313 S. 1 zu verhindern. Folgt man hier der hM, dann ist Arnold durch den von Max abgeschlossenen Kaufvertrag gebunden (RdNr. 714).

(228) Bei einer Innenvollmacht wird die Bevollmächtigung gegenüber dem Bevollmächtigten vorgenommen (§ 167 Abs. 1 Alt. 1), die Außenvollmacht wird gegenüber dem Dritten, mit dem das Vertretungsgeschäft geschlossen werden soll, erteilt (§ 167 Abs. 1 Alt. 2) (RdNr. 715). Die Spezialvollmacht gilt nur für ein bestimmtes Geschäft, die Gattungsvollmacht für eine bestimmte Gattung von Geschäften, während die Generalvollmacht zur Vertretung aller Art befugt. Bei der Gesamtvollmacht (Gegensatz Einzelvollmacht) ist der Bevollmächtigte nicht allein, sondern nur gemeinsam mit anderen zur Vertretung befugt (RdNr. 717).

(229) Ein Anspruch auf Zahlung des Kaufpreises nach § 433 Abs. 2 gegen Reich besteht nur, wenn zwischen ihm und Volz ein gültiger Kaufvertrag zustande gekommen ist. Da jedoch die Kundig von Reich erteilte Vollmacht nichtig ist (§ 105 Abs. 1 iVm. § 104 Nr. 3) und deshalb Kundig auch nicht Weiß ermächtigen konnte, für Reich als Vertreter zu handeln, verpflichtet der von Weiß im Namen des Reich geschlossene Kaufvertrag diesen nicht. Volz kann jedoch Weiß als Vertreter ohne Vertretungsmacht in Anspruch nehmen und Ersatz seines Vertrauensschadens fordern (§ 179 Abs. 2), denn Weiß ist als Vertreter des Reich aufgetreten, ohne Vertretungsmacht zu besitzen. Weiß kann seinerseits von Kundig eine Freistellung von Schadensersatzansprüchen

gegen ihn wegen des Kaufvertrages fordern (§ 179 Abs. 2, § 180 S. 2 iVm. § 249 S. 1), da auch dieser bei der Unterbevollmächtigung als Vertreter ohne Vertretungsmacht handelte (RdNr. 718).

(230) Von einer „Duldungsvollmacht" spricht man, wenn der Vertretene sich so behandeln lassen muß, als habe er eine in Wirklichkeit nicht erteilte Bevollmächtigung vorgenommen. Die hM nimmt eine Duldungsvollmacht an, wenn ein zur Vertretung nicht Berechtigter während eines gewissen Zeitraums wiederholt für den Geschäftsherrn als Vertreter auftritt, der Geschäftsherr davon Kenntnis hat und eine ihm mögliche Intervention unterläßt, so daß der Geschäftspartner des Geschäftsherrn nach Treu und Glauben mit Rücksicht auf die Verkehrssitte aus dem Verhalten des Geschäftsherrn und des Vertreters den Schluß ziehen kann, daß der Vertreter zur Vertretung berechtigt ist (RdNr. 720). Von der konkludent erteilten Vollmacht unterscheidet sich die Duldungsvollmacht dadurch, daß bei ihr gerade nicht durch schlüssiges Verhalten eine Vollmacht erteilt worden ist (RdNr. 719). Bei der Anscheinsvollmacht kennt der Geschäftsherr – anders als bei der Duldungsvollmacht – das vollmachtlose Handeln des Vertreters nicht, er hätte jedoch bei pflichtgemäßer Sorgfalt davon Kenntnis erhalten müssen und dieses Handeln verhindern können (RdNr. 721-724).

(231) Richterrecht ist das vom Richter durch Rechtsfortbildung geschaffene Recht. Bereits durch die Auslegung kann der Richter das Recht fortbilden, z. B. wenn er durch Neuinterpretation einem Rechtssatz eine andere Deutung als bisher gibt. Wesentlich weiter als die Auslegung des Rechts geht die Ausfüllung von Gesetzeslücken durch den Richter. Aber auch hierbei bleibt der Richter innerhalb des gesetzgeberischen Planes, da er die Lücke, die planwidrige Unvollständigkeit innerhalb des Gesetzes, nach den im Gesetz niedergelegten Normvorstellungen und Prinzipien, also in gesetzesimmanenter Weise, auszufüllen hat. Über den Plan des Gesetzes hinaus führt die gesetzeserweiternde und gesetzesübersteigende Rechtsfortbildung. Hierbei führt der Richter den gesetzgeberischen Plan weiter, insbesondere um dadurch dringenden Bedürfnissen des Rechtsverkehrs zu entsprechen (RdNr. 723).

(232) Bei einer Analogie überträgt man eine im Gesetz getroffene Regelung auf einen gesetzlich nicht geregelten Tatbestand. Kann die auf den ungeregelten Tatbestand anzuwendende Rechtsfolge aus einem einzigen Rechtssatz gewonnen werden, dann bezeichnet man dies als Gesetzesanalogie; wird hingegen die anzuwendende Regelung aus mehreren Rechtssätzen oder aus dem Gesamtsystem des Gesetzes abgeleitet, dann handelt es sich um eine sog. Rechtsanalogie. Die Analogie ist von folgenden Voraussetzungen abhängig: Das Gesetz muß eine Lücke, d. h. eine planwidrige Unvollständigkeit, aufweisen. Diese Planwidrigkeit ist durch Analogie zu beseitigen, wenn der ungeregelte Tatbestand dem geregelten so ähnlich ist, daß es die Gerechtigkeit gebietet, beide gleich zu behandeln (RdNr. 720).

(233) Bei einer „teleologischen Reduktion" wird eine nach ihrem Wortlaut zu weit geratene Vorschrift so eingeschränkt, daß ihr Anwendungsbereich mit dem Regelungszweck der Vorschrift selbst oder anderer Regelungen im Gesetz übereinstimmt. Auch für die teleologische Reduktion ist Voraussetzung eine Lücke im Gesetz, wobei es sich dabei um eine „verdeckte Lücke" handelt, weil aufgrund des bloßen Wortlautes des Gesetzes eine planwidrige Unvollständigkeit nicht festzustellen ist, sondern sich erst aufgrund einer am Regelungszweck und Sinnzusammenhang des Gesetzes orientierten Auslegung ergibt (RdNr. 714, 732).

(234) Die Vereinbarung der Unwiderruflichkeit ist bei einer Generalvollmacht unzulässig; Arnold ist also nicht gehindert, die Vollmer erteilte Generalvollmacht zu widerrufen. Nach hM kann in anderen Fällen eine Bevollmächtigung unwiderruflich vorgenommen werden, wenn sich nicht aus dem der Vollmacht zugrundeliegenden Rechtsverhältnis ergibt, daß vornehmlich die Vollmacht den Interessen des Vollmachtgebers dient. Ob dies hier der Fall ist, läßt sich aus den Angaben im Sachverhalt

nicht entnehmen. Aber selbst wenn die Voraussetzungen für eine Unwiderruflichkeit erfüllt sein sollten, bleibt der Widerruf aus wichtigem Grund zulässig. Die Bestechlichkeit des Viktor ist ein solcher Grund. Folglich kann Arnold auch dessen Bevollmächtigung durch Widerruf zurücknehmen (RdNr. 725).

(235) Die Aufhebung der Vollmacht durch Widerruf ist ohne weiteres möglich. Ein solcher Widerruf wirkt aber nur für die Zukunft. Es fragt sich deshalb, ob Albert die Bevollmächtigung des Benno nach § 119 Abs. 2 anfechten und ihm damit rückwirkend (§ 142 Abs. 1) die Vertretungsmacht nehmen kann. Ob die Vollmacht angefochten werden kann, wenn sie der Bevollmächtigte bereits gebraucht hat, also ein Rechtsgeschäft in Vertretung des Vollmachtgebers geschlossen hat, ist sehr streitig. Die wohl hM bejaht diese Möglichkeit, verlangt aber überwiegend, daß die Anfechtung der Vollmacht (auch) gegenüber dem Partner des Vertretungsgeschäfts vorgenommen wird; in jedem Fall soll der anfechtende Vollmachtgeber nach § 122 Abs. 1 verpflichtet sein, den Schaden des Geschäftspartners zu ersetzen, den dieser dadurch erleidet, daß er auf die Gültigkeit der Vollmacht vertraut (RdNr. 726f.).

(236) Da die Tochter geschäftsunfähig ist (§ 104 Nr. 1), kann sie auch ein ihr rechtlich vorteilhaftes Geschäft nicht selbst schließen. Ihre Eltern müssen deshalb die Schenkung und die Übereignung nach § 929 S. 1 sowohl im eigenen Namen als auch als gesetzliche Vertreter ihrer Tochter (§ 1629 Abs. 1) vornehmen. § 181 steht nicht entgegen. Auf Insichgeschäfte, die dem Vertretenen lediglich einen rechtlichen Vorteil bringen, ist § 181 nach ganz hM nicht anzuwenden (RdNr. 732).

(237) In Betracht kommt eine Anfechtung wegen arglistiger Täuschung nach § 123 Abs. 1. Der Verkäufer eines gebrauchten Pkw ist verpflichtet, dem Käufer grundsätzlich unbefragt mitzuteilen, daß ein gebrauchter Pkw einen Unfall gehabt hat (RdNr. 326). Jedoch ist eine Täuschung zu verneinen, wenn der Erklärungsempfänger den wahren Sachverhalt kennt (RdNr. 328). Wendig wußte, daß das Fahrzeug einen Unfall gehabt hat; dagegen war dies Willig unbekannt. Es kommt folglich darauf an, auf wessen Bewußtseinslage abzustellen ist. Grundsätzlich kommt es auf die Person des Vertreters an (§ 166 Abs. 1). Hier hat aber Willig nach konkreten Weisungen des Wendig gehandelt, so daß die Vorschrift des § 166 Abs. 2 eingreift. Folglich kann Wendig die Willenserklärung, die Willig zum Abschluß des Kaufvertrages abgegeben hat, nicht anfechten, da er sich nicht auf die Unkenntnis des Willig berufen kann (RdNr. 738).

(238) Die Wirksamkeit der von Hanna ohne Vertretungsmacht für Alt vorgenommenen Kündigung hängt davon ab, ob Alt diese Kündigung genehmigen kann. Bei der Kündigung handelt es sich um ein einseitiges Rechtsgeschäft. Einseitige Rechtsgeschäfte, die von einem Vertreter ohne Vertretungsmacht vorgenommen werden, sind grundsätzlich unzulässig (§ 180 S. 1). Dies gilt jedoch dann nicht, wenn der Erklärungsempfänger die vom Vertreter behauptete Vertretungsmacht bei der Vornahme des Rechtsgeschäfts nicht beanstandete (§ 180 S. 2). In diesem Fall gilt § 177 Abs. 1 mit der Folge, daß Alt die Kündigung durch Genehmigung wirksam werden lassen kann. Flott hat sich zwar nach dem Vorhandensein einer Vertretungsmacht der Hanna erkundigt, sich jedoch mit der Erklärung der Hanna zufriedengegeben, daß sie zur Kündigung befugt sei. Er hat folglich nicht das Fehlen der Vertretungsmacht der Hanna beanstandet. Alt konnte deshalb durch Erklärung gegenüber der Hanna (§ 182 Abs. 1) die zunächst schwebend unwirksame Kündigung wirksam machen (RdNr. 743).

(239) In Betracht kommt ein Schadensersatzanspruch des Albert gegen Warenreich wegen c. i. c. Von den Haftungsvoraussetzungen (Entstehung eines gesetzlichen Schuldverhältnisses durch unmittelbaren geschäftlichen Kontakt, Verletzung einer sich daraus ergebenden Verhaltenspflicht durch den Haftpflichtigen, Verursachung eines Schadens und Verschulden des Haftpflichtigen) kann nur zweifelhaft sein, ob

sich Warenreich das Verschulden seines Angestellten Bertold zurechnen lassen muß. Dies ist nach § 278 zu bejahen, wenn sich Warenreich des Bertold „zur Erfüllung seiner Verbindlichkeit" gegenüber Albert bedient hat. Warenreich obliegen Schutz- und Fürsorgepflichten für das Leben und die Gesundheit seiner Kunden (RdNr. 452), die hier dahingehend konkretisiert sind, daß die Räume des Warenhauses in einem ordnungsmäßigen, gefahrlosen Zustand gehalten werden müssen. Zur Erfüllung dieser Pflichten hat Warenreich Bertold eingesetzt. Dementsprechend hat er nach § 278 dessen Fehlverhalten wie eigenes zu vertreten. Warenreich muß folglich den Unfallschaden des Albert ersetzen (RdNr. 753).

(240) Dies ist immer dann der Fall, wenn der Geschäftsherr einem Erfüllungsgehilfen eine nach Weisungen auszuführende Tätigkeit überträgt (RdNr. 749, 764).

(241) Eine Haftung des Groß nach dem BGB kann sich aus § 831 Abs. 1 S. 1 ergeben. Groß hat Klein eine nach Weisung auszuführende Tätigkeit übertragen; somit ist Klein der Verrichtungsgehilfe des Groß (RdNr. 764). Weitere Voraussetzung ist, daß der Verrichtungsgehilfe einen Dritten widerrechtlich geschädigt hat. Dies ist der Fall, wenn der Verrichtungsgehilfe eine unerlaubte Handlung iSv. §§ 823 ff. rechtswidrig verwirklicht hat. Die Rechtswidrigkeit ist nach der Lehre vom Verhaltensunrecht hier zu verneinen, weil Klein nicht gegen die allgemeine Sorgfaltspflicht verstoßen hat. Nach der Lehre vom Erfolgsunrecht (der sich in Fällen, in denen – wie hier – unmittelbar in das verletzte Rechtsgut eingegriffen wird, auch die vermittelnde Ansicht anschließt) ist bei einem tatbestandsmäßigen Verhalten im Sinne des Deliktsrechts die Rechtswidrigkeit nur dann nicht anzunehmen, wenn ein Rechtfertigungsgrund eingreift. Nur wenn man den Rechtfertigungsgrund des verkehrsgemäßen Verhaltens anerkennt (RdNr. 677, zu Fn. 70), ist deshalb nach dieser Auffassung die Rechtswidrigkeit auszuschließen. Aber auch dann, wenn man das Verhalten des Klein für rechtswidrig hält, ist eine Haftung des Groß abzulehnen, weil sein Sorgfaltsverstoß bei der Auswahl des Klein nicht für den Eintritt des Schadens ursächlich gewesen ist (RdNr. 763, 765).

(242) Der vom Sohn geltend gemachte Anspruch könnte sich auf § 346 S. 1 entweder iVm. §§ 327 S. 1, 325 Abs. 1 oder iVm. §§ 467 S. 1, 462, 459 stützen. Die Entscheidung zwischen den beiden auf die gleiche Rechtsfolge hinauslaufenden Möglichkeiten richtet sich danach, ob man bereits im Zeitpunkt bei Gefahrübergang für die in diesem Zeitpunkt erkannten und nicht behebbaren Mängel dem Käufer einen Anspruch auf Wandlung zubilligt (RdNr. 534). Unabhängig von dieser Frage kommt es aber darauf an, ob der Sohn überhaupt einen solchen Anspruch, der den Bestand des Deckungsverhältnisses betrifft, geltend machen kann. Die hM verweigert bei einem echten Vertrag zugunsten Dritter dem Dritten das Recht, ohne Zustimmung des Versprechensempfängers vom Vertrag zurückzutreten oder zu wandeln, weil die Entscheidung über den Bestand des Vertrages dem Versprechensempfänger vorbehalten bleiben muß (RdNr. 782). Denn sonst könnte der Dritte entgegen der Absicht des Versprechensempfängers den Leistungsgegenstand austauschen und anstelle der zugewendeten Sache ihren Geldwert fordern. Handel kann es also nach dieser Auffassung ablehnen, an den Sohn zu zahlen, wenn der Vater dieser Forderung nicht zustimmt.

(243) In Betracht kommt ein vertraglicher Anspruch wegen pFV, wenn Hermann in den Schutzbereich des zwischen seinem Vater und Emsig geschlossenen Werkvertrages einbezogen worden ist. Die Frage, wann im Einzelfall ein Dritter von den Schutzwirkungen eines Vertrages erfaßt ist, wird nicht einheitlich beantwortet. Nach einer auch heute noch häufig vertretenen Auffassung soll es darauf ankommen, ob der Vertragsgläubiger ein schutzwürdiges Interesse an der Einbeziehung des Dritten hat, und soll ein solches Interesse bejaht werden, wenn er für das Wohl und Wehe des Dritten zu sorgen verpflichtet ist. Hinzu kommen muß dann noch, daß der Dritte den mit einer Leistungsstörung verbundenen Gefahren wie der Gläubiger ausgesetzt ist

und daß der Schuldner die Umstände zu erkennen vermag, aus denen sich seine Pflicht ergibt, für Schäden eines Dritten einzustehen. Diese Voraussetzungen sind hier erfüllt. Aber auch wenn man den Umfang vertraglicher Schutzwirkungen nicht aufgrund einer Fürsorgepflicht des Vertragsgläubigers gegenüber dem Dritten, sondern nach dem Verhältnis des Dritten zum Leistungsgegenstand bestimmt und danach fragt, ob er nach dem Inhalt des Vertrages bestimmungsgemäß mit der Leistung des Schuldners in Berührung kommt, erstrecken sich die vertraglichen Schutzwirkungen auf Hermann. Hermann und die anderen Familienmitglieder, die im Haus des Häusler wohnen, werden von der vertraglichen Leistung in gleicher Weise betroffen wie Häusler selbst. Es hängt lediglich vom Zufall ab, daß Hermann und nicht sein Vater auf den Rost getreten und in den Keller gestürzt ist. Hermann nimmt folglich aufgrund seines Verhältnisses zu dem Werk, das Emsig nach dem Vertrag herzustellen hatte, eine gläubigergleiche Position ein (vgl. RdNr. 787). Deshalb war Emsig in gleicher Weise wie gegenüber seinem Gläubiger auch gegenüber Hermann verpflichtet, die vertragliche Leistung so zu erbringen, daß dessen Rechtsgüter nicht verletzt werden. Zur Erfüllung dieser Pflicht hat er seinen Gesellen Eifrig eingesetzt, dessen Verschulden er nach § 278 S. 1 wie eigenes zu vertreten hat. Das Versehen des Eifrig bedeutet eine grobe Sorgfaltsverletzung. Emsig ist folglich verpflichtet, den durch den Sorgfaltsverstoß verursachten Schaden des Hermann zu ersetzen (RdNr. 783 ff.).

(244) Eine Schadensliquidation im Drittinteresse wird in folgenden Fallgruppen zugelassen: Fälle mittelbarer Stellvertretung, Obhutsfälle und Fälle sog. „obligatorischer Gefahrentlastung" (RdNr. 790).

(245) a) Hat sich der Gläubiger dem Schuldner gegenüber verpflichtet, die Forderung nicht abzutreten, dann ist eine abredewidrig vorgenommene Zession unwirksam (RdNr. 798).

b) Kunz kann sich auf die gegenüber Volz erklärte Wandlung berufen, da nach § 404 zugunsten des Schuldners alle Einwendungen und Einreden bestehen bleiben, die zur Zeit der Abtretung der Forderung gegen den bisherigen Gläubiger begründet waren. Hierbei ist nicht erforderlich, daß bereits vor Abtretung Kunz die Wandlung gegenüber Volz erklärt hat; es kommt nur darauf an, daß der Grund für die geltend gemachte Einwendung oder Einrede im Zeitpunkt der Abtretung vorhanden war (RdNr. 800).

(246) a) Die Aufrechnung ist zulässig, da Schuld im Zeitpunkt der Fälligkeit seiner Forderung gegen den Zedenten von der Abtretung keine Kenntnis hatte; er kann folglich nach § 406 gegenüber Albert aufrechnen (RdNr. 806, 808).

b) Das Ergebnis bleibt unverändert, da Schuld im Zeitpunkt des Erwerbs der Gegenforderung keine Kenntnis von der Abtretung besaß und die Gegenforderung in diesem Zeitpunkt fällig wurde (§ 406) (RdNr. 806, 808).

c) Auch in diesem Fall kann Schuld gegenüber Arnold nach § 406 aufrechnen, da die zedierte Forderung später als die Gegenforderung fällig geworden ist und Schuld beim Erwerb der Gegenforderung keine Kenntnis von der Abtretung hatte (RdNr. 806, 808).

(247) Bei der Sicherungsabtretung soll die zedierte Forderung dem Zessionar zur Sicherung einer anderen ihm gegen den Zedenten zustehenden Forderung dienen (RdNr. 810). Bei der Inkassozession wird die Forderung dem Zessionar abgetreten, damit dieser im Interesse und für Rechnung des Zedenten die Forderung einzieht und das Erlangte an den Zedenten abführt (RdNr. 811).

(248) Der von Gläubig geltend gemachte Anspruch könnte nach § 607 Abs. 1 iVm. § 419 Abs. 1 begründet sein, wenn Kunz das Vermögen des Spinnig durch Vertrag übernommen hat und deshalb den Schuldner des Spinnig neben diesem haftet. Eine Vermögensübernahme iSv. § 419 Abs. 1 ist schon dann zu bejahen, wenn ein einzelner

Gegenstand übertragen wird, der im wesentlichen das Vermögen des Veräußerers darstellt. Diese Vermögensübertragung geschah auch durch Vertrag. Streitig ist die Frage, ob der Vermögensübernehmer wissen muß, daß er das gesamte Vermögen des Veräußerers übernimmt. Die hM verlangt zu Recht beim Erwerb von Einzelgegenständen, daß der Erwerber zumindest die Umstände kennt, aus denen sich ergibt, daß der erworbene Gegenstand im wesentlichen das Vermögen des Veräußerers darstellt. Nach dem mitgeteilten Sachverhalt spricht nichts dafür, daß Kunz bereits beim Abschluß des Kaufvertrages diese Kenntnis hatte. Er erfuhr jedoch davon von Gläubig, noch bevor er Eigentümer des Grundstücks geworden ist. Es kommt also darauf an, bis zu welchem Zeitpunkt der Erwerber Kenntnis erlangen muß, damit eine Haftung nach § 419 Abs. 1 eingreift. Die hM stellt im Grundsatz auf den Zeitpunkt der Vollendung des Übertragungsaktes ab; erst danach ist eine Kenntniserlangung für den Vermögensübernehmer unschädlich, weil dann der Gegenstand aus dem Vermögen des Übertragenen ausscheidet und damit seinen Gläubigern die Haftungsgrundlage entzogen wird. Eine Ausnahme wird jedoch von der hM beim Grundstückserwerb gemacht. Hier wird auf den Zeitpunkt abgestellt, der nach § 892 Abs. 2 für den gutgläubigen lastenfreien Erwerb maßgebend ist, also auf den Zeitpunkt, in dem der Antrag auf Eintragung des neuen Eigentümers im Grundbuch nach Einigung über den Eigentumsübergang gestellt wird. In diesem Zeitpunkt wußte jedoch Kunz nicht, daß er das gesamte Vermögen des Spinnig übernahm und kannte auch nicht die Umstände, aus denen sich dies ergab. Er haftet somit nicht nach § 419 Abs. 1 für die Schulden des Spinnig (RdNr. 820).

(249) Bürger kann einmal seinen Anspruch auf § 433 Abs. 2 stützen, da bei Befriedigung des Volz dessen Anspruch nach § 774 Abs. 1 S. 1 auf Bürger übergegangen ist. Diesem Anspruch kann jedoch Kunz alle Einwendungen entgegensetzen, die ihm zur Zeit des Forderungsübergangs gegen Volz zugestanden haben (§ 404 iVm. § 412), also auch das ihm wegen der Mangelhaftigkeit der Maschine zustehende Recht auf Wandlung. Aus dem Rechtsverhältnis zu Kunz, einem Auftrag zur Übernahme der Bürgschaft, hat jedoch Bürger auch einen Anspruch nach § 670 auf Ersatz der Aufwendungen, die er zur Ausführung des Auftrages machte und die er den Umständen nach für erforderlich halten durfte. Es kommt darauf an, ob Bürger ohne Rücksprache mit Kunz die Forderung des Volz befriedigen durfte, denn hätte er von dem Wandlungsrecht des Kunz gewußt, dann hätte er in analoger Anwendung des § 770 Abs. 1 die Befriedigung des Volz verweigern können (RdNr. 831). Für die Frage, welche Aufwendungen der Auftraggeber dem Beauftragten zu ersetzen hat, ist nicht die objektive Erforderlichkeit entscheidend, sondern nur, ob bei vernünftiger Beurteilung aller Umstände, die dem Beauftragten bekannt sind, die Erforderlichkeit bejaht werden kann (RdNr. 582, 834). Bürger konnte erwarten, daß ihn Kunz benachrichtigte, wenn er einen Grund hatte, die Zahlung des Kaufpreises zu verweigern. Es ist deshalb Bürger nicht anzulasten, wenn er davon ausging, daß ein solcher Grund nicht bestanden hat. Dementsprechend kann er von Kunz Zahlung der 10000,- DM fordern und es Kunz überlassen, sich mit Volz wegen des Mangels an der Maschine auseinanderzusetzen.

(250) Ein Anspruch auf Zahlung der rückständigen Miete steht Verz gegen Gütig nur zu, wenn dessen Erklärung als Offerte zum Abschluß eines Vertrages über einen Schuldbeitritt oder eines Garantievertrages angesehen werden kann, die Verz konkludent angenommen hat. Hierfür kommt es darauf an, ob Gütig lediglich erklärte, für die Erfüllung der Schuld durch Leicht Sorge zu tragen oder ob er eine eigene Verpflichtung gegenüber Verz eingehen wollte. Nach hM ist sowohl für den Schuldbeitritt als auch für den Garantievertrag ein eigenes unmittelbares wirtschaftliches Interesse an der Erfüllung der Schuld erforderlich. Ein solches Interesse des Gütig besteht hier nicht. Die Erklärung des Gütig kann deshalb nur dahingehend gewertet werden, daß er für die Schuld des Leicht einzustehen versprach. Dann handelt es sich hier um ein

formungültiges Bürgschaftsversprechen (§ 125 S. 1 iVm. § 766 S. 1), das Gütig nicht verpflichtet (RdNr. 839).

Lösung der 1. Übungsklausur*

I. 1. Alt ist verpflichtet, Jung das Mofa zu liefern, wenn sie einen wirksamen Kaufvertrag über das Mofa geschlossen haben (§ 433 I BGB).[1] Ein Vertrag besteht aus Angebot und Annahme, zwei korrespondierenden Willenserklärungen.
2. Es ist zweifelhaft, ob Jung in der Lage ist, eine Willenserklärung wirksam abzugeben.[2] Jung ist, da er das achtzehnte Lebensjahr nicht vollendet hat, nicht volljährig (§ 2 BGB). Als Minderjähriger, der älter als sieben Jahre ist, ist er in seiner Geschäftsfähigkeit eingeschränkt (§ 106 BGB) und bedarf zu einer Willenserklärung, durch die er nicht lediglich einen rechtlichen Vorteil erlangt, der Einwilligung seines gesetzlichen Vertreters (§ 107 BGB).
3. Ein Kaufvertrag verpflichtet Jung, der anderen Partei etwas zu leisten. Dies ist ein rechtlicher Nachteil, und er braucht die Einwilligung seiner Eltern, da sie seine gesetzlichen Vertreter sind (§ 1629 I, 1626 I BGB). Die Einwilligung ist eine vorherige Zustimmung (§ 183 BGB). Da sie fehlt, ist der Kaufvertrag schwebend unwirksam (§ 108 I BGB).
4. Solch ein Schwebezustand kann für den Vertragspartner unbefriedigend sein, da er nicht weiß, wie die Eltern sich entscheiden werden. Sie können den Vertrag sowohl genehmigen als auch verbieten.[3] Beide Entscheidungen können von den Eltern gefällt werden, ohne daß der andere Teil direkt davon erfährt (§ 182 I BGB). Um diese Ungewißheit zu beseitigen, räumt der Gesetzgeber dem anderen Teil bei Verträgen mit Minderjährigen das Recht ein, die Vertreter aufzufordern, die Erklärung ihm gegenüber abzugeben (§ 108 II BGB). Alt fordert die Eltern von Jung nicht von sich aus auf, eine Erklärung über die Genehmigung abzugeben.[4] Wenn aber schon die einseitige Aufforderung des Alt genügt, die Eltern zu zwingen, daß sie ihre Erklärung über die Genehmigung ihm gegenüber abgeben müssen, dann muß der freiwillige Entschluß der Eltern, Alt zu informieren, zum gleichen Ergebnis führen.[4] Die Eltern von Jung müssen ihre Erklärung über die Genehmigung Alt gegenüber abgeben.[5]

---

* Die folgende Klausur-Bearbeitung wurde von Herrn Jens Diedrich verfaßt, der zur Zeit dieser Bearbeitung gerade das erste Semester abgeschlossen hatte. Die Anmerkungen sind Hinweise des Korrigierenden.

[1] Achten Sie auf genaue Angabe des Gesetzes; hier richtig: § 433 Abs. 1 S. 1 BGB.

[2] Wie kann denn hier überhaupt ein Vertrag zustande kommen? (Zeitungsinserat als invitatio ad offerendum, Offerte in der Erklärung des Jung, er wolle kaufen, Annahme der Offerte durch Alt).

[3] Ausdruck! Richtig: Genehmigung verweigern.

[4] Hier scheint der Sachverhalt nicht ganz richtig gewertet zu werden: Alt ruft doch die Eltern von sich aus an. Wieso handelt es sich um einen „freiwilligen Entschluß der Eltern" und welche Rechtsfolgen ergeben sich hieraus? (vgl. auch Anmerkung 5).

[5] Genauer! Es mußte dazu Stellung genommen werden, welche rechtlichen Wirkungen das Telefongespräch zwischen den Eltern und Alt hat. Vereinbarung, daß innerhalb von drei Tagen über die Genehmigung von den Eltern entschieden und dies Alt mitgeteilt wird. Insoweit haben also die Parteien abweichend von § 108 Abs. 2 eine kürzere Frist für die Genehmigung vereinbart, was zulässig ist.

5. Nach zwei Tagen genehmigen die Eltern den Vertrag.[6] Der schwebend unwirksame Vertrag wird aber nicht schon deshalb wirksam, weil Jung davon erfährt. Die Genehmigung muß Alt erklärt werden (s. o., § 108 II BGB). Der schwebend unwirksame Vertrag könnte durch die Erklärung von Jung, daß seine Eltern genehmigen, wirksam geworden sein. Dies wäre nur dann möglich, wenn man Jung als Erklärungsboten seiner Eltern betrachtete. Dies widerspräche aber dem Schutzgedanken des § 108 II BGB. Der andere Teil soll ja gerade vor der Ungewißheit geschützt werden, ob das, was der Minderjährige sagt, wirksam ist. Deshalb darf der Minderjährige als Überbringer der Willenserklärung über die Genehmigung nicht eingesetzt werden. In diesem Fall kommt erschwerend hinzu, daß Jung bereits einmal etwas Unwahres gesagt hatte.[7] Der Vertrag ist immer noch schwebend unwirksam.

6. Der schwebend unwirksame Vertrag könnte durch die Äußerung von Alt, er habe sich anders besonnen, und Jung bekäme das Mofa nicht, widerrufen und damit unwirksam sein (§ 109 I BGB). Eine wirksame Genehmigung der Eltern liegt bis zu diesem Zeitpunkt nicht vor, und Alt könnte deshalb den Vertrag widerrufen (§ 109 I S. 1 BGB). Er kann diesen Widerruf auch Jung erklären (§ 109 I S. 2 BGB). Auch steht der 2. Absatz des § 109 BGB Alts Widerrufsrecht nicht entgegen. Jung hatte beim Vertragsschluß gelogen, und Alt hatte dies zwar geahnt, aber es war ihm nicht bekannt.[8]

7. Trotzdem kann die Erklärung von Alt nicht als wirksamer Widerruf betrachtet werden. Er stellt sich durch diese Erklärung in Gegensatz zu seinem früheren Verhalten. Dies ist nicht zulässig. Durch seine Aufforderung an die Eltern, sich zu erklären, zwingt er sie zu einem bestimmten Verhalten (§ 108 II BGB). Er ist aber nach Treu und Glauben verpflichtet, ihnen dieses Verhalten zu ermöglichen. Wollte man Alt ein Widerrufsrecht für einen schwebend unwirksamen Vertrag einräumen, dessen schwebende Unwirksamkeit Alt durch seine Aufforderung selbst erzeugt hat,[9] könnte jeder Vertrag, der durch Genehmigung wirksam geworden ist, durch die Kombination zweier Rechte, die der andere Teil hat, unwirksam gemacht werden. Dies ist aber nicht Sinn und Zweck dieser Vorschrift.[10]

---

[6] Es handelt sich hierbei um eine Wiederholung von Angaben des Sachverhalts. Dies soll stets vermieden werden, weil die Kenntnis des Sachverhalts beim Leser der Ausarbeitung vorauszusetzen ist. Die entsprechende Sachverhaltsangabe ist also wie folgt aufzunehmen: Daß die Eltern den Vertrag gegenüber Jung genehmigen, bleibt auf die schwebende Unwirksamkeit des Vertrages ohne Einfluß, da die Genehmigung entsprechend ihrer Absprache mit Alt und gemäß § 108 Abs. 2 nur diesem gegenüber zu erklären ist.

[7] Wie Verf. selbst ausführt, schränkt § 108 Abs. 2 die in § 182 Abs. 1 vorgesehene Möglichkeit ein, die Zustimmung sowohl dem Vertragspartner als auch dem Minderjährigen zu erteilen. Darüber hinaus die Möglichkeit als ausgeschlossen anzusehen, die Genehmigung durch den Minderjährigen als Bote dem Vertragspartner zu übermitteln, dürfte den Zweck der Vorschrift überdehnen. Positiv zu bewerten ist aber das Bemühen des Verf., mit eigenständigen Überlegungen zu argumentieren.

[8] Da es sich um einen entscheidenden Punkt der gutachtlichen Stellungnahme handelt, wäre hier zumindest die ausdrückliche Feststellung angebracht gewesen, daß es bei § 109 Abs. 2 auf die positive Kenntnis ankommt.

[9] Nicht „erzeugt" (der Vertrag war auch schon vorher schwebend unwirksam), sondern „akzeptiert" (durch seine Absprache mit den Eltern).

[10] Gute Argumentation!

498 Lösungshinweise für die Übungsklausuren

8. Alt konnte nicht widerrufen, und der Vertrag ist weiterhin schwebend unwirksam.

II. Alt kann mit dem anderen Interessenten noch nicht abschließen, ohne Unannehmlichkeiten zu bekommen. Der Kaufvertrag mit Jung ist noch schwebend unwirksam, bis die Eltern sich über die Genehmigung erklärt haben. Da die Eltern und Alt sich eine Frist von drei Tagen gesetzt haben – die gesetzliche Frist von zwei Wochen haben die Parteien einverständlich abbedungen[11] – dauert die Ungewißheit für Alt nur noch einen Tag. Wird die Genehmigung bis dahin nicht erklärt, ist die Genehmigung als verweigert anzusehen, und der Vertrag wird unwirksam. Alt kann dann an den anderen Interessenten verkaufen.

Beurteilung der Arbeit:

Die wichtigen Fragen des Falles sind erkannt und auch im wesentlichen zutreffend erörtert worden. Im Hinblick auf den Ausbildungsstand kann diese Arbeit noch mit der Note

gut   (13 Punkte)

bewertet werden.[12]

Musterlösung der 2. Übungsklausur

A. Ausgangsfall
I. Anspruch des H gegen D auf Zahlung des Kaufpreises für die Lebensmittel

a) Der Anspruch des H auf Zahlung des Kaufpreises für die verdorbenen Lebensmittel kann sich aus § 433 Abs. 2 ergeben. Ein Kaufvertrag ist zwischen ihm und D aufgrund deren telefonischer Bestellung und der Annahme dieser Bestellung durch H zustandegekommen. Grundsätzlich braucht jedoch der Käufer nicht zu zahlen, wenn ihm der Kaufgegenstand übergeben und übereignet wird (§ 320 Abs. 1 iVm. § 440 Abs. 1, § 433 Abs. 1 S. 1). Es stellt sich deshalb hier die Frage, ob H durch den Kaufvertrag weiter zur Lieferung verpflichtet ist und deshalb D nur zahlen muß, wenn sie die von ihr bestellten Lebensmittel erhält, oder ob H von seiner Pflicht zur Lieferung frei wurde, als die Lebensmittel verdarben (§ 275 Abs. 1).

b) Der Kaufvertrag ist auf eine Gattungssache gerichtet. Der Verkäufer einer Gattungssache bleibt so lange zur Lieferung verpflichtet, wie eine Leistung aus der Gattung noch (objektiv) möglich ist (vgl. § 279). Es kommt deshalb darauf an, ob sich im Zeitpunkt des Unfalls bereits die Verpflichtung des H auf die dabei verdorbenen Lebensmittel beschränkt hat. Die Konkretisierung nach § 243 Abs. 2 tritt in dem Zeitpunkt ein, in dem der Schuldner das seinerseits Erforderliche getan hat. Als H die bestellten Waren zusammenpackte und sie A übergab, hatte er seiner Verpflichtung zur Auswahl aus der Gattung entsprochen; mangels gegenteiliger Angaben im Sachverhalt ist davon auszugehen, daß H Waren mitt-

---

[11] Aufbau. Diese Feststellungen hätten bereits unter I 4 getroffen werden müssen; vgl. Anm. 5.

[12] Aller Anfang ist schwer! Das ist sowohl bei der Aufgabenstellung als auch bei der Beurteilung der Arbeit berücksichtigt worden. Wer in einem höheren Semester die Klausur löst, kann selbstverständlich nicht einen gleichen Maßstab erwarten.

lerer Art und Güte auswählte (§ 243 Abs. 1). Was der Schuldner noch zu tun hat, richtet sich nach der Art der Schuld. Hierfür ist entscheidend, ob es sich um eine Schickschuld oder Bringschuld handelt. Bei einer Bringschuld hätte H erst dann das seinerseits Erforderliche getan, wenn er die Ware D in deren Wohnung angeboten hätte; bei einer Schickschuld ist dagegen der Schuldner verpflichtet, die bestellten Waren ordnungsgemäß zu versenden.

c) Welche Verpflichtung besteht, muß dem Vertrag entnommen werden. Durch die Vereinbarung, H solle die Waren zur Wohnung der D bringen lassen, könnte H eine entsprechende vertragliche Pflicht übernommen haben. Es ist jedoch auch nicht auszuschließen, daß es sich insoweit lediglich um eine zusätzliche Gefälligkeit des H handelt, die nichts daran ändert, daß der Leistungsort der Laden des H bleibt. Da die vertragliche Absprache als solche keine eindeutige Auskunft gibt, muß ihr Sinn durch Auslegung ermittelt werden. Hierbei sind die Grundsätze von Treu und Glauben und die Verkehrssitte zu berücksichtigen (§ 157). Heute ist es nicht üblich, daß Einzelhändler Lebensmittel ihren Kunden nach Hause bringen. Daß H entgegen dieser Übung eine entsprechende Vertragspflicht übernehmen wollte, weil er ein wirtschaftliches Interesse an der Geschäftsverbindung mit D hat, kann bei der gegebenen Sachlage nicht angenommen werden. Bei den heutigen Lohnkosten und der Gewinnspanne im Lebensmitteleinzelhandel ist vielmehr umgekehrt davon auszugehen, daß wirtschaftliche Erwägungen gegen einen solchen Kundenservice sprechen. Der Grund für das Entgegenkommen des H kann deshalb nur in der Behinderung der D liegen. Will aber H nur der D wegen deren Gehbehinderung helfen, dann wird dieses Ziel dadurch erreicht, daß H kostenlos durch eigene Leute die Lebensmittel zur Wohnung der D transportieren läßt. Daß er auch noch das Transportrisiko übernehmen will – mag dies auch im Regelfall für gering zu halten sein –, dafür gibt es keine Anhaltspunkte. Es entspricht den Interessen beider Vertragsparteien am besten, hier einen Versendungskauf anzunehmen, bei dem der Leistungsort die gewerbliche Niederlassung des H bleibt (§ 269 Abs. 2, 3), und H nur noch die zusätzliche Verpflichtung übernimmt, den Transport in die Wege zu leiten. Der Annahme, daß es sich hier um einen Versendungskauf handelt, steht auch nicht entgegen, daß der Transport der Waren innerhalb derselben Ortschaft durchgeführt wird. Auch der sog. Platzkauf, bei dem Erfüllungsort und der Ort, zu dem die Ware transportiert werden soll, in derselben geographischen Ortschaft liegen, fällt unter die für den Versendungskauf geltenden Regeln. Der Versendungskauf kann auch mit eigenen Leuten des Verkäufers durchgeführt werden. Dies ist zwar streitig, aber der hM, die dies zuläßt, ist zuzustimmen, weil die Gefahr eines zufälligen Untergangs auf dem Transport dem Verkäufer in diesem Fall ebensowenig anzulasten ist, als wenn er eine fremde Transportperson auswählt.

d) Bei einem Versendungskauf, also bei einer Schickschuld, hat der Schuldner das seinerseits Erforderliche getan, wenn er die geschuldete Sache der Transportperson übergibt. Die Konkretisierung der Gattungsschuld ist also mit der Übergabe der Lebensmittel an A eingetreten. Daß die Waren durch den Unfall unbrauchbar geworden sind, hat H nicht zu vertreten. Er wird deshalb von seiner Pflicht zur Lieferung frei (§ 275 Abs. 1).

e) Es ist weiter zu prüfen, welche Rechtswirkungen dies für die Zahlungspflicht der D hat. Da D ebenfalls den Unfall der A nicht verschuldet hat, ist zu erwägen, ob H nicht nach § 323 Abs. 1 seinen Anspruch auf Zahlung des Kaufpreises verliert. Aber in Ausnahme von der in § 323 Abs. 1 getroffenen Regelung läßt § 447 beim Versendungskauf die Gegenleistungsgefahr im Zeitpunkt der Ablieferung der Kaufsache an die Transportperson auf den Käufer übergehen. Dementsprechend bleibt D weiterhin zur Zahlung des Kaufpreises verpflichtet.

II. Ergebnis

Als Ergebnis ist also festzuhalten, daß D zur Bezahlung der verdorbenen Lebensmittel nach § 433 Abs. 2 verpflichtet ist.

B. Fallabwandlung

I. Anspruch auf Zahlung des Kaufpreises

a) An diesem Ergebnis würde sich dann etwas ändern, wenn H die Unmöglichkeit seiner Leistung zu vertreten hätte und dies seinem Anspruch nach § 433 Abs. 2 auf Zahlung des Kaufpreises entgegenstünde. Der Grund für das Verderben der Lebensmittel ist in dem sorgfaltswidrigen Verhalten der A zu finden. Sie hat gegen die im Verkehr erforderliche Sorgfalt verstoßen, als sie im Gehen die Schaufensterauslagen betrachtete und nicht genügend auf die ihr entgegenkommenden Passanten achtete. Diese Fahrlässigkeit der A (§ 276 Abs. 1 S. 2) hat H nach § 278 in gleicher Weise wie eigene Fahrlässigkeit zu vertreten. Die Vorschrift des § 447 greift hier zugunsten des Verkäufers nicht ein, weil der Untergang des Kaufgegenstandes nicht auf Zufall beruht, sondern auf einem Verschulden, das hier dem Verkäufer zuzurechnen ist, weil er den Transport einer eigenen Angestellten übertrug.

b) Eine leichte Fahrlässigkeit der A hätte H jedoch nicht zu vertreten, wenn sich D im Zeitpunkt des Verderbens der Lebensmittel in Gläubigerverzug befunden hätte. Denn dann würde sich die Haftung des H auf Vorsatz und grobe Fahrlässigkeit beschränken (§ 300 Abs. 1). Grob fahrlässig hat A jedoch nicht gehandelt, denn ihr kann nicht eine besonders schwere Verletzung des Sorgfaltsgebots vorgeworfen werden. D gerät in Annahmeverzug, wenn sie die ihr zur rechten Zeit, am rechten Ort und in der richtigen Menge und Beschaffenheit angebotenen Waren nicht annimmt (§§ 293, 294). Die Leistungszeit war zwischen H und D genau bestimmt worden. Zu dieser Zeit sind auch die Waren durch A zu ihrer Wohnung gebracht worden. Der Eintritt des Leistungserfolgs, die Übergabe und Übereignung der Waren, ist nur daran gescheitert, daß D nicht zu Hause angetroffen wurde und sie die Waren nicht annahm. Damit ist sie in Annahmeverzug geraten. Deshalb braucht H nicht die leichte Fahrlässigkeit der A zu vertreten (§ 300 Abs. 1). Er wird also nach § 275 Abs. 1 von seiner Leistung frei.

II. Ergebnis

Nach § 324 Abs. 2 bleibt D verpflichtet, den Kaufpreis zu zahlen. An dem Ergebnis ändert sich bei der Fallabwandlung folglich nichts.

Lösungsskizze zur 3. Übungsklausur*

A. Ausgangsfall (Frage 1)
I. Ansprüche auf Rückzahlung des Kaufpreises

a) Anspruchsgrundlage: § 346 S. 1 iVm. § 467 S. 1, § 462, § 459 Abs. 1, § 460

1. Gültiger Kaufvertrag V – K zustandegekommen.
2. Fehler der Kaufsache? Gegenstand des Vertrages: Echter Biedermeier-Sekretär (nach Umständen des Falles – Inserat mit entsprechender Beschaffenheits-

---

* Es handelt sich hier um eine (recht ausführlich gehaltene) Lösungsskizze, wie sie vor der Ausformulierung der Fallösung anzufertigen ist (vgl. o. RdNr. 9, 17).

angabe, daraufhin meldet sich K – stillschweigend vereinbart), übergebener Schrank: Stilmöbel. Nach subjektiver Theorie Fehler, nach objektiver Theorie kein Fehler (RdNr. 497). Subjektiver Theorie ist zu folgen (Begründung: RdNr. 498).

3. Fehler im Zeitpunkt des Gefahrübergangs (vgl. § 446 Abs. 1) vorhanden, bei Abschluß des Vertrages K nicht bekannt, Unkenntnis beruhte nicht auf grober Fahrlässigkeit (§ 460).

4. Fehler mindert Wert des Schrankes erheblich (§ 459 Abs. 1 S. 2).

5. Rechtsfolge: Anspruch auf Wandlung (§ 465). Nach vollzogener Wandlung Rückzahlungsanspruch (beide Ansprüche können zusammen geltend gemacht werden – RdNr. 510). Rückzahlung Zug um Zug gegen Rückgabe des Schrankes (§ 348).

b) Anspruchsgrundlage: § 346 S. 1 iVm. § 467 S. 1, § 462, § 459 Abs. 2, § 460

1. Wie a 1.

2. Echtheit des Sekretärs als zugesicherte Eigenschaft? Eigenschaft ja (RdNr. 504). Zusicherung? Vertragsgegenstand: Original Biedermeier (a 2). Nur vertragliche Vereinbarung einer Sollbeschaffenheit oder vertragliche Übernahme einer Einstandspflicht durch V? Vertragsschluß unter erkennbarem Bezug auf Inserat. Hier eindeutige Angaben (160 Jahre alt, Original Biedermeier). Preis ebenfalls wie für echtes Möbel. Also stillschweigend vereinbarte Zusicherung (RdNr. 505).

3. Eigenschaft fehlte auch im Zeitpunkt des Gefahrübergangs.

4. Rechtsfolge: wie a 5.

c) Anspruchsgrundlage: § 812 Abs. 1 S. 2 Alt. 1**

1. Wegfall des rechtlichen Grundes (Kaufvertrag) für Zahlung des Kaufpreises durch Anfechtung herbeizuführen?

2. Anfechtung wegen Inhaltsirrtums (§ 119 Abs. 1 Alt. 1)?

2.1. Irrte K? Ja, er wollte echten Sekretär kaufen.

2.2. Inhaltsirrtum? Nein, er erklärte, er wolle den angebotenen Schrank kaufen. Es handelt sich um Eigenschaftsirrtum (er hielt subjektiv Sekretär für echt) (RdNr. 296 ff.).

3. Anfechtung nach § 119 Abs. 2?
Nicht zulässig. Da Irrtum sich auf Eigenschaft der Kaufsache bezieht, deren Fehlen Gewährleistungsansprüche auslösen kann, ist Vorrang der §§ 459 ff. zu beachten (RdNr. 499, 532).

4. Ergebnis: Kein Anfechtungsrecht und deshalb kein Anspruch nach § 812 Abs. 1 S. 2 Alt. 1.

II. Anspruch auf Schadensersatz

a) Anspruchsgrundlage: § 463 S. 1

1. Anspruch besteht nur „statt der Wandelung".

2. Voraussetzungen erfüllt: Gültiger Kaufvertrag, zugesicherte Eigenschaft fehlte im Zeitpunkt des Vertragsschlusses und im Zeitpunkt des Gefahrübergangs (I a 1, b 2, 3).

** Da bisher das Bereicherungsrecht nicht behandelt worden ist, kann es nicht als ein Mangel angesehen werden, wenn entsprechende Ausführungen fehlen.

3. Rechtsfolge: Anspruch auf Schadensersatz wegen Nichterfüllung.
3.1. Großer oder kleiner Schadensersatzanspruch? K will Sekretär nicht behalten, also großer Schadensersatzanspruch. Nach hM hat Käufer grundsätzlich Wahlrecht (RdNr. 521).
3.2. Da K so zu stellen ist, wie er stünde, wenn ordnungsgemäß erfüllt worden wäre, kann er 9000,– DM Zug um Zug gegen Rückgabe des Schrankes sowie Kosten des Gutachtens fordern.

b) Anspruchsgrundlage: c. i. c.
Nach hM haben §§ 459 ff. Vorrang, wenn sich Pflichtverletzung auf falsche oder fehlende Information über Eigenschaft der Kaufsache bezieht (RdNr. 537).

c) Anspruchsgrundlage: PFV
Für die Verletzung von Informationspflichten gilt das gleiche wie im Rahmen der c. i. c.

B. Fallabwandlung (Frage 2)

I. V kennt die Unechtheit des Sekretärs nicht.

a) Anspruch auf Wandlung ist verjährt (§ 477 Abs. 1). V kann Rückzahlung des Kaufpreises verweigern (§ 222 Abs. 1).

b) Das gleiche gilt für Anspruch auf Schadensersatz (§ 477 Abs. 1, § 222 Abs. 1).

II. V kennt Unechtheit:

a) Anspruch auf Wandlung besteht (A I a, b) und ist nicht verjährt, da beim arglistigen (= vorsätzlichen) Verschweigen eines Fehlers auch für den Anspruch auf Wandlung die 30jährige Verjährungsfrist gilt (§ 477 Abs. 1 S. 1 iVm. § 195).

b) Anspruch auf Schadensersatz
1. Anspruch wegen arglistigen Verschweigens eines Fehlers nach § 463 S. 2 zu bejahen (A I a 1–4, II a 1).
2. Rechtsfolge: wie A II a 3.2.
3. Anspruch verjährt erst in 30 Jahren (§ 477 Abs. 1 S. 1 iVm. § 195).

C. Anspruchsgrundlage: § 812 Abs. 1 S. 2 Alt. 1

1. wie A I c 1.
2. Anfechtung wegen arglistiger Täuschung durch V (§ 123 Abs. 1 Alt. 1).
Voraussetzungen erfüllt (Täuschung, dadurch Veranlassung einer Willenserklärung des getäuschten K, Arglist des V; RdNr. 325).
3. Rechtsfolge: Herausgabe des Erlangten, d. h. des Kaufpreises. V hat dann auf gleicher Rechtsgrundlage Anspruch auf Rückgabe des Sekretärs. Nach Anfechtung fällt die auf Abschluß des Kaufvertrages gerichtete Willenserklärung des K und damit der gesamte Vertrag rückwirkend (§ 142 Abs. 1) weg. Ein Anspruch des K nach § 463 S. 2 besteht dann nicht (B II b 1 iVm. A I a 1).

Lösungsskizze zur 4. Übungsklausur*

I. Anspruchsgrundlage**: § 678 iVm. § 687 Abs. 2

a) Führung eines fremden Geschäfts (nämlich des S) durch F? Zu bejahen. Das Recht auf Führung und Benutzung des Namens steht ausschließlich dem Träger zu (vgl. auch § 12).

b) Bewußtsein der Fremdheit? F benutzte bewußt den Namen des S zu Werbezwecken. Daß er hierfür die Einwilligung des Namensträgers benötigt, muß F als einer im Geschäftsleben stehenden Person bekannt sein. Es ist deshalb davon auszugehen, daß er sich nicht irrtümlich für befugt hielt, den Namen des S zu gebrauchen, und deshalb meinte, ein eigenes Geschäft zu führen. Somit war F die Fremdheit bewußt, und er kannte auch seine fehlende Berechtigung zur Geschäftsführung.

c) Folglich ist F zum Ersatz des aus der Geschäftsführung entstehenden Schadens verpflichtet. S ist jedoch kein materieller Schaden entstanden; er verlangt vielmehr Entschädigung in Geld für einen immateriellen Schaden. Dies ist nur in den vom Gesetz bestimmten Fällen zulässig (§ 253). § 678 bestimmt dies jedoch nicht.

II. Anspruchsgrundlage: § 812 Abs. 1 S. 1 Alt. 2 (Eingriffskondiktion)

Eine nähere Prüfung erübrigt sich. S verlangt nicht Herausgabe eines Vermögensvorteils, den F ohne Rechtsgrund erlangt hat.

III. Anspruchsgrundlage: § 823 Abs. 1

a) Verletzung des allgemeinen Persönlichkeitsrechts des S (als „sonstiges Recht" iSv. § 823 Abs. 1) durch F? Die namentliche Erwähnung des S und der Hinweis auf seine wissenschaftliche Autorität in einer Werbung für ein Stärkungsmittel sind geeignet, ihn lächerlich zu machen und in seinem Ansehen als Wissenschaftler zu beeinträchtigen. Bei der zur Ermittlung des Inhalts und der Grenzen des allgemeinen Persönlichkeitsrechts gebotenen Interessen- und Güterabwägung (vgl. o. RdNr. 658) gebührt dem grundgesetzlich fundierten Anspruch des S auf Achtung seiner individuellen Persönlichkeit (vgl. Art. 1 Abs. 1, Art. 2 Abs. 1 GG) der Vorrang vor den gewerblichen Interessen der F. Folglich hat F den Anspruch des S auf Achtung seiner individuellen Persönlichkeit mißachtet und dessen allgemeines Persönlichkeitsrecht verletzt.

b) Ersatzfähiger Schaden des S? S verlangt Geldersatz für immateriellen Schaden (I c). In § 847 Abs. 1 S. 1 ist Verletzung des allgemeinen Persönlichkeitsrechts nicht erwähnt. Durch Richterrecht ist jedoch in verfassungsrechtlich zulässiger Weise*** bei schweren Verletzungen des allgemeinen Persönlichkeitsrechts ein

---

* Es handelt sich um den Ginsengwurzelfall des BGH (BGHZ 35, 363). Diese Lösungsskizze (vgl. o. RdNr. 9, 17) ist wesentlich ausführlicher gehalten, als dies bei einer Klausurarbeit (aus Zeitgründen) regelmäßig möglich sein wird.
** Die allgemein gehaltene Fallfrage nach der Rechtslage wird durch das Begehren des Sapiens nach Zahlung von 10000,– DM als Genugtuung hinreichend konkretisiert (vgl. o. RdNr. 11).
*** Dies ist vom Bundesverfassungsgericht ausdrücklich anerkannt worden (BVerfGE 34, 269).

Anspruch auf Geldersatz für immaterielle Schäden geschaffen worden. Folgende Voraussetzungen müssen erfüllt sein:

1. Rechtswidrige und schuldhafte Verletzung des allgemeinen Persönlichkeitsrechts.
2. Schwerwiegende Beeinträchtigung dieses Rechts.
3. Keine Möglichkeit für Geschädigten, auf andere Weise ausreichende Genugtuung zu erlangen (o. RdNr. 661).

zu 1: Die Verletzung des allgemeinen Persönlichkeitsrechts des S (III a) ist rechtswidrig, da F verpflichtet ist, dieses Recht zu achten, und er sich insbesondere nicht auf einen Rechtfertigungsgrund berufen kann (RdNr. 678 f.). F handelte leichtfertig, wenn er sich auf die Angaben in dem populär-wissenschaftlichen Aufsatz verlassen haben sollte. Er konnte insbesondere nicht annehmen, daß ihn dies berechtigte, die im Aufsatz gemachten Angaben in einer Werbeanzeige, noch dazu in entstellender Weise, zu verwenden, ohne sich dem Vorwurf eines grob fahrlässigen Verhaltens auszusetzen.

zu 2: Als schwerwiegend gilt insbesondere eine gravierende Verletzung des Persönlichkeitsrechts (RdNr. 661). Diese Voraussetzung ist hier erfüllt. Für diese Wertung ist die Art der Werbung und der Beruf des S (Kirchenrechtler) von besonderer Bedeutung.

zu 3: Eine Richtigstellung des F ist keine ausreichende Genugtuung für die erlittenen Unannehmlichkeiten, die dadurch nicht ungeschehen gemacht werden können.

c) Angemessenheit der Entschädigung? Bei Bemessung der Geldentschädigung sind Ausmaß und Schwere der Rechtsverletzung, aber auch der wirtschaftliche Vorteil, den F aus dieser Rechtsverletzung zog, zu beachten. Der geforderte Betrag erscheint danach in seiner Höhe als angemessen.

IV. Anspruchsgrundlage: § 823 Abs. 2 iVm. § 186 StGB

Eine nähere Prüfung erübrigt sich, denn es kann nicht angenommen werden, daß F vorsätzlich – wie dies bei § 186 StGB erforderlich ist – (unwahre) Tatsachen über S verbreitet hat, die S „verächtlich zu machen oder in der öffentlichen Meinung herabzuwürdigen geeignet" sind. Wenn auch die in der Werbeanzeige gemachten Angaben objektiv durchaus diese Eignung besitzen, glaubt doch F offenbar, daß sich S wissenschaftlich mit Ginsengwurzeln befaßt hätte; deshalb wußte und wollte er nicht, daß F durch die Anzeigen lächerlich gemacht wurde.

V. Anspruchsgrundlage: § 824

Voraussetzung für einen Schadensersatzanspruch aufgrund dieser Vorschrift ist, daß eine unwahre Tatsache verbreitet wird, die geeignet ist, wirtschaftliche Interessen, insbesondere das Fortkommen des Betroffenen, seine wirtschaftlichen Zukunftsaussichten, zu beeinträchtigen. Daß derartige Interessen des S durch F verletzt worden sind, ergibt sich nicht aus dem Sachverhalt.

Lösungsskizze zur 5. Übungsklausur

A. Ansprüche des R gegen H

I. Anspruchsgrundlage: § 631 Abs. 1 iVm. § 398

a) Wirksame Abtretung der Werklohnforderung des N an R? Frau N handelte als Vertreterin ihres Mannes in dessen Namen. Ihr fehlte aber die Vertretungsmacht. Deshalb ist zunächst Abtretung schwebend unwirksam, wird aber mit Genehmigung des N voll wirksam (§ 177 Abs. 1 iVm. § 182 Abs. 1). R wurde folglich Inhaber der Forderung.

b) Forderung durch Erfüllung erloschen (§ 362 Abs. 1)? H zahlte an N, der nicht mehr Gläubiger der Forderung gewesen ist. Jedoch hilft hier H § 407 Abs. 1. Der neue Gläubiger muß die Leistung des gutgläubigen Schuldners an den bisherigen Gläubiger gegen sich gelten lassen. Da H die Abtretung nicht kannte und sich auf diese Schuldnerschutzregelung beruft, ist er so zu stellen, als habe er an den wirklichen Gläubiger gezahlt.

II. Ergebnis: Keine Ansprüche des R gegen H

B. Ansprüche des R gegen N

I. Anspruch wegen pFV

a) Aus dem der Abtretung zugrundeliegenden Kaufvertrag, den Frau N für ihren Mann mit R schloß und der mit Genehmigung durch N wirksam wurde (§ 177 Abs. 1; vgl. o. A I a), ergab sich für N die leistungssichernde Nebenpflicht, alles zu unterlassen, was den Zweck des Vertrages (R die Forderung zu verschaffen [§ 433 Abs. 1 S. 2], damit dieser sie einziehen kann), nachträglich gefährdet oder sogar vereitelt (RdNr. 172, 440). Dieser Pflicht hat N schuldhaft zuwidergehandelt, als er die Zahlung von H annahm.

b) Den durch diese Pflichtverletzung dem R entstandenen Schaden muß N ersetzen, also 7000,- DM an ihn zahlen.

II. Anspruchsgrundlage: § 281

a) Leistung aus Kaufvertrag unmöglich? N hatte bereits geleistet, nämlich die Forderung abgetreten, aber durch späteres Verhalten Leistungserfolg (nachträglich) unmöglich gemacht. Nach Rechtsgedanken des § 281, Ausgleich eines dem Schuldner nicht zustehenden Vorteils vorzunehmen, ist aber diese Vorschrift entsprechend anzuwenden.

b) B erhielt 7000,- DM von H. Diesen Betrag, der wirtschaftlich an die Stelle der Forderung des R gegen H trat, hat N dem R herauszugeben.

III. Anspruchsgrundlage: § 667 iVm. § 681 S. 2, § 687 Abs. 2 S. 1

a) Durch Annahme des Forderungsbetrages führte N ein Geschäft des R. Er kannte die Fremdheit des Geschäfts und behandelte es als eigenes, ohne dazu berechtigt zu sein.

b) Er ist deshalb zur Herausgabe des aus der Geschäftsführung Erlangten, also der eingezogenen 7000,- DM nebst 4% Zinsen (§ 687 Abs. 2 S. 1, § 681 S. 2, § 668, § 246) verpflichtet.

IV. Anspruchsgrundlage: § 816 Abs. 2

a) Leistung des H an nichtberechtigten N ist gegenüber Berechtigtem (R) aufgrund des § 407 Abs. 1 wirksam.

b) Verpflichtung zur Herausgabe des Geleisteten. Verpflichtung bezieht sich nicht auf die erlangten Geldscheine, sondern auf ihren Wert, also 7000,– DM. Hinsichtlich der 6700,– DM, die N zur Schuldentilgung verwandte, ist er bereichert; aber Wegfall der Bereicherung in Höhe von 300,– DM wegen der Ausgaben für den „fröhlichen Abend"? Insoweit ist N nicht mehr bereichert, weil er diese Ausgaben nicht getätigt hätte, wenn er die 7000,– DM nicht erhalten hätte (§ 818 Abs. 3). N kannte seine Nichtberechtigung; er kann sich deshalb nicht auf Wegfall seiner Bereicherung berufen, sondern haftet nach §§ 819 Abs. 1, 818 Abs. 4. Dementsprechend hat er 7000,– DM nebst 4% Zinsen (§§ 291, 288 Abs. 1) an R zu zahlen.

V. Anspruchsgrundlage: § 823 Abs. 1

Die Forderung ist kein „sonstiges Recht" iSv. § 823 Abs. 1, denn dabei handelt es sich nicht um ein Recht mit einem jedem gegenüber wirkenden (absoluten) Inhalt (RdNr. 654). Abzulehnen ist die Auffassung, daß die Zuständigkeit des Gläubigers für die Forderung (sog. Empfangszuständigkeit) eine absolute Rechtsposition darstelle, die durch § 823 Abs. 1 geschützt sei.*

VI. Anspruchsgrundlage: § 823 Abs. 2 iVm. § 263 StGB

a) § 263 StGB ist eine gesetzliche Regelung, durch die das Vermögen des einzelnen geschützt werden soll, die also individuellen Interessen dient (RdNr. 682f.).

b) Ein Schadensersatzanspruch des R ergibt sich auf dieser Grundlage nur, wenn § 263 StGB in objektiver und subjektiver Hinsicht verwirklicht ist (RdNr. 648), wenn also N durch Täuschung einen Irrtum erregte, der zu einer Vermögensverfügung und dadurch zu einem Vermögensschaden führte, und dies auch vorsätzlich und in der Absicht, sich einen rechtswidrigen Vermögensvorteil zu verschaffen, tat. Diese Voraussetzungen sind hier erfüllt.**

c) R kann deshalb auf dieser Rechtsgrundlage Ersatz seines Schadens, also Zahlung von 7000,– DM verlangen.

VII. Anspruchsgrundlage: § 826

a) Handelte N sittenwidrig, als er die R zustehende Forderung einzog? Nicht jede Verletzung einer Vertragspflicht ist als sittenwidrig anzusehen. Es müssen noch erschwerende Umstände hinzutreten, die das Anstandsgefühl grob verletzen (RdNr. 146). Eine solche Erschwerung ist darin zu erblicken, daß die Vertragspflichtverletzung den Betrugstatbestand verwirklicht (B VI).

---

* So Larenz, SchuldR I, § 33 III (S. 573 f.), § 34 IV (S. 588); abl. dagegen Medicus, BR, RdNr. 610.
** Es ist darauf hinzuweisen, daß diese globale Feststellung verschiedene, nicht einfache strafrechtliche Fragen offen läßt, die sich wegen der Schuldnerschutzvorschrift des § 407 Abs. 1 stellen und die insbesondere die Unmittelbarkeit der Vermögensminderung betreffen (vgl. Leipziger Kommentar zum StGB, 10. Aufl. 1978ff., § 263 RdNr. 109ff., 271). Hierauf ist jedoch im Rahmen eines Grundkurses im BGB nicht einzugehen. Ein Fortgeschrittener muß jedoch bei einer Klausurarbeit diesen Fragen Aufmerksamkeit widmen.

b) Durch dieses sittenwidrige Verhalten ist R ein Schaden zugefügt worden.

c) N handelte auch vorsätzlich, da er wußte, daß er R durch die Annahme der 7000,– DM schädigte, und dies auch zumindest billigend in Kauf nahm. N kannte zudem alle Umstände, aus denen sich die Sittenwidrigkeit seines Verhaltens ergibt (RdNr. 687).

d) Folglich kann R auch auf § 826 seinen Schadensersatzanspruch stützen und Zahlung von 7000,– DM fordern.

VIII. Ergebnis: R kann von H Zahlung von 7000,– DM nebst 4% Zinsen fordern.

Paragraphenregister

(Die angegebenen Fundstellen beziehen sich auf die Randnummern; Hauptfundstellen sind im Druck hervorgehoben)

AbzG
§ 1: 552
§ 5: 552
§ 6: 553
§ 8: 552

AGBG
§ 1: 125, 129
§ 2: 125f., 128f.
§ 3: 125, 129
§ 4: 129
§ 5: 125, 129
§ 6: 125, 128
§§ 8ff.: 125
§ 8: 129
§ 9: 125, 129
§ 10: 125, 129, 137 Fn. 3
§ 11: 125, 129, 199, 409, 448, 528
§ 23: 126, 129
§ 24: 125, 128f., 199

AktG
§ 10: 480
§§ 36ff.: 252
§ 78: 702

BGB
§ 1: 249
§ 2: 15 Fn. 11, 24, 253, 706
§ 6: 255
§§ 21ff.: 252
§ 21: 252
§ 22: 252
§ 26: 702
§ 27: 72
§ 31: 761
§ 32: 72
§ 33: 32
§ 40: 72
§§ 80ff.: 252
§ 80: 252
§ 89: 761
§ 90: **4 Fn. 4**, 30 Fn. 1, 305
§ 91: 462, 555, 578, 667
§ 93: 468, 626
§ 94: 468, 626

§ 99: 634
§ 100: 634
§§ 104ff.: 639
§ 104: 253f., **257f.**, 602
§ 105: 48, 239, 255, **258**, 389, 602
§ 106: 10, 24, **253f.**, 706, 718
§§ 107ff.: 253
§ 107: 10, 15, 24f., 176f., 245, **260, 263, 266**, 275, 389, 732
§ 108: 10, 24, 26, 90, 245, **249, 268ff.**, 272 Fn. 9, 705, 742
§ 109: **269, 271**, 742
§ 110: 10, 25, **274ff.**
§ 111: 268, 718
§ 112: 273, 277
§ 113: 277
§ 114: **253f.**, 260, 261 Fn. 5, 718
§§ 116ff.: 283, 725, 736
§ 116: 238, **278f., 281ff.**, 294, 737
§ 117: 238, **279ff.**, 283, 737, 796
§ 118: 238, **281**, 283
§ 119: 49, 52f., 58, 119, 238, 247, 284, **286f., 289, 294, 296, 298f., 302ff.**, 313, 316, **323f., 341**, 496, **499, 531f., 725ff.**, 736, 833
§ 120: 238, 247, 284, **288, 306f.**
§ 121: 100, 308, 454, 499
§ 122: 49, 51ff., 58, 239, 281, 284, 306, **309ff.**, 323, **339f.**, 374, 448, 726f., 796
§ 123: 238, 247, 284, **325f., 329f., 331ff., 339, 341, 454**, 454 Fn. 46, 520, **532**, 640, 685, 739, 833
§ 124: 339, 454, 685
§ 125: **43**, 280, 556, 827
§ 126: 40
§ 127: 44
§ 127a: 40, 482
§ 128: 40
§ 129: 40
§ 130: **61f., 69f.**, 104, **109**, 271, 307, 389, 418, 477
§ 131: 255, 389
§ 133: 86, 113
§ 134: **82f., 146**, 239, 324, 337, 345, 375, 602, 616, 620

§ 135: 246
§ 136 246
§ 138: **83, 146,** 239, 324, 337, 602, 616, 685, 716, 730, 816
§ 139: 241f., 244
§ 140: 243f.
§ 141: 240
§ 142: 237f., **248,** 308, 616, 642, 726
§ 143: 248, 308, 725, 727
§§ 145ff.: 73, 79
§ 145: 70, **96**
§ 146: **97f.,** 108, 223
§ 147ff.: 98
§ 147: 62, **100ff.**
§ 148: 98, 101
§ 149: 100
§ 150: 74, 87, **100, 104,** 127f.
§ 151: **105ff.,** 120, 127
§ 153: 109
§ 154: **113f.,** 128
§ 155: **115ff.,** 128
§ 156: 711
§ 157: **86,** 113, 316
§§ 158ff.: 544
§ 158: 313, **544,** 549f.
§ 160: 545f.
§ 161: 545f.
§ 162: 546, 618
§ 164: 306, 332, 701, 704f., 707f.
§ 165: 706, 726
§ 166: 642, 713, 736ff.
§ 167: 714f.
§ 168: 719, 725, 728
§§ 170ff.: 729
§ 170: 729
§ 171: 715, 720, 725, 729
§ 172: 179, 294, 715, 729
§ 173: 294, 725, 729
§ 175: 729
§ 176: 729
§§ 177ff.: 712, 741, 744
§§ 177f.: 741
§ 177: 90, 245, 249, 718f., 742
§ 178: 742
§ 179: 133, 306, 448, 712, 718, 724, 726, 742, 744f.
§ 180: 741, 743f.
§ 181: 731ff.
§ 182: 26, 268ff.
§ 183: 24 Fn. 15, 226, 268
§ 184: 24 Fn. 15, 226, 268, 628, 742, 798, 814
§ 185: 179, **226,** 478, **548f.,** 553, 628, 771, 798, 814

§§ 194ff.: 145
§ 194: 15 Fn. 10, 76
§ 195: 454, 509, 530, 540, 574, 646, 784
§ 222: **145, 196,** 616, 830
§ 223: 830
§ 227: 327, 673
§ 228: 673
§ 229: 144, 673
§§ 241ff.: 132
§ 241: 76, **131,** 131 Fn. 1
§ 242: **43,** 171, 201, 210, 222, 317, 345, 378, 448, 507, 534
§ 243: **148, 156, 161,** 417, **422,** 426, 492
§ 249ff.: 667, 670
§ 249: **169,** 201, **309,** 355, **396,** 427, **454, 458,** 661, **667, 669,** 685, 718
§ 250: 669
§ 251: **169,** 396, **668f.**
§ 252: 355, 396, 424, **671**
§ 253: **661, 666,** 670, 749
§ 254: 312, **363, 486,** 513, **663,** 672, 699
§§ 262ff.: 167
§§ 263ff.: 744
§ 263: 249
§ 266: 406
§ 267: 180, 663
§ 268: 194
§ 269: 157, 417
§ 270: 157, 417, 423
§ 271: 196, **386,** 414, 417
§ 273: 385, **403ff.,** 830
§§ 275ff.: 343, 347, 376, 643
§ 275: **149, 152,** 161, 190, 322, 345, **347ff.,** 357, 360, **372,** 382, 416, **421ff.,** 447, 577, 778
§§ 276ff.: 5, 149, 161, 362f.
§ 276: 5, 29, **161f., 164f.,** 347, 393, 430, 674, 760
§ 277: 161, 760
§ 278: 161, 347, 361, 363, 382, 393, 423, 430, 457, 486, 701, 735, **746f., 749ff., 756, 758, 760f.,** 766
§ 279: **152,** 161, 347, 393, 422, 643
§ 280: 343, **352f., 355,** 382, 398f., 425, 430, 447, 581
§ 281: **350, 354,** 359f., 366, 630, 789f.
§§ 284ff.: 643
§ 284: 5, 381, **390ff., 402,** 407, 447
§ 285: 5, 161, 381, **392, 395,** 399, 402, 447, 750, 762
§§ 286ff.: 447
§ 286: 5, 141, 161, 343, **396ff.,** 424f., 430, 442, 447, 466, 571, 581, 643, 750, 762, 782, 789, 828

§ 287: 399, 643
§ 288: 397
§ 291: 643
§ 292: 514f., 643
§ 293: 414, 423
§ 294: 417
§ 295: 417f., 422
§ 296: 418
§ 297: 415
§ 298: 420
§ 299: 417
§§ 300ff.: 447
§ 300: **164, 413, 421ff.**, 517, 760
§§ 301ff.: 424
§ 304: 413, **424,** 466, 571
§ 305: 134, 232
§§ 306ff.: 343, 347, 447
§ 306: **372ff.**, 376, **380, 487,** 533
§ 307: **374f.**, 379f., 448, 487
§ 308: 373ff.
§ 309: 375
§ 310: 83
§ 311: 460
§ 312: 83
§ 313: **40ff.**, 268, **280,** 714, 795, 814
§§ 315ff.: 111, 462
§ 317: 267
§§ 320ff.: 79, 343, 485f., 531, 533ff., 744
§ 320: **196, 402f., 405,** 420, **534,** 543, 569, 780, 830
§§ 323ff.: 161, 356f., 376, 382, 487
§ 323: 322, **357ff.**, 416, 577f.
§ 324: **361f., 364f., 421,** 447, 508, **534,** 577, 778
§ 325: 205, **343,** 352, 361, **366, 369ff.,** 376, 382, 399, **401,** 410, 425, **443ff.,** 447, 488, 514, 521, **531, 534,** 566, 781f.
§ 326: 142, 205, **343, 398, 400f., 406f., 409ff.,** 425, 442, 443 Fn. 36, **444ff.,** 447, **466,** 514, 524, **534, 543f.,** 560, 566, **570f.,** 705, 781
§ 327: 205, 371, **412,** 488, **514, 516**
§ 328: 331, 771, 778f.
§ 329: 772, 814
§ 330: 333, 772
§ 331: 772, 779
§ 333: 778, 814
§ 334: 780f.
§ 335: 779
§§ 346ff.: 205f., 353, 371, 412, 526
§ 346: 204, 212, 488
§ 347: 209, **212ff., 511, 514ff.**

§ 349: 205, 353, 509
§§ 350ff.: 206
§ 350: **208, 214,** 353, 412, 488, 512, 640
§§ 351ff.: 353
§ 351: **207f., 213f.,** 412, **512, 514ff.,** 527, 640
§ 352: 210
§ 355: 211, 509
§ 356: 205
§ 357: 206
§ 360: 205
§ 361: 205, 383, 409
§ 362: **170, 174, 176,** 353, 447, 502, 550, 553, 771
§ 364: 183, 186, 188
§ 365: 186, 186 Fn. 17
§ 366: 182
§ 367: 182
§ 368: 179
§ 370: 179
§ 372: 189, 191
§ 376: 190
§ 378: 190
§ 379: 190, 361
§ 383: 191
§ 384: 191
§ 385: 191
§ 387ff.: 192
§ 387: 193, 369
§ 388: 202, 544, 806
§ 389: 196, 202, 405 Fn. 15
§ 390: **196f.,** 385, 404, 530
§ 393: 199f.
§ 394: 201
§ 397: 223, 231
§§ 398ff.: 225, 813
§ 398: 194, 464, **793, 799**
§ 399: 798
§ 400: 798
§ 401: 697, 801, 821, 829, 834f.
§ 404: 631, 800, 806f., 834
§ 405: 796, 798
§ 406: 806ff.
§ 407: 632, 802ff.
§ 408: 805, 809
§ 409: 809
§ 410: 809
§ 412: 632, 697, 813, 834f.
§ 413: 813
§§ 414ff.: 814
§ 414: 792
§ 415: 90, 792, 814ff.
§ 416: 814
§ 417: 815ff.

§ 418: 818, 829
§ 419: 496, 820
§ 420: 698, 700
§ 421: 691, 694f., 819, 835
§ 422: 695
§ 426: 696ff., 813, 835f.
§ 427: 695
§ 428: 700
§ 431: 695
§§ 433ff.: 84, 132, 485
§ 433: 10, 15, 22, 31, 76, 127, 137, 140, **175,** 258, 350, 361, 424, 460, **463f., 466,** 468, 485, 488, 503, 526, **544**
§§ 434ff.: 485
§ 434: 186, **301, 465, 496**
§ 435: 465
§ 437: 373, 447, **464,** 485, **487, 491**
§ 438: 491
§ 439: 485, 489
§ 440: 186, 301, 373, 447, **485ff.**
§ 441: 488
§ 446: **361,** 488, 508
§ 447: **361,** 508, 790
§§ 448ff.: 467
§ 455: 205, **409, 544**
§§ 459ff.: 426, 454, 491f., 499f., 531, 533f., 536ff., 542, 744
§ 459: 112, 186, **490, 494, 499, 504f., 507,** 509, 512, 520, **532, 536f.**
§ 460: 494, 499, 508f., **527, 532**
§ 461: 527
§ 462: 490, 504, **509f.,** 512, 520, 526, 529
§ 463: 454, 490, 493, **504, 519ff.,** 525f., 529, **537f.,** 782
§ 464: 524, 527
§ 465: 509f., 524
§ 466: 509
§ 467: 205, 509, **511f., 514f., 526f.,** 640
§ 472: 358f., 490, **518,** 526
§ 473: 358f., 462
§ 476: 528
§ 476a: 490
§ 477: **499f.,** 502, 504, **509,** 524, 529f., 535f., **540f.**
§ 478: 530, 616
§ 479: 530
§ 480: 426, 454, **492f., 500, 524ff.,** 529, 535, 537f.
§ 481: 493
§§ 482ff.: 493
§ 482: 493
§ 487: 493, 514
§ 491: 493

§ 494: 554
§ 495: 554
§ 496: 554
§§ 497ff.: 554
§ 497: 204
§§ 504ff.: 554
§ 514: 798
§ 515: 265, 462
§ 516: 90, 262, 616
§ 518: **40, 43,** 76, 616, 774
§ 519: 196
§ 521: 164, 399, 760
§ 528: 262
§ 530: 262
§§ 535ff.: 84
§ 535: 78, 130, 401, **555, 557**
§ 536: 130, 557f.
§§ 537ff.: 558
§ 537: 316, 558f.
§ 538: 558f.
§ 540: 558
§ 541: 558
§§ 542ff.: 219
§ 542: 221, 559, 561
§ 544: 221, 559, 561
§ 545: 560
§ 547: 557
§ 547a: 557
§§ 548ff.: 557
§ 551: 386, 557
§§ 553ff.: 219
§ 553: 221, 560
§ 554: 560f.
§ 554a: 561
§ 556: 475
§ 556a: 219, 561
§ 557: 560
§§ 559ff.: 560
§ 564: 32, 219, 561
§§ 564a ff.: 219
§ 564b: 561
§ 565: 32, 561
§ 566: 42, 556
§ 567: 561
§ 569: 561
§ 570: 561
§ 571: 465, 821
§ 580: 42, 556, 560
§§ 581ff.: 84
§ 581: 219, 465, 555, 821
§ 584: 219f.
§ 584a: 219
§ 587: 386
§§ 594a ff.: 219

§§ 598 ff.: 84, 170 Fn. 13, 474
§ 598: 77, 234, 401, 555
§ 599: 77, 164, 399, 760
§ 600: 77
§ 601: 77
§ 603: 77
§ 604: 77, 386, 631
§ 605: 219, 221
§§ 607 ff.: 84, 170 Fn. 13, 551
§ 607: 170, 423
§ 608: 386
§ 609: 219 f., 386, 414
§ 609 a: 219 f.
§§ 611 ff.: 84, 563
§ 611: 563
§ 612: 565, 570
§ 613: 180, 564, 798
§ 613 a: 821
§ 614: 386
§ 615: 361, 421, 566
§ 616: 566
§ 617: 566
§ 618: 565
§ 620 ff.: 219
§§ 620: 566
§ 621: 566
§ 622: 566
§§ 626 ff.: 219
§ 626: 222, 243, 566
§ 627: 566
§§ 631 ff.: 84, 577 a
§ 631: 174, 567
§ 632: 570
§ 633: 569, 572
§ 634: 204, 572
§ 635: 572 ff.
§ 636: 575
§ 638: 574
§ 640: 569, 572
§ 641: 386, 569
§ 642: 571
§ 644: 361, 577
§ 645: 416, 577
§ 647: 576
§ 648: 576
§ 649: 219, 364, 575
§ 650: 219
§ 651: 578
§ 651 a: 666
§ 651 e: 219
§§ 651 f: 666
§ 657: 134
§§ 662 ff.: 587
§ 662: 579

§ 664: 580 f., 798
§ 665: 580
§ 666: 580
§ 667: 580, **606,** 629, 711
§ 670: **582, 584,** 607, 711, 834
§ 671: 219, 585
§ 672: 585
§ 673: 585
§ 674: 728
§ 675: 464, 587, 711, 728, 811
§§ 677 ff.: 136, 587 f., 596, 603
§ 677: 588 f., 605, 612
§ 678: 610 ff.
§ 679: 597, 599, 601 f.
§§ 680 ff.: 612
§ 680: 165, 399, **611**
§ 681: 606, 629
§ 682: 603, 606
§ 683: **588,** 597, **599,** 601, **607 f.**
§ 684: 587, 597, **610,** 612
§§ 685 f.: 612
§ 685: 609
§ 687: **587 f., 595,** 606, 612, **629,** 802
§ 690: 161, 399, 760
§ 697: 417
§ 708: 161, 399
§ 717: 798
§ 720: 632
§§ 723 ff.: 219
§ 723: 221 f.
§ 729: 728
§ 762: 145
§§ 765 ff.: 823
§ 765: 181, 824, 829
§ 766: 43, 827, 829
§ 767: 801, 828 f.
§ 768: 830
§ 769: 695, 835
§ 770: 196, 831
§ 771: 196, 832
§ 772: 832, 837
§ 773: 832
§ 774: 813, 834 ff.
§ 775: 838
§ 776: 836
§ 779: 324
§§ 793 ff.: 480
§ 811: 417
§§ 812 ff.: 136, 360, 587, 596, 610, 612 f., 634
§ 812: 229, 309, 360, 613, **616, 622 ff., 626 f., 633 f.,** 640, 644, 647, 804
§ 813: 616 f., 623
§ 814: 617 f., 623

33 Musielak, BGB 2. A.

§ 815: 617f., 823
§ 816: 488, **627ff., 631ff.**, 644, 647, 802
§ 817: **616f., 619ff.**, 623, 634, 641, 647
§ 818ff.: 360
§ 818: 309, 360, 514, 630, **634ff., 641ff.**, 647
§ 819: 514, **641ff.**, 647, 740
§ 820: 360, 641ff., 647
§ 821: **196,** 646, 830
§ 822: 633f., 644f., 647
§§ 823ff.: 136, 256, 520, 542, 587, 610ff., 648, 673f., 679, 765
§ 823: 29, 30 Fn. 1, 135, 199, 201, 250, 430, **648ff., 658ff.**, 672f., **675f.**, 679, **682ff.**, 689, 769
§ 824: 648
§ 825: 648
§ 826: 648, 680, **685ff.**, 802
§§ 827f.: 165
§ 827: 165, 650, 673, **680f.**
§ 828: 165, 642, 673, **680f.**
§ 829: 642, 650, **681,** 759
§ 830: 688ff.
§§ 831ff.: 648
§ 831: 648, 701, 746, **748ff., 763, 765ff., 769f.**, 784, 790
§ 832: 144, 681
§ 833: 144
§§ 836ff.: 648
§ 840: 691, **694f.**, 699, 770
§ 841: 699
§ 844: 249, 607, 652
§ 845: 652
§ 847: 661, 749, 798
§ 852: 784
§ 853: 196
§ 854: 463, 471, 705
§ 855: 471, 710
§ 861: 655
§ 862: 655
§ 868: 471, 474
§ 869: 655
§ 872: 471
§ 873: 80, 225, 476, 481f.
§§ 883ff.: 801
§ 892: **483,** 653, 737, 796, 820
§ 894: 483
§ 899: 483
§ 903: 551, 653
§ 904: 673
§ 925: 225, 280, **481f., 544,** 820
§§ 929ff.: 225, 478, 546
§ 929: 80, 265, 463, **470ff.**, 478, **544f.**, 549f., 710, 737

§ 930: 472, **474f., 478, 550**
§ 931: 463, **472, 475, 478,** 545
§§ 932ff.: 30 Fn. 1, **478f.**, 545, 737, 796
§ 932: 226, 265, **478f.**, 483, **545,** 549, 737
§ 933: 478
§ 934: 478, 545
§ 935: 30 Fn. 1, **480,** 628, 796
§ 936: 545
§§ 937ff.: 468
§ 946: 468, 626
§ 947: 468
§ 948: 468
§ 950: 468, 547, 705
§ 951: 626
§§ 953ff.: 468
§§ 958ff.: 468
§ 959: 224
§§ 965ff.: 133, 705
§ 968: 399
§ 973: 468
§ 974: 468
§ 985: 226, 266, 370, 620
§ 987: 511, 643
§ 989: 213, 488, 514ff., 643
§ 990: 488, 740
§ 993: 655
§ 944: 643
§ 995: 643
§ 1009: 731
§§ 1030ff.: 481
§ 1059: 373
§ 1059a: 373
§§ 1113ff.: 225, 481
§ 1113: 264
§ 1138: 653
§ 1143: 836
§ 1147: 264
§ 1154: 795
§§ 1191ff.: 225, 481
§ 1194: 417
§§ 1199ff.: 225
§§ 1204ff.: 225
§§ 1205ff.: 550
§ 1205: 550
§ 1207: 653
§ 1221: 527
§ 1225: 836
§ 1235: 527
§§ 1236ff.: 527
§ 1250: 821
§ 1251: 821
§ 1253: 550
§ 1382: 387
§ 1437: 695

§ 1459: 695
§ 1599: 247
§ 1600b: 544
§ 1615i: 387
§§ 1626ff.: 761
§ 1626: 10, 24, 596
§ 1629: 10, 24, 255, 717
§ 1643: 273
§ 1724: 544
§§ 1793ff.: 761
§ 1793: 255, 596
§ 1821: 273
§ 1822: 273
§ 1835: 608
§§ 1896f.: 761
§ 1896: 255
§ 1897: 255
§§ 1909ff.: 761
§ 1909: 732
§ 1922: 236, 468
§ 1923: 249, 544
§ 1934d: 387
§ 1942: 468
§ 1945: 714
§ 1947: 544
§ 1990: 820
§ 1991: 820
§ 2058: 695
§ 2064: 734
§ 2180: 544
§ 2231: 40
§ 2247: 33
§ 2274: 734
§ 2331a: 387
§ 2346: 80
§ 2366: 796

EBVO
§ 3: 82

EGBGB
Art. 2: 682

EheG
§ 13: 544, 734

EnWG
§ 6: 82

GG
Art. 1: 659
Art. 2: 658f.
Art. 20: 723

GmbHG
§§ 7ff.: 252
§ 35: 702

GVG
§ 137: 723

GWB
§ 1: 146
§ 34: 41 Fn. 9

HGB
§§ 1ff.: 126, 827
§ 1: 128 Fn.19
§§ 48ff.: 703
§ 48: 719
§ 49: 717
§ 50: 717
§§ 54ff.: 703
§§ 93ff.: 587
§§ 105ff.: 584
§ 110: 584
§ 343: 501
§ 344: 126, 128
§ 349: 832
§ 350: 827
§ 351: 827, 832
§ 362: 89
§ 366: 479
§ 377: 501
§ 378: 501
§§ 383ff.: 587
§ 383: 711
§§ 407ff.: 587
§ 407: 711

JArbSchG
§§ 22ff.: 82

PBefG
§ 22: 82

RVO
§ 539: 594

SGB X
§§ 116f.: 663

StGB
§ 25: 690
§ 26: 690
§ 27: 690
§ 34: 690
§ 239: 652

§§ 263 ff.: 683
§ 263: 685
§ 303: 684
§ 323 c: 594, 601 f.

StVG
§ 7: 648, 672

StVO
§ 21: 435

UWG
§ 6 d: 93
§ 12: 685
§ 13 a: 333 a

ZPO
§§ 72 ff.: 530
§ 80: 714
§ 89: 714
§ 261: 641
§§ 485 ff.: 530
§§ 688 ff.: 390
§ 806: 527
§ 835: 792
§§ 850 ff.: 201, 798
§ 850: 201
§ 850 c: 201
§ 850 d: 201
§ 894: 510

ZVG
§ 56: 527
§ 57 a: 194

Stichwortverzeichnis

(Die angegebenen Fundstellen beziehen sich auf die Randnummern; Hauptfundstellen sind im Druck hervorgehoben)

Abhandenkommen 480, 796
Abschlußfreiheit, -verbot, -zwang 82
Absorptionstheorie 462
Abstraktionsprinzip **227f.**, 230, 340, 470, 616, 716, 793
Abtretung, Zession 793 ff.
– Anzeige 809
– Aufrechnung 804 ff.
– Ausschluß 796, 798
– Forderung 796 ff.
– Form 795
– Leistung an bisherigen Gläubiger 632, 802
– Rechtsnatur 225, 464, **793**
– Schuldnerschutz 793, 800, **802 ff.**
– Urkunde **796**, 805, 809
– Wirkung 799 ff.
Abwehrklausel 127 f.
Abzahlungskauf 552 f.
Accidentalia negotii 114
Actus contrarius 94
Adäquanztheorie **432 ff.**, 437, 457, 660, 672
Affektionsinteresse, -wert 670
Aktiengesellschaft (AG) 252, 702
Akzessorietät 801, 818, 828
Aliud-Lieferung (Falschlieferung) **500 ff.**, **524**, 526
Allgemeine Geschäftsbedingungen (AGB) 124 ff.
Analogie 48, 306, 425, **720f.**, 723
Änderungsvertrag 233, 235
Aneignungsrecht 654
Anfechtung (der Willenserklärung) 284 ff.
– Berechtigung 216, **238**, 247, **284 ff.**, 289, 293 ff., 306, 313, **331 ff.**, 341, 395
– Kenntnis der Anfechtbarkeit 642
– Nach § 119, 284, 324, 341, 725, 739
– Nach § 119 I, 49, 52 f., 58, 119, 284, **286 ff.**, **296 ff.**, 532, 727, 736
– Nach § 119 II, 216, 284, 287, **296 ff.**, 316, 341, 496, **499**, **531 f.**, 833
– Nach § 120, 284, 288, **306 f.**
– Nach § 123, 284, **325 ff.**, **334 ff.**, 341, **454**, **532**, 640, 739, 816, 833

– Rechtsfolge 237 f., **247 f.**, **308 ff.**, 313, 316, **339 f.**, 616, 640, 726
– Vertretung 306, 332, 708, 736 ff.
– Vorrang der Auslegung **289 f.**, 294 ff., 323
Anfechtungserklärung 248, 308
Anfechtungsfrist 308, 339, 499, 685
Anfechtungsgegner 248, 308, 312, 725, 727
Annahme
– Erfüllungshalber 188
– Erfüllungs Statt 183, **185 ff.**, 803
– Leistung 178, **616**, **619 f.**
Annahme des Vertragsantrags, -angebots 73 f., 85 ff., 98 ff., 104 ff.
Annahmeverzug s. Gläubigerverzug
Anscheinsvollmacht 721 ff., 741
Anspruch 15 Fn. 10, 144
Anspruchsgrundlage **15 f.**, 22, 657, 683
Anstifter 690, 694
Anwartschaft (-srecht) 545 f., 549, 654
Äquivalenztheorie 431, 434
Arbeitsvertrag 171 f., 248, 563 ff., 584
Architektenvertrag 568
Arglistige Täuschung (Anfechtung) **325 ff.**, **453 ff.**, 520, 640, 685
– Angaben „ins Blaue hinein" 329
– Arglist 329, 520
– Dritter 331 f.
– Gebrauchtwagenkauf 326
– In guter Absicht 330
– Rechtsfolge 339 f., 640
– Täuschung 326, 520
– Unzulässige Fragen des Getäuschten 327
– Ursächlichkeit 328
– Vorsatz 329
– Widerrechtlichkeit 327
Argumentum a fortiori 208
Argumentum a maiore ad minus 208
Argumentum e contrario 208, 372
Aufgabe (juristische) **1 f.**, **3 ff.**, **7 ff.**, 29 f.
Aufhebungsvertrag 232
Aufklärungs- (Offenbarungs-)pflicht 172, **326 f.**, 440, **453 f.**, 520
Auflassung 280, **481 ff.**, 544

Aufrechnung **192 ff.**, 369, 731
- Abtretung 804 ff.
- Aufrechnungslage 196
- Ausschluß (Verbot) 193, 196 f., 199 ff., 385
- Erklärung 202, 806 ff.
- Gegenforderung 193 f., **196 f.**, 199, 202 f., 385, 530, **806 ff.**
- Gegenseitigkeit der Forderungen **193 f.**, 199, 203, **806 ff.**
- Gleichartigkeit der Forderungen 193, **195,** 199, 203
- Hauptforderung 193 f., 197 ff., 202, **806 ff.**
- Wirkung 202
Aufrechnungsvertrag 203
Auftrag 579 ff., 587
- Kündigung 219, 585
- Pflichten 580 ff.
- Rechtsnatur 579
- Unentgeltlichkeit 579, 608
- Widerruf 585
Aufwendung
- Begriff 582, 608
- Erforderlichkeit 582
- Ersatz **582, 584,** 588, 591, 593 f., 601, **607 ff.,** 612
- Schaden 583 f., 607 f.
Ausgleich (bei Gesamtschuld) 696 ff.
Auskunftserteilung (bewußt falsche) 685
Auslegung
- Empfängerhorizont 86, 289
- Mittel 36 ff.
- Verkehrssitte 36 ff., **86,** 91 f., 105, 316, 505
Auslegungsregel **113 ff.,** 128, 188, 205, **241 f.,** 383, 544, 585, 772, 779
Auslobung 134, 331
Außenvollmacht 715, 725, 727, 729
Austauschtheorie 368

B-Geschäft 553
Bauunternehmervertrag 577
Bauwerksicherungshypothek 576
Bedingung
- Auflösende (Resolutiv-) 313, **544 f.,** 550, 728
- Aufschiebende (Suspensiv-) 313, 544 ff.
- Potestativbedingung 544
- Rechtsbedingung 544
Bedingungsfeindlichkeit 544
Beförderungsvertrag 783, 787

Befristung **544,** 714, 728
Beglaubigung (öffentliche) 40, 714
Begleitschaden 439, 538
Beratungspflicht 537, 540
Bereicherungsanspruch 634 ff.
- Beschränkung 309, 360, 514, 630, **634 ff., 641 ff.,** 644, 647
- Ersparte Aufwendung, Ausgabe 615, 635
- Fehlende Geschäftsfähigkeit des Bereicherungsschuldners 639, 642
- Gegenseitiger Vertrag 638, 647
- Herausgabe des Erlangten in Natur 634 f., 647
- Herausgabepflicht Dritter 644 f.
- Saldotheorie 638 ff.
- Unentgeltliche Weitergabe des Erlangten 633, 644 f.
- Unmöglichkeit der Herausgabe **635, 637 f.,** 640, 643
- Verschärfte Haftung 360, 514, **641 ff.,** 647, 740
- Wegfall der Bereicherung 309, 360, 514, 630, **635 ff., 641 ff.,** 644, 647
- Wertersatz 634 f., 647
- Zweikondiktionentheorie 637, 639
Bereicherungsrecht
- Billigkeitsgrundsatz 630, 640
- Erlangtes 615, 622
- Funktion 229 f., 308, 360, 587, 596, **613,** 642
- Mehrpersonenverhältnis 614, 622, 624, 626, 631, **775**
- Wirtschaftliche Betrachtungsweise 634
Bereitstellungsschuld **157, 160,** 361, 417
Beschaffungsschuld 348
Beschränkt(e) Geschäftsfähiger, -keit 24, 178, **253, 260 ff.**
- Begriff 260
- Einseitig verpflichtendes Geschäft 267
- Einseitiges Rechtsgeschäft 268
- Einwilligung des gesetzlichen Vertreters **268 f.,** 272, **274 ff.**
- Einwilligung in Verletzung 673
- Genehmigung 268 ff.
- Geschäft über Surrogat 275
- Grundstücksgeschäfte 262 ff.
- Mahnung 389
- Prüfung im Gutachten 254
- Ratengeschäft 276
- Rechtlich nachteiliges Geschäft **260 ff.,** 265, 268
- Rechtlich neutrales Geschäft 265 ff.

Ziffern = Randnummern

- Rechtlich vorteilhaftes Geschäft **260 ff.**, 264, 267
- Selbständiger Betrieb eines Erwerbsgeschäfts 277
- Übereignung 265 f.
- Unerlaubte Handlung 642, 673
- Unvollkommen zweiseitiger Vertrag 261
- Verfügungen zugunsten 267
- Widerrufsrecht des Vertragspartners 269 ff.
- Wirtschaftlich vorteilhaftes Geschäft 261
- Zustimmungsbedürftiges Geschäft 245, **260 ff.**, 265 ff.
- Zustimmungsfreies Geschäft **260 f.**, 264, 266 f.

Besitz
- Begriff 4, 471
- Bewegliche Sache 471 f.
- Eigenbesitz 471, 545
- Fremdbesitz 471, 545
- Grundstück 471 f.
- Mittelbarer **471 f.**, 474, 529, 545, 655, 737
- Sonstiges Recht iSd § 823 I, 655
- Übertragung 463, 470 ff.
- Unmittelbarer 463, **470 ff.**, 475, 480, 529, 545, 655, 705, 710, 737
- Verlust 480

Besitzdiener(schaft) **471 f.**, 710, 737, 740
Besitzmittler, -mittlungsverhältnis, -konstitut **471 f.**, 474, 545, 550, 655
Besitzrecht 604, 655
Bestätigung eines nichtigen Rechtsgeschäfts 240
Betriebsgefahr 672
Beurkundung (notarielle) 40 ff., 714, 814
Bewahrungsgehilfe 754
Beweissicherungsverfahren 530
Bewußtlosigkeit 258, 650 f., 681
Bezugsvertrag 138, 443
Bierlieferungsvertrag 138
Bildbenutzung (unbefugte) 659
Billigkeit 630, 640, 681, 689
Billigkeitshaftung 256, 650, **680 f.**, 759
Blankettformular (abredewidrig ausgefülltes) 294
Bonität (Einbringlichkeit) 464, 491
Böser Scherz 282
Bote **65, 67,** 102, **306,** 701, 706 f.
Boykottaufruf 656
Bringschuld **158,** 160, **361,** 417, 422

Bürgerliches Recht 7 Fn. 7
Bürgschaft 801, 823 ff.
- Akzessorietät 828 ff.
- Ausgleichs-, Befreiungs-, Rückgriffsanspruch 834 ff., 838
- Bürgschaftserklärung 827
- Bürgschaftsvertrag 824 f.
- Form 827, 839
- Hauptverbindlichkeit 825 f., 828 ff.
- Kaufmann 827, 832
- Selbstschuldnerische 832

Casum sentit dominus 361
Causa 229
Cessio legis (Legalzession) 792, 813, 834
Commodum (stellvertretendes) 350, 354, 359, 366
Condicio sine qua non 328, 431
Condictio causa data causa non secuta 614, **616 ff.**, 622 f., 641
Condictio indebiti **616 f.**, **619 ff.**, 622 f., 637, 644, 804
Condictio ob causam finitam **616, 619 ff.**, 622 f., 640 f.
Condictio ob rem 614, **616 ff.**, 622 f., 641
Condictio ob turpem vel iniustam causam **616, 619 ff.**, 622 f., 641
Culpa in contrahendo (c. i. c.) 448 ff.
- Abbruch von Vertragsverhandlungen 455
- Anbahnung von Vertragsbeziehungen 448, 450
- Eigenhaftung des Vertreters, Verhandlungsgehilfen 457, 735
- Fallgruppen 451 ff.
- Geschäftlicher Kontakt 448, 450, 452
- Geschäftsfähigkeit (fehlende) 456
- Haftung des Vertretenen 735
- Kausalität 457
- Rechtsgrundlage 448
- Rechtsfolge 454, 458
- Sozialer Kontakt 450
- Verhaltenspflicht (Verletzung) 451 ff., 536 ff., 735
- Voraussetzungen 449 ff., 457
- Vorvertragliche Pflicht 448

Culpa lata 164

Darlehen **170 Fn. 13,** 219 f., 224, 551, 553
Dauerlieferungsvertrag **138,** 222, 443 f.
Dauerschuldverhältnis **137 ff.**, 217 ff., 443 f., 446

Deckungsverhältnis 774 ff., 778, 782
Dienstvertrag 174, **563 ff.**, 587
- Gegenleistungsgefahr 361, 421
- Gegenstand 174, 563
- Gläubigerverzug 361, 421
- Haftungsminderung 564, 584
- Kündigung 219, 243, 566
- Pflichten der Parteien 563 ff., 798
- Rechtsnatur 174, 219, 224, **563**
- Vergütung 565
- Werkvertrag 174, 568

Differenzhypothese 662 ff.
Differenztheorie **368 ff.**, 411, 521
Dissens (Einigungslücke, -mangel) **112 ff.**, 118, 128, 227
Do ut des 78
Dolo facit, qui petit, quod statim redditurus est 534
Dolus eventualis 164, 329
Dritt-, Vollzugsverhältnis 776 f.
Drittschadensliquidation 789 ff.
Duldungsvollmacht 720, 741

Ehrenschuld 145
Ehrverletzung 659, 667
Eigengeschäftsführung **587**, 606, 612, 629, 802
Eigenschaft (zugesicherte)
- Kauf **504 ff.**, 520, 540
- Miete 558 f.
- Werkvertrag 569

Eigenschaftsirrtum (Anfechtung)
- Beispiele 298, **300 ff.**, 316
- Eigenschaftsbegriff 299 f.
- Lehre vom geschäftlichen Eigenschaftsirrtum 304
- Verkehrswesentlichkeit (der Eigenschaft) 287, **302 ff.**, 532
- Vertragswesentlichkeit (der Eigenschaft) 304

Eigentum 304, **625, 653**, 657, 679
Eigentümer 4, 470 ff.
Eigentumserwerb
- Bewegliche Sache 80, 225 f., 265, **470 ff.**, 737 f.
- Eigentümer 470 ff., 481 f.
- Grundstück 80, 225, **481 ff.**, 737
- Gutgläubiger 226, 265, **478 ff., 483**, **545**, 628, 653, 737 f., 796
- Lastenfreier 465, 545
- Nicht rechtsgeschäftlicher 468 f., 626, 705

- Nichteigentümer 478 ff., 483, 545
- Rechtsgeschäftlicher s. Übereignung
- Vertretung **471**, 710, 737 f.

Eigentumsvorbehalt s. Kauf unter Eigentumsvorbehalt
Eingriffskondiktion **624 ff.**, 633, 642
Einheitlichkeitswille 242
Einigung bei Besitzübertragung 471
Einigung bei Übereignung **470 ff.**, 475 ff., 481 ff., 544, 710, 737 f.

Einrede
- Arglist 730
- Begriff 196, 458
- Bereicherungseinrede **196**, 646, 830
- Bürgeneinrede 196, 830 ff.
- Culpa in contrahendo 458
- Dilatorische (aufschiebende) 196
- Dolo-petit-Einrede 534
- Mängeleinrede 196, 616
- Nichterfüllter Vertrag **196**, 385, **402 f.**, 405, **533 ff.**, 543, 780, 830
- Notbedarfseinrede des Schenkers 196
- Peremptorische (dauernde) 196, 616 f.
- Schuldnerverzug 385, 397, **402, 405**
- Stundungseinrede 196
- Übergang 631, 697, 793, 800, 802, 815
- Unerlaubte Handlung 196
- Verjährungseinrede **196**, 616, 830
- Vertrag zugunsten Dritter 780
- Vorausklage 832
- Wirkung **196**, 385, 387, 402, 405, 458, 616
- Zurückbehaltungsrecht 385, **403 ff.**, 830

Einwilligung 24 Fn. 15, 226, 268, 272, 274 ff., 673
Einzelvollmacht 717
Einziehungsermächtigung 789, 812
Elektrizität 4 Fn. 4, 460
Eltern 255, 717, 732, 761
Empfangszuständigkeit 178 f., 771
Entlastungs- (Exkulpations-)beweis 767 ff., 784
Entmündigter 253, 255 f., 718
Entschuldigungsgrund 680
Erbfähigkeit 249
Erfolgsort 157 f.
Erfolgsunrecht (Lehre vom) 673 ff., 765
Erfüllbarkeit s. Forderung, Leistung
Erfüllung 174 ff.
- Erlöschen des Anspruchs **170, 173 f.**, 177 ff., 204, 212, 223 ff., 524
- Mehrere Forderungen 181 f.

Ziffern = Randnummern 521

- Minderjähriger 176 ff.
- Rechtsnatur 176 ff., 182

Erfüllungsgehilfe 208, 347, **486,** 672, 735, **746 ff.**
- Begriff 751 f.
- Haftungsausschluß 760
- Handeln bei Erfüllung 755 ff.
- Positive Forderungsverletzung 750, 757
- Verbindlichkeit 753
- Verschulden 758 ff.

Erfüllungsgeschäft s. Verfügungsgeschäft

Erfüllungsinteresse (-schaden, positives Interesse)
- Begrenzung 310, 374, 745
- Begriff 311, 355, 368

Erfüllungsort 361
Erfüllungssurrogat 190, 192
Erfüllungsübernahme 772, 814
Erfüllungsvertrag 176 f., 182
Erfüllungsverweigerung (Vertragsaufsage) 391, 409, 441
Ergänzende Vertragsauslegung **314 ff.,** 323, 462
Erklärungsbewußtsein, -wille **46, 50 ff.,** 284, 294
Erklärungsirrtum (Irrung) **286,** 288 f., 292 ff., 306, 532
Erlaßvertrag **223 ff., 230 f.,** 803
Error in obiecto 291
Error in persona 291
Ersetzungsbefugnis **168 f.,** 185, 668
Essentialia negotii **111,** 114, 117
Evidenztheorie 730
Ex-nunc-Wirkung 248
Ex-tunc-Wirkung 248, 308

Factoring(vertrag) **464,** 793, 811
Fahrlässigkeit 162, **164,** 421, 674 f., 680, 684, 688, 720, 730
Fall 3 f., 8
Fälligkeit s. Forderung, Leistung
Fallösung 7 ff., 14 ff., 18 ff., 21 ff.
Falsa demonstratio (Falschbezeichnung) **119,** 289, 294
Falschlieferung **500 ff., 524,** 526
Falschübermittlung (der Willenserklärung) 306
Falsus procurator (Vertreter ohne Vertretungsmacht) 741
Fehler
- Kauf 495 ff., 504 f.

- Miete 558
- Werkvertrag 569

Fehleridentität (Verpflichtungs-, Verfügungsgeschäft) 341, 817
Fiktion 249
Fixgeschäft
- Absolutes 383, 416
- Relatives 205, **383,** 409

Fleetfall 653
Folgeschaden 661
Forderung
- Bestimmtheit 797
- Durchsetzbarkeit 145, 196, **384 f.**
- Erfüllbarkeit 145, 193, **198, 386,** 414, 417
- Erlöschen 176 ff., 202, 204, 212, 224, 236 f., 802
- Fälligkeit 196, 203, 384, **386 f.,** 404, 464
- Gutgläubiger Erwerb 796
- Künftige 797, 811
- Mit alternativem Inhalt 167
- Übergang 632, 663, 697, **792, 813**
- Übertragbarkeit 798
- Unpfändbare 201, 798

Forderungsbeziehung 76, 80, **130 f.,** 170, 223 f., 342, 350
Forderungskauf 373, 464
Forderungsrecht **140,** 224, 771 f.
Form
- Rechtsgeschäft **40 ff.,** 280, 714, 795, 814
- Willenserklärung **40 ff.,** 714, 827
- Zweck 41 ff., 714

Formfreiheit **40,** 482, 714, 795, 814 f.
Formmangel **43,** 280, 458, 556, 827
Formzwang **40 ff.,** 482, 552, 556, 714, 795, 814, 827
Fotografieren (heimliches) 659
Freibleibend 96
Freiheitsverletzung 652, 661
Früchte 634
Fürsorgepflicht **452,** 565, **786**

Garagenausfahrt (Zuparken) 653
Garantie **376 ff.,** 506, 747, 839
Gattungskauf (Genuskauf) 426, 461, 492, **500 f., 524 ff.,** 534
Gattungsschuld (Genusschuld) **147 ff., 152 ff.,** 161, 193, 348
- Beschränkte 152 f.
- Konkretisierung (Konzentration) **155 f.,** 161, **422,** 524

- Leistungsgefahr 422
- Unbeschränkte 348
- Vertretenmüssen 152, 347, 393
Gattungsvollmacht 717
Gebot gesellschaftlicher Rücksichtnahme 678
Gebrauchsüberlassungsvertrag 290, 293, 401, 555, 798
Gebrauchsvorteil 666
Gefahr 351
Gefährdungshaftung 648, 672
Gefahrengeneigte Tätigkeit 564, 584
Gefahrentlastung (obligatorische) 790
Gefahrübergang 357 ff., 361, 790
Gefälligkeitsverhältnis 37 ff., 580
Gegen-Vertrag 94
Gegenleistung(-spflicht) 322, 357, 368
Gegenleistungsgefahr (Preis-, Vergütungsgefahr) 351
Gegenschluß 372
Gegenseitiger (synallagmatischer, vollkommen zweiseitiger) Vertrag
- Begriff 78
- Beispiele 78, 265, 460, 555, 563, 567
- Gegenleistungsgefahr 351, 357, 361, 363 ff.
Gegenstand 628
Geheimer Vorbehalt 238, 278 f., 281 ff., 294, 737
Gehilfe 690, 694
Geisteskranker, Geisteskrankheit 253, 255 ff.
Geistesschwäche 253, 718
Geld, Geldschuld
- Bargeld 184, 634
- Buch-, Giralgeld 184, 614, 622, 634
- Erfüllung 183 f., 614, 622
- Gläubigerverzug 423
- Gutgläubiger Erwerb 480
Genehmigung 24 Fn. 15, 226, 268 ff., 597, 628, 705, 718 f., 731, 742 ff.
Generaleinwilligung 274
Generalklausel 125, 146
Generalvollmacht 717, 725
Gesamtgläubiger 700
Gesamtschuld 694 ff., 813, 819, 835
Gesamtvertretung, -vollmacht 717
Geschäft für den, den es angeht 709 f.
Geschäftsähnliche Handlung 177, 271, 389, 418, 603, 705, 735
Geschäftsanmaßung 587, 606, 612, 629, 802

Geschäftsbesorgung 464, 587, 589 f., 811, 825, 834
Geschäftsbewußtsein, -wille 46, 49, 284, 294
Geschäftsfähigkeit 177, 238, 253 ff., 270, 705 f., 726 ff., 745
Geschäftsführung ohne Auftrag (GoA) 587 ff.
- Berechtigte 588 ff., 597 ff., 604 ff., 612, 616, 673
- Eigengeschäftsführung 587, 606, 612, 629, 802
- Fehlende Geschäftsfähigkeit des Geschäftsführers, -herrn 603, 606, 612
- Fehlendes besonderes Geschäftsbesorgungsverhältnis 588, 596, 601, 612
- Fremdes Geschäft 589, 591 f., 595, 601, 612
- Fremdgeschäftsführungswille 587 ff., 595, 601, 612
- Gefahrenabwehr 611 f.
- Genehmigung der Geschäftsführung 597
- Haupt(leistungs)pflicht des Geschäftsführers 605, 612
- Herausgabepflicht des Geschäftsherrn 587, 610, 612
- Hilfeleistung im Unglücksfall 594, 601 f.
- Interesse des Geschäftsführers 592
- Interesse des Geschäftsherrn 588, 597 ff., 601, 605, 610
- Neben(leistungs)pflicht des Geschäftsführers 606, 612, 629
- Nützlichkeit 588, 597 ff.
- Objektiv neutrales Geschäft 591, 595, 612
- Pflichten des Geschäftsherrn 607
- Pflichtgebundener Geschäftsführer 593 f., 601 f.
- Rechtswidrigkeit 588, 610, 673
- Schadensersatzpflicht des Geschäftsführers 610, 612
- Unberechtigte 588, 599, 610 ff.
- Vergütung des Geschäftsführers 608
- Wille des Geschäftsherrn 588, 597, 599 ff., 603, 605, 610
- Zufallsschaden des Geschäftsführers 607
Geschäftsgrundlage (Fehlen, Wegfall der; Lehre von der) 152, 295, 313 ff., 317 ff., 324, 345, 416

Geschäftsunfähigkeit, Geschäftsunfähiger 253
- Elterliche Geschenke 732
- Kenntnis 256, 270
- Krankhafte Störung der Geistestätigkeit ohne Entmündigung 257
- Partielle 259
- Prüfung im Gutachten 254
- Unerlaubte Handlung 256
- Willenserklärung 109f., 239, 255f., 702
Gesellschaft mit beschränkter Haftung (GmbH) 252, 702
Gesellschaft(svertrag) **171, 219**, 248, 584, 632
Gesetz 425, 682
Gesetzessammlung 4 Fn. 3
Gesetzeswortlaut (Kenntnis des) 4f.
Gestaltungs- (Inhalts-)freiheit 42, **82ff.**, 459
Gestaltungsrecht **204**, 218, 510, 815, 831
Gestattung 731
Gesundheitsverletzung 652, 661
Gewährleistung s. Kauf, Gewährleistung bei Kauf, Miete, Werkvertrag
Gewährleistungsausschluß (in AGB) 528
Gewalt 48, 335, 650
Gewerbebetrieb s. Recht am eingerichteten und ausgeübten Gewerbebetrieb
Gewinn (entgangener) **311**, 355, 396, 424, 537, 629f., **671**
Gewohnheitsrecht **425**, 448, 723
Gläubigerverzug (Annahmeverzug) 342, 413
- Angebot der Gegenleistung 420
- Angebot der Leistung 414, 417f., 422
- Annahmebereitschaft des Gläubigers 417
- Gegenleistungsgefahr 361, 421
- Haftungsminderung 413, **421,** 517
- Leistungsberechtigung des Schuldners 414, 417
- Leistungsbereitschaft des Schuldners 418
- Mehraufwendungen des Schuldners 413, **424,** 571
- Möglichkeit der Leistung 414ff.
- Nichtannahme der Leistung 419, 422
- Rechtsfolge 413, 421, 517
- Voraussetzungen 414
- Vorübergehende Annahmeverhinderung 417
Gläubigerwechsel 792

Globalzession 797
Grundbuch 280, 465, 481, **483f.**
Grundpfandrecht **225,** 465, 481, 544, 653
Grundsatzentscheidung 38 Fn. 7.
Grundschuld 225, 465, 481, 654
Grundstück 280, 468, **481ff.**, 544
Gute Sitten s. Sittenwidrigkeit
Gutgläubiger Erwerb s. Eigentumserwerb

Haakjöringsködfall 115, 119
Haftung 144f.
Halterhaftung 648
Hamburger Parkplatzfall 120ff.
Handeln im fremden Namen 704, 708ff.
Handeln unter falscher Namensangabe 712
Handeln unter fremdem Namen 712
Handelsgeschäft 501
Handelskauf 501
Handelsmakler 587
Handlung 650f.
Handlungsbewußtsein, -wille **46, 48,** 258, 335
Handlungspflicht 641
Handlungsunrecht (Lehre vom) 674ff., 765
Handlungsvollmacht 703
Hauptpflicht, -leistungspflicht 78, **170ff.**, **401,** 439, 466
Hauptvollmacht 718
Herstellungstheorie 510
Hinterlegung 189ff., 466
Hinweispflicht **453f.**, 537, 539
Höchstbetragsbürgschaft 828
Holschuld **157, 160,** 361, 417
Hotelzimmerbestellung 105
Hypothek 225, 264, 481, 653f., 697, 801, 814, 836f.
Hypothetischer (mutmaßlicher) Parteiwille 116, 241, 244

Identitätsirrtum 291, 297
Informationspflicht 440, **453f.**, 520, 536, 583
Inhaberaktie, -papier, -schuldverschreibung 480
Inhalts- (Gestaltungs-)freiheit 42, **82ff.**, 459
Inhaltsirrtum (Anfechtung) 286, **289ff.**, **295ff.**, 532
Inkassozession 811f.
Innenvollmacht 715f., 719, 725, 727, 729

Insichgeschäft (Selbstkontrahieren) 731 ff.
Intimsphärenverletzung 659
Invitatio ad offerendum 91 ff.
Irrtum
- Auslegung (der Willenserklärung) 289 f., 294 ff., 323
- Begriff 289, 294
- Beweggrund 285, 293, 416
- Erheblichkeit (Ursächlichkeit) 289
- Kenntnis des Erklärungsempfängers vom Irrtum 289, 294
- Unterschreiben einer Urkunde 294
- Veranlassung durch Anfechtungsgegner 312
- Willensbildung 285, 293
- Wirksamkeit der Willenserklärung 284
Irrung s. Erklärungsirrtum

Jurist 1 ff., 4 Fn. 3, 29

Kalkulationsirrtum 295
Katalogbestellung 106
Kauf
- Eigentumsverschaffung **463**, 468, 485, **543 ff.**
- Gegenleistungsgefahr 361
- Gegenstand **460**, 464, 491
- Haupt(leistungs)pflicht des Käufers 466
- Haupt(leistungs)pflicht des Verkäufers 463 ff., 485 f.
- Neben(leistungs)pflicht des Käufers 467
- Nichterfüllung der Verkäuferpflichten **485 ff.**, 531, 533 f.
- Rechtsmangel 186, 465, 496
- Rechtsnatur **224**, 226, **460**, **464**
- Sachmängelhaftung s. dort
- Selbstbedienungsladen 93 f.
- Übergabe **463 f.**, 485, 543 f.
- Verhaltenspflicht **172**, **440**, 520, 536
Kauf auf Probe 554
Kauf nach Probe 554
Kauf unter Eigentumsvorbehalt 361, 409, **543 ff.**, 552 f.
- Anwartschaftsrecht des Käufers **546**, 549, 654
- Erlöschen des Eigentumsvorbehalts 548
- Nachgeschalteter Eigentumsvorbehalt 549

- Rechtsposition des Käufers 545 f.
- Rücktrittsvorbehalt 205, 409, **544**
- Sachenrechtliche Wirkung 544
- Schuldrechtliche Vereinbarung 544
- Sicherungsrecht (nichtakzessorisches) 801
- Verlängerter Eigentumsvorbehalt 548, 797
- Weitergeleiteter Eigentumsvorbehalt 549
- Weiterreichender Eigentumsvorbehalt 548 f.
Kaufmännisches Bestätigungsschreiben 127
Kaufmannseigenschaft 128 Fn. 18
Kausalgeschäft 229
Kausalität 430 ff.
- Adäquanztheorie **432 ff.**, 437, 457, 660, 672
- Alternative 692
- Äquivalenztheorie 431, 434
- Haftungsausfüllende **433 f.**, 457, 649, 660
- Haftungsbegründende **433 f.**, 457, 649
- Naturgesetzliche 431
Klausurtechnik 7 ff., 14 ff., 18 ff., 21 ff.
Kollusion 730
Kombinationstheorie 462
Kommanditgesellschaft (KG) 457, 761
Kommissionsgeschäft, Kommissionär 587, 711
Kondiktion 613
Konfusion 236
Konkludentes Verhalten 36, 40
Konkretisierung (Konzentration) 155 f., 161, 422, 524
Konkurrenzverbot 170, 440
Konnexität iSd § 273, 403 f.
Konsens (Willensübereinstimmung) **71 ff.**, **111 f.**, 460, 616
Kontrahierungszwang 82
Kontrollfunktion 41
Konversion (Umdeutung) 243 f.
Körperverletzung 652, 661
Kraftfahrzeughalterhaftung 648
Kündigung **218 ff.**, 544, 559 ff., 566

Landpacht 219, 324, 386
Leasing 562
Lebenssachverhalt 1 f., 29 f.
Lebensverletzung 652, 661
Lebensversicherungsvertrag 772
Legaldefinition 4 Fn. 4, 100

Legalzession (cessio legis) 792, 813, 834
Leibesfrucht 249 ff.
Leihe 170 Fn. 13, 219, 261, 290, 293, 401, 473 f., 555
Leistung
– Bereicherungsrecht 614 ff.
– Bewirken 25, **170, 174 ff.**, 183, 186
– Erfüllbarkeit 145, 193, **198, 386,** 414, 417
– Fälligkeit 196, 203, 384, 386 f., 404
– Freiwerden 149, **152 f.**, 161, 190, 322, 345, **348 ff.**, 357 f., **377 f.**, 421 f., 632
– Gegenstand 146 f., 166 ff.
– Geschuldete **146 f., 166 ff.**, 502
– Höchstpersönliche 380, 564, 798, 826
– Inanspruchnahme im Massenverkehr 120 ff.
– Nichtberechtigter 632 f., 802
– Persönliche 180, 772
– Zweck 177, 614, **616**
Leistungsbestimmung **111,** 267, 387, 391, 462
Leistungserfolg 157, **175 ff.**, 183, 463
Leistungsfähigkeit (finanzielle) 348, 394, 643
Leistungsgefahr 351
Leistungshandlung 157, **175,** 177, 463
Leistungskondiktion 613 ff., 622 ff.
Leistungsort **157 ff.**, 361, 417
Leistungspflicht **140 ff.**, **171,** 224, 427 f., 753
– Primäre **142 f., 148 f.,** 352 f., 357, 367, 396, 442
– Sekundäre **142 f., 148 f.**, 161, 352, 367, 396, 442, 828
– Weitere 171 ff.
– s. a. Haupt(leistungs)pflicht, Verhaltenspflicht
Leistungsstörung
– Arten 342
– Rechtswidrigkeit 673
– Rechtsgrundlagen 343
– Überblick 447
– Verschulden 680
Leistungstreuepflicht 802
Leistungsverweigerung 145, 391, 409, 441, 809, 830
Leistungszeit s. Erfüllbarkeit, Fälligkeit
Lichter Augenblick (lucidum intervallum) 257 f.
Liegenschaftsrecht 481
Lücke (planwidrige Unvollständigkeit) **315 f.**, 323, **720, 723, 732,** 785

Mahnbescheid 390
Mahnung **388 ff.**, 396, 441, 705
Maisfall 426, 538
Mangel s. Rechts-, Sachmangel
Mangel der Ernstlichkeit 238, 281 ff.
Mangelfolgeschaden
– Kauf **522 f.**, 537 f., 541 f.
– Miete 558
– Werkvertrag 573 f.
Mangelschaden
– Kauf 521 f., 537 f.
– Miete 558
– Werkvertrag 573 f.
Mentalreservation 238, **278 f.**, 281 ff., 294
Merkantiler Minderwert 669
Miete 130, 465, 472, 475, **555 ff.**
– Besitzrecht des Mieters 655
– Besitzverhältnisse 471
– Form 556
– Gegenstand 555
– Gewährleistung 558 ff.
– Haupt(leistungs)pflichten 130, 137, **557**
– Kündigung 219 f., 316, **559 ff.**
– Mietzins 555, **557,** 560
– Rechtsnatur 78, **130, 137,** 204, 219, 555
– Rückgabe der Mietsache 560
– Verhaltenspflichten 130, 171, **557**
Mietvorvertrag 42
Minderjähriger s. Beschränkt(e) Geschäftsfähiger, -keit
Minderung
– Kauf 490, **494,** 510, **518,** 520, **524 ff.**
– Miete 558
– Werkvertrag 572
Mitbürgschaft 835
Mittäter 688 ff.
Mitverschulden
– Begriff 363, 488, 513, **672**
– Erfüllungsgehilfe 363, **486,** 672
– Gesetzlicher Vertreter 486, 672
– Mitverursachung 672
– Prüfungsschema 672
– Schadensminderungs(pflicht) 363, 663
Mitwirkungspflicht **172,** 413, **415 f.,** 418 f., 571
Monopolmißbrauch 685
Motive zum BGB 32
Motivirrtum (Irrtum im Beweggrund)
– Beiderseitiger 321

– Einseitiger 216, **285**, 293, 295, 298, 313, 395, 416

Nachbesserung
– Kauf 490, 492
– Werkvertrag 569, 572
Namensverletzung 659
Nasciturus 249 ff.
Naturalrestitution, -herstellung 396, 661, **667 ff.**
Natürliche Verbindlichkeit (Naturalobligation) **145,** 196, 384
Neben(leistungs)pflicht (leistungssichernde) **172, 440,** 539, 557, 753, 802
Nebentäter 691, 693
Negatives Interesse s. Vertrauensschaden
Negatives Schuldanerkenntnis 231
Nichtigkeit 239, 241 f., 374
Nichtleistungskondiktion 613 ff., **624 ff., 633,** 642, 802
Nießbrauch 373, 465, 481, 653
Normzweck (Lehre vom) s. Schutzzweck (Lehre vom)
Notstand 673
Notwehr 327, 673
Novation (Schuldersetzung, -umwandlung) 234 f.
Nutzungen 511, 537, 634, 643, 645, 647

Obhutspflicht 172, 786
Objektiver Betrachter 36 Fn. 4
Objektiver Erklärungswert **117,** 119, 120, 122
Obliegenheit **363 f.,** 486, 571, 672
Offenbarungs- (Aufklärungs-)pflicht 172, **326 f.,** 440, **453 f.,** 520
Offene Handelsgesellschaft (OHG) 584, 761
Offenheits-, Offenkundigkeitsprinzip (bei Vertretung) 709 ff.
Öffentliches Recht 7 Fn. 7.
Ohne obligo 96
Opfergrenze 152
Organisationspflicht (Verletzung) 769

Pacht 171, **219,** 465, 555, 655, 821
Pacta sunt servanda 313
Pactum de non cedendo 798
Pactum de non petendo 387
Parteiwille (mutmaßlicher, hypothetischer) **116,** 241, 244
Passiv- (Haupt-)forderung s. Aufrechnung

Perplexität 295
Person **252,** 702, 761
Persönlichkeitsrecht 625, **658 f.,** 661, 678 f.
Pfandrecht 465, 550, 560, 653 f., 697, 723, 801, 821, 836 f.
Pfandverkauf 527
Pflichtwidrigkeit 673
Platzgeschäft (Platzkauf) 361
Positive Forderungsverletzung (pFV) 342 f., **425 ff., 438 ff.,** 539, 564, 749, 756 f.
Positives Interesse s. Erfüllungsinteresse
Preisgefahr 351
Preislistenbestellung 106
Primärpflicht s. Leistungspflicht
Priorität (Grundsatz der) 799, 805
Privatrecht 7 Fn. 7
Privatsphärenverletzung 656
Produzentenhaftung 676
Prokura 703, 717, 719
Protestatio facto contraria 122
Protokolle zum BGB 32 Fn. 2
Prozeßvollmacht 714
Publizitätsprinzip 471

Querulantenwahn 259
Quittung 179

Rat (bewußt falscher) 685
Ratenkaufvertrag 562
Ratenlieferungsvertrag 138, 445 f.
Rauschgiftsucht 253, 718
Realakt 705
Recht
– Absolutes 625, 654
– Beschränkt dingliches 654
– Dingliches 80, 465, 482, 654
– Dispositives (nachgiebiges) 84, **314,** 378, 380, 409, 421, 459, 498, 828
– Obligatorisches 465, 604
– Sonstiges Recht iSd § 823 I, 654 ff.
– Subjektives 204
– Zwingendes 84, 314, 459
Recht am eingerichteten und ausgeübten Gewerbebetrieb **656 f.,** 678 f., 683
Rechtfertigungsgrund **673 f.,** 677, 679, 765
Rechtsbindungswille 37 ff., 46
Rechtsfähigkeit 238, 249 ff.
Rechtsfolge 15, 29 ff.
Rechtsfolgeirrtum 292 f.
Rechtsfolgeverweisung 360, **486 f.,** 610

Rechtsfolgewille 46
Rechtsfortbildung (richterliche) 723, 785
Rechtsgeschäft
– Abstraktes **229**, 793, 817
– Begriff 32
– Dingliches 225
– Einheitliches 242
– Einseitiges **33 ff.**, 134, 224, 268, 544, 743 f.
– Einteilung 34, 229
– Empfangsbedürftiges 33 f.
– Kausales **229**, 793, 799, 802, 822
– Mehrseitiges 33 ff., 71
– Nicht empfangsbedürftiges 33 f., 134
– Relativ unwirksames 246
– Schuldrechtliches **76**, 224, 460
– Schwebend unwirksames **245**, **268 ff.**, 544, 731, 743
– Unwirksames 239, 268, 310, **544 ff.**
– Zweiseitiges 33
Rechtsgeschäftsähnliche Handlung **177**, 271, 389, 418, 603, 705, 735
Rechtsgrundlosigkeit **616 f.**, 622, **625 f.**, 631
Rechtsgrundverweisung 486 f.
Rechtshängigkeit 641, 643
Rechtsirrtum 395, 616, 680
Rechtskauf 460
– Gegenstand 464
– Gewährleistung 373, 485, 487, **491**
– Haupt(leistungs)pflicht des Verkäufers 464 f., 485 f.
Rechtsmangel, Rechtsmängelhaftung
– Kauf 186, 465, 485 ff., 496
– Miete 558 f.
Rechtsmißbrauch 345
Rechtsnachfolge 792
Rechtsnorm 682
Rechtssatz 30
Rechtsscheinhaftung 179, 294
Rechtsverordnung 682
Rechtswidrig(keit) 29, 434, 649, **673 ff.**, 765
Rechtswidrigkeitszusammenhang 437; s. a. Schutzzweck (Lehre vom)
Reisevertrag 219, 666
Richterrecht 425, **723**, 732
Rubelfall 295, 314
Rückforderung des Geleisteten 145, **616 ff.**, 623
Rückgriffskondiktion 624, 633
Rücksichtspflicht 171, 448, 565

Rücktritt 204 ff.
– Ausschluß 206 ff., 210, 214, 353, 412, 512, 640
– Erklärung 206, 212, 215 f., 353, 367, 544
– Haftung des anderen Teils 209, **212 f.**, 353, 371
– Haftung des Rücktrittsberechtigten **212 ff.**, 353, 371, **512 ff.**, 640
– Rückgewährschuldverhältnis **204**, 206, 212, 353, 367, 371, 509, 511
– Unmöglichkeit der Rückgewähr **207 ff.**, **212 ff.**, 353, 371, 412, 488, **512 ff.**, 640
Rücktrittsrecht
– Gesetzliches **205**, 211, 214, 366, 370 f., 400, 409 f., 412, 575
– Vertragliches **205 f.**, 208, 210 f., 214, 409, 509, 544

Sache
– Begriff 4 Fn. 4, 305, 628
– Vertretbare 462, 555, **578**, 667
Sachmangel, Sachmängelhaftung
– Kauf s. Sachmängelhaftung beim Kauf
– Miete 558 f.
– Werkvertrag 572 ff.
Sachmängelhaftung beim Kauf
– Ablieferung der Kaufsache 499, 529, 535, 541
– Anfechtung 454, 496, 499, 531 f.
– Arglistiges Verhalten 499, 508, **519 f.**, 523, 525 ff., 530
– Ausschluß 112 f., 115 f., 499, 508, **524**, **527 f.**, 531 f., 534
– Culpa in contrahendo 536 f.
– Fehlende zugesicherte Eigenschaft 494, **504 ff.**, 519 f., 522 f., **525 f.**, 536 f., 540
– Fehler 495 ff., 504 f.
– Gefahrübergang **361**, 488, 494, **508**, 520, 525, **531 f.**, 534
– Herstellungstheorie 510
– Ist-Beschaffenheit 495 f., 498, 512
– Mängeleinrede 196, **530**, 616
– Minderung 490, **494**, 510, **518**, 520, **524 ff.**
– Nichterfüllung 531, 533 f.
– Positive Forderungsverletzung 426, 520, 538 ff.
– Sachmangel 186, 490
– Schadensersatz wegen Nichterfüllung 490, **519 ff.**, 525

Stichwortverzeichnis

- Soll- (Normal-)Beschaffenheit **497, 504f.**, 512
- Tauglichkeitsminderung 494, 505, **507,** 520
- Unerlaubte Handlung 520, 542
- Untergang, Verschlechterung der Kaufsache 512ff., 640
- Verschulden 520, 536f.
- Vertragskosten 511
- Vertragstheorie (modifizierte) 510, 517
- Vertragstheorie (strenge) 510, 517
- Wandlung 205, 490, **494, 509ff.**, 515, 520, **524ff.**
- Wertminderung 494, 505, **507,** 512, 520

Sachverhalt 30; s. a. Lebenssachverhalt
Saldotheorie 638ff.
Satzung 682
Schaden
- Begriff 661
- Berechnung 662ff.
- Freiwillige Leistung Dritter 663
- Immaterieller (Nichtvermögensschaden) **661, 666,** 670, 749
- Kosten der Rechtsverfolgung 396
- Materieller (Vermögensschaden) 654, **661,** 663ff.
- Natürlicher 665
- Normativer 665, 790

Schadensersatz
- Entschädigung (angemessene) 661, 666
- Form 667ff.
- Fristsetzung 669
- Geldzahlung 169, 396, **667ff.**
- Großer 521, 572
- Kleiner 521, 572
- Widerruf 667

Schadensgeneigte Tätigkeit (Arbeit) 564, 584
Schadensminderung(spflicht) s. Mitverschulden
Schadenszurechnung 431ff.
Schaufenster 91
Scheingeschäft 238, **279ff.**, 283, 737, 796
Schenkung 196, 262f., 462, 616, 631
Schickschuld **159f., 361,** 417, **422f.**
Schlüssiges Verhalten 36, 40
Schmerzensgeld 661, 749, 798
Schmiergeldzahlung 685
Schriftform 40, 552, 556, 795, 827
Schuld und Haftung 144f.
Schuldbeitritt 792, **819f.**, 823, 839

Schuldersetzung (-umwandlung, Novation) 234f.
Schuldmitübernahme 792, 819f., 823, 839
Schuldnerverzug 5, 342
- Durchsetzbarkeit der Forderung 384f.
- Einredebehaftete Forderung 385, 387, **402, 405**
- Fälligkeit der Leistung 384, 386f.
- Gegenseitiger Vertrag 398, **400ff.**, 405ff.
- Haftungsverschärfung 399, 643
- Haupt(leistungs)pflicht 401, 466
- Mahnung **388ff.**, 396, 441, 705
- Nachfristsetzung **407ff.**, 441, 544, 705
- Nachholbarkeit der Leistung **382f.**, 396, 398
- Neben(leistungs)pflicht 401, 466
- Rechtsfolge 396ff.
- Rücktritt vom Vertrag 205, 400, 410, **412,** 514ff.
- Schadensersatz wegen Nichterfüllung 398, 400, **410ff.**
- Teilleistung 406
- Unmöglichkeit **382,** 396, 399
- Vertretenmüssen 5, 392ff.
- Voraussetzungen 5, 381ff.
- Zuvielforderung 388

Schuldnerwechsel 792
Schuldrecht **132f.**, 343, 514
Schuldübernahme, -vertrag 792, 814ff.
Schuldumwandlung (-ersetzung, Novation) 234f.
Schuldverhältnis
- Arten 76 Fn. 1, 137
- Begriff 131
- Beispiele 132ff., 219
- Beseitigung 232
- Einfaches 137
- Entstehungsgründe 29, 76 Fn. 1, 134f., 137, 459, 616
- Erlöschen **170, 173f.**, 186, 218, 223, 350, 353
- Gesetzliches **134ff.**, 448, 450, **586ff.**, 604f., 616
- Im engeren Sinn **131,** 170, 173, 223, 350
- Im weiteren Sinn **131,** 170, 173, 218, 350
- Inhalt 140, 342
- Rechtsgeschäftliches **134,** 137, 165f., 237, 459
- Vertragliches 76, 134, **146f.**, 459

Schutzgesetzverletzung 682 ff., 685
Schutzpflicht 172, 440, 452, 557, 753, 756, 782
Schutzrechtsverwarnung (unberechtigte) 656
Schutzzweck (Lehre vom) **435 ff.**, 457, 522, 649, 682
Schwarzfahrt 766
Schwarzkauf 280
Schweigen 36, **88 ff.**, 107, 249
Schwimmerschalterfall 542
Sekundärpflicht s. Leistungspflicht
Selbsthilfe 144
Selbsthilferecht 673
Selbsthilfeverkauf 191, 466
Selbstkontrahieren 731 ff.
Sicherungsabtretung 810
Sicherungseigentum **550**, 553, 723, 801, 810
Sicherungshypothek (des Bauunternehmers) 576
Sicherungsrecht 697, **801**, 818
Sicherungsvertrag 551, 810
Sittenwidrige Schädigung 685 ff., 802
Sittenwidrigkeit
– Begriff 146, 685
– Beispiele 337, 602, 616, 619 ff., 716, 730, 816
– Bereicherungsrecht 616, 619 ff.
– Rechtsgeschäft **146, 239**, 337, 616, 619 ff., 716, 816
Sorgfalt in eigenen Angelegenheiten 399, 760
Sorgfaltspflicht **172**, 208, 213, 412, **448**, 512
Sozialtypisches Verhalten 36, 120 ff.
Speditionsgeschäft, Spediteur 587, 711
Spezialvollmacht 717
Spielschuld 145
Stellvertretendes commodum **350**, 354, 359, 366
Stiftung 252
Stille Zession 810
Störung der Geistestätigkeit 258 f.
Strafrecht 7 Fn. 7
Stromkabelfall 657
Stückkauf (Spezieskauf) 461, **492 ff.**, 503, **509, 526,** 533
Stückschuld (Speziesschuld) 147 ff., 152 f., 348
Stundung 196, **387, 544**, 803, 805
Subsumtion 30

Sukzessivlieferungsvertrag **138**, 222, **443 ff.**
Surrogat **275**, 635, 645, 647
Surrogationstheorie 368 ff., 411
Synallagma s. Gegenseitiger Vertrag

Taschengeld(-paragraph) 25, 275 ff.
Tatbestand 15, 29 f.
Tauschvertrag 265, 462
Taxe 565
Teilgläubiger 700
Teilleistung 349, 370, **406**, 416 f.
Teilnichtigkeit 241 f.
Teilrechtsfähigkeit der Leibesfrucht 251
Teilschuldner 698
Teleologische Reduktion **714**, 723, **732**
Testament 33, 56, 734
Theorie der analogen Rechtsanwendung 376 f., 462
Theorie der (eingeschränkten) Garantiehaftung **376, 378**, 487
Theorie der einseitigen Leistungsbewirkung 178
Theorie der finalen Leistungsbewirkung 177 ff.
Theorie der realen Leistungsbewirkung 177 ff.
Theorie des letzten Wortes 128
Tierhalterhaftung 648
Tilgungsbestimmung 181 f.
Tod 109 f., 728
Tonbandaufzeichnung (heimliche) 659
Transportgefahr 423
Trennungsprinzip **227 f.**, 340 f., 470, 616
Treu und Glauben 43, 210, 316, 345, 534
Treuepflicht 170, 172, 565
Trunksucht 253, 718
Typus (Denkform) 36 Fn. 4, 84

Übereignung beweglicher Sachen 80, 225, **470 ff.**
– Abtretung des Herausgabeanspruchs 472, **475, 545**
– Ausschluß des gutgläubigen Erwerbs 480, 796
– Begriff 468
– Eigentümer 470 ff.
– Nichteigentümer 478 ff.
– Sicherungsübereignung 550 f.
– Vertretung **471**, 710, 737 f.
Übereignung von Grundstücken 80, 225, **481 ff.**, 544, 710, 737 f.
Übergabe 463, 470 ff.

Übermittlungsirrtum (Anfechtung) 288, 306f.
Übernahmeverschulden 164
Überpflichtmäßige Anstrengung 663
Umdeutung (Konversion) 243f.
Umkehrschluß 372
Unabwendbares Ereignis 672
Unentgeltlichkeit 631
Unerlaubte Handlung 648ff.
– Beteiligte iSd § 830 I 2, 692ff.
– Geschütztes Recht(sgut) 652ff.
– Haftungsminderung 564, 584
– Haftung mehrerer Schädiger 688ff.
– Handlung 650f., 673, 677, 679
– Mittelbare Verletzung 675ff., 679
– Objektiver Tatbestand 649ff., 676f., 684f.
– Offener Verletzungstatbestand 678f.
– Schadensausgleich mehrerer Beteiligter 689, 691f., 696ff.
– Unmittelbare Verletzung 675ff., 679
– Unterlassen 651, 676f., 679
– Verschulden 649, 661, 674ff., 679ff., 684, 687f.
Unmöglichkeit 150, 152, 342ff.
– Anfängliche (ursprüngliche) 344, 347, 372ff., 376f., 379, 487
– Arten 344ff.
– Dauernde 382, 415f.
– Endgültige 346; s. a. dauernde
– Faktische 345
– Freiwerden von Leistungspflicht 149, 152f., 161, 322, 345, 348ff., 357f., 377f.
– Gegenleistungsgefahr 357, 362f., 416
– Gegenseitiger Vertrag 343, 351f., 356ff., 421
– Juristische 345
– Nachträgliche 344, 347f., 352, 363, 366, 372, 486, 605
– Objektive 344f., 347, 372, 415, 486
– Physische 345
– Psychische (sittliche) 345
– Subjektive s. Unvermögen
– Teilweise 346, 349, 353, 358
– Vollständige 346
– Vom Gläubiger zu vertretende 362ff.
– Vom Schuldner nicht zu vertretende 348ff.
– Vom Schuldner zu vertretende 205, 352ff., 366ff., 581, 605
– Von keinem Teil zu vertretende 357ff.
– Vorübergehende 346, 373, 382, 415f.

– Wirtschaftliche 152, 345, 348
Untergang
– Verschuldeter 207ff., 212ff., 412, 512ff.
– Zufälliger 208, 214f., 350f., 357, 361, 412, 422, 488, 515
Untergehilfe 751
Unterhaltspflicht (elterliche) 732
Unterlassen 326, 520, 651, 676f., 679
Unterlassungsanspruch (des Vermieters) 560
Unternehmerpfandrecht 576
Untervollmacht 718, 733
Unverbindlich 96
Unvermögen (subjektive Unmöglichkeit) 150ff., 344, 347, 372
– Anfängliches 376ff., 415, 487
– Dauerndes 382
– Nachträgliches 149, 152, 347f., 352, 377, 415, 486
Unverzüglich 100, 308
Unwirksamkeit 239, 245f., 268ff., 544, 731, 742f.
Urheberrecht 654
Urlaubsbeeinträchtigung 666

Valuta-, Zuwendungsverhältnis 775, 777
Venire contra factum proprium 210, 271
Verarbeitungsklausel 548
Verbindlichkeit 731, 753
Verbot (gesetzliches)
– Beispiele 146, 337, 345, 602
– Bereicherungsrecht 616, 619ff..
– Schadensersatz 375
– Verstoß 146, 239, 337, 375, 673
Verdingungsordnung für Bauleistungen (VOB) 577
Verein 252, 702, 761
Verfügung(sgeschäft)
– Befugnis 226
– Begriff 224, 628
– Beispiele 224f., 464, 470, 793, 814, 817, 822
– Beschränkt Geschäftsfähiger 263, 267
– Einseitige 224
– Nichtberechtigter 226, 478ff., 483, 627ff., 631, 633
– Unentgeltliche 631, 633
– Verpflichtungsgeschäft 227ff., 340f., 464, 470, 616, 793, 817
– Wirksamkeit 226f., 340, 545f., 620, 628
– Zugunsten Dritter 814

Verfügungsverbot 246
Vergleich 324, 482
Vergütungsgefahr 351
Verhaltenspflicht 172, 401, 440, 448 ff.,
  466, 536 ff., 651, 674 ff., 735, 753,
  756 f., 782
Verität (Bestand des Rechts) 373, 464,
  487, 491
Verjährung
– Culpa in contrahendo 536
– Gewährleistung beim Kauf 499, 502,
  504, 509, 524, 529 ff., 535 f.
– Gewährleistung beim Werkvertrag
  574
– Leistungsverweigerungsrecht 145, 830
– Positive Forderungsverletzung 540 f.,
  574
– Rückforderung des Geleisteten 145,
  616
– Unerlaubte Handlung 784
Verkäuferin (im Warenhaus) 706
Verkehrs(sicherungs)pflicht 593, 676 f.
Verkehrsanschauung 37
Verkehrsgerechtes Verhalten 677
Verkehrssitte 36 ff., 86, 91 f., 105, 316,
  505, 720, 722
Verlautbarungsirrtum 290, 293
Verletzungsschaden 661
Verlöbnis 80
Vermieterpfandrecht 560
Vermögen 654
Vermögensopfer s. Aufwendung
Vermögensübernahme 496, 820
Vermögensvorteil 615
Vernehmungstheorie 66
Verpflichtungsgeschäft 224, 464, 470,
  628 f., 793, 814
Verrichtungsgehilfe 701, 746 ff., 763 ff.,
  784
Verschulden
– Begriff 162, 564, 680
– ISd § 347, 209, 213, 514
– ISd § 351, 208, 412, 512 ff., 516, 640
– ISd § 989, 516
Verschulden bei Vertragsverhandlungen
  s. Culpa in contrahendo
Verschuldensfähigkeit 165, 672, 680 f.,
  759
Verschuldensprinzip 648, 680, 748
Verschwendung 253, 718
Verschwiegenheitspflicht 172, 440
Versendungskauf 361, 790
Versteigerung 191, 480, 527

Vertrag
– Abstrakter 231
– Arten 76 ff., 81
– Begriff 33 f., 71 f.
– Dinglicher 80 f., 470, 710
– Einseitig verpflichtender 77, 262, 267
– Erbrechtlicher 80 f.
– Faktischer 123
– Familienrechtlicher 80 f.
– Gegenseitiger (synallagmatischer) s.
  dort
– Gekoppelter 462
– Inhalt 85
– Nichtigkeit 82 f., 240 f., 309, 345,
  373 ff., 487
– Schuldrechtlicher 76, 81, 710
– Schwebend unwirksamer 268 ff., 742
– Typen 84
– Typengemischter 462, 464, 555, 562
– Unvollkommen zweiseitiger 78 f., 81,
  261, 579
– Vollkommen zweiseitiger 78 f., 81
– Zweiseitig verpflichtender 77
Vertrag mit Schutzwirkungen für Dritte
  701, 783 ff.
Vertrag zugunsten Dritter 333, 701,
  771 ff., 819
Vertragsantrag, -angebot 73, 85
– Ablehnung 74, 87, 97
– An Abwesende 103
– An Anwesende 101
– An unbestimmte Personen (ad incertas
  personas) 95
– Annahme 73 f., 85 ff., 98 ff., 104 ff.
– Empfangsbedürftige Willenserklärung
  55, 98
– Erlöschen 97 f., 103, 108, 110
– Fernmündlicher 102
– Gebundenheit 96, 108
– Selbstbedienungsladen 93 f.
Vertragsaufsage 391, 409, 441
Vertragsfreiheit 42, 82 ff., 459
Vertragsschluß 36, 71 ff., 85 ff., 93 f.,
  106 f., 111 ff., 120 ff., 460, 616
Vertragsstrafe 127
Vertragstypus 84, 459
Vertragsübernahme 792, 815, 821 f.
Vertragsverhandlungen 42, 455
Vertragswidrigkeit 673
Vertragszweck 416
Vertrauen 448, 456 f.
Vertrauensbruch 685

Vertrauenshaftung (verschuldensunabhängige) 455
Vertrauensschaden (negatives Interesse)
- Anfechtung der Willenserklärung 49, 51 ff., 58, 284, **306, 309 ff.**, 339 f., 726 f.
- Ausschluß 281, 312
- Begrenzung durch Erfüllungsinteresse **310 f.**, 374, 745
- Begriff 309, 311
- Ersatz des Gewinns 311
Vertreter
- Gesetzlicher **255,** 486, 642, 672, **702,** 717, 761 f.
- Gewillkürter 703 ff.
- Haftung für gesetzlichen Vertreter 761 f.
Vertretung 702 ff.
- Aktive 704, 706
- Anfechtung 306, 332, 708
- Begriff 704
- Eigenhaftung des Vertreters aus c. i. c. 457, 735
- Geschäftsfähigkeit des Vertreters 706, 726, 745
- Gesetzliche **702,** 713, 717
- Gewillkürte **703,** 713, 717
- Haftung des Vertretenen aus c. i. c. 735
- Innenverhältnis **716,** 718, 725, 730
- Mittelbare (indirekte) 711, 789
- Passive **704, 707,** 743
- Voraussetzungen 704 ff.
- Weisungsgebundenes Handeln des Vertreters 738 f.
- Wesen 704
- Willensmängel 306, 708, **736 ff.**
- Wirkungen 701, 735 ff.
- Zulässigkeit 482, 734
Vertretung ohne Vertretungsmacht 306, 716, 718 ff., 724, 726, 731, **741 ff.**
Vertretungsmacht 702, **713 ff., 729 f.,** 741
Verwahrung gegen entgegengesetzes Verhalten 122
Verwendungskondiktion 614, **624,** 633
Verwirkungsklausel 205
Verzicht 105 ff., 190, 223, 609
Verzögerungsgefahr 423
Verzögerungsschaden 396 f., 400 f., 424, 643
Verzug s. Gläubiger-, Schuldnerverzug
Viehkauf 493, 514
Vindikation 620

Volljährigkeit 253
Vollmacht
- Abstraktheit 716, 730
- Anfechtung 725 ff.
- Außenwirkung 716
- Bedingte (befristete) 714, 728
- Begriff 713
- Bekanntmachung (öffentliche) 715, 720, 725, 729
- Beschränkung 716
- Erlöschen 728 f.
- Erteilung **714, 719,** 725
- Form 714, 725
- Geschäftsfähigkeit des Vollmachtgebers 728
- Konkludent erteilte 719 f.
- Mitteilung (besondere) an Dritten 715, 725, 729
- Umfang 717
- Unwiderrufliche 714, 725
- Urkunde 715, 729
- Vertrauen auf Bestehen der Vollmacht 294, 729
- Widerruf 714, 719, 725
- Willensmängel 715, 725 ff.
Vollzugs-, Drittverhältnis 776 f.
Vorausabtretungsklausel 548, 797
Vorkauf 554, 798
Vormund 255, 608
Vorratsschuld 152
Vorsatz **162 ff.,** 329, 674, 679 f., 684, 687, 760
Vorteil 25, **261 f., 264,** 732
Vorteilsausgleichung 664
Vorvertrag 42, 455, 798

Wahlschuld **166 f.,** 249, 744
Wandlung
- Kauf 205, 490, 494, 509 ff., 515, 520, **524 ff.**
- Werkvertrag 572
Ware (unbestellt zugesandte) 106
Warenautomat 95
Warnfunktion **41 f.,** 714, 827
Werbetext 505
Werklieferungsvertrag 578
Werkvertrag 174, **567 ff.,** 587
- Abnahme des Werks 569 f., 572
- Annahmeverzug des Bestellers 361, 417, 569, **571**
- Dienstvertrag 174, 568
- Erfolgsbezogenheit 174, 568
- Gegenleistungsgefahr 361, 577

Ziffern = Randnummern

- Gegenstand 567
- Gewährleistung 572 ff.
- Haupt(leistungs)pflicht des Bestellers 570
- Haupt(leistungs)pflicht des Unternehmers 569, 572
- Kündigung 219, 364, 575
- Leistungsgefahr 577
- Mitwirkung des Bestellers 571
- Rechtsnatur 567
- Rücktrittsrecht 575
- Schuldnerverzug 570
- Vergütung 364, 416, 570, 575
- Verhaltenspflicht 440
Wert (Preis)
- Fehler 496
- Gemeiner 670
- Irrtum(sanfechtung) 300, 496
- Objektiver 629, 670
- Subjektiver 670
Wertbeschaffungsschuld 423
Wettschuld 145
Widerrechtlich(keit) 673
Widerrechtliche Drohung (Anfechtung) 334 ff., 454, 532
Widerrechtlichkeitstheorie 625
Widersprüchliches Verhalten 122
Wiederkauf 204, 554
Willensäußerung 177
Willensbekundung 37
Willenserklärung
- Abgabe 54 ff.
- Abhandengekommene 58
- An Abwesende 62
- An Anwesende 62, 66
- Äußerer Tatbestand 36 ff., 45
- Auslegung 36 ff., 85 ff., 505, 707
- Begriff 32, 35
- Empfangsbedürftige 33 f., 55 ff., 61, 68, 86, 182, 202, 204, 218, 248, 279, 308, 331, 505, 714
- Erklärungstatbestand 36
- Innerer Tatbestand 36, 45 ff.
- Mangelhafte 238
- Mündliche 62, 66 f., 707
- Nicht empfangsbedürftige 33 f., 55 ff., 98, 104, 331
- Nichtige 238, 247, 255 f., 278 ff., 295, 737, 796
- Perplexe (widersprüchliche) 295
- Schriftliche 57, 62 ff., 707
- Telefonische 62, 66
- Unwiderruflichkeit 70
- Unwirksame 238, 284
- Vernichtung (rückwirkende) 238
- Vertretung 705 ff., 736 ff.
- Vorbehalt, das Erklärte nicht zu wollen 238, 278 f., 281 ff., 294, 737
- Widerruf 61, 96 f., 307, 552
- Willensänderung nach Abgabe, vor Zugang 61, 307
- Wirksamkeitsvoraussetzungen 238
- Wirksamwerden 62 ff., 69 f., 98, 104, 107, 306 f., 552, 707
- Zugang 62 ff., 98, 104, 107, 306 f., 707
- Zurechnung 52
Willensübereinstimmung (Konsens) 71 ff., 111 ff., 460, 616
Wissensvertreter 740

Zedent 793
Zeitbestimmung 544
Zeitungsinserat 92, 505
Zessionar 793
Zitiermethode
- Entscheidungen 38 Fn. 6, 115 Fn. 9, 432 Fn. 25
- Gesetzliche Vorschriften 10 Fn. 8
Zivilrecht 7 Fn. 7
Zufall 208, 351, 357, 361
Zurückbehaltungsrecht 385, 403 ff., 830
Zustimmung 24 Fn. 15, 226, 245, 717; s. a. Einwilligung, Genehmigung
Zuweisungsgehalt (des Rechts) 625
Zuweisungstheorie 625 f.
Zuwendungs-, Valutaverhältnis 775, 777
Zwangsversteigerung 194, 527
Zwangsvollstreckung 144, 194, 264, 527
Zweckerreichung 416
Zweckfortfall 416
Zweckvereinbarung 177
Zweckvereitelung 321, 416
Zweckverfehlung 416, 614, 616
Zweikondiktionentheorie 637, 639

Buchanzeigen

Larenz

Dr. Karl Larenz, em. o. Professor an der Universität München

Allgemeiner Teil des deutschen Bürgerlichen Rechts

7., neubearbeitete Auflage. 1989
XVIII, 675 Seiten. In Leinen DM 62,–
ISBN 3-406-33414-8

Lehrbuch des Schuldrechts

Band I: Allgemeiner Teil
14., neubearbeitete Auflage. 1987
XX, 668 Seiten. In Leinen DM 68,–
ISBN 3-406-31997-1

Band II: Besonderer Teil/1. Halbband
13., völlig neubearbeitete Auflage. 1986
XVIII, 480 Seiten. In Leinen DM 58,–
ISBN 3-406-09824-X

Band II: Besonderer Teil/2. Halbband
13., völlig neubearbeitete Auflage.
ISBN 3-406-31484-8
In Vorbereitung

Richtiges Recht

Grundzüge einer Rechtsethik
(Beck'sche Reihe, Band 185)
1979. 208 Seiten. Paperback DM 17,80
ISBN 3-406-06785-9

Diese beliebten und bewährten Lehrbücher sind durch ihre **verständliche und übersichtliche Darstellungsweise** eine hervorragende Hilfe speziell für den jungen Juristen.

Verlag C. H. Beck München

Jauernig
Bürgerliches Gesetzbuch

mit Gesetz zur Regelung des Rechts
der Allgemeinen Geschäftsbedingungen

Herausgegeben von Professor Dr. Othmar Jauernig. Erläutert von Dr. Othmar Jauernig, o. Prof. an der Universität Heidelberg, Dr. Peter Schlechtriem, o. Prof. an der Universität Freiburg, Dr. Rolf Stürner, o. Prof. an der Universität Konstanz, Prof. an der Universität Genf, Richter am OLG Stuttgart, Dr. Arndt Teichmann, o. Prof. an der Universität Mainz, Richter am OLG Koblenz, Dr. Max Vollkommer, o. Prof. an der Universität Erlangen-Nürnberg

4., neubearbeitete Auflage. 1987
XXXII, 1918 Seiten. In Leinen DM 98,–
ISBN 3-406-32103-8

Dieser bewährte Kommentar hat bisher eine ungewöhnlich gute Aufnahme gefunden und liegt **bereits in 4. Auflage** vor.

Allgemeine Übersichten und **einleitende Anmerkungen** erleichtern den Einstieg in die schwierige Materie des Bürgerlichen Rechts. Zahlreiche Hinweise auf weiterführende Literatur sowie die zitierte Rechtsprechung des BGH und der oberen Gerichte weisen den Weg für eine vertiefende Beschäftigung mit speziellen Problemen.

Ein **ausführliches Sachregister** trägt dazu bei, schnell die gesuchten Vorschriften und einschlägigen Erläuterungen zu finden. Trotz seiner beträchtlichen Seitenzahl ist das Werk ausgesprochen handlich.

Der „Jauernig" ist der ideale Taschenkommentar für Juristen in Ausbildung und Praxis. Er hat in die **Gerichtspraxis** Eingang gefunden und wird häufig in höchstrichterlichen Entscheidungen zitiert. Aber auch **Nichtjuristen** aus allen Bereichen der Wirtschaft, Angehörigen der steuer- und wirtschaftsberatenden Berufe sowie allen sonst mit Rechtsfragen befaßten Personen und Institutionen, wie Vereinen, Verbänden, Handelskammern bis hin zu Verbraucher- und Mieterberatungen, gibt dieses Werk **zuverlässig Auskunft** auf zahlreiche Fragen Ihrer täglichen Praxis.

Obschon dieser BGB-Taschenkommentar **1950 Seiten** umfaßt, kostet er **nur DM 98,–**. Er ist damit auch für Studenten und Referendare erschwinglich.

Verlag C. H. Beck München